Mãos à Obra: Aprendizado de Máquina com Scikit-Learn, Keras & TensorFlow

O'REILLY®

2ª Edição
Atualizada com
a TensorFlow 2

Mãos à Obra: Aprendizado de Máquina com Scikit-Learn, Keras & TensorFlow

CONCEITOS, FERRAMENTAS E TÉCNICAS PARA A CONSTRUÇÃO DE SISTEMAS INTELIGENTES

Aurélien Géron

ALTA BOOKS
GRUPO EDITORIAL
Rio de Janeiro, 2021

Mãos à Obra: Aprendizado de Máquina com Scikit-Learn, Keras e TensorFlow – 2ª Edição Atualizada com a TensorFlow2

ISBN: 978-85-5081-548-0

Impresso no Brasil — 1a Edição, 2021 — Edição revisada conforme o Acordo Ortográfico da Língua Portuguesa de 2009.

Erratas e arquivos de apoio: No site da editora relatamos, com a devida correção, qualquer erro encontrado em nossos livros, bem como disponibilizamos arquivos de apoio se aplicáveis à obra em questão.

Acesse o site **www.altabooks.com.br** e procure pelo título do livro desejado para ter acesso às erratas, aos arquivos de apoio e/ou a outros conteúdos aplicáveis à obra.

Suporte Técnico: A obra é comercializada na forma em que está, sem direito a suporte técnico ou orientação pessoal/exclusiva ao leitor.

A editora não se responsabiliza pela manutenção, atualização e idioma dos sites referidos pelos autores nesta obra.

Dados Internacionais de Catalogação na Publicação (CIP) de acordo com ISBD

G377m Géron, Aurélien

Mãos à Obra Aprendizado de Máquina com Scikit-Learn, Keras e TensorFlow – 2ª Edição Atualizada com a TensorFlow2: Conceitos, Ferramentas e Técnicas para a Construção de Sistemas Inteligentes / Aurélien Géron ; traduzido por Cibelle Ravaglia. - Rio de Janeiro : Alta Books, 2021.
640 p. : il. ; 17cm x 24cm.

Tradução de: Hands-On Machine Learning with Scikit-Learn, Keras, and TensorFlow
Inclui índice e apêndice.
ISBN: 978-85-5081-548-0

1. Ciência da Computação. 2. Programação de computadores. 3. Aprendizado de Máquina. 4. Sistemas Inteligentes. I. Ravaglia, Cibelle. II. Título.

2021-2470 CDD 005.133
CDU 004.43

Elaborado por Vagner Rodolfo da Silva - CRB-8/9410

ALTA BOOKS
GRUPO EDITORIAL

Rua Viúva Cláudio, 291 — Bairro Industrial do Jacaré
CEP: 20.970-031 — Rio de Janeiro (RJ)
Tels.: (21) 3278-8069 / 3278-8419
www.altabooks.com.br — altabooks@altabooks.com.br

Produção Editorial
Editora Alta Books

Diretor Editorial
Anderson Vieira

Gerência Comercial
Daniele Fonseca

Coordenação Financeira
Solange Souza

Editor de Aquisição
José Rugeri
acquisition@altabooks.com.br

Produtores Editoriais
Illysabelle Trajano
Maria de Lourdes Borges
Thiê Alves

Produtor da Obra
Thales Silva

Marketing Editorial
Livia Carvalho
Gabriela Carvalho
Thiago Brito
marketing@altabooks.com.br

Equipe Ass. Editorial
Brenda Rodrigues
Caroline David
Luana Rodrigues
Mariana Portugal
Raquel Porto

Equipe de Design
Larissa Lima
Marcelli Ferreira
Paulo Gomes

Equipe Comercial
Adriana Baricelli
Daiana Costa
Fillipe Amorim
Kaique Luiz
Victor Hugo Morais
Viviane Paiva

Atuaram na edição desta obra:

Tradução/Copidesque
Cibelle Ravaglia

Diagramação
Lucia Quaresma

Revisão Gramatical
Fernanda Lutfi
Hellen Suzuki

Ouvidoria: ouvidoria@altabooks.com.br

Editora afiliada à:

ABDR ASSOCIAÇÃO BRASILEIRA DE DIREITOS REPROGRÁFICOS

ASSOCIADO CBL Câmara Brasileira do Livro

Sobre o Autor

Aurélien Géron é consultor de aprendizado de máquina e palestrante. Ex-funcionário do Google, liderou as classificações do YouTube de 2013 a 2016. Também foi fundador e diretor de tecnologia da Wifirst de 2002 a 2012, o provedor de internet wireless líder na França, e fundador e diretor de tecnologia da Polyconseil em 2001, empresa de consultoria com foco em telecomunicações, mídia e estratégia; e da Kiwisoft, empresa de consultoria focada em aprendizado de máquina e privacidade de dados.

Antes disso, Géron trabalhou como engenheiro em diversos setores: finanças (JP Morgan e Societé Générale), segurança (Departamento de Defesa Nacional do Canadá) e assistência médica (transfusão de sangue). Publicou também alguns livros técnicos (sobre C++, Wi-Fi e arquitetura da internet), e lecionou Ciência da Computação em uma faculdade de engenharia francesa.

Curiosidades: ele ensinou seus três filhos a contar em binário com os dedos (até 1023), estudou microbiologia e genética evolutiva antes de entrar para engenharia de software e, uma vez, seu paraquedas não abriu no segundo pulo.

Aviso:

Para melhor entendimento as figuras coloridas estão disponíveis no site da editora Alta Books. Acesse: www.altabooks.com.br e procure pelo nome do livro ou ISBN.

Sumário

Prefácio

O Tsunami do Aprendizado de Máquina

Em 2006, Geoffrey Hinton et al. publicou um artigo (*https://homl.info/136*)[1] demonstrando como treinar uma rede neural profunda capaz de reconhecer algarismos escritos à mão com uma precisão de última geração (> 98%). Chamou-se a técnica de "aprendizado profundo" [*Deep Learning*]. Uma rede neural profunda é um modelo (bastante) simplificado do nosso córtex cerebral, constituído por uma pilha de camadas de neurônios artificiais. Na época, treinar uma rede neural profunda era basicamente uma tarefa impossível[2], e a maioria dos pesquisadores havia desistido da ideia no fim dos anos 1990. Esse artigo reacendeu o interesse da comunidade científica e, em pouco tempo, muitos artigos novos comprovavam que o aprendizado profundo não só era possível como era capaz de resultados surpreendentes (com a ajuda de uma capacidade de processamento monstruosa e de quantidades de dados imensas), que não poderiam se igualar a nenhuma outra técnica de aprendizado de máquina (AM). Esse entusiasmo logo se estendeu a muitas outras áreas do aprendizado de máquina.

Cerca de uma década depois, o aprendizado de máquina conquistou todos os segmentos industriais: está no coração de grande parte dos produtos de alta tecnologia de hoje, classifica os resultados de pesquisa na web, viabiliza o reconhecimento de voz dos smartphones, faz recomendações de vídeos e derrotou o campeão mundial no jogo Go. Antes que você perceba, estará dirigindo seu carro.

O Aprendizado de Máquina em Seus Projetos

Claro que você está entusiasmado com o aprendizado de máquina e gostaria de participar da festa!

E se você tivesse um robô doméstico e, talvez, lhe desse um cérebro? E reconhecimento facial? Ou quem sabe o ensinasse a andar?

Ou talvez sua empresa tenha toneladas de dados (logs de usuários, dados financeiros, de produção, de sensores de máquinas, estatísticas de atendimento ao cliente, relatórios de RH etc.), e muito provavelmente você poderia desenterrar algum tesouro escondido se soubesse onde procurar. Com o aprendizado de máquina, é possível fazer isso e muito mais (*https://homl.info/usecases*):

- Segmentar os clientes e identificar a melhor estratégia de marketing para cada grupo.
- Recomendar produtos para cada cliente com base no que clientes similares compraram.
- Detectar as transações suscetíveis à fraude.
- Prever o faturamento do próximo ano.

Seja lá qual for a razão, você decidiu estudar o aprendizado de máquina e usá-lo em seus projetos. Ótima ideia!

1 Geoffrey E. Hinton et al., "A Fast Learning Algorithm for Deep Belief Nets", *Neural Computation* 18 (2006): 1527–1554.

2 Apesar do fato de as redes neurais convolucionais de aprendizado profundo de Yann Lecun terem funcionado bem para o reconhecimento de imagens desde a década de 1990, elas não eram de uso geral.

Objetivo e Abordagem

Este livro parte do princípio de que você não sabe quase nada sobre aprendizado de máquina. O objetivo é apresentar a lógica, as ferramentas e os conceitos necessários para implementar programas capazes de *aprender a partir dos dados*.

Abordaremos muitas técnicas, desde as mais simples às mais comumente utilizadas (como a regressão linear) e até algumas das técnicas de aprendizado profundo que vencem competições com frequência. Em vez de implementar nossos próprios modelos de cada algoritmo, utilizaremos frameworks executáveis do Python:

- A Scikit-Learn (*http://scikit-learn.org/*) é bem fácil de usar e implementa muitos algoritmos do AM de maneira eficiente, por isso é uma excelente porta de entrada para o aprendizado de máquina.
- A TensorFlow (*https://tensorflow.org/*) é uma biblioteca mais complexa para cálculo numérico distribuído. Possibilita treinar e executar grandes redes neurais de maneira eficiente, distribuindo os cálculos entre centenas de servidores com múltiplas GPUs (unidades de processamento gráfico). A TensorFlow (TF) foi criada no Google e suporta muitas das aplicações em larga escala do aprendizado de máquina. Em novembro de 2015, ela se tornou uma biblioteca de código aberto.
- A Keras (*https://keras.io/*) é uma API de aprendizado profundo de alto nível que facilita o treinamento e a execução de redes neurais. Ela roda com a TensorFlow, Theano ou Microsoft Cognitive Toolkit (anteriormente conhecido como CNTK). A TensorFlow já tem a implementação dessa API, chamada *tf.keras*, que suporta alguns recursos avançados da TensorFlow (por exemplo, a capacidade de carregar dados com eficiência).

O livro favorece uma abordagem prática, viabilizando uma compreensão intuitiva do aprendizado de máquina por meio de exemplos objetivos e concretos, e um pouco de teoria. Embora possa ler este livro sem usar o computador, recomendo muitíssimo que você treine com os exemplos de código disponíveis online do Jupyter Notebooks em: *https://github.com/ageron/handson-ml2*.

Pré-requisitos

Este livro pressupõe que você tenha alguma experiência de programação em Python e que esteja familiarizado com as principais bibliotecas científicas do Python, sobretudo a NumPy (*http://numpy.org/*), Pandas (*http://pandas.pydata.org/*) e Matplotlib (*http://matplot lib.org/*).

Além disso, se quiser entender como funcionam as bibliotecas, deve ter um conhecimento razoável de matemática avançada, (cálculo, álgebra linear, probabilidade e estatística). Se ainda não conhece o Python, o *http://learnpython.org/* é um ótimo lugar para começar. O tutorial oficial no python.org (*https://docs.python.org/3/tutorial/*) também é muito bom.

Se nunca usou o Jupyter, o Capítulo 2 lhe mostrará os primeiros passos da instalação: uma ótima ferramenta para ter sempre à mão. Caso não esteja familiarizado com as bibliotecas do Python, o Jupyter Notebooks tem alguns tutoriais. Há também um tutorial rápido de matemática sobre álgebra linear.

Roteiro

Este livro foi organizado em duas partes. A Parte I, *Os Fundamentos do Aprendizado de Máquina*, aborda os seguintes tópicos:

- O que é aprendizado de máquina? Quais problemas ele tenta resolver? Quais são as principais categorias e os conceitos fundamentais dos sistemas do aprendizado de máquina?
- Os principais passos de um típico projeto de aprendizado de máquina.
- Aprendizado ajustando um modelo aos dados.
- Otimizar a função de custos.
- Manipular, limpar e preparar os dados.
- Selecionar e desenvolver funcionalidades.
- Selecionar um modelo e ajustar os hiperparâmetros ao usar a validação cruzada.
- Os principais desafios do aprendizado de máquina, especialmente o subajuste [underfitting] e o sobreajuste [overfitting] (trade-off do viés/variância).
- Os algoritmos de aprendizado mais comuns: regressão linear e polinomial, regressão logística, k-ésimo vizinho mais próximo [k-Nearest Neighbors], máquinas de vetores de suporte [SVM], árvores de decisão, florestas aleatórias e métodos do ensemble.
- Reduzir a dimensionalidade dos dados de treinamento para combater a "maldição da dimensionalidade".
- Outras técnicas de aprendizado não supervisionado, incluindo clusterização [clustering], estimativa de densidade e detecção de anomalias.

A Parte II, *Redes Neurais e Aprendizado Profundo*, aborda os seguintes tópicos:

- O que são redes neurais e para que servem?
- Construir e treinar redes neurais usando a TensorFlow e a Keras.
- As arquiteturas de redes neurais mais importantes: redes neurais do tipo feedforward para dados tabulares, redes convolucionais para visão computacional, redes recorrentes e redes de memória de longo prazo (LSTM) para processamento de sequências, encoders/decoders e transformadores para processamento de linguagem natural, redes autoencoders e adversárias gerativas (GANs) para aprendizado gerativo.
- Técnicas para treinamento de redes neurais profundas.
- Como criar um agente (por exemplo, um bot em um jogo) que pode aprender boas estratégias por tentativa e erro, usando o aprendizado por reforço.
- Carregando e pré-processando grandes quantidades de dados com eficiência.
- Treinamento e implementação de modelos TensorFlow em grande escala.

A Parte I se baseia na Scikit-Learn, enquanto a Parte II usa a TensorFlow e a Keras.

> Não dê um passo maior que a perna: embora o aprendizado profundo seja, sem sombra de dúvidas, uma das áreas mais interessantes do aprendizado de máquina, você deve dominar os princípios básicos primeiro. Além do mais, grande parte dos problemas pode ser resolvida com técnicas mais simples, como os métodos floresta aleatória e ensemble (discutidos na Parte I). O aprendizado profundo se adéqua melhor aos problemas complexos, como reconhecimento de imagem e de voz ou processamento de linguagem natural, desde que se tenha dados, capacidade de processamento e paciência suficientes.

Mudanças na Segunda Edição

Esta segunda edição tem seis objetivos principais:

1. Abordar as noções adicionais de AM: mais técnicas de aprendizado não supervisionado (clusterização, detecção de anomalias, estimativa de densidade e modelos de mistura); mais técnicas para treinar redes profundas (redes autonormalizadas); técnicas adicionais de visão computacional (Xception, SENet, detecção de objetos com YOLO e segmentação semântica usando R-CNN); manipulação de sequências usando redes neurais convolucionais (CNNs, incluindo WaveNet); processamento de linguagem natural usando redes neurais recorrentes (RNNs), CNNs e transformadores; e GANs.
2. Abranger as bibliotecas e APIs adicionais (Keras, a Data API, agentes TF para aprendizado por reforço) e o treinamento e a implementação de modelos do TF em escala usando a API de estratégias de distribuição, TF-Serving e a plataforma Google Cloud AI. Breve apresentação do TF Transform, TFLite, TF Addons/Seq2Seq, e da TensorFlow.js.
3. Analisar alguns dos últimos resultados importantes sobre a pesquisa de aprendizado de máquina.
4. Fazer a migração de todos os capítulos da TensorFlow para a TensorFlow 2 e usar a implementação da Keras API (tf.keras) da TensorFlow sempre que possível.
5. Atualizar os exemplos de código para usar as versões mais recentes do Scikit-Learn, NumPy, Pandas, Matplotlib e outras bibliotecas.
6. Esclarecer algumas seções e corrigir alguns erros, graças ao excelente feedback dos leitores.

Alguns capítulos foram adicionados, outros foram reescritos e alguns, reordenados. Acesse para mais detalhes sobre o que mudou na segunda edição: ***https://homl.info/changes2*** [conteúdo em inglês].

Outros Recursos

Há muitos recursos excelentes disponíveis a respeito do aprendizado de máquina. Por exemplo, o curso de AM de Andrew Ng no Coursera (***https://homl.info/ngcourse***) é incrível, embora exija um investimento de tempo significativo (meses).

Há também muitos sites interessantes sobre aprendizado de máquina, incluindo, claro, o excepcional Guia do Usuário do Scikit-Learn (***https://homl.info/skdoc***). Você também pode gostar do Dataquest (***https://www.dataquest.io/***), que oferece tutoriais interativos muito interessantes e blogs de AM, como aqueles listados no Quora (***https://homl.info/1***). Por fim, o site Deep Learning (***http://deeplearning.net/***) tem uma lista ótima de recursos para continuarmos a aprender.

Há também muitos outros livros introdutórios sobre aprendizado de máquina:

- *Data Science do Zero*, de Joel Grus (Alta Books). Apresenta os conceitos básicos do aprendizado de máquina e implementa alguns dos principais algoritmos em puro Python (do zero, como o nome sugere).
- *Machine Learning: An Algorithmic Perspective*, de Stephen Marsland (Chapman and Hall). É uma ótima introdução ao aprendizado de máquina que aborda uma ampla gama de tópicos em profundidade, com exemplos de código em Python (também a partir do zero, mas utilizando o NumPy).
- *Python Machine Learning*, de Sebastian Raschka (Packt Publishing). É também uma ótima introdução ao aprendizado de máquina e incentiva o uso das bibliotecas de código aberto do Python (Pylearn 2 e Theano).

- *Deep Learning with Python*, de François Chollet (Manning). Livro muito prático que aborda uma grande variedade de tópicos de forma clara e concisa, como seria de esperar do autor da excelente biblioteca Keras. Dá preferência aos exemplos de código sobre teoria matemática.
- *The Hundred-Page Machine Learning Book*, de Andriy Burkov. Livro pequeno que abrange uma variedade impressionante de tópicos, apresentando-os de forma bem acessível sem fugir das equações matemáticas.
- *Learning from Data*, de Yaser S. Abu-Mostafa, Malik Magdon-Ismail e Hsuan-Tien Lin (AMLBook). Por meio de uma abordagem bastante teórica sobre AM, esta obra proporciona insights profundos, especialmente sobre a compensação do viés/variância (veja o Capítulo 4).
- *Inteligência Artificial*, 3ª Edição, de Stuart Russell e Peter Norvig (Campus). É um livro ótimo (e gigante) que aborda uma quantidade incrível de tópicos, incluindo o aprendizado de máquina. Ajuda a esclarecer muitas coisas a respeito do AM.

Por último, uma ótima maneira de aprender é entrar em sites de competição como o kaggle.com, que lhe possibilita praticar suas habilidades usando problemas reais com a ajuda e os insights de alguns dos melhores profissionais de AM existentes.

Convenções Usadas Neste Livro

As seguintes convenções tipográficas são usadas neste livro:

Itálicos

Indica condições novas, URLs, endereços de e-mail, nomes de arquivos e extensões de arquivos.

`Fonte monoespaçada`

Usada para listagens de programas, bem como dentro de parágrafos para referenciar elementos do programa: nomes de variáveis ou funções, bancos de dados, tipos de dados, variáveis de ambiente, declarações e palavras-chave.

`Fonte monoespaçada em negrito`

Mostra comandos ou outro texto que deve ser digitado pelo usuário.

`Fonte monoespaçada em itálico`

Mostra o texto que deve ser substituído por valores fornecidos pelo usuário ou por valores determinados pelo contexto.

Este elemento significa uma dica ou sugestão.

Este significa uma nota geral.

Este indica alerta ou cautela.

Exemplos de Códigos

Disponibilizamos uma série de Jupyter Notebooks repletos de material complementar, como exemplos de código e exercícios, disponíveis para download em: *https://github.com/ageron/handson-ml2.*

Neste livro, alguns dos exemplos de código deixam de lado seções ou detalhes repetitivos que são óbvios ou que não estão relacionados ao aprendizado de máquina com o intuito de se concentrar nas partes importantes do código e abrir caminho para abordar mais tópicos. Caso queira exemplos de código completos, todos estão disponíveis nos Jupyter Notebooks.

Repare que, quando os exemplos de código exibem algumas saídas, eles são mostrados com prompts de comando do Python (>>> and ...), como em uma shell do Python, para distinguir claramente o código das saídas. Por exemplo, este código define a função `square()`, depois calcula e exibe o quadrado de 3:

```
>>> def square(x):
...     return x ** 2
...
>>> result = square(3)
>>> result
9
```

Quando o código não exibe nada, os prompts não são usados. No entanto, o resultado às vezes pode ser mostrado como um comentário, assim:

```
def square(x):
    return x ** 2
result = square(3) # o resultado é 9
```

Usando Exemplos de Código

O propósito deste livro é ajudá-lo a alcançar seus objetivos. Em geral, se um código de exemplo for apresentado, você poderá utilizá-lo nos programas e documentações. Não é necessário entrar em contato conosco para obter permissão de uso, a menos que esteja reproduzindo uma parte significativa do código. Por exemplo, escrever um programa que utiliza vários blocos de código deste livro não requer permissão. Vender ou distribuir um CD-ROM com exemplos dos livros da Alta Books exigirá permissão. Responder a uma pergunta citando este livro e mencionando um exemplo de código não requer permissão, mas a inserção de uma quantidade substancial de exemplos de código referente a esta obra na documentação do seu produto exige permissão.

Agradecemos, mas não exigimos que você use citações ou referência. Uma referência geralmente inclui o autor, o título, o editor e a data de publicação. Por exemplo: "GÉRON, Aurélien. *Mãos à Obra: Aprendizado de Máquina com Scikit-Learn & TensorFlow*: Rio de Janeiro: Alta Books, 2021."

Agradecimentos

Nunca, nem em sonho, imaginei que a primeira edição deste livro atingisse um público tão grande. Recebi muitas mensagens dos leitores, muitas perguntas, algumas simpáticas indicando erratas e a maioria me enviando palavras de incentivo. Mal posso expressar o quanto sou grato a todos esses leitores pelo imenso apoio. Muitíssimo obrigado a todos.

Por favor, não pense duas vezes em registrar os problemas no GitHub (*https://homl.info/issues2*), caso encontre erros nos exemplos de código ou se quiser perguntar algo. Alguns leitores também compartilharam como este livro os ajudou a conseguir seu primeiro emprego ou a solucionar um problema concreto em que estavam trabalhando. É o tipo de feedback extremamente motivador. Se você achar este livro proveitoso, adoraria que compartilhasse sua história comigo, em particular (por exemplo, via LinkedIn, em *https://www.linkedin.com/in/aurelien-geron/*) ou publicamente (com um tuíte ou por meio de uma avaliação na Amazon).

Sou também imensamente grato a todas as pessoas incríveis que, mesmo com a correria do dia a dia, tiraram um tempo para revisar meu livro com tanto cuidado. Em particular, gostaria de agradecer a François Chollet por revisar todos os capítulos baseados na Keras e na TensorFlow e por me fornecer um excelente feedback detalhado. Uma vez que a Keras é um dos principais acréscimos desta segunda edição, contar com um autor como François foi inestimável. Recomendo o livro *Deep Learning with Python*, de François (*https://homl.info/cholletbook*) (Manning): tem a concisão, a clareza e a profundidade da própria biblioteca Keras. Um agradecimento especial também a Ankur Patel, que revisou todos os capítulos desta segunda edição e me deu um ótimo feedback, sobretudo no Capítulo 9, que aborda técnicas de aprendizado não supervisionado. Ele poderia escrever um livro inteiro sobre o assunto... Espere aí, ele escreveu! Confira o *Hands-On Unsupervised Learning Using Python: How to Build Applied Machine Learning Solutions from Unlabeled Data* (*https://homl.info/patel*) (O'Reilly). Muitíssimo obrigado também a Olzhas Akpambetov, que revisou todos os capítulos da Parte II do livro, testou boa parte do código e deu ótimas sugestões. Sou grato a Mark Daoust, Jon Krohn, Dominic Monn e Josh Patterson por revisarem a Parte II deste livro de forma tão minuciosa e por partilharem seus conhecimentos. Eles não pouparam nenhum esforço e deram um feedback de grande valia.

Enquanto escrevia esta segunda edição, tive a felicidade de ser muito ajudado pelos membros da equipe da TensorFlow — em particular Martin Wicke, que respondeu incansavelmente a dezenas de minhas perguntas e encaminhou o restante para as pessoas certas, dentre elas: Karmel Allison, Paige Bailey, Eugene Brevdo, William Chargin, Daniel "Wolff" Dobson, Nick Felt, Bruce Fontaine, Goldie Gadde, Sandeep Gupta, Priya Gupta, Kevin Haas, Konstantinos Katsiapis ,Viacheslav Kovalevskyi, Allen Lavoie, Clemens Mewald, Dan Moldovan, Sean Morgan, Tom O'Malley, Alexandre Passos, André Susano Pinto, Anthony Platanios, Oscar Ramirez, Anna Revinskaya, Saurabh Saxena, Ryan Sepassi, Jiri Simsa, Xiaodan Song, Christina Sorokin, Dustin Tran, Todd Wang, Pete Warden (que também revisou a primeira edição), Edd Wilder-James e Yuefeng Zhou. Vocês me ajudaram muito. Agradeço imensamente a todos, e aos outros membros da equipe da TensorFlow, não apenas pela ajuda, mas também por criar uma ótima biblioteca! Agradecimentos especiais a Irene Giannoumis e Robert Crowe, da equipe TFX, por revisarem os Capítulos 13 e 19 cuidadosamente.

Muito obrigado também à equipe incrível da O'Reilly, sobretudo Nicole Taché, que me deu um feedback elucidativo, sempre cheia de ânimo, encorajadora e prestativa: eu não poderia sequer sonhar com uma editora melhor. Muito obrigado a Michele Cronin, que foi muito solícita (e paciente) no início desta segunda edição, e a Kristen Brown, editora de produção da segunda edição, que acompanhou todas as etapas (ela também coordenou as correções e atualizações para cada reimpressão da primeira edição). Agradeço também a Rachel Monaghan e Amanda Kersey pelo trabalho de editoração completo (respectivamente para a primeira e a segunda edição) e a Johnny O'Toole, que cuidou do relacionamento com a Amazon e respondeu a muitas de minhas perguntas. Obrigado também a Marie Beaugureau, Ben Lorica, Mike Loukides e Laurel Ruma por acreditarem neste projeto e me ajudarem a definir seu escopo. Agradeço a Matt Hacker e toda a equipe da Atlas por responderem a todas as minhas perguntas técnicas sobre formatação, AsciiDoc e LaTeX, e a Nick Adams, Rebecca Demarest, Rachel Head, Judith McConville, Helen Monroe, Helen Monroe, Karen Montgomery, Rachel Roumeliotis e todos da O'Reilly que contribuíram para este livro.

Gostaria de agradecer aos meus colegas do Google, em especial à equipe de classificação de vídeos do YouTube, por me ensinar muito sobre o aprendizado de máquina. Nunca teria escrito a primeira edição deste livro sem a ajuda deles. Agradecimentos especiais aos meus gurus pessoais de AM: Clément Courbet, Julien Dubois, Mathias Kende, Daniel Kitachewsky, James Pack, Alexander Pak, Anosh Raj, Vitor Sessak, Wiktor Tomczak, Ingrid von Glehn e Rich Washington. E obrigado a todos com quem trabalhei no YouTube e nas equipes maravilhosas de pesquisa do Google, em Mountain View. Muito obrigado a Martin Andrews, Sam Witteveen e Jason Zaman por me receberem no grupo Google Developer Experts em Singapura, com o grande apoio de Soonson Kwon e por todas as discussões excelentes que tivemos sobre o aprendizado profundo e a TensorFlow. Qualquer pessoa que se interesse por aprendizado profundo em Singapura deve participar do encontro do Deep Learning Singapore (*https://homl.info/meetupsg*). Jason merece um agradecimento especial por compartilhar parte de sua experiência em TFLite no Capítulo 19!

Jamais esquecerei as pessoas generosas que revisaram a primeira edição deste livro: David Andrzejewski, Lukas Biewald, Justin Francis, Vincent Guilbeau, Eddy Hung, Karim Matrah, Grégoire Mesnil, Salim Sémaoune, Iain Smears, Michel Tessier, Ingrid von Glehn, Pete Warden e claro, o meu caro irmão Sylvain. Agradecimentos especiais a Haesun Park, que me deu um excelente feedback e identificou diversos erros à medida que traduzia para o idioma coreano a primeira edição deste livro. Ele também traduziu os Jupyter Notebooks para o coreano, sem mencionar a documentação da TensorFlow. Eu não falo uma palavra em coreano, mas, a julgar pela qualidade de seus comentários, todas as suas traduções devem ser excelentes! Haesun também gentilmente contribuiu com algumas das soluções para os exercícios desta segunda edição.

Por último, mas não menos importante, sou infinitamente grato à minha digníssima esposa, Emmanuelle, e aos nossos três filhos maravilhosos, Alexandre, Rémi e Gabrielle, por me incentivarem a trabalhar com afinco neste livro e pela curiosidade insaciável: explicar alguns dos conceitos mais difíceis deste livro para minha esposa e filhos me ajudou a desanuviar a mente e a aprimorar muitos aspectos da obra. E eles ainda me traziam café e cookies! O que mais eu poderia querer neste mundo?

PARTE I

OS CONCEITOS BÁSICOS DO APRENDIZADO DE MÁQUINA

CAPÍTULO 1

O Cenário do Aprendizado de Máquina

Quando a maioria das pessoas ouve "aprendizado de máquina", logo imagina um robô: um mordomo confiável ou um Exterminador do Futuro, dependendo de para quem você perguntar. No entanto, o aprendizado de máquina não povoa apenas o imaginário futurista; ele já está entre nós. Na verdade, há algumas décadas o AM foi introduzido como reconhecimento ótico de caracteres (OCR) em alguns aplicativos específicos, mas o primeiro aplicativo que realmente se popularizou e conquistou o mundo na década de 1990, melhorando a vida de centenas de milhões de pessoas, foi o *filtro de spam*. Não era exatamente um robô autoconsciente da Skynet com IA, mas pode ser tecnicamente classificado como aprendizado de máquina (uma máquina que aprendeu tão bem que raramente é necessário marcar um e-mail como spam). O filtro de spam foi seguido por centenas de aplicativos AM que agora, silenciosamente, integram centenas de produtos e funcionalidades, de recomendações a buscas por voz, que são utilizados regularmente.

Onde começa e onde termina o aprendizado de máquina? O que significa exatamente para uma máquina *aprender* alguma coisa? Se eu fizer um download de uma cópia da Wikipédia, meu computador "aprenderá" algo? Será que de repente ele fica mais inteligente? Neste capítulo, começaremos esclarecendo o que é o aprendizado de máquina e por que você vai querer utilizá-lo.

Logo, antes de iniciarmos a exploração do mundo do aprendizado de máquina, analisaremos seu mapa e conheceremos suas principais regiões e os cenários mais conhecidos: aprendizado supervisionado vs. não supervisionado, aprendizado online vs. aprendizado em batch, aprendizado baseado em instâncias (IBL) vs. aprendizado baseado em modelo. Em seguida, analisaremos o fluxo de trabalho de um típico projeto de AM, discutiremos os principais desafios que poderá enfrentar e mostraremos como avaliar e aperfeiçoar um sistema de aprendizado de máquina.

Este capítulo apresenta muitos conceitos básicos (e jargões) que todo cientista de dados deve saber de cor. Será uma visão geral de alto nível (o único capítulo sem muito código), tudo simplificado, mas você deve garantir que entendeu tudo perfeitamente antes de continuar. Então, pegue um café e mãos à obra!

> Se você já conhece todos os conceitos básicos do aprendizado de máquina, pule diretamente para o Capítulo 2. Se não tiver certeza, tente responder a todas as perguntas listadas no fim do capítulo antes de continuar.

O que É Aprendizado de Máquina?

Aprendizado de máquina é a ciência (e a arte) da programação de computadores de modo que eles possam aprender com os dados. Veja uma definição mais generalizada:

> [Aprendizado de máquina é o] campo de estudo que possibilita aos computadores a habilidade de aprender sem explicitamente programá-los.
>
> — Arthur Samuel, 1959

Agora uma definição orientada à engenharia:

> Alega-se que um programa de computador aprende pela experiência *E* em relação a algum tipo de tarefa *T* e alguma medida de desempenho *P* se o seu desempenho em *T*, conforme medido por P, melhora com a experiência *E*.
>
> — Tom Mitchell, 1997

Por exemplo, seu filtro de spam é um programa de aprendizado de máquina que pode aprender a marcar os e-mails como spam (por exemplo, os marcados pelos usuários) e como corriqueiros (não spam, também chamados de "ham"). Os exemplos utilizados pelo sistema para o aprendizado se chamam *conjuntos de treinamentos*. Cada exemplo de treinamento se chama *instância de treinamento* (ou *amostra*). Nesse caso, a tarefa *T* sinaliza os e-mails novos como spam, a experiência *E* é o dado de treinamento e a medida de desempenho *P* precisa ser definida; por exemplo, você pode utilizar a proporção de e-mails sinalizados corretamente. Essa medida de desempenho particular se chama *acurácia* e é usada frequentemente em tarefas de classificação.

Se fizer o download de uma cópia da Wikipédia, seu computador terá bastante dados, mas não terá repentinamente um melhor desempenho em nenhuma tarefa. Logo, fazer o download de uma cópia da Wikipédia não é aprendizado de máquina.

Por que Usar o Aprendizado de Máquina?

Pense em como você desenvolveria um filtro de spam usando as técnicas de programação tradicionais (Figura 1-1):

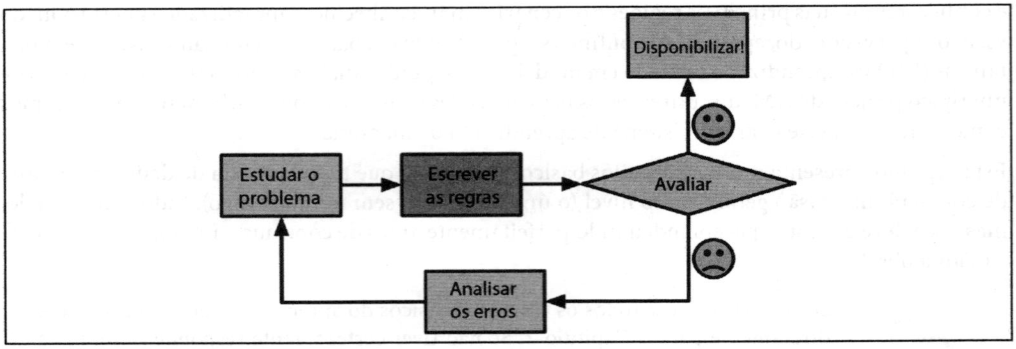

Figura 1-1. Abordagem tradicional

1. Primeiro, você identificaria as características do spam. Talvez você perceba que algumas palavras ou frases ("Para você", "Cartão de crédito", "De graça" e "Oferta imperdível") costumam aparecer muito no campo do assunto. Talvez você repare em outros padrões no nome do remetente, no corpo do e-mail e assim por diante.
2. Segundo, você escreveria um algoritmo de detecção para cada um dos padrões observados, e, se fossem detectados, seu programa sinalizaria esses e-mails como spam.
3. Por último, você testaria seu programa e repetiria os passos 1 e 2 até que ele estivesse bom o suficiente para ser disponibilizado.

Se o problema for difícil, seu programa eventualmente se tornará uma extensa lista de regras complexas — a manutenção não será nada fácil.

Em contrapartida, um filtro de spam baseado em técnicas de aprendizado de máquina aprende automaticamente quais palavras e frases são bons indicadores de spam, ao detectar os padrões de palavras inusitadamente frequentes em exemplos de spam quando comparados aos exemplos dos e-mails "ham" (Figura 1-2). O programa é bem menor, de fácil manutenção e, certamente, mais preciso.

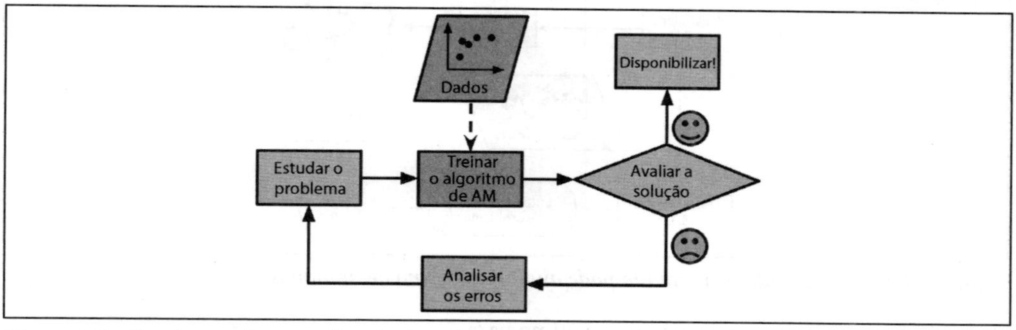

Figura 1-2. Abordagem do aprendizado de máquina

E se os spammers perceberem que todos os seus e-mails com "Para você" estão sendo bloqueados? Eles poderão começar a escrever "Só para você". Um filtro de spam que utiliza técnicas de programação tradicionais precisaria ser atualizado para sinalizar os e-mails "Só para você". Se os spammers continuam burlando seu filtro de spam, será preciso escrever novas regras interminavelmente.

Por outro lado, um filtro de spam baseado em técnicas de aprendizado de máquina percebe automaticamente que "Só para você" se tornou frequente no spam sinalizado pelos usuários, e, assim, começa a marcá-los sem a sua intervenção (Figura 1-3).

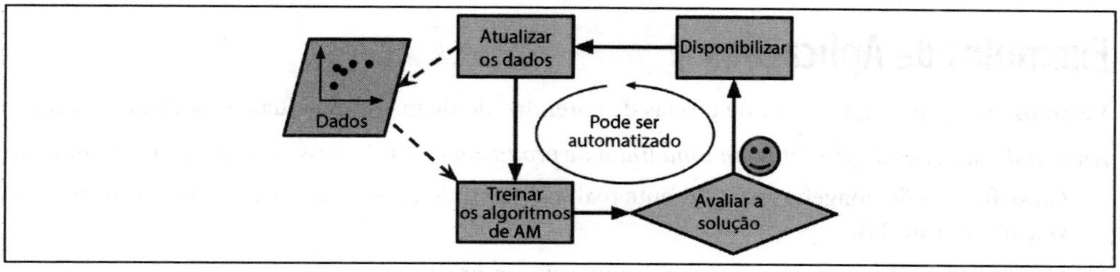

Figura 1-3. Adaptando-se automaticamente à mudança

Outro campo em que o aprendizado de máquina se destaca é o de problemas muito complexos para as abordagens tradicionais ou que não têm um algoritmo conhecido. Por exemplo, considere o reconhecimento de voz. Digamos que você deseja começar com o básico e escreva um programa capaz de distinguir as palavras "one" e "two". Você deve perceber que a palavra "two" começa com um som chiado e agudo ("T"), então você apela para a codificação rígida e programa um algoritmo que calcula a intensidade do som e o utiliza para distinguir "one" e "two" — obviamente essa técnica não será dimensionada a milhares de palavras faladas por milhões de pessoas diferentes em ambientes confusos e em centenas de idiomas. A melhor solução (pelo menos hoje) seria escrever um algoritmo que aprenda sozinho por meio de muitas gravações de exemplos para cada palavra.

Por fim, o aprendizado de máquina pode ajudar os seres humanos a aprender (Figura 1-4): os algoritmos do AM podem ser inspecionados para que vejamos o que eles aprenderam (ainda que para alguns algoritmos isso possa ser complicado). Por exemplo, uma vez que o filtro foi treinado para o spam, ele pode ser simplesmente inspecionado e evidenciar uma lista de palavras e combinações previstas que ele acredita serem as mais prováveis. Às vezes, isso revelará correlações não esperadas, ou tendências novas, resultando em uma melhor compreensão do problema. Aplicar técnicas do AM para se aprofundar em grandes quantidades de dados pode ajudar na descoberta de padrões que não eram explícitos. Isso se chama *mineração de dados*.

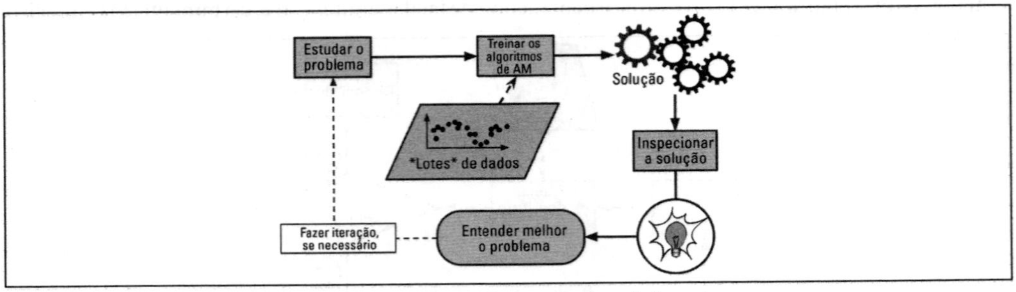

Figura 1-4. O aprendizado de máquina pode ajudar no ensino de humanos

Resumindo, o aprendizado de máquina é ótimo para:

- Problemas para os quais as soluções atuais exigem muitos ajustes finos ou extensas listas de regras: um algoritmo de aprendizado de máquina geralmente simplifica e tem um desempenho melhor do que a abordagem tradicional.
- Problemas complexos para os quais não existe uma boa solução quando utilizamos uma abordagem tradicional: talvez as melhores técnicas de aprendizado de máquina encontrem uma solução.
- Adaptabilidade de ambientes: um sistema de aprendizado de máquina pode se adaptar a novos dados.
- Entendimento de problemas complexos e grandes quantidades de dados.

Exemplos de Aplicações

Vejamos alguns exemplos reais de tarefas de aprendizado de máquina e suas respectivas técnicas:

Análise de imagens de produtos em uma linha de produção a fim de classificá-los automaticamente

Classificação de imagens normalmente realizada usando redes neurais convolucionais (CNNs; veja o Capítulo 14).

Detecção de tumores a partir de exames de imagens cerebrais

Algoritmos de segmentação semântica, em que cada pixel da imagem é classificado (como queremos determinar a localização exata e a forma dos tumores), geralmente usando também as CNNs.

Classificação automática de artigos de notícias

Processamento de linguagem natural (PNL) e, mais especificamente, classificação de texto, que pode ser abordada utilizando as redes neurais recorrentes (RNNs), CNNs ou transformadores (veja o Capítulo 16).

Sinalização automática de comentários ofensivos em fóruns de discussão

Classificação de texto, usando as mesmas ferramentas de PNL.

Resumo automático de documentos extensos

Ramo da PNL chamado resumo de texto, novamente usando as mesmas ferramentas.

Criação de um chatbot ou de um assistente pessoal

Envolve muitos componentes da PNL, dentre eles a compreensão de linguagem natural (NLU) e módulos de resposta a perguntas.

Previsão do faturamento da sua empresa no próximo ano, com base em muitas métricas de desempenho

Tarefa de regressão (ou seja, predição de valores) que pode ser abordada usando qualquer modelo de regressão como: modelo de regressão linear ou regressão polinomial (veja o Capítulo 4), modelo SVM de regressão (veja o Capítulo 5), floresta aleatória de regressão (veja Capítulo 7) ou rede neural artificial (veja o Capítulo 10). Se quiser englobar sequências de métricas de desempenho anteriores, use RNNs, CNNs ou transformadores (veja os Capítulos 15 e 16).

Fazer seu app responder aos comandos de voz

Reconhecimento de voz que exige o processamento de amostras de áudio: como são sequências longas e complexas, normalmente são processadas usando RNNs, CNNs ou transformadores (veja os Capítulos 15 e 16).

Detecção de fraudes com cartão de crédito

Detecção de anomalia (veja o Capítulo 9).

Segmentação de clientes com base em suas compras, para que você possa elaborar uma estratégia de marketing diferente para cada segmento

Uso da clusterização (veja o Capítulo 9).

Representação de um conjunto de dados complexos e de alta dimensão em um diagrama claro e criterioso

Visualização de dados, em geral, engloba técnicas de redução de dimensionalidade (veja o Capítulo 8).

Recomendação de um produto no qual um cliente possa se interessar, com base em compras anteriores

Sistema de recomendação. Uma das abordagens é fornecer os dados das compras anteriores (e outras informações sobre o cliente) a uma rede neural artificial (veja o Capítulo 10) e fazer com que ela evidencie a próxima compra mais provável. Essa rede neural normalmente seria treinada em sequências anteriores de compras de todos os clientes.

Criar um bot inteligente para um jogo

Via de regra, usa-se o aprendizado por reforço (RL; veja o Capítulo 18), que é um ramo do aprendizado de máquina que treina agentes (como bots) a fim de escolher as ações que maximizarão suas recompensas ao longo do tempo (por exemplo, um bot pode receber uma recompensa sempre que o jogador perde alguns pontos de vida), em um determinado ambiente (como o jogo). O famoso programa AlphaGo, que derrotou o campeão mundial no jogo Go, foi desenvolvido com o uso do RL.

Essa lista é praticamente infinita, mas espero que você tenha uma ideia do alcance e da complexidade impressionante das tarefas que o aprendizado de máquina pode abordar e os tipos de técnicas que usaria para cada tarefa.

Tipos de Sistemas do Aprendizado de Máquina

Existem tantos tipos diferentes de sistemas de aprendizado de máquina que ajuda e muito classificá-los em categorias amplas, com base nos seguintes critérios:

- Serem ou não treinados com supervisão humana (aprendizado supervisionado, não supervisionado e semissupervisionado e aprendizado por reforço).
- Se podem ou não aprender gradativamente em tempo real (aprendizado online vs. aprendizado em batch).
- Se funcionam simplesmente comparando novos pontos de dados com pontos de dados conhecidos, ou se detectam padrões em dados de treinamento e criam um modelo preditivo, como os cientistas (aprendizado baseado em instâncias vs. aprendizado baseado em modelo).

Esses critérios não são restritivos; você pode combiná-los da forma que quiser. Por exemplo, um filtro de spam de última geração pode aprender instantaneamente com a utilização de um modelo de rede neural profundo treinado a partir de exemplos de spam e ham, o que faz dele um sistema de aprendizado supervisionado online, baseado em modelos.

Vamos analisar cada um desses critérios com um pouco mais de atenção.

Aprendizado Supervisionado/Não Supervisionado

Os sistemas de aprendizado de máquina podem ser classificados de acordo com a quantidade e o tipo de supervisão que recebem durante o treinamento. Existem quatro categorias principais de aprendizado: supervisionado, não supervisionado, semissupervisionado e aprendizado por reforço.

Aprendizado supervisionado

No aprendizado supervisionado, o conjunto de treinamento que você fornece ao algoritmo inclui as soluções desejadas, chamadas de *rótulos* ou *labels* (Figura 1-5).

Figura 1-5. Um conjunto de treinamento rotulado para classificação de spam (um exemplo de aprendizado supervisionado)

A *classificação* é uma típica tarefa de aprendizado supervisionado. O filtro de spam é um bom exemplo: ele é treinado com muitos exemplos de e-mails junto às *classes* (spam ou ham) e deve aprender a classificar e-mails novos. Outra típica tarefa é prever um valor numérico *alvo* [*target*][1], como o preço de um carro, dado um conjunto de *características* [*features*][2] (quilometragem, tempo de uso, marca etc.) chamados *preditores*. Esse tipo de tarefa se chama *regressão* (Figura 1-6).[3] Para treinar o sistema, é necessário fornecer muitos exemplos de carros, incluindo seus preditores e rótulos (ou seja, seus preços).

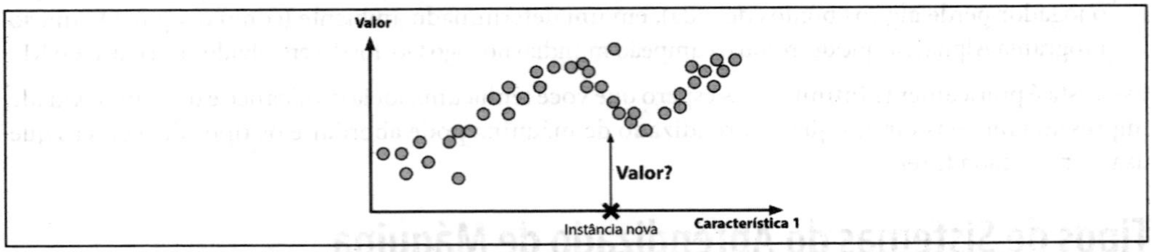

Figura 1-6. Um problema de regressão: prever um valor, dada a entrada de uma característica (geralmente existem diversas entradas de característica e, às vezes, diversos valores de saída)

1 N. da T.: Alvo é a variável dependente ou variável de resposta, aquilo que você está tentando predizer.

2 N. da T.: Feature se refere a uma característica que descreve um objeto. Seja lá qual for o atributo do objeto, ele pode ser tratado como uma feature.

3 Curiosidade: Esse nome esquisito é um termo estatístico cunhado por Francis Galton, enquanto ele estudava o fato de que os filhos de pessoas altas costumam ter a estatura mais baixa que os pais. Como a estatura das crianças era menor, ele chamou de *regressão à média*, nome dado aos métodos usados para analisar as correlações entre as variáveis.

Em aprendizado de máquina, um *atributo* é um tipo de dado (por exemplo, "quilometragem"), ao passo que uma *característica* assume vários significados; dependendo do contexto, geralmente significa um atributo mais o seu valor (por exemplo: "Quilometragem = 15.000"). Muitas pessoas utilizam as palavras *atributo* e *característica* como sinônimos.

Observe que alguns algoritmos de regressão também podem ser utilizados para classificação e vice-versa. Por exemplo, a regressão logística é comumente utilizada para classificação, pois consegue gerar um valor correspondente à probabilidade de pertencer a uma determinada classe (por exemplo, 20% de chance de ser spam).

Seguem alguns dos algoritmos mais importantes do aprendizado supervisionado (abordados neste livro):

- K-ésimo vizinho mais próximo.
- Regressão linear.
- Regressão logística.
- Máquinas de vetores de suporte (SVMs).
- Árvores de decisão e florestas aleatórias.
- Redes neurais.[4]

Aprendizado não supervisionado

No *aprendizado não supervisionado*, como você pode imaginar, os dados de treinamento não são rotulados (Figura 1-7). O sistema tenta aprender sem um professor.

Figura 1-7. Conjunto de treinamento não rotulado para aprendizado não supervisionado

Seguem alguns dos algoritmos mais importantes de aprendizado não supervisionado (a maioria deles é abordada nos Capítulo 8 e 9):

- Clusterização
  — K-Means (Clusterização K-média).
  — DBSCAN (clusterização espacial baseada em densidade de aplicações com ruído).
  — Análise de cluster hierárquica (HCA).

4 Algumas arquiteturas de redes neurais podem ser não supervisionadas, como autoencoders e máquinas de Boltzmann restritas (RBM). Também podem ser semissupervisionadas, como redes de crenças profundas e pré-treinamento sem supervisão.

- Detecção de anomalias e de novidades
  - One-class SVM.
  - Floresta de isolamento.
- Visualização e redução da dimensionalidade
  - Análise de Componentes Principais (ACP).
  - Kernel ACP.
  - LLE (método de redução de dimensionalidade não linear [Locally Linear Embedding]).
  - t-SNE (método de incorporação estocástica de vizinhos distribuídos [Distributed Stochastic Neighbor Embedding]).
- Aprendizado de regras por associação
  - Apriori.
  - Eclat.

Por exemplo, digamos que você tenha muitos dados sobre os visitantes do seu blog. Você quer executar um algoritmo de *clusterização* com o objetivo de tentar detectar grupos de visitantes semelhantes (Figura 1-8). Em nenhum momento você informa ao algoritmo a qual grupo o visitante pertence: ele encontrará essas relações sem sua ajuda. Por exemplo, ele pode observar que 40% dos visitantes são homens que adoram histórias em quadrinhos e em geral leem seu blog à noite, enquanto 20% são jovens amantes de ficção científica e o visitam durante os finais de semana. Se você utilizar um algoritmo de *clusterização hierárquica*, ele também poderá subdividir cada grupo em grupos menores. Isso pode ajudá-lo a direcionar suas postagens para cada um desses grupos.

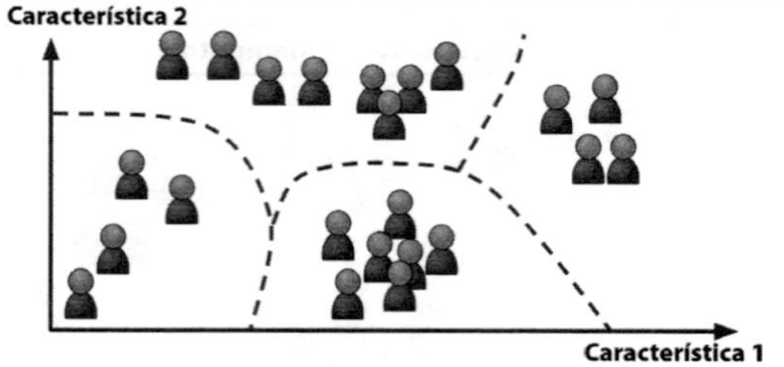

Figura 1-8. Clusterização

Os algoritmos de *visualização* também são bons exemplos de algoritmos de aprendizado não supervisionado: você lhes fornece muitos dados complexos e não rotulados, e eles geram uma representação 2D ou 3D de seus dados que podem ser facilmente plotados (Figura 1-9). Esses algoritmos tentam preservar o máximo da estrutura (por exemplo, tentam impedir que clusters separados no espaço de entrada se sobreponham na visualização), a fim de que você possa entender como os dados estão organizados e talvez identificar padrões inesperados.

A *redução da dimensionalidade* é uma tarefa relacionada cujo objetivo é simplificar os dados sem perder muita informação. Para tal, você pode fazer o merge de diversas características correlacionadas em uma. Por exemplo, a quilometragem de um carro pode estar bastante correlacionada com seu tempo de uso, de modo que o algoritmo da redução de dimensionalidade fará o merge em uma característica que representa o desgaste do carro. Isso se chama de *extração de características*.

Não raro, é uma boa ideia tentar reduzir a dimensão dos dados de treinamento usando um algoritmo de redução de dimensionalidade e fornecê-lo a outro algoritmo do aprendizado de máquina (como um algoritmo de aprendizado supervisionado). Esse algoritmo será executado mais rapidamente, os dados ocuparão menos espaço em disco e na memória e, em alguns casos, podem ter um melhor desempenho também.

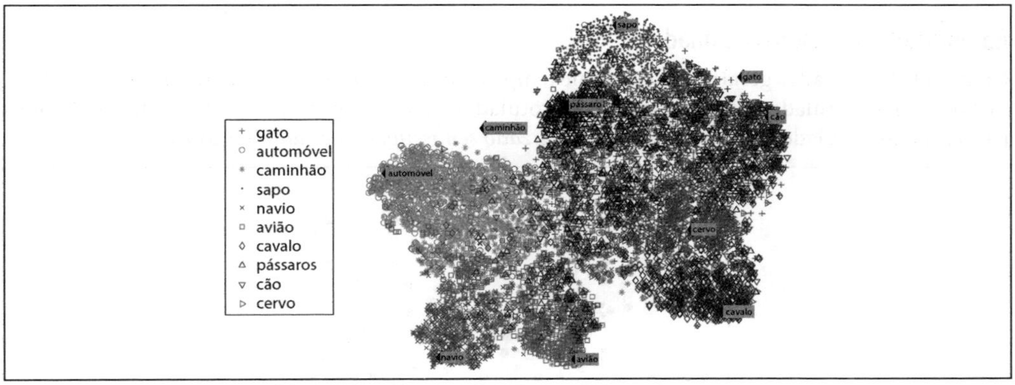

Figura 1-9. Exemplo de uma visualização t-SNE destacando cluster semântico[5]

Outra tarefa fundamental não supervisionada é a *detecção de anomalias* — por exemplo, a detecção de transações incomuns em cartões de crédito para evitar fraudes, identificar defeitos de fabricação ou remover automaticamente outliers de um conjunto de dados, antes de fornecê-lo a outro algoritmo de aprendizado. Na maioria das vezes, exibe-se o sistema em instâncias normais durante o treinamento, por isso ele aprende a reconhecê-las e, quando vê uma instância nova, é capaz de afirmar se ela parece normal ou se é uma provável anomalia (veja a Figura 1-10). Uma tarefa bem semelhante é a *detecção de novidade*: visa detectar instâncias novas que parecem diferentes de todas as instâncias no conjunto de treinamento. Isso exige um conjunto de treinamento muito "limpo", desprovido de qualquer instância que você gostaria que o algoritmo detectasse. Por exemplo, se você tem milhares de fotos de cães e 1% delas representa Chihuahuas, um algoritmo de detecção de novidade não deve tratar as novas fotos de Chihuahuas como novidades. Em contrapartida, algoritmos de detecção de anomalias podem considerar esses cães tão raros e tão diferentes de outros que provavelmente os classificariam como anomalias (nada contra os Chihuahuas).

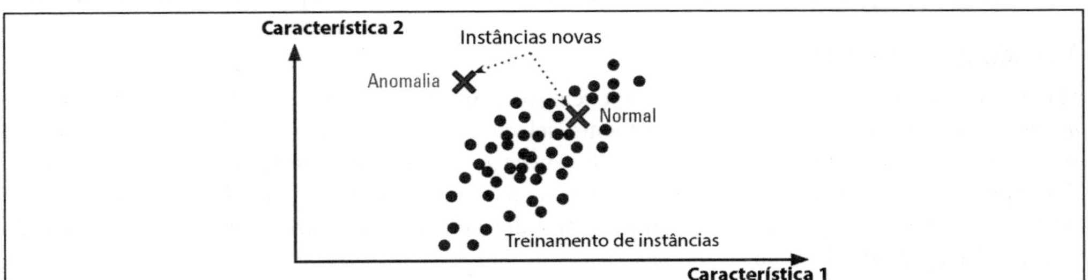

Figura 1-10. Detecção de anomalia

5 Observe como os animais estão bem separados dos veículos, como os cavalos estão próximos aos cervos, mas longe dos pássaros, e assim por diante. Imagem reproduzida com permissão de Richard Socher et al., "Zero-Shot Learning Through CrossModal Transfer", *Proceedings of the 26th International Conference on Neural Information Processing Systems* 1 (2013): 935–943.

Finalmente, outra tarefa comum não supervisionada é o *aprendizado de regras por associação*, cujo objetivo é investigar grandes quantidades de dados e descobrir relações interessantes entre os atributos. Por exemplo, suponha que você seja dono de um supermercado. Executar uma regra de associação em seus registros de vendas pode revelar que as pessoas que compram molho de churrasco e batatas fritas também estão propensas a comprar carnes. Assim sendo, talvez você queira colocar esses itens próximos uns dos outros.

Aprendizado semissupervisionado

Como rotular os dados geralmente consome tempo e dinheiro, você terá uma grande quantidade de instâncias não rotuladas e poucas instâncias rotuladas. Alguns algoritmos podem lidar com dados parcialmente rotulados. Isso se chama *aprendizado semissupervisionado* (Figura 1-11).

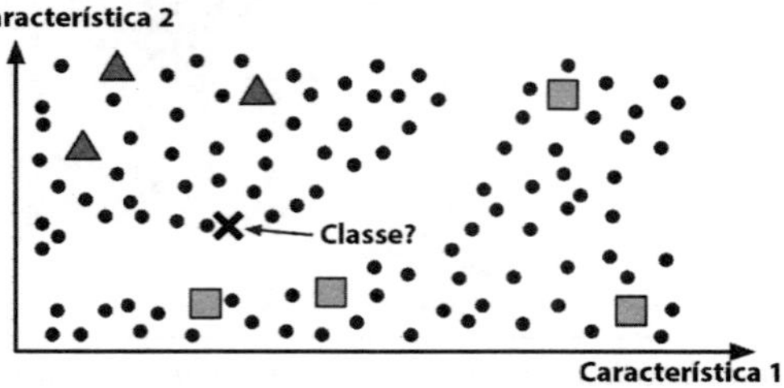

Figura 1-11. Aprendizado semissupervisionado com duas classes (triângulos e quadrados): os exemplos não rotulados (círculos) ajudam a classificar uma instância nova (a cruz) na classe triângulo em vez de na classe quadrado, ainda que esteja mais próxima dos quadrados rotulados

Alguns serviços de hospedagem de fotos, como o Google Fotos, são bons exemplos disso. Ao fazer o upload de todas as fotos de família, o aplicativo reconhecerá automaticamente que a mesma pessoa (A) aparece nas fotos 1, 5 e 11, enquanto outra pessoa (B) aparece nas fotos 2, 5 e 7. Essa é a parte não supervisionada do algoritmo (clusterização). Agora, o sistema apenas precisa que você informe quem são essas pessoas. Acrescente somente um rótulo por pessoa[6] e ele será capaz de nomear todas, o que é útil para pesquisar fotos.

A maior parte dos algoritmos de aprendizado semissupervisionado são combinações de algoritmos supervisionados e não supervisionados. Por exemplo, as *redes neurais de crenças profundas* (DBNs) são baseadas em componentes não supervisionados, as chamadas *máquinas restritas de Boltzmann* (RBMs), empilhados uns em cima dos outros. As RBMs são treinadas sequencialmente de forma não supervisionada, logo todo o sistema se aperfeiçoa usando técnicas de aprendizado supervisionado.

Aprendizado por reforço

Já o *aprendizado por reforço* é uma criatura bem diferente. O sistema de aprendizado, chamado de *agente* nesse contexto, pode assistir o ambiente, selecionar e executar ações e obter *recompensas* em troca (ou *penalidades* na forma de recompensas negativas, conforme mostrado na Figura 1-12). Ele deve aprender sozinho qual é a melhor estratégia, chamada de *política*, para obter o maior número de recompensas ao longo do tempo. Uma política define qual ação o agente deve escolher quando está em determinada situação.

Por exemplo, muitos robôs implementam algoritmos de aprendizado por reforço para aprender a andar. O programa AlphaGo da DeepMind também é um bom exemplo de aprendizado por reforço:

6 Isso quando o sistema funciona perfeitamente. Na prática, muitas vezes ele cria alguns clusters por pessoa e, às vezes, mistura duas pessoas parecidas, logo é necessário fornecer alguns rótulos por pessoa e limpar manualmente alguns clusters.

ele apareceu nas manchetes em maio de 2017 quando venceu o campeão mundial Ke Jie no jogo Go. Ele aprendeu sua política de vitória analisando milhões de jogos e depois jogando muitos jogos contra si mesmo. Repare que o aprendizado foi desativado durante os jogos contra o campeão. O AlphaGo estava somente usando a política que havia aprendido.

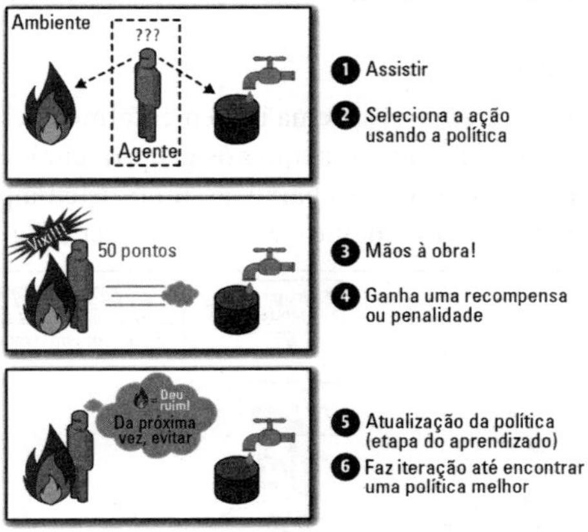

Figura 1-12. Aprendizado por reforço

Aprendizado em batch e online

Outro critério utilizado para classificar os sistemas de aprendizado de máquina é se o sistema pode ou não aprender de forma incremental a partir da entrada de um fluxo de dados.

Aprendizado em batch (por ciclo)

No *aprendizado em batch*, o sistema é incapaz de aprender de forma incremental: ele deve ser treinado usando todos os dados disponíveis. Via de regra, isso demandará muito tempo e recursos computacionais, portanto normalmente é realizado offline. Primeiro, o sistema é treinado, em seguida é implementado em produção e roda sem aprender mais nada, somente aplicando o que aprendeu. Isso se chama *aprendizado offline*.

Caso deseje que um sistema de aprendizado em batch tenha acesso a dados novos (como um novo tipo de spam), você precisa treinar uma nova versão do sistema a partir do zero no conjunto completo de dados (e não apenas com os dados novos, mas também com os antigos) e, em seguida, descontinuar o sistema antigo e substituí-lo pelo novo. Felizmente, todo o processo de treinamento, avaliação e disponibilização de um sistema de aprendizado de máquina pode ser facilmente automatizado (como mostrado na Figura 1-3). Assim sendo, mesmo um sistema de aprendizado em batch pode se adaptar às mudanças. Basta atualizar os dados e treinar uma nova versão do sistema a partir do zero sempre que necessário.

É uma solução simples que geralmente funciona bem, mas o treinamento usando o conjunto completo de dados pode levar muitas horas; portanto, você normalmente treina um novo sistema apenas a cada 24 horas ou semanalmente. Caso seu sistema precise se adaptar a dados que mudam rapidamente (por exemplo, prever os preços das ações), você precisa de uma solução mais responsiva.

Além disso, o treinamento no conjunto completo de dados exige mais recursos computacionais (CPU, espaço de memória, espaço em disco, E/S do disco, E/S de rede etc.). Se você tem muitos dados e seu sistema é automatizado para treinar todos os dias a partir do zero, esse processo custará uma fortuna. Se a quantidade de dados for gigantesca, talvez seja impossível utilizar um algoritmo de aprendizado em batch.

Por fim, caso o sistema precise aprender de forma autônoma e tenha recursos limitados (por exemplo, um aplicativo de smartphone ou um veículo do tipo rover explorando a superfície de Marte), fazer o upload de grandes quantidades de dados de treinamento e usar os inúmeros recursos para treinar por dias e horas a fio provocaria um bug do tipo showstopper. Felizmente, uma opção melhor em todos esses casos seria utilizar algoritmos capazes de aprender de forma incremental.

Aprendizado online (incremental)

No *aprendizado online*, é possível treinar o sistema incrementalmente, fornecendo as instâncias de dados de forma sequencial, individual ou em pequenos grupos, chamados de *mini-batches*. Cada etapa do aprendizado é rápida e tem um custo baixo, assim o sistema pode aprender instantaneamente os dados novos em tempo real, assim que eles entram (veja a Figura 1-13).

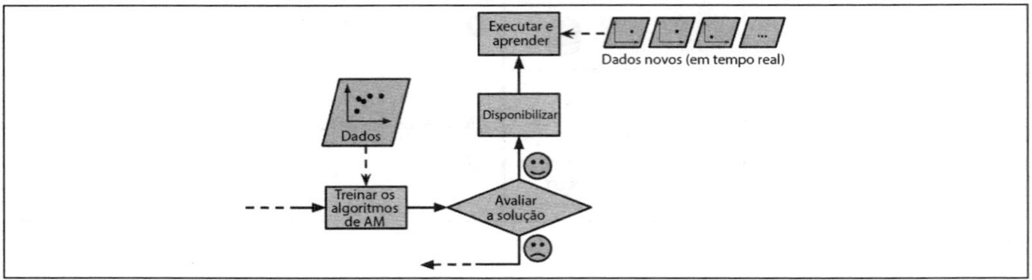

Figura 1-13. No aprendizado online, um modelo é treinado e disponibilizado em produção e, em seguida, continua aprendendo à medida que novos dados são recebidos

O aprendizado online é excelente para sistemas que recebem dados em um fluxo contínuo (por exemplo, preços das ações) e precisam se adaptar a mudanças rápido ou autonomamente. Também é uma boa opção se seus recursos computacionais são limitados: uma vez que um sistema de aprendizado online aprendeu novas instâncias de dados, ele não precisa mais delas, logo você pode descartá-las (a menos que queira fazer o rollback para um estágio anterior e "voltar" os dados). O que pode economizar bastante espaço.

Os algoritmos de aprendizado online também podem ser utilizados para treinar sistemas em grandes conjuntos de dados que não cabem na memória principal de uma máquina (isso se chama aprendizado *out-of-core*). O algoritmo faz o upload de parte dos dados, executa uma etapa do treinamento nesses dados e repete o processo até que ele tenha sido executado em todos os dados (veja a Figura 1-14).

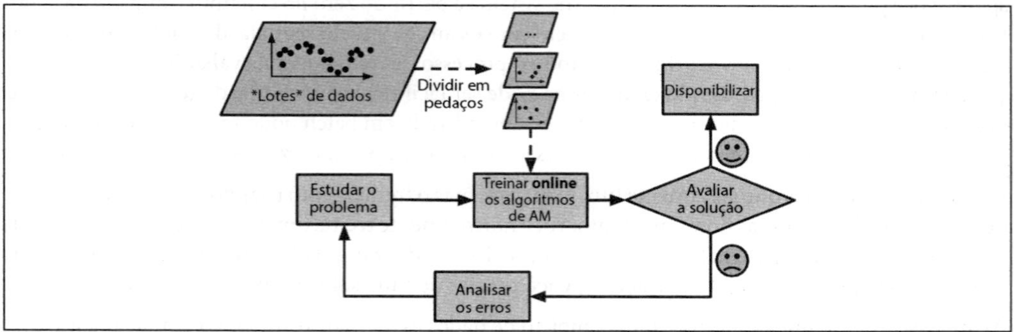

Figura 1-14. Usando o aprendizado online para lidar com grandes conjuntos de dados

O aprendizado out-of-core geralmente é feito offline (ou seja, não no sistema ativo), portanto o aprendizado online pode ser um nome confuso. Pense nisso como um *aprendizado incremental*.

Um parâmetro importante dos sistemas de aprendizado online é a rapidez com que eles devem se adaptar às mudanças dos dados: isso se chama *taxa de aprendizagem*. Caso defina uma alta taxa de aprendizado, o sistema se adaptará rapidamente aos dados novos, mas também será propenso a se esquecer rapidamente dos antigos (você não quer que um filtro de spam sinalize apenas os tipos mais recentes de spam). Por outro lado, se você definir uma baixa taxa de aprendizado, o sistema terá mais inércia; ou seja, aprenderá mais devagar, porém também será menos suscetível ao apontar novos dados ou sequências de pontos de dados não representativos (outliers).

Um grande desafio no aprendizado online é que, se fornecermos dados ruins para o sistema, o desempenho diminuirá gradualmente. Se estamos falando de um sistema em tempo real, os clientes perceberão. Por exemplo, talvez os dados ruins sejam oriundos de um sensor com mau funcionamento em um robô, ou de alguém que envia um spam a um mecanismo de busca com o intuito de alcançar uma classificação alta nos resultados de pesquisa. Para mitigar esse risco, você precisa monitorar de perto o sistema e desativar o aprendizado imediatamente, caso identifique uma queda no desempenho. Talvez você também queira monitorar os dados de entrada e tomar providências quanto aos dados anormais (por exemplo, usando um algoritmo de detecção de anomalias).

Aprendizado baseado em instâncias versus aprendizado baseado em modelo

Outra forma de categorizar os sistemas de aprendizado de máquina é por meio da *generalização*. A maioria das tarefas de aprendizado de máquina faz predições. Isso implica que, dada uma série de exemplos de treinamento, o sistema precisa ser capaz de fazer boas predições para (generalizar) exemplos que nunca viu antes. Um bom rendimento do desempenho dos dados de treinamento é ótimo, mas não é o bastante; o verdadeiro objetivo é ter um bom desempenho em instâncias novas.

Existem duas abordagens principais no que diz respeito à generalização: aprendizado baseado em instâncias e aprendizado baseado em modelo.

Aprendizado baseado em instância

Possivelmente, a forma mais comum de aprendizado é a memorização. Se você desenvolvesse um filtro de spam dessa forma, ele apenas sinalizaria todos os e-mails idênticos em relação aos e-mails já marcados pelos usuários — não seria a pior solução, mas também não é uma das melhores.

Em vez de marcar somente e-mails idênticos em comparação aos e-mails de spam conhecidos, o filtro de spam pode ser programado para sinalizar também e-mails semelhantes aos e-mails conhecidos de spam. Isso exige uma *medida de similaridade* (SM) entre dois e-mails. Uma medida de similaridade (muito básica) entre dois e-mails poderia ser contar o número de palavras que eles têm em comum. O sistema marcaria um e-mail como spam se tivesse muitas palavras em comum com um e-mail de spam conhecido.

Isso se chama de *aprendizado baseado em instância*: o sistema aprende os exemplos por meio da memorização e depois generaliza em novos casos, ao empregar uma medida de similaridade a fim de compará-los a outros exemplos aprendidos (ou um conjunto deles). Por exemplo, na Figura 1-15, a instância nova seria classificada como um triângulo porque a maioria das instâncias semelhantes pertence a essa classe.

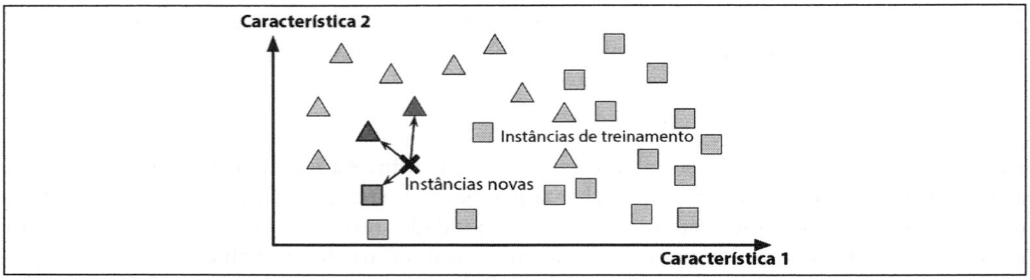

Figura 1-15. Aprendizado baseado em instância

Aprendizado baseado em modelo

Outro modo de generalização de um conjunto de exemplos seria construir um modelo desses exemplos e usá-lo para fazer *predições*. Isso se chama *aprendizado baseado em modelo* (Figura 1-16).

Por exemplo, digamos que você queira saber se o dinheiro traz felicidade às pessoas e faz o download dos dados do Índice de Vida Melhor no site da OCDE (*https://homl.info/4*), das estatísticas sobre o produto interno bruto (PIB) e da renda per capita do site do FMI (*https://homl.info/5*). Depois, você junta as tabelas e classifica o PIB por renda per capita. A Tabela 1-1 mostra um trecho do que você obtém.

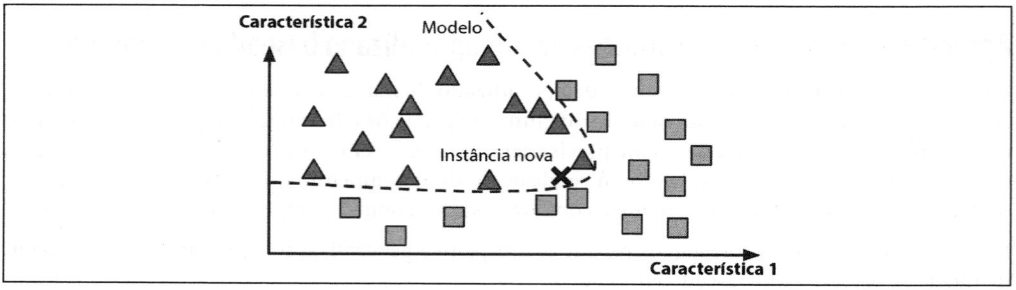

Figura 1-16. Aprendizado baseado em modelo

Tabela 1-1. O dinheiro traz felicidade às pessoas?

País	PIB por per capita (USD)	Satisfação de vida
Hungria	12.240	4,9
Coreia	27.195	5,8
França	37.675	6,5
Austrália	50.962	7,3
Estados Unidos	55.805	7,2

Vamos fazer um gráfico dos dados para esses países (Figura 1-17).

Ao que tudo indica, temos uma tendência! Ainda que os dados se classifiquem como *ruídos* (ou seja, parcialmente aleatórios), parece que a satisfação de vida aumenta mais ou menos linearmente à medida que o PIB per capita do país cresce. Desse modo, você modela a satisfação de vida como uma função linear do PIB per capita. Isso se chama *seleção do modelo*: você selecionou um modelo linear de satisfação de vida com apenas um atributo, o PIB per capita (Equação 1-1).

Equação 1-1. Um simples modelo linear

$$\text{satisfação\_de\_vida} = \theta_0 + \theta_1 \times \text{PIB\_per\_capita}$$

Esse modelo tem dois *parâmetros de modelo*, θ_0 e θ_1.[7] Ao ajustá-los, você pode fazer com que seu modelo represente qualquer função linear, conforme mostrado na Figura 1-18.

Antes de utilizar seu modelo, você precisa definir os valores dos parâmetros θ_0 e θ_1.

Como saber quais valores funcionarão melhor com o modelo? Para responder a essa pergunta, é necessário especificar uma medida de desempenho. Você pode definir uma *função de utilidade* (ou *função de avaliação*) que calcula o quanto o seu modelo é bom, ou uma *função de custo*, que calcula o quanto ele é ruim. Para problemas de regressão linear, as pessoas geralmente utilizam uma função de custo que calcula a distância entre as predições do modelo linear e os exemplos de treinamento; o objetivo é minimizar essa distância.

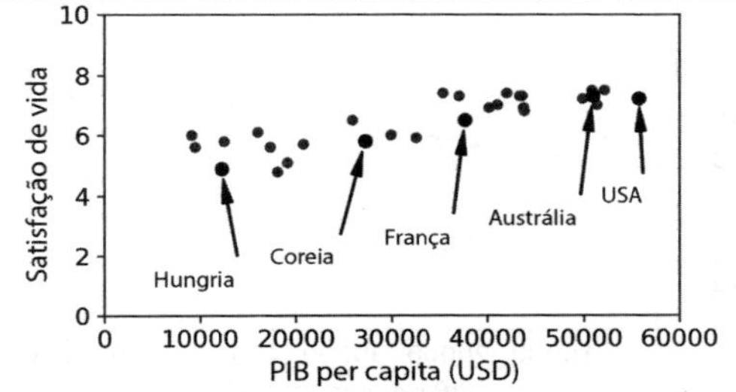

Figura 1-17. Você enxerga uma tendência?

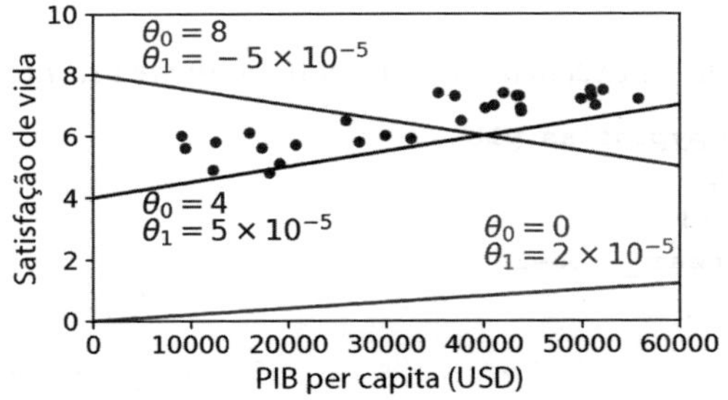

Figura 1-18. Alguns modelos lineares possíveis

Nesse momento, o algoritmo de regressão linear entra em cena: você o alimenta com seus exemplos de treinamento e ele identifica os parâmetros do modelo linear que melhor se adéquam aos dados. Isso se chama *treinar* o modelo. Em nosso caso, o algoritmo descobre que os valores dos parâmetros ideais são e $\theta_0 = 4{,}85$ e $\theta_1 = 4{,}91 \times 10^{-5}$.

7 Por convenção, a letra grega θ (teta) é usada com frequência para representar os parâmetros do modelo.

Inexplicavelmente, a mesma palavra "modelo" pode se referir a um *tipo de modelo* (por exemplo, regressão linear), a um *modelo de arquitetura totalmente específico* (por exemplo, regressão linear com uma entrada e uma saída) ou ao *modelo final treinado*, pronto para ser usado em predições (por exemplo, regressão linear com uma entrada e uma saída, usando $\theta_0 = 4{,}85$ e $\theta_1 = 4{,}91 \times 10-5$). A seleção do modelo consiste em escolher o tipo de modelo especificando sua arquitetura por completo. Treinar um modelo significa executar um algoritmo a fim de identificar os parâmetros do modelo que melhor se adequem aos dados de treinamento (e, quem sabe, fazer boas predições a partir dos dados novos).

Agora, o modelo se ajusta o mais próximo possível dos dados do treinamento (para um modelo linear), como pode ver na Figura 1-19.

Você finalmente está pronto para executar o modelo e fazer predições. Por exemplo, digamos que você quer saber o nível de felicidade dos cipriotas, e os dados da OCDE não têm a resposta. Felizmente, você pode utilizar o seu modelo para realizar uma boa predição: consulte o PIB per capita do Chipre, encontre US$22.587 e, em seguida, aplique seu modelo e verifique a satisfação de vida, que estará mais ou menos próxima de 4,85 + 22.587 × 4,91 × 10-5 = 5,96.

Para aguçara curiosidade, o Exemplo 1-1 mostra o código Python que carrega os dados, os prepara,[8] cria um gráfico de dispersão para visualização, treina um modelo linear e ainda faz uma predição.[9]

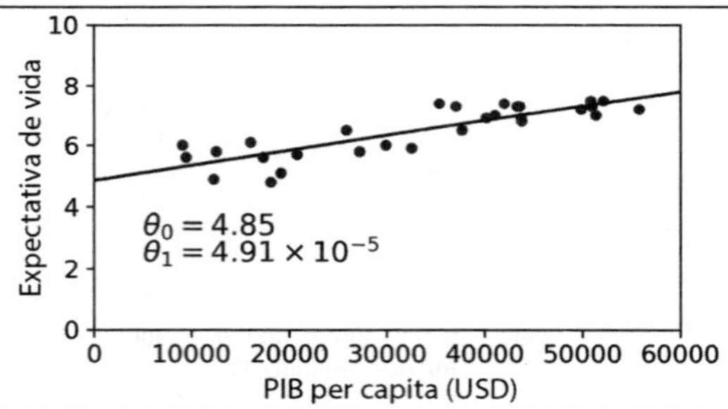

Figura 1-19. O modelo linear que melhor se ajusta aos dados de treinamento

Exemplo 1-1. Treinamento e execução de um modelo linear usando a Scikit-Learn

```
import matplotlib.pyplot as plt
import numpy as np
import pandas as pd
import sklearn.linear_model

# Carrega os dados
oecd_bli = pd.read_csv("oecd_bli_2015.csv", thousands=',')
gdp_per_capita = pd.read_csv("gdp_per_capita.
csv",thousands=',',delimiter='\t',
                             encoding='latin1', na_values="n/a")
```

8 Neste livro, não mostramos a definição da função `prepare_country_stats()`, (veja o Jupyter Notebook deste capítulo, se quiser saber dos detalhes sórdidos). É apenas um código entediante usando a biblioteca Pandas que combina os dados de satisfação de vida da OCDE com os dados do PIB per capita do FMI.

9 Não se preocupe se não entender o código ainda; apresentaremos a Scikit-Learn nos próximos capítulos.

```
# Prepara os dados
country_stats = prepare_country_stats(oecd_bli, gdp_per_capita)
X = np.c_[country_stats["GDP per capita"]]
y = np.c_[country_stats["Life satisfaction"]]

# Visualiza os dados
country_stats.plot(kind='scatter', x="GDP per capita", y='Life satisfaction')
plt.show()

# Seleciona um modelo linear
model = sklearn.linear_model.LinearRegression()

# Treina o modelo
model.fit(X, y)

# Efetua uma predição para o Chipre
X_new = [[22587]] # PIB per capita do Chipre
print(model.predict(X_new)) # Entradas [[ 5.96242338]]
```

Caso tivesse usado um algoritmo de aprendizado baseado em instâncias, descobriria que a Eslovênia tem o PIB per capita mais próximo do Chipre (US$20.732), e, como os dados da OCDE nos informam que a satisfação de vida dos eslovenos é 5,7, você teria previsto uma satisfação de vida de 5,7 para o Chipre. Se considerar os pontos essenciais e observar os dois países mais próximos, encontrará Portugal e Espanha com satisfações de vida de 5,1 e 6,5, respectivamente. Ao calcular a média desses três valores, você obtém 5,77, bastante próximo da predição baseada em modelo. Esse simples algoritmo de regressão se chama *K-ésimo vizinho mais próximo* (neste exemplo, $k = 3$).

Para substituir o modelo de regressão linear pelo algoritmo de regressão K-ésimo vizinho mais próximo no código anterior, simplesmente troque estas suas linhas:

```
import sklearn.linear_model
model = sklearn.linear_model.LinearRegression()
```

por estas duas:

```
import sklearn.neighbors
model = sklearn.neighbors.KNeighborsRegressor(
    n_neighbors=3)
```

Se tudo correu bem, seu modelo fará boas predições. Caso contrário, talvez seja necessário usar mais atributos (índice de emprego, saúde, poluição do ar etc.), obter mais dados de treinamento ou dados com uma qualidade melhor ou talvez selecionar um modelo mais poderoso (por exemplo, um modelo de regressão polinomial).

Em resumo:

- Você estudou os dados.
- Selecionou o modelo.
- Treinou o modelo nos dados de treinamento (ou seja, o algoritmo de aprendizado procurou os valores dos parâmetros do modelo que minimizam uma função de custo).
- E, por último, aplicou o modelo para fazer predições em novos casos (isso se chama *inferência*), na expectativa de que esse modelo fizesse boas generalizações.

O que acabou de ver é um típico projeto de aprendizado de máquina. No Capítulo 2, você acompanhará de perto como é executar um projeto, do começo ao fim.

Já caminhamos muito: agora você já sabe o que é aprendizado de máquina, sua importância, quais são algumas das categorias mais comuns de sistemas de AM e como é um típico fluxo de trabalho do projeto. Agora, veremos o que pode sair de errado no aprendizado, impossibilitando-o de fazer predições certeiras.

Principais Desafios do Aprendizado de Máquina

Em síntese, uma vez que a tarefa principal é selecionar um algoritmo de aprendizado e treiná-lo em alguns dados, duas coisas podem dar errado: "algoritmos ruins" e "dados ruins". Começaremos com exemplos de dados ruins.

Quantidade insuficiente de dados de treinamento

Para que uma criança aprenda o que é uma maçã, é necessário apontar para a fruta e dizer "maçã" (repetindo inúmeras vezes esse procedimento). Agora, a criança consegue reconhecer maçãs de todos os tipos, cores e formas. Genial.

O aprendizado de máquina ainda não chegou a esse nível; é preciso uma grande quantidade de dados para que a maioria dos algoritmos de aprendizado de máquina funcione corretamente. Ainda que os problemas sejam bem simples, você normalmente precisa de centenas de exemplos, e para problemas complexos, como reconhecimento de imagem ou voz, talvez sejam necessários milhões de exemplos (a menos que seja possível reutilizar partes de um modelo existente).

Dados de Treinamento Não Representativos

Com o objetivo de executar boas generalizações, é imprescindível que os dados de treinamento sejam representações dos novos casos. Isso só vale se você utilizar o aprendizado baseado em instâncias ou o aprendizado baseado em modelo.

Por exemplo, o conjunto de países que utilizamos anteriormente para treinar o modelo linear não era perfeitamente representativo; faltavam alguns países. A Figura 1-20 exemplifica como são os dados quando os países que faltam são adicionados.

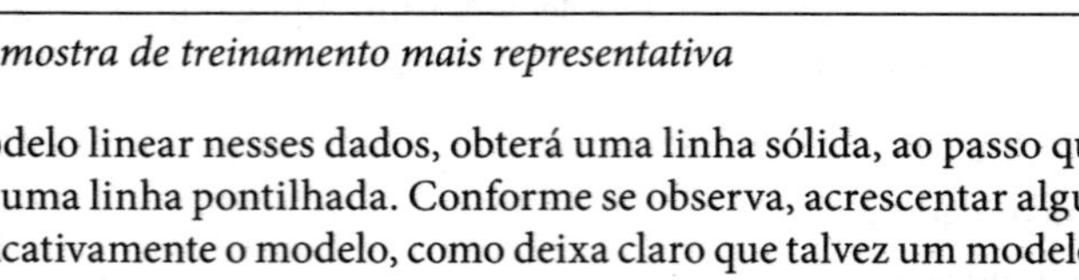

Figura 1-20. Uma amostra de treinamento mais representativa

Caso treine um modelo linear nesses dados, obterá uma linha sólida, ao passo que o modelo antigo é representado por uma linha pontilhada. Conforme se observa, acrescentar alguns países faltantes não só altera significativamente o modelo, como deixa claro que talvez um modelo linear tão simples nunca funcione bem. Aparentemente, os países muito ricos não são mais felizes do que países moderadamente ricos (na verdade, parecem mais infelizes), e vice-versa, alguns países pobres parecem ser mais felizes do que muitos países ricos.

Ao usar um conjunto de treinamento não representativo, treinamos um modelo que dificilmente fará predições exatas, sobretudo para países muito pobres e muito ricos.

É de suma importância utilizar um conjunto de treinamento representativo nos casos em que desejamos generalizar. No entanto, a coisa é mais difícil do que parece: se a amostra for muito pequena, existirá um *ruído de amostragem* (ou seja, dados não representativos como resultado do acaso), mas mesmo as amostras muito grandes podem não ser representativas se o método de amostragem for falho. Isso é chamado de *viés de amostragem*.

A Eficácia Irracional dos Dados

Em um famoso artigo (*https://homl.info/6*) publicado em 2001, os pesquisadores Michele Banko e Eric Brill, da Microsoft, demonstraram que algoritmos de aprendizado de máquina bastante distintos, inclusive os mais simples, tiveram um desempenho quase idêntico em um problema complexo de desambiguação[10] de linguagem natural após serem alimentados com dados suficientes (conforme você pode ver na Figura 1-21).

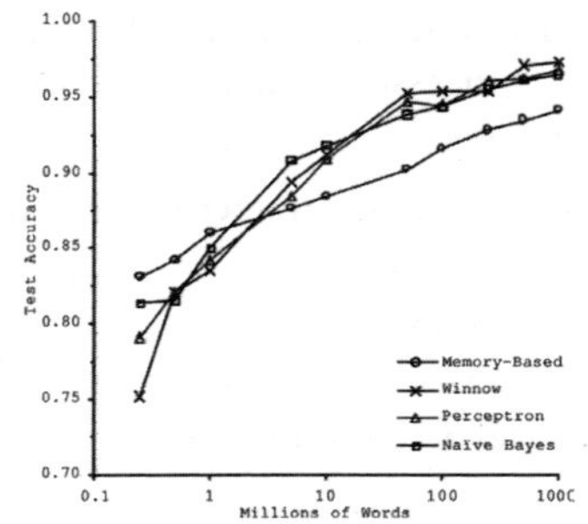

Figura 1-21. A importância dos dados versus algoritmos[11]

Como os autores alegam: "Esses resultados sugerem que talvez possamos reconsiderar o custo-benefício entre gastar tempo e dinheiro no desenvolvimento de algoritmos ou empregá-los no desenvolvimento de corpus."

A ideia de que os dados são mais importantes do que os algoritmos no que se refere aos problemas complexos foi popularizada por Peter Norvig et al. em um artigo intitulado "The Unreasonable Effectiveness of Data" ["A Eficácia Irracional dos Dados", em tradução livre] (*https://homl.info/7*), publicado em outubro de 2009.[12] No entanto, deve-se salientar que os conjuntos de dados pequenos e médios ainda são muito comuns, e nem sempre é fácil ou barato obter dados extras de treinamento — portanto, não abra mão dos algoritmos ainda.

Dados de baixa qualidade

Obviamente, se seus dados de treinamento estiverem cheios de erros, outliers e ruídos (por exemplo, devido a medições de baixa qualidade), o sistema terá mais dificuldade para detectar os padrões básicos; logo, é menos provável que seu sistema funcione bem. Muitas vezes vale a pena dedicar um

10 Por exemplo, em inglês, saber quando escrever "to", "two", ou "too" dependendo do contexto.

11 Figura reproduzida com permissão de Banko e Brill, "Scaling to Very Very Large Corpora for Natural Language Disambiguation", *Proceedings of the 39th Annual Meeting of the Association for Computational Linguistics* (2001): 26–33.

12 Peter Norvig et al., "The Unreasonable Effectiveness of Data", *IEEE Intelligent Systems* 24, no. 2 (2009): 8–12.

tempo limpando os dados de treinamento. A verdade é que a maioria dos cientistas de dados gasta uma parte significativa do tempo fazendo exatamente isso. Por exemplo:

- Se algumas instâncias são claramente outliers, apenas descartá-las pode ajudar, ou você pode tentar corrigir os erros manualmente.
- Caso falte algumas características para algumas instâncias (por exemplo, 5% dos seus clientes não especificaram sua idade), você deve decidir se deseja ignorar completamente esse atributo, se deseja ignorar essas instâncias, preencher os valores ausentes (por exemplo, com a média da idade), ou treinar um modelo com a característica e um modelo sem, e assim por diante.

Características Irrelevantes

Como diz o ditado: entra lixo, sai lixo. Seu sistema só será capaz de aprender se os dados de treinamento tiverem características relevantes suficientes e poucas características irrelevantes. Uma parte imprescindível do sucesso de um projeto de aprendizado de máquina é criar um bom conjunto de características para o treinamento, processo chamado de *feature engeneering* (ou engenharia de features) que envolve os seguintes passos:

- *Seleção de características* (selecionar as características mais úteis para treinamento entre as características existentes).
- *Extração de características* (combinar características existentes a fim de obter as mais uteis — como vimos anteriormente, os algoritmos de redução de dimensionalidade podem ajudar).
- Criação de novas características ao coletar dados novos.

Agora que analisamos diversos exemplos ruins de dados, vejamos alguns exemplos ruins de algoritmos.

Exemplos de Viés de Amostragem

Talvez o exemplo mais famoso de viés de amostragem tenha acontecido durante as eleições presidenciais dos EUA em 1936, na disputa de Landon contra Roosevelt: a *Literary Digest* conduziu uma ampla pesquisa, enviando cartas pelo correio para cerca de 10 milhões de pessoas. Obteve um retorno de 2,4 milhões de respostas e previu com grande confiança que Landon deveria obter 57% dos votos. Mas, na verdade, Roosevelt venceu as eleições com 62% dos votos. A falha aconteceu no método de amostragem da *Literary Digest*:

- Primeiro, ao obter os endereços para o envio das pesquisas, a *Literary Digest* utilizou listas telefônicas, de assinantes, de membros de clubes, entre outras. Todas elas costumam favorecer pessoas mais ricas, mais propensas a votar em republicanos (por isso, Landon).
- Em segundo lugar, menos de 25% das pessoas responderam à enquete. Novamente, ao descartar pessoas que não se importam muito com a política, pessoas que não gostam da *Literary Digest* e outros grupos-chave, é introduzido um viés de amostragem, chamado de *viés de ausência de resposta*.

Vejamos outro exemplo: digamos que você deseja criar um sistema para o reconhecimento de vídeos de música funk. Uma forma de desenvolvê-lo seria pesquisar "música funk" no YouTube e utilizar os vídeos resultantes. Mas isso pressupõe que o mecanismo de pesquisa do YouTube retornará um conjunto de vídeos que representa todos os vídeos de música no YouTube. Provavelmente, os artistas populares terão resultados tendenciosos na pesquisa (e, se você mora no Brasil, receberá muitos vídeos de "funk carioca" que não se parecem nada com James Brown). Por outro lado, de que outra forma você consegue obter um grande conjunto de treinamento?

Sobreajuste dos Dados de Treinamento

Digamos que você está visitando um país estrangeiro e o taxista lhe cobra os olhos da cara por uma corrida. Talvez você caia na tentação de dizer que todos os motoristas de táxi do país são ladrões. Generalizar as coisas exageradamente é algo que nós, humanos, fazemos com muita frequência, e infelizmente as máquinas podem cair na mesma armadilha se não tomarmos cuidado. No aprendizado de máquina, isso é chamado de sobreajuste: significa que o modelo funciona bem nos dados de treinamento, mas não generaliza tão bem.

A Figura 1-22 exemplifica um modelo polinomial de alto nível de satisfação de vida que se sobreajusta acentuadamente nos dados de treinamento. Ainda que apresente um desempenho bem melhor nos dados de treinamento do que no modelo linear simples, você confiaria em suas predições?

Modelos complexos como redes neurais profundas podem detectar padrões sutis nos dados, mas se o conjunto de treinamento é ruidoso ou se é muito pequeno (e introduz ruído na amostragem), o modelo provavelmente detectará padrões no próprio ruído. É óbvio que esses padrões não serão generalizados para novas instâncias. Por exemplo, digamos que você alimenta o modelo de satisfação de vida com muitos outros atributos, incluindo alguns não informativos, como o nome do país. Nesse caso, um modelo complexo poderia detectar padrões como o fato de que todos os países com um *W* em seu nome em inglês têm uma satisfação de vida superior a 7: New Zealand [Nova Zelândia] (7,3), Norway [Noruega] (7,4), Sweden [Suécia] (7,2) e Switzerland [Suíça] (7,5). Você confiaria nessa regra que também generalizaria países como Rwanda [Ruanda] ou Zimbabwe [Zimbábue]? É evidente que esse padrão nos dados ocorreu por mero acaso, contudo o modelo não tem como saber se um padrão é real ou simplesmente resultado de ruído nos dados.

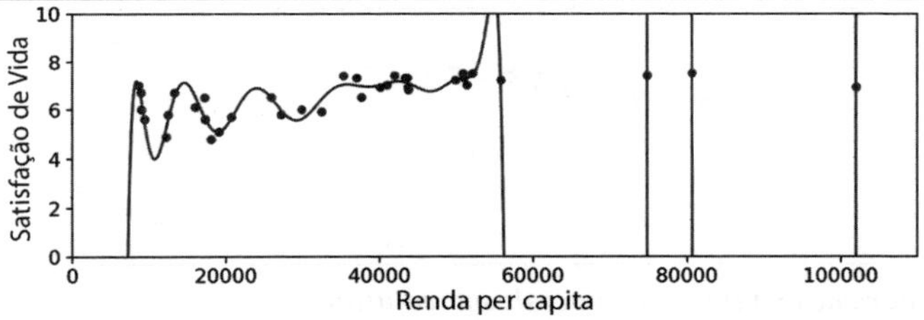

Figura 1-22. Sobreajuste nos dados de treinamento

O sobreajuste acontece quando o modelo é muito complexo em relação à quantidade e ao ruído dos dados de treinamento. As possíveis soluções são:

- Simplificar o modelo ao selecionar um com menos parâmetros (por exemplo, um modelo linear em vez de um modelo polinomial de alto nível), reduzindo o número de atributos nos dados de treinamento ou restringindo o modelo.
- Coletar mais dados de treinamento.
- Reduzir o ruído nos dados de treinamento (por exemplo, corrigir erros de dados e remover outliers).

Chamamos de regularização quando restringimos um modelo para simplificar e reduzir o risco de sobreajuste. Por exemplo, o modelo linear que definimos anteriormente tem dois parâmetros, θ_0 e θ_1. Isso fornece ao algoritmo de aprendizado dois graus de liberdade para adaptar o modelo aos dados de treinamento: ele pode ajustar tanto a altura (θ_0) quanto a inclinação (θ_1) da linha. Se forçássemos o $\theta_1 = 0$, o algoritmo teria apenas um grau de liberdade e teria muito mais dificuldade em ajustar os dados corretamente: tudo o que ele poderia fazer seria mover a linha para cima ou para baixo, de modo a se aproximar o máximo possível das instâncias de treinamento; assim, você teria uma média. Na verdade, seria um modelo bem simples! Mas, caso permitíssemos que o algoritmo modificasse θ_1 e forçássemos sua redução, o algoritmo apresentaria algo como um e dois graus de liberdade. Ele geraria um modelo mais simples do que aquele com dois graus de liberdade, porém mais complexo do que o modelo com apenas um grau. Queremos encontrar o equilíbrio adequado entre o ajuste perfeito dos dados e a necessidade de manter o modelo simples o bastante para garantir que ele generalize bem.

A Figura 1-23 exemplifica três modelos: a linha pontilhada representa o modelo original que foi treinado nos países representados como círculos (sem os países representados como quadrados); a linha tracejada é o nosso segundo modelo treinado com todos os países (círculos e quadrados); e a linha contínua é um modelo treinado com os mesmos dados do primeiro modelo, mas com uma restrição de regularização. Você pode observar que a regularização forçou o modelo a ter uma inclinação menor: esse modelo não se adéqua aos dados de treinamento (círculos) e ao primeiro modelo, no entanto generaliza melhor em exemplos novos que não foram vistos durante o treinamento (quadrados).

A quantidade de regularização aplicada durante o aprendizado pode ser controlada por meio de um hiperparâmetro. Um hiperparâmetro é um parâmetro de um algoritmo de aprendizado (não do modelo). Como tal, não é afetado pelo próprio algoritmo de aprendizado; deve ser definido antes do treinamento e permanecer constante ao longo dele. Se você definir o hiperparâmetro de regularização com um valor muito alto, obterá um modelo quase plano (uma inclinação próxima a zero); o algoritmo de aprendizado certamente não se sobreajustará nos dados de treinamento e terá menos chances de encontrar uma boa solução. O ajuste dos hiperparâmetros é uma parte importante da construção de um sistema de aprendizado de máquina (você verá um exemplo detalhado no próximo capítulo).

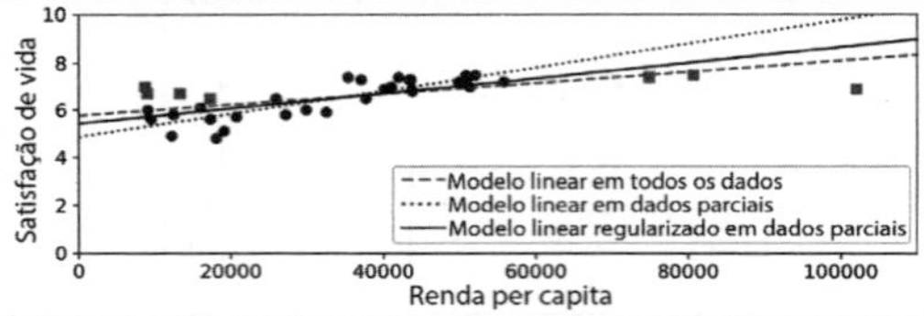

Figura 1-23. A regularização minimiza o risco de sobreajustes

Subajuste dos dados de treinamento

Como você pode imaginar, o subajuste é o oposto de sobreajuste: ocorre quando o modelo é muito simples para o aprendizado da estrutura fundamental dos dados. Por exemplo, um modelo linear de satisfação de vida está propenso a ser subajustado; a realidade é mais complexa do que o modelo, por isso as predições tendem a ser imprecisas mesmo nos exemplos de treinamento.

Veja as principais opções para solucionar esses problemas:

- Selecionar um modelo mais poderoso, com mais parâmetros.
- Alimentar o algoritmo de aprendizado com melhores características (feature engineering).
- Minimizar as restrições no modelo (por exemplo, reduzindo o hiperparâmetro de regularização).

Um passo atrás

Por ora, você já sabe muito sobre o aprendizado de máquina. No entanto, vimos tantos conceitos que você pode estar se sentindo um pouco perdido, então vamos dar um passo atrás e rever o panorama geral:

- Aprendizado de máquina é garantir que as máquinas evoluam em algumas tarefas aprendendo com os dados, em vez de ter que programar explicitamente as regras.
- Existem muitos tipos diferentes de sistemas AM: supervisionados ou não, em batch ou online, baseados em instâncias ou em modelos.
- Em um projeto AM, você coleta dados em um conjunto de treinamento e os fornece para um algoritmo de aprendizado. Se o algoritmo for baseado em modelo, ele ajusta alguns parâmetros para adequar o modelo ao conjunto de treinamento (ou seja, para fazer boas predições no próprio conjunto de treinamento); em seguida, se tudo der certo, também poderá fazer boas predições em novos casos. Se o algoritmo for baseado em instância, ele simplesmente aprende os exemplos de cor e salteado e utiliza uma medida de similaridade para generalizar em instâncias novas.
- O sistema não terá um bom desempenho se o conjunto de treinamento for muito pequeno ou se os dados não forem representativos, ruidosos ou poluídos com características irrelevantes (entra lixo, sai lixo). Por último, o modelo não precisa ser simples demais (subajustado) nem muito complexo (superajustado).

Abordaremos um último tópico importante: uma vez treinado um modelo, você não vai querer apenas "torcer" para que ele generalize casos novos. Você vai querer avaliar e ajustar se necessário. Vejamos como fazer isso.

Teste e Validação

A única forma de mensurar até que ponto um modelo generalizará bem em casos novos é testá-lo na prática. Você pode disponibilizar seu modelo em produção e monitorar a qualidade do desempenho. Isso funciona bem, mas, se o modelo for muito ruim, os usuários reclamarão — e isso não é nada bom.

Uma das melhores opções seria dividir seus dados em dois conjuntos: o conjunto de treinamento e o conjunto de teste. Como os nomes indicam, você treina o modelo utilizando o conjunto de treinamento e o testa usando o conjunto de teste. A taxa de erro nos casos novos se chama erro de generalização (ou erro fora da amostra) e, ao avaliar o modelo no conjunto de teste, você obtém uma estimativa desse erro. Esse valor lhe informa o desempenho do modelo em instâncias que ele nunca trabalhou antes.

Se o erro de treinamento for baixo (ou seja, seu modelo comete alguns erros no conjunto de treinamento), e o erro de generalização for alto, isso significa que o modelo está se sobreajustando aos dados de treinamento.

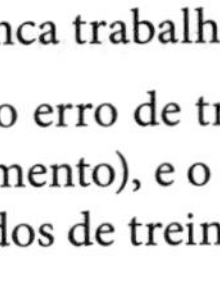

É comum usar 80% dos dados para treinamento e *separar* 20% para testes. No entanto, isso depende do tamanho do conjunto de dados: se ele tem 10 milhões de instâncias, separar 1% significa que seu conjunto de testes conterá 100 mil instâncias, provavelmente mais que o suficiente para gerar uma boa estimativa do erro de generalização.

Ajuste de hiperparâmetro e seleção de modelo

Avaliar um modelo é bem simples: basta utilizar um conjunto de teste. Agora, suponha que você esteja em dúvida entre dois modelos (um modelo linear e um modelo polinomial): como decidir? Uma opção é treiná-los usando o conjunto de teste e comparar a generalização de ambos.

Agora, suponha que o modelo linear generalize melhor, mas você quer implementar um pouco de regularização para evitar o sobreajuste. A questão é: como escolher o valor do hiperparâmetro de regularização? Uma opção seria treinar 100 modelos diferentes utilizando 100 valores distintos para este hiperparâmetro. Suponha que você identifique o melhor valor de hiperparâmetro que produza um modelo com o menor erro de generalização — digamos apenas 5% de erro. Então, você implementa esse modelo em produção, mas infelizmente ele não funciona tão bem quanto o esperado e gera 15% de erros. O que acabou de acontecer?

O problema é que você calculou o erro de generalização diversas vezes no conjunto de teste e adaptou o modelo e os hiperparâmetros para gerar o melhor modelo para esse conjunto. Isso significa que o modelo provavelmente não funcionará tão bem com os dados novos.

Uma solução comum para esse problema se chama *método holdout* de validação cruzada: basta dividir parte do conjunto de treinamento a fim de avaliar diversos modelos concorrentes e selecionar o melhor. O novo conjunto separado se chama *conjunto de validação* (ou, às vezes, *conjunto de desenvolvimento* ou *dev set*). Em termos concretos, você treina diversos modelos de dados com vários hiperparâmetros no conjunto de treinamento limitado (ou seja, o conjunto de treinamento completo menos o conjunto de validação) e seleciona o modelo com melhor desempenho no conjunto de validação. Após esse processo holdout de validação cruzada, você treina o melhor modelo em todo o conjunto de treinamento (incluindo o conjunto de validação), e isso fornece o modelo final. Por fim, você avalia esse modelo final no conjunto de testes para obter uma estimativa do erro de generalização.

Essa solução geralmente funciona muito bem. No entanto, se o conjunto de validação for muito pequeno, as avaliações do modelo serão imprecisas: você pode acabar selecionando um modelo abaixo do ideal por engano. Por outro lado, se o conjunto de validação for muito grande, o conjunto de treinamento restante será muito menor que o conjunto de treinamento completo. Por que isso é ruim? Veja bem, como o modelo final será treinado em todo o conjunto de treinamento, o ideal não é comparar modelos concorrentes treinados em um conjunto de treinamento muito pequeno. Seria como selecionar o velocista mais rápido para participar de uma maratona. Uma forma de solucionar esse problema é usar um outro método de validação, o *método k-fold* de validação cruzada, utilizando muitos conjuntos de validação pequenos. Cada modelo é avaliado uma vez por conjunto de validação, após ser treinado no restante dos dados. Ao calcular a média de todas as avaliações de um modelo, você obtém uma medida mais precisa de seu desempenho. Contudo, existe um inconveniente: o tempo de treinamento é multiplicado pelo número de conjuntos de validação.

Incompatibilidade de Dados

Em algumas situações, é fácil obter uma quantidade massiva de dados para treinamento, mas esses dados não representarão perfeitamente os dados que serão usados na produção. Por exemplo, suponha que você queira desenvolver um aplicativo móvel para tirar fotos de flores e determinar automaticamente as espécies. Você pode fazer o download de milhões de fotos de flores na internet, no entanto elas não representarão perfeitamente as fotos que serão tiradas usando o aplicativo em um dispositivo móvel. Talvez você tenha apenas 10 mil fotos representativas (ou seja, realmente tiradas com o aplicativo). Nesse caso, a regra mais importante a ser lembrada é que o conjunto de validação e o conjunto de teste devem ser o mais representativos possível dos dados que você pretende usar em produção; portanto, eles devem ser constituídos exclusivamente de imagens representativas: você pode embaralhá-las e colocar metade no conjunto de validação e a outra metade no conjunto de teste (assegurando que nenhuma, ou quase nenhuma, duplicação esteja em ambos os conjuntos). Mas, após treinar seu modelo nas imagens da internet, caso o desempenho do modelo no conjunto de validação seja decepcionante, você não saberá se isso ocorreu porque o modelo sobreajustou o conjunto de treinamento ou se isso se deve somente à incompatibilidade entre as imagens da internet e as imagens de aplicativos para dispositivos móveis. Uma solução é separar algumas imagens de treinamento (da internet) em outro conjunto, que Andrew Ng chama de *train-dev set [conjunto de desenvolvimento de treinamento]*. Após o modelo ser treinado (no conjunto de treinamento, não no train-dev set), você pode avaliá-lo no the train-dev set. Se apresentar um bom desempenho, o modelo não se sobreajusta no conjunto de treinamento. Se apresentar um desempenho ruim no conjunto de validação, ele deve ser oriundo da incompatibilidade de dados. Você pode tentar resolver esse problema pré-processando as imagens da internet para que fiquem mais parecidas com as fotos que serão tiradas pelo aplicativo móvel e, em seguida, treinar novamente o modelo. Em contrapartida, se o modelo tiver um desempenho duvidoso no train-dev set, ele deve ser sobreajustado no conjunto de treinamento; logo, você deve tentar simplificar ou regularizar o modelo, obter mais dados de treinamento e limpar os dados de treinamento.

Teorema Não Existe Almoço Grátis

Um modelo é uma versão simplificada das observações. As simplificações têm como objetivo deixar de lado os detalhes supérfluos que provavelmente não serão generalizados em instâncias novas. No entanto, para decidir quais dados descartar e quais manter, você deve fazer *suposições*. Por exemplo, um modelo linear supõe que os dados são fundamentalmente lineares e que a distância entre as instâncias e a linha reta é apenas o ruído, que certamente pode ser ignorado.

Em um famoso artigo de 1996 (*https://homl.info/8*),[13] David Wolpert demonstrou que, se você não fizer suposição alguma a respeito dos dados, então não há motivo para preferir um modelo a outro. Isso se chama *Teorema Não Existe Almoço Grátis* [*No Free Lunch*]. Para alguns conjuntos de dados, o melhor modelo é um modelo linear, ao passo que, para outros conjuntos, será uma rede neural. Não existe um modelo que *a priori* funcione melhor (por isso, o nome do teorema). A única maneira de saber com certeza qual seria o melhor modelo é avaliar todos. Como isso é impossível, na prática você parte de alguns pressupostos sobre os dados e avalia somente alguns modelos razoáveis. Por exemplo, para tarefas simples, você pode avaliar modelos lineares com vários níveis de regularização e, para um problema complexo, pode avaliar diversas redes neurais.

13 David Wolpert, "The Lack of A Priori Distinctions Between Learning Algorithms", *Neural Computation* 8, no. 7 (1996): 1341–1390.

Exercícios

Neste capítulo, abordamos alguns dos conceitos mais importantes do aprendizado de máquina. Nos próximos, investigaremos as coisas mais a fundo e escreveremos mais código. Mas, antes, faça questão de responder às seguintes perguntas:

1. Como você definiria o aprendizado de máquina?
2. Você consegue apontar quatro tipos de problemas que se destacam?
3. O que é um conjunto de treinamento rotulado?
4. Quais são as duas tarefas supervisionadas mais comuns?
5. Você consegue citar quatro tarefas comuns não supervisionadas?
6. Qual tipo de algoritmo de aprendizado de máquina você usaria para possibilitar que um robô andasse por aí em lugares inexplorados?
7. Que tipo de algoritmo você utilizaria a fim de segmentar seus clientes em diversos grupos?
8. Você acha que o problema da detecção de spam tem a ver com o aprendizado supervisionado ou não supervisionado?
9. O que é um sistema de aprendizado online?
10. O que é o aprendizado out-of-core?
11. Qual tipo de algoritmo de aprendizado depende de uma medida de similaridade para efetuar predições?
12. Qual a diferença entre um parâmetro de modelo e o hiperparâmetro do algoritmo de aprendizado?
13. Para que servem os algoritmos de aprendizado baseados em modelos? Qual é a estratégia mais comum que eles utilizam para serem bem-sucedidos? Como eles fazem predições?
14. Você pode mencionar quatro dos principais desafios do aprendizado de máquina?
15. Caso o modelo tenha um bom desempenho nos dados de treinamento, mas a generalização deixa a desejar em instâncias novas, o que está acontecendo? Você pode exemplificar três possíveis soluções?
16. O que é um conjunto de testes e por que você o utilizaria?
17. Qual é o propósito de um conjunto de validação?
18. O que é um train-dev set, quando é necessário e como usá-lo?
19. O que pode sair de errado se você ajustar os hiperparâmetros utilizando o conjunto de teste?

As soluções desses exercícios estão disponíveis no Apêndice A.

CAPÍTULO 2

Projeto de Aprendizado de Máquina Ponta a Ponta

Neste capítulo, analisaremos um projeto de ponta a ponta, como se fôssemos um cientista de dados recém-contratado por uma empresa do mercado imobiliário.[1] Vamos seguir estes passos:

1. Analisar o panorama geral.
2. Obter os dados.
3. Identificar e visualizar os dados para obter informações úteis.
4. Preparar os dados para os algoritmos do aprendizado de máquina.
5. Selecionar e treinar um modelo.
6. Aperfeiçoar o modelo.
7. Apresentar a solução.
8. Disponibilizar em produção, monitorar e fazer a manutenção do sistema.

Trabalhando com Dados Reais

À medida que você estuda sobre aprendizado de máquina, a melhor coisa é testar os dados do mundo real, e não conjuntos de dados artificiais. Felizmente, existem milhares de conjuntos open data [dados abertos] à sua escolha, que variam em todos os tipos de campos de atuação. Veja a seguir onde procurar e obter os dados:

- Repositórios populares de open data
  - UC Irvine Machine Learning Repository (*http://archive.ics.uci.edu/ml/*).
  - Conjunto de dados no Kaggle (*https://www.kaggle.com/datasets*).
  - Conjunto de Dados no AWS da Amazon (*https://registry.opendata.aws/*).
- Metaportais de dados (listam os repositórios open data)
  - Data Portals (*http://dataportals.org/*).
  - OpenDataMonitor (*http://opendatamonitor.eu/*).
  - Quandl (*http://quandl.com/*).
- Outras páginas que listam muitos repositórios populares de open data
  - Lista de conjuntos de dados de aprendizado de máquina do Wikipedia (*https://homl.info/9*).
  - Quora.com (*https://homl.info/10*).
  - Conjuntos de dados em subseção do Reddit (*https://www.reddit.com/r/datasets*).

1 Este exemplo de projeto é completamente fictício. O objetivo é apenas ilustrar os níveis principais de um projeto de aprendizado de máquina, não aprender sobre o mercado imobiliário.

Neste capítulo, usaremos o conjunto de dados dos preços de imóveis da Califórnia, armazenado no repositório StatLib[2] (veja a Figura 2-1). Este conjunto de dados teve como base o censo da Califórnia de 1990. Não são dados recentes (naquela época, ainda era possível comprar uma bela casa perto da Baía de São Francisco), mas têm muitas características para o aprendizado, então vamos fazer de conta que eles são recentes. Para fins didáticos, adicionei um atributo categórico e removi algumas características.

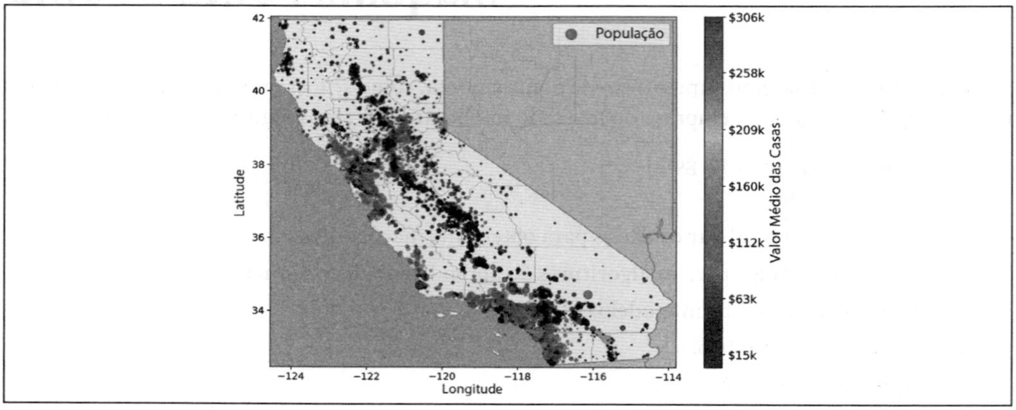

Figura 2-1. Preços de casas na Califórnia

Analisando o Panorama Geral

Bem-vindo à Companhia Habitacional para Aprendizado de Máquina! A primeira tarefa será criar um modelo de preços para setor imobiliário usando os dados do censo do estado da Califórnia. Esses dados têm indicadores como população, renda média e preço médio do imóvel para cada grupo de bairros. Os grupos de bairros são a menor unidade geográfica para a qual o US Census Bureau [Departamento de Censo dos Estados Unidos] publica dados de amostra (um grupo de bairros geralmente comporta uma população de 600 a 3 mil pessoas). Para abreviar, os chamaremos de "regiões".

Seu modelo deve aprender com esses dados e conseguir realizar uma previsão do preço médio do imóvel em qualquer região, considerando todos os outros indicadores. Vale também lembrar que a maioria dos repositórios de dados mencionados anteriormente, bem como os dados e os conteúdos disponibilizados, estão em inglês. Desse modo, todos os códigos desta obra seguirão a proposta inicial do autor. Não é necessário ser fluente em inglês para aprender a programar ou para estudar aprendizado de máquina, no entanto, como essa é uma questão controversa na comunidade de programação, ainda que alguns afirmem que o inglês seria o idioma oficial de qualquer linguagem de programação, achamos por bem manter os exemplos originais, fornecendo as traduções entre colchetes []. Mãos à obra!

> Como um cientista de dados bem organizado, a primeira coisa que você deve fazer é um checklist do projeto. Você pode começar com o checklist do Apêndice B, que se adéqua bem à maioria dos projetos de aprendizado de máquina. No entanto, não se esqueça de adaptá-lo às suas necessidades. Neste capítulo, passaremos por muitos itens do checklist, mas também ignoraremos alguns, porque são autoexplicativos ou porque serão analisados em capítulos posteriores.

2 O conjunto de dados original apareveu em R. Kelley Pace and Ronald Barry, "Sparse Spatial Autoregressions", *Statistics & Probability Letters* 33, no. 3 (1997): 291–297.

Abordar o problema

A primeira coisa que você deve perguntar ao seu chefe é: qual é exatamente o objetivo do negócio? Provavelmente construir um modelo não é o objetivo final. Como a empresa espera usar e se beneficiar desse modelo? Saber isso é importante, pois estabelecerá de que forma você abordará o problema, quais algoritmos escolherá, qual indicador de desempenho utilizará para avaliar seu modelo e quanto de esforço será empreendido para refinar o modelo.

Seu chefe lhe responde que o resultado do seu modelo (uma predição do preço médio dos imóveis no bairro) alimentará outro sistema de aprendizado de máquina (veja a Figura 2-2), junto com outros sinais.[3] Esse sistema de downstream estabelecerá se vale a pena investir em uma determinada área ou não. Fazer tudo certo é fundamental, uma vez que isso impacta o faturamento.

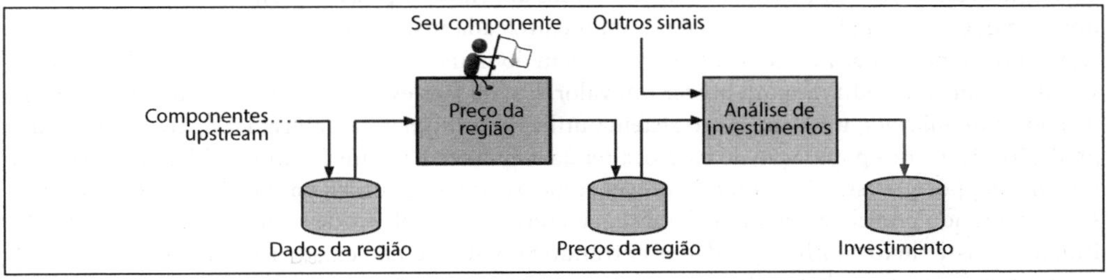

Figura 2-2. Pipeline de aprendizado de máquina para investimentos imobiliários

Pipelines

A sequência de componentes de processamento de dados se chama *pipeline* de dados. Os pipelines são muito comuns em sistemas do aprendizado de máquina, uma vez que existem muitos dados para manipular e muitas mudanças nos dados.

Os componentes normalmente rodam de forma assíncrona. Cada componente carrega uma grande quantidade de dados, executa o processamento e envia o resultado para outro data store, e, algum tempo depois, o próximo componente no pipeline carrega esses dados e gera a saída. Cada componente é bastante independente: a interface entre os componentes é simplesmente o data store. Isso faz com que entender o sistema seja bastante simples (com a ajuda de um diagrama de fluxo de dados), e diferentes equipes podem se concentrar em componentes distintos. Além disso, se um componente parar de executar, os componentes downstream geralmente continuam a rodar normalmente (pelo menos por um tempo), utilizando apenas a última saída do componente que não está executando. Isso torna a arquitetura bastante robusta. Por outro lado, um componente que não executa pode passar despercebido por algum tempo se o monitoramento adequado não for implementado. Os dados ficam obsoletos e o desempenho geral do sistema cai.

A próxima pergunta a ser feita ao seu chefe é: como é a solução atual (caso exista)? Geralmente, a situação atual lhe dá uma ideia do desempenho, e até informações úteis sobre como resolver o problema. Seu chefe lhe responde que os preços das casas nas regiões são estimados manualmente por especialistas: uma equipe reúne informações atualizadas sobre uma região e, quando não consegue obter o preço médio, o estima utilizando regras complexas.

3 As informações fornecidas para um sistema de aprendizado de máquina são chamadas de sinais, em referência à teoria da informação de Shannon: você quer que a proporção sinal/ruído seja alta.

Este processo é caro e demorado, e as estimativas não são nada boas; nos casos em que os especialistas conseguem descobrir o preço médio das moradias, eles geralmente percebem que as estimativas ficaram mais de 10% abaixo do valor. Por isso, a empresa considera que seria útil treinar um modelo a fim de prever o preço médio dos imóveis de uma região, tendo em conta outros dados. Aparentemente, os dados do recenseamento são um ótimo conjunto de dados a serem explorados, já que englobam os preços médios das casas de milhares de regiões, além de outros dados.

De posse de todas essas informações, você já pode começar a projetar seu sistema. Primeiro, é necessário abordar o problema: você usará o aprendizado supervisionado, não supervisionado ou por reforço? Será uma tarefa de classificação, de regressão ou outra coisa? Você deve utilizar técnicas de aprendizado em batch ou online? Antes de prosseguir com a leitura, faça uma pausa e tente responder essas perguntas.

Conseguiu responder? Vamos ver: claramente temos uma tarefa típica de aprendizado supervisionado, uma vez que há exemplos *rotulados* de treinamento (cada instância vem com a saída esperada, ou seja, o preço médio das moradias do bairro). Além do mais, também é uma típica tarefa de regressão, desde que lhe pediram para prever um valor. Em termos específicos, trata-se de um problema de *regressão múltipla*, uma vez que o sistema utilizará múltiplas características para realizar uma predição (ele usará a população do bairro, a renda média etc.). É também um problema de *regressão univariada*, porque estamos tentando prever somente um valor único para cada região. Se estivéssemos tentando prever vários valores por região, seria um problema de *regressão multivariada*. Por fim, não existe fluxo contínuo de dados entrando no sistema, não existe necessidade específica de ajustar rapidamente os dados alterados, que são pequenos o suficiente para serem armazenados na memória; portanto, o aprendizado em batch deve servir.

> Se os dados fossem enormes, você poderia dividir o trabalho de aprendizado em batch entre vários servidores (utilizando a técnica MapReduce), ou poderia utilizar uma técnica de aprendizado online.

Escolha uma medida de desempenho

O próximo passo é escolher uma medida de desempenho. Uma medida típica de desempenho para problemas de regressão é a raiz do erro quadrático médio (RMSE). Ela lhe dá uma ideia da quantidade de erros gerados pelo sistema em suas predições, com um peso maior para grandes erros. A Equação 2-1 mostra a fórmula matemática para calcular a RMSE.

Equação 2-1. Raiz do Erro Quadrático Médio (RMSE)

$$\text{RMSE}(\mathbf{X}, h) = \sqrt{\frac{1}{m}\sum_{i=1}^{m}\left(h\left(\mathbf{x}^{(i)}\right) - y^{(i)}\right)^2}$$

Ainda que a RMSE seja geralmente a medida de desempenho preferencial para tarefas de regressão, em alguns contextos você pode preferir usar outra função. Por exemplo, suponha que existam vários outliers de região. Nesse caso, você pode considerar usar o *erro médio absoluto* (MAE) (também chamado de desvio médio absoluto; veja a Equação 2-2):

Equação 2-2. Erro Médio Absoluto

$$\text{MAE}(\mathbf{X}, h) = \frac{1}{m}\sum_{i=1}^{m}\left|h\left(\mathbf{x}^{(i)}\right) - y^{(i)}\right|$$

Notações

Esta equação apresenta diversas notações bem comuns de aprendizado de máquina que usaremos ao longo deste livro:

- m é o número de instâncias no conjunto de dados em que você está calculando a RMSE.
  - — Por exemplo, se estiver avaliando a RMSE em um conjunto de validação de 2 mil regiões, então m = 2.000.
- $\mathbf{x}^{(i)}$ é um vetor de todos os valores da característica (excluindo o rótulo) da *i-ésima* instância do conjunto de dados, e $y^{(i)}$ é seu rótulo (o valor desejado da saída para aquela instância).
  - — Por exemplo, se a primeira região no conjunto de dados estiver localizada na longitude –118,29°, latitude 33,91°, e tiver 1.416 habitantes com uma renda média de US$38.372, e o valor médio da moradia for de US$156.400 (ignoraremos as outras características por ora), então:

$$\mathbf{x}^{(1)} = \begin{pmatrix} -118.29 \\ 33.91 \\ 1{,}416 \\ 38{,}372 \end{pmatrix}$$

e:

$$y^{(1)} = 156{,}400$$

- $\mathbf{X}$ é uma matriz com todos os valores da característica (excluindo rótulos) de todas as instâncias no conjunto de dados. Existe uma reta por instância e a *i-ésima* linha é igual a transposição de $\mathbf{x}^{(i)}$, notada $(\mathbf{x}^{(i)})^T$.[4]
  - — Por exemplo, se a primeira região for conforme descrita, então a matriz X fica assim:

$$\mathbf{X} = \begin{pmatrix} \left(\mathbf{x}^{(1)}\right)^T \\ \left(\mathbf{x}^{(2)}\right)^T \\ \vdots \\ \left(\mathbf{x}^{(1999)}\right)^T \\ \left(\mathbf{x}^{(2000)}\right)^T \end{pmatrix} = \begin{pmatrix} -118.29 & 33.91 & 1{,}416 & 38{,}372 \\ \vdots & \vdots & \vdots & \vdots \end{pmatrix}$$

- h é a função preditiva do seu sistema, também chamada de *hipótese*. Quando o sistema recebe o vetor $\mathbf{x}^{(i)}$ da característica de uma instância, ele gera a saída de um valor previsto $\hat{y}^{(i)} = h(\mathbf{x}^{(i)})$ para a instância.
  - — Por exemplo, se o sistema prevê que o preço médio na primeira região é de US$158.400, então $\hat{y}^{(1)} = h(\mathbf{x}^{(1)}) = 158.400$. A predição de erro para essa região é de $\hat{y}^{(1)} - y^{(1)} = 2.000$.
- RMSE ($\mathbf{X}$,h) é a função de custo calculada no conjunto de exemplos utilizando sua hipótese h.

Usamos letras em itálico e em minúsculo para valores escalares (como m ou $y^{(i)}$) e o nome das funções (como h), em negrito e em letras minúsculas (como $\mathbf{x}_{i}^{()}$), e letras maiúsculas em negrito para as matrizes (como $\mathbf{X}$).

4 Lembre-se de que o operador de transposição inverte um vetor de coluna em um vetor de reta (e vice-versa).

Tanto a RMSE quanto o MAE são formas de calcular a distância entre dois vetores: o vetor das predições e o vetor dos valores-alvo. Diversos cálculos de distância, ou normas, são possíveis:

- Calcular a raiz de uma soma de quadrados (RMSE) corresponde à *norma euclidiana*: é a noção de distância que você conhece. Chamado também de *norma* $\ell 2$, notado por $\| \cdot \|_2$ (ou apenas $\| \cdot \|$).
- Calcular a soma de absolutos (MAE) corresponde à norma $\ell 1$, notado por $\| \cdot \|_1$. Às vezes, é chamado de *norma Manhattan* porque calcula a distância entre dois pontos em uma cidade, caso você só caminhe ao longo de quarteirões ortogonais da cidade.
- Em termos gerais, a norma ℓk de um vetor v que contém n elementos é definida como $\| \mathbf{v} \|_k = \left(|v_0|^k + |v_1|^k + \cdots + |v_n|^k\right)^{\frac{1}{k}}$ · $\ell_{0,}$ que fornece somente o número de elementos diferentes de zero no vetor, e ℓ_∞ fornece o valor máximo absoluto no vetor.
- Quanto maior o índice da norma, mais ela se concentra em grandes valores e negligencia os pequenos. Por isso, a RMSE é mais atenta aos outliers do que o MAE. Contudo, quando os outliers são exponencialmente raros (como em uma curva de Guss), a RMSE funciona muito bem e geralmente é a preferida.

Verifique as hipóteses

Por último, uma boa prática é enumerar e verificar as hipóteses feitas até agora (por você ou outros); assim, fica mais fácil identificar os problemas logo de início. Por exemplo, os preços das regiões que o sistema gera serão alimentados em um sistema downstream de aprendizado de máquina, e partiremos do princípio de que esses preços serão usados como tal. Mas e se o sistema downstream converter os preços em categorias (por exemplo, "barato", "médio" ou "caro") e utilizar essas categorias em vez dos próprios preços? Nesse caso, não é importante saber o preço exato, seu sistema só precisa obter a categoria certa. Logo, o problema deveria ser abordado como uma tarefa de classificação, não uma tarefa de regressão. Você não vai querer descobrir isso após trabalhar meses a fio em um sistema de regressão.

Felizmente, depois de conversar com a equipe responsável pelo sistema downstream, você está confiante de que realmente precisa dos preços reais e não apenas das categorias. Ótimo! Você está pronto, tem o sinal verde para seguir em frente e já pode começar a programar!

Obtenha os Dados

Hora de pôr a mão na massa. Não deixe para depois, vá para seu computador e acompanhe os seguintes exemplos de código no Jupyter Notebook, que está disponível na íntegra em *https://github.com/ageron/handson-ml2*.

Criando o workspace

Primeiro, é preciso instalar o Python. Provavelmente, ele já está instalado em seu sistema. Caso contrário, você pode fazer o download em *https://www.python.org/*.[5]

Em seguida, é necessário criar um diretório de trabalho (workspace) para o código de aprendizado de máquina e para o conjunto de dados. Abra o prompt de comando e digite os seguintes comandos (após $ no prompt):

```
$ export ML_PATH="$HOME/ml"       # Você pode mudar o Path, se preferir
$ mkdir -p $ML_PATH
```

5 Recomenda-se a versão recente Python 3. O Python 2.7+ também pode funcionar, mas, como está obsoleto, todas as principais bibliotecas científicas não têm suporte; portanto, você deve migrar para o Python 3 o mais rápido possível.

Você precisará de diversos módulos Python: Jupyter, NumPy, Pandas, Matplotlib e Scikit-Learn. Se já tem o Jupyter rodando com todos esses módulos instalados, pode prosseguir para a seção "Faça o Download dos Dados". Se ainda não tem, existem muitas formas de instalá-los (e suas dependências). Você pode utilizar o sistema de pacote (por exemplo, o apt-get no Ubuntu, ou MacPorts ou ainda o HomeBrew no macOS), instalar uma distribuição científica do Python, como a Anaconda, e usar seu sistema de pacote, ou utilizar o sistema de pacote do Python, pip, incluído por padrão com os binários Python (desde a versão Python 2.7.9).[6] Você pode verificar se o pip está instalado digitando o seguinte comando:

```
$ python3 -m pip --version
pip 19.0.2 from [...]/lib/python3.6/site-packages (python 3.6)
```

Verifique se você tem a versão recente do pip instalada. Para atualizar o módulo pip, digite o seguinte (a versão exata pode ser diferente):[7]

```
$ python3 -m pip install --user -U pip
Collecting pip
[...]
Successfully installed pip-19.0.2
```

Agora, você consegue instalar todos os módulos necessários e suas dependências usando o simples comando pip (se não estiver utilizando o virtualenv, precisará da permissão de administrador ou adicionar a opção `--user`):

```
$ python3 -m pip install -U jupyter matplotlib numpy pandas scipy scikit-
learn
Collecting jupyter
  Downloading jupyter-1.0.0-py2.py3-none-any.whl
Collecting matplotlib
  [...]
```

Para verificar a instalação, tente importar todos os módulos deste jeito:

```
$ python3 -c "import jupyter, matplotlib, numpy, pandas, scipy, sklearn"
```

Não deve aparecer saída nem erro. Agora, você pode inicializar o Jupyter digitando o seguinte:

```
$ jupyter notebook
[I 15:24 NotebookApp] Serving notebooks from local directory: [...]/ml
[I 15:24 NotebookApp] 0 active kernels
[I 15:24 NotebookApp] The Jupyter Notebook is running at: http://
localhost:8888/
[I 15:24 NotebookApp] Use Control-C to stop this server and shut down all
kernels (twice to skip confirmation).
```

Um servidor Jupyter está sendo executado em seu prompt de comando, na porta 8888. Você pode conferir este servidor em *http://localhost:8888/* (isso acontece automaticamente quando o servidor é iniciado). Você deve ver seu diretório de trabalho vazio (exibindo apenas o diretório env, caso tenha seguido as instruções anteriores do virtualenv).

6 Mostrarei a seguir os passos para a instalação usando o pip em uma shell bash no Linux ou no macOS. Talvez seja preciso adaptar esses comandos ao seu próprio sistema. No Windows, recomendo a instalação do Anaconda.

7 Se deseja atualizar o pip para todos os usuários em sua máquina, e não apenas para seu próprio usuário, remova a opção `--user` e verifique se tem a permissão de administrador (por exemplo, adicionando `sudo` antes de qualquer comando no Linux ou no macOS).

Criando um Ambiente Isolado

Se quiser trabalhar em um ambiente isolado (extremamente recomendado para que possa trabalhar em projetos diferentes sem ter versões conflitantes da biblioteca), instale o virtualenv[8] e execute o seguinte comando pip (novamente, se você desejar que o virtualenv seja instalado para todos os usuários em sua máquina, remova o `--user` e execute este comando com a permissão de administrador):

```
$ python3 -m pip install --user -U virtualenv
Collecting virtualenv
[...]
Successfully installed virtualenv
```

Agora, você pode criar um ambiente Python isolado digitando o seguinte:

```
$ cd $ML_PATH
$ virtualenv my_env
Using base prefix '[...]'
New python executable in [...]/ml/my_env/bin/python3.6
Also creating executable in [...]/ml/my_env/bin/python
Installing setuptools, pip, wheel...done.
```

Agora, sempre que quiser habilitar esse ambiente, basta abrir o prompt de comando e digitar:

```
$ cd $ML_PATH
$ source my_env/bin/activate    # no Linux ou macOS
$ .\my_env\Scripts\activate     # no Windows
```

Para desativar o ambiente, digite **`deactivate`**. Enquanto o ambiente estiver ativo, qualquer pacote que você instalar usando o pip será instalado nesse ambiente isolado, e o Python terá acesso apenas a esses pacotes (caso queira acessar os pacotes do sistema, você deve criar o ambiente usando a opção do virtualenv `-system-sitepackages`). Confira a documentação do virtualenv para obter mais informações.

Agora, crie um novo notebook Python clicando no botão New e selecione a versão apropriada do Python[9] (veja a Figura 2-3). Isso criará um novo arquivo notebook chamado *Untitled.ipynb* na área de trabalho. Inicie um kernel do Jupyter Python para executar o notebook e abra esse notebook em uma nova guia. Você deve renomeá-lo para "Housing" (isso renomeará o arquivo automaticamente para *Housing.ipynb*) ao clicar em Untitled e digitar o nome novo.

O notebook contém a lista de cells (células). Cada cell pode conter código executável ou texto formatado. No momento, o notebook contém apenas uma cell de código vazia, rotulada como "In [1]:".Tente digitar **`print("Hello world!")`** na cell e clique no botão play (veja a Figura 2-4) ou pressione Shift-Enter. Isso enviará a cell atual para o kernel Python deste notebook, que a executa e retorna uma saída. O resultado é exibido abaixo da cell, e, uma vez que você tenha chegado ao final do notebook, uma nova cell é gerada automaticamente. Acesse o Interface Tour do usuário no menu Help do Jupyter para aprender o básico.

8 As ferramentas alternativas incluem o venv (muito parecido ao virtualenv e incluído na biblioteca padrão), o virtualenvwrapper (disponibiliza funcionalidades extras sobre o virtualenv), o pyenv (permite alternar facilmente entre versões do Python) e o pipenv (uma ótima ferramenta de empacotamento do mesmo autor da popular biblioteca `requests`, construída sobre o pip e o virtualenv).

9 Repare que o Jupyter pode lidar com várias versões do Python e até muitas outras linguagens como R ou Octave.

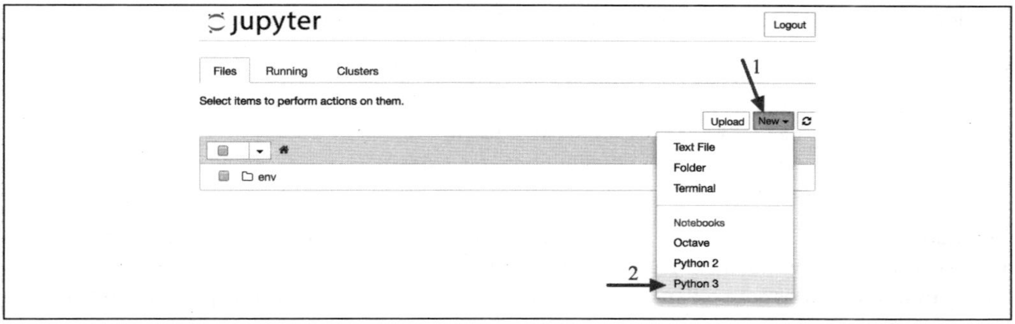

Figura 2-3. Seu workspace no Jupyter

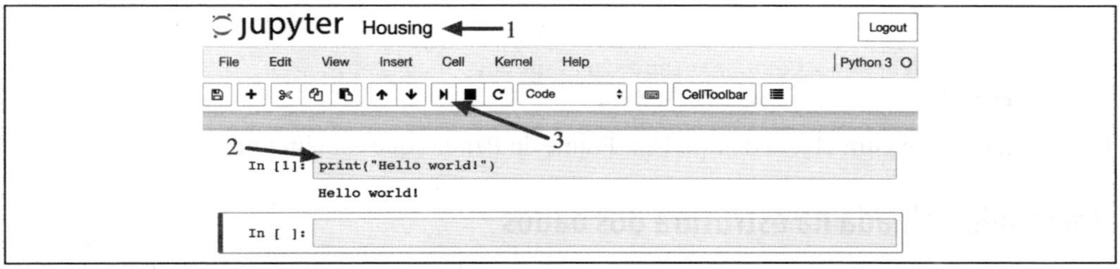

Figura 2-4. Hello world notebook Python

Faça o download dos dados

Em ambientes tradicionais, os dados estariam disponíveis em um banco de dados relacional (ou em algum outro data store) e distribuídos por várias tabelas/documentos/arquivos. Para acessá-los, primeiro você precisaria obter suas credenciais e autorizações[10] e se familiarizar com o esquema de dados. Neste projeto, as coisas são bem mais simples: basta fazer o download de um único arquivo compactado, *housing.tgz*, que contém um arquivo de valores separados por vírgula (CSV) chamado *housing.csv* com todos os dados.

Você poderia usar o navegador da internet para fazer o download do arquivo e executar `tar xzf housing.tgz` para descompactá-lo e extrair o arquivo CSV, mas é preferível criar uma pequena função para tal. Ter uma função que faz o download dos dados é uma mão na roda, ainda mais se os dados forem alterados com frequência: você pode escrever um pequeno script que use a função para buscar os dados mais recentes (ou pode configurar um trabalho agendado para fazer isso automaticamente em intervalos regulares). A automação do processo de busca de dados também é útil se você precisar instalar o conjunto de dados em várias máquinas. Veja a função para buscar os dados:[11]

```
import os
import tarfile
import urllib

DOWNLOAD_ROOT = "https://raw.githubusercontent.com/ageron/handson-ml2/master/"
HOUSING_PATH = os.path.join("datasets", "housing")
HOUSING_URL = DOWNLOAD_ROOT + "datasets/housing/housing.tgz"
```

10 Talvez seja necessário verificar as restrições legais, como campos reservados que nunca devem ser copiados para data stores não seguros.

11 Em um projeto real, você salvaria esse código em um arquivo Python, mas, por ora, basta escrevê-lo em seu notebook Jupyter.

```
def fetch_housing_data(housing_url=HOUSING_URL, housing_path=HOUSING_PATH):
    os.makedirs(housing_path, exist_ok=True)
    tgz_path = os.path.join(housing_path, "housing.tgz")
    urllib.request.urlretrieve(housing_url, tgz_path)
    housing_tgz = tarfile.open(tgz_path)
    housing_tgz.extractall(path=housing_path)
    housing_tgz.close()
```

Quando chamamos `fetch_housing_data()`, ele cria um diretório *datasets/housing* em seu workspace, faz o download do arquivo *housing.tgz* e extrai o *housing.csv* nesse diretório. Agora, carregaremos os dados com o Pandas. Mais uma vez, você deve escrever uma pequena função para carregá-los:

```
import pandas as pd

def load_housing_data(housing_path=HOUSING_PATH):
    csv_path = os.path.join(housing_path, "housing.csv")
    return pd.read_csv(csv_path)
```

Essa função retorna um objeto do tipo DataFrame do Pandas que contém todos os dados.

Uma rápida olhada na estrutura dos dados

Vamos dar uma olhada nas cinco linhas principais usando o método `head()` do DataFrame (veja a Figura 2-5).

```
In [5]: housing = load_housing_data()
        housing.head()
```

Out[5]:

	longitude	latitude	housing_median_age	total_rooms	total_bedrooms	populatio
0	-122.23	37.88	41.0	880.0	129.0	322.0
1	-122.22	37.86	21.0	7099.0	1106.0	2401.0
2	-122.24	37.85	52.0	1467.0	190.0	496.0
3	-122.25	37.85	52.0	1274.0	235.0	558.0
4	-122.25	37.85	52.0	1627.0	280.0	565.0

Figura 2-5. As cinco linhas principais do conjunto de dados

Cada linha representa uma região. Existem 10 atributos (você pode ver os primeiros seis no screenshot): `longitude`, `latitude`, `housing_median_age`, `total_rooms`, `total_bedrooms`, `population`, `households`, `median_income`, `median_house_value` e `ocean_proximity`. (Em português: longitude, latitude, idade_média_do_imóvel, total_de_cômodos, total_de_quartos, população, família, renda_média, valor_médio_do_imóvel, e proximidade_do_mar. Lembre-se: seguimos os exemplos originais do autor.)

O método `info()` é conveniente para obter uma rápida descrição dos dados, em especial o número total de linhas, o tipo de cada atributo e o número de valores não nulos (veja a Figura 2-6).

Existem 20.640 instâncias no conjunto de dados, o que significa que é ele bem pequeno para os padrões de aprendizado de máquina, mas é perfeito para começar. Repare que o atributo `total_bedrooms` tem somente 20.433 valores não nulos, indicando que 207 bairros apresentam essa característica. Cuidaremos disso mais tarde.

Todos os atributos são numéricos, exceto o campo `ocean_proximity`. Seu tipo é `object`, logo ele poderia conter qualquer tipo de objeto Python. No entanto, como você fez o upload desses dados de um arquivo CSV, sabemos que ele deve ser um atributo de texto. Quando você olhou para as cinco primeiras linhas, possivelmente reparou que os valores na coluna `ocean_proximity` eram repetitivos, o que significa que provavelmente é um atributo categórico. Você pode descobrir quais categorias existem e quantas regiões pertencem a cada categoria usando o método `value_counts()`:

```
>>> housing["ocean_proximity"].value_counts()
<1H OCEAN     9136
INLAND        6551
NEAR OCEAN    2658
NEAR BAY      2290
ISLAND           5
Name: ocean_proximity, dtype: int64
```

```
In [6]: housing.info()

        <class 'pandas.core.frame.DataFrame'>
        RangeIndex: 20640 entries, 0 to 20639
        Data columns (total 10 columns):
        longitude             20640 non-null float64
        latitude              20640 non-null float64
        housing_median_age    20640 non-null float64
        total_rooms           20640 non-null float64
        total_bedrooms        20433 non-null float64
        population            20640 non-null float64
        households            20640 non-null float64
        median_income         20640 non-null float64
        median_house_value    20640 non-null float64
        ocean_proximity       20640 non-null object
        dtypes: float64(9), object(1)
        memory usage: 1.6+ MB
```

Figura 2-6. Informações dos imóveis

Vamos espiar os outros campos. O método `describe()` mostra um resumo dos atributos numéricos (Figura 2-7).

As linhas `count`, `mean`, `min`, e `max` são autoexplicativas. Observe que os valores nulos são ignorados (logo, por exemplo, `count` do `total_bedrooms` é 20.433, não 20.640). A linha `std` mostra o desvio-padrão, que calcula a dispersão dos valores.[12] As linhas 25%, 50% e 75% mostram os *percentis* correspondentes: um percentil indica o valor no qual uma determinada porcentagem se encaixa em um grupo de observações. Por exemplo, 25% das regiões têm uma `housing_median_age` menor que 18, ao passo que 50% é menor que 29, e 75% é menor que 37. Eles são frequentemente chamados de 25º percentil (ou 1º *quartil*), a mediana e 75º percentil (ou 3º quartil).

In [8]: `housing.describe()`

Out[8]:

	longitude	latitude	housing_median_age	total_rooms	total_bedr
count	20640.000000	20640.000000	20640.000000	20640.000000	20433.0000
mean	-119.569704	35.631861	28.639486	2635.763081	537.870553
std	2.003532	2.135952	12.585558	2181.615252	421.385070
min	-124.350000	32.540000	1.000000	2.000000	1.000000
25%	-121.800000	33.930000	18.000000	1447.750000	296.000000
50%	-118.490000	34.260000	29.000000	2127.000000	435.000000
75%	-118.010000	37.710000	37.000000	3148.000000	647.000000
max	-114.310000	41.950000	52.000000	39320.000000	6445.00000

Figura 2-7. Resumo de cada atributo numérico

12 Em geral, o desvio-padrão é representado por σ (a letra grega sigma) e é a raiz quadrada da *variância*, a média do desvio quadrado da média. Quando uma característica tem uma *distribuição normal* em forma de sino (também chamada de *distribuição gaussiana*), o que é muito comum, aplica-se a regra "68-95-99.7": cerca de 68% dos valores ficam dentro de 1σ da média, 95% dentro 2σ e 99,7% em 3σ.

Outra maneira rápida de se ter uma ideia do tipo de dados com os quais você está lidando é plotar um histograma para cada atributo numérico. Um histograma mostra o número de instâncias (no eixo vertical) que apresentam um determinado intervalo de valores (no eixo horizontal). Você pode plotar esse atributo de uma só vez ou chamar o método `hist()` em todo o conjunto de dados (conforme mostrado no exemplo de código a seguir), e ele plotará um histograma para cada atributo numérico (consulte a Figura 2-8):

```
%matplotlib inline # somente Jupyter Notebook
import matplotlib.pyplot as plt
housing.hist(bins=50, figsize=(20,15))
plt.show()
```

O método `hist()`conta com uma Matplotlib, uma biblioteca de visualização de dados em Python). Mas, antes de plotar qualquer coisa, você precisa especificar qual backend a Matplotlib deve usar. A opção mais simples é usar o comando mágico `%matplotlib inline` do Jupyter. Isso informa ao Jupyter para definir a Matplotlib de modo que ela use o próprio backend do Jupyter. Os gráficos são renderizados no próprio notebook. Observe que a chamada do `show()` é opcional no Jupyter Notebook, pois o Jupyter exibirá plotagens automaticamente quando uma cell for executada.

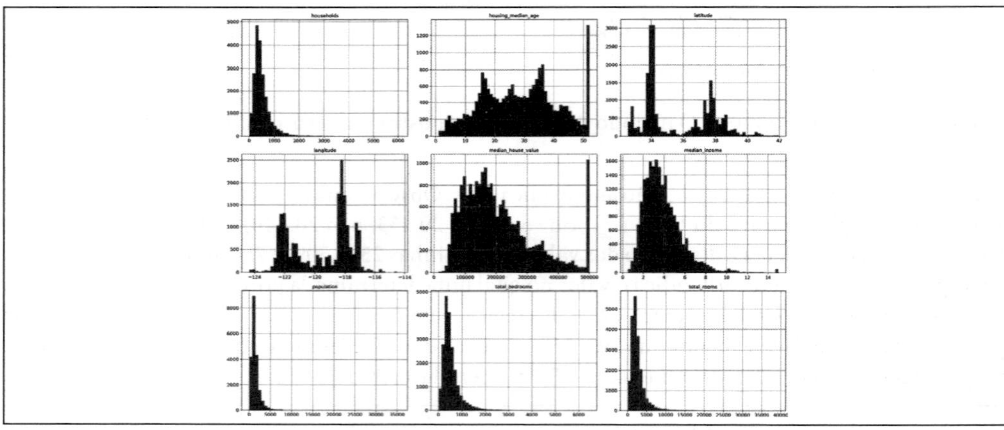

Figura 2-8. Um histograma para cada atributo numérico

Talvez você tenha reparado em algumas coisas nesse histograma:

1. Primeiro, o atributo da renda média não está expresso em dólares americanos (US$). Após verificar com a equipe de coleta de dados, você fica sabendo que os dados foram dimensionados e limitados em 15 (na verdade, 15,0001) para as rendas médias mais altas, e em 0,5 (na verdade, 0,4999) para a média dos rendimentos mais baixos. É comum trabalhar com atributos pré-processados no aprendizado de máquina e isso não é necessariamente um problema; no entanto, você deve tentar compreender como os dados foram calculados.
2. A idade média e o valor médio de cada imóvel também foram limitados. O último pode ser um problema sério, já que ele é seu atributo-alvo (seus rótulos). Os algoritmos de aprendizado de máquina podem aprender que os preços nunca ultrapassam esse limite. Você precisa conferir com a equipe do seu cliente (a equipe que usará a saída do seu sistema) se isso será um problema ou não. Caso digam que eles precisam de predições exatas, ainda que ultrapassem US$500 mil, você tem duas opções:

   a. Coletar rótulos adequados para as regiões cujos rótulos foram limitados.
   b. Remover essas regiões do conjunto de treinamento (e também do conjunto de testes, já que o sistema não deixará a desejar se prever valores que ultrapassem US$500 mil).
3. Esses atributos têm escalas muito diferentes. Analisaremos isso mais adiante, quando explorarmos o escalonamento das características.
4. Finalmente, muitos histogramas têm uma *tail-heavy [calda longa]*: elas se estendem mais à direita da média do que à esquerda. Isso pode dificultar a detecção de padrões em alguns algoritmos de aprendizado de máquina. Tentaremos transformar esses atributos posteriormente, a fim de conseguirmos mais distribuições em forma de sino.

Espero que você já tenha entendido melhor os tipos de dados com os quais está lidando.

Espere aí! Antes de analisar os dados, é necessário criar um conjunto de testes, separá-lo e nunca mais falar sobre isso.

Criando um conjunto de testes

É no mínimo estranho separar de propósito uma parte dos dados, ainda mais nessa altura do campeonato. Afinal de contas, você só olhou os dados rapidamente e com certeza precisa aprender mais a respeito antes de decidir quais algoritmos usar, não é mesmo? É verdade, mas o cérebro é um incrível sistema de detecção de padrões, ou seja, ele é propenso ao sobreajuste: se você bater o olho em um conjunto de teste, pode tropeçar em algum padrão meio que interessante nos dados de teste que o levará a escolher um tipo particular de modelo de aprendizado de máquina. Ao estimar o erro de generalização usando o conjunto de testes, sua estimativa será otimista demais, e você acaba disponibilizando em produção um sistema que não terá o desempenho esperado. Isso se chama *data snooping bias* [ou *viés data snooping]*.

Em teoria, criar um conjunto de testes é bem simples: basta escolher aleatoriamente algumas instâncias, geralmente 20% do conjunto de dados, e defini-las:

```
import numpy as np

def split_train_test(data, test_ratio):
    shuffled_indices = np.random.permutation(len(data))
    test_set_size = int(len(data) * test_ratio)
    test_indices = shuffled_indices[:test_set_size]
    train_indices = shuffled_indices[test_set_size:]
    return data.iloc[train_indices], data.iloc[test_indices]
```

Você pode usar uma função como esta:[13]

```
>>> train_set, test_set = split_train_test(housing, 0.2)
>>> len(train_set)
16512
>>> len(test_set)
4128
```

13 Neste livro, quando um exemplo de código tem uma mistura de códigos e saídas, como é o caso aqui, é formatado como no interpretador Python, para melhor legibilidade: as linhas de código são prefixadas com >>> (ou ... para blocos indentados) e as saídas não têm prefixo.

Veja bem, isso funciona, mas não é perfeito: ao executar o programa novamente, será gerado um conjunto diferente de testes! Ao longo do tempo, você (ou seus algoritmos de aprendizado de máquina) verá todo o conjunto de dados, coisa que deve ser evitada. Uma solução seria salvar o conjunto de testes na primeira execução e depois carregá-lo em execuções posteriores.

Outra opção é gerar números aleatórios com o `random.seed` (por exemplo, `np.random.seed(42)`[14] antes de chamar o `np.random.permutation()`, de modo que ele sempre gere os mesmos índices embaralhados.

Contudo, ambas as soluções não funcionarão na próxima vez que você buscar um conjunto de dados atualizados. Para se ter uma divisão de teste/treinamento estável, após a atualização do conjunto de dados, uma solução comum é usar o identificador de cada instância a fim de decidir se deve ou não fazer parte do conjunto de testes (supondo que as instâncias tenham um identificador exclusivo e imutável). Por exemplo, você pode calcular o hash do identificador de cada instância e colocar essa instância no conjunto de testes se o hash for menor ou igual a 20% do valor máximo dele. Isso garante que o conjunto de testes será consistente em várias execuções, mesmo se você atualizar o conjunto de dados. O novo conjunto de testes conterá 20% das instâncias novas, mas não conterá nenhuma instância que estava anteriormente no conjunto de treinamento. Vejamos uma possível implementação:

```
from zlib import crc32

def test_set_check(identifier, test_ratio):
    return crc32(np.int64(identifier)) & 0xffffffff < test_ratio * 2**32

def split_train_test_by_id(data, test_ratio, id_column):
    ids = data[id_column]
    in_test_set = ids.apply(lambda id_: test_set_check(id_, test_
ratio))
    return data.loc[~in_test_set], data.loc[in_test_set]
```

Infelizmente, o conjunto de dados dos imóveis não tem uma coluna de identificação. A solução mais simples é utilizar o índice da linha como ID:

```
housing_with_id = housing.reset_index() # adiciona um `index` à coluna
train_set, test_set = split_train_test_by_id(housing_with_id, 0.2,
"index")
```

Se usar o índice de linha como um identificador exclusivo, precisa garantir que novos dados sejam anexados ao fim do conjunto de dados e que nenhuma linha seja excluída. Caso não seja possível, tente utilizar características mais estáveis para criar um identificador exclusivo. Por exemplo, a latitude e a longitude de uma região certamente serão estáveis ao longo de milhares de anos, então você pode combiná-las em um ID desse jeito:[15]

```
housing_with_id["id"] = housing["longitude"] * 1000 + housing["latitude"]
train_set, test_set = split_train_test_by_id(housing_with_id, 0.2, "id")
```

A Scikit-Learn oferece algumas funções para dividir conjuntos de dados em diversos subconjuntos de várias formas. A função mais simples é a `train_test_split()`, que basicamente faz o mesmo que a função `split_train_test()` definida anteriormente, salvo algumas características adicionais. Primeiro, temos o parâmetro `random_state` que lhe possibilita definir o gerador do

14 Você verá muitas vezes as pessoas definirem o random seed como 42. Esse número não tem nada de especial, a não ser que você queira a resposta para a questão fundamental da vida, do universo e de tudo mais.

15 As informações de localização são bastante grosseiras e, como resultado, muitas regiões terão exatamente o mesmo ID e, portanto, terminarão no mesmo conjunto (de teste ou de treinamento). Isso introduz um pouco de viés de amostragem desagradável.

random seed [semente aleatória]. Segundo, você consegue associar vários conjuntos de dados com um número idêntico de linhas e dividi-los nos mesmos índices (isso ajuda e muito, por exemplo, se você tiver um DataFrame separado para rótulos):

```
from sklearn.model_selection import train_test_split
train_set, test_set = train_test_split(housing, test_size=0.2, random_state=42)
```

Por ora, consideramos métodos de amostragem unicamente aleatórios. Via de regra isso é bom, caso o conjunto de dados seja grande o suficiente (especialmente em relação ao número de atributos), mas, se não for, você corre o risco de introduzir um viés de amostragem significativo. Quando uma empresa de pesquisa decide ligar para mil pessoas com o intuito de fazer algumas perguntas, ela não escolhe essas mil pessoas aleatoriamente em uma lista telefônica. Ela tenta assegurar que essas pessoas representem toda a população. Por exemplo, a população dos EUA é formada por 51,3% de mulheres e 48,7% de homens, de modo que uma pesquisa bem elaborada tentaria manter essa proporção na amostragem: 513 mulheres e 487 homens. Isso se chama *amostragem estratificada*: a população é dividida em subgrupos homogêneos, chamados de *estratos*, e recolhe-se a amostra do número certo de instâncias de cada estrato, a fim de garantir que o conjunto de testes represente a população como um todo. Se as pessoas que participaram da pesquisa usassem amostras exclusivamente aleatórias, haveria uma chance de aproximadamente 12% de recolher uma amostra de um conjunto de testes deturpado, com um índice de 49% de mulheres ou mais de 54% de homens. Assim sendo, os resultados da pesquisa seriam substancialmente tendenciosos.

Vamos supor que você tenha conversado com especialistas que alegaram que a renda média é um atributo muito importante para estimar os preços médios dos imóveis. Você quer assegurar que o conjunto de testes represente as diversas categorias de rendimentos em todo o conjunto de dados. Uma vez que a renda média é um atributo numérico contínuo, primeiro é necessário criar um atributo na categoria da renda. Vamos analisar mais atentamente o histograma da renda média (de volta à Figura 2-8): a maioria dos valores médios de renda está agrupado de 1.5 a 6 (US$20 mil–US$50 mil), no entanto, alguns rendimentos médios ultrapassam o 6 (US$60 mil). É importante ter um número suficiente de instâncias para cada estrato em seu conjunto de dados, ou então a estimativa do estrato poderá ser tendenciosa. Isso significa que você não deve ter muitos estratos, e cada estrato deve ser grande o bastante. O código a seguir usa a função `pd.cut()` para criar um atributo de categoria de renda com cinco categorias (rotuladas de 1 a 5): a categoria 1 varia de 0 a 1.5 (ou seja, menos de US$15.000), a categoria 2 de 1.5 a 3, e assim por diante:

```
housing["income_cat"] = pd.cut(housing["median_income"],
                               bins=[0., 1.5, 3.0, 4.5, 6., np.inf],
                               labels=[1, 2, 3, 4, 5])
```

Essas categorias de renda estão representadas na (Figura 2-9):

```
housing["income_cat"].hist()
```

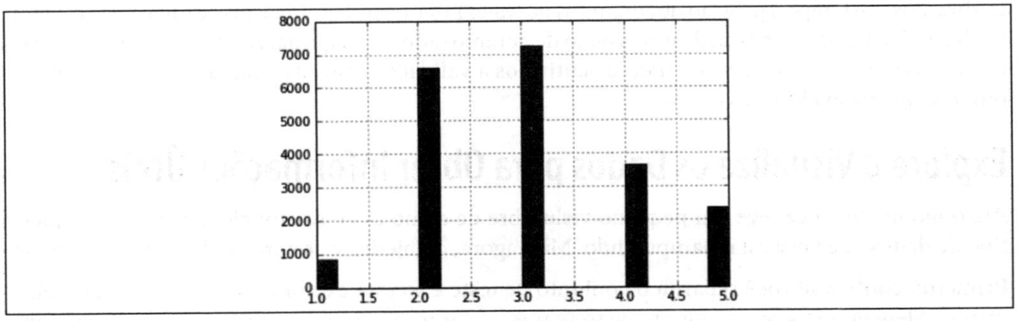

Figura 2-9. Histograma das categorias de renda

Agora, você está pronto para fazer uma amostragem estratificada com base na categoria da renda. Para tal, você pode utilizar a classe `StratifiedShuffleSplit` da Scikit-Learn:

```
from sklearn.model_selection import StratifiedShuffleSplit

split = StratifiedShuffleSplit(n_splits=1, test_size=0.2, random_state=42)
for train_index, test_index in split.split(housing, housing["income_cat"]):
    strat_train_set = housing.loc[train_index]
    strat_test_set = housing.loc[test_index]
```

Vamos ver se as coisas funcionaram como esperado. Você pode começar pela análise das proporções da categoria de renda no conjunto de testes:

```
>>> strat_test_set["income_cat"].value_counts() / len(strat_test_set)
3 0.350533
2 0.318798
4 0.176357
5 0.114583
1 0.039729
Name: income_cat, dtype: float64
```

Por meio de um código parecido, você pode computar as proporções da categoria de renda no conjunto completo de dados. A Figura 2-10 compara as proporções da categoria de renda no conjunto geral de dados, no conjunto de testes gerado com a amostragem estratificada e no conjunto de testes gerado a partir da amostragem exclusivamente aleatória. Como pode observar, o conjunto de testes gerado com amostragem estratificada tem proporções da categoria de renda quase idênticas às do conjunto completo de dados, ao passo que o conjunto de testes gerado com amostragem aleatória é bastante deturpado.

	Overall	Random	Stratified	Rand. %error	Strat. %error
1.0	0.039826	0.040213	0.039738	0.973236	-0.219137
2.0	0.318847	0.324370	0.318876	1.732260	0.009032
3.0	0.350581	0.358527	0.350618	2.266446	0.010408
4.0	0.176308	0.167393	0.176399	-5.056334	0.051717
5.0	0.114438	0.109496	0.114369	-4.318374	-0.060464

Figura 2-10. Comparação de viés de amostragem estratificada vs. amostragem aleatória

Agora, você deve remover o atributo `income_cat` para que os dados voltem ao estado original:

```
for set_ in (strat_train_set, strat_test_set):
    set_.drop("income_cat", axis=1, inplace=True)
```

Dedicamos um tempo à geração de conjuntos de testes por um bom motivo: essa é uma parte bastante negligenciada, porém crítica, de um projeto de aprendizado de máquina. Além disso, muitas dessas ideias serão úteis mais tarde, quando discutirmos a validação cruzada. Agora é hora de darmos o próximo passo: explorar os dados.

Explore e Visualize os Dados para Obter Informações Úteis

Até o momento, você teve um pequeno vislumbre de como as coisas funcionam para entender o tipo de dados que você está manipulando. Mas, agora, o objetivo é se aprofundar um pouco mais.

Primeiro, confira se você separou o conjunto de teste e só está explorando o conjunto de treinamento. Além do mais, se o conjunto de treinamento for muito grande, convém testar um conjunto de exploração para facilitar e agilizar as manipulações. Em nosso caso, o conjunto é bem pequeno, então você pode trabalhar diretamente no conjunto completo. Vamos criar uma cópia para que você possa brincar com ela sem prejudicar o conjunto de treinamento:

```
housing = strat_train_set.copy()
```

Visualizando dados geográficos

Uma vez que temos informações geográficas (latitude e longitude), é uma boa ideia criar um diagrama de dispersão para visualizar os dados de todas as regiões (Figura 2-11):

```
housing.plot(kind="scatter", x="longitude", y="latitude")
```

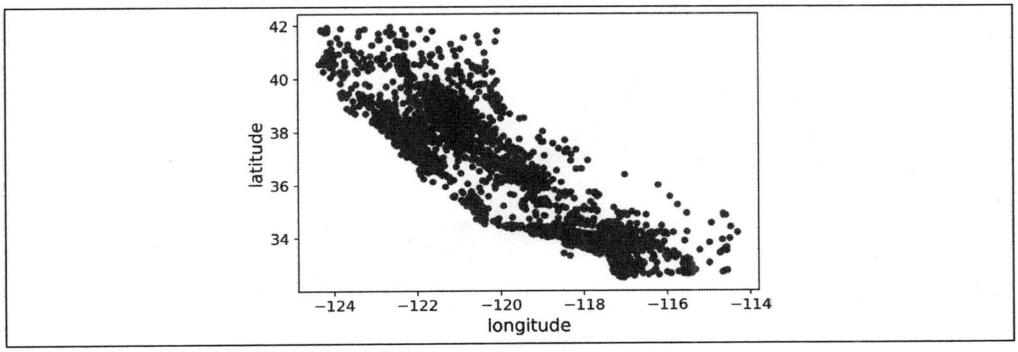

Figura 2-11. Um diagrama de dispersão geográfica dos dados

Parece com a Califórnia, mas, fora isso, é difícil identificar algum padrão em particular. Definir a opção `alpha` para `0.1` facilita e muito a visualização dos locais em que há uma alta densidade de pontos de dados (Figura 2-12):

```
housing.plot(kind="scatter", x="longitude", y="latitude", alpha=0.1)
```

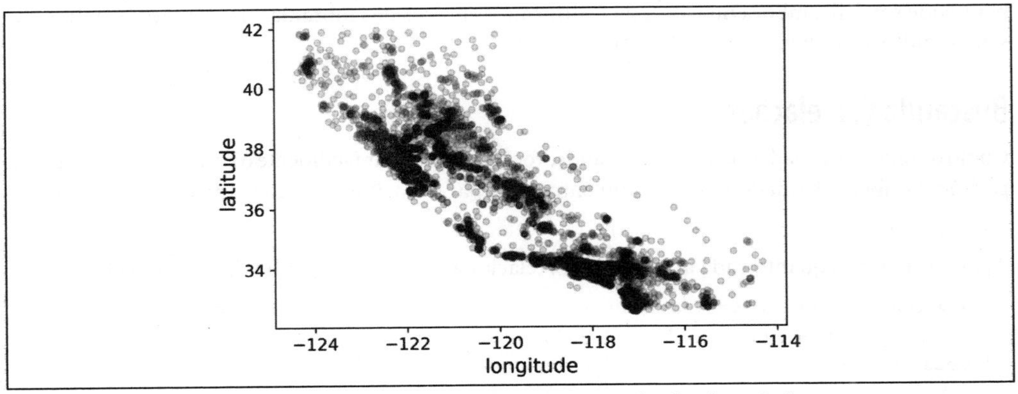

Figura 2-12. Uma melhor visualização com destaque nas áreas de alta densidade

Ficou bem melhor: é possível enxergar claramente as áreas de alta densidade, especificamente a Área da Baía de Los Angeles e San Diego, além de uma longa linha de alta densidade no Central Valley, sobretudo ao redor de Sacramento e Fresno. No geral, nosso cérebro é muito bom em detectar padrões em imagens, contudo talvez seja necessário brincar com parâmetros de visualização para que eles saltem aos olhos.

Agora, vejamos os preços dos imóveis (Figura 2-13). O raio de cada círculo representa a população da região (opção `s`) e a cor representa o preço (opção `c`). Usaremos um mapa de cores predefinido (opção `cmap`) chamado `jet`, que varia do azul (valores baixos) para o vermelho (preços altos):[16]

```
housing.plot(kind="scatter", x="longitude", y="latitude", alpha=0.4,
    s=housing["population"]/100, label="population", figsize=(10,7),
    c="median_house_value", cmap=plt.get_cmap("jet"), colorbar=True,
)
plt.legend()
```

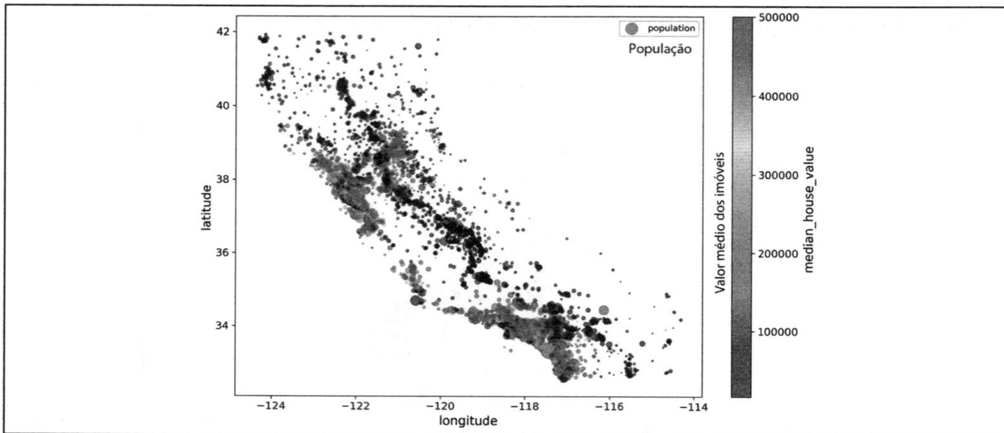

Figura 2-13. Preço médio das moradias na Califórnia

Esta imagem informa que os preços dos imóveis estão muito relacionados à localização (por exemplo, próximo do mar) e à densidade populacional, como provavelmente você já sabia. Um algoritmo de clustering ajudaria muito a detectar o cluster [agrupamento] principal e adicionar características novas que calculam a proximidade dos centros de cluster. O atributo de proximidade do mar também pode ser útil, embora no Norte da Califórnia os preços das moradias nas regiões costeiras não sejam muito altos, logo não é uma regra simples.

Buscando Correlações

Como o conjunto de dados não é muito grande, você pode calcular facilmente o *coeficiente de correlação padrão* (também chamado *r de Pearson*) entre cada par de atributos, utilizando o método `corr()`:

```
corr_matrix = housing.corr()
```

Agora, vejamos o quanto cada atributo se correlaciona com o valor médio de um imóvel:

```
>>> corr_matrix["median_house_value"].sort_values(ascending=False)
median_house_value      1.000000
median_income           0.687170
total_rooms             0.135231
housing_median_age      0.114220
households              0.064702
total_bedrooms          0.047865
```

16 Se estiver lendo o livro em escala de cinza, pegue uma caneta vermelha e rabisque a maior parte do litoral, da área da Baía de São Francisco até San Diego. Você também pode contornar Sacramento de amarelo.

```
population                 -0.026699
longitude                  -0.047279
latitude                   -0.142826
Name: median_house_value, dtype: float64
```

O coeficiente de correlação varia de –1 a 1. Quando está próximo de 1, significa que existe uma forte correlação positiva; por exemplo, o valor médio do imóvel costuma subir quando a renda média aumenta. Quando o coeficiente está próximo de –1, significa que existe uma forte correlação negativa; é possível ver uma pequena correlação negativa entre a latitude e o valor médio do imóvel (ou seja, os preços costumam diminuir quando você vai para o Norte). Por fim, coeficientes próximos de zero significam que não há correlação linear. A Figura 2-14 mostra várias plotagens junto com o coeficiente de correlação entre os eixos horizontal e vertical.

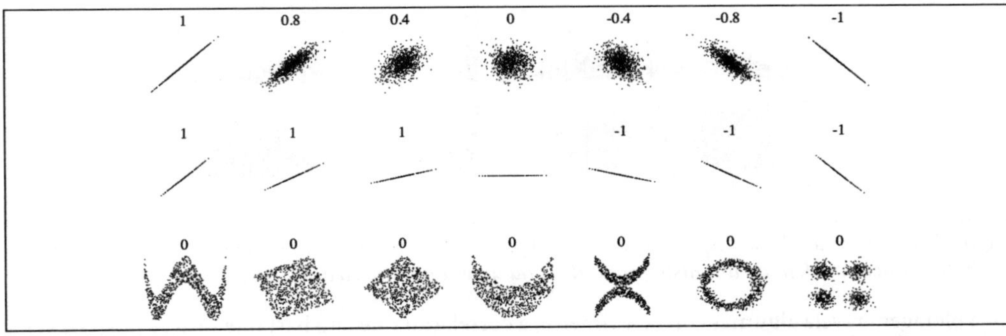

Figura 2-14. Coeficiente de correlação padrão de vários conjuntos de dados (fonte: Wikipedia; imagem de domínio público)

O coeficiente de correlação calcula somente as correlações lineares ("se *x* sobe, então *y* geralmente sobe/desce"). Ele pode perder completamente as relações não lineares (por exemplo, "se *x* é próximo a zero, então *y* geralmente sobe"). Observe como todas as plotagens da linha inferior têm um coeficiente de correlação igual a zero, apesar do fato de os eixos não serem independentes: são exemplos de relações não lineares. Além disso, a segunda linha mostra exemplos em que o coeficiente de correlação é igual a 1 ou –1; repare que isso não tem nada a ver com a inclinação. Por exemplo, sua altura em polegadas tem um coeficiente de correlação de 1 com sua altura em pés ou em nanômetros.

Outra forma de verificar a correlação entre atributos é usar a função `scatter_matrix()` do Pandas, que plota cada atributo numérico em relação a qualquer outro atributo numérico. Uma vez que existem 11 atributos numéricos, você obteria 112 = 121 plotagens, o que não caberia em uma página, assim focaremos apenas alguns atributos promissores que parecem mais correlacionados com o valor médio dos imóveis (Figura 2-15):

```
from pandas.plotting import scatter_matrix

attributes = ["median_house_value", "median_income", "total_rooms",
              "housing_median_age"]
scatter_matrix(housing[attributes], figsize=(12, 8))
```

A diagonal principal (superior esquerda até a parte inferior direita) estaria repleta de linhas retas se o Pandas plotasse cada variável em relação a si mesma, o que não serviria pra nada. Mas o Pandas exibe um histograma para cada atributo (outras opções estão disponíveis; veja a documentação do Pandas para mais detalhes).

O atributo mais promissor para prever o valor médio dos imóveis é a renda média, então observaremos o gráfico de dispersão de correlação (Figura 2-16):

```
housing.plot(kind="scatter", x="median_income", y="median_house_value",
             alpha=0.1)
```

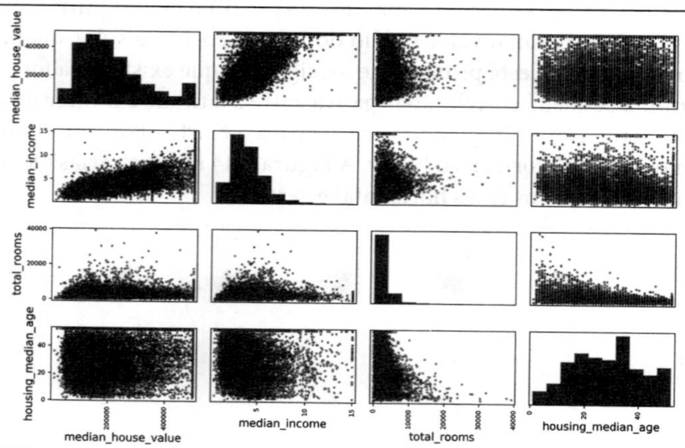

Figura 2-15. Esta matriz de dispersão plota todos os atributos numéricos em relação a qualquer outro atributo numérico, além de um histograma de cada atributo numérico

Essa plotagem revela algumas coisas. Primeiro, a correlação é de fato bastante forte; é possível ver a tendência ascendente, e os pontos não estão muito dispersos. Em segundo lugar, o limite de preços que percebemos anteriormente é visível como uma linha horizontal em US$500 mil. No entanto, a plotagem revela outras linhas retas menos evidentes: uma horizontal em torno de US$450 mil, outra em torno do US$350 mil, e talvez uma em torno de US$280 mil, e mais algumas abaixo dessa. Você pode tentar remover as regiões correspondentes para evitar que seus algoritmos aprendam a reproduzir essas peculiaridades dos dados.

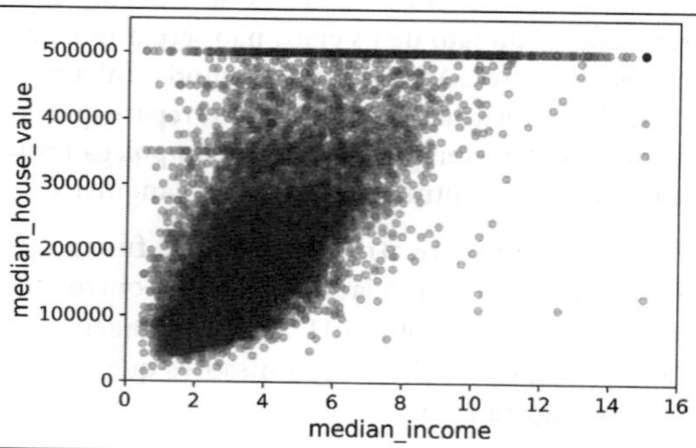

Figura 2-16. Renda média versus valor médio dos imóveis

Testando combinações de atributo

Espero que as seções anteriores tenham lhe passado uma boa noção no que diz respeito a algumas formas de explorar e obter informações úteis. Você identificou algumas peculiaridades dos dados que talvez queira limpar antes de fornecê-los a um algoritmo de aprendizado de máquina, e também encontrou correlações interessantes entre atributos, sobretudo com o atributo-alvo. Foi possível também observar que alguns atributos têm uma calda longa de distribuição, assim sendo, talvez você queira transformá-los (por exemplo, ao calcular o logaritmo). Obviamente que sua linha de atuação será diferente em cada projeto, mas as ideias gerais são semelhantes.

Uma última coisa que você pode querer fazer antes de preparar os dados para os algoritmos de AM é testar diversas combinações de atributos. Por exemplo, o número total de cômodos em uma determinada região não servirá de muita coisa se não souber quantas famílias vivem nessa região. O que você realmente quer é o número de cômodos por família. Do mesmo modo, o número total de quartos propriamente dito não ajuda muito: você provavelmente vai querer compará-lo com o número de cômodos. E, ao que tudo indica, a população por domicílio também é uma combinação de atributos interessante. Vamos criar esses atributos novos:

```
housing["rooms_per_household"] = housing["total_rooms"]/
housing["households"]
housing["bedrooms_per_room"] = housing["total_bedrooms"]/housing["total_rooms"]
housing["population_per_household"] = housing["population"]/
housing["households"]
```

Vamos ver a matriz de correlação novamente:

```
>>> corr_matrix = housing.corr()
>>> corr_matrix["median_house_value"].sort_values(ascending=False)
median_house_value          1.000000
median_income               0.687160
rooms_per_household         0.146285
total_rooms                 0.135097
housing_median_age          0.114110
households                  0.064506
total_bedrooms              0.047689
population_per_household -0.021985
population                 -0.026920
longitude                  -0.047432
latitude                   -0.142724
bedrooms_per_room          -0.259984
Name: median_house_value, dtype: float64
```

Nada mal, hein? O atributo novo `bedrooms_per_room` está mais correlacionado com o valor médio do imóvel do que com o número total de cômodos ou quartos. Aparentemente, moradias com uma baixa relação quarto/cômodo tendem a ser mais caras. O número de cômodos por família também é mais informativo do que o número total de cômodos em uma região — obviamente, quanto maior forem as casas, mais caras elas serão.

Essa rodada de exploração não precisa ser extremamente detalhada. O negócio é entender os princípios básicos desde o início e rapidamente obter informações úteis que o ajudarão a desenvolver um primeiro protótipo razoavelmente bom. Porém esse é um processo iterativo: uma vez que chegue a um protótipo funcional, poderá analisar sua saída para conseguir mais informações reveladoras e voltar à etapa de exploração.

Prepare os Dados para Algoritmos de Aprendizado de Máquina

É hora de preparar os dados para seus algoritmos de aprendizado de máquina. Em vez de preparar tudo manualmente, você deve escrever funções e existe uma boa razão para isso:

- Isso lhe possibilitará reproduzir essas transformações facilmente em qualquer conjunto de dados (por exemplo, na próxima vez que você receber um conjunto de dados novinho em folha).
- Você construirá aos poucos uma biblioteca de funções de transformação que poderão ser reutilizadas em projetos futuros.
- Você pode usar essas funções em seu sistema ativo para transformar os dados novos, antes de fornecê-los aos algoritmos.
- Isso lhe possibilitará testar várias transformações facilmente e identificar qual combinação funciona melhor.

Antes de mais nada, reverteremos um conjunto de treinamento limpo (ao copiar novamente o `strat_train_set`), e vamos separar os previsores e os rótulos, visto que não queremos necessariamente aplicar as mesmas transformações às previsões e aos valores-alvo (repare que `drop()` cria uma cópia dos dados e não afeta o `strat_train_set`):

```
housing = strat_train_set.drop("median_house_value", axis=1)
housing_labels = strat_train_set["median_house_value"].copy()
```

Limpando os dados

A maioria dos algoritmos de AM não funciona com características ausentes; sendo assim, criaremos algumas funções que se encarregarão deles. Anteriormente, você observou que faltavam alguns valores ao atributo `total_bedroom`, então, vamos dar um jeito nisso. Existem três opções:

1. Abrir mão das regiões correspondentes.
2. Abrir mão de todo o atributo.
3. Definir os valores para algum valor (zero, a média, a mediana etc.).

Você consegue fazer isso facilmente usando os métodos `dropna()`, `drop()` e `fillna()` do DataFrame:

```
housing.dropna(subset=["total_bedrooms"])          # opção 1
housing.drop("total_bedrooms", axis=1)             # opção 2
median = housing["total_bedrooms"].median()        # opção 3
housing["total_bedrooms"].fillna(median, inplace=True)
```

Caso escolha a opção 3, calcule o valor médio no conjunto de treinamento e use-o para preencher os valores ausentes no conjunto de treinamento. Não se esqueça de salvar o valor médio calculado. Mais tarde, você precisará substituir os valores ausentes no conjunto de teste, quando quiser avaliar o sistema e, assim que o sistema entrar em produção, substitua os valores ausentes nos dados novos.

A Scikit-Learn fornece uma classe útil que se encarrega dos valores ausentes: a `SimpleImputer`. Vejamos como usá-la: primeiro, você precisa criar uma instância da `SimpleImputer`, especificando que deseja substituir os valores ausentes de cada atributo pela média desse atributo:

```
from sklearn.impute import SimpleImputer
imputer = SimpleImputer(strategy="median")
```

Visto que a média só pode ser calculada em atributos numéricos, precisamos criar uma cópia dos dados sem o atributo de texto `ocean_proximity`:

```
housing_num = housing.drop("ocean_proximity", axis=1)
```

Agora, você pode ajustar a instância `imputer` aos dados de treinamento utilizando o método `fit()`:

```
imputer.fit(housing_num)
```

A `imputer` simplesmente calculou a média de cada atributo e armazenou o resultado em sua variável `statistics_`. Somente o atributo `total_bedrooms` tinha valores ausentes, mas não podemos ter certeza de que não haverá valores ausentes nos dados novos, uma vez que o sistema entre em produção, por isso é mais seguro aplicar a `imputer` a todos os atributos numéricos:

```
>>> imputer.statistics_
array([ -118.51 , 34.26 , 29. , 2119.5 , 433. , 1164. , 408. , 3.5409])
>>> housing_num.median().values
array([ -118.51 , 34.26 , 29. , 2119.5 , 433. , 1164. , 408. , 3.5409])
```

Agora, você pode utilizar essa `imputer` "treinada" para transformar o conjunto de treinamento substituindo os valores ausentes pelas médias aprendidas:

```
X = imputer.transform(housing_num)
```

O resultado será um simples array NumPy que contém as características transformadas. Se quiser colocá-lo de volta ao DataFrame do Pandas, basta:

```
housing_tr = pd.DataFrame(X, columns=housing_num.columns,
                          index=housing_num.index)
```

O Design da Scikit-Learn

O design da API da Scikit-Learn é um espetáculo à parte. Confira a seguir os princípios de seu design (*https://homl.info/11*):[17]

Consistência

Todos os objetos compartilham uma interface simples e consistente:

Estimadores

Qualquer objeto capaz de estimar alguns parâmetros com base em um conjunto de dados se chama de estimador (por exemplo, uma `imputer` é um estimador). A estimativa em si é realizada pelo método `fit()`, e é necessário apenas um conjunto de dados como parâmetro (ou dois para algoritmos de aprendizado supervisionado; o segundo conjunto de dados contém os rótulos). Qualquer outro parâmetro necessário para orientar o processo de estimativa é considerado um hiperparâmetro (como o `strategy` da `imputer`) e deve ser definido como uma variável da instância (geralmente por meio de um parâmetro do construtor).

Transformadores

Alguns estimadores (como uma `imputer`) também podem transformar um conjunto de dados e se chamam *transformadores*. Mais uma vez, a API é bem simples: a transformação é realizada pelo método `transform()`, que transforma o conjunto de dados em um parâmetro. Ele retorna o conjunto de dados transformados. Essa transformação geralmente depende dos parâmetros aprendidos, como é o caso de

17 Para saber mais detalhes sobre os princípios de design, veja Lars Buitinck et al., "API Design for Machine Learning Software: Experiences from the Scikit-Learn Project", arXiv preprint arXiv:1309.0238 (2013).

uma `imputer`. Todos os transformadores também têm um método de conveniência chamado `fit_transform()`, o equivalente a chamar o `fit()` e depois o `transform()` (mas algumas vezes o `fit_transform()` é otimizado e roda muito mais rápido).

Preditores

Por fim, alguns estimadores, tendo em vista um conjunto de dados, são capazes de realizar previsões. Eles se chamam *preditores*. Por exemplo, o modelo `LinearRegression` do capítulo anterior era um preditor: ele previu a satisfação de vida, dado o PIB per capita de um país. Um preditor tem um método `predict()`, que pega um conjunto de dados de instâncias novas e retorna um conjunto de dados de predições correspondentes. Ele também tem um método `score()`, que computa a qualidade das predições, levando em conta um conjunto de teste (e os rótulos correspondentes, no caso de algoritmos de aprendizado supervisionado).[18]

Inspeção

Todos os hiperparâmetros do estimador são diretamente acessados por meio de variáveis das instâncias públicas (por exemplo, `imputer.strategy`), e todos os parâmetros aprendidos do estimador também são acessados por meio das variáveis das instâncias públicas seguido pelo sinal de underscore "_" (por exemplo, `imputer.statistics_`).

Não proliferação de classes

Os conjuntos de dados são representados como matrizes NumPy ou matrizes esparsas SciPy, em vez de serem representados por classes criadas. Os hiperparâmetros são apenas strings ou números regulares do Python.

Composição

Os blocos de construção existentes são reutilizados tanto quanto possível. Por exemplo, é fácil criar um estimador `Pipeline` a partir de uma sequência arbitrária de transformadores seguida de um estimador final, como veremos.

Padrões plausíveis

A Scikit-Learn fornece valores-padrão aceitáveis para a maioria dos parâmetros, facilitando a criação rápida de um sistema de trabalho de referência.

Manipulando texto e atributos categóricos

Até o momento, lidamos apenas com atributos numéricos, mas agora analisaremos os atributos de texto. Neste conjunto de dados, existe somente um: o atributo `ocean_proximity`. Vamos analisar seu valor para as dez primeiras instâncias:

```
>>> housing_cat = housing[["ocean_proximity"]]
>>> housing_cat.head(10)
      ocean_proximity
17606       <1H OCEAN
18632       <1H OCEAN
14650      NEAR OCEAN
3230           INLAND
3555        <1H OCEAN
19480          INLAND
8879        <1H OCEAN
```

18 Alguns preditores também fornecem métodos para calcular a confiança de suas predições.

```
13685          INLAND
4937       <1H OCEAN
4861       <1H OCEAN
```

Não é um texto indiscriminado: existe um número limitado de valores possíveis, cada um dos quais representa uma categoria. Portanto, esse atributo é um atributo categórico. A maioria dos algoritmos de AM prefere trabalhar com números; desse modo, converteremos essas categorias de texto em números. Para isso, podemos usar a classe `OrdinalEncoder` da Scikit-Learn:[19]

```
>>> from sklearn.preprocessing import OrdinalEncoder
>>> ordinal _ encoder = OrdinalEncoder()
>>> housing _ cat _ encoded = ordinal _ encoder.fit _ transform(housing _ cat)
>>> housing _ cat _ encoded[:10]
array([[0.],
       [0.],
       [4.],
       [1.],
       [0.],
       [1.],
       [0.],
       [1.],
       [0.],
       [0.]])
```

Você pode obter a lista de categorias usando a instância variável `categories _` . É uma lista que contém um array 1D de categorias para cada atributo categórico (aqui, uma lista com uma única matriz, pois existe apenas um atributo categórico):

```
>>> ordinal _ encoder.categories _
[array(['<1H OCEAN', 'INLAND', 'ISLAND', 'NEAR BAY', 'NEAR OCEAN'],
       dtype=object)]
```

Um dos problemas com essa representação é que os algoritmos de AM assumem que dois valores próximos são mais semelhantes que dois valores distantes. Isso pode ser bom em alguns casos (por exemplo, para categorias ordenadas como "ruim", "médio", "bom" e "excelente"), mas obviamente não é o caso da coluna `ocean _ proximity` (por exemplo, as categorias 0 e 4 são mais semelhantes que as categorias 0 e 1). Para corrigir esse problema, uma solução comum é criar um atributo binário por categoria: um atributo igual a 1 quando a categoria for "<1H OCEAN" (e diferente de 0) e outro atributo igual a 1 quando a categoria for "INLAND" (e diferente de 0) e assim por diante. Isso se chama *codificação one-hot [one-hot encoding* ou ainda *codificação distribuída]*, porque apenas um atributo será igual a 1, enquanto os outros serão 0. Os atributos novos se chamam de atributos *falsos [dummy]*. A Scikit-Learn fornece uma classe `OneHotEncoder` para converter valores categóricos em vetores one-hot:[20]

```
>>> from sklearn.preprocessing import OneHotEncoder
>>> cat _ encoder = OneHotEncoder()
>>> housing _ cat _ 1hot = cat _ encoder.fit _ transform(housing _ cat)
>>> housing _ cat _ 1hot
<16512x5 sparse matrix of type '<class 'numpy.float64'>'
  with 16512 stored elements in Compressed Sparse Row format>
```

19 Esta classe está disponível na Scikit-Learn 0.20 e posterior. Se você usa uma versão anterior, considere atualizar ou use o método Pandas `Series.factorize()`.

20 Antes da Scikit-Learn 0.20, o método só podia codificar valores categóricos inteiros, mas desde 0.20 também pode manipular outros tipos de entradas, incluindo entradas categóricas de texto.

Observe que a saída é uma *matriz esparsa* SciPy, em vez de um array NumPy. Isso é bastante útil quando você tem atributos categóricos com milhares de categorias. Após a codificação one-hot, obtemos uma matriz com milhares de colunas e cheia de 0s, exceto por um único 1 por linha. Usar uma quantidade enorme de memória para armazenar zeros seria um belo de um desperdício; assim, uma matriz esparsa armazena apenas a localização dos elementos diferentes de zero. Você pode usá-la principalmente como uma array 2D normal,[21] mas se deseja convertê-la em um array NumPy (denso) basta chamar o método `toarray()`:

```
>>> housing_cat_1hot.toarray()
array([[1., 0., 0., 0., 0.],
       [1., 0., 0., 0., 0.],
       [0., 0., 0., 0., 1.],
       ...,
       [0., 1., 0., 0., 0.],
       [1., 0., 0., 0., 0.],
       [0., 0., 0., 1., 0.]])
```

Mais uma vez, você pode obter a lista de categorias usando a variável de instância `categories_` do encoder:

```
>>> cat_encoder.categories_
[array(['<1H OCEAN', 'INLAND', 'ISLAND', 'NEAR BAY', 'NEAR OCEAN'],
       dtype=object)]
```

Se um atributo categórico tiver um grande número de categorias possíveis (por exemplo, código do país, profissão, espécie), a codificação one-hot resultará em um grande número de características de entrada. Isso pode retardar o treinamento e prejudicar o desempenho. Caso isso ocorra, você pode substituir a entrada categórica por características numéricas úteis relacionadas às categorias: por exemplo, você pode substituir a categoria `ocean_proximity` por "ao nível do mar" (da mesma forma, um código de país pode ser substituído pela população e pelo PIB per capita do país). Como alternativa, você pode substituir cada categoria por um vetor de baixa dimensão e capaz de aprender chamado *embedding*. A representação de cada categoria seria aprendida durante o treinamento. Este é um exemplo de *aprendizado por representação* (veja os Capítulos 13 e 17 para saber mais).

Customize os Transformadores

Embora a Scikit-Learn forneça muitos transformadores úteis, você precisará escrever os seus próprios para tarefas como operações de limpeza customizadas ou combinar atributos específicos. Você quer que seu transformador funcione perfeitamente com as funcionalidades da Scikit-Learn (como os pipelines) e, uma vez que a Scikit-Learn depende da duck typing [tipagem de pato, se anda como pato, nada como pato, então é um pato] sem herança, você só precisa criar uma classe e implementar os três métodos: `fit()` (retornando `self`), `self` e `fit_transform()`.

Para obter o último, basta acrescentar `TransformerMixin` como uma classe base. Além disso, se adicionar `BaseEstimator` como uma classe base (e evitar usar `*args` e `**kargs` em seu construtor) receberá dois métodos extras ((`get_params()` e `et_params()`) que serão úteis para o ajuste automático dos hiperparâmetros.

21 Veja a documentação do SciPy para mais informações.

Por exemplo, veja esta pequena classe de transformador que adiciona os atributos combinados que discutimos anteriormente:

```
from sklearn.base import BaseEstimator, TransformerMixin

rooms_ix, bedrooms_ix, population_ix, households_ix = 3, 4, 5, 6

class CombinedAttributesAdder(BaseEstimator, TransformerMixin):
def __init__(self, add_bedrooms_per_room = True): # nada de *args ou **kargs
    self.add_bedrooms_per_room = add_bedrooms_per_room
def fit(self, X, y=None):
    return self # não precisa fazer mais nada
def transform(self, X, y=None):
    rooms_per_household = X[:, rooms_ix] / X[:, households_ix]
    population_per_household = X[:, population_ix] / X[:, households_ix]
    if self.add_bedrooms_per_room:
        bedrooms_per_room = X[:, bedrooms_ix] / X[:, rooms_ix]
        return np.c_[X, rooms_per_household, population_per_household,
                         bedrooms_per_room]
    else:
        return np.c_[X, rooms_per_household, population_per_household]

attr_adder = CombinedAttributesAdder(add_bedrooms_per_room=False)
housing_extra_attribs = attr_adder.transform(housing.values)
```

Nesse exemplo, o transformador tem um hiperparâmetro, `add_bedrooms_per_room`, definido por padrão como `True` (normalmente ajuda muito fornecer padrões razoáveis). Esse hiperparâmetro lhe possibilitará identificar facilmente se a adição desse atributo ajuda os algoritmos de aprendizado de máquina ou não. Em termos gerais, você pode adicionar um hiperparâmetro para barrar qualquer etapa da preparação de dados que você não tem 100% de certeza. Quanto mais automatizar essas etapas, mais combinações poderá testar automaticamente, tendo mais chance de encontrar uma ótima combinação (e economizar um bom tempo).

Escalonamento das Características

Uma das transformações fundamentais que você precisa aplicar aos dados é o escalonamento de características. Salvo raras exceções, os algoritmos de aprendizado de máquina não funcionam bem quando atributos numéricos de entrada têm escalas muito diferentes. Este é o caso dos dados dos imóveis: o número total de cômodos varia de 6 a 39.320, ao passo que a renda média varia apenas de 0 a 15. Observe que geralmente não é necessário escalonar os valores-alvo.

Há duas formas comuns de todos os atributos terem a mesma escala: *escalonamento min-max* e *padronização.*

O escalonamento min-max (que muitos chamam de *normalização)* é bastante simples: os valores são deslocados e reescalonados de modo que acabam variando de 0 a 1. Fazemos isso subtraindo o valor mínimo e dividindo pelo valor máximo e depois subtraindo pelo mínimo. A Scikit-Learn fornece um transformador chamado `MinMaxScaler` para tal. Ele comporta um hiperparâmetro `feature_range` que permite alterar o intervalo se você não quiser 0-1 seja lá por qual motivo.

Com a padronização a coisa é diferente: primeiro, ela subtrai o valor médio (por isso que os valores padronizados sempre têm média zero) e, em seguida, divide pelo desvio-padrão para que a distribuição resultante tenha variação de unidade. Ao contrário do escalonamento min-max, a padronização não vincula valores a um intervalo específico, o que pode ser um problema para alguns algoritmos (por exemplo, as redes neurais geralmente esperam um valor de entrada que varia de 0 a 1). No entanto, a padronização não é tão afetada pelos outliers. Por exemplo, suponha que uma região tenha uma renda média igual a 100 (por engano). Em seguida, o escalonamento min-max condensaria todos os outros valores de 0-15 para 0-0,15, enquanto a padronização não seria muito afetada. A Scikit-Learn fornece um transformador para padronização chamado `StandardScaler`.

> Como em todas as transformações, é importante ajustar os escalonamentos apenas aos dados de treinamento, não ao conjunto de dados completo (incluindo o conjunto de testes). Só então você poderá usá-los para transformar o conjunto de treinamento e o conjunto de testes (e os dados novos).

Transformação de Pipelines

Como você pode ver, existem muitas etapas de transformação de dados que precisam ser executadas na ordem correta. Felizmente, a Scikit-Learn fornece a classe `Pipeline` para ajudar com essas sequências de transformações. Vejamos um pequeno pipeline para os atributos numéricos:

```
from sklearn.pipeline import Pipeline
from sklearn.preprocessing import StandardScaler

num_pipeline = Pipeline([
        ('imputer', SimpleImputer(strategy="median")),
        ('attribs_adder', CombinedAttributesAdder()),
        ('std_scaler', StandardScaler()),
    ])

housing_num_tr = num_pipeline.fit_transform(housing_num)
```

O construtor `Pipeline` comporta uma lista de pares de nome/estimador que definem uma sequência de etapas. Todos, exceto o último estimador, devem ser transformadores (ou seja, eles devem ter um método `fit_transform()`). Os nomes podem ser quais você preferir (desde que não tenham underscores duplos); mais tarde, eles serão uma mão na roda para ajuste do hiperparâmetro.

Ao chamar o método `fit()` do pipeline, ele chama o `fit_transform()` sequencialmente em todos os transformadores, passando a saída de cada chamada como parâmetro à próxima chamada, até chegar ao estimador final, que por sua vez chama o método `fit()`.

O pipeline exibe os mesmos métodos que o estimador final. Neste exemplo, o último estimador é um `StandardScaler`, que é um transformador, assim o pipeline comporta um método `transform()` que aplica todas as transformações aos dados em sequência (que também comporta o método `fit_transform()` que poderíamos ter usado).

Até agora, lidamos com as colunas categóricas e as colunas numéricas separadamente. Seria mais conveniente ter um único transformador capaz de lidar com todas as colunas, aplicando as transformações adequadas a cada coluna. Na versão 0.20, a Scikit-Learn introduziu o `ColumnTransformer` para tal, e a boa notícia é que ele funciona muito bem com os DataFrames do Pandas. Vamos usá-lo para aplicar todas as transformações aos dados dos imóveis:

```
from sklearn.compose import ColumnTransformer

num_attribs = list(housing_num)
cat_attribs = ["ocean_proximity"]
```

```
full_pipeline = ColumnTransformer([
        ("num", num_pipeline, num_attribs),
        ("cat", OneHotEncoder(), cat_attribs),
    ])

housing_prepared = full_pipeline.fit_transform(housing)
```

Primeiro importamos a classe `ColumnTransformer`, depois obtemos a lista de nomes das colunas numéricas e a lista de nomes das colunas categóricas e, em seguida, construímos um `ColumnTransformer`. O construtor exige uma lista de tuplas (lista imutável), na qual cada tupla contém um nome,[22] um transformador e uma lista de nomes (ou índices) de colunas às quais o transformador deve ser aplicado. Neste exemplo, especificamos que as colunas numéricas devem ser transformadas usando o `num_pipeline` que definimos anteriormente, e as colunas categóricas devem ser transformadas usando um `OneHotEncoder`. Por último, aplicamos este `ColumnTransformer` aos dados dos imóveis: ele aplica cada transformador às colunas adequadas e concatena as saídas ao longo do segundo eixo (os transformadores devem retornar o mesmo número de linhas).

Repare que o `OneHotEncode` retorna uma matriz esparsa, ao passo que o `num_pipeline` retorna uma matriz densa. Quando existe uma mistura de matrizes esparsas e densas, o `Colum nTransformer` estima a densidade da matriz final (ou seja, a proporção de células diferentes de zero) e retorna uma matriz esparsa, caso a densidade seja menor que um determinado limite (por padrão, `sparse_threshold=0.3`). Neste exemplo, ele retorna uma matriz densa. Já era! Temos um pipeline de pré-processamento que pega os dados completos dos imóveis e aplica as transformações adequadas a cada coluna.

> Em vez de usar um transformador, você pode especificar a string `"drop"` caso queira que as colunas sejam dropadas, ou pode especificar um `"pass through"` se desejar que as colunas permaneçam inalteradas. Por padrão, as colunas restantes (ou seja, as que não foram listadas) serão dropadas, mas você pode definir o hiperparâmetro restante para qualquer transformador (ou `"passthrough"`) se desejar que essas colunas sejam tratadas de forma diferente.

Se estiver usando a Scikit-Learn 0.19 ou anterior, você poderá usar uma biblioteca de terceiros, como a `sklearn-pandas`, ou poderá fazer o rollout de seu próprio transformador customizado para obter a mesma funcionalidade que o `ColumnTransformer`. Como alternativa, você pode usar a classe `FeatureUnion`, que consegue aplicar diferentes transformadores e concatenar suas saídas. Mas você não pode especificar colunas diferentes para cada transformador; todos eles se aplicam a todos os dados. É possível contornar essa limitação usando um transformador customizado para selecionar a coluna (veja o Jupyter Notebook para saber mais).

Escolha e treine um modelo

Até que enfim! Você abordou o problema, obteve os dados e os explorou, gerou uma amostra de um conjunto de treinamento e de um conjunto de testes e escreveu pipelines de transformação para limpar e preparar seus dados automaticamente para os algoritmos de AM. Agora, está pronto para escolher e treinar um modelo de aprendizado de máquina.

22 Assim como para pipelines, o nome pode ser qualquer coisa, desde que não tenha underscores duplos.

Treinando e avaliando o conjunto de treinamento

O bom é que graças a todas as etapas anteriores, as coisas agora serão bem mais simples do que você pensa. Vamos treinar primeiro um modelo de regressão linear, como fizemos no capítulo anterior:

```
from sklearn.linear_model import LinearRegression

lin_reg = LinearRegression()
lin_reg.fit(housing_prepared, housing_labels)
```

Feito! Agora, você tem um modelo de regressão linear funcional. Vamos testá-lo em algumas instâncias do conjunto de treinamento:

```
>>> some_data = housing.iloc[:5]
>>> some_labels = housing_labels.iloc[:5]
>>> some_data_prepared = full_pipeline.transform(some_data)
>>> print("Predictions:", lin_reg.predict(some_data_prepared))
Predictions: [ 210644.6045 317768.8069 210956.4333 59218.9888 189747.5584]
>>> print("Labels:", list(some_labels))
Labels: [286600.0, 340600.0, 196900.0, 46300.0, 254500.0]
```

Funcionou, embora as previsões não sejam exatamente precisas (por exemplo, a primeira previsão é cerca de 40%!). Vamos calcular o RMSE desse modelo de regressão em todo o conjunto de treinamento usando a função `mean_squared_error()` da Scikit-Learn:

```
>>> from sklearn.metrics import mean_squared_error
>>> housing_predictions = lin_reg.predict(housing_prepared)
>>> lin_mse = mean_squared_error(housing_labels, housing_predictions)
>>> lin_rmse = np.sqrt(lin_mse)
>>> lin_rmse
68628.19819848922
```

Isso é melhor do que nada, mas nem de longe é uma boa média: a média dos imóveis da região varia entre US$120 mil e US$265 mil. Portanto, um típico erro preditivo de US$68.628 não é lá muito satisfatório. Esse é um exemplo de modelo que não adapta os dados de treinamento. Quando isso acontece, pode significar que as características não fornecem informações suficientes para realizar boas predições ou que o modelo não é poderoso o suficiente. Conforme vimos no capítulo anterior, as principais formas de corrigir o subajuste são selecionar um modelo mais poderoso, alimentar o algoritmo de treinamento com características melhores ou diminuir as restrições no modelo. Esse modelo não está regularizado, o que exclui a última opção. Você pode tentar adicionar mais características (por exemplo, o registro da população), mas primeiro vamos tentar um modelo mais complexo para ver como ele funciona.

Vamos treinar um `DecisionTreeRegressor`. Esse é um modelo poderoso, capaz de identificar relacionamentos não lineares complexos nos dados (as árvores de decisão são apresentadas em mais detalhes no Capítulo 6). Agora o código pode lhe parecer familiar:

```
from sklearn.tree import DecisionTreeRegressor

tree_reg = DecisionTreeRegressor()
tree_reg.fit(housing_prepared, housing_labels)
```

Agora que o modelo foi treinado, vamos avaliá-lo no conjunto de treinamento:

```
>>> housing_predictions = tree_reg.predict(housing_prepared)
>>> tree_mse = mean_squared_error(housing_labels, housing_predictions)
```

```
>>> tree_rmse = np.sqrt(tree_mse)
>>> tree_rmse
0.0
```

Espere! Mas o quê!? Nenhum erro? Seria esse o modelo perfeito? Obviamente, é bem mais provável que o modelo tenha sobreajustado os dados. Como você pode ter certeza? Como vimos anteriormente, você não quer nem relar a mão no conjunto de testes até estar pronto para implementar em produção um modelo de sua confiança; logo, você deve usar parte do conjunto de treinamento para treinamento e parte dele para validação do modelo.

Avaliando melhor com a validação cruzada

Uma forma de avaliar o modelo de árvore de decisão seria utilizar a função `train_test_split()` para dividir o conjunto de treinamento em um conjunto menor e em um conjunto de validação, depois treinar os modelos com esse conjunto menor e avaliá-los em relação ao conjunto de validação. Dá trabalho, mas não é nada tão complicado e funciona bem.

Uma boa alternativa é usar o *método k-fold* de validação cruzada da Scikit-Learn. O código a seguir divide aleatoriamente o conjunto de treinamento em dez subconjuntos distintos chamados *folds*, depois treina e avalia o modelo da árvore de decisão dez vezes, escolhendo sempre um fold diferente para avaliação e treinamento dos outros nove folds. O resultado é um array que contém dez classificações de avaliação:

```
from sklearn.model_selection import cross_val_score
scores = cross_val_score(tree_reg, housing_prepared, housing_labels,
                         scoring="neg_mean_squared_error", cv=10)
tree_rmse_scores = np.sqrt(-scores)
```

Os recursos de validação cruzada da Scikit-Learn esperam uma função de utilidade (quanto maior, melhor) do que uma função de custo (quanto menor, melhor); portanto, a função score é de fato oposta à MSE (ou seja, um valor negativo), razão pela qual o código anterior calcula `-scores`, antes de calcular a raiz quadrada.

Vejamos os resultados:

```
>>> def display_scores(scores):
...     print("Scores:", scores)
...     print("Mean:", scores.mean())
...     print("Standard deviation:", scores.std())
...
>>> display_scores(tree_rmse_scores)
Scores: [70194.33680785 66855.16363941 72432.58244769 70758.73896782
 71115.88230639 75585.14172901 70262.86139133 70273.6325285
 75366.87952553 71231.65726027]
Mean: 71407.68766037929
Standard deviation: 2439.4345041191004
```

Agora a árvore de decisão não parece tão boa quanto antes. Na verdade, seu desempenho parece até pior do que o modelo de regressão linear. Observe que a validação cruzada permite que você obtenha não somente uma estimativa de desempenho do seu modelo, como também um cálculo da precisão dessa estimativa (ou seja, o desvio-padrão). A árvore de decisão apresenta um score de aproximadamente 71.379, geralmente, ± 2.458. Você não teria essa informação se utilizasse apenas um conjunto de validação. A validação cruzada cobra seu preço ao treinar o modelo diversas vezes, mas nem sempre é possível. Calcularemos os mesmos scores para o modelo de regressão linear apenas para ter certeza:

```
>>> lin_scores = cross_val_score(lin_reg, housing_prepared, housing_labels,
...                              scoring="neg_mean_squared_error", cv=10)
...
>>> lin_rmse_scores = np.sqrt(-lin_scores)
>>> display_scores(lin_rmse_scores)
Scores: [66782.73843989 66960.118071 70347.95244419 74739.57052552
 68031.13388938 71193.84183426 64969.63056405 68281.61137997
 71552.91566558 67665.10082067]
Mean: 69052.46136345083
Standard deviation: 2731.674001798348
```

É isso mesmo que você está vendo: o modelo de árvore de decisão está sobreajustando tanto que acaba sendo pior do que o modelo de regressão linear.

Agora, tentaremos um último modelo: o `RandomForestRegressor`. Como veremos no Capítulo 7, as florestas aleatórias funcionam treinando muitas árvores de decisão em subconjuntos aleatórios das características e calculando a média de suas predições. A construção de modelos sobre outros modelos se chama *aprendizado ensemble* (aprendizado por agrupamento ou por agregação), e geralmente é uma ótima forma de aprimorar ainda mais os algoritmos de AM. Pularemos uma boa parte do código, pois ele é basicamente o mesmo dos outros modelos:

```
>>> from sklearn.ensemble import RandomForestRegressor
>>> forest_reg = RandomForestRegressor()
>>> forest_reg.fit(housing_prepared, housing_labels)
>>> [...]
>>> forest_rmse
18603.515021376355
>>> display_scores(forest_rmse_scores)
Scores: [49519.80364233 47461.9115823 50029.02762854 52325.28068953
 49308.39426421 53446.37892622 48634.8036574 47585.73832311
 53490.10699751 50021.5852922 ]
Mean: 50182.303100336096
Standard deviation: 2097.0810550985693
```

Nossa, esse modelo é muito melhor. As florestas aleatórias parecem muito boas. No entanto, repare que o score no conjunto de treinamento ainda é muito menor do que nos conjuntos de validação, o que significa que o modelo ainda está se sobreajustando ao conjunto de treinamento. As possíveis soluções para sobreajustes são: simplificar o modelo, restringi-lo (ou seja, regularizá-lo) ou obter mais dados de treinamento. Contudo, antes de mergulhar de cabeça nas florestas aleatórias, você deve testar muitos outros modelos de diversas categorias de algoritmos de AM (por exemplo, várias máquinas de vetores de suporte com kernels diferentes e possivelmente uma rede neural), sem despender muito tempo aprimorando o hiperparâmetro. O objetivo é selecionar alguns (dois a cinco) modelos promissores.

Você deve salvar todos os modelos testados de modo que possa usá-los facilmente depois. Salve os hiperparâmetros e os parâmetros treinados, bem como os scores de validação cruzada e, talvez, as predições reais também. Isso possibilitará que você compare facilmente os scores entre os tipos de modelo e os tipos de erros que eles cometem. Você pode salvar facilmente os modelos Scikit-Learn usando o módulo `pickle` do Python ou a biblioteca `joblib`, mais eficiente em serializar arrays NumPy grandes (você pode instalar essa biblioteca usando o pip):

```
import joblib

joblib.dump(my_model, "my_model.pkl")
# e depois...
my_model_loaded = joblib.load("my_model.pkl")
```

Aperfeiçoe Seu Modelo

Vamos supor que você tenha uma lista restrita de modelos promissores e, agora, você tem que aperfeiçoá-los. Vejamos alguns modos de fazer isso.

Grid search

Um dos modos de fazer isso seria manipular manualmente os hiperparâmetros até identificar uma ótima combinação de valores. Seria um trabalho monótono, e talvez você não tenha tempo para explorar muitas combinações.

Em vez disso, use o `GridSearchCV` da Scikit-Learn para fazer essa busca. Você só precisa passar quais hiperparâmetros e valores deseja que ele teste, e ele avaliará todas as combinações de valores possíveis por meio de validação cruzada. Por exemplo, o código a seguir busca a melhor combinação de valores dos hiperparâmetros para o `RandomForestRegressor`:

```
from sklearn.model_selection import GridSearchCV

param_grid = [
    {'n_estimators': [3, 10, 30], 'max_features': [2, 4, 6, 8]},
    {'bootstrap': [False], 'n_estimators': [3, 10], 'max_features': [2, 3, 4]},
  ]

forest_reg = RandomForestRegressor()

grid_search = GridSearchCV(forest_reg, param_grid, cv=5,
                           scoring='neg_mean_squared_error',
                           return_train_score=True)

grid_search.fit(housing_prepared, housing_labels)
```

Quando você não tem ideia do valor que um hiperparâmetro deve ter, uma abordagem simples é testar potências consecutivas de 10 (ou um número menor, caso queira uma pesquisa mais refinada, conforme mostrado neste exemplo com o hiperparâmetro `n_estimators`).

Esse `param_grid` informa à Scikit-Learn para avaliar primeiro todas as combinações 3 × 4 = 12 dos valores de hiperparâmetros `n_estimators` e do `max_features` especificados no primeiro `dict` (não se preocupe com o significado desses hiperparâmetros por enquanto; eles serão explicados no Capítulo 7). Em seguida, teste todas as combinações 2 × 3 = 6 dos valores de hiperparâmetro no segundo `dict`, mas desta vez com o hiperparâmetro `bootstrap` definido como `False` em vez de `True` (que é o valor padrão desse hiperparâmetro).

O grid search explorará 12 + 6 = 18 combinações dos valores do hiperparâmetro `RandomForestRegressor` e treinará cada modelo 5 vezes (já que estamos usando a validação cruzada em cinco folds). Grosso modo, no total, haverá 18 × 5 = 90 rodadas de treinamento! Talvez demore um tempo, mas quando estiver pronto você poderá obter a melhor combinação de parâmetros, como esta:

```
>>> grid_search.best_params_
{'max_features': 8, 'n_estimators': 30}
```

Como 8 e 30 são os valores máximos que foram avaliados, você provavelmente deve tentar pesquisar novamente com valores mais altos; o score pode melhorar ainda mais.

Você também pode obter o melhor estimador diretamente:

```
>>> grid_search.best_estimator_
RandomForestRegressor(bootstrap=True, criterion='mse', max_depth=None,
           max_features=8, max_leaf_nodes=None, min_impurity_decrease=0.0,
           min_impurity_split=None, min_samples_leaf=1,
           min_samples_split=2, min_weight_fraction_leaf=0.0,
           n_estimators=30, n_jobs=None, oob_score=False, random_state=None,
           verbose=0, warm_start=False)
```

Caso o `GridSearchCV` seja inicializado com `refit=True` (que é o padrão), depois de identificar o melhor estimador usando a validação cruzada, ele o restringe em todo o conjunto de treinamento. Em geral é uma boa ideia, visto que se você fornecer mais dados, provavelmente, ele melhorará seu desempenho.

E, claro, os scores de avaliação também estão disponíveis:

```
>>> cvres = grid_search.cv_results_
>>> for mean_score, params in zip(cvres["mean_test_score"], cvres["params"]):
... print(np.sqrt(-mean_score), params)
...
63669.05791727153 {'max_features': 2, 'n_estimators': 3}
55627.16171305252 {'max_features': 2, 'n_estimators': 10}
53384.57867637289 {'max_features': 2, 'n_estimators': 30}
60965.99185930139 {'max_features': 4, 'n_estimators': 3}
52740.98248528835 {'max_features': 4, 'n_estimators': 10}
50377.344409590376 {'max_features': 4, 'n_estimators': 30}
58663.84733372485 {'max_features': 6, 'n_estimators': 3}
52006.15355973719 {'max_features': 6, 'n_estimators': 10}
50146.465964159885 {'max_features': 6, 'n_estimators': 30}
57869.25504027614 {'max_features': 8, 'n_estimators': 3}
51711.09443660957 {'max_features': 8, 'n_estimators': 10}
49682.25345942335 {'max_features': 8, 'n_estimators': 30}
62895.088889905004 {'bootstrap': False, 'max_features': 2, 'n_estimators': 3}
54658.14484390074 {'bootstrap': False, 'max_features': 2, 'n_estimators': 10}
59470.399594730654 {'bootstrap': False, 'max_features': 3, 'n_estimators': 3}
```

```
52725.01091081235 {'bootstrap': False, 'max_features': 3, 'n_estimators': 10}
57490.612956065226 {'bootstrap': False, 'max_features': 4, 'n_estimators': 3}
51009.51445842374 {'bootstrap': False, 'max_features': 4, 'n_estimators': 10}
```

Neste exemplo, obtemos a melhor solução ao definir o hiperparâmetro `max_features` em `8` e o hiperparâmetro `n_estimators` em `30`. O score da RMSE para essa combinação é 49.694, um pouco melhor do que o resultado obtido anteriormente utilizando os valores-padrão do hiperparâmetro (que era 52.564). Parabéns, você acabou de aperfeiçoar com sucesso o seu melhor modelo!

> Não se esqueça de que você pode tratar algumas das etapas de preparação de dados como hiperparâmetros. Por exemplo, o grid search descobrirá automaticamente se você deseja ou não adicionar uma característica (por exemplo, usando o hiperparâmetro `add_bedrooms_per_room` do seu transformador `CombinedAttributesAdde`. Da mesma forma, pode ser usado para encontrar automaticamente a melhor forma de lidar com outliers, características ausentes, seleção de características e muito mais.

Randomized search

A abordagem do grid search é boa quando você está explorando poucas combinações, como no exemplo anterior, mas, quando o espaço de pesquisa de hiperparâmetro é grande, geralmente é preferível usar a `RandomizedSearchCV`. Essa classe pode ser usada da mesma maneira que a classe `GridSearchCV`, no entanto, em vez de testar todas as combinações possíveis, ela avalia um determinado número de combinações aleatórias, ao selecionar um valor aleatório para cada hiperparâmetro a cada iteração. As duas principais vantagens dessa abordagem são:

- Se deixar que o randomized search execute, por exemplo, mil iterações, ela explorará mil valores diferentes para cada hiperparâmetro (em vez de apenas alguns valores por hiperparâmetro na abordagem do grid search).
- Basta definir o número de iterações, que você terá mais controle sobre o custo computacional que deseja alocar para a pesquisa por hiperparâmetro.

Métodos ensemble

Outra maneira de aperfeiçoar seu sistema é tentar combinar os modelos de melhor desempenho. O agrupamento (ou "ensemble") geralmente terá um desempenho superior em relação ao melhor modelo individual (assim como as florestas aleatórias funcionam melhor do que as árvores de decisão), sobretudo se os modelos individuais tiverem tipos muito diferentes de erros. Abordaremos esse assunto com mais detalhes no Capítulo 7.

Analise os melhores modelos e seus erros

Muitas vezes, você obtém informações reveladoras sobre o problema inspecionando os melhores modelos. Por exemplo, o `RandomForestRegressor` pode indicar a importância relativa de cada atributo para realizar predições precisas:

```
>>> feature_importances = grid_search.best_estimator_.feature_importances_
>>> feature_importances
array([7.33442355e-02, 6.29090705e-02, 4.11437985e-02, 1.46726854e-02,
       1.41064835e-02, 1.48742809e-02, 1.42575993e-02, 3.66158981e-01,
```

```
        5.64191792e-02, 1.08792957e-01, 5.33510773e-02, 1.03114883e-02,
        1.64780994e-01, 6.02803867e-05, 1.96041560e-03, 2.85647464e-03])
```

Vamos exibir esses scores de importância ao lado dos nomes de atributos correspondentes:

```
>>> extra_attribs = ["rooms_per_hhold", "pop_per_hhold", "bedrooms_per_room"]
>>> cat_encoder = full_pipeline.named_transformers_["cat"]
>>> cat_one_hot_attribs = list(cat_encoder.categories_[0])
>>> attributes = num_attribs + extra_attribs + cat_one_hot_attribs
>>> sorted(zip(feature_importances, attributes), reverse=True)
[(0.3661589806181342, 'median_income'),
 (0.1647809935615905, 'INLAND'),
 (0.10879295677551573, 'pop_per_hhold'),
 (0.07334423551601242, 'longitude'),
 (0.0629090704826203, 'latitude'),
 (0.05641917918195401, 'rooms_per_hhold'),
 (0.05335107734767581, 'bedrooms_per_room'),
 (0.041143798478729635, 'housing_median_age'),
 (0.014874280890402767, 'population'),
 (0.014672685420543237, 'total_rooms'),
 (0.014257599323407807, 'households'),
 (0.014106483453584102, 'total_bedrooms'),
 (0.010311488326303787, '<1H OCEAN'),
 (0.002856474637320158, 'NEAR OCEAN'),
 (0.00196041559947807, 'NEAR BAY'),
 (6.028038672736599e-05, 'ISLAND')]
```

Com essa informação em mãos, você pode tentar descartar algumas das características menos úteis (por exemplo, ao que tudo indica, apenas uma categoria da `ocean_proximity` é de fato útil; logo, você pode tentar descartar as outras). Você também deve analisar os erros específicos cometidos pelo sistema, depois tentar compreender por que ele comete tais erros e o que poderia solucionar o problema (adicionar características extras ou, ao contrário, descartar as não informativas, limpar outliers etc.).

Avalie seu sistema no conjunto de testes

Depois de ajustar seus modelos por um tempo, você finalmente terá um sistema com desempenho suficiente. Agora, é hora de avaliar o modelo final no conjunto de testes. Não há nada de especial nesse processo; basta obter os preditores e os rótulos do seu conjunto de testes, execute seu `full_pipeline` para transformar os dados (chame o `transform()`, *não o* `fit_transform()` — você não quer ajustar o conjunto de testes!) e avalie o modelo final no conjunto de testes:

```
final_model = grid_search.best_estimator_

X_test = strat_test_set.drop("median_house_value", axis=1)
y_test = strat_test_set["median_house_value"].copy()

X_test_prepared = full_pipeline.transform(X_test)
final_predictions = final_model.predict(X_test_prepared)

final_mse = mean_squared_error(y_test, final_predictions)
final_rmse = np.sqrt(final_mse) # => avaliado em 47,730.2
```

Em alguns casos, essa estimativa pontual do erro de generalização não será o bastante para convencê-lo a implementar: e se for apenas 0,1% melhor do que o modelo atualmente em produção? Você pode ter uma ideia da precisão dessa estimativa. Para isso, é possível calcular um *intervalo de confiança* de 95% para o erro de generalização usando `scipy.stats.t.interval()`:

```
>>> from scipy import stats
>>> confidence = 0.95
>>> squared_errors = (final_predictions - y_test) ** 2
>>> np.sqrt(stats.t.interval(confidence, len(squared_errors) - 1,
...                          loc=squared_errors.mean(),
...                          scale=stats.sem(squared_errors)))
...
array([45685.10470776, 49691.25001878])
```

Se você fez muitos ajustes de hiperparâmetros, o desempenho geralmente será um pouco pior do que o que calculou usando a validação cruzada (porque seu sistema acaba sendo aperfeiçoado para ter um bom desempenho nos dados de validação e provavelmente não terá um bom desempenho em conjuntos de dados desconhecidos). Não é o caso neste exemplo, mas quando isso ocorre você deve resistir à tentação de ajustar os hiperparâmetros para fazer com que os números pareçam bons no conjunto de testes; é improvável que as melhorias façam generalizações para os dados novos.

Agora vem a fase de pré-lançamento do projeto: você precisa apresentar sua solução (ressaltando o que aprendeu, o que funcionou e o que não funcionou, quais suposições foram feitas e quais são as limitações do seu sistema), documentar tudo e elaborar apresentações legais com visualizações claras e frases fáceis de lembrar (por exemplo, "a renda média é o preditor número um dos preços dos imóveis"). Neste exemplo de moradias na Califórnia, o desempenho final do sistema não é melhor do que as estimativas de preço dos especialistas, que geralmente ficam em cerca de 20%. Mas ainda pode ser uma boa ideia implementá-lo, especialmente se isso facultar algum tempo para os especialistas, para que consigam trabalhar em tarefas mais interessantes e produtivas.

Implemente, Monitore e Faça a Manutenção de Seu Sistema

Perfeito, você obteve aprovação para implementar seu sistema! Agora, precisa preparar sua solução para produção (por exemplo, polir o código, escrever documentação e testes e assim por diante). Em seguida, pode implementar o modelo em seu ambiente de produção. Um dos modos de se fazer isso é salvar o modelo treinado da Scikit-Learn (por exemplo, usando a `joblib`), incluindo o pipeline completo de pré-processamento e predição, depois fazer o upload desse modelo treinado em seu ambiente de produção e usá-lo a fim de realizar predições chamando o método `predict()`. Por exemplo, talvez o modelo seja usado em um website: o usuário vai digitar alguns dados sobre uma região nova e clicar no botão Estimativa de Preço. Isso acaba enviando uma query com os dados para o servidor web, que os encaminhará para a aplicação web e, finalmente, seu código simplesmente chamará o método `predict()` do modelo (você quer carregar o modelo quando o servidor inicializar, e não sempre que o modelo for usado). Como alternativa, você pode encapsular o modelo em um serviço web dedicado que seu aplicativo web pode consultar por meio de uma REST API[23] (veja a Figura 2-17). Isso facilita a atualização do modelo para novas versões sem interromper a aplicação principal. Simplifica também o escalonamento, pois você pode iniciar quantos serviços web forem necessários e definir o load balance [balanceamento da carga] das solicitações provenientes de seu

23 Em poucas palavras, uma REST API (ou RESTful) é uma API baseada em HTTP que segue algumas convenções, como o uso de verbos HTTP padrão para ler, atualizar, criar ou excluir recursos (GET, POST, PUT e DELETE) e usar JSON para as entradas e saídas.

aplicativo web nesses serviços web. Além do mais, ele permite que seu aplicativo web use qualquer linguagem, não apenas Python.

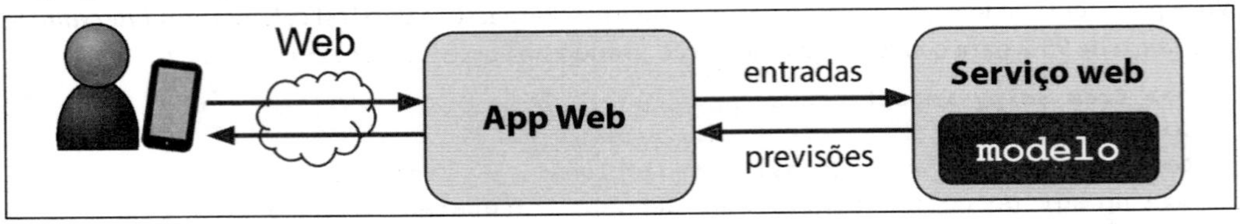

Figura 2-17. Um modelo implementado como um serviço web e usado por um aplicativo web

Outra estratégia popular é implementar seu modelo na nuvem, por exemplo, no Google Cloud AI Platform (anteriormente conhecido como Google Cloud ML Engine): salve o modelo usando a `joblib` e faça o upload para o Google Cloud Storage (GCS), depois vá para Google Cloud AI Platform e crie uma versão nova do modelo, apontando-a para o arquivo GCS. É isso! Isso fornece um serviço web simples que se encarrega do load balance e do escalonamento. Ele recebe solicitações JSON contendo os dados de entrada (por exemplo, de uma região) e retorna respostas ao JSON com as predições. Você pode usar esse serviço web em seu site (ou em qualquer ambiente de produção que esteja usando). Conforme veremos no Capítulo 19, a implementação de modelos da TensorFlow na plataforma AI não é muito diferente da implementação de modelos da Scikit-Learn.

No entanto, a implementação não acaba por aqui. Você também precisa escrever um código de monitoramento para verificar o desempenho em tempo real do seu sistema em intervalos regulares e acionar alertas quando ele cair. Pode ser até uma queda acentuada, provavelmente devido a um componente quebrado em sua infraestrutura, mas lembre-se de que também pode ser algo que vai acontecendo aos poucos e que pode facilmente passar despercebido por muito tempo. Isso é bastante comum porque os modelos tendem a "apodrecer" com o tempo: de fato, o mundo muda; portanto, se o modelo foi treinado com os dados do ano passado, ele pode não se adaptar aos dados de hoje.

Mesmo um modelo treinado para classificar imagens de cães e gatos pode precisar ser treinado regularmente, não porque gatos e cães sofrerão mutações da noite para o dia, mas porque as câmeras mudam, junto com formatos de imagem, nitidez, brilho e proporções de tamanho. Além do mais, as pessoas podem passar a preferir raças diferentes no próximo ano, ou podem decidir colocar pequenos chapéus em seus animais de estimação — vai saber, não é?

Desse modo, você precisa monitorar o desempenho em tempo real do seu modelo. Mas como fazer isso? Bem, depende. Em alguns casos, o desempenho do modelo pode ser deduzido a partir das métricas downstream. Por exemplo, se o modelo faz parte de um sistema de recomendação e sugere produtos nos quais os usuários podem se interessar, é fácil monitorar o número de produtos recomendados vendidos todos os dias. Se esse número cair (em comparação com produtos não recomendados), o principal suspeito é o modelo. Isso pode ocorrer porque o pipeline de dados está quebrado ou talvez o modelo precise ser treinado novamente com dados novos (como discutiremos em breve).

No entanto, nem sempre é possível determinar o desempenho do modelo sem nenhuma análise humana. Por exemplo, suponha que você treinou um modelo de classificação de imagens (veja o Capítulo 3) para detectar uma série de falhas do produto em uma linha de produção. Como você pode receber um alerta se o desempenho do modelo cair, antes que milhares de produtos defeituosos sejam enviados aos seus clientes? Uma solução é enviar aos avaliadores humanos uma amostra de todas as imagens que o modelo classificou (principalmente aquelas das quais o modelo não tinha tanta certeza). Dependendo da tarefa, os avaliadores podem ser especialistas ou não ser especialistas, como colaboradores em uma plataforma de crowdsourcing (por exemplo, Amazon Mechanical

Turk). Em alguns aplicativos, eles podem até ser os próprios usuários, respondendo, por exemplo, por pesquisas ou captchas redirecionados.[24]

De qualquer forma, você precisa implementar um sistema de monitoramento (com ou sem avaliadores humanos para avaliar o modelo ativo), bem como todos os processos relevantes para definir o que fazer em caso de falhas e como se preparar para resolvê-las. Infelizmente, isso pode dar muito trabalho. Na verdade, geralmente é muito mais trabalhoso do que construir e treinar um modelo.

Se os dados continuarem evoluindo, você precisará atualizar seus conjuntos de dados e treinar seu modelo regularmente. Você provavelmente deve automatizar todo o processo, tanto quanto possível. Veja a seguir algumas coisas que pode automatizar:

- Colete dados novos regularmente e identifique-os (por exemplo, usando avaliadores humanos);
- Escreva um script para treinar o modelo e aperfeiçoar os hiperparâmetros automaticamente. Esse script pode ser executado automaticamente, por exemplo, todos os dias ou todas as semanas, dependendo de suas necessidades.
- Escreva outro script que avalie o novo modelo e o modelo anterior no conjunto de testes atualizado e implemente o modelo em produção se o desempenho não diminuir (em caso afirmativo, faça questão de investigar o problema).

Você também deve avaliar a qualidade dos dados de entrada do modelo. Não raro, o desempenho diminui um pouco devido a um sinal de baixa qualidade (por exemplo, um sensor que funciona mal e que envia valores aleatórios ou a saída de outra equipe está obsoleta), mas pode demorar um pouco até que o desempenho do sistema caia o suficiente para acionar um alerta. Caso monitore as entradas do seu modelo, poderá identificar isso com antecedência. Por exemplo, você pode acionar um alerta se cada vez mais entradas tiverem características ausentes, ou se o seu desvio médio ou seu desvio-padrão estiver muito fora do conjunto de treinamento, ou se uma característica categórica começar a englobar categorias novas.

Por último, faça questão de ter os backups de todos os modelos criados e ter o processo e as ferramentas a fim de realizar o rollback para um modelo anterior, caso o modelo novo comece a falhar muito por algum motivo. Ter backups também permite comparar facilmente os modelos novos com os anteriores. Da mesma forma, você deve ter backups de todas as versões dos seus conjuntos de dados para conseguir fazer rollback para um conjunto de dados anterior se o novo for corrompido (por exemplo, se os dados novos adicionados estiverem cheios de outliers). Ter backups dos conjuntos de dados também possibilita avaliar qualquer modelo em relação a qualquer conjunto de dados anterior.

> Você pode criar diversos subconjuntos do conjunto de testes para avaliar o desempenho do modelo em partes específicas dos dados. Por exemplo, convém ter um subconjunto contendo somente os dados mais recentes ou um conjunto de testes para tipos específicos de entradas (por exemplo, regiões longe do mar versus regiões próximas do mar). Isso proporcionará uma compreensão mais profunda dos pontos fortes e fracos do modelo.

Como pode ver, o aprendizado de máquina envolve bastante infraestrutura; portanto, não se surpreenda se o seu primeiro projeto de AM exigir muito esforço e tempo de criação e implementação em produção. Felizmente, quando toda a infraestrutura estiver instalada, concretizar a ideia em produção será bem mais rápido.

24 Um captcha é um teste para garantir que um usuário não é um robô. Esses testes costumam ser usados como uma forma barata de rotular dados para treinamento.

Teste!

Espero que este capítulo tenha lhe passado uma boa noção de como é um projeto de aprendizado de máquina, além de mostrar algumas das ferramentas que você pode usar para treinar um ótimo sistema. Como pode ver, grande parte do trabalho está na etapa de preparação de dados: desenvolver ferramentas de monitoramento, configurar pipelines de avaliação humana e automatizar o treinamento regular de modelos. Os algoritmos de AM são importantes, é claro, mas é preferível se sentir à vontade com o processo geral e conhecer bem três ou quatro algoritmos, em vez de dedicar todo o seu tempo a explorar algoritmos avançados.

Assim, caso ainda não tenha feito isso, agora é o momento de se sentar em um computador, selecionar um conjunto de dados de seu interesse e tentar testar todo o processo do começo ao fim. Um bom ponto de partida são sites de competição como o *http://kaggle.com/*: você terá um conjunto de dados para brincar, um objetivo claro e pessoas com quem compartilhar a experiência. Divirta-se!

Exercícios

Os exercícios a seguir têm como base o conjunto de dados dos imóveis deste capítulo:

1. Teste um regressor da Support Vector Machine (`sklearn.svm.SVR`) com vários hiperparâmetros, como `kernel="linear"` (com diversos valores para o hiperparâmetro `C`) ou `kernel="rbf"` (com vários valores para os hiperparâmetros `C` e `gamma`). Não se preocupe com o significado desses hiperparâmetros por enquanto. Como funciona o melhor preditor `SVR`?
2. Teste substituir `GridSearchCV` por `RandomizedSearchCV`.
3. Faça um teste ao adicionar um transformador no pipeline de preparação para selecionar apenas os atributos mais importantes.
4. Tente criar um pipeline único que faça a preparação completa de dados mais a predição final.
5. Explore automaticamente algumas opções de preparação para o `GridSearchCV`.

As soluções para esses exercícios podem ser encontradas nos Jupyter Notebooks em: *https://github.com/ageron/handson-ml2*.

CAPÍTULO 3

Classificação

No Capítulo 1, mencionamos que regressão (predição de valores) e classificação (predição de classes) são as tarefas de aprendizado supervisionado mais comuns. No Capítulo 2, exploramos uma tarefa de regressão, predizendo valores de imóveis, usando diversos algoritmos como regressão linear, árvores de decisão e florestas aleatórias (que serão explicadas mais detalhadamente nos próximos capítulos). Agora, concentraremos nossa atenção nos sistemas de classificação.

MNIST

Neste capítulo, usaremos o conjunto de dados MNIST, composto de 70 mil imagens pequenas de algarismos escritos à mão por estudantes do ensino médio e funcionários do US Census Bureau. Cada imagem é rotulada com o algarismo que a representa. Esse conjunto tem sido tão estudado que, muitas vezes, é chamado de "hello world" do aprendizado de máquina: sempre que as pessoas apresentam um novo algoritmo de classificação, elas têm curiosidade de conferir como será seu desempenho no MNIST. E sempre que alguém decide estudar aprendizado de máquina, cedo ou tarde, acaba se deparando com o MNIST.

A Scikit-Learn fornece muitas funções auxiliares para fazer o download de conjuntos de dados populares. O MNIST é um deles. O código a seguir obtém o conjunto de dados do MNIST:[1]

```
>>> from sklearn.datasets import fetch_openml
>>> mnist = fetch_openml('mnist_784', version=1)
>>> mnist.keys()
dict_keys(['data', 'target', 'feature_names', 'DESCR', 'details',
           'categories', 'url'])
```

Os conjuntos de dados carregados pela Scikit-Learn geralmente têm uma estrutura similar ao dicionário, incluindo:

- Uma chave `DESCR` que descreve o conjunto de dados.
- Uma chave `data` que contém um array com uma linha por instância e uma coluna por característica.
- Uma chave `target` que contém um array com os rótulos.

Vamos conferir esses arrays:

```
>>> X, y = mnist["data"], mnist["target"]
>>> X.shape
(70000, 784)
>>> y.shape
(70000,)
```

1 Por padrão, a Scikit-Learn armazena em cache os conjuntos de dados baixados em um diretório que se chama *$HOME/scikit_learn_data*.

Existem 70 mil imagens e cada uma delas apresenta 784 características. Isso ocorre porque cada imagem tem 28 × 28 pixels, e cada característica representa simplesmente a intensidade de um pixel, de 0 (branco) a 255 (preto). Vamos dar uma espiada em um algarismo do conjunto de dados. Tudo que você precisa fazer é pegar o vetor da característica de uma instância, remodelá-lo em um array de 28 × 28 e exibi-lo usando a função `imshow()` da Matplotlib:

```
import matplotlib as mpl
import matplotlib.pyplot as plt

some_digit = X[0]
some_digit_image = some_digit.reshape(28, 28)

plt.imshow(some_digit_image, cmap="binary")
plt.axis("off")
plt.show()
```

O algarismo parece com um 5, e é justamente isso o que o rótulo nos informa:

```
>>> y[0]
'5'
```

Repare que o rótulo é uma string. A maioria dos algoritmos de AM espera números, logo, converteremos `y` para inteiro:

```
>>> y = y.astype(np.uint8)
```

Para você ter uma ideia da complexidade da tarefa de classificação, a Figura 3-1 mostra mais algumas imagens do conjunto de dados MNIST.

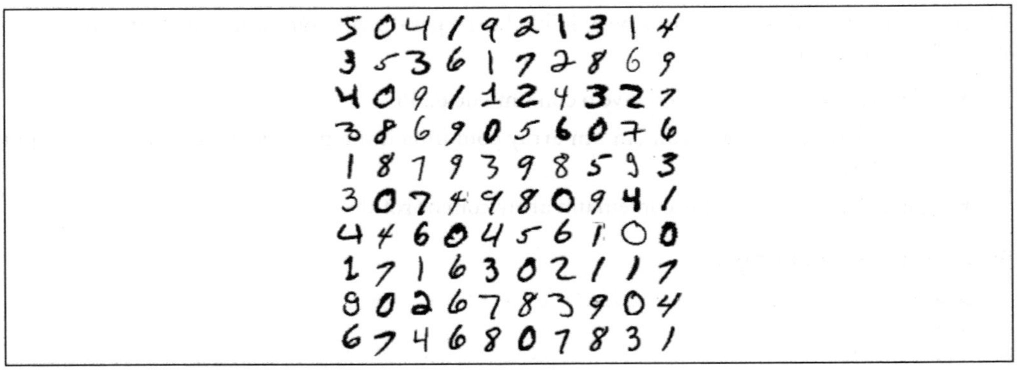

Figura 3-1. Alguns algarismos do conjunto de dados MNIST

Mas espere! Você sempre deve criar um conjunto de teste e separá-lo antes de inspecionar os dados com mais atenção. O conjunto de dados MNIST, na verdade, já está dividido em um conjunto de treinamento (as primeiras 60 mil imagens) e em um conjunto de teste (as últimas 10 mil imagens):

```
X_train, X_test, y_train, y_test = X[:60000], X[60000:], y[:60000], y[60000:]
```

O conjunto de treinamento já está embaralhado, o que é bom, pois isso assegura que todos os folds de validação cruzada serão semelhantes (você não quer que um fold perca alguns algarismos). Além disso, alguns algoritmos de aprendizado são frágeis à ordem das instâncias de treinamento e apresentam desempenho ruim se obtêm muitas instâncias similares seguidas. Embaralhar o conjunto de dados garante que isso não aconteça.[2]

Treinando um Classificador Binário

Por ora, vamos simplificar as coisas e tentar identificar somente um algarismo — por exemplo, o número 5. Este "5-detector" será um exemplo de *classificador binário* capaz de fazer distinções entre apenas duas classes, 5 e não-5. Vamos criar os vetores-alvo para essa tarefa de classificação:

```
y_train_5 = (y_train == 5)    # True para todos os 5s, False para todos os outros
                                algarismos
y_test_5 = (y_test == 5)
```

Agora, vamos escolher um classificador e treiná-lo. Um bom ponto de partida é um classificador *gradiente descendente estocástico* (SGD), usando a classe `SGDClassifier` da Scikit-Learn. A vantagem desse classificador é conseguir lidar eficientemente com conjuntos de dados muito grandes. Isso ocorre em parte porque o SGD lida com instâncias de treinamento de forma independente, uma de cada vez (o que também torna o SGD adequado para o aprendizado online), como veremos mais adiante. Vamos criar um `SGDClassifier` e treiná-lo em todo o conjunto de treinamento:

```
from sklearn.linear_model import SGDClassifier

sgd_clf = SGDClassifier(random_state=42)
sgd_clf.fit(X_train, y_train_5)
```

O `SGDClassifier` depende da aleatoriedade durante o treinamento (por isso, o nome "*estocástico*"). Caso queira resultados que possam ser reproduzidos, defina o parâmetro `random_state`.

Agora, podemos usá-lo para detectar imagens do número 5:

```
>>> sgd_clf.predict([some_digit])
array([ True])
```

O classificador estima que esta imagem representa um 5 (`True`). Pelo visto, ele estimou corretamente! Agora, avaliaremos o desempenho desse modelo.

Cálculo de Desempenho

Normalmente, avaliar um classificador é bem mais complicado do que avaliar um regressor; portanto, passaremos boa parte deste capítulo analisando o assunto. Existem muitos cálculos e medidas de desempenho disponíveis, então pegue outro café e prepare-se para aprender muitos conceitos e siglas novas!

2 Em determinados contextos, embaralhar é uma péssima ideia — por exemplo, se estiver trabalhando em dados de séries temporais (como preços da bolsa de valores ou condições climáticas). Investigaremos isso nos próximos capítulos.

Calculando a acurácia com a validação cruzada

Uma boa forma de avaliar um modelo é usar a validação cruzada, como você fez no Capítulo 2.

Implementando a Validação Cruzada

Vez ou outra, você precisará ter mais controle sobre o processo de validação cruzada do que a padronização da Scikit-Learn pode oferecer. Nesses casos, você mesmo pode implementar a validação cruzada. O código a seguir faz basicamente a mesma coisa que a função `cross_val_score()` da Scikit-Learn e exibe o mesmo resultado:

```
from sklearn.model_selection import StratifiedKFold
from sklearn.base import clone

skfolds = StratifiedKFold(n_splits=3, random_state=42)

for train_index, test_index in skfolds.split(X_train, y_train_5):
    clone_clf = clone(sgd_clf)
    X_train_folds = X_train[train_index]
    y_train_folds = y_train_5[train_index]
    X_test_fold = X_train[test_index]
    y_test_fold = y_train_5[test_index]

    clone_clf.fit(X_train_folds, y_train_folds)
    y_pred = clone_clf.predict(X_test_fold)
    n_correct = sum(y_pred == y_test_fold)
    print(n_correct / len(y_pred))    # exibe 0.9502, 0.96565, e 0.96495
```

A classe `StratifiedKFold` realiza amostragem estratificada (conforme explicado no Capítulo 2) com o objetivo de produzir folds que contêm uma proporção representativa de cada classe. A cada iteração, o código cria um clone do classificador, treina esse clone nos folds de treinamento e faz predições nos folds de teste. Em seguida, contabiliza o número de predições corretas e gera a proporção de predições corretas.

Usaremos a função `cross_val_score()` para avaliar o seu modelo `SGDClassifier` com o método k-fold de validação cruzada em três partes. Lembre-se de que método k-fold de validação cruzada significa dividir o conjunto de treinamento em k-folds (neste caso, três) e, depois, prever e avaliar as predições em cada conjunto utilizando um modelo treinado nos folds restantes (veja o Capítulo 2):

```
>>> from sklearn.model_selection import cross_val_score
>>> cross_val_score(sgd_clf, X_train, y_train_5, cv=3, scoring="accuracy")
array([0.96355, 0.93795, 0.95615])
```

Uau! Acurácia acima de 93% (proporção de predições corretas) em todos os folds de validação cruzada? Isso não é um espetáculo? Antes que você fique muito entusiasmado, vejamos um classificador que deixa a desejar e somente classifica todas as imagens na classe "não-5":

```
from sklearn.base import BaseEstimator

class Never5Classifier(BaseEstimator):
    def fit(self, X, y=None):
        pass
    def predict(self, X):
        return np.zeros((len(X), 1), dtype=bool)
```

Consegue estimar a acurácia desse modelo? Vamos descobrir:

```
>>> never_5_clf = Never5Classifier()
>>> cross_val_score(never_5_clf, X_train, y_train_5, cv=3,
scoring="accuracy")
array([0.91125, 0.90855, 0.90915])
```

É isso mesmo, mais de 90% de acurácia! Isso acontece simplesmente porque apenas cerca de 10% das imagens são "5", assim sendo, caso sempre estime que uma imagem não é um 5, terá razão em cerca de 90% das vezes. Você seria melhor que Nostradamus.

Isso demonstra por que a acurácia geralmente não é a medida de desempenho preferida para os classificadores, sobretudo quando você está manipulando conjuntos de *dados assimétricos* (ou seja, quando algumas classes são muito mais frequentes que outras).

Matriz de confusão

Uma forma bem melhor de avaliar o desempenho de um classificador é analisar a *matriz de confusão*. A ideia geral é contabilizar o número de vezes que as instâncias da classe A são classificadas como classe B. Por exemplo, para saber o número de vezes que o classificador confundiu imagens de 5s com 3s, você verificaria na quinta linha e na terceira coluna da matriz de confusão.

Para calcular a matriz de confusão, primeiro você precisa ter um conjunto de predições de modo que elas possam ser comparadas às previsões reais. Você pode realizar predições sobre o conjunto de testes, mas vamos deixar ele quieto por enquanto (lembre-se de que você deseja usá-lo somente no fim do seu projeto, depois de ter um classificador que esteja pronto para ser implementado). Em vez disso, você pode usar a função `cross_val_predict()`:

```
from sklearn.model_selection import cross_val_predict

y_train_pred = cross_val_predict(sgd_clf, X_train, y_train_5, cv=3)
```

Como a função `cross_val_score()`, a `cross_val_predict()` realiza o método k-fold de validação cruzada, em vez de retornar os scores da avaliação, ela retorna as predições feitas em cada teste de fold. Isso significa que você obtém uma predição limpa para cada instância no conjunto de treinamento ("limpa" é quando a predição é feita por um modelo que nunca manipulou os dados durante o treinamento).

Agora, você está pronto para obter a matriz de confusão usando a função `confusion_matrix()`. Apenas passe as classes-alvo (`y_train_5`) e as classes previstas (`y_train_pred`):

```
>>> from sklearn.metrics import confusion_matrix
>>> confusion_matrix(y_train_5, y_train_pred)
array([[53057,  1522],
       [ 1325,  4096]])
```

Cada linha em uma matriz de confusão representa uma *classe real*, ao passo que cada coluna representa uma *classe prevista*. A primeira linha desta matriz considera imagens não-5 (a *classe negativa*): 53.057 delas foram classificadas corretamente como não-5 (elas se chamam *verdadeiros negativos*), enquanto as 1.522 restantes foram erroneamente classificadas como 5s (*falsos positivos*). A segunda linha considera as imagens dos 5s (a *classe positiva*): 1.325 foram classificadas erroneamente como não-5s (*falsos negativos*), ao passo que as 4.096 restantes foram classificadas perfeitamente como 5s (*verdadeiros positivos*). Um classificador perfeito teria somente verdadeiros positivos e verdadeiros negativos, ou seja, sua matriz de confusão teria valores diferentes de zero apenas em sua diagonal principal (da esquerda superior para a direita inferior):

```
>>> y_train_perfect_predictions = y_train_5  # vamos fingir que alcançamos a
                                               perfeição
>>> confusion_matrix(y_train_5, y_train_perfect_predictions)
array([[54579,     0],
       [    0,  5421]])
```

A matriz de confusão fornece bastante informação, mas talvez você prefira uma métrica mais concisa. Uma coisa interessante a ser observada é a acurácia das predições positivas, que se chama *precisão* do classificador (Equação 3-1).

Equação 3-1. Precisão

$$\text{precisão} = \frac{TP}{TP + FP}$$

TP é o número de verdadeiros positivos, e *FP* é o número de falsos positivos.

Uma maneira simples de obter a precisão perfeita é fazer uma única predição positiva e garantir que ela esteja correta (precisão = 1/1 = 100%). No entanto, isso não ajudaria muita coisa, pois o classificador ignoraria todas, salvo casos de uma instância positiva. Portanto, a precisão normalmente é usada junto com outra métrica chamada *revocação*, também chamada *sensibilidade* ou *taxa de verdadeiros positivos* (TPR): essa é a proporção de instâncias positivas que são detectadas corretamente pelo classificador (Equação 3-2).

Equação 3-2. Revocação

$$\text{revocação} = \frac{TP}{TP + FN}$$

FN logicamente é o número de falsos negativos.

Caso esteja meio perdido com a matriz de confusão, a Figura 3-2 pode ajudá-lo.

Figura 3-2. Uma matriz de confusão ilustrada mostra exemplos de verdadeiros negativos (canto superior esquerdo), falsos positivos (canto superior direito), falsos negativos (canto inferior esquerdo) e verdadeiros positivos (canto inferior direito)

Precisão e revocação

A Scikit-Learn fornece diversas funções para calcular métricas classificadoras, incluindo precisão e revocação:

```
>>> from sklearn.metrics import precision_score, recall_score
>>> precision_score(y_train_5, y_train_pred) # == 4096 / (4096 + 1522)
0.7290850836596654
>>> recall_score(y_train_5, y_train_pred) # == 4096 / (4096 + 1325)
0.7555801512636044
```

Agora, o seu 5-detector não parece tão bom como quando você analisou sua acurácia. Quando ele afirma que uma imagem representa um 5, ele está correto apenas 77% das vezes. Além disso, ele só detecta 80% dos "5s".

Geralmente, é pertinente combinar a precisão e a revocação em uma única métrica que se chama *F_1 score [pontuação F_1]*, ainda mais se você precisar de uma maneira simples de comparar dois classificadores. A F_1 score é a *média harmônica* da precisão e revocação (Equação 3-3). Ao passo que a média regular trata igualmente todos os valores, a média harmônica dá mais importância aos valores mais baixos. Como resultado, o classificador só obterá um score F1 alto se a revocação e a precisão forem altas.

Equação 3-3. F_1:

$$F_1 = \frac{2}{\frac{1}{\text{precisão}} + \frac{1}{\text{revocação}}} = 2 \times \frac{\text{precisão} \times \text{revocação}}{\text{precisão} + \text{revocação}} = \frac{TP}{TP + \frac{FN + FP}{2}}$$

Para calcular a F_1 score, basta chamar a função `f1_score()`:

```
>>> from sklearn.metrics import f1_score
>>> f1_score(y_train_5, y_train_pred)
0.7420962043663375
```

A F_1 score favorece os classificadores que têm precisão e revocação semelhantes. Mas nem sempre é o que você quer: em alguns contextos, você se preocupa basicamente com a precisão, e em outros, com a revocação. Por exemplo, se treinou um classificador com o objetivo de detectar vídeos seguros para crianças, provavelmente você prefere um classificador que rejeite muitos vídeos bons (baixa revocação) e mantenha apenas os seguros (alta precisão), em vez de um classificador que tenha uma revocação muito alta, mas permita que alguns vídeos ruins sejam exibidos em seu produto (nesses casos, você pode adicionar um pipeline humano para verificar a seleção de vídeo do classificador). Em contrapartida, suponha que você treine um classificador para detectar ladrões de lojas em imagens de vigilância: provavelmente é bom que o classificador tenha somente 30% de precisão, desde que tenha 99% de revocação (claro, os guardas de segurança receberão alguns alertas falsos, mas quase todos os ladrões de lojas serão pegos).

Infelizmente, você não pode ter as duas coisas: aumentar a precisão reduz a revocação e vice-versa. Isso se chama *trade-off de precisão/revocação.*

Trade-off precisão/revocação

Com o intuito de entender o trade-off, vejamos como o `SGDClassifier` toma suas decisões de classificação. Para cada instância, ele calcula um score baseado em uma função de decisão e, se esse score for maior que um limiar, ele atribui a instância à classe positiva, ou então a atribui à classe negativa. A Figura 3-3 ilustra alguns algarismos, desde o score mais baixo à esquerda até o mais alto à direita. Suponha que o *limiar de decisão* esteja posicionado na seta central (entre os dois 5s): você encontrará 4 positivos verdadeiros (5s reais) à direita desse limiar e 1 falso positivo (na verdade um 6). Portanto, com esse limiar, a precisão é de 80% (4 de 5). Mas, quando se trata do 6 dos 5s reais, o classificador detecta apenas 4, logo, a revocação é de 67% (4 de 6). Se você aumentar o limiar (mova-o para a seta à direita), o falso positivo (o 6) se tornará um verdadeiro negativo, aumentando assim a precisão (até 100%, nesse caso), mas um positivo verdadeiro se tornará um falso negativo, diminuindo a revocação para 50%. Por outro lado, diminuir o limiar aumenta a revocação e reduz a precisão.

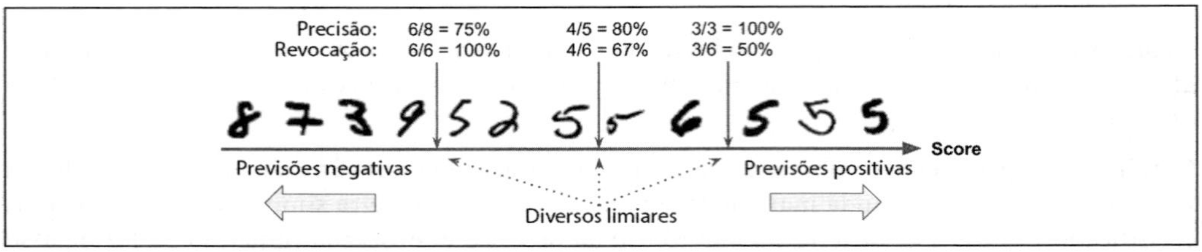

Figura 3-3. Neste trade-off de precisão/revocação, as imagens são classificadas por meio do score do classificador e aquelas acima do limiar de decisão escolhido são consideradas positivas; quanto maior o limiar, menor a revocação e maior (em geral) a precisão

A Scikit-Learn não permite definir o limiar diretamente, mas o deixa acessar os scores de decisão que ela emprega para fazer predições. Em vez de chamar o método `predict()` do classificador, você pode chamar o método `decision_function()`, que retorna um score para cada instância e, em seguida, faz as predições com base nesses scores usando qualquer limiar desejado:

```
>>> y_scores = sgd_clf.decision_function([some_digit])
>>> y_scores
array([2412.53175101])
>>> threshold = 0
>>> y_some_digit_pred = (y_scores > threshold)
array([ True])
```

O `SGDClassifier` utiliza um limiar igual a 0, assim o código anterior retorna o mesmo resultado que o método `predict()` (ou seja, `True`). Vamos aumentar esse limiar:

```
>>> threshold = 8000
>>> y_some_digit_pred = (y_scores > threshold)
>>> y_some_digit_pred
array([False])
```

Isso comprova que aumentar o limiar diminui a revocação. A imagem representa um 5, e o classificador o detecta quando o limiar é 0, mas o perde quando o limiar sobe para 8 mil.

Como você decide qual limite usar? Primeiro, use a função `cross_val_predict()` para obter os scores de todas as instâncias no conjunto de treinamento, só que desta vez especifique que quer retornar os scores de decisão, em vez de predições:

```
y_scores = cross_val_predict(sgd_clf, X_train, y_train_5, cv=3,
                             method="decision_function")
```

Com esses scores, use a função `precision_recall_curve()` para calcular a precisão e a revocação de todos os limiares possíveis:

```
from sklearn.metrics import precision_recall_curve

precisions, recalls, thresholds = precision_recall_curve(y_train_5, y_scores)
```

Por último, use a Matplotlib para plotar a precisão e a revocação como funções do valor limiar (veja a Figura 3-4):

```
def plot_precision_recall_vs_threshold(precisions, recalls, thresholds):
```

```
    plt.plot(thresholds, precisions[:-1], "b--", label="Precision")
    plt.plot(thresholds, recalls[:-1], "g-", label="Recall")
    [...] # destaca o limiar e acrescenta legenda, rótulo do eixo e a grade

plot_precision_recall_vs_threshold(precisions, recalls, thresholds)
plt.show()
```

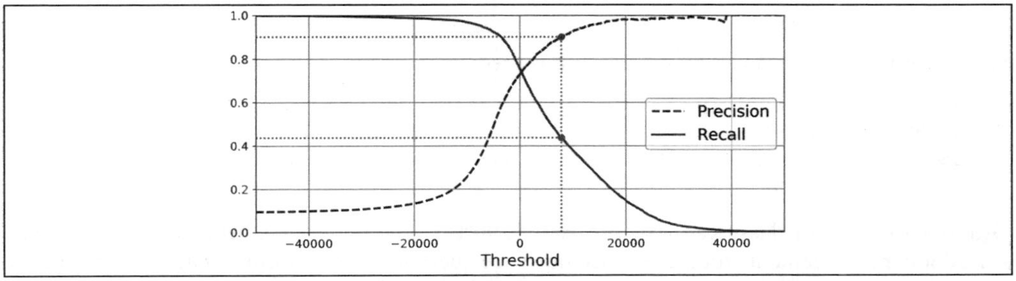

Figura 3-4. Precisão [Precision] e Revocação [Recall] vs. limiar de decisão [threshold]

Talvez você esteja se perguntando por que a curva de precisão é mais irregular que a curva de revocação na Figura 3-4. O motivo é que, às vezes, a precisão pode diminuir quando você aumenta o limiar (embora geralmente aumente). Para compreender o porquê, observe a Figura 3-3 e o que acontece quando você inicia a partir do limiar central e move apenas um algarismo para a direita: a precisão vai de 4/5 (80%) para 3/4 (75%) Por outro lado, a revocação só pode diminuir quando se aumenta o limiar, o que explica por que sua curva parece suave.

Outra maneira de escolher um bom trade-off de precisão/revocação é plotar a precisão diretamente em relação à revocação, conforme mostrado na Figura 3-5 (o mesmo limiar anteriormente destacado).

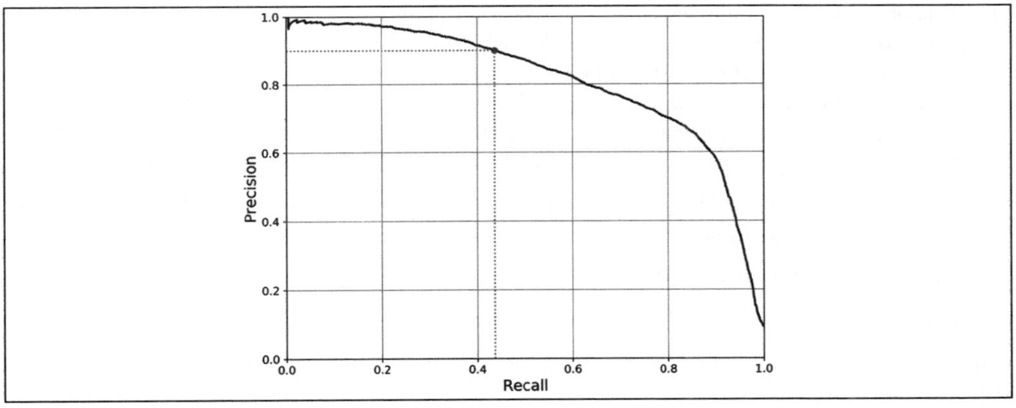

Figura 3-5. Precisão [precision] vs. revocação [recall]

Agora, você pode ver que a precisão começa a diminuir acentuadamente em torno de 80% da revocação. Você provavelmente quer escolher um trade-off de precisão/revocação mais do que depressa, antes dessa queda — por exemplo, com aproximadamente 60% de revocação. Mas, obviamente, a escolha depende do seu projeto.

Suponha que você quer 90% de precisão. Você analisa o primeiro gráfico e descobre que precisa usar um limiar de cerca de 8 mil. Para ser mais exato, você pode procurar o limiar mais baixo que fornece pelo menos 90% de precisão (a `np.argmax()` lhe dará o primeiro índice do valor máximo, que neste caso significa o primeiro valor `True`):

```
threshold_90_precision = thresholds[np.argmax(precisions >= 0.90)] # ~7816
```

Para fazer predições (por ora, no conjunto de treinamento), em vez de chamar o método `predict()` do classificador, você pode rodar este código:

```
y_train_pred_90 = (y_scores >= threshold_90_precision)
```

Vamos conferir a precisão e a revocação dessas predições:

```
>>> precision_score(y_train_5, y_train_pred_90)
0.9000380083618396
>>> recall_score(y_train_5, y_train_pred_90)
0.4368197749492714
```

Ótimo, você tem um classificador de precisão de 90%! Como pode ver, é bem fácil criar um classificador com basicamente toda a precisão que você quer: basta definir um limiar alto o bastante e mãos à obra. Mas, espere, muita calma nessa hora. Um classificador de alta precisão não é lá muito útil, se sua revocação for muito baixa!

> Caso alguém lhe diga: "Vamos alcançar 99% de precisão", pergunte: "Em qual revocação?"

A curva ROC

A *curva de característica de operação* (ROC, em português COR) é outra ferramenta comum usada com classificadores binários. É muito semelhante à curva de precisão/revocação, mas, em vez de plotar precisão vs. revocação, a curva ROC representa a *taxa de verdadeiros positivos* (outro nome para revocação) em relação à *taxa de positivos falsos* (FPR). O FPR é a proporção de instâncias negativas classificadas incorretamente como positivas. É igual a 1 — a *taxa de verdadeiros negativos* (TNR), que é a proporção de instâncias negativas que são corretamente classificadas como negativas. O TNR também é chamado de *especificidade*. Portanto, a curva ROC representa a *sensibilidade* (revocação) versus 1 — a *especificidade*.

Para plotar a curva ROC, primeiro use a função `roc_curve()` a fim de calcular o TPR e o FPR para diversos valores de limiares:

```
from sklearn.metrics import roc_curve

fpr, tpr, thresholds = roc_curve(y_train_5, y_scores)
```

Em seguida, você pode plotar o FPR em relação ao TPR usando a Matplotlib. O código a seguir gera o gráfico na Figura 3-6:

```
def plot_roc_curve(fpr, tpr, label=None):
    plt.plot(fpr, tpr, linewidth=2, label=label)
    plt.plot([0, 1], [0, 1], 'k--') # Diagonal tracejada
    [...] # Adiciona rótulos aos eixos e grade

plot_roc_curve(fpr, tpr)
plt.show()
```

Mais uma vez, existe um trade-off: quanto maior a revocação (TPR), mais falsos positivos (FPR) o classificador produz. A linha pontilhada representa a curva ROC de um classificador exclusivamente aleatório; um bom classificador fica o mais distante possível dessa linha (em direção ao canto superior esquerdo).

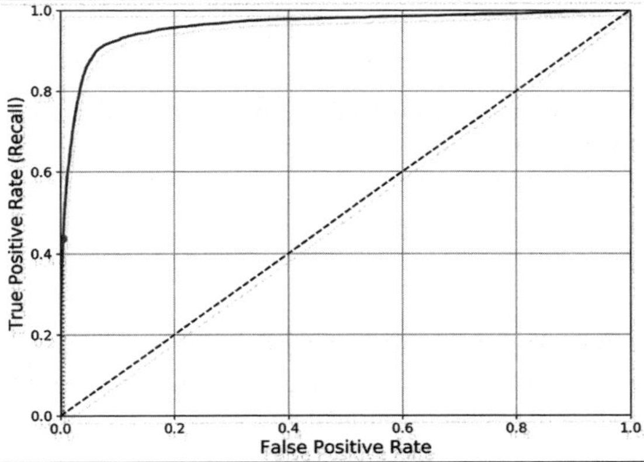

Figura 3-6. Esta curva ROC representa a taxa de falsos positivos [false positive rate] em relação à taxa de verdadeiros positivos [true positive rate] para todos os limiares possíveis; o ponto no gráfico destaca a proporção escolhida (com 43,68% de revocação)

Uma forma de comparar os classificadores é calcular a *área sob a curva* (AUC). Um classificador perfeito terá uma ROC AUC igual a 1, enquanto um classificador exclusivo aleatório terá um ROC AUC igual a 0,5. A Scikit-Learn tem uma função para calcular o ROC AUC:

```
>>> from sklearn.metrics import roc_auc_score
>>> roc_auc_score(y_train_5, y_scores)
0.9611778893101814
```

Já que a curva ROC é bastante semelhante à curva de precisão/revocação (PR), talvez você se pergunte qual das duas usar. Via de regra, você deve preferir a curva PR sempre que a classe positiva for rara ou quando os falsos positivos forem mais importantes do que com os falsos negativos. Caso contrário, use a curva ROC. Por exemplo, ao analisar a curva ROC anterior (e o score da ROC AUC), você pode pensar que o classificador é realmente bom. Mas isso ocorre basicamente porque existem poucos positivos (5s) em comparação aos negativos (não-5s). Por outro lado, a curva PR deixa claro que o classificador tem espaço para melhorias (a curva pode estar mais próxima do canto superior esquerdo).

Agora, vamos treinar um `RandomForestClassifier` e comparar sua curva ROC e score ROC AUC com as do `SGDClassifier`. Primeiro, você precisa obter scores para cada instância no conjunto de treinamento. Contudo, devido ao modo como funciona (veja o Capítulo 7), a classe `RandomForestClassifier` não tem um método `decision_function()`. Em vez disso, ela tem um método `predict_proba()`. Os classificadores da Scikit-Learn geralmente têm um ou outro, ou ambos. O método `predict_proba()` retorna um array que contém uma linha por instância e uma coluna por classe, cada uma com a probabilidade de que a instância especificada pertença à classe especificada (por exemplo, 70% de probabilidade de que a imagem represente um 5):

```
from sklearn.ensemble import RandomForestClassifier

forest_clf = RandomForestClassifier(random_state=42)
```

```
y_probas_forest = cross_val_predict(forest_clf, X_train, y_train_5, cv=3,
                                    method="predict_proba")
```

A função `roc_curve()` espera rótulos e scores, no entanto, em vez de scores, você pode fornecer probabilidades de classe. Usaremos a probabilidade da classe positiva como a score:

```
y_scores_forest = y_probas_forest[:, 1] # score=probabilidade de classe positiva
fpr_forest, tpr_forest, thresholds_forest = roc_curve(y_train_5,y_scores_forest)
```

Agora, você está preparado para plotar a curva ROC. Ajuda muito representar também a primeira curva ROC a fim de ver a comparação das duas (Figura 3-7):

```
plt.plot(fpr, tpr, "b:", label="SGD")
plot_roc_curve(fpr_forest, tpr_forest, "Random Forest")
plt.legend(loc="lower right")
plt.show()
```

Conforme você pode ver na Figura 3-7, a curva ROC do `RandomForestClassifier` parece bem melhor do que a do `SGDClassifier`: fica mais perto do canto superior esquerdo. Como resultado, seu score na ROC AUC também é substancialmente melhor:

```
>>> roc_auc_score(y_train_5, y_scores_forest)
0.9983436731328145
```

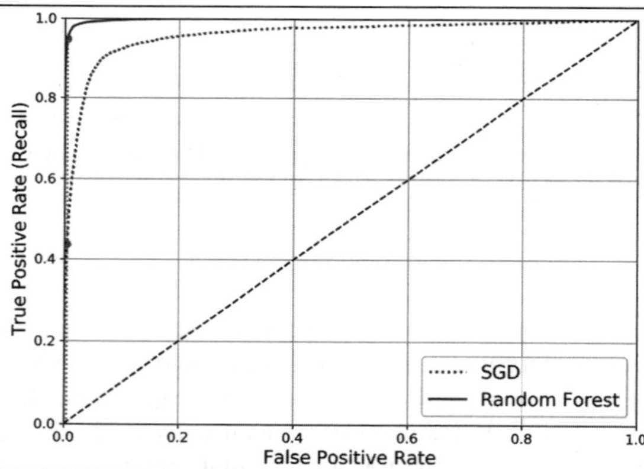

Figura 3-7. Comparando curvas ROC: o classificador Random Forest é superior ao classificador SGD, porque sua curva ROC está mais próxima do canto superior esquerdo e tem uma AUC maior

Tente calcular os scores de precisão e revocação: você deve encontrar 99% de precisão e 86,6% de revocação. Nada mal!

Agora, você sabe como treinar classificadores binários, escolher a métrica adequada à sua tarefa, avaliar seus classificadores usando validação cruzada, selecionar o trade-off de precisão/revocação que atenda às suas necessidades e usar curvas ROC e scores ROC AUC a fim de comparar vários modelos. Então, chegou o momento de tentar detectar mais do que apenas os 5s.

Classificação Multiclasse

Uma vez que os classificadores binários fazem distinções entre duas classes, os *classificadores multiclasses* (também chamados de *classificadores multinomiais*) podem distinguir entre mais de duas classes.

Alguns algoritmos (como classificadores SGD, classificadores de florestas aleatórias e classificadores naive Bayes) conseguem lidar com diversas classes de forma nativa. Outros (como classificadores de regressão logística ou máquina de vetores de suporte) são estritamente classificadores binários. No entanto, existem diversas estratégias que você pode usar para fazer a classificação em diversas classes com vários classificadores binários.

Uma forma de criar um sistema que consiga classificar as imagens de algarismos em 10 classes (de 0 a 9) é treinar 10 classificadores binários, um para cada algarismo (um detector-0, um detector-1, um detector-2 e assim por diante). Desse modo, quando quiser classificar uma imagem, você obtém o score de decisão de cada classificador para essa imagem e seleciona a classe cujo classificador gere a saída do maior score. Essa estratégia se chama *one-versus-the-rest* (OvR) (também chamada de um contra todos *[one-versus-all]*).

Outra estratégia é treinar um classificador binário para cada par de algarismos: um para distinguir 0s e 1s, outro para distinguir 0s e 2s, outro para 1s e 2s e assim sucessivamente. Essa estratégia se chama *one-versus-one [um contra um]* (OvO). Se houver N classes, você precisará treinar classificadores $N \times (N - 1) / 2$. Quando se trata do problema MNIST, isso significa treinar 45 classificadores binários! Quando você quer classificar uma imagem, é necessário executá-la em 45 classificadores e ver qual classe vence mais desafios. A principal vantagem do OvO é que cada classificador precisa ser treinado somente na parte do conjunto de treinamento para as duas classes que ele deve distinguir.

Alguns algoritmos (como os classificadores de máquina de vetores de suporte) deixam a desejar no escalonamento quanto ao tamanho do conjunto de treinamento. Para esses algoritmos, o OvO é preferido porque é mais rápido treinar muitos classificadores em pequenos conjuntos de treinamento do que treinar poucos classificadores em grandes conjuntos de treinamento. Entretanto, para a maioria dos algoritmos de classificação binária, prefere-se o OvR.

A Scikit-Learn detecta quando você tenta usar um algoritmo de classificação binário para uma tarefa de classificação em várias classes e executa automaticamente o OvR ou o OvO, dependendo do algoritmo. Vamos tentar um algoritmo com um classificador de máquina de vetores de suporte (veja o Capítulo 5), usando a classe `sklearn.svm.SVC`:

```
>>> from sklearn.svm import SVC
>>> svm_clf = SVC()
>>> svm_clf.fit(X_train, y_train) # y_train, e não y_train_5
>>> svm_clf.predict([some_digit])
array([5], dtype=uint8)
```

Foi fácil! Esse código treina o `SVC` no conjunto de treinamento usando as classes alvos originais de 0 a 9 (`y_train`), em vez das classes alvos 5 versus-the-rest (`y_train_5`). Em seguida, faz uma predição (neste caso, uma predição correta). Nos bastidores, a Scikit-Learn usou a estratégia OvO: treinou 45 classificadores binários, obteve seus scores de decisão para a imagem e selecionou a classe que venceu mais desafios.

Se você chamar o método `decision_function()`, verá que ele retorna 10 scores por instância (em vez de apenas 1). É um score por classe:

```
>>> some_digit_scores = svm_clf.decision_function([some_digit])
>>> some_digit_scores
array([[ 2.92492871, 7.02307409, 3.93648529, 0.90117363, 5.96945908,
        9.5       , 1.90718593, 8.02755089, -0.13202708, 4.94216947]])
```

O score mais alto é de fato o que corresponde à classe `5`:

```
>>> np.argmax(some_digit_scores)
```

```
5
>>> svm_clf.classes_
array([0, 1, 2, 3, 4, 5, 6, 7, 8, 9], dtype=uint8)
>>> svm_clf.classes_[5]
5
```

Quando um classificador é treinado, ele armazena a lista das classes-alvo no atributo `classes_`, ordenado por valor. Neste caso, o índice de cada classe no array `classes_` bate convenientemente com a própria classe (por exemplo, a classe no índice 5 também é a classe 5), mas, no geral, você não será tão sortudo.

Caso queira forçar a Scikit-Learn a usar a estratégia one-versus-one ou one-versus-the-rest, utilize as classes `OneVsOneClassifier` ou `OneVsRestClassifier`. Basta criar uma instância e passar um classificador para seu construtor (ele nem precisa ser um classificador binário). Por exemplo, esse código cria um classificador multiclasse usando a estratégia OvR, com base em um `SVC`:

```
>>> from sklearn.multiclass import OneVsRestClassifier
>>> ovr_clf = OneVsRestClassifier(SVC())
>>> ovr_clf.fit(X_train, y_train)
>>> ovr_clf.predict([some_digit])
array([5], dtype=uint8)
>>> len(ovr_clf.estimators_)
10
```

Treinar um `SGDClassifier` (ou um `RandomForestClassifier`) é tão fácil quanto:

```
>>> sgd_clf.fit(X_train, y_train)
>>> sgd_clf.predict([some_digit])
array([5], dtype=uint8)
```

Dessa vez, a Scikit-Learn não precisou rodar o OvR ou o OvO, pois os classificadores SGD podem classificar diretamente as instâncias em várias classes. Agora, o método `decision_function()` retorna um valor por classe. Vejamos o score que o classificador SGD atribuiu a cada classe:

```
>>> sgd_clf.decision_function([some_digit])
array([[-15955.22628, -38080.96296, -13326.66695,   573.52692, -17680.68466,
          2412.53175, -25526.86498, -12290.15705, -7946.05205, -10631.35889]])
```

Veja que o classificador está bastante confiante em relação à predição: quase todos os scores são amplamente negativos, enquanto a classe 5 tem um score de 2412,5. O modelo tem uma pequena dúvida em relação à classe 3, que obtém um score de 573,5. Agora, você tem que avaliar esse classificador. Como de costume, você pode usar a validação cruzada. Use a função `cross_val_score()` para avaliar a acurácia do `SGDClassifier`:

```
>>> cross_val_score(sgd_clf, X_train, y_train, cv=3,
scoring="accuracy")
array([0.8489802 , 0.87129356, 0.86988048])
```

Ele obteve mais de 84% em todos os folds de teste. Se você usasse um classificador aleatório, obteria uma acurácia de 10%, não é um score tão ruim, mas você ainda pode fazer melhor. Basta fazer o escalonamento das entradas (conforme discutido no Capítulo 2) para aumentar a acurácia acima de 89%:

```
>>> from sklearn.preprocessing import StandardScaler
>>> scaler = StandardScaler()
>>> X_train_scaled = scaler.fit_transform(X_train.astype(np.float64))
```

```
>>> cross_val_score(sgd_clf, X_train_scaled, y_train, cv=3,
scoring="accuracy")
array([0.89707059, 0.8960948 , 0.90693604])
```

Análise de Erro

Se estivesse trabalhando em um projeto real, você seguiria as etapas de seu checklist do projeto de aprendizado de máquina (veja o Apêndice B). Você exploraria as opções de preparação de dados, testaria diversos modelos (selecionando os melhores e aperfeiçoando seus hiperparâmetros usando o `GridSearchCV`) e automatizaria o processo o máximo possível. Agora, vamos imaginar que você encontrou um modelo promissor e quer identificar maneiras de melhorá-lo. Um modo de fazer isso é analisar os tipos de erros que esse modelo comete.

Primeiro, analise a matriz de confusão. É necessário realizar as predições usando a função `cross_val_predict()` e depois chamar a função `confusion_matrix()`, assim como você fez anteriormente:

```
>>> y_train_pred = cross_val_predict(sgd_clf, X_train_scaled, y_
train, cv=3)
>>> conf_mx = confusion_matrix(y_train, y_train_pred)
>>> conf_mx
array([[5578,    0,   22,    7,    8,   45,   35,    5,  222,    1],
       [   0, 6410,   35,   26,    4,   44,    4,    8,  198,   13],
       [  28,   27, 5232,  100,   74,   27,   68,   37,  354,   11],
       [  23,   18,  115, 5254,    2,  209,   26,   38,  373,   73],
       [  11,   14,   45,   12, 5219,   11,   33,   26,  299,  172],
       [  26,   16,   31,  173,   54, 4484,   76,   14,  482,   65],
       [  31,   17,   45,    2,   42,   98, 5556,    3,  123,    1],
       [  20,   10,   53,   27,   50,   13,    3, 5696,  173,  220],
       [  17,   64,   47,   91,    3,  125,   24,   11, 5421,   48],
       [  24,   18,   29,   67,  116,   39,    1,  174,  329, 5152]])
```

É número que não acaba mais. Não raro, é mais conveniente visualizar uma representação de imagem da matriz de confusão usando a função `matshow()` do Matplotlib:

```
plt.matshow(conf_mx, cmap=plt.cm.gray)
plt.show()
```

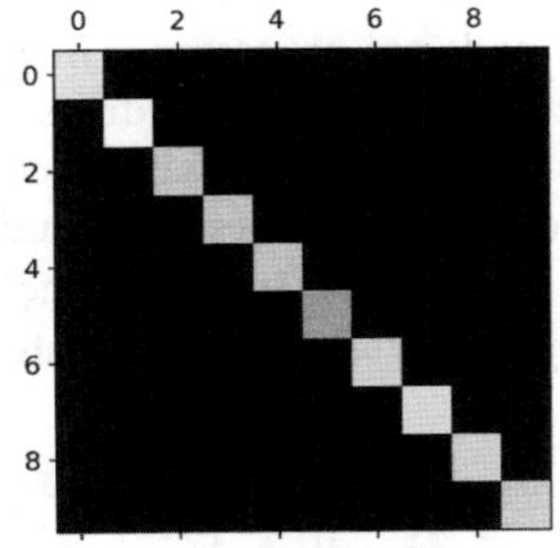

À primeira vista, essa matriz de confusão é muito boa, pois grande parte das imagens está na diagonal principal, o que significa que foram classificadas corretamente. Os 5s são um pouco mais escuros do que os outros algarismos, o que pode indicar que há menos imagens de 5s no conjunto de dados ou que o classificador não funciona tão bem nos 5s quanto nos outros algarismos. Na verdade, você pode verificar se as duas coisas acontecem.

Mas vamos focar a representação dos erros. Primeiro, você precisa dividir cada valor na matriz de confusão pelo número de imagens na classe correspondente, de modo que consiga comparar as taxas de erro, em vez de números absolutos de erros (o que faria com que as classes numerosas parecessem injustamente ruins):

```
row_sums = conf_mx.sum(axis=1, keepdims=True)
norm_conf_mx = conf_mx / row_sums
```

Agora, preencha a diagonal com zeros para manter somente os erros e plotar o resultado:

```
np.fill_diagonal(norm_conf_mx, 0)
plt.matshow(norm_conf_mx, cmap=plt.cm.gray)
plt.show()
```

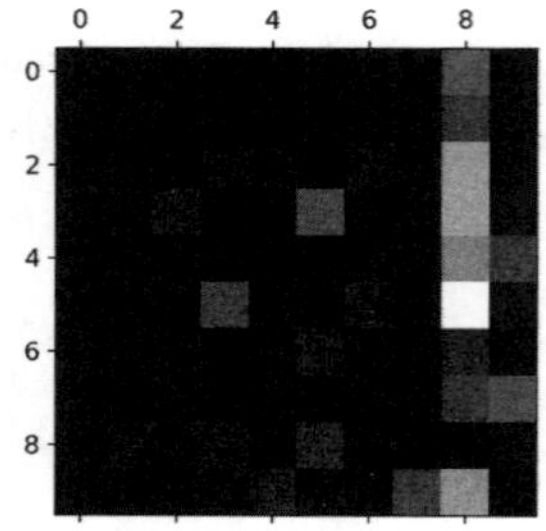

Você pode enxergar claramente os tipos de erros que o classificador comete. Lembre-se de que as linhas representam classes reais, ao passo que as colunas representam classes previstas. A coluna da classe 8 é bastante clara, o que indica que muitas imagens são classificadas erroneamente como 8s. No entanto, a linha da classe 8 não é de todo tão ruim, informando que os 8s reais em geral são classificados corretamente como 8s. Conforme você pode ver, a matriz de confusão não é necessariamente simétrica. Você também pode ver que 3s e 5s geralmente ficam confusos (em ambas direções).

A análise da matriz de confusão normalmente fornece informações sobre como melhorar seu classificador. Ao que tudo indica, quando analisamos essa representação gráfica, você deve trabalhar para reduzir os 8s falsos. Por exemplo, você pode tentar coletar mais dados de treinamento para os algarismos que parecem 8s (mas não são), de modo que o classificador possa aprender a diferenciá-los dos 8s reais. Ou você pode criar características novas que ajudariam o classificador — por exemplo, escrevendo um algoritmo para contabilizar o número de loops fechados (por exemplo, 8 tem dois, 6 tem um, 5 não tem). Ou ainda, você pode pré-processar as imagens (por exemplo, usando a Scikit-Image, Pillow ou OpenCV) para fazer com que alguns padrões, como loops fechados, se sobressaiam mais. Analisar erros individuais também pode ser uma boa ideia para obter informações úteis sobre o que seu classificador está fazendo e por que ele está falhando, no entanto, é mais difícil e leva um tempo. Vamos, então, plotar os exemplos de 3s e 5s (a função `plot_digits()` usa somente a função `imshow()` da Matplotlib; veja o Jupyter Notebook deste capítulo para saber mais detalhes):

```
cl_a, cl_b = 3, 5
X_aa = X_train[(y_train == cl_a) & (y_train_pred == cl_a)]
X_ab = X_train[(y_train == cl_a) & (y_train_pred == cl_b)]
X_ba = X_train[(y_train == cl_b) & (y_train_pred == cl_a)]
X_bb = X_train[(y_train == cl_b) & (y_train_pred == cl_b)]

plt.figure(figsize=(8,8))
plt.subplot(221); plot_digits(X_aa[:25], images_per_row=5)
plt.subplot(222); plot_digits(X_ab[:25], images_per_row=5)
```

```
plt.subplot(223); plot _ digits(X _ ba[:25], images _ per _ row=5)
plt.subplot(224); plot _ digits(X _ bb[:25], images _ per _ row=5)
plt.show()
```

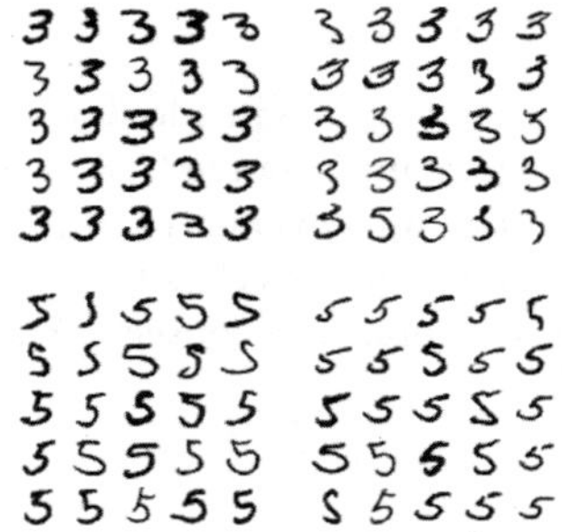

Os dois blocos 5 × 5 à esquerda mostram os algarismos classificados como 3, e os dois blocos 5 × 5 à direita mostram as imagens classificadas como 5. Alguns dos algarismos que o classificador erroneamente classificou (ou seja, nos blocos inferior esquerdo e superior direito) estão tão mal escritos que mesmo um ser humano teria problemas para classificá-los (por exemplo, o 5 na 8ª linha e 1ª coluna se parece com um 3). No entanto, a maioria das imagens classificadas incorretamente parecem erros evidentes para nós, e é difícil compreender por que o classificador cometeu esses erros.[3] O motivo é que usamos um `SGDClassifier` simples, um modelo linear. Tudo o que ele faz é atribuir um peso por classe a cada pixel e, quando vê uma imagem nova, resume as intensidades do pixel calculado para obter um score para cada classe. Assim sendo, como 3s e 5s diferem apenas em alguns pixels, esse modelo facilmente se confunde.

A principal diferença entre 3s e 5s é a posição da pequena linha que une a linha superior ao arco inferior. Se você desenhar um 3 com a junção levemente deslocada à esquerda, o classificador poderá classificá-lo como 5 e vice-versa. Em outras palavras, esse classificador é bastante sensível à mudança e à rotação da imagem. Portanto, uma forma de reduzir a confusão de 3/5 seria pré-processar as imagens para assegurar que elas estejam bem centralizadas, sem muita rotação. Isso provavelmente ajuda a reduzir outros erros também.

Classificação Multirrótulo

Até agora, cada instância sempre foi atribuída a somente uma classe. Em alguns casos, você pode querer que seu classificador gere a saída de várias classes para cada instância. Considere um classificador de reconhecimento facial: o que ele deve fazer se reconhecer diversas pessoas na mesma imagem? Ele deve anexar um rótulo para cada pessoa que reconhece. Digamos que o classificador tenha sido treinado para reconhecer três rostos: Alice, Bob e Charlie. Logo, quando o classificador receber uma foto de Alice e Charlie, ele deverá exibir [1, 0, 1] (significando "Alice sim, Bob não, Charlie sim"). Um sistema de classificação que gera a saída de vários rótulos binários se chama sistema de *classificação multirrótulo* (multilabel).

Ainda não mergulharemos a fundo no reconhecimento facial, mas veremos um exemplo mais simples, apenas para ilustrar as coisas:

```
from sklearn.neighbors import KNeighborsClassifier

y _ train _ large = (y _ train >= 7)
```

3 Mas lembre-se de que nosso cérebro é um sistema de reconhecimento de padrões fantástico, e nosso sistema visual faz um pré-processamento complexo, antes que qualquer informação atinja a nossa percepção; logo, o fato de as coisas aparentemente serem simples, não significa que de fato sejam.

```
y_train_odd = (y_train % 2 == 1)
y_multilabel = np.c_[y_train_large, y_train_odd]

knn_clf = KNeighborsClassifier()
knn_clf.fit(X_train, y_multilabel)
```

Esse código cria um array `y_multilabel` contendo dois rótulos-alvo para cada imagem de algarismo: o primeiro indica se o algarismo é grande (7, 8 ou 9) ou não, e o segundo indica se é ímpar ou não. As próximas linhas criam uma instância `KNeighborsClassifier` (que comporta a classificação multirrótulo, embora nem todos os classificadores comportem), assim a treinamos usando o array para múltiplos alvos. Agora, você consegue realizar uma predição. Repare que o código gera a saída de dois rótulos:

```
>>> knn_clf.predict([some_digit])
array([[False, True]])
```

E na mosca! O algarismo 5 não é grande (`False`), e sim ímpar (`True`).

Existem diversas formas de avaliar um classificador multirrótulo, e escolher a métrica correta realmente depende do projeto. Uma abordagem é calcular o F_1 score para cada rótulo individual (ou qualquer outra métrica de classificador binário discutida anteriormente) e depois simplesmente calcular o score médio. O código a seguir contabiliza o F_1 score em todos os rótulos:

```
>>> y_train_knn_pred = cross_val_predict(knn_clf, X_train, y_
multilabel, cv=3)
>>> f1_score(y_multilabel, y_train_knn_pred, average="macro")
0.976410265560605
```

Isso pressupõe que todos os rótulos são importantes, o que pode não ser o caso. Em particular, se você tiver muito mais fotos de Alice do que de Bob ou Charlie, convém dar mais peso ao score do classificador nas fotos de Alice. Uma opção simples é atribuir a cada rótulo um peso igual ao seu *support* (ou seja, o número de instâncias com esse rótulo-alvo). Para fazer isso, basta definir `average="weighted"` no código anterior.[4]

Classificação Multioutput

O último tipo de tarefa de classificação que analisaremos se chama *classificação multioutput*. É simplesmente uma generalização da classificação multirrótulo, em que cada rótulo pode ser multiclasseado, ou seja, pode ter mais de dois valores possíveis).

Com o objetivo de exemplificá-la, criaremos um sistema que remove o ruído das imagens. Ele terá como entrada uma imagem de algarismo com ruído e (assim espero) gerará uma saída de uma imagem de algarismo limpo, representada como um array de intensidade de pixel, assim como as imagens do MNIST. Repare que a saída do classificador é multirrotulada (um rótulo por pixel) e cada rótulo pode ter vários valores (a intensidade do pixel varia de 0 a 255). Logo, é um exemplo de um sistema de classificação multioutput.

4 A Scikit-Learn oferece algumas outras opções de média e métricas de classificação multirrótulo; veja a documentação para mais detalhes.

> Às vezes, a linha entre classificação e regressão é tênue, como neste exemplo. Sem sombra de dúvidas, predizer a intensidade do pixel se assemelha mais à regressão do que à classificação. Além do mais, os sistemas multioutput não se limitam às tarefas de classificação; você pode até ter um sistema que gere múltiplos rótulos por instância, incluindo rótulos de classe e de valor.

Vamos começar criando os conjuntos de treinamento e teste, usando as imagens do MNIST e adicionando ruído às suas intensidades de pixel com a função `randint()` do NumPy. As imagens-alvo serão as imagens originais:

```
noise = np.random.randint(0, 100, (len(X_train), 784))
X_train_mod = X_train + noise
noise = np.random.randint(0, 100, (len(X_test), 784))
X_test_mod = X_test + noise
y_train_mod = X_train
y_test_mod = X_test
```

Vamos espiar uma imagem do conjunto de testes (sim, estamos bisbilhotando os dados do teste, provavelmente, você está franzindo a testa nesse exato momento):

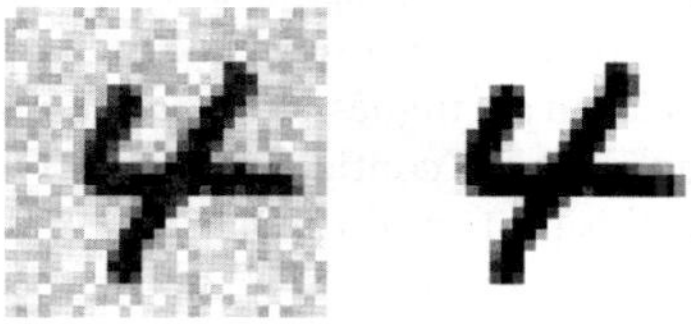

À esquerda, a imagem da entrada com ruído; e à direita, a imagem-alvo limpa. Agora vamos treinar o classificador e limpar essa imagem:

```
knn_clf.fit(X_train_mod, y_train_mod)
clean_digit = knn_clf.predict([X_test_mod[some_index]])
plot_digit(clean_digit)
```

Parece bem próximo da imagem-alvo! Isso conclui nosso tour de classificação. Agora, você já sabe como escolher boas métricas para tarefas de classificação, escolher o trade-off de precisão/revocação apropriado, comparar classificadores e, em termos mais gerais, criar bons sistemas de classificação para uma variedade de tarefas.

Exercícios

1. Tente construir um classificador para o conjunto de dados do MNIST que alcance uma acurácia acima de 97% no conjunto de testes. Dica: o `KNeighborsClassifier` manda muito bem com tarefas desse tipo; basta você encontrar bons valores do hiperparâmetro (teste uma grid search para os `weights` e um `n_neighbors` para os hiperparâmetros n_neighbors).

2. Escreva uma função que possa mover uma imagem do MNIST em qualquer direção (esquerda, direita, para cima ou para baixo) em um pixel.[5] Depois, para cada imagem no conjunto de treinamento, crie quatro cópias alteradas (uma por direção) e as adicione ao conjunto de treinamento. Por último, treine o melhor modelo nesse conjunto de treinamento expandido e calcule sua acurácia no conjunto de testes. Repare que o modelo tem um desempenho ainda melhor agora! Essa técnica de aumentar artificialmente o conjunto de treinamento se chama *data augmentation* ou *expansão do conjunto de treinamento.*
3. Encare o conjunto de dados Titanic. Um ótimo ponto de partida é o Kaggle (*https://www.kaggle.com/c/titanic*).
4. Crie um classificador spam (um exercício daqueles, hein?):
   - Faça o download dos exemplos de spam e ham no conjunto de dados públicos do Apache SpamAssassin (*https://homl.info/spamassassin*).
   - Descompacte os conjuntos de dados e procure se familiarizar com os formatos.
   - Divida os conjuntos de dados em um conjunto de treinamento e em um conjunto de testes.
   - Escreva um pipeline de preparação de dados para converter cada e-mail em um vetor de características. Seu pipeline de preparação deve transformar um e-mail em um vetor (esparso) que indica a presença ou ausência de cada palavra possível. Por exemplo, você pode fazer esse exercício em português, se todos os e-mails sempre tiveram apenas quatro palavras: "Olá", "tudo", "bem", "contigo", o e-mail "Olá tudo Olá tudo" será convertido em um vetor [1, 0, 0, 1] (significando ["Olá" está presente, "tudo" está ausente, "bem" está ausente, "contigo" está presente]) ou [3, 0, 0, 2] se você preferir contar o número de ocorrências de cada palavra.

     Talvez você queira adicionar hiperparâmetros ao seu pipeline de preparação para controlar se deve ou não remover os cabeçalhos dos e-mails, converter cada e-mail em letras minúsculas, remover pontuação, substituir todos os URLs por "URL", substituir todos os números por "NÚMERO" ou até executar o *stemming* (ou seja, processo de remoção de afixos de uma palavra; existem bibliotecas Python disponíveis que fazem isso).

     Por fim, teste vários classificadores e veja se você pode criar um ótimo classificador de spam, com alta revocação e alta precisão.

As soluções para esses exercícios podem ser encontradas nos Jupyter Notebooks disponíveis em: *https://github.com/ageron/handson-ml2*.

5 Você pode usar a função `shift()` do módulo `scipy.ndimage.interpolation`. Por exemplo, `shift(image, [2, 1], cval=0)` desloca a imagem dois pixels para baixo e um pixel à direita.

CAPÍTULO 4

Treinando Modelos

Até agora, tratamos os modelos de aprendizado de máquina e seus algoritmos de treinamento essencialmente como um enigma a ser desvendado. Caso tenha passado por alguns dos exercícios dos capítulos anteriores, talvez tenha se surpreendido com o quanto pode fazer sem saber absolutamente nada do que acontece nos bastidores: você otimizou um sistema de regressão, melhorou um classificador de imagens de algarismos e até mesmo criou um filtro de spam do zero, e tudo isso sem saber como eles funcionam. Na realidade, em muitas situações você não precisa realmente saber os detalhes da implementação.

Apesar disso, entender bem como as coisas funcionam pode ajudá-lo a concentrar sua atenção rapidamente ao modelo adequado, ao algoritmo de treinamento correto a ser usado e em um bom conjunto de hiperparâmetros para sua tarefa. Compreender o que acontece nos bastidores também ajudará a depurar problemas e realizar a análise dos erros de modo mais efetivo. Por fim, a maioria dos tópicos discutidos neste capítulo será indispensável para o entendimento, a construção e o treinamento das redes neurais (abordadas na Parte II deste livro).

Neste capítulo, vamos começar analisando o modelo de regressão linear, um dos modelos mais simples que existem. Abordaremos duas maneiras bem diferentes de treiná-lo:

- Usando uma equação direta de "forma fechada" que calcula os parâmetros do modelo que melhor se ajustam ao modelo no conjunto de treinamento (ou seja, os parâmetros do modelo que minimizam a função de custo no conjunto de treinamento).
- Usando uma abordagem de otimização iterativa chamada gradiente descendente (GD), que ajusta gradualmente os parâmetros do modelo para minimizar a função de custo no conjunto de treinamento e que acaba convergindo para o mesmo conjunto de parâmetros que o primeiro método. Analisaremos algumas variantes do gradiente descendente que usaremos muitas vezes, quando estudarmos as redes neurais na Parte II: GD batch, GD mini-batch GD estocástico.
- Em seguida, analisaremos a regressão polinomial, um modelo mais complexo que pode se ajustar aos conjuntos de dados não lineares. Como esse modelo tem mais parâmetros que a regressão linear, é mais propenso a sobreajustar os dados de treinamento. Desse modo, examinaremos como detectar se isso acontece ou não usando as curvas de aprendizado e, depois, abordaremos técnicas de regularização que podem mitigar o risco de sobreajuste no conjunto.

Por último, analisaremos mais dois modelos que são comumente usados para tarefas de classificação: regressão logística e regressão softmax.

> Neste capítulo, veremos algumas equações matemáticas que usam as noções básicas de álgebra linear e cálculo. Para entender essas equações, você precisará saber o que são vetores e matrizes; como transpor, multiplicar e inverter; e o que são derivadas parciais. Se não estiver familiarizado com esses conceitos, veja os tutoriais introdutórios de álgebra e cálculo linear disponíveis nos Jupyter Notebooks e que servem de material complementar online [conteúdo em inglês] (*https://github.com/ageron/handson-ml2*). Em português, você pode dar uma olhada nos cursos do Data Science Academy em: *https://www.datascienceacademy.com.br/*. Para aqueles que têm verdadeiro horror à matemática, ainda é necessário ler este capítulo, basta pular as equações; felizmente, ler o texto será o bastante para ajudá-lo a entender a maioria dos conceitos.

Regressão Linear

No Capítulo 1, vimos um modelo simples de regressão sobre a satisfação de vida: *life_satisfaction* = $\theta 0 + \theta 1 \times GDP\_per\_capita$.

Esse modelo representa uma função linear da característica de entrada `GDP _ per _ capita`, na qual θ_0 e θ_1 são os parâmetros do modelo.

Em termos mais gerais, um modelo linear faz uma predição simplesmente calculando uma soma ponderada das características de entrada, além de uma constante chamada *viés* (também chamado de *intercepto* ou *coeficiente linear*), conforme mostrado na Equação 4-1.

Equação 4-1. Predição do modelo de regressão linear

$$\hat{y} = \theta_0 + \theta_1 x_1 + \theta_2 x_2 + \cdots + \theta_n x_n$$

Nessa equação:

- $\hat{y}$ é o valor previsto.
- n é o número das características.
- xi é o valor da *i-ésima* característica.
- θj é o *j*-ésimo parâmetro do modelo (incluindo o viés θ_0 e os pesos das características θ_1, θ_2, ..., θ_n).

Isso pode ser escrito de forma mais concisa usando uma forma vetorizada, como mostrado na Equação 4-2:

Equação 4-2. Predição do modelo de regressão linear (forma vetorizada)

$$\hat{y} = h_{\boldsymbol{\theta}}(\mathbf{x}) = \boldsymbol{\theta} \cdot \mathbf{x}$$

Nessa equação:

- $\boldsymbol{\theta}$ é o *vetor de parâmetro* do modelo, que contém o viés θ_0 e os pesos das características θ_1 a θn.
- $\mathbf{x}$ é o *vetor da característica* da instância, que contém de x_0 a xn, com $x0$ sempre igual a 1.
- $\boldsymbol{\theta} \cdot \mathbf{x}$ é o produto escalar dos vetores $\boldsymbol{\theta}$ e $\mathbf{x}$, que obviamente é igual a $\theta_0 x_0 + \theta_1 x_1 + \theta_2 x_2 + \ldots + \theta_n x_n$.
- h_θ é a função de hipótese, usando os parâmetros do modelo $\boldsymbol{\theta}$.

Em aprendizado de máquina, os vetores geralmente são representados como *vetores de coluna*, que são arrays 2D com uma única coluna. Se $\boldsymbol{\theta}$ e $\mathbf{x}$ são vetores de coluna, então a predição é $\hat{y} = \boldsymbol{\theta}^T\mathbf{x}$, em que $\boldsymbol{\theta}^T$ é a *transposição* de $\boldsymbol{\theta}$ (um vetor de linha, em vez de um vetor de coluna) e $\boldsymbol{\theta}^T\mathbf{x}$ é a multiplicação da matriz de $\boldsymbol{\theta}^T$ e $\mathbf{x}$. Obviamente, é a mesma predição, exceto que agora está representada como uma matriz de célula única, em vez de um valor escalar. Neste livro, usarei essa notação para evitar alternar entre produtos escalares e multiplicações de matrizes.

Vamos lá, esse é o modelo de regressão linear — mas como vamos treiná-lo? Basta se lembrar de que treinar um modelo significa definir parâmetros para que o modelo se ajuste melhor ao conjunto de treinamento. Para tal, é necessário calcular primeiro quão bem (ou mal) o modelo se ajusta aos dados de treinamento. No Capítulo 2, vimos que a medida de desempenho mais comum de um modelo de regressão é a raiz do erro quadrático médio (RMSE) (Equação 2-1). Portanto, para treinar um modelo de regressão linear, precisamos encontrar o valor de $\boldsymbol{\theta}$ que minimize a RMSE. Na prática, é mais simples minimizar o erro quadrático médio (MSE) do que o RMSE, e isso leva ao mesmo resultado (porque o valor que minimiza uma função também minimiza sua raiz quadrada).[1]

O MSE de uma hipótese de regressão linear h_θ em um conjunto de treinamento **X** é calculado usando a Equação 4-3:

Equação 4-3. Função de custo MSE para um modelo de regressão linear

$$\text{MSE}\left(\mathbf{X}, h_{\boldsymbol{\theta}}\right) = \frac{1}{m} \sum_{i=1}^{m} \left(\boldsymbol{\theta}^T \mathbf{x}^{(i)} - y^{(i)}\right)^2$$

Boa parte dessas notações foi apresentada no Capítulo 2 (veja a seção "Notações"). A única diferença é que escrevemos h_θ, em vez de h, para deixar claro que o modelo é parametrizado pelo vetor $\boldsymbol{\theta}$. Para simplificar as notações, escreveremos apenas MSE ($\boldsymbol{\theta}$), em vez de MSE ($\mathbf{X}$, h_θ).

Equação normal

Para encontrar o valor de $\boldsymbol{\theta}$ que minimiza a função de custo, existe uma *solução de forma fechada* — grosso modo, uma equação matemática que fornece o resultado diretamente. Isso se chama *equação normal* (Equação 4-4).

Equação 4-4. Equação normal

$$\widehat{\boldsymbol{\theta}} = \left(\mathbf{X}^T \mathbf{X}\right)^{-1} \ \mathbf{X}^T \ \mathbf{y}$$

Nessa equação:

- $\widehat{\boldsymbol{\theta}}$ é o valor de $\boldsymbol{\theta}$ que minimiza a função de custo.
- y é o vetor de valores-alvo contendo $y^{(1)}$ a $y^{(m)}$.

Vamos gerar alguns dados lineares para testar essa equação (Figura 4-1):

```
import numpy as np
X = 2 * np.random.rand(100, 1)
y = 4 + 3 * X + np.random.randn(100, 1)
```

Agora, calcularemos $\widehat{\boldsymbol{\theta}}$ usando a equação normal. Usaremos a função `inv()` do módulo de álgebra linear do NumPy (`np.linalg`) para contabilizar o inverso de uma matriz e o método `dot()` para multiplicação de matriz:

```
X_b = np.c_[np.ones((100, 1)), X] # adicona x0 = 1 em cada instância
theta_best = np.linalg.inv(X_b.T.dot(X_b)).dot(X_b.T).dot(y)
```

A função que usamos para gerar os dados é $y = 4 + 3x_1$ + ruído gaussiano. Vejamos o que a equação encontrou:

```
>>> theta_best
array([[4.21509616],
       [2.77011339]])
```

1 Às vezes, um algoritmo de aprendizado tenta otimizar uma função diferente da medida de desempenho usada para avaliar o modelo final. Isso geralmente ocorre porque essa função é mais fácil de calcular, tem propriedades úteis de diferenciação que a medida de desempenho não tem, ou porque queremos restringir o modelo durante o treinamento, como você verá quando analisarmos a regularização.

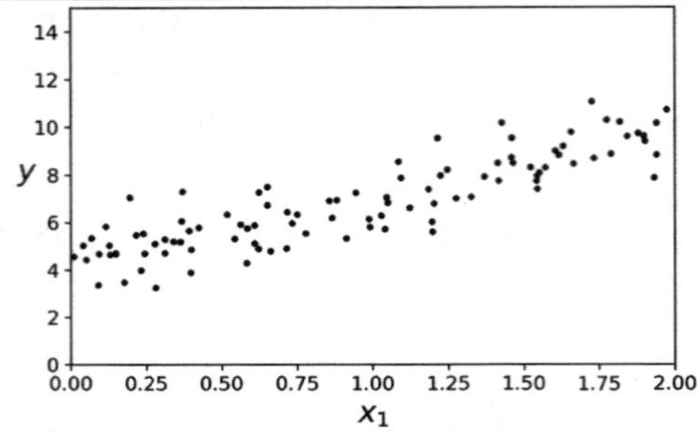

Figura 4-1. Conjunto de dados linear gerado aleatoriamente

Esperávamos por $\theta_0 = 4$ e $\theta_1 = 3$, em vez de $\theta_0 = 4.215\,5$ e $\theta_1 = 2.770$. Chegou perto, mas o ruído impossibilitou recuperar os parâmetros exatos da função original.

Agora, realizaremos predições usando o $\hat{\boldsymbol{\theta}}$:

```
>>> X_new = np.array([[0], [2]])
>>> X_new_b = np.c_[np.ones((2, 1)), X_new] # adiciona x0 = 1 para cada instância
>>> y_predict = X_new_b.dot(theta_best)
>>> y_predict
array([[4.21509616],
       [9.75532293]])
```

Vamos plotar as predições deste modelo (Figura 4-2):

```
plt.plot(X_new, y_predict, "r-")
plt.plot(X, y, "b.")
plt.axis([0, 2, 0, 15])
plt.show()
```

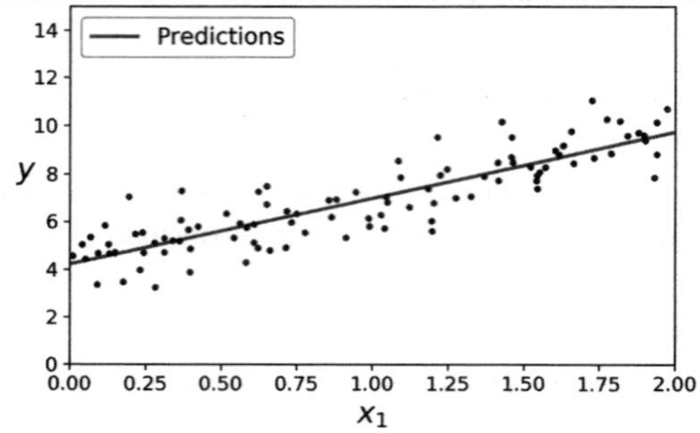

Figura 4-2. Predições [Predictions] do modelo de regressão linear

Fazer a regressão linear usando a Scikit-Learn é simples:[2]

```
>>> from sklearn.linear_model import LinearRegression
>>> lin_reg = LinearRegression()
>>> lin_reg.fit(X, y)
>>> lin_reg.intercept_, lin_reg.coef_
(array([4.21509616]), array([[2.77011339]]))
```

2 Observe que a Scikit-Learn separa o viés (`intercept_`) dos pesos das características (`coef_`).

```
>>> lin_reg.predict(X_new)
array([[4.21509616],
       [9.75532293]])
```

A classe `LinearRegression` é baseada na função `scipy.linalg.lstsq()` (o nome significa "mínimos quadrados"), que você pode chamar diretamente:

```
>>> theta_best_svd, residuals, rank, s = np.linalg.lstsq(X_b, y, rcond=1e-6)
>>> theta_best_svd
array([[4.21509616],
       [2.77011339]])
```

Essa função calcula $\hat{\boldsymbol{\theta}} = \mathbf{X}^{+}\mathbf{y}$, em que $\mathbf{X}^{+}$ é o *pseudoinverso* de **X** (especificamente, a pseudoinversa de Moore-Penrose). Você pode utilizar a `np.linalg.pinv()` para calcular o pseudoinverso diretamente:

```
>>> np.linalg.pinv(X_b).dot(y)
array([[4.21509616],
       [2.77011339]])
```

O próprio pseudoinverso é calculado usando uma técnica de fatoração de matriz padrão chamada *decomposição em valores singulares* (SVD) que pode decompor a matriz do conjunto de treinamento **X** na multiplicação da matriz de três matrizes $\mathbf{U}\,\boldsymbol{\Sigma}\,\mathbf{V}^{T}$ (veja `numpy.linalg.svd()`). O pseudoinverso é calculado como $\mathbf{X}^{+} = \mathbf{V}\boldsymbol{\Sigma}^{+}\mathbf{U}^{T}$. Para calcular a $\boldsymbol{\Sigma}^{+}$, o algoritmo pega $\boldsymbol{\Sigma}$ e define como zero todos os valores menores que um pequeno valor de limiar, depois substitui todos os valores diferentes de zero pelo inverso e, por último, transpõe a matriz resultante. Essa abordagem é mais efetiva do que calcular a equação normal, além de lidar bem com casos extremos: na verdade, a equação normal pode não funcionar se a matriz $\mathbf{X}^{T}\mathbf{X}$ não puder ser inversa (ou seja, singular), como se $m < n$ ou se algumas características fossem redundantes, no entanto o pseudoinverso é sempre definido.

Complexidade computacional

A equação normal calcula o inverso de $\mathbf{X}^{T}\,\mathbf{X}$, que é uma matriz $(n + 1) \times (n + 1)$ (em que n é o número de características). A *complexidade computacional* da inversão dessa matriz é normalmente de $O\,(n^{2.4})$ a $O(n^{3})$, dependendo da implementação. Em outras palavras, se você dobrar o número de características, multiplica o tempo de cálculo por aproximadamente $2^{2.4} = 5.3$ to $2^{3} = 8$.

A abordagem SVD usada pela classe `LinearRegression` da Scikit-Learn é $O(n^{2})$. Se você dobrar o número de características, multiplica o tempo de cálculo por aproximadamente quatro.

> Tanto a equação normal quanto a abordagem SVD ficam muito lentas quando se aumenta o número de características (por exemplo, 100 mil). Pelo lado positivo, ambas são lineares em relação ao número de instâncias no conjunto de treinamento (são $O(m)$); desse modo, elas lidam com grandes conjuntos de treinamento com eficiência, desde que se tenha memória para tal.

Além do mais, uma vez que você treine o modelo de regressão linear (usando a equação normal ou qualquer outro algoritmo), as predições ficam muito rápidas: a complexidade computacional é linear em relação ao número de instâncias com as quais você quer fazer as predições e ao número de características. Em outras palavras, fazer predições com o dobro de instâncias (ou o dobro de características) levará praticamente o dobro do tempo.

Agora, veremos uma forma bem diferente de treinar um modelo de regressão linear que se adapta melhor aos casos em que existe um grande número de características ou muitas instâncias de treinamento para caber na memória.

Gradiente Descendente

O *gradiente descendente* é um algoritmo de otimização genérico que consegue identificar ótimas soluções para um leque amplo de problemas. A ideia geral do gradiente descendente é ajustar iterativamente os parâmetros com o intuito de minimizar uma função de custo.

Suponha que você esteja perdido nas montanhas em meio a um denso nevoeiro e só consegue sentir o declive no solo abaixo de seus pés. Uma boa estratégia para se chegar rapidamente ao fim do vale é descer ladeira abaixo em direção à encosta mais íngreme. É justamente isso que o gradiente descendente faz: calcula o gradiente local da função de erro em relação ao vetor de parâmetro **θ** e segue em direção ao gradiente descendente. Quando o gradiente é zero, você atingiu o mínimo! Em termos concretos, você começa preenchendo **θ** com valores aleatórios (isso se chama *inicialização aleatória*). Em seguida, aprimora-o gradualmente, dando um passo de cada vez, tentando diminuir a função de custo a cada etapa (por exemplo, o MSE), até que o algoritmo *convirja* para o mínimo (veja a Figura 4-3).

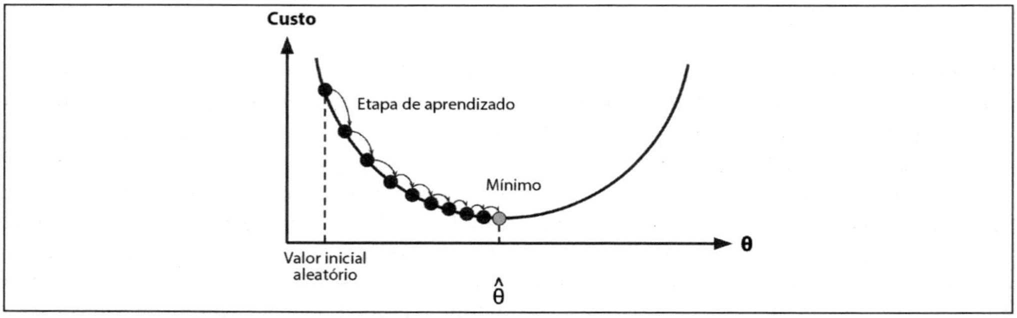

Figura 4-3. Nesta representação de gradiente descendente, os parâmetros do modelo são inicializados aleatoriamente e são ajustados repetidamente para minimizar a função de custo; o tamanho da etapa de aprendizado é proporcional à inclinação da função de custo; desse modo, as etapas gradualmente ficam menores à medida que os parâmetros se aproximam do mínimo

Um parâmetro importante no gradiente descendente é o tamanho das etapas, determinado pelo hiperparâmetro da *taxa de aprendizado*. Se a taxa de aprendizado for muito pequena, o algoritmo precisará passar por muitas iterações para convergir, o que levará muito tempo (veja a Figura 4-4).

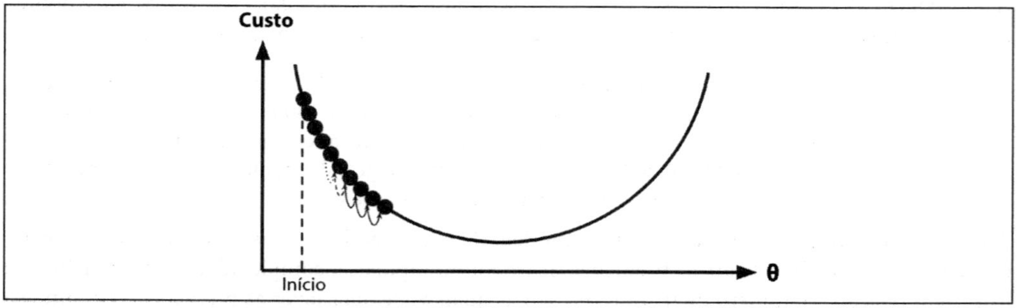

Figura 4-4. A taxa de aprendizado é muito pequena

Por outro lado, se a taxa de aprendizado for muito alta, você pode atravessar o vale e acabar do outro lado, possivelmente em um lugar mais alto do que estava antes. Nesse caso, o algoritmo pode divergir, com valores cada vez maiores, e não encontrar uma boa solução (veja a Figura 4-5).

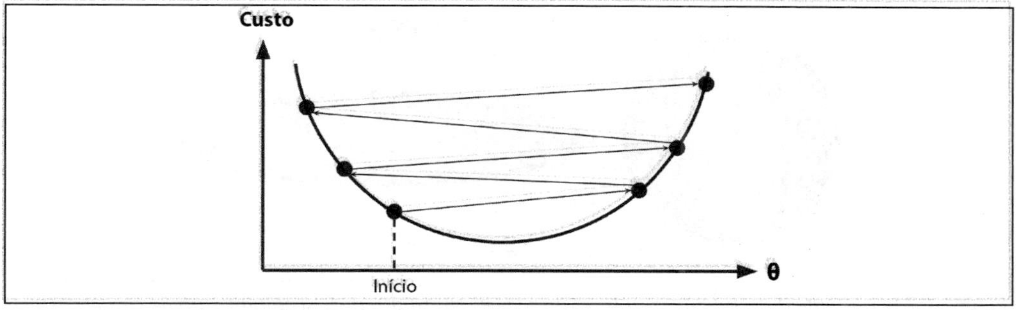

Figura 4-5. A taxa de aprendizado é muito alta

Finalmente, nem todas as funções de custo se parecem com tigelas de saladas. Pode haver buracos, platôs, colinas e todo tipo de terreno irregular, dificultando a convergência. A Figura 4-6 demonstra os dois principais desafios do gradiente descendente. Se a inicialização aleatória iniciar o algoritmo à esquerda, ele convergirá para um *mínimo local*, que não é tão bom quanto o *mínimo global*. Se iniciar à direita, levará muito tempo para atravessar o platô. E, se você parar cedo demais, nunca alcançará o mínimo global.

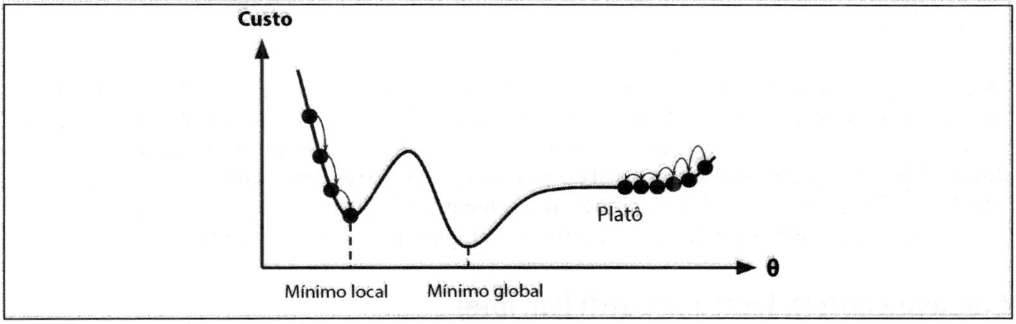

Figura 4-6. Obstáculos do gradiente descendente

Felizmente, a função de custo do MSE para um modelo de regressão linear é uma função convexa, o que significa que, se você escolher quaisquer dois pontos na curva, o segmento de linha que os une nunca a cruza. Isso pressupõe que não há mínimos locais, apenas um mínimo global. É também uma função contínua com uma inclinação que nunca muda subitamente.[3] Esses dois fatos têm uma consequência boa: o gradiente descendente se aproxima arbitrariamente do mínimo global (se você esperar o tempo suficiente e se a taxa de aprendizado não for muito alta).

Na verdade, a função de custo tem a forma de uma tigela, mas, se as características tiverem escalas muito diferentes, pode ter a forma de uma tigela alongada. A Figura 4-7 mostra o gradiente descendente em um conjunto de treinamento em que as características 1 e 2 têm a mesma escala (à esquerda) e em um conjunto de treinamento em que a característica 1 tem valores muito menores do que a característica 2 (à direita).[4]

3 Em termos técnicos, sua derivada é a *função de Lipschitz contínua*.

4 Como a característica 1 é menor, é necessária uma mudança maior em θ_1 para impactar a função de custo, e é por isso que a tigela se alonga no eixo θ_1.

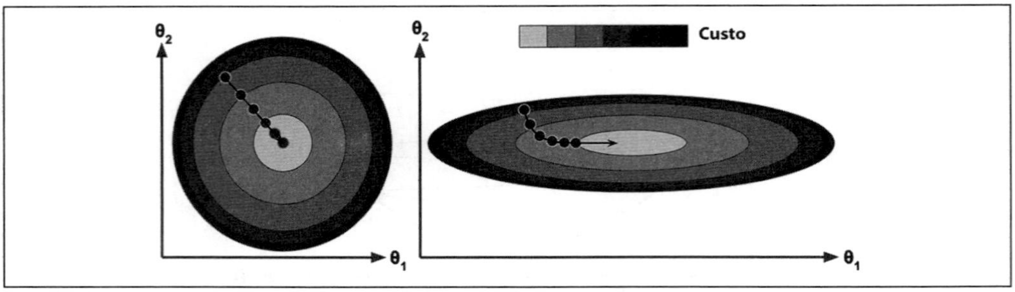

Figura 4-7. Gradiente descendente com (à esquerda) e sem (à direita) escalonamento de características

Conforme você pode observar à esquerda, o algoritmo do gradiente descendente vai direto para o mínimo e o alcança rapidamente, enquanto à direita ele primeiro avança em sentido quase ortogonal rumo ao mínimo global e termina descendo um vale quase plano. Posteriormente, ele alcançará o mínimo, mas levará tempo.

Ao usar o gradiente descendente, você deve garantir que todas as características tenham uma escala semelhante (por exemplo, usar a classe `StandardScale` da Scikit-Learn) ou levará um bom tempo para convergir.

Esse diagrama também ilustra o fato de que treinar um modelo significa procurar uma combinação de parâmetros do modelo que minimize uma função de custo (no conjunto de treinamento). É uma pesquisa no *espaço de parâmetros* do modelo: quanto mais parâmetros um modelo tem, mais dimensões esse espaço tem e mais difícil é a pesquisa — procurar uma agulha em um palheiro de 300 dimensões é bem mais difícil do que em 3 dimensões. Felizmente, como a função de custo é convexa no caso de regressão linear, a agulha está simplesmente no fundo da tigela.

Gradiente descendente em batch (em lote)

Para implementar o gradiente descendente, é necessário calcular o gradiente da função de custo em relação a cada parâmetro do modelo θ_j. Em outras palavras, é necessário calcular o quanto mudará a função de custo, caso você modifique um pouco o θ_j. Isso se chama *derivada parcial*. É como perguntar: "Qual é o declive da montanha sob meus pés, se eu olhar para o leste?" e depois fazer a mesma pergunta apontando para o norte (e assim por diante para todas as outras dimensões, se você puder imaginar um universo com mais de três dimensões). A Equação 4-5 calcula a derivada parcial da função de custo em relação ao θ_j, notado por $\frac{\partial}{\partial \theta_j}$ MSE ($\boldsymbol{\theta}$):

Equação 4-5. Derivadas parciais da função de custo

$$\frac{\partial}{\partial \theta_j}\text{MSE}(\boldsymbol{\theta}) = \frac{2}{m}\sum_{i=1}^{m}\left(\boldsymbol{\theta}^T\mathbf{x}^{(i)} - y^{(i)}\right)x_j^{(i)}$$

Em vez de calcular individualmente essas derivadas parciais, você pode utilizar a Equação 4-6 para calculá-las de uma só vez. O vetor gradiente, notado por $\nabla_\theta\text{MSE}(\boldsymbol{\theta})$, contém todas as derivadas parciais da função de custo (uma para cada parâmetro do modelo).

Equação 4-6. Vetor gradiente da função de custo

$$\nabla_{\boldsymbol{\theta}} \, \text{MSE}(\boldsymbol{\theta}) = \begin{pmatrix} \frac{\partial}{\partial \theta_0} \text{MSE}(\boldsymbol{\theta}) \\ \frac{\partial}{\partial \theta_1} \text{MSE}(\boldsymbol{\theta}) \\ \vdots \\ \frac{\partial}{\partial \theta_n} \text{MSE}(\boldsymbol{\theta}) \end{pmatrix} = \frac{2}{m} \mathbf{X}^T (\mathbf{X}\boldsymbol{\theta} - \mathbf{y})$$

Repare que essa fórmula envolve cálculos sobre o conjunto completo de treinamento **X**, a cada etapa do gradiente descendente! Por isso o algoritmo se chama *gradiente descendente em batch* ou *em lote*: ele usa todo o lote de dados de treinamento a cada etapa (na verdade, *gradiente descendente integral* provavelmente seria um nome melhor). Como resultado, ele é extremamente lento em conjuntos de treinamento muito grandes (contudo, veremos algoritmos de gradiente descendentes bem mais rápidos daqui a pouco). No entanto, o gradiente descendente escalona bem o número de características; treinar um modelo de regressão linear quando houver centenas de milhares de características será muito mais rápido se usarmos o gradiente descendente do que a equação normal ou a decomposição SVD.

Uma vez que você tenha o vetor gradiente, que aponta para cima, basta ir na direção oposta para descer. Isso significa subtrair $\nabla_{\theta}\text{MSE}(\boldsymbol{\theta})$ de $\boldsymbol{\theta}$. É aqui que a taxa de aprendizado η entra em cena:[5] multiplicar o vetor gradiente por η para determinar o tamanho da etapa de declive (Equação 4-7):

Equação 4-7. Etapa do gradiente descendente

$$\boldsymbol{\theta}^{\left(\substack{\text{próxima} \\ \text{etapa}}\right)} = \boldsymbol{\theta} - \eta \nabla_{\boldsymbol{\theta}} \, \text{MSE}\left(\boldsymbol{\theta}\right)$$

Vejamos uma rápida implementação desse algoritmo:

```
eta = 0.1 # taxa de aprendizado
n_iterations = 1000
m = 100

theta = np.random.randn(2,1) # inicialização aleatória

for iteration in range(n_iterations):
    gradients = 2/m *0 X_b.T.dot(X_b.dot(theta) - y)
    theta = theta - eta * gradients
```

Não foi tão difícil! Repare na letra `theta`:

```
>>> theta
array([[4.21509616],
       [2.77011339]])
```

Veja, foi exatamente isso que a equação normal encontrou! O gradiente descendente funcionou perfeitamente. Mas e se você tivesse usado uma taxa de aprendizado diferente `eta`? A Figura 4-8 mostra as dez primeiras etapas do gradiente descendente usando três taxas de aprendizado diferentes (a linha tracejada representa o ponto de partida).

5 Eta (η) é a 7ª letra do alfabeto grego.

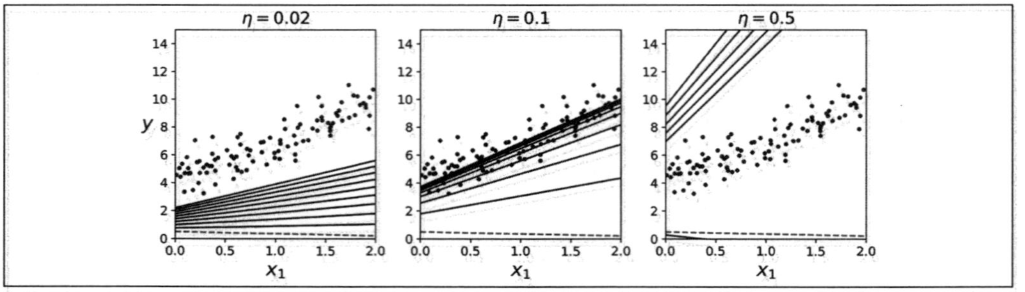

Figura 4-8. Gradiente descendente com várias taxas de aprendizado

À esquerda, a taxa de aprendizado é muito baixa: o algoritmo acabará chegando à solução, mas levará muito tempo. No meio, a taxa de aprendizado parece muito boa: em apenas algumas iterações, ela já convergiu para a solução. À direita, a taxa de aprendizado é bem alta: o algoritmo diverge, oscilando para tudo quanto é lado e ficando cada vez mais longe da solução a cada etapa.

Para encontrar uma boa taxa de aprendizado, você pode usar o grid search (veja o Capítulo 2). No entanto, deve limitar o número de iterações, de modo que o grid search possa eliminar modelos que demoram muito para convergir.

Talvez esteja se perguntando como definir o número de iterações. Se esse número for muito baixo, você ainda estará longe da solução ideal quando o algoritmo parar, mas, caso seja muito alto, você perderá tempo, pois os parâmetros do modelo não mudam mais. Uma solução simples é definir um número maior de iterações, e interromper o algoritmo quando o vetor gradiente se tornar minúsculo — ou seja, quando sua regra se tornar menor que um número minúsculo ϵ (chamado de *tolerância*) —, porque isso acontece quando o gradiente descendente (quase) atinge o mínimo.

Taxa de Convergência

Quando a função de custo for convexa e sua inclinação não mudar repentinamente (como é o caso da função de custo MSE), o gradiente descendente em batch com uma taxa fixa de aprendizado acabará convergindo para a solução ideal, mas talvez seja necessário esperar um pouco: pode levar $O(1/\epsilon)$ iterações para se chegar ao ideal dentro de um intervalo de ϵ, dependendo da forma da função de custo. Se você dividir a tolerância por 10 para ter uma solução mais precisa, o algoritmo terá que executar cerca de 10 vezes mais.

Gradiente descendente estocástico

O principal problema do gradiente descendente em batch é ele usar todo o conjunto de treinamento para calcular os gradientes a cada etapa, o que o deixa muito lento quando o conjunto de treinamento é grande. No extremo oposto, o *gradiente descendente estocástico* seleciona uma instância aleatória no conjunto de treinamento a cada etapa e calcula os gradientes com base apenas nessa instância única. Obviamente trabalhar em uma única instância de cada vez deixa o algoritmo bem mais rápido, pois ele tem bem poucos dados para manipular a cada iteração. Possibilita também o treinamento em grandes conjuntos de treinamento, uma vez que somente uma instância precisa estar na memória a cada iteração (o GD estocástico pode ser implementado como um algoritmo out-of-core; veja o Capítulo 1).

Em contrapartida, devido à natureza estocástica (ou seja, aleatória), esse algoritmo é muito menos regular do que o gradiente descendente em batch: em vez de ir descendo suavemente até atingir o mínimo, a função de custo irá subir e descer, descendo somente na média. Com o tempo, terminará muito próxima do mínimo e, quando chegar lá, continuará oscilando, nunca se estabilizando (veja a Figura 4-9). Portanto, quando o algoritmo para os valores finais dos parâmetros são bons, mas não são ideais.

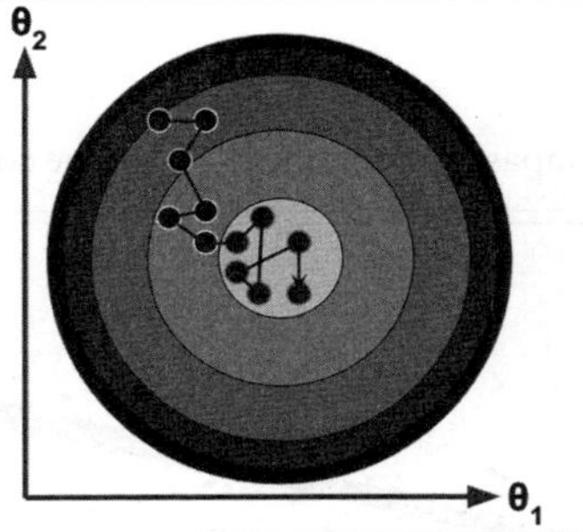

Figura 4-9. Com o gradiente descendente estocástico, cada etapa do treinamento é bem mais rápida, mas também bem mais estocástica do que quando se usa o gradiente descendente em batch

Quando a função de custo é muito irregular (como na Figura 4-6), isso pode, na verdade, ajudar o algoritmo a se deslocar dos mínimos locais, de modo que o gradiente descendente estocástico terá uma chance maior de encontrar o mínimo global do que o gradiente descendente em batch.

Assim, a aleatoriedade é boa para escapar dos mínimos locais ideais, mas é ruim porque significa que o algoritmo nunca pode se estabilizar no mínimo. Uma solução para esse dilema é reduzir gradualmente a taxa de aprendizado. As etapas começam em grande escala (o que ajuda na progressão rápida e a escapar aos mínimos locais) e depois diminuem cada vez mais, possibilitando que o algoritmo se estabeleça no mínimo global. Esse processo é semelhante ao *recozimento simulado [simulated annealing]*, um algoritmo inspirado no processo metalúrgico de esfriamento de um metal em estado de fusão. A função que determina a taxa de aprendizado em cada iteração se chama *cronograma de aprendizado*. Caso a taxa de aprendizado seja reduzida muito rápido, você poderá ficar empacado no mínimo local ou até acabar paralisado na metade do mínimo. Se a taxa de aprendizado for reduzida aos poucos, você poderá pular o mínimo por um longo tempo e acabar com uma solução abaixo do ideal, caso interrompa o treinamento muito cedo.

O código a seguir implementa o gradiente descendente estocástico usando um cronograma simples de aprendizado:

```
n_epochs = 50
t0, t1 = 5, 50 # hiperparâmetros do cronograma de aprendizado

def learning_schedule(t):
    return t0 / (t + t1)

theta = np.random.randn(2,1) # inicialização aleatória

for epoch in range(n_epochs):
    for i in range(m):
        random_index = np.random.randint(m)
        xi = X_b[random_index:random_index+1]
        yi = y[random_index:random_index+1]
        gradients = 2 * xi.T.dot(xi.dot(theta) - yi)
```

```
        eta = learning_schedule(epoch * m + i)
        theta = theta - eta * gradients
```

Por convenção, iteramos por rodadas *m* de iterações; cada rodada se chama *época*.[6] À medida que o código do gradiente descendente em batch itera mil vezes por todo o conjunto de treinamento, o código a seguir passa pelo conjunto de treinamento somente 50 vezes e chega a uma solução muito boa:

```
>>> theta
array([[4.21076011],
       [2.74856079]])
```

A Figura 4-10 mostra as 20 primeiras etapas do treinamento (observe como as etapas são irregulares).

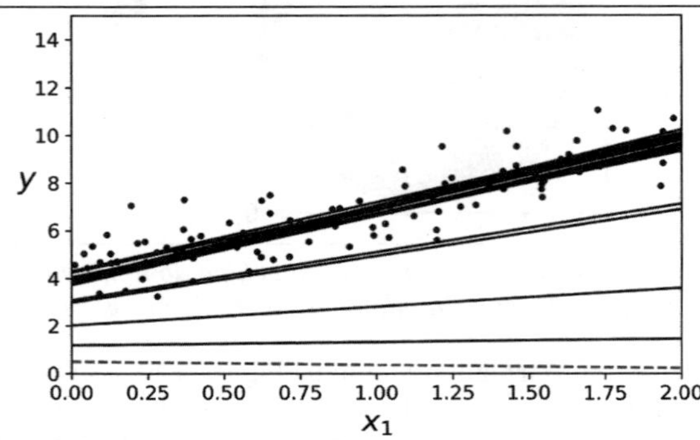

Figura 4-10. Os 20 passos do gradiente descendente estocástico

Observe que, como as instâncias são selecionadas aleatoriamente, algumas podem ser escolhidas várias vezes por época, ao passo que outras não. Se quiser ter certeza de que o algoritmo passa por todas as instâncias em cada época, uma outra abordagem é embaralhar o conjunto de treinamento (faça questão de embaralhar as características de entrada e os rótulos juntos), depois percorrer instância por instância e, em seguida, embaralhá-las novamente e assim por diante. Contudo, essa abordagem converge mais lentamente.

Ao usar o gradiente descendente estocástico, as instâncias de treinamento devem ser independentes e dinamicamente distribuídas (IID) para garantir que os parâmetros sejam levados ao mínimo global ideal, em média. Uma forma simples de garantir isso é embaralhar as instâncias durante o treinamento (por exemplo, escolha cada instância aleatoriamente ou embaralhe o conjunto de treinamento no início de cada época). Se você não embaralhar as instâncias — por exemplo, se as instâncias forem classificadas por rótulo —, o SGD começará otimizando um rótulo, depois o próximo, e assim por diante, e não se estabilizará próximo ao mínimo global.

Para executar a regressão linear usando o GD estocástico com a Scikit-Learn, é possível usar a classe `SGDRegressor`, cujo padrão é otimizar a função de custo do erro quadrático. O código a seguir roda no máximo mil épocas ou até que a perda diminua em menos de 0.001 durante uma época (`max_iter=1000`, `tol=1e-3`). Começa com uma taxa de aprendizado de 0.1 (`eta0=0.1`), usando o

6 N. da T.: Usamos a palavra época (epoch) para nos referirmos ao processo de forward pass (calcular os valores das saídas) e ao processo de backward pass (atualizar os pesos), em todo o conjunto de treinamento. Mais informações no Capítulo 10.

cronograma de aprendizado padrão (diferente da anterior). Por último, ela não emprega nenhuma regularização (`penalty=None`; mais detalhes a respeito em breve):

```
from sklearn.linear_model import SGDRegressor
sgd_reg = SGDRegressor(max_iter=1000, tol=1e-3, penalty=None, eta0=0.1)
sgd_reg.fit(X, y.ravel())
```

Mais uma vez, você encontra uma solução bastante próxima da retornada pela equação normal:

```
>>> sgd_reg.intercept_, sgd_reg.coef_
(array([4.24365286]), array([2.8250878]))
```

Gradiente descendente em mini-batch

O último algoritmo de gradiente descendente que examinaremos se chama *gradiente descendente em mini-batch* (*minilote*). Fica bem fácil de entender quando você conhece o gradiente descendente estocástico e o gradiente descendente em batch: a cada etapa, em vez de calcular os gradientes com base no conjunto de treinamento completo (como no GD batch) ou com base em apenas uma instância (como no GD estocástico), o GD mini-batch calcula os gradientes em pequenos conjuntos aleatórios de instâncias chamados *mini-batches*. A principal vantagem do gradiente descendente em mini-batch em relação ao gradiente descendente estocástico é que você pode obter um ganho de desempenho com a otimização de hardware das operações da matriz, especialmente ao usar GPUs.

O progresso do algoritmo no espaço de parâmetros é menos irregular do que com o GD estocástico, sobretudo com mini-lotes muito grandes. Como resultado, o GD mini-batch acabará se deslocando um pouco mais perto do mínimo que o GD estocástico — mas pode ser mais difícil escapar dos mínimos locais (no caso de problemas que sofrem com mínimos locais, diferentemente da regressão linear). A Figura 4-11 mostra os caminhos percorridos pelos três algoritmos do gradiente descendente no espaço de parâmetros durante o treinamento. Todos eles terminam perto do mínimo, mas o caminho do GD batch para no mínimo, enquanto o GD estocástico e o GD de mini-batch prosseguem. No entanto, não esqueça que o GD batch leva muito tempo para executar cada etapa, e o GD estocástico e o GD de mini-batch também alcançariam o mínimo, se você usasse um bom cronograma de aprendizado.

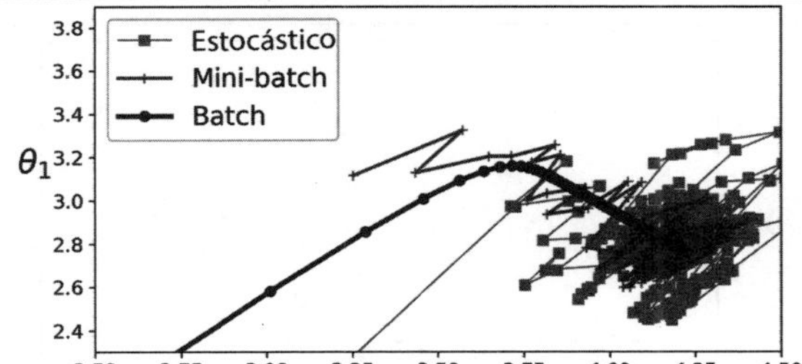

Figura 4-11. Caminhos do gradiente descendente no espaço de parâmetro

Vamos comparar os algoritmos que discutimos até agora com a regressão linear[7] (lembre-se de que m é o número de instâncias de treinamento e n é o número de características); veja a Tabela 4-1.

7 Enquanto a equação normal só pode fazer a regressão linear, os algoritmos do gradiente descendentes podem ser usados para treinar muitos outros modelos, como veremos.

Tabela 4-1. Comparação de algoritmos com a regressão linear

Algoritmo	*m*	Suporte out-of-core	*n*	Hiperparâmetros	Escalonamento Exigido	Scikit-Learn
Equação normal	Rápido	Não	Lento	0	Não	N/A
SVD	Rápido	Não	Lento	0	Não	`LinearRegression`
GD Batch	Lento	Não	Rápido	2	Sim	`SGDRegressor`
GD Estocástico	Rápido	Sim	Rápido	≥2	Sim	`SGDRegressor`
GD Mini-batch	Rápido	Sim	Rápido	≥2	Sim	`SGDRegressor`

Quase não se vê diferença após o treinamento: todos esses algoritmos acabam com modelos muito semelhantes e fazem as predições exatamente da mesma forma.

Regressão Polinomial

E se os dados forem mais complexos que uma linha reta? Curiosamente, você pode usar um modelo linear para ajustar dados não lineares. Uma maneira simples de fazer isso é adicionar as potências de cada característica como características novas e treinar um modelo linear nesse conjunto dilatado de características. Essa técnica se chama *regressão polinomial.*

Vejamos um exemplo. Primeiro, vamos gerar alguns dados não lineares, com base em uma *equação quadrática* simples[8] (adicionando um bocado de ruído; veja a Figura 4-12):

```
m = 100
X = 6 * np.random.rand(m, 1) - 3
y = 0.5 * X**2 + X + 2 + np.random.randn(m, 1)
```

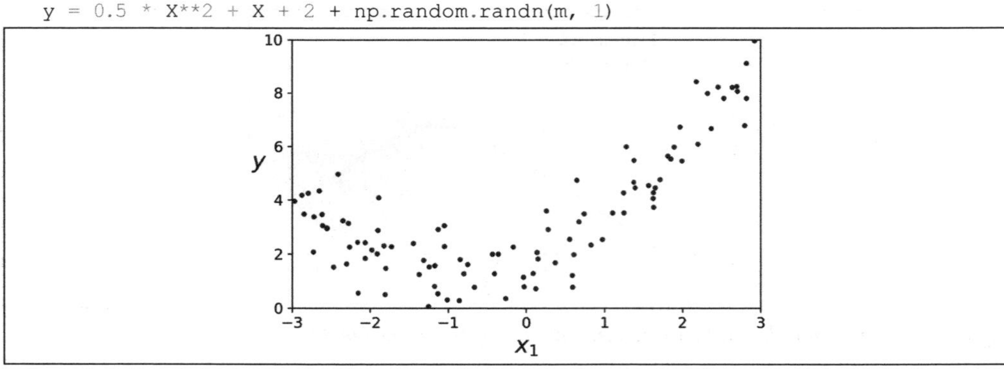

Figura 4-12. Conjunto de dados não linear gerado com ruído

Não restam dúvidas de que uma linha reta nunca ajustará esses dados adequadamente. Por isso, usaremos a classe `PolynomialFeatures` da Scikit-Learn para transformar nossos dados de trei-

8 Uma equação quadrática apresenta a forma $y = ax^2 + bx + c$.

namento, adicionando o quadrado (polinômio de 2º grau) de cada característica no conjunto de treinamento como uma nova caraterística (neste caso, existe somente uma):

```
>>> from sklearn.preprocessing import PolynomialFeatures
>>> poly_features = PolynomialFeatures(degree=2, include_bias=False)
>>> X_poly = poly_features.fit_transform(X)
>>> X[0]
array([-0.75275929])
>>> X_poly[0]
array([-0.75275929, 0.56664654])
```

`X_poly` agora tem a característica original de `X` mais o quadrado dessa característica. Então você pode ajustar um modelo `LinearRegression` a esses dados de treinamento alargados (Figura 4-13):

```
>>> lin_reg = LinearRegression()
>>> lin_reg.fit(X_poly, y)
>>> lin_reg.intercept_, lin_reg.coef_
(array([1.78134581]), array([[0.93366893, 0.56456263]]))
```

Nada mal: o modelo estima $\hat{y} = 0.56x_1^2 + 0.93x_1 + 1.78$, quando na verdade a função original era $y = 0.5x_1^2 + 1.0x_1 + 2.0$ + o ruído gaussiano.

Observe que, quando existem várias características, a regressão polinomial consegue encontrar relações entre elas (coisa que um modelo simples de regressão linear não consegue). Isso é possível pelo fato de que a `PolynomialFeatures` também adiciona todas as combinações de características até o nível especificado. Por exemplo, se houvesse duas características *a* e *b*, a `PolynomialFeatures` com `degree=3` não somente adicionaria as características a^2, a^3, b^2 e b^3, como também as combinações ab, a^2b e ab^2.

`PolynomialFeatures(degree=d)` transforma um array contendo *n* características em um array contendo $\frac{(n+d)!}{d!\,n!}$ características, sendo *n*! o *fatorial* de n, igual a $1 \times 2 \times 3 \times \cdots \times n$. Cuidado com a avalanche combinatória do número de características!

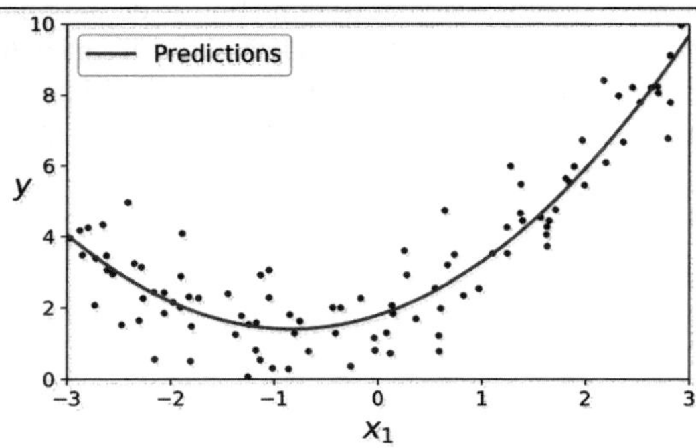

Figura 4-13. Predições [Predictions] do modelo de regressão polinomial

Curvas de Aprendizado

Se fizer uma regressão polinomial de alto grau, provavelmente ajustará os dados de treinamento muito melhor do que com a regressão linear simples. Por exemplo, a Figura 4-14 aplica um modelo polinomial de 300 graus aos dados de treinamento anteriores e compara o resultado com um mero modelo linear e um modelo quadrático (polinômio de 2º grau). Repare como o modelo polinomial de 300 graus oscila para se aproximar o máximo possível das instâncias de treinamento.

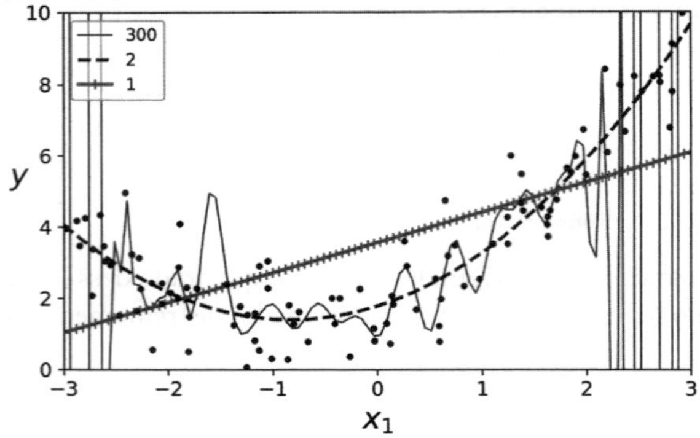

Figura 4-14. Regressão polinomial de alto grau

Esse modelo de regressão polinomial de alto grau está se sobreajustanto drasticamente aos dados de treinamento, ao passo que o modelo linear está se subajustando. Nesse caso, o modelo que melhor generalizará é o modelo quadrático, o que faz sentido porque os dados foram gerados usando um modelo quadrático. Mas, em geral, você não sabe qual função gerou os dados, então como pode decidir qual nível de complexidade terá o modelo? Como você pode afirmar que o seu modelo está sobreajustando ou subajustando aos dados?

No Capítulo 2, você utilizou a validação cruzada para obter uma estimativa do desempenho da generalização de um modelo. Se um modelo tiver um bom desempenho nos dados de treinamento, mas deixar a desejar na generalização de acordo com as métricas de validação cruzada, seu modelo estará se sobreajustando. Caso o desempenho deixe e a desejar em ambos, estará se subajustando. Essa é uma maneira de saber quando um modelo é muito simples ou muito complexo.

Outra forma de saber é analisar as *curvas de aprendizado*: são gráficos de desempenho do modelo no conjunto de treinamento e no conjunto de validação como função do tamanho do conjunto de treinamento (ou da iteração do treinamento). Para gerar os gráficos, basta treinar o modelo diversas vezes em subconjuntos de tamanhos diferentes no conjunto de treinamento. O código a seguir define uma função que, levando em conta alguns dados de treinamento, plota as curvas de aprendizado de um modelo:

```
from sklearn.metrics import mean_squared_error
from sklearn.model_selection import train_test_split

def plot_learning_curves(model, X, y):
    X_train, X_val, y_train, y_val = train_test_split(X, y, test_
size=0.2)
    train_errors, val_errors = [], []
    for m in range(1, len(X_train)):
        model.fit(X_train[:m], y_train[:m])
        y_train_predict = model.predict(X_train[:m])
        y_val_predict = model.predict(X_val)
        train_errors.append(mean_squared_error(y_train[:m], y_train_predict))
        val_errors.append(mean_squared_error(y_val, y_val_predict))
    plt.plot(np.sqrt(train_errors), "r-+", linewidth=2, label="train")
    plt.plot(np.sqrt(val_errors), "b-", linewidth=3, label="val")
```

Vejamos as curvas de aprendizado do modelo de regressão linear simples (uma linha reta; veja a Figura 4-15):

```
lin_reg = LinearRegression()
plot_learning_curves(lin_reg, X, y)
```

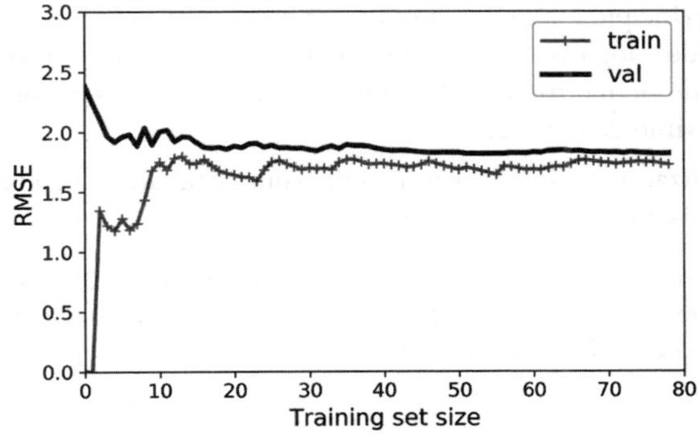

Figura 4-15. Curvas de aprendizado

O Trade-off do Viés/Variância

Um estudo teórico importante da estatística e do aprendizado de máquina é o fato de que o erro de generalização de um modelo pode ser expresso como a soma de três erros muito diferentes:

Viés
: Esta parte do erro de generalização se deve a suposições erradas, como supor que os dados são lineares quando na verdade são quadráticos. É provável que um modelo com um viés alto se subajuste aos dados de treinamento.[9]

Variância
: Esta parte se deve à sensibilidade excessiva do modelo a pequenas variações nos dados de treinamento. É provável que um modelo com muitos graus de liberdade (como um modelo polinomial de alto grau) tenha uma variância alta, logo ele se sobreajusta aos dados de treinamento.

Erro irredutível
: Esta parte é devido ao ruído dos próprios dados. A única maneira de reduzir esta parte do erro é limpar os dados (por exemplo, corrigir as fontes de dados, como sensores quebrados, ou detectar e remover outliers).

Normalmente, aumentar a complexidade de um modelo aumenta sua variância e reduz seu viés. Por outro lado, reduzir a complexidade de um modelo aumenta o viés e reduz a variância. Por isso o nome trade-off.

Vamos explicar um pouco esse modelo que se subajusta. Primeiro, vamos analisar o desempenho nos dados de treinamento: quando há apenas uma ou duas instâncias no conjunto de treinamento, o modelo pode ajustá-las perfeitamente, e por isso a curva começa em zero. Porém, à medida que instâncias novas são adicionadas ao conjunto de treinamento, é impossível que o modelo ajuste perfeitamente os dados de treinamento, pois os dados são ruidosos e não são lineares. Portanto,

9 Não se deve confundir essa noção de viés com o termo viés dos modelos lineares.

o erro nos dados de treinamento aumenta até atingir um platô — até o ponto em que acrescentar instâncias novas ao conjunto de treinamento não faz com que o erro médio seja melhor ou pior. Agora, vejamos o desempenho do modelo nos dados de validação. Quando o modelo é treinado em poucas instâncias de treinamento, ele é incapaz de generalizar devidamente, razão pela qual o erro de validação é a princípio maior. Sendo assim, à medida que apresentamos mais exemplos de treinamento, ele aprende e, logo, o erro de validação diminui aos poucos. No entanto, mais uma vez, uma linha reta não pode efetuar um bom trabalho de modelagem dos dados; então, o erro termina em um platô, bem próximo da outra curva.

Essas curvas de aprendizado são típicas de um modelo que se subajusta. Ambas as curvas atingiram um platô; elas estão próximas e são razoavelmente altas.

> Caso o modelo não esteja se subajustando aos dados de treinamento, adicionar mais exemplos de treinamento não ajudará de nada. Você precisa usar um modelo mais complexo ou criar características melhores.

Agora, vejamos as curvas de aprendizado de um modelo polinomial de 10º grau nos mesmos dados (Figura 4-16):

```
from sklearn.pipeline import Pipeline

polynomial_regression = Pipeline([
        ("poly_features", PolynomialFeatures(degree=10, include_
bias=False)),
        ("lin_reg", LinearRegression()),
    ])

plot_learning_curves(polynomial_regression, X, y)
```

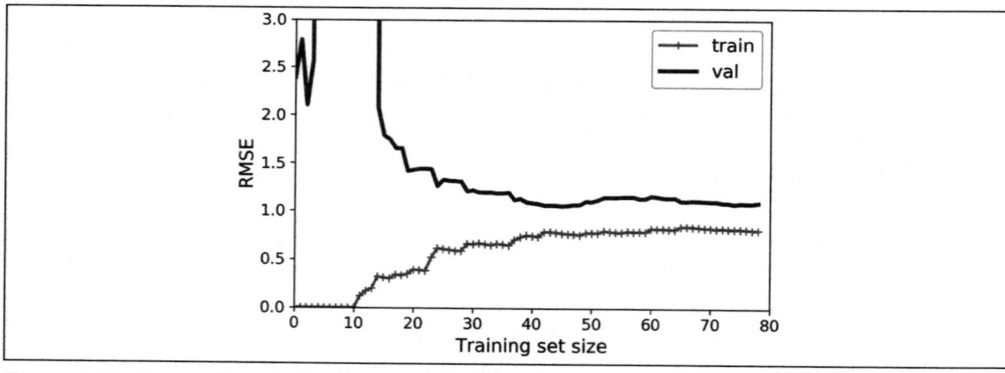

Figura 4-16. Curvas de aprendizado para o modelo polinomial de 10º grau

Essas curvas de aprendizado são um pouco semelhantes às anteriores, mas existem duas diferenças muito importantes:

- O erro nos dados de treinamento é bem menor do que no modelo de regressão linear.
- Existe uma lacuna entre as curvas. Isso indica que o modelo tem um desempenho significativamente melhor nos dados de treinamento do que nos dados de validação, distintivo de um modelo de sobreajuste. Se você usasse um conjunto de treinamento maior, as duas curvas continuariam se aproximando.

Uma forma de melhorar um modelo de sobreajuste é fornecer mais dados de treinamento até que o erro de validação alcance o erro de treinamento.

Modelos Lineares Regularizados

Conforme vimos nos Capítulos 1 e 2, uma boa forma de reduzir o sobreajuste é regularizar o modelo (isso é, restringi-lo): quanto menor for o grau de liberdade, mais difícil será para sobreajustar os dados. Por exemplo, uma forma simples de regularizar um modelo polinomial é reduzir o número de graus polinomiais.

Para um modelo linear, a regularização é normalmente obtida restringindo os pesos do modelo. Analisaremos a seguir a regressão de Ridge, regressão de lasso e regressão elastic net, que implementam três maneiras diferentes de restringir os pesos.

Regressão de Ridge

A *regressão de Ridge* (também chamada de *regularização de Tikhonov*) é uma versão regularizada da regressão linear: um *termo de regularização* igual a $\alpha \sum_{i=1}^{n} \theta_i^2$ é adicionado à função de custo. Isso força o algoritmo de aprendizado não apenas a ajustar os dados, como também a manter o peso do modelo o menor possível. Observe que o termo de regularização deve ser adicionado somente à função de custo durante o treinamento. Uma vez treinado o modelo, você deve usar a medida de desempenho não regulamentada com o objetivo de avaliar o desempenho do modelo.

É bastante comum que a função de custo usada durante o treinamento seja diferente da medida de desempenho usada para testar. Além da regularização, outro motivo pelo qual elas podem ser diferentes é que uma boa função de custo de treinamento deve ter derivados que aceitem a otimização, ao passo que a medida de desempenho usada para testes deve estar o mais próxima possível do objetivo final. Por exemplo, os classificadores geralmente são treinados usando uma função de custo, como a log loss (que será discutida daqui a pouco), mas avaliados usando precisão/revocação.

O hiperparâmetro α controla o quanto você deseja regularizar o modelo. Se $\alpha = 0$, a regressão de Ridge é somente uma regressão linear. Se α for muito grande, todos os pesos acabarão muito próximos de zero e o resultado será uma linha achatada que passa pela média dos dados. A Equação 4-8 apresenta a função de custo da regressão de Ridge:[10]

Equação 4-8. Função de custo da regressão de Ridge

$$J(\boldsymbol{\theta}) = \text{MSE}(\boldsymbol{\theta}) + \alpha \frac{1}{2} \sum_{i=1}^{n} \theta_i^2$$

Repare que o viés θ_0 não está regularizado (a soma começa em $i = 1$, não em 0). Se definirmos **w** como o vetor de pesos das características (θ_1 a θ_n), então o termo de regularização é igual a $\frac{1}{2}(\| \mathbf{w} \|_2)^2$, em que $\| \mathbf{w} \|_2$ representa a norma ℓ_2 do vetor do peso.[11] Para o gradiente descendente, basta adicionar $\alpha\mathbf{w}$ ao vetor gradiente MSE (Equação 4-6).

10 É comum usar a notação $J(\boldsymbol{\theta})$ para funções de custo que não têm um nome abreviado; usaremos com frequência essa notação no restante deste livro. O contexto deixará claro qual função de custo está sendo analisada.

11 As normas são discutidas no Capítulo 2.

É fundamental escalonar os dados (por exemplo, usando a `StandardScaler`) antes de executar a regressão de Ridge, pois ela é sensível ao escalonamento das características de entrada. Isso vale para a maioria dos modelos regularizados.

A Figura 4-17 mostra diversos modelos de Ridge treinados em alguns dados lineares usando diferentes valores de α. À esquerda, há modelos de Ridge simples, que resultam em predições lineares. À direita, os dados são expandidos primeiro usando a `PolynomialFeatures(degree=10)`, depois são escalonados usando a `StandardScaler` e, finalmente, os modelos de Ridge são aplicados às características restantes: trata-se de uma regressão polinomial com regularização de Ridge. Observe como o aumento de α leva a predições mais achatadas (ou seja, menos extremas, mais razoáveis), reduzindo desse modo a variância do modelo, mas aumentando seu viés.

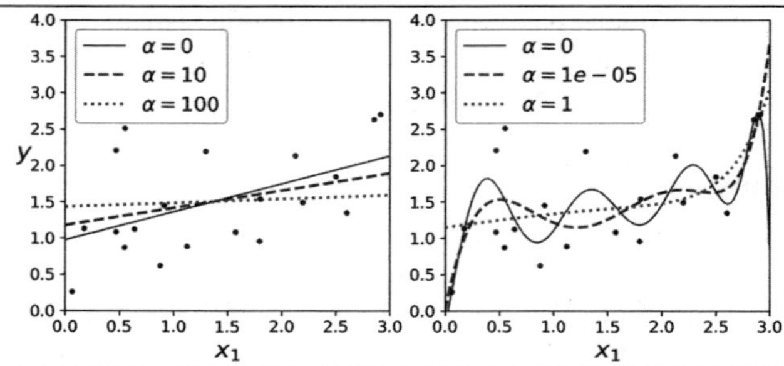

Figura 4-17. Um modelo linear (à esquerda) e um modelo polinomial (à direita), ambos com vários níveis de regularização de Ridge

Assim como na regressão linear, podemos fazer a regressão de Ridge por meio de uma equação de forma fechada ou pelo gradiente descendente. Os prós e contras são os mesmos. A Equação 4-9 mostra a solução de forma fechada, em que **A** é a *matriz de identidade* $(n + 1) \times (n + 1)$,[12] exceto o 0 na célula superior esquerda, correspondente ao viés:

Equação 4-9. Solução em forma fechada da regressão de Ridge

$$\hat{\boldsymbol{\theta}} = \left(\mathbf{X}^{\mathsf{T}}\mathbf{X} + \alpha\mathbf{A}\right)^{-1} \ \mathbf{X}^{\mathsf{T}} \ \ \mathbf{y}$$

Veja como executar a regressão de Ridge com a Scikit-Learn usando uma solução de forma fechada (uma variante da Equação 4-9 que emprega uma técnica de fatoração de matriz de André-Louis Cholesky):

```
>>> from sklearn.linear_model import Ridge
>>> ridge_reg = Ridge(alpha=1, solver="cholesky")
>>> ridge_reg.fit(X, y)
>>> ridge_reg.predict([[1.5]])
array([[1.55071465]])
```

E usando o gradiente descendente estocástico:[13]

12 Uma matriz quadrada cheia de 0s, exceto 1s na diagonal principal (canto superior esquerdo para canto inferior direito).

13 Como alternativa, você pode usar a classe `Ridge` com o solver `"sag"`. O GD médio estocástico é uma variante do GD estocástico. Para mais detalhes, veja a apresentação "Minimizing Finite Sums with the Stochastic Average Gradient Algorithm" (*https://homl.info/12*) de Mark Schmidt et al. da Universidade da Colúmbia Britânica.

```
>>> sgd_reg = SGDRegressor(penalty="l2")
>>> sgd_reg.fit(X, y.ravel())
>>> sgd_reg.predict([[1.5]])
array([1.47012588])
```

O hiperparâmetro `penalty` define o tipo de termo de regularização a ser usado. A especificação de "`l2`" indica que você quer que o SGD acrescente um termo de regularização à função de custo igual a metade do quadrado da norma ℓ_2 do vetor de peso: isso é justamente a regressão de Ridge.

Regressão de lasso

O *método de shrinkage e seleção de variáveis para modelos de regressão linear [Least Absolute Shrinkage and Selection Operator Regression]* (a chamada *regressão de lasso*) é outra versão regularizada da regressão linear: assim como a regressão de Ridge, ela adiciona um termo de regularização à função de custo, mas usa a norma ℓ_1 do vetor de peso, em vez de metade do quadrado da norma ℓ_2 (veja a Equação 4-10):

Equação 4-10. Função de custo de regressão de lasso

$$J(\boldsymbol{\theta}) = \text{MSE}(\boldsymbol{\theta}) + \alpha \Sigma_{i=1}^{n} |\theta_i|$$

A Figura 4-18 mostra a mesma coisa que a Figura 4-17, mas substitui os modelos Ridge pelos modelos de lasso e utiliza valores de α menores.

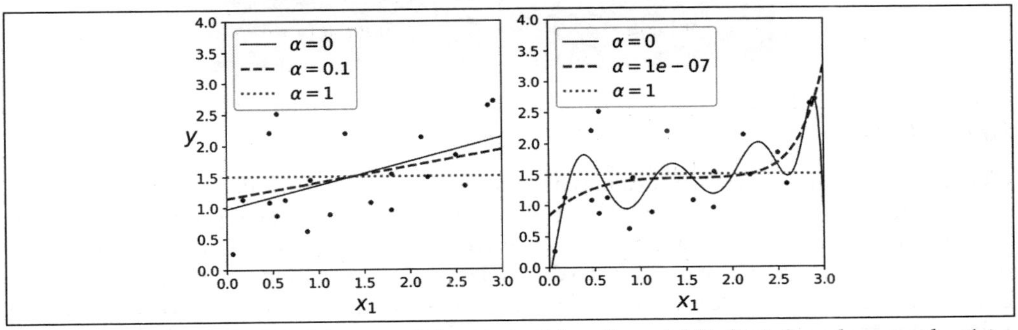

Figura 4-18. Um modelo linear (à esquerda) e um modelo polinomial (à direita), ambos usando vários níveis de regularização de lasso

Uma particularidade importante da regressão de lasso é que ela tende a suprimir os pesos das características menos importantes (ou seja, defini-los como zero). Por exemplo, a linha tracejada no gráfico à direita na Figura 4-18 (com $\alpha = 10^{-7}$) parece quadrática, quase linear: todos os pesos para as características polinomiais de alto grau são iguais a zero. Grosso modo, a regressão de lasso executa automaticamente a seleção de características e gera como saída um *modelo esparso* (ou seja, com poucos pesos de características diferentes de zero).

Você pode entender as coisas ao analisar a Figura 4-19: os eixos representam dois parâmetros do modelo e os contornos de fundo representam diferentes funções de perda (funções de custo). No gráfico superior esquerdo, os contornos representam a perda ℓ_1 ($|\theta_1| + |\theta_2|$), que desce linearmente à medida que você se aproxima de qualquer eixo. Por exemplo, se você inicializar os parâmetros do modelo para $\theta_1 = 2$ e $\theta_2 = 0.5$, a execução do gradiente descendente reduzirá os dois parâmetros igualmente (conforme representado pela linha tracejada); assim, θ_2 alcançará 0 primeiro (já que estava mais perto de 0 na inicialização). Depois disso, o gradiente descendente descerá ladeira abaixo até atingir

$\theta_1 = 0$ (oscilando um pouco, pois os gradientes de ℓ_1 nunca se aproximam de 0: eles são −1 ou 1 para cada parâmetro). No gráfico superior direito, os contornos representam a função de custo de lasso (ou seja, uma função de custo de MSE mais uma perda ℓ_1). Os pequenos círculos mostram o caminho que o gradiente descendente percorre para otimizar alguns parâmetros do modelo que foram inicializados em torno de $\theta_1 = 0.25$ e $\theta_2 = -1$: mais uma vez, repare como o caminho atinge rapidamente $\theta_2 = 0$, depois desce e oscila em torno do ideal global (representado pelo quadrado). Se aumentássemos α, o ideal global se deslocaria para a esquerda ao longo da linha tracejada; se diminuíssemos α, o ideal global se deslocaria para a direita (neste exemplo, os parâmetros ideais para o MSE não regularizados são $\theta_1 = 2$ e $\theta_2 = 0.5$).

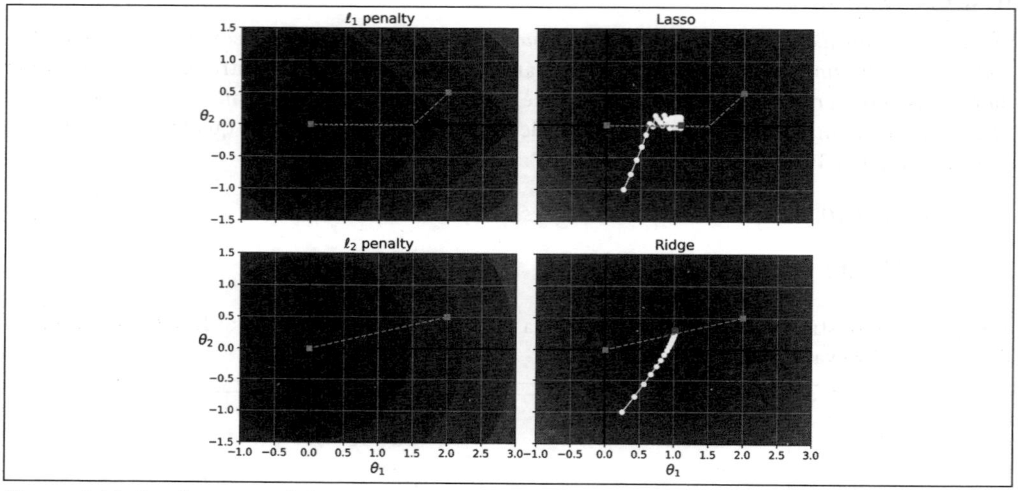

Figura 4-19. Regularização de lasso versus regularização de Ridge

Os dois gráficos inferiores mostram a mesma coisa, mas com uma penalidade ℓ_2. No gráfico inferior esquerdo, você pode ver que a perda de ℓ_2 diminui com a distância da origem, logo o gradiente descendente apenas segue um caminho reto em direção a esse ponto. No gráfico no canto inferior direito, os contornos representam a função de custo da regressão de Ridge (ou seja, uma função de custo MSE mais uma perda de ℓ_2). Existem duas diferenças principais em relação à regressão de lasso. Primeiro, os gradientes diminuem à medida que os parâmetros se aproximam do ideal global; desse modo, o gradiente descendente diminui naturalmente, o que ajuda na convergência (observe como não há oscilações). Segundo, os parâmetros ideais (representados pelo quadrado) se aproximam cada vez mais da origem quando você aumenta α, mas nunca são totalmente eliminados.

> Para evitar que o gradiente descendente oscile em torno do final do ideal ao se usar a regressão de lasso, você precisa reduzir gradualmente a taxa de aprendizado durante o treinamento (ele ainda oscilará em torno do ideal, no entanto as etapas ficarão cada vez menores e convergirão).

A função de custo da regressão de lasso não é diferenciável em $\theta_i = 0$ (para $i = 1, 2, \cdots, n$), no entanto o gradiente descendente ainda funciona bem se você usar um *vetor de subgradiente* $\mathbf{g}$[14] em vez de um $\theta_i = 0$. A equação 4-11 mostra uma equação vetorial de subgradiente que você pode usar para o gradiente descendente com a função de custo da regressão de lasso:

14 Pense em um vetor de subgradiente em um ponto não diferenciável como um vetor intermediário entre os vetores de gradiente em torno desse ponto.

Equação 4-11. Vetor de subgradiente de regressão de laço

$$g(\boldsymbol{\theta}, J) = \nabla_{\boldsymbol{\theta}} \text{MSE}(\boldsymbol{\theta}) + \alpha \begin{pmatrix} \text{sign}\left(\theta_1\right) \\ \text{sign}\left(\theta_2\right) \\ \vdots \\ \text{sign}\left(\theta_n\right) \end{pmatrix} \quad \text{quando o sinal}\left(\theta_i\right) = \begin{cases} -1 & \text{if } \theta_i < 0 \\ 0 & \text{if } \theta_i = 0 \\ +1 & \text{if } \theta_i > 0 \end{cases}$$

Veja um pequeno exemplo da Scikit-Learn usando a classe `Lasso`:

```
>>> from sklearn.linear_model import Lasso
>>> lasso_reg = Lasso(alpha=0.1)
>>> lasso_reg.fit(X, y)
>>> lasso_reg.predict([[1.5]])
array([1.53788174])
```

Repare que você poderia usar o `SGDRegressor(penalty="l1")`.

Elastic net

A elastic net é um meio-termo entre a regressão de Ridge e a regressão de lasso. O termo de regularização é uma simples combinação dos termos de regularização de Ridge e de lasso, e você pode controlar a relação dessa combinação em *r*. Quando *r* = 0, a elastic net é equivalente à regressão de Ridge, e quando *r* = 1 é equivalente à regressão de lasso (veja a Equação 4-12).

Equação 4-12. Função de custo elastic net

$$J(\boldsymbol{\theta}) = \text{MSE}(\boldsymbol{\theta}) + r\alpha\Sigma_{i=1}^{n}\left|\theta_i\right| + \frac{1-r}{2}\alpha\Sigma_{i=1}^{n}\theta_i^2$$

Mas, quando utilizar uma simples regressão linear (por exemplo, sem qualquer regularização), de Ridge, de lasso ou uma regressão elastic net? Quase sempre é preferível ter pelo menos um pouco de regularização, então você deve evitar uma regressão linear simples. A regressão de Ridge é um bom padrão, mas, se suspeitar de que apenas algumas características são úteis, deve optar pela regressão de lasso ou pela elastic net, pois elas tendem a reduzir a zero os pesos das características inúteis, conforme discutido. Usualmente, prefere-se a regressão elastic net à lasso, porque a última pode se comportar imprevisivelmente quando o número de características for maior que o número de instâncias de treinamento ou quando várias características estiverem bastante correlacionadas.

Segue um breve exemplo que emprega a `ElasticNet` da Scikit-Learn (`l1_ratio` corresponde à relação r):

```
>>> from sklearn.linear_model import ElasticNet
>>> elastic_net = ElasticNet(alpha=0.1, l1_ratio=0.5)
>>> elastic_net.fit(X, y)
>>> elastic_net.predict([[1.5]])
array([1.54333232])
```

Early stopping

Um jeito bem diferente de regularizar algoritmos de aprendizado iterativo, como o gradiente descendente, é parar o treinamento assim que o erro de validação atingir o mínimo. Isso se chama *early stopping [parada antecipada* ou *parada precoce*]. A Figura 4-20 demonstra um modelo complexo (neste caso, um modelo de regressão polinomial de alto grau) sendo treinado com um gradiente descendente em batch. À medida que as épocas passam pelo algoritmo que aprende, seu erro de predição (RMSE) no conjunto de treinamento diminui, junto com seu erro de predição no conjunto de validação. Depois de um tempo, o erro de validação para de diminuir e começa a voltar ao normal. Isso indica que o modelo começou a se sobreajustar aos dados de treinamento. Com a early stopping, você interrompe o treinamento assim que o erro de validação atingir o mínimo. É uma técnica de regularização tão simples e eficiente que Geoffrey Hinton a chamou de "um senhor almoço grátis".

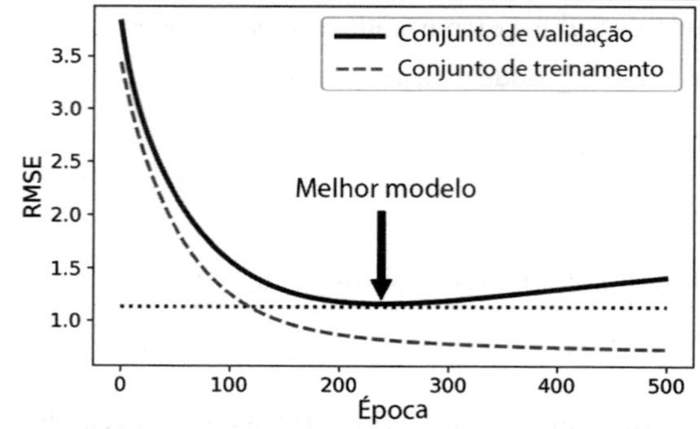

Figura 4-20. Regularização da Early stopping

> Com o gradiente descendente estocástico e com o gradiente descendente em mini-batch, as curvas não são tão suaves e pode ser difícil saber se você atingiu o mínimo ou não. Uma solução é parar somente depois que o erro de validação estiver acima do mínimo por algum tempo (quando você estiver confiante de que o modelo não funcionará melhor) e, em seguida, reverter os parâmetros do modelo para o ponto em que o erro de validação esteja no mínimo.

Veja uma implementação básica da early stopping:

```
from sklearn.base import clone

# prepara os dados
poly_scaler = Pipeline([
        ("poly_features", PolynomialFeatures(degree=90, include_
bias=False)),
        ("std_scaler", StandardScaler())
    ])
X_train_poly_scaled = poly_scaler.fit_transform(X_train)
X_val_poly_scaled = poly_scaler.transform(X_val)

sgd_reg = SGDRegressor(max_iter=1, tol=-np.infty, warm_start=True,
                       penalty=None, learning_rate="constant",
eta0=0.0005)

minimum_val_error = float("inf")
best_epoch = None
best_model = None
for epoch in range(1000):
    sgd_reg.fit(X_train_poly_scaled, y_train) # continua de onde parou
```

```
    y_val_predict = sgd_reg.predict(X_val_poly_scaled)
    val_error = mean_squared_error(y_val, y_val_predict)
    if val_error < minimum_val_error:
        minimum_val_error = val_error
        best_epoch = epoch
        best_model = clone(sgd_reg)
```

Observe que, com `warm_start=True`, quando o método `fit()` é chamado, ele continua treinando de onde parou, em vez de reiniciar do zero.

Regressão Logística

Conforme discutimos no Capítulo 1, alguns algoritmos de regressão podem ser utilizados para classificação (e vice-versa). A *regressão logística* (também chamada de *regressão logit*) é comumente usada para estimar a probabilidade de uma instância pertencer a uma classe específica (por exemplo, qual é a probabilidade de que este e-mail seja um spam?). Caso a probabilidade estimada seja maior que 50%, o modelo prediz que a instância pertence a essa classe (denominada *classe positiva*, rotulada como "1"); senão, prevê que não pertence (por exemplo, pertence à *classe negativa*, rotulada como "0"). Isso o torna um classificador binário.

Estimando as probabilidades

Mas, então, como funciona a regressão logística? Assim como um modelo de regressão linear, um modelo de regressão logística calcula a soma ponderada das características de entrada (mais o viés), contudo, em vez de gerar a saída do resultado diretamente como um modelo de regressão linear, ele gera a saída *logística* desse resultado (veja a Equação 4-13).

Equação 4-13. Probabilidade estimada do modelo de regressão logística (forma vetorizada)

$$\hat{p} = h_{\boldsymbol{\theta}}(\mathbf{x}) = \sigma(\mathbf{x}^{\mathrm{T}}\boldsymbol{\theta})$$

A logística — notada por $\sigma(\cdot)$ — é uma *função sigmoide* (isso é, em forma de S) que gera como saída um número entre 0 e 1. É definida como mostrado na Equação 4-14 e na Figura 4-21:

Equação 4-14. Função logística

$$\sigma(t) = \frac{1}{1 + \exp(-t)}$$

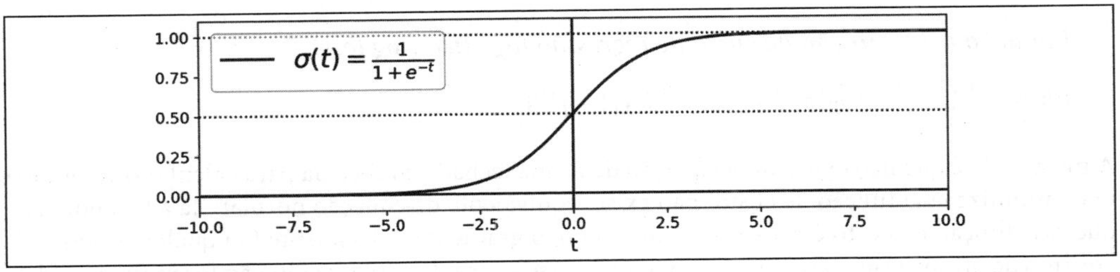

Figura 4-21. Função logística

Uma vez que o modelo de regressão logística estimou a probabilidade

$\hat{p} = h_\theta(\mathbf{x})$ de que uma instância **x** pertença à classe positiva, ele consegue predizer $\hat{y}$ facilmente (veja a Equação 4-15).

Equação 4-15. Predição do modelo de regressão logística

$$\hat{y} = \begin{cases} 0 & \text{if } \hat{p} < 0.5 \\ 1 & \text{if } \hat{p} \geq 0.5 \end{cases}$$

Observe que $\sigma(t) < 0.5$ quando $t < 0$ e, $\sigma(t) \geq 0.5$ quando $t \geq 0$, logo um modelo de regressão logística prevê 1 se $\mathbf{x}^T \boldsymbol{\theta}$ for positivo e 0 se for negativo.

O score t é frequentemente chamado de *logit*. O nome se origina do fato de que a função logit, definida como logit $(p) = \log(p / (1 - p))$, é o inverso da função logística. Na verdade, se você calcular o logit da probabilidade estimada p, descobrirá que o resultado é t. O logit também é chamado de *log-odds* (logaritmo dos odds), pois é o log da razão entre a probabilidade estimada para a classe positiva e a probabilidade estimada para a classe negativa.

Treinamento e função de custo

Agora, você já sabe como um modelo de regressão logística estima as probabilidades e faz predições. Mas como ele é treinado? O objetivo do treinamento é definir o vetor do parâmetro $\boldsymbol{\theta}$, de modo que o modelo estime probabilidades altas para instâncias positivas ($y = 1$) e probabilidades baixas para instâncias negativas ($y = 0$). A função de custo incorpora essa ideia mostrada na Equação 4-16 para uma única instância de treinamento **x**:

Equação 4-16. Função de custo de uma única instância de treinamento

$$c(\boldsymbol{\theta}) = \begin{cases} -\log(\hat{p}) & \text{if } y = 1 \\ -\log(1 - \hat{p}) & \text{if } y = 0 \end{cases}$$

Essa função de custo faz todo o sentido, porque $-\log(t)$ cresce muito quando t se aproxima de 0; assim, o custo será grande se o modelo estimar uma probabilidade próxima de 0 para uma instância positiva e será maior ainda se o modelo estimar uma probabilidade próxima a 1 para uma instância negativa. Em contrapartida, $-\log(t)$ fica próximo de 0 quando t está próximo de 1, portanto o custo será próximo de 0 se a probabilidade estimada for próxima de 0 para uma instância negativa ou próxima de 1 para uma instância positiva, que é justamente o que queremos.

A função de custo em todo o conjunto de treinamento é o custo médio em todas as instâncias de treinamento. Pode ser escrita em uma única expressão que se chama *log loss*, mostrada na Equação 4-17:

Equação 4-17. Função de custo de regressão logística (log loss)

$$J(\boldsymbol{\theta}) = -\frac{1}{m}\sum_{i=1}^{m}\left[y^{(i)} log\left(\hat{p}^{(i)}\right) + \left(1 - y^{(i)}\right) log\left(1 - \hat{p}^{(i)}\right)\right]$$

A má notícia é que não existe uma equação de forma fechada conhecida para calcular o valor de $\boldsymbol{\theta}$ que minimiza essa função de custo (não existe equivalente da equação normal). Já a boa notícia é que essa função de custo é convexa; assim sendo, o gradiente descendente (ou qualquer outro algoritmo de otimização) garante o mínimo global (se a taxa de aprendizado não for muito grande e você esperar o suficiente). As derivadas parciais da função de custo em relação ao *j-ésimo* parâmetro do modelo θ_j são fornecidas pela Equação 4-18:

Equação 4-18. Derivadas parciais da função de custo logística

$$\frac{\partial}{\partial \theta_j} \mathrm{J}(\boldsymbol{\theta}) = \frac{1}{m} \sum_{i=1}^{m} \left(\sigma\left(\boldsymbol{\theta}^{\mathsf{T}} \mathbf{x}^{(i)} \right) - y^{(i)} \right) x_j^{(i)}$$

Essa equação é bastante semelhante à Equação 4-5: ela calcula o erro de predição para cada instância, o multiplica pelo valor da *j-ésima* característica e depois calcula a média em relação a todas as instâncias de treinamento. Uma vez que você tem o vetor de gradiente contendo todas as derivadas parciais, consegue usá-lo no algoritmo do gradiente descendente. É isto: agora você já sabe como treinar um modelo de regressão logística. Para o GD estocástico, você poderia pegar uma instância por vez, e, para o GD mini-batch, poderia usar um minilote por vez.

Fronteiras de decisão

Usaremos o conjunto de dados da flor íris para ilustrar a regressão logística. Esse é um conjunto de dados famoso que tem o comprimento e a largura das sépalas e pétalas de 150 flores íris de 3 espécies diferentes: *Iris setosa*, *Iris versicolor* e *Iris virginica* (veja a Figura 4-22).

Figura 4-22. Flores de três espécies de plantas de íris[15]

Tentaremos criar um classificador para detectar o tipo *Iris virginica* com base apenas na característica de largura da pétala. Primeiro, vamos carregar os dados:

```
>>> from sklearn import datasets
>>> iris = datasets.load_iris()
>>> list(iris.keys())
['data', 'target', 'target_names', 'DESCR', 'feature_names', 'filename']
>>> X = iris["data"][:, 3:] # largura da pétala
>>> y = (iris["target"] == 2).astype(np.int) # 1 se Iris virginica, se não 0
```

Agora, vamos treinar um modelo de regressão logística:

```
from sklearn.linear_model import LogisticRegression

log_reg = LogisticRegression()
log_reg.fit(X, y)
```

15 Fotos reproduzidas das respectivas páginas da Wikipedia. Foto da *Iris virginica* por Frank Mayfield (Creative Commons BY-SA 2.0 — *https://creativecommons.org/licenses/by-sa/2.0/*); foto da *Iris versicolor* por D. Gordon E. Robertson (Creative Commons BY-SA 3.0 — *https://creativecommons.org/licenses/by-sa/3.0/*), e a foto *Iris Setosa* é de domínio público.

Vamos analisar as probabilidades estimadas do modelo de flores com a largura das pétalas variando de 0cm a 3cm (Figura 4-23):[16]

```
X_new = np.linspace(0, 3, 1000).reshape(-1, 1)
y_proba = log_reg.predict_proba(X_new)
plt.plot(X_new, y_proba[:, 1], "g-", label="Iris virginica")
plt.plot(X_new, y_proba[:, 0], "b--", label="Not Iris virginica")
# + mais código da Matplotlib para que a imagem fique bonita
```

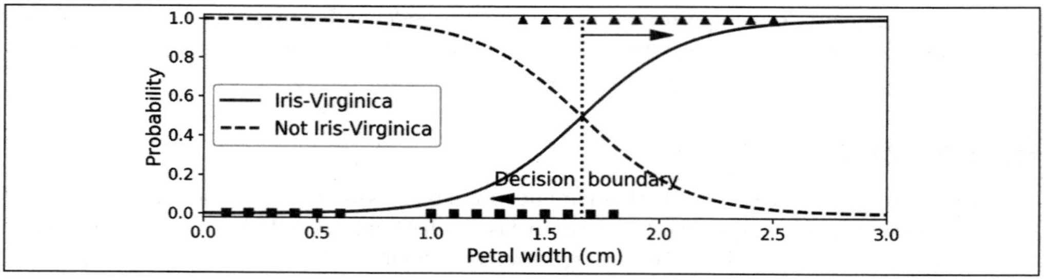

Figura 4-23. Probabilidades estimadas e fronteira de decisão [decision boundary]

A largura das pétalas da flor *Iris virginica* (representadas por triângulos) varia de 1,4cm a 2,5cm, ao passo que as outras flores íris (representadas por quadrados) geralmente têm uma largura menor, variando de 0,1cm a 1,8cm. Repare que temos um pouco de sobreposição. Acima de 2cm, o classificador está bastante confiante de que a flor é uma *Iris virginica* (gera uma alta probabilidade para essa classe), enquanto abaixo de 1cm está bem confiante de que não é uma *Iris virginica* (probabilidade alta para "Not Iris virginica" [Não é a classe Iris virginica]). Entre esses dois extremos, o classificador fica na dúvida. No entanto, se você pedir que ele preveja a classe (usando o método `predict()`, em vez do método `predict_proba()`), ele retornará a classe que for mais provável. Assim, existe uma *fronteira de decisão* em torno de 1,6cm, em que ambas as probabilidades são iguais a 50%: se a largura da pétala for maior que 1,6cm, o classificador preverá que a flor é uma íris *Iris virginica*; caso contrário, a predição será que não (ainda que não seja muito confiante):

```
>>> log_reg.predict([[1.7], [1.5]])
array([1, 0])
```

A Figura 4-24 mostra o mesmo conjunto de dados, só que desta vez exibe duas características: largura e comprimento da pétala. Uma vez treinado, o classificador de regressão logística pode, com base nessas duas características, estimar a probabilidade de uma flor nova ser uma *Iris virginica*. A linha tracejada representa os pontos em que o modelo estima uma probabilidade de 50%: essa é a fronteira de decisão do modelo.[17] Note que é uma fronteira linear. Cada linha paralela representa os pontos em que o modelo gera uma saída de probabilidade específica, de 15% (canto inferior esquerdo) a 90% (canto superior direito). Todas as flores além da linha superior direita têm mais de 90% de chance de serem *Iris virginica*, de acordo com o modelo.

16 A função `reshape()` do NumPy possibilita que uma dimensão seja –1, o que significa "não especificado": o valor é determinado a partir do comprimento da matriz e das dimensões restantes.

17 É o conjunto de pontos x, no qual $\theta_0 + \theta_1 x_1 + \theta_2 x_2 = 0$ define uma linha reta.

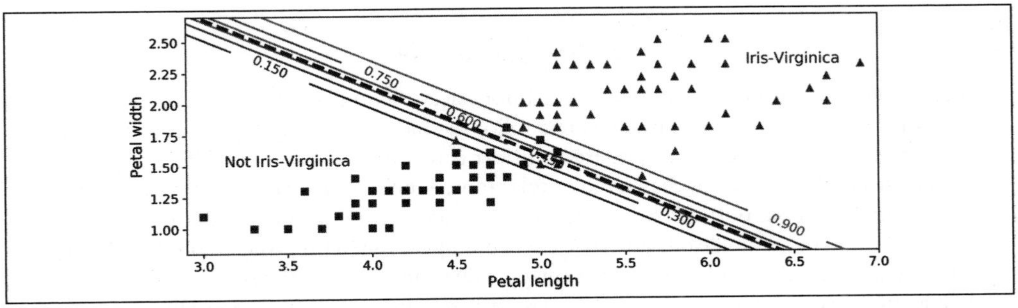

Figura 4-24. Fronteira de decisão linear

Assim como os outros modelos lineares, os modelos de regressão logística podem ser regularizados usando penalidades ℓ_1 ou ℓ_2. A Scikit-Learn adiciona uma penalidade ℓ_2 por padrão.

> O hiperparâmetro que controla a intensidade da regularização de um modelo `LogisticRegression` da Scikit-Learn não é `alpha` (como em outros modelos lineares), mas seu inverso: `C`. Quanto maior o valor de `C`, *menos* o modelo é regularizado.

Regressão softmax

O modelo de regressão logística pode ser generalizado para comportar diretamente várias classes, sem a necessidade de treinar e combinar vários classificadores binários (conforme discutido no Capítulo 3). Isso se chama *regressão softmax*, ou *regressão logística multinomial.*

A ideia é simples: dada uma instância $\mathbf{x}$, o modelo de regressão softmax calcula primeiro um score $s_k(\mathbf{x})$ para cada classe k, depois estima a probabilidade de cada classe aplicando a *função softmax* (também chamada de *função exponencial normalizada*) aos scores. A equação para calcular $s_k(\mathbf{x})$ deve lhe parecer familiar, pois é igual à equação da predição de regressão linear (veja a Equação 4-19).

Equação 4-19. Score softmax para a classe k

$$s_k(\mathbf{x}) = \mathbf{x}^\mathrm{T}\boldsymbol{\theta}^{(k)}$$

Repare que cada classe tem seu próprio vetor de parâmetro dedicado $\boldsymbol{\theta}^{(k)}$. Todos esses vetores são normalmente armazenados como linhas em uma *matriz de parâmetros* $\boldsymbol{\Theta}$.

Depois de calcular o score de todas as classes da instância $\mathbf{x}$, é possível estimar a probabilidade p_k de que a instância pertence à classe k rodando os scores por meio da função softmax (Equação 4-20). A função calcula o exponencial de cada score e depois as normaliza (dividindo pela soma de todas as exponenciais). Os scores são geralmente chamados de logits ou log-odds (embora na verdade sejam log-odds não normalizados).

Entropia Cruzada

A entropia cruzada se originou da teoria da informação. Suponha que você queira transmitir informações sobre o clima com eficiência todos os dias. Caso existam oito opções (clima ensolarado, chuvoso etc.), você poderá codificar cada opção usando três bits, porque $2^3 = 8$. Mas, se acha que todos os dias serão ensolarados, é melhor programar "ensolarado" com apenas um bit (0) e as outras sete opções com 4 bits (começando com 1). A entropia cruzada calcula o número médio de bits que você envia por opção. Se sua suposição sobre o clima for perfeita, a entropia cruzada será igual à entropia do próprio tempo (ou seja, sua imprevisibilidade intrínseca). Agora, se suas suposições estiverem incorretas (por exemplo, caso chova com frequência), a entropia cruzada será maior em uma quantidade chamada *divergência Kullback-Leibler (KL)*.

A entropia cruzada entre duas distribuições de probabilidade p e q é definida como $H(p, q) = -\sum_x p(x) \log q(x)$ (pelo menos, quando se trata de distribuições discretas). Para mais detalhes, confira meu vídeo sobre o assunto (*https://homl.info/xentropy*).

Equação 4-20. Função softmax

$$\hat{p}_k = \sigma(\mathbf{s}(\mathbf{x}))_k = \frac{\exp\left(s_k(\mathbf{x})\right)}{\sum_{j=1}^{K} \exp\left(s_j(\mathbf{x})\right)}$$

Nessa equação:

- K é o número de classe.
- $\mathbf{s}(\mathbf{x})$ é um vetor que contém os scores de cada classe para a instância $\mathbf{x}$.
- $\sigma(\mathbf{s}(\mathbf{x}))_k$ é a probabilidade estimada de que a instância $\mathbf{x}$ pertença à classe k, considerando os scores de cada classe para essa instância.

Assim como o classificador de regressão logística, o classificador de regressão softmax prevê a classe com a maior probabilidade estimada (que é simplesmente a classe com o maior score), conforme mostrado na Equação 4-21.

Equação 4-21. Predição do classificador de regressão softmax

$$\hat{y} = \underset{k}{\operatorname{argmax}}\ \sigma(\mathbf{s}(\mathbf{x}))_k = \underset{k}{\operatorname{argmax}}\ s_k(\mathbf{x}) = \underset{k}{\operatorname{argmax}}\ \left(\left(\boldsymbol{\theta}^{(k)}\right)^\top \mathbf{x}\right)$$

O operador *argmax* retorna o valor de uma variável que maximiza uma função. Nessa equação, ele retorna o valor de k que maximiza a probabilidade estimada $\sigma(\mathbf{s}(\mathbf{x}))_k$.

O classificador de regressão softmax prevê somente uma classe de cada vez (ou seja, é multiclasse, não multioutput), assim sendo, deve ser usado apenas com classes mutuamente exclusivas, como diferentes tipos de plantas. Você não pode utilizá-lo para reconhecer diversas pessoas em uma imagem.

Agora que você sabe como o modelo estima as probabilidades e realiza as predições, vamos dar uma olhada no treinamento. O objetivo é ter um modelo que estime uma probabilidade alta para a classe-alvo (e consequentemente uma probabilidade baixa para as outras classes). Minimizar a função de custo mostrada na Equação 4-22, denominada *entropia cruzada*, pode ajudar a alcançar esse objetivo, pois penaliza o modelo quando ele estima uma probabilidade baixa para uma classe-alvo. A entropia cruzada é muitas vezes usada com o intuito de calcular o quão bem um conjunto de probabilidades de classe estimadas corresponde às classes-alvo.

Equação 4-22. Função de custo da entropia cruzada

$$J(\boldsymbol{\Theta}) = -\frac{1}{m}\Sigma_{i=1}^{m}\Sigma_{k=1}^{K} y_k^{(i)}\log\left(\hat{p}_k^{(i)}\right)$$

Nessa equação:

- é a probabilidade-alvo de que a *i-ésima* instância pertence à classe k. Em geral, é igual a 1 ou 0, dependendo se a instância pertence à classe ou não.

Observe que, quando existem apenas duas classes ($K = 2$), essa função de custo é equivalente à função de custo da regressão logística (log loss; veja a Equação 4-17).

O vetor gradiente dessa função de custo em relação a $\boldsymbol{\theta}^{(k)}$ é fornecido pela Equação 4-23.

Equação 4-23. Vetor de gradiente de entropia cruzada para classe k

$$\nabla_{\boldsymbol{\theta}^{(k)}} J(\boldsymbol{\Theta}) = \frac{1}{m}\sum_{i=1}^{m}\left(\hat{p}_k^{(i)} - y_k^{(i)}\right)\mathbf{x}^{(i)}$$

Agora você pode calcular o vetor de gradiente para todas as classes e utilizar o gradiente descendente (ou qualquer outro algoritmo de otimização) a fim de encontrar a matriz de parâmetros $\boldsymbol{\Theta}$ que minimiza a função de custo.

Vamos usar a regressão softmax para classificar as flores do tipo íris em três classes. O `LogisticRegression` da Scikit-Learn usa o método one-versus-the-rest por padrão, quando você o treina em mais de duas classes, mas é possível definir o hiperparâmetro `multi_class` como `"multinomial"` a fim de alterná-lo para a regressão softmax. Você também deve especificar um solucionador que comporte a regressão softmax, como o solucionador `"lbfgs"` (veja a documentação da Scikit-Learn para saber mais). Ele também aplica a regularização ℓ_2 por padrão, que você pode controlar empregando o hiperparâmetro `C`:

```
X = iris["data"][:, (2, 3)] # comprimento da pétala, largura da pétala
y = iris["target"]

softmax_reg = LogisticRegression(multi_class="multinomial",solver="lbfgs", C=10)
softmax_reg.fit(X, y)
```

Desse modo, na próxima vez em que encontrar uma íris com pétalas de 5cm de comprimento e 2cm de largura, peça ao modelo para informar qual tipo de pétala, e ele responderá *Iris virginica* (classe 2) com 94,2% de probabilidade (ou *Iris versicolor* com 5,8% de probabilidade):

```
>>> softmax_reg.predict([[5, 2]])
array([2])
>>> softmax_reg.predict_proba([[5, 2]])
array([[6.38014896e-07, 5.74929995e-02, 9.42506362e-01]])
```

A Figura 4-25 mostra as fronteiras de decisão resultantes, representadas pelas cores de fundo. Repare que as fronteiras de decisão entre duas classes são lineares. A figura também demonstra as probabilidades da classe *Iris versicolo*, representada pelas linhas curvas (por exemplo, a linha rotulada com 0,450 representa a fronteira de probabilidade de 45%). Observe que o modelo consegue prever uma classe com probabilidade estimada abaixo de 50%. Por exemplo, no ponto em que todas as fronteiras de decisão se encontram, todas as classes têm uma probabilidade estimada igual de 33%.

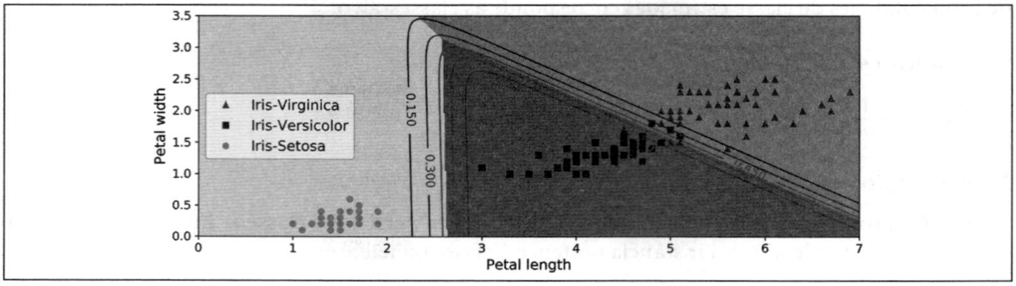

Figura 4-25. Fronteiras de decisão da regressão softmax

Exercícios

1. Qual algoritmo de treinamento de regressão linear podemos utilizar se tivermos um conjunto de treinamento com milhões de características?
2. Suponha que as características do seu conjunto de treinamento tenham escalas muito diferentes. Quais algoritmos podem sofrer com isso e como? O que você pode fazer a respeito?
3. O gradiente descendente pode ficar empacado em um mínimo local, quando treinamos um modelo de regressão logística?
4. Todos os algoritmos do gradiente descendente resultam no mesmo modelo, contando que você os execute por tempo suficiente?
5. Vamos supor que você utilize o gradiente descendente em batch e plote o erro de validação a cada época. Caso perceba que o erro de validação aumenta constantemente, o que provavelmente está acontecendo? Como você pode consertar isso?
6. É uma boa interromper o gradiente descendente em mini-batch logo que o erro de validação aumenta?
7. Qual algoritmo do gradiente descendente (entre os que discutimos) chegará mais rápido e próximo da solução ideal? Qual deles convergirá? Como você pode fazer os outros convergirem também?
8. Imagine que esteja usando regressão polinomial. Você plota as curvas de aprendizado e percebe que existe uma lacuna enorme entre o erro de treinamento e o erro de validação. O que está acontecendo? Quais são as três maneiras de resolver isso?
9. Suponha que você esteja usando a regressão de Ridge e note que o erro de treinamento e o erro de validação são quase iguais e bastante altos. Você diria que o modelo tem um viés alto ou uma variância alta? Você deve aumentar o hiperparâmetro α da regularização ou reduzi-lo?
10. Por que você usaria:
    a. A regressão de Ridge em vez da regressão linear simples (ou seja, sem qualquer regularização)?
    b. A regressão de lasso, em vez da regressão de Ridge?
    c. A regressão elastic net, em vez da regressão de lasso?
11. Vamos supor que queira classificar as fotos como externas/internas e diurnas/noturnas. Você deve implementar dois classificadores de regressão logística ou um classificador de regressão softmax?
12. Implemente um gradiente descendente em batch com uma early stopping para a regressão softmax (sem usar a Scikit-Learn).

As soluções para esses exercícios estão disponíveis no Apêndice A.

CAPÍTULO 5

Máquinas de Vetores de Suporte

Uma máquina de vetores de suporte (SVM) é um modelo muito robusto e versátil de aprendizado de máquina, capaz de fazer classificações lineares ou não lineares, de regressão e até mesmo detecção de outliers. É um dos modelos mais populares no aprendizado de máquina e qualquer pessoa interessada no assunto deve tê-lo em sua caixa de ferramentas. As SVMs são particularmente adaptadas para a classificação de conjuntos de dados complexos pequenos ou de médio porte.

Este capítulo explicará os conceitos fundamentais das SVMs, como usá-las e como funcionam.

Classificação Linear da SVM

A ideia fundamental das SVMs é mais bem explicada com algumas imagens. A Figura 5-1 mostra parte do conjunto de dados da íris, apresentado no fim do Capítulo 4. As duas classes podem ser separadas facilmente com uma linha reta (separabilidade linear). O gráfico à esquerda mostra as fronteiras de decisão de três classificadores lineares possíveis. O modelo cuja fronteira de decisão é representada pela linha tracejada é tão ruim que nem ao menos separa as classes adequadamente. Os outros dois modelos funcionam perfeitamente nesse conjunto de treinamento, mas suas fronteiras de decisão se aproximam tanto das instâncias que eles provavelmente não terão um desempenho tão bom nas instâncias novas. Em contrapartida, a linha contínua no gráfico à direita representa a fronteira de decisão de um classificador SVM; essa linha não apenas separa as duas classes como também fica o mais longe possível das instâncias de treinamento mais próximas. Um classificador SVM seria como assentar uma margem em uma rua bastante larga (representada pelas linhas tracejadas paralelas) entre as classes. Isso se chama *classificação de margem larga*.

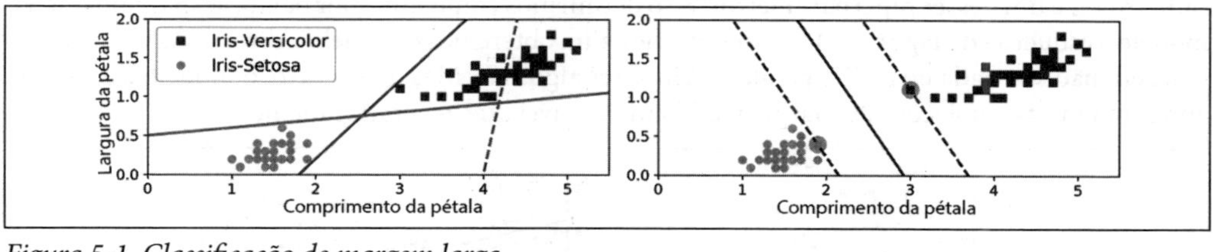

Figura 5-1. Classificação de margem larga

Observe que acrescentar mais instâncias de treinamento "fora da rua" não afetará a fronteira de decisão: ela é totalmente determinada (ou "compatível") com as instâncias localizadas na margem da rua. Essas instâncias se chamam de *vetores de suporte* (elas estão circuladas na Figura 5-1).

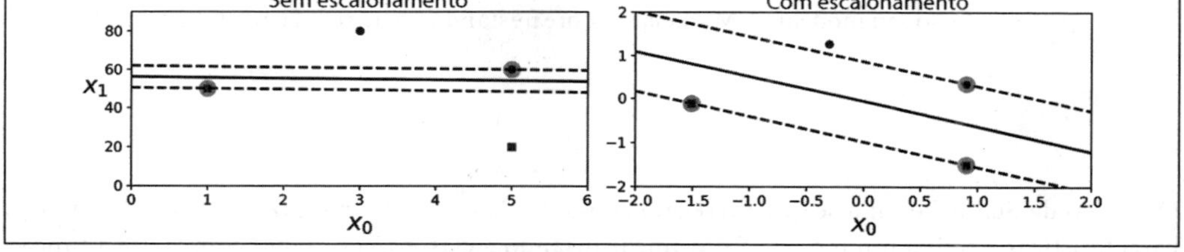

Figura 5-2. Sensitividade do escalonamento das características

As SVMs são sensíveis ao escalonamento de características, conforme você pode ver na Figura 5-2: no gráfico à esquerda, o escalonamento vertical é bem maior que o horizontal; logo, a rua mais larga possível fica próxima do escalonamento horizontal. Após o escalonamento das características (por exemplo, usando o `StandardScaler` da Scikit-Learn), a fronteira de decisão no gráfico correto parece bem melhor.

Classificação de margem suave

Se aplicarmos rigidamente que todas as instâncias devem ficar fora da rua e na margem direita, estaremos usando a classificação de margem rígida. Há dois problemas centrais com a classificação de margem rígida. Primeiro, ela só funciona se os dados forem linearmente separáveis. Segundo, ela é sensível a outliers. A Figura 5-3 mostra o conjunto de dados da íris com somente um outlier: à esquerda, é impossível identificar uma margem rígida; à direita, a fronteira de decisão termina bem diferente daquela que vimos na Figura 5-1 sem o outlier, e é bem provável que ela não esteja generalizando bem.

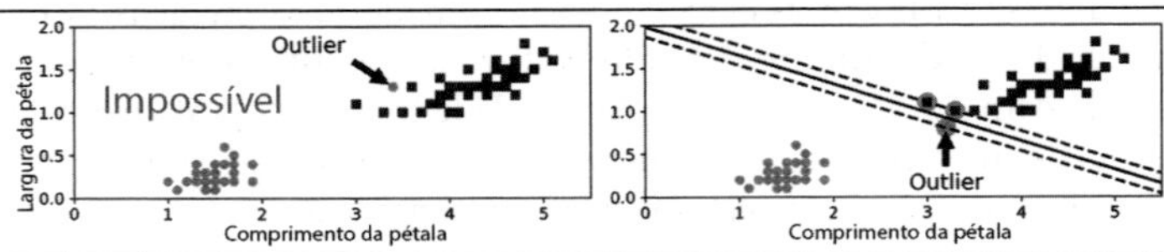

Figura 5-3. Sensibilidade da margem rígida aos outliers

A fim de evitar esses problemas, use um modelo mais flexível. O objetivo é encontrar um bom equilíbrio entre manter a rua a maior possível e limitar as *violações de margem* (ou seja, instâncias que terminam no meio da rua ou mesmo na margem errada). Isso se chama *classificação de margem suave.*

Ao criar um modelo SVM usando a Scikit-Learn, podemos especificar uma quantidade de hiperparâmetros. `C` é um desses hiperparâmetros. Se o definirmos como um valor baixo, acabaremos com o modelo à esquerda da Figura 5-4. Se for um valor alto, obteremos o modelo à direita. As violações de margem não são nada boas. Em geral, é melhor ter algumas. Mas, neste caso, o modelo à esquerda apresenta muitas violações de margem, e é bem provável que generalize melhor.

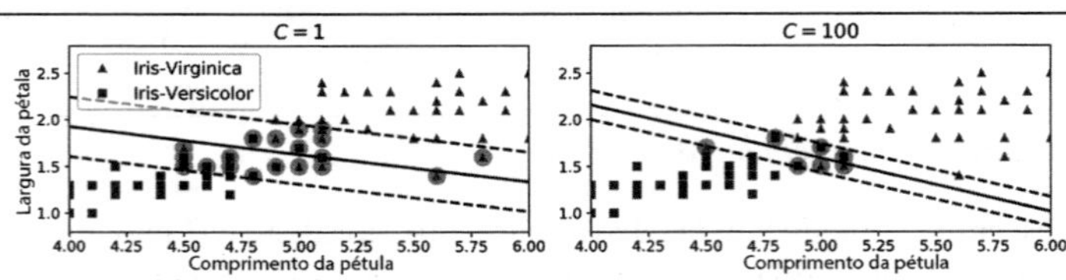

Figura 5-4. Margem larga (à esquerda) versus menos violações de margem (à direita)

Caso seu modelo SVM esteja se sobreajustando, tente regularizá-lo reduzindo `C`.

O código da Scikit-Learn a seguir carrega o conjunto de dados da íris, faz o escalonamento das características e treina um modelo SVM linear (usando a classe `LinearSVC` com `C=1` e a função *hinge loss* descrita em breve) para detectar as flores do tipo *Iris virginica*:

```
import numpy as np
from sklearn import datasets
from sklearn.pipeline import Pipeline
from sklearn.preprocessing import StandardScaler
from sklearn.svm import LinearSVC

iris = datasets.load_iris()
X = iris["data"][:, (2, 3)] # comprimento da pétala, largura da pétala
y = (iris["target"] == 2).astype(np.float64) # Iris virginica

svm_clf = Pipeline([
        ("scaler", StandardScaler()),
        ("linear_svc", LinearSVC(C=1, loss="hinge")),
    ])
svm_clf.fit(X, y)
```

O modelo resultante é representado à esquerda na Figura 5-4. Depois, como de costume, você pode usar o modelo para fazer predições:

```
>>> svm_clf.predict([[5.5, 1.7]])
array([1.])
```

> Ao contrário dos classificadores de regressão logística, os classificadores SVM não geram a saída das probabilidades para cada classe.

Em vez de usar a classe `LinearSVC`, poderíamos usar a classe `SVC` com um kernel linear. Ao criar o modelo SVC, escreveríamos `SVC(kernel="linear", C=1)`. Ou, talvez, poderíamos usar a classe `SGDClassifier`, com `SGDClassifier(loss="hinge", alpha=1/(m*C))`. Isso emprega o gradiente descendente estocástico (veja o Capítulo 4) para treinar um classificador SVM linear. Ele não converge tão rápido quanto a classe `LinearSVC`, mas pode ser eficiente para lidar com tarefas de classificação online ou grandes conjuntos de dados que não cabem na memória (treinamento out-of-core).

> A classe `LinearSVC` regulariza o viés, desse modo você deve primeiro centralizar o conjunto de treinamento subtraindo sua média. Isso ocorre automaticamente se escalonar os dados usando o `StandardScaler`. Além do mais, faça questão de definir o hiperparâmetro `loss` como `"hinge"`, uma vez que esse não é o valor-padrão. Por último, para obter melhor desempenho, defina o hiperparâmetro `dual` como `False`, contando que existam mais características do que instâncias de treinamento (discutiremos a dualidade mais adiante neste capítulo).

Classificação SVM Não Linear

Embora os classificadores lineares SVM sejam eficientes e funcionem curiosamente bem em muitos casos, inúmeros conjuntos de dados nem sequer chegam perto de ter a separabilidade linear. Uma abordagem para lidar com conjuntos de dados não lineares é adicionar mais características, como características polinomiais (igual você fez no Capítulo 4); em alguns casos, isso pode resultar em um conjunto de dados linearmente separável. Considere o gráfico à esquerda na Figura 5-5: ele representa um conjunto de dados simples com apenas uma característica, x_1. Esse conjunto de dados não é linearmente separável, conforme pode observar. Mas, se você adicionar uma segunda característica $x_2 = (x_1)^2$, o conjunto de dados 2D resultante será perfeitamente separável linearmente.

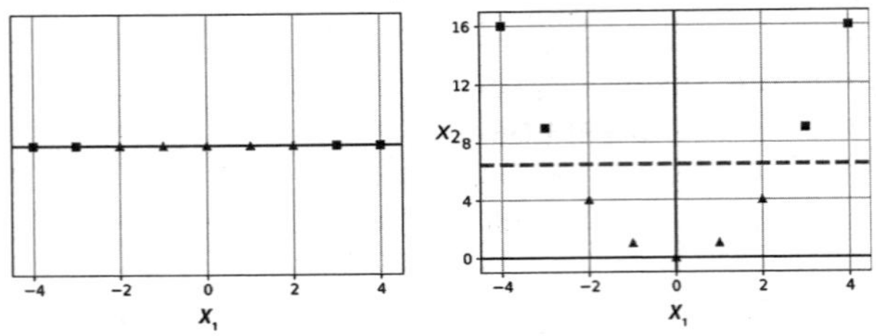

Figura 5-5. Adicionando características para fazer com que um conjunto de dados tenha a separabilidade linear

Para implementar essa ideia usando a Scikit-Learn, crie um `Pipeline` que contenha um transformador `PolynomialFeatures` (discutido em "regressão polinomial" anteriormente), seguido por um `StandardScaler` e um `LinearSVC`. Vamos testar isso no conjunto de dados moons (luas): um conjunto de dados de teste (toy dataset) para classificação binária, no qual os pontos de dados são modelados como dois semicírculos intercalados (veja a Figura 5-6). Você pode gerar esse conjunto de dados usando a função `make_moons()`:

```
from sklearn.datasets import make_moons
from sklearn.pipeline import Pipeline
from sklearn.preprocessing import PolynomialFeatures

X, y = make_moons(n_samples=100, noise=0.15)
polynomial_svm_clf = Pipeline([
        ("poly_features", PolynomialFeatures(degree=3)),
        ("scaler", StandardScaler()),
        ("svm_clf", LinearSVC(C=10, loss="hinge"))
    ])

polynomial_svm_clf.fit(X, y)
```

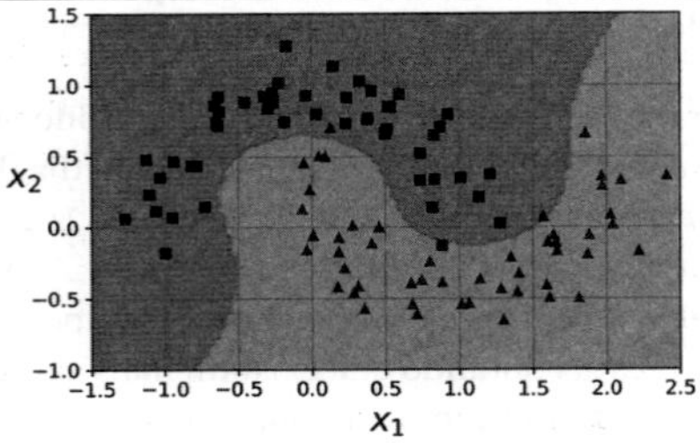

Figura 5-6. Classificador SVM linear usando características polinomiais

Kernel polinomial

A adição de características polinomiais é simples de se implementar e pode funcionar muito bem com todos os tipos de algoritmos de AM (não apenas com as SVMs). Assim sendo, quando se trata de um baixo grau polinomial, esse método não pode lidar com conjuntos de dados muito complexos e, se tratando de um alto grau polinomial, ele cria um grande número de caraterísticas, fazendo com que o modelo fique bem lento.

Felizmente, ao usar as SVMs, você pode empregar uma técnica matemática quase milagrosa que se chama *kernel trick [truque do kernel]*, explicada em breve. O kernel trick possibilita obter o mesmo resultado, como se você tivesse adicionado muitas características polinomiais, mesmo com polinômios de alto grau, sem adicioná-las na prática. Assim, não ocorre uma explosão combinatória do número de características, porque você não adiciona nenhuma. Esse truque é implementado pela classe `SVC`. Vamos testá-lo no conjunto de dados moons:

```
from sklearn.svm import SVC
poly_kernel_svm_clf = Pipeline([
        ("scaler", StandardScaler()),
        ("svm_clf", SVC(kernel="poly", degree=3, coef0=1, C=5))
    ])
poly_kernel_svm_clf.fit(X, y)
```

Esse código treina um classificador SVM usando um kernel polinomial de terceiro grau. Ele é representado à esquerda na Figura 5-7. À direita, está outro classificador SVM usando um kernel polinomial de décimo grau. Claro que, se o seu modelo estiver sobreajustado, convém reduzir o grau polinomial. Por outro lado, se estiver subajustado, você pode tentar aumentá-lo. O hiperparâmetro `coef0` controla quanto o modelo é influenciado pelos polinômios de alto grau vs. os polinômios de baixo grau.

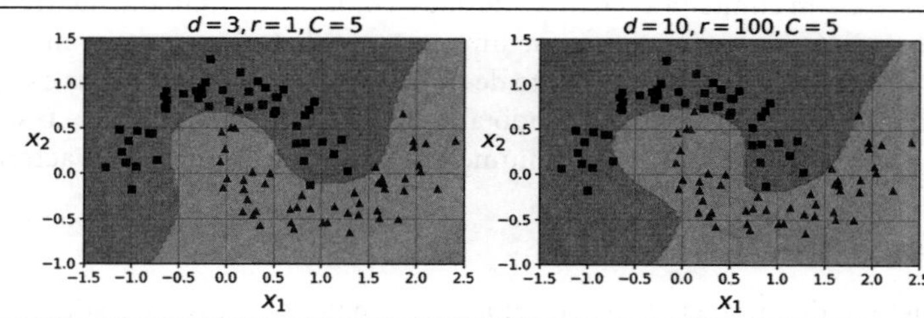

Figura 5-7. Classificadores SVM com um kernel polinomial

> Uma abordagem comum para encontrar os valores corretos de hiperparâmetro é usar o grid search (veja o Capítulo 2). Não raro, primeiro é mais rápido rodar um grid search de forma mais grosseira e, depois, um grid search mais refinado nos melhores valores encontrados. Ter uma boa noção do que cada hiperparâmetro faz também pode ajudá-lo a pesquisar na parte correta do espaço do hiperparâmetro.

Características de similaridade

Outra técnica para lidar com problemas não lineares é adicionar características calculadas usando uma *função de similaridade*, que computa o quanto cada instância se assemelha a um *ponto de referência* específico. Por exemplo, vamos usar o conjunto de dados 1D discutido anteriormente e adicionar dois pontos de referência a ele em $x_1 = -2$ e $x_1 = 1$ (veja o gráfico à esquerda na Figura 5-8). Em seguida, vamos definir a função de similaridade como uma *função radial gaussiana* (RBF) com $\gamma = 0.3$ (veja a Equação 5-1):

Equação 5-1. RBF gaussiana

$$\phi_\gamma(\mathbf{x}, \ell) = \exp\left(-\gamma \| \mathbf{x} - \ell \|^2\right)$$

Esta é uma função que tem o formato de um sino e que varia de 0 (muito longe do ponto de referência) a 1 (no ponto de referência). Agora, estamos prontos para calcular as características novas. Por exemplo, vejamos a instância $x^1 = -1$: ela está localizada a uma distância de 1 do primeiro ponto de referência e 2 do segundo ponto de referência. Logo, suas características novas são $x_2 = \exp(-0.3 \times 1^2) \approx 0.74$ e $x_3 = \exp(-0.3 \times 2^2) \approx 0.30$. O gráfico à direita na Figura 5-8 mostra o conjunto de dados transformado (dropando as características originais). Como você pode ver, agora ele é linearmente separável:

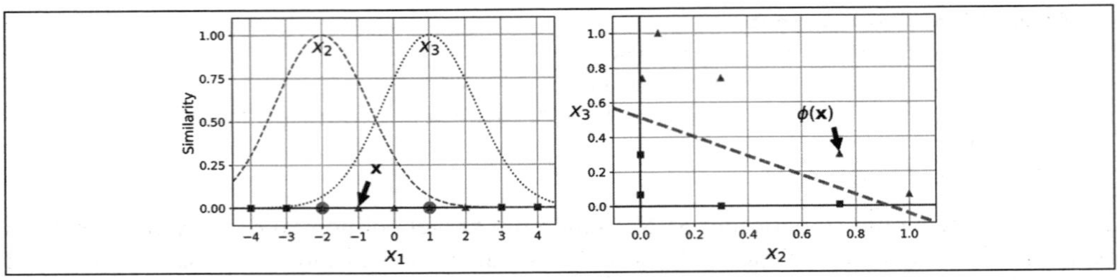

Figura 5-8. Características de similaridade [similarity] usando a RBF gaussiana

Talvez você esteja se perguntando como selecionar os pontos de referência. A abordagem mais simples é criar um ponto de referência no local de cada instância no conjunto de dados. Isso cria muitas dimensões, e assim aumenta as chances de que o conjunto de treinamento transformado seja linearmente separável. O inconveniente é que um conjunto de treinamento com *m* instâncias e *n* características é transformado em um conjunto de treinamento com *m* instâncias e *m* características (partindo do princípio que você tenha dropado as características originais). Se o seu conjunto de treinamento for muito grande, você terá um número igualmente grande de características.

Kernel gaussiano RBF

Assim como o método de características polinomiais, o método de características de similaridade pode ser vantajoso com qualquer algoritmo de AM, mas pode ser computacionalmente dispendioso calcular todas as características adicionais, sobretudo em conjuntos de treinamento grandes. Mais uma vez, o kernel trick faz sua mágica na SVM, possibilitando obter um resultado semelhante, como se você tivesse adicionado muitas características de similaridade. Vamos testar a classe `SVC` com o kernel gaussiano RBF:

```
rbf_kernel_svm_clf = Pipeline([
        ("scaler", StandardScaler()),
        ("svm_clf", SVC(kernel="rbf", gamma=5, C=0.001))
    ])
rbf_kernel_svm_clf.fit(X, y)
```

Este modelo é representado na parte inferior esquerda da Figura 5-9. Os outros gráficos mostram os modelos treinados com diferentes valores de hiperparâmetros `gamma` (γ) e `C`. O aumento de `gamma` faz com que a curva em formato de sino fique mais estreita (veja os gráficos à direita na Figura 5-8). Como resultado, o intervalo de influência de cada instância é menor: a fronteira de decisão acaba sendo mais irregular, oscilando entre as instâncias individuais. Por outro lado, um pequeno valor `gamma` faz com que a curva em formato de sino fique mais ampla: as instâncias têm um intervalo maior de influência e a fronteira de decisão acaba mais suave. Portanto, γ age como um hiperparâmetro de regularização: se o seu modelo está sobreajustando, você deve reduzi-lo; se estiver subajustando, você deve aumentá-lo (semelhante ao hiperparâmetro `C`).

Existem outros kernels, mas raramente são usados. Alguns kernels são próprios de estruturas de dados específicas. Às vezes, os *string kernels [kernels de string]* são usados para classificar documentos de texto ou sequências de DNA (por exemplo, usando o *string subsequence kernel [kernel de subsequência de string]* ou kernels que tomam como base a *distância de Levenshtein*).

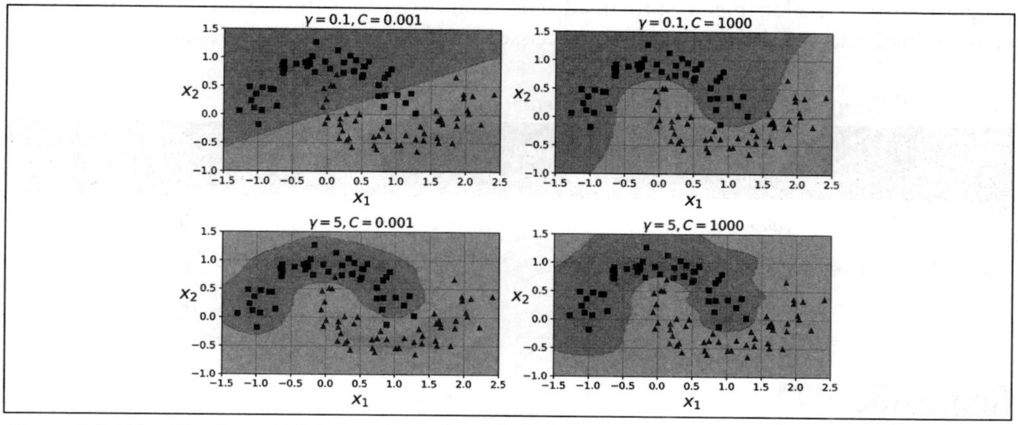

Figura 5-9. Classificadores SVM usando um kernel RBF

Com tantos kernels para escolher, como decidir qual usar? Via de regra, você deve sempre testar primeiro o kernel linear (lembre-se de que o `LinearSVC` é muito mais rápido que o `SVC (kernel="linear")`), sobretudo se o conjunto de treinamento for muito grande ou se tiver muitas características. Se o conjunto de treinamento não for muito grande, você também deve testar o kernel gaussiano RBF; ele funciona bem na maioria dos casos. Sendo assim, caso tenha tempo livre e processamento computacional, poderá experimentar alguns outros kernels, usando a validação cruzada e o grid search. Você pode testá-los, ainda mais se existir kernels especializados para a estrutura de dados do seu conjunto de treinamento.

Complexidade computacional

A classe `LinearSVC` é baseada na biblioteca `liblinear`, que implementa um algoritmo otimizado (*https://homl.info/13*) para as SVMs lineares.[1] Ela não suporta o kernel trick, mas faz o escalonamento quase linearmente com o número de instâncias de treinamento e o número de características. A complexidade do tempo de treinamento é aproximadamente $O(m \times n)$.

O algoritmo leva mais tempo, caso seja necessária uma precisão muito alta. Isso é controlado pelo hiperparâmetro de tolerância ϵ (chamando `tol` na Scikit-Learn). Na maioria das tarefas de classificação, a tolerância-padrão é boa.

A classe `SVC` é baseada na biblioteca `libsvm`, que implementa um algoritmo (*https://homl.info/14*) que suporta kernel trick.[2] A complexidade do tempo de treinamento fica geralmente entre $O(m^2 \times n)$ e $O(m^3 \times n)$. Infelizmente, isso significa que as coisas ficam extremamente lentas, quando o número de

1 Chih-Jen Lin et al., "A Dual Coordinate Descent Method for Large-Scale Linear SVM", *Anais da 25ª Conferência Internacional sobre Aprendizado de Máquina* (2008):408–415.

2 John Platt, "Sequential Minimal Optimization: A Fast Algorithm for Training Support Vector Machines" (relatório técnico da Microsoft Research, 21 de abril de 1998), em: *https://www.microsoft.com/en-us/research/wp-content/ uploads/2016/02/tr-98-14.pdf.*

instâncias de treinamento aumenta (por exemplo, centenas de milhares de instâncias). Esse algoritmo é perfeito para conjuntos de treinamento complexos, sejam pequenos ou médios. Ele faz um bom escalonamento com o número de características, especialmente quando se trata de *características esparsas* (ou seja, quando cada instância tem poucas características diferentes de zero). Nesse caso, o algoritmo faz o escalonamento aproximado com o número médio de características diferentes de zero por instância. A Tabela 5-1 compara as classes de classificação SVM da Scikit-Learn.

Tabela 5-1. Comparação de classes Scikit-Learn para classificação SVM

Classe	Complexidade de tempo	Suporte out-of-core	Escalonamento exigido	Kernel trick
`LinearSVC`	$O(m \times n)$	Não	Sim	Não
`SGDClassifier`	$O(m \times n)$	Sim	Sim	Não
`SVC`	$O(m^2 \times n)$ to $O(m^3 \times n)$	Não	Sim	Sim

Regressão SVM

Como mencionado antes, o algoritmo SVM é versátil: não é apenas compatível com a classificação linear e não linear, como também é compatível com regressão linear e não linear. A fim de usar as SVMs para regressão em vez de classificação, o macete é inverter o objetivo: em vez de tentar ajustar a maior rua possível entre as duas classes, enquanto se restringe as violações de margem, a regressão SVM tenta ajustar o maior número possível de instâncias na rua, enquanto restringe a margem de violações (ou seja, das instâncias *fora* da rua). A largura da rua é controlada por um hiperparâmetro, ϵ. A Figura 5-10 mostra dois modelos lineares de regressão SVM treinados em alguns dados lineares aleatórios, um com margem grande ($\epsilon = 1.5$) e outro com margem pequena ($\epsilon = 0.5$).

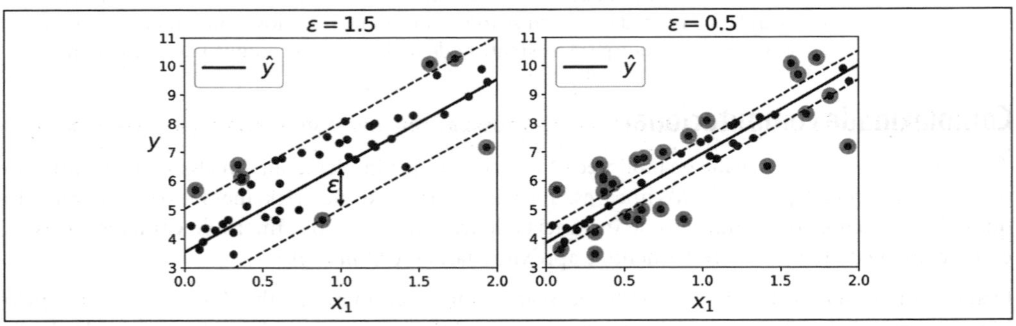

Figura 5-10. Regressão SVM

A adição de mais instâncias de treinamento dentro da margem não afeta as predições do modelo; assim, dizemos que o modelo é *ϵ-insensitive*.

Você pode utilizar a classe `LinearSVR` da Scikit-Learn para rodar a regressão SVM linear. O código a seguir produz o modelo representado à esquerda na Figura 5-10 (os dados de treinamento devem ser escalonados e centralizados primeiro):

```
from sklearn.svm import LinearSVR

svm_reg = LinearSVR(epsilon=1.5)
svm_reg.fit(X, y)
```

Para lidar com tarefas de regressão não linear, você pode usar um modelo SVM kernalizado. A Figura 5-11 mostra a regressão SVM em um conjunto de treinamento quadrático aleatório, usando um kernel polinomial de segundo grau. Temos pouca regularização no gráfico esquerdo (ou seja, um grande valor `C`) e bem mais regularização no gráfico direito (ou seja, um pequeno valor `C`).

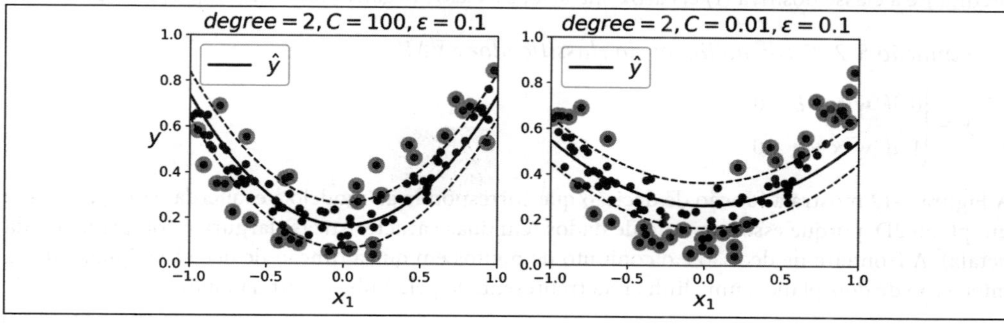

Figura 5-11. Regressão SVM usando um kernel polinomial de 2º grau

O código a seguir usa a classe `SVR` da Scikit-Learn (que suporta o kernel trick) para produzir o modelo representado à esquerda na Figura 5-11:

```
from sklearn.svm import SVR

svm_poly_reg = SVR(kernel="poly", degree=2, C=100, epsilon=0.1)
svm_poly_reg.fit(X, y)
```

A classe `SVR` é o equivalente da regressão da classe `SVC`, e a classe `LinearSVR` é o equivalente de regressão da classe `LinearSVC`. A classe `LinearSVR` faz o escalonamento linearmente com o tamanho do conjunto de treinamento (como a classe `LinearSVC`), ao passo que a classe `SVR` fica muito lenta quando o conjunto de treinamento aumenta (como a classe `SVC`).

AsSVMstambémpodemserusadasparaadetecçãodeoutlier;vejaadocumentaçãoda Scikit-Learn para obter mais detalhes.

Por Dentro dos Bastidores

Esta seção explica como as SVMs fazem as predições e como seus algoritmos de treinamento funcionam, começando com os classificadores lineares SVM. Caso ainda esteja engatinhando no aprendizado de máquina, você pode pular esta seção e seguir diretamente para os exercícios no fim deste capítulo, e pode voltar para entender mais amplamente as SVMs mais tarde.

Primeiro, uma palavra a respeito das anotações. No Capítulo 4, usamos a convenção de colocar todos os parâmetros do modelo em um vetor $\boldsymbol{\theta}$, incluindo o viés θ_0 e o peso da característica de entrada de θ_1 a θ_n, e adicionamos uma entrada de viés $x_0 = 1$ para todas as instâncias. Neste capítulo, usaremos uma convenção mais prática (e mais comum) para lidar com as SVMs: o viés será chamado de *b*, e o vetor de pesos das características será chamado de **w**. Nenhuma característica de viés será adicionada aos vetores das características de entrada.

Função de decisão e predições

O modelo linear do classificador SVM prediz a classe de uma instância nova **x** simplesmente calculando a função de decisão $\mathbf{w}^T \mathbf{x} + b = w_1 x_1 + \cdots + w_n x_n + b$. Se o resultado for positivo, a classe predita $\hat{y}$ é a classe positiva (1) e, caso contrário, é a classe negativa (0); veja a Equação 5-2:

Equação 5-2. Predição linear do classificador SVM

$$\hat{y} = \begin{cases} 0 & \text{if } \mathbf{w}^T\mathbf{x} + b < 0, \\ 1 & \text{if } \mathbf{w}^T\mathbf{x} + b \geq 0 \end{cases}$$

A Figura 5-12 mostra a função de decisão que corresponde ao modelo à esquerda na Figura 5-4: é um plano 2D, porque esse conjunto de dados tem duas características (largura e comprimento da pétala). A fronteira de decisão é o conjunto de pontos em que a função de decisão é igual a 0: é a interseção de dois planos, uma linha reta (representada pela linha contínua espessa).[3]

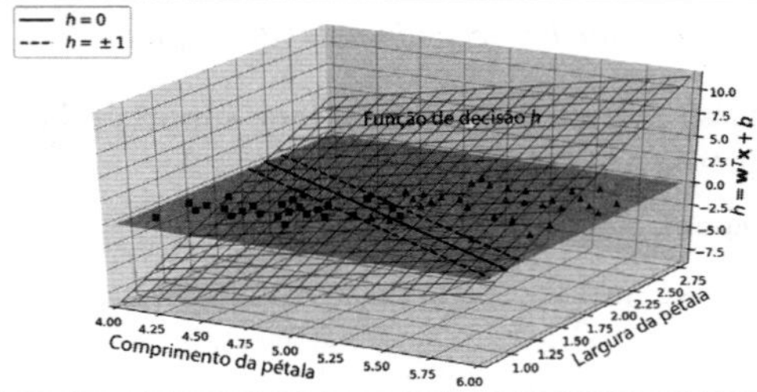

Figura 5-12. Função de decisão [decision function h] para o conjunto de dados da íris

As linhas tracejadas representam os pontos nos quais a função de decisão é igual a 1 ou a –1: elas são paralelas e estão na mesma distância da fronteira de decisão, formando uma margem ao redor. Treinar um classificador SVM linear significa encontrar os valores de **w** e *b* que fazem com que essa margem seja a mais ampla possível, ao passo que evitam as violações de margem (margem rígida) ou as restringem (margem suave).

Objetivo do treinamento

Considere a inclinação da função de decisão: é igual à norma do vetor de peso, $\| \mathbf{w} \|$. Se a dividirmos por 2, os pontos em que a função de decisão é igual a ±1 ficarão duas vezes mais longe da fronteira de decisão. Em outras palavras, dividir a inclinação por 2 multiplicará a margem por 2. Isso pode ser mais fácil de visualizar em 2D, conforme mostrado na Figura 5-13. Quanto menor o vetor de peso **w**, maior a margem.

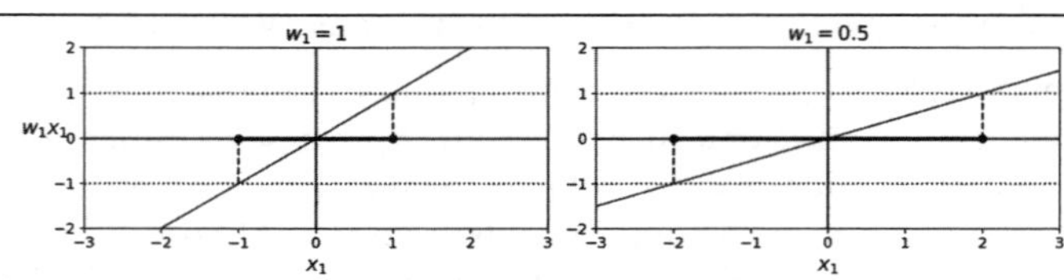

Figura 5-13. Um vetor de peso menor resulta em uma margem maior

3 Em termos gerais, quando existem *n* características, a função de decisão é um *hiperplano n*-dimensional e a fronteira de decisão é um hiperplano (*n* – 1) dimensional.

Logo, queremos minimizar $\| \mathbf{w} \|$ para obter uma margem grande. Se também quisermos evitar as violações de margem (margem rígida), precisamos que a função de decisão seja maior que 1 para todas as instâncias positivas de treinamento e menor que –1 para instâncias negativas de treinamento. Se definirmos $t^{(i)} = -1$ para instâncias negativas (se $y^{(i)} = 0$) e $t^{(i)} = 1$ para instâncias positivas (se $y^{(i)} = 1$), poderemos expressar essa restrição como $t^{(i)}(\mathbf{w}^T \mathbf{x}^{(i)} + b) \geq$ para todas as instâncias.

Desse modo, conseguimos expressar o objetivo do classificador SVM linear de margem rígida como um problema de otimização restrito na Equação 5-3:

Equação 5-3. Objetivo do classificador SVM linear com margem rígida

$$\begin{aligned} &\underset{\mathbf{w}, b}{\text{minimiza}} && \frac{1}{2}\mathbf{w}^T\mathbf{w} \\ &\text{sujeita a} && t^{(i)}\left(\mathbf{w}^T\mathbf{x}^{(i)} + b\right) \geq 1 \quad \text{em } i = 1, 2, \cdots, m \end{aligned}$$

Estamos minimizando $\frac{1}{2}\mathbf{w}^T \mathbf{w}$, igual à $\frac{1}{2}\| \mathbf{w} \|^2$, em vez de minimizar $\| \mathbf{w} \|$. Na realidade, $\frac{1}{2}\| \mathbf{w} \|^2$ tem um derivado simples e bacana (é apenas um $\mathbf{w}$), enquanto $\| \mathbf{w} \|$ não é diferenciável em $\mathbf{w} = 0$. Os algoritmos de otimização funcionam bem melhor em funções diferenciáveis.

Para obter o objetivo da margem suave, precisamos introduzir uma *variável de folga* $\zeta^{(i)} \geq 0$ para cada instância:[4] $\zeta^{(i)}$ calcula o quanto a *i-ésima* instância pode violar a margem. Agora, temos dois objetivos conflitantes: fazer com que as variáveis de folga sejam tão pequenas quanto possível, e fazer com que $\frac{1}{2}\mathbf{w}^T \mathbf{w}$ seja o menor possível para aumentar a margem. É neste momento que o hiperparâmetro C entra em cena: ele permite definir a troca entre esses dois objetivos. Isso nos fornece o problema de otimização restrita na Equação 5-4.

Equação 5-4. Objetivo do classificador SVM linear de margem suave

$$\begin{aligned} &\underset{\mathbf{w}, b, \zeta}{\text{minimiza}} && \frac{1}{2}\mathbf{w}^T\mathbf{w} + C\sum_{i=1}^{m}\zeta^{(i)} \\ &\text{sujeita a} && t^{(i)}\left(\mathbf{w}^T\mathbf{x}^{(i)} + b\right) \geq 1 - \zeta^{(i)} \quad \text{em} \quad \zeta^{(i)} \geq 0 \quad \text{para } i = 1, 2, \cdots, m \end{aligned}$$

Programação quadrática

Os problemas de margem rígida e margem suave são problemas de otimização quadrática convexa com restrições lineares. Eles são conhecidos como problemas de *programação quadrática* (QP). Muitos solvers padronizados estão disponíveis para solucionar os problemas de QP e empregam uma variedade de técnicas que fogem ao escopo deste livro.[5] A formulação geral do problema é dada pela Equação 5-5:

4 Zeta (ζ) é a sexta letra do alfabeto grego.

5 Para aprender mais sobre a programação quadrática, comece lendo o livro *Convex Optimization* (*https://homl.info/15*) (Cambridge University Press, 2004) ou assista à série de palestras em vídeo de Richard Brown, em inglês (*https://homl.info/16*).

Equação 5-5. Problema de programação quadrática

$$\begin{array}{ll}\underset{\mathbf{p}}{\text{Minimiza}} & \frac{1}{2}\mathbf{p}^{\mathsf{T}}\mathbf{H}\mathbf{p} \quad + \quad \mathbf{f}^{\mathsf{T}}\mathbf{p} \\ \text{sujeito a} & \mathbf{A}\mathbf{p} \le \mathbf{b} \\ \text{sendo que} & \begin{cases}\mathbf{p} & \text{é um vetor dimensional } n_p\text{- } (n_p = \text{número de parâmetros}). \\ \mathbf{H} & \text{é uma matriz } n_p \times n_p. \\ \mathbf{f} & \text{é um vetor dimensional } n_p\text{-}. \\ \mathbf{A} & \text{é uma matriz } n_c \times n_p \ (n_c = \text{número de restrições}). \\ \mathbf{b} & \text{é um vetor dimensional } n_c\text{-}.\end{cases}\end{array}$$

Perceba que a expressão $\mathbf{A}\ \mathbf{p} \le \mathbf{b}$ define as restrições n_c: $\mathbf{p}^{\mathsf{T}}\ \mathbf{a}^{(i)} \le b^{(i)}$ para $i = 1, 2, \cdots, n_c$, sendo $\mathbf{a}^{(i)}$ o vetor que contém os elementos da *i-ésima* linha de **A**, e $b^{(i)}$ é o *i-ésimo* elemento de **b**.

Caso defina os parâmetros da QP conforme feito a seguir, você pode verificar facilmente que obterá o objetivo do classificador SVM linear com a margem rígida:

- $n_p = n + 1$, sendo n o número de características (o +1 se refere ao viés).
- $n_c = m$, sendo m o número de instâncias de treinamento.
- **H** é a matriz de identidade $n_p \times n_p$, exceto com um zero na célula superior esquerda (para ignorar o viés).
- $\mathbf{f} = 0$, um vetor dimensional n_p- cheio de 0s.
- $\mathbf{b} = -1$, um vetor dimensional n_c- cheio de –1s.
- $\mathbf{a}^{(i)} = -t^{(i)}\ \dot{\mathbf{x}}^{(i)}$, sendo $\dot{\mathbf{x}}^{(i)}$ igual à $\mathbf{x}^{(i)}$ como uma característica extra de vipes $\dot{\mathbf{x}}_0 = 1$.

Uma forma de treinar um classificador SVM linear de margem rígida é usar um solver de QP padronizado e passar os parâmetros anteriores. O vetor resultante **p** conterá o viés $b = p_0$ e os pesos das características conterão $w_i = p_i$ for $i = 1, 2, \cdots, n$. Você também pode usar um solver de QP para resolver o problema da margem suave (veja os exercícios no fim do capítulo). A fim de usarmos o kernel trick, examinaremos um problema de otimização restrito diferente.

O problema da dualidade

Tendo em conta o problema de otimização restrito, conhecido como *problema primal*, é possível expressar um problema diferente, porém estritamente relacionado, chamado de *problema de dualidade*. Normalmente, a solução para o problema de dualidade é inferior à solução do problema primal, mas, em determinadas circunstâncias, ele pode ter a mesma solução que o problema primal. Felizmente, o problema da SVM atende a essas circunstâncias,[6] assim você consegue solucionar o problema primal ou o de dualidade; ambos terão a mesma solução. A Equação 5-6 mostra a forma de dualidade do objetivo da SVM linear (se estiver interessado em saber como extrair o problema de dualidade do problema primal, veja o Apêndice C).

Equação 5-6. Forma da dualidade do objetivo da SVM linear

$$\underset{\alpha}{\text{minimiza}}\ \frac{1}{2}\sum_{i=1}^{m}\sum_{j=1}^{m}\alpha^{(i)}\alpha^{(j)}t^{(i)}t^{(j)}\mathbf{x}^{(i)\mathsf{T}}\mathbf{x}^{(j)} \quad - \quad \sum_{i=1}^{m}\alpha^{(i)}$$
$$\text{sujeita a} \quad \alpha^{(i)} \ge 0 \quad \text{em } i = 1, 2, \cdots, m$$

Depois de encontrar o vetor $\boldsymbol{\alpha}$ que minimiza essa equação (usando um solver de QP), use a Equação 5-7 para calcular **w** e *b*, que minimizam o problema primal.

6 A função-objetivo é convexa, e as restrições de desigualdade são funções continuamente diferenciáveis e convexas.

Equação 5-7. Da solução de dualidade à solução primal

$$\hat{\mathbf{w}} = \sum_{i=1}^{m} \hat{\alpha}^{(i)} t^{(i)} \mathbf{x}^{(i)}$$

$$\hat{b} = \frac{1}{n_s} \sum_{\substack{i=1 \\ \hat{\alpha}^{(i)} > 0}}^{m} \left(t^{(i)} - \hat{\mathbf{w}}^T \mathbf{x}^{(i)} \right)$$

O problema da dualidade é mais rápido de resolver do que o primal, quando o número de instâncias de treinamento é menor que o número de características. E o mais importante: o problema da dualidade possibilita o uso do kernel trick, enquanto o primal não. Mas, afinal, o que é esse tal de kernel trick?

SVMs kernalizadas

Vamos supor que você queira aplicar uma transformação polinomial de segundo grau a um conjunto de treinamento bidimensional (como o conjunto de treinamento moon) e depois treinar um classificador SVM linear no conjunto de treinamento transformado. A Equação 5-8 mostra a função de mapeamento polinomial de segundo grau ϕ que você deseja aplicar.

Equação 5-8. Mapeamento polinomial de segundo grau

$$\phi(\mathbf{x}) = \phi\left(\begin{pmatrix} x_1 \\ x_2 \end{pmatrix} \right) = \begin{pmatrix} {x_1}^2 \\ \sqrt{2}\, x_1 x_2 \\ {x_2}^2 \end{pmatrix}$$

Observe que o vetor transformado é 3D e não 2D. Agora, vejamos o que acontece com alguns vetores 2D, **a** e **b**, se empregarmos esse mapeamento polinomial de segundo grau e depois calcularmos o produto escalar[7] dos vetores transformados (veja a Equação 5-9):

Equação 5-9. Kernel trick para um mapeamento polinomial de 2º grau

$$\begin{aligned} \phi(\mathbf{a})^T \phi(\mathbf{b}) &= \begin{pmatrix} {a_1}^2 \\ \sqrt{2}\, a_1 a_2 \\ {a_2}^2 \end{pmatrix}^T \begin{pmatrix} {b_1}^2 \\ \sqrt{2}\, b_1 b_2 \\ {b_2}^2 \end{pmatrix} = {a_1}^2 {b_1}^2 + 2 a_1 b_1 a_2 b_2 + {a_2}^2 {b_2}^2 \\ &= \left(a_1 b_1 + a_2 b_2 \right)^2 = \left(\begin{pmatrix} a_1 \\ a_2 \end{pmatrix}^T \begin{pmatrix} b_1 \\ b_2 \end{pmatrix} \right)^2 = \left(\mathbf{a}^T \mathbf{b} \right)^2 \end{aligned}$$

Que tal isso? O produto escalar dos vetores transformados é igual ao quadrado do produto escalar dos vetores originais: $\phi(\mathbf{a})^T\, \phi(\mathbf{b}) = (\mathbf{a}^T\, \mathbf{b})^2$.

Este é o ponto-chave: se você aplicar a transformação ϕ a todas as instâncias de treinamento, o problema de dualidade (veja a Equação 5-6) conterá o produto escalar $\phi(\mathbf{x}^{(i)})^T\, \phi(\mathbf{x}^{(j)})$. Mas, se ϕ é a transformação polinomial de segundo grau definida na Equação 5-8, basta substituir esse

7 Como explicado no Capítulo 4, o produto escalar de dois vetores **a** e **b** é normalmente notado como **a** · **b**. No entanto, em aprendizado de máquina, os vetores são frequentemente representados como vetores de coluna (ou seja, matrizes de coluna única), de modo que o produto escalar é alcançado pelo cálculo de $\mathbf{a}^T\mathbf{b}$. Para sermos consistentes com o restante do livro, usaremos essa notação aqui, ignorando o fato de que isso resulta tecnicamente em uma matriz de célula única, em vez de resultar em um valor escalar.

produto escalar de vetores transformados por $\left(\mathbf{x}^{(i)\intercal}\mathbf{x}^{(j)}\right)^2$. Logo, você não precisa transformar as instâncias de treinamento; basta substituir o produto escalar pelo seu quadrado na Equação 5-6. O resultado será basicamente o mesmo que seria se você tivesse passado pelo problema de transformar o conjunto de treinamento e depois ajustar um algoritmo SVM linear, mas o kernel trick torna todo o processo mais eficiente em termos computacionais.

A função $K(\mathbf{a}, \mathbf{b}) = (\mathbf{a}^\intercal \mathbf{b})2$ se chama kernel polinomial de 2º grau. Em aprendizado de máquina, um kernel é uma função capaz de calcular o produto escalar $\phi(\mathbf{a})^\intercal \phi(\mathbf{b})$ com base apenas nos vetores originais **a** e **b**, sem ter que calcular (ou mesmo conhecer) a transformação ϕ. A Equação 5-10 enumera alguns dos kernels mais usados:

Equação 5-10. Kernels comuns

$$
\begin{aligned}
\text{Linear:} \quad & K(\mathbf{a}, \mathbf{b}) = \mathbf{a}^\intercal \mathbf{b} \\
\text{Polinomial:} \quad & K(\mathbf{a}, \mathbf{b}) = \left(\gamma \mathbf{a}^\intercal \mathbf{b} + r\right)^d \\
\text{RBF gaussiano:} \quad & K(\mathbf{a}, \mathbf{b}) = \exp\left(-\gamma \| \mathbf{a} - \mathbf{b} \|^2\right) \\
\text{Sigmoide:} \quad & K(\mathbf{a}, \mathbf{b}) = \tanh\left(\gamma \mathbf{a}^\intercal \mathbf{b} + r\right)
\end{aligned}
$$

Teorema de Mercer

De acordo com o Teorema de Mercer, se uma função K(a, b) respeita algumas condições matemáticas chamadas condições de Mercer (por exemplo, K deve ser contínua e simétrica em seus argumentos, de modo que $K(\mathbf{a}, \mathbf{b}) = K(\mathbf{b}, \mathbf{a})$ etc.), logo existe uma função ϕ que mapeia **a** e **b** em outro espaço (possivelmente com dimensões bem maiores) tal $K(\mathbf{a}, \mathbf{b}) = \phi(\mathbf{a})^\intercal \phi(\mathbf{b})$. Você pode usar K como um kernel porque sabe que ϕ existe, mesmo que não saiba o que é. No caso do kernel RBF gaussiano, pode-se mostrar que ϕ mapeia cada instância de treinamento para um espaço de dimensão infinita, por isso é bom que você não precise rodar o mapeamento!

Repare que alguns kernels usados com frequência (como o kernel sigmoide) não respeitam todas as condições da Mercer, mas no geral funcionam bem na prática.

Mas ainda existem algumas coisas pendentes que precisamos resolver. A Equação 5-7 mostra como ir da solução de dualidade para a solução primal, no caso de um classificador linear SVM. No entanto, se usar o kernel trick, terminará com equações que incluem $\phi(x^{(i)})$. Na realidade, $\hat{\mathbf{w}}$ deve ter o mesmo número de dimensões que $\phi(x^{(i)})$, que pode ser gigantesco ou até infinito, de modo que você não consegue calculá-lo. Mas como você pode fazer predições sem saber o $\hat{\mathbf{w}}$? A boa notícia é que você pode inserir a fórmula da Equação 5-7 em $\hat{\mathbf{w}}$ e na função de decisão para uma instância nova $\mathbf{x}^{(n)}$, e obterá uma equação somente com produtos escalares entre vetores de entrada, possibilitando a utilização do kernel trick (Equação 5-11):

Equação 5-11. Fazendo predições com uma SVM kernalizada

$$
\begin{aligned}
h_{\hat{\mathbf{w}}, \hat{b}}\left(\phi\left(\mathbf{x}^{(n)}\right)\right) &= \hat{\mathbf{w}}^\intercal \phi\left(\mathbf{x}^{(n)}\right) + \hat{b} = \left(\sum_{i=1}^{m} \hat{\alpha}^{(i)} t^{(i)} \phi\left(\mathbf{x}^{(i)}\right)\right)^\intercal \phi\left(\mathbf{x}^{(n)}\right) + \hat{b} \\
&= \sum_{i=1}^{m} \hat{\alpha}^{(i)} t^{(i)} \left(\phi\left(\mathbf{x}^{(i)}\right)^\intercal \phi\left(\mathbf{x}^{(n)}\right)\right) + \hat{b} \\
&= \sum_{\substack{i=1 \\ \hat{\alpha}^{(i)} > 0}}^{m} \hat{\alpha}^{(i)} t^{(i)} K\left(\mathbf{x}^{(i)}, \mathbf{x}^{(n)}\right) + \hat{b}
\end{aligned}
$$

Repare que, como $\alpha^{(i)} \neq 0$ é apenas para vetores de suporte, fazer predições envolve o cálculo do produto escalar do vetor de entrada novo $\mathbf{x}^{(n)}$ com somente os vetores de suporte, e não com todas as instâncias de treinamento. Obviamente, você precisa usar o mesmo kernel trick para calcular o viés $\hat{b}$ (Equação 5-12):

Equação 5-12. Usando kernel trick para calcular o viés

$$\hat{b} = \frac{1}{n_s} \sum_{\substack{i=1 \\ \hat{\alpha}^{(i)} > 0}}^{m} \left(t^{(i)} - \hat{\mathbf{w}}^T \phi\left(\mathbf{x}^{(i)}\right)\right) = \frac{1}{n_s} \sum_{\substack{i=1 \\ \hat{\alpha}^{(i)} > 0}}^{m} \left(t^{(i)} - \left(\sum_{j=1}^{m} \hat{\alpha}^{(j)} t^{(j)} \phi\left(\mathbf{x}^{(j)}\right)\right)^T \phi\left(\mathbf{x}^{(i)}\right)\right)$$

$$= \frac{1}{n_s} \sum_{\substack{i=1 \\ \hat{\alpha}^{(i)} > 0}}^{m} \left(t^{(i)} - \sum_{\substack{j=1 \\ \hat{\alpha}^{(j)} > 0}}^{m} \hat{\alpha}^{(j)} t^{(j)} K\left(\mathbf{x}^{(i)}, \mathbf{x}^{(j)}\right)\right)$$

Se você está começando a sentir dor de cabeça, isso é perfeitamente normal: o kernel trick costuma ocasionar esse efeito lamentável.

SVMs online

Antes de concluir este capítulo, vamos dar uma rápida espiada nos classificadores SVM online (lembre-se de que o aprendizado online significa aprender de forma incremental, normalmente à medida que instâncias novas aparecem).

Função Hinge Loss

A função *max* (0, 1 – *t*) é chamada de função *hinge loss* (veja a imagem a seguir), e é igual a 0 quando $t \geq 1$. Sua derivada (inclinação) é igual a –1 se $t < 1$ e 0 se $t >$. Não é diferenciável em $t = 1$, mas, assim como na regressão de lasso (veja "Regressão de lasso"), você ainda pode empregar o gradiente descendente usando qualquer subderivativo em $t = 1$ (ou seja, qualquer valor entre –1 e 0).

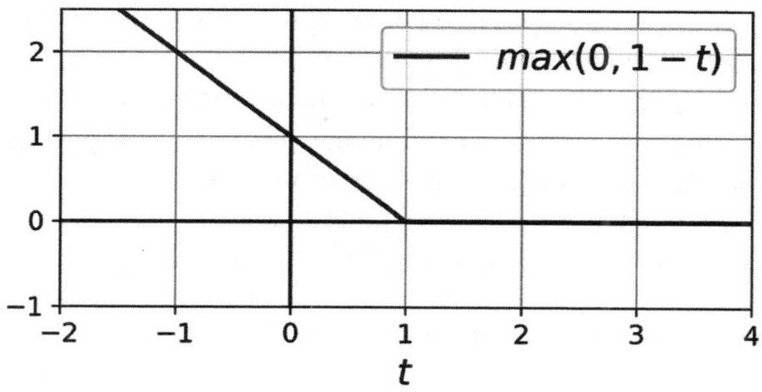

Quando se trata de classificadores SVM lineares, um método para implementar um classificador SVM online é usar o gradiente descendente (por exemplo, usando o `SGDClassifier`) a fim de minimizar a função de custo na Equação 5-13, derivada do problema primal. Infelizmente, o gradiente descendente converge bem mais lentamente do que os métodos baseados na QP.

Equação 5-13. Função de custo do classificador SVM linear

$$J(\mathbf{w}, b) = \frac{1}{2}\mathbf{w}^T\mathbf{w} \quad + \quad C\sum_{i=1}^{m} max\left(0, 1 - t^{(i)}\left(\mathbf{w}^T\mathbf{x}^{(i)} + b\right)\right)$$

A primeira soma na função de custo levará o modelo a ter um pequeno vetor de peso **w**, resultando em uma margem maior. A segunda soma calcula o total de todas as violações de margem. A violação de margem de uma instância é igual a 0, se estiver localizada na rua e no lado correto, ou é proporcional à distância do lado correto da rua. Minimizar esse termo garante que o modelo reduza tamanho e a quantidade de violações da margem o máximo possível.

É possível também implementar SVMs online kernalizadas, conforme descrito nos documentos "Incremental and Decremental Support Vector Machine Learning" [Aprendizado de Máquina de Vetores de Suporte Incremental e Decremental, em tradução livre] (*https://homl.info/17*)[8] e "Fast Kernel Classifiers with Online and Active Learning" [Classificadores Rápidos de Kernel com Aprendizado Online e Ativo, em tradução livre] (*https://homl.info/18*).[9] Essas SVMs kernalizadas são implementadas no Matlab e no C ++. Para problemas não lineares em grande escala, você pode considerar o uso de redes neurais (veja a Parte II).

Exercícios

1. Qual é a ideia fundamental das máquinas de vetores de suporte (SVM)?
2. O que é um vetor de suporte?
3. Por qual motivo é importante escalonar as entradas ao utilizar as SVMs?
4. Um classificador SVM pode gerar a saída de um score de confiança ao classificar uma instância? E quanto a uma probabilidade?
5. Você deve usar a forma primal ou a de dualidade do problema SVM para treinar um modelo em um conjunto de treinamento com milhões de instâncias e centenas de características?
6. Digamos que você treinou um classificador SVM com um kernel RBF, mas aparentemente ele se subajusta ao conjunto de treinamento. Você deve aumentar ou diminuir γ (`gamma`)? E quanto ao `C`?
7. Como você deve definir os parâmetros da QP (**H**, **f**, **A** e **b**) para resolver o problema do classificador SVM linear de margem suave usando um solver da QP padronizado?
8. Treine um `LinearSVC` em um conjunto de dados com separabilidade linear. Treine um `SVC` e um `SGDClassifier` no mesmo conjunto de dados. Veja se você consegue com que eles produzam aproximadamente o mesmo modelo.
9. Treine um classificador SVM no conjunto de dados MNIST. Como os classificadores SVM são binários, você precisará usar o método one-versus-the-rest para classificar todos os dez dígitos. Convém ajustar os hiperparâmetros usando pequenos conjuntos de validação para acelerar o processo. Qual acurácia você pode alcançar?
10. Treine um regressor SVM no conjunto de dados sobre as moradias da Califórnia.

As soluções desses exercícios estão disponíveis no Apêndice A.

8 Gert Cauwenberghs e Tomaso Poggio, "Incremental and Decremental Support Vector Machine Learning", *Anais da 13ª Conferência Internacional sobre Sistemas de Processamento de Informação Neural* (2000): 388–394.

9 Antoine Bordes et al., "Fast Kernel Classifiers with Online and Active Learning", *Journal of Machine Learning Research* 6 (2005): 1579–1619.

CAPÍTULO 6

Árvores de Decisão

Como as SVMs, as *árvores de decisão* são algoritmos versáteis de aprendizado de máquina que podem executar tarefas de classificação, regressão e até mesmo tarefas multioutput. Eles são algoritmos poderosos, capazes de se adaptar aos conjuntos de dados complexos. Por exemplo, no Capítulo 2, você treinou um modelo `DecisionTreeRegressor` no conjunto de dados habitacionais da Califórnia e o ajustou perfeitamente (na verdade, o sobreajustou).

As árvores de decisão também são os constituintes essenciais das florestas aleatórias (veja o Capítulo 7), que estão entre os mais poderosos algoritmos de aprendizado de máquina disponíveis atualmente.

Neste capítulo, começaremos analisando como treinar, visualizar e fazer predições com as árvores de decisão. Depois, vamos examinar o algoritmo de treinamento CART usado pela Scikit-Learn e explicar como regularizar as árvores e utilizá-las para tarefas de regressão. Por fim, abordaremos algumas das limitações das árvores de decisão.

Treinando e Visualizando uma Árvore de Decisão

Para entender as árvores de decisão, vamos criar uma e dar uma espiada em como ela faz as predições. O código a seguir treina um `DecisionTreeClassifier` no conjunto de dados da íris (veja o Capítulo 4):

```
from sklearn.datasets import load_iris
from sklearn.tree import DecisionTreeClassifier

iris = load_iris()
X = iris.data[:, 2:] # comprimento e largura da pétala
y = iris.target

tree_clf = DecisionTreeClassifier(max_depth=2)
tree_clf.fit(X, y)
```

Você consegue visualizar a árvore de decisão treinada usando primeiro o método `export_graphviz()` para gerar a saída de um arquivo de definição gráfica chamado *iris_tree.dot*:

```
from sklearn.tree import export_graphviz

export_graphviz(
        tree_clf,
        out_file=image_path("iris_tree.dot"),
        feature_names=iris.feature_names[2:],
        class_names=iris.target_names,
        rounded=True,
        filled=True
    )
```

Depois, pode usar a ferramenta de linha de comando `dot` do pacote Graphviz a fim de converter esse arquivo *.dot* em vários formatos, como PDF ou PNG.[1] Essa linha de comando converte o arquivo *.dot* em um arquivo de imagem *.png*:

```
$ dot -Tpng iris _ tree.dot -o iris _ tree.png
```

Sua primeira árvore de decisão será parecida com a da Figura 6-1.

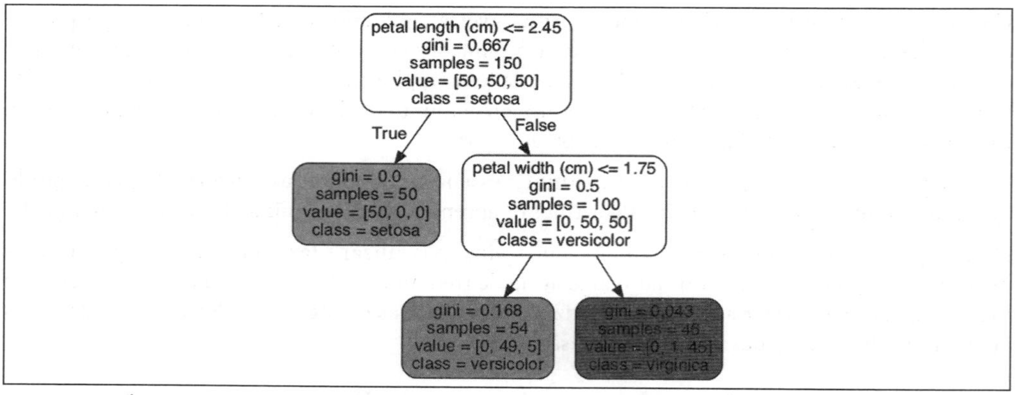

Figura 6-1. Árvore de decisão da íris

Fazendo Predições

Vamos ver como a árvore representada na Figura 6-1 faz predições. Suponha que você encontre uma flor de íris e queira classificá-la. Você começa no *root node [nó da raiz]* (profundidade 0, na parte superior): esse nó pergunta se o comprimento da pétala da flor é menor que 2,45cm. Se for, desça até o nó filho esquerdo da raiz (profundidade 1, à esquerda). Nesse caso, é um *nó da folha* (ou seja, não tem nós filhos), logo não faz perguntas: basta olhar para a classe predita para esse nó e a árvore de decisão prediz que sua flor é uma *Iris setosa* (`class=setosa`).

Agora, suponha que você encontre outra flor, e dessa vez o comprimento da pétala é superior a 2,45cm. Você deve descer até o nó filho direito da raiz (profundidade 1, à direita), que não é um nó folha, para que o nó faça outra pergunta: a largura da pétala é menor que 1,75cm? Se for, é provável que a flor seja uma *Iris versicolor* (profundidade 2, à esquerda). Em caso negativo, é provável que seja uma *Iris virginica* (profundidade 2, à direita). É simples desse jeito.

Um dos muitos predicados das árvores de decisão é que elas exigem bem pouca preparação de dados. Na prática, elas não exigem escalonamento ou centralização de características.

O atributo `sample` de um nó calcula a quantidade de instâncias às quais se aplica. Por exemplo, 100 instâncias de treinamento têm um comprimento de pétala maior que 2,45cm (profundidade 1, à direita) e, entre as 100, 54 têm a largura de pétala menor que 1,75cm (profundidade 2, à esquerda). O atributo `value` de um nó informa a quantidade de instâncias de treinamento de cada classe às quais esse nó se aplica: por exemplo, o nó inferior direito se aplica a 0 *Iris setosa*, 1 *Iris versicolor* e a 45 *Iris*

1 O Graphviz é um pacote de software de visualização de gráficos open source, disponível em: *http://www.graphviz.org/*.

virginica. Por último, o atributo `gini` de um nó calcula sua *impureza*: um nó é "puro" (`gini=0`) se todas as instâncias de treinamento às quais ele se aplica pertencerem à mesma classe. Por exemplo, como o nó esquerdo de profundidade 1 se aplica somente às instâncias de treinamento *Iris setosa*, ele é puro e seu score `gini` é 0. A Equação 6-1 demonstra como o algoritmo de treinamento calcula o score `gini` *Gi* do *i-ésimo* nó. O nó esquerdo de profundidade 2 tem um score `gini` igual a 1 – $(0/54)^2 - (49/54)^2 - (5/54)^2 \approx 0.168$.

Equação 6-1. Coeficiente de Gini

$$G_i = 1 - \sum_{k=1}^{n} {p_{i,k}}^2$$

Nessa equação:

- $p_{i,k}$ é a relação de instâncias da classe *k* entre as instâncias de treinamento no *i-ésimo* nó.

> A Scikit-Learn usa o algoritmo CART, que gera apenas *árvores binárias*: os nós não folha sempre têm dois filhos (ou seja, as perguntas têm apenas respostas sim/não). No entanto, outros algoritmos, como o ID3, conseguem gerar árvores de decisão com nós que têm mais de dois filhos.

A Figura 6-2 mostra a fronteira de decisão desta árvore de decisão. A linha vertical espessa representa a fronteira de decisão do nó raiz (profundidade 0): comprimento da pétala = 2,45cm. Como a área esquerda é pura (apenas *Iris setosa*), ela não pode mais ser dividida. No entanto, a área direita é impura, logo o nó direito de profundidade 1 a divide na largura da pétala = 1,75cm (representada pela linha tracejada). Uma vez que `max _ depth` foi definida como 2, a árvore de decisão para ali. Caso você defina `max _ depth` como 3, os dois nós de profundidade 2 adicionarão outra fronteira de decisão (representada pelas linhas pontilhadas).

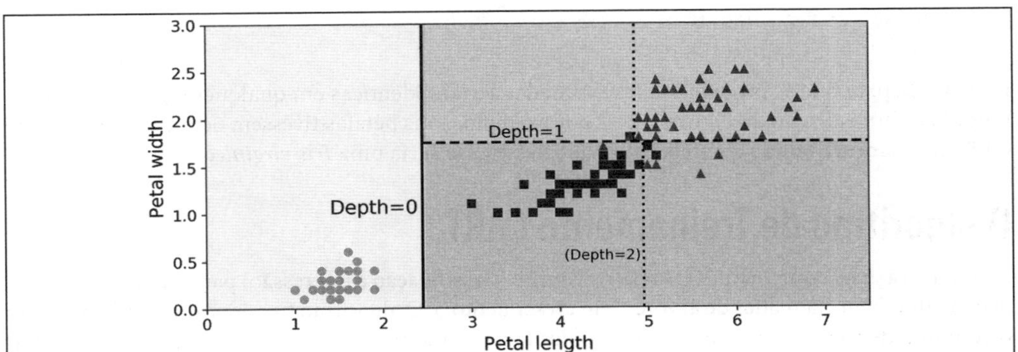

Figura 6-2. Fronteiras de decisão da árvore de decisão

> ### Interpretação do Modelo: Caixa Branca versus Caixa Preta
>
> As árvores de decisão são intuitivas e suas decisões são fáceis de interpretar. Seus modelos são chamados com frequência de *modelos de caixa branca*. Por outro lado, como veremos, as florestas aleatórias ou redes neurais são geralmente consideradas *modelos de caixa preta*. Eles fazem predições ótimas e você pode verificar facilmente os cálculos que realizaram para fazer essas predições; mas, geralmente, é difícil explicar em termos simples por que as predições foram feitas. Por exemplo, se uma rede neural diz que uma determinada pessoa aparece em uma foto, é difícil saber o que contribuiu para essa predição: o modelo reconheceu os olhos dessa pessoa? A boca dela? O nariz? Os sapatos? Ou quem sabe o sofá em que estava sentada? Em contrapartida, as árvores de decisão fornecem regras de classificação simples e bacanas que podem ser aplicadas manualmente, caso seja necessário (por exemplo, para classificação de flores).

Estimando as Probabilidades das Classes

Uma árvore de decisão também consegue estimar a probabilidade de uma instância pertencer a uma determinada classe *k*. Primeiro, ela percorre a árvore com o intuito de identificar o nó folha para esta instância e, em seguida, retorna a relação de instâncias de treinamento da classe *k* nesse nó. Por exemplo, suponha que você tenha encontrado uma flor cujas pétalas têm 5cm de comprimento e 1,5cm de largura. O nó folha correspondente é o nó esquerdo de profundidade 2; desse modo, a árvore de decisão deve gerar a saída das seguintes probabilidades: 0% para *Iris setosa* (0/54), 90,7% para *Iris versicolor* (49/54) e 9,3% para *Iris virginica* (5/54). E, se você desejar que ela prediga a classe, ela deverá gerar a saída *Iris versicolor* (classe 1), pois é a que tem a maior probabilidade. Vamos dar uma olhada nisso:

```
>>> tree_clf.predict_proba([[5, 1.5]])
array([[0.         , 0.90740741, 0.09259259]])
>>> tree_clf.predict([[5, 1.5]])
array([1])
```

Perfeito! Repare que as probabilidades estimadas seriam idênticas em qualquer outro lugar do retângulo inferior direito da Figura 6-2 — por exemplo, se as pétalas tivessem 6cm de comprimento e 1,5cm de largura (ainda que seja óbvio que nesse caso seria uma *Iris virginica*).

O Algoritmo de Treinamento CART

A Scikit-Learn usa o algoritmo CART (Árvore de Classificação e Regressão) para treinar árvores de decisão (também chamadas de árvores "em crescimento"). O algoritmo funciona dividindo primeiro o conjunto de treinamento em dois subconjuntos, usando uma única característica k e um limiar t_k (por exemplo, "petal length ≤ 2.45cm"). Mas como ele escolhe k e t_k? Ele procura o par (k, t_k) que produz os subconjuntos mais puros (ponderados pelo tamanho). A Equação 6-2 fornece a função de custo que o algoritmo tenta minimizar:

Equação 6-2. Função de custo CART para classificação

$$J(k, t_k) = \frac{m_{\text{esquerdo}}}{m} G_{\text{esquerdo}} + \frac{m_{\text{direito}}}{m} G_{\text{direito}}$$

$$\text{sendo que} \begin{cases} G_{\text{esquerdo/direito}} \text{ calcula a impureza do subconjunto esquerdo/direito;} \\ m_{\text{esquerdo/direito}} \text{ é o número de instâncias no subconjunto esquerdo/direito.} \end{cases}$$

Depois que o algoritmo CART divide com sucesso o conjunto de treinamento em dois, ele divide os subconjuntos usando a mesma lógica, os subconjuntos dos subconjuntos e assim por diante, recursivamente. Ele para de percorrer de modo recursivo quando atinge a profundidade máxima (definida pelo hiperparâmetro `max_depth`) ou se não conseguir encontrar uma divisão que reduza a impureza. Alguns outros hiperparâmetros (descritos daqui a pouco) controlam condições adicionais de parada (`min_samples_split`, `min_samples_leaf`, `min_weight_fraction_leaf` e `max_leaf_nodes`).

> Conforme você pode ver, o algoritmo CART é um algoritmo ambicioso: ele procura avidamente por uma divisão ideal no nível superior e repete o processo em cada nível subsequente. Ele não verifica se a divisão resultará ou não na menor impureza possível, em diversos níveis. Em geral, um algoritmo ambicioso produz uma solução relativamente boa, mas não é a garantia de uma solução ideal.
>
> Infelizmente, encontrar a árvore ideal é um problema conhecido como *NP-completo*:[2] requer tempo $O(\exp(m))$, tornando o problema intratável, mesmo para conjuntos pequenos de treinamento. Por isso, devemos nos contentar com uma solução "razoavelmente boa".

Complexidade Computacional

Fazer predições exige percorrer a árvore de decisão da raiz até as folhas. Em geral, as árvores de decisão são aproximadamente balanceadas, assim sendo, percorrer a árvore de decisão exige passar por mais ou menos $O(\log_2(m))$ nós.[3] Uma vez que cada nó requer somente a verificação do valor de uma características, a complexidade geral da previsão é $O(\log_2(m))$, independentemente do número de características. Desse modo, as predições são bem rápidas, mesmo quando lidam com grandes conjuntos de treinamento.

O algoritmo de treinamento compara todas as características (ou menos se `max_features` estiver definido) em todas as amostras em cada nó. A comparação de todas as características em todas as amostras em cada nó resulta em uma complexidade de treinamento de $O(n \times m \log_2(m))$. Para conjuntos pequenos de treinamento (menos de alguns milhares de instâncias), a Scikit-Learn pode acelerar o treinamento, preordenando os dados (ao definir `pre sort=True`), mas isso desacelera consideravelmente o treinamento em conjuntos de treinamento maiores.

Coeficiente de Gini ou Entropia?

Por padrão, usa-se a medida de impureza Gini, mas você pode selecionar a medida de impureza de entropia, definindo o hiperparâmetro `criterion` como `"entropy"`. O conceito de entropia se originou na termodinâmica como uma medida de desordem molecular: a entropia se aproxima de zero quando as moléculas estão paradas e bem ordenadas. Mais tarde, a entropia se disseminou para um leque variado de campos de atuação, incluindo a *Teoria da Informação* de Shannon, em que se

2 P é o conjunto de problemas que podem ser solucionados em tempo polinomial. NP é o conjunto de problemas cujas soluções podem ser verificadas em tempo polinomial. Um problema NP-difícil ou NP-complexo é um problema no qual qualquer problema NP pode ser reduzido em tempo polinomial. Um problema NP-completo é ao mesmo tempo NP e NP-difícil. Uma das principais questões matemáticas em aberto e se P = NP ou não. Se P ≠ NP (o que parece provável), nenhum algoritmo polinomial será encontrado para qualquer problema NP-completo (exceto, talvez, em um computador quântico).

3 $\log_2$ é o logaritmo binário. É igual a $\log_2(m) = \log(m) / \log(2)$.

calcula o conteúdo médio de informações de uma mensagem:[4] a entropia é zero quando todas as mensagens são idênticas. Em aprendizado de máquina, a entropia é frequentemente usada como uma medida de impureza: a entropia de um conjunto é zero quando contém instâncias de apenas uma classe. A Equação 6-3 mostra a definição da entropia do *i-ésimo nó*. Por exemplo, o nó esquerdo de profundidade 2 na Figura 6-1 tem uma entropia igual a $-\frac{49}{54}\log_2\left(\frac{49}{54}\right) - \frac{5}{54}\log_2\left(\frac{5}{54}\right) \approx 0.445$.

Equação 6-3. Entropia

$$H_i = - \sum_{\substack{k=1 \\ p_{i,k} \neq 0}}^{n} p_{i,k} \log_2 \left(p_{i,k}\right)$$

Mas, então, você deve usar o coeficiente de Gini ou a entropia? A verdade é que, na maioria das vezes, não faz grande diferença: ambos resultam em a árvores semelhantes. O coeficiente de Gini é um bocado mais rápido de calcular, por isso, é um bom padrão. No entanto, quando divergem, o coeficiente de Gini tende a isolar a classe mais frequente em seu próprio ramo da árvore, ao passo que a entropia tende a produzir árvores um pouco mais equilibradas.[5]

Hiperparâmetros de Regularização

As árvores de decisão fazem bem poucas hipóteses sobre os dados de treinamento (ao contrário dos modelos lineares, que assumem que os dados são lineares, por exemplo). Se deixada sem restrições, a estrutura da árvore se adaptará aos dados de treinamento, se adaptando muito estritamente — na verdade, é bem provável que ela se sobreajuste aos dados. Esse modelo geralmente se chama *modelo não paramétrico*, não porque os parâmetros sejam inexistentes (ele tem muitos parâmetros), mas porque o número de parâmetros não é determinado antes do treinamento, assim a estrutura do modelo é livre para aderir aos dados. Por outro lado, um *modelo paramétrico*, como um modelo linear, tem um número predeterminado de parâmetros, assim seu grau de liberdade é limitado, mitigando o risco de sobreajuste (porém aumentando o risco de subajuste).

Para evitar o sobreajuste dos dados de treinamento, você precisa restringir a liberdade da árvore de decisão durante o treinamento. Como você já sabe, isso se chama regularização. Os hiperparâmetros de regularização dependem do algoritmo usado, mas normalmente você pode pelo menos restringir a profundidade máxima da árvore de decisão. Na Scikit-Learn, isso é controlado pelo hiperparâmetro `max_depth` (o valor-padrão é `None`, o que significa ilimitado). Reduzir o `max_depth` regularizará o modelo e, desse modo, diminuirá o risco de sobreajuste.

A classe `DecisionTreeClassifier` comporta alguns outros parâmetros que restringem de forma semelhante a forma da árvore de decisão: `min_samples_split` (o número mínimo de amostras que um nó deve ter, antes de poder ser dividido), `min_samples_leaf` (o número mínimo de amostras que um nó da folha deve ter), `min_weight_fraction_leaf` (assim como o `min_samples_leaf` só que expresso como uma fração do número total de instâncias ponderadas), `max_leaf_nodes` (o número máximo de nós de folha) e `max_features` (o número máximo de características avaliadas para divisão em cada nó). Aumentar os hiperparâmetros `min_*` ou reduzir os hiperparâmetros `max_*` regularizará o modelo.

4 Uma redução da entropia é frequentemente chamada de *ganho de informação*.

5 Veja a análise interessante de Sebastian Raschka para mais detalhes (*https://homl.info/19*).

> Outros algoritmos funcionam treinando primeiro a árvore de decisão sem restrições e depois *podando* (excluindo) os nós desnecessários. Um nó cujos filhos são todos os nós das folhas é considerado desnecessário, caso a melhoria da pureza fornecida não seja estatisticamente significativa. Os testes estatísticos padrão, como o teste do χ^2 (teste do qui-quadrado), são usados para estimar a probabilidade de que a melhoria seja simplesmente o resultado do acaso (chamado de *hipótese nula*). Se essa probabilidade, denominada *valor-p*, for maior que um determinado limiar (normalmente 5%, controlado por um hiperparâmetro), o nó será considerado desnecessário e seus filhos serão excluídos. A poda continua até que todos os nós desnecessários tenham sido eliminados.

A Figura 6-3 mostra duas árvores de decisão treinadas no conjunto de dados moons (apresentado no Capítulo 5). À esquerda, a árvore de decisão é treinada com os hiperparâmetros-padrão (ou seja, sem restrições) e à direita, com o `min_samples_leaf=4`. Fica bastante claro que o modelo à esquerda está sobreajustado e é bem provável que o modelo à direita generalizará melhor.

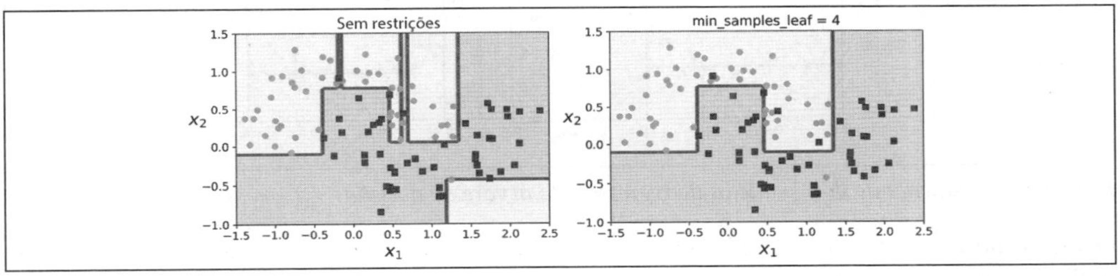

Figura 6-3. Regularização usando o `min_samples_leaf`

Regressão

As árvores de decisão também são capazes de realizar tarefas de regressão. Construiremos uma árvore de regressão usando a classe `DecisionTreeRegressor` da Scikit-Learn e vamos treiná-la em um conjunto de dados quadrático com ruído e com o `max_depth=2`:

```
from sklearn.tree import DecisionTreeRegressor

tree_reg = DecisionTreeRegressor(max_depth=2)
tree_reg.fit(X, y)
```

A árvore resultante é representada na Figura 6-4.

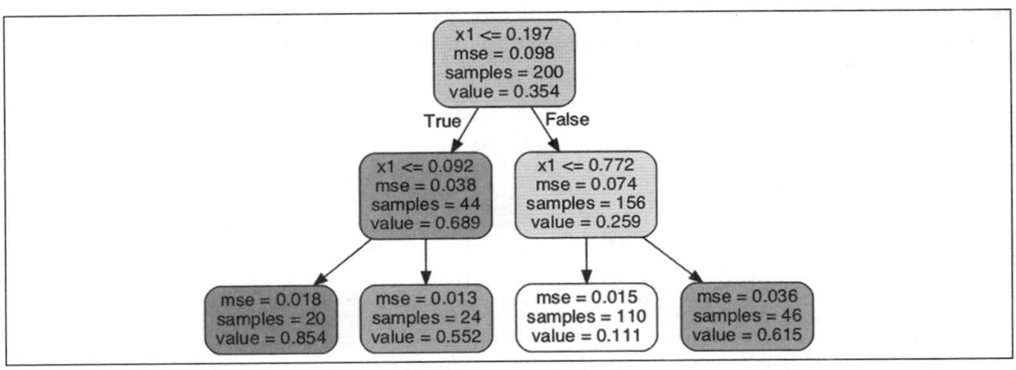

Figura 6-4. Uma árvore de decisão para regressão

Essa árvore se parece bastante com a árvore de classificação que você criou anteriormente. A principal diferença é que, em vez de predizer uma classe em cada nó, ela prediz um valor. Por exemplo, suponha que queira fazer uma predição para uma instância nova com $x^1 = 0.6$. Você percorre a árvore começando na raiz e, por fim, chega ao nó da folha que prediz `value=0.111`. Essa previsão é o valor-alvo médio das 110 instâncias de treinamento associadas a este nó folha e resulta em um erro quadrado médio igual a 0,015 em relação às 110 instâncias.

As predições desse modelo estão representadas à esquerda na Figura 6-5. Se definir `max _ depth=3`, obterá as predições representadas à direita. Repare como o valor predito para cada região é sempre o valor-alvo médio das instâncias nessa região. O algoritmo divide cada região de uma maneira que faz com que boa parte das instâncias de treinamento fique o mais próximo possível do valor predito.

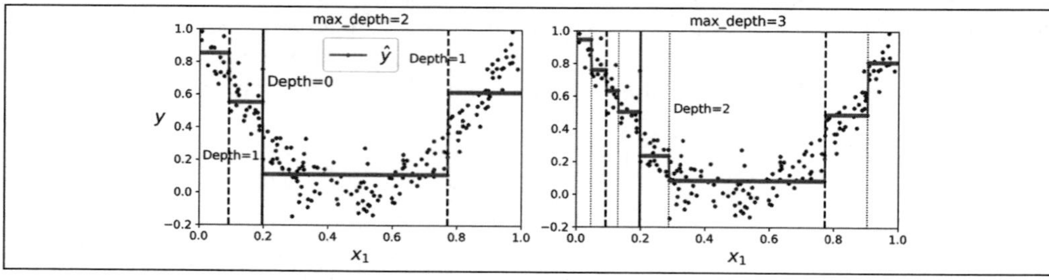

Figura 6-5. Predições de dois modelos de regressão da árvore de decisão

O algoritmo CART funciona predominantemente da mesma forma, exceto que, em vez de tentar dividir o conjunto de treinamento de uma maneira que reduza a impureza, ele agora tenta dividir o conjunto de treinamento de modo a minimizar o MSE. A Equação 6-4 mostra a função de custo que o algoritmo tenta minimizar:

Equação 6-4. Função de custo CART para regressão

$$J(k, t_k) = \frac{m_{\text{esquerdo}}}{m} \text{MSE}_{\text{esquerdo}} + \frac{m_{\text{direito}}}{m} \text{MSE}_{\text{direito}} \quad \text{sendo que} \begin{cases} \text{MSE}_{\text{nó}} = \sum_{i \in \text{nó}} \left(\hat{y}_{\text{nó}} - y^{(i)}\right)^2 \\ \hat{y}_{\text{nó}} = \frac{1}{m_{\text{nó}}} \sum_{i \in \text{nó}} y^{(i)} \end{cases}$$

Assim como nas tarefas de classificação, as árvores de decisão são propensas a se sobreajustarem demais ao lidar com tarefas de regressão. Sem nenhuma regularização (ou seja, usando os hiperparâmetros-padrão), você obtém as predições à esquerda na Figura 6-6. Essas predições estão claramente se sobreajustando mal ao conjunto de treinamento. Definir apenas `min _ samples _ leaf=10` resulta em um modelo mais razoável, representado à direita na Figura 6-6.

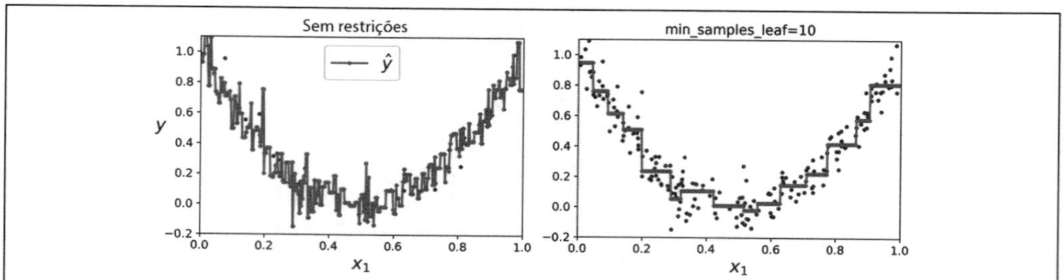

Figura 6-6. Regularização de um regressor da árvore de decisão

Instabilidade

Espero que agora você esteja convencido de que as árvores de decisão têm muito a oferecer: são simples de entender e interpretar, fáceis de usar, versáteis e poderosas. No entanto, elas têm algumas desvantagens. Primeiro, como você deve ter reparado, as árvores de decisão gostam, e muito, das fronteiras de decisão ortogonais (todas as divisões são perpendiculares a um eixo), o que as torna sensíveis à rotatividade do conjunto de treinamento. Por exemplo, a Figura 6-7 mostra um conjunto de dados simples separável linearmente: à esquerda, uma árvore de decisão consegue dividi-lo com facilidade, enquanto, à direita, depois que o conjunto de dados é rotacionado em 45°, a fronteira de decisão parece desnecessariamente complexa. Ainda que ambas as árvores de decisão se ajustem perfeitamente ao conjunto de treinamento, é muito provável que o modelo à direita não generalize bem. Uma forma de limitar esse problema é usar a PCA (Análise de Componentes Principais) (veja o Capítulo 8), que resulta em uma melhor orientação dos dados de treinamento.

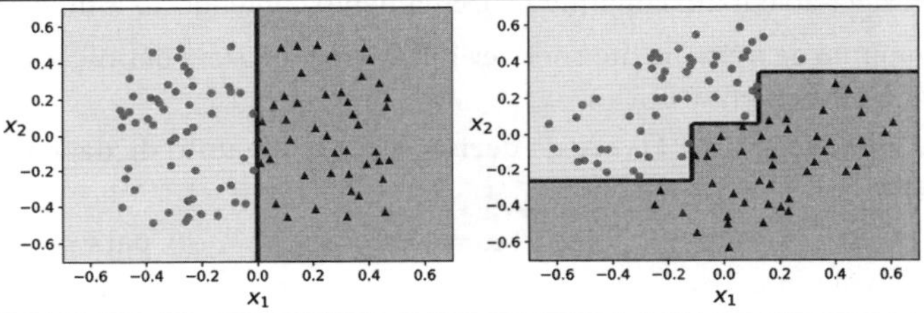

Figura 6-7. Sensibilidade à rotatividade do conjunto de treinamento

Em termos mais gerais, o principal problema das árvores de decisão é que elas são muito sensíveis a pequenas variações nos dados de treinamento. Por exemplo, se você remover somente a *Iris versicolor* mais larga do conjunto de treinamento da íris (aquela com pétalas de 4,8cm de comprimento e 1,8cm de largura) e treinar uma árvore de decisão nova, talvez obtenha o modelo representado na Figura 6-8. Como pode observar, ele parece bem diferente da árvore de decisão anterior (Figura 6-2). Na verdade, como o algoritmo de treinamento usado pela Scikit-Learn é estocástico,[6] é possível obter modelos muito diferentes, ainda que sejam nos mesmos dados de treinamento (a não ser que você defina o hiperparâmetro `random _ state`).

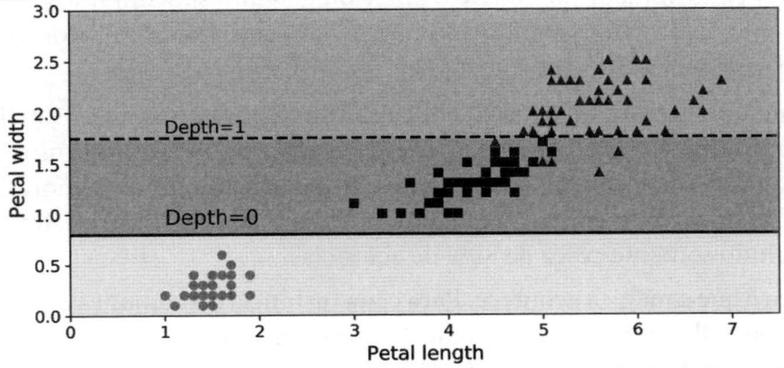

Figura 6-8. Sensibilidade aos detalhes do conjunto de treinamento

As florestas aleatórias conseguem limitar essa instabilidade calculando a média de predições em relação a muitas árvores, conforme veremos no próximo capítulo.

6 Ele seleciona aleatoriamente o conjunto de características a serem avaliadas em cada nó.

Exercícios

1. Qual é a profundidade aproximada de uma árvore de decisão treinada (sem restrições) em um conjunto de treinamento com 1 milhão de instâncias?
2. O coeficiente de Gini de um nó geralmente é menor ou maior que o de seus pais? Ele *geralmente* é menor/maior ou *sempre* é menor/maior?
3. Caso uma árvore de decisão esteja se sobreajustando demais ao conjunto de treinamento, é uma boa ideia tentar diminuir o `max_depth`?
4. Se uma árvore de decisão estiver subajustando mal o conjunto de treinamento, é uma boa ideia tentar escalonar as características de entrada?
5. Se levar uma hora para treinar uma árvore de decisão em um conjunto de treinamento contendo 1 milhão de instâncias, quanto tempo levará aproximadamente para treinar outra árvore de decisão em um conjunto de treinamento contendo 10 milhões de instâncias?
6. Se seu conjunto de treinamento contiver 100 mil instâncias, a definição do `presort=True` acelerará o treinamento?
7. Treine e aperfeiçoe uma árvore de decisão para o conjunto de dados moons, seguindo estas etapas:
   a. Use o `make_moons(n_samples=10000, noise=0.4)` para gerar um conjunto de treinamento moons.
   b. Utilize o `train_test_split()` para dividir o conjunto de dados em um conjunto de treinamento e em um conjunto de teste.
   c. Use a pesquisa do grid search com validação cruzada (com a ajuda da classe `GridSearchCV`) a fim de encontrar bons valores de hiperparâmetro para um `DecisionTreeClassifier`. Dica: tente diversos valores para `max_leaf_nodes`.
   d. Treine-o em todo o conjunto de treinamento usando esses hiperparâmetros e avalie o desempenho do seu modelo no conjunto de teste. Você deve obter aproximadamente 85% a 87% de acurácia.
8. Vamos criar uma floresta seguindo estas etapas:
   a. Dando continuidade ao exercício anterior, gere mil subconjuntos do conjunto de treinamento, cada um contendo 100 instâncias selecionadas aleatoriamente. Dica: você pode usar a classe `ShuffleSplit` da Scikit-Learn para tal.
   b. Treine uma árvore de decisão em cada subconjunto, usando os melhores valores de hiperparâmetros encontrados no exercício anterior. Avalie essas mil árvores de decisão no conjunto de testes. Como foram treinadas em conjuntos menores, essas árvores de decisão provavelmente terão um desempenho pior que o da primeira árvore de decisão, atingindo somente cerca de 80% de acurácia.
   c. Agora é que a mágica acontece. Para cada instância do conjunto de testes, gere as predições das mil árvores de decisão e mantenha somente as predições mais frequentes (você pode usar a função `mode()` do SciPy para isso). Essa abordagem fornece as *predições dos votos majoritários* em relação ao conjunto de testes.
   d. Avalie essas predições no conjunto de testes: você deve obter uma acurácia um pouco maior que a do seu primeiro modelo (cerca de 0,5 a 1,5% maior). Parabéns, você acabou de treinar um classificador de floresta aleatória!

As soluções desses exercícios estão disponíveis no Apêndice A.

Aprendizado Ensemble e Florestas Aleatórias

Suponha que você faça uma pergunta complexa para milhares de pessoas aleatórias e depois agrupe as respostas. Em muitos casos, você identificará que essa resposta agregada é melhor que a resposta de um especialista. Isso é conhecido como *sabedoria das multidões*. Da mesma forma, se agregar as predições de um grupo de preditores (como classificadores ou regressores), obterá melhores predições do que com o melhor preditor individual. Um grupo de preditores é chamado de *ensemble [agrupamento]*; logo, essa técnica se chama *aprendizado ensemble*,[1] e um algoritmo do aprendizado ensemble é chamado de *método ensemble*.

Como exemplo de um método ensemble, você pode treinar um grupo de classificadores de uma árvore de decisão, cada um em um subconjunto aleatório diferente do conjunto de treinamento. Para efetuar as predições, você obtém as predições de todas as árvores individuais e, em seguida, prediz a classe que obtém mais votos (veja o último exercício no Capítulo 6). Esse agrupamento de árvores de decisão se chama *floresta aleatória* e, a despeito de sua simplicidade, esse é um dos algoritmos de aprendizado de máquina mais poderosos atualmente disponíveis.

Conforme discutido no Capítulo 2, você usará com frequência os métodos ensemble no fim de um projeto, uma vez que já tenha criado preditores bons, para combiná-los com um preditor ainda melhor. Na realidade, as soluções vencedoras nas competições de aprendizado de máquina geralmente envolvem diversos métodos ensemble (ainda mais quando se trata de competições famosas como o Netflix Prize (*http://netflixprize.com/*)).

Neste capítulo, abordaremos os métodos ensemble mais populares, incluindo o *bagging*, o *boosting* e o *stacking*. Vamos explorar também as florestas aleatórias.

Classificadores de Votação

Suponha que você tenha treinado alguns classificadores, cada um com uma acurácia de 80%. Você pode ter um classificador de regressão logística, um classificador SVM, um classificador de floresta aleatória, um classificador k-ésimo vizinho mais próximo e, talvez, mais alguns. (Veja a Figura 7-1).

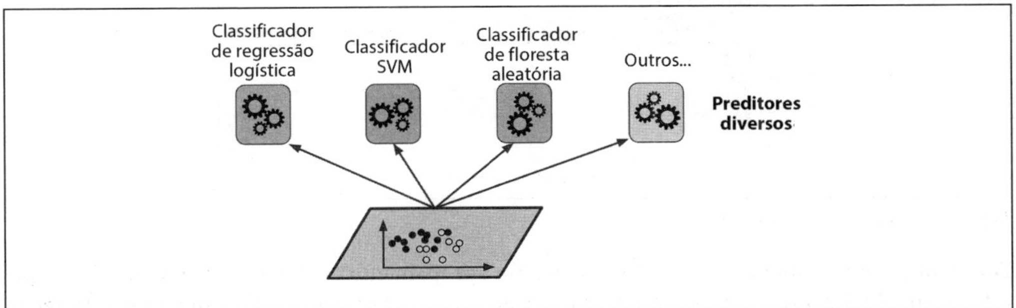

Figura 7-1. Treinando diversos classificadores

1 N. da T.: O termo aprendizado ensemble também é conhecido como aprendizado por agrupamento ou por agregação. Neste livro, o termo usado é aprendizado ensemble.

Uma forma bastante simples de criar um classificador ainda melhor é agrupar as predições de cada classificador e predizer a classe que obtém mais votos. Esse classificador de predições de votos majoritários se chama classificador *hard voting* (veja a Figura 7-2).

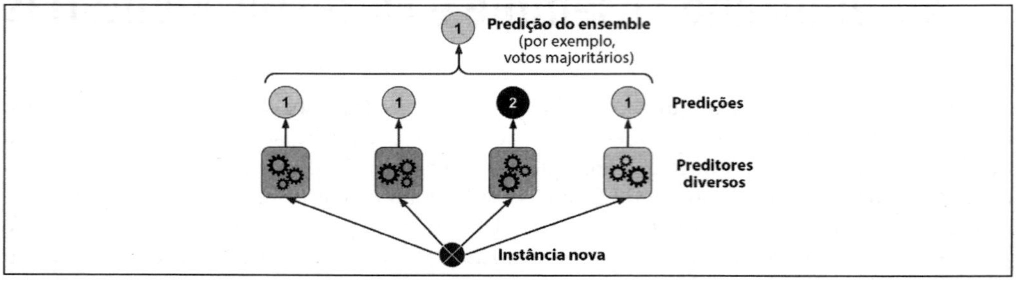

Figura 7-2. Predições do classificador hard voting

É surpreendente que esse classificador de votação atinja uma acurácia mais alta do que o melhor classificador ensemble. Na verdade, ainda que cada classificador seja um *weak learner [aprendiz fraco]* (o que significa que ele é ligeiramente melhor do que uma suposição do acaso), o agrupamento ainda pode ser um *strong learner [aprendiz forte]* (e atingir uma acurácia alta), desde que exista um número suficiente de aprendizes fracos e eles sejam bastante diversificados.

Como isso é possível? A analogia a seguir pode ajudar a esclarecer um pouco esse mistério. Vamos supor que você tenha uma moeda um pouco tendenciosa com 51% de chance de aparecer cara e 49% de chance de aparecer coroa. Se jogá-la mil vezes, geralmente, receberá mais ou menos 510 caras e 490 coroas, logo o índice de caras é maior. Se fizer os cálculos, verá que a probabilidade de obter a maioria de caras após mil lançamentos é cerca de 75%. Quanto mais joga a moeda, maior a probabilidade (por exemplo, com 10 mil lançamentos, a probabilidade ultrapassa os 97%). Isso se deve à *Lei dos Grandes Números*: à medida que joga a moeda, a relação de caras fica cada vez mais próxima da probabilidade de caras (51%). A Figura 7-3 mostra 10 séries de lançamentos tendenciosos de moedas. Você pode notar que, conforme o número de lançamentos aumenta, a relação de caras se aproxima de 51%. Por fim, todas as 10 séries acabam tão próximas de 51% que estão consistentemente acima de 50%.

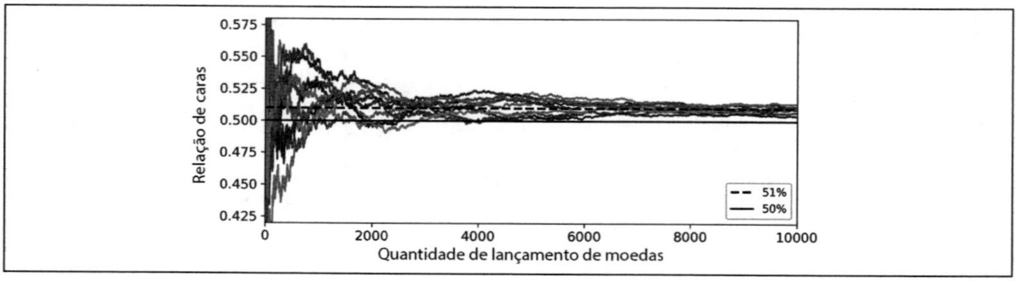

Figura 7-3. Lei dos Grandes Números

Do mesmo modo, suponha que você construa um agrupamento contendo mil classificadores que estão individualmente corretos em apenas 51% das vezes (um pouco melhor que uma estimativa aleatória). Se você predizer a classe votada majoritariamente, é possível obter 75% de acurácia! No entanto, isso só vale se todos os classificadores forem perfeitamente independentes, cometendo erros não correlacionados, o que obviamente não é o caso, pois eles são treinados nos mesmos dados. É provável que eles cometam os mesmos tipos de erros; portanto, haverá muitos votos majoritários para a classe errada, reduzindo a acurácia do agrupamento.

> Os métodos ensemble funcionam melhor quando os preditores são tão independentes dos outros quanto possível. Uma forma de se obter classificadores diversos é treiná-los usando algoritmos bastante diferentes. Isso aumenta a chance de eles cometerem tipos muito diferentes de erros, melhorando a acurácia do agrupamento.

O código a seguir cria e treina um classificador de votação na Scikit-Learn, constituído por três classificadores diversos (o conjunto de treinamento é o conjunto de dados moons, apresentado no Capítulo 5):

```
from sklearn.ensemble import RandomForestClassifier
from sklearn.ensemble import VotingClassifier
from sklearn.linear_model import LogisticRegression
from sklearn.svm import SVC

log_clf = LogisticRegression()
rnd_clf = RandomForestClassifier()
svm_clf = SVC()

voting_clf = VotingClassifier(
    estimators=[('lr', log_clf), ('rf', rnd_clf), ('svc', svm_clf)],
    voting='hard')
voting_clf.fit(X_train, y_train)
```

Vamos analisar a acurácia de cada classificador no conjunto de testes:

```
>>> from sklearn.metrics import accuracy_score
>>> for clf in (log_clf, rnd_clf, svm_clf, voting_clf):
...     clf.fit(X_train, y_train)
...     y_pred = clf.predict(X_test)
...     print(clf.__class__.__name__, accuracy_score(y_test, y_pred))
...
LogisticRegression 0.864
RandomForestClassifier 0.896
SVC 0.888
VotingClassifier 0.904
```

Vejam só! O classificador de votação desbanca ligeiramente todos os classificadores individuais.

Se todos os classificadores forem capazes de estimar as probabilidades de classe (ou seja, se todos tiverem um método `predict_proba()`), você pode informar à Scikit-Learn para predizer a classe com a maior probabilidade de classe, com a média de todos os classificadores individuais. Isso se chama classificador *soft voting*. Não raro, ela obtém um desempenho superior ao hard voting, porque destina mais peso aos votos altamente confiantes. Tudo o que você precisa fazer é substituir `voting="hard"` por `voting="soft"` e garantir que todos os classificadores consigam estimar as probabilidades de classe. Como esse não é o caso da classe `SVC`, que vem por padrão, é necessário definir seu hiperparâmetro `probability` como `True` (isso fará com que a classe `SVC` empregue a validação cruzada para estimar as probabilidades da classe, diminuindo a velocidade do treinamento e acrescentando um método `predict_proba()`). Caso você modifique o código anterior para usar a soft voting, verá que o classificador de votação atinge uma acurácia acima de 91,2%!

Bagging e Pasting

Uma forma de obter um conjunto diversificado de classificadores é utilizar algoritmos de treinamento bastante diferentes, como acabamos de ver. Outra abordagem é usar o mesmo algoritmo de treinamento para todos os preditores e treiná-los em diferentes subconjuntos aleatórios do conjunto de treinamento. Quando a amostragem é realizada *com* a substituição, esse método se chama *bagging* (*https://homl.info/20*)[2] (abreviação de *bootstrap aggregating)3*. Quando a amostragem é realizada *sem* substituição, ela se chama *pasting* (*https://homl.info/21*).[4]

Em outras palavras, o bagging e o pasting permitem que as instâncias de treinamento sejam submetidas à amostragem diversas vezes em vários preditores, mas somente o bagging permite que as instâncias de treinamento sejam submetidas à amostragem diversas vezes para o mesmo preditor. Esse processo de amostragem e treinamento está representado na Figura 7-4.

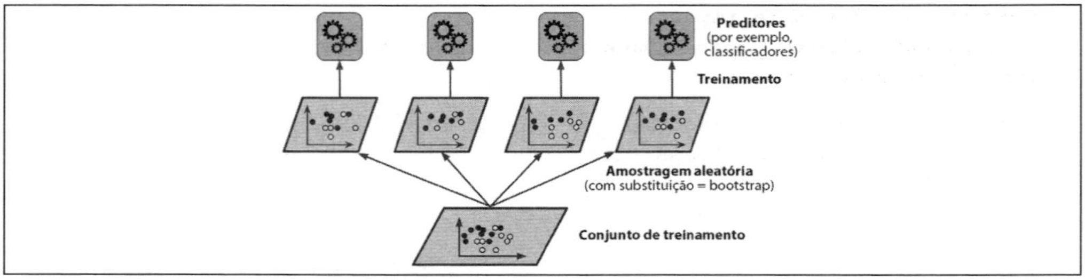

Figura 7-4. Bagging e pasting envolvem o treinamento de diversos preditores em diferentes amostras aleatórias do conjunto de treinamento

Uma vez que todos os preditores são treinados, o agrupamento consegue fazer uma predição para uma instância nova simplesmente agregando as predições de todos os preditores. A função de agregação é normalmente uma *moda estatística* (ou seja, a predição mais frequente, como um classificador de hard voting) para classificação, ou a média para regressão. Cada preditor individual tem um viés maior do que se ele tivesse sido treinado no conjunto de treinamento original, mas a agregação reduz o viés e a variância.[5] Em geral, o resultado final é que o agrupamento tem um viés semelhante, porém uma variância menor do que um único preditor treinado no conjunto de treinamento original.

Como pode ver na Figura 7-4, todos os preditores podem ser treinados em paralelo por meio de diferentes núcleos de CPU ou até mesmo por intermédio de servidores diferentes. As predições também podem ser feitas em paralelo. Este é um dos motivos pelos quais o bagging e o pasting são métodos tão populares: eles fazem um bom escalonamento.

Bagging e pasting na Scikit-Learn

A Scikit-Learn disponibiliza uma API simples para o bagging e para o pasting por meio da classe `BaggingClassifier` (ou com a `BaggingRegressor` para regressão). O código a seguir treina um conjunto de 500 classificadores da árvore de decisão[6]: cada um é treinado em 100 instâncias de treinamento submetidas a amostras aleatórias no conjunto de treinamento com substituição (é um exemplo de bagging, mas, se você quiser usar o pasting, basta definir `bootstrap=False`). O

2 Leo Breiman, "Bagging Predictors", *Machine Learning* 24, no. 2 (1996): 123–140.

3 Em estatística, a reamostragem com substituição se chama *bootstrapping*.

4 Leo Breiman, "Pasting Small Votes for Classification in Large Databases and On-Line", *Machine Learning* 36, no. 1-2 (1999): 85–103.

5 O viés e a variância foram apresentados no Capítulo 4.

6 Como alternativa, o `max _ samples` pode ser definido como uma oscilação entre 0,0 e 1,0; nesse caso, o número máximo de instâncias a serem submetidas à amostragem é igual ao tamanho do conjunto de treinamento multiplicado pelo `max _ samples`.

parâmetro `n_jobs` informa à Scikit-Learn o número de núcleos da CPU a serem usados para o treinamento e para as predições (`-1` informa à Scikit-Learn para utilizar todos os núcleos disponíveis):

```
from sklearn.ensemble import BaggingClassifier
from sklearn.tree import DecisionTreeClassifier

bag_clf = BaggingClassifier(
    DecisionTreeClassifier(), n_estimators=500,
    max_samples=100, bootstrap=True, n_jobs=-1)
bag_clf.fit(X_train, y_train)
y_pred = bag_clf.predict(X_test)
```

O `BaggingClassifier` executa automaticamente a soft voting em vez da hard voting, se o classificador-base conseguir estimar as probabilidades de classe (ou seja, se tiver um método `predict_proba()`, como é o caso dos classificadores da árvore de decisão).

A Figura 7-5 compara a fronteira de decisão de uma única árvore de decisão com a fronteira de decisão de um agrupamento bagging de 500 árvores (do código anterior), ambos treinados no conjunto de dados moons. Observe que as predições do agrupamento fazem uma generalização bem melhor do que as predições da única árvore de decisão: o agrupamento tem viés comparável, mas uma variância menor (comete aproximadamente o mesmo número de erros no conjunto de treinamento, mas a fronteira da decisão é menos irregular).

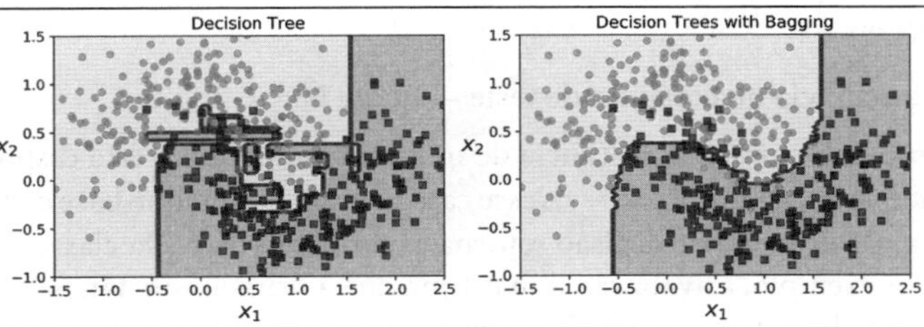

Figura 7-5. Uma única árvore de decisão (à esquerda) vs. um conjunto de 500 árvores (à direita)

O bootstrapping introduz um pouco mais de diversidade nos subconjuntos nos quais cada preditor é treinado; assim sendo, o bagging acaba com um viés um pouco mais alto do que o pasting; mas diversidade extra também significa que os preditores acabam sendo menos correlacionados, portanto a variância do agrupamento é reduzida. No geral, o bagging normalmente resulta em modelos melhores, o que explica por que é o preferido. No entanto, se você tiver um tempo sobrando e processamento de CPU, poderá usar a validação cruzada a fim de mensurar tanto o bagging quanto o pasting e escolher qual funciona melhor.

Avaliação out-of-bag (OOB)

Com o bagging, algumas instâncias podem ser submetidas à amostragem diversas vezes em qualquer preditor, enquanto outras não podem. Por padrão, um `BaggingClassifier` faz a amostragem de *m* instâncias de treinamento com a substituição (`bootstrap=True`), sendo *m* o tamanho do conjunto de treinamento. Isso significa que, em média, apenas cerca de 63% das instâncias de treinamento são amostradas para cada preditor.[7] Os 37% restantes das instâncias de treinamento

7 À medida que *m* cresce, essa taxa se aproxima de 1 – exp(–1) ≈ 63.212%.

que não passam pela amostragem se chamam instâncias *out-of-bag* (oob). Repare que não são os mesmos 37% para todos os preditores.

Já que o preditor não tem contato com as instâncias oob durante o treinamento, ele pode ser avaliado nessas instâncias sem a necessidade de um conjunto de validação separado. Você pode avaliar o próprio agrupamento calculando a média das avaliações oob de cada preditor.

Na Scikit-Learn, você pode definir `oob_score=True` quando criar um `BaggingClassifier` para solicitar uma avaliação oob automática, após o treinamento. O código a seguir demonstra isso. O score resultante da avaliação está disponível por meio da variável `oob_score_`:

```
>>> bag_clf = BaggingClassifier(
... DecisionTreeClassifier(), n_estimators=500,
... bootstrap=True, n_jobs=-1, oob_score=True)
...
>>> bag_clf.fit(X_train, y_train)
>>> bag_clf.oob_score_
0.90133333333333332
```

De acordo com a avaliação oob, é provável que esse `BaggingClassifier` alcance aproximadamente 90,1% de acurácia no conjunto de teste. Vamos verificar:

```
>>> from sklearn.metrics import accuracy_score
>>> y_pred = bag_clf.predict(X_test)
>>> accuracy_score(y_test, y_pred)
0.91200000000000003
```

Obtemos 91,2% de acurácia no conjunto de teste — quase lá!

A função de decisão oob para cada instância de treinamento também está disponível por meio da variável `oob_decision_function_`. Nesse caso (como o estimador-base comporta um método `predict_proba()`), a função de decisão retorna as probabilidades da classe para cada instância de treinamento. Por exemplo, a avaliação oob estima que a primeira instância de treinamento tem 68,25% de probabilidade de pertencer à classe positiva (e 31,75% de pertencer à classe negativa):

```
>>> bag_clf.oob_decision_function_
array([[0.31746032, 0.68253968],
       [0.34117647, 0.65882353],
       [1.        , 0.        ],
       ...
       [1.        , 0.        ],
       [0.03108808, 0.96891192],
       [0.57291667, 0.42708333]])
```

Patches Aleatórios e Subespaços Aleatórios

A classe `BaggingClassifier` também comporta a amostragem das características. A amostragem é controlada por dois hiperparâmetros: `max_features` e `bootstrap_features`. Eles funcionam da mesma forma que o `max_samples` e o `bootstrap`, só que para a amostragem de característica em vez de a amostragem de instância. Assim, cada preditor será treinado em um subconjunto aleatório das características de entrada.

Essa técnica é sobretudo útil quando você está lidando com entradas de alta dimensão (como imagens). A amostragem de instâncias e características de treinamento se chama método dos *patches aleatórios* (*https://homl.info/22*).[8] Manter todas as instâncias de treinamento (ao definir `bootstrap_features` e `max_samples=1.0`), mas fazer a amostragem das características (ao definir `bootstrap_features` como `True` e/ou `max_features` com um valor menor que `1.0`), se chama método de *subespaços aleatórios* (*https://homl.info/23*).[9]

A amostragem das características resulta em mais diversidade de preditores, trocando um viés um pouco maior por uma variância menor.

Florestas aleatórias

Conforme discutimos, uma floresta aleatória (*https://homl.info/24*)[10] é um agrupamento de árvores de decisão, geralmente treinadas por meio do método bagging (ou, às vezes, pasting), e normalmente com o `max_samples` definido para o tamanho do conjunto de treinamento. Em vez de criar um `BaggingClassifier` e passá-lo em um `DecisionTreeClassifier`, você pode usar a classe `RandomForestClassifier`, mais conveniente e otimizada para as árvores de decisão[11] (do mesmo jeito que também existe uma classe `RandomForestRegressor` para tarefas de regressão). O código a seguir utiliza todos os núcleos de CPU disponíveis para treinar um classificador de floresta aleatória com 500 árvores (cada uma limitada ao máximo de 16 nós):

```
from sklearn.ensemble import RandomForestClassifier

rnd_clf = RandomForestClassifier(n_estimators=500, max_leaf_nodes=16,
n_jobs=-1)
rnd_clf.fit(X_train, y_train)
y_pred_rf = rnd_clf.predict(X_test)
```

Salvo raras exceções, um `RandomForestClassifier` tem todos os hiperparâmetros de um `DecisionTreeClassifier` (a fim de controlar o crescimento das árvores), além de todos os hiperparâmetros `BaggingClassifier` para controlar o próprio agrupamento.[12]

O algoritmo Random Forest introduz aleatoriedade extra ao cultivar árvores; em vez de procurar a melhor característica quando divide um nó (veja o Capítulo 6), ele procura a melhor característica entre um subconjunto aleatório de características. O algoritmo resulta em uma maior diversidade de árvores, que (outra vez) troca um viés maior por uma variância menor, produzindo um modelo geral melhor. O seguinte `BaggingClassifier` é equivalente ao `RandomForestClassifier` anterior:

```
bag_clf = BaggingClassifier(
DecisionTreeClassifier(splitter="random", max_leaf_nodes=16),
n_estimators=500, max_samples=1.0, bootstrap=True, n_jobs=-1)
```

8 Gilles Louppe and Pierre Geurts, "Ensembles on Random Patches", *Lecture Notes in Computer Science* 7523 (2012): 346–361.

9 Tin Kam Ho, "The Random Subspace Method for Constructing Decision Forests", *IEEE Transactions on Pattern Analysis and Machine Intelligence* 20, no. 8 (1998): 832–844.

10 Tin Kam Ho, "Random Decision Forests", *Anais da Terceira Conferência Internacional sobre Análise e Reconhecimento de Documentos 1* (1995): 278.

11 A classe `BaggingClassifier` ainda será útil, se você quiser um bagging de algo diferente de uma árvore de decisão.

12 Existem algumas exceções significaticas: o `splitter` está ausente (forçado em `"random"`), o `presort` está ausente (forçado em `False`), o `max_samples` está ausente (forçado em `1.0`), e o `base_estimator` também está ausente (submetido ao `DecisionTreeClassi fier` com os hiperparâmetros fornecidos).

Árvores extras

Quando você está cultivando uma árvore em uma floresta aleatória, consideramos apenas um subconjunto aleatório em cada nó para a divisão (conforme discutido anteriormente). É possível tornar as árvores ainda mais aleatórias usando também os limiares aleatórios para cada característica, em vez de procurar os melhores limiares possíveis (como fazem as árvores de decisão comuns).

Uma floresta de árvores extremamente aleatória se chama agrupamento de árvores extremamente aleatórias[13] (ou a abreviação *árvores extras*). Mais uma vez, essa técnica troca um viés maior por uma variância menor. Além disso, torna as árvores extras bem mais rápidas de se treinar do que as florestas aleatórias comuns, porque encontrar o melhor limiar possível em cada característica para cada nó é uma das tarefas mais demoradas no que diz respeito ao cultivo de uma árvore.

Você pode criar um classificador de árvores extras usando a classe `ExtraTreesClassifier` da Scikit-Learn. Sua API é idêntica à da classe `RandomForestClassifier`. Da mesma forma, a classe `ExtraTreesRegressor` comporta a mesma API da classe `RandomForestRegressor`.

> A priori, é difícil afirmar se um `RandomForestClassifier` terá um desempenho melhor ou pior que um `ExtraTreesClassifier`. Em geral, o único jeito de saber é testar os dois e compará-los usando a validação cruzada (ajustando os hiperparâmetros usando o grid search).

Importância da característica

Outro grande predicado das florestas aleatórias é que elas facilitam a medição da importância relativa de cada característica. A Scikit-Learn calcula a importância de uma característica analisando o quanto os nós das árvores que usam essa característica reduzem em média a impureza (em todas as árvores da floresta). Mais especificamente, é uma média ponderada, em que o peso de cada nó é igual ao número de amostras de treinamento associadas a ele (veja o Capítulo 6).

A Scikit-Learn calcula automaticamente esse score para cada característica após o treinamento e, em seguida, faz o escalonamento dos resultados para que a soma de todas as importâncias seja igual a 1. Você pode acessar o resultado usando a variável `feature_importances_`. Por exemplo, o código a seguir treina um `RandomForestClassifier` no conjunto de dados da íris (apresentado no Capítulo 4) e gera a saída da importância de cada característica. Ao que tudo indica, as características mais importantes são o comprimento da pétala (44%) e a largura (42%), enquanto o comprimento e a largura da sépala não são importantes quando se trata de comparação (11% e 2%, respectivamente):

```
>>> from sklearn.datasets import load_iris
>>> iris = load_iris()
>>> rnd_clf = RandomForestClassifier(n_estimators=500, n_jobs=-1)
>>> rnd_clf.fit(iris["data"], iris["target"])
>>> for name, score in zip(iris["feature_names"], rnd_clf.feature_
importances_):
...     print(name, score)
...
sepal length (cm) 0.112492250999
sepal width (cm) 0.0231192882825
petal length (cm) 0.441030464364
petal width (cm) 0.423357996355
```

13 Pierre Geurts et al., "Extremely Randomized Trees", *Machine Learning* 63, no. 1 (2006): 3–42.

Da mesma forma, se você treinar um classificador Random Forest no conjunto de dados MNIST (apresentado no Capítulo 3) e plotar a importância de cada pixel, obterá a imagem representada na Figura 7-6.

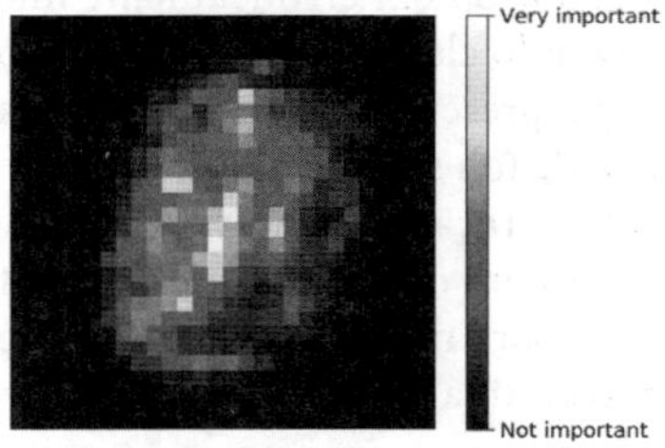

Figura 7-6. Importância do pixel MNIST (de acordo com um classificador Random Forest)

As florestas aleatórias são muito úteis para entender de imediato quais características realmente são importantes, ainda mais se você precisar realizar a seleção de características.

Boosting

Boosting (originalmente chamado de *hipótese de boosting*) diz respeito a qualquer método ensemble que pode combinar diversos aprendizes fracos em um aprendiz forte. A ideia geral da maioria dos métodos boosting é treinar preditores sequencialmente, cada um tentando corrigir seu predecessor. Existem muitos métodos boosting disponíveis, mas de longe os mais populares são o *AdaBoost* (*https://homl.info/26*)[14] (abreviação de *Adaptive Boosting*) e o *Gradiente Boosting*. Vamos começar com o AdaBoost.

AdaBoost

Uma das formas de um preditor novo corrigir seu antecessor é prestar um pouco mais de atenção às instâncias de treinamento que o antecessor não subajustou. Isso resulta em novos preditores que focam cada vez mais os casos difíceis. Essa é a técnica usada pelo AdaBoost.

Por exemplo, ao treinar um classificador AdaBoost, o algoritmo primeiro treina um classificador-base (como uma árvore de decisão) e o usa para fazer predições no conjunto de treinamento. O algoritmo aumenta o peso relativo de instâncias de treinamento classificadas indevidamente. Em seguida, ele treina um segundo classificador, usando os pesos atualizados, e novamente efetuas as predições no conjunto de treinamento, atualiza os pesos da instância e assim por diante (veja a Figura 7-7).

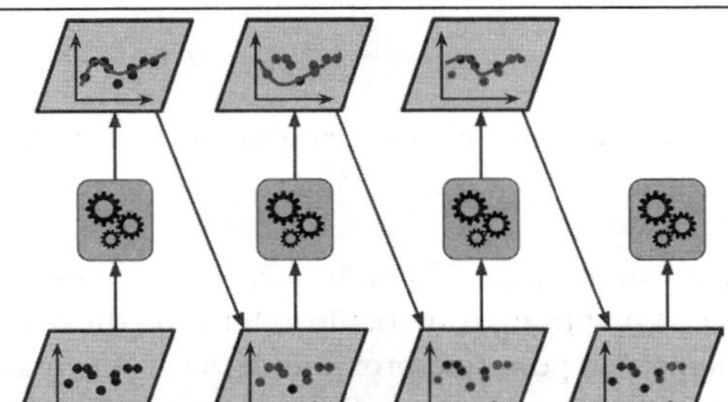

Figura 7-7. Treinamento sequencial AdaBoost com atualizações de peso da instância

14 Yoav Freund and Robert E. Schapire, "A Decision-Theoretic Generalization of On-Line Learning and an Application to Boosting", *Journal of Computer and System Sciences* 55, no. 1 (1997): 119–139.

A Figura 7-8 mostra as fronteiras de decisão de cinco preditores consecutivos no conjunto de dados moons (neste exemplo, cada preditor é um classificador SVM extremamente regularizado com um kernel RBF[15]). O primeiro classificador obtém erroneamente muitas instâncias; logo, seus pesos são aumentados. Desse modo, o segundo classificador faz um trabalho melhor nessas instâncias e assim por diante. O gráfico à direita representa a mesma sequência de preditores, exceto que a taxa de aprendizado é reduzida pela metade (ou seja, os pesos de instância classificados indevidamente são aumentados pela metade a cada iteração). Como você pode ver, essa técnica de aprendizado sequencial tem algumas semelhanças com o gradiente descendente, exceto que, em vez de ajustar os parâmetros de um único preditor para minimizar uma função de custo, o AdaBoost adiciona preditores ao conjunto, melhorando gradualmente.

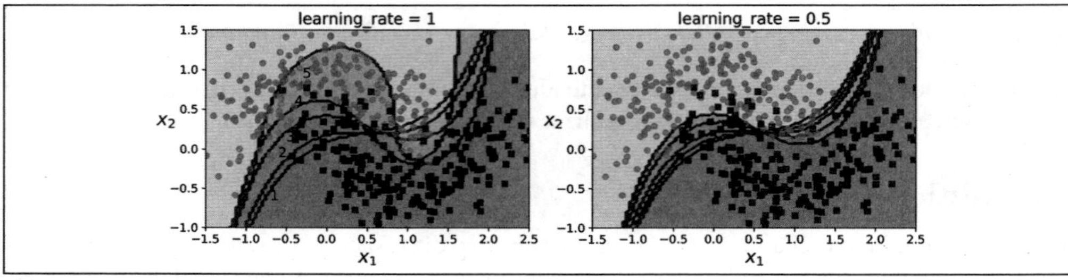

Figura 7-8. Fronteiras de decisão de preditores consecutivos

Uma vez que todos os preditores estão treinados, o conjunto efetua predições muito parecidas com o bagging ou o pasting, exceto que os preditores têm pesos diferentes, dependendo de sua acurácia geral no conjunto de treinamento ponderado.

Existe um inconveniente importante nessa técnica de aprendizado sequencial: ela não pode ser paralelizada (nem parcialmente), visto que cada preditor só pode ser treinado após o preditor anterior ter sido treinado e avaliado. Como resultado, ele não escalona tão bem quanto o bagging ou o pasting.

Vamos dar uma olhada no algoritmo AdaBoost. O peso de cada instância $w^{(i)}$ é inicialmente definido em $\frac{1}{m}$. Um primeiro preditor é treinado e sua taxa de erro ponderado r_1 é calculada no conjunto de treinamento; veja a Equação 7-1.

Equação 7-1. Taxa de erro ponderado do j-ésimo preditor

$$r_j = \frac{\displaystyle\sum_{\substack{i=1 \\ \hat{y}_j^{(i)} \neq y^{(i)}}}^{m} w^{(i)}}{\displaystyle\sum_{i=1}^{m} w^{(i)}} \quad \text{sendo que } \hat{y}_j^{(i)} \text{ é a previsão do j-ésimo preditor para a i-ésima instância.}$$

O peso α_j do preditor é calculado usando a Equação 7-2, em que η é o hiperparâmetro da taxa de aprendizado (o padrão é 1).[16] Quanto mais meticuloso for o preditor, maior será seu peso. Se ele apenas estimar aleatoriamente, seu peso será próximo de zero. No entanto, se estiver errado com mais frequência (ou seja, menos preciso do que estimar aleatoriamente), seu peso será negativo.

15 Apenas para fins ilustrativos. As SVMs geralmente não são bons preditores de base para o AdaBoost; elas são lentas e costumam ser instáveis com ele.

16 O algoritmo AdaBoost original não emprega um hiperparâmetro de taxa de aprendizado.

Equação 7-2. Peso do preditor

$$\alpha_j = \eta \log \frac{1 - r_j}{r_j}$$

Em seguida, o algoritmo AdaBoost atualiza os pesos das instâncias, usando a Equação 7-3, que aumenta os pesos das instâncias classificadas incorretamente.

Equação 7-3. Regra de atualização de peso

$$\text{para } i = 1, 2, \cdots, m$$
$$w^{(i)} \leftarrow \begin{cases} w^{(i)} & \text{if } \widehat{y_j}^{(i)} = y^{(i)} \\ w^{(i)} \exp\left(\alpha_j\right) & \text{if } \widehat{y_j}^{(i)} \neq y^{(i)} \end{cases}$$

Todos os pesos da instância são normalizados (ou seja, divididos por $\sum_{i=1}^{m} w^{(i)}$).

Por último, um preditor novo é treinado usando os pesos atualizados e todo o processo é repetido (o peso do preditor novo é calculado, os pesos da instância são atualizados; então, outro preditor é treinado e assim por diante). O algoritmo para quando o número desejado de preditores é atingido ou quando um preditor perfeito é encontrado.

Para realizar as predições, o AdaBoost simplesmente calcula as predições de todos os preditores e as pondera usando os pesos do preditor α_j. A classe predita é a que recebe a maioria dos votos ponderados (veja a Equação 7-4).

Equação 7-4. Predições do AdaBoost

$$\hat{y}(\mathbf{x}) = \underset{k}{\operatorname{argmax}} \sum_{\substack{j=1 \\ \hat{y}_j(\mathbf{x}) = k}}^{N} \alpha_j \quad \text{em que } N \text{ é o número de preditores.}$$

A Scikit-Learn usa uma versão multiclasse do AdaBoost chamada *SAMME* (*https://homl.info/27*)[17] (que significa *Stagewise Additive Modeling usando uma função de perda exponencial multiclasse*). Quando existem apenas duas classes, o SAMME é equivalente ao AdaBoost. Se os preditores puderem estimar as probabilidades de classe (por exemplo, se eles tiverem um método `predict _ proba()`), a Scikit-Learn poderá utilizar uma variante do SAMME chamada *SAMME.R* (o R significa "Real"), que depende das probabilidades de classe em vez de predições e geralmente tem um desempenho melhor.

O código a seguir treina um classificador AdaBoost com base em 200 Decision Stumps usando a classe `AdaBoostClassifier` da Scikit-Learn (como é de se esperar, existe também uma classe `Ada BoostRegressor`). Uma Decision Stump[18] é uma árvore de decisão com um `max _ depth=1` — em outras palavras, uma árvore composta por um único nó de decisão mais dois nós de folha. Este é o estimador-base padrão para a classe `AdaBoostClassifier`:

```
from sklearn.ensemble import AdaBoostClassifier

ada _ clf = AdaBoostClassifier(
DecisionTreeClassifier(max _ depth=1), n _ estimators=200,
algorithm="SAMME.R", learning _ rate=0.5)
ada _ clf.fit(X _ train, y _ train)
```

17 Para mais detalhes, veja Ji Zhu et al., "Multi-Class AdaBoost", *Statistics and Its Interface* 2, no. 3 (2009): 349–360.

18 N. da T.: Em muitos contextos, referida como árvore de decisão firme.

Caso seu conjunto AdaBoost esteja se sobreajustando demais ao conjunto de treinamento, você pode tentar reduzir o número de estimadores ou regularizar ainda mais o estimador de base.

Gradiente boosting

Outro algoritmo de boosting bastante popular é o *gradiente boosting* (*https://homl.info/28*).[19] Como o AdaBoost, o gradiente boosting adiciona sequencialmente preditores a um conjunto, cada um corrigindo seu antecessor. No entanto, em vez de ajustar os pesos da instância a cada iteração, como o AdaBoost, esse método tenta ajustar o preditor novo aos *erros residuais* cometidos pelo preditor anterior.

Vamos analisar um exemplo simples de regressão, usando árvores de decisão como preditores de base (logicamente, o gradiente boosting também funciona muito bem com tarefas de regressão). Isso se chama *Gradient Tree Boosting* ou *Gradient Boosted Regression Trees* (GBRT). Primeiro, vamos ajustar um `DecisionTreeRegressor` ao conjunto de treinamento (por exemplo, um conjunto de treinamento quadrático com ruído):

```
from sklearn.tree import DecisionTreeRegressor

tree_reg1 = DecisionTreeRegressor(max_depth=2)
tree_reg1.fit(X, y)
```

Em seguida, treinaremos um segundo `DecisionTreeRegressor` nos erros residuais cometidos pelo primeiro preditor:

```
y2 = y - tree_reg1.predict(X)
tree_reg2 = DecisionTreeRegressor(max_depth=2)
tree_reg2.fit(X, y2)
```

Depois, treinamos um terceiro regressor nos erros residuais cometidos pelo segundo preditor:

```
y3 = y2 - tree_reg2.predict(X)
tree_reg3 = DecisionTreeRegressor(max_depth=2)
tree_reg3.fit(X, y3)
```

Agora, temos um agrupamento com três árvores. Ele pode fazer predições em uma instância nova simplesmente adicionando as predições de todas as árvores:

```
y_pred = sum(tree.predict(X_new) for tree in (tree_reg1, tree_reg2, tree_reg3))
```

A Figura 7-9 representa as predições dessas três árvores na coluna da esquerda e as predições do conjunto na coluna da direita. Na primeira linha, o conjunto tem somente uma árvore, assim, suas predições são exatamente as mesmas que as da primeira árvore. Na segunda linha, uma árvore nova é treinada nos erros residuais da primeira árvore. À direita, você pode observar que as predições do conjunto são iguais à soma das predições das duas primeiras árvores. Do mesmo modo, na terceira linha, outra árvore é treinada nos erros residuais da segunda árvore. Você pode ver que as predições do conjunto melhoram progressivamente à medida que as árvores são adicionadas ao agrupamento.

19 O gradient boosting foi apresentado pela primeira vez no artigo de Leo Breiman, de 1997, "Arcing the Edge" (*https://homl.info/ arcing*) e se desenvolveu ainda mais no artigo de 1999 (*https://homl.info/gradboost*) "Greedy Function Approximation: A Gradient Boosting Machine", de Jerome H. Friedman.

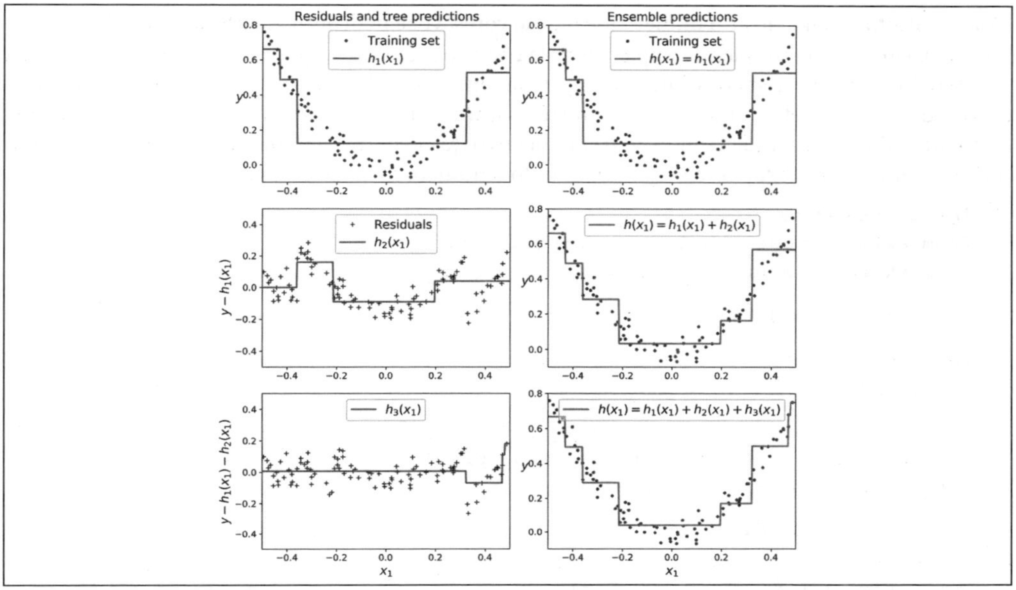

Figura 7-9. Nesta representação do gradient boosting, o primeiro preditor (canto superior esquerdo) é treinado normalmente e, em seguida, cada preditor consecutivo (meio esquerdo e inferior esquerdo) é treinado nos resíduos do preditor anterior; a coluna da direita mostra as predições do conjunto resultante

Uma maneira mais simples de treinar os agrupamentos de GBRT é usar a classe `GradientBoostingRegressor` da Scikit-Learn. Tal como a classe `RandomForestRegressor`, ela tem hiperparâmetros para controlar o crescimento das árvores de decisão (por exemplo, `max_depth`, `min_samples_leaf`), além de hiperparâmetros para controlar o treinamento do conjunto, como o número de árvores (`n_estimators`). O código a seguir cria o mesmo agrupamento que o anterior:

```
from sklearn.ensemble import GradientBoostingRegressor

gbrt = GradientBoostingRegressor(max_depth=2, n_estimators=3, learning_rate=1.0)
gbrt.fit(X, y)
```

O hiperparâmetro `learning_rate` faz o escalonamento da contribuição de cada árvore. Se você definir um valor baixo, como `0.1`, precisará de mais árvores no agrupamento para ajustar o conjunto de treinamento, e as predições farão uma melhor generalização. Essa é uma técnica de regularização que se chama *shrinkage [encolhimento]*. A Figura 7-10 mostra dois conjuntos de GBRT treinados com uma taxa de aprendizado baixa: o da esquerda não tem árvores suficientes para se ajustar no conjunto de treinamento, enquanto o da direita tem muitas árvores e se sobreajusta ao conjunto de treinamento.

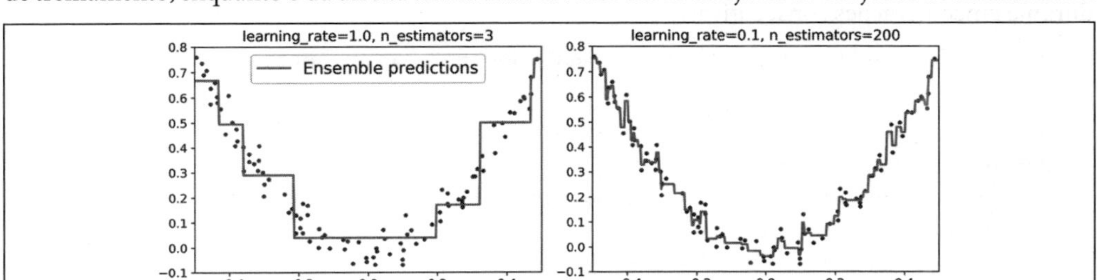

Figura 7-10. Agrupamentos de GBRT com preditores insuficientes (à esquerda) e muitos (à direita)

Com o intuito de encontrar o número ideal de árvores, você pode usar a early stopping (veja o Capítulo 4). Uma forma simples de implementá-la é usar o método `staged_predict()`: ele retorna um iterador sobre as predições feitas pelo agrupamento em cada estágio do treinamento (com uma árvore, duas árvores etc.). O código a seguir treina um agrupamento GBRT com 120 árvores, calcula o erro de validação em cada estágio do treinamento para encontrar o número ideal de árvores e, por último, treina outro agrupamento GBRT usando o número ideal de árvores:

```
import numpy as np
from sklearn.model_selection import train_test_split
from sklearn.metrics import mean_squared_error

X_train, X_val, y_train, y_val = train_test_split(X, y)

gbrt = GradientBoostingRegressor(max_depth=2, n_estimators=120)
gbrt.fit(X_train, y_train)

errors = [mean_squared_error(y_val, y_pred)
          for y_pred in gbrt.staged_predict(X_val)]
bst_n_estimators = np.argmin(errors) + 1

gbrt_best = GradientBoostingRegressor(max_depth=2,n_estimators=bst_n_
estimators)
gbrt_best.fit(X_train, y_train)
```

Os erros de validação são representados à esquerda da Figura 7-11 e as predições do melhor modelo são representadas à direita.

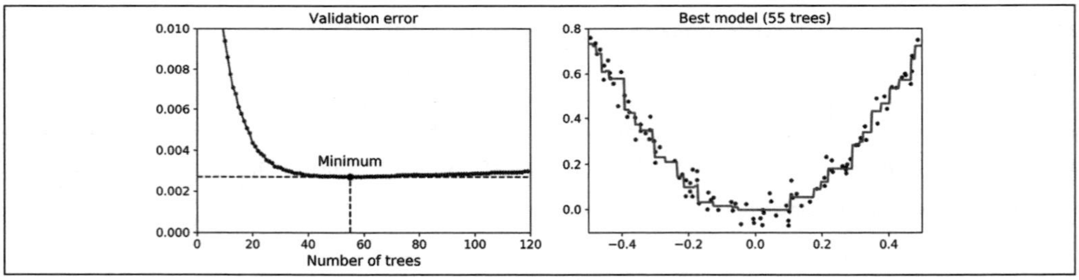

Figura 7-11. Ajustando o número de árvores usando a early stopping

É possível também implementar a early stopping, interrompendo o treinamento mais cedo (em vez de treinar uma quantidade enorme de árvores primeiro e depois retornar para encontrar o número ideal). Você pode fazer isso definindo `warm_start=True`, o que faz com que a Scikit-Learn mantenha as árvores existentes quando o método `fit()` é chamado, possibilitando o treinamento incremental. O código a seguir interrompe o treinamento quando o erro de validação não melhora durante cinco iterações consecutivas:

```
gbrt = GradientBoostingRegressor(max_depth=2, warm_start=True)

min_val_error = float("inf")
error_going_up = 0
for n_estimators in range(1, 120):
    gbrt.n_estimators = n_estimators
    gbrt.fit(X_train, y_train)
    y_pred = gbrt.predict(X_val)
    val_error = mean_squared_error(y_val, y_pred)
    if val_error < min_val_error:
```

```
            min_val_error = val_error
            error_going_up = 0
        else:
            error_going_up += 1
            if error_going_up == 5:
                break # early stopping)
```

A classe `GradientBoostingRegressor` também suporta o hiperparâmetro `subsample`, que especifica a fração de instâncias de treinamento a serem usadas para treinar cada árvore. Por exemplo, se `subsample=0.25`, cada árvore é treinada em 25% das instâncias de treinamento selecionadas aleatoriamente. Como você provavelmente já deve ter adivinhado, essa técnica troca um viés maior por uma variância menor. Ela também acelera substancialmente o treinamento. Essa técnica se chama *gradiente estocástico boosting.*

> É possível empregar o gradiente boosting com outras funções de custo. Isso é controlado pelo hiperparâmetro `loss` (veja a documentação da Scikit-Learn para saber mais).

Vale ressaltar que uma implementação otimizada do gradiente boosting está disponível na popular biblioteca Python XGBoost (*https://github.com/dmlc/xgboost*), que significa Extreme Gradient Boosting. Esse pacote foi desenvolvido inicialmente pela Tianqi Chen como parte da Comunidade de Aprendizado de Máquina Distribuído (Profundo) (DMLC) e seu propósito é ser extremamente rápido, escalonável e portátil. Na realidade, o XGBoost é componente importante e participante vencedor nas competições de AM. A API do XGBoost é bastante parecida com a da Scikit-Learn:

```
import xgboost

xgb_reg = xgboost.XGBRegressor()
xgb_reg.fit(X_train, y_train)
y_pred = xgb_reg.predict(X_val)
```

O XGBoost também oferece muitos recursos interessantes, como se encarregar automaticamente da early stopping:

```
xgb_reg.fit(X_train, y_train,
            eval_set=[(X_val, y_val)], early_stopping_rounds=2)
y_pred = xgb_reg.predict(X_val)
```

Você definitivamente deveria conferir!

Stacking

O último método ensemble que estudaremos neste capítulo se chama *stacking* (abreviação de *stacked generalization* (*https://homl.info/29*)).[20] Ele toma como base uma simples ideia: em vez de usar funções comuns (como a hard voting) para agregar as predições de todos os preditores em um agrupamento, que tal treinar um modelo para realizar essa agregação?

A Figura 7-12 mostra um agrupamento que realiza uma tarefa de regressão em uma instância nova. Cada um dos três preditores inferiores prevê um valor diferente (3.1, 2.7 e 2.9) e, em seguida, o preditor final (chamado de *blender* ou *meta learner*) toma essas predições como entradas e faz a predição final (3.0).

20 David H. Wolpert, "Stacked Generalization", *Neural Networks* 5, no. 2 (1992): 241–259.

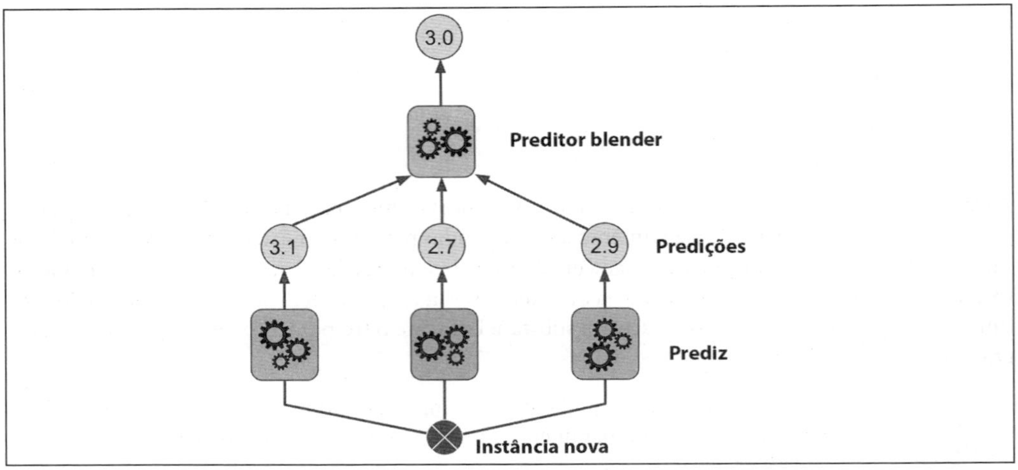

Figura 7-12. Agregando as predições usando um preditor blender

Para treinar o preditor blender, uma abordagem comum é usar um conjunto hold-out.[21] Vejamos como isso funciona. Primeiro, o conjunto de treinamento é dividido em dois subconjuntos. O primeiro subconjunto é utilizado para treinar os preditores na primeira camada (veja a Figura 7-13).

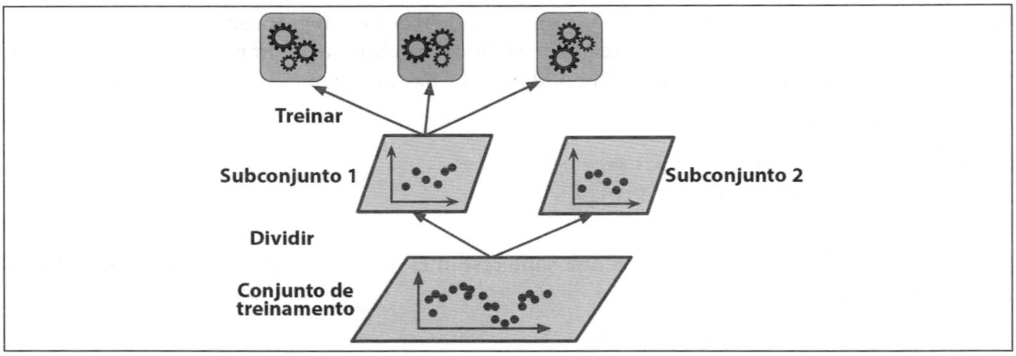

Figura 7-13. Treinando a primeira camada

Em seguida, os preditores da primeira camada são usados para efetuar as predições no segundo conjunto (held-out) (veja a Figura 7-14). Isso assegura que as predições sejam "limpas", pois os preditores nunca tiveram contato com essas instâncias durante o treinamento. Para cada instância no conjunto hold-out, existem três valores preditos. Podemos criar um conjunto de treinamento novo usando esses valores preditos como características de entrada (o que torna esse conjunto de treinamento novo 3D) e mantendo os valores-alvo. O preditor blender é treinado nesse conjunto de treinamento novo e aprende a fazer a predição do valor-alvo de acordo com as predições da primeira camada.

21 Como alternativa, é possível usar predições out-of-fold. Em alguns contextos, isso é chamado de *stacking*, enquanto o uso de um conjunto hold-out é chamado de *blending*. Para muitas pessoas, esses termos são sinônimos.

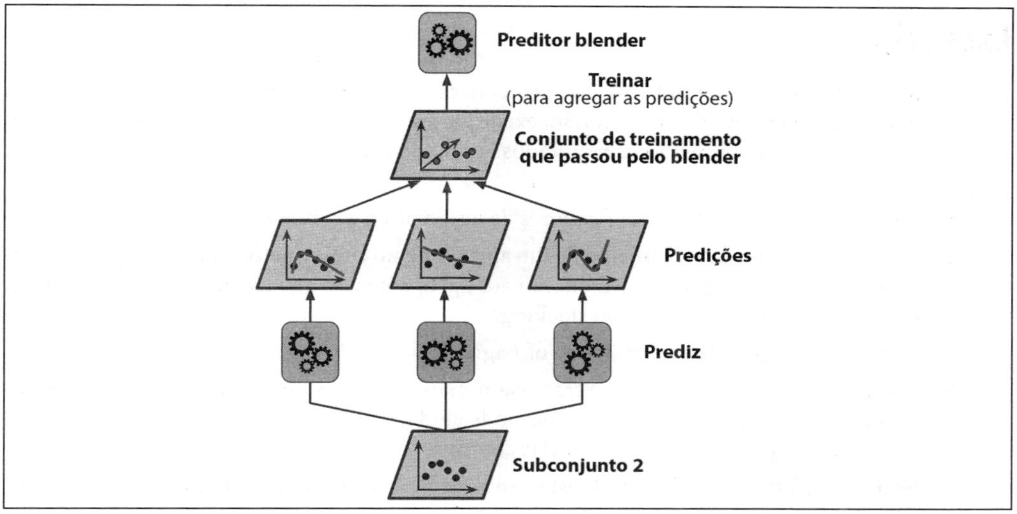

Figura 7-14. Treinando o preditor blender

Na prática, é possível treinar vários preditores blenders diferentes dessa forma (por exemplo, um usando regressão linear e outro usando regressão de floresta aleatória), para obter uma camada inteira de blenders. O macete é dividir o conjunto de treinamento em três subconjuntos: o primeiro é utilizado para treinar a primeira camada, o segundo para criar o conjunto de treinamento usado com o intuito de treinar a segunda camada (utilizando as predições feitas pelos preditores da primeira camada), e o terceiro é usado para criar o conjunto de treinamento a fim de treinar a terceira camada (empregando as predições feitas pelos preditores da segunda camada). Feito isso, podemos realizar uma predição para uma instância nova, percorrendo cada camada sequencialmente, como mostra a Figura 7-15. Infelizmente, a Scikit-Learn não oferece suporte direto ao stacking, mas não é muito difícil fazer sua própria implementação (veja os exercícios a seguir). Como alternativa, você pode usar uma implementação open source, como o `brew` (*https://github.com/viisar/brew*).

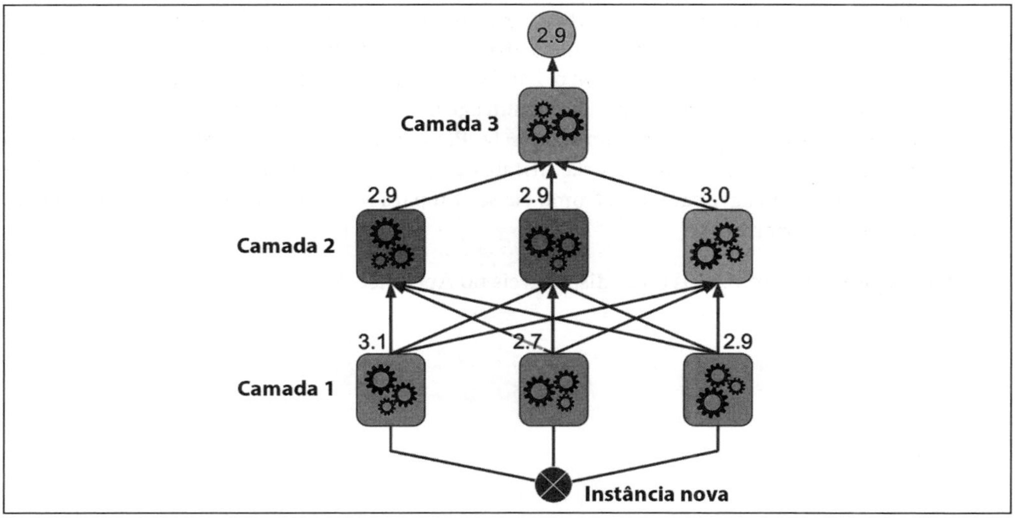

Figura 7-15. Predições em um agrupamento multicamada com o método stacking

Exercícios

1. Se você treinou cinco modelos diferentes com exatamente os mesmos dados de treinamento e todos alcançaram 95% de precisão, existe alguma chance de você poder combinar esses modelos para obter melhores resultados? Em caso afirmativo, como? Em caso negativo, por quê?
2. Qual é a diferença entre classificadores de hard voting e soft voting?
3. É possível acelerar o treinamento de um agrupamento com o método bagging ao distribuí-lo entre diversos servidores? E quanto aos agrupamentos que usam os métodos pasting, boosting, florestas aleatórias ou stacking?
4. Qual é a vantagem da avaliação out-of-bag?
5. O que faz com que as árvores extras sejam mais aleatórias que as florestas aleatórias comuns? Como essa aleatoriedade extra pode ajudar? As árvores extras são mais lentas ou mais rápidas que as florestas aleatórias comuns?
6. Se o seu agrupamento do AdaBoost se subajustar aos dados de treinamento, quais hiperparâmetros você deve ajustar e como?
7. Caso seu agrupamento do gradiente boosting se sobreajustar ao conjunto de treinamento, você deve aumentar ou diminuir a taxa de aprendizado?
8. Carregue os dados MNIST (apresentado no Capítulo 3) e os divida em um conjunto de treinamento, um conjunto de validação e um conjunto de testes (por exemplo, use 50 mil instâncias para treinamento, 10 mil para validação e 10 mil para teste). Em seguida, treine vários classificadores, como um classificador de floresta aleatória, um classificador de árvore extra e um classificador SVM. Depois, tente combiná-los em um agrupamento que supere cada classificador individual no conjunto de validação, usando a hard voting ou a soft voting. Depois de encontrar um agrupamento, teste-o no conjunto de testes. Qual é a melhoria de desempenho em comparação com os classificadores individuais?
9. Rode os classificadores individuais do exercício anterior para fazer predições no conjunto de validação e crie um conjunto de treinamento novo com as predições resultantes: cada instância de treinamento é um vetor que contém o conjunto de predições de todos os seus classificadores para uma imagem, e o alvo é a classe da imagem. Treine um classificador neste conjunto de treinamento novo. Parabéns, você acabou de treinar um preditor blender que, junto com os classificadores, forma um agrupamento que usa o método stacking! Agora, avalie o agrupamento no conjunto de teste. Para cada imagem no conjunto de testes, faça as predições com todos os seus classificadores e as forneça ao preditor blender para obter as predições do agrupamento. Como ele se compara ao classificador de votação que você treinou anteriormente?

As soluções para esses exercícios estão disponíveis no Apêndice A.

CAPÍTULO 8

Redução de Dimensionalidade

Muitos problemas de aprendizado de máquina envolvem milhares ou até milhões de características para cada instância de treinamento. Todas essas características não somente tornam o treinamento extremamente lento, como também dificultam e muito encontrar uma boa solução, conforme veremos. Esse problema costuma ser chamado de a *maldição da dimensionalidade.*

Felizmente, quanto se trata de problemas concretos, é possível reduzir consideravelmente o número de características, transformando um problema intratável em um problema fácil de controlar. Por exemplo, considere as imagens MNIST (apresentadas no Capítulo 3): os pixels nas bordas da imagem são quase sempre brancos, logo você pode descartá-los completamente do conjunto de treinamento sem perder muita informação. A Figura 7-6 reitera que esses pixels são totalmente sem importância para a tarefa de classificação. Além do mais, dois pixels vizinhos são bastante correlacionados: se você mesclá-los em um único pixel (por exemplo, calculando a média das duas intensidades de pixel), não perderá tanta informação.

Reduzir a dimensionalidade ocasiona algumas perdas de informações (assim como compactar uma imagem para JPEG pode deteriorar sua qualidade); portanto, ainda que isso acelere o treinamento, o desempenho do sistema pode deixar a desejar. Isso também resulta em um bocado a mais de complexidade em seus pipelines, logo, é mais difícil mantê-los. Assim sendo, se o treinamento for muito lento, você deve primeiro tentar treinar seu sistema com os dados originais, antes de levar em consideração o uso da redução de dimensionalidade. Em alguns casos, reduzir a dimensionalidade dos dados de treinamento pode filtrar alguns ruídos e detalhes desnecessários, resultando em um desempenho maior, mas geralmente isso não ocorre; apenas acelerará o treinamento.

Além de acelerar o treinamento, a redução de dimensionalidade também é extremamente útil para visualização de dados (ou *DataViz*). Reduzir o número de dimensões para duas (ou três) possibilita representar uma visão condensada de um conjunto de treinamento de alta dimensão em um grafo e, muitas vezes, obter algumas informações reveladoras ao detectar visualmente os padrões, como os clusters. Além disso, o DataViz é essencial para informar suas conclusões a pessoas que não são cientistas de dados — em particular, os responsáveis pela tomada de decisões que usarão seus resultados.

Neste capítulo, abordaremos a maldição da dimensionalidade e teremos uma noção do que acontece no espaço de alta dimensão. Em seguida, consideraremos as duas principais abordagens da redução de dimensionalidade (projeção e aprendizado manifold[1]) e analisaremos as três técnicas mais populares de redução de dimensionalidade: PCA, kernel PCA e LLE.

A Maldição da Dimensionalidade

Estamos tão habituados a viver em três dimensões[2] que nossa lógica nos trai quando tentamos imaginar um espaço de alta dimensão. Nossa mente tem uma dificuldade enorme de imaginar um mero hipercubo 4D básico (veja a Figura 8-1), que dirá um elipsoide de 200 dimensões dobrado em um espaço de mil dimensões.

1 N. da T.: Aprendizado manifold também é chamado de aprendizado de variedades.

2 Veja bem, quatro dimensões, se você contar o tempo, e mais algumas caso você seja da turma da teoria das cordas.

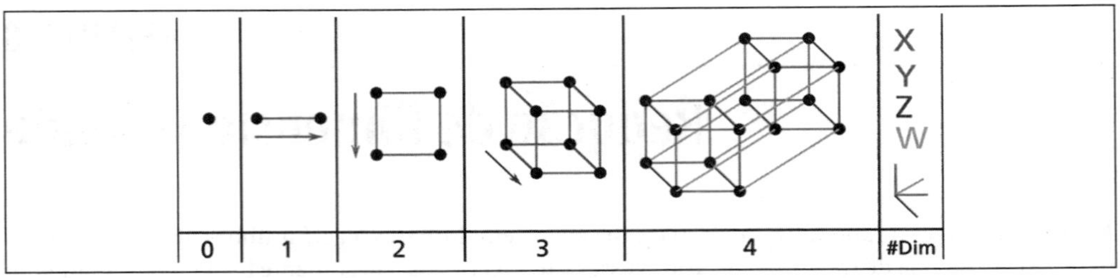

Figura 8-1. Ponto, segmento, quadrado, cubo e tesserato (hipercubos 0D a 4D)[3]

Acontece que muitas coisas se comportam de forma bastante diferente no espaço de alta dimensão. Por exemplo, se você escolher um ponto aleatório em um quadrado unitário (um quadrado 1 × 1), ele terá apenas cerca de 0,4% de chance de estar localizado a menos de 0,001 de uma borda (em outras palavras, é bem improvável que um ponto aleatório seja "extremo" ao longo de qualquer dimensão). Mas, com um hipercubo unitário de 10 mil dimensões, essa probabilidade é maior que 99.999999%. A maioria dos pontos em um hipercubo de alta dimensão está muito próxima da borda.[4]

E agora entra em cena uma diferença mais problemática: se você escolher dois pontos aleatoriamente em um quadrado unitário, a distância entre esses dois pontos será, em média, de aproximadamente 0,52. Se você escolher dois pontos aleatórios em um cubo 3D unitário, a distância média será aproximadamente 0,66. Mas e quanto a dois pontos escolhidos aleatoriamente em um hipercubo de 1 milhão de dimensões? A distância média, acredite ou não, será de cerca de 408,25 (mais ou menos $\sqrt{1,000,000/6}$! É um contrassenso: como dois pontos podem estar tão distantes quando ambos estão dentro do mesmo hipercubo unitário? Veja bem, existe muito espaço em grandes dimensões. Como resultado, os conjuntos de dados de alta dimensão correm o risco de serem muito esparsos: é provável que a maioria das instâncias de treinamento esteja longe uma da outra. Isso também significa que uma instância nova provavelmente estará longe de qualquer instância de treinamento, tornando as previsões bem menos confiáveis do que em dimensões mais baixas, pois elas serão baseadas em extrapolações bem maiores. Para resumir: quanto mais dimensões o conjunto de treinamento tiver, maior o risco de sobreajustá-lo.

Em teoria, uma solução para a maldição da dimensionalidade talvez fosse aumentar o tamanho do conjunto de treinamento a fim de alcançar uma densidade suficiente de instâncias de treinamento. Mas infelizmente, na prática, o número de instâncias de treinamento necessárias para alcançar uma determinada densidade cresce exponencialmente com o número de dimensões. Com apenas 100 características (bem menos do que no problema do MNIST), você precisaria de mais instâncias de treinamento do que átomos no universo observável para que elas estivessem em média a uma distância de 0,1 uma da outra, partindo do pressuposto de que elas estivessem espalhadas uniformemente em todas as dimensões.

As Principais Abordagens para a Redução de Dimensionalidade

Antes de mergulharmos a fundo nos algoritmos específicos de redução de dimensionalidade, vamos espiar as duas principais abordagens para reduzir a dimensionalidade: projeção e aprendizado manifold.

3 Assista a um tesserato rotativo projetado no espaço 3D em *https://homl.info/30*. Imagem do usuário da Wikipedia NerdBoy1392 (Creative Commons BY-SA 3.0 — *https://creativecommons.org/licenses/by-sa/3.0/*). Reproduzido de *https://en.wikipedia.org/wiki/Tesseract*.

4 Curiosidade: alguém que você conhece provavelmente é extremista em pelo menos uma dimensão (por exemplo, quanto açúcar esse alguém coloca no café), se você considerar dimensões suficientes.

Projeção

Na maioria dos problemas do mundo real, as instâncias de treinamento *não* se espalham uniformemente em todas as dimensões. Muitas características são quase constantes, ao passo que outras são extremamente correlacionadas (conforme discutido anteriormente no MNIST). Como resultado, todas as instâncias de treinamento ficam dentro de (ou próximas a) um subespaço de dimensão bem menor do que do espaço de alta dimensão. Isso é abstrato demais, então, vamos ver um exemplo. Na Figura 8-2, você pode ver um conjunto de dados 3D representado por círculos.

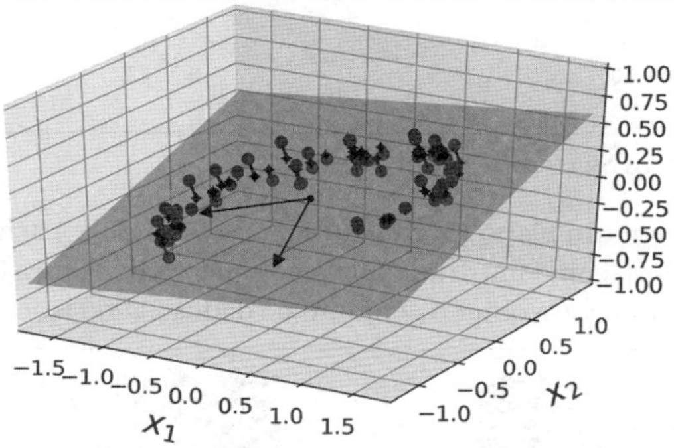

Figura 8-2. Um conjunto de dados 3D próximo a um subespaço 2D

Observe que todas as instâncias de treinamento estão próximas a um plano: este é um subespaço de dimensão menor (2D) do espaço de alta dimensão (3D). Se projetarmos cada instância de treinamento perpendicularmente nesse subespaço (conforme representado pelas linhas curtas que relacionam as instâncias ao plano), obteremos o novo conjunto de dados 2D mostrado na Figura 8-3. Na mosca! Acabamos de reduzir a dimensionalidade do conjunto de dados de 3D para 2D. Repare que os eixos correspondem às características novas z_1 e z_2 (as coordenadas das projeções no plano).

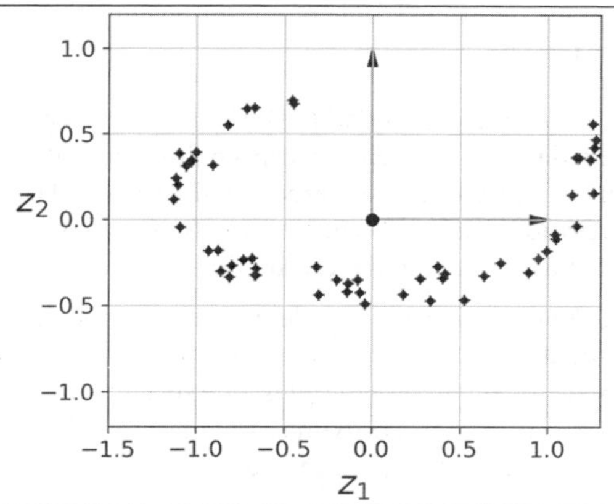

Figura 8-3. O novo conjunto de dados 2D, após a projeção

No entanto, a projeção nem sempre é a melhor abordagem para a redução da dimensionalidade. Em muitos casos, o subespaço pode das voltas e reviravoltas, como no famoso conjunto de dados *Swiss roll* representado na Figura 8-4.

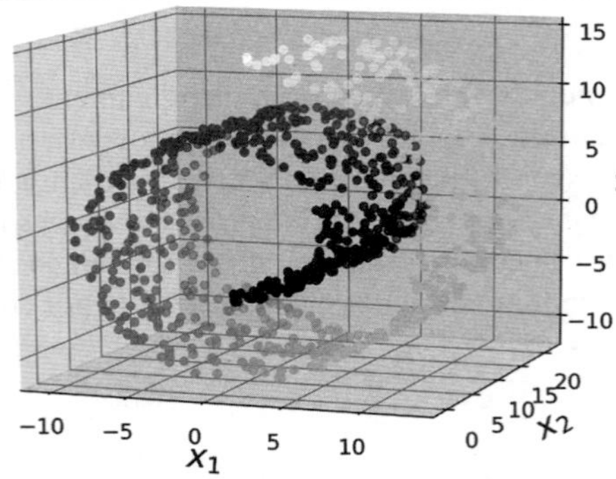

Figura 8-4. Conjunto de dados Swiss roll

Fazer somente a projeção em um plano (por exemplo, descartando x_3) achataria as diferentes camadas do conjunto Swiss roll, como mostrado no lado esquerdo da Figura 8-5. O que queremos de fato é desenrolar esse conjunto para obter o conjunto de dados 2D no lado direito da Figura 8-5.

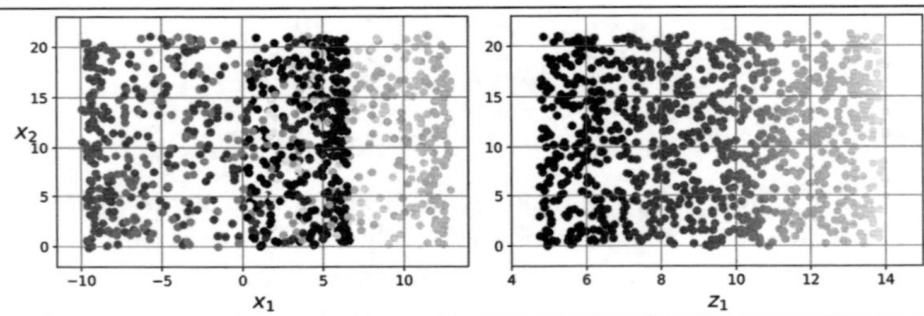

Figura 8-5. Achatamento do Swiss roll em uma projeção (à esquerda) vs. desenrolando o Swiss roll (à direita)

Aprendizado manifold

O conjunto Swiss roll é um exemplo de *manifold* 2D. Em termos simples, um manifold 2D é uma forma 2D que pode ser dobrada e retorcida em um espaço dimensional maior. De modo mais geral, um manifold d-dimensional é uma parte de um espaço n-dimensional (sendo $d < n$) que se assemelha localmente a um hiperplano d-dimensional. No caso do Swiss roll, $d = 2$ e $n = 3$: assemelha-se localmente a um plano 2D, mas é enrolado na terceira dimensão.

Muitos algoritmos de redução de dimensionalidade funcionam modelando o manifold em que estão as instâncias de treinamento; isso se chama de *aprendizado manifold*. Ele se baseia na *manifold assumption*, também chamada de *hipóteses múltiplas*, que sustenta que a maioria dos conjuntos de dados de alta dimensão do mundo real fica próxima a um manifold de dimensões bem mais baixas. Essa suposição é muitas vezes estudada empiricamente.

Mais uma vez, leve em consideração o conjunto de dados MNIST: todas as imagens dos algarismos escritos à mão têm algumas semelhanças. Elas são feitas de linhas interligadas, as bordas são brancas e estão mais ou menos centralizadas. Se você gerasse imagens aleatoriamente, somente uma ínfima fração delas seria parecida com algarismos escritos à mão. Em outras palavras, os graus de liberdade disponíveis, se você tentar criar uma imagem de algarismo, são radicalmente inferiores aos graus de liberdade que você teria caso tivesse a permissão para gerar qualquer imagem desejada. Essas restrições tendem a espremer o conjunto de dados em um manifold de dimensões mais baixas.

A manifold assumption é frequentemente acompanhada por outra suposição implícita: que a tarefa em questão (por exemplo, classificação ou regressão) será mais simples se expressa no espaço de dimensão menor do manifold. Por exemplo, na linha superior da Figura 8-6, o Swiss roll é dividido em duas classes: no espaço 3D (à esquerda), a fronteira de decisão seria bastante complexa, mas, no espaço manifold desenrolado 2D (à direita), a fronteira de decisão é uma linha contínua.

No entanto, essa suposição implícita nem sempre é válida. Por exemplo, na linha inferior da Figura 8-6, a fronteira de decisão está localizada em $x^1 = 5$. Essa fronteira de decisão parece muito simples no espaço 3D original (um plano vertical), e aparentemente é mais complexa no manifold desenrolado (uma coleção de quatro segmentos de linha independentes).

Em suma, reduzir a dimensionalidade do seu conjunto de treinamento antes do treinamento de um modelo geralmente acelera o treinamento, mas nem sempre resulta em uma solução melhor ou mais simples; tudo depende do conjunto de dados.

Espero que agora você tenha uma boa noção do que é a maldição da dimensionalidade e como os algoritmos de redução da dimensionalidade podem combatê-la, sobretudo quando se tem a manifold assumption. O restante deste capítulo abordará alguns dos algoritmos mais populares.

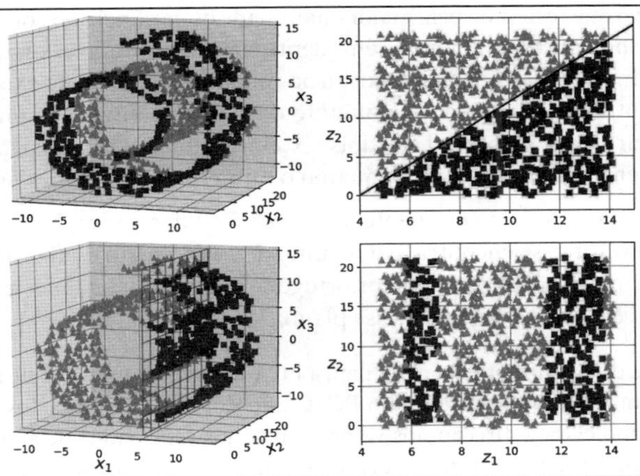

Figura 8-6. A fronteira de decisão nem sempre pode ser mais simples com dimensões mais baixas

PCA

A *Análise de Componentes Principais* (PCA) é de longe o algoritmo de redução de dimensionalidade mais popular. Primeiro, ela identifica o hiperplano mais próximo dos dados e, em seguida, projeta os dados nele, como na Figura 8-2.

Preservando a variância

Antes de projetar o conjunto de treinamento em um hiperplano de menor dimensão, primeiro é necessário escolher o hiperplano correto. Por exemplo, um conjunto de dados 2D simples é representado à esquerda na Figura 8-7, junto com três eixos diferentes (ou seja, hiperplanos 1D). À direita, está o resultado da projeção do conjunto de dados em cada um desses eixos. Como pode observar, a projeção na linha contínua preserva a variância máxima, enquanto a projeção na linha pontilhada preserva muito pouco da variância e a projeção na linha tracejada preserva uma quantidade intermediária de variância.

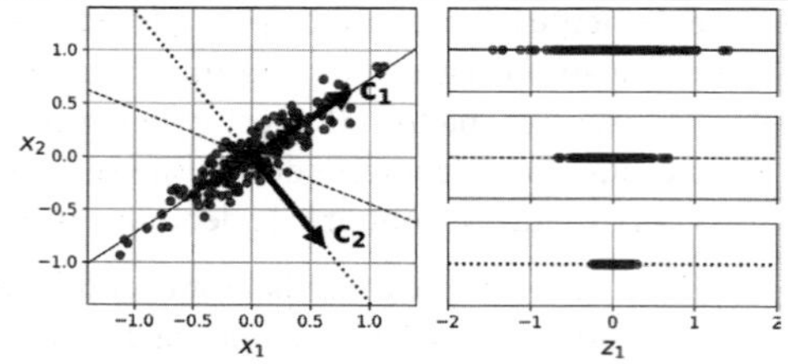

Figura 8-7. Selecionando o subespaço em que projetar

Parece aceitável selecionar o eixo que preserva a quantidade máxima de variância, porque é bem provável que ela perca menos informações do que as outras projeções. Outra forma de justificar essa escolha é que o eixo minimiza a distância quadrada média entre o conjunto de dados original e sua projeção nesse eixo. Essa é a ideia bastante simples por trás da PCA.[5]

Componentes principais

A PCA identifica o eixo que responde pela maior quantidade de variância no conjunto de treinamento. Na Figura 8-7, é a linha contínua. Ela também identifica um segundo eixo, ortogonal ao primeiro, responsável pela maior quantidade de variância remanescente. Nesse exemplo 2D, não existe escolha: é a linha pontilhada. Se fosse um conjunto de dados de dimensão maior, a PCA também encontraria um terceiro eixo, ortogonal aos dois eixos anteriores, e um quarto, um quinto e assim sucessivamente — identificaria tantos eixos quanto o número de dimensões no conjunto de dados.

O *i-ésimo* eixo se chama *i-ésimo* componente principal (PC) dos dados. Na Figura 8-7, o primeiro PC é o eixo no qual o vetor $\mathbf{c}_1$ se encontra, e o segundo PC é o eixo no qual o vetor $\mathbf{c}_2$ se localiza. Na Figura 8-2, os dois primeiros PCs são os eixos ortogonais nos quais as duas setas se encontram no plano, e o terceiro PC é o eixo ortogonal a esse plano.

Para cada componente principal, a PCA identifica um vetor de unidade em zero, apontando para a direção do PC. Como dois vetores unitários opostos estão no mesmo eixo, a direção dos vetores unitários retornados pela PCA não é estável: se você desorientar um pouco o conjunto de treinamento e rodar a PCA novamente, os vetores unitários poderão apontar na direção contrária dos vetores originais. No entanto, eles ainda estão nos mesmos eixos. Em alguns casos, um par de vetores unitários pode até rotacionar ou trocar (caso as variâncias ao longo desses dois eixos estiverem próximas), mas o plano que eles definem geralmente permanece o mesmo.

Mas, então, como você consegue encontrar os componentes principais de um conjunto de treinamento? Felizmente, existe uma técnica de fatoração matriz padrão chamada *Decomposição em Valores Singulares* (SVD) que consegue decompor a matriz do conjunto de treinamento **X** em uma multiplicação matriz de três matrizes $\mathbf{U}\ \mathbf{\Sigma}\ \mathbf{V}^{\intercal}$, em que **V** contém os vetores unitários que definem todos os componentes principais que estamos procurando, conforme mostrado na Equação 8-1.

Equação 8-1. Matriz de componentes principais

5 Karl Pearson, "On Lines and Planes of Closest Fit to Systems of Points in Space", *The London, Edinburgh, and Dublin Philosophical Magazine and Journal of Science* 2, no. 11 (1901): 559-572. Disponível em: *https://homl.info/pca*.

$$\mathbf{V} = \begin{pmatrix} | & | & & | \\ \mathbf{c}_1 & \mathbf{c}_2 & \cdots & \mathbf{c}_n \\ | & | & & | \end{pmatrix}$$

O código Python a seguir usa a função `svd()` do NumPy para obter todos os componentes principais do conjunto de treinamento e extrai os dois vetores unitários que definem os dois primeiros PCs:

```
X_centered = X - X.mean(axis=0)
U, s, Vt = np.linalg.svd(X_centered)
c1 = Vt.T[:, 0]
c2 = Vt.T[:, 1]
```

A PCA deduz que o conjunto de dados está centralizado em relação à origem. Como veremos, as classes PCA da Scikit-Learn se encarregam de centralizar os dados para você. Se você próprio implementar a PCA (como no exemplo anterior), ou se usar outras bibliotecas, não se esqueça de centralizar os dados primeiro.

Projetando as dimensões-d

Uma vez identificados todos os componentes principais, você pode reduzir a dimensionalidade do conjunto de dados em dimensões-*d* fazendo a projeção no hiperplano definido pelos primeiros componentes principais *d*. Selecionar esse hiperplano assegura que a projeção preserve a maior variância possível. Por exemplo, na Figura 8-2, o conjunto de dados 3D é projetado no plano 2D definido pelos dois primeiros componentes principais, preservando boa parte da variância do conjunto de dados. Como resultado, a projeção 2D se parece bastante com o conjunto de dados 3D original.

Para projetar o conjunto de treinamento no hiperplano e obter um conjunto de dados reduzido $\mathbf{X}_{d\text{-proj}}$ de dimensionalidade-*d*, multiplique a matriz a partir da matriz do conjunto de treinamento $\mathbf{X}$ pela matriz $\mathbf{W}_d$, definida como a matriz que contém as primeiras colunas *d* de **V**, conforme mostrado na Equação 8-2:

Equação 8-2. Projetando o conjunto de treinamento até a dimensão-d

$$\mathbf{X}_{d\text{-proj}} = \mathbf{X}\mathbf{W}_d$$

O código Python a seguir projeta o conjunto de treinamento no plano definido pelos dois primeiros componentes principais:

```
W2 = Vt.T[:, :2]
X2D = X_centered.dot(W2)
```

Pronto! Agora você sabe como reduzir a dimensionalidade de qualquer conjunto de dados para qualquer número de dimensões, enquanto preserva a maior variância possível.

Usando a Scikit-Learn

A classe `PCA` da Scikit-Learn usa a decomposição SVD para implementar a PCA, assim como fizemos anteriormente neste capítulo. O código a seguir aplica a PCA com o objetivo de reduzir a dimensionalidade do conjunto de dados em duas dimensões (repare que ela automaticamente se encarrega da centralização dos dados):

```
from sklearn.decomposition import PCA

pca = PCA(n_components = 2)
X2D = pca.fit_transform(X)
```

Após ajustar o transformador `PCA` ao conjunto de dados, seu atributo `components_` comporta a transposição de $\mathbf{W}_d$ (por exemplo, o vetor unitário que define o primeiro componente principal é igual a `pca.components_.T[:, 0]`).

Taxa de variância explicada

Outra informação vantajosa é a *taxa de variância explicada* de cada componente principal, disponível por meio da variável `explained_variance_ratio_`. A taxa indica a proporção da variância do conjunto de dados que se situa ao longo de cada componente principal. Por exemplo, vejamos as taxas de variância explicadas dos dois primeiros componentes do conjunto de dados 3D representado na Figura 8-2:

```
>>> pca.explained_variance_ratio_
array([0.84248607, 0.14631839])
```

Essa saída lhe informa que 84,2% da variância do conjunto de dados está no primeiro PC e 14,6% no segundo PC. Isso deixa menos de 1,2% para o terceiro PC, assim é justo supor que o terceiro PC provavelmente tenha pouca informação.

Escolhendo o número adequado de dimensões

Em vez de escolher de forma arbitrária o número de dimensões para reduzir, é mais simples escolher o número de dimensões que somam uma parte suficientemente grande da variância (por exemplo, 95%). A menos, é claro, que você esteja reduzindo a dimensionalidade para visualização de dados — nesse caso, é necessário reduzir a dimensionalidade para 2 ou 3.

O código a seguir efetua a PCA sem reduzir a dimensionalidade e calcula o número mínimo de dimensões necessárias para preservar 95% da variância do conjunto de treinamento:

```
pca = PCA()
pca.fit(X_train)
cumsum = np.cumsum(pca.explained_variance_ratio_)
d = np.argmax(cumsum >= 0.95) + 1
```

Então, você poderia definir `n_components=d` e rodar novamente a PCA. Mas existe uma opção bem melhor: em vez de especificar o número de componentes principais que você quer preservar, basta definir `n_components` para ser um float entre 0,0 e 1,0, indicando a taxa de variância que você quer preservar:

```
pca = PCA(n_components=0.95)
X_reduced = pca.fit_transform(X_train)
```

Outra opção seria plotar a variância explicada como uma função do número de dimensões (para plotar basta usar um `cumsum`; veja a Figura 8-8). Em geral, haverá uma curva em forma de cotovelo [*elbow*], em que a variância explicada rapidamente para de crescer. Nesse caso, você pode observar que reduzir a dimensionalidade para cerca de 100 dimensões não perderia muito da variância explicada.

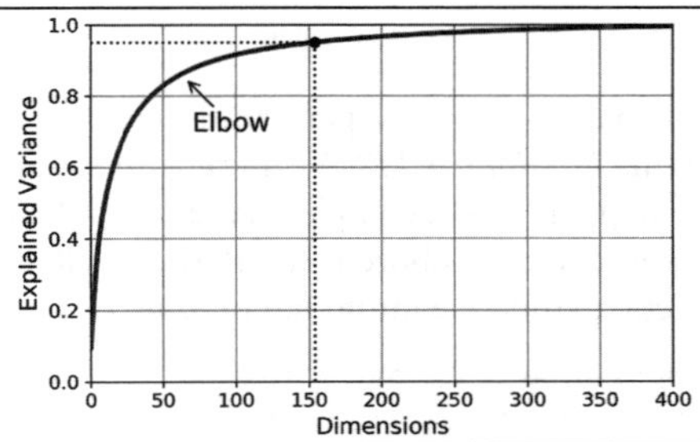

Figura 8-8. Variância explicada como uma função do número de dimensões

PCA e Compactação

Após a redução da dimensionalidade, o conjunto de treinamento ocupa bem menos espaço. Como exemplo, tente aplicar a PCA ao conjunto de dados MNIST, preservando 95% de sua variância. Você verá que cada instância terá pouco mais de 150 características, em vez das 784 características originais. Assim, à medida que boa parte da variância é preservada, o conjunto de dados agora é menor que 20% do seu tamanho original! Essa é uma taxa de compactação razoável, e você pode observar como essa redução de tamanho pode acelerar e muito um algoritmo de classificação (como um classificador SVM).

É possível também descompactar o conjunto de dados reduzido de volta às suas 784 dimensões aplicando a transformação inversa da projeção PCA. Isso não lhe trará os dados originais, visto que a projeção perdeu um pouco de informação (dentro da variância de 5% que foi descartada), mas provavelmente será bastante próxima dos dados originais. A distância quadrática média entre os dados originais e os dados reconstruídos (compactados e descompactados) se chama de *erro de reconstrução.*

O código a seguir compacta o conjunto de dados MNIST para 154 dimensões e, em seguida, usa o método `inverse_transform()`para descompactá-lo de volta para 784 dimensões:

```
pca = PCA(n_components = 154)
X_reduced = pca.fit_transform(X_train)
X_recovered = pca.inverse_transform(X_reduced)
```

A Figura 8-9 mostra alguns algarismos do conjunto de treinamento original (à esquerda) e os algarismos correspondentes após a compactação e descompactação. Note que há uma ligeira perda na qualidade da imagem, no entanto, os algarismos ainda estão praticamente intactos.

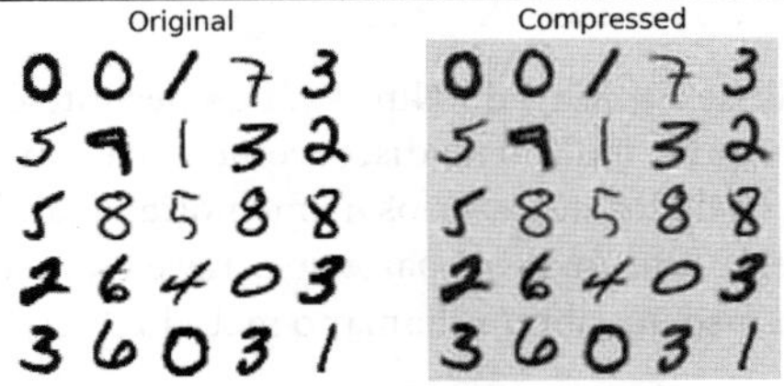

Figura 8-9. Compactação do MNIST que preserva 95% da variância

A equação da transformação inversa é mostrada na Equação 8-3:

Equação 8-3. Transformação inversa da PCA, voltando ao número original de dimensões

$$\mathbf{X}_{\text{recovered}} = \mathbf{X}_{d\text{-proj}} \mathbf{W}_d^{\,T}$$

PCA randomizada

Se você definir o hiperparâmetro `svd_solver` para `"randomized"`, a Scikit-Learn usará um algoritmo estocástico que se chama *Randomized PCA* e que encontra rapidamente uma aproximação dos primeiros componentes principais *d*. Sua complexidade computacional é $O(m \times d^2) + O(d^3)$, em vez de $O(m \times n^2) + O(n^3)$ no que se refere à abordagem SVD completa, por isso, ela é radicalmente mais rápida que a SVD completa quando *d* é muito menor que *n*:

```
rnd_pca = PCA(n_components=154, svd_solver="randomized")
X_reduced = rnd_pca.fit_transform(X_train)
```

Por padrão, o `svd_solver` é definido como `"auto"`: a Scikit-Learn usa automaticamente o algoritmo *Randomized PCA* se *m* ou *n* for maior que 500 e se *d* for menor que 80% de *m* ou *n*, ou então usa a abordagem SVD completa. Caso você queira forçar a Scikit-Learn a utilizar a SVD completa, defina o hiperparâmetro `svd_solver` como `"full"`.

PCA incremental

Um dos problemas com as implementações anteriores da PCA é que elas exigem que todo o conjunto de treinamento caiba na memória para que o algoritmo seja executado. Felizmente, os algoritmos *Incremental PCA* (IPCA) foram desenvolvidos. Eles possibilitam que você divida o conjunto de treinamento em mini-batch e alimente um algoritmo IPCA um mini-batch por vez.

Isso ajuda muito quando se tem conjuntos de treinamento grandes e quando se usa a PCA online (ou seja, em tempo real, à medida que novas instâncias chegam).

O código a seguir divide o conjunto de dados MNIST em 100 mini-batches (usando a função `array_split()` do NumPy) e os alimenta à classe `IncrementalPCA` da Scikit-Learn (*https://homl.info/32*)[6] a fim de reduzir a dimensionalidade do conjunto de dados MNIST para 154 dimensões (como antes). Repare que você deve chamar o método `partial_fit()` em cada mini-batch, em vez do método `fit()` com todo o conjunto de treinamento:

```
from sklearn.decomposition import IncrementalPCA

n_batches = 100
inc_pca = IncrementalPCA(n_components=154)
for X_batch in np.array_split(X_train, n_batches):
    inc_pca.partial_fit(X_batch)

X_reduced = inc_pca.transform(X_train)
```

Outra alternativa é usar a classe `memmap` do NumPy, que permite que você manipule um array grande armazenado em um arquivo binário no disco, como se ele estivesse inteiramente na memória; a classe carrega somente os dados necessários na memória, quando necessário. Como a classe `IncrementalPCA` usa somente uma pequena parte do array em um determinado momento, o uso de memória fica sob controle. Isso possibilita chamar o método `fit()` habitual, como você pode ver no código a seguir:

```
X_mm = np.memmap(filename, dtype="float32", mode="readonly", shape=(m, n))
batch_size = m // n_batches
inc_pca = IncrementalPCA(n_components=154, batch_size=batch_size)
inc_pca.fit(X_mm)
```

6 A Scikit-Learn usa o algoritmo descrito em David A. Ross et al., "Incremental Learning for Robust Visual Tracking", *International Journal of Computer Vision* 77, no. 1-3 (2008): 125-141.

Kernel PCA

No Capítulo 5, analisamos o kernel trick, uma técnica matemática que mapeia implicitamente as instâncias em um espaço de alta dimensão (chamado de *espaço de característica*), permitindo a classificação e a regressão não linear com as máquinas de vetor de suporte. Lembre-se de que uma fronteira de decisão linear no espaço de característica de alta dimensão corresponde a uma fronteira de decisão não linear complexa no *espaço original*.

Acontece que o mesmo kernel trick pode ser aplicado à PCA, possibilitando realizar projeções não lineares complexas para redução da dimensionalidade. Isso se chama *kernel PCA* (kPCA) (*https://homl.info/33*)[7]. Via de regra ele é bom em preservar clusters de instâncias após a projeção ou, às vezes, até desenrolar conjuntos de dados próximos a um manifold distorcido.

O código a seguir usa a classe `KernelPCA` da Scikit-Learn para executar o kPCA com um kernel RBF (veja o Capítulo 5 para obter mais detalhes sobre o kernel RBF e outros kernels):

```
from sklearn.decomposition import KernelPCA

rbf_pca = KernelPCA(n_components = 2, kernel="rbf", gamma=0.04)
X_reduced = rbf_pca.fit_transform(X)
```

A Figura 8-10 mostra o Swiss roll reduzido a duas dimensões utilizando um kernel linear (equivalente ao simples uso da classe `PCA`), um kernel RBF e um kernel sigmoide.

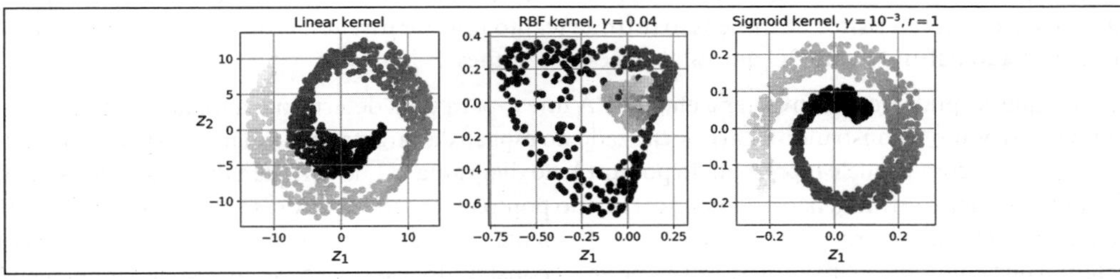

Figura 8-10. Swiss roll reduzido para 2D usando kPCA com diversos kernels

Selecionando um kernel e ajustando os hiperparâmetros

Como o kPCA é um algoritmo de aprendizado não supervisionado, não existe uma medida de desempenho óbvia para ajudá-lo a selecionar o melhor kernel e os valores de hiperparâmetro. Dito isso, a redução de dimensionalidade geralmente é uma etapa de preparação para uma tarefa de aprendizado supervisionada (por exemplo, classificação), de modo que você consiga usar o grid search para selecionar o kernel e os hiperparâmetros que levam ao melhor desempenho nessa tarefa. O código a seguir cria um pipeline de duas etapas, primeiro ao reduzir a dimensionalidade para duas dimensões empregando o kPCA e aplicando a regressão logística para classificação. Em seguida, ele utiliza o `GridSearchCV` para encontrar o melhor kernel e o valor `gamma` para o kPCA, a fim de obter a melhor acurácia de classificação no fim do pipeline:

```
from sklearn.model_selection import GridSearchCV
from sklearn.linear_model import LogisticRegression
from sklearn.pipeline import Pipeline
```

7 Bernhard Schölkopf et al., "Kernel Principal Component Analysis", in *Lecture Notes in Computer Science* 1327 (Berlim: Springer, 1997): 583–588.

```
clf = Pipeline([
        ("kpca", KernelPCA(n_components=2)),
        ("log_reg", LogisticRegression())
    ])

param_grid = [{
        "kpca__gamma": np.linspace(0.03, 0.05, 10),
        "kpca__kernel": ["rbf", "sigmoid"]
    }]

grid_search = GridSearchCV(clf, param_grid, cv=3)
grid_search.fit(X, y)
```

Os melhores kernels e hiperparâmetros estão disponíveis por meio da variável `best_params_`:

```
>>> print(grid_search.best_params_)
{'kpca__gamma': 0.043333333333333335, 'kpca__kernel': 'rbf'}
```

Outra abordagem, agora totalmente não supervisionada, é selecionar o kernel e os hiperparâmetros que geram o menor erro de reconstrução. Observe que a reconstrução não é tão fácil quanto o uso da PCA linear. Vejamos o porquê. A Figura 8-11 mostra o conjunto de dados 3D do Swiss roll original (canto superior esquerdo) e o conjunto de dados 2D resultante, após a aplicação da PCA usando um kernel RBF (canto superior direito). Graças ao kernel trick, essa transformação é matematicamente equivalente ao uso do *mapa de características* φ a fim de mapear o conjunto de treinamento para um espaço de característica de dimensão infinita (canto inferior direito), projetando o treinamento transformado definido para 2D que estabelece a PCA linear.

Repare que, se pudéssemos inverter a etapa PCA linear para uma determinada instância no espaço reduzido, o ponto reconstruído estaria localizado no espaço da característica, não no espaço original (por exemplo, como aquele representado por um X no diagrama). Uma vez que a dimensão do espaço de característica é infinita, não podemos calcular o ponto reconstruído e, desse modo, não podemos calcular o verdadeiro erro de reconstrução. Felizmente, é possível encontrar um ponto no espaço original que consegue mapear próximo ao ponto reconstruído. Esse ponto se chama de *pré-imagem* de reconstrução. Com essa pré-imagem em mãos, você pode calcular sua distância ao quadrado em relação à instância original. Em seguida, você pode selecionar o kernel e os hiperparâmetros que minimizam esse erro de pré-imagem da reconstrução.

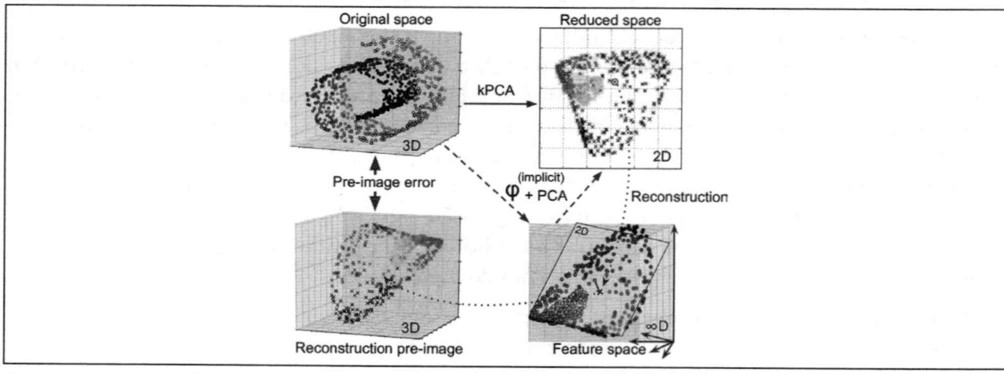

Figura 8-11. Kernel PCA e o erro de reconstrução da pré-imagem

Talvez você esteja se perguntando como fazer essa reconstrução. Uma solução é treinar um modelo de regressão supervisionado, com as instâncias projetadas como um conjunto de treinamento e as instâncias originais como alvos. A Scikit-Learn fará isso automaticamente se você definir `fit_inverse_transform=True`, conforme mostrado no código que segue:[8]

```
rbf_pca = KernelPCA(n_components = 2, kernel="rbf", gamma=0.0433,
                    fit_inverse_transform=True)
X_reduced = rbf_pca.fit_transform(X)
X_preimage = rbf_pca.inverse_transform(X_reduced)
```

> Por padrão, o `fit_inverse_transform=False` e o `KernelPCA` não comportam o método `inverse_transform()`. Esse método é criado apenas quando você define `fit_inverse_transform=True`.

Depois, você pode calcular o erro de reconstrução da pré-imagem:

```
>>> from sklearn.metrics import mean_squared_error
>>> mean_squared_error(X, X_preimage)
32.786308795766132
```

Agora, você pode usar o grid search com a validação cruzada para encontrar o kernel e os hiperparâmetros que minimizam esse erro.

LLE

A *Locally Linear Embedding [Incorporação Localmente Linear]* (LLE) (*https://homl.info/lle*)[9] é outra técnica poderosa de *redução de dimensionalidade não linear* (NLDR). É uma técnica de aprendizado manifold que não depende de projeções, como os algoritmos anteriores. Em síntese, a LLE trabalha primeiramente calculando como cada instância de treinamento se relaciona linearmente com seus vizinhos mais próximos (c.n.) e, depois, procurando uma representação em baixa dimensão do conjunto de treinamento, na qual essas relações locais são mais bem preservadas (mais detalhes em breve). Essa abordagem faz com que ela seja muito boa quanto se trata do desenrolamento de manifolds distorcidos, sobretudo quando não se tem muito ruído.

O código a seguir usa a classe `LocallyLinearEmbedding` da Scikit-Learn para desenrolar o Swiss roll:

```
from sklearn.manifold import LocallyLinearEmbedding

lle = LocallyLinearEmbedding(n_components=2, n_neighbors=10)
X_reduced = lle.fit_transform(X)
```

O conjunto de dados 2D resultante é mostrado na Figura 8-12. Conforme você pode observar, o Swiss roll é desenrolado por completo e as distâncias entre instâncias são localmente bem preservadas. No entanto, as distâncias não são preservadas em uma escala maior: a parte esquerda do Swiss roll desenrolado é esticada, enquanto a parte direita é espremida. Porém, a LLE fez um bom trabalho ao modelar o manifold.

Vejamos como a LLE funciona: para cada instância de treinamento $\mathbf{x}^{(i)}$, o algoritmo identifica seu k-ésimo (no código anterior $k = 10$), em seguida tenta reconstruir $\mathbf{x}^{(i)}$ como uma função linear des-

8 Se você definir `fit_inverse_transform=True`, a Scikit-Learn usará o algoritmo (baseado no kernel da regressão de Ridge) descrito em Gokhan H. Bakır et al., "Learning to Find Pre-Images" (*https://homl.info/34*), *Proceedings of the 16th International Conference on Neural Information Processing Systems* (2004): 449–456.

9 Sam T. Roweis e Lawrence K. Saul, "Nonlinear Dimensionality Reduction by Locally Linear Embedding", *Science* 290, no. 5500 (2000): 2323–2326.

ses vizinhos. Em termos mais específicos, ele encontra os pesos $w_{i,j}$ de um modo que a distância ao quadrado entre $\mathbf{x}^{(i)}$ e $\sum_{j=1}^{m} w_{i,j}\mathbf{x}^{(j)}$ seja a menor possível, presumindo que $w_{i,j} = 0$ if $\mathbf{x}^{(j)}$ não seja um dos k- vizinhos mais próximos de $\mathbf{x}^{(i)}$. Desse modo, o primeiro passo da LLE é o problema de otimização restrita descrito na Equação 8-4, em que $\mathbf{W}$ é a matriz de pesos que contém todos os pesos $w_{i,j}$. A segunda restrição simplesmente normaliza os pesos para cada instância de treinamento $\mathbf{x}^{(i)}$.

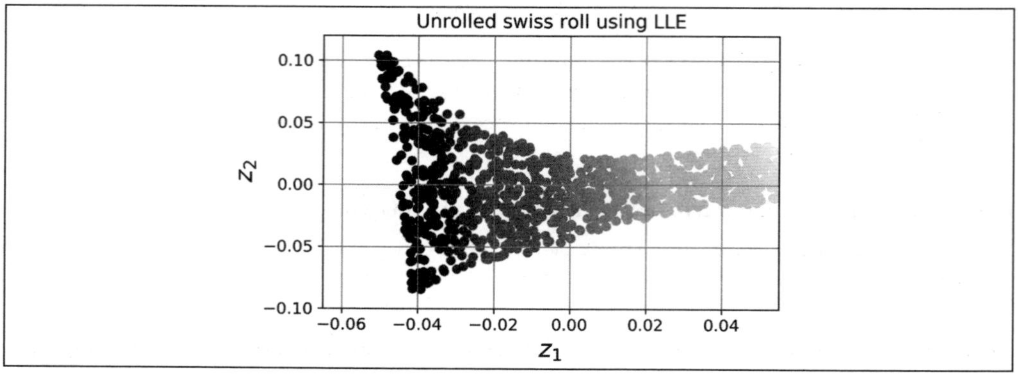

Figura 8-12. Swiss roll desenrolado usando a LLE

Equação 8-4. Etapa 1 da LLE: modelar linearmente as relações locais:

$$\widehat{\mathbf{W}} = \underset{\mathbf{W}}{\operatorname{argmin}} \sum_{i=1}^{m} \left(\mathbf{x}^{(i)} - \sum_{j=1}^{m} w_{i,j}\mathbf{x}^{(j)} \right)^2$$

$$\text{sujeito à} \begin{cases} w_{i,j} = 0 & \text{if } \mathbf{x}^{(j)} \text{ não é um dos } k \text{ c.n. of } \mathbf{x}^{(i)} \\ \sum_{j=1}^{m} w_{i,j} = 1 & \text{for } i = 1, 2, \cdots, m \end{cases}$$

Após essa etapa, a matriz de peso $\widehat{\mathbf{W}}$ (contendo os pesos $w_{i,j}$) codifica as relações lineares locais entre as instâncias de treinamento. O segundo passo é mapear as instâncias de treinamento em um espaço d-dimensional (em que $d < n$) preservando essas relações locais o máximo possível. Se $\mathbf{z}^{(i)}$ é a imagem de $\mathbf{x}^{(i)}$ nesse espaço d-dimensional, logo queremos que distância ao quadrado entre $\mathbf{z}^{(i)}$ e $\sum_{j=1}^{m} \widehat{w}_{i,j}\mathbf{z}^{(j)}$ seja a menor possível. Essa ideia leva ao problema de otimização irrestrito descrito na Equação 8-5. É bem semelhante ao primeiro passo, mas, em vez de manter as instâncias corrigidas e encontrar os pesos ideais, estamos fazendo o inverso: mantendo os pesos fixos e encontrando a posição ideal das imagens das instâncias no espaço de baixa dimensão. Repare que $\mathbf{Z}$ é a matriz que contém todos os $\mathbf{z}^{(i)}$.

Equação 8-5. Etapa 2 da LLE: reduzir a dimensionalidade enquanto preserva as relações

$$\widehat{\mathbf{Z}} = \underset{\mathbf{Z}}{\operatorname{argmin}} \sum_{i=1}^{m} \left(\mathbf{z}^{(i)} - \sum_{j=1}^{m} \widehat{w}_{i,j}\mathbf{z}^{(j)} \right)^2$$

A implementação da LLE da Scikit-Learn apresenta a seguinte complexidade computacional: $O(m \log(m) n \log(k))$ para encontrar os k-ésimo vizinhos mais próximos, $O(mnk^3)$ para otimizar os pesos e $O(dm^2)$ para construir as representações de baixa dimensão. Infelizmente, o m^2 na última expressão faz com que esse algoritmo escalone mal em conjuntos de treinamentos muito grandes.

Outras Técnicas de Redução de Dimensionalidade

Existem muitas outras técnicas de redução de dimensionalidade, muitas das quais estão disponíveis na Scikit-Learn. Veja a seguir as mais populares:

Projeções Randomizadas

Como o próprio nome sugere, projeta os dados em um espaço de dimensão baixa usando uma projeção linear aleatória. Pode parecer loucura, mas uma projeção aleatória provavelmente preserva bem as distâncias, como demonstrado matematicamente por William B. Johnson e Joram Lindenstrauss em um famoso lema. A qualidade da redução da dimensionalidade depende do número de instâncias e da dimensionalidade-alvo, e, pasmem, não da dimensionalidade inicial. Confira a documentação do pacote `sklearn.random_projection` para mais detalhes.

Escalonamento Multidimensional (MDS)

Reduz a dimensionalidade ao tentar preservar as distâncias entre as instâncias.

Isomap

Cria um gráfico interligando cada instância aos vizinhos mais próximos e reduz a dimensionalidade, enquanto tenta preservar as *distâncias geodésicas*[10] entre as instâncias.

Distributed Stochastic Neighbor Embedding (t-SNE)

Reduz a dimensionalidade ao tentar manter instâncias semelhantes próximas e as díspares longe. É usado principalmente para visualização, sobretudo para visualizar grupos de instâncias no espaço de alta dimensão (por exemplo, para visualizar as imagens MNIST em 2D).

Análise Discriminante Linear (LDA)

É um algoritmo de classificação, mas durante o treinamento ele aprende os eixos mais discriminativos entre as classes, e esses eixos podem ser empregados para definir um hiperplano no qual projetar os dados. A vantagem dessa abordagem é que a projeção manterá as classes o mais afastadas possível; desse modo, o LDA é uma boa técnica para reduzir a dimensionalidade, antes de executar outro algoritmo de classificação, como um classificador SVM.

A Figura 8-13 demonstra os resultados de algumas dessas técnicas.

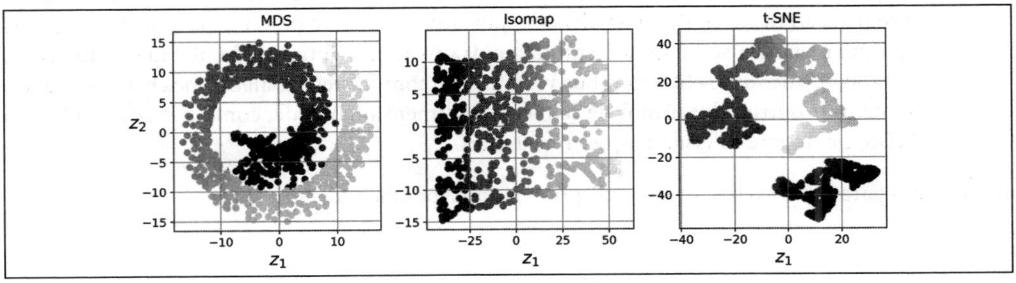

Figura 8-13. Uso de diversas técnicas para reduzir o Swill roll para 2D

10 A distância geodésica entre dois nós em um grafo é o número de nós no caminho mais curto entre esses nós.

Exercícios

1. Quais são as principais motivações para reduzir a dimensionalidade de um conjunto de dados? E as principais desvantagens?
2. O que é a maldição da dimensionalidade?
3. Depois que a dimensionalidade de um conjunto de dados é reduzida, é possível reverter a operação? Em caso afirmativo, como? Se não, por quê?
4. A PCA pode ser usada para reduzir a dimensionalidade de um conjunto de dados extremamente não linear?
5. Vamos supor que você execute a PCA em um conjunto de dados de mil dimensões, definindo a taxa de variância explicada para 95%. Quantas dimensões o conjunto de dados resultante terá?
6. Em quais casos você usaria a PCA normal, a PCA incremental, a PCA aleatória ou o kernel PCA?
7. Como você pode avaliar o desempenho de um algoritmo de redução de dimensionalidade no seu conjunto de dados?
8. Faz algum sentido encadear dois algoritmos de redução de dimensionalidade diferentes?
9. Carregue o conjunto de dados MNIST (apresentado no Capítulo 3) e o divida em um conjunto de treinamento e um conjunto de testes (deixe as primeiras 60 mil instâncias para treinamento e as 10 mil restantes para testar). Treine um classificador Random Forest no conjunto de dados, veja quanto tempo demora e avalie o modelo resultante no conjunto de testes. Em seguida, use a PCA para reduzir a dimensionalidade do conjunto de dados, com uma taxa de variância explicada de 95%. Agora, treine um classificador Random Forest novo no conjunto de dados reduzido e veja quanto tempo leva. O treinamento foi bem mais rápido? Em seguida, avalie o classificador no conjunto de testes. Como ele se compara ao classificador anterior?
10. Use o t-SNE para reduzir o conjunto de dados MNIST para duas dimensões e plote o resultado com a Matplotlib. Você pode usar um gráfico de dispersão usando dez cores diferentes para representar a classe-alvo de cada imagem. Outra alternativa é substituir cada ponto no gráfico de dispersão pela classe da instância correspondente (um algarismo de 0 a 9) ou até plotar versões reduzidas das próprias imagens dos algarismos (se você plotar todos, a visualização ficará muito desordenada, portanto você deve plotar uma amostra aleatória ou uma instância somente se nenhuma outra instância já tiver sido plotada a uma curta distância). Você deve obter uma boa visualização com clusters de algarismos bem separados. Tente usar outros algoritmos de redução de dimensionalidade, como a PCA, a LLE ou a MDS, e compare as visualizações resultantes.

As soluções para esses exercícios estão disponíveis no Apêndice A.

CAPÍTULO 9

Técnicas de Aprendizado Não Supervisionado

Embora a maioria dos usos de aprendizado de máquina atualmente se baseie no aprendizado supervisionado (e, como resultado, é para onde se destina a maioria dos investimentos), boa parte dos dados disponíveis não tem rótulo: temos as características de entrada **X**, mas não temos os rótulos **y**. O cientista da computação Yann LeCun disse a conhecida frase: "Se a inteligência fosse um bolo, o aprendizado não supervisionado seria o bolo, o aprendizado supervisionado seria a cereja do bolo, e o aprendizado por reforço seria o toque final." Em outras palavras, existe um potencial enorme no que diz respeito ao aprendizado não supervisionado e mal começamos a explorá-lo.

Digamos que você queira criar um sistema que tire algumas fotos de cada item em uma linha de produção e identifique quais itens estão com defeito. Você pode facilmente construir um sistema que tire automaticamente as fotos, coisa que pode lhe fornecer milhares de fotos todos os dias. Você pode criar um conjunto de dados relativamente grande em apenas algumas semanas. Mas, espere, não existem rótulos! Caso queira treinar um classificador binário comum que prediga se um item está com defeito ou não, será necessário rotular cada imagem como "defeituosa" ou "normal." No geral, isso exigirá que especialistas humanos se sentem e examinem manualmente todas as fotos. É uma tarefa demorada, onerosa e tediosa, por isso ela será realizada somente em um pequeno subconjunto de fotos disponíveis. Como resultado, o conjunto de dados rotulado será bastante pequeno e o desempenho do classificador será decepcionante. Além do mais, sempre que uma empresa fizer alterações em seus produtos, todo o processo teria que ser iniciado do zero. Não seria ótimo se o algoritmo pudesse aproveitar os dados não rotulados sem a necessidade de seres humanos para rotular todas as imagens? É aí que o aprendizado não supervisionado entra em cena.

No Capítulo 8, abordamos a tarefa de aprendizado não supervisionado mais comum: redução da dimensionalidade. Neste capítulo, examinaremos mais algumas tarefas e algoritmos de aprendizado não supervisionado:

Clusterização

O intuito é agrupar instâncias semelhantes em *clusters*. A clusterização[1] é uma ótima ferramenta para análise de dados, segmentação de clientes, sistemas de recomendação, mecanismos de busca, segmentação de imagens, aprendizado semissupervisionado, redução de dimensionalidade e muito mais.

Detecção de Anomalias

O objetivo da detecção de anomalias é aprender como são os dados "normais" e usá-los para detectar instâncias anormais, como produtos com defeito em uma linha de produção ou uma tendência nova em uma série temporal.

Estimativa de Densidade

Esta é a tarefa de estimar a *função de densidade de probabilidade* (FDP) do processo aleatório que gerou o conjunto de dados. A estimativa de densidade é comumente usada para detecção de anomalias: instâncias localizadas em regiões de densidade muito baixa provavelmente são anomalias. Ajuda também na análise e na visualização de dados.

1 N. da T.: Chamada também de análise de agrupamento.

Pronto para comer um pouco de bolo? Começaremos com a clusterização, usando o K-Means e o DBSCAN, e depois analisaremos os modelos de mistura de gaussianas e veremos como eles podem ser utilizados para estimativa de densidade, clusterização e detecção de anomalias.

Clusterização

Vamos supor que você está curtindo uma caminhada nas montanhas e tropeça em uma planta que nunca viu antes. Olha ao redor e percebe mais algumas plantas. Elas não são idênticas, mas são suficientemente parecidas para você saber que elas provavelmente pertencem à mesma espécie (ou pelo menos ao mesmo gênero). Talvez seja necessário um botânico para lhe dizer qual é a espécie, mas certamente não é necessário ter um especialista para identificar grupos de objetos com aparência semelhante. Isso se chama *clusterização*: é a tarefa de identificar instâncias semelhantes e atribuí-las a *clusters*, ou grupos de instâncias semelhantes.

Assim como na classificação, cada instância é atribuída a um grupo. No entanto, diferentemente da classificação, a clusterização é uma tarefa não supervisionada. Considere a Figura 9-1: à esquerda, o conjunto de dados da íris (apresentado no Capítulo 4), em que as espécies de cada instância (ou seja, sua classe) são representadas com um marcador diferente. Trata-se de um conjunto de dados rotulado, em que os algoritmos de classificação como regressão logística, SVMs ou classificadores de floresta aleatória se adaptam. À direita, temos o mesmo conjunto de dados, só que sem os rótulos, logo você não pode mais usar um algoritmo de classificação. É aí que os algoritmos de clusterização mandam bem: muitos deles podem facilmente detectar o cluster inferior esquerdo. Conseguimos também detectar isso com nossos próprios olhos, no entanto não fica muito claro que o cluster superior direito seja composto de dois subclusters diferentes. Dito isso, o conjunto de dados tem duas características adicionais (comprimento e largura da sépala) não representadas aqui, e os algoritmos de clusterização podem aproveitar muito bem todas as características; assim sendo, eles identificam os 3 clusters razoavelmente bem (por exemplo, ao utilizar um modelo de mistura de gaussianas, somente 5 instâncias das 150 são atribuídas ao cluster errado).

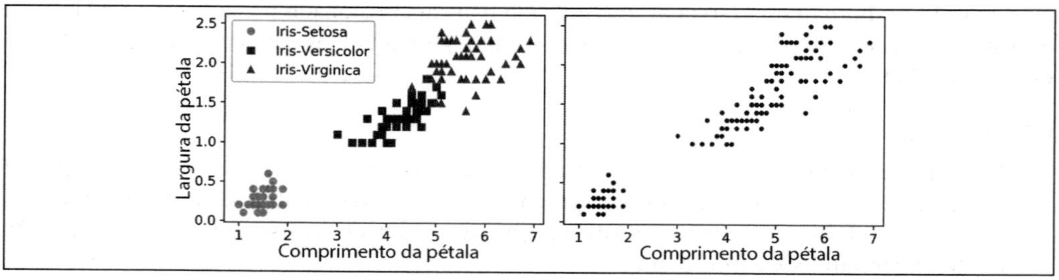

Figura 9-1. Classificação (à esquerda) vs. clusterização (à direita)

A clusterização é usada em um leque amplo de áreas de atuação, incluindo:

Segmentação de clientes

Você pode agrupar seus clientes com base nas compras e atividades deles em um site. Isso ajuda muito a compreender quem são seus clientes e o que eles precisam, a fim de que possa adaptar seus produtos e campanhas de marketing a cada segmento. Por exemplo, a segmentação de clientes pode ser útil nos *sistemas de recomendação* para sugerir conteúdo que outros usuários do mesmo grupo gostam.

Análise de dados

Ao analisar um conjunto de dados novos, talvez seja útil rodar um algoritmo de clusterização e, em seguida, analisar separadamente cada cluster.

Técnica de redução de dimensionalidade

Uma vez que um conjunto de dados é clusterizado, geralmente é possível calcular a *afinidade* de cada instância com cada cluster (afinidade é qualquer medida que calcule o quão bem uma instância se adéqua a um cluster). O vetor da característica **x** de cada instância pode ser substituído pelo vetor de suas afinidades de cluster. Se houver clusters k, esse vetor é k dimensional. Esse vetor normalmente tem a dimensionalidade bem mais baixa do que o vetor da característica original, mas pode preservar informações suficientes para processamento adicional.

Detecção de anomalias (chamada também de detecção de outliers)

Qualquer instância que tenha uma baixa afinidade com todos os clusters provavelmente será uma anomalia. Por exemplo, se você clusterizou os usuários do seu site com base no comportamento deles, é possível detectar usuários com comportamento incomum, como um número incomum de solicitações por segundo. A detecção de anomalias é sobretudo útil na detecção de defeitos na fabricação ou na *detecção de fraudes*.

Aprendizado semissupervisionado

Caso tenha apenas alguns rótulos, você poderá executar a clusterização e propagar os rótulos para todas as instâncias no mesmo cluster. Essa técnica pode aumentar e muito a quantidade de rótulos disponíveis para um algoritmo de aprendizado supervisionado subsequente e, assim, melhorar seu desempenho.

Mecanismos de busca

Alguns mecanismos de busca possibilitam a pesquisa de imagens semelhantes por meio de uma imagem de referência. Para criar esse sistema, você usaria primeiro um algoritmo de clusterização para todas as imagens em seu banco de dados; imagens semelhantes acabariam no mesmo cluster. Em seguida, quando um usuário fornece uma imagem de referência, tudo que você precisa fazer é usar o modelo de clusterização treinado para encontrar o cluster dessa imagem e, depois, basta retornar todas as imagens desse cluster.

Segmentação de imagens

Ao clusterizar os pixels de acordo com a cor e substituir a cor de cada pixel pela cor média do cluster, é possível reduzir substancialmente o número de cores diferentes na imagem. A segmentação de imagem é utilizada em muitos sistemas de detecção e rastreamento de objetos, pois facilita a detecção do contorno de cada objeto.

Não existe uma definição universal do que é um cluster: depende realmente do contexto e dos diferentes algoritmos identificarem tipos distintos de clusters. Alguns algoritmos procuram instâncias centradas em torno de um ponto específico, chamado *centroide*. Outros procuram regiões contínuas de instâncias densamente compactadas: esses clusters podem assumir qualquer forma. Alguns algoritmos são hierárquicos, procurando grupos de clusters. A lista não tem fim.

Nesta seção, analisaremos dois algoritmos populares de clusterização, o K-Means e o DBSCAN, e exploraremos alguns de seus usos, como redução não linear de dimensionalidade, aprendizado semissupervisionado e detecção de anomalias.

K-Means

Considere o conjunto de dados não rotulado representado na Figura 9-2: você pode ver claramente cinco blobs de instâncias. O algoritmo K-Means é um algoritmo simples capaz de clusterizar esse tipo de conjunto de dados com muita rapidez e eficiência, geralmente, bastam algumas iterações. Foi proposto em 1957 por Stuart Lloyd, no Bell Labs, como uma técnica para modulação de código por pulso, no entanto só foi divulgado fora da empresa em 1982 (*https://homl.info/36*).[2] Em 1965, Edward W. Forgy publicou basicamente o mesmo algoritmo, de modo que o K-Means às vezes é chamado de Lloyd-Forgy.

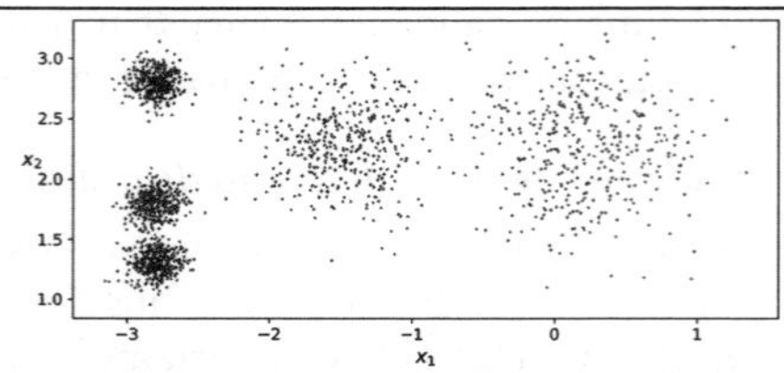

Figura 9-2. Um conjunto de dados não rotulado formado por cinco blobs de instâncias

Vamos treinar um cluster K-Means neste conjunto de dados. Ele tentará identificar o centro de cada blob e atribuir cada instância ao blob mais próximo:

```
from sklearn.cluster import KMeans
k = 5
kmeans = KMeans(n_clusters=k)
y_pred = kmeans.fit_predict(X)
```

Perceba que você precisa especificar o número de clusters *k* que o algoritmo deve encontrar. Nesse exemplo, quando olhamos para os dados, fica bem claro que *k* deve ser definido como cinco, mas, em geral, não é assim tão fácil. Abordaremos isso em breve.

Cada instância foi atribuída a um dos cinco clusters. No contexto da clusterização, o *rótulo* de uma instância é o índice do cluster no qual essa instância é atribuída por meio do algoritmo: isso não deve ser confundido com os rótulos da classe na classificação (lembre-se de que a clusterização é uma tarefa de aprendizado não supervisionado). A instância `KMeans` preserva uma cópia dos rótulos das instâncias em que foi treinada, disponível por meio da variável de instância `labels_`:

```
>>> y_pred
array([4, 0, 1, ..., 2, 1, 0], dtype=int32)
>>> y_pred is kmeans.labels_
True
```

Vamos dar uma olhada nos cinco centroides encontrados pelo algoritmo:

```
>>> kmeans.cluster_centers_
array([[-2.80389616,  1.80117999],
       [ 0.20876306,  2.25551336],
       [-2.79290307,  2.79641063],
       [-1.46679593,  2.28585348],
       [-2.80037642,  1.30082566]])
```

Você consegue facilmente atribuir as instâncias novas ao cluster cujo centroide está mais próximo:

```
>>> X_new = np.array([[0, 2], [3, 2], [-3, 3], [-3, 2.5]])
>>> kmeans.predict(X_new)
array([1, 1, 2, 2], dtype=int32)
```

2 Stuart P. Lloyd, "Least Squares Quantization in PCM", IEEE Transactions on Information Theory 28, no. 2 (1982): 129–137.

Se você plotar as fronteiras de decisão do cluster, obtém um diagrama de Voronoi (veja a Figura 9-3, na qual cada centroide é representado por um X).

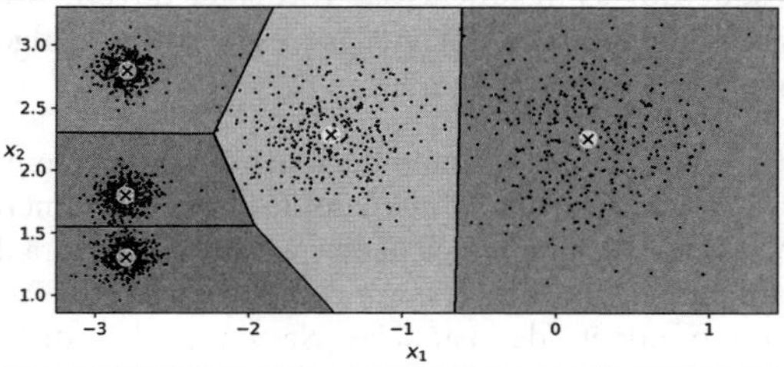

Figura 9-3. Fronteira de decisão do K-Means (diagrama de Voronoi)

A grande maioria das instâncias foi claramente atribuída ao cluster apropriado, mas algumas instâncias provavelmente foram classificadas erroneamente (sobretudo perto da fronteira entre o cluster superior esquerdo e o cluster central). Na realidade, o algoritmo K-Means não se comporta muito bem quando os blobs têm diâmetros muito diferentes, pois tudo o que importa ao atribuir uma instância a um cluster é a distância do centroide.

Em vez de atribuir cada instância a um único cluster, chamado de *hard clustering [clusterização hard]*, talvez seja útil atribuir a cada instância um score por cluster, denominada *soft clustering [clusterização soft]*. O score pode ser a distância entre a instância e o centroide; por outro lado, pode ser um score de similaridade (ou afinidade), como a função radial gaussiana (apresentada no Capítulo 5). Na classe `KMeans`, o método `transform()` calcula a distância de cada instância em todo centroide:

```
>>> kmeans.transform(X_new)
array([[2.81093633, 0.32995317, 2.9042344 , 1.49439034, 2.88633901],
       [5.80730058, 2.80290755, 5.84739223, 4.4759332 , 5.84236351],
       [1.21475352, 3.29399768, 0.29040966, 1.69136631, 1.71086031],
       [0.72581411, 3.21806371, 0.36159148, 1.54808703, 1.21567622]])
```

Nesse exemplo, a primeira instância em `X_new` está localizada a uma distância de 2,81 do primeiro centroide, 0,33 do segundo centroide, 2,90 do terceiro centroide, 1,49 do quarto centroide e 2,89 do quinto centroide. Caso tenha um conjunto de dados de alta dimensão e o transforme desse jeito, você acaba com um conjunto de dados *k* dimensional: essa transformação pode ser uma técnica de redução de dimensionalidade não linear bastante eficiente.

O algoritmo K-Means

Mas como esse algoritmo funciona? Vamos lá, suponha que você obtenha os centroides. Você pode rotular facilmente todas as instâncias no conjunto de dados, atribuindo cada uma delas ao cluster cujo centroide está mais próximo. Por outro lado, se obtiver todos os rótulos de instância, poderá localizar com facilidade todos os centroides ao calcular a média das instâncias de cada cluster. E, se você não obtiver os rótulos nem os centroides, como proceder? Comece posicionando os centroides aleatoriamente (por exemplo, escolhendo instâncias *k* de forma aleatória e usando seus locais como centroides). Em seguida, rotule as instâncias, atualize os centroides, rotule as instâncias, atualize os centroides e assim sucessivamente até que os centroides parem de se mover. O algoritmo é garantia para convergir em um número finito de etapas (no geral, bastante pequenas); ele não oscilará indefinidamente.[3]

3 Isso ocorre porque a distância quadrada média entre as instâncias e o centroide mais próximo só pode diminuir a cada etapa.

Você pode ver o algoritmo a pleno vapor na Figura 9-4: os centroides são inicializados aleatoriamente (canto superior esquerdo), as instâncias são rotuladas (canto superior direito), os centroides são atualizados (centro esquerdo), as instâncias são rotuladas novamente (centro direito) e assim por diante. Conforme você pode observar, em apenas três iterações, o algoritmo atingiu uma clusterização que aparentemente está próxima do ideal.

> Em geral, a complexidade computacional do algoritmo é linear em relação ao número de instâncias *m*, o número de clusters *k* e o número de dimensões *n*. No entanto, isso só vale quando os dados têm uma estrutura de clusterização. Caso contrário, na pior das hipóteses, a complexidade pode aumentar exponencialmente com o número de instâncias. Na prática, isso dificilmente acontece, e o K-Means é normalmente um dos algoritmos de clusterização mais rápidos.

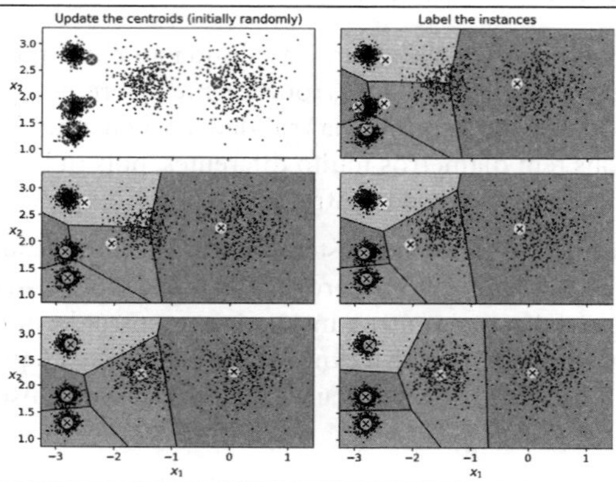

Figura 9-4. O algoritmo K-Means

Ainda que exista a garantia de que o algoritmo convirja, ele pode não convergir para a solução certa (ou seja, convergir para um local ideal): isso depende ou não da inicialização do centroide. A Figura 9-5 mostra duas soluções abaixo do ideal em que o algoritmo pode convergir, caso você não tenha sorte na etapa de inicialização aleatória.

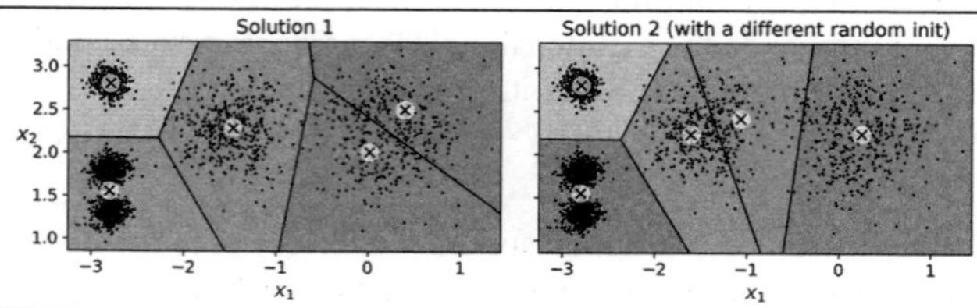

Figura 9-5. Soluções abaixo do ideal devido a inicializações malsucedida de centroides

Vejamos algumas formas de mitigar esse risco, melhorando a inicialização do centroide.

Métodos de inicialização do centroide

Se souber aproximadamente onde os centroides devem estar (por exemplo, caso já tenha rodado outro algoritmo de clusterização), pode definir o hiperparâmetro `init` como um array NumPy contendo a lista de centroides e definir `n_init` como `1`:

```
good_init = np.array([[-3, 3], [-3, 2], [-3, 1], [-1, 2], [0, 2]])
kmeans = KMeans(n_clusters=5, init=good_init, n_init=1)
```

Outra solução é rodar o algoritmo diversas vezes com diferentes inicializações aleatórias e manter a melhor solução. O número de inicializações aleatórias é controlado pelo hiperparâmetro `n _ init`: por padrão, é igual a `10`, o que significa que todo o algoritmo descrito anteriormente é executado 10 vezes quando você chama o `fit()`, e a Scikit-Learn guarda a melhor solução. Mas como exatamente ela sabe qual solução é a melhor? Ela utiliza uma métrica de desempenho! Essa métrica se chama *inércia* do modelo, a distância quadrada média entre cada instância e o centroide mais próximo. É aproximadamente igual a 223,3 para o modelo à esquerda na Figura 9-5; 237,5 para o modelo à direita na Figura 9-5; e 211,6 para o modelo na Figura 9-3. A classe `KMeans` executa o algoritmo `n _ init` diversas vezes e mantém o modelo com a menor inércia. Nesse exemplo, o modelo na Figura 9-3 será selecionado (a menos que tenhamos muito azar com o `n _ init` das inicializações aleatórias consecutivas). Caso esteja curioso, a inércia de um modelo pode ser acessada por meio da variável de instância `inertia _`:

```
>>> kmeans.inertia _
211.59853725816856
```

O método `score()` retorna a inércia negativa. Por que negativa? Porque o método `score()` de um preditor deve sempre respeitar a regra "maior é melhor" da Scikit-Learn: se um preditor é melhor que outro, seu método `core()` deve retornar o maior score.

```
>>> kmeans.score(X)
-211.59853725816856
```

Uma das melhorias mais importantes no algoritmo K-Means, o *K-Means++*, foi proposta em um artigo de 2006 (*https://homl.info/37*) por David Arthur e Sergei Vassilvitskii.[4] Eles apresentaram uma etapa de inicialização mais inteligente, que tende a selecionar centroides distantes um do outro, e essa melhoria torna o algoritmo K-Means bem menos propenso a convergir para uma solução abaixo do ideal. Arthur e Vassilvitskii demonstraram que o cálculo adicional necessário para a etapa de inicialização mais inteligente vale a pena, pois possibilita reduzir drasticamente o número de vezes que o algoritmo precisa ser executado a fim de identificar a solução ideal. Vamos conferir o algoritmo de inicialização K-Means ++:

1. Selecione um centroide $\mathbf{c}^{(1)}$, escolhido uniformemente e de modo aleatório no conjunto de dados.
2. Pegue um centroide novo $\mathbf{c}^{(i)}$, escolhendo uma instância $\mathbf{x}^{(i)}$ com a probabilidade $D\left(\mathbf{x}^{(i)}\right)^2 \ / \ \sum_{j=1}^{m} D\left(\mathbf{x}^{(j)}\right)^2$, em que $D(\mathbf{x}^{(i)})$ é a distância entre a instância $\mathbf{x}(i)$ e o centroide mais próximo que já foi escolhido. Essa distribuição de probabilidade assegura que instâncias mais distantes dos centroides já escolhidos tenham maior chance de serem selecionadas como centroides.
3. Repita a etapa anterior até que todos os centroides *k* tenham sido escolhidos.

A classe `KMeans` usa esse método de inicialização por padrão. Se quiser forçá-la a empregar o método original (ou seja, escolhendo aleatoriamente as instâncias *k* para definir os centroides iniciais), é possível definir o hiperparâmetro `init` como `"random"`. Você raramente precisará fazer isso.

K-Means acelerados e K-Means de mini-batch

Outra melhoria importante do algoritmo K-Means foi proposta em um artigo de 2003 (*https://homl.info/38*) por Charles Elkan.[5] Ela acelera consideravelmente o algoritmo, evitando muitos cálculos

4 David Arthur e Sergei Vassilvitskii, "k-Means++: The Advantages of Careful Seeding", *Anais do 18º Simpósio Anual da ACM-SIAM sobre Algoritmos Discretos* (2007): 1027–1035.

5 Charles Elkan, "Using the Triangle Inequality to Accelerate k-Means", *Anais da 20ª Conferência Internacional sobre Aprendizado de Máquina* (2003): 147–153.

desnecessários de distância. Elkan conseguir tal feito ao explorar a desigualdade do triângulo (ou seja, uma linha reta é sempre a menor distância entre dois pontos)[6] e acompanhar os limites inferiores e superiores para distâncias entre instâncias e centroides. Esse é o algoritmo que a classe `KMeans` usa por padrão (você pode forçá-la a usar o algoritmo original, ao definir o hiperparâmetro do algoritmo para `"full"`, embora dificilmente seja necessário).

Outra variante importante do algoritmo K-Means foi proposta em um artigo de 2010 (*https://homl.info/39*) por David Sculley.[7] Em vez de usar o conjunto de dados completo em cada iteração, o algoritmo consegue usar os mini-batches, movendo os centroides um pouco a cada iteração. Normalmente, isso acelera o algoritmo por um fator de três ou quatro e permite agrupar grandes conjuntos de dados que não cabem na memória. A Scikit-Learn implementa esse algoritmo na classe `MiniBatchKMeans`. Basta utilizar essa classe como a classe `KMeans`:

```
from sklearn.cluster import MiniBatchKMeans

minibatch_kmeans = MiniBatchKMeans(n_clusters=5)
minibatch_kmeans.fit(X)
```

Se o conjunto de dados não couber na memória, a opção mais simples é usar a classe `memmap`, como fizemos na PCA incremental no Capítulo 8. Outra alternativa é passar um mini-batch por vez para o método `partial_fit()`, mas isso demanda muito trabalho, pois você precisará rodar várias inicializações e selecionar a melhor opção (veja o K-Means de mini-batch no notebook, por exemplo).

Ainda que o algoritmo K-Means de mini-batch seja bem mais rápido que o algoritmo K-Means comum, sua inércia é ligeiramente pior, especialmente à medida que o número de clusters aumenta. Você pode observar isso na Figura 9-6: o gráfico à esquerda compara as inércias dos modelos K-Means de mini-batch e K-Means comuns treinados no conjunto de dados anterior usando vários números de clusters *k*. A diferença entre as duas curvas permanece uma constante, no entanto essa diferença se torna cada vez mais substancial conforme *k* aumenta, visto que a inércia se torna cada vez menor. No gráfico à direita, você pode ver que o K-Means de mini-batch é bem mais rápido que o K-Means normal e essa diferença aumenta com *k*.

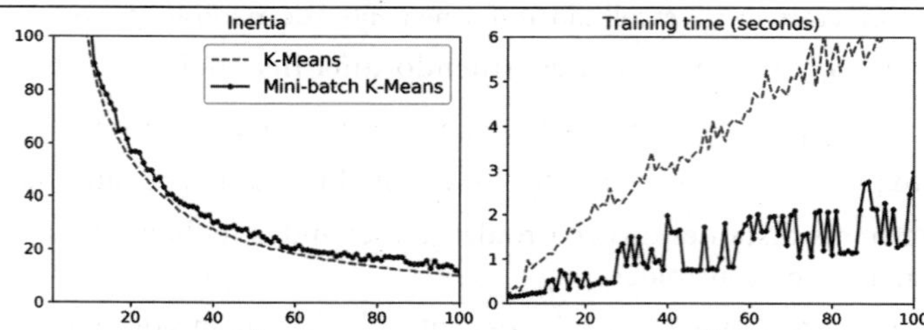

Figura 9-6. O K-Means de mini-batch tem uma inércia mais alta que o K-Means (à esquerda), mas é bem mais rápido (à direita), especialmente à medida que k aumenta

Encontrando o número ideal de clusters

Até agora, definimos o número de clusters *k* para 5, porque ficava claro quando olhávamos para os dados que esse era o número correto de clusters. Mas, em geral, não é tão fácil saber como definir

6 A desigualdade do triângulo é AC ≤ AB + BC, em que A, B e C são três pontos e AB, AC e BC são as distâncias entre esses pontos.

7 David Sculley, "Web-Scale K-Means Clustering", *Anais da 19ª Conferência Internacional sobre a World Wide Web* (2010): 1177–1178.

k, e o resultado poderá ser um desastre se você definir o valor incorreto. Como você pode ver na Figura 9-7, definir *k* como 3 ou 8 resulta em modelos bem ruins.

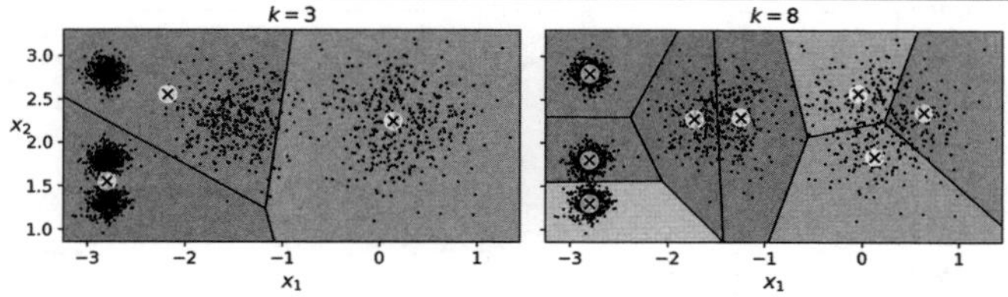

Figura 9-7. Escolhas ruins para o número de clusters: quando k é muito pequeno, os clusters separados são mesclados (à esquerda); quando k é muito grande, alguns clusters são divididos em várias partes (à direita)

Talvez você esteja pensando que bastaria escolhermos o modelo com a menor inércia, certo? Infelizmente, as coisas não são assim tão simples. A inércia para *k*=3 é 653,2, bem mais alta do que para *k*=5 (que era 211,6). Porém, com *k*=8, a inércia é de apenas 119,1. A inércia não é uma boa métrica de desempenho quanto se tenta escolher *k*, porque ela fica cada vez menor à medida que aumentamos *k*. Na prática, quanto mais clusters houver, mais próxima será a instância do centroide mais próximo e, consequentemente, menor será a inércia. Vamos plotar a inércia como uma função *k* (veja a Figura 9-8).

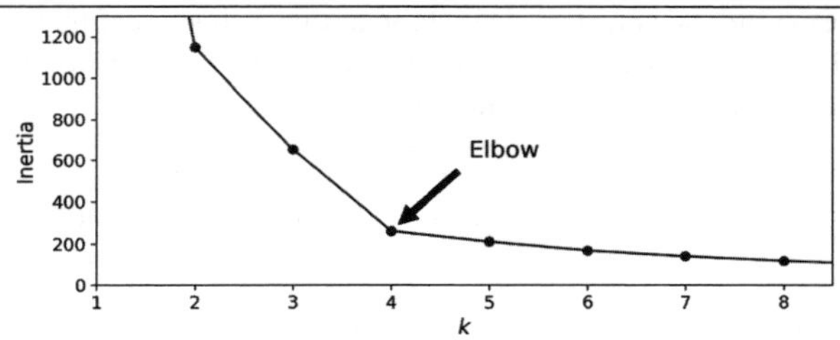

Figura 9-8. Ao plotar a inércia como uma função do número de cluster k, a curva geralmente contém um ponto de inflexão chamado "cotovelo" [elbow]

Conforme você pode observar, a inércia diminui rapidamente à medida que aumentamos *k* até 4, e depois diminui mais lentamente conforme aumentamos *k*. Essa curva tem aproximadamente o formato de um braço e existe um "cotovelo" em *k* = 4. Desse modo, caso não soubéssemos, 4 seria uma boa escolha: qualquer valor menor seria drástico, ao passo que qualquer valor maior não ajudaria muito, e talvez apenas dividíssemos clusters perfeitamente bons pela metade por nenhum motivo.

Essa técnica de escolher o melhor valor para o número de clusters é um tanto grosseira. Uma abordagem mais precisa (e também mais onerosa em termos computacionais) é usar o *silhouette score*, o coeficiente de *Silhouette* médio em todas as instâncias. O coeficiente de Silhouette de uma instância é igual a (*b* – *a*) / max(*a*, *b*), em que *a* é a distância média para as outras instâncias no mesmo cluster (ou seja, a distância média intracluster) e *b* é a média mais próxima da distância do cluster (ou seja, a distância média às instâncias do próximo cluster mais próximo, definida como aquela que minimiza *b*, excluindo o cluster da própria instância). O coeficiente de Silhouette pode variar entre –1 e +1. Um coeficiente próximo a +1 significa que a instância está dentro de seu próprio cluster e distante de outros clusters, enquanto um coeficiente próximo a 0 significa que está próximo a uma fronteira de cluster e, por último, um coeficiente próximo a –1 significa que a instância pode ter sido atribuída ao cluster errado.

Para calcular o coeficiente de Silhouette, você pode usar a função `silhouette_score()` da Scikit-Learn, fornecendo todas as instâncias no conjunto de dados e os rótulos aos quais elas foram atribuídas:

```
>>> from sklearn.metrics import silhouette_score
>>> silhouette_score(X, kmeans.labels_)
```

```
0.655517642572828
```

Vamos comparar os coeficientes de Silhouette em diferentes números de clusters (veja a Figura 9-9):

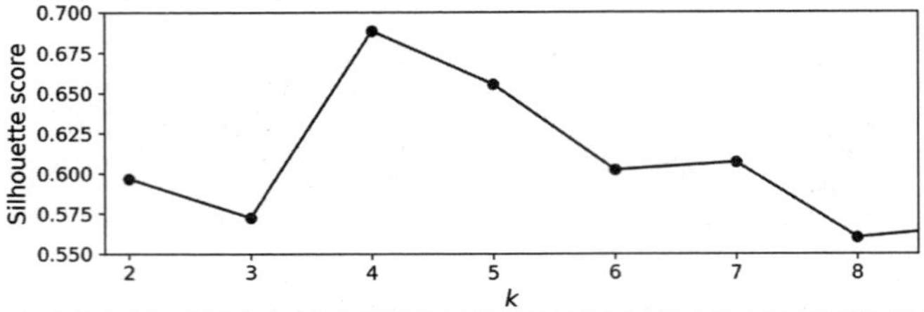

Figura 9-9. Selecionando o número de clusters k usando o coeficiente de Silhouette

Como pode ver, essa visualização é mais rica que a anterior: embora reitere que $k = 4$ é uma escolha muito boa, também ressalta o fato de que $k = 5$ é muito bom e bem melhor que $k = 6$ ou 7. Isso não era tão visível quando fizemos a comparação das inércias.

Uma visualização ainda mais esclarecedora é obtida quando você plota o coeficiente de Silhouette de cada instância, classificado pelo cluster ao qual está atribuído e pelo valor do coeficiente. Isso se chama *diagrama de Silhouette* (veja a Figura 9-10). Cada diagrama contém um formato de faca por cluster. A altura da forma indica o número de instâncias que o cluster contém, e a largura representa os coeficientes de Silhouette classificados das instâncias no cluster (quanto maior, melhor). A linha tracejada indica o coeficiente de Silhouette médio.

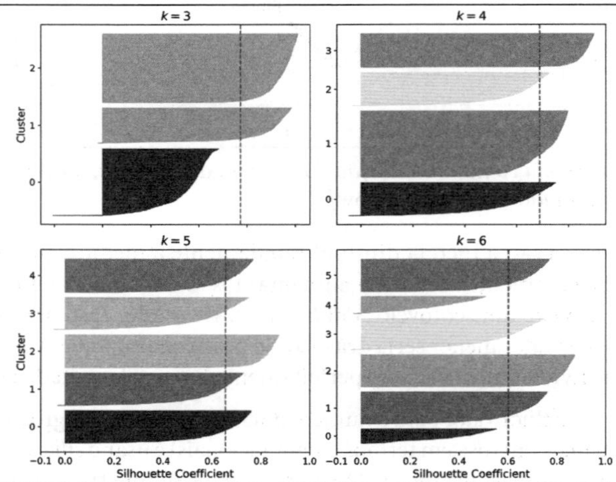

Figura 9-10. Analisando os diagramas de Silhouette para diversos valores k

As linhas tracejadas verticais representam o coeficiente de Silhouette para cada número de clusters. Quando a maioria das instâncias em um cluster tem um coeficiente menor que esse score (ou seja, se muitas das instâncias param antes da linha tracejada, terminando à esquerda), o cluster é bem ruim, pois isso significa que suas instâncias estão muito próximas de outros clusters. Podemos observar que, quando $k = 3$ e $k = 6$, obtemos clusters ruins. Agora, quando $k = 4$ ou k = 5, aparentemente os clusters são bons: a maioria das instâncias se estende além da linha tracejada, rumo à direita e próximo de 1,0. Quando $k = 4$, o cluster no índice 1 (o terceiro do topo) é bem maior. Por sua vez, quando $k = 5$, todos os clusters têm tamanhos semelhantes. Portanto, ainda que o coeficiente de Silhouette geral de $k = 4$ seja um pouco maior que $k = 5$, parece uma boa ideia usar $k = 5$ para obter clusters de tamanhos semelhantes.

Limites do K-Means

Apesar de suas muitas vantagens, principalmente por ser rápido e escalonável, o K-Means não é perfeito. Como vimos, é necessário rodar o algoritmo diversas vezes para evitar soluções abaixo do ideal, além de você precisar especificar o número de clusters, o que pode ser um belo de um incômodo. Além disso, o K-Means não se comporta muito bem quando os clusters têm tamanhos variados, densidades diferentes ou formas não esféricas. Por exemplo, a Figura 9-11 mostra como o K-Means clusteriza um conjunto de dados contendo três clusters elipsoidais de diferentes dimensões, densidades e orientações.

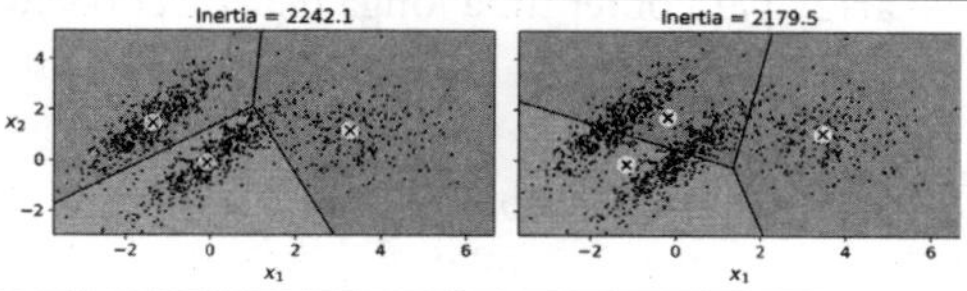

Figura 9-11. O K-Means não consegue clusterizar adequadamente esses blobs elipsoidais

Como você pode ver, nenhuma dessas soluções é boa. A solução à esquerda é melhor, no entanto ainda remove 25% do cluster intermediário e o atribui ao cluster à direita. A solução à direita é simplesmente péssima, embora sua inércia seja menor. Então, dependendo dos dados, diferentes algoritmos de cluster podem ter um desempenho melhor. Nesses tipos de clusters elípticos, os modelos de mistura de gaussianas funcionam muito bem.

> É fundamental escalonar as características de entrada antes de executar o K-Means, ou os clusters podem ser muito achatados e o K-Means terá um desempenho precário. O escalonamento das características não garante que todos os clusters sejam bonitos e esféricos, mas normalmente melhora as coisas.

Agora, analisaremos algumas maneiras pelas quais podemos nos beneficiar da clusterização. Usaremos o K-Means, mas sinta-se à vontade para testar outros algoritmos de clusterização.

Usando a clusterização para a segmentação de imagens

A *segmentação de imagem* é a tarefa de particionar uma imagem em diversos segmentos. Na *segmentação semântica*, todos os pixels que fazem parte do mesmo tipo de objeto são atribuídos ao mesmo segmento. Por exemplo, no sistema de visão de um carro autônomo, todos os pixels que fazem parte da imagem de um pedestre podem ser atribuídos ao segmento "pedestre" (existiria um segmento com todos os pedestres). Já na *segmentação de instância*, todos os pixels que fazem parte do mesmo objeto individual são atribuídos ao mesmo segmento. Nesse caso, haveria um segmento diferente para cada pedestre. Nos dias de hoje, as inovações de última geração na segmentação semântica ou de instância são alcançadas por meio do uso de arquiteturas complexas baseadas em redes neurais convolucionais (veja o Capítulo 14). Mas, por ora, faremos algo bem mais simples: a *segmentação de cores*. Simplesmente atribuiremos pixels ao mesmo segmento, se eles tiverem uma cor semelhante. Para alguns usos, isso será o bastante. Por exemplo, se você quer analisar as imagens de satélite a fim de calcular a área total de floresta em uma região, a segmentação de cores pode ser uma boa pedida.

Primeiro, use a função `imread()` da Matplotlib para carregar a imagem (veja a imagem superior esquerda, na Figura 9-12):

```
>>> from matplotlib.image import imread # ou `from imageio import imread`
>>> image = imread(os.path.join("images","unsupervised_learning","ladybug.png"))
```

```
>>> image.shape
(533, 800, 3)
```

A imagem é representada como um array 3D. O tamanho da primeira dimensão é a altura; o segundo é a largura; e o terceiro é o número de canais de cores, nesse caso vermelho, verde e azul (RGB). Em outras palavras, para cada pixel existe um vetor 3D contendo as intensidades de vermelho, verde e azul, cada uma entre 0,0 e 1,0 (ou entre 0 e 255, se você utilizar o `imageio.imread()`). Algumas imagens podem ter menos canais, como imagens em escala de cinza (um canal). E outras imagens podem ter mais canais, como imagens com um *canal alfa* adicional para transparência ou imagens de satélite, que em geral têm canais para muitas frequências de luz (por exemplo, infravermelho). O código a seguir redefine o array para obter uma longa lista de cores RGB e clusteriza essas cores usando o K-Means:

```
X = image.reshape(-1, 3)
kmeans = KMeans(n_clusters=8).fit(X)
segmented_img = kmeans.cluster_centers_[kmeans.labels_]
segmented_img = segmented_img.reshape(image.shape)
```

Por exemplo, talvez ele identifique um cluster de cores para todos os tons de verde. E, depois, para cada cor (por exemplo, verde-escuro), ele procura a cor média do cluster de cores do pixel. Por exemplo, todos os tons de verde podem ser substituídos pela mesma cor verde-claro (deduzindo que a cor média do cluster verde seja verde-claro). Por último, ele redefine essa longa lista de cores para obter a mesma forma que a imagem original. E pronto!

Isso gera a saída da imagem mostrada no canto superior direito, na Figura 9-12. Você pode tentar usar diversos números de clusters, como na figura. Quando você usa menos de oito conjuntos, observe que a cor vermelha chamativa da joaninha não consegue obter um conjunto por conta própria: ela acaba se mesclando às cores do ambiente. Isso ocorre porque o K-Means prefere clusters de tamanhos semelhantes. A joaninha é pequena — bem menor que o restante da imagem —, ainda que sua cor seja chamativa, o K-Means falha em destinar um cluster a ela.

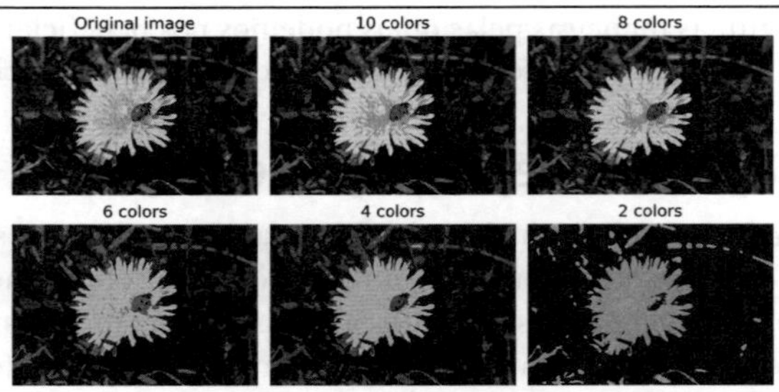

Figura 9-12. Segmentação de imagem usando K-Means com vários números de clusters de cores

Não foi muito difícil, foi? Agora, veremos outro uso da clusterização: o pré-processamento.

Usando a clusterização para o pré-processamento

A clusterização pode ser uma abordagem eficiente para a redução da dimensionalidade, sobretudo como uma etapa de pré-processamento, antes de um algoritmo de aprendizado supervisionado. Como exemplo de uso da clusterização para redução de dimensionalidade, usaremos o conjunto de dados de algarismos, que é um conjunto de dados simples do tipo MNIST contendo 1.797 imagens em escala de cinza 8 × 8 que representam os dígitos de 0 a 9. Primeiro, carregue o conjunto de dados:

```
from sklearn.datasets import load_digits
```

```
X_digits, y_digits = load_digits(return_X_y=True)
```

Agora, o divida em um conjunto de treinamento e em um conjunto de testes:

```
from sklearn.model_selection import train_test_split

X_train, X_test, y_train, y_test = train_test_split(X_digits, y_
digits)
```

Em seguida, ajuste um modelo de regressão logística:

```
from sklearn.linear_model import LogisticRegression

log_reg = LogisticRegression()
log_reg.fit(X_train, y_train)
```

Vamos avaliar sua acurácia no conjunto de testes:

```
>>> log_reg.score(X_test, y_test)
0.9688888888888889
```

OK, este é nosso ponto de partida: acurácia de 96,9%. Vejamos se podemos fazer melhor usando o K-Means como uma etapa de pré-processamento. Criaremos um pipeline que primeiro clusterizará o conjunto de treinamento em 50 clusters e substituirá as imagens e suas distâncias nesses 50 clusters; depois, aplicaremos um modelo de regressão logística:

```
from sklearn.pipeline import Pipeline

pipeline = Pipeline([
    ("kmeans", KMeans(n_clusters=50)),
    ("log_reg", LogisticRegression()),
])
pipeline.fit(X_train, y_train)
```

Como existem 10 algarismos diferentes, ficamos tentados em definir o número de clusters como 10. No entanto, cada algarismo pode ser registrado de várias formas diferentes, assim, é preferível usar um número maior de clusters, como 50.

Agora, avaliaremos esse pipeline de classificação:

```
>>> pipeline.score(X_test, y_test)
0.9777777777777777
```

Que tal isso? Reduzimos a taxa de erro em quase 30% (de cerca de 3,1% para cerca de 2,2%)!

No entanto, escolhemos o número de clusters *k* de modo arbitrário; com certeza podemos fazer melhor. Uma vez que o K-Means é somente uma etapa de pré-processamento em um pipeline de classificação, encontrar um bom valor para *k* é mais simples do que antes. Não é necessário efetuar análise de Silhouette ou minimizar a inércia; o melhor valor de *k* é simplesmente aquele que resulta no melhor desempenho de classificação durante a validação cruzada. Podemos usar o `GridSearchCV` para encontrar o número ideal de clusters:

```
from sklearn.model_selection import GridSearchCV

param_grid = dict(kmeans__n_clusters=range(2, 100))
grid_clf = GridSearchCV(pipeline, param_grid, cv=3, verbose=2)
grid_clf.fit(X_train, y_train)
```

Vamos analisar o melhor valor para *k* e o desempenho do pipeline resultante:

```
>>> grid_clf.best_params_
{'kmeans__n_clusters': 99}
>>> grid_clf.score(X_test, y_test)
0.9822222222222222
```

Com $k = 99$ clusters, obtemos um aumento substancial da acurácia, que atingiu 98,22% no conjunto de testes. Legal! Talvez seja bacana continuar explorando valores mais altos para k, já que 99 foi o maior valor no intervalo que exploramos.

Usando a clusterização para aprendizado semissupervisionado

Outro caso de uso de clusterização tem a ver com o aprendizado semissupervisionado, quando temos muitas instâncias não rotuladas e pouquíssimas instâncias rotuladas. Vamos treinar um modelo de regressão logística em uma amostra de 50 instâncias rotuladas do conjunto de dados de algarismos:

```
n_labeled = 50
log_reg = LogisticRegression()
log_reg.fit(X_train[:n_labeled], y_train[:n_labeled])
```

Qual é o desempenho desse modelo no conjunto de testes?

```
>>> log_reg.score(X_test, y_test)
0.8333333333333334
```

A acurácia é de somente 83,3%. Não é de se admirar que isso seja bem menor do que antes, quando treinamos o modelo em todo o conjunto de treinamento. Vejamos como melhorar as coisas. Primeiro, vamos clusterizar o conjunto de treinamento em 50 clusters. Em seguida, para cada cluster, vamos encontrar a imagem mais próxima do centroide. Chamaremos essas imagens de *imagens representativas*:

```
k = 50
kmeans = KMeans(n_clusters=k)
X_digits_dist = kmeans.fit_transform(X_train)
representative_digit_idx = np.argmin(X_digits_dist, axis=0)
X_representative_digits = X_train[representative_digit_idx]
```

A Figura 9-13 mostra essas 50 imagens representativas.

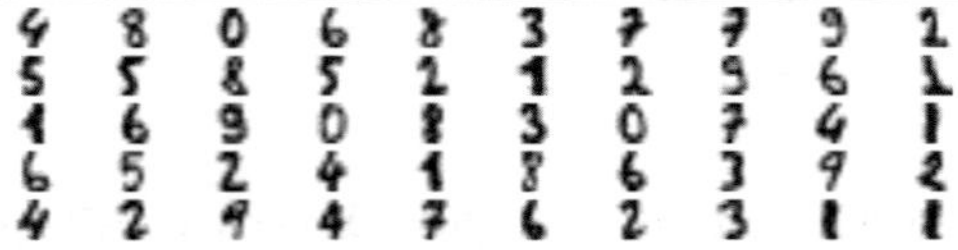

Figura 9-13. Cinquenta imagens representativas de algarismos (uma por cluster)

Analisaremos cada imagem e as rotularemos manualmente:

```
y_representative_digits = np.array([4, 8, 0, 6, 8, 3, ..., 7, 6, 2, 3, 1, 1])
```

Agora, temos um conjunto de dados com apenas 50 instâncias rotuladas, mas, em vez de serem instâncias aleatórias, cada uma delas é uma imagem representativa de seu cluster. Vamos ver se o desempenho melhorou:

```
>>> log_reg = LogisticRegression()
>>> log_reg.fit(X_representative_digits, y_representative_digits)
>>> log_reg.score(X_test, y_test)
0.9222222222222223
```

Nossa! Saltamos de uma acurácia de 83,3% para 92,2%, mesmo que estejamos treinando o modelo em 50 instâncias. Boa parte das vezes é caro e penoso rotular as instâncias, ainda mais quando isso precisa ser feito manualmente por especialistas, por isso que rotular instâncias representativas em vez de apenas aleatórias é uma boa ideia.

Aprendizado Ativo

A fim de continuar melhorando seu modelo e seu conjunto de treinamento, o próximo passo pode ser realizar algumas rodadas de *aprendizado ativo*, ou seja, quando um especialista humano interage com o algoritmo de aprendizado, fornecendo os rótulos para instâncias específicas, assim que o algoritmo os solicita. Existem inúmeras estratégias diferentes para o aprendizado ativo, no entanto uma das mais comuns se chama *amostragem de incertezas*. Vejamos como ela funciona:

1. O modelo é treinado nas instâncias rotuladas coletadas até o momento e é utilizado para fazer predições em todas as instâncias não rotuladas.
2. As instâncias em que o modelo é mais duvidoso (ou seja, quando a probabilidade estimada é mais baixa) são fornecidas ao especialista para serem rotuladas.
3. Você repete esse processo até que a melhoria de desempenho deixe de valer o trabalho de rotulagem.

Dentre outras estratégias, estão rotular as instâncias que resultariam na maior alteração de modelo, ou maior queda no erro de validação do modelo, ou as instâncias discordarem em diferentes modelos (por exemplo, um SVM ou uma floresta aleatória).

Antes de prosseguirmos para os modelos de mistura de gaussianas, vamos dar uma olhada no DBSCAN, outro algoritmo de clusterização popular que ilustra uma abordagem bem diferente com base na estimativa de densidade local. Essa abordagem possibilita que o algoritmo identifique clusters de perfis arbitrários.

Mas talvez possamos dar um passo adiante: e se propagássemos os rótulos para todas as outras instâncias no mesmo cluster? Isso se chama de *propagação de rótulo*:

```
y_train_propagated = np.empty(len(X_train), dtype=np.int32)
for i in range(k):
    y_train_propagated[kmeans.labels_==i] = y_representative_digits[i]
```

Agora, vamos treinar o modelo novamente e analisar o desempenho:

```
>>> log_reg = LogisticRegression()
>>> log_reg.fit(X_train, y_train_propagated)
>>> log_reg.score(X_test, y_test)
0.9333333333333333
```

Obtemos um aumento razoável de acurácia, mas nada muito espantoso. O problema é que propagamos o rótulo de cada instância representativa para todas as instâncias no mesmo cluster, incluindo as instâncias localizadas perto dos limites do cluster, que têm a maior probabilidade de serem rotuladas erroneamente. Vejamos o que acontece se propagarmos os rótulos em somente 20% das instâncias mais próximas dos centroides:

```
percentile_closest = 20

X_cluster_dist = X_digits_dist[np.arange(len(X_train)), kmeans.labels_]
```

```
for i in range(k):
    in_cluster = (kmeans.labels_ == i)
    cluster_dist = X_cluster_dist[in_cluster]
    cutoff_distance = np.percentile(cluster_dist, percentile_closest)
    above_cutoff = (X_cluster_dist > cutoff_distance)
    X_cluster_dist[in_cluster & above_cutoff] = -1

partially_propagated = (X_cluster_dist != -1)
X_train_partially_propagated = X_train[partially_propagated]
y_train_partially_propagated = y_train_propagated[partially_
propagated]
```

Agora, vamos treinar o modelo novamente nesse conjunto de dados parcialmente propagado:

```
>>> log_reg = LogisticRegression()
>>> log_reg.fit(X_train_partially_propagated, y_train_partially_
propagated)
>>> log_reg.score(X_test, y_test)
0.94
```

Legal! Com somente 50 instâncias rotuladas (em média apenas cinco exemplos por classe!), obtivemos 94% de acurácia, o que chega bem perto do desempenho da regressão logística no conjunto de dados de algarismos totalmente rotulados (que foi de 96,9%). Esse ótimo desempenho se deve ao fato de os rótulos propagados serem muito bons — a acurácia deles é quase próxima de 99%, como demonstra o código a seguir:

```
>>> np.mean(y_train_partially_propagated == y_train[partially_
propagated])
0.9896907216494846
```

DBSCAN

Este algoritmo define os clusters como regiões contínuas de alta densidade. Vejamos como ele funciona:

- Para cada instância, o algoritmo contabiliza quantas instâncias estão localizadas dentro de uma pequena distância ε (epsilon) dele. Essa região se chama vizinhança-ε *[ε-neighborhood]* da instância.
- Se uma instância tiver pelo menos `min_samples` em sua vizinhança-ε (incluindo ela mesma), será considerada uma *instância core*. Dito de outro modo, as instâncias core são aquelas localizadas em regiões densas.
- Todas as instâncias na vizinhança de uma instância core pertencem ao mesmo cluster. Essa vizinhança pode abarcar outras instâncias core; desse modo, uma longa sequência de instâncias cores vizinhas forma um único cluster.
- Qualquer instância que não seja uma instância core e não tenha uma em sua vizinhança é considerada uma anomalia.

Esse algoritmo funciona bem se todos os clusters forem densos o bastante e se estiverem bem separados por regiões de baixa densidade. A classe `DBSCAN` na Scikit-Learn é tão simples de usar como é de se esperar. Vamos testá-la no conjunto de dados moons, apresentado no Capítulo 5:

```
from sklearn.cluster import DBSCAN
from sklearn.datasets import make_moons

X, y = make_moons(n_samples=1000, noise=0.05)
```

```
dbscan = DBSCAN(eps=0.05, min_samples=5)
dbscan.fit(X)
```

Os rótulos de todas as instâncias agora estão disponíveis na variável da instância `labels_`:

```
>>> dbscan.labels_
array([ 0, 2, -1, -1, 1, 0, 0, 0, ..., 3, 2, 3, 3, 4, 2, 6, 3])
```

Perceba que algumas instâncias têm um índice de cluster igual a –1, o que significa que elas são consideradas anomalias pelo algoritmo. Os índices das instâncias core estão disponíveis na variável de instância `core_sample_indices_` e as próprias instâncias core, na variável de instância `components_`:

```
>>> len(dbscan.core_sample_indices_)
808
>>> dbscan.core_sample_indices_
array([ 0, 4, 5, 6, 7, 8, 10, 11, ..., 992, 993, 995, 997, 998, 999])
>>> dbscan.components_
array([[-0.02137124, 0.40618608],
       [-0.84192557, 0.53058695],
                   ...
       [-0.94355873, 0.3278936 ],
       [ 0.79419406, 0.60777171]])
```

Essa clusterização é representada no gráfico à esquerda da Figura 9-14. Conforme você pode ver, ela identificou muitas anomalias, além de sete clusters diferentes. Uma decepção! Felizmente, se estendermos a vizinhança de cada instância aumentando o `eps` para 0,2, obteremos a clusterização à direita, o que parece perfeito. Vamos prosseguir com esse modelo.

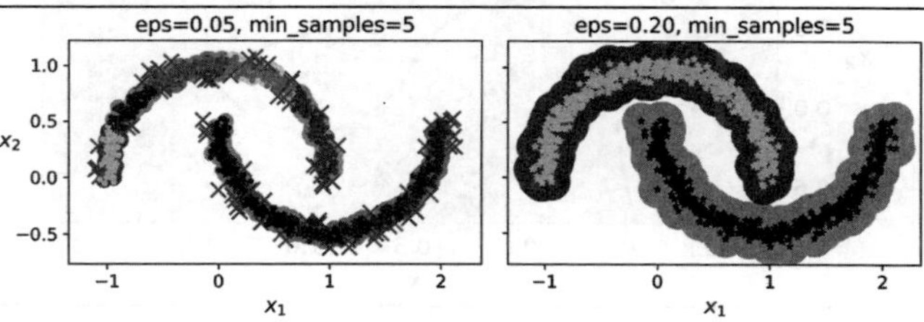

Figura 9-14. Clusterização do DBSCAN usando dois raios de vizinhança diferentes

É surpreendente que a classe `DBSCAN` não tenha um método `predict()`, embora tenha um método `fit_predict()`. Em outras palavras, ela não consegue predizer a qual cluster uma instância nova pertence. Essa decisão de implementação foi tomada porque algoritmos de classificação diferentes podem funcionar melhor para tarefas distintas; logo, os autores decidiram deixar o usuário escolher qual deles usar. Além do mais, não é difícil de se implementar. Por exemplo, vamos treinar um `KNeighborsClassifier`:

```
from sklearn.neighbors import KNeighborsClassifier

knn = KNeighborsClassifier(n_neighbors=50)
knn.fit(dbscan.components_, dbscan.labels_[dbscan.core_sample_
indices_])
```

Agora, tendo em conta algumas instâncias novas, podemos predizer a qual cluster elas provavelmente pertencem e até mesmo estimar uma probabilidade para cada cluster:

```
>>> X_new = np.array([[-0.5, 0], [0, 0.5], [1, -0.1], [2, 1]])
>>> knn.predict(X_new)
array([1, 0, 1, 0])
>>> knn.predict_proba(X_new)
array([[0.18, 0.82],
       [1.  , 0.  ],
       [0.12, 0.88],
       [1.  , 0.  ]])
```

Repare que treinamos o classificador apenas nas instâncias core, mas também poderíamos ter escolhido treiná-lo em todas as instâncias, menos nas anomalias: essa escolha depende da tarefa final.

A fronteira de decisão é representada na Figura 9-15 (as cruzes representam as quatro instâncias em `X_new`). Observe que, uma vez que não existe anomalia no conjunto de treinamento, o classificador sempre escolhe um cluster, mesmo quando esse cluster está longe. É bem simples adotar uma distância máxima; nesse caso, as duas instâncias que estão longe de ambos os clusters são classificadas como anomalias. Para fazer isso, use o método `kneigh bors()` do `KNeighborsClassifier`. Dado um conjunto de instâncias, ele retorna as distâncias e os índices dos *k*-vizinhos mais próximos no conjunto de treinamento (duas matrizes, cada uma com colunas *k*):

```
>>> y_dist, y_pred_idx = knn.kneighbors(X_new, n_neighbors=1)
>>> y_pred = dbscan.labels_[dbscan.core_sample_indices_][y_pred_idx]
>>> y_pred[y_dist > 0.2] = -1
>>> y_pred.ravel()
array([-1, 0, 1, -1])
```

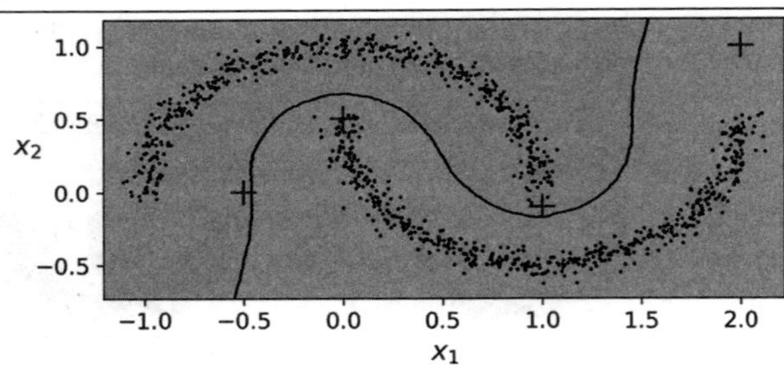

Figura 9-15. Fronteira de decisão entre dois clusters

Em resumo, o DBSCAN é um algoritmo bastante simples, mas poderoso, capaz de identificar qualquer número de clusters de qualquer formato. É robusto quando se trata de outliers e tem somente dois hiperparâmetros (`eps` e `min_samples`). No entanto, caso a densidade entre os clusters varie substancialmente, pode ser impossível identificar todos os clusters corretamente. Sua complexidade computacional é de aproximadamente $O(m \log m)$, fazendo com que ela seja bastante linear em relação ao número de instâncias, mas a implementação da Scikit-Learn pode exigir até $O(m2)$ de memória se o `eps` for grande.

Você também pode testar o *Hierarchical DBSCAN* (HDBSCAN), implementado no projeto scikit-learn-contrib (*https://github.com/scikit-learn-contrib/hdbscan/*).

Outros algoritmos de clusterização

A Scikit-Learn implementa outros algoritmos de clusterização que você deveria dar uma espiada. Não conseguiremos abordar todos eles neste livro, mas fizemos um breve panorama geral:

Clusterização aglomerativa

Uma hierarquia de clusters é construída em sentido ascendente e descendente. Imagine diversas bolhas pequenas flutuando na água e se unindo gradualmente umas às outras, até que se tenha um grupo grande de bolhas. Do mesmo modo, a cada iteração, a clusterização aglomerativa associa o par de clusters mais próximo (começando com instâncias individuais). Se você desenhasse uma árvore com um ramo para cada par de clusters mesclados, obteria uma árvore binária de clusters, em que as folhas são instâncias individuais. Essa abordagem faz um escalonamento muito bom quando temos um grande número de instâncias ou de clusters. Consegue identificar os clusters de vários formatos, produzir uma árvore de clusters flexível e elucidativa, em vez de forçá-lo a escolher uma escala específica de cluster, e pode ser usada com qualquer distância de pareamento. Pode ser perfeitamente escalonada para um grande número de instâncias, se você fornecer uma matriz de conectividade, uma matriz $m \times m$ esparsa que indica quais pares de instâncias são vizinhas (por exemplo, quando retornado pelo `sklearn.neighbors.kneighbors_graph()`). Sem uma matriz de conectividade, o algoritmo não se escalona bem em conjuntos de dados grandes.

BIRCH

O algoritmo BIRCH (Redução Iterativa Balanceada e Clusterização Usando Hierarquias) foi desenvolvido especificamente para conjuntos de dados enormes e pode ser mais rápido que o K-Means em batch, com resultados semelhantes, desde que o número de características não seja muito grande (<20). Durante o treinamento, ele cria uma estrutura em árvore contendo somente informações suficientes para atribuir rapidamente cada instância nova a um cluster, sem precisar armazenar todas as instâncias na árvore: essa abordagem possibilita que você use memória limitada, ao mesmo tempo em que lida com conjuntos de dados enormes.

Mean-shift

Este algoritmo começa posicionando um círculo centralizado em cada instância; depois, para cada círculo, calcula a média de todas as instâncias localizadas nele e desloca o círculo para que fique centralizado na média. Em seguida, faz a iteração dessa etapa de deslocamento da média até que todos os círculos parem de se mover (ou seja, até que cada um deles esteja centralizado na média das instâncias que ele contém). O algoritmo mean-shift desloca os círculos na direção da densidade mais alta, até que cada um deles encontre uma densidade local máxima. Por último, todas as instâncias cujos círculos foram estabelecidos no mesmo local (ou próximos o bastante) são atribuídas ao mesmo cluster. O mean-shift tem algumas das funcionalidades do DBSCAN — como identificar quaisquer números de clusters de qualquer formato —, tem pouquíssimos hiperparâmetros (somente um: o raio dos círculos, chamado de *largura de banda*) e depende da estimativa da densidade local. Porém, ao contrário do DBSCAN, o mean-shift tende a desmembrar os clusters em pedaços, quando eles têm variações de densidade interna. Infelizmente, sua complexidade computacional é O(m2), portanto não é adequado para conjuntos de dados grandes.

Propagação de afinidade

Este algoritmo utiliza um sistema de votação, no qual as instâncias votam em instâncias parecidas para serem suas representantes e, uma vez que o algoritmo converge, cada representante e seus eleitores formam um cluster. A propagação de afinidade pode detectar qualquer número de clusters de tamanhos diferentes. Infelizmente, esse algoritmo apresenta uma complexidade computacional de $O(m^2)$, desse modo também não é adequado para conjuntos de dados grandes.

Clusterização espectral

Este algoritmo pega uma matriz de similaridade entre as instâncias e cria uma incorporação de baixa dimensão (isto é, reduz sua dimensionalidade) e usa outro algoritmo de clusterização neste espaço de baixa dimensão (a implementação da Scikit-Learn utiliza o K-Means.) A clusterização espectral consegue identificar estruturas de cluster complexas e também pode ser usada para cortar grafos (por exemplo, para identificar clusters de amigos em uma rede social). Ele não se adapta bem a um grande número de instâncias e não se comporta bem quando os clusters têm tamanhos muito diferentes.

Agora, vamos mergulhar de cabeça nos modelos de mistura de gaussianas, que podem ser usados para estimativa de densidade, clusterização e detecção de anomalias.

Mistura de gaussianas

Um *modelo de mistura de gaussianas* (GMM) é um modelo probabilístico que assume que as instâncias foram geradas a partir de uma mistura de várias distribuições gaussianas cujos parâmetros são desconhecidos. Todas as instâncias geradas a partir de uma única distribuição gaussiana formam um cluster que normalmente se parece com um elipsoide. Cada cluster pode ter uma forma, tamanho, densidade e orientação elipsoidal diferentes, conforme demonstrado na Figura 9-11. Ao observar uma instância, você sabe que ela foi gerada a partir de uma das distribuições gaussianas, mas não sabe dizer qual delas e não sabe quais são os parâmetros dessas distribuições.

Existem inúmeras variantes da GMM. Na variante mais simples, implementada na classe `Gaus sianMixture`, você deve saber antes o número k de distribuições gaussianas. Presume-se que o conjunto de dados **X** tenha sido gerado por meio do seguinte processo probabilístico:

- Para cada instância, um cluster é escolhido aleatoriamente dentre os clusters k. A probabilidade de escolher o *j-ésimo* cluster é definida pelo peso do cluster, $\phi^{(j)}$.[8] O índice do cluster escolhido para a *i-ésima* instância é notado por $z^{(i)}$.
- Se $z^{(i)}=j$, significando que a *i-ésima* instância foi atribuída ao *j-ésimo* cluster, a localização $\mathbf{x}^{(i)}$ dessa instância é amostrada aleatoriamente a partir da distribuição de gaussianas com a média $\boldsymbol{\mu}(j)$ e matriz de covariância $\boldsymbol{\Sigma}^{(j)}$. Sua notação é $\mathbf{x}^{(i)} \sim \mathcal{N}\left(\boldsymbol{\mu}^{(j)}, \boldsymbol{\Sigma}^{(j)}\right)$.

Esse processo generativo pode ser representado como um modelo gráfico. A Figura 9-16 representa a estrutura das dependências condicionais entre as variáveis aleatórias.

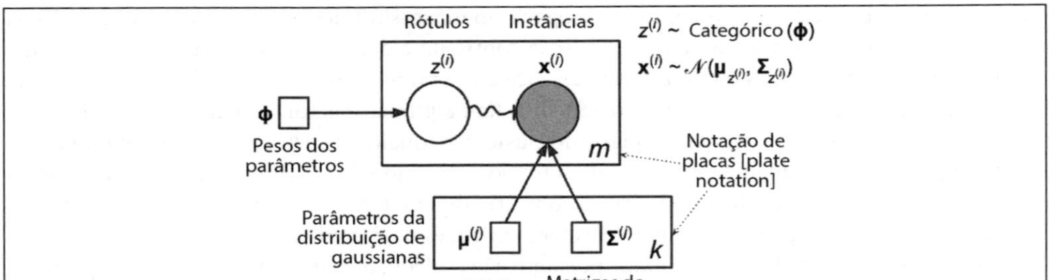

Figura 9-16. Uma representação gráfica de um modelo de mistura de gaussianas, incluindo seus parâmetros (quadrados), variáveis aleatórias (círculos) e suas dependências condicionais (setas contínuas)

8 Phi (ϕ ou φ) é a 21ª letra do alfabeto grego.

Vejamos como interpretar essa figura:[9]

- Os círculos representam variáveis aleatórias.
- Os quadrados representam valores fixos (ou seja, parâmetros do modelo).
- Os retângulos grandes se chamam *placas*. Elas sinalizam que seu conteúdo é repetido várias vezes.
- O número no canto inferior direito de cada placa sinaliza quantas vezes seu conteúdo é repetido. Portanto, existem m variáveis aleatórias $z^{(i)}$ (de $z^{(1)}$ a $z^{(m)}$) e m variáveis aleatórias $\mathbf{x}^{(i)}$. Existem também médias k $\boldsymbol{\mu}^{(j)}$ e matrizes de covariância k $\boldsymbol{\Sigma}^{(j)}$. Por fim, existe apenas um vetor de peso $\boldsymbol{\phi}$ (contendo todos os pesos de $\phi^{(1)}$ a $\phi^{(k)}$)).
- Cada variável $z^{(i)}$ é extraída da *distribuição categórica* com pesos $\boldsymbol{\phi}$. Cada variável $\mathbf{x}^{(i)}$ é extraída da distribuição normal, com a média e matriz de covariância definida por seu cluster $z^{(i)}$.
- As setas contínuas representam as dependências condicionais. Por exemplo, a distribuição de probabilidade para cada variável aleatória $z^{(i)}$ depende do vetor de peso $\boldsymbol{\phi}$. Repare que, quando uma flecha cruza o limite de uma placa, significa que ela se aplica a todas as repetições dessa placa. Por exemplo, o vetor de peso $\boldsymbol{\phi}$ condiciona as distribuições de probabilidade de todas as variáveis aleatórias de $\mathbf{x}^{(1)}$ até $\mathbf{x}^{(m)}$.
- A seta ondulada de $z^{(i)}$ até $\mathbf{x}^{(i)}$ representa uma mudança: dependendo do valor de $z^{(i)}$, a instância $\mathbf{x}^{(i)}$ será amostrada a partir de uma distribuição de gaussianas diferente. Por exemplo, se $z^{(i)}=j$, então, $\mathbf{x}^{(i)} \sim \mathcal{N}\left(\boldsymbol{\mu}^{(j)}, \boldsymbol{\Sigma}^{(j)}\right)$.
- Nós sombreados indicam que o valor é conhecido. Portanto, nesse caso, somente as variáveis aleatórias $\mathbf{x}^{(i)}$ têm valores conhecidos: elas se chamam *variáveis observadas*. As variáveis aleatórias desconhecidas $z^{(i)}$ se chamam *variáveis latentes*.

Mas o que você pode fazer com um modelo como esse? Vamos lá, tendo em conta um conjunto de dados $\mathbf{X}$, você normalmente começa estimando os pesos $\boldsymbol{\phi}$ e todos os parâmetros de distribuição de $\boldsymbol{\mu}^{(1)}$ a $\boldsymbol{\mu}^{(k)}$ e de $\boldsymbol{\Sigma}^{(1)}$ a $\boldsymbol{\Sigma}^{(k)}$. A classe `GaussianMixture` da Scikit-Learn facilita muito as coisas:

```
from sklearn.mixture import GaussianMixture

gm = GaussianMixture(n_components=3, n_init=10)
gm.fit(X)
```

Vamos analisar os parâmetros que o algoritmo estimou:

```
>>> gm.weights_
array([0.20965228, 0.4000662 , 0.39028152])
>>> gm.means_
array([[ 3.39909717, 1.05933727],
       [-1.40763984, 1.42710194],
       [ 0.05135313, 0.07524095]])
>>> gm.covariances_
array([[[ 1.14807234, -0.03270354],
        [-0.03270354, 0.95496237]],
       [[ 0.63478101, 0.72969804],
        [ 0.72969804, 1.1609872 ]],
       [[ 0.68809572, 0.79608475],
        [ 0.79608475, 1.21234145]]])
```

9 A maioria dessas notações é padronizada, mas algumas notações adicionais foram extraídas do artigo da Wikipedia sobre notação de placas [plate notation] (https://en.wikipedia.org/wiki/Plate_notation — conteúdo em inglês).

Ótimo, funcionou muito bem! Na verdade, os pesos usados para gerar os dados foram 0,2, 0,4 e 0,4; e, da mesma forma, as médias e as matrizes de covariância eram bastante próximas daquelas identificadas pelo algoritmo. Mas como? Essa classe toma como base o algoritmo *Expectation-Maximization* (EM), que tem muitas semelhanças com o algoritmo K-Means: ele também inicializa os parâmetros do cluster aleatoriamente e repete duas etapas até a convergência, primeiro atribuindo as instâncias aos clusters (isso se chama *etapa de expectativa*) e, em seguida, atualiza os clusters (isso se chama *etapa de maximização*). Parece familiar, não é? No contexto da clusterização, você pode pensar no EM como uma generalização do K-Means que não somente encontra os centros de cluster (de $\mathbf{\mu}^{(1)}$ a $\mathbf{\mu}^{(k)}$), como também seu tamanho, formato e orientação (de $\mathbf{\Sigma}^{(1)}$ a $\mathbf{\Sigma}^{(k)}$), bem como seus pesos relativos (de $\phi^{(1)}$ a $\phi^{(k)}$). No entanto, ao contrário do K-Means, o EM utiliza atribuições de clusterização soft, e não hard. Para cada instância, durante a etapa de expectativa, o algoritmo estima a probabilidade de pertencer a cada cluster (com base nos parâmetros atuais do cluster). Em seguida, durante a etapa de maximização, cada cluster é atualizado usando *todas* as instâncias do conjunto de dados, com cada instância ponderada pela probabilidade estimada de que ela pertence a esse cluster. Essas probabilidades se chamam *responsabilidades* dos clusters para as instâncias. Em seguida, durante a etapa de maximização, cada cluster é atualizado usando todas as instâncias do conjunto de dados, e cada instância é ponderada por meio da probabilidade estimada de que ela pertença a esse cluster.

Infelizmente, assim como o K-Means, o EM pode acabar convergindo para soluções ruins, logo, é necessário executá-lo diversas vezes, mantendo apenas a melhor solução. Por esse motivo, definimos `n_init` para 10. Tenha cuidado: por padrão, o `n_ini` é definido como `1`.

Você pode conferir se o algoritmo convergiu ou não e quantas iterações foram necessárias:

```
>>> gm.converged_
True
>>> gm.n_iter_
3
```

Agora que você tem em mãos uma estimativa da localização, tamanho, formato, orientação e peso relativo de cada cluster, o modelo pode atribuir facilmente cada instância ao cluster mais provável (clusterização hard) ou estimar a probabilidade de pertencer a um cluster específico (clusterização soft). Basta usar o método `predict()` para a clusterização hard ou o método `predict_proba()` para a clusterização soft:

```
>>> gm.predict(X)
array([2, 2, 1, ..., 0, 0, 0])
>>> gm.predict_proba(X)
array([[2.32389467e-02, 6.77397850e-07, 9.76760376e-01],
       [1.64685609e-02, 6.75361303e-04, 9.82856078e-01],
       [2.01535333e-06, 9.99923053e-01, 7.49319577e-05],
       ...,
       [9.99999571e-01, 2.13946075e-26, 4.28788333e-07],
       [1.00000000e+00, 1.46454409e-41, 5.12459171e-16],
       [1.00000000e+00, 8.02006365e-41, 2.27626238e-15]])
```

Um modelo de mistura de gaussianas é um *modelo generativo*, o que significa que você pode obter instâncias novas a partir dele (note que elas são ordenadas pelo índice do cluster):

```
>>> X_new, y_new = gm.sample(6)
>>> X_new
array([[ 2.95400315, 2.63680992],
```

```
       [-1.16654575,  1.62792705],
       [-1.39477712, -1.48511338],
       [ 0.27221525,  0.690366  ],
       [ 0.54095936,  0.48591934],
       [ 0.38064009, -0.56240465]])
>>> y_new
array([0, 1, 2, 2, 2, 2])
```

É possível também estimar a densidade do modelo em qualquer localidade. Você pode obtê-la usando o método `score_samples()`: para cada instância fornecida, esse método estima o log da *função de densidade de probabilidade* (FDP) nesse local. Quanto maior o score, maior a densidade:

```
>>> gm.score_samples(X)
array([-2.60782346, -3.57106041, -3.33003479, ..., -3.51352783,
       -4.39802535, -3.80743859])
```

Se você calcular o exponencial desses scores, obterá o valor da FDP na localização das instâncias especificadas. Não são probabilidades, mas *densidades* de probabilidade: elas podem assumir qualquer valor positivo, não somente um valor entre 0 e 1. Para estimar a probabilidade de uma instância se enquadrar em determinada região, você precisará calcular a FDP nessa região (se fizer isso em todo o espaço de possíveis localidades da instância, o resultado será 1).

A Figura 9-17 mostra as médias do cluster, as fronteiras de decisão (linhas tracejadas) e os contornos de densidade desse modelo.

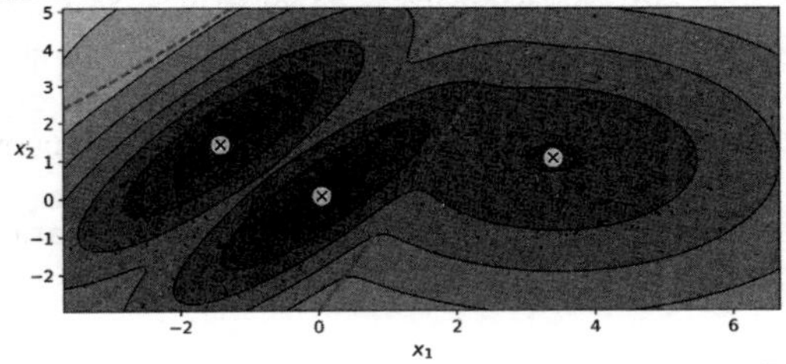

Figura 9-17. Médias do cluster, fronteiras de decisão e contornos de densidade de um modelo de mistura de gaussianas treinado

Legal! O algoritmo claramente identificou uma excelente solução. Obviamente, facilitamos sua tarefa gerando os dados ao usarmos um conjunto de distribuições gaussianas 2D (infelizmente, os dados da vida real nem sempre são tão gaussianos e tão de baixa dimensão). Fornecemos também ao algoritmo o número correto de clusters. Quando existem várias dimensões, muitos clusters ou poucas instâncias, o EM pode ter dificuldade para convergir para a solução ideal. Talvez seja necessário mitigar a dificuldade da tarefa restringindo o número de parâmetros que o algoritmo precisa aprender. Um modo de fazer isso é limitar a variedade de formatos e orientações que os clusters podem ter. Basta impor restrições às matrizes de covariância. Para tal, defina o hiperparâmetro `covariance_type` como um dos seguintes valores:

`"spherical"`
: Todos os clusters devem ser esféricos, mas podem ter diâmetros diferentes (ou seja, variâncias diferentes).

`"diag"`
: Os clusters podem assumir qualquer formato elipsoide de qualquer tamanho, mas os eixos do elipsoide devem ser paralelos aos eixos das coordenadas (ou seja, as matrizes de covariância devem ser diagonais).

"tied"

Todos os clusters devem ter o mesmo formato, tamanho e orientação elipsoidal (ou seja, todos os clusters compartilham a mesma matriz de covariância).

Por padrão, o `covariance_type` é igual a `"full"`, o que significa que cada cluster pode assumir qualquer formato, tamanho e orientação (ele comporta a própria matriz de covariância irrestrita). A Figura 9-18 plota as soluções encontradas pelo algoritmo EM quando o `covariance_type` está definido como `"tied"` ou `"spherical"`.

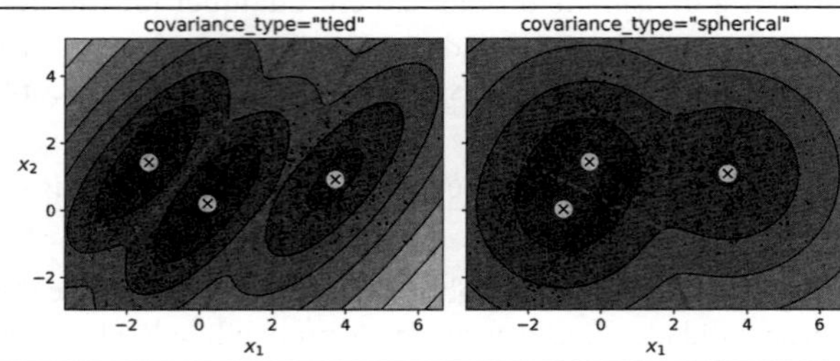

Figura 9-18. Misturas de gaussianas para clusters, quando definido "tied" (à esquerda), e para clusters quando definido "spherical" (à direita)

> A complexidade computacional do treinamento de um modelo `GaussianMixture` depende do número de instâncias *m*, do número de dimensões *n*, do número de clusters *k* e das restrições nas matrizes de covariância. Se o `covariance_type` for `"spherical"` ou `"diag"`, ela será de *O*(*kmn*), assumindo que os dados tenham uma estrutura de cluster. Se o `covariance_type` for `"tied"` ou `"full"`, ela será de *O*(*kmn*2 + *kn*3), logo não será escalonada para um grande número de características.

Os modelos de mistura de gaussianas também podem ser usados para detecção de anomalias. Vamos ver como.

Detecção de anomalias usando as misturas de gaussianas

A *detecção de anomalias* (também chamada de *detecção de outlier*) é a tarefa de detectar instâncias que se desviam bastante dos padrões. Essas instâncias são chamadas de *anomalias* ou *outliers*, ao passo que as instâncias normais são chamadas de *inliers*. A detecção de anomalias é de grande ajuda em uma ampla variedade de usos, como detecção de fraudes, detecção de produtos defeituosos na fabricação ou remoção de outliers de um conjunto de dados, antes de treinar outro modelo (o que pode melhorar significativamente o desempenho do modelo resultante).

Usar um modelo de mistura de gaussianas para detecção de anomalias é bastante simples: qualquer instância localizada em uma região de baixa densidade pode ser considerada uma anomalia. Você deve definir o limiar de densidade que quer usar. Por exemplo, em uma empresa de manufatura que tenta identificar produtos defeituosos, quando a proporção desses produtos geralmente é conhecida. Digamos que seja igual a 4%. Logo, você define o limiar de densidade como um valor de 4% resultante das instâncias localizadas em áreas abaixo desse limiar. Caso perceba que obtém muitos falsos positivos (ou seja, produtos perfeitamente bons e sinalizados como defeituosos), você pode diminuir o limiar. Por outro lado, caso tenha muitos falsos negativos (ou seja, produtos defeituosos que o sistema não sinaliza como tal), poderá aumentar esse limiar. Isso se chama trade-off precisão/revocação (veja o Capítulo 3).

Veja a seguir como você identificaria os outliers usando o quarto percentil de densidade mais baixa como limiar (ou seja, aproximadamente 4% das instâncias serão sinalizadas como anomalias):

```
densities = gm.score_samples(X)
density_threshold = np.percentile(densities, 4)
anomalies = X[densities < density_threshold]
```

A Figura 9-19 representa essas anomalias como estrelas.

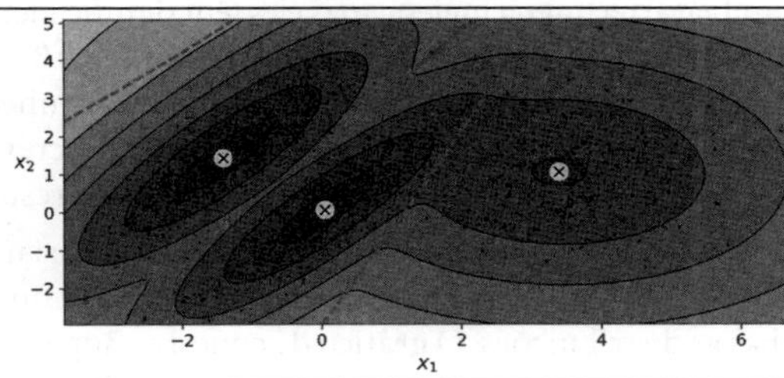

Figura 9-19. Detecção de anomalias usando um modelo de mistura de gaussianas

Uma tarefa que está estritamente relacionada a isso é a *detecção de novidades*: ela se diferencia da detecção de anomalias, pois se supõe que o algoritmo seja treinado em um conjunto de dados "limpo", não contaminado por outliers, ao passo que a detecção de anomalias não faz essa suposição. Na prática, a detecção de outlier é comumente usada para limpar um conjunto de dados.

> Os modelos de mistura de gaussianas tentam ajustar todos os dados, incluindo os outliers; desse modo, se você tiver muitos deles, isso influencia a visão de "normalidade" do modelo, e alguns outliers podem ser considerados erroneamente como normais. Se isso ocorrer, você pode tentar ajustar o modelo uma vez, usá-lo para detectar e remover os outliers mais extremos e ajustar o modelo novamente no conjunto de dados limpo. Outra abordagem é utilizar métodos robustos de estimativa de covariância (confira a classe `EllipticEnvelope`).

Assim como o K-Means, o algoritmo `GaussianMixture` exige que você especifique o número de clusters. Mas como identificá-los?

Selecionando o número de clusters

Com o K-Means, você pode utilizar a inércia ou o coeficiente de Silhouette para selecionar o número adequado de clusters. Porém, com misturas de gaussianas, não é possível usar essas métricas porque elas não são confiáveis quando os clusters não são esféricos ou têm tamanhos diferentes. Em vez disso, você pode tentar encontrar o modelo que minimize um *Critério de Informação Teórica*, como o *Critério de Informação Bayesiano de Schwarz* (BIC) ou o *Critério de Informação de Akaike* (AIC), definido na Equação 9-1:

Equação 9-1. Critério de Informação Bayesiano (BIC) e Critério de Informação de Akaike (AIC)

$$BIC = \log(m)p - 2\log\left(\hat{L}\right)$$

$$AIC = 2p - 2\log\left(\hat{L}\right)$$

Nessas equações:

- m é o número de instâncias, como sempre.

- p é o número de parâmetros aprendidos pelo modelo.
- $\hat{L}$ é o valor maximizado da *função de verossimilhança* do modelo.

Função de Verossimilhança

Os termos "probability" [probabilidade] e "likelihood" [verossimilhança] são frequentemente usados de forma intercambiável na língua inglesa, mas eles têm significados bem distintos em estatística. Tendo em conta um modelo estatístico com alguns parâmetros **θ**, a palavra "probability" é usada para descrever o quão verossímil é um resultado futuro **x** (conhecendo os valores dos parâmetros **θ**), ao passo que a palavra "likelihood" é usada para descrever o quão verossímil é um conjunto específico de valores de parâmetros **θ**, depois que o resultado **x** é conhecido.

Considere um modelo de mistura 1D de duas distribuições de gaussianas centralizadas em –4 e +1. Por questões de simplicidade, esse modelo de teste tem um único θ que controla os desvios-padrão de ambas as distribuições. O gráfico de contorno superior esquerdo na Figura 9-20 mostra o modelo inteiro $f(x; \theta)$ como uma função de x e θ. Para estimar a distribuição de probabilidade de um resultado futuro x, você precisa definir o parâmetro do modelo θ. Por exemplo, se definir θ como 1,3 (a linha horizontal), obterá a função de densidade de probabilidade $f(x; \theta=1.3)$ mostrada no gráfico inferior esquerdo. Mas digamos que você queira estimar a probabilidade de x se enquadrar em –2 e +2. Você deve calcular a integral da FDP nesse intervalo (ou seja, a superfície da região sombreada). Mas e se não souber o θ e, em vez disso, tiver uma única instância $x=2.5$ (a linha vertical no gráfico superior esquerdo)? Nesse caso, você obtém a função de verossimilhança $\mathscr{L}(\theta|x=2.5)=f(x=2.5; \theta)$, representada no gráfico superior direito.

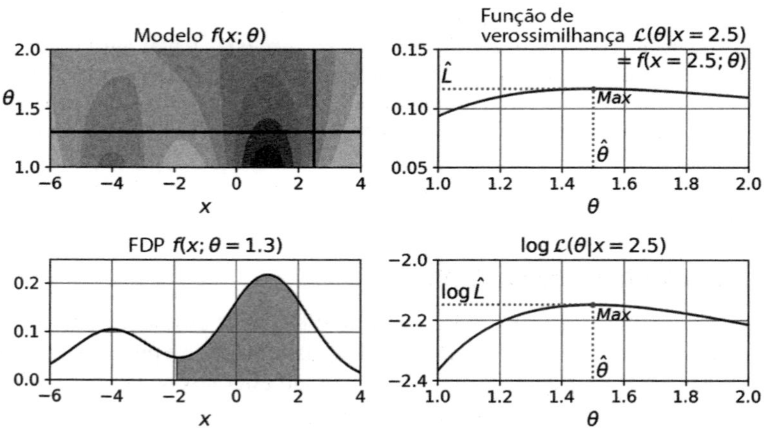

Figura 9-20. A função paramétrica de um modelo (canto superior esquerdo) e algumas funções derivadas: uma FDP (canto inferior esquerdo), uma função de probabilidade (canto superior direito) e uma função de log-verossimilhança (canto inferior direito)

Em síntese, a FDP é uma função de x (com θ fixo), ao passo que a função de verossimilhança é uma função de θ (com x fixo). É importante entender que a função de verossimilhança *não* é uma distribuição de probabilidade: caso insira uma distribuição de probabilidade em todos os valores possíveis de x, sempre obtém 1; mas, se inserir a função de verossimilhança em todos os valores possíveis de θ, o resultado poderá ser qualquer valor positivo.

Tendo em mãos um conjunto de dados **X**, uma tarefa comum é tentar estimar os valores mais prováveis para os parâmetros do modelo. Para tal, você deve encontrar os valores que maximizam a função de verossimilhança, dado **X**. Neste exemplo, se você obteve uma única instância x=2.5, a *estimativa de máxima verossimilhança* (EMV) de θ é θ =1.5. Caso exista uma distribuição de probabilidade anterior g em relação ao θ, é possível considerá-la maximizando $\mathcal{L}(\theta|x)g(\theta)$ em vez de apenas maximizar $\mathcal{L}(\theta|x)$. Isso se chama estimativa *máximo a posteriori* (MAP). Como a MAP restringe os valores dos parâmetros, você pode imaginá-la como uma versão regularizada do MLE.

Repare que maximizar a função de verossimilhança é equivalente a maximizar seu logaritmo (representado no gráfico inferior direito na Figura 9-20). Na realidade, o logaritmo é uma função estritamente de crescimento; portanto, se θ maximiza o log-verossimilhança, também maximiza a probabilidade. Acontece que geralmente é mais fácil maximizar o log-verossimilhança. Por exemplo, se você obteve várias instâncias independentes de $x^{(1)}$ até $x^{(m)}$, seria necessário encontrar o valor de θ que maximiza o produto das funções de verossimilhança individuais. Mas é equivalente e bem mais simples maximizar a soma (não o produto) das funções de log-verossimilhança, graças à mágica do logaritmo que converte produtos em somas: log(ab)=log(a)+log(b).

Depois de estimar θ, o valor de θ que maximiza a função de verossimilhança, você estará pronto para calcular $L = \mathcal{L}\theta$, o valor usado para calcular o AIC e o BIC; você pode pensar nisso como uma medida de quão bem o modelo se ajusta aos dados.

Tanto o BIC quanto o AIC penalizam os modelos que têm mais parâmetros para aprender (por exemplo, mais clusters) e recompensam os modelos que se ajustam bem aos dados. Em geral, eles acabam selecionando o mesmo modelo. Quando diferem, o modelo selecionado pelo BIC costuma ser mais simples (com menos parâmetros) do que o selecionado pelo AIC, mas este último tende a não se ajustar muito bem aos dados (isso vale principalmente para os conjuntos de dados maiores).

Para calcular o BIC e o AIC, chame os métodos `bic()` e `aic()`:

```
>>> gm.bic(X)
8189.74345832983
>>> gm.aic(X)
8102.518178214792
```

A Figura 9-21 mostra o BIC para diferentes números de clusters k. Como você pode observar, tanto o BIC quanto o AIC são menores quando k=3, assim provavelmente essa é a melhor escolha. Note que também podemos procurar o melhor valor para o hiperparâmetro `covariance _ type`. Por exemplo, se `"spherical"` em vez de `"full"`, o modelo tem consideravelmente menos parâmetros a aprender, mas também não se ajusta aos dados.

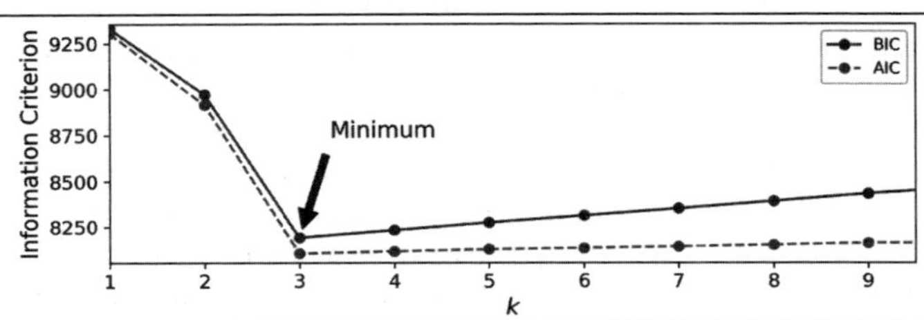

Figura 9-21. AIC e BIC para diferentes números de clusters k

Modelos de mistura de gaussianas bayesianos

Em vez de procurar manualmente o número ideal de clusters, você pode utilizar a classe `BayesianGaussianMixture`, capaz de fornecer pesos iguais (ou próximos) a zero em clusters desnecessários. Defina o número de clusters do `n_components` como um valor que você tenha boas razões para acreditar que seja maior que o número ideal de clusters (isso pressupõe algum conhecimento mínimo sobre o problema em questão) e o algoritmo eliminará os clusters desnecessários automaticamente. Por exemplo, vamos definir o número de clusters para 10 e ver o que acontece:

```
>>> from sklearn.mixture import BayesianGaussianMixture
>>> bgm = BayesianGaussianMixture(n_components=10, n_init=10)
>>> bgm.fit(X)
>>> np.round(bgm.weights_, 2)
array([0.4 , 0.21, 0.4 , 0. , 0. , 0. , 0. , 0. , 0. , 0. ])
```

Perfeito: o algoritmo detectou automaticamente que somente três clusters são necessários e os clusters resultantes são quase idênticos aos da Figura 9-17.

Nesse modelo, os parâmetros do cluster (incluindo os pesos, as médias e as matrizes de covariância) não são mais tratados como parâmetros fixos do modelo, e sim como variáveis aleatórias latentes, como as atribuições do cluster (veja a Figura 9-22). Agora, o **z** abarca os parâmetros do cluster e as atribuições do cluster.

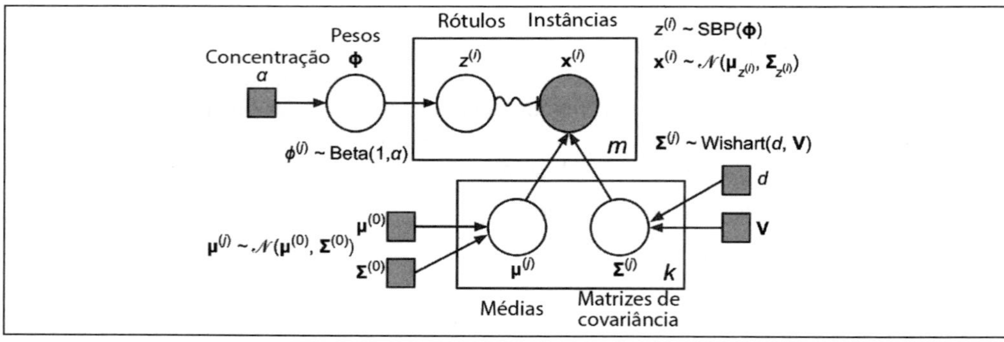

Figura 9-22. Modelo de mistura de gaussianas bayesiano

A distribuição beta é normalmente usada para modelar variáveis aleatórias cujos valores estão dentro de um intervalo fixo.

Nesse caso, o intervalo é de 0 a 1. O processo Stick-Breaking (SBP)[10] é melhor explicado por meio de exemplo: suponha que Φ=[0.3, 0.6, 0.5, ...], logo 30% das instâncias serão atribuídas ao cluster 0; 60% das instâncias restantes serão atribuídas ao cluster 1; 50% das instâncias restantes serão atribuídas ao cluster 2 e assim por diante. Esse processo é um bom modelo para conjuntos de dados em que instâncias novas têm maior probabilidade de se integrarem em grandes clusters do que em pequenos (por exemplo, as pessoas têm maior probabilidade de mudar para as grandes cidades). Se a concentração α for alta, os valores Φ provavelmente estarão próximos de 0, e o SBP gerará muitos clusters. Em contrapartida, se a concentração for baixa, os valores de Φ provavelmente estarão próximos de 1 e haverá poucos clusters. Por fim, a distribuição Wishart é utilizada para gerar as amostras das matrizes de covariância: os parâmetros d e V controlam a distribuição de formatos do cluster.

10 N. da T.: Na Teoria das Probabilidades, o processo Stick-Breaking (também conhecido no meio acadêmico como processo de quebra-vara) é uma visão alternativa e uma abordagem aos processos de Dirichlet (família de processos estocásticos, em que suas observações representam distribuições de probabilidade).

O conhecimento prévio a respeito das variáveis latentes **z** pode ser codificado em uma distribuição de probabilidade $p(\mathbf{z})$ chamada *a priori*. Por exemplo, podemos acreditar piamente que existem poucos clusters (concentração baixa) ou, ao contrário, acreditar que eles existem em abundância (concentração alta). Essa convicção anterior sobre o número de clusters pode ser acomodada no hiperparâmetro `weight_concentration_prior`. Defini-lo para 0,01 ou 10 mil lhe fornece clusters muito diferentes (veja a Figura 9-23). Quanto mais dados tivermos, menos as priores importam. Na realidade, para plotar diagramas com diferenças tão acentuadas, você deve usar priores bastante robustas e poucos dados.

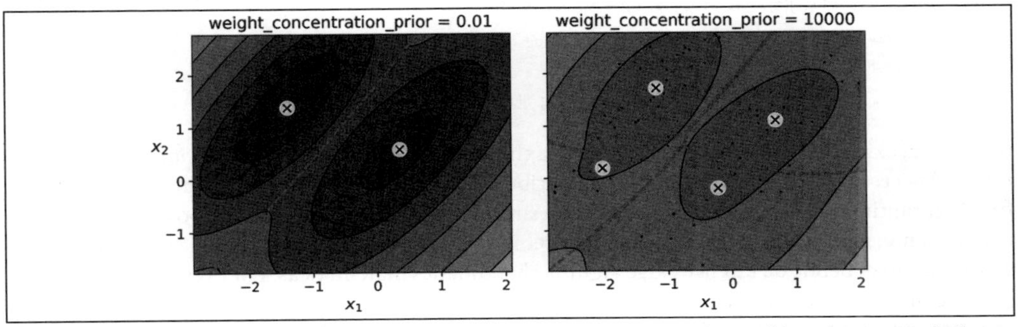

Figura 9-23. O uso de diferentes concentrações anteriores nos mesmos dados resulta em diferentes números de clusters

O teorema de Bayes (Equação 9-2) nos informa como atualizar a distribuição de probabilidade sobre as variáveis latentes, após obtermos alguns dados X. Ele calcula a distribuição *posterior* $p(\mathbf{z}|\mathbf{X})$, que é a probabilidade condicional de **z** dado **X**.

Equação 9-2. Teorema de Bayes

$$p(\mathbf{z} \mid \mathbf{X}) = \text{posterior} = \frac{\text{Verossimilhança} \times \text{a priori}}{\text{evidência}} = \frac{p(\mathbf{X} \mid \mathbf{z})\, p(\mathbf{z})}{p(\mathbf{X})}$$

Infelizmente, em um modelo de mistura de gaussianas (e em muitos outros problemas), o denominador $p(\mathbf{x})$ é intratável, pois requer a integração de todos os valores possíveis de **z** (Equação 9-3), o que exigiria considerar todas as combinações possíveis de parâmetros e atribuições do cluster.

Equação 9-3. A evidência p(X) é muitas vezes intratável

$$p\left(\mathbf{X}\right) = \int p(\mathbf{X} \mid \mathbf{z})p(\mathbf{z})d\mathbf{z}$$

Essa intratabilidade é uma das principais questões da estatística bayesiana e existem várias abordagens para resolvê-la. Uma delas é a *inferência variacional*, que seleciona uma família de distribuições $q(\mathbf{z}; \boldsymbol{\lambda})$ com seus próprios *parâmetros variacionais* $\boldsymbol{\lambda}$ (lambda) e otimiza esses parâmetros para fazer com que $q(\mathbf{z})$ seja uma boa aproximação de $p(\mathbf{z}|\mathbf{X})$. Consegue-se isso encontrando o valor de $\boldsymbol{\lambda}$ que minimiza a divergência KL[11] de $q(\mathbf{z})$ para $p(\mathbf{z}|\mathbf{X})$, notado como DKL($q||p$). A equação de divergência KL é mostrada na Equação 9-4 e pode ser reescrita como o log da evidência (log $p(\mathbf{X})$) menos o *limite inferior à evidência* (ELBO). Uma vez que o log de evidências não depende de q, é um termo constante, portanto, minimizar a divergência KL exige maximizar o ELBO.

11 N. da T.: Divergência Kullback-Leibler é conhecida também como entropia relativa, distância Kullback-Leibler, entropia Kullback-Leibler ou divergência I.

Equação 9-4. KL Divergência KL de q(z) para p(z|X)

$$\begin{aligned}
D_{KL}(q \parallel p) &= \mathbb{E}_q\left[\log \frac{q(\mathbf{z})}{p(\mathbf{z} \mid \mathbf{X})}\right] \\
&= \mathbb{E}_q[\log q(\mathbf{z}) - \log p(\mathbf{z} \mid \mathbf{X})] \\
&= \mathbb{E}_q\left[\log q(\mathbf{z}) - \log \frac{p(\mathbf{z}, \mathbf{X})}{p(\mathbf{X})}\right] \\
&= \mathbb{E}_q[\log q(\mathbf{z}) - \log p(\mathbf{z}, \mathbf{X}) + \log p(\mathbf{X})] \\
&= \mathbb{E}_q[\log q(\mathbf{z})] - \mathbb{E}_q[\log p(\mathbf{z}, \mathbf{X})] + \mathbb{E}_q[\log p(\mathbf{X})] \\
&= \mathbb{E}_q[\log p(\mathbf{X})] - \left(\mathbb{E}_q[\log p(\mathbf{z}, \mathbf{X})] - \mathbb{E}_q[\log q(\mathbf{z})]\right) \\
&= \log p(\mathbf{X}) - \text{ELBO} \\
&\text{sendo ELBO} = \mathbb{E}_q[\log p(\mathbf{z}, \mathbf{X})] - \mathbb{E}_q[\log q(\mathbf{z})]
\end{aligned}$$

Na prática, existem diferentes técnicas para maximizar o ELBO. Na *inferência variacional de campo médio*, é necessário selecionar a família de distribuições $q(\mathbf{z}; \boldsymbol{\lambda})$ e a anterior $p(z)$ com muito cuidado a fim de garantir que a equação para o ELBO seja simplificada para uma forma que possa ser calculada. Infelizmente, não existe um modo geral de fazer isso. Escolher a família correta de distribuições e o a priori certo depende da tarefa e exige algumas habilidades matemáticas. Por exemplo, as distribuições e equações de limite inferior usadas na classe `BayesianGaussianMixture` da Scikit-Learn são apresentadas na documentação (*https://homl.info/40*). A partir dessas equações, é possível fazer os cálculos das equações de atualização para os parâmetros do cluster e variáveis de atribuição: elas são usadas de forma muito semelhante ao algoritmo EM. Aliás, a complexidade computacional da classe `BayesianGaussianMixture` é semelhante à da classe `GaussianMixture` (que é significativamente mais lenta). Uma abordagem mais simples para maximizar o ELBO se chama *black box stochastic variational inference* (BBSVI) [inferência variacional estocástica da caixa preta, em tradução livre]: a cada iteração, algumas amostras são extraídas de q e são usadas para estimar os gradientes do ELBO em relação aos parâmetros variacionais $\boldsymbol{\lambda}$, que então são utilizados em uma etapa de gradiente ascendente. Essa abordagem possibilita usar a inferência bayesiana com qualquer tipo de modelo (desde que seja diferenciável), até com redes neurais profundas; o uso da inferência bayesiana com redes neurais profundas se chama aprendizado profundo bayesiano.

Caso queira investigar a fundo a estatística bayesiana, confira o livro *Bayesian Data Analysis* (*https://homl.info/bda*) de Andrew Gelman et al. (Chapman & Hall).

Os modelos de mistura de gaussianas funcionam muito bem em clusters com formatos elipsoides, mas, se você tentar ajustar um conjunto de dados com formatos diferentes, talvez tenha uma surpresa desagradável. Por exemplo, vejamos o que acontece se usarmos um modelo de mistura de gaussianas bayesiano para clusterizar o conjunto de dados moons (veja a Figura 9-24).

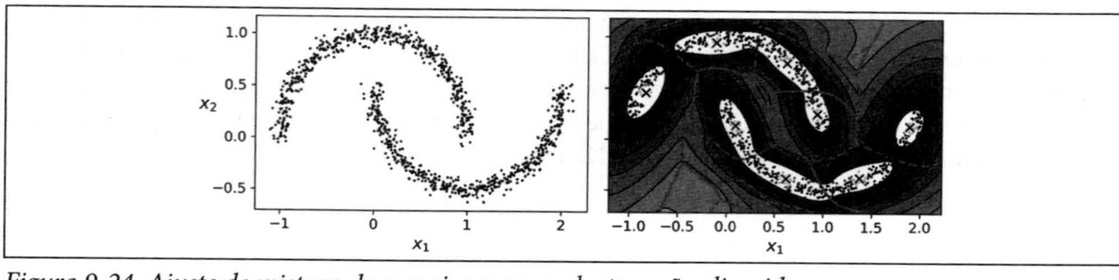

Figura 9-24. Ajuste de mistura de gaussianas para clusters não elipsoides

Opa! O algoritmo procurou desesperadamente por elipsoides, logo encontrou oito clusters diferentes, em vez de dois. A estimativa da densidade não é lá tão ruim, talvez esse modelo possa ser usado para a detecção de anomalias, mas não conseguiu identificar duas moons. Agora vejamos alguns algoritmos de clusterização capazes de lidar com clusters de formato arbitrário.

Outros algoritmos para detecção de anomalias e novidades

A Scikit-Learn implementa outros algoritmos dedicados à detecção de anomalias ou à detecção de novidades:

PCA (e outras técnicas de redução de dimensionalidade com um método `inverse_transform()`*)*

Se você comparar o erro de reconstrução de uma instância normal com o erro de reconstrução de uma anomalia, a última será geralmente bem maior. Essa é uma abordagem de detecção de anomalias simples e muitas vezes bastante eficiente (veja os exercícios deste capítulo para conferir o uso dessa abordagem).

Fast-MCD (covariância de determinante mínimo)

Implementado pela classe `EllipticEnvelope`, esse algoritmo é útil para detecção de outlier, especialmente para limpar um conjunto de dados. Parte do princípio de que as instâncias normais (inliers) são geradas a partir de uma única distribuição gaussiana (não uma mistura). Ele também pressupõe que o conjunto de dados esteja contaminado com outliers que não foram gerados a partir dessa distribuição gaussiana. Quando o algoritmo estima os parâmetros da distribuição gaussiana (ou seja, a forma do envoltório elíptico ao redor dos inliers), ele tem cuidado em ignorar as instâncias que provavelmente são outliers. Essa técnica fornece uma melhor estimativa do envoltório elíptico e, assim, aprimora o algoritmo no que diz respeito a identificação de outliers.

Floresta de isolamento

Este é um algoritmo eficiente para detecção de outliers, sobretudo em conjuntos de dados de alta dimensão. O algoritmo cria uma floresta aleatória na qual cada árvore de decisão cresce aleatoriamente: em cada nó, ele seleciona uma caraterística de forma aleatória e, em seguida, escolhe um valor limiar aleatório (entre os valores mínimo e máximo) com o intuito de dividir o conjunto de dados em dois. Em geral, o conjunto de dados é dividido em pedaços, até que todas as instâncias acabem isoladas das outras instâncias. As anomalias normalmente ficam longe de outras instâncias; assim, em média (em todas as árvores de decisão), elas tendem a ficar isoladas em menos etapas que as instâncias normais.

Fator de Outlier Local (LOF)

Este algoritmo também é bom para detecção de outliers. Ele compara a densidade das instâncias em torno de uma determinada instância e, por sua vez, compara a densidade dessa última com a densidade de seus vizinhos. Uma anomalia geralmente é mais isolada que seus *k*-vizinhos mais próximos.

One-class SVM

Este algoritmo é mais adequado para detecção de novidades. Lembre-se de que um classificador SVM kernalizado separa duas classes mapeando primeiro (e implicitamente) todas as instâncias para um espaço de alta dimensão e, em seguida, separa as duas classes usando um classificador linear SVM, dentro desse espaço de alta dimensão (veja o Capítulo 5). Como temos somente uma classe de instâncias, o algoritmo SVM de uma classe tenta separar as instâncias no espaço de alta dimensão da origem. No espaço original, isso corresponderá à localização de uma pequena região que inclui todas as instâncias. Se uma instância nova não se enquadra nessa região, é uma anomalia. Existem alguns hiperparâmetros a serem ajustados: os usuais para um SVM kernalizado, mais um hiperparâmetro de margem que corresponde à probabilidade de uma instância nova ser considerada erroneamente como nova, quando na verdade é normal.

Funciona muito bem, principalmente com conjuntos de dados de alta dimensão, mas, como todos os SVMs, ele não faz o escalonamento para conjuntos de dados grandes.

Exercícios

1. Como você definiria a clusterização? Você consegue mencionar alguns algoritmos de clusterização?
2. Quais são alguns dos principais usos dos algoritmos de clusterização?
3. Descreva duas técnicas para selecionar o número certo de clusters ao usar o K-Means.
4. O que é propagação de rótulo? Por que você a implementaria e como?
5. Você consegue exemplificar dois algoritmos de clusterização que podem ser escalonados para grandes conjuntos de dados? E dois que procuram regiões de alta densidade?
6. Você consegue pensar em um caso de uso em que o aprendizado ativo seria útil? Como você o implementaria?
7. Qual é a diferença entre detecção de anomalias e detecção de novidades?
8. O que é uma mistura de gaussianas? Em quais tarefas você pode usá-la?
9. Você pode citar duas técnicas para encontrar o número correto de clusters ao usar um modelo de mistura de gaussianas?
10. O clássico conjunto de dados Olivetti contém 400 imagens de rostos em escala de cinza de 64 × 64 pixels. Cada imagem é achatada para um vetor 1D de tamanho 4.096. Quarenta pessoas diferentes foram fotografadas (dez vezes cada), e a tarefa é treinar um modelo que possa predizer qual pessoa é representada em cada foto. Carregue o conjunto de dados usando a função `sklearn.datasets.fetch_olivetti_faces()` e o divida em um conjunto de treinamento, um conjunto de validação e um conjunto de teste (note que o conjunto de dados já está escalonado entre 0 e 1). Como o conjunto de dados é muito pequeno, você provavelmente deseja usar amostragem estratificada a fim de garantir que haja o mesmo número de imagens por pessoa em cada conjunto. Em seguida, clusterize as imagens usando o K-Means e verifique se você tem um bom número de clusters (utilizando uma das técnicas abordadas neste capítulo). Visualize os clusters: você vê rostos semelhantes em cada cluster?
11. Ainda com o conjunto de dados Olivetti, treine um classificador para predizer qual pessoa é representada em cada figura e o avalie no conjunto de validação. Em seguida, use K-Means como uma ferramenta de redução de dimensionalidade e treine um classificador no conjunto reduzido. Procure o número de clusters que permite ao classificador obter o melhor desempenho: qual desempenho você pode alcançar? E se você adicionar as características do conjunto reduzido às características originais (novamente, procurando o melhor número de clusters)?
12. Treine um modelo de mistura de gaussianas no conjunto de dados Olivetti. Para acelerar o algoritmo, você provavelmente deve reduzir a dimensionalidade do conjunto de dados (por exemplo, use a PCA, preservando 99% da variância). Empregue o modelo para gerar alguns rostos novos (usando o método `sample()`) e os visualize (se você usou a PCA, será necessário usar o método `inverse_transform()`). Tente modificar algumas imagens (por exemplo, girar, inverter, escurecer) e veja se o modelo pode detectar as anomalias (ou seja, comparar a saída do método `score_samples()` com imagens normais e anomalias).
13. Algumas técnicas de redução de dimensionalidade também podem ser usadas para detecção de anomalias. Por exemplo, pegue o conjunto de dados Olivetti e o reduza com uma PCA, preservando 99% da variância. Em seguida, calcule o erro de reconstrução para cada imagem. Depois, pegue algumas das imagens modificadas criadas no exercício anterior e analise o erro de reconstrução: observe o tamanho do erro de reconstrução. Se você plotar uma imagem reconstruída, verá o motivo: ele tenta reconstruir um rosto normal.

As soluções para esses exercícios estão disponíveis no Apêndice A.

PARTE II

REDES NEURAIS E APRENDIZADO PROFUNDO

Introdução às Redes Neurais Artificiais com a Biblioteca Keras

As aves nos deram inspiração para voar, as plantas do tipo bardana influenciaram a criação do velcro e a natureza tem servido de inspiração para uma infinidade de outras invenções. Assim sendo, parece lógico, quando nos deparamos com a estrutura cerebral, buscarmos inspiração sobre como construir uma máquina inteligente. Essa é a lógica que suscitou a construção das *redes neurais artificiais* (RNAs): uma RNA é um modelo de aprendizado de máquina inspirado em nossas redes neurais cerebrais. No entanto, embora as aves tenham servido de inspiração para os aviões, não precisam bater as asas para alçar voo. De modo igual, as RNAs se tornaram gradativamente bem diferentes de seus primos biológicos. Alguns pesquisadores chegam a alegar que devemos descartar completamente a analogia biológica (por exemplo, dizendo "unidades" em vez de "neurônios"), para não limitarmos nossa criatividade aos sistemas biologicamente possíveis.[1]

As RNAs estão no centro nevrálgico do aprendizado de máquina. São versáteis, poderosas e escalonáveis, o que as tornam ideais para realizar tarefas grandes e extremamente complexas de aprendizado de máquina, como classificar bilhões de imagens (por exemplo, Google Imagens), habilitar serviços de reconhecimento de fala (por exemplo, a Siri da Apple), recomendar os melhores vídeos para centenas de milhões de usuários assistirem todos os dias (por exemplo, o YouTube) ou aprender a vencer o campeão mundial no jogo Go (o AlphaGo, da DeepMind).

A primeira parte deste capítulo apresenta as redes neurais artificiais, começando com um rápido tour pelas primeiras arquiteturas de RNA e nos levando às *perceptrons de multicamadas* (MLPs), bastante usadas nos dias de hoje (exploraremos outras arquiteturas nos próximos capítulos). Na segunda parte, abordaremos como implementar as redes neurais usando a popular API da biblioteca Keras. É uma API de alto nível, simples e bem projetada para criar, treinar, avaliar e implementar redes neurais. Mas não se iluda com sua simplicidade: ela é expressiva e flexível o bastante para permitir que você construa uma variedade ampla de arquiteturas de redes neurais. Na realidade, ela provavelmente bastará para a maioria dos seus casos de uso. E, se você precisar de flexibilidade extra, sempre poderá escrever componentes Keras personalizados usando sua API de baixo nível, conforme veremos no Capítulo 12.

Mas, primeiro, vamos voltar um pouquinho no tempo para ver como as redes neurais artificiais surgiram!

Dos Neurônios Biológicos aos Neurônios Artificiais

Curiosamente, as RNAs já existem há algum tempo: elas foram apresentadas pela primeira vez em 1943 pelo neurofisiologista Warren McCulloch e pelo matemático Walter Pitts. No artigo de referência dos estudiosos, (*https://homl.info/43*)[2] "A Logical Calculus of Ideas Immanent in Nervous Activity" [Um Cálculo Lógico das Ideias Imanentes à Atividade Nervosa, em tradução livre], McCulloch e Pitts apresentaram um modelo computacional simplificado de como os neurônios

1 Você pode ter o melhor dos dois mundos, caso tenha a mente aberta para as inspirações biológicas, sem ter o receio de criar modelos biológicos que fujam da realidade, desde que funcionem bem.

2 Warren S. McCulloch and Walter Pitts, "A Logical Calculus of the Ideas Immanent in Nervous Activity", *The Bulletin of Mathematical Biology* 5, no. 4 (1943): 115–113.

biológicos podem trabalhar juntos em cérebros de animais na realização de cálculos complexos usando a *lógica proposicional*. Essa foi primeira arquitetura de rede neural artificial. Desde então, muitas outras foram inventadas, como veremos.

Os primeiros avanços das RNAs levaram à crença generalizada de que em breve estaríamos conversando com máquinas verdadeiramente inteligentes. Na década de 1960, quando ficou claro que essa promessa não seria materializada (pelo menos, não por um bom tempo), os financiamentos se deslocaram para outros campos, e as RNAs entraram em um longo inverno (o inverno da IA). No início dos anos 1980, foram inventadas arquiteturas novas e foram desenvolvidas técnicas melhores de treinamento, suscitando um renascimento do interesse no *conexionismo* (o estudo de redes neurais). No entanto, o progresso andava a passos de tartaruga, e em meados dos anos 1990 outras técnicas poderosas de aprendizado de máquina foram inventadas, como as máquinas de vetores de suporte (veja o Capítulo 5). Ao que tudo indicava, essas técnicas ofereciam melhores resultados e fundamentações teóricas mais sólidas do que as RNAs; assim, mais uma vez, o estudo das redes neurais foi deixado de lado.

Atualmente, estamos testemunhando o interessante crescente nas RNAs. Será que ele desaparecerá como as ondas de interesse anteriores? A seguir, elencamos algumas boas razões para acreditar que esse momento é diferente e que o novo interesse nas RNAs terá um impacto bastante acentuado em nossas vidas:

- Atualmente, existe uma quantidade massiva de dados disponíveis para treinar as redes neurais, e as RNAs frequentemente têm um desempenho superior que outras técnicas de AM, quando se trata de problemas muito grandes e complexos.
- O aumento espantoso do processamento computacional desde a década de 1990, agora possibilita o treinamento de grandes redes neurais em um período de tempo razoável. Isso se deve em parte à Lei de Moore (o número de componentes em circuitos integrados dobrou a cada 2 anos nos últimos 50 anos), mas também à indústria de jogos, que estimulou a produção de poderosos cartões de GPU aos milhões. Além do mais, as plataformas em nuvem tornaram esse poder acessível a todos.
- Os algoritmos de treinamento foram aperfeiçoados. Para ser justo, eles estão somente um pouco diferentes daqueles usados na década de 1990, mas esses retoques consideravelmente pequenos tiveram um enorme impacto positivo.
- Na prática, algumas limitações teóricas das RNAs se provaram inofensivas. Por exemplo, muita gente pensava que os algoritmos de treinamento de RNA estavam condenados, porque provavelmente ficariam empacados aos locais ideais, só que isso raramente ocorre na prática (e, quando ocorre, eles geralmente estão próximos do global ideal).
- Aparentemente, as RNAs entraram em um círculo virtuoso de financiamento e progresso. Produtos incríveis baseados em RNAs continuamente figuram nas manchetes dos jornais, o que atrai cada vez mais atenção e financiamento, resultando em progressos crescentes e em produtos ainda mais incríveis.

Neurônios biológicos

Antes de analisarmos os neurônios artificiais, daremos uma olhada rápida em um neurônio biológico (representado na Figura 10-1). É uma célula de aparência incomum, encontrada principalmente em cérebros de animais, constituída por um *corpo celular* que contém o núcleo e a maioria dos elementos constituintes complexos da célula, e muitos prolongamentos ramificados chamados de *dendritos*, além de uma extensão bem longa chamada de *axônio*. Não raro, o comprimento do axônio pode ser um pouco mais longo que o corpo da célula ou até dezenas de milhares de vezes maior. Perto de sua extremidade, o axônio se divide em muitas ramificações chamadas de *telodendros*, e na extremidade dessas ramificações existem estruturas minúsculas chamadas de *terminais sinápticos* (ou simplesmente *sinapses*), que estão conectadas aos dendritos ou corpos celulares de outros neurônios.[3] Os neurônios biológicos produzem pequenos impulsos elétricos chamados de *potenciais de ação* (PAs, ou apenas *sinais*) que percorrem os axônios e fazem as sinapses emitirem sinais químicos chamados *neurotransmissores*. Quando um neurônio recebe uma quantidade suficiente desses neurotransmissores no intervalo de alguns milissegundos, ele dispara seus próprios impulsos elétricos (na verdade, depende dos neurotransmissores, pois alguns deles inibem o disparo do neurônio).

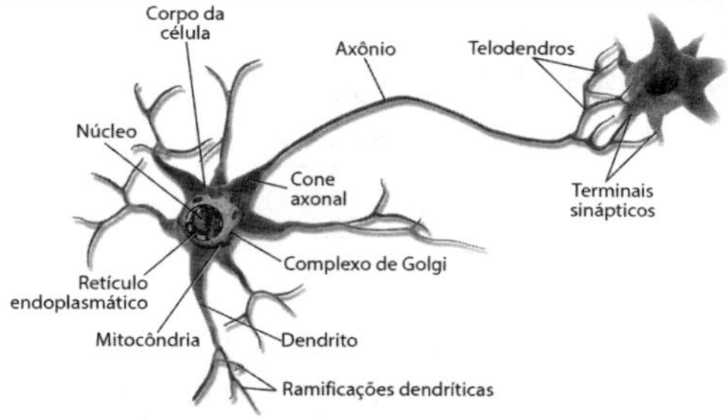

Figura 10-1. Neurônio biológico[4]

Desse modo, os neurônios biológicos individuais parecem se comportar de uma forma bastante simples, apesar de estarem organizados em uma imensa rede de bilhões de neurônios, cada um normalmente conectado a milhares de outros. Uma rede de neurônios bem simples pode realizar cálculos extremamente complexos, assim como um formigueiro complexo pode ser fruto dos esforços combinados de simples formigas. A arquitetura das redes neurais biológicas (RNBs)[5] ainda é objeto de pesquisas ativas, mas algumas partes do cérebro foram mapeadas e, ao que tudo indica, os neurônios são frequentemente organizados em camadas consecutivas, sobretudo no córtex cerebral (ou seja, a camada externa do seu cérebro), conforme mostra a Figura 10-2.

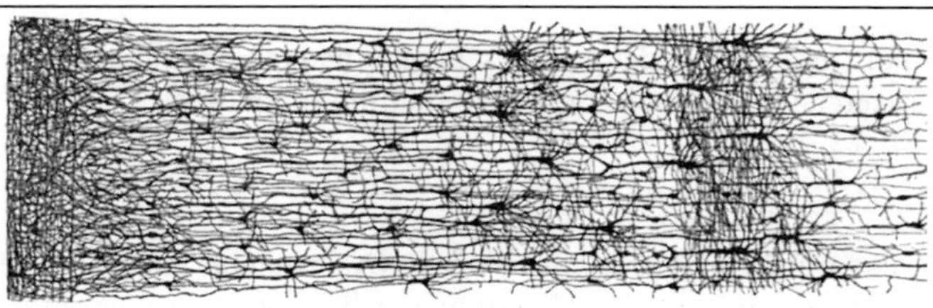

Figura 10-2. Inúmeras camadas em uma rede neural biológica (córtex humano)[6]

Cálculos lógicos com neurônios

McCulloch e Pitts propuseram um modelo bem simples de neurônio biológico, que mais tarde ficou conhecido como *neurônio artificial*: ele apresenta uma ou mais entradas binárias (ativar/desativar) e uma saída binária. O neurônio artificial ativa sua saída quando determinado número de entradas

3 Eles não estão realmente conectados, somente tão próximos que conseguem trocar sinais químicos rapidamente.

4 Imagem de Bruce Blaus (Creative Commons 3.0 — *https://creativecommons.org/licenses/by/3.0/*). Reproduzido de *https://en.wikipedia.org/wiki/Neuron*.

5 No contexto de aprendizado de máquina, a expressão "redes neurais" geralmente se refere a RNAs, não RNBs.

6 Desenho de uma laminação cortical por S. Ramon y Cajal (domínio público). Reproduzido de *https://en.wikipedia.org/wiki/Cerebral_cortex*.

está ativo. No artigo dos dois estudiosos, eles demonstraram que, mesmo com um modelo tão simples, é possível construir uma rede de neurônios artificiais que calcula qualquer lógica proposicional que você queira. Para ver como essa rede funciona, vamos construir algumas RNAs que realizam diversos cálculos lógicos (veja a Figura 10-3), partindo do princípio de que um neurônio está ativo quando pelo menos duas de suas entradas estiverem ativas.

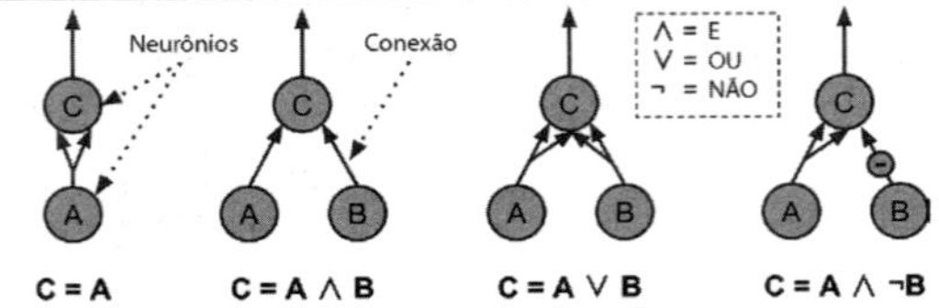

Figura 10-3. RNAs fazendo cálculos lógicos simples

Vamos conferir o que essas redes fazem:

- A primeira rede à esquerda é a função de identidade: se o neurônio A estiver ativado, o neurônio C também será ativado (uma vez que recebe dois sinais de entrada do neurônio A); mas, se o neurônio A estiver desativado, o neurônio C também estará desativado.
- A segunda rede executa um E (AND) lógico: o neurônio C é ativado somente quando os neurônios A e B são ativados (um sinal único de entrada não é suficiente para ativar o neurônio C).
- A terceira rede executa um OU (OR) lógico: o neurônio C é ativado se o neurônio A ou o neurônio B estiver ativado (ou ambos).
- Por último, se imaginarmos que uma conexão de entrada possa inibir a atividade do neurônio (que é o caso dos neurônios biológicos), a quarta rede calcula uma proposição lógica um pouco mais complexa: o neurônio C é ativado apenas se o neurônio A estiver ativo e o neurônio B estiver desativado. Se o neurônio A estiver ativo o tempo todo, você receberá um NÃO (NOT) lógico: o neurônio C estará ativo quando o neurônio B estiver desativado e vice-versa.

Você já deve imaginar como essas redes podem ser combinadas a fim de calcular expressões lógicas complexas (veja os exercícios no fim do capítulo para um exemplo).

A perceptron

A *perceptron* é uma das arquiteturas mais simples da RNA, inventada em 1957 por Frank Rosenblatt. Ela toma como base um neurônio artificial ligeiramente diferente (veja a Figura 10-4) chamado *unidade lógica de limiar* (TLU) ou, às vezes, uma *unidade de limiar linear* (LTU). As entradas e saídas são números (em vez de valores binários ativados/desativados) e cada conexão de entrada está associada a um peso. A TLU calcula uma soma ponderada de suas entradas ($z = w_1 x_1 + w_2 x_2 + \cdots + w_n x_n = \mathbf{x}^\mathsf{T} \mathbf{w}$), aplica uma *função degrau* a essa soma e gera o resultado: $h_\mathbf{w}(\mathbf{x}) = \text{degrau}(z)$, sendo que $z = \mathbf{x}^\mathsf{T} \mathbf{w}$.

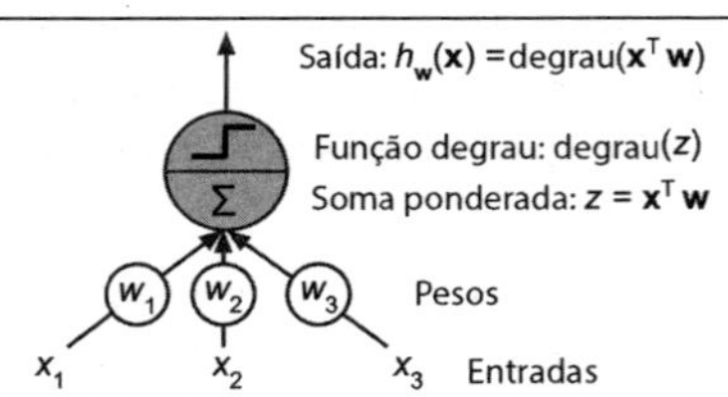

Figura 10-4. Unidade lógica de limiar: um neurônio artificial que calcula uma soma ponderada de suas entradas e aplica uma função de degrau

A função degrau mais comum usada nas perceptrons é a *função de Heaviside* ou função degrau unitário (veja a Equação 10-1). Não raro, usa-se a função sinal.

Equação 10-1. Funções degrau comuns usadas nas perceptrons (supondo que o limiar seja = 0)

$$\text{heaviside}(z) = \begin{cases} 0 & \text{se } z < 0 \\ 1 & \text{se } z \geq 0 \end{cases} \qquad \text{sgn}(z) = \begin{cases} -1 & \text{se } z < 0 \\ 0 & \text{se } z = 0 \\ +1 & \text{se } z > 0 \end{cases}$$

Uma única TLU pode ser empregada para classificação binária linear simples. Ela calcula uma combinação linear das entradas e, se o resultado exceder um limiar, gera como saída a classe positiva. Caso contrário, ela gera como saída a classe negativa (como uma regressão logística ou um classificador SVM linear). Você pode, por exemplo, usar uma única TLU para classificar as flores da íris com base no comprimento e largura da pétala (adicionando também uma característica de viés extra $x_0 = 1$, como fizemos nos capítulos anteriores). Nesse caso, treinar uma TLU significa encontrar os valores corretos para w_0, w_1 e w_2 (o algoritmo de treinamento será abordado em breve).

Uma perceptron é simplesmente composta de uma única camada de TLUs,[7] e cada TLU está conectada a todas as entradas. Quando todos os neurônios de uma camada são conectados a todos os neurônios da camada anterior (ou seja, aos seus neurônios de entrada), a camada se chama *camada totalmente conectada* ou *camada densa*. As entradas da perceptron são fornecidas a neurônios de passagem especiais chamados de *neurônios de entrada*: eles geram a saída de qualquer entrada fornecida. Todos os neurônios de entrada formam a *camada de entrada*. Além disso, se adiciona uma característica de viés extra ($x_0 = 1$): normalmente é representada usando um tipo especial de neurônio chamado de *neurônio de viés*, que gera a saída 1 o tempo todo. Uma perceptron com duas entradas e três saídas é representada na Figura 10-5. Essa perceptron pode classificar instâncias simultaneamente em três classes binárias diferentes, o que faz dela um classificador de saída múltipla.

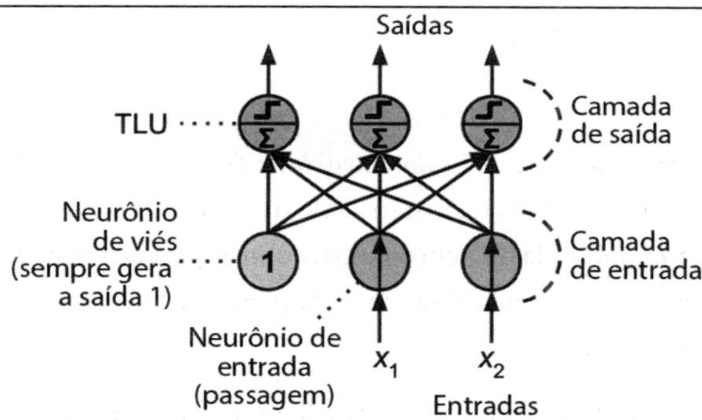

Figura 10-5. Arquitetura de uma perceptron com dois neurônios de entrada, um neurônio de viés e três neurônios de saída

Graças à magia da álgebra linear, a Equação 10-2 possibilita calcular com eficiência as saídas de uma camada de neurônios artificiais para diversas instâncias ao mesmo tempo.

Equação 10-2. Calculando as saídas de uma camada totalmente conectada

$$h_{\mathbf{W},\mathbf{b}}(\mathbf{X}) = \phi(\mathbf{X}\mathbf{W} + \mathbf{b})$$

7 Às vezes, o nome *perceptron* é usado para se referir a uma pequena rede com uma única TLU.

Nessa equação:

- Como sempre, **X** representa a matriz das características de entrada. Apresenta uma linha por instância e uma coluna por característica.
- A matriz de pesos **W** contém todos os pesos de conexão, exceto os do neurônio de viés. Ela tem uma linha por neurônio de entrada e uma coluna por neurônio artificial na camada.
- O vetor de viés **b** contém todos os pesos de conexão entre o neurônio de viés e os neurônios artificiais. Tem um viés por neurônio artificial.
- A função ϕ se chama de *função de ativação*: quando os neurônios artificiais são TLUs, é uma função degrau (abordaremos outras funções de ativação em breve).

Mas como se treina uma perceptron? O algoritmo de treinamento da perceptron proposto por Rosenblatt foi essencialmente inspirado pela *regra de Hebb*. Em seu livro de 1949, *The Organization of Behavior [Organização do Comportamento*, em tradução livre*]*, Donald Hebb sugeriu que, quando um neurônio biológico aciona outro neurônio com frequência, a conexão entre esses dois neurônios fica mais forte. Mais tarde, Siegrid Löwel sintetizou a ideia de Hebb na seguinte frase chamativa: "Células que acionam juntas, se conectam juntas"; ou seja, o peso da conexão entre dois neurônios costuma aumentar quando elas disparam simultaneamente. Posteriormente, essa regra ficou conhecida como *regra de Hebb* (ou aprendizado hebbiano). As perceptrons são treinadas utilizando uma variante dessa regra que leva em consideração o erro cometido pela rede quando a mesma faz uma predição; a regra de aprendizado perceptron reforça as conexões que ajudam a reduzir o erro. Em termos específicos, alimenta-se a perceptron com uma instância de treinamento por vez e, para cada instância, ela faz suas predições. Para cada neurônio de saída que gerou uma predição errada, ela reforça os pesos de conexão das entradas que teriam contribuído para a predição correta. A regra é mostrada na Equação 10-3.

Equação 10-3. Regra de aprendizado da perceptron (atualização de peso)

$$w_{i,j}^{(\text{próximo degrau})} = w_{i,j} + \eta\left(y_j - \hat{y}_j\right)x_i$$

Nessa equação:

- $w_{i,j}$ é o peso da conexão entre o *i-ésimo* neurônio de entrada e o *j-ésimo* neurônio de saída.
- x_i é o *i-ésimo* valor de entrada da instância de treinamento atual.
- $\hat{y}_j$ é a saída da *j-ésima* saída do neurônio para a instância de treinamento atual.
- $\hat{y}_j$ é a saída-alvo do *j-ésimo* neurônio de saída para a instância de treinamento atual.
- η é a taxa de aprendizado.

A fronteira de decisão de cada neurônio de saída é linear; assim sendo, as perceptrons não conseguem aprender padrões complexos (como os classificadores de regressão logística). Contudo, se as instâncias de treinamento forem linearmente separáveis, Rosenblatt demonstrou que esse algoritmo convergiria para uma solução.[8] Isso se chama *teorema da convergência do perceptron*.

A Scikit-Learn fornece uma classe `Perceptron` que implementa uma rede TLU única. Ela pode ser usada como se espera — por exemplo, no conjunto de dados da íris (apresentado no Capítulo 4):

```
import numpy as np
from sklearn.datasets import load_iris
```

8 Observe que não e uma solução inédita: quando os pontos de dados são separáveis linearmente, existe uma infinidade de hiperplanos que podem separá-los.

```
from sklearn.linear_model import Perceptron

iris = load_iris()
X = iris.data[:, (2, 3)] # comprimento da pétala, largura da pétala
y = (iris.target == 0).astype(np.int) # Íris setosa?

per_clf = Perceptron()
per_clf.fit(X, y)
y_pred = per_clf.predict([[2, 0.5]])
```

Talvez você tenha percebido que o algoritmo de aprendizado da perceptron se assemelha e muito com o gradiente descendente estocástico. Na realidade, a classe `Perceptron` da Scikit-Learn é equivalente ao uso de um `SGDClassifier` com os seguintes hiperparâmetros: `loss="perceptron"`, `learning_rate ="constant"`, `eta0=1` (taxa de aprendizado) e `penalty=None` (sem regularização).

Repare que, ao contrário dos classificadores de regressão logística, as perceptrons não geram a saída de uma probabilidade de classe; elas fazem as predições com base em um limiar rígido. Esse é um dos motivos para preferir a regressão logística às perceptrons.

Em sua monografia de 1969, intitulada *Perceptrons*, Marvin Minsky e Seymour Papert ressaltaram uma série de deficiências graves das perceptrons — em especial, o fato de serem incapazes de resolver alguns problemas corriqueiros (por exemplo, o problema de classificação *Exclusive OR* (XOR); veja o lado esquerdo da Figura 10-6). Isso vale para qualquer outro modelo de classificação linear (como os classificadores de regressão logística); no entanto, os pesquisadores esperavam bem mais das perceptrons, e alguns ficaram tão decepcionados que deixaram de lado as redes neurais em favor de problemas de nível superior, como lógica, resolução de problemas e mecanismos de busca. Acontece que algumas das limitações das perceptrons podem ser eliminadas ao empilhar diversas perceptrons. A RNA resultante desse processo se chama *perceptron multicamada* (MLP). Uma MLP pode solucionar o problema do XOR, como você consegue verificar ao calcular a saída da MLP representada no lado direito da Figura 10-6: nas entradas (0, 0) ou (1, 1), a rede gera a saída 0, e nas entradas (0, 1) ou (1, 0) gera 1. Todas as conexões têm um peso igual a 1, exceto as quatro conexões em que o peso é mostrado. Tente conferir se essa rede de fato resolve o problema do XOR!

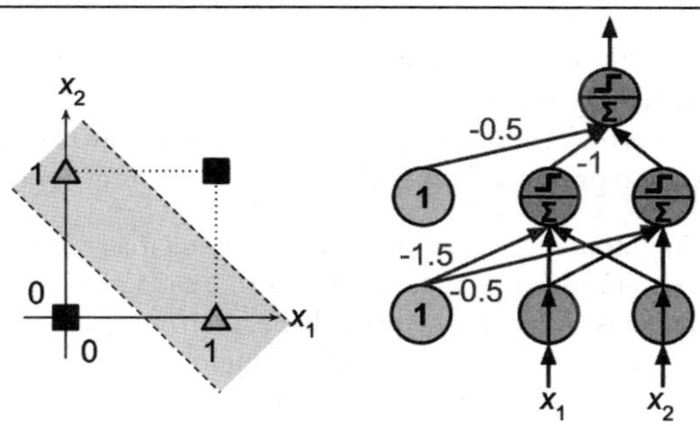

Figura 10-6. Problema de classificação XOR e uma MLP que o soluciona

Perceptron multicamadas e retropropagação

Uma MLP é composta de uma *camada de entrada* (passagem), uma ou mais camadas de TLUs, chamadas de *camadas ocultas*, e uma camada final de TLUs, chamada de *camada de saída* (veja a Figura 10-7). As camadas próximas à camada de entrada normalmente se chamam *camadas inferiores* e as próximas às saídas se chamam *camadas superiores*. Cada camada, tirando a camada de saída, inclui um neurônio de viés e está totalmente conectada à próxima camada.

O sinal circula apenas em uma direção (das entradas às saídas); logo, essa arquitetura é um exemplo de uma *rede neural feedforward* (FNN).

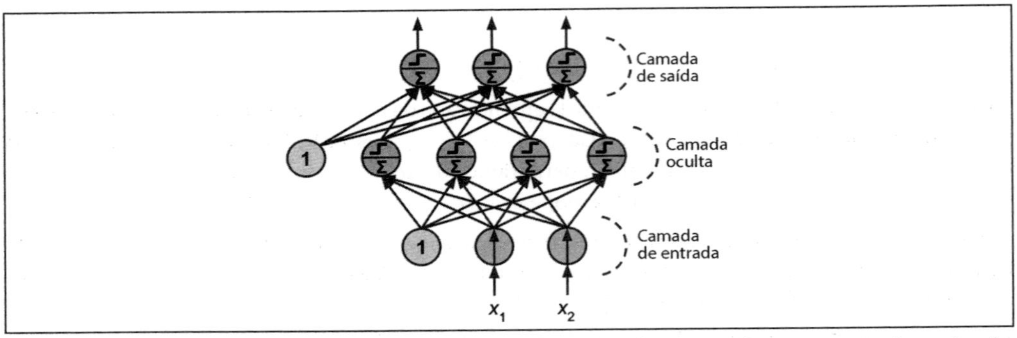

Figura 10-7. Arquitetura de uma perceptron multicamada com duas entradas, uma camada oculta de quatro neurônios e três neurônios de saída (os neurônios de viés estão sendo mostrados aqui, mas geralmente ficam implícitos)

Quando uma RNA contém uma pilha profunda de camadas ocultas,[9] é chamada de *rede neural profunda* (DNN). O campo de aprendizado profundo estuda as DNNs e, mais geralmente, os modelos que contêm pilhas profundas de cálculos. Apesar disso, muitas pessoas falam sobre o aprendizado profundo sempre que as redes neurais estão envolvidas (mesmo quando se trata de redes pouco profundas).

Durante muitos anos, os pesquisadores tiveram dificuldade para encontrar uma forma de treinar as MLPs, sem sucesso. No entanto, em 1986, David Rumelhart, Geoffrey Hinton e Ronald Williams publicaram um artigo pioneiro (*https://homl.info/44*)[10]que apresentou o *algoritmo de treinamento de retropropagação [algoritmo de backpropagation]*, ainda usado nos dias de hoje. Em síntese, é o gradiente descendente (apresentado no Capítulo 4) usando uma técnica eficiente para calcular automaticamente os gradientes:[11] bastam duas passagens pela rede (um forward pass e um backward pass), que o algoritmo de retropropagação consegue calcular o gradiente do erro da rede em relação a cada parâmetro de modelo único. Em outras palavras, ele pode identificar como cada peso de conexão e cada viés devem ser ajustados para reduzir o erro. Tendo esses gradientes, ele somente executa uma etapa regular do gradiente descendente e todo o processo é repetido até a rede convergir para a solução.

O cálculo automático dos gradientes se chama *diferenciação automática* ou *autodiff*. Existem várias técnicas de autodiff, e cada uma delas tem suas vantagens e desvantagens. A técnica empregada pela retropropagação se chama *autodiff de modo reverso* [*reverse-mode autodiff*]. É rápida, precisa e se adapta bem quando a função para diferenciar apresenta muitas variáveis (por exemplo, pesos de conexão) e poucas saídas (por exemplo, uma perda). Se quiser saber mais a respeito do autodiff, consulte o Apêndice D.

9 Nos anos 1990, uma RNA com mais de duas camadas ocultas era considerada profunda. Hoje em dia, é comum ver RNAs com dezenas de camadas, ou mesmo centenas, logo, a definição de "profunda" é um tanto confusa.

10 David Rumelhart et al. "Learning Internal Representations by Error Propagation", (relatório técnico do Defense Technical Information Center, setembro de 1985).

11 Essa técnica foi inventada independentemente diversas vezes por vários pesquisadores em diferentes campos, começando com Paul Werbos em 1974.

Vamos analisar esse algoritmo mais detalhadamente:

- Ele manipula um mini-batch por vez (por exemplo, contendo 32 instâncias cada) e realiza o treinamento completo diversas vezes. Cada passagem é chamada de *época*.
- Cada mini-batch é passado para a camada de entrada da rede, que a envia para a primeira camada oculta. O algoritmo calcula a saída de todos os neurônios nesta camada (para todas as instâncias do mini-batch). O resultado é passado para a próxima camada, sua saída é calculada e passada para a próxima camada, e assim sucessivamente até obtermos a saída da última camada, a camada de saída. É o chamado *forward pass*: é justamente como efetuar as predições, exceto que todos os resultados intermediários são preservados, pois são necessários para o backward pass.
- Em seguida, o algoritmo calcula o erro de saída da rede (ou seja, usa uma função de perda que compara a saída desejada e a saída real da rede e retorna alguma medida do erro).
- Depois, ele calcula o quanto cada conexão de saída contribuiu para o erro. Esse processo é feito analiticamente aplicando a *regra de cadeia [chain rule]* (talvez a regra mais fundamental no cálculo), o que torna essa etapa rápida e precisa.
- O algoritmo calcula quanto dessas contribuições de erro veio de cada conexão na camada inferior, usando mais uma vez a regra de cadeia, trabalhando em backward até o algoritmo atingir a camada de entrada. Conforme explicado anteriormente, essa passagem reversa computa com eficiência o gradiente de erro em todos os pesos de conexão na rede, retropropagando o gradiente de erro (daí o nome do algoritmo).
- Por último, o algoritmo executa uma etapa do gradiente descendente para ajustar todos os pesos de conexão na rede, utilizando os gradientes de erro que acabou de calcular.

A importância desse algoritmo é tão grande que vale a pena resumir novamente: para cada instância de treinamento, o algoritmo de retropropagação primeiro faz uma predição (forward pass) e calcula o erro, depois passa por cada camada no sentido inverso a fim de calcular a contribuição do erro de cada conexão (reverse pass) e, por fim, ajusta os pesos da conexão para reduzir o erro (etapa do gradiente descendente).

É importante inicializar todos os pesos de conexão das camadas ocultas aleatoriamente ou o treinamento irá por água abaixo. Por exemplo, se você inicializar todos os pesos e vieses para zero, todos os neurônios em uma determinada camada serão perfeitamente idênticos, assim a retropropagação os afetará exatamente da mesma forma, de modo que eles permaneçam idênticos. Grosso modo, apesar de ter centenas de neurônios por camada, seu modelo se comportará como se tivesse apenas um neurônio por camada: ele não será muito inteligente. Agora, caso inicialize aleatoriamente os pesos, você *quebra a simetria* e permite que a retropropagação treine uma equipe diversificada de neurônios.

Para que esse algoritmo funcionasse adequadamente, seus autores fizeram uma alteração imprescindível na arquitetura da MLP: eles substituíram a função degrau pela função logística (sigmoide), $\sigma(z) = 1 / (1 + \exp(-z))$. Isso foi essencial porque a função degrau contém apenas segmentos planos; desse modo, não existe gradiente com o qual se trabalhar (o gradiente descendente não pode se deslocar em uma superfície plana), ao passo que a função logística comporta uma derivada diferente de zero bem definida em todos os lugares, possibilitando que o gradiente descendente progrida a cada etapa. De fato, o algoritmo de retropropagação funciona bem com outras funções de ativação, não somente com a função logística. Veja a seguir duas outras opções populares:

Função tangente hiperbólica: tanh(z) = 2σ(2z) – 1

Como a função logística, essa função de ativação tem o formato de S, é contínua e diferenciável, mas seu valor de saída varia de –1 a 1 (em vez de 0 a 1, no caso da função logística). Esse intervalo costuma tornar a saída de cada camada mais ou menos centralizada, em torno de 0 no início do treinamento, coisa que geralmente ajuda a acelerar a convergência.

Função de unidade linear retificada: ReLU(z) = max(0, z)

A função ReLU é contínua, mas infelizmente não é diferenciável em $z = 0$ (a inclinação muda subitamente, o que pode fazer com que o gradiente descendente oscile ao redor) e sua derivada é 0 para $z < 0$. Na prática, no entanto, ela funciona muito bem e tem a vantagem de ser rápida quando se trata de cálculos, sendo o padrão.[12] E o mais importante, o fato de ela não ter um valor máximo de saída ajuda a reduzir alguns problemas durante o gradiente descendente (voltaremos no assunto no Capítulo 11).

Essas funções populares de ativação e seus derivados estão representados na Figura 10-8. Mas espere! Por que precisamos de funções de ativação antes de mais nada? Veja, se você encadear um monte de transformações lineares, tudo o que obtém é uma transformação linear. Por exemplo, se $f(x) = 2x + 3$ e $g(x) = 5x - 1$, logo encadear essas duas funções lineares fornece outra função linear: $f(g(x)) = 2(5x - 1) + 3 = 10x + 1$. Portanto, caso tenha um pouco de não linearidade entre as camadas, até mesmo uma pilha profunda de camadas será equivalente a uma única camada, e você não conseguirá solucionar problemas muito complexos com isso. Em contrapartida, uma DNN grande o bastante com ativações não lineares consegue teoricamente fazer a aproximação de qualquer função contínua.

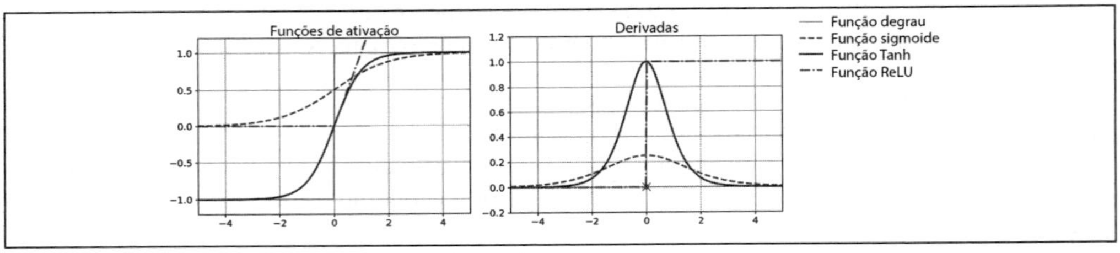

Figura 10-8. Funções de ativação e suas derivadas

Ok! Você já sabe de onde vêm as redes neurais, qual é sua arquitetura e como calcular suas saídas. Você também aprendeu sobre o algoritmo de retropropagação. Mas o que exatamente pode ser feito com eles?

Regressão com MLPs

Antes de mais nada, as MLPs podem ser usadas para tarefas de regressão. Se quiser predizer um valor único (por exemplo, o preço de um imóvel, levando em conta muitas de suas características), precisará somente de um único neurônio de saída: sua saída é o valor predito. Para regressão multivariada (ou seja, para predizer diversos valores de uma vez), você precisa de um neurônio de saída por dimensão de saída. Por exemplo, para localizar o centro de um objeto em uma imagem, é necessário predizer coordenadas 2D, logo são necessários dois neurônios de saída. Se também quiser colocar uma área delimitadora em torno do objeto, precisará de mais dois números: a largura e a altura do objeto. Assim sendo, você acaba com quatro neurônios de saída.

12 Ao que parece, os neurônios biológicos implementam uma função de ativação mais ou menos sigmoide (em forma de S), de modo que os pesquisadores ficaram presos às funções sigmoides durante um bom tempo. Mas acontece que a ReLU geralmente funciona melhor com RNAs. É um daqueles casos em que a analogia biológica induziu ao erro.

Em geral, ao criar uma MLP para regressão, você não quer usar nenhuma função de ativação para os neurônios de saída; portanto, eles ficam livres para gerar a saída de qualquer intervalo de valores. Caso deseje garantir que a saída seja sempre positiva, poderá usar a função de ativação ReLU na camada de saída. Como alternativa, você pode utilizar a função de ativação *softplus*, uma variante suave da função ReLU: softplus(z) = log(1 + exp(z)). Ela fica próxima de 0 quando z é negativo e fica próxima de z quando z é positivo. Por fim, se você quiser garantir que as predições fiquem dentro de um determinado intervalo de valores, poderá empregar a função logística ou a tangente hiperbólica e escalonar os rótulos para o intervalo apropriado: 0 a 1 para a função logística e de –1 a 1 para a tangente hiperbólica.

A função de perda a ser usada durante o treinamento é normalmente o erro médio quadrático, mas, se tiver muitos outliers no conjunto de treinamento, poderá preferir utilizar o erro absoluto médio. Como alternativa, você pode usar função perda de Huber, uma combinação de ambas.

> A perda de Huber é quadrática quando o erro é menor que um limiar δ (normalmente 1), e linear quando o erro é maior que δ. A parte linear a deixa menos sensível aos outliers do que o erro médio quadrático e a parte quadrática possibilita convergir mais rapidamente e ter mais precisão que o erro absoluto médio.

A Tabela 10-1 resume a típica arquitetura de uma MLP de regressão.

Tabela 10-1. Arquitetura típica de uma MPL de regressão

Hiperparâmetro	Valor típico
# neurônios de entrada	Um por característica de entrada (por exemplo, 28 x 28 = 784 para o MNIST)
# camadas ocultas	Depende do problema, mas normalmente é de 1 a 5
# neurônios por camada oculta	Depende do problema, mas normalmente é de 10 a 100
# neurônios de saída	1 por dimensão de predição
Ativação oculta	ReLU (ou SELU, veja o Capítulo 11)
Ativação de saída	Nenhuma, ou ReLU/softplus (saídas positivas) ou logística/tanh (saídas delimitadas)
Função de perda	MSE ou MAE/Huber (outliers)

Classificação com MLPs

As MLPs também podem ser utilizadas para tarefas de classificação. Para um problema de classificação binária, você só precisa de um único neurônio de saída e da função de ativação logística: a saída será um número entre 0 e 1, que você pode interpretar como a probabilidade estimada da classe positiva. A probabilidade estimada da classe negativa é igual a 1 menos esse número.

As MLPs também podem lidar facilmente com tarefas de classificação binária de múltiplos rótulos (veja o Capítulo 3). Por exemplo, você pode ter um sistema de classificação de e-mail que prediz se cada e-mail recebido é um ham ou um spam e, simultaneamente, se é um e-mail urgente ou não. Nesse caso, você precisaria de dois neurônios de saída, ambos empregando a função de ativação logística: o primeiro geraria a probabilidade de o e-mail ser spam e o segundo geraria a probabilidade de ser urgente. Em termos gerais, você dedica um neurônio de saída para cada classe positiva. Repare que as probabilidades de saída não necessariamente somam 1. Isso permite que o modelo gere a saída de qualquer combinação de rótulos: você pode ter um ham não urgente, um ham urgente, spam não urgente e talvez até um spam urgente (ainda que isso provavelmente seja um erro). Se cada instância pode pertencer somente a uma única classe, dentre três ou mais classes possíveis (por exemplo, classes 0 a 9 para classificação de imagem com algarismos), é necessário ter um neurônio de saída por classe e usar a função de ativação softmax em toda a camada de saída (veja a Figura 10-9). A função softmax (apresentada no Capítulo 4) garantirá que todas as probabilidades estimadas fiquem entre 0 e 1 e que somem até 1 (necessário se as classes forem exclusivas). Isso se chama classificação multiclasse.

Com relação à função de perda, uma vez que estamos predizendo as distribuições de probabilidade, a perda de entropia cruzada (também chamada de log loss; veja o Capítulo 4) geralmente é uma boa escolha.

A Tabela 10-2 resume a típica arquitetura de uma MLP de classificação.

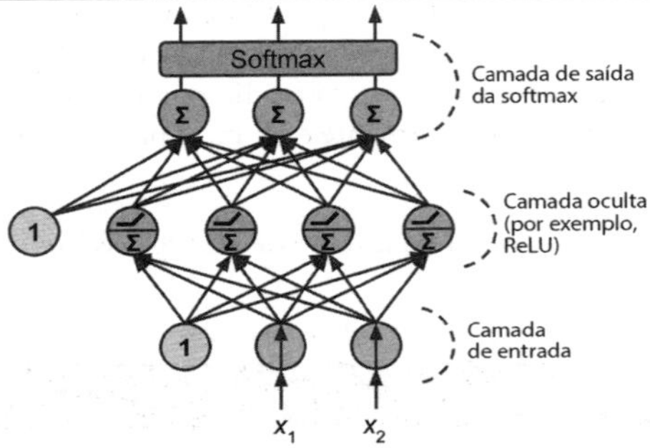

Figura 10-9. Uma MLP moderna (incluindo a ReLU e a softmax) para classificação

Tabela 10-2. Arquitetura típica de uma MLP de classificação

Hiperparâmetros	Classificação binária	Classificação binária multirrótulo	Classificação multiclasse
Camadas de entrada e ocultas	Igual à regressão	Igual à regressão	Igual à regressão
# neurônios de saída	1	1 por rótulo	1 por classe
Ativação da camada de saída	Logística	Logística	Softmax
Função de perda	Entropia cruzada	Entropia cruzada	Entropia cruzada

Antes de prosseguirmos, recomendo que faça o exercício 1 no fim deste capítulo. Você pode brincar com diversas arquiteturas de redes neurais e visualizará suas saídas usando o *TensorFlow Playground*. Isso será de grande ajuda para entender melhor as MLPs, incluindo os efeitos de todos os hiperparâmetros (número de camadas e neurônios, funções de ativação e muito mais).

Agora, você já sabe todos os conceitos necessários para começar a implementar as MLPs com a biblioteca Keras!

Implementando as MLPs com a Keras

Keras é uma API de alto nível de aprendizado profundo que permite criar, treinar, avaliar e executar facilmente todos os tipos de redes neurais. A documentação (ou especificação) está disponível em: *https://keras.io/*.

A implementação de referência (*https://github.com/keras- team/keras*), também chamada Keras, foi desenvolvida por François Chollet como parte de um projeto de pesquisa[13] e disponibilizada como um projeto open source em março de 2015. Ela rapidamente ganhou popularidade, devido à sua facilidade de uso, flexibilidade e design elegante. A fim de executar os cálculos pesados exigidos pelas redes neurais, essa implementação de referência se baseia na capacidade de back-end. Atualmente, você pode escolher entre três bibliotecas populares open source de aprendizado de máquina: TensorFlow, Microsoft Cognitive Toolkit (CNTK) e Theano. Logo, para evitar qualquer confusão, vamos nos referir a essa implementação de referência como *Keras multibackend*.

Desde o fim de 2016, outras implementações foram lançadas. Agora, você pode executar a Keras no Apache MXNet, no Core ML da Apple, no JavaScript ou no TypeScript (para executar o código da Keras em um navegador da web) e no PlaidML (que roda em todos os tipos de dispositivos de GPU, não apenas em Nvidia). Além disso, a TensorFlow agora vem com sua própria implementação Keras, a tf.keras. Ela é compatível somente com a TensorFlow como back-end, mas tem a vantagem de oferecer alguns recursos extras bem úteis (veja a Figura 10-10): por exemplo, ela suporta a Data API da TensorFlow, que facilita o carregamento e o pré-processamento de dados com eficiência. Por esse motivo, usaremos a tf.keras neste livro. Entretanto, neste capítulo, não usaremos nenhum dos recursos específicos da TensorFlow; logo, o código deve funcionar bem em outras implementações da Keras (pelo menos no Python), com pequenas modificações, como alterar as importações.

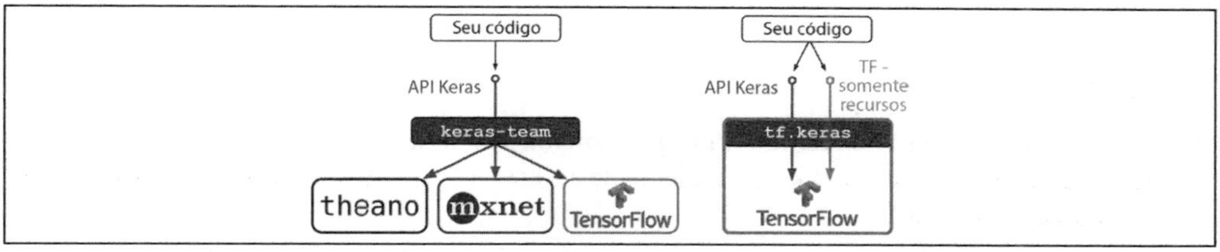

Figura 10-10. Duas implementações da Keras API: Keras multibackend (à esquerda) e tf.keras (à direita)

A biblioteca mais popular de aprendizado de máquina, depois da Keras e da TensorFlow, é a biblioteca PyTorch (*https://pytorch.org/*) do Facebook. O legal é que sua API é bastante semelhante à da Keras (em parte porque as duas APIs foram inspiradas na Scikit-Learn e na Chainer (*https://chainer.org/*)), assim, depois de conhecer a Keras, não é difícil mudar para a PyTorch, caso queira. A popularidade da PyTorch cresceu exponencialmente em 2018, em grande parte graças à sua simplicidade e documentação excelente, que não eram lá os principais pontos fortes da TensorFlow 1.x. No entanto, não restam dúvidas que a TensorFlow 2 é tão simples quanto a PyTorch, pois a biblioteca adotou a Keras como sua API oficial de alto nível e seus desenvolvedores maravilhosamente otimizaram e limparam o restante da API. A documentação também foi totalmente reestruturada, e agora é muito mais fácil encontrar o que você precisa. Da mesma forma, as principais desvantagens da PyTorch (por exemplo, portabilidade limitada e nenhuma análise de grafo computacional) foram exaustivamente tratadas na PyTorch 1.0. A concorrência saudável traz benefícios para todo mundo.

Tudo certo, está na hora de programar! Como a tf.keras é fornecida pela TensorFlow, vamos começar instalando a TensorFlow

13 Projeto ONEIROS (Sistema Operacional de Robô Inteligente Neuro-Eletrônico Irrestrito).

Instalando a TensorFlow 2

Partindo do princípio que você instalou o Jupyter e a Scikit-Learn seguindo as instruções de instalação no Capítulo 2, use o pip para instalar a TensorFlow. Se tiver criado um ambiente isolado usando o virtualenv, primeiro é necessário ativá-lo:

```
$ cd $ML_PATH                    # Seu diretório de trabalho de AM (por ex. $HOME/ml)
$ source my_env/bin/activate  # no Linux ou macOS
$ .\my_env\Scripts\activate   # no Windows
```

Em seguida, instale a TensorFlow 2 (se não estiver usando um virtualenv, precisará da permissão de administrador ou adicione a opção `--user`):

```
$ python3 -m pip install --upgrade tensorflow
```

> Sobre a compatibilidade de GPU, até o momento da elaboração deste livro, você precisa instalar o `tensorflow-gpu` em vez do `tensorflow`, mas a equipe da TensorFlow está trabalhando em uma biblioteca única que suporte sistemas com CPU e GPU. Você ainda precisará instalar bibliotecas extras compatíveis com a GPU (veja *https://tensorflow.org/install* para mais detalhes). No Capítulo 19, estudaremos as GPUs mais a fundo.

Para testar sua instalação, abra uma shell Python ou seu Jupyter Notebook, importe a TensorFlow e a tf.keras e exiba suas versões:

```
>>> import tensorflow as tf
>>> from tensorflow import keras
>>> tf.__version__
'2.0.0'
>>> keras.__version__
'2.2.4-tf'
```

A segunda versão é a versão da Keras API implementada pela tf.keras. Note que ela tem um `-tf` no fim, ressaltando o fato de que a tf.keras implementa a Keras API, além de alguns recursos adicionais específicos da TensorFlow.

Partiu usar a tf.keras! Vamos começar criando um classificador de imagens simples.

Construindo um classificador de imagem usando a sequential API

Primeiro, temos que carregar um conjunto de dados. Neste capítulo, lidaremos com o Fashion MNIST, um substituto direto do MNIST (apresentado no Capítulo 3). Ele tem exatamente o mesmo formato do MNIST (70 mil imagens em escala de cinza de 28 × 28 pixels cada, com 10 classes), porém as imagens representam artigos da moda em vez de algarismos manuscritos. Desse modo, cada classe é mais diversificada e o problema acaba sendo substancialmente mais desafiador que o MNIST. Por exemplo, um modelo linear simples chega perto de 92% de acurácia no MNIST, mas apenas 83% no Fashion MNIST.

Usando a Keras para carregar o conjunto de dados

A Keras disponibiliza algumas funções utilitárias para encontrar e carregar conjuntos de dados comuns, incluindo o MNIST, o Fashion MNIST e o conjunto de dados dos preços de imóveis da Califórnia, que usamos no Capítulo 2. Vamos carregar o Fashion MNIST:

```
fashion_mnist = keras.datasets.fashion_mnist
(X_train_full, y_train_full), (X_test, y_test) = fashion_mnist.load_data()
```

Uma diferença importante quando carregamos o MNIST ou o Fashion MNIST usando a Keras em vez da Scikit-Learn é o fato de toda imagem ser representada como uma matriz 28 × 28, em vez de uma atriz 1D de tamanho 784. Além do mais, as intensidades de pixel são representadas como números inteiros (de 0 a 255) em vez de serem representadas como floats (de 0,0 a 255,0). Vamos conferir o formato e o tipo de dados do conjunto de treinamento:

```
>>> X_train_full.shape
(60000, 28, 28)
>>> X_train_full.dtype
dtype('uint8')
```

Repare que o conjunto de dados já está dividido em um conjunto de treinamento e em um conjunto de testes, no entanto, como não existe um conjunto de validação, vamos criar um. Além disso, uma vez que treinaremos a rede neural usando o gradiente descendente, precisamos escalonar as características de entrada. Para facilitar as coisas, vamos escalonar as intensidades de pixel até o intervalo de 0 a 1, e vamos dividi-las por 255,0 (isso também as converte em floats):

```
X_valid, X_train = X_train_full[:5000] / 255.0, X_train_full[5000:] / 255.0
y_valid, y_train = y_train_full[:5000], y_train_full[5000:]
```

No MNIST, quando o rótulo é igual a 5, significa que a imagem representa o algarismo manuscrito 5. Fácil. Mas no Fashion MNIST precisamos da lista de nomes de classe para saber com o que estamos lidando:

```
class_names = ["T-shirt/top", "Trouser", "Pullover", "Dress", "Coat",
               "Sandal", "Shirt", "Sneaker", "Bag", "Ankle boot"]
```

Por exemplo, a primeira imagem no conjunto de treinamento representa um casaco [coat]:

```
>>> class_names[y_train[0]]
'Coat'
```

A Figura 10-11 exemplifica algumas amostras do conjunto de dados Fashion MNIST.

Figura 10-11. Amostras do Fashion MNIST

Criando o modelo usando a sequential API

Agora vamos construir a rede neural! Temos uma classificação MLP com duas camadas ocultas:

```
model = keras.models.Sequential()
model.add(keras.layers.Flatten(input_shape=[28, 28]))
model.add(keras.layers.Dense(300, activation="relu"))
model.add(keras.layers.Dense(100, activation="relu"))
model.add(keras.layers.Dense(10, activation="softmax"))
```

Vamos analisar esse código linha por linha:

- A primeira linha cria um modelo `Sequential`. É o tipo mais simples de modelo Keras para redes neurais constituídas somente de uma única pilha de camadas sequencialmente conectadas. Isso se chama API sequencial [sequential API].
- Em seguida, criamos a primeira camada e a adicionamos ao modelo. É uma camada `Flatten` cujo papel é converter cada imagem de entrada em uma matriz 1D: se recebe os dados de entrada X, ela calcula `X.reshape(-1, 1)`. Essa camada não tem nenhum parâmetro; está lá somente para fazer um simples pré-processamento. Já que essa é a primeira camada do modelo, você deve especificar o `input_shape`, que não inclui o tamanho do batch, apenas o formato das instâncias. Como alternativa, pode adicionar uma `keras.layers.InputLayer` como a primeira camada, definindo `input_shape=[28,28]`.
- Depois, adicionamos uma camada oculta `Dense` com 300 neurônios. Ela usará a função de ativação ReLU. Cada camada `Dense` se encarrega de sua própria matriz de peso, que contém todos os pesos de conexão entre os neurônios e suas entradas. Ela também gerencia um vetor de viés (um por neurônio). Ao receber alguns dados de entrada, ela faz o cálculo da Equação 10-2.
- Depois, adicionamos uma segunda camada oculta `Dense` com 100 neurônios, usando também a função de ativação ReLU.
- Por último, adicionamos uma camada de saída `Dense` com 10 neurônios (um por classe), usando a função de ativação softmax (pois as classes são exclusivas).

> Especificar `activation="relu"` é o equivalente a especificar `activation=keras.activations.relu`. Outras funções de ativação estão disponíveis no pacote `keras.activations`, e neste livro usaremos muitas delas. Veja: *https://keras.io/activations/* para ver a lista completa.

Usando os Exemplos de Códigos da keras.io

Os exemplos de código documentados na keras.io funcionarão bem com a tf.keras, mas você precisa alterar as importações. Por exemplo, veja este código keras.io:

```
from keras.layers import Dense
output_layer = Dense(10)
```

Você deve alterar as importações deste jeito:

```
from tensorflow.keras.layers import Dense
output_layer = Dense(10)
```

Ou basta usar caminhos completos, se preferir:

```
from tensorflow import keras
output_layer = keras.layers.Dense(10)
```

Essa abordagem é mais verbosa, mas a utilizo neste livro para que você consiga ver facilmente quais pacotes usar e para evitar a confusão entre classes padrão e classes customizadas. Para código de produção, prefiro a abordagem anterior. Muitas pessoas também usam `from tensorflow.keras import layers` seguida da `layers.Dense(10)`.

Em vez de adicionar as camadas uma a uma como acabamos de fazer, você pode passar uma lista de camadas ao criar o modelo `Sequential`:

```
model = keras.models.Sequential([
```

```
    keras.layers.Flatten(input_shape=[28, 28]),
    keras.layers.Dense(300, activation="relu"),
    keras.layers.Dense(100, activation="relu"),
    keras.layers.Dense(10, activation="softmax")
])
```

O método `summary()` do modelo exibe todas as camadas do modelo,[14] incluindo o nome de cada camada (gerado automaticamente, a não ser que você o defina ao criar a camada), seu formato de saída (`None` significa que o tamanho do batch pode ser qualquer um) e seu número de parâmetros. O resumo termina com o número total de parâmetros, incluindo parâmetros treináveis e não treináveis. No nosso caso, temos só parâmetros treináveis (veremos exemplos de parâmetros não treináveis no Capítulo 11):

```
>>> model.summary()
Model: "sequential"
_________________________________________________________________
Layer (type) Output Shape Param #
=================================================================
flatten (Flatten) (None, 784) 0
_________________________________________________________________
dense (Dense) (None, 300) 235500
dense_1 (Dense) (None, 100) 30100
_________________________________________________________________
dense_2 (Dense) (None, 10) 1010
=================================================================
Total params: 266,610
Trainable params: 266,610
Non-trainable params: 0
_________________________________________________________________
```

Repare que as camadas `Dense` geralmente têm um *monte* de parâmetros. Por exemplo, a primeira camada oculta tem pesos de conexão de 784 × 300, além de 300 vieses, que somam 235.500 parâmetros! Isso viabiliza ao modelo bastante flexibilidade para ajustar os dados de treinamento, mas significa também que o modelo corre o risco de sobreajuste, principalmente quando você não tem muitos dados de treinamento. Voltaremos a esse assunto mais tarde.

Você pode facilmente obter a lista de camadas de um modelo, buscar uma camada pelo seu índice ou buscá-la pelo nome:

```
>>> model.layers
[<tensorflow.python.keras.layers.core.Flatten at 0x132414e48>,
 <tensorflow.python.keras.layers.core.Dense at 0x1324149b0>,
 <tensorflow.python.keras.layers.core.Dense at 0x1356ba8d0>,
 <tensorflow.python.keras.layers.core.Dense at 0x13240d240>]
>>> hidden1 = model.layers[1]
>>> hidden1.name
'dense'
>>> model.get_layer('dense') is hidden1
True
```

Todos os parâmetros de uma camada podem ser acessados por meio de seus métodos `get_weights()` e `set_weights()`. Para uma camada `Dense`, isso inclui os pesos de conexão e os vieses:

```
>>> weights, biases = hidden1.get_weights()
```

14 Você pode utilizar o `keras.utils.plot_model()` para gerar uma imagem do modelo.

```
>>> weights
array([[ 0.02448617, -0.00877795, -0.02189048, ..., -0.02766046,
         0.03859074, -0.06889391],
       ...,
       [-0.06022581,  0.01577859, -0.02585464, ..., -0.00527829,
         0.00272203, -0.06793761]], dtype=float32)
>>> weights.shape
(784, 300)
>>> biases
array([0., 0., 0., 0., 0., 0., 0., 0., 0., ..., 0., 0., 0.], dtype=float32)
>>> biases.shape
(300,)
```

Observe que a camada `Dense` inicializou os pesos de conexão aleatoriamente (necessário para quebrar a simetria, conforme abordamos anteriormente), e os vieses foram inicializados em zeros, o que é legal. Caso queira usar um método de inicialização diferente, poderá definir `kernel _ initializer` (*kernel* é outro nome para a matriz de pesos de conexão) ou `bias _ initializer` quando criar a camada. Falaremos mais a respeito dos inicializadores no Capítulo 11, porém, se quiser conferir a lista completa, acesse: *https://keras.io/initializers/*.

O formato da matriz de peso depende do número de entradas. Por isso, recomenda-se especificar a `input _ shape` quando se cria a primeira camada em um modelo `Sequential`. Contudo, se você não especificar o formato da entrada, não tem problema: a Keras simplesmente aguardará até saber o formato da entrada, antes de criar o modelo. Isso acontecerá quando você o alimentar com dados reais (por exemplo, durante o treinamento) ou quando você chamar o método `build()`. Até que o modelo seja de fato construído, as camadas não terão pesos e você não poderá fazer determinadas coisas (como exibir o sumário do modelo ou salvar o modelo). Assim, se você conhece o formato da entrada ao criar o modelo, é melhor especificá-lo.

Compilando o modelo

Após a criação de um modelo, você deve chamar seu método `compile()` para especificar a função de perda e o otimizador a ser usado. Como opção, você pode especificar uma lista de métricas extras a serem calculadas durante o treinamento e a avaliação:

```
model.compile(loss="sparse _ categorical _ crossentropy",
              optimizer="sgd",
              metrics=["accuracy"])
```

Usar `loss="sparse _ categorical _ crossentropy"` é equivalente a usar `loss=keras.losses.sparse _ categorical _ crossentropy`. Do mesmo modo, especificar `optimizer="sgd"` é correspondente a especificar `optimizer=keras.optimizers.SGD()`, e `metrics=["accuracy"]` é o equivalente a `metrics=[keras.metrics.sparse _ categorical _ accuracy]` (quando se usa a perda). Neste livro, usaremos muitas perdas, otimizadores e métricas; veja as listas completas em: *https://keras.io/losses*, *https://keras.io/optimizers* e *https://keras.io/metrics*.

Esse código exige um pouco de explicação. Primeiro, usamos a perda `"sparse _ categorical _ cross entropy"` porque temos rótulos esparsos (ou seja, para cada instância, existe somente um índice de classe-alvo, de 0 a 9 nesse caso), e as classes são exclusivas. Se, em vez disso, tivéssemos uma probabilidade-alvo por classe para cada instância (como vetores one-hot, por ex.`[0., 0., 0., 1., 0., 0., 0., 0., 0., 0.]` para representar a classe 3), então precisaríamos usar o `"categorical_crossentropy"` e não a perda. Se estivéssemos fazendo uma classificação binária (com um ou mais rótulos binários), usaríamos o `"sigmoid"` (ou seja, a logística) na função de ativação na camada de saída, em vez da função de ativação `"softmax"`, e usaríamos a perda `"binary_crossentropy"`.

> Caso queira converter os rótulos esparsos (ou seja, os índices de classe) em rótulos vetoriais one-hot, use a função `keras.utils.to_categorical()`. Para fazer o caminho inverso, use a função `np.argmax()` com `axis=1`.

No que diz respeito ao otimizador, `"sgd"` significa que treinaremos o modelo empregando um gradiente descendente estocástico simples. Em outras palavras, a Keras rodará o algoritmo de retropropagação descrito anteriormente (ou seja, o autodiff de modo reverso junto com o gradiente descendente). Abordaremos os otimizadores mais eficientes no Capítulo 11 (eles melhoram a parte do gradiente descendente, e não o autodiff).

> Ao usar o otimizador `SGD`, é importante acertar a taxa de aprendizado. Em geral, você quer usar o `optimizer=keras.optimizers.SGD(lr=???)` para definir a taxa de aprendizado, em vez de o `optimizer="sgd"` cujo padrão é `lr=0.01`

Para terminar, como este é um classificador, é útil calcular sua `"accuracy"` durante o treinamento e a avaliação.

Treinando e avaliando o modelo

Agora, o modelo está pronto para ser treinado. Para isso, basta chamar o método `fit()`:

```
>>> history = model.fit(X_train, y_train, epochs=30,
...                     validation_data=(X_valid, y_valid))
...
Train on 55000 samples, validate on 5000 samples
Epoch 1/30
55000/55000 [======] - 3s 49us/sample - loss: 0.7218 - accuracy: 0.7660
                                      - val_loss: 0.4973 - val_accuracy: 0.8366

Epoch 2/30
55000/55000 [======] - 2s 45us/sample - loss: 0.4840 - accuracy: 0.8327
                                      - val_loss: 0.4456 - val_accuracy: 0.8480

[...]
Epoch 30/30
55000/55000 [======] - 3s 53us/sample - loss: 0.2252 - accuracy: 0.9192
                                      - val_loss: 0.2999 - val_accuracy: 0.8926
```

Nós passamos a ele as características de entrada (`X_train`) e as classes-alvo (`y_train`), bem como o número de épocas a serem treinadas (senão, o padrão seria apenas 1, o que definitivamente não seria o bastante para convergir para uma boa solução). Passamos também um conjunto de validação (isso é opcional). A Keras calculará a perda e as métricas extras nesse conjunto, no fim de cada época, o que é de grande ajuda para conferir o desempenho do modelo. Se o desempenho no conjunto de treinamento for muito melhor do que no conjunto de validação, é provável que seu modelo esteja se sobreajustando ao conjunto de treinamento (ou existe um bug, como uma incompatibilidade de dados entre o conjunto de treinamento e o conjunto de validação).

E pronto! A rede neural é treinada.[15] Em cada época do treinamento, a Keras exibe o número de instâncias processadas até o momento (junto com uma barra de progresso), o tempo médio de treinamento por amostra, a perda e a acurácia (ou qualquer outra métrica extra solicitada) nos dois conjuntos de treinamento e no conjunto de validação. Você pode observar que a perda de treinamento diminuiu, um bom sinal, e a acurácia da validação atingiu 89,26% após 30 épocas. Isso não sai muito fora da acurácia do treinamento, desse modo não parece haver muito sobreajuste.

> Em vez de passar um conjunto de validação utilizando o argumento `validation_data`, é possível definir `validation_split` em relação à proporção do conjunto de treinamento que você deseja que a Keras use para validação. Por exemplo, o `validation_split=0.1` informa à biblioteca Keras para usar os últimos 10% dos dados (antes de embaralhá-los) para validação.

Se o conjunto de treinamento estiver muito assimétrico, com algumas classes sendo representadas em excesso e outras sendo representadas de menos, seria útil definir o argumento `class_weight` ao chamar o método `fit()`, que daria um peso maior às classes menos representadas e um peso menor às classes representadas em excesso. Esses pesos seriam utilizados pela Keras ao calcular a perda. Se precisar dos pesos por instância, defina o argumento `sample_weight` (ele substitui a `class_weight`). Os pesos por instância podem ser vantajosos se algumas instâncias forem rotuladas por especialistas, enquanto outras forem rotuladas usando uma plataforma de crowdsourcing: você pode dar mais peso à anterior. Você também pode fornecer pesos de amostra (mas não pesos de classe) para o conjunto de validação, adicionando-os como um terceiro item na tupla `validation_data`.

O método `fit()` retorna um objeto `History` contendo os parâmetros de treinamento (`history.params`), a lista de épocas pelas quais passou (`history.epoch`) e, o mais importante, um dicionário (`history.history`) contendo a perda e as métricas extras calculadas no fim de cada época no conjunto de treinamento e no conjunto de validação (se houver). Caso use esse dicionário para criar um DataFrame da Pandas e chamar seu método `plot()`, você obterá as curvas de aprendizado mostradas na Figura 10-12:

```
import pandas as pd
import matplotlib.pyplot as plt

pd.DataFrame(history.history).plot(figsize=(8, 5))
plt.grid(True)
plt.gca().set_ylim(0, 1) # defina o intervalo vertical para [0-1]
plt.show()
```

Você pode observar que tanto a acurácia do treinamento quanto a acurácia da validação aumentam progressivamente durante o treinamento, ao passo que a perda do treinamento e a perda da validação diminuem. Isso é bom! Além do mais, as curvas de validação estão próximas das curvas de treinamento, o que significa que não temos tanto sobreajuste excessivo. Nesse caso específico, aparentemente o modelo tem um desempenho melhor no conjunto de validação do que no conjunto

15 Caso seus dados de treinamento ou validação não correspondam ao formato esperado, você receberá uma exceção. Talvez esse seja o erro mais comum, então você deve se familiarizar com a mensagem de erro. A mensagem é extremamente clara: por exemplo, se tentar treinar esse modelo com uma matriz contendo imagens achatadas `X_train.reshape(-1, 784))`, obterá a seguinte exceção: "ValueError: Error when checking input: expected flatten_input to have 3 dimensions, but got array with shape (60000, 784)."

de treinamento, no início do treinamento. Só que esse não é o caso: na verdade, o erro de validação é calculado no *fim* de cada época, enquanto o erro de treinamento é calculado usando uma média *durante* cada época. Assim, a curva de treinamento deve ser deslocada em meia época para a esquerda. Se fizer isso, verá que as curvas de treinamento e validação se sobrepõem quase perfeitamente no início do treinamento.

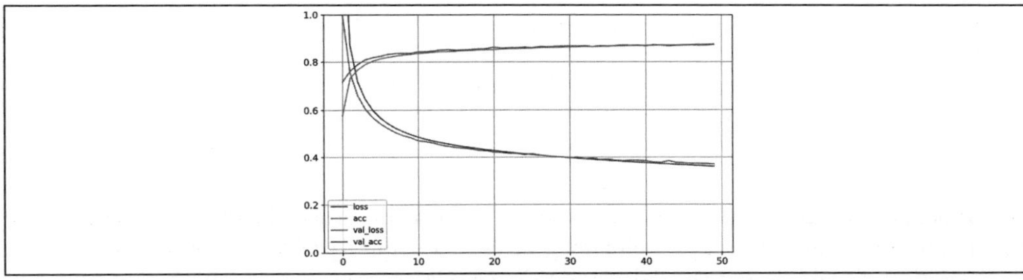

Figura 10-12. Curvas de aprendizado: a perda média [loss] e a acurácia do treinamento [acc], calculadas ao longo de cada época, e a perda média e a acurácia de validação calculadas no fim de cada época

> Ao plotar a curva de treinamento, ela deve ser deslocada em meia época para a esquerda.

O desempenho do conjunto de treinamento acaba superando o desempenho da validação, como acontece em geral quando você treina por tempo suficiente. É possível afirmar que o modelo ainda não convergiu, pois a perda de validação ainda está diminuindo, então, você provavelmente deve continuar o treinamento. É tão simples quanto chamar mais uma vez o método `fit()`, visto que a Keras prossegue o treinamento de onde parou (você deve alcançar quase 89% de acurácia na validação).

Caso não fique satisfeito com o desempenho do seu modelo, volte e ajuste os hiperparâmetros. O primeiro a ser verificado é a taxa de aprendizado. Se isso não ajudar, teste outro otimizador (e sempre reajuste a taxa de aprendizado depois de alterar qualquer hiperparâmetro). Se o desempenho ainda não for bom, tente ajustar os hiperparâmetros do modelo, como o número de camadas, o número de neurônios por camada e os tipos de funções de ativação a serem usadas para cada camada oculta. Você também pode tentar ajustar outros hiperparâmetros, como o tamanho do batch (ele pode ser definido no método `fit()` utilizando o argumento `batch_size` cujo padrão é 32). No fim deste capítulo, voltaremos ao ajuste do hiperparâmetro. Uma vez que esteja satisfeito com a acurácia da validação do seu modelo, avalie-o no conjunto de testes a fim de estimar o erro de generalização, antes de implementar o modelo em produção. Você consegue fazer isso facilmente utilizando o método `evaluate()` (ele também comporta vários outros argumentos, como o `batch_size` e o `sample_weight`; confira a documentação para saber mais detalhes):

```
>>> model.evaluate(X_test, y_test)
10000/10000 [==========] - 0s 29us/sample - loss: 0.3340 - accuracy: 0.8851
[0.3339798209667206, 0.8851]
```

Conforme vimos no Capítulo 2, é normal obter no conjunto de testes um desempenho um pouco menor do que no conjunto de validação, porque os hiperparâmetros são ajustados no conjunto de validação, e não no de testes (mas, nesse exemplo, nem fizemos qualquer ajuste de hiperparâmetro, logo a acurácia baixa é apenas azar). Lembre-se de resistir à tentação de ajustar os hiperparâmetros no conjunto de testes; senão, sua estimativa do erro de generalização será muito otimista.

Usando o modelo para fazer predições

Depois, podemos usar o método `predict()` do modelo para fazermos predições em instâncias novas. Como não temos instâncias novas reais, utilizaremos somente as três primeiras instâncias do conjunto de testes:

```
>>> X_new = X_test[:3]
>>> y_proba = model.predict(X_new)
>>> y_proba.round(2)
array([[0.  , 0.  , 0.  , 0.  , 0.  , 0.03, 0.  , 0.01, 0.  , 0.96],
       [0.  , 0.  , 0.98, 0.  , 0.02, 0.  , 0.  , 0.  , 0.  , 0.  ],
       [0.  , 1.  , 0.  , 0.  , 0.  , 0.  , 0.  , 0.  , 0.  , 0.  ]],
      dtype=float32)
```

Como você pode notar, para cada instância o modelo estima uma probabilidade por classe, da classe 0 à classe 9. Por exemplo, para a primeira imagem, estima-se que a probabilidade da classe 9 (ankle boot) seja de 96%; a da classe 5 (sandal) seja de 3%; a da classe 7 (sneaker) seja de 1%; e as probabilidades das outras classes sejam irrisórias. Em outras palavras, "acredita-se" que a primeira imagem seja de footwear, provavelmente ankle boots, mas possivelmente sandals ou sneakers. Se você se importa somente com a classe com a maior probabilidade estimada (ainda que essa probabilidade seja muito baixa), use o método `pre dict_classes()`:

```
>>> y_pred = model.predict_classes(X_new)
>>> y_pred
array([9, 2, 1])
>>> np.array(class_names)[y_pred]
array(['Ankle boot', 'Pullover', 'Trouser'], dtype='<U11')
```

Aqui, o classificador de fato classificou todas as três imagens corretamente (essas imagens são mostradas na Figura 10-13):

```
>>> y_new = y_test[:3]
>>> y_new
array([9, 2, 1])
```

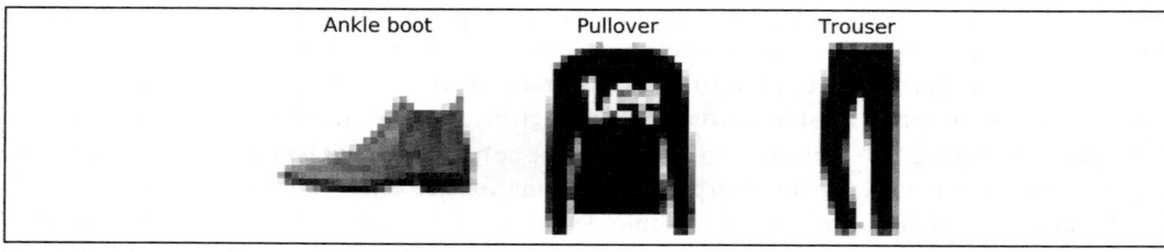

Figure 10-13. Imagens do Fashion MNIST classificadas corretamente

Agora, você já sabe como usar a sequential API para criar, treinar, avaliar e usar uma MLP de classificação. Mas e quanto à regressão?

Construindo uma MLP de regressão usando a sequential API

Vamos voltar para o problema do conjunto de dados de imóveis da Califórnia e resolvê-lo usando uma rede neural de regressão. Para facilitar as coisas, usaremos a função `fetch_california_housing()` da Scikit-Learn para carregar os dados. Esse conjunto de dados é mais simples do que o utilizado no Capítulo 2, pois contém somente características numéricas (não existe uma característica `ocean_proximity`) e não existe valor ausente. Após carregar os dados, vamos dividi-lo em um conjunto de treinamento, em um conjunto de validação e em um conjunto de testes, e vamos escalonar todas as características:

```
from sklearn.datasets import fetch_california_housing
from sklearn.model_selection import train_test_split
from sklearn.preprocessing import StandardScaler

housing = fetch_california_housing()

X_train_full, X_test, y_train_full, y_test = train_test_split(
    housing.data, housing.target)
X_train, X_valid, y_train, y_valid = train_test_split(
    X_train_full, y_train_full)

scaler = StandardScaler()
X_train = scaler.fit_transform(X_train)
X_valid = scaler.transform(X_valid)
X_test = scaler.transform(X_test)
```

Usar a sequential API para criar, treinar, avaliar e usar uma MLP de regressão com o intuito de fazer predições é bastante semelhante ao que fizemos para a classificação. As principais diferenças são o fato de a camada de saída ter um único neurônio (visto que queremos predizer somente um único valor) e não usar nenhuma função de ativação; a função de perda é o erro médio quadrático. Uma vez que o conjunto de dados tem bastante ruído, utilizamos apenas uma única camada oculta com menos neurônios do que antes, a fim de evitar o excesso de sobreajuste:

```
model = keras.models.Sequential([
    keras.layers.Dense(30, activation="relu", input_shape=X_train.
shape[1:]),
    keras.layers.Dense(1)
])
model.compile(loss="mean_squared_error", optimizer="sgd")
history = model.fit(X_train, y_train, epochs=20,
                    validation_data=(X_valid, y_valid))
mse_test = model.evaluate(X_test, y_test)
X_new = X_test[:3] # Finja que são instâncias novas
y_pred = model.predict(X_new)
```

Conforme você pode observar, a sequential API é bem fácil de usar. No entanto, embora os modelos `Sequential` sejam extremamente comuns, às vezes, é vantajoso construir redes neurais com topologias mais complexas ou com diversas entradas ou saídas. E, para tal, a Keras oferece a functional API.

Construindo modelos complexos usando a functional API

Um exemplo de uma rede neural não sequencial é uma rede neural *Wide & Deep*. Essa arquitetura de rede neural foi apresentada em um artigo de 2016 (*https://homl.info/ widedeep*) por Heng-Tze Cheng et al.[16] Ela interliga todas ou parte das entradas diretamente à camada de saída, como mostra a Figura 10-14. Essa arquitetura possibilita à rede neural aprender padrões profundos (por meio do caminho profundo) e regras simples (por meio do caminho curto).[17] Em contrapartida, uma MLP

16 Heng-Tze Cheng et al., "Wide & Deep Learning for Recommender Systems", *Anais do Primeiro Workshop sobre Aprendizado Profundo para Sistemas de Recomendação* (2016): *7–10.*

17 O caminho curto também pode ser usado para fornecer característica de engenharia de forma manual à rede neural.

normal força todos os dados a circularem por meio da pilha completa de camadas; desse modo, os padrões simples nos dados podem acabar sendo distorcidos por essa sequência de transformações.

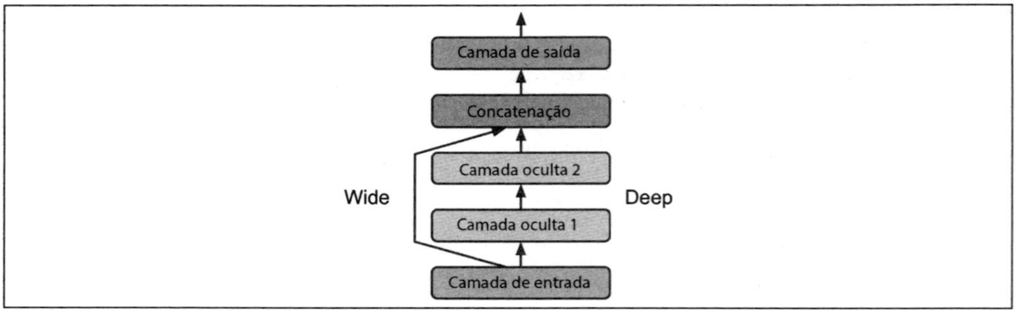

Figura 10-14. Rede neural Wide & Deep

Construiremos uma rede neural para lidar com o problema dos dados dos imóveis da Califórnia:

```
input_ = keras.layers.Input(shape=X_train.shape[1:])
hidden1 = keras.layers.Dense(30, activation="relu")(input_)
hidden2 = keras.layers.Dense(30, activation="relu")(hidden1)
concat = keras.layers.Concatenate()([input_, hidden2])
output = keras.layers.Dense(1)(concat)
model = keras.Model(inputs=[input_], outputs=[output])
```

Vamos analisar cada linha deste código:

- Primeiro, é necessário criar um objeto `Input`.[18] Essa é uma especificação do tipo de entrada que o modelo obterá, incluindo `shape` e `dtype`. Um modelo pode realmente ter diversas entradas, como veremos daqui a pouco.
- Em seguida, criamos uma camada `Dense` com 30 neurônios, usando a função de ativação ReLU. Uma vez criada, repare que a chamamos como uma função, passando a entrada. É por esse motivo que a chamamos de functional API. Observe que estamos apenas informando à Keras como ela deve conectar as camadas; nenhum dado real está sendo processado ainda.
- Depois, criamos uma segunda camada oculta e, de novo, a usamos como uma função. Repare que a passamos para a saída da primeira camada oculta.
- Em seguida, criamos uma camada `Concatenate` e, mais uma vez, imediatamente a utilizamos como uma função para concatenar a entrada e a saída da segunda camada oculta.
- Talvez você prefira a função `keras.layers.concatenate()`, que cria uma camada `Concatenate` e imediatamente a chama com as entradas fornecidas.
- Depois, criamos a camada de saída, com um único neurônio e sem função de ativação, e a chamamos como uma função, passando o resultado da concatenação.
- Por último, criamos um `Model` Keras, especificando quais entradas e saídas utilizar.

Após criar o modelo Keras, tudo fica exatamente como antes, então nem precisa dizer, não é? Você deve compilar o modelo, treiná-lo, avaliá-lo e usá-lo para realizar predições.

Mas e se quiser enviar um subconjunto de características pelo caminho amplo e um subconjunto diferente (possivelmente sobreposto) pelo caminho profundo (veja a Figura 10-15)? Nesse caso, uma solução é

18 O nome `input_` é usado para evitar a confusão com a função integrada do Python `input()`.

usar diversas entradas. Por exemplo, suponha que desejamos enviar cinco características pelo caminho amplo (características de 0 a 4) e seis características pelo caminho profundo (características de 2 a 7):

```
input_A = keras.layers.Input(shape=[5], name="wide_input")
input_B = keras.layers.Input(shape=[6], name="deep_input")
hidden1 = keras.layers.Dense(30, activation="relu")(input_B)
hidden2 = keras.layers.Dense(30, activation="relu")(hidden1)
concat = keras.layers.concatenate([input_A, hidden2])
output = keras.layers.Dense(1, name="output")(concat)
model = keras.Model(inputs=[input_A, input_B], outputs=[output])
```

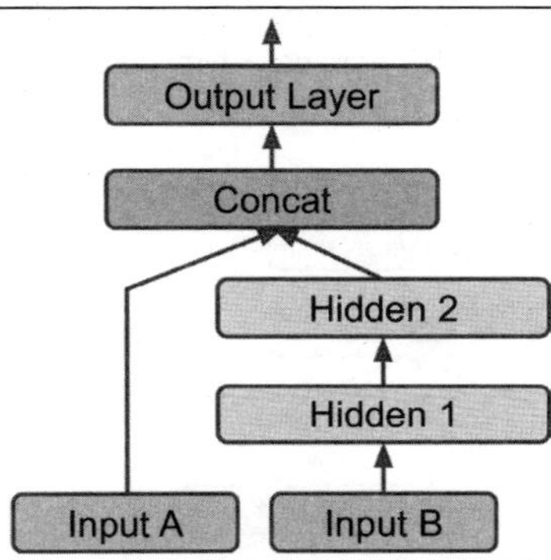

Figura 10-15. Lidando com diversas entradas

O código fala por si. Você deve nomear pelo menos as camadas mais importantes, sobretudo quando o modelo fica um pouco complexo como esse. Veja que especificamos `inputs=[input_A, input_B]` ao criar o modelo. Agora, podemos compilar o modelo como de costume, mas quando chamamos o método `fit()`, em vez de passar uma única matriz de entrada `X_train`, devemos passar um par de matrizes `X_train_A, X_train_B)`: uma por entrada.[19] O mesmo vale para `X_valid`, também para `X_test` e para `X_new`, quando chamamos o `evaluate()` ou o `predict()`:

```
model.compile(loss="mse", optimizer=keras.optimizers.SGD(lr=1e-3))

X_train_A, X_train_B = X_train[:, :5], X_train[:, 2:]
X_valid_A, X_valid_B = X_valid[:, :5], X_valid[:, 2:]
X_test_A, X_test_B = X_test[:, :5], X_test[:, 2:]
X_new_A, X_new_B = X_test_A[:3], X_test_B[:3]

history = model.fit((X_train_A, X_train_B), y_train, epochs=20,
                    validation_data=((X_valid_A, X_valid_B), y_valid))
mse_test = model.evaluate((X_test_A, X_test_B), y_test)
y_pred = model.predict((X_new_A, X_new_B))
```

Existem muitos casos de uso em que você talvez utilize diversas saídas:

- Talvez a tarefa exija isso. Por exemplo, você pode localizar e classificar o objeto principal em uma imagem. Essa é uma tarefa de regressão (identificar as coordenadas do centro do objeto, bem como sua largura e altura) e uma tarefa de classificação.

19 Como alternativa, você pode passar um dicionário mapeando os nomes de entrada para os valores de entrada, como `{"wide_input": X_train_A, "deep_input": X_train_B}`. Isso ajuda bastante, ainda mais quando há muitas entradas, para evitar erro no ordenamento.

- Da mesma forma, você pode ter diversas tarefas independentes com base nos mesmos dados. Obviamente, pode treinar uma rede neural por tarefa, no entanto, em muitos casos, obterá os melhores resultados em todas as tarefas treinando uma única rede neural com uma saída por tarefa. Isso ocorre porque a rede neural pode aprender as características nos dados que são úteis nas tarefas. Por exemplo, você pode fazer a *classificação multitarefa* em imagens de rostos, usando uma saída para classificar a expressão facial da pessoa (sorrindo, surpresa etc.) e outra saída a fim de identificar se essa pessoa está usando óculos ou não.
- Outro caso de uso é tipo uma técnica de regularização (ou seja, uma restrição de treinamento cujo objetivo é reduzir o sobreajuste e, assim, melhorar a capacidade de generalização do modelo). Por exemplo, você pode adicionar algumas saídas auxiliares em uma arquitetura de rede neural (veja a Figura 10-16) para garantir que a parte subjacente da rede aprenda algo útil sozinha, sem depender do restante da rede.

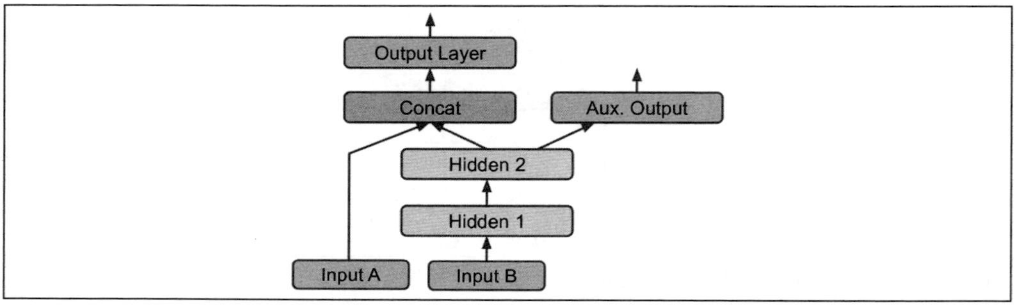

Figura 10-16. Neste exemplo, estamos manipulando diversas saídas a fim de adicionar uma saída auxiliar para regularização

Adicionar as saídas extras é bem fácil: basta conectá-las às camadas apropriadas e adicioná-las à lista de saídas do modelo. Por exemplo, o código a seguir cria a rede representada na Figura 10-16:

```
[...] # O mesmo que acima, até a camada da saída principal
output = keras.layers.Dense(1, name="main_output")(concat)
aux_output = keras.layers.Dense(1, name="aux_output")(hidden2)
model = keras.Model(inputs=[input_A, input_B], outputs=[output, aux_output])
```

Cada saída precisará da própria função de perda. Desse modo, quando compilamos o modelo, devemos passar uma lista de perdas[20] (se passarmos por uma única perda, a Keras assumirá que a mesma perda deve ser usada para todas as saídas). Por padrão, a Keras calculará todas essas perdas e as adicionará para obter a perda final usada no treinamento. Devemos nos preocupar mais com a saída principal do que com a saída auxiliar (visto que é utilizada somente para regularização); por isso, queremos dar um peso bem maior à perda da saída principal. Felizmente, é possível definir todos os pesos de perda ao compilar o modelo:

```
model.compile(loss=["mse", "mse"], loss_weights=[0.9, 0.1], optimizer="sgd")
```

Agora, quando treinamos o modelo, precisamos fornecer os rótulos para cada saída. Neste exemplo, a saída principal e a saída auxiliar devem tentar predizer a mesma coisa, ou seja, devem usar os mesmos rótulos. Então, em vez de passar o `y_train`, precisamos passar `(y_train, y_train)` (e o mesmo vale para o `y_valid` e para o `y_test`):

20 Como alternativa, você pode passar um dicionário que mapeia cada nome de saída para a perda correspondente. Bem como para as entradas, isso ajuda quando há diversas saídas, para evitar erro no ordenamento. Os pesos e as métricas de perda (que abordaremos daqui a pouco) também podem ser definidos usando dicionários.

```
history = model.fit(
[X_train_A, X_train_B], [y_train, y_train], epochs=20,
validation_data=([X_valid_A, X_valid_B], [y_valid, y_valid]))
```

Ao avaliarmos o modelo, a Keras retornará a perda total, bem como todas as perdas individuais:

```
total_loss, main_loss, aux_loss = model.evaluate(
    [X_test_A, X_test_B], [y_test, y_test])
```

Do mesmo modo, o método `predict()` retornará predições para cada saída:

```
y_pred_main, y_pred_aux = model.predict([X_new_A, X_new_B])
```

Conforme vimos, você pode construir facilmente qualquer tipo de arquitetura que quiser com a functional API. Vejamos uma última forma de criar modelos Keras.

Usando a subclassing API para construir modelos dinâmicos

Tanto a sequential API quanto a functional API são declarativas: você começa declarando quais camadas quer usar e como elas devem ser conectadas, e só depois começa a fornecer alguns dados ao modelo visando treinamento ou inferência. Com isso, temos muitas vantagens: o modelo pode ser facilmente salvo, clonado e compartilhado; sua estrutura pode ser exibida e analisada; o framework consegue realizar a inferência de formatos e verificar os tipos, de modo que os erros possam ser detectados com antecedência (ou seja, antes de qualquer dado passar pelo modelo). Isso também facilita e muito a depuração [debug], uma vez que todo o modelo é um grafo estático de camadas. Mas o lado negativo é justamente este: ele é estático. Alguns modelos envolvem loops, formatos variados, ramificação condicional e outros comportamentos dinâmicos. Nesses casos, ou se simplesmente preferir um estilo de programação mais imperativo, a subclassing API é o ideal para você.

Basta subclassear a classe `Model`, criar as camadas necessárias no construtor e utilizá-las para realizar os cálculos desejados no método `call()`. Por exemplo, criar uma instância da seguinte classe `WideAndDeepModel` nos fornece um modelo equivalente ao que acabamos de criar com a functional API. Você pode compilá-lo, avaliá-lo e usá-lo para fazer predições, exatamente como fizemos antes:

```
class WideAndDeepModel(keras.Model):
    def __init__(self, units=30, activation="relu", **kwargs):
        super().__init__(**kwargs) # lida com args padrões (ex: nome)
        self.hidden1 = keras.layers.Dense(units, activation=activation)
        self.hidden2 = keras.layers.Dense(units, activation=activation)
        self.main_output = keras.layers.Dense(1)
        self.aux_output = keras.layers.Dense(1)

    def call(self, inputs):
        input_A, input_B = inputs
        hidden1 = self.hidden1(input_B)
        hidden2 = self.hidden2(hidden1)
        concat = keras.layers.concatenate([input_A, hidden2])
        main_output = self.main_output(concat)
        aux_output = self.aux_output(hidden2)
        return main_output, aux_output

model = WideAndDeepModel()
```

Esse exemplo se assemelha bastante com a functional API, exceto que não precisamos criar as entradas; usamos apenas o argumento `input` para o método `call()` e separamos as camadas criadas[21] no construtor usando o método `call()`. A maior diferença é que você consegue fazer basicamente qualquer coisa que quiser no método `call()`: `for`, loops, estruturas `if`, operações de baixo nível da TensorFlow — sua imaginação é o limite (veja o Capítulo 12)! Isso torna essa API ótima para pesquisadores testarem novas ideias.

Essa flexibilidade extra tem um preço: a arquitetura do seu modelo fica oculta no método `call()`; desse modo, a Keras não consegue inspecioná-la com facilidade; não pode salvar ou cloná-la; e ao chamar o método `summary()` você obtém apenas uma lista de camadas, sem nenhuma informação sobre como essas camadas estão conectadas umas às outras. Além do que, a Keras não consegue verificar os tipos e os formatos com antecedência, sendo mais fácil cometer erros. Portanto, a menos que realmente precise dessa flexibilidade extra, deve optar pela sequential API ou pela functional API.

Os modelos Keras podem ser utilizados como camadas regulares, de modo que você consegue combiná-los facilmente quando cria arquiteturas complexas.

Agora que você já sabe como construir e treinar redes neurais usando a biblioteca Keras, é necessário salvá-las!

Salvando e armazenando um modelo

Ao usar a sequential API ou a functional API, é muito fácil salvar um modelo Keras treinado:

```
model = keras.layers.Sequential([...]) # ou keras.Model([...])
model.compile([...])
model.fit([...])
model.save("my_keras_model.h5")
```

A Keras usará o formato HDF5 para salvar a arquitetura do modelo (incluindo os hiperparâmetros de todas as camadas) e os valores de todos os parâmetros do modelo para cada camada (por exemplo, pesos de conexão e viés). Ela também salva o otimizador (incluindo seus hiperparâmetros e qualquer estado [state] que ele possa ter). Normalmente, você terá um script que treina e salva um modelo e um ou mais scripts (ou web services) que carregam o modelo e o empregam para fazer predições. Carregar o modelo é tão fácil quanto:

```
model = keras.models.load_model("my_keras_model.h5")
```

Isso funcionará ao usar a sequential API ou a functional API, mas infelizmente não ao usar a subclasse de modelo. Você pode utilizar o `save_weights` e o `load_weights()` para, pelo menos, salvar e restaurar os parâmetros do modelo, no entanto será necessário que você salve e restaure todo o resto por conta própria.

Mas e se o treinamento durar horas a fio? Isso é bastante comum, principalmente quando treinamos grandes conjuntos de dados. Nesse caso, você não deve salvar seu modelo apenas no fim do treinamento, como também salvar pontos de verificação em intervalos regulares durante o treinamento, para evitar que tudo se perca, caso o computador trave. Contudo, como dizer ao método `fit()` para salvar os pontos de verificação? Usando as funções de callbacks.

21 Os modelos Keras têm um atributo de saída, então não podemos usar esse nome para a camada de saída principal, razão pela qual a renomeamos como `main_output`.

Usando as funções de callbacks

O método `fit()` aceita um argumento `callbacks` que permite especificar uma lista de objetos que a Keras chamará no início e no fim do treinamento, no início e no fim de cada época, e antes e depois do processamento de cada batch. Por exemplo, o callback `ModelCheckpoint` salva os pontos de verificação do modelo em intervalos regulares durante o treinamento, por padrão no fim de cada época:

```
[...] # constrói e compila o modelo
checkpoint _ cb = keras.callbacks.ModelCheckpoint("my _ keras _ model.h5")
history = model.fit(X _ train, y _ train, epochs=10, callbacks=[checkpoint _ cb])
```

Além do mais, se utilizar um conjunto de validação durante o treinamento, poderá definir `save _ best _ only=True`, quando criar o `ModelCheckpoint`. Nesse caso, ele apenas salvará seu modelo quando o desempenho no conjunto de validação até então for o melhor. Desse modo, você não precisa se preocupar muito com o treinamento e sobreajustar demais o conjunto de treinamento: basta restaurar o último modelo salvo após o treinamento e este será o melhor modelo no conjunto de validação. O código seguinte é uma forma simples de implementar a early stopping (apresentada no Capítulo 4):

```
checkpoint _ cb = keras.callbacks.ModelCheckpoint("my _ keras _ model.h5",
                                                   save _ best _ only=True)
history = model.fit(X _ train, y _ train, epochs=10,
                    validation _ data=(X _ valid, y _ valid),
                    callbacks=[checkpoint _ cb])
model = keras.models.load _ model("my _ keras _ model.h5") # Reverte para o
melhor
                                                           # modelo
```

Outra forma de implementar a early stopping é simplesmente usar a callback da `EarlyStopping`. Ela interromperá o treinamento quando não calcular nenhum progresso na validação definida para várias épocas (definida pelo argumento `patience`) e, opcionalmente, reverterá para o melhor modelo. Você pode combinar as duas callbacks para salvar os pontos de verificação do modelo (no caso de o computador travar) e interromper o treinamento com antecedência, quando não houver mais progresso (a fim de evitar perda de tempo e de recursos):

```
early _ stopping _ cb = keras.callbacks.EarlyStopping(patience=10,
                                                  restore _ best _ weights=True)
history = model.fit(X _ train, y _ train, epochs=100,
                    validation _ data=(X _ valid, y _ valid),
                    callbacks=[checkpoint _ cb, early _ stopping _ cb])
```

O número de épocas pode ser definido como um valor alto, uma vez que o treinamento será interrompido automaticamente quando não progredir mais. Nesse caso, não há necessidade de restaurar o melhor modelo salvo, pois a callback da `EarlyStopping` vai rastrear os melhores pesos e os restaurar no fim do treinamento.

> Existem muitas outras callbacks disponíveis no `keras.callbacks` (*https://keras.io/callbacks/*).

Se precisar de controle extra, poderá escrever suas próprias callbacks personalizadas. Vamos exemplificar isso: a callback personalizada a seguir exibirá a relação entre a perda de validação e a perda de treinamento durante o treinamento (por exemplo, a fim de detectar o excesso de sobreajuste):

```
class PrintValTrainRatioCallback(keras.callbacks.Callback):
    def on_epoch_end(self, epoch, logs):
        print("\nval/train: {:.2f}".format(logs["val_loss"] / logs["loss"]))
```

Como esperado, você pode implementar `on_train_begin()`, `on_train_end()`, `on_epoch_begin()`, `on_epoch_end()`, `on_batch_begin()` e `on_batch_end()`. As callbacks também podem ser utilizadas durante avaliações e predições, se você precisar delas (por exemplo, para depuração). Para avaliação, você deve implementar `on_test_begin()`, `on_test_end()`, `on_test_batch_begin()` e `on_test_batch_end()` (chamado pelo `evaluate()`), e para predição você deve implementar `on_predict_begin()`, `on_pre dict_end()`, `on_predict_batch_begin()` ou `on_predict_batch_end()` (chamado pelo `predict()`).

Agora, vamos conferir mais uma ferramenta que você definitivamente deve ter ao usar o tf.keras: o TensorBoard.

Usando o TensorBoard para visualização

O TensorBoard é uma ótima ferramenta de visualização interativa que você pode usar para visualizar as curvas de aprendizado durante o treinamento, compará-las com suas diversas execuções, visualizar o grafo computacional, as imagens geradas pelo seu modelo, os dados multidimensionais complexos projetados em 3D e clusterizados de modo automático, analisar as estatísticas de treinamento e muito mais! Ela vem automaticamente instalada quando você instala a TensorFlow, ou seja, você já tem ela em mãos.

Para usá-la, você deve alterar seu programa para que ele gere a saída dos dados que deseja visualizar em arquivos de log binários especiais chamados *event files*. Cada registro de dados binários se chama *summary*. O servidor do TensorBoard monitora o diretório de log, recolhe automaticamente as alterações e atualiza as visualizações: isso possibilita que você visualize os dados em tempo real (com um pequeno atraso), bem como as curvas de aprendizado durante o treinamento. Em geral, você quer apontar o servidor do TensorBoard para um diretório de root log e configurar seu programa a fim de que ele faça o registro em um subdiretório diferente sempre que for executado. Assim, a mesma instância do servidor do TensorBoard permitirá visualizar e comparar dados de várias execuções do seu programa, sem confundir as coisas.

Vamos começar definindo o diretório de root log que usaremos para nossos logs do TensorBoard, além de uma pequena função que gerará um caminho de subdiretório com base na data e hora atuais, de modo que seja diferente a cada execução. Convém incluir informações adicionais no nome do diretório de log, como os valores de hiperparâmetro que você está testando, para facilitar o entendimento do que você está vendo no TensorBoard:

```
import os
root_logdir = os.path.join(os.curdir, "my_logs")

def get_run_logdir():
    import time
    run_id = time.strftime("run_%Y_%m_%d-%H_%M_%S")
    return os.path.join(root_logdir, run_id)

run_logdir = get_run_logdir() # por ex. './meus_logs/run_2019_06_07-
                              #15_15_22'
```

O bom é que a Keras fornece uma ótima callback `TensorBoard()`:

```
[...] # Constrói e compila o seu modelo
tensorboard_cb = keras.callbacks.TensorBoard(run_logdir)
history = model.fit(X_train, y_train, epochs=30,
                    validation_data=(X_valid, y_valid),
                    callbacks=[tensorboard_cb])
```

E pronto! Não poderia ser mais fácil de usar do que isso! Se você rodar esse código, a callback do `TensorBoard()`se encarregará de criar o diretório de log para você (junto com os diretórios-pai, se necessário) e, durante o treinamento, criará event files e registrará o summaries neles. Depois de executar o programa pela segunda vez (talvez modificando algum valor de hiperparâmetro), você terminará com uma estrutura de diretório parecida com esta:

```
my_logs/
├── run_2019_06_07-15_15_22
│   ├── train
│   │   ├── events.out.tfevents.1559891732.mycomputer.local.38511.694049.v2
│   │   ├── events.out.tfevents.1559891732.mycomputer.local.profile-empty
│   │   └── plugins/profile/2019-06-07_15-15-32
│   │   └── local.trace
│   └── validation
│       └── events.out.tfevents.1559891733.mycomputer.local.38511.696430.v2
└── run_2019_06_07-15_15_49
    └── [...]
```

Existe um diretório por execução, cada um com um subdiretório para os logs de treinamento e um para os logs de validação. Ambos contêm os event files, mas os logs de treinamento também incluem os profiling traces: isso permite que o TensorBoard mostre exatamente quanto tempo o modelo gastou em cada parte do seu modelo, em todos os seus dispositivos, o que é uma mão na roda para localizar os gargalos de desempenho.

Em seguida, você precisa iniciar o servidor do TensorBoard. Um modo de fazer isso é executando um comando em um terminal. Caso tenha instalado a TensorFlow em um virtualenv, você deve habilitá-la. Depois, execute o seguinte comando na raiz do projeto (ou de qualquer outro lugar, desde que você aponte para o diretório de log adequado):

```
$ tensorboard --logdir=./my_logs --port=6006
TensorBoard 2.0.0 at http://mycomputer.local:6006/ (Press CTRL+C to quit)
```

Caso sua shell não consiga encontrar o *tensorboard*, você deverá atualizar sua variável de ambiente `PATH` para que ela contenha o diretório em que o script foi instalado (como alternativa, você pode substituir o `tensorboard` na linha de comando pelo `python3 -m tensorboard.main`). Uma vez que o servidor esteja rodando, você poderá abrir um web browser e acessar *http://localhost:6006*.

Como alternativa, você pode utilizar o TensorBoard diretamente no Jupyter, executando os comandos abaixo. A primeira linha carrega a extensão do TensorBoard e a segunda inicia um servidor do TensorBoard na porta 6006 (a menos que já esteja iniciada) e se conecta a ele:

```
%load_ext tensorboard
%tensorboard --logdir=./my_logs --port=6006
```

Em ambos os casos, você deve ver a interface da web do TensorBoard. Clique na guia ESCALARS para visualizar as curvas de aprendizado (veja a Figura 10-17). No canto inferior esquerdo, selecione os logs que você quer visualizar (por exemplo, os logs de treinamento da primeira e da segunda execução) e clique no escalar `epoch_loss`. Repare que a perda de treinamento diminuiu bem durante as duas execuções, mas a segunda foi muito mais rápida. Na verdade, usamos uma taxa de aprendizado de 0,05 (`optimizer=keras.optimizers.SGD(lr=0.05)`) em vez de 0,001.

Você também pode visualizar o grafo inteiro, os pesos aprendidos (projetados em 3D) ou as profiling traces. A callback do `TensorBoard()` também comporta opções para registrar dados extras, como os embeddings (veja o Capítulo 13).

Além do mais, a TensorFlow disponibiliza uma API de baixo nível no pacote `tf.summary`. O código a seguir cria um `SummaryWriter` usando a função `create_file_writer()` e utiliza esse gravador como contexto para registrar escalares, histogramas, imagens, áudio e texto, os quais podem ser visualizados usando o TensorBoard (experimente!):

```
test_logdir = get_run_logdir()
writer = tf.summary.create_file_writer(test_logdir)
with writer.as_default():
    for step in range(1, 1000 + 1):
        tf.summary.scalar("my_scalar", np.sin(step / 10), step=step)
        data = (np.random.randn(100) + 2) * step / 100 # alguns dados aleatórios
        tf.summary.histogram("my_hist", data, buckets=50, step=step)
        images = np.random.rand(2, 32, 32, 3) # imagens aleatórias 32 × 32 RGB
        tf.summary.image("my_images", images * step / 1000, step=step)
        texts = ["The step is " + str(step), "Its square is " + str(step**2)]
        tf.summary.text("my_text", texts, step=step)
        sine_wave = tf.math.sin(tf.range(12000) / 48000 * 2 * np.pi * step)
        audio = tf.reshape(tf.cast(sine_wave, tf.float32), [1, -1, 1])
        tf.summary.audio("my_audio", audio, sample_rate=48000, step=step)
```

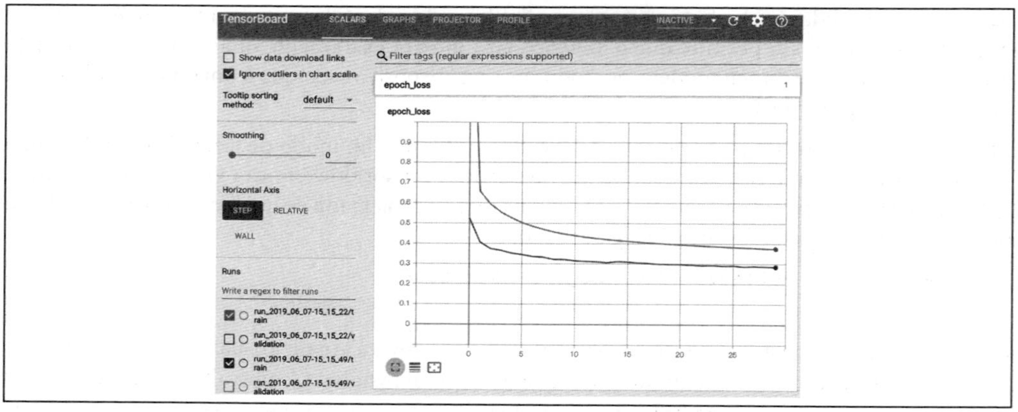

Figura 10-17. Visualizando curvas de aprendizado com o TensorBoard

Na verdade, isso é uma ferramenta de visualização útil, que vai muito além da TensorFlow ou do aprendizado de máquina.

Vamos resumir o que você aprendeu até agora neste capítulo: abordamos de onde vieram as redes neurais, o que é uma MLP e como você pode usá-la para classificação e regressão, como usar a sequential API do tf.keras para criar MLPs e como utilizar a functional API ou a subclassing API para construir arquiteturas de modelo mais complexas. Você aprendeu como salvar e restaurar um modelo e como usar as callbacks nos pontos de verificação, nas early stopping e muito mais. Por último, aprendeu a usar o TensorBoard para visualização. Você já pode seguir em frente e usar redes neurais para resolver um monte de problemas! No entanto, talvez esteja se perguntando como escolher o número de camadas ocultas, o número de neurônios na rede e todos os outros hiperparâmetros. Vamos ver tudo isso agora.

Aperfeiçoando os Hiperparâmetros das Redes Neurais

A flexibilidade das redes neurais também é um de seus principais empecilhos: existem muitos hiperparâmetros para ajustar. Você pode usar não apenas qualquer arquitetura de rede que se possa imaginar, como até mesmo em uma MLP simples. Você pode alterar o número de camadas, o número de neurônios por camada, o tipo de função de ativação a ser usada em cada camada, a lógica de inicialização de peso e muito mais. Mas como você sabe qual combinação de hiperparâmetros é a melhor para sua tarefa?

Uma opção é simplesmente testar uma diversidade de combinações de hiperparâmetros e ver qual funciona melhor no conjunto de validação (ou usar a validação cruzada K-fold). Por exemplo, podemos utilizar o `GridSearchCV` ou o `RandomizedSearchCV` para explorar o espaço do hiperparâmetro, como fizemos no Capítulo 2. Para tal, é necessário empacotarmos nossos modelos Keras em objetos que imitem os regressores regulares da Scikit-Learn. O primeiro passo é criar uma função que construirá e compilará um modelo Keras, levando em conta um conjunto de hiperparâmetros:

```
def build_model(n_hidden=1, n_neurons=30, learning_rate=3e-3, input_shape=[8]):
    model = keras.models.Sequential()
    model.add(keras.layers.InputLayer(input_shape=input_shape))
    for layer in range(n_hidden):
        model.add(keras.layers.Dense(n_neurons, activation="relu"))
    model.add(keras.layers.Dense(1))
    optimizer = keras.optimizers.SGD(lr=learning_rate)
    model.compile(loss="mse", optimizer=optimizer)
    return model
```

Essa função cria um modelo `Sequential` simples para regressão univariada (e somente um neurônio de saída), com o formato de entrada fornecido e o número especificado de camadas e neurônios ocultos, e os compila usando um otimizador `SGD` definido com a taxa de aprendizado especificada. É uma boa prática fornecer padrões razoáveis para tantos hiperparâmetros quanto possível, como a Scikit-Learn faz.

Depois, criaremos um `KerasRegressor` com base na função `build_model()`:

```
keras_reg = keras.wrappers.scikit_learn.KerasRegressor(build_model)
```

O objeto `KerasRegressor` é um pequeno wrapper em torno do modelo Keras criado e que usa o `build_model()`. Como não especificamos nenhum hiperparâmetro ao criá-lo, ele usará os hiperparâmetros-padrão que definimos no `build_model()`. Agora, podemos usar esse objeto como um regressor da Scikit-Learn comum: podemos treiná-lo usando seu método `fit()`, depois avaliá-lo utilizando o método `score()` e usá-lo para fazer previsões por meio de o método `predict()`, conforme você pode observar no seguinte código:

```
keras_reg.fit(X_train, y_train, epochs=100,
              validation_data=(X_valid, y_valid),
              callbacks=[keras.callbacks.EarlyStopping(patience=10)])
mse_test = keras_reg.score(X_test, y_test)
y_pred = keras_reg.predict(X_new)
```

Note que qualquer parâmetro extra que passar para o método `fit()` será passado para o modelo Keras subjacente. Repare também que o score será o oposto do MSE, pois a Scikit-Learn quer scores e não perdas (ou seja, aquela velha história, os maiores devem ser melhores). Não queremos treinar e avaliar um único modelo como este, a despeito de querermos treinar centenas de variantes e ver qual delas apresenta o melhor desempenho no conjunto de validação. Já que existem muitos hiperparâmetros, é preferível usar uma randomized search em vez do grid search (como abordamos no Capítulo 2). Tentaremos explorar o número de camadas ocultas, o número de neurônios e a taxa de aprendizado:

```
from scipy.stats import reciprocal
from sklearn.model_selection import RandomizedSearchCV

param_distribs = {
    "n_hidden": [0, 1, 2, 3],
    "n_neurons": np.arange(1, 100),
    "learning_rate": reciprocal(3e-4, 3e-2),
}

rnd_search_cv = RandomizedSearchCV(keras_reg, param_distribs, n_iter=10, cv=3)
rnd_search_cv.fit(X_train, y_train, epochs=100,
                  validation_data=(X_valid, y_valid),
                  callbacks=[keras.callbacks.EarlyStopping(patience=10)])
```

Isso é justamente igual ao que fizemos no Capítulo 2, exceto que aqui passamos parâmetros extras para o método `fit()`, e eles são repassados para os modelos Keras subjacentes. Repare que o `RandomizedSearchCV` usa a validação cruzada com K-fold, e não a `X_valid` e a `y_valid`, utilizadas apenas para a early stopping.

Essa exploração pode durar muitas horas, dependendo do hardware, do tamanho do conjunto de dados, da complexidade do modelo e dos valores de `n_iter` e `cv`. Uma vez que termine, você poderá acessar os melhores parâmetros encontrados, o melhor score e o modelo Keras treinado como este aqui:

```
>>> rnd_search_cv.best_params_
{'learning_rate': 0.0033625641252688094, 'n_hidden': 2, 'n_neurons': 42}
>>> rnd_search_cv.best_score_
-0.3189529188278931
>>> model = rnd_search_cv.best_estimator_.model
```

Agora, você pode salvar esse modelo, avaliá-lo no conjunto de testes e, se ficar satisfeito com seu desempenho, implementá-lo em produção. Usar o randomized search não é lá muito difícil e funciona bem para uma série de problemas bastante simples. Contudo, quando o treinamento é demorado (por exemplo, para problemas mais complexos com conjuntos de dados maiores), essa abordagem explora somente uma pequena parte do espaço do hiperparâmetro. Você pode mitigar esse problema parcialmente, auxiliando no processo de pesquisa de forma manual: primeiro, execute um random search rápido usando intervalos amplos de valores de hiperparâmetro, depois rode outro random search usando intervalos menores de valores centrados nos melhores intervalos encontrados durante a primeira execução e assim por diante. Espera-se que essa abordagem foque um bom conjunto de hiperparâmetros. No entanto, ela consome muito tempo e, talvez, você não queira gastar tanto tempo assim.

Felizmente, existem muitas técnicas para explorar um espaço de pesquisa com mais eficiência do que do modo aleatório. A ideia essencial é simples: quando se comprova que uma região do espaço é boa, ela deve ser mais explorada. Essas técnicas ampliam as possibilidades e levam a soluções muito melhores em bem menos tempo. Veja a seguir algumas bibliotecas Python que você pode utilizar para otimizar os hiperparâmetros:

Hyperopt (https://github.com/hyperopt/hyperopt)

Uma biblioteca popular para otimizar todos os tipos de espaços de pesquisa complexos (incluindo valores reais, como a taxa de aprendizado, e valores discretos, como o número de camadas).

Hyperas (https://github.com/maxpumperla/hyperas), kopt (https://github.com/Avsecz/kopt) ou Talos (https://github.com/autonomio/talos)

Essas bibliotecas são úteis para otimizar hiperparâmetros para modelos Keras (as duas primeiras são baseadas no Hyperopt).

Keras Tuner (https://homl.info/kerastuner)

Uma biblioteca de otimização de hiperparâmetros do Google fácil de usar para modelos Keras, com um serviço hospedado para visualização e análise.

Scikit-Optimize (`skopt`*) (https://scikit-optimize.github.io/)*

Biblioteca de otimização de uso geral. A classe `BayesSearchCV` roda uma otimização bayesiana usando uma interface semelhante ao `GridSearchCV`.

Spearmint (https://github.com/JasperSnoek/spearmint)

Biblioteca de otimização bayesiana.

Hyperband (https://github.com/zygmuntz/hyperband)

Uma biblioteca de ajuste rápido de hiperparâmetros, com base no recente artigo da Hyperband (*https://homl.info/hyperband*)[22] de Lisha Li et al.

Sklearn-Deap (https://github.com/rsteca/sklearn-deap)

Uma biblioteca de otimização de hiperparâmetros baseada em algoritmos evolutivos, com uma interface semelhante ao `GridSearchCV`.

Além disso, muitas empresas oferecem serviços para otimização de hiperparâmetros. Falaremos sobre o serviço de ajuste de hiperparâmetro da Google Cloud AI Platform (*https://homl.info/googletuning*) no Capítulo 19. Outras opções incluem serviços da Arimo (*https://arimo.com/*) da SigOpt (*https://sigopt.com/*) e Oscar da CallDesk (*http://oscar.call desk.ai/*).

O ajuste do hiperparâmetro ainda é uma área ativa de pesquisa, e os algoritmos evolutivos estão meio que fazendo um retorno triunfal. Por exemplo, confira o excelente artigo de 2017 da DeepMind (*https://homl.info/pbt*),[23] em que os autores otimizam juntos uma população de modelos e seus hiperparâmetros. O Google também usou uma abordagem evolutiva, não somente para pesquisar hiperparâmetros, como também a fim de identificar a melhor arquitetura de rede neural para o problema; a suíte AutoML já está disponível como um serviço em nuvem (*https://cloud.google.com/automl/*). Será que a construção manual de redes neurais está com os dias contados? Confira a postagem do Google (*https://homl.info/automlpost*) sobre esse assunto. Na realidade, os algoritmos evolutivos foram utilizados com sucesso para treinar redes neurais individuais, substituindo o onipresente gradiente descente! Por exemplo, veja a publicação de 2017 (*https://homl.info/neuroevol*) da Uber, na qual os autores apresentam uma técnica chamada *neuroevolução profunda*.

Mas, apesar de todo esse progresso emociante e de todas essas ferramentas e serviços, ainda ajuda ter uma ideia de quais valores são razoáveis para cada hiperparâmetro para que você possa criar um protótipo rápido e restringir o espaço de pesquisa. As seções a seguir apresentam diretrizes para escolher o número de camadas ocultas e neurônios em uma MLP e para escolher bons valores para alguns dos principais hiperparâmetros.

22 Lisha Li et al., "Hyperband: A Novel Bandit-Based Approach to Hyperparameter Optimization", *Journal of Machine Learning Research* 18 (abril de 2018): 1–52.

23 Max Jaderberg et al., "Population Based Training of Neural Networks", arXiv preprint arXiv:1711.09846 (2017).

Número de camadas ocultas

Quando se trata de muitos problemas, você pode começar com uma única camada oculta e obter resultados plausíveis. Em teoria, uma MLP com somente uma camada oculta pode modelar até as funções mais complexas, desde que tenha neurônios suficientes. No entanto, quando se trata de problemas complexos, as redes profundas têm uma *eficiência de parâmetro* bem maior do que as rasas: elas podem modelar funções complexas utilizando de forma exponencial menos neurônios que as redes rasas, possibilitando que eles alcancem um desempenho muito melhor com a mesma quantidade de dados de treinamento.

Para entender o motivo, vamos supor que lhe peçam para desenhar uma floresta usando algum software de desenho, mas é proibido copiar e colar qualquer coisa que seja. Isso demandaria bastante tempo: você teria que desenhar cada árvore individualmente, galho por galho, folha por folha. Caso pudesse desenhar uma folha, copiá-la e colá-la para um galho, e depois copiar e colar esse galho para criar uma árvore e, por fim, copiar e colar essa árvore para criar uma floresta, as coisas terminariam muito rapidamente. Os dados do mundo real costumam ser estruturados de forma hierárquica e as redes neurais profundas usam esse fato em seu proveito: as camadas ocultas inferiores modelam as estruturas de baixo nível (por exemplo, segmentos de linhas de diversos formatos e orientações); as camadas ocultas intermediárias combinam essas estruturas de baixo nível para modelar as estruturas de nível intermediário (por exemplo, quadrados, círculos); e, por sua vez, as camadas ocultas superiores e a camada de saída combinam essas estruturas intermediárias para modelar estruturas de alto nível (como, por exemplo, rostos de pessoas).

Essa arquitetura hierárquica não apenas ajuda as DNNs a convergirem mais rápido para uma boa solução, como também melhora a capacidade de generalização para conjuntos de dados novos. Por exemplo, se você já treinou um modelo para reconhecer rostos em imagens e agora quer treinar uma rede neural nova para reconhecer tipos de penteados, poderá iniciar o treinamento reutilizando as camadas inferiores da primeira rede. Em vez de inicializar aleatoriamente os pesos e desvios das primeiras camadas da rede neural nova, você pode inicializá-los com os valores dos pesos e desvios das camadas inferiores da primeira rede. Desse modo, a rede não precisará aprender do zero todas as estruturas de baixo nível que ocorrem na maioria das imagens; será necessário que ela apenas aprenda as estruturas de nível superior (por exemplo, os penteados). Isso se chama de *aprendizado por transferência* [*transfer learning*].

Em resumo, para muitos problemas, você pode começar com apenas uma ou duas camadas ocultas e a rede neural funcionará perfeitamente. Por exemplo, você pode atingir facilmente mais de 97% de acurácia no conjunto de dados MNIST utilizando somente uma camada oculta com algumas centenas de neurônios e mais de 98% de acurácia usando duas camadas ocultas com o mesmo número total de neurônios, aproximadamente a mesma quantidade de tempo de treinamento. Para problemas mais complexos, você pode aumentar o número de camadas ocultas até que o conjunto de treinamento comece a sobreajustar. Normalmente, as tarefas mais complexas, como classificação de imagens grandes ou reconhecimento de fala, exigem redes com dezenas de camadas (ou mesmo centenas, mas não totalmente conectadas, conforme veremos no Capítulo 14), sendo necessário uma enorme quantidade de dados de treinamento. Dificilmente precisará treinar essas redes do zero: é bem mais comum reutilizar partes de uma rede de última geração pré-treinada que executa uma tarefa semelhante. O treinamento será mais rápido e exigirá menos dados (abordaremos isso no Capítulo 11).

Número de neurônios por camada oculta

O número de neurônios nas camadas de entrada e saída é determinado pelo tipo de entrada e saída que sua tarefa requer. Por exemplo, a tarefa do MNIST exige 28 × 28 = 784 neurônios de entrada e 10 neurônios de saída.

Quanto às camadas ocultas, é comum dimensioná-las para formar uma pirâmide, com cada vez menos neurônios em cada camada — a lógica reside no fato de que muitas características de baixo nível podem se aglutinar em bem menos características de alto nível. Uma típica rede neural para o MNIST pode ter 3 camadas ocultas, a primeira com 300 neurônios, a segunda com 200 e a terceira com 100. No entanto, essa prática foi amplamente abandonada, pois, ao que tudo indica, o uso do mesmo número de neurônios em todas as camadas ocultas tem um desempenho muito bom na maioria dos casos, ou até melhor; além do mais, existe apenas um hiperparâmetro para ajustar, em vez de um por camada. Dito isso, dependendo do conjunto de dados, ele às vezes pode ajudar a tornar a primeira camada oculta maior que as outras.

Assim como o número de camadas, você pode tentar aumentar gradativamente o número de neurônios até que a rede comece a se sobreajustar. Mas, na prática, é mais simples e mais eficiente escolher um modelo com mais camadas e neurônios do que você de fato precisa e, em seguida, usar as técnicas de early stopping e outras técnicas de regularização a fim de impedir que ele se sobreajuste. Vincent Vanhoucke, um cientista do Google, apelidou essa abordagem de "stretch pants" [calcas elásticas]: em vez de perder tempo procurando por calças que correspondam perfeitamente ao seu tamanho, basta usar calças elásticas grandes que se adequarão ao tamanho certo. Com essa abordagem, você evita os gargalos de suas camadas que podem danificar seu modelo. Por outro lado, se uma camada tiver poucos neurônios, ela não terá capacidade representacional suficiente para preservar todas as informações úteis das entradas (por exemplo, uma camada com dois neurônios consegue gerar somente dados 2D, logo, se ela processar dados 3D, algumas informações serão perdidas). Não importa se o restante da rede for imenso e poderoso, essas informações nunca serão recuperadas.

> Em geral, você tem uma relação de custo-benefício maior aumentando o número de camadas em vez do número de neurônios por camada.

Taxa de aprendizado, tamanho do batch e outros hiperparâmetros

O número de camadas e neurônios ocultos não é o único hiperparâmetro que você pode ajustar em uma MLP. Veja a seguir alguns dos mais importantes, além de dicas sobre como defini-los:

Taxa de aprendizado

Não restam dúvidas de que a taxa de aprendizado é o hiperparâmetro mais importante. Em geral, a taxa ideal de aprendizado é cerca da metade da taxa máxima de aprendizado (ou seja, a taxa de aprendizado acima da qual o algoritmo de treinamento diverge, conforme vimos no Capítulo 4).

Uma forma de encontrar uma boa taxa de aprendizado é treinar o modelo para algumas centenas de iterações, começando com uma taxa de aprendizado bem baixa (por exemplo, 10^{-5}) e a aumentando gradualmente até um valor maior (por exemplo, 10). Isso é feito multiplicando a taxa de aprendizado pelo fator constante em cada iteração (por exemplo, pelo expoente (log $(10^6)/500$) para ir de 10^{-5} a 10 em 500 iterações). Se plotar a perda em função da taxa de aprendizado (usando uma escala de log para a taxa de aprendizado), deverá primeiramente vê-la diminuir. No entanto, após um tempo, a taxa de aprendizado será muito grande, de modo que a perda retornará: a taxa ideal de aprendizado será um pouco menor do que o ponto em que a perda começa a escalar (normalmente cerca de 10 vezes menor que o ponto de mudança). Você pode reinicializar o modelo e treiná-lo normalmente usando essa ótima taxa de aprendizado. Veremos mais técnicas de taxa de aprendizado no Capítulo 11.

Otimizador

A escolha de um otimizador melhor do que o bom e velho gradiente descendente em batch (e o ajuste de seus hiperparâmetros) também é de suma importância. Veremos diversos otimizadores avançados no Capítulo 11.

Tamanho do batch

O tamanho do batch pode impactar substancialmente no desempenho e no tempo de treinamento do seu modelo. A principal vantagem do uso de batches grandes é que os aceleradores de hardware como as GPUs podem processá-los com eficiência (veja o Capítulo 19), para que o algoritmo de treinamento veja mais instâncias por segundo. Por essa razão, muitos pesquisadores e profissionais recomendam um tamanho de batch maior que possa caber na RAM da GPU. No entanto, temos um "porém": na prática, tamanhos grandes de batch geralmente resultam em instabilidades no treinamento, sobretudo no início, e o modelo resultante pode não generalizar, assim como um modelo treinado com um tamanho pequeno de batch. Em abril de 2018, Yann LeCun chegou a tuitar "Galera, não deixem que amigos usem batches menores que 32", citando um artigo de 2018 (*https://homl.info/smallbatch*)[24] de Dominic Masters e Carlo Luschi, que concluíram que o uso de batches pequenos (de 2 a 32) era preferível, porque os batches pequenos levavam a melhores modelos, em menos tempo de treinamento. Mas outros artigos apontam na direção oposta; em 2017, os artigos de Elad Hoffer et al.(*https://homl.info/largebatch*)[25] e Priya Goyal et al. (*https://homl.info/large batch2*)[26] demonstraram que era possível usar tamanhos de batches muito grandes (até 8.192) empregando diversas técnicas, como o warming up da taxa de aprendizado (por exemplo, iniciando o treinamento com uma pequena taxa de aprendizado e ir aumentando, como veremos no Capítulo 11). Isso resultou em um tempo de treinamento bastante curto, sem nenhum déficit de generalização. Desse modo, uma estratégia é tentar usar um tamanho grande de batch, com o warming up da taxa de aprendizado e, se o treinamento apresentar instabilidades ou o desempenho final decepcionar, tentar usar um tamanho pequeno de batch.

Função de ativação

Abordamos como escolher a função de ativação anteriormente neste capítulo: em geral, a função de ativação ReLU será um bom padrão para todas as camadas ocultas. Para a camada de saída, isso dependerá de sua tarefa.

Número de iterações

Na maioria dos casos, o número de iterações de treinamento não precisa ser ajustado: basta usar a early stopping.

24 Dominic Masters e Carlo Luschi, "Revisiting Small Batch Training for Deep Neural Networks", arXiv preprint arXiv:1804.07612 (2018).

25 Elad Hoffer et al., "Train Longer, Generalize Better: Closing the Generalization Gap in Large Batch Training of Neural Networks", *Anais da 31ª Conferência Internacional sobre Sistemas de Processamento de Informação Neural* (2017): 1729–1739.

26 Priya Goyal et al., "Accurate, Large Minibatch SGD: Training ImageNet in 1 Hour", arXiv preprint arXiv: 1706.02677 (2017).

A taxa ideal de aprendizado depende dos outros hiperparâmetros — principalmente o tamanho do batch. Caso altere algum hiperparâmetro, atualize também a taxa de aprendizado.

Para saber mais a respeito das práticas recomendadas sobre o ajuste de hiperparâmetros de redes neurais, confira o excelente artigo de 2018 (*https://homl.info/1cycle*)[27] de Leslie Smith.

Isso conclui nossa introdução às redes neurais artificiais e sua implementação com a biblioteca Keras. Nos próximos capítulos, abordaremos as técnicas para treinar redes muito profundas. Exploraremos também como customizar modelos usando a API de baixo nível da TensorFlow e como carregar e pré-processar os dados de modo eficiente utilizando a Data API. E mergulharemos de cabeça em outras arquiteturas populares de redes neurais: redes neurais convolucionais para processamento de imagens, redes neurais recorrentes para dados sequenciais, autoencoders para aprendizado de representação e redes adversárias generativas para modelar e gerar dados.[28]

Exercícios

1. O TensorFlow Playground (*https://playground.tensorflow.org/*) é um simulador acessível de rede neural criado pela equipe da TensorFlow. Neste exercício, você treinará diversos classificadores binários com apenas alguns cliques e ajustará a arquitetura do modelo e os hiperparâmetros para obter alguma ideia sobre como as redes neurais funcionam e o que fazem os hiperparâmetros. Tire um tempo para explorar o seguinte:

   a. Os padrões aprendidos por uma rede neural. Tente treinar a rede neural padrão clicando no botão Run (canto superior esquerdo). Repare como ele encontra rapidamente uma boa solução para a tarefa de classificação. Os neurônios na primeira camada oculta aprenderam padrões simples, ao passo que os neurônios na segunda camada oculta aprenderam a combinar os padrões simples da primeira camada oculta em padrões mais complexos. Via de regra, quanto mais camadas existem, mais complexos os padrões podem ser.

   b. Funções de ativação. Tente substituir a função de ativação tanh por uma função de ativação ReLU e treine a rede novamente. Veja que ele encontra uma solução ainda mais rápido, mas dessa vez as fronteiras são lineares. Isso ocorre devido ao formato da função ReLU.

   c. O risco de mínimos locais. Altere a arquitetura de rede para ter somente uma camada oculta com três neurônios. Treine-a diversas vezes (para redefinir os pesos da rede, clique no botão Reset ao lado do botão Play). Observe que o tempo de treinamento varia muito e, às vezes, fica preso no mínimo local.

   d. O que acontece quando as redes neurais são muito pequenas. Elimine um neurônio para ficar apenas dois. Perceba que a rede neural agora é incapaz de encontrar uma boa solução, mesmo se tentar várias vezes. O modelo tem poucos parâmetros e adapta-se sistematicamente ao conjunto de treinamento;

   e. O que acontece quando as redes neurais são grandes o suficiente. Defina o número de neurônios em oito e treine a rede várias vezes. Observe que agora ela é consistentemente rápida e nunca fica empacada. Isso ressalta uma descoberta importante na teoria das redes neurais: redes neurais grandes quase nunca ficam empacadas nos mínimos locais, e mesmo quando elas fazem deles os locais ideais, elas são quase tão boas quanto os ideais globais. No entanto, ainda podem ficar presas em longos platôs por um bom tempo;

27 Leslie N. Smith, "A Disciplined Approach to Neural Network Hyper-Parameters: Part 1—Learning Rate, Batch Size, Momentum, and Weight Decay", arXiv preprint arXiv:1803.09820 (2018).

28 Algumas arquiteturas de RNA adicionais são apresentadas no Apêndice E.

f. O risco de que os gradientes em redes profundas desapareçam. Selecione o conjunto de dados em espiral (o conjunto de dados no canto inferior direito em "DATA") e altere a arquitetura da rede para ter quatro camadas ocultas com oito neurônios cada. Veja que o treinamento demora muito e geralmente fica preso em platô por longos períodos de tempo. Observe também que os neurônios nas camadas superiores (à direita) tendem a evoluir mais rapidamente do que os neurônios nas camadas mais inferiores (à esquerda). Esse problema, chamado de "gradientes de fuga", pode ser mitigado com uma inicialização melhor do peso e outras técnicas, como melhores otimizadores (como AdaGrad ou Adam) ou normalização em batch (abordada no Capítulo 11).

g. Pise fundo. Tire uma hora para brincar com outros parâmetros e ter uma ideia do que eles fazem, a fim de ganhar um entendimento intuitivo sobre redes neurais.

2. Desenhe uma RNA usando os neurônios artificiais originais (como os da Figura 10-3) que calculem $A \oplus B$ (sendo que $\oplus$ representa a operação XOR). Dica: $A \oplus B = (A \wedge \neg B \vee (\neg A \wedge B)$.

3. Por que geralmente é preferível utilizar um classificador de regressão logística em vez de uma clássica perceptron (ou seja, uma única camada de unidades lógicas de limiares treinados usando o algoritmo de treinamento da Perceptron)? Como você pode ajustar uma perceptron para que ela seja equivalente a um classificador de regressão logística?

4. Por que a função de ativação logística foi o elemento essencial no treinamento das primeiras MLPs?

5. Cite três funções de ativação populares. Consegue desenhá-las?

6. Vamos supor que você tenha uma MLP composta por uma camada de entrada com 10 neurônios de passagem, seguida por uma camada oculta com 50 neurônios artificiais e, por último, uma camada de saída com 3 neurônios artificiais. Todos os neurônios artificiais usam a função de ativação ReLU.

   - Qual é o formato da matriz de entrada **X**?
   - Quais são os formatos do vetor de peso da camada oculta $\mathbf{W}_h$ e o viés do vetor $\mathbf{b}_h$?
   - Quais são os formatos do vetor de peso da camada de saída $\mathbf{W}_o$ e o viés do vetor $\mathbf{b}_o$?
   - Qual é o formato da matriz de saída da rede **Y**?
   - Escreva a equação que calcula a matriz de saída da rede **Y** como uma função de **X**, $\mathbf{W}_h$, $\mathbf{b}_h$, $\mathbf{W}_o$ e $\mathbf{b}_o$.

7. De quantos neurônios você precisa na camada de saída se quiser classificar um e-mail em spam ou ham? Qual função de ativação você deve empregar na camada de saída? Se deseja lidar com o MNIST, de quantos neurônios você precisa na camada de saída e qual função de ativação deve usar? Que tal fazer sua rede predizer os preços de imóveis, como no Capítulo 2?

8. O que é retropropagação e como ela funciona? Qual é a diferença entre retropropagação e autodiff no modo reverso?

9. Você consegue listar todos os hiperparâmetros que pode ajustar em uma MLP básica? Se a MLP sobreajustar os dados do treinamento, como você consegue ajustar esses hiperparâmetros para tentar solucionar o problema?

10. Treine uma MLP profunda no conjunto de dados MNIST (você pode carregá-la usando `keras.data sets.mnist.load _ data()`. Veja se consegue obter mais de 98% de precisão. Tente procurar a taxa ideal de aprendizado usando a abordagem apresentada neste capítulo (ou seja, aumentando a taxa de aprendizado exponencialmente, plotando o erro e localizando o ponto em que o erro ocorre). Tente acrescentar todos os recursos adicionais — salve os pontos de verificação, use as early stopping e plote as curvas de aprendizado usando o TensorBoard.

As soluções para esses exercícios estão disponíveis no Apêndice A.

Treinando Redes Neurais Profundas

No Capítulo 10, apresentamos as redes neurais artificiais e treinamos nossas primeiras redes neurais profundas (DNNs). Mas elas eram redes rasas, com somente algumas camadas ocultas. E se você precisar solucionar um problema complexo, como detectar centenas de tipos de objetos em imagens de alta resolução? Talvez seja necessário treinar uma DNN bem mais profunda, com dez camadas ou mais, cada uma contendo centenas de neurônios, interligados por centenas de milhares de conexões. Treinar uma DNN profunda não é lá a coisa mais fácil do mundo. Veja a seguir alguns dos problemas com os quais você pode se deparar:

- Primeiro, você pode se deparar com os *gradientes de fuga* ou com o problema da *explosão de gradientes.*[1] Ocorre quando os gradientes ficam cada vez menores ou cada vez maiores, quando circulam de maneira reversa através da DNN durante o treinamento. Esses dois problemas dificultam o treinamento das camadas inferiores.
- Segundo, talvez você não tenha dados de treinamento suficientes para uma rede tão grande ou pode custar os olhos da cara para rotulá-los.
- Terceiro, o treinamento pode ser extremamente demorado.
- Por último, um modelo com milhões de parâmetros correria o risco de se sobreajustar ao conjunto de treinamento, principalmente se não houver instâncias de treinamento suficientes ou se elas tiveram muito ruído.

Neste capítulo, abordaremos cada um desses problemas e apresentaremos técnicas para resolvê-los. Começaremos explorando os problemas de gradientes em fuga e explosão de gradientes e algumas das soluções mais populares. Depois, analisaremos o aprendizado por transferência e o pré-treinamento não supervisionado, que podem ajudá-lo a lidar com tarefas complexas, mesmo quando você tem poucos dados rotulados. Em seguida, veremos diversos otimizadores que podem acelerar imensamente o treinamento de modelos grandes. Por fim, abordaremos algumas técnicas populares de regularização para redes neurais grandes.

Com essas ferramentas, você poderá treinar redes muito profundas. Bem-vindo ao aprendizado profundo!

Problemas de Gradientes de Fuga e Explosão de Gradientes

Conforme analisamos no Capítulo 10, o algoritmo de retropropagação funciona passando da camada de saída para a camada de entrada, propagando o gradiente de erro ao longo do caminho. Uma vez que o algoritmo calcula o gradiente da função de custo em relação a cada parâmetro na rede, ele usa esses gradientes para atualizar cada parâmetro com uma etapa do gradiente descendente.

Infelizmente, os gradientes costumam ficar cada vez menores, à medida que o algoritmo avança para as camadas inferiores. Como resultado, a atualização do gradiente descendente deixa os pesos de conexão das camadas inferiores praticamente inalterados e o treinamento nunca converge para uma boa solução. Isso se chama problema do *gradiente de fuga*. Em alguns casos, pode acontecer o inverso:

1 N. da T.: Em alguns contextos, preferem-se as traduções: dissipação de gradientes (vanishing gradients) ou, ainda, gradiente desvanecendo e gradiente explodindo (exploding gradients), os dois últimos, no caso de tutoriais do GitHub.

os gradientes podem aumentar cada vez mais até as camadas receberem atualizações extremamente grandes de peso e o algoritmo divergir. Esse problema se chama *explosão de gradientes*, e é encontrado em redes neurais recorrentes (veja o Capítulo 15). Em termos mais gerais, as redes neurais profundas sofrem de gradientes instáveis; camadas diferentes podem aprender em velocidades bastante diferentes.

Esse comportamento lamentável foi empiricamente constatado há muito tempo e foi uma das razões pelas quais as redes neurais profundas foram deixadas de lado no início dos anos 2000. Não ficou claro o que provocou a instabilidade dos gradientes ao treinar uma DNN, mas um artigo de 2010 de Xavier Glorot e Yoshua Bengio (*https://homl.info/47*) esclareceu um pouco as coisas.[2] Os autores identificaram alguns suspeitos, incluindo a combinação da popular função de ativação sigmoide logística e a técnica de inicialização de peso, mais popular na época (ou seja, uma distribuição normal com média de 0 e desvio-padrão 1). Em síntese, eles demonstraram que, com essa função de ativação e esse esquema de inicialização, a variância das saídas de cada camada é bem maior que a variância de suas entradas. Ao avançar pela rede, a variância continua aumentando camada após camada, até que a função de ativação sature nas camadas superiores. Essa saturação ainda se agrava mais pelo fato de a função logística ter uma média de 0,5, e não 0 (a função tangente hiperbólica tem uma média de 0 e se comporta um tanto melhor que a função logística em redes profundas).

Ao observar a função de ativação logística (veja a Figura 11-1), você pode ver que, quando as entradas se tornam grandes (negativas ou positivas), a função satura em 0 ou 1, com uma derivada extremamente próxima de 0. Desse modo, quando a retropropagação entra em ação, ela praticamente não tem gradiente para se propagar de volta através da rede; e o pequeno gradiente existente continua sendo diluído, à medida que a retropropagação avança pelas camadas superiores; logo, não sobra nada para as camadas inferiores.

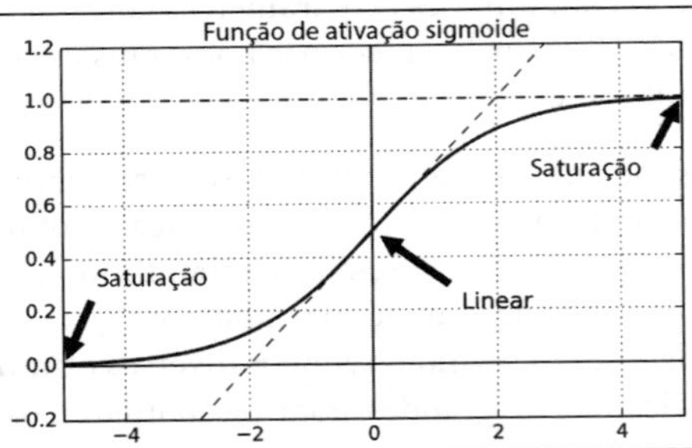

Figura 11-1. Saturação da função de ativação logística

Inicialização de Glorot e inicialização He

No artigo, Glorot e Bengio propõem uma forma de remediar substancialmente o problema dos gradientes instáveis. Eles destacam que precisamos que o sinal flua corretamente nas duas direções: à frente (foward) ao fazer as predições e na direção reversa (reverse) ao retropropagar os gradientes. Não queremos que o sinal desapareça nem que exploda e sature. Para que o sinal flua corretamente, os autores argumentam que precisamos que a variância das saídas de cada camada seja igual à variância de suas entradas,[3] e precisamos que os gradientes tenham variância igual antes e depois de fluir atra-

2 Xavier Glorot e Yoshua Bengio, "Understanding the Difficulty of Training Deep Feedforward Neural Networks", *Anais da 13ª Conferência Internacional sobre Inteligência Artificial e Estatística* (2010): 249–256.

3 Vamos fazer uma analogia: se você definir o botão de um amplificador de microfone mais próximo de zero, as pessoas não ouvirão sua voz, mas, se definir próximo do máximo, sua voz ficará saturada e as pessoas não entenderão nada do que você está dizendo. Agora, imagine uma cadeia desses amplificadores: todos precisam ser configurados corretamente para que sua voz seja alta e clara no fim da cadeia. Sua voz deve sair de cada amplificador na mesma amplitude em que entrou.

vés de uma camada na direção reversa (por favor, caso esteja interessado nos detalhes matemáticos, confira o artigo em inglês). Na verdade, não é possível garantir nem um nem outro, a menos que a camada tenha um número igual de entradas e neurônios (esses números se chamam *fan-in* e *fan-out* da camada); no entanto, Glorot e Bengio propuseram um bom meio-termo que se revelou funcionar muito bem na prática: os pesos de conexão de cada camada devem ser inicializados aleatoriamente, conforme descrito na Equação 11-1, sendo que $fan_{avg} = (fan_{in} + fan_{out})/2$. Essa estratégia de inicialização se chama *inicialização de Glorot* ou *inicialização de Xavier*, em homenagem a um dos autores do artigo.

Equação 11-1. Inicialização de Glorot (ao usar a função de ativação logística)

Distribuição normal com média 0 e variância $\sigma^2 = \frac{1}{fan_{\text{avg}}}$

Ou uma distribuição uniforme entre $-r$ e $+r$, com $r = \sqrt{\frac{3}{fan_{\text{avg}}}}$

Caso substitua fan_{avg} por fan_{in} na Equação 11-1, você obtém uma estratégia de inicialização que Yann LeCun propôs em meados de 1990. Ela se chama *inicialização de LeCun*. Genevieve Orr e Klaus-Robert Müller até a recomendaram em seu livro de 1998, *Neural Networks: Tricks of the Trade [*"Redes Neurais: Truques do Ofício", *em tradução livre]*. A inicialização LeCun é equivalente à inicialização Glorot quando $fan_{in} = fan_{out}$. Levou mais de uma década para os pesquisadores perceberem o quão importante essa artimanha é. O uso da inicialização de Glorot pode acelerar consideravelmente o treinamento, e é uma das artimanhas que levaram o aprendizado profundo a ser bem-sucedido.

Alguns artigos[4] apresentaram estratégias semelhantes para diferentes funções de ativação. Essas estratégias se distinguem apenas pela escala da variância e se elas usam fan_{avg} ou fan_{in}, como mostrado na Tabela 11-1 (para a distribuição uniforme, basta calcular $r = 3\sigma2$). A estratégia de inicialização (*https://homl.info/48*) para a função de ativação ReLU (e suas variantes, incluindo a ativação ELU que será descrita daqui a pouco), às vezes, é chamada de *inicialização He*, em homenagem ao outro autor do artigo. A função de ativação SELU será explicada mais adiante neste capítulo. Ela deve ser utilizada com a inicialização de LeCun (de preferência com uma distribuição normal, como veremos).

Tabela 11-1. Parâmetros de inicialização para cada tipo de função de ativação

Inicialização	Funções de ativação	σ^2 (Normal)
Glorot	Nenhuma, tanh, logística, softmax	$1 / fan_{avg}$
He	ReLU e variantes	$2 / fan_{in}$
LeCun	SELU	$1 / fan_{in}$

Por padrão, a Keras usa a inicialização de Glorot com uma distribuição uniforme. Ao criar uma camada, você pode modificar para a inicialização He, `kernel_initial izer="he_uniform"` ou `kernel_initializer="he_normal"` deste jeito:

```
keras.layers.Dense(10, activation="relu", kernel_initializer="he_normal")
```

Caso queira a inicialização com uma distribuição uniforme, mas com base na fan_{avg} em vez da fan_{in}, você pode usar o inicializador `VarianceScaling` assim:

```
he_avg_init = keras.initializers.VarianceScaling(scale=2., mode='fan_avg',
                                                 distribution='uniform')
keras.layers.Dense(10, activation="sigmoid", kernel_initializer=he_avg_init)
```

4 E.g., Kaiming He et al., "Delving Deep into Rectifiers: Surpassing Human-Level Performance on ImageNet Classification", *Anais da Conferência Internacional IEEE de 2015 sobre Visão Computacional* (2015): 1026–1034.

Funções de ativação de não saturação

Uma das informações reveladoras do artigo de 2010 de Glorot e Bengio foi que os problemas com gradientes instáveis se deviam em parte a uma má escolha da função de ativação. Até então, boa parte das pessoas partia do princípio que, se a mãe natureza optava por usar funções de ativação mais ou menos sigmoides em neurônios biológicos, elas deveriam ser uma excelente opção. O problema é que outras funções de ativação se comportam bem melhor em redes neurais profundas — ainda mais a função de ativação ReLU, especialmente porque ela não satura valores positivos (e porque é rápida na realização dos cálculos).

Infelizmente, a função de ativação ReLU não é perfeita. Ela sofre de um problema conhecido como *dying ReLUs [*ReLUs agonizantes, *em tradução livre]*: durante o treinamento, alguns neurônios "morrem" na prática, o que significa que eles param de gerar a saída de qualquer coisa que seja diferente de 0. Em alguns casos, parece que metade dos neurônios da sua rede está morta, sobretudo se você usou uma taxa de aprendizado alta. Um neurônio morre quando seus pesos são ajustados de tal forma que a soma ponderada de suas entradas é negativa para todas as instâncias do conjunto de treinamento. Quando isso acontece, ele continua gerando zeros como saída e o gradiente descendente não o afeta mais porque o gradiente da função ReLU é zero quando a entrada é negativa.[5]

Para solucionar esse problema, convém usar uma variante da função ReLU, como a *leaky ReLU*, que é definida como $\text{LeakyReLU}_{\alpha}(z) = \max(\alpha z, z)$ (veja a Figura 11-2). O hiperparâmetro α define o quanto "ocorre de vazamento" na função: é a inclinação da função para $z < 0$ e normalmente é definido como 0,01. Essa pequena inclinação garante que as leaky ReLUs nunca morram; elas podem entrar em um coma profundo, mas têm a chance de mais cedo ou mais tarde acordarem. Em um artigo de 2015 (*https://homl.info/49*)[6] compararam diversas variantes da função de ativação ReLU e uma de suas conclusões foi que as variantes leaky sempre têm um desempenho melhor que a restritiva função de ativação ReLU. De fato, definir $\alpha = 0.2$ (um leak enorme) pareceu resultar em melhor desempenho do que $\alpha = 0.01$ (um leak pequeno). O artigo também avaliou a *leaky ReLU aleatória* (RReLU), em que α é escolhido aleatoriamente em um determinado intervalo durante o treinamento e é fixado em um valor médio durante o teste. A RReLU também teve um desempenho relativamente bom e, aparentemente, se comportou como um regularizador (reduzindo o risco de sobreajuste do conjunto de treinamento). Por fim, o artigo avaliou a *leaky ReLU paramétrica* (PReLU), em que α é autorizado a ser aprendido durante o treinamento (em vez de ser um hiperparâmetro, torna-se um parâmetro que pode ser modificado por meio da retropropagação como qualquer outro parâmetro). Constatou-se que a PReLU ultrapassa e muito o desempenho da ReLU em conjuntos de dados de imagens grandes, mas, em conjuntos de dados menores, corre o risco de sobreajustar o conjunto de treinamento.

Por último, mas não menos importante, um artigo de 2015 (*https://homl.info/50*) de Djork-Arné Clevert et al.[7] propôs uma função de ativação nova chamada *unidade linear exponencial* (ELU) que ultrapassou em desempenho todas as variantes da ReLU, segundo as experiências dos autores: o tempo de treinamento foi reduzido e a rede neural teve um melhor desempenho no conjunto de testes.

5 A menos que faça parte da primeira camada oculta, às vezes, um neurônio morto pode ressuscitar: na verdade, o gradiente descendente pode ajustar os neurônios nas camadas inferiores de tal forma que a soma ponderada das entradas do neurônio morto seja positiva novamente.

6 Bing Xu et al., "Empirical Evaluation of Rectified Activations in Convolutional Network", arXiv preprint arXiv:1505.00853 (2015).

7 Djork-Arné Clevert et al., "Fast and Accurate Deep Network Learning by Exponential Linear Units (ELUs)", *Anais da Conferência Internacional sobre Representações de Aprendizagem* (2016).

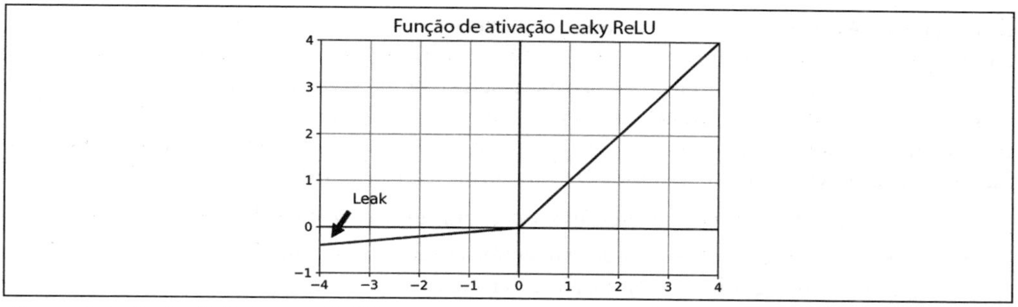

Figura 11-2. Leaky ReLU: como ReLU, mas com uma pequena inclinação para valores negativos

A Figura 11-3 representa graficamente a função e a Equação 11-2 mostra sua definição:

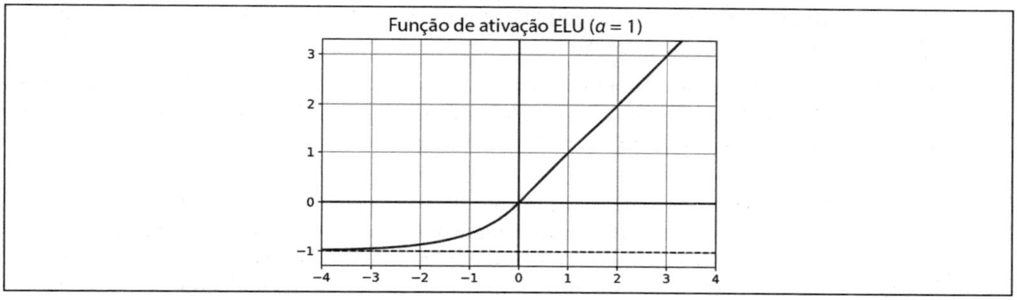

Figura 11-3. Função de ativação ELU

Equação 11-2. Função de ativação ELU

$$\text{ELU}_\alpha(z) = \begin{cases} \alpha(\exp(z) - 1) & \text{if } z < 0 \\ z & \text{if } z \geq 0 \end{cases}$$

A função de ativação ELU se parece bastante com a função ReLU, com algumas diferenças importantes:

- Ela assume valores negativos quando $z < 0$, possibilitando que a unidade tenha uma saída média próxima de 0 e ajuda a remediar o problema de gradientes em fuga. O hiperparâmetro α define o valor que a função ELU se aproxima, quando z é um número negativo grande. Geralmente é definido como 1, mas você pode alterá-lo como qualquer outro hiperparâmetro.
- Ela tem um gradiente diferente de zero para $z < 0$, o que evita o problema dos neurônios mortos.
- Se α é igual a 1, a função é suavizada em todos os lugares, incluindo $z = 0$, coisa que ajuda a acelerar o gradiente descendente, pois não oscila tanto para a esquerda e direita de $z = 0$.

A principal desvantagem da função de ativação ELU é que ela é mais lenta que a função ReLU e suas variantes (devido ao uso da função exponencial). Sua taxa de convergência mais rápida durante o treinamento compensa esse cálculo demorado, mas ainda assim, no momento do teste, uma rede ELU será mais lenta que uma rede ReLU.

Posteriormente, um artigo de 2017 (*https://homl.info/selu*)[8] de Günter Klambauer et al. apresentou a função de ativação Scaled ELU (SELU): como o nome sugere, é uma variante escalonada da função de ativação ELU. Os autores demonstraram que se você construir uma rede neural composta exclusivamente

8 Günter Klambauer et al., "Self-Normalizing Neural Networks", *Anais da 31ª Conferência Internacional sobre Sistemas de Processamento de Informação Neural* (2017): 972–981.

de uma pilha de camadas densas, e, se todas as camadas ocultas usarem a função de ativação SELU, a rede *se normalizará* automaticamente: a saída de cada camada tende a preservar uma média 0 e um desvio-padrão de 1 durante o treinamento, o que resolve o problema dos gradientes de fuga/explosão. Como resultado, a função de ativação SELU geralmente tem um desempenho substancial em relação às outras funções de ativação para essas redes neurais (especialmente as profundas). Existem, no entanto, algumas condições para que a autonormalização ocorra (veja o artigo para a justificativa matemática):

- As características de entrada devem ser padronizadas (média 0 e desvio-padrão 1).
- Os pesos de cada camada oculta devem ser inicializados com a inicialização normal de LeCun. Na Keras, isso significa definir `kernel_initializer="lecun_normal"`.
- A arquitetura da rede deve ser sequencial. Infelizmente, se tentar usar a SELU em arquiteturas não sequenciais, como redes recorrentes (veja o Capítulo 15) ou redes com *skip connections* (ou seja, conexões que ignoram camadas, como nas redes Wide & Deep), a autonormalização não será garantida. Desse modo, a SELU não necessariamente tem um desempenho melhor que o de outras funções de ativação.
- O artigo apenas assegura a autonormalização se todas as camadas forem densas, mas alguns pesquisadores observaram que a função de ativação SELU também pode melhorar o desempenho em redes neurais convolucionais (veja o Capítulo 14).

Então, qual função de ativação você deve usar para as camadas ocultas de suas redes neurais profundas? Ainda que sua velocidade varie, em geral SELU > ELU > leaky ReLU (e suas variantes) > ReLU > tanh> logística. Se a arquitetura da rede impedir que ela se normalize, a ELU poderá ter um desempenho melhor que a SELU (já que a SELU não é suavizada em $z = 0$). Caso sua preocupação seja a latência do tempo de execução, pode utilizar a leaky ReLU. Se você não quer ajustar outro hiperparâmetro, use os valores α definidos como padrão pela Keras (por exemplo, 0,3 para a leaky ReLU). Caso tenha tempo livre e capacidade de processamento computacional, poderá usar a validação cruzada a fim de avaliar outras funções de ativação, como a RReLU, se sua rede estiver sobreajustada; ou a PReLU, se tiver um conjunto de treinamento grande. Dito isso, uma vez que a ReLU é a função de ativação mais usada (de longe), muitas bibliotecas e aceleradores de hardware fornecem otimizações específicas de ReLU; ou seja, se a velocidade é sua prioridade, a ReLU ainda pode ser a melhor escolha.

Para usar a função de ativação leaky ReLU, crie uma camada `LeakyReLU` e a adicione ao seu modelo logo após a camada à qual quer aplicá-la:

```
model = keras.models.Sequential([
    [...]
    keras.layers.Dense(10, kernel_initializer="he_normal"),
    keras.layers.LeakyReLU(alpha=0.2),
    [...]
])
```

Para a PReLU, substitua `LeakyRelu(alpha=0.2)` por `PReLU()`. Atualmente, não existe uma implementação oficial da RReLU na biblioteca Keras, mas você pode facilmente implementar a sua própria (para aprender como fazer isso, veja os exercícios no fim do Capítulo 12).

Para a função de ativação SELU, defina `activation="selu"` e `kernel_initializer="lecun_normal"` quando criar a camada:

```
layer = keras.layers.Dense(10, activation="selu",
                           kernel_initializer="lecun_normal")
```

Normalização em batch

Embora o uso da inicialização He junto com a ELU (ou qualquer variante da ReLU) possa reduzir significativamente o risco de problemas de gradiente de fuga/explosão de gradientes no início do treinamento, isso não garante que eles não retornem durante o treinamento.

Em um artigo de 2015 (*https://homl.info/51*),[9] Sergey Ioffe e Christian Szegedy propuseram uma técnica chamada *normalização em batch* (BN) que aborda esses problemas. A técnica consiste em adicionar uma operação no modelo logo antes ou depois da função de ativação de cada camada oculta. Essa operação simplesmente centraliza o zero e normaliza cada entrada, em seguida escalona e modifica o resultado usando dois novos vetores de parâmetros por camada: um para o escalonamento e outro para o deslocamento. Grosso modo, a operação permite que o modelo aprenda o escalonamento e a média ideais de cada uma das entradas da camada. Em muitos casos, se você acrescentar uma camada BN como a primeira camada da sua rede neural, não precisará padronizar seu conjunto de treinamento (por exemplo, usando um `StandardScaler`); a camada BN se encarregará disso (mais ou menos, uma vez que analisa somente um batch por vez e também pode reescalonar e modificar cada característica de entrada).

A fim de centralizar em zero e normalizar as entradas, o algoritmo precisa estimar a média e o desvio-padrão de cada entrada. Isso é feito avaliando a média e o desvio-padrão da entrada em relação ao mini-batch atual (por isso o nome "normalização em batch"). Toda a operação é resumida passo a passo na Equação 11-3:

Equação 11-3. Algoritmo de normalização em batch

$$1.\quad \boldsymbol{\mu}_B = \frac{1}{m_B} \sum_{i=1}^{m_B} \mathbf{x}^{(i)}$$

$$2.\quad {\boldsymbol{\sigma}_B}^2 = \frac{1}{m_B} \sum_{i=1}^{m_B} \left(\mathbf{x}^{(i)} - \boldsymbol{\mu}_B\right)^2$$

$$3.\quad \widehat{\mathbf{x}}^{(i)} = \frac{\mathbf{x}^{(i)} - \boldsymbol{\mu}_B}{\sqrt{{\boldsymbol{\sigma}_B}^2 + \varepsilon}}$$

$$4.\quad \mathbf{z}^{(i)} = \boldsymbol{\gamma} \otimes \widehat{\mathbf{x}}^{(i)} + \boldsymbol{\beta}$$

Neste algoritmo:

- $\boldsymbol{\mu}_B$ é o vetor de médias de entrada, avaliado em todo o mini-batch *B* (contém uma média por entrada).
- $\boldsymbol{\sigma}_B$ é o vetor dos desvios-padrão de entrada, também avaliado em todo o mini-batch (contém um desvio-padrão por entrada).
- m_B é o número de instâncias no mini-batch.
- $\widehat{\mathbf{x}}^{(i)}$ é o vetor de entradas normalizadas e centralizadas em zero para a instância *i*.
- $\boldsymbol{\gamma}$ é o vetor de parâmetro do escalonamento de saída para a camada (contém um parâmetro de escalonamento por entrada).
- $\otimes$ representa a multiplicação elemento a elemento (element-wise) (cada entrada é multiplicada pelo seu parâmetro de escalonamento de saída correspondente).

9 Sergey Ioffe and Christian Szegedy, "Batch Normalization: Accelerating Deep Network Training by Reducing Internal Covariate Shift", *Anais da 32ª Conferência Internacional sobre Aprendizado de Máquina* (2015): 448– 456.

- $\boldsymbol{\beta}$ é o vetor de parâmetro do deslocamento de saída (offset) da camada (contém um parâmetro de deslocamento por entrada). Cada entrada é deslocada pelo seu parâmetro de deslocamento correspondente.
- ε é um número ínfimo que evita a divisão por zero (normalmente 10^{-5}). Isso se chama *smoothing term*.
- $\mathbf{z}^{(i)}$ é a saída da operação BN. É uma versão reescalonada e deslocada das entradas.

Assim, durante o treinamento, a BN padroniza suas entradas, em seguida as reescalona e as desloca. Boa! Mas e na hora de testar? Veja bem, as coisas não são tão simples assim. Na verdade, talvez tenhamos que fazer predições para as instâncias individuais, e não para os batches de instâncias: nesse caso, não teremos como calcular a média e o desvio-padrão de cada entrada. Além do mais, ainda que tenhamos um batch de instâncias, ele pode ser muito pequeno, ou as instâncias podem não ser independentes e distribuídas de forma idêntica; logo, os cálculos computacionais em relação ao batch de instância são duvidosos. Uma solução, talvez, fosse aguardar até o fim do treinamento, rodar todo o conjunto de treinamento pela rede neural e calcular a média e o desvio-padrão de cada entrada da camada BN. Assim, essas médias de entrada "finais" e desvios-padrão podem ser utilizados em vez das médias de entrada do batch e desvios-padrão ao fazer as predições. Contudo, a maioria das implementações da normalização em batch estima essas estatísticas finais durante o treinamento, utilizando uma média móvel da média de entrada e dos desvios-padrão da camada. A Keras faz isso automaticamente quando você usa a camada `BatchNormalization`. Resumindo as coisas: quatro vetores de parâmetros são aprendidos em cada camada normalizada em batch: $\boldsymbol{\gamma}$ (o vetor do escalonamento de saída), o $\boldsymbol{\beta}$ (o vetor de deslocamento de saída) são aprendidos por meio de retropropagação normal, o $\boldsymbol{\mu}$ (o vetor médio de entrada final) e $\boldsymbol{\sigma}$ (o vetor de desvio-padrão da entrada final) são estimados usando uma média móvel exponencial. Repare que $\boldsymbol{\mu}$ e $\boldsymbol{\sigma}$ são estimados durante o treinamento, mas são utilizados somente após o treinamento (para substituir as médias de entrada do batch e os desvios-padrão na Equação 11-3).

Ioffe e Szegedy demonstraram que a normalização em batch melhorou consideravelmente todas as redes neurais profundas que eles testaram, levando a uma enorme melhoria na tarefa de classificação do ImageNet (ImageNet é um grande banco de dados de imagens classificadas em diversas classes, normalmente usado para avaliar sistemas de visão computacional). O problema dos gradientes de fuga foi bastante remediado, a ponto de conseguirem empregar funções de ativação de saturação, como a tanh, e até mesmo a função de ativação logística. As redes também ficaram bem menos sensíveis à inicialização do peso. Os autores foram capazes de usar taxas de aprendizado bem maiores, acelerando substancialmente o processo de aprendizado. Especificamente, eles constataram que:

> Quando usada em um modelo de classificação de imagens de ponta, a normalização em batch alcança a mesma acurácia com 14 vezes menos etapas de treinamento e supera o modelo original por uma margem significativa. [...] Ao usar um conjunto de redes normalizadas em batch, aprimoramos o melhor resultado publicado na classificação do ImageNet: atingindo 4,9% de erro de validação no top 5 (e 4,8% de erro de teste), superior à acurácia dos avaliadores humanos.

Por fim, como uma árvore que não para de dar frutos, a normalização em batch se comporta como um regularizador, atenuando a necessidade de outras técnicas de regularização (como a técnica dropout, descrita mais adiante neste capítulo).

No entanto, a normalização em batch, adiciona alguma complexidade ao modelo (ainda que consiga remover a necessidade de normalizar os dados de entrada, conforme discutimos anteriormente). Além disso, existe uma penalidade de tempo de execução: a rede neural realiza predições mais demoradas, em razão dos cálculos extras necessários em cada camada. Felizmente, muitas vezes é possível incorporar a camada BN com a camada anterior, após o treinamento, evitando assim a penalidade no tempo de execução. Isso é feito atualizando os pesos e vieses da camada anterior, de modo que ela gere diretamente as saídas apropriadas do escalonamento e do deslocamento. Por exemplo, se a camada anterior calcular $\mathbf{XW} + \mathbf{b}$, logo a camada BN calculará $\boldsymbol{\gamma} \otimes (\mathbf{XW} + \mathbf{b} - \boldsymbol{\mu}) / \boldsymbol{\sigma} + \boldsymbol{\beta}$ (ignorando o smoothing term ε no denominador). Caso defina $\mathbf{W}' = \boldsymbol{\gamma} \otimes \mathbf{W} / \boldsymbol{\sigma}$ e $\mathbf{b}' = \boldsymbol{\gamma} \otimes (\mathbf{b} - \boldsymbol{\mu}) / \boldsymbol{\sigma} + \boldsymbol{\beta}$, a equação simplifica para $\mathbf{XW}' + \mathbf{b}'$. Portanto, se substituirmos os pesos e os vieses da camada anterior ($\mathbf{W}$ e $\mathbf{b}$) pelos pesos e vieses atualizados ($\mathbf{W}'$ e $\mathbf{b}'$), eliminamos a camada BN (o otimizador da TFLite faz isso automaticamente; veja o Capítulo 19).

> Talvez você ache o treinamento bastante lento, visto que cada época demora mais tempo quando você usa a normalização em batch. Em geral, isso é contrabalançado pelo fato de a convergência ser bem mais rápida com a BN, ou seja, são necessárias menos épocas para alcançar o mesmo desempenho. No final, o *wall time* [*tempo total de execução*], normalmente será menor (esse é o tempo calculado por um relógio normal).

Implementando a normalização em batch com a Keras

Como boa parte das coisas na biblioteca Keras, a implementação da normalização em batch é simples e intuitiva. Basta adicionar uma camada `BatchNormalization` antes ou depois da função de ativação de cada camada oculta e, opcionalmente, adicionar uma camada BN, como a primeira camada no seu modelo. Por exemplo, este modelo implementa a BN após cada camada oculta e como primeira camada no modelo (depois de achatar a imagem de entrada):

```
model = keras.models.Sequential([
    keras.layers.Flatten(input_shape=[28, 28]),
    keras.layers.BatchNormalization(),
    keras.layers.Dense(300, activation="elu", kernel_initializer="he_normal"),
    keras.layers.BatchNormalization(),
    keras.layers.Dense(100, activation="elu", kernel_initializer="he_normal"),
    keras.layers.BatchNormalization(),
    keras.layers.Dense(10, activation="softmax")
])
```

E pronto! Nesse pequeno exemplo, com somente duas camadas ocultas, é improvável que a normalização em batch tenha um impacto positivo; no entanto, quando se trata de redes mais profundas, ela pode fazer uma tremenda diferença.

Vamos exibir o summary do modelo:

```
>>> model.summary()
Model: "sequential_3"
_________________________________________________________________
Layer (type) Output Shape   Param #
=================================================================
flatten_3  (Flatten) (None, 784)  0
_________________________________________________________________
batch_normalization_v2  (Batc (None, 784)       3136
_________________________________________________________________
dense_50 (Dense)    (None, 300)     235500
_________________________________________________________________
batch_normalization_v2_1        (Ba (None, 300) 1200
_________________________________________________________________
dense_51 (Dense)    (None, 100)     30100
_________________________________________________________________
```

```
batch_normalization_v2_2          (Ba (None, 100) 400
_________________________________________________________________
dense_52 (Dense)     (None, 10)        1010
=================================================================
Total params: 271,346
Trainable params: 268,978
Non-trainable params: 2,368
```

Como você pode observar, cada camada BN adiciona quatro parâmetros por entrada: **γ**, **β**, **μ**, e **σ** (por exemplo, a primeira camada BN adiciona 3.136 parâmetros, que é 4 × 784). Os dois últimos parâmetros, **μ** e **σ**, são as médias móveis; eles não são afetados pela retropropagação, assim a Keras os chama de "não treináveis"[10] (se você contar o número total de parâmetros BN, 3.136 + 1.200 + 400 e dividi-los por 2, obtém 2.368, o número total de parâmetros não treináveis nesse modelo).

Vamos conferir os parâmetros da primeira camada BN. Dois são treináveis (por retropropagação) e dois não são:

```
>>> [(var.name, var.trainable) for var in model.layers[1].variables]
[('batch_normalization_v2/gamma:0', True),
('batch_normalization_v2/beta:0', True),
('batch_normalization_v2/moving_mean:0', False),
('batch_normalization_v2/moving_variance:0', False)]
```

Agora, quando você cria uma camada BN na Keras, ela também cria duas operações que serão chamadas pela Keras a cada iteração durante o treinamento. Essas operações atualizarão as médias móveis. Como estamos utilizando o back-end da TensorFlow, essas operações são operações da TensorFlow (falaremos das operações da TF no Capítulo 12):

```
>>> model.layers[1].updates
[<tf.Operation 'cond_2/Identity' type=Identity>,
<tf.Operation 'cond_3/Identity' type=Identity>]
```

Os autores do artigo BN defendem a adição das camadas BN antes das funções de ativação, e não depois (como acabamos de fazer). Existe um pouco de discussão a respeito, pois o que é preferível parece depender da tarefa — você também pode testar para ver qual opção funciona melhor no seu conjunto de dados. A fim de adicionar as camadas BN antes das funções de ativação, você deve remover a função de ativação das camadas ocultas e adicioná-las como camadas separadas após as camadas BN. Além do mais, como uma camada normalização em batch inclui um parâmetro de deslocamento por entrada, você pode remover o viés da camada anterior (basta passar `use_bias=False` ao criá-la):

```
model = keras.models.Sequential([
    keras.layers.Flatten(input_shape=[28, 28]),
    keras.layers.BatchNormalization(),
    keras.layers.Dense(300, kernel_initializer="he_normal", use_bias=False),
    keras.layers.BatchNormalization(),
    keras.layers.Activation("elu"),
    keras.layers.Dense(100, kernel_initializer="he_normal", use_bias=False),
    keras.layers.BatchNormalization(),
    keras.layers.Activation("elu"),
    keras.layers.Dense(10, activation="softmax")
])
```

10 No entanto, eles são estimados durante o treinamento, com base nos dados do treinamento; logo, é possível treiná-los. Na biblioteca Keras, "não treinável" literalmente quer dizer "intocado pela retropropagação".

A classe `BatchNormalization` tem alguns hiperparâmetros que você pode ajustar. Os padrões normalmente serão bons, mas talvez seja necessário ajustar o `momentum` ocasionalmente. Esse hiperparâmetro é utilizado pela camada `BatchNormalization` quando atualiza as médias móveis exponenciais; tendo um novo valor **v** (ou seja, um novo vetor de médias de entrada ou desvios-padrão calculados no batch atual), a camada atualiza a média de execução $\widehat{\mathbf{v}}$ usando a equação a seguir:

$$\widehat{\mathbf{v}} \leftarrow \widehat{\mathbf{v}} \times \text{momentum} + \mathbf{v} \times (1 - \text{momentum})$$

Normalmente, um bom valor de momentum fica próximo de 1; por exemplo, 0,9, 0,99 ou 0,999 (você quer mais 9s para conjuntos de dados maiores e mini-batches menores).

Outro hiperparâmetro importante é o `axis`: ele determina qual eixo deve ser normalizado. O padrão é –1, o que significa que ele normalizará o último eixo (empregando as médias e os desvios-padrão calculados nos *outros* eixos). Quando o batch de entrada é 2D (ou seja, o formato do batch é [*tamanho do batch, características*]), significa que cada característica de entrada será normalizada com base na média e no desvio-padrão calculados em todas as instâncias do batch. Por exemplo, a primeira camada BN no exemplo de código anterior normalizará independentemente (e reescalonará e deslocará) cada uma das 784 características de entrada.

Se deslocarmos a primeira camada BN antes da camada `Flatten`, os batches de entrada serão 3D, com um formato [*tamanho do batch, altura, largura*]; desse modo, a camada BN calculará 28 médias e 28 desvios-padrão (1 por coluna de pixels, calculado em todas as instâncias do batch e em todas as linhas da coluna) e normalizará todos os pixels em uma determinada coluna usando a mesma média e desvio-padrão. Existirão também somente 28 parâmetros de escalonamento e 28 parâmetros de deslocamento. Se, em vez disso, você ainda quiser tratar cada um dos 784 pixels de forma independente, defina o `axis=[1, 2]`.

Veja que a camada BN não executa o mesmo cálculo durante o treinamento e após o treinamento: ela usa as estatísticas do batch durante o treinamento e as estatísticas "finais" após o treinamento (ou seja, os valores finais das médias móveis). Vamos espiar o código-fonte dessa classe para conferir como isso é tratado:

```
class BatchNormalization(keras.layers.Layer):
    [...]
    def call(self, inputs, training=None):
        [...]
```

O método `call()` é aquele que faz os cálculos; conforme você pode ver, ele tem um argumento extra `training`, definido como `None` por padrão, no entanto, o método `fit()` o define como `1` durante o treinamento. Caso precise escrever uma camada personalizada e ela se comporte de forma diferente durante o treinamento e durante o teste, acrescente um argumento de treinamento ao método `call()` e use esse argumento no método para decidir o que calcular[11] (falaremos sobre as camadas personalizadas no Capítulo 12). A `BatchNormalization` se tornou uma das camadas mais usadas em redes neurais profundas, a ponto de ser frequentemente omitida nos diagramas, porque se pressupõe que a BN seja adicionada após cada camada. Contudo, um artigo recente (*https://homl.info/fixup*)[12] de Hongyi Zhang et al. pode vir a mudar essa hipótese: ao utilizar uma técnica nova de inicialização de peso chamada *fixed-update [atualização fixa, em tradução livre]* (fixup), os autores conseguiram treinar uma rede neural muito profunda (10 mil camadas!) sem uma BN, obtendo

11 A Keras API também especifica uma `keras.backend.learning_phase()` que deve retornar `1` durante o treinamento e `0` em caso contrário.

12 Hongyi Zhang et al., "Fixup Initialization: Residual Learning Without Normalization", arXiv preprint arXiv: 1901.09321 (2019).

desempenho inovador nas tarefas de classificação de imagens complexas. Entretanto, uma vez que a pesquisa está na vanguarda e a tecnologia é extremamente nova, você deve aguardar uma pesquisa adicional para confirmar essa descoberta, antes de sair abandonando a normalização em batch.

Clipping do gradiente

Outra técnica popular para mitigar o problema da explosão de gradientes é "recortar" os gradientes durante a retropropagação, de modo que eles nunca excedam algum limiar. Isso se chama *clipping de gradiente* (*https://homl.info/52*).[13] Essa técnica é quase sempre usada em redes neurais recorrentes, visto que a normalização em batch é mais difícil de usar nas RNNs, como veremos no Capítulo 15. Para outros tipos de redes, a BN é o bastante.

Na Keras, a implementação do clipping de gradiente é somente uma questão de definir o argumento `clipvalue` ou `clipnorm` ao criar um otimizador, igual a este:

```
optimizer = keras.optimizers.SGD(clipvalue=1.0)
model.compile(loss="mse", optimizer=optimizer)
```

Esse otimizador recortará todos os componentes do vetor gradiente para um valor entre –1,0 e 1,0. Isso significa que todas as derivadas parciais de perda (com relação a cada parâmetro treinável) serão recortadas entre –1,0 e 1,0. O limiar é um hiperparâmetro que você consegue ajustar. Repare que ele pode modificar a orientação do vetor gradiente. Por exemplo, se o vetor gradiente original é [0,9, 100,0], ele aponta na maior parte das vezes para o segundo eixo; mas, depois de recortá-lo por valor, você obtém [0,9, 1,0], que aponta aproximadamente na diagonal entre os dois eixos. Na prática, essa abordagem funciona bem. Se quiser assegurar que o clipping de gradiente não mude a direção do gradiente do vetor, você deve recortar pelo critério, definindo `clipnorm` em vez de `clipvalue`. Isso recortará seu gradiente inteiro, caso a regra ℓ_2 seja maior que o limiar escolhido. Por exemplo, se você definir `clipnorm=1.0`, o vetor [0.9, 100.0] será recortado para [0.00899964, 0.9999595], preservando sua orientação, mas praticamente eliminando o primeiro componente. Agora, se você observar que os gradientes explodem durante o treinamento (você pode rastrear o tamanho dos gradientes usando o TensorBoard), convém tentar recortar por valor e recortar pela regra, com limiares diferentes, e ver qual opção funciona melhor no conjunto de validação.

Reutilizando Camadas Pré-treinadas

Em geral, não é uma boa ideia treinar uma DNN muito grande do zero: em vez disso, você deve sempre tentar encontrar uma rede neural existente que realize uma tarefa semelhante à que você está tentando lidar (abordaremos como encontrar as redes neurais no Capítulo 14), em seguida, reutilize as camadas inferiores desta rede. Essa técnica se chama *aprendizado por transferência*. Ela não apenas acelera consideravelmente o treinamento, como também exige de forma expressiva menos dados de treinamento.

Suponha que você tenha acesso a uma DNN treinada para classificar imagens em 100 categorias diferentes, incluindo animais, plantas, veículos e objetos do cotidiano. E agora você deseja treinar uma DNN para classificar tipos específicos de veículos. Essas tarefas são bem parecidas, mesmo que se sobreponham parcialmente, logo, você deve tentar reutilizar partes da primeira rede (veja a Figura 11-4).

13 Razvan Pascanu et al., "On the Difficulty of Training Recurrent Neural Networks", *Anais da 30ª Conferência Internacional sobre Aprendizado de Máquina* (2013): 1310–1318.

Se as imagens de entrada da sua tarefa nova não tiverem o mesmo tamanho que as imagens usadas na tarefa original, você precisará adicionar uma etapa de pré-processamento a fim de redimensioná-las para o tamanho esperado pelo modelo original. Em termos gerais, o aprendizado por transferência funcionará melhor quando as entradas tiverem características semelhantes de baixo nível.

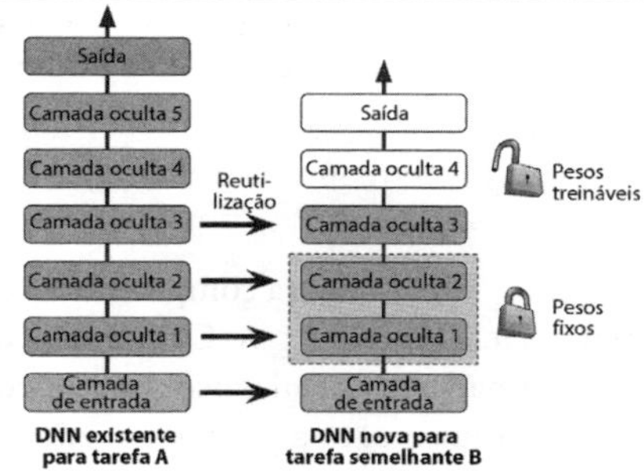

Figura 11-4. Reutilizando camadas pré-treinadas

A camada de saída do modelo original normalmente deve ser substituída porque provavelmente ela não é útil para a tarefa nova e talvez nem tenha o número adequado de saídas para a tarefa nova. Da mesma forma, é pouco provável que as camadas ocultas superiores do modelo original sejam tão úteis quanto as camadas inferiores, visto que as características de alto nível mais úteis para a tarefa nova podem divergir e muito daquelas que foram mais úteis para a tarefa original. Você precisa encontrar o número certo de camadas para reutilizar.

Quanto mais semelhantes forem as tarefas, mais camadas você reutiliza (começando pelas camadas inferiores). Para tarefas muito parecidas, tente manter todas as camadas ocultas e apenas substituir a camada de saída.

Primeiro, tente congelar todas as camadas reutilizadas (ou seja, deixe seus pesos não treináveis para que o gradiente descendente não os modifique), treine seu modelo e veja como ele funciona. Em seguida, tente descongelar uma ou duas das principais camadas ocultas a fim de possibilitar que a retropropagação as ajuste e confira se o desempenho melhora. Quanto mais dados de treinamento você tiver, mais camadas poderá descongelar. Reduzir a taxa de aprendizado também ajuda, quando você descongela as camadas reutilizadas: isso evita que você estrague seus pesos ajustados.

Caso você não tenha alcançado um bom desempenho e tenha poucos dados de treinamento, tente dropar as camadas ocultas superiores e congelar todas as camadas ocultas restantes novamente. Você pode iterar até encontrar o número adequado de camadas para reutilização. Se tiver muitos dados de treinamento, tente substituir as camadas ocultas superiores em vez de dropá-las ou até mesmo acrescentar mais camadas ocultas.

Aprendizado por Transferência com a Keras

Vejamos um exemplo. Suponha que o conjunto de dados Fashion MNIST tenha somente oito classes — por exemplo, todas as classes, exceto sandal [sandália] e shirt [camisa]. Alguém construiu e treinou um modelo Keras nesse conjunto e obteve um desempenho razoavelmente bom (> 90% de acurácia). Chamaremos esse modelo de A. Mas, agora, você precisa lidar com uma tarefa diferente: você tem imagens de sandals e shirts e deseja treinar um classificador binário (positivo=shirt, negativo=

sandal). Seu conjunto de dados é bem pequeno; você tem somente 200 imagens rotuladas. Ao treinar um modelo novo para essa tarefa (vamos chamá-lo de modelo B) com a mesma arquitetura do modelo A, ele tem um desempenho razoável (acurácia de 97,2%). Porém, uma vez que essa é uma tarefa bem mais fácil (existem apenas duas classes), você esperava mais. Ao tomar café da manhã, você percebe que sua tarefa é bastante semelhante à tarefa A; logo, talvez o aprendizado por transferência possa ajudar? Vamos descobrir!

Primeiro, você precisa carregar o modelo A e criar um modelo novo com base nas camadas desse modelo. Reutilizaremos todas as camadas, exceto a camada de saída:

```
model_A = keras.models.load_model("my_model_A.h5")
model_B_on_A = keras.models.Sequential(model_A.layers[:-1])
model_B_on_A.add(keras.layers.Dense(1, activation="sigmoid"))
```

Note que o `model_A` e o `model_B_on_A` agora compartilham algumas camadas. Ao treinar o `model_B_on_A`, isso também afeta o `model_A`. Caso queira evitar isso, precisará *clonar* o `model_A`, antes de reutilizar suas camadas. Para tal, você clona a arquitetura do modelo A com o `clone.model()` e copia seus pesos (porque o `clone_model()` não clona os pesos):

```
model_A_clone = keras.models.clone_model(model_A)
model_A_clone.set_weights(model_A.get_weights())
```

Agora, você pode treinar o `model_B_on_A` para a tarefa B, mas, como a nova camada de saída foi inicializada aleatoriamente, ocorrerão grandes erros (pelo menos, durante as primeiras épocas), desse modo haverá grandes gradientes de erro que podem estragar os pesos reutilizados. A fim de evitar isso, uma abordagem é congelar as camadas reutilizadas durante as primeiras épocas, dando à nova camada algum tempo para aprender os pesos razoáveis. Para fazer isso, defina o atributo `trainable` de cada camada como `False` e compile o modelo:

```
for layer in model_B_on_A.layers[:-1]:
    layer.trainable = False

model_B_on_A.compile(loss="binary_crossentropy", optimizer="sgd",
                     metrics=["accuracy"])
```

> Você sempre deve compilar seu modelo depois de congelar ou descongelar as camadas.

Agora, você pode treinar o modelo por algumas épocas, descongelar as camadas reutilizadas (o que requer a compilação do modelo novamente) e continuar o treinamento com o objetivo de ajustar as camadas reutilizadas para a tarefa B. Após descongelar as camadas reutilizadas, em geral é uma boa ideia reduzir a taxa de aprendizado, a fim de evitar estragar os pesos reutilizados:

```
history = model_B_on_A.fit(X_train_B, y_train_B, epochs=4,
                           validation_data=(X_valid_B, y_valid_B))

for layer in model_B_on_A.layers[:-1]:
    layer.trainable = True

optimizer = keras.optimizers.SGD(lr=1e-4) # o lr padrão é 1e-2
model_B_on_A.compile(loss="binary_crossentropy", optimizer=optimizer,
                     metrics=["accuracy"])
history = model_B_on_A.fit(X_train_B, y_train_B, epochs=16,
                           validation_data=(X_valid_B, y_valid_B))
```

Então, qual é o veredicto final? Veja bem, a acurácia do teste desse modelo é de 99,25%, o que significa que o aprendizado por transferência reduziu a taxa de erro de 2,8% para quase 0,7%! Esse é um fator de quatro!

```
>>> model_B_on_A.evaluate(X_test_B, y_test_B)
[0.06887910133600235, 0.9925]
```

Você já se convenceu? Pois não deveria, já que eu trapaceei! Eu fiz um monte de configurações até encontrar uma que demonstrasse uma melhoria e tanto. Se tentar mudar as classes ou o random seed, verá que a melhoria geralmente diminui, ou mesmo desaparece ou reverte. O que eu fiz foi "torturar os dados até que eles confessaram". Quando um artigo aparentemente é muito positivo, você deve suspeitar: talvez a nova técnica chamativa não ajude muito (na verdade, pode até prejudicar o desempenho), contudo os autores testam muitas variantes e relatam somente os melhores resultados (que podem ser pura sorte), sem mencionar quantas pedras eles encontraram no caminho. Boa parte das vezes, não é uma coisa intencional, mas faz parte da razão pela qual muitos resultados científicos nunca podem ser reproduzidos.

Por que eu trapaceei? Ocorre que o aprendizado por transferência não funciona muito bem com pequenas redes densas, supostamente porque as redes pequenas aprendem poucos padrões e redes densas aprendem padrões bastante específicos, que dificilmente serão úteis em outras tarefas. O aprendizado por transferência funciona melhor com redes neurais convolucionais profundas, que costumam aprender detectores de característica muito mais gerais (sobretudo nas camadas inferiores). Vamos retomar a aprendizado por transferência no Capítulo 14, usando as técnicas que acabamos de analisar (e desta vez não haverá trapaça, prometo!)

Pré-treinamento não supervisionado

Suponha que você tenha que lidar com uma tarefa complexa para a qual não tenha muitos dados de treinamento rotulados, mas, infelizmente, não é possível encontrar um modelo treinado para uma tarefa semelhante. Não perca a esperança! Primeiro, você deve tentar coletar mais dados de treinamento rotulados, no entanto, se não conseguir, ainda poderá rodar o *pré-treinamento não supervisionado* (veja a Figura 11-5). Geralmente, na prática, é barato reunir exemplos de treinamento não rotulados, e é caro rotulá-los. Se puder reunir muitos dados de treinamento não rotulados, tente usá-los para treinar um modelo não supervisionado, como um autoencoder ou uma rede adversária generativa (veja o Capítulo 17). Em seguida, você pode reutilizar as camadas inferiores do autoencoder ou as camadas inferiores do discriminador da GAN, adicionar a camada de saída para sua tarefa e ajustar a rede final usando o aprendizado supervisionado (ou seja, com os exemplos de treinamento rotulados).

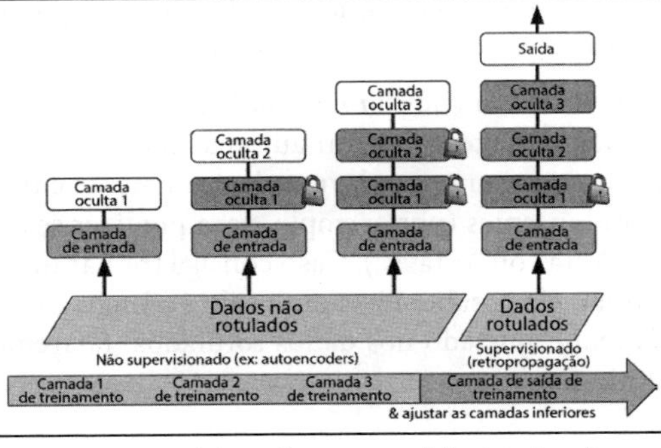

Figura 11-5. No treinamento não supervisionado, um modelo é treinado nos dados não rotulados (ou em todos os dados) usando uma técnica de aprendizado não supervisionado, e depois é ajustado para a tarefa final nos dados rotulados utilizando uma técnica de aprendizado supervisionado; a parte

não supervisionada pode treinar uma camada por vez, como você pode ver, ou pode treinar o modelo completo diretamente

Essa é a técnica que Geoffrey Hinton e sua equipe utilizaram em 2006 e que levou ao renascimento das redes neurais e ao sucesso do aprendizado profundo. Até 2010, o pré-treinamento não supervisionado — normalmente com máquinas de Boltzmann restritas (RBMs; veja o Apêndice E) — era a norma para redes profundas, e somente depois que o problema dos gradientes de fuga foi mitigado, ela se tornou mais comum quanto ao treinamento de DNNs usando estritamente o aprendizado supervisionado. O pré-treinamento não supervisionado (hoje basicamente usando os autoencoders ou as GANs em vez das RBMs) ainda é uma boa opção quando você tem uma tarefa complexa a resolver, nenhum modelo semelhante pode ser reutilizado com poucos dados de treinamento rotulados, e sim com muitos dados de treinamento não rotulados.

Repare que nos primórdios do aprendizado profundo era difícil treinar modelos profundos, assim as pessoas usavam uma técnica chamada *greedy layer-wise pretraining [método ganancioso camada por camada]* (representado na Figura 11-5). Primeiramente, eles treinavam um modelo não supervisionado com uma única camada, em geral uma RBM, congelavam essa camada e adicionavam outra sobre ela, depois treinavam o modelo novamente (na verdade, treinando apenas a camada nova) e depois congelavam a camada nova e acrescentavam outra camada sobre ela, treinavam o modelo novamente e assim por diante. Atualmente, as coisas são bem mais simples: as pessoas geralmente treinam o modelo não supervisionado completo de uma só vez (por exemplo, na Figura 11-5, basta começar diretamente na etapa 3) e usam os autoencoders ou as GANs em vez de as RBMs.

Pré-treinamento em uma tarefa auxiliar

Caso não tenha muitos dados de treinamento rotulados, uma última opção é treinar uma primeira rede neural em uma tarefa auxiliar para a qual você pode obter ou gerar facilmente dados de treinamento rotulados e, em seguida, reutilizar as camadas inferiores dessa rede para sua tarefa real. As camadas inferiores da primeira rede neural aprenderão detectores de características que provavelmente serão reutilizados pela segunda rede neural.

Por exemplo, se quiser criar um sistema para reconhecer rostos, pode ter somente algumas fotos de cada indivíduo — claramente não o suficiente para treinar um bom classificador. Reunir centenas de fotos de cada pessoa não seria lá muito prático. No entanto, você pode reunir muitas fotos de pessoas aleatórias na web e treinar uma primeira rede neural para detectar se duas fotos diferentes apresentam ou não a mesma pessoa. Tal rede aprenderia bons detectores de características para rostos, de modo que a reutilização de suas camadas inferiores lhe possibilitaria treinar um bom classificador de rostos que utiliza poucos dados de treinamento.

Quanto ao uso de *processamento de linguagem natural* (PNL), você pode fazer o download de um corpus de milhões de documentos de texto e gerar automaticamente dados rotulados a partir dele. Por exemplo, você pode mascarar algumas palavras aleatoriamente e treinar um modelo a fim de predizer quais são as palavras ausentes (por exemplo, para predizer se a palavra que falta na frase "O que você dizendo?" seria "está" ou "estava"). Caso consiga treinar um modelo para alcançar um bom desempenho nessa tarefa, ele já saberá bastante sobre a linguagem e certamente poderá ser reutilizado para sua tarefa real e ajustado nos dados rotulados (falaremos mais sobre pré-treinamentos de tarefas no Capítulo 15).

O *aprendizado autossupervisionado* é quando você gera automaticamente os rótulos a partir dos próprios dados e treina um modelo no conjunto de dados "rotulado" resultante empregando técnicas de aprendizado supervisionado. Como essa abordagem não exige rotulagem humana, é mais bem classificada como uma forma de aprendizado não supervisionado.

Otimizadores Mais Rápidos

Treinar uma rede neural profunda muito grande pode ser um processo absurdamente lento. Até agora, vimos quatro formas de acelerar o treinamento (e se chegar a uma solução melhor): empregar uma boa estratégia de inicialização para os pesos de conexão, usar uma boa função de ativação, utilizar a normalização em batches e reutilizar partes de uma rede pré-treinada (possivelmente construída em uma tarefa auxiliar ou usando aprendizado não supervisionado). Uma outra coisa que impulsiona a velocidade se origina de um otimizador mais rápido do que de um otimizador de gradiente descendente. Nesta seção, apresentaremos os algoritmos mais populares: otimização momentum, gradiente acelerado de Nesterov, AdaGrad, RMSProp e, por último, otimização de Adam e Nadam.

Otimização momentum

Imagine uma bola de boliche descendo por um declive suave em uma superfície lisa: ela começará a descer lentamente, e rapidamente ganhará impulso até atingir a velocidade final (se houver algum atrito ou resistência do ar). Essa é a ideia bem simples da *otimização momentum*, proposta por Boris Polyak em 1964 (*https://homl.info/54*).[14] Em contrapartida, o gradiente descendente simplesmente dará pequenos passos regulares no declive, de modo que o algoritmo levará muito tempo para chegar ao fim do trajeto.

Lembre-se de que o gradiente descendente atualiza os pesos $\boldsymbol{\theta}$ subtraindo diretamente o gradiente da função de custo $J(\boldsymbol{\theta})$ em relação aos pesos ($\nabla_{\boldsymbol{\theta}} J(\boldsymbol{\theta})$) multiplicado pela taxa de aprendizado η. A equação é: $\boldsymbol{\theta} \leftarrow \boldsymbol{\theta} - \eta \nabla_{\boldsymbol{\theta}} J(\boldsymbol{\theta})$. Não importa onde estão os gradientes anteriores, se o gradiente local é pequeno, ele desce mais lentamente.

A otimização momentum se importa bastante com os gradientes anteriores: a cada iteração, subtrai o gradiente local do *momentum vector* **m** (multiplicado pela taxa de aprendizado η) e atualiza os pesos somando esse momentum vector (veja a Equação 11-4). Em outras palavras, o gradiente é usado para aceleração, não para velocidade. Com o objetivo de simular algum tipo de mecanismo de atrito e impedir que o momentum seja muito alto, o algoritmo introduz um novo hiperparâmetro β, chamado *momentum*, que deve ser definido entre 0 (alto atrito) e 1 (sem atrito). Um típico valor de momentum é 0,9.

Equação 11-4. Algoritmo momentum

1. $\mathbf{m} \leftarrow \beta \mathbf{m} - \eta \nabla_{\boldsymbol{\theta}} J(\boldsymbol{\theta})$
2. $\boldsymbol{\theta} \leftarrow \boldsymbol{\theta} + \mathbf{m}$

Você pode constatar facilmente que, se o gradiente permanecer constante, a velocidade final (ou seja, o tamanho máximo das atualizações de peso) será igual ao gradiente multiplicado pela taxa de aprendizado η multiplicada por $\frac{1}{1-\beta}$ (ignorando o sinal). Por exemplo, se $\beta = 0.9$, então a velocidade final é igual a 10 vezes o gradiente multiplicado pela taxa de aprendizado; desse modo, a otimização momentum acaba 10 vezes mais rápido que o gradiente descendente! Vimos no Capítulo 4 que,

14 Boris T. Polyak, "Some Methods of Speeding Up the Convergence of Iteration Methods", *USSR Computational Mathematics and Mathematical Physics* 4, no. 5 (1964): 1–17.

quando as entradas tiverem escalas muito diferentes, a função de custo parecerá uma tigela alongada (veja a Figura 4-7). O gradiente descendente desce o declive íngreme rapidamente, mas leva muito tempo para descer o vale. Por outro lado, a otimização momentum rolará pelo vale cada vez mais rápido até atingir o final (o ideal). Em redes neurais profundas que não usam a normalização em batch, as camadas superiores geralmente acabam tendo entradas com escalas muito diferentes; portanto, a otimização momentum ajuda muito, e pode ajudar também a passar pelos locais ideais.

> Por causa do momentum, o otimizador pode se ultrapassar um pouco, depois voltar, ultrapassar novamente e oscilar muitas vezes antes de se estabilizar no mínimo. Essa é uma das razões pelas quais é bom ter um pouco de atrito no sistema: ele se livra dessas oscilações e, desse modo, acelera a convergência.

A implementação da otimização momentum na Keras é moleza: basta usar o otimizador `SGD` e definir seu hiperparâmetro `momentum`; depois, relaxe e aproveite!

```
optimizer = keras.optimizers.SGD(lr=0.001, momentum=0.9)
```

Sua única desvantagem é que ela adiciona outro hiperparâmetro para ajustar. Porém, o valor do momentum de 0,9 geralmente funciona bem na prática e quase sempre é mais rápido que o gradiente descendente regular.

Gradiente acelerado de Nesterov

Uma pequena variante para otimização momentum, proposta por Yurii Nesterov em 1983 (*https://homl.info/55*),[15] é quase sempre mais rápida que a otimização momentum normal. O método *gradiente acelerado de Nesterov* (NAG), também conhecido como *otimização momentum de Nesterov*, calcula o gradiente da função de custo não na posição local $\boldsymbol{\theta}$, mas um pouco à frente na direção do momentum, em $\boldsymbol{\theta} + \beta\mathbf{m}$ (veja a Equação 11-5):

Equação 11-5. Algoritmo de gradiente acelerado de Nesterov

1. $\mathbf{m} \leftarrow \beta\mathbf{m} - \eta\nabla_{\boldsymbol{\theta}}J(\boldsymbol{\theta} + \beta\mathbf{m})$
2. $\boldsymbol{\theta} \leftarrow \boldsymbol{\theta} + \mathbf{m}$

Esse pequeno ajuste funciona porque, em geral, o momentum vector estará apontando na direção adequada (ou seja, na direção ideal), assim será um tanto mais preciso usar o gradiente calculado um pouco mais nessa direção, em vez do gradiente na posição original, como você pode ver na Figura 11-6 (em que ∇_1 representa o gradiente da função de custo calculado no ponto inicial $\boldsymbol{\theta}$, e ∇_2 representa o gradiente no ponto localizado em $\boldsymbol{\theta} + \beta\mathbf{m}$).

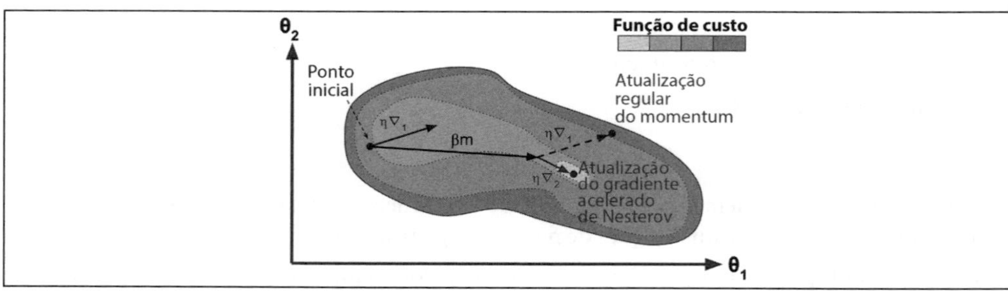

Figura 11-6. Otimização momentum regular vs. otimização de Nesterov: a primeira aplica os gradientes calculados antes da etapa do momentum, enquanto a segunda aplica os gradientes calculados após a etapa

15 Yurii Nesterov, "A Method for Unconstrained Convex Minimization Problem with the Rate of Convergence $O(1/k^2)$", *Doklady* AN USSR 269 (1983): 543–547.

Conforme você pode constatar, a atualização de Nesterov acaba um pouco mais próxima do ideal. Depois de um tempo, essas pequenas melhorias se somam e o NAG acaba sendo substancialmente mais rápido que a otimização momentum. Além do mais, perceba que, quando o momentum empurra os pesos através de um vale, ∇_1 continua a avançar mais no mesmo sentido, ao passo que ∇_2 empurra na direção oposta, rumo ao fim do vale. Isso ajuda a reduzir as oscilações, e assim o NAG converge mais rapidamente. Para usá-lo, basta definir `nesterov=True` ao criar o otimizador `SGD`:

```
optimizer = keras.optimizers.SGD(lr=0.001, momentum=0.9, nesterov=True)
```

AdaGrad

Vamos voltar mais uma vez no problema da tigela alongada: o gradiente descendente começa descendo rapidamente o declive mais íngreme, que não aponta diretamente para o ideal global, em seguida ele desce bem lentamente até o fim do vale. Seria bom se o algoritmo pudesse corrigir sua direção anteriormente para apontar um pouco mais para o ideal global. O algoritmo *AdaGrad* (*https://homl.info/56*)[16] consegue fazer essa correção reduzindo gradativamente o vetor de gradiente ao longo das dimensões mais íngremes (veja a Equação 11-6):

Equação 11-6. Algoritmo AdaGrad

$$1.\quad \mathbf{s} \leftarrow \mathbf{s} + \nabla_{\boldsymbol{\theta}} J(\boldsymbol{\theta}) \otimes \nabla_{\boldsymbol{\theta}} J(\boldsymbol{\theta})$$

$$2.\quad \boldsymbol{\theta} \leftarrow \boldsymbol{\theta} - \eta\, \nabla_{\boldsymbol{\theta}} J(\boldsymbol{\theta}) \oslash \sqrt{\mathbf{s} + \varepsilon}$$

A primeira etapa acumula o quadrado dos gradientes no vetor **s** (lembre-se de que o símbolo $\otimes$ representa a multiplicação elemento a elemento). Essa forma vetorizada é equivalente ao cálculo $s_i \leftarrow s_i + (\partial J(\boldsymbol{\theta}) / \partial \theta_i)^2$ para cada elemento s_i do vetor **s**; grosso modo, cada s_i acumula os quadrados da derivada parcial da função de custo em relação ao parâmetro θ_i. Se a função de custo ficar acentuada ao longo da *i-ésima* dimensão, então s_i ficará cada vez maior a cada iteração.

A segunda etapa é quase idêntica ao gradiente descendente, mas com uma grande diferença: o vetor gradiente é reduzido gradativamente por um fator de $\sqrt{\mathbf{s} + \varepsilon}$(o símbolo $\oslash$ representa a divisão elemento a elemento, e ε é o termo de suavização para evitar a divisão por zero, normalmente definida como 10^{-10}). Essa forma vetorizada é o equivalente ao cálculo simultâneo $\theta_i \leftarrow \theta_i - \eta\, \partial J(\boldsymbol{\theta}) / \partial \theta_i / \sqrt{s_i + \varepsilon}$ para todos os parâmetros θ_i.

Em suma, esse algoritmo faz a taxa de aprendizado decair, porém é mais rápido em dimensões acentuadas do que em dimensões com declives mais suaves. Isso se chama *taxa de aprendizado adaptativa*. Ajuda a apontar as atualizações resultantes mais diretamente para o ideal global (veja a Figura 11-7). Uma vantagem adicional é que ele exige bem menos ajuste do hiperparâmetro da taxa de aprendizado η.

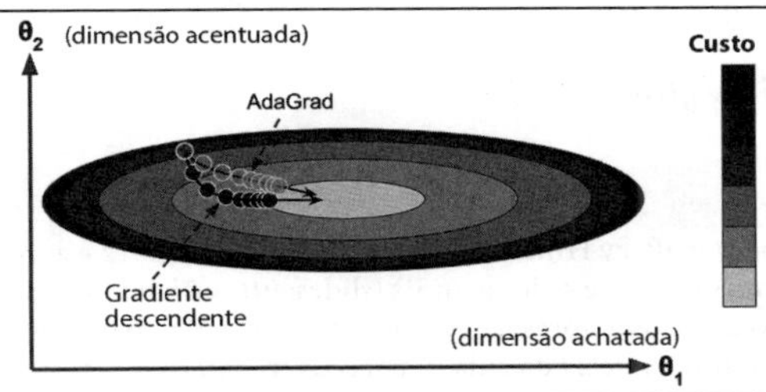

Figura 11-7. AdaGrad vs. gradiente descendente: o primeiro pode corrigir sua direção anteriormente para apontar para o ideal

16 John Duchi et al., "Adaptive Subgradient Methods for Online Learning and Stochastic Optimization", *Journal of Machine Learning Research* 12 (2011): 2121–2159.

O AdaGrad costuma ter um bom desempenho em problemas quadráticos simples, no entanto costuma parar muito cedo ao treinar redes neurais. A taxa de aprendizado é reduzida gradativamente, tanto que o algoritmo acaba parando completamente antes de atingir o ideal global. Sendo assim, ainda que a Keras tenha um otimizador `Adagrad`, você não deve usá-lo para treinar redes neurais profundas (pode ser eficiente para tarefas mais simples, como a regressão linear). E mais: entender o AdaGrad é útil para compreender os outros otimizadores de taxa de aprendizado adaptativa.

RMSProp

Conforme vimos, o AdaGrad corre o risco de desacelerar um pouco rápido demais e nunca convergir para o ideal global. O algoritmo *RMSProp*[17] corrige isso acumulando somente os gradientes das iterações mais recentes (em vez de todos os gradientes desde o início do treinamento). Isso é feito usando decaimento exponencial na primeira etapa (veja a Equação 11-7):

Equação 11-7. Algoritmo RMSProp

1. $\mathbf{s} \leftarrow \beta\mathbf{s} + (1 - \beta)\nabla_{\boldsymbol{\theta}}J(\boldsymbol{\theta}) \otimes \nabla_{\boldsymbol{\theta}}J(\boldsymbol{\theta})$
2. $\boldsymbol{\theta} \leftarrow \boldsymbol{\theta} - \eta\, \nabla_{\boldsymbol{\theta}}J(\boldsymbol{\theta}) \oslash \sqrt{\mathbf{s} + \varepsilon}$

A taxa de decaimento β é normalmente definida em 0,9. Sim, novamente um hiperparâmetro novo, mas esse valor-padrão em geral funciona bem, portanto, talvez você não precise ajustá-lo.

Como seria de se esperar, a Keras tem um otimizador `RMSprop`:

```
optimizer = keras.optimizers.RMSprop(lr=0.001, rho=0.9)
```

Exceto em problemas muito simples, esse otimizador quase sempre tem um desempenho bem melhor que o AdaGrad. Na realidade, ele era o algoritmo de otimização preferido por muitos pesquisadores até surgir a otimização Adam.

Otimização Adam e Nadam

Adam (*https://homl.info/59*),[18] que significa *adaptive moment estimation [estimativa adaptativa do momento]*, combina as ideias da otimização momentum e RMSProp: assim como a otimização momentum, registra uma média de decaimento exponencial dos gradientes anteriores; e, como o RMSProp, registra uma média de decaimento exponencial dos gradientes quadrados anteriores (veja a Equação 11-8):[19]

Equação11-8. Algoritmo Adam

1. $\mathbf{m} \leftarrow \beta_1\mathbf{m} - \left(1 - \beta_1\right)\nabla_{\boldsymbol{\theta}}J(\boldsymbol{\theta})$
2. $\mathbf{s} \leftarrow \beta_2\mathbf{s} + \left(1 - \beta_2\right)\nabla_{\boldsymbol{\theta}}J(\boldsymbol{\theta}) \otimes \nabla_{\boldsymbol{\theta}}J(\boldsymbol{\theta})$

---

17 Esse algoritmo foi criado por Geoffrey Hinton e Tijmen Tieleman em 2012 e apresentado por Geoffrey Hinton em uma aula no Coursera sobre redes neurais (slides: *https://homl.info/57*; vídeo: *https://homl.info/58*). Não é de se admirar, uma vez que os autores não escreveram um artigo para descrever o algoritmo, que os pesquisadores costumam citar o "slide 29 da aula 6" em seus trabalhos.

18 Diederik P. Kingma and Jimmy Ba, "Adam: A Method for Stochastic Optimization", arXiv preprint arXiv: 1412.6980 (2014).

19 Estas são estimativas da média e variância (não centralizadas) dos gradientes. Com frequência, a média é chamada de *first moment* [*primeiro momento*], ao passo que a variância é chamada de *second moment* [*segundo momento*], por isso o nome do algoritmo.

3. $\widehat{\mathbf{m}} \leftarrow \dfrac{\mathbf{m}}{1 - {\beta_1}^T}$

4. $\widehat{\mathbf{s}} \leftarrow \dfrac{\mathbf{s}}{1 - {\beta_2}^T}$

5. $\boldsymbol{\theta} \leftarrow \boldsymbol{\theta} + \eta\, \widehat{\mathbf{m}} \oslash \sqrt{\widehat{\mathbf{s}} + \varepsilon}$

Nessa equação, *t* representa o número da iteração (começando em 1).

Caso analise somente as etapas 1, 2 e 5, você notará a grande semelhança entre Adam, a otimização momentum e o RMSProp. A única diferença é que a etapa 1 calcula uma média de decaimento exponencial, em vez de uma soma de decaimento exponencial, mas elas são realmente equivalentes, exceto por um fator constante (a média de decaimento é apenas $1 - \beta_1$ vezes a soma do decaimento). As etapas 3 e 4 são meio que um detalhe técnico: como **m** e **s** são inicializados em 0, eles serão direcionados para 0 no início do treinamento, logo, essas duas etapas ajudarão a aumentar **m** e **s** no início do treinamento.

Normalmente, o hiperparâmetro β_1 do decaimento do momentum é inicializado para 0,9, enquanto o hiperparâmetro β_2 do decaimento de escalonamento é frequentemente inicializado para 0,999. Como anteriormente, a suavização ε em geral é inicializada para um número ínfimo, como 10^{-7}. Esses são os valores-padrão para a classe `Adam` (para ser mais exato, o padrão `epsilon` é `None`, que informa a biblioteca Keras a usar `keras.backend.epsilon()`, cujo padrão é 10^{-7}; você pode alterá-lo usando `keras.backend.set_epsilon()`). Veja como criar um otimizador Adam usando a Keras:

```
optimizer = keras.optimizers.Adam(lr=0.001, beta_1=0.9, beta_2=0.999)
```

Uma vez que Adam é um algoritmo de taxa de aprendizado adaptativa (como o AdaGrad e o RMSProp), exige menos ajuste de hiperparâmetro da taxa de aprendizado η. Em geral, você pode usar o valor padrão $\eta = 0{,}001$, fazendo com que usar Adam seja mais fácil do que usar o gradiente descendente.

Caso esteja se sentindo sobrecarregado por todas essas técnicas diferentes e se quiser saber como escolher as melhores para sua tarefa, não se preocupe: no fim deste capítulo, abordarei algumas diretrizes práticas.

Por fim, vale a pena mencionar duas variantes de Adam:

AdaMax

Perceba que na etapa 2 da Equação 11-8, o algoritmo Adam acumula os quadrados dos gradientes em **s** (com um peso maior para os pesos mais recentes). Na etapa 5, se ignorarmos ε e as etapas 3 e 4 (que são detalhes técnicos), Adam reduz gradativamente as atualizações de parâmetro pela raiz quadrada de **s**. Em resumo, Adam reduz aos poucos as atualizações de parâmetros pela norma ℓ_2 dos gradientes com atraso de tempo relacionado ao decaimento (lembre-se de que ℓ_2 é a raiz quadrada da soma dos quadrados). Já AdaMax, apresentado no mesmo artigo que o algoritmo Adam, substitui a norma ℓ_2 pela norma ℓ_∞ (uma maneira requintada de dizer o máximo). Em termos específicos, ele substitui a etapa 2 da Equação 11-8 por $\mathbf{s} \leftarrow \max(\beta_2\mathbf{s}, \nabla_\theta J(\theta))$, dropa a etapa 4 e, na etapa 5, reduz aos poucos as atualizações de gradiente pelo fator **s**, que é somente o máximo do decaimento dos gradientes junto ao atraso de tempo. Na prática, isso pode fazer com que AdaMax seja mais estável que Adam, mas isso depende do conjunto de dados e, em geral, Adam tem um desempenho melhor. Assim, esse é apenas mais um otimizador que você pode experimentar se tiver problemas com Adam em alguma tarefa.

Nadam

A otimização Nadam é a otimização Adam mais o truque de Nesterov, logo, muitas vezes ele converge um pouco mais rápido que Adam. Em um relato a respeito dessa técnica (*https://homl.info/nadam*),[20] o pesquisador Timothy Dozat compara muitos otimizadores diferentes em diversas tarefas e descobre que o algoritmo Nadam geralmente ultrapassa Adam em desempenho, contudo, às vezes, ele é superado pelo desempenho do RMSProp.

> Via de regra, os métodos de otimização adaptativa (incluindo a otimização RMSProp, Adam e Nadam) são ótimos e convergem rapidamente para uma boa solução. No entanto, um artigo de 2017 (*https://homl.info/60*)[21] de Ashia C. Wilson et al. demonstrou que eles podem deixar a desejar na generalização em alguns conjuntos de dados. Desse modo, quando se sentir decepcionado com o desempenho do seu modelo, tente usar o gradiente acelerado de Nesterov: talvez seu conjunto de dados não curta os gradientes adaptativos. Confira também as pesquisas mais recentes, porque as coisas estão a todo vapor.

Até agora, todas as técnicas de otimização abordadas se baseiam apenas nas *derivadas parciais de primeira ordem (matriz jacobiana)*. Os estudos sobre otimização também dependem de algoritmos surpreendentes, baseados nas *derivadas parciais de segunda ordem* (*matriz hessiana*, que são as derivadas parciais da matriz jacobina). Infelizmente, esses algoritmos são muito difíceis de se usar nas redes neurais profundas, porque existem n^2 hessianas por saída (onde n é o número de parâmetros), ao contrário de somente n jacobianas por saída. Como as DNNs geralmente têm dezenas de milhares de parâmetros, os algoritmos de otimização de segunda ordem nem sempre cabem na memória, e mesmo quando cabem o cálculo das hessianas é bastante lento.

Treinando Modelos Esparsos

Todos os algoritmos de otimização que acabamos de apresentar produzem modelos densos, o que significa que boa parte dos parâmetros será diferente de zero. Caso precise de um modelo extremamente rápido no tempo de execução, ou se precisar de menos memória, talvez você prefira um modelo esparso.

Um jeito fácil de conseguir isso é treinar o modelo como de costume e depois se livrar dos pesos pequenos (os defina em zero). Repare que isso normalmente não resulta em um modelo muito esparso e pode prejudicar o desempenho do modelo.

Uma opção melhor é usar uma regularização ℓ_1 daquelas durante o treinamento (veremos isso mais adiante neste capítulo), pois ela impele o otimizador a zerar o maior número possível de pesos (conforme analisado em "Regressão de lasso", no Capítulo 4).

Se essas técnicas ainda forem insatisfatórias, consulte o TensorFlow Model Optimization Toolkit (TF-MOT) (*https://homl.info/tfmot*), que fornece uma API de remoção capaz de eliminar interativamente as conexões durante o treinamento com base em sua magnitude.

A Tabela 11-2 compara todos os otimizadores que analisamos até o momento (* é ruim, ** é mediano e *** é bom).

20 Timothy Dozat, "Incorporating Nesterov Momentum into Adam" (2016).

21 Ashia C. Wilson et al., "The Marginal Value of Adaptive Gradient Methods in Machine Learning", *Advances in Neural Information Processing Systems* 30 (2017): 4148–4158.

Tabela 11-2. Comparação de otimizadores

Convergência de classe	Velocidade	Qualidade da convergência
SGD	*	***
SGD (momentum=...)	**	***
SGD (momentum=..., nesterov=True)	**	***
Adagrad	***	* (para muito cedo)
RMSprop	***	** ou ***
Adam	***	** ou ***
Nadam	***	** ou ***
AdaMax	***	** ou ***

Cronograma da taxa de aprendizado

Encontrar uma boa taxa de aprendizado é de extrema importância. Se você definir um valor muito alto, o treinamento poderá divergir (conforme vimos antes). Se definir um valor muito baixo, o treinamento acabará convergindo para o ideal, mas levará bastante tempo. Se definir uma taxa alta demais, o treinamento progredirá muito rapidamente no início, acabará dançando em torno do ideal e não se estabilizará nunca. Caso tenha um orçamento computacional limitado, pode ser necessário interromper o treinamento antes que ele convirja adequadamente, gerando uma solução abaixo do ideal (veja a Figura 11-8).

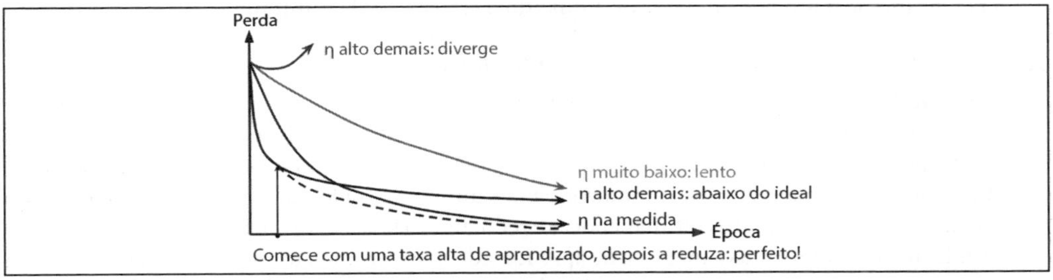

Figura 11-8. Curvas de aprendizado para várias taxas de aprendizado η

Conforme abordamos no Capítulo 10, você pode encontrar uma boa taxa de aprendizado treinando o modelo em algumas centenas de iterações, aumentando exponencialmente a taxa de aprendizado de um valor muito pequeno para um valor maior e, em seguida, analisando a curva de aprendizado e escolhendo uma taxa de aprendizado um pouco menor àquela em que a curva de aprendizado começa a subir. É possível reinicializar seu modelo e treiná-lo com essa taxa de aprendizado.

No entanto, você pode fazer melhor do que uma taxa de aprendizado constante: é possível começar com uma taxa de aprendizado alta e reduzi-la quando o treinamento parar de progredir rapidamente, assim, você poderá chegar a uma boa solução de forma mais rápida do que chegaria com a taxa de aprendizado constante e ideal. Existem muitas estratégias diferentes para reduzir a taxa de aprendizado durante o treinamento. Talvez também seja conveniente começar com uma taxa de aprendizado baixa, aumentá-la e diminuí-la novamente. Existem muitas estratégias diferentes para reduzir a taxa de aprendizado durante o treinamento. Essas estratégias se chamam *cronograma de aprendizado* (apresentamos brevemente esse conceito no Capítulo 4). Veja a seguir os cronogramas de aprendizado mais usados:

Power scheduling [cronograma de potência, em tradução livre*]*

Defina a taxa de aprendizado como uma função do número da iteração *t*: $\eta(t) = \eta_0 / (1 + t/s)^c$. A taxa inicial de aprendizado η_0, a potência *c* (normalmente definida como 1), e as etapas *s* são hiperparâmetros. A taxa de aprendizado diminui a cada etapa. Após as etapas *s*, ela cai para $\eta_0 / 2$. Após mais etapas *s*, ela é reduzida para $\eta_0 / 3$, em seguida para $\eta_0 / 4$, e depois para $\eta_0 / 5$, e assim por diante. Como você pode constatar, esse cronograma primeiro diminui rapidamente, depois diminui cada vez mais lentamente. Claro que a potência do cronograma exige o ajuste de η_0 e *s* (e possivelmente *c*).

Exponential scheduling [cronograma exponencial, em tradução livre]

Defina a taxa de aprendizado em $\eta(t) = \eta_0\ 0.1^{t/s}$, e ela diminuirá gradualmente em um fator de 10 a cada *s* etapas. À medida que o power scheduling reduz a taxa de aprendizado cada vez mais lentamente, o exponential scheduling continua diminuindo em um fator de 10 a cada *s* etapas.

Piecewise constant scheduling [cronograma constante parte a parte, em tradução livre]

Use uma taxa de aprendizado constante em várias épocas (e.g., $\eta_0 = 0{,}1$ para cada 5 épocas), depois uma taxa de aprendizado menor para outro número de épocas (e.g., $\eta_1 = 0{,}001$ para cada 50 épocas), e assim sucessivamente. Embora essa solução possa funcionar muito bem, é necessário procurar a sequência certa de taxas de aprendizado e quanto tempo usar em cada uma delas.

Performance scheduling [cronograma de desempenho, em tradução livre]

Calcule o erro de validação a cada *N* etapas (exatamente como na early stopping) e reduza a taxa de aprendizado por um fator de λ quando o erro parar de diminuir.

1cycle scheduling [cronograma de 1 ciclo, em tradução livre]

Ao contrário de outras abordagens, o *1cycle* (apresentado em um artigo de 2018 por Leslie Smith em *https://homl.info/1cycle*[22]) começa aumentando a taxa de aprendizado inicial η_0, e vai aumentando linearmente até η_1 (que corresponde a metade do treinamento). Em seguida, diminui linearmente a taxa de aprendizado mais uma vez para η_0 durante a segunda metade do treinamento, terminando as últimas épocas e reduzindo a taxa em diversas ordens de magnitude (ainda linearmente). A taxa máxima de aprendizado η_1 é escolhida usando a mesma abordagem que empregamos para encontrar a taxa ideal de aprendizado, e a taxa de aprendizado inicial η_0 é escolhida por ser aproximadamente 10 vezes menor. Ao usar o momentum, primeiro começamos com um momentum alto (por exemplo, 0,95) e depois diminuímos para um momentum menor durante a primeira metade do treinamento (por exemplo, até 0,85, linearmente), e em seguida retornamos ao valor máximo (por exemplo, 0,95) durante a segunda metade do treinamento, finalizando as últimas épocas com esse valor máximo. Smith fez muitos experimentos demonstrando que essa abordagem costumava acelerar o treinamento substancialmente e alcançar um desempenho melhor. Por exemplo, no popular conjunto de dados de imagens CIFAR10, essa abordagem atingiu uma acurácia de validação de 91,9% em somente 100 épocas, em vez de 90,3% de acurácia em 800 épocas por meio de uma abordagem-padrão (com a mesma arquitetura de rede neural).

---

22 Leslie N. Smith, "A Disciplined Approach to Neural Network Hyper-Parameters: Part 1—Learning Rate, Batch Size, Momentum, and Weight Decay", arXiv preprint arXiv:1803.09820 (2018).

Um artigo de 2013 (*https://homl.info/63*)[23] de Andrew Senior et al. comparou o desempenho de alguns dos cronogramas de aprendizado mais populares ao usar a otimização momentum com o objetivo de treinar redes neurais profundas para reconhecimento de fala. Os autores concluíram que, nesse cenário, o performance scheduling e o exponential scheduling tiveram um bom desempenho. Eles favoreceram o exponential scheduling porque era fácil de ajustar e convergiram um mais rapidamente para a solução ideal (eles também mencionaram que era mais fácil de implementar do que o performance scheduling, mas na Keras as duas opções são fáceis). Dito isso, ao que tudo indica a abordagem 1cycle tem um desempenho ainda melhor.

A implementação do power scheduling na Keras é a opção mais fácil: basta definir o hiperparâmetro `decay` ao criar um otimizador:

```
optimizer = keras.optimizers.SGD(lr=0.01, decay=1e-4)
```

O `decay` é o inverso de *s* (o número de etapas necessárias para dividir a taxa de aprendizado em mais uma unidade), e a Keras assume que *c* é igual a 1.

O exponential scheduling e o piecewise scheduling também são bem simples. Primeiro, é necessário definir uma função que pegue a época atual e retorne a taxa de aprendizado. Por exemplo, vamos implementar o exponential scheduling:

```
def exponential_decay_fn(epoch):
    return 0.01 * 0.1**(epoch / 20)
```

Se não quiser cravar o η_0 e o *s*, você pode criar uma função que retorne uma função configurada:

```
def exponential_decay(lr0, s):
    def exponential_decay_fn(epoch):
        return lr0 * 0.1**(epoch / s)
    return exponential_decay_fn

exponential_decay_fn = exponential_decay(lr0=0.01, s=20)
```

Em seguida, crie a callback `LearningRateScheduler`, fornecendo a função de cronograma, e passe essa callback para o método `fit()`:

```
lr_scheduler = keras.callbacks.LearningRateScheduler(exponential_decay_fn)
history = model.fit(X_train_scaled, y_train, [...], callbacks=[lr_
scheduler])
```

O `LearningRateScheduler` atualizará o atributo `learning_rate` do otimizador, no início de cada época. Em geral, atualizar a taxa de aprendizado uma vez por época é suficiente, mas se você deseja que ela seja atualizada com mais frequência, por exemplo, a cada etapa, sempre pode escrever a própria callbak (veja a seção "Exponential Scheduling" no notebook, por exemplo). Se houver muitas etapas por época, faz sentido atualizar a taxa de aprendizado a cada etapa. Como alternativa, você pode usar a abordagem `keras.optimiz ers.schedules`, que será descrita daqui a pouco.

A função de cronograma pode opcionalmente considerar a taxa de aprendizado atual como um segundo argumento. Por exemplo, a função de cronograma a seguir multiplica a taxa de aprendizado anterior por $0.1^{1/20}$, o que resulta no mesmo decaimento exponencial (exceto que o decaimento agora começa no início da época 0 em vez da 1):

```
def exponential_decay_fn(epoch, lr):
    return lr * 0.1**(1 / 20)
```

23 Andrew Senior et al., "An Empirical Study of Learning Rates in Deep Neural Networks for Speech Recognition", *Anais da Conferência Internacional da IEEE sobre Acústica, Fala e Processamento de Sinais* (2013): 6724–6728.

Essa implementação depende da taxa de aprendizado inicial do otimizador (ao contrário da implementação anterior), logo, faça questão de defini-la adequadamente.

Ao salvar um modelo, o otimizador e sua taxa de aprendizado são salvos junto com ele. Isso significa que, com essa função de cronograma nova, você pode simplesmente carregar um modelo treinado e continuar o treinamento de onde parou, sem problemas. No entanto, as coisas não são tão simples se a função de cronograma usar o argumento `epoch`: a época não é salva e é redefinida para 0 sempre que você chamar o método `fit()`. Na hipótese de você continuar treinando um modelo de onde ele parou, isso pode resultar em uma taxa de aprendizado muito alta, o que provavelmente danificaria os pesos do seu modelo. Uma solução é definir manualmente o argumento `initial_epoch` do método `fit()`para que a época comece com o valor correto.

Para o piecewise constant scheduling, você pode usar uma função de cronograma como a que segue (igual anteriormente, você pode definir uma função mais geral, caso queira; veja a seção "Piecewise Constant Scheduling" do notebook para obter um exemplo), em seguida crie uma callback `LearningRateScheduler` com essa função e a passe para o método `fit()`, assim como fizemos no exponential scheduling:

```
def piecewise_constant_fn(epoch):
    if epoch < 5:
        return 0.01
    elif epoch < 15:
        return 0.005
    else:
        return 0.001
```

Para o performance scheduling, use a callback `ReduceLROnPlateau`. Por exemplo, se você passar a seguinte callback para o método `fit()`, ela multiplicará a taxa de aprendizado por 0,5 sempre que a melhor perda de validação não melhorar por 5 épocas consecutivas (outras opções estão disponíveis; confira a documentação para obter mais detalhes):

```
lr_scheduler = keras.callbacks.ReduceLROnPlateau(factor=0.5, patience=5)
```

Por último, a tf.keras disponibiliza uma forma alternativa de implementar o cronograma da taxa de aprendizado: ela define a taxa de aprendizado usando um dos cronogramas disponíveis em `keras.optimizers.schedules` e depois passa essa taxa de aprendizado para qualquer otimizador. Essa abordagem atualiza a taxa de aprendizado em cada etapa e não em cada época. Por exemplo, veja como implementar o mesmo exponential schedule da função `exponential_decay_fn()` que definimos anteriormente:

```
s = 20 * len(X_train) // 32 # número de etapas em 20 épocas (tamanho do
batch=32)
learning_rate = keras.optimizers.schedules.ExponentialDecay(0.01, s, 0.1)
optimizer = keras.optimizers.SGD(learning_rate)
```

É uma coisa simples e maneira, além disso, quando você salva o modelo, a taxa de aprendizado e seu cronograma (incluindo seu estado) também são salvos. Contudo, essa abordagem não faz parte da Keras API; é específico da tf.keras.

Quanto à abordagem 1cycle, a implementação não apresenta dificuldades: basta criar uma callback customizada que modifique a taxa de aprendizado a cada iteração (você pode atualizar a taxa de aprendizado do otimizador, alterando o `self.model.optimizer.lr`). Confira a seção "1Cycle scheduling" do notebook para um exemplo.

Resumindo, o decaimento exponencial, o performance scheduling e a abordagem 1cycle podem acelerar substancialmente a convergência, então mãos à obra!

Evitando o Sobreajuste na Regularização

> Com quatro parâmetros posso adaptar um elefante e com cinco posso fazê-lo balançar a tromba.
>
> — John von Neumann, citado por Enrico Fermi na *Nature* 427

Com milhares de parâmetros, você consegue acomodar um zoológico inteiro. Normalmente, as redes neurais profundas têm dezenas de milhares de parâmetros, às vezes até milhões. Isso lhes fornece uma liberdade inacreditável e significa que elas podem se acomodar a uma enorme variedade de conjuntos de dados complexos. No entanto, essa enorme flexibilidade também significa que a rede está propensa a sobreajustar o conjunto de treinamento. Precisamos de regularização. Já implementamos uma das melhores técnicas de regularização no Capítulo 10: a early stopping. Por outro lado, embora a normalização em batch tenha sido projetada para solucionar os problemas de gradientes instáveis, ela também atua como um bom regularizador. Nesta seção, examinaremos outras técnicas populares de regularização para redes neurais: a regularização ℓ_1 e ℓ_2, a dropout e regularização max-norm.

Regularização ℓ_1 e ℓ_2

Assim como no Capítulo 4, para modelos lineares simples, você pode utilizar a regularização ℓ_2 para restringir os pesos de conexão de uma rede neural e/ou a regularização ℓ_1 se desejar um modelo esparso (com muitos pesos iguais a 0). Veja a seguir como aplicar a regularização ℓ_2 aos pesos de conexão de uma camada Keras, usando um fator de regularização de 0,01:

```
layer = keras.layers.Dense(100, activation="elu",
                           kernel_initializer="he_normal",
                           kernel_regularizer=keras.regularizers.l2(0.01))
```

A função `l2()` retorna um regularizador que será chamado a cada etapa, durante o treinamento a fim de calcular a perda de regularização. Então, ele é adicionado à perda final. Como seria de se esperar, você pode utilizar a `keras.regularizers.l1()` se quiser a regularização ℓ_1; caso queira a regularização ℓ_1 e ℓ_2, use a `keras.regularizers.l1_l2()` (especificando os dois fatores de regularização).

Uma vez que queira aplicar o mesmo regularizador a todas as camadas da sua rede, além de usar a mesma função de ativação e a mesma estratégia de inicialização em todas as camadas ocultas, você pode repetir os mesmos argumentos. Mas o código fica feio e propenso a erros. Para evitar isso, tente refatorar seu código para usar os loops. Outra opção é usar a função `functools.partial()` do Python, que permite criar um wrapper para qualquer chamada, com alguns valores de argumento padrão:

```
from functools import partial

RegularizedDense = partial(keras.layers.Dense,
                           activation="elu",
                           kernel_initializer="he_normal",
                           kernel_regularizer=keras.regularizers.l2(0.01))
model = keras.models.Sequential([
    keras.layers.Flatten(input_shape=[28, 28]),
    RegularizedDense(300),
    RegularizedDense(100),
    RegularizedDense(10, activation="softmax",
    kernel_initializer="glorot_uniform")
])
```

Dropout

Dropout é uma das técnicas de regularização mais populares para redes neurais profundas. Foi proposta em um artigo (*https://homl.info/64*)[24] de Geoffrey Hinton em 2012, melhor detalhada em um artigo de 2014 (*https://homl.info/65*)[25] por Nitish Srivastava et al., e se revelou uma técnica extremamente bem-sucedida: até as redes neurais mais modernas obtêm um aumento da acurácia de 1 a 2% simplesmente ao adicionar a dropout. Pode até não ser muita coisa, mas, quando um modelo já tem 95% de acurácia, obter um aumento de 2% significa diminuir a taxa de erro em quase 40% (passando de 5% para aproximadamente 3%).

É um algoritmo bem simples: a cada etapa do treinamento, todos os neurônios (incluindo os de entrada, mas sempre excluindo os de saída) têm uma probabilidade *p* de serem temporariamente "omitidos", o que significa que serão totalmente ignorados durante essa etapa de treinamento, porém podem ser ativados durante a próxima etapa (veja a Figura 11-9). O hiperparâmetro *p* se chama *taxa de dropout* e geralmente é definida entre 10% e 50%: mais próximo de 20 a 30% nas redes neurais recorrentes (veja o Capítulo 15) e mais próximo de 40 a 50% nas redes neurais convolucionais (veja o Capítulo 14). Após o treinamento, os neurônios não são mais omitidos. E isso é tudo (exceto por um detalhe técnico que discutiremos daqui a pouco).

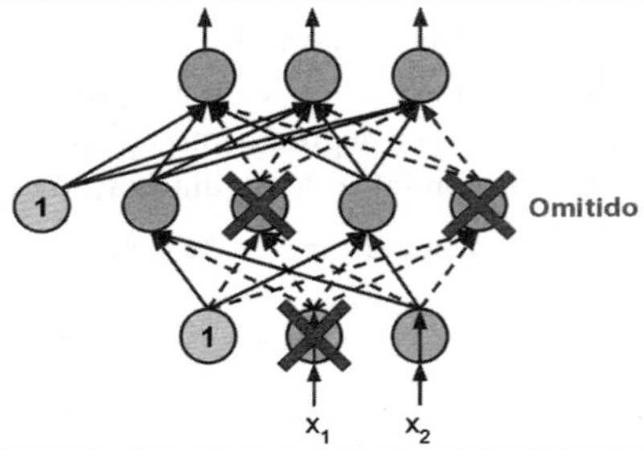

Figura 11-9. Na regularização dropout, a cada iteração de treinamento, um subconjunto aleatório de todos os neurônios em uma ou mais camadas — exceto a camada de saída — é "omitido"; esses neurônios geram a saída 0 nesta iteração (representada pelas setas tracejadas)

A princípio, é de se admirar que essa técnica destrutiva funcione. Uma empresa teria um desempenho melhor, caso seus funcionários todas as manhãs tirassem no cara ou coroa se iriam trabalhar ou não? Sabe-se lá, vai que funciona! A empresa seria obrigada a adaptar sua organização; não poderia contar com uma pessoa só para ficar na máquina de café ou realizar outras tarefas críticas; logo, essa expertise teria que ser divulgada para várias pessoas. Os funcionários precisariam aprender a colaborar com muitos de seus colegas de trabalho, e não somente com alguns deles. A empresa seria bem mais flexível. Se uma pessoa pedisse as contas, não faria muita diferença. Não fica muito claro se essa ideia realmente funcionaria para as empresas, mas com toda certeza ela funciona para as redes neurais. Os neurônios treinados com a abordagem dropout não conseguem se acomodar aos neurônios vizinhos; eles precisam ser os mais úteis possíveis por conta própria; não podem depender exageradamente de somente alguns neurônios de entrada; devem ficar atentos a cada um de seus neurônios de entrada; e acabam sendo menos sensíveis a pequenas mudanças nas entradas. No fim, você obtém uma rede mais robusta que generaliza melhor.

24 Geoffrey E. Hinton et al., "Improving Neural Networks by Preventing Co-Adaptation of Feature Detectors", arXiv preprint arXiv:1207.0580 (2012).

25 Nitish Srivastava et al., "Dropout: A Simple Way to Prevent Neural Networks from Overfitting", *Journal of Machine Learning Research* 15 (2014): 1929–1958.

Outra forma de entender o poder da dropout é reconhecer que uma única rede neural é gerada a cada etapa do treinamento. Uma vez que cada neurônio pode estar presente ou ausente, existe um total de 2*N* de redes possíveis (sendo *N* o número total de neurônios descartáveis). Esse é um número tão grande que é praticamente impossível que a mesma rede neural seja amostrada duas vezes. Depois de executar 10 mil etapas de treinamento, você basicamente treinou 10 mil redes neurais diferentes (cada uma somente com uma instância de treinamento). Claro que essas redes neurais não são independentes, porque compartilham muitos de seus pesos, no entanto, são todas diferentes. A rede neural resultante pode ser considerada como um conjunto médio de todas essas redes neurais menores.

> Na prática, você pode usar a dropout apenas nos neurônios de uma a três camadas superiores (excluindo a camada de saída).

Temos um pequeno detalhe técnico, mas importante. Neste caso, suponha que p = 50%; durante o teste, um neurônio seria conectado a duas vezes mais neurônios de entrada do que seria (em média) durante o treinamento. Para compensar esse fato, precisamos multiplicar os pesos de conexão de entrada de cada neurônio por 0,5 após o treinamento. Caso contrário, cada neurônio receberá um sinal de entrada total aproximadamente duas vezes maior do que aquele em que a rede foi treinada e provavelmente não terá um bom desempenho. Em termos mais gerais, precisamos multiplicar cada peso da conexão de entrada pela *probabilidade de permanência [keep probability]* ($1 - p$) após o treinamento. Como alternativa, podemos dividir a saída de cada neurônio pela probabilidade de permanência durante o treinamento (essas alternativas não são perfeitamente equivalentes, mas funcionam bem).

Para implementar a dropout utilizando a Keras, use a camada `keras.layers.Dropout`. Durante o treinamento, ela descarta algumas entradas aleatoriamente (as definindo como 0) e divide as entradas restantes pela probabilidade de permanência. Após o treinamento, ela não faz mais nada; apenas passa as entradas para a próxima camada. O código a seguir aplica a regularização dropout, antes de cada camada `Dense`, usando uma taxa de dropout de 0,2:

```
model = keras.models.Sequential([
    keras.layers.Flatten(input_shape=[28, 28]),
    keras.layers.Dropout(rate=0.2),
    keras.layers.Dense(300, activation="elu", kernel_initializer="he_normal"),
    keras.layers.Dropout(rate=0.2),
    keras.layers.Dense(100, activation="elu", kernel_initializer="he_normal"),
    keras.layers.Dropout(rate=0.2),
    keras.layers.Dense(10, activation="softmax")
])
```

> Como a dropout só fica ativa durante o treinamento, comparar a perda de treinamento e a perda de validação pode induzir ao erro. Ainda mais se um modelo estiver sobreajustando o conjunto de treinamento e ainda tiver perdas de treinamento e validação semelhantes. Assim, faça questão de avaliar a perda de treinamento sem a dropout (por exemplo, após o treinamento).

Caso perceba que o modelo está se sobreajustando, você poderá aumentar a taxa de dropout. Por outro lado, você deve tentar diminuir a taxa de dropout se o modelo se subajustar ao conjunto de treinamento. O que ajuda também é aumentar a taxa de dropout nas grandes camadas e reduzi-la nas pequenas. Além disso, muitas arquiteturas de última geração usam somente a dropout após a última camada oculta; logo, você pode tentar fazer isso se a dropout total for muito alta.

A dropout tende a desacelerar significativamente a convergência, mas geralmente resulta em um modelo bem melhor quando ajustado adequadamente. Então, vale a pena o tempo e o esforço extra.

> Se você quiser regularizar uma rede autonormalizada com base na função de ativação SELU (conforme analisado antes), use o *alpha dropout*: uma variante da dropout que preserva a média e o desvio-padrão de suas entradas (foi apresentada no mesmo artigo que a SELU, uma vez que a dropout normal interromperia a autonormalização).

Dropout de Monte Carlo (MC)

Em 2016, um artigo (*https://homl.info/mcdropout*)[26] de Yarin Gal e Zoubin Ghahramani demonstrou algumas boas razões para se empregar a dropout:

- Primeiro, o artigo estabeleceu um vínculo significativo entre as redes dropout (ou seja, redes neurais contendo uma camada `Dropout` antes de cada camada de peso) e inferência bayesiana aproximada,[27] fornecendo uma justificativa matemática sólida para a dropout.
- Segundo, os autores apresentaram uma técnica poderosa chamada *dropout de Monte Carlo*, que pode aumentar o desempenho de qualquer modelo dropout treinado sem precisar treiná-lo ou mesmo modificá-lo, que fornece uma métrica bem melhor da incerteza do modelo e também é extremamente simples de implementar.

Caso isso lhe pareça "uma história para boi dormir", dê uma olhada no código a seguir. É a implementação completa da *dropout de Monte Carlo*, que aperfeiçoa o modelo dropout treinado anteriormente, sem treiná-lo novamente:

```
y_probas = np.stack([model(X_test_scaled, training=True)
                     for sample in range(100)])
y_proba = y_probas.mean(axis=0)
```

Acabamos de fazer 100 predições no conjunto de testes, definindo `training=True` para garantir que a camada `Dropout` fique ativa e empilhe as predições. Uma vez que a dropout está ativa, todas as predições serão diferentes. Lembre-se de que `predict()` retorna uma matriz com uma linha por instância e uma coluna por classe. Como existem 10 mil instâncias no conjunto de testes e 10 classes, essa é uma matriz de formato [10000, 10]. Nós empilhamos 100 dessas matrizes; `y_probas` é uma matriz de formato [100, 10000, 10]. Quando calculamos a média da primeira dimensão (`axis=0`), obtemos `y_proba`, uma matriz de formato [10000, 10], como obteríamos com uma única predição. E pronto! A média de várias predições com a dropout nos fornece uma estimativa de Monte Carlo que geralmente é mais confiável do que o resultado de uma única predição com dropout. Por exemplo, vejamos a predição do modelo para a primeira instância no conjunto de testes, sem a dropout:

```
>>> np.round(model.predict(X_test_scaled[:1]), 2)
array([[0.  , 0.  , 0.  , 0.  , 0.  , 0.  , 0.  , 0.01, 0.  , 0.99]],
      dtype=float32)
```

---

26 Yarin Gal e Zoubin Ghahramani, "Dropout as a Bayesian Approximation: Representing Model Uncertainty in Deep Learning", *Anais da 33ª Conferência Internacional sobre Aprendizado de Máquina* (2016): 1050–1059.

27 Em termos específicos, eles demonstram que treinar uma rede dropout é matematicamente equivalente a aproximar a inferência bayesiana em um tipo específico de modelo probabilístico chamado *processo gaussiano profundo*.

Aparentemente, é quase certo de que esta imagem pertence à classe 9 (ankle boot). Você deveria confiar? Existe tão pouco espaço para dúvidas? Compare isso com as predições feitas quando ativar a dropout:

```
>>> np.round(y_probas[:, :1], 2)
array([[[0.  , 0.  , 0.  , 0.  , 0.  , 0.14, 0.  , 0.17, 0.  , 0.68]],
       [[0.  , 0.  , 0.  , 0.  , 0.  , 0.16, 0.  , 0.2 , 0.  , 0.64]],
       [[0.  , 0.  , 0.  , 0.  , 0.  , 0.02, 0.  , 0.01, 0.  , 0.97]],
       [...]
```

Agora, a história é bem diferente: aparentemente, quando ativamos a dropout, o modelo não tem mais certeza. Ainda parece preferir a classe 9, mas às vezes fica em dúvida nas classes 5 (sandal) e 7 (sneaker), o que faz sentido, pois são todos calçados. Depois da média da primeira dimensão, obtemos as seguintes predições a partir da dropout de Monte Carlo:

```
>>> np.round(y_proba[:1], 2)
array([[0.  , 0.  , 0.  , 0.  , 0.  , 0.22, 0.  , 0.16, 0.  , 0.62]],
      dtype=float32)
```

O modelo ainda acha que essa imagem pertence à classe 9, mas tem somente 62% de confiança, o que parece bem mais razoável do que 99%. Além do mais, é útil saber exatamente quais outras classes ele considera como provável. E você também pode dar uma olhada no desvio-padrão das estimativas de probabilidade (*https://xkcd.com/2110*):

```
>>> y_std = y_probas.std(axis=0)
>>> np.round(y_std[:1], 2)
array([[0.  , 0.  , 0.  , 0.  , 0.  , 0.28, 0.  , 0.21, 0.02, 0.32]],
      dtype=float32)
```

Ao que tudo indica, existe um monte de variância nas estimativas de probabilidade: se você estava criando um sistema sensível ao risco (por exemplo, um sistema médico ou financeiro), provavelmente deveria considerar uma predição tão incerta com extrema cautela. Você definitivamente não deveria considerá-lo como uma previsão de 99% de confiança. Aliás, a acurácia do modelo obteve um pequeno aumento de 86,8 para 86,9:

```
>>> accuracy = np.sum(y_pred == y_test) / len(y_test)
>>> accuracy
0.8694
```

> O número de amostras de Monte Carlo que você usa (100 neste exemplo) é um hiperparâmetro que você consegue ajustar. Quanto mais alto, mais precisas serão as predições e suas estimativas de incerteza. No entanto, se você dobrá-lo, o tempo de inferência também será dobrado. Além disso, acima de um certo número de amostras, você perceberá que as melhorias são poucas. Assim, sua tarefa é encontrar o equilíbrio adequado entre latência e acurácia, dependendo da sua aplicação.

Caso seu modelo tenha outras camadas que se comportam de forma especial durante o treinamento (como as camadas `BatchNormalization`), então você não deve forçar o modo de treinamento como acabamos de fazer. Ao contrário, deve substituir as camadas do `Dropout` pela classe `MCDropout`:

```
class MCDropout(keras.layers.Dropout):
    def call(self, inputs):
        return super().call(inputs, training=True)
```

Aqui, apenas subclasseamos a camada `Dropout` e sobrescrevemos o método `call()` para forçar seu argumento `training` para `True` (veja o Capítulo 12). Da mesma forma, você pode definir uma classe `MCAlphaDropout` subclasseando `AlphaDropout`. Se estiver criando um modelo a partir do zero, é somente uma questão de usar o `MCDropout` em vez do `Dropout`. Mas, se tiver um modelo que já foi treinado usando `Dropout`, precisará criar um novo modelo idêntico ao modelo existente, contando que ele substitua as camadas `Dropout` pela `MCDropout` e copie os pesos do modelo existente para o seu novo modelo.

Em resumo, a dropout de Monte Carlo é uma técnica fantástica que aprimora os modelos dropout e fornece melhores estimativas de incerteza. E, claro, como ela é uma dropout normal durante o treinamento, também se comporta como regularizador.

Regularização Max-Norm

Outra técnica de regularização popular para redes neurais se chama *regularização max-norm*: para cada neurônio, ela restringe os pesos **w** das conexões de entrada de modo que $\| \mathbf{w} \|_2 \leq r$, sendo que r é o hiperparâmetro max-norm e $\| \cdot \|_2$ é a norma ℓ_2.

A regularização max-norm não adiciona um termo de perda de regularização à função de perda geral. Em vez disso, é normalmente implementada pelo cálculo $\|\mathbf{w}\|_2$ após cada etapa de treinamento e reescala o **w** se necessário .

Reduzir r aumenta a quantidade de regularização e ajuda a reduzir o sobreajuste. A regularização max-norm também pode ajudar a mitigar os problemas instáveis dos gradientes (se você não estiver usando a normalização em batch). Para implementar a regularização max-norm na Keras, defina o argumento `kernel_constraint` de cada camada oculta como uma restrição `max_norm()` com o valor máximo apropriado:

```
keras.layers.Dense(100, activation="elu", kernel_initializer="he_normal",
                   kernel_constraint=keras.constraints.max_norm(1.))
```

Após cada iteração de treinamento, o método `fit()` do modelo chama o objeto retornado pela `max_norm()`, passando os pesos da camada e obtendo pesos reescalados de volta, que substituem os pesos da camada. Como você verá no Capítulo 12, é possível criar sua própria função de restrição customizada, se necessário, e usá-la como `kernel_con straint`. Você também pode restringir os vieses definindo o argumento `bias_constraint`.

A função `max_norm()` tem um argumento `axis` que assume como padrão `0`. Uma camada `Dense` geralmente comporta os pesos de formatos [*número de entradas, número de neurônios*]; portanto, usar o `axis=0` significa que a restrição max-norm se aplicará independentemente a cada vetor de peso do neurônio. Caso queira usar a regularização max-norm com camadas convolucionais (veja o Capítulo 14), defina o argumento `axis` da restrição `max_norm()`adequadamente (geralmente `axis=[0, 1, 2]`).

Diretrizes Práticas

Neste capítulo, abordamos um amplo leque de técnicas, e você pode estar se perguntando quais delas deve usar. Isso depende da tarefa, e ainda não existe um consenso claro, no entanto, na maioria das vezes, a configuração da Tabela 11-3 funciona bem, sem exigir muito ajuste do hiperparâmetro. Dito isso, não considere esses padrões como regras rígidas!

Tabela 11-3. Configuração DNN padrão

Hiperparâmetro	Valor-padrão
Inicializador de kernel	Inicialização He
Função de ativação	ELU
Normalização	Nenhuma se for rede rasa; se for profunda, normalização em batch
Regularização	Early stopping (reg.$\ell 2$, se necessário)
Otimizador	Otimização momentum (ou RMSProp ou Nadam)
Cronograma da taxa de aprendizado	1cycle

Se a rede é uma pilha simples de camadas densas, ela pode autonormalizar e você deve usar a configuração da Tabela 11-4.

Tabela 11-4. Configuração DNN para uma rede autonormalizada

Hiperparâmetro	Valor-padrão
Inicializador de kernel	Inicialização LeCun
Função de ativação	SELU
Normalização	Nenhum (autonormalização)
Regularização	Alpha dropout, se necessário
Otimizador	Otimização momentum (ou RMSProp ou Nadam)
Cronograma da taxa de aprendizado	1cycle

Não se esqueça de normalizar as características de entrada! Você também deve tentar reutilizar partes de uma rede neural pré-treinada, se puder encontrar uma que resolva um problema semelhante; ou usar pré-treinamento não supervisionado se tiver muitos dados não rotulados; ou usar pré-treinamento em uma tarefa auxiliar, caso tenha muito dados rotulados para uma tarefa semelhante.

Embora as diretrizes anteriores abranjam a maioria dos casos, existem algumas exceções que fogem à regra:

- Se precisar de um modelo esparso, poderá usar a regularização ℓ_1 (e, opcionalmente, zerar os pesos menores, após o treinamento). Caso precise de um modelo ainda mais esparso, poderá usar o TensorFlow Model Optimization Toolkit. Ele interromperá a autonormalização, então use a configuração-padrão neste caso.
- Caso precise de um modelo de baixa latência (aquele que faz predições extremamente rápidas), pode ser necessário usar menos camadas, dobrar as camadas da normalização em batch nas camadas anteriores e, possivelmente, usar uma função de ativação mais rápida, como leaky ReLU ou somente a ReLU. Um modelo esparso também ajudará. Por último, convém reduzir a precisão do float de 32 bits para 16 ou até 8 bits (confira a seção "Implementando um Modelo em um Dispositivo Móvel ou Embarcado"). Mais uma vez, confira o TFMOT.

- Se estiver criando um aplicativo sensível ao risco, ou a latência de inferência não for muito importante, poderá usar a dropout de Monte Carlo para aumentar o desempenho e obter estimativas de probabilidade mais confiáveis, junto com estimativas de incerteza.

Com essas diretrizes, você está pronto para treinar redes muito profundas! Espero que agora esteja convencido de que consegue ir muito além usando apenas a biblioteca Keras. Pode chegar um momento, no entanto, em que você precisa ter ainda mais controle; por exemplo, para escrever uma função de perda personalizada ou para ajustar o algoritmo de treinamento. Para esses casos, precisará usar a API de baixo nível da TensorFlow, conforme verá no próximo capítulo.

Exercícios

1. Tudo bem inicializar todos os pesos para o mesmo valor, desde que esse valor seja selecionado aleatoriamente usando a inicialização He?
2. Tem algum problema inicializar os vieses para 0?
3. Cite três vantagens da função de ativação SELU em relação à ReLU.
4. Em quais casos você usaria cada uma das seguintes funções de ativação: SELU, leaky ReLU (e suas variantes), ReLU, tanh, logh e softmax?
5. O que pode acontecer se você definir o hiperparâmetro `momentum` muito próximo de 1 (por exemplo, 0,99999) ao usar um otimizador `SGD`?
6. Cite três maneiras de produzir um modelo esparso.
7. A dropout retarda o treinamento? Ela desacelera a inferência (ou seja, realiza predições em instâncias novas? E quanto à dropout de Monte Carlo?
8. Pratique o treinamento de uma rede neural profunda no conjunto de dados de imagem CIFAR10:
   a. Crie uma DNN com 20 camadas ocultas de 100 neurônios cada (um tanto exagerado, mas é o objetivo deste exercício). Use a inicialização He e a função de ativação ELU;
   b. Usando a otimização Nadam e a early stopping, treine a rede no conjunto de dados CIFAR10. Você pode carregá-lo a partir do `keras.datasets.cifar10.load_data()`. O conjunto de dados é composto de 60 mil imagens coloridas de 32 × 32 pixels (50 mil para treinamento, 10 mil para testes) com 10 classes, assim você precisará de uma camada de saída softmax com 10 neurônios. Lembre-se de procurar a taxa de aprendizado correta sempre que alterar a arquitetura ou os hiperparâmetros do modelo;
   c. Agora, tente rodar a normalização em batch e compare as curvas de aprendizado: está convergindo mais rápido do que antes? Produz um modelo melhor? Como isso afeta a velocidade do treinamento?
   d. Tente substituir a normalização em batch pela SELU e faça os ajustes necessários a fim de assegurar que a rede se autonormalize (ou seja, padronize as características de entrada, use a inicialização normal de LeCun, verifique se a DNN contém somente uma sequência de camadas densas etc.).
   e. Tente regularizar o modelo com a alpha dropout. Em seguida, sem treinar novamente o seu modelo, verifique se você consegue alcançar uma melhor acurácia usando a dropout de Monte Carlo.
   f. Treine mais uma vez o seu modelo usando o 1cycle scheduling e veja se ele melhora a velocidade de treinamento e a acurácia do modelo.

As soluções para esses exercícios estão disponíveis no Apêndice A.

CAPÍTULO 12

Modelos Customizados e Treinamento com a Biblioteca TensorFlow

Até agora, usamos somente a API de alto nível da TensorFlow, a tf.keras, mas isso já nos levou muito longe: construímos diversas arquiteturas de redes neurais, incluindo redes de regressão e classificação, redes Wide & Deep e redes autonormalizadas empregando todos os tipos de técnicas, como normalização em batch, dropout e cronogramas de taxas de aprendizado. Na verdade, 95% dos casos de uso que você encontrará não exigirão nada além da tf.keras (e da tf.data; veja o Capítulo 13). Mas agora é hora de se aprofundar mais na TensorFlow e dar uma olhada na Python API de baixo nível (*https://homl.info/tf2api*). Isso será de grande ajuda quando você precisar de controle extra para escrever funções de perda e métricas customizadas, camadas, modelos, inicializadores, regularizadores, restrições de peso e muito mais. Talvez você precise controlar totalmente o próprio ciclo de treinamento, por exemplo, aplicar transformações ou restrições especiais aos gradientes (e não apenas recortá-los) ou usar vários otimizadores para diferentes partes da rede. Neste capítulo, abordaremos todos esses casos e também veremos como você pode alavancar seus modelos personalizados e algoritmos de treinamento utilizando a função de geração automática de grafos da TensorFlow. Mas, primeiro, vamos fazer um tour rápido pela biblioteca TensorFlow.

> A TensorFlow 2.0 (beta) foi lançada em junho de 2019, facilitando e muito o uso da TensorFlow. A primeira edição deste livro usou o TF 1, enquanto esta edição usa o TF 2.

Um Tour Rápido pela TensorFlow

Como você sabe, a TensorFlow é uma biblioteca poderosa para cálculos numéricos, feita sob medida e aperfeiçoada para o aprendizado de máquina em larga escala (mas você pode usá-la para qualquer outra coisa que exija cálculos pesados). Ela foi desenvolvida pela equipe do Google Brain e fornece muitos dos serviços de larga escala do Google, como o Google Cloud Speech, o Google Fotos e o Google Search. Foi disponibilizada como open source em novembro de 2015 e agora é a biblioteca mais popular de aprendizado profundo (em termos de citações em artigos, adoção em empresas, estrelas no GitHub etc.). Inúmeros projetos usam a TensorFlow para todos os tipos de tarefas de aprendizado de máquina, como classificação de imagens, processamento de linguagem natural, sistemas de recomendação e previsão de séries temporais.

Mas o que a TensorFlow oferece? Vamos resumir:

- Sua base é muito semelhante ao NumPy, mas com suporte a GPU.
- Suporta computação distribuída (em vários dispositivos e servidores).
- Inclui um tipo de compilador just-in-time (JIT) que possibilita otimizar os cálculos quando se trata de velocidade e uso de memória. Ele funciona extraindo o *grafo computacional* de uma função Python, em seguida o otimiza (por exemplo, removendo os nós não utilizados) e, por último, roda-o com eficiência (por exemplo, executando automaticamente operações independentes em paralelo).

- Os grafos computacionais podem ser exportados para um formato portátil, de modo que você consiga treinar um modelo TensorFlow em um ambiente (por exemplo, usando Python no Linux) e executá-lo em outro (por exemplo, usando Java em um dispositivo Android).
- Ela implementa o autodiff (veja o Capítulo 10 e o Apêndice D) e fornece excelentes otimizadores, como o RMSProp e o Nadam (veja o Capítulo 11), de modo que você consegue minimizar facilmente todos os tipos de funções de perda.

A biblioteca TensorFlow oferece muitos outros recursos construídos com base em seus recursos originais: é claro que o mais importante deles é a `tf.keras`,[1] mas também tem operações de carregamento e pré-processamento de dados (`tf.data`, `tf.io` etc.), operações de processamento de imagem (`tf.image`), operações de processamento de sinal (`tf.signal`) e muito mais (confira a Figura 12-1 para obter um panorama geral da Python API da TensorFlow).

Abordaremos muitos dos pacotes e funções da TensorFlow API, mas é impossível abordar todo eles, portanto, tire um tempo e pesquise sobre a API; você descobrirá que os tópicos são bastante ricos e bem documentados.

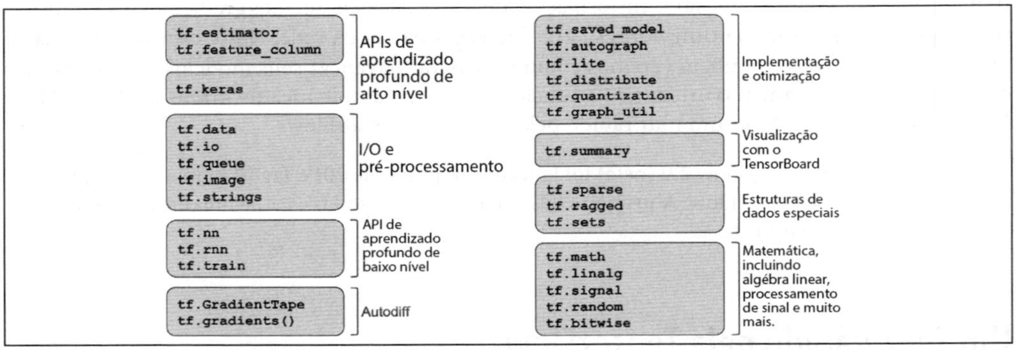

Figura 12-1. Python API da TensorFlow

No nível mais baixo, cada operação da TensorFlow é implementada usando um código C++[2] extremamente eficiente. Muitas operações têm diversas implementações que se chamam *kernels*: cada kernel é dedicado a um tipo de dispositivo específico, como CPUs, GPUs ou mesmo TPUs (*unidades de processamento de tensor*). Como você deve saber, as GPUs podem acelerar drasticamente os cálculos, ao dividi-los em muitos pedaços menores e executá-los em paralelo em vários threads de GPU. As TPUs são ainda mais rápidas: são chips ASIC personalizados criados especificamente para operações de aprendizado profundo (analisaremos como usar a TensorFlow com GPUs ou TPUs no Capítulo 19).

A arquitetura da TensorFlow é mostrada na Figura 12-2. Na maioria das vezes, seu código usa as APIs de alto nível (sobretudo a tf.keras e a tf.data); mas quando precisar de mais flexibilidade você usará a Python API de nível inferior, manipulando os tensores diretamente. Repare que APIs para outras linguagens também estão disponíveis. Seja como for, o mecanismo de execução da TensorFlow se encarregará de executar as operações com eficiência, ainda que em vários dispositivos e máquinas, caso você queira.

1 A TensorFlow inclui outra API de aprendizado profundo chamada *Estimators API*, mas a equipe da TensorFlow recomenda o uso da `tf.keras`.

2 Caso precise (mas provavelmente não precisará), você poderá escrever suas próprias operações usando a C++ API.

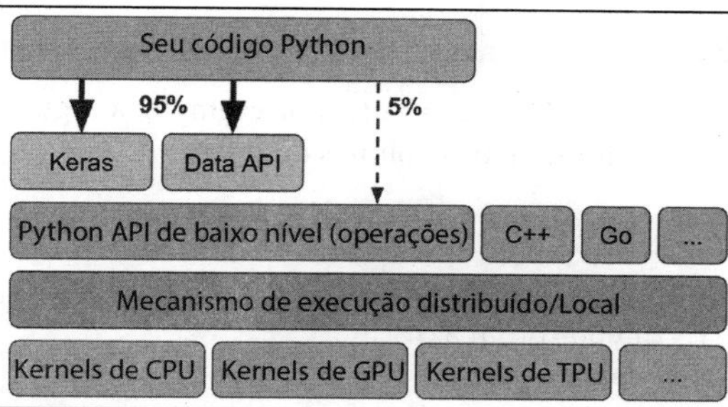

Figura 12-2. Arquitetura da TensorFlow

A TensorFlow não roda somente no Windows, Linux e macOS, como também em dispositivos móveis (usando o *TensorFlow Lite*), incluindo iOS e Android (veja o Capítulo 19). Caso não queira utilizar a Python API, existem as APIs C ++, Java, Go e Swift. Existe até uma implementação do JavaScript chamada *TensorFlow.js* que possibilita executar seus modelos diretamente em seu navegador.

A TensorFlow é simplesmente mais do que uma biblioteca. A TensorFlow está no núcleo de um ecossistema abrangente de bibliotecas. Primeiro, existe o TensorBoard para visualização (veja o Capítulo 10). Existe também o TensorFlow Extended (TFX) (*https://tensorflow.org/tfx*), um conjunto de bibliotecas criadas pelo Google com o intuito de colocar em produção projetos TensorFlow: inclui ferramentas para validação de dados, pré-processamento, análise de modelo e serviços (para o TF Serving; veja o Capítulo 19). A *TensorFlow Hub* do Google fornece uma maneira de fazer download e reutilizar facilmente redes neurais pré-treinadas. Você também pode obter muitas arquiteturas de redes neurais, algumas delas pré-treinadas no TensorFlow Model Garden (*https://github.com/ tensorflow/models/*). Confira o TensorFlow Resources (*https://www.tensor flow.org/resources*) e *https://github.com/jtoy/awesome -tensorflow* para mais projetos com base na TensorFlow. Você encontrará centenas de projetos TensorFlow no GitHub, portanto é fácil encontrar o código existente para o que você está tentando fazer.

> Cada vez mais e mais publicações sobre AM são lançadas junto com suas implementações e, às vezes, até com modelos pré-treinados. Entre em *https://paperswithcode.com/* para encontrá-las facilmente.

Por último, mas não menos importante, a TensorFlow tem uma equipe dedicada de desenvolvedores entusiasmados e prontos para ajudar, além de uma grande comunidade que contribui para melhorá-la. Para fazer perguntas técnicas, você deve acessar *http://stackoverflow.com/* e taguear sua pergunta com *tensorflow* e *python*. Você pode especificar os file bugs e as solicitações de recursos no GitHub (*https://github.com/tensorflow/tensorflow*). Para discussões gerais, participe do grupo do Google (*https://homl.info/41*).

Hora de começar a programar, mãos à obra!

Usando a TensorFlow como NumPy

A API da TensorFlow consiste basicamente de *tensores*, que fluem de operação para operação — por isso o nome TensorFlow. Geralmente, um tensor é um array multidimensional (exatamente como um `ndarray` da NumPy), mas ele também pode conter um escalar (um valor simples, como `42`). Esses tensores serão importantes quando criarmos funções de custo e métricas customizadas, camadas personalizadas e muito mais. Vamos ver como criá-los e manipulá-los.

Tensores e operações

Você pode criar um tensor com a `tf.constant()`. Por exemplo, a seguir temos um tensor representando uma matriz com duas linhas e três colunas de floats:

```
>>> tf.constant([[1., 2., 3.], [4., 5., 6.]]) # matriz
<tf.Tensor: id=0, shape=(2, 3), dtype=float32, numpy=
array([[1., 2., 3.],
       [4., 5., 6.]], dtype=float32)>
>>> tf.constant(42) # escalar
<tf.Tensor: id=1, shape=(), dtype=int32, numpy=42>
```

Assim como o `ndarray`, uma `tf.Tensor` tem o formato e o tipo de dado (`dtype`):

```
>>> t = tf.constant([[1., 2., 3.], [4., 5., 6.]])
>>> t.shape
TensorShape([2, 3])
>>> t.dtype
tf.float32
```

A indexação funciona como na NumPy:

```
>>> t[:, 1:]
<tf.Tensor: id=5, shape=(2, 2), dtype=float32, numpy=
array([[2., 3.],
       [5., 6.]], dtype=float32)>
>>> t[..., 1, tf.newaxis]
<tf.Tensor: id=15, shape=(2, 1), dtype=float32, numpy=
array([[2.],
       [5.]], dtype=float32)>
```

E o mais importante, todos os tipos de operações de tensores estão disponíveis:

```
>>> t + 10
<tf.Tensor: id=18, shape=(2, 3), dtype=float32, numpy=
array([[11., 12., 13.],
       [14., 15., 16.]], dtype=float32)>
>>> tf.square(t)
<tf.Tensor: id=20, shape=(2, 3), dtype=float32, numpy=
array([[ 1., 4., 9.],
       [16., 25., 36.]], dtype=float32)>
>>> t @ tf.transpose(t)
<tf.Tensor: id=24, shape=(2, 2), dtype=float32, numpy=
array([[14., 32.],
       [32., 77.]], dtype=float32)>
```

Repare que escrever `t + 10` é o equivalente a chamar o `tf.add(t, 10)` (na realidade, o Python chama o método mágico `t. add (10)`, que por sua vez chama o `tf.add(t, 10)`). Outros operadores como `-` e `*` também são compatíveis. O operador `@` foi adicionado ao Python 3.5, para uma matriz de multiplicação: é equivalente a chamar a função `tf.matmul()`.

Você encontrará todas as operações matemáticas básicas de que precisa (`tf.add()`, `tf.multiply()`, `tf.square()`, `tf.exp()`, `tf.sqrt()` etc.) e boa parte das operações na NumPy (por exemplo, `tf.reshape()`, `tf.squeeze()`, `tf.tile()`). Algumas funções têm um nome diferente na NumPy; por exemplo, `tf.reduce_mean()`, `tf.reduce_sum()`, `tf.reduce_max()` e `tf.math.`

`log()` correspondem às funções `np.mean()`, `np.sum()`, `np.max()` e `np.log()`. Via de regra, quando os nomes são diferentes existe um bom motivo para tal. Por exemplo, na TensorFlow é necessário escrever `tf.transpose(t)`; você simplesmente não pode escrever `t.T` como na NumPy. O motivo é que a função `tf.transpose()` não faz exatamente a mesma coisa que o atributo `T` da NumPy: na biblioteca TensorFlow, um tensor novo é criado com sua própria cópia dos dados transpostos, ao passo que na NumPy, `t.T` é somente uma visão transposta nos mesmos dados. Da mesma forma, a operação `tf.reduce _ sum()` tem esse nome porque seu kernel da GPU (ou seja, a implementação da GPU) usa um algoritmo de redução que não garante a ordem na qual os elementos são adicionados: uma vez que os floats de 32-bit têm precisão limitada, o resultado pode mudar um pouco sempre que você chamar esta operação. O mesmo vale para a `tf.reduce _ mean()` (mas claro que a `tf.reduce _ max()` é determinística).

Muitas funções e classes têm aliases. Por exemplo, a `tf.add()` e a `tf.math.add()` são a mesma função. Isso possibilita que a TensorFlow tenha nomes concisos para as operações mais comuns, mantendo a boa organização dos pacotes.

API de Baixo Nível da Keras

A Keras API tem sua própria API de baixo nível, localizada no `keras.backend`. Ela inclui funções como a `square()`, `exp()` e `sqrt()`. Na tf.keras, essas funções geralmente chamam as operações correspondentes da TensorFlow. Se quiser escrever um código que seja reutilizável para outras implementações da Keras, você deve usar essas funções Keras. No entanto, elas englobam somente um subconjunto de todas as funções disponíveis na TensorFlow; desse modo, neste livro, usaremos diretamente as operações da TensorFlow. Veja um exemplo simples que usa a `keras.backend`, comumente chamada de `K` para abreviar:

```
>>> from tensorflow import keras
>>> K = keras.backend
>>> K.square(K.transpose(t)) + 10
<tf.Tensor: id=39, shape=(3, 2), dtype=float32, numpy=
array([[11., 26.],
       [14., 35.],
       [19., 46.]], dtype=float32)>
```

Tensores e NumPy

Os tensores funcionam bem com a NumPy: você pode criar um tensor a partir de um array NumPy e vice-versa. Você pode até aplicar operações da TensorFlow aos arrays NumPy e operações NumPy a tensores:

```
>>> a = np.array([2., 4., 5.])
>>> tf.constant(a)
<tf.Tensor: id=111, shape=(3,), dtype=float64, numpy=array([2., 4., 5.])>
>>> t.numpy() # ou np.array(t)
array([[1., 2., 3.],
       [4., 5., 6.]], dtype=float32)
>>> tf.square(a)
<tf.Tensor: id=116, shape=(3,), dtype=float64, numpy=array([4., 16., 25.])>
>>> np.square(t)
array([[ 1., 4., 9.],
       [16., 25., 36.]], dtype=float32)
```

Observe que a NumPy usa precisão de 64 bits por padrão, enquanto a TensorFlow usa 32 bits. Isso ocorre porque a precisão de 32 bits geralmente é mais do que suficiente para redes neurais, além de ser mais rápida e usar menos RAM. Assim, ao criar um tensor a partir de um array NumPy, defina `dtype=tf.float32`.

Conversões de tipo

As conversões de tipo podem prejudicar consideravelmente o desempenho e podem passar despercebidas com facilidade quando feitas de maneira automática. Para evitar isso, a TensorFlow não faz nenhuma conversão de tipo automaticamente: ela gera somente uma exceção se você tentar executar uma operação em tensores com tipos incompatíveis. Por exemplo, você não consegue adicionar um tensor float e um tensor inteiro, nem mesmo um float de 32 bits e nem um de 64 bits:

```
>>> tf.constant(2.) + tf.constant(40)
Traceback[...]InvalidArgumentError[...]expected to be a float[...]
>>> tf.constant(2.) + tf.constant(40., dtype=tf.float64)
Traceback[...]InvalidArgumentError[...]expected to be a double[...]
```

Talvez isso seja um tanto quanto irritante no começo, mas lembre-se de que é por uma boa causa! E é claro que você pode usar a `tf.cast()`quando de fato precisar converter os tipos:

```
>>> t2 = tf.constant(40., dtype=tf.float64)
>>> tf.constant(2.0) + tf.cast(t2, tf.float32)
<tf.Tensor: id=136, shape=(), dtype=float32, numpy=42.0>
```

Variáveis

Os valores da `tf.Tensor` que vimos até agora são imutáveis: você não consegue alterá-los. Isso significa que não podemos usar tensores regulares para implementar pesos em uma rede neural, pois eles precisam ser ajustados pela retropropagação. Além do mais, talvez outros parâmetros também precisem mudar ao longo do tempo (por exemplo, um otimizador momentum que rastreia os gradientes anteriores). O que precisamos é da `tf.Variable`:

```
>>> v = tf.Variable([[1., 2., 3.], [4., 5., 6.]])
>>> v
<tf.Variable 'Variable:0' shape=(2, 3) dtype=float32, numpy=
array([[1., 2., 3.],
       [4., 5., 6.]], dtype=float32)>
```

Uma `tf.Variable` se comporta como uma `tf.Tensor`: você consegue fazer as mesmas operações e ela funciona legal com a NumPy e também é seletiva quando se trata de tipos. Contudo, ela também pode ser modificada no local usando o método `assign()` (ou `assign_add()` ou `assign_sub()`, que incrementa ou diminui a variável pelo valor fornecido). Você também pode alterar as células (ou fatias) individuais, usando o método `assign()`da célula (ou fatia) (a atribuição direta de item não funcionará) ou usando os métodos `scatter_update()` ou `scatter_nd_update()`:

```
v.assign(2 * v)              # => [[2., 4., 6.], [8., 10., 12.]]
v[0, 1].assign(42)           # => [[2., 42., 6.], [8., 10., 12.]]
v[:, 2].assign([0., 1.])     # => [[2., 42., 0.], [8., 10., 1.]]
v.scatter_nd_update(indices=[[0, 0], [1, 2]], updates=[100., 200.])
                             # => [[100., 42., 0.], [8., 10., 200.]]
```

> Na prática, você dificilmente precisará criar variáveis de forma manual, porque a Keras fornece um método `add_weight()` que se encarregará disso, como você verá. Além do mais, os parâmetros do modelo serão atualizados diretamente pelos otimizadores; desse modo, você raramente precisará atualizar as variáveis manualmente.

Outras estruturas de dados

A TensorFlow é compatível com diversas outras estruturas de dados, incluindo as seguintes (veja a seção "Tensors and Operations" [Tensores e Operações] no notebook ou Apêndice F para mais detalhes):

Sparse tensors (`tf.SparseTensor`)

Representa de modo efetivo os tensores que contêm predominantemente zeros. O pacote `tf.sparse` contém operações para tensores esparsos.

Tensor arrays (`tf.TensorArray`)

São listas de tensores. Eles têm um tamanho fixo por padrão, mas opcionalmente podem ser dinâmicos. Todos os tensores que eles contêm devem ter o mesmo formato e tipo de dados.

Ragged tensors (`tf.RaggedTensor`)

Representa listas estáticas de listas de tensores, em que cada tensor tem o mesmo formato e o tipo de dados. O pacote `tf.ragged` contém operações para tensores ragged.

String tensors

São tensores regulares do tipo `tf.string`. Eles representam strings de bytes, e não strings Unicode; desse modo, caso queira criar um tensor de string usando uma string Unicode (por exemplo, uma string regular do Python 3 como `"café"`), ela será codificada automaticamente para UTF-8 (por exemplo, `b"caf\xc3\xa9"`). Como alternativa, você pode representar strings de caracteres Unicode usando tensores do tipo `tf.int32`, em que cada item representa um code point Unicode (por exemplo, `[99, 97, 102, 233]`). O pacote `tf.strings` (com um `s`) comporta operações para strings de bytes e strings Unicode (e para converter uma em outra). É importante observar que uma `tf.string` é atômica, o que significa que seu comprimento não aparece no formato do tensor. Uma vez que você a converte em um tensor Unicode (ou seja, um tensor do tipo `tf.int32` contendo code points Unicode), o comprimento aparece no formato.

Sets

São representados como tensores regulares (ou tensores esparsos). Por exemplo, `tf.constant([[1, 2], [3, 4]])` representa os dois conjuntos {1, 2} e {3, 4}. Em termos gerais, cada conjunto é representado por um vetor no último eixo do tensor. Você pode manipular os conjuntos usando operações do pacote `tf.sets`.

Queues

Armazena os tensores em diversas etapas. A TensorFlow oferece vários tipos de filas [queues]: filas simples First In, filas First Out (FIFO) (FIFOQueue), filas que conseguem priorizar alguns itens (`PriorityQueue`), embaralhar seus itens (`RandomShuffleQueue`), e colocar os itens em batches de diferentes formatos via padding (`PaddingFIFOQueue`). Todas as classes estão no pacote `tf.queue`.

Com tensores, operações, variáveis e diversas estruturas de dados à disposição, você está pronto para customizar seus modelos e algoritmos de treinamento!

Customizando Modelos e Algoritmos de Treinamento

Vamos começar criando uma função de perda customizada, um caso de uso simples e comum.

Funções de perda customizadas

Suponha que você queira treinar um modelo de regressão, mas seu conjunto de treinamento tem um pouco de ruído. Naturalmente, você começa tentando limpar seu conjunto de dados removendo ou corrigindo os outliers, mas isso acaba não sendo o bastante; o conjunto de dados ainda tem ruído. Qual função de perda você deve usar? O erro quadrático médio pode penalizar em excesso os erros grandes e fazer com que seu modelo seja impreciso. Provavelmente, esta é uma boa hora para usar a perda de Huber (apresentada no Capítulo 10) em vez do bom e velho MSE. Atualmente, a perda de Huber não faz parte da Keras API oficial, mas está disponível na tf.keras (basta usar uma instância da classe `keras.losses.Huber`). No entanto, vamos fingir que ela não está lá: implementá-la é a coisa mais fácil do mundo! Basta criar uma função que aplique os rótulos e predições como argumentos e utilize as operações da TensorFlow para calcular a perda de cada instância:

```
def huber_fn(y_true, y_pred):
    error = y_true - y_pred
    is_small_error = tf.abs(error) < 1
    squared_loss = tf.square(error) / 2
    linear_loss = tf.abs(error) - 0.5
    return tf.where(is_small_error, squared_loss, linear_loss)
```

> Para um melhor desempenho, você deve usar uma implementação vetorizada, como neste exemplo. Além do mais, se você quiser aproveitar os recursos grafos da TensorFlow, use somente as operações da TensorFlow.

Recomenda-se também retornar um tensor contendo uma perda por instância, em vez de retornar a perda média. Dessa forma, a Keras pode aplicar os pesos de classe ou os pesos de amostra quando solicitado (veja o Capítulo 10). Agora, você consegue usar essa perda ao compilar o modelo Keras e, depois, treinar seu modelo:

```
model.compile(loss=huber_fn, optimizer="nadam")
model.fit(X_train, y_train, [...])
```

E é isso! Para cada batch durante o treinamento, a Keras chamará a função `huber_fn()` a fim de calcular a perda e a usará para executar uma etapa do gradiente descendente. Além disso, ela acompanhará a perda total desde o início da época e exibirá a perda média, mas o que acontece com essa perda customizada quando você salva o modelo?

Salvando e carregando modelos com componentes customizados

Salvar um modelo que contém uma função de perda customizada funciona bem, porque a Keras salva o nome da função. Sempre que carregar o modelo, você precisará fornecer um dicionário que mapeie o nome da função para a função real. Em termos mais gerais, quando você carrega um modelo contendo objetos customizados, é necessário mapear os nomes para os objetos:

```
model = keras.models.load_model("my_model_with_a_custom_loss.h5",
                                custom_objects={"huber_fn": huber_fn})
```

Na implementação atual, qualquer erro entre 1 e 1 é considerado "insignificante". Mas e se você quiser um limiar diferente? Uma solução é escrever uma função que cria uma função de perda configurada:

```
def create_huber(threshold=1.0):
    def huber_fn(y_true, y_pred):
        error = y_true - y_pred
        is_small_error = tf.abs(error) < threshold
        squared_loss = tf.square(error) / 2
        linear_loss = threshold * tf.abs(error) - threshold**2 / 2
        return tf.where(is_small_error, squared_loss, linear_loss)
    return huber_fn

model.compile(loss=create_huber(2.0), optimizer="nadam")
```

Infelizmente, quando você salva o modelo, o `threshold` não será salvo. Isso significa que você precisará especificar o valor `threshold` ao carregar o modelo (repare que o nome a ser usado é `"huber_fn"`, o nome da função que você forneceu à Keras, não o nome da função que a criou):

```
model = keras.models.load_model("my_model_with_a_custom_loss_
threshold_2.h5",
                                custom_objects={"huber_fn": create_huber(2.0)})
```

Você pode resolver isso criando uma subclasse da classe `keras.losses.Loss` e implementando seu método `get_config()`:

```
class HuberLoss(keras.losses.Loss):
    def __init__(self, threshold=1.0, **kwargs):
        self.threshold = threshold
        super().__init__(**kwargs)
    def call(self, y_true, y_pred):
        error = y_true - y_pred
        is_small_error = tf.abs(error) < self.threshold
        squared_loss = tf.square(error) / 2
        linear_loss = self.threshold * tf.abs(error) - self.threshold**2 / 2
        return tf.where(is_small_error, squared_loss, linear_loss)
    def get_config(self):
        base_config = super().get_config()
        return {**base_config, "threshold": self.threshold}
```

Atualmente, a Keras API especifica somente como usar a subclasse para definir camadas, modelos, callbacks e regularizadores. Se você escrever outros componentes (como perdas, métricas, inicializadores ou restrições) usando a subclassificação, eles podem não ser reutilizáveis em outras implementações da Keras. É provável que a Keras API seja atualizada para especificar também a subclasse de todos esses componentes.

Vamos examinar esse código:

- O construtor aceita `**kwargs` e o passa para o construtor pai que, por sua vez, lida com os hiperparâmetros padrão: o `name` da perda e o algoritmo `reduction` a ser usados para agregar as perdas das instâncias individuais. Por padrão, é `"sum_over_batch_size"`, o que significa que a perda será a soma das perdas da instância, ponderada pelos pesos da amostra, se houver, e dividida pelo tamanho do batch (não pela soma dos pesos, ou seja, não é a média ponderada).[3] Outros valores possíveis são "sum" e None.

- O método call() pega os rótulos e as predições, calcula todas as perdas de instância e as retorna.
- O método get_config() retorna um dicionário mapeando cada nome de hiperparâmetro para o seu valor. Primeiro, ele chama o método get_config() da classe-pai e adiciona os hiperparâmetros novos a este dicionário (repare que a sintaxe conveniente {**x} foi adicionada no Python 3.5).

Você pode usar qualquer instância desta classe quando compilar o modelo:

```
model.compile(loss=HuberLoss(2.), optimizer="nadam")
```

Ao salvar o modelo, o limiar será salvo junto com ele; e quando você carrega o modelo basta mapear o nome da classe para a própria classe:

```
model = keras.models.load_model("my_model_with_a_custom_loss_class.h5",
                                custom_objects={"HuberLoss": HuberLoss})
```

Quando você salva um modelo, a Keras chama o método get_config() da instância de perda e salva a configuração em formato JSON no arquivo HDF5. Quando você carrega o modelo, ela chama o método da classe from_config() na classe HuberLoss: esse método é implementado pela classe base (Loss) e cria uma instância da classe, passando o **config para o construtor.

Você só tem que fazer isso para as perdas! Não foi muito difícil, foi? Ainda mais simples são as funções de ativação customizadas, inicializadores, regularizadores e restrições. Partiu!

Funções de ativação customizadas, inicializadores, regularizadores e restrições

Boa parte das funcionalidades da biblioteca Keras, como perdas, regularizadores, restrições, inicializadores, métricas, funções de ativação, camadas e até modelos completos, pode ser personalizada da mesma forma. Na maioria das vezes, será apenas necessário escrever uma função simples com as entradas e saídas adequadas. Vejamos exemplos de uma função de ativação customizada (correspondente à keras.activations.softplus() ou à tf.nn.softplus()), um inicializador Glorot personalizado (equivalente ao keras.initializers.glorot_normal()), um regularizador ℓ_1 customizado (correspondente ao keras.regularizers.l1(0.01)) e uma restrição personalizada que garante que os pesos sejam todos positivos (equivalente a keras.constraints.nonneg() ou a tf.nn.relu()):

```
def my_softplus(z): # o valor de retorno é somente a tf.nn.softplus(z)
    return tf.math.log(tf.exp(z) + 1.0)

def my_glorot_initializer(shape, dtype=tf.float32):
    stddev = tf.sqrt(2. / (shape[0] + shape[1]))
    return tf.random.normal(shape, stddev=stddev, dtype=dtype)

def my_l1_regularizer(weights):
    return tf.reduce_sum(tf.abs(0.01 * weights))

def my_positive_weights(weights): # o valor de retorno é apenas a
                                  # tf.nn.relu(weights)
    return tf.where(weights < 0., tf.zeros_like(weights), weights)
```

3 Não seria uma boa ideia usar uma média ponderada: caso usasse, as duas instâncias com o mesmo peso, mas em batches diferentes, teriam um impacto diferente no treinamento, dependendo do peso total de cada batch.

Como você pode constatar, os argumentos dependem do tipo de função customizada. Essas funções customizadas podem ser usadas normalmente; por exemplo:

```
layer = keras.layers.Dense(30, activation=my_softplus,
                           kernel_initializer=my_glorot_initializer,
                           kernel_regularizer=my_l1_regularizer,
                           kernel_constraint=my_positive_weights)
```

A função de ativação será aplicada à saída dessa camada `Dense` e seu resultado será passado para a próxima camada. Os pesos da camada serão inicializados utilizando o valor retornado pelo inicializador. Em cada etapa do treinamento, os pesos serão passados para a função de regularização a fim de calcular a perda de regularização, que será adicionada à perda principal com o intuito de obter a perda final usada no treinamento. Por último, a função de restrição será chamada após cada etapa do treinamento e os pesos da camada serão substituídos pelos pesos restritos.

Caso a função tenha hiperparâmetros que precisem ser salvos junto com o modelo, convém subclassificar a classe apropriada, como a `keras.regularizers.Regularizer`, `keras.constraints.Constraint`, `keras.initializers.Initializer` ou a `keras.layers.Layer` (para qualquer camada, incluindo as funções de ativação). Assim como fizemos com a perda customizada, veja uma classe simples para regularização ℓ_1 que salva seu hiperparâmetro `factor` (desta vez, não foi necessário chamar o construtor pai ou o método `get_config()`, uma vez que eles não são definidos pela classe-pai):

```
class MyL1Regularizer(keras.regularizers.Regularizer):
    def __init__(self, factor):
        self.factor = factor
    def __init__(self, weights):
        return tf.reduce_sum(tf.abs(self.factor * weights))
    def get_config(self):
        return {"factor": self.factor}
```

Note que você deve implementar o método `call()` para as perdas, camadas (incluindo funções de ativação) e modelos, ou o método `call()` para regularizadores, inicializadores e restrições. Para métricas, as coisas são um pouco diferentes, como veremos a seguir.

Métricas customizadas

Em termos conceituais, perdas e métricas não são a mesma coisa: as perdas (por exemplo, a entropia cruzada) são utilizadas pelo gradiente descendente para *treinar* um modelo, desse modo elas devem ser diferenciáveis (pelo menos, quando são avaliadas) e seus gradientes não devem ser 0 em todos os lugares. Além do mais, não tem problema se elas não forem facilmente interpretáveis por humanos. Em contrapartida, as métricas (por exemplo, a acurácia) são usadas para *avaliar* um modelo: elas devem ser mais facilmente interpretáveis e podem não ser diferenciáveis ou terem 0 gradientes em todos os lugares.

Dito isso, na maioria dos casos, definir uma função de métrica customizada é exatamente o mesmo que definir uma função de perda customizada. Na prática, podemos usar a função de perda de Huber que criamos anteriormente como métrica;[4] funcionaria muito bem (e a persistência também funcionaria da mesma maneira, nesse caso, salvando apenas o nome da função, `"huber_fn"`):

```
model.compile(loss="mse", optimizer="nadam", metrics=[create_huber(2.0)])
```

Para cada batch durante o treinamento, a Keras calculará essa métrica e acompanhará sua média desde o início da época. Na maioria das vezes, é justamente isso que você quer. Mas não sempre!

4 No entanto, a perda de Huber raramente é usada como métrica (prefere-se a MAE ou MSE).

Considere a precisão de um classificador binário, por exemplo. Conforme vimos no Capítulo 3, a precisão é o número de verdadeiros positivos dividido pelo número de predições positivas (incluindo os verdadeiros positivos e os falsos positivos). Suponha que o modelo tenha feito 5 predições positivas no primeiro batch, e 4 delas estavam corretas: 80% de precisão. Agora, suponha que o modelo tenha feito 3 predições positivas no segundo batch, só que todas estavam incorretas: isso é 0% de precisão para o segundo batch. Se você somente calcular a média dessas duas precisões, obterá 40%. Mas espere um pouco — essa *não* é a precisão do modelo nesses dois lotes! Na realidade, havia um total de 4 verdadeiros positivos (4 + 0) em 8 predições positivas (5 + 3); logo, a precisão geral é de 50%, não de 40%. O que precisamos é de um objeto que possa acompanhar o número de verdadeiros positivos e o número de falsos positivos e que consiga calcular sua relação quando solicitado. É exatamente isso que a classe `keras.metrics.Precision` faz:

```
>>> precision = keras.metrics.Precision()
>>> precision([0, 1, 1, 1, 0, 1, 0, 1], [1, 1, 0, 1, 0, 1, 0, 1])
<tf.Tensor: id=581729, shape=(), dtype=float32, numpy=0.8>
>>> precision([0, 1, 0, 0, 1, 0, 1, 1], [1, 0, 1, 1, 0, 0, 0, 0])
<tf.Tensor: id=581780, shape=(), dtype=float32, numpy=0.5>
```

Neste exemplo, criamos um objeto `Precision`, depois o usamos como uma função, passando os rótulos e as predições para o primeiro batch e em seguida para o segundo batch (repare que também poderíamos ter passado os pesos de amostra). Utilizamos o mesmo número de positivos verdadeiros e falsos do exemplo que acabamos de analisar. Após o primeiro batch, ele retorna uma precisão de 80%; depois do segundo batch, ele retorna 50% (que é a precisão geral até agora, não a precisão do segundo batch). Isso se chama *métrica de fluxo contínuo* [*streaming metric]* (ou *métrica dinâmica*), à medida que é gradativamente atualizada, batch após batch.

A qualquer momento, podemos chamar o método `result()` para obter o valor atual da métrica. Podemos também analisar suas variáveis (rastreando o número de verdadeiros e falsos positivos) usando o atributo `variables` e redefinir essas variáveis usando o método `reset_states()`:

```
>>> p.result()
<tf.Tensor: id=581794, shape=(), dtype=float32, numpy=0.5>
>>> p.variables
[<tf.Variable 'true_positives:0' [...] numpy=array([4.], dtype=float32)>,
 <tf.Variable 'false_positives:0' [...] numpy=array([4.], dtype=float32)>]
>>> p.reset_states() # ambas as variáveis são redefinidas para 0.0
```

Se precisar criar uma métrica de fluxo contínuo, crie uma subclasse da classe `keras.metrics.Metric`. Vejamos um exemplo simples que monitora a perda total de Huber e o número de instâncias vistas até agora. Quando solicitado, o resultado retorna a relação, que é simplesmente a perda média de Huber:

```
class HuberMetric(keras.metrics.Metric):
    def __init__(self, threshold=1.0, **kwargs):
        super().__init__(**kwargs) # lida com args de base (por exemplo, dtype)
        self.threshold = threshold
        self.huber_fn = create_huber(threshold)
        self.total = self.add_weight("total", initializer="zeros")
        self.count = self.add_weight("count", initializer="zeros")
    def update_state(self, y_true, y_pred, sample_weight=None):
        metric = self.huber_fn(y_true, y_pred)
        self.total.assign_add(tf.reduce_sum(metric))
        self.count.assign_add(tf.cast(tf.size(y_true), tf.float32))
```

```
    def result(self):
        return self.total / self.count
    def get_config(self):
        base_config = super().get_config()
        return {**base_config, "threshold": self.threshold}
```

Vamos analisar esse código:[5]

- O construtor utiliza o método `add_weight()` para criar as variáveis necessárias com o objetivo de acompanhar o estado da métrica em vários batches — neste caso, a soma de todas as perdas de Huber (`total`) e o número de instâncias vistas até agora (`count`). Caso prefira, você pode criar as variáveis manualmente. A Keras rastreia qualquer `tf.Variable` definida como um atributo (e, geralmente, qualquer objeto "rastreável", como camadas ou modelos).
- O método `update_state()` é chamado quando você usa uma instância dessa classe como uma função (como fizemos com o objeto `Precision`). Ele atualiza as variáveis, dados os rótulos e as predições para um batch (e pesos de amostra, mas, neste caso, os ignoramos).
- O método `result()` calcula e retorna o resultado final, neste caso, a métrica média de Huber em todas as instâncias. Quando você usa a métrica como uma função, o método `update_state()` é chamado primeiro, depois o método `result()` é chamado, e sua saída é retornada.
- Implementamos também o método `get_config()` a fim de assegurar que o `threshold` seja salvo junto com o modelo.
- A implementação-padrão do método `reset_states()` redefine todas as variáveis para 0,0 (mas você pode substituí-lo, se necessário).

A Keras se encarregará da persistência variável facilmente; nenhuma ação é necessária.

Ao definir uma métrica usando uma função simples, a Keras a chama automaticamente em cada batch e monitora a média durante cada época, como fizemos manualmente. Desse modo, a única vantagem da nossa classe `HuberMetric` é que o `threshold` será salvo. Mas obviamente algumas métricas, como precisão, não podem ser simplesmente calculadas em relação à média de batches: nesses casos, não existe outra opção senão implementar uma métrica de fluxo contínuo. Agora que criamos uma métrica de fluxo contínuo, escrever uma camada customizada é fácil demais!

Camadas customizadas

Ocasionalmente, você pode querer criar uma arquitetura que tenha uma camada incomum para a qual a TensorFlow não forneça uma implementação-padrão. Nesse caso, será necessário criar uma camada customizada. Ou você pode simplesmente criar uma arquitetura muito repetitiva, com blocos de camadas idênticos repetidos várias vezes, e seria conveniente tratar cada bloco de camadas como uma única camada. Por exemplo, se o modelo é uma sequência de camadas A, B, C, A, B, C, A, B, C, convém definir uma camada customizada D contendo as camadas A, B, C, de modo que seu modelo simplesmente teria D, D, D. Vejamos como criar camadas customizadas:

5 Esta classe é somente um exemplo. Uma implementação mais simples e melhor apenas subclasseia a classe `keras.metrics.Mean`; veja a seção "Streaming metrics" do notebook para obter um exemplo.

Primeiro, algumas camadas não têm pesos, como a `keras.layers.Flatten` ou a `keras.layers.ReLU`. Caso queira escrever uma camada customizada sem pesos, a opção mais simples é escrever uma função e envolvê-la em uma camada `keras.layers.Lambda`. Por exemplo, a camada a seguir aplicará a função exponencial às suas entradas:

```
exponential_layer = keras.layers.Lambda(lambda x: tf.exp(x))
```

Essa camada customizada pode ser utilizada como qualquer outra camada, usando a sequential API, a functional API ou a subclassing API. Você também pode utilizá-la como uma função de ativação (ou você pode usar `activation=tf.exp`, `activation=keras.activations.exponential` ou simplesmente `activation="exponential"`). Às vezes, a camada exponencial é usada na camada de saída de um modelo de regressão, quando os valores a serem preditos têm escalas bastante diferentes (por exemplo, 0,001, 10, 1.000).

Como você já deve ter imaginado, para criar uma camada dinâmica customizada (ou seja, uma camada com pesos), é necessário criar uma subclasse da classe `keras.layers.Layer`. Por exemplo, a classe a seguir implementa uma versão simplificada da camada `Dense`:

```
class MyDense(keras.layers.Layer):
    def __init__(self, units, activation=None, **kwargs):
        super().__init__(**kwargs)
        self.units = units
        self.activation = keras.activations.get(activation)

    def build(self, batch_input_shape):
        self.kernel = self.add_weight(
            name="kernel", shape=[batch_input_shape[-1], self.units],
            initializer="glorot_normal")
        self.bias = self.add_weight(
            name="bias", shape=[self.units], initializer="zeros")
        super().build(batch_input_shape) # deve ficar no final

    def call(self, X):
        return self.activation(X @ self.kernel + self.bias)

    def compute_output_shape(self, batch_input_shape):
        return tf.TensorShape(batch_input_shape.as_list()[:-1] + [self.units])

    def get_config(self):
        base_config = super().get_config()
        return {**base_config, "units": self.units,
                "activation": keras.activations.serialize(self.activation)}
```

Vamos analisar esse código:

- O construtor utiliza todos os hiperparâmetros como argumentos (nesse exemplo, `units` e `activation`) e, o mais importante, ele também usa um argumento `**kwargs`. Ele chama o construtor-pai, passando a ele os `kwargs`: ele se encarrega de argumentos-padrão como `input_shape`, `trainable` e `name`. Em seguida, ele salva os hiperparâmetros como atributos, convertendo o argumento `activation` na função de ativação adequada, empregando a função `keras.activations.get()` (ela aceita funções, strings-padrão como `"relu"` ou `"selu"` ou simplesmente `None`).[6]

6 Esta função é específica para a tf.keras. Você pode usar a `keras.activations.Activation`.

- A função do método `build()` é criar as variáveis da camada chamando o método `add_weight()` para cada peso. O método `build()` é chamado na primeira vez que a camada é usada. Neste ponto, a Keras saberá o formato das entradas dessa camada e o passará para o método `build()`,[7] o que muitas vezes é necessário para criar alguns pesos. Por exemplo, precisamos saber o número de neurônios na camada anterior para criar a matriz de pesos de conexão (ou seja, o `"kernel"`): isso corresponde ao tamanho da última dimensão das entradas. No final do método `build()` (e somente no final), você deve chamar o método-pai `build()`: isso informa à Keras que a camada foi criada (apenas define `self.built=True`).
- O método `call()` executa as operações desejadas. Nesse caso, calculamos a multiplicação da matriz das entradas `X` e o kernel da camada, adicionamos o vetor do viés e aplicamos a função de ativação ao resultado, e isso nos fornece a saída da camada.
- O método `compute_output_shape()` simplesmente retorna o formato das saídas dessa camada. Aqui, ela tem o mesmo formato das entradas, exceto a última dimensão que é substituída pelo número de neurônios na camada. Repare que na tf.keras, os formatos são instâncias da classe `tf.TensorShape`, que você pode converter em listas Python usando a `as_list()`.
- O método `get_config()` é igual nas camadas customizadas anteriores. Observe que salvamos a configuração completa da função de ativação chamando `keras.activations.serialize()`.

Agora você pode usar uma camada `MyDense` como qualquer outra camada!

> Geralmente, você pode omitir o método `compute_output_shape()`, uma vez que a tf.keras infere automaticamente o formato de saída, exceto quando a camada é dinâmica (como veremos em breve). Em outras implementações da Keras, esse método se faz necessário ou sua implementação-padrão assume que o formato de saída é o mesmo que o formato de entrada.

Para criar uma camada com diversas entradas (por exemplo, `Concatenate`), o argumento para o método `call()` deve ser uma tupla contendo todas as entradas e, da mesma forma, o argumento para o método `compute_output_shape()` deve ser uma tupla contendo o formato do batch de cada entrada. A fim de criar uma camada com várias saídas, o método `call()` deve retornar a lista de saídas, e o `compute_output_shape()` deve retornar a lista de formatos da saída em batch (uma por saída). Por exemplo, a seguinte camada específica [toy layer] pega duas entradas e retorna três saídas:

```
class MyMultiLayer(keras.layers.Layer):
    def call(self, X):
        X1, X2 = X
        return [X1 + X2, X1 * X2, X1 / X2]

    def compute_output_shape(self, batch_input_shape):
        b1, b2 = batch_input_shape
        return [b1, b1, b1] # provavelmente deve lidar com regras de emissão
```

Agora, essa camada pode ser utilizada como qualquer outra camada, mas, obviamente, somente usando a functional API e a subclassing API, e não a sequential API (que aceita apenas camadas com uma entrada e uma saída).

7 A Keras API chama esse argumento de `input_shape`, mas como ele também inclui a dimensão do batch prefiro chamá-lo de `batch_input_shape`. O mesmo vale para `compute_output_shape()`.

Se sua camada precisa ter um comportamento diferente durante o treinamento e durante os testes (por exemplo, se ela usa camadas `Dropout` ou `BatchNormalization`), adicione um argumento `training` ao método `call()` e use esse argumento para decidir o que fazer. Por exemplo, vamos criar uma camada que adicione ruído gaussiano durante o treinamento (para regularização), mas não faça nada durante o teste (a Keras tem uma camada que faz a mesma coisa, a `keras.layers.GaussianNoise`):

```
class MyGaussianNoise(keras.layers.Layer):
    def __init__(self, stddev, **kwargs):
        super().__init__(**kwargs)
        self.stddev = stddev

    def call(self, X, training=None):
        if training:
            noise = tf.random.normal(tf.shape(X), stddev=self.stddev)
            return X + noise
    else:
        return X

    def compute_output_shape(self, batch_input_shape):
        return batch_input_shape
```

Com isso, você pode criar qualquer camada customizada que precisar! Agora vamos criar modelos customizados.

Modelos customizados

No Capítulo 10, já analisamos a criação de classes de modelo customizadas, quando investigamos a subclassing API[8]. É simples: basta subclassear a classe `keras.Model`, criar as camadas e variáveis no construtor e implementar o método `call()` para fazer o que você deseja que o modelo faça. Suponha que queira construir o modelo representado na Figura 12-3.

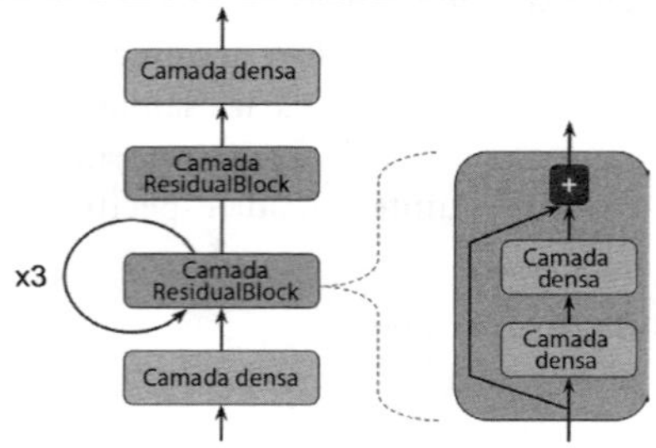

Figura 12-3. Exemplo de modelo customizado: um modelo arbitrário com uma camada ResidualBlock personalizada que ignora uma conexão

As entradas passam por uma primeira camada densa, em seguida por um *residual block [bloco residual]* composto de duas camadas densas e por uma operação de adição (como veremos no Capítulo 14, um *residual block* adiciona suas entradas às suas saídas), depois passa pelo mesmo residual block mais três vezes, em seguida passa por um segundo residual block, e o resultado final passa por uma camada densa de saída. Observe que esse modelo não faz muito sentido; é somente um exemplo para

8 Em geral, o nome "subclassing API" se refere apenas à criação de modelos customizados via subclassificação, embora muitas outras coisas possam ser criadas via subclassificação, como vimos neste capítulo.

ilustrar o fato de que você pode criar facilmente qualquer tipo de modelo que quiser, ainda que tenha loops e ignore as conexões. Para implementar esse modelo, primeiramente é melhor criar uma camada `ResidualBlock`, visto que criaremos alguns blocos idênticos (e poderemos reutilizá-lo em outro modelo):

```
class ResidualBlock(keras.layers.Layer):
    def __init__(self, n_layers, n_neurons, **kwargs):
        super().__init__(**kwargs)
        self.hidden = [keras.layers.Dense(n_neurons, activation="elu",
                                          kernel_initializer="he_normal")
                       for _ in range(n_layers)]

    def call(self, inputs):
        Z = inputs
        for layer in self.hidden:
            Z = layer(Z)
        return inputs + Z
```

Essa é uma camada um pouco especial, uma vez que contém outras camadas. Isso é tratado de forma transparente pela Keras: ela detecta de modo automático que o atributo oculto contém objetos rastreáveis (camadas, neste caso), de modo que suas variáveis sejam automaticamente adicionadas à lista de variáveis dessa camada. O resto fala por si mesmo. Em seguida, usaremos a subclassing API para definir o modelo propriamente dito:

```
class ResidualRegressor(keras.Model):
    def __init__(self, output_dim, **kwargs):
        super().__init__(**kwargs)
        self.hidden1 = keras.layers.Dense(30, activation="elu",
                                          kernel_initializer="he_normal")

        self.block1 = ResidualBlock(2, 30)
        self.block2 = ResidualBlock(2, 30)
        self.out = keras.layers.Dense(output_dim)

    def call(self, inputs):
        Z = self.hidden1(inputs)
        for _ in range(1 + 3):
            Z = self.block1(Z)
        Z = self.block2(Z)
        return self.out(Z)
```

Criamos as camadas no construtor e as usamos no método `call()`. Esse modelo pode ser utilizado como qualquer outro modelo (compile, ajuste, avalie e use-o para fazer predições). Caso também queira salvar o modelo usando o método `save()` e carregá-lo usando a função `keras.models.load_model()`, você deve implementar o método `get_config()` (como fizemos anteriormente) na classe `ResidualBlock` e na classe `ResidualRegressor`. Como alternativa, você pode salvar e carregar os pesos usando os métodos `save_weights()` e `load_weights()`.

A classe `Model` é uma subclasse da classe `Layer`, assim sendo, os modelos podem ser definidos e usados exatamente como as camadas. No entanto, um modelo tem algumas funcionalidades adicionais, incluindo, é claro, seus métodos `compile()`, `fit()`, `evaluate()` e `predict()` (e algumas variantes), além do método `get_layers()` (que consegue retornar qualquer uma das camadas dos modelos por nome ou por índice) e o método `save()` (que comporta o `keras.models.load_model()` e o `keras.models.clone_model()`).

> Mas, se os modelos oferecem mais funcionalidade do que as camadas, por que não definir cada camada como um modelo? Tecnicamente você até poderia, contudo é mais fácil distinguir os componentes internos do seu modelo (ou seja, camadas ou blocos reutilizáveis de camadas) do próprio modelo (ou seja, o objeto que você treinará). O primeiro deve subclassificar a classe `Layer`, ao passo que o último deve subclassificar a classe `Model`.

Com isso, você pode criar de forma natural e concisa praticamente qualquer modelo encontrado em um artigo, usando a sequential API, a functional API, a subclassing API ou até mesmo uma mistura delas. "Praticamente" qualquer modelo? Sim, ainda existem algumas coisas que precisamos analisar: primeiro, como definir perdas ou métricas com base nos componentes internos do modelo e, segundo, como criar um loop de treinamento customizado.

Perdas e métricas baseadas nos componentes internos do modelo

As perdas e métricas customizadas e definidas anteriormente foram todas baseadas nos rótulos e nas predições (e, opcionalmente, nos pesos da amostra). Haverá momentos em que você quer definir perdas com base em outras partes do seu modelo, como nos pesos ou nas ativações de suas camadas ocultas. Talvez isso ajude quando se trata de regularização ou de monitorar algum aspecto interno do seu modelo.

A fim de definir uma perda customizada fundamentada nos componentes internos do modelo, calcule-a tomando como base qualquer parte do modelo desejada e depois passe o resultado para o método `add_loss()`. Por exemplo, vamos criar um modelo MLP de regressão customizado composto de uma pilha de cinco camadas ocultas mais uma camada de saída. Esse modelo customizado também terá uma saída auxiliar na parte superior da camada oculta superior. A perda relacionada com essa saída auxiliar será chamada de *perda de reconstrução* (veja o Capítulo 17): é a diferença quadrática média entre a reconstrução e as entradas. Ao acrescentar essa perda de reconstrução à perda principal, incentivaremos o modelo a preservar o máximo de informações possível por meio das camadas ocultas — até mesmo as informações que não são diretamente úteis para a tarefa de regressão. Na prática, essa perda às vezes aperfeiçoa a generalização (é uma perda de regularização). Veja a seguir o código desse modelo customizado com uma perda de reconstrução customizada:

```
class ReconstructingRegressor(keras.Model):
    def __init__(self, output_dim, **kwargs):
        super().__init__(**kwargs)
        self.hidden = [keras.layers.Dense(30, activation="selu",
                                          kernel_initializer="lecun_normal")
                       for _ in range(5)]
        self.out = keras.layers.Dense(output_dim)

    def build(self, batch_input_shape):
        n_inputs = batch_input_shape[-1]
        self.reconstruct = keras.layers.Dense(n_inputs)
        super().build(batch_input_shape)

    def call(self, inputs):
        Z = inputs
        for layer in self.hidden:
            Z = layer(Z)
        reconstruction = self.reconstruct(Z)
        recon_loss = tf.reduce_mean(tf.square(reconstruction - inputs))
        self.add_loss(0.05 * recon_loss)
        return self.out(Z)
```

Vamos analisar esse código:

- O construtor cria a DNN com cinco camadas ocultas densas e uma camada de saída densa.
- O método `build()` cria uma camada densa extra que será utilizada para reconstruir as entradas do modelo. Ela deve ser criada aqui, visto que seu número de unidades deve ser igual ao número de entradas e esse número é desconhecido antes do método `build()` ser chamado.
- O método `call()` processa as entradas por meio das cinco camadas ocultas e passa o resultado pela camada de reconstrução, que gera a reconstrução.
- Em seguida, o método `call()` calcula a perda de reconstrução (a diferença quadrática média entre a reconstrução e as entradas) e a adiciona à lista de perdas do modelo utilizando o método `add_loss()`.[9] Observe que reduzimos a perda de reconstrução a multiplicando por 0,05 (esse é um hiperparâmetro que você pode ajustar). Isso garante que a perda de reconstrução não predomine sobre a perda principal.
- Por último, o método `call()` passa a saída das camadas ocultas para a camada de saída e retorna sua saída.

Do mesmo modo, você pode adicionar uma métrica customizada com base nos componentes internos do modelo, e ainda a calcular da forma que quiser, desde que o resultado seja a saída de um objeto de métrica. Por exemplo, você pode criar um objeto `keras.metrics.Mean` no construtor, chamá-lo no método `call()`, passando o `recon_loss` e, por fim, adicioná-lo ao modelo chamando o método `add_metric()` do modelo. Assim, ao treinar o modelo, a Keras exibirá a perda média em cada época (a perda é a soma da perda principal mais 0,05 vezes a perda de reconstrução) e o erro médio de reconstrução em cada época. Ambos diminuirão durante o treinamento:

```
Epoch 1/5
11610/11610 [=============] [...] loss: 4.3092 - reconstruction_error: 1.7360
Epoch 2/5
11610/11610 [=============] [...] loss: 1.1232 - reconstruction_error: 0.8964
[...]
```

Em mais de 99% dos casos, tudo o que estudamos até agora será o bastante para implementar o modelo que você quer construir, mesmo com arquiteturas, perdas e métricas complexas. No entanto, em alguns casos raros, talvez seja necessário customizar o próprio loop de treinamento. Antes de chegarmos lá, precisamos ver como calcular automaticamente os gradientes da TensorFlow.

Calculando os gradientes usando o autodiff

Para entender como usar o autodiff (veja o Capítulo 10 e o Apêndice D) com o objetivo calcular automaticamente os gradientes, vamos considerar uma simples função para fins educativos:

```
def f(w1, w2):
    return 3 * w1 ** 2 + 2 * w1 * w2
```

Se conhece o cálculo, você pode identificar analiticamente que a derivada parcial dessa função em relação a `w1` é `6 * w1 + 2 * w2`. Talvez você também identifique que sua derivada parcial em relação a `w2` é `2 * w1`. Por exemplo, no ponto `(w1, w2) = (5, 3)`, essas derivadas parciais são iguais a 36 e 10, respectivamente, portanto o vetor de gradiente nesse ponto é (36, 10). Contudo, se essa fosse uma rede neural, a função seria bem mais complexa, normalmente com dezenas de

9 Você também pode chamar a `add_loss()` em qualquer camada dentro do modelo, já que o modelo reúne recursivamente as perdas de todas as suas camadas.

milhares de parâmetros, e encontrar as derivadas parciais analiticamente e ainda à mão seria uma tarefa quase impossível. Uma solução poderia ser calcular uma aproximação de cada derivada parcial, calculando quanto a saída da função muda quando o parâmetro correspondente é ajustado:

```
>>> w1, w2 = 5, 3
>>> eps = 1e-6
>>> (f(w1 + eps, w2) - f(w1, w2)) / eps
36.000003007075065
>>> (f(w1, w2 + eps) - f(w1, w2)) / eps
10.000000003174137
```

Aparentemente está certo! Isso funciona muito bem e é fácil de implementar, porém é somente uma aproximação, e é importante chamar o `f()` pelo menos uma vez por parâmetro (não duas vezes, visto que conseguimos calcular `f(w1, w2)` apenas uma vez). A necessidade de chamar `f()` pelo menos uma vez por parâmetro faz com que essa abordagem seja complicada quando se trata de redes neurais grandes. Assim, devemos usar o autodiff. A TensorFlow simplifica e muito as coisas:

```
w1, w2 = tf.Variable(5.), tf.Variable(3.)
with tf.GradientTape() as tape:
    z = f(w1, w2)

gradients = tape.gradient(z, [w1, w2])
```

Primeiro, definimos duas variáveis `w1` e `w2`, depois criamos um contexto `tf.GradientTape` que registra automaticamente todas as operações que envolvem uma variável e, por último, pedimos a este registro que calcule os gradientes do resultado `z` em relação às duas variáveis `[w1, w2]`. Vamos dar uma olhada nos gradientes que a TensorFlow calculou:

```
>>> gradients
[<tf.Tensor: id=828234, shape=(), dtype=float32, numpy=36.0>,
<tf.Tensor: id=828229, shape=(), dtype=float32, numpy=10.0>]
```

Perfeito! O resultado não é somente preciso (a precisão é limitada somente pelos erros de float), como o método `gradient()` apenas percorre os cálculos registrados uma vez (na ordem inversa), não importando quantas variáveis existam; extremamente eficiente. Parece mágica!

> A fim de economizar memória, coloque apenas o mínimo necessário dentro do bloco `tf.GradientTape()`. Como alternativa, pause o registro criando um bloco `with tape.stop_recording()` dentro do bloco `tf.GradientTape()`.

A tape é automaticamente apagada logo após você chamar o método `gradient()`, portanto, você receberá uma exceção se tentar chamar o `gradient()` duas vezes:

```
with tf.GradientTape() as tape:
    z = f(w1, w2)

dz_dw1 = tape.gradient(z, w1) # => tensor 36.0
dz_dw2 = tape.gradient(z, w2) # Erro de tempo de execução!
```

Caso precise chamar o `gradient()` mais de uma vez, você deve fazer com que essa tape seja contínua e excluí-la sempre que terminar, para liberar mais recursos:[10]

10 Caso o registro fique fora do escopo, por exemplo, quando a função que o usou retornar, o garbage collector do Python o excluirá.

```
with tf.GradientTape(persistent=True) as tape:
    z = f(w1, w2)

dz _ dw1 = tape.gradient(z, w1) # => tensor 36.0
dz _ dw2 = tape.gradient(z, w2) # => tensor 10.0, agora funciona!
del tape
```

Por padrão, a tape rastreia somente as operações envolvendo variáveis; logo, se tentar calcular o gradiente de `z` em relação a algo diferente de uma variável, o resultado será `None`:

```
c1, c2 = tf.constant(5.), tf.constant(3.)
with tf.GradientTape() as tape:
    z = f(c1, c2)

gradients = tape.gradient(z, [c1, c2]) # retorna [None, None]
```

No entanto, você pode forçar essa tape a assistir os tensores que desejar, a registrar todas as operações que os envolvem. Você pode calcular os gradientes em relação a esses tensores, como se fossem variáveis:

```
with tf.GradientTape() as tape:
    tape.watch(c1)
    tape.watch(c2)
    z = f(c1, c2)

gradients = tape.gradient(z, [c1, c2]) # retorna [tensor 36., tensor 10.]
```

Em alguns casos, isso pode ajudar e muito. Se quiser implementar uma perda de regularização que penaliza as ativações que variam muito quando as entradas variam pouco: a perda será baseada no gradiente das ativações em relação às entradas. Como as entradas não são variáveis, você precisaria informar à tape para assisti-las.

Na maioria das vezes, a gradient tape [fita do gradiente] é utilizada para calcular os gradientes de um único valor (geralmente a perda) em relação a um conjunto de valores (normalmente os parâmetros do modelo). É nesse exato momento que o autodiff no modo reverso entra em cena, visto que ele somente precisa fazer um forward pass e um reverse pass para obter todos os gradientes de uma só vez. Se tentar calcular os gradientes de um vetor, por exemplo, um vetor contendo diversas perdas, a TensorFlow calculará os gradientes da soma do vetor. Portanto, caso seja necessário obter os gradientes individuais (por exemplo, os gradientes de cada perda em relação aos parâmetros do modelo), chame o método `jabobian()` da tape: ele executará o autodiff no modo reverso uma vez para cada perda no vetor (tudo em paralelo, por padrão). É até possível calcular as derivadas parciais de segunda ordem (as matrizes hassianas, ou seja, derivadas parciais das derivadas parciais), mas isso dificilmente é necessário na prática (veja a seção "Computing Gradients with Autodiff" [Cálculo de Gradientes com o Autodiff] do notebook para obter um exemplo).

Em alguns casos, você pode impedir que os gradientes sejam retropropagados por alguma parte da sua rede neural. Para tal, você deve usar a `tf.stop _ gradient()`. A função retorna suas entradas durante o forward pass (como `tf.identity()`), mas não permite que os gradientes passem durante a retropropagação (ela se comporta como uma constante):

```
def f(w1, w2):
    return 3 * w1 ** 2 + tf.stop _ gradient(2 * w1 * w2)

with tf.GradientTape() as tape:
    z = f(w1, w2) # mesmo resultado que sem o stop _ gradient()

gradients = tape.gradient(z, [w1, w2]) # => retorna [tensor 30., None]
```

Por fim, você pode ocasionalmente ter alguns problemas numéricos ao calcular os gradientes. Por exemplo, se você calcular os gradientes da função `my _ softplus()`para entradas grandes, o resultado será NaN:

```
>>> x = tf.Variable([100.])
>>> with tf.GradientTape() as tape:
...     z = my _ softplus(x)
...
>>> tape.gradient(z, [x])
<tf.Tensor: [...] numpy=array([nan], dtype=float32)>
```

Isso ocorre porque o cálculo dos gradientes dessa função que usa o autodiff resulta em algumas dificuldades numéricas: devido a erros de precisão do floating-point, o autodiff acaba calculando o infinito dividido pelo infinito (que retorna NaN). Felizmente, podemos identificar analiticamente que a derivada da função softplus é apenas 1 / (1 + 1 / exp(x)), o que é numericamente estável. Em seguida, podemos informar à TensorFlow para usar essa função estável ao calcular os gradientes da função `my _ softplus()` e fixando um `@tf.custom _ gradient` e fazendo com que ela retorne sua saída normal e a função que calcula as derivadas (repare que ela receberá como entrada os gradientes que foram retropropagados até agora, até a função softplus; e de acordo com a regra da cadeia devemos multiplicá-los pelos gradientes dessa função):

```
@tf.custom _ gradient
def my _ better _ softplus(z):
    exp = tf.exp(z)
    def my _ softplus _ gradients(grad):
        return grad / (1 + 1 / exp)
    return tf.math.log(exp + 1), my _ softplus _ gradients
```

Agora, quando calculamos os gradientes da função `my _ better _ softplus()`, obtemos o resultado correto, mesmo para grandes valores de entrada (no entanto, a saída principal ainda explode por causa do exponencial; uma solução alternativa é usar a `tf.where()` para retornar as entradas quando elas são grandes).

Parabéns, você não merece Palmas, mas o Tocantins inteiro! Agora pode calcular os gradientes de qualquer função (desde que ela seja diferenciável no ponto em que você a calcula), e até mesmo bloquear a retropropagação quando necessário e escrever suas próprias funções de gradiente! Provavelmente, é mais flexibilidade do que você precisará, mesmo que você crie seus próprios loops de treinamento customizados, como veremos a seguir.

Loops de treinamento customizados

Em alguns casos raros, o método `fit()` pode não ser flexível o bastante para o que você precisa fazer. Por exemplo, o artigo Wide & Deep (*https://homl.info/widedeep*) que analisamos no Capítulo 10 usa dois otimizadores diferentes: um para o caminho amplo e o outro para o caminho profundo. Uma vez que o método `fit()` utiliza somente um otimizador (aquele que especificamos ao compilar o modelo), a implementação deste artigo exige a criação de seu próprio loop customizado.

Você também pode escrever loops de treinamento customizados apenas para se sentir mais confiante de que eles fazem exatamente o que você planejou que eles façam (talvez você não tenha tanta certeza sobre alguns detalhes do método `fit()`). Às vezes, talvez deixar tudo explícito o faça se sentir mais seguro. No entanto, lembre-se de que escrever um loop de treinamento customizado deixará seu código mais extenso, mais propenso a erros e mais difícil de fazer a manutenção.

> A não ser que realmente precise de mais flexibilidade, recomenda-se usar o método `fit()` em vez de implementar seu próprio loop de treinamento, ainda mais se você trabalha em equipe.

Primeiro, vamos construir um modelo simples. Não é necessário compilá-lo, pois lidaremos com o loop de treinamento de forma manual:

```
l2_reg = keras.regularizers.l2(0.05)
model = keras.models.Sequential([
    keras.layers.Dense(30, activation="elu", kernel_initializer="he_normal",
                       kernel_regularizer=l2_reg),
    keras.layers.Dense(1, kernel_regularizer=l2_reg)
])
```

Em seguida, criaremos uma pequena função que gerará amostras aleatoriamente de um batch de instâncias do conjunto de treinamento (no Capítulo 13 analisaremos a Data API, que oferece uma alternativa bem melhor):

```
def random_batch(X, y, batch_size=32):
    idx = np.random.randint(len(X), size=batch_size)
    return X[idx], y[idx]
```

Definiremos também uma função que exibirá o status do treinamento, incluindo o número de etapas, o número total de etapas, a perda média desde o início da época (ou seja, usaremos a métrica `Mean` para calculá-la) e outras métricas:

```
def print_status_bar(iteration, total, loss, metrics=None):
    metrics = " - ".join(["{}: {:.4f}".format(m.name, m.result())
                         for m in [loss] + (metrics or [])])
    end = "" if iteration < total else "\n"
    print("\r{}/{} - ".format(iteration, total) + metrics,
          end=end)
```

Esse código fala por si próprio, a menos que você não esteja familiarizado com a formatação de string de caracteres Python: `{:.4f}` formatará um float com quatro dígitos após o ponto decimal, e usa `\r` (carriage return, volta para o início da linha) junto com `end=""` que garante que a barra de status sempre será exibida na mesma linha. No notebook, a função `print_status_bar()` inclui uma barra de progresso, mas você pode usar a conveniente biblioteca `tqdm`.

Com isso, vamos ao que interessa! Primeiro, é necessário definir alguns hiperparâmetros e escolher o otimizador, a função de perda e as métricas (neste exemplo, somente o MAE):

```
n_epochs = 5
batch_size = 32
n_steps = len(X_train) // batch_size
optimizer = keras.optimizers.Nadam(lr=0.01)
loss_fn = keras.losses.mean_squared_error
mean_loss = keras.metrics.Mean()
metrics = [keras.metrics.MeanAbsoluteError()]
```

E agora estamos prontos para criar o loop customizado!

```
for epoch in range(1, n_epochs + 1):
    print("Epoch {}/{}".format(epoch, n_epochs))
```

```
for step in range(1, n_steps + 1):
    X_batch, y_batch = random_batch(X_train_scaled, y_train)
    with tf.GradientTape() as tape:
        y_pred = model(X_batch, training=True)
        main_loss = tf.reduce_mean(loss_fn(y_batch, y_pred))
        loss = tf.add_n([main_loss] + model.losses)
    gradients = tape.gradient(loss, model.trainable_variables)
    optimizer.apply_gradients(zip(gradients, model.trainable_variables))
    mean_loss(loss)
    for metric in metrics:
        metric(y_batch, y_pred)
    print_status_bar(step * batch_size, len(y_train), mean_loss, metrics)
print_status_bar(len(y_train), len(y_train), mean_loss, metrics)
for metric in [mean_loss] + metrics:
    metric.reset_states()
```

Tem muita coisa rolando nesse código, vamos analisá-las:

- Criamos dois loops aninhados: um para as épocas e outro para os batches dentro de uma época.
- Em seguida, geramos a amostra de um batch aleatório do conjunto de treinamento.
- Dentro do bloco `tf.GradientTape()`, fazemos uma predição para um batch (usando o modelo como uma função) e calculamos a perda: é igual à perda principal somada às outras perdas (neste modelo, há uma perda de regularização por camada). Uma vez que a função `mean_squared_error()` retorna uma perda por instância, calculamos a média do batch usando `tf.reduce_mean()` (caso queira aplicar pesos diferentes a cada instância, é aqui que você o faria). As perdas de regularização já são reduzidas a um único escalar cada uma, desse modo, precisamos apenas somá-las (usando `tf.add_n()`, que soma diversos tensores do mesmo formato e tipo de dados).
- Depois, solicitamos à tape que calcule o gradiente da perda em relação a cada variável treinável (*nem* todas as variáveis!) E as aplicamos ao otimizador a fim de rodar a etapa do gradiente descendente.
- Em seguida, atualizamos a perda média e as métricas (durante a época atual) e exibimos a barra de status.
- No fim de cada época, exibimos a barra de status mais uma vez para completá-la[11] e com o objetivo de exibir uma line feed, e redefinimos os estados da perda média e da métrica.

Se você definir o hiperparâmetro `clipnorm` ou `clipvalue` do otimizador, ele se encarregará disso. Caso queira aplicar qualquer outra transformação aos gradientes, basta fazê-la antes de chamar o método `apply_gradients()`.

Se adicionar restrições de peso ao seu modelo (por exemplo, definindo `kernel_constraint` ou `bias_constraint` ao criar uma camada), atualize o loop de treinamento para aplicar essas restrições logo após o `apply_gradients()`:

```
for variable in model.variables:
    if variable.constraint is not None:
        variable.assign(variable.constraint(variable))
```

11 A verdade é que não processamos todas as instâncias no conjunto de treinamento, porque elas foram amostradas aleatoriamente a partir de instâncias: algumas foram processadas mais de uma vez, ao passo que outras não foram processadas. Da mesma forma, se o tamanho do conjunto de treinamento não for múltiplo do tamanho do batch, perderemos algumas instâncias. Na prática, não tem problema.

E o mais importante: esse loop de treinamento não lida com camadas que se comportam de forma diferente durante o treinamento e os testes (por exemplo, `BatchNormalization` ou `Dropout`). Para lidar com isso, é necessário chamar o modelo com `training=True` e garantir que ele propague isso para todas as camadas que precisam.

Conforme pode notar, existem muitas coisas que você precisa acertar, e é fácil cometer um erro. Mas, vendo pelo lado positivo, você tem controle total; logo, quem decide é você.

Agora que você como customizar qualquer parte dos seus modelos[12] e treinar os algoritmos, veremos como usar o recurso de geração automática de grafos da TensorFlow: ele pode acelerar significativamente seu código customizado e também o deixará reutilizável para qualquer plataforma compatível com a TensorFlow (veja o Capítulo 19).

Funções e Grafos da TensorFlow

Na TensorFlow 1, os grafos eram imprescindíveis (assim como as complexidades que os acompanhavam), porque eram uma parte central da API da TensorFlow. No TensorFlow 2, eles ainda estão lá, porém não são mais centrais, e são muito (muito mesmo!) mais simples de usar. Para mostrar como é simples, vamos começar com uma função comum que calcula o cubo de sua entrada:

```
def cube(x):
    return x ** 3
```

Obviamente, podemos chamar essa função com um valor Python, como um int ou um float, ou podemos chamá-la com um tensor:

```
>>> cube(2)
8
>>> cube(tf.constant(2.0))
<tf.Tensor: id=18634148, shape=(), dtype=float32, numpy=8.0>
```

Agora, vamos usar a `tf.function()` para converter essa função Python em uma *Função da TensorFlow*:

```
>>> tf_cube = tf.function(cube)
>>> tf_cube
<tensorflow.python.eager.def_function.Function at 0x1546fc080>
```

Essa função da TF pode então ser usada exatamente como a função Python original e retornará o mesmo resultado (só que como tensores):

```
>>> tf_cube(2)
<tf.Tensor: id=18634201, shape=(), dtype=int32, numpy=8>
>>> tf_cube(tf.constant(2.0))
<tf.Tensor: id=18634211, shape=(), dtype=float32, numpy=8.0>
```

Quando examinamos os bastidores da biblioteca, a `tf.function()` analisou os cálculos realizados pela função `cube()` e gerou um grafo de cálculo equivalente! Como você pode ver, foi algo sem complicação (veremos como isso funciona daqui a pouco). Como alternativa, poderíamos ter usado a `tf.function` como decorator; na verdade, isso é bem mais comum:

```
@tf.function
def tf_cube(x):
    return x ** 3
```

12 Com exceção dos otimizadores, poucas pessoas os customizam; veja a seção "Custom Optimizers" [Otimizadores Customizados] no notebook para obter um exemplo.

A função Python original ainda continua disponível por meio do atributo `python_function` da função da TF, caso precise:

```
>>> tf_cube.python_function(2)
8
```

A TensorFlow otimiza o grafo computacional, removendo os nós não utilizados, simplificando as expressões (por exemplo, 1 + 2 seria substituído por 3) e muito mais. Uma vez que o grafo otimizado estiver pronto, a função da TF executa eficientemente as operações no grafo, na ordem apropriada (e em paralelo, quando possível). Como resultado, uma função da TF geralmente será executada bem mais rapidamente que uma função Python original, sobretudo se ela rodar cálculos complexos.[13] Boa parte das vezes, você realmente não precisa saber mais do que isso: quando quiser alavancar uma função Python, basta transformá-la em uma função da TF. E pronto!

Além do mais, quando você escreve uma função de perda, métrica, camada ou qualquer outra função customizada e a aplica em um modelo Keras (como fizemos ao longo deste capítulo), a Keras converte automaticamente sua função em uma função da TF — não é necessário usar `tf.function()`. Então, na maioria das vezes, toda essa mágica é 100% transparente.

> Você pode informar à Keras para não converter suas funções Python em funções da TF, definindo `dynamic=True` quando criar uma camada ou modelo customizado. Como alternativa, você pode definir `run_eagerly=True` ao chamar o método `compile()` do modelo.

Por padrão, uma função da TF gera um grafo novo para cada conjunto único de formatos de entrada e tipos de dados e o armazena em cache para chamadas posteriores. Por exemplo, se você chamar `tf_cube(tf.constant(10))`, um grafo será gerado para os tensores int32 de formato []. Assim, se você chamar o `tf_cube(tf.constant(20))`, o mesmo grafo será reutilizado. Mas, se chamar o `tf_cube(tf.constant([10, 20]))`, um grafo novo será gerado para os tensores int32 de formato [2]. É desse jeito que as funções da TF lidam com o polimorfismo (ou seja, tipos e formatos de argumento variados). Contudo, isso só vale para os argumentos de tensores: se você passar valores numéricos Python para uma função da TF, um grafo novo será gerado para cada valor distinto: por exemplo, chamar a `tf_cube(10)` e a `tf_cube(20)` gerará dois grafos.

> Caso chame uma função da TF muitas vezes com valores numéricos Python diferentes, muitos grafos serão gerados, retardando a velocidade do programa e consumindo muita RAM (você deve excluir a função da TF para liberar RAM). Os valores Python devem ser reservados para argumentos que terão poucos valores exclusivos, como hiperparâmetros e o número de neurônios por camada. Isso possibilita que a TensorFlow otimize melhor cada variante do seu modelo.

AutoGraph e tracing

Mas como a TensorFlow gera os grafos? Ela começa analisando o código-fonte da função Python a fim de identificar todas as instruções de fluxo de controle, como loops `for`, loops `while` e instruções `if`, além das instruções `break`, `continue` e `return`. Essa primeira etapa se chama *AutoGraph*. O motivo pelo qual a TensorFlow tem que analisar o código-fonte é que o Python não fornece outra maneira de identificar as instruções de fluxo de controle: ele oferece métodos mágicos como `add()`

13 No entanto, neste exemplo comum, o grafo computacional é tão pequeno que não há nada para otimizar; assim, a `tf_cube()` roda bem mais lentamente que a `cube()`.

e o `mul()` com objetivo de identificar operadores como + e *, no entanto não existem métodos mágicos `while()` ou `if()`. Após analisar o código da função, o AutoGraph gera a saída de uma versão atualizada dessa função, na qual todas as instruções de fluxo de controle são substituídas pelas operações adequadas da TensorFlow, como `tf.while _ loop()` para os loops e `tf.cond()` para instruções `if`. Por exemplo, na Figura 12-4, o AutoGraph examina o código-fonte da função Python `sum _ squares()` e gera a função `tf sum _ squares()`. Nessa função, o loop `for` é substituído pela definição da função `loop _ body()`(contendo o corpo do loop `for` original), seguido por uma chamada para a função `for _ stmt()`. Essa chamada criará a operação `tf.while _ loop()` apropriada no grafo computacional.

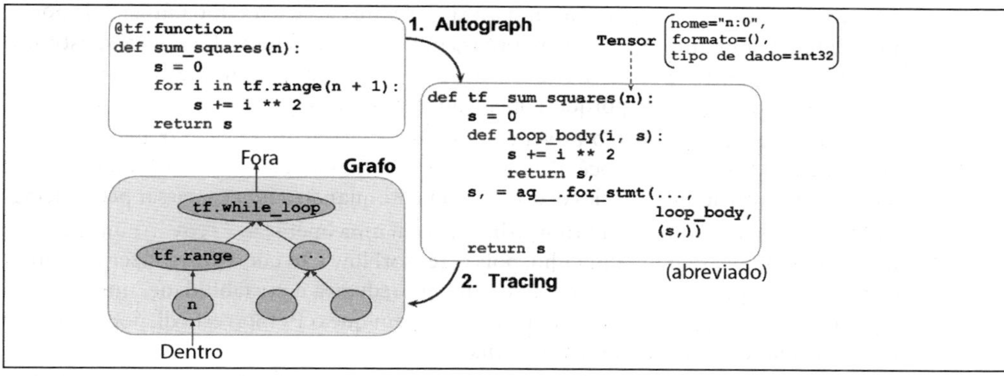

Figura 12-4. Como a TensorFlow gera os grafos usando o AutoGraph e o tracing

Em seguida, a TensorFlow chama essa função "aperfeiçoada" só que, em vez de passar o argumento, ela passa um *tensor simbólico* — um tensor sem nenhum valor real, apenas um nome, um tipo de dados e um formato. Por exemplo, se você chamar o `sum _ squares(tf.constant(10))`, a função `tf sum _ squares()` será chamada com um tensor simbólico do tipo int32 e formato []. A função será executada em *graph mode*, o que significa que cada operação da TensorFlow acrescentará um nó no grafo para representar a si próprio e seu(s) tensor(es) de saída (ao contrário do modo regular, chamado de *eager execution* ou *eager mode*).

No graph mode, as operações da TF não realizam cálculos. Talvez você esteja familiarizado com isso se conhecer a TensorFlow 1, uma vez que o graph mode era o modo padrão. Na Figura 12-4, você pode observar que a função `tf sum _ squares()` está sendo chamada com um tensor simbólico e como seu argumento (nesse caso, um tensor int32 de formato[]) e o grafo final está sendo gerado durante o tracing. Os nós representam as operações e as setas representam os tensores (a função gerada e o grafo são resumidos).

> Para visualizar o código-fonte da função gerada, você pode chamar a `tf.autograph.to _ code(sum _ squares.python _ function)`. O código não é lá muito elegante, mas às vezes pode ajudar no debugging.

Regras das funções da TensorFlow

Na maioria das vezes, a conversão de uma função Python que realiza operações da TensorFlow em uma função da TF é uma coisa banal: use um decorator na `@tf.function` ou deixe que a Keras se encarregue disso. No entanto, existem algumas regras a serem respeitadas:

- Se você chamar qualquer biblioteca externa, incluindo a NumPy ou até mesmo a biblioteca padrão, essa chamada será executada somente durante o tracing; não fará parte do grafo. Na realidade, um grafo da TensorFlow pode incluir apenas construtos da TensorFlow (tensores, operações, variáveis, conjuntos de dados e assim por diante). Desse modo, faça questão de usar um `tf.reduce _ sum()`em vez de um `np.sum()`, um `tf.sort()` em vez da função integrada `sorted()` e assim por diante (a menos que você realmente queira que o código seja executado somente durante o tracing). Existem algumas consequências adicionais:
  - Se você definir uma função da TF `f(x)` que apenas retorna um `np.random.rand()`, um número aleatório será gerado somente quando a função passar pelo tracing; portanto, a `f(tf.con stant(2.))` e a `f(tf.constant(3.))` retornarão o mesmo número aleatório, mas a `f(tf.constant([2., 3.]))` retornará um número diferente. Caso você substitua a `np.random.rand()` por `tf.random.uniform([])`, um novo número aleatório será gerado em cada chamada, porque a operação fará parte do grafo.
  - Se o seu código não TensorFlow tiver efeitos indesejáveis (como registrar algo ou atualizar um contador Python), você não deve esperar que esses efeitos ocorram sempre que chamar a função da TF, pois eles ocorrerão somente quando a função passar pelo tracing.
  - Você pode decorar o código Python arbitrário em uma operação `tf.py _ function()`, mas isso prejudicará o desempenho, pois a TensorFlow não conseguirá fazer nenhuma otimização de grafo nesse código. Isso também reduzirá a portabilidade, uma vez que o grafo será executado somente em plataformas em que o Python está disponível (e nas quais as bibliotecas corretas estiverem instaladas).
- Você pode chamar outras funções Python ou da TF, no entanto elas devem seguir as mesmas regras, uma vez que a TensorFlow identificará suas operações no grafo computacional. Repare que essas outras funções não precisam ser decoradas com a `@tf.function`.
- Se a função criar uma variável da TensorFlow (ou qualquer outro objeto TensorFlow que guarda o estado dos objetos, como um conjunto de dados ou uma fila), ela deverá fazê-lo somente na primeira chamada, caso contrário, você receberá uma exceção. Em geral, é preferível criar variáveis fora da função da TF (por exemplo, no método `build()` de uma camada customizada). Caso queira atribuir um valor novo à variável, chame o método `assign()`, em vez de usar o operador =.
- O código-fonte da sua função Python deve estar disponível para a TensorFlow. Se o código-fonte não estiver disponível (por exemplo, se você definir sua função no shell Python, que não dá acesso ao código-fonte, ou se implementar somente arquivos compilados Python **.pyc* em produção), o processo de geração de grafos falhará ou terá alguma funcionalidade limitada.
- A TensorFlow identificará somente os loops `for` que iteram sobre um tensor ou um conjunto de dados. Assim sendo, faça questão de usar o `for i in tf.range(x)` em vez de `for i in range(x)`, caso contrário o loop não será representado no grafo. Ao contrário, ele será executado durante o tracing. (Talvez seja o que você queira se o loop `for` se destina a criar o grafo, por exemplo, para criar cada camada em uma rede neural.).
- Como sempre, por razões de desempenho, você deve preferir uma implementação vetorizada sempre que puder, em vez de utilizar os loops.

Hora de resumir as coisas! Neste capítulo, começamos com um breve panorama geral da TensorFlow e analisamos a API de baixo nível do TensorFlow, incluindo tensores, operações, variáveis e estruturas de dados especiais. Em seguida, usamos essas ferramentas a fim de customizar quase todos os componentes no tf.keras. Por último, vimos como as funções da TF podem melhorar o desempenho, como os grafos são gerados usando o AutoGraph e o tracing, e quais regras devem ser seguidas ao escrever as funções da TF (caso queira abrir um pouco mais a caixa preta, por exemplo, a fim de explorar o grafos gerados, você encontrará detalhes técnicos no Apêndice G).

No próximo capítulo, veremos como carregar e pré-processar os dados com eficiência e com a TensorFlow.

Exercícios

1. Como você descreveria a TensorFlow em uma frase curta? Quais são as suas principais características? Você consegue citar outras bibliotecas populares de aprendizado profundo?
2. A TensorFlow é uma substituta direta da NumPy? Quais são as principais diferenças entre essas duas bibliotecas?
3. Você obtém o mesmo resultado com a `tf.range(10)` e a `tf.constant(np.arange(10))`?
4. Você consegue citar outras seis estruturas de dados disponíveis na TensorFlow, além dos tensores regulares?
5. Uma função de perda customizada pode ser definida escrevendo uma função ou subclasseando a classe `keras.losses.Loss`. Em que situação você usaria cada opção?
6. Da mesma forma, uma métrica customizada pode ser definida em uma função ou em uma subclasse da `keras.metrics.Metric`. Quando você usaria cada opção?
7. Quando você deve criar uma camada customizada vs. um modelo customizado?
8. Quais são alguns casos de uso que exigem a criação de seu próprio loop de treinamento customizado?
9. Os componentes Keras customizados podem conter código Python arbitrário ou devem ser convertidos em funções da TF?
10. Quais são as principais regras a serem respeitadas se você quiser que uma função seja convertida em uma função da TF?
11. Quando você precisaria criar um modelo Keras dinâmico? Como você faria isso? Por que não fazer com que todos os seus modelos sejam dinâmicos?
12. Implemente uma camada customizada que execute a *normalização de camadas* (usaremos esse tipo de camada no Capítulo 15):
    a. O método `build()` deve definir dois pesos treináveis $\boldsymbol{\alpha}$ e $\boldsymbol{\beta}$, ambos de formato `input_shape[-1:]` e do tipo de dados `tf.float32`. $\boldsymbol{\alpha}$ deve ser inicializado com 1s e $\boldsymbol{\beta}$ com 0s;
    b. O método `call()` deve calcular a média μ e o desvio-padrão σ das características de cada instância. Para tal, você pode usar a `tf.nn.moments(inputs, axes=-1, keepdims=True)`, que retorna a média μ e a variância $\sigma 2$ de todas as instâncias (calcule a raiz quadrada da variância para obter o desvio-padrão). Assim, a função deve calcular e retornar $\boldsymbol{\alpha} \otimes (\mathbf{X} - \mu)/(\sigma + \varepsilon) + \boldsymbol{\beta}$, em que $\otimes$ representa a multiplicação item a item (`*`) e ε é um termo de suavização (uma pequena constante a fim de evitar a divisão por zero, por exemplo, 0,001);
    c. Garanta que a camada customizada produz a mesma saída (ou quase a mesma) que a camada `keras.layers.LayerNormalization`.
13. Treine um modelo usando um loop de treinamento customizado para lidar com o conjunto de dados Fashion MNIST (veja o Capítulo 10):

a. Exiba a época, iteração, perda média de treinamento e acurácia média em cada época (atualizada a cada iteração), bem como a perda de validação e acurácia no fim de cada época.
b. Tente usar um otimizador diferente com uma taxa de aprendizado diferente para as camadas superiores e inferiores.

As soluções para esses exercícios estão disponíveis no Apêndice A.

CAPÍTULO 13

Carregando e Pré-processando Dados com a TensorFlow

Até agora, usamos somente conjuntos de dados que cabem na memória, no entanto os sistemas de aprendizado profundo costumam ser treinados em conjuntos de dados muito grandes que não cabem na RAM. Então, carregar um grande conjunto de dados e pré-processá-lo com eficiência pode dificultar a implementação de outras bibliotecas de aprendizado de máquina, mas a TensorFlow facilita bastante essa implementação graças à *Data API*: basta criar um objeto de conjunto de dados e informá-lo onde obter os dados e como transformá-los. A TensorFlow se encarrega de todos os detalhes da implementação: executa o multithreading, o enfileiramento, o batch e a pré-busca. Além do mais, a Data API funciona perfeitamente com a tf.keras!

Pronta para uso, a Data API consegue ler arquivos de texto (como arquivos CSV), arquivos binários com registros de tamanho fixo e arquivos binários que usam o formato TFRecord da TensorFlow, que suporta registros de tamanhos variados. O TFRecord é um formato binário flexível e eficiente baseado em Protobuf (um formato binário open source [Protocol buffers]). A Data API também suporta a leitura de bancos de dados SQL. Além disso, muitas extensões open source estão disponíveis para leitura em todos os tipos de fontes de dados, como o serviço BigQuery do Google.

A leitura eficiente de enormes conjuntos de dados não é a única dificuldade: os dados também precisam ser pré-processados, geralmente normalizados. E nem sempre a leitura é composta estritamente de campos numéricos: pode haver características de texto, características categóricas e assim por diante. Estes precisam passar pelo encoder, usando codificação one-hot, codificação bag-of-words ou *embeddings* (como veremos, um embedding é um vetor denso treinável que representa uma categoria ou token). Uma opção para lidar com esse pré-processamento é escrever suas próprias camadas de pré-processamento personalizadas. A outra é usar as camadas de pré-processamento padrão fornecidas pela Keras.

Neste capítulo, abordaremos a Data API, o formato TFRecord e como criar camadas de pré-processamento customizadas e usar as camadas Keras padrão. Apresentaremos também um breve panorama de alguns projetos relacionados ao ecossistema da TensorFlow:

TF Transform (tf.Transform)

Possibilita escrever uma única função de pré-processamento que pode ser executada no modo em batch em todo o seu conjunto de treinamento completo, antes do treinamento (para acelerá-lo) e, em seguida, exportada para uma TF Function e incorporada em seu modelo treinado a fim de que ele seja implementado em produção e se encarregue do pré-processamento de novas instâncias em tempo real.

TF Datasets (TFDS)

Fornece uma prática função para fazer o download de muitos conjuntos de dados comuns de todos os tipos, incluindo conjuntos enormes como o ImageNet, bem como objetos de conjunto de dados convenientes para manipulá-los usando a Data API.

Vamos começar, mãos à obra!

Data API

A Data API gira em torno do conceito de *conjunto de dados*: como já deve suspeitar, isso representa uma sequência de itens de dados. Em geral, você usará conjuntos de dados que leem gradativamente os dados do disco, mas, para simplificar as coisas, vamos criar um conjunto de dados inteiramente na RAM usando a `tf.data.Dataset.from_tensor_slices()`:

```
>>> X = tf.range(10) # qualquer tensor de dados
>>> dataset = tf.data.Dataset.from_tensor_slices(X)
>>> dataset
<TensorSliceDataset shapes: (), types: tf.int32>
```

A função `from_tensor_slices()` pega um tensor e cria um `tf.data.Dataset` cujos elementos são todas as fatias de `X` (ao longo da primeira dimensão), ou seja, este conjunto de dados contém 10 itens: tensores 0, 1, 2, ..., 9. Neste caso, teríamos obtido o mesmo conjunto de dados se tivéssemos usado a `tf.data.Dataset.range(10)`.

Veja a seguir como você pode simplesmente iterar sobre os itens de um conjunto de dados:

```
>>> for item in dataset:
...     print(item)
...
tf.Tensor(0, shape=(), dtype=int32)
tf.Tensor(1, shape=(), dtype=int32)
tf.Tensor(2, shape=(), dtype=int32)
[...]
tf.Tensor(9, shape=(), dtype=int32)
```

Transformações de encadeamento

Com o conjunto de dados em mãos, você pode aplicar todos os tipos de transformações nele chamando seus métodos de transformação. Cada método retorna um novo conjunto de dados, logo você pode encadear as transformações assim (esse encadeamento é ilustrado na Figura 13-1):

```
>>> dataset = dataset.repeat(3).batch(7)
>>> for item in dataset:
...     print(item)
...
tf.Tensor([0 1 2 3 4 5 6], shape=(7,), dtype=int32)
tf.Tensor([7 8 9 0 1 2 3], shape=(7,), dtype=int32)
tf.Tensor([4 5 6 7 8 9 0], shape=(7,), dtype=int32)
tf.Tensor([1 2 3 4 5 6 7], shape=(7,), dtype=int32)
tf.Tensor([8 9], shape=(2,), dtype=int32)
```

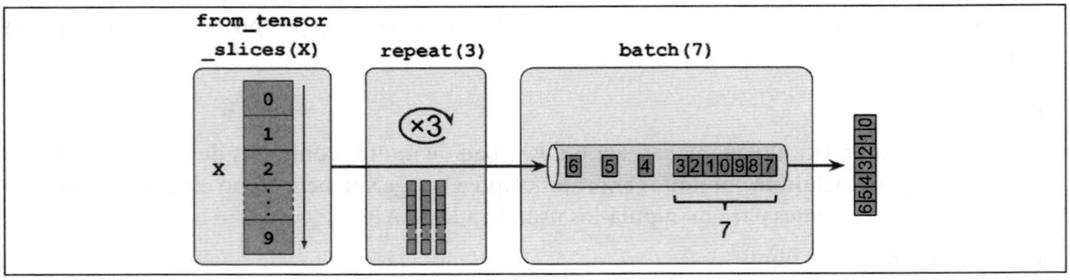

Figura 13-1. Encadeamento de transformações de conjunto de dados

Nesse exemplo, primeiro chamamos o método `repeat()` no conjunto de dados original que retorna um novo conjunto de dados que, por sua vez, replicará os itens do conjunto de dados original três vezes. Obviamente, isso não copiará todos os dados na memória três vezes! (Caso você chame esse método sem argumentos, o novo conjunto de dados repetirá o conjunto de dados de origem indefinidamente; desse modo, o código que itera sobre o conjunto de dados terá que decidir quando parar.) Depois, chamamos o método `batch()`neste novo conjunto de dados e, mais uma vez, isso cria um novo conjunto de dados. Ele agrupará os itens do conjunto de dados anterior em batches de sete itens. Por último, iteramos sobre os itens deste conjunto de dados final. Como pode observar, o método `batch()` teve que gerar a saída de um lote final de tamanho dois em vez de sete, mas você pode chamá-lo com o `drop_remainder=True` caso queira dropar este lote final de modo que todos os lotes tenham exatamente o mesmo tamanho.

> Os métodos do conjunto de dados *não* alteram os conjuntos de dados, eles criam novos conjuntos. Portanto, faça questão de manter uma referência para esses novos conjuntos de dados (por exemplo, com `dataset = ...`), senão nada acontecerá.

Você também pode transformar os itens chamando o método `map()`. Por exemplo, isso cria um novo conjunto de dados com todos os itens duplicados:

```
>>> dataset = dataset.map(lambda x: x * 2) # Itens: [0, 2, 4, 6, 8, 10, 12]
```

Você chamará essa função para aplicar qualquer pré-processamento que quiser aos seus dados. Não raro, isso envolverá cálculos que podem ser bem pesados, como remodelar ou rotacionar uma imagem, então talvez você queira gerar diversas threads para acelerar as coisas: é tão simples quanto configurar o argumento `num_parallel_calls`. Observe que a função que você passa para o método `map()`deve ser convertida em uma TF Function (veja o Capítulo 12).

Enquanto o método `map()` aplica uma transformação a cada item, o método `apply()` aplica uma transformação ao conjunto de dados como um todo. Por exemplo, o código a seguir aplica a função `unbatch()` ao conjunto de dados (essa função é atualmente experimental, mas é bem provável que será incorporada à API core em uma versão futura). Cada item no novo conjunto de dados será um tensor de número inteiro único, em vez de um batch de sete números inteiros:

```
>>> dataset = dataset.apply(tf.data.experimental.unbatch()) # Itens: 0, 2, 4...
```

É possível também simplesmente filtrar o conjunto de dados usando o método `filter()`:

```
>>> dataset = dataset.filter(lambda x: x < 10) # Items: 0 2 4 6 8 0 2 4 6...
```

Muitas vezes, você quer examinar apenas alguns itens de um conjunto de dados. Para tal, você pode usar o método `take()`:

```
>>> for item in dataset.take(3):
...     print(item)
...
tf.Tensor(0, shape=(), dtype=int64)
tf.Tensor(2, shape=(), dtype=int64)
tf.Tensor(4, shape=(), dtype=int64)
```

Embaralhando os dados (Shuffle)

Como você sabe, o gradiente descendente funciona melhor quando as instâncias no conjunto de treinamento são independentes e distribuídas de forma idêntica (veja o Capítulo 4). Uma maneira simples de garantir isso é embaralhar as instâncias, usando o método `shuffle()`. Ele criará um novo conjunto de dados que começará preenchendo por completo um buffer com os primeiros itens do conjunto de dados de origem. Em seguida, sempre que for solicitado um item, ele o tirará de forma aleatória do buffer e o substituirá por um novo do conjunto de dados de origem, até que tenha iterado totalmente no conjunto de dados de origem. Nesse ponto, ele continua retirando itens aleatoriamente do buffer até que esteja vazio. Você deve especificar o tamanho do buffer e é essencial que ele seja grande o bastante, caso contrário a ordem aleatória não será lá muito eficaz.[1] Basta não exceder a quantidade de RAM que você tem e, ainda que tenha bastante RAM, não há necessidade de ir além do tamanho do conjunto de dados. Você pode fornecer um random seed se quiser a mesma ordem aleatória sempre que executar o programa. Por exemplo, o código a seguir cria e exibe um conjunto de dados contendo os inteiros de 0 a 9, repetidos 3 vezes, embaralhados por meio de um buffer de tamanho 5 e um random seed de 42 e loteado com um tamanho de batch de 7:

```
>>> dataset = tf.data.Dataset.range(10).repeat(3) # De 0 a 9, três vezes
>>> dataset = dataset.shuffle(buffer_size=5, seed=42).batch(7)
>>> for item in dataset:
...     print(item)
...
tf.Tensor([0 2 3 6 7 9 4], shape=(7,), dtype=int64)
tf.Tensor([5 0 1 1 8 6 5], shape=(7,), dtype=int64)
tf.Tensor([4 8 7 1 2 3 0], shape=(7,), dtype=int64)
tf.Tensor([5 4 2 7 8 9 9], shape=(7,), dtype=int64)
tf.Tensor([3 6], shape=(2,), dtype=int64)
```

Se você chamar o `repeat()` em um conjunto de dados embaralhado, por padrão, ele vai gerar uma ordem nova a cada iteração. Normalmente isso é uma boa ideia, mas, se preferir reutilizar a mesma ordem em cada iteração (por exemplo, para testes ou depuração), você pode definir `reshuffle_each_iteration=False`.

Quando se trata de um grande conjunto de dados que não cabe na memória, talvez essa simples abordagem de embaralhamento de buffer não seja o suficiente, já que o buffer será pequeno em comparação com o conjunto de dados. Uma solução é embaralhar os próprios dados de origem (por exemplo, no Linux, você pode embaralhar os arquivos de texto usando o comando `shuf`). Sem dúvidas, isso melhorará, e muito, o embaralhamento! E, mesmo que os dados de origem sejam embaralhados, provavelmente você desejará embaralhá-los um pouco mais, senão a mesma ordem será repetida em cada época e o modelo pode acabar sendo tendencioso (por exemplo, devido a alguns padrões espúrios (outliers) presentes por acaso na ordem dos dados de origem). Para embaralhar as instâncias um pouco mais, uma abordagem comum é dividir os dados de origem em diversos arquivos e, em seguida, lê-los em uma ordem aleatória durante o treinamento. Contudo, as instâncias localizadas no mesmo arquivo ainda ficarão próximas umas das outras. A fim de evitar isso, você pode pegar vários arquivos de forma aleatória e lê-los simultaneamente, intercalando com seus registros. Em cima deles, você pode adicionar um buffer de embaralhamento utilizando o método `shuffle()`. Caso esteja achando que tudo isso dá muito trabalho, não se preocupe: é possível fazer tudo isso com a Data API e com somente algumas linhas de código. Vejamos como isso funciona:

1 Imagine um baralho de cartas ordenado à sua esquerda: suponha que você pegue as três cartas do topo e as embaralhe. Em seguida, você pega uma carta aleatória e a coloca à sua direita, e segura as outras duas. À esquerda, você pega outra carta e embaralha as três cartas, escolhe aleatoriamente uma delas e a coloca à direita. Uma vez que você fizer isso com todas as cartas do baralho, terá o baralho à sua direita. A questão é: você acha que ele estará perfeitamente embaralhado?

Intercalando (interleave) linhas a partir de múltiplos arquivos

Primeiro, suponhamos que você carregou o conjunto de dados sobre os preços de moradias na Califórnia, o embaralhou (a não ser que já tenha sido embaralhado) e o dividiu em três conjuntos: de treinamento, de validação e de teste. Em seguida, você divide cada conjunto em muitos arquivos CSV, em que cada um se parecerá mais ou menos com o código a seguir (cada linha contém oito características de entrada mais o valor médio da moradia):

```
MedInc,HouseAge,AveRooms,AveBedrms,Popul,AveOccup,Lat,Long,MedianHouseValue
3.5214,15.0,3.0499,1.1065,1447.0,1.6059,37.63,-122.43,1.442
5.3275,5.0,6.4900,0.9910,3464.0,3.4433,33.69,-117.39,1.687
3.1,29.0,7.5423,1.5915,1328.0,2.2508,38.44,-122.98,1.621
[...]
```

Vamos supor também que o `train_filepaths` contenha a lista de caminhos de arquivo de treinamento (e você também tem o `valid_filepaths` e o `test_filepaths`):

```
>>> train_filepaths
['datasets/housing/my_train_00.csv', 'datasets/housing/my_train_01.
csv',...]
```

Como alternativa, você pode utilizar padrões de arquivo; por exemplo, `train_filepaths = "data sets/housing/my_train_*.csv"`. Agora vamos criar um conjunto de dados contendo somente estes caminhos de arquivo:

```
filepath_dataset = tf.data.Dataset.list_files(train_filepaths, seed=42)
```

Por padrão, a função `list_files()` retorna um conjunto de dados que embaralha os caminhos dos arquivos. Em geral, isso é bom, mas se por algum motivo você não quiser pode definir `shuffle=False`. Em seguida, pode chamar o método `interleave()` para ler cinco arquivos por vez e intercalar suas linhas (pulando a primeira linha de cada arquivo, que é a linha do cabeçalho, usando o método `skip()`):

```
n_readers = 5
dataset = filepath_dataset.interleave(
    lambda filepath: tf.data.TextLineDataset(filepath).skip(1),
    cycle_length=n_readers)
```

O método `interleave()` criará um conjunto de dados que puxará cinco caminhos de arquivo do `filepath_dataset` e, para cada um deles, ele chamará a função que você passou para ele (neste exemplo, um lambda) para criar um novo conjunto de dados (neste caso, um `TextLineDataset`). Para que as coisas fiquem claras: nesta fase, haverá sete conjuntos de dados ao todo: o conjunto de dados do caminho de arquivo, o conjunto de dados intercalado e os cinco `TextLineDataset` criados internamente pelo conjunto de dados intercalados. Quando iteramos sobre o conjunto de dados intercalados, ele percorrerá esses cinco `TextLineDataset`, lendo uma linha por vez de cada um, até que todos os conjuntos de dados estejam sem itens. Em seguida, ele obterá os próximos cinco caminhos de arquivo do `filepath_dataset` e os intercalará da mesma forma, e assim por diante, até que os caminhos de arquivo se esgotem.

A fim de que a intercalação funcione melhor, é preferível ter arquivos de comprimento idêntico; caso contrário, os finais dos arquivos mais extensos não serão intercalados.

Por padrão, o `interleave()` não utiliza paralelismo; ele apenas lê uma linha por vez de cada arquivo e em sequência. Caso queira que ele realmente leia os arquivos em paralelo, pode definir o argumento `num_parallel_calls` para o número de threads que você deseja (repare que o método `map()` também comporta este argumento). Você pode até mesmo defini-lo em `tf.data.experimental.AUTOTUNE` para fazer com que a TensorFlow escolha o número adequado de threads dinamicamente com base na CPU disponível (mas, por enquanto, este é um recurso experimental). Vejamos o que o conjunto de dados contém agora:

```
>>> for line in dataset.take(5):
...     print(line.numpy())
...
b'4.2083,44.0,5.3232,0.9171,846.0,2.3370,37.47,-122.2,2.782'
b'4.1812,52.0,5.7013,0.9965,692.0,2.4027,33.73,-118.31,3.215'
b'3.6875,44.0,4.5244,0.9930,457.0,3.1958,34.04,-118.15,1.625'
b'3.3456,37.0,4.5140,0.9084,458.0,3.2253,36.67,-121.7,2.526'
b'3.5214,15.0,3.0499,1.1065,1447.0,1.6059,37.63,-122.43,1.442'
```

Essas são as primeiras linhas (tirando a linha do cabeçalho) de cinco arquivos CSV, escolhidos aleatoriamente. Parece um espetáculo! Mas, conforme pode ver, são apenas strings de bytes; precisamos analisá-las e escalonar os dados.

Pré-processamento dos dados

Vamos implementar uma simples função que realizará este pré-processamento:

```
X_mean, X_std = [...] # média e escala de cada característica no conjunto de
                        treinamento
n_inputs = 8

def preprocess(line):
  defs = [0.] * n_inputs + [tf.constant([], dtype=tf.float32)]
  fields = tf.io.decode_csv(line, record_defaults=defs)
  x = tf.stack(fields[:-1])
  y = tf.stack(fields[-1:])
  return (x - X_mean) / X_std, y
```

Vamos analisar esse código:

- Primeiro, o código presume que calculamos previamente a média e o desvio-padrão de cada característica no conjunto de treinamento. `X_mean` e `X_std` são apenas tensores 1D (ou arrays NumPy) com oito floats, um por característica de entrada.
- A função `preprocess()` pega uma linha CSV e começa a analisar sintagmaticamente. Para isso, ela utiliza a função `tf.io.decode_csv()`, que comporta dois argumentos: o primeiro é a linha a ser analisada e o segundo é um array que contém o valor-padrão para cada coluna no arquivo CSV. Esse array informa à TensorFlow não somente o valor-padrão das colunas, como também o número de colunas e seus tipos. Neste exemplos, vamos lhe informar que todas as colunas das características são floats e que os valores ausentes devem ser 0 por padrão, mas fornecemos um array vazio do tipo `tf.float32` como valor-padrão para a última coluna (o alvo): o array informa à TensorFlow que esta coluna contém floats, mas que não há valor-padrão, assim ela gerará uma exceção caso encontre um valor ausente.
- A função `decode_csv()` retorna uma lista de tensores escalares (um por coluna), mas precisamos retornar os arrays de tensores 1D. Então, chamamos a `tf.stack()` em todos os tensores,

exceto no último (o alvo): isso empilhará esses tensores em um array 1D. Depois, fazemos o mesmo para o valor-alvo (o que faz com o array de tensor 1D tenha um único valor, em vez de um tensor escalar).

- Por último, escalonamos as características de entrada ao subtrair as médias das características e, depois, as dividimos pelos desvios-padrão das características, e retornamos uma tupla contendo as características escalonadas e o alvo.

Vamos testar esta função de pré-processamento:

```
>>> preprocess(b'4.2083,44.0,5.3232,0.9171,846.0,2.3370,37.47,-122.2,2.782')
(<tf.Tensor: id=6227, shape=(8,), dtype=float32, numpy=
array([ 0.16579159, 1.216324 , -0.05204564, -0.39215982, -0.5277444 ,
       -0.2633488 , 0.8543046 , -1.3072058 ], dtype=float32)>,
<tf.Tensor: [...], numpy=array([2.782], dtype=float32)>)
```

Parece ótimo! Agora, podemos aplicar a função ao conjunto de dados.

Juntando as coisas

Para fazer com que esse código seja reutilizável, vamos juntar tudo o que analisamos até agora em uma pequena função auxiliar: ela vai criar e retornar um conjunto de dados que carregará com eficiência os dados sobre os preços da moradias a partir de vários arquivos CSV, pré-processá-los, embaralhá-los, e, caso queira, repeti-los e loteá-los (veja a Figura 13-2):

```
def csv_reader_dataset(filepaths, repeat=1, n_readers=5,
                       n_read_threads=None, shuffle_buffer_size=10000,
                       n_parse_threads=5, batch_size=32):
    dataset = tf.data.Dataset.list_files(filepaths)
    dataset = dataset.interleave(
        lambda filepath: tf.data.TextLineDataset(filepath).skip(1),
        cycle_length=n_readers, num_parallel_calls=n_read_threads)
    dataset = dataset.map(preprocess, num_parallel_calls=n_parse_threads)
    dataset = dataset.shuffle(shuffle_buffer_size).repeat(repeat)
    return dataset.batch(batch_size).prefetch(1)
```

Aparentemente, tudo faz sentido neste código, exceto a última linha (`prefetch(1)`), importante para o desempenho.

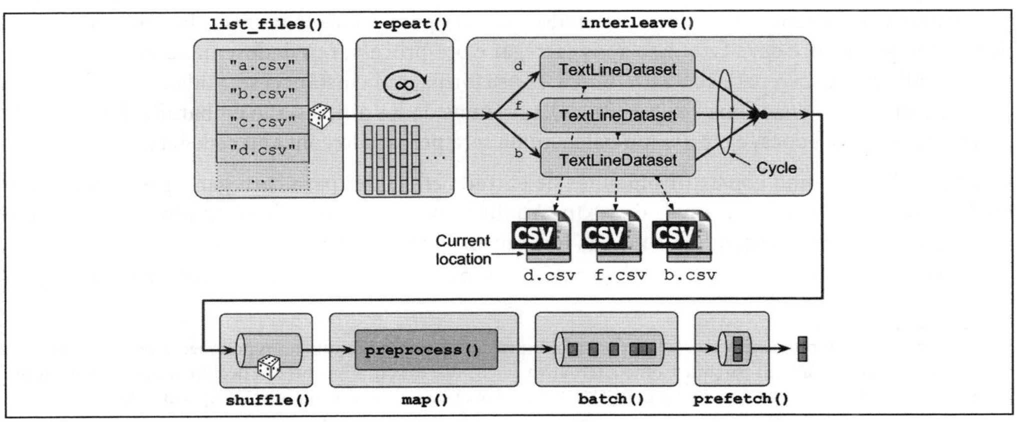

Figura 13-2. Carregando e pré-processando dados a partir de vários arquivos CSV

Pré-busca (prefetch)

Ao chamar o `prefetch(1)` no final, estamos criando um conjunto de dados que fará o possível para estar sempre um batch à frente.[2] Grosso modo, à medida que nosso algoritmo de treinamento está trabalhando em um batch, o conjunto de dados já estará trabalhando em paralelo a fim de preparar o próximo batch (por exemplo, lendo os dados do disco e os pré-processando). Isso pode melhorar o desempenho radicalmente, conforme ilustrado na Figura 13-3. Se também garantirmos que o carregamento e o pré-processamento sejam multithread (ao definirmos `num_parallel_calls` quando chamamos o `interleave` e o `map()`), podemos explorar vários núcleos na CPU e, com sorte, fazer com que a preparação de um batch de dados seja mais curta do que executar uma etapa de treinamento na GPU: assim, a GPU terá quase 100% de utilização (exceto para o tempo de transferência de dados da CPU para GPU[3]), e o treinamento ocorrerá muito mais rápido.

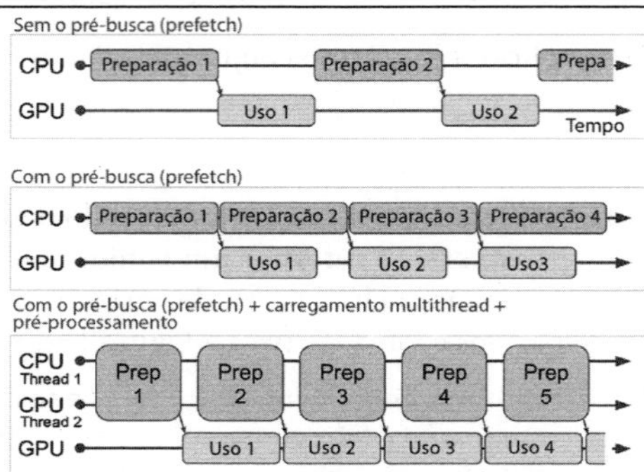

Figura 13-3. Com a pré-busca, a CPU e a GPU funcionam em paralelo: como a GPU funciona em um batch, a CPU funciona no seguinte

Se você planeja comprar um cartão GPU, o poder de processamento e o tamanho da memória são imprescindíveis (em particular, uma grande quantidade de RAM é essencial para a visão computacional). Agora, tão importante quanto obter um bom desempenho é a sua *largura de banda de memória*: número de gigabytes de dados que pode entrar ou sair de sua RAM por segundo.

Se o conjunto de dados for pequeno o suficiente para caber na memória, você pode acelerar substancialmente o treinamento usando o método `cache()` para armazenar em cache seu conteúdo na RAM. Em geral, você deve fazer isso após carregar e pré-processar os dados, mas antes de executar o embaralhamento, a repetição e a pré-busca. Dessa forma, cada instância será lida e pré-processada somente uma vez (e não uma vez por época), porém os dados ainda serão embaralhados de modo diferente em cada época, e o próximo batch ainda será preparado com antecedência.

Agora você sabe como construir pipelines de entrada eficientes para carregar e pré-processar os dados a partir de vários arquivos de texto. Analisamos os métodos de conjunto de dados mais comuns, no entanto existem mais alguns que talvez você queira espiar: `concatenate()`, `zip()`, `window()`, `reduce()`, `shard()`, `flat_map()` e `padded_batch()`. Existem também alguns

2 Em geral, não tem problema executar a pré-busca de um batch, mas em alguns casos pode ser necessário realizar a pré-busca em mais alguns batches. Como alternativa, você pode deixar a TensorFlow decidir automaticamente ao passar `tf.data.experimental.AUTOTUNE` (por enquanto, essa é um função experimental).

3 Mas dê uma olhada na função `tf.data.experimental.prefetch_to_device()`, que pode realizar a pré-busca dos dados diretamente na GPU.

métodos de classe: from_generator() e from_tensors(), que criam um novo conjunto de dados a partir de um gerador Python ou de uma lista de tensores, respectivamente. Por favor, confira a documentação da API para mais detalhes. Repare também que existem características experimentais disponíveis na tf.data.experimental, muitos dos quais provavelmente serão incorporados à API core em versões futuras (por exemplo, veja a classe CsvDataset, bem como o método make_csv_dataset(), que se encarrega de inferir o tipo de cada coluna).

Usando o conjunto de dados com a tf.keras

Agora podemos utilizar a função csv_reader_dataset() a fim de criar um conjunto de dados para o conjunto de treinamento. Observe que não precisamos repeti-lo, pois isso será feito pela tf. keras. Criamos também conjuntos de dados para o conjunto de validação e para o conjunto de teste:

```
train_set = csv_reader_dataset(train_filepaths)
valid_set = csv_reader_dataset(valid_filepaths)
test_set = csv_reader_dataset(test_filepaths)
```

E agora podemos simplesmente construir e treinar um modelo Keras usando esses conjuntos de dados.[4] Tudo o que precisamos fazer é passar os conjuntos de dados de treinamento e validação para o método fit(), em vez de passá-lo para o X_train, y_train, X_valid e y_valid:[5]

```
model = keras.models.Sequential([...])
model.compile([...])
model.fit(train_set, epochs=10, validation_data=valid_set)
```

Da mesma forma, podemos passar um conjunto de dados para os métodos evaluate() e predict():

```
model.evaluate(test_set)
new_set = test_set.take(3).map(lambda X, y: X) # Finja que temos três novas
                                                 instâncias
model.predict(new_set) # Um conjunto de dados contendo instâncias novas
```

Ao contrário dos outros conjuntos, o new_set não terá rótulos (se tiver, a Keras vai ignorá-los). Repare que, em todos esses casos, você ainda pode utilizar os arrays NumPy em vez de conjuntos de dados, caso queira (mas, logicamente, eles precisam ser carregados e pré-processados primeiro).

Se deseja construir seu próprio ciclo de treinamento personalizado (como no Capítulo 12), basta iterar sobre o conjunto de treinamento. É bem fácil:

```
for X_batch, y_batch in train_set:
    [...] # Executa uma etapa do gradiente descendente
```

Na verdade, é ainda possível criar uma função TF (veja o Capítulo 12) que executa todo o ciclo de treinamento:

```
@tf.function
def train(model, optimizer, loss_fn, n_epochs, [...]):
```

4 O suporte para conjuntos de dados é específico para a tf.keras; isso não funcionará em outras implementações da Keras API.

5 O método fit() se encarregará de repetir o conjunto de dados de treinamento. Opcionalmente, você pode chamar o repeat() no conjunto de dados de treinamento, de modo que a repetição execute indefinidamente, e especificar o argumento steps_per_epoch quando chamar o método fit(). Isso talvez ajude em alguns casos raros, por exemplo se quiser usar um buffer aleatório que atravessa as épocas.

```
    train_set = csv_reader_dataset(train_filepaths, repeat=n_epochs,
[...])
    for X_batch, y_batch in train_set:
        with tf.GradientTape() as tape:
            y_pred = model(X_batch)
            main_loss = tf.reduce_mean(loss_fn(y_batch, y_pred))
            loss = tf.add_n([main_loss] + model.losses)
        grads = tape.gradient(loss, model.trainable_variables)
        optimizer.apply_gradients(zip(grads, model.trainable_variables))
```

Parabéns! Agora você sabe como construir poderosos pipelines de entrada com a Data API! Contudo, até agora usamos arquivos CSV, que são comuns, simples e convenientes, mas não muito eficientes e não suportam bem estruturas de dados grandes ou complexas (como imagens ou áudio). Então, veremos como usar o TFRecords.

> Caso esteja satisfeito com os arquivos CSV (ou qualquer outro formato que esteja usando), você *não* é obrigado a usar o TFRecords. Como diz o ditado, não se mexe em time que está ganhando! Os TFRecords são úteis quando há gargalos ao carregar ou analisar sintagmaticamente os dados durante o treinamento.

O Formato TFRecord

O formato TFRecord é o formato preferido da TensorFlow para armazenar grandes quantidades de dados e lê-los com eficiência. É um formato binário bem simples que contém apenas uma sequência de registros binários de tamanhos variados (cada registro é composto de um comprimento, uma soma de verificação CRC [Cyclic Redundancy Check, ou Verificação de Redundância Cíclica] para averiguar se o comprimento não foi corrompido, os dados reais e, por último, uma soma de verificação CRC para os dados). Você consegue criar facilmente um arquivo TFRecord usando a classe `tf.io.TFRecordWriter`:

```
with tf.io.TFRecordWriter("my_data.tfrecord") as f:
    f.write(b"This is the first record")
    f.write(b"And this is the second record")
```

E você pode usar uma `tf.data.TFRecordDataset` para ler um ou mais arquivos TFRecord:

```
filepaths = ["my_data.tfrecord"]
dataset = tf.data.TFRecordDataset(filepaths)
for item in  :
    print(item)
```

Isso gerará a seguinte saída:

```
tf.Tensor(b'This is the first record', shape=(), dtype=string)
tf.Tensor(b'And this is the second record', shape=(), dtype=string)
```

> Por padrão, um `TFRecordDataset` lerá os arquivos um por um, mas você pode fazer com que ele leia diversos arquivos em paralelo e intercale seus registros ao definir `num_parallel_reads`. Opcionalmente, pode obter o mesmo resultado usando `list_files()` e `interleave()` para ler vários arquivos CSV, como fizemos anteriormente.

Arquivos TFRecord compactados

Às vezes, pode ser prático compactar seus arquivos TFRecord, ainda mais se eles precisarem ser carregados por meio de uma conexão de rede. Você pode criar um arquivo TFRecord compactado definindo o argumento `options`:

```
options = tf.io.TFRecordOptions(compression_type="GZIP")
with tf.io.TFRecordWriter("my_compressed.tfrecord", options) as f:
  [...]
```

Ao ler um arquivo TFRecord compactado, é necessário especificar o tipo de compactação:

```
dataset = tf.data.TFRecordDataset(["my_compressed.tfrecord"],
                                  compression_type="GZIP")
```

Uma breve introdução aos protobufs

Mesmo que cada registro possa utilizar qualquer formato binário que você queira, os arquivos TFRecord normalmente contêm buffers de protocolo serializados (também chamados de *protobufs*). É um formato binário portátil, estendido e eficiente, desenvolvido no Google em 2001 e que se tornou open source em 2008. Hoje em dia, os protobufs são amplamente usados, principalmente em gRPC (*https://grpc.io*), o sistema de chamada de procedimento remoto do Google. Eles são definidos usando uma linguagem simples que se parece mais ou menos com isto:

```
syntax = "proto3";
message Person {
  string name = 1;
  int32 id = 2;
  repeated string email = 3;
}
```

Esta definição informa que estamos usando a versão 3 do formato protobuf e especifica que cada objeto `Person`[6] pode (opcionalmente) ter um `name` do tipo `string`, um `id` do tipo `int32` e um zero ou mais campos `email`, cada um do tipo `string`. Os números `1`, `2` e `3` são os identificadores de campo: eles serão usados na representação binária de cada registro. Uma vez que você tem uma definição *.proto* file, é possível compilá-lo. Isso exige um `protoc`, o compilador protobuf, para gerar classes de acesso em Python (ou alguma outra linguagem). Veja que as definições de protobuf que usaremos já foram compiladas, e suas classes Python são parte da TensorFlow; logo, você não precisará usar o `protoc`. Tudo que precisa saber é como usar classes de acesso protobuf em Python. Com o intuito de ilustrar as noções básicas, vamos dar uma olhada em um exemplo simples que usa as classes de acesso geradas para o protobuf `Person` (o código é explicado nos comentários):

```
>>> from person_pb2 import Person # Importa a classe de acesso gerada
>>> person = Person(name="Al", id=123, email=["a@b.com"]) # Cria o Person
>>> print(person) # Exibe o Person
name: "Al"
id: 123
email: "a@b.com"
>>> person.name # Lê o produto
"Al"
>>> person.name = "Alice" # Altera o campo
>>> person.email[0] # Campos repetidos podem ser acessados como arrays
```

6 Como os objetos protobuf devem ser serializados e transmitidos, eles são chamados *messages*.

```
"a@b.com"
>>> person.email.append("c@d.com") # Adiciona um endereço de e-mail
>>> s = person.SerializeToString() # Serializa o objeto em uma string de bytes
>>> s
b'\n\x05Alice\x10{\x1a\x07a@b.com\x1a\x07c@d.com'
>>> person2 = Person() # Cria um Person novo
>>> person2.ParseFromString(s) # Analisa a string de bytes (27 bytes de
                                 comprimento)
27
>>> person == person2 # agora, eles são iguais
True
```

Em resumo, importamos a classe `Person` gerada pelo `protoc`, criamos uma instância e brincamos com ela, visualizando-a, lendo e escrevendo alguns campos; e depois a serializamos usando o método `SerializeToString()`. Ou seja, esses são os dados binários que estão prontos para serem salvos ou transmitidos pela rede. Ao ler ou receber esses dados, podemos analisá-los de forma sintagmática usando o método `ParseFromString()`, e obteremos uma cópia do objeto que foi serializado.[7]

Poderíamos salvar o objeto serializado `Person` em um arquivo TFRecord e em seguida carregá-lo e analisá-lo: tudo funcionaria bem. Contudo, a `SerializeToString()` e o `ParseFromString()` não são operações da TensorFlow (e muito menos desse código), portanto não podem ser incluídas em uma função da TensorFlow (exceto se você decorá-la em um wrapper com uma operação `tf.py_function`, o que deixaria o código mais lento e menos portátil, como vimos no Capítulo 12). Felizmente, a TensorFlow inclui definições de protobuf especiais para as quais fornece operações de análise sintagmática.

Protobufs da TensorFlow

Comumente, o principal protobuf usado em um arquivo TFRecord é o protobuf `Example`, que representa uma instância em um conjunto de dados. Ele contém uma lista de características nomeadas, em que cada característica pode ser uma lista de strings de bytes, uma lista de floats ou uma lista de inteiros. Veja a definição do protobuf:

```
syntax = "proto3";
message BytesList { repeated bytes value = 1; }
message FloatList { repeated float value = 1 [packed = true]; }
message Int64List { repeated int64 value = 1 [packed = true]; }
message Feature {
    oneof kind {
        BytesList bytes_list = 1;
        FloatList float_list = 2;
        Int64List int64_list = 3;
    }
};
message Features { map<string, Feature> feature = 1; };
message Example { Features features = 1; };
```

As definições de `BytesList`, `FloatList` e `Int64List` são bastante fáceis de compreender. Observe que `[packed = true]` é utilizado em campos numéricos repetidos, para uma codificação [encoding] mais eficiente. Uma `Feature` contém um `BytesList`, um `FloatList` ou um `Int64List`. Uma

7 Este capítulo aborda o mínimo necessário que você precisa saber sobre os protobufs com o intuito de usar o TFRecords. Para saber detalhes sobre os protobufs, por favor, acesse: *https://homl.info/protobuf.*

`Features` (com um s) contém um dicionário que mapeia o nome de uma característica para o valor da característica correspondente. E, por último, um `Example` contém apenas um objeto `Features`.[8] Veja a seguir como você pode criar uma `tf.train.Example` representando a mesma pessoa de antes e gravá-la em um arquivo TFRecord:

```
from tensorflow.train import BytesList, FloatList, Int64List
from tensorflow.train import Feature, Features, Example

person_example = Example(
    features=Features(
        feature={
            "name": Feature(bytes_list=BytesList(value=[b"Alice"])),
            "id": Feature(int64_list=Int64List(value=[123])),
            "emails": Feature(bytes_list=BytesList(value=[b"a@b.com",
                                                          b"c@d.com"]))
}))
```

O código é um tanto verboso e repetitivo, mas é bastante direto (e você poderia facilmente decorá-lo com um wrapper em uma pequena função auxiliar). Agora que temos um protobuf `Example`, podemos serializá-lo chamando seu método `SerializeToString()` e, em seguida, escrever os dados resultantes em um arquivo TFRecord:

```
with tf.io.TFRecordWriter("my_contacts.tfrecord") as f:
    f.write(person_example.SerializeToString())
```

Via de regra, você escreveria bem mais do que um `Example`! Normalmente, você criaria um script de conversão que lê seu formato atual (por exemplo, arquivos CSV), cria um protobuf `Example` para cada instância, serializa-os e salva-os em diversos arquivos TFRecord, de preferência fazendo o embaralhamento deles no processo. Isso demanda um pouco de trabalho, então falarei mais uma vez, tenha certeza de que isso é de fato necessário (vai que seu pipeline talvez funcione bem com arquivos CSV).

Agora que temos um bom arquivo TFRecord contendo um arquivo serializado `Example`, vamos tentar carregá-lo.

Exemplos de carregar e analisar sintagmaticamente os arquivos

Com o intuito de carregar o protobuf serializado `Example`, usaremos mais uma vez um `tf.data.TFRecordDataset`, e analisaremos cada `Example` utilizando um `tf.io.parse_single_example()`. Esta é uma operação da TensorFlow, sendo assim ela pode ser incorporada em uma função TF, e exige pelo menos dois argumentos: um tensor escalar de string contendo os dados serializados e uma descrição de cada característica. A descrição é um dicionário que mapeia cada nome de característica para um descritor `tf.io.FixedLenFeature` indicando a forma, o tipo e o valor-padrão da característica ou para um descritor `tf.io.VarLenFeature` sinalizando apenas o tipo (se o comprimento da lista de característica pode variar, como na característica "`emails`").

O código a seguir define um dicionário de descrição e, em seguida, itera o `TFRecord Dataset` e analisa o protobuf serializado `Example` que este conjunto de dados contém:

```
feature_description = {
    "name": tf.io.FixedLenFeature([], tf.string, default_value=""),
```

8 Por que o `Example` foi definido, uma vez que não contém mais do que um objeto `Features`? Veja bem, quem sabe um dia os desenvolvedores da TensorFlow decidam acrescentar mais campos a ele. Contanto que a nova definição de `Example` ainda tenha o campo de `features`, com o mesmo ID, será compatível com as versões anteriores. Essa extensibilidade é uma das grandes características dos protobufs.

```
        "id": tf.io.FixedLenFeature([], tf.int64, default_value=0),
        "emails": tf.io.VarLenFeature(tf.string),
    }
    for serialized_example in tf.data.TFRecordDataset(["my_contacts.tfrecord"]):
        parsed_example = tf.io.parse_single_example(serialized_example,
                                                    feature_description)
```

As características de tamanho fixo são analisadas como tensores regulares, porém as características de tamanho variável são analisadas como tensores esparsos. Você pode converter um tensor esparso em um tensor denso usando o `tf.sparse.to_dense()`, mas basta acessar seus valores neste caso:

```
>>> tf.sparse.to_dense(parsed_example["emails"], default_value=b"")
<tf.Tensor: [...] dtype=string, numpy=array([b'a@b.com', b'c@d.com'], [...])>
>>> parsed_example["emails"].values
<tf.Tensor: [...] dtype=string, numpy=array([b'a@b.com', b'c@d.com'], [...])>
```

Uma `BytesList` pode conter quaisquer dados binários, incluindo qualquer objeto serializado. Por exemplo, você pode utilizar o `tf.io.encode_jpeg()` para codificar uma imagem que usa o formato JPEG e colocar esses dados binários em uma `BytesList`. Mais tarde, quando seu código ler o TFRecord, começará analisando sintagmaticamente o `Example`, assim ele precisará chamar o `tf.io.decode_jpeg()` para analisar os dados e obter a imagem original (ou você pode usar o `tf.io.decode_image()`, que consegue decodificar qualquer imagem BMP, GIF, JPEG ou PNG). Você também pode armazenar qualquer tensor que desejar em uma `BytesList` ao serializar o tensor com um `tf.io.serialize_tensor()` e, em seguida, colocar a string de byte resultante em uma característica `BytesList`. Posteriormente, quando analisar o TFRecord, você pode analisar esses dados usando o `tf.io.parse_tensor()`.

Em vez de analisar sintagmaticamente os exemplos um a um, usando o `tf.io.parse_single_example()`, é possível analisá-los batch a batch usando o `tf.io.parse_example()`:

```
dataset = tf.data.TFRecordDataset(["my_contacts.tfrecord"]).batch(10)
for serialized_examples in dataset:
    parsed_examples = tf.io.parse_example(serialized_examples,
                                          feature_description)
```

Conforme pode ver, provavelmente o protobuf `Example` será suficiente para a maioria dos casos de uso. Entretanto, ele pode ser um pouco complicado de usar quando manipulamos com listas de listas. Por exemplo, suponha que você queira classificar documentos de texto. Cada documento pode ser representado como uma lista de frases, em que cada frase é representada como uma lista de palavras. E, talvez, cada documento também tenha uma lista de comentários, em que cada comentário é representado como uma lista de palavras. Pode haver alguns dados contextuais também, como o autor do documento, título e data de publicação. O protobuf `SequenceExample` da TensorFlow é projetado para tais casos de uso.

Manipulando listas de listas com o protobuf SequenceExample

Veja a seguir a definição do protobuf `SequenceExample`:

```
message FeatureList { repeated Feature feature = 1; };
message FeatureLists { map<string, FeatureList> feature_list = 1; };
message SequenceExample {
    Features context = 1;
    FeatureLists feature_lists = 2;
};
```

Um `SequenceExample` contém um objeto `Features` para os dados contextuais e um objeto `FeatureLists` que contém um ou mais objetos nomeados `FeatureLists` (por exemplo, um objeto `FeatureLists` nomeado `"content"` e outro nomeado `"comments"`). Cada `FeatureList` contém uma lista de objetos `Feature`, cada um dos quais pode ser uma lista de strings de byte, uma lista de inteiros de 64 bits ou uma lista de floats (neste exemplo, cada `Feature` representaria uma frase ou um comentário, talvez na forma de uma lista de identificadores de palavras). Construir um `SequenceExample`, serializá-lo e analisá-lo sintagmaticamente é semelhante a construir, serializar e analisar um `Example`, mas você deve usar o `tf.io.parse_single_sequence_example()` para analisar um único `SequenceExample` ou o `tf.io.parse_sequence_example()` para analisar um batch. Ambas as funções retornam uma tupla contendo características contextuais (como um dicionário) e as listas de características (também como um dicionário). Se as listas de características tiverem sequências de tamanhos variados (como no exemplo anterior), talvez você queira convertê-las em tensores irregulares, ao utilizar o `tf.RaggedTensor.from_sparse()` (veja o notebook para o código completo):

```
parsed_context, parsed_feature_lists = tf.io.parse_single_sequence_example(
    serialized_sequence_example, context_feature_descriptions,
    sequence_feature_descriptions)
parsed_content = tf.RaggedTensor.from_sparse(parsed_feature_lists["content"])
```

Agora que você sabe como armazenar, carregar e analisar sintagmaticamente os dados com eficiência, a próxima etapa é prepará-los para que possam ser alimentados em uma rede neural.

Pré-processando as características de entrada

A preparação de seus dados com o objetivo de alimentar uma rede neural exige a conversão de todas as características em características numéricas, geralmente as normalizando, e muito mais. Em particular, se seus dados contiverem características categóricas ou de texto, eles precisam ser convertidos em números. Isso pode ser feito com antecedência ao preparar seus arquivos de dados, usando qualquer ferramenta de sua preferência (por exemplo, NumPy, Pandas ou Scikit-Learn). Em alternativa, você consegue pré-processar seus dados instantaneamente ao carregá-los com a Data API (por exemplo, usando o conjunto de dados `map()`, como vimos anteriormente), ou pode incluir uma camada de pré-processamento diretamente em seu modelo. Vamos dar uma olhada nesta última opção.

Por exemplo, veja a seguir como implementar uma camada de padronização usando uma camada `Lambda`. Para cada característica, ela subtrai a média e a divide por seu desvio-padrão (e ainda soma com um pequeno viés de suavização para evitar a divisão por zero):

```
means = np.mean(X_train, axis=0, keepdims=True)
stds = np.std(X_train, axis=0, keepdims=True)
eps = keras.backend.epsilon()
model = keras.models.Sequential([
    keras.layers.Lambda(lambda inputs: (inputs - means) / (stds + eps)),
    [...] # Outras camadas
])
```

Não é tão difícil assim! No entanto, você pode preferir utilizar uma boa camada personalizada independente (bem parecida com a `StandardScaler` da Scikit-Learn), em vez de ter variáveis globais como a `means` e a `stds` que ficam oscilando ao redor.

```
class Standardization(keras.layers.Layer):
    def adapt(self, data_sample):
        self.means_ = np.mean(data_sample, axis=0, keepdims=True)
        self.stds_ = np.std(data_sample, axis=0, keepdims=True)
```

```
    def call(self, inputs):
        return (inputs - self.means_) / (self.stds_ + keras.backend.
epsilon())
```

Antes de usar esta camada de padronização, você precisará adaptá-la ao seu conjunto de dados chamando o método `adapt()` e passando-o para uma amostra de dados. Isso possibilitará que ele use a média e o desvio-padrão adequados para cada característica:

```
std_layer = Standardization()
std_layer.adapt(data_sample)
```

Essa amostra deve ser grande o bastante para representar seu conjunto de dados, mas não precisa ser o conjunto de treinamento completo: em geral, algumas centenas de instâncias selecionadas aleatoriamente serão suficientes (porém, isso depende de sua tarefa). Em seguida, você pode utilizar esta camada de pré-processamento como uma camada normal:

```
model = keras.Sequential()
model.add(std_layer)
[...] # Cria o resto do modelo
model.compile([...])
model.fit([...])
```

Caso esteja achando que a Keras tem uma camada de padronização, você está certo: no momento em que você estiver lendo isto, a camada `keras.layers.Normalization` provavelmente já estará disponível. Seu funcionamento será muito parecido como o da nossa camada customizada `Standardization`: primeiro, ela cria a camada e, em seguida, a adapta ao seu conjunto de dados passando uma amostra de dados para o método `adapt()` e, por último, usa a camada normalmente. Agora, vamos examinar as características categóricas. Começaremos codificando-as com os vetores one-hot.

Codificando as características categóricas com vetores one-hot

Considere a característica `ocean_proximity` no conjunto de dados de preços das moradias da Califórnia que exploramos no Capítulo 2: é uma característica categórica com cinco valores possíveis: `<1H OCEAN"`, `"INLAND"`, `"NEAR OCEAN"`, `"NEAR BAY"` e `"ISLAND"`. É necessário codificar essa característica antes de alimentá-la em uma rede neural. Uma vez que existem poucas categorias, podemos usar a codificação one-hot. Para isso, primeiro precisamos mapear cada categoria para seu índice (0 a 4), o que pode ser feito por meio de uma tabela de consulta:

```
vocab = ["<1H OCEAN", "INLAND", "NEAR OCEAN", "NEAR BAY", "ISLAND"]
indices = tf.range(len(vocab), dtype=tf.int64)
table_init = tf.lookup.KeyValueTensorInitializer(vocab, indices)
num_oov_buckets = 2
table = tf.lookup.StaticVocabularyTable(table_init, num_oov_buckets)
```

Vamos analisar esse código:

- Primeiro definimos o *vocabulary*: esta é a lista de todas as categorias possíveis.
- Em seguida, criamos um tensor com os índices correspondentes (0 a 4).
- Depois, criamos um inicializador para a tabela de consulta, passando a lista de categorias e seus índices correspondentes para ele. Neste exemplo, já temos esses dados, então usamos um `KeyValueTensorInitializer`; mas, se as categorias fossem listadas em um arquivo de texto (com uma categoria por linha), usaríamos um `TextFileInitializer`.

- Nas últimas duas linhas, criamos a tabela de consulta, fornecendo o inicializador e especificando o número de bucktes *out-of-vocabulary* (oov, no código). Se procurarmos uma categoria que não existe no vocabulário, a tabela de consulta calculará um hash dessa categoria e o usará para atribuir a categoria desconhecida a um dos oov buckets. Seus índices começam após as categorias conhecidas, portanto, neste exemplo, os índices dos dois buckets oov são 5 e 6.

Mas, por que usar oov buckets? Veja bem, se o número de categorias for grande (por exemplo, códigos postais, cidades, palavras, produtos ou usuários) e o conjunto de dados também for grande ou estiver sempre mudando, obter a lista completa de categorias pode não ser muito prático. Uma solução é definir o vocabulário com base em uma amostra de dados (em vez de todo o conjunto de treinamento) e adicionar alguns oov buckets para as outras categorias que não estavam na amostra de dados. Quanto mais categorias desconhecidas forem encontradas durante o treinamento, mais oov buckets você deve usar. Na realidade, se não houver oov buckets suficientes, haverá conflitos: categorias diferentes acabarão no mesmo bucket, de modo que a rede neural não será capaz de distingui-los (pelo menos, não com base nesta característica).

Agora, vamos usar a tabela de consulta para codificar um pequeno batch de características categóricas para o vetor one-hot:

```
>>> categories = tf.constant(["NEAR BAY", "DESERT", "INLAND", "INLAND"])
>>> cat_indices = table.lookup(categories)
>>> cat_indices
<tf.Tensor: id=514, shape=(4,), dtype=int64, numpy=array([3, 5, 1, 1])>
>>> cat_one_hot = tf.one_hot(cat_indices, depth=len(vocab) + num_oov_buckets)
>>> cat_one_hot
<tf.Tensor: id=524, shape=(4, 7), dtype=float32, numpy=
array([[0., 0., 0., 1., 0., 0., 0.],
       [0., 0., 0., 0., 0., 1., 0.],
       [0., 1., 0., 0., 0., 0., 0.],
       [0., 1., 0., 0., 0., 0., 0.]], dtype=float32)>
```

Como você pode ver, `"NEAR BAY"` foi mapeada para o índice 3, a categoria desconhecida `"DESERT"` foi mapeada para um dos dois oov buckets (no índice 5), e `"INLAND"` foi mapeada para o índice 1, duas vezes. Em seguida, utilizamos o `tf.one_hot()` com o objetivo de usar a codificação one-hot nesses índices. Repare que temos que informar a essa função o número total de índices, que é igual ao tamanho do vocabulário somado ao número de oov buckets. Agora você sabe como codificar características categóricas em vetores one-hot usando a TensorFlow!

Como antes, não seria muito difícil agrupar toda essa lógica em uma bela classe independente. Seu método `adapt()` pegaria uma amostra de dados e extrairia todas as categorias distintas que ela contém. Por sua vez, ele criaria uma tabela de consulta a fim de mapear cada categoria para seu índice (incluindo categorias desconhecidas usando oov buckets). Depois, seu método `call()` utilizaria a tabela de consulta para mapear as categorias de entrada para seus índices. E aí temos uma outra boa notícia: quando você estiver lendo isto, a Keras provavelmente já terá disponibilizado a camada `keras.layers.TextVectorization`, que será capaz de fazer justamente isto: o método `adapt()` extrairá o vocabulário de uma amostra de dados, e o método `call()` converterá cada categoria em seu índice no vocabulário. Você pode adicionar esta camada no início do seu modelo, seguida por uma camada `Lambda` que aplicará a função `tf.one_hot()`, caso queira converter esses índices em vetores one-hot. Mas talvez essa não seja a melhor solução. O tamanho de cada vetor one-hot é o comprimento do vocabulário mais o número de oov buckets. Isso é bom quando existem apenas algumas categorias possíveis, no entanto, se o vocabulário for grande, é muito mais eficiente codificá-los usando os *embeddings*.

Como regra geral, se o número de categorias for inferior a 10, a codificação one-hot é comumente a melhor opção (mas seu rendimento pode variar!). Se o número de categorias for maior que 50 (o que em geral ocorre quando você utiliza hash buckets), as embeddings são preferíveis. Entre 10 e 50 categorias, você pode tentar usar as duas opções e ver qual delas funciona melhor para o seu caso de uso.

Codificando características categóricas com embeddings

Um embedding é um vetor denso treinável que representa uma categoria. Por padrão, os embeddings são inicializados aleatoriamente. Por exemplo, a categoria `"NEAR BAY"` poderia ser representada inicialmente por um vetor aleatório, como `[0.131, 0.890]`, ao passo que a categoria `"NEAR OCEAN"` pode ser representada por outro vetor aleatório, como `[0.631, 0.791]`. Neste exemplo, usamos embeddings 2D, mas o número de dimensões é um hiperparâmetro ajustável. Como esses embeddings são treináveis, eles melhorarão pouco a pouco durante o treinamento; e, como eles representam categorias bastante semelhantes, o gradiente descendente certamente acabará empurrando-os para ficarem mais próximos, ao mesmo tempo que tende a afastá-los do embedding da categoria `"INLAND"` (veja a Figura 13-4). Na verdade, quanto melhor a representação, mais fácil será para a rede neural fazer predições mais precisas. Assim sendo, o treinamento tende a realizar representações úteis dos embeddings das categorias. Isso se chama *aprendizado por representação* (veremos outros tipos de aprendizagem de representação no Capítulo 17).

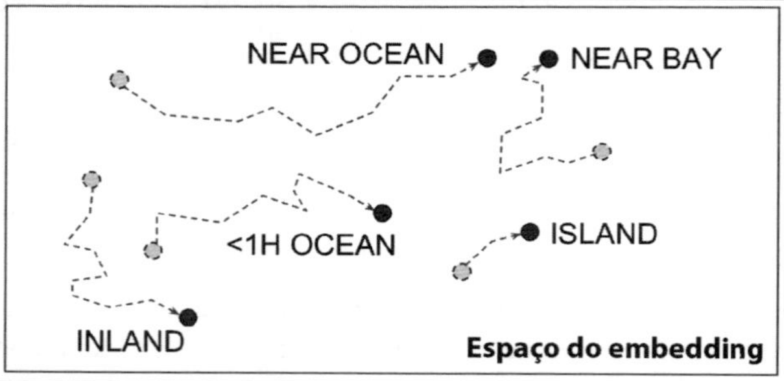

Figura 13-4. Os embeddings melhorarão pouco a pouco durante o treinamento

Vamos analisar como podemos implementar os embeddings manualmente com o objetivo de entender como funcionam (assim, usaremos uma camada simples da Keras). Primeiro, precisamos criar uma *embedding matrix [matriz de embedding]* contendo o embedding de cada categoria, inicializada aleatoriamente; ela terá uma linha por categoria e oov bucket, e uma coluna por dimensão de embedding:

```
embedding_dim = 2
embed_init = tf.random.uniform([len(vocab) + num_oov_buckets,
embedding_dim])
embedding_matrix = tf.Variable(embed_init)
```

Nesse exemplo, estamos usando embeddings 2D, mas, como regra geral, os embeddings têm de 10 a 300 dimensões, dependendo da tarefa e do tamanho do vocabulário (você terá que ajustar este hiperparâmetro).

Esta embedding matrix é uma matriz 6 × 2 aleatória, armazenada em uma variável (para que possa ser ajustada pelo gradiente descendente durante o treinamento):

```
>>> embedding_matrix
```

```
<tf.Variable 'Variable:0' shape=(6, 2) dtype=float32, numpy=
array([[0.6645621 , 0.44100678],
       [0.3528825 , 0.46448255],
       [0.03366041, 0.68467236],
       [0.74011743, 0.8724445 ],
       [0.22632635, 0.22319686],
       [0.3103881 , 0.7223358 ]], dtype=float32)>
```

Agora vamos codificar o mesmo batch de características categóricas como fizemos anteriormente, mas desta vez usando estes embeddings:

```
>>> categories = tf.constant(["NEAR BAY", "DESERT", "INLAND", "INLAND"])
>>> cat_indices = table.lookup(categories)
>>> cat_indices
<tf.Tensor: id=741, shape=(4,), dtype=int64, numpy=array([3, 5, 1, 1])>
>>> tf.nn.embedding_lookup(embedding_matrix, cat_indices)
<tf.Tensor: id=864, shape=(4, 2), dtype=float32, numpy=
array([[0.74011743, 0.8724445 ],
       [0.3103881 , 0.7223358 ],
       [0.3528825 , 0.46448255],
       [0.3528825 , 0.46448255]], dtype=float32)>
```

A função `tf.nn.embedding_lookup()`procura as linhas na embedding matrix, nos índices fornecidos — é tudo o que ela faz. Por exemplo, a tabela de consulta informa que a categoria `"INLAND"` está no índice 1, desse modo a função `tf.nn.embedding_lookup()` retorna o embedding na linha 1 na embedding matrix (duas vezes): `[0.3528825, 0.46448255]`.

A Keras fornece uma camada `keras.layers.Embedding` que lida com a embedding matrix (treinável, por padrão); quando a camada é criada, ela inicializa aleatoriamente a embedding matrix e, em seguida, quando é chamada com alguns índices de categoria, retorna as linhas desses índices embedding matrix:

```
>>> embedding = keras.layers.Embedding(input_dim=len(vocab) + num_oov_buckets,
...                                    output_dim=embedding_dim)
...
>>> embedding(cat_indices)
<tf.Tensor: id=814, shape=(4, 2), dtype=float32, numpy=
array([[ 0.02401174, 0.03724445],
       [-0.01896119, 0.02223358],
       [-0.01471175, -0.00355174],
       [-0.01471175, -0.00355174]], dtype=float32)>
```

Juntando tudo, agora podemos criar um modelo Keras que pode processar características categóricas (junto com as características numéricas regulares) e aprender um embedding para cada categoria (bem como para cada oov bucket):

```
regular_inputs = keras.layers.Input(shape=[8])
categories = keras.layers.Input(shape=[], dtype=tf.string)
cat_indices = keras.layers.Lambda(lambda cats: table.lookup(cats))(categories)
cat_embed = keras.layers.Embedding(input_dim=6, output_dim=2)(cat_indices)
encoded_inputs = keras.layers.concatenate([regular_inputs, cat_embed])
outputs = keras.layers.Dense(1)(encoded_inputs)
model = keras.models.Model(inputs=[regular_inputs, categories],
outputs=[outputs])
```

Este modelo pega duas entradas: uma entrada regular contendo oito características numéricas por instância, mais uma entrada categórica (contendo uma característica numérica por instância). Ele utiliza uma camada `Lambda` para consultar o índice de cada categoria e, logo após, consulta os embeddings desses índices. Depois, ele concatena os embeddings e as entradas regulares para fornecer as entradas codificadas, que estão prontas para serem fornecidas a uma rede neural. Poderíamos adicionar qualquer tipo de rede neural neste ponto, mas acrescentamos somente uma camada densa de saída e criamos o modelo Keras.

Uma vez que a camada `keras.layers.TextVectorization` está disponível, você pode chamar o método `adapt()` para fazê-la extrair o vocabulário de uma amostra de dados (ele se encarregará de criar a tabela de consulta). Depois, você pode adicioná-lo ao seu modelo, e ele executará a consulta de índice (ao substituir a camada `Lambda` no exemplo do código anterior).

> A codificação one-hot, quando acompanhada de uma camada `Dense` (sem função de ativação e sem vieses), é equivalente a uma camada `Embedding`. No entanto, a camada `Embedding` usa menos cálculos (a diferença de desempenho fica clara quando o tamanho da embedding matrix aumenta). A matriz de peso da camada `Dense` desempenha o papel da embedding matrix. Por exemplo, usar os vetores one-hot de tamanho 20 e uma camada `Dense` com 10 unidades é equivalente a utilizar uma camada `Embedding` com uma `input_dim = 20` e uma `output_dim = 10`. Ou seja, seria um desperdício usar mais dimensões de embedding do que o número de unidades na camada que acompanha a camada `Embedding`.

Agora, vamos analisar mais detalhadamente as camadas de pré-processamento Keras.

Word Embeddings

Geralmente, os embeddings não são apenas representações úteis para a tarefa que se tem em mãos, mas com frequência esses mesmos embeddings podem ser reutilizados com sucesso para outras tarefas. O exemplo mais comum disso são os *word embeddings* (ou seja, embeddings de palavras individuais): via de regra, quando você está trabalhando em uma tarefa de processamento de linguagem natural, é melhor reutilizar word embeddings pré-treinados do que treinar os seus próprios.

A ideia de usar vetores para representar palavras remonta à década de 1960, e muitas técnicas sofisticadas foram usadas para gerar vetores úteis, incluindo aqueles usados em redes neurais. No entanto, as coisas decolaram mesmo em 2013, quando Tomáš Mikolov e outros pesquisadores do Google publicaram um artigo (*https://homl.info/word2vec*)[9] descrevendo uma técnica eficiente para aprender word embedding que usava redes neurais, superando significativamente as tentativas anteriores. Tal técnica possibilitou que eles aprendessem embeddings em um corpo de texto muito grande: eles treinaram uma rede neural para predizer as palavras perto de determinada palavra e obtiveram word embeddings impressionantes. Por exemplo, os sinônimos tinham embeddings muito próximos, e palavras semanticamente relacionadas, como França, Espanha e Itália, acabaram sendo agrupadas.

9 Tomas Mikolov et al., "Distributed Representations of Words and Phrases and Their Compositionality", *Anais da 26ª Conferência Internacional sobre Sistemas de Processamento de Informação Neural* 2 (2013): 3111–3119.

Contudo, não se trata apenas de proximidade: os word embeddings também foram organizados ao longo de eixos significativos no espaço do embedding. Vejamos um exemplo famoso: se você calcular King – Man + Woman (ao somar e subtrair os vetores embedding dessas palavras), o resultado será muito próximo do embedding da palavra Queen (veja a Figura 13-5). Grosso modo, o word embeddings faz a codificação do conceito de gênero! Da mesma forma, você pode calcular Madrid – Espanha + França, e o resultado é próximo de Paris, o que aparentemente demonstra que a noção de capital de um país também foi codificada nos embeddings.

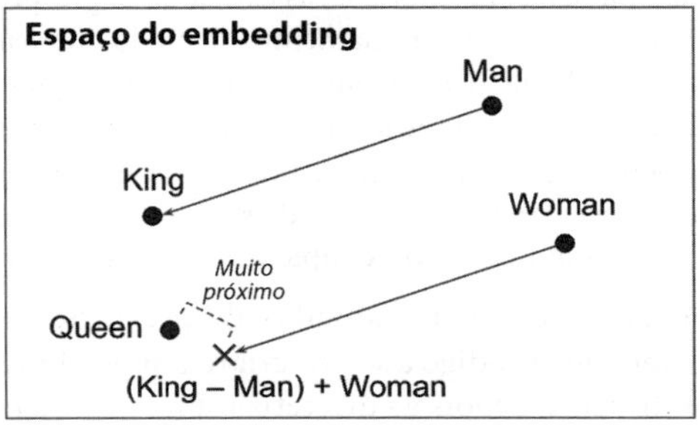

Figura 13-5. Word embeddings de palavras semelhantes tendem a ser próximos, e alguns eixos parecem realizar a codificação de conceitos significativos

Mas, lamentavelmente, o word embeddings às vezes registra nossos piores preconceitos. Por exemplo, embora eles aprendam corretamente que o homem está para um rei como a mulher está para uma rainha, aparentemente eles também aprendem que o homem está para um médico e que a mulher está para uma enfermeira: um viés bastante sexista! Para ser justo, este exemplo

em particular é um tanto exagerado, conforme foi ressaltado em um artigo de 2019 (*https://homl.info/fairembeds*)[10] de Malvina Nissim et al. Entretanto, assegurar equidade em algoritmos de aprendizado profundo é um tópico de pesquisa ativo e de suma importância.

Camadas de pré-processamento Keras

A equipe da TensorFlow está trabalhando para fornecer um conjunto de camadas de pré-processamento Keras padrão (*https://homl.info/preproc*). É bem provável que, quando você estiver lendo esta edição, elas já estejam disponíveis. Mas, até lá, a API pode ter mudado um pouco, então, veja o notebook deste capítulo, caso alguma coisa se comporte de forma imprevisível. Essa API nova possivelmente substituirá a API Feature Columns, que é mais difícil de usar e menos intuitiva (se quiser aprender mais sobre a API Feature Columns, mais uma vez, confira o notebook deste capítulo).

Nós já analisamos duas dessas camadas: a camada `keras.layers.Normalization` que realizará a padronização das características (e será equivalente à camada `Standardization` que definimos anteriormente), e a camada `TextVectorization` que será capaz de codificar cada palavra nas entradas em seu índice no vocabulário. Em ambos os casos, você cria a camada, chama o método `adapt()` com uma amostra de dados e, em seguida, usa a camada normalmente em seu modelo. As outras camadas de pré-processamento seguirão o mesmo padrão.

10 Malvina Nissim et al., "Fair Is Better Than Sensational: Man Is to Doctor as Woman Is to Doctor", arXiv preprint arXiv:1905.09866 (2019).

A API também incluirá uma camada `keras.layers.Discretization` que dividirá os dados contínuos em diferentes números de intervalos (bins) e codificará cada um deles como um vetor one-hot. Por exemplo, você pode usá-lo para discretizar os preços em três categorias (baixo, médio, alto), que seriam codificadas como [1, 0, 0], [0, 1, 0], e [0, 0, 1] respectivamente. É claro que, ao fazer isso, você perde muitas, mas em alguns casos pode ajudar o modelo a detectar padrões que, de outra forma, não seriam óbvios apenas observando os valores contínuos.

> A camada `Discretization` não será diferenciável e deve ser usada apenas no início do seu modelo. Na realidade, as camadas de pré-processamento do modelo serão congeladas durante o treinamento, de modo que seus parâmetros não serão afetados pelo gradiente descendente e, consequentemente, não precisam ser diferenciáveis. Isso também significa que você não deve utilizar uma camada `Embedding` diretamente em uma camada de pré-processamento personalizada, caso queira que ela seja treinável: em vez disso, você deve adicioná-la separadamente ao seu modelo, como visto no exemplo de código anterior.

Também será possível encadear diversas camadas de pré-processamento usando a classe `PreprocessingSta`. Por exemplo, o código a seguir criará um pipeline de pré-processamento que primeiro normalizará as entradas e depois as discretizará (talvez isso o lembre dos pipelines da Scikit-Learn). Após adaptar esse pipeline a uma amostra de dados, você pode usá-lo como uma camada regular em seus modelos (mas, novamente, apenas no início do modelo, uma vez que ele contém uma camada de pré-processamento indiferenciável):

```
normalization = keras.layers.Normalization()
discretization = keras.layers.Discretization([...])
pipeline = keras.layers.PreprocessingStage([normalization, discretization])
pipeline.adapt(data_sample)
```

A camada `TextVectorization` também terá a opção de gerar como saída vetores de contagem de palavras em vez de índices de palavras. Por exemplo, se o vocabulário tiver três palavras, digamos `["and", "basketball", "more"]`, ele será mapeado para o vetor `[1, 0, 2]`: a palavra `"and"` aparece uma vez, a palavra `"basketball"` nem aparece e a palavra `"more"` aparece duas vezes. Essa representação de texto se chama *bag of words*, visto que a ordem das palavras se perde por completo. Palavras comuns como `"and"` terão um grande valor na maioria dos textos, embora sejam geralmente as menos interessantes (por exemplo, no texto `"more and more basketball"` a palavra `"basketball"` é claramente a mais importante, justamente por não ser uma palavra mais frequente que `"more"`). Assim sendo, a contagem de palavras deve ser normalizada de forma a reduzir a importância das palavras frequentes. Um modo comum de fazer isso é dividir cada contagem de palavras pelo log do número total de instâncias de treinamento em que a palavra aparece. Essa técnica se chama *Term-Frequency × Inverse-Document-Frequency [Frequência de Termos × Frequência Inversa dos Documentos]* (TF-IDF). Por exemplo, vamos imaginar que as palavras `"and"`, `"basketball"` e `"more"` aparecem respectivamente em 200, 10 e 100 instâncias de texto no conjunto de treinamento: neste caso, o vetor final será `[1/ log(200), 0/log(10), 2/log(100)]`, que por sua vez é aproximadamente igual a `[0.19, 0., 0.43]`. A camada `TextVectorization` terá (provavelmente) uma opção para executar o TF-IDF.

> Caso as camadas de pré-processamento padrão sejam insuficientes para sua tarefa, você ainda terá a opção de criar sua própria camada de pré-processamento personalizada, como fizemos anteriormente com a classe `Standardization`. Basta subclassear a classe `keras.layers.PreprocessingLayer` com um método `adapt()`, que deve comportar um argumento `data_sample` e opcionalmente um argumento extra `reset_stat`: se `True`, então o método `adapt()` deve resetar qualquer estado existente antes de calcular o novo estado; se `False`, deve tentar atualizar o estado existente.

Como você pode ver, essas camadas de pré-processamento Keras facilitarão e muito o pré-processamento! Agora, se você optar por escrever suas próprias camadas de pré-processamento ou usar a Keras (ou mesmo usar a API Feature Columns), todo o pré-processamento será feito em tempo real. Contudo, durante o treinamento, talvez seja preferível realizar o pré-processamento com antecedência. Vamos conferir a razão pela qual faríamos isso e como.

TF Transform

Se o pré-processamento for oneroso do ponto de vista computacional, então manipulá-lo antes do treinamento, em vez de manipulá-lo em tempo real, pode proporcionar uma aceleração substancial: os dados serão pré-processados somente uma vez por instância *antes* treinamento, ao contrário de uma vez por instância e por época *durante* o treinamento. Conforme mencionado anteriormente, se o conjunto de dados for pequeno o bastante para caber na RAM, você pode usar seu método `cache()`. Mas, se for muito grande, ferramentas como o Apache Beam ou o Spark ajudarão. Elas possibilitam que você execute pipelines de processamento de dados eficientes em grandes quantidades de dados, ainda que distribuídos em diversos servidores, de modo que é possível usá-los para pré-processar todos os dados de treinamento antes do treinamento.

Isso funciona muito bem e pode até acelerar o treinamento, só que existe um problema: uma vez que o modelo seja treinado, suponha que você queira implementá-lo em um aplicativo móvel. Neste caso, precisará escrever algum código em seu aplicativo para se encarregar do pré-processamento dos dados, antes de alimentá-los no modelo. E suponha que você também queira implementar o modelo na TensorFlow.js, será que ele seria executado em um navegador web? Mais uma vez, precisará escrever algum código de pré-processamento. Isso pode se tornar um pesadelo de manutenção: sempre que quiser alterar a lógica de pré-processamento, precisará atualizar o código do Apache Beam, o código do aplicativo móvel e o código JavaScript. Isso não é apenas demorado, como também suscetível a erros: talvez você acabe com diferenças sutis entre as operações de pré-processamento realizadas antes do treinamento e as realizadas em seu aplicativo ou no navegador. Este *training/serving skew [distorção entre treinamento e exibição]* resultará em bugs ou em deterioração do desempenho.

Seria melhor pegar o modelo treinado (treinado em dados que foram pré-processados por seu código Apache Beam ou Spark) e, antes de implementá-lo em seu aplicativo ou navegador, adicionar camadas extras de pré-processamento que se encarreguem do pré-processamento em tempo real. Isso é bem melhor, já que agora você tem somente duas versões do seu código de pré-processamento: o código Apache Beam ou Spark e o código das camadas de pré-processamento.

Mas e se você pudesse definir suas operações de pré-processamento apenas uma vez? A TF Transform foi projetada justamente para isso. Ela é uma biblioteca que faz parte da TensorFlow Extended (TFX) (*https://tensorflow.org/tfx*), uma plataforma end-to-end para a produtização de modelos da TensorFlow. Primeiro, para usar um componente TFX, como a TF Transform, você deve instalá-lo; ela não vem incorporada com a TensorFlow. Em seguida, você define sua função de pré-processamento somente uma vez (em Python), usando as funções da TF Transform para escalonamento, bucketização e muito mais. Você também pode utilizar qualquer operação da TensorFlow que precisar. Veja como seria a função de pré-processamento, caso tivéssemos apenas duas características:

```
import tensorflow _ transform as tft

def preprocess(inputs): # Entradas = um batch de características de entrada
    median _ age = inputs["housing _ median _ age"]
    ocean _ proximity = inputs["ocean _ proximity"]
    standardized _ age = tft.scale _ to _ z _ score(median _ age)
    ocean _ proximity _ id = tft.compute _ and _ apply _ vocabulary(ocean _
proximity)
    return {
        "standardized _ median _ age": standardized _ age,
        "ocean _ proximity _ id": ocean _ proximity _ id
}
```

Em seguida, a TF Transform possibilita que você aplique a função `preprocess()` em todo o conjunto de treinamento usando o Apache Beam (ele fornece a classe `AnalyzeAndTransformDataset` que você pode usar para essa finalidade no pipeline do Apache Beam). No processo, ela também calculará todas as estatísticas necessárias ao longo de todo o conjunto de treinamento: neste exemplo, a média e o desvio-padrão da característica `housing _ median _ age` e o vocabulário para a característica `ocean _ proximity`. Os componentes que calculam essas estatísticas se chamam *analisadores*.

É importante ressaltar que a TF Transform também gerará uma função TensorFlow equivalente que você pode associar ao modelo que implementar. Essa função TF inclui algumas constantes que correspondem a todas as estatísticas necessárias calculadas pelo Apache Beam (a média, o desvio-padrão e o vocabulário).

Por meio da Data API, do TFRecords, das camadas de pré-processamento Keras e da TF Transform, você pode construir pipelines de entrada extremamente escalonáveis para treinamento e se beneficiar do pré-processamento de dados rápido e portátil em produção.

Mas e se você apenas quisesse utilizar um conjunto de dados padrão? Bem, neste caso, as coisas são mais simples: basta usar o TFDS!

Conjuntos de Dados TensorFlow (TensorFlow Datasets)

Os conjuntos de dados TensorFlow (*https://tensorflow.org/datasets*) facilitam e muito o download de conjuntos de dados comuns, desde os pequenos como MNIST ou Fashion MNIST até conjuntos de dados enormes como ImageNet (você vai precisar de um pouco de espaço em disco!). A lista engloba conjuntos de dados de imagens, conjuntos de dados de texto (incluindo conjuntos de dados de tradução) e conjuntos de dados de áudio e vídeo. Você pode conferir o endereço *https://homl.info/tfds* para ver a lista completa, junto com a descrição de cada conjunto de dados.

O TFDS não vem integrado com a TensorFlow, portanto é necessário instalar a biblioteca `tensorflowdatasets` (por exemplo, usando o pip). Depois, chame a função `tfds.load()` e ela fará o download dos dados que você deseja (a menos que você já tenha feito anteriormente) e retornará os dados como um dicionário de conjuntos de dados (normalmente um para treinamento e outro para teste, mas isso depende do conjunto de dados que você escolher). Por exemplo, vamos baixar o MNIST:

```
import tensorflow _ datasets as tfds

dataset = tfds.load(name="mnist")
mnist _ train, mnist _ test = dataset["train"], dataset["test"]
```

Você pode, então, aplicar qualquer transformação desejada (normalmente, o embaralhamento, batching e pré-busca) e estará pronto para treinar seu modelo. Vejamos um exemplo simples:

```
mnist_train = mnist_train.shuffle(10000).batch(32).prefetch(1)
for item in mnist_train:
    images = item["image"]
    labels = item["label"]
    [...]
```

> A função `load()` embaralha cada fragmento de dados baixado (apenas para o conjunto de treinamento). Isso pode não ser suficiente, então é melhor embaralhar os dados de treinamento um pouco mais.

Repare que cada item no conjunto de dados é um dicionário que contém as características e os rótulos. Só que a Keras espera que cada item seja uma tupla contendo dois elementos (novamente, as características e os rótulos). Você pode transformar o conjunto de dados usando o método `map()`, assim:

```
mnist_train = mnist_train.shuffle(10000).batch(32)
mnist_train = mnist_train.map(lambda items: (items["image"], items["label"]))
mnist_train = mnist_train.prefetch(1)
```

Mas é mais simples pedir à função `load()`para fazer isso, ao definir `as_super vised=True` (obviamente, isso funciona apenas para conjuntos de dados rotulados). Você também pode especificar o tamanho do batch, se desejar. Em seguida, você pode passar o conjunto de dados diretamente para seu modelo tf.keras:

```
dataset = tfds.load(name="mnist", batch_size=32, as_supervised=True)
mnist_train = dataset["train"].prefetch(1)
model = keras.models.Sequential([...])
model.compile(loss="sparse_categorical_crossentropy", optimizer="sgd")
model.fit(mnist_train, epochs=5)
```

Este foi um capítulo bastante técnico, e você pode estar pensando que está bem longe de compreender a beleza abstrata das redes neurais, mas o fato é que o aprendizado profundo frequentemente envolve grandes quantidades de dados; e saber como carregá-los, analisá-los e pré-processá-los com eficiência são habilidades essenciais. No próximo capítulo, veremos as redes neurais convolucionais, que estão entre as arquiteturas de rede neural mais bem-sucedidas para processamento de imagens e muitos outros usos.

Exercícios

1. Por que você quer usar a Data API?
2. Quais são as vantagens de dividir um grande conjunto de dados em diversos arquivos?
3. Durante o treinamento, como você pode saber se o pipeline de entrada é o gargalo? O que você pode fazer para resolver isso?
4. Você pode salvar quaisquer dados binários em um arquivo TFRecord ou apenas buffers de protocolo serializados?
5. Por que você se daria o trabalho de converter todos os seus dados para o protobuf `Example`? Por que não usar sua própria definição de protobuf?
6. Ao usar o TFRecords, quando você deseja ativar a compactação? Por que não fazer isso sistematicamente?

7. Os dados podem ser pré-processados diretamente ao escrever os arquivos de dados, ou dentro do pipeline tf.data, ou em camadas de pré-processamento dentro do seu modelo, ou usando a TF Transform. Você pode listar alguns prós e contras de cada opção?
8. Cite algumas técnicas comuns que você pode utilizar para codificar as características categóricas. E quanto as de texto?
9. Carregue o conjunto de dados Fashion MNIST (apresentado no Capítulo 10); divida-o em um conjunto de treinamento, em um conjunto de validação e em um conjunto de teste; embaralhe o conjunto de treinamento; e salve cada conjunto de dados em vários arquivos TFRecord. Cada registro deve ser um protobuf serializado `Example` com duas características: a imagem serializada (utilize a `tf.io.serialize_tensor()` para serializar cada imagem) e o rótulo.[11] Em seguida, use tf.data para criar um conjunto de dados eficiente para cada conjunto. Em seguida, use a tf.data para criar um conjunto de dados eficiente para cada conjunto. Por último, use um modelo Keras para treinar esses conjuntos de dados, incluindo uma camada de pré-processamento a fim de padronizar cada característica de entrada. Tente deixar o pipeline de entrada o mais eficiente possível, usando o TensorBoard para visualizar o profiling data.
10. Neste exercício, você vai fazer o download de um conjunto de dados, dividi-lo e criar um `tf.data.Dataset` para carregá-lo e pré-processá-lo de forma eficiente. Em seguida, construirá e treinará um modelo de classificação binária contendo uma camada `Embedding`:
    a. Faça o download do Large Movie Review Dataset (*https://homl.info/imdb*), que contém 50 mil resenhas de filmes com base no Internet Movie Database (*https://imdb.com/*). Os dados são organizados em dois diretórios, *train* e *test*, cada um contendo um subdiretório com 12.500 resenhas positivas e um subdiretório com 12.500 negativas. Cada resenha é armazenada em um arquivo de texto separado. Existem outros arquivos e pastas (incluindo pacotes de palavras pré-processados), mas vamos ignorá-los neste exercício.
    b. Divida o conjunto de teste em um conjunto de validação (15 mil) e em um conjunto de teste (10 mil).
    c. Use a tf.data para criar um conjunto de dados eficiente para cada conjunto.
    d. Crie um modelo de classificação binária, utilizando uma camada `TextVectorization` a fim de pré-processar cada resenha. Caso a camada `TextVectorization` ainda não estiver disponível (ou se você gosta de um desafio), tente criar sua própria camada de pré-processamento personalizada. Você pode usar as funções do pacote `tf.strings`, por exemplo: a `lower()` para fazer que as palavras fiquem em letras minúsculas; a `regex_replace()` para substituir a pontuação por espaços; e a `split()` para dividir palavras em espaços. Você deve usar uma tabela de consulta para gerar índices de palavras, que devem ser preparados por meio do método `adapt()`.
    e. Adicione uma camada `Embedding` e calcule a média do embedding para cada resenha, multiplicada pela raiz quadrada do número de palavras (veja o Capítulo 16). Essa média reescalonada do embedding pode então ser passada para o resto do modelo.
    f. Treine o modelo e veja a acurácia que você obtém. Tente otimizar seus pipelines para tornar o treinamento o mais rápido possível.

Use TFDS para carregar o mesmo conjunto de dados com mais facilidade: `tfds.load("imdb_reviews")`.

As soluções para esses exercícios estão disponíveis no Apêndice A.

11 Para imagens grandes, você pode usar a `tf.io.encode_jpeg()`. Isso economiza muito espaço, mas perde um pouco da qualidade da imagem.

Visão Computacional Detalhada das Redes Neurais Convolucionais

Ainda que o supercomputador Deep Blue da IBM tenha vencido o campeão mundial de xadrez Garry Kasparov em 1996, até pouco tempo os computadores não conseguiam executar tarefas aparentemente simples como detectar um filhote de cachorro em uma foto ou reconhecer palavras faladas. Por que essas tarefas são tão fáceis para nós, humanos? A resposta está no fato de que a percepção ocorre em grande parte fora do domínio de nossa consciência, dentro de específicos módulos sensoriais auditivos e visuais em nossos cérebros. Uma vez que a informação sensorial chega à nossa consciência, ela já está parametrizada com características de alto nível; por exemplo, ao olhar para a foto de um lindo filhote, você não tem a escolha de *não* ver o filhote, de *não* perceber sua fofura. E você não consegue explicar como reconhece um lindo filhote; é simplesmente uma coisa óbvia. Portanto, não podemos confiar em nossa experiência subjetiva: a percepção não é nada simples e, para compreendê-la, devemos analisar como os módulos sensoriais funcionam.

As redes neurais convolucionais (CNNs) remontam ao estudo do córtex visual do cérebro e têm sido usadas no reconhecimento de imagens desde a década de 1980. Nos últimos anos, graças ao aumento do poder de processamento computacional, à quantidade de dados de treinamento disponíveis e aos truques apresentados no Capítulo 11 para treinar as redes profundas, as CNNs foram capazes de alcançar desempenho sobre-humano em algumas tarefas visuais complexas. Essas redes alimentam os serviços de pesquisa de imagens, os carros autônomos, os sistemas automáticos de classificação de vídeo e muito mais. Além disso, as CNNs não se limitam à percepção visual: elas também têm um alto desempenho em muitas outras tarefas, como reconhecimento de voz e processamento de linguagem natural (PLN). Mas, por ora, vamos nos concentrar em aplicações visuais.

Neste capítulo, exploraremos de onde vêm as CNNs, como são seus elementos constitutivos e como implementá-los usando a TensorFlow e a Keras. Depois, vamos analisar algumas das melhores arquiteturas de CNN, bem como outras tarefas visuais, incluindo a detecção de objetos (classificação de diversos objetos em uma imagem e o uso de caixas delimitadoras em torno deles) e a segmentação semântica (classificação de cada pixel de acordo com a classe à qual o objeto pertence).

A Arquitetura do Córtex Visual

David H. Hubel e Torsten Wiesel realizaram uma série de experimentos em gatos em 1958 (*https://homl.info/71*)[1] e em 1959 (*https://homl.info/72*)[2] (e alguns anos mais tarde, em macacos — *https://homl.info/73*[3]), nos fornecendo informações reveladoras sobre a estrutura do córtex visual (os autores receberam o Prêmio Nobel de Fisiologia e Medicina em 1981 por seu trabalho). Em termos

1 David H. Hubel, "Single Unit Activity in Striate Cortex of Unrestrained Cats", *The Journal of Physiology* 147 (1959): 226–238.

2 David H. Hubel and Torsten N. Wiesel, "Receptive Fields of Single Neurons in the Cat's Striate Cortex", *The Journal of Physiology* 148 (1959): 574–591.

3 David H. Hubel and Torsten N. Wiesel, "Receptive Fields and Functional Architecture of Monkey Striate Cortex", *The Journal of Physiology* 195 (1968): 215–243.

específicos, os pesquisadores demonstraram que muitos neurônios no córtex visual têm um pequeno *campo receptivo local*, significando que eles reagem apenas a estímulos visuais localizados em uma região limitada do campo visual (veja a Figura 14-1, na qual os campos receptivos locais de cinco neurônios são representados por círculos tracejados). Os campos receptivos de diferentes neurônios podem se sobrepor e, juntos, revestir todo o campo visual.

Além do mais, os autores demonstraram que alguns neurônios reagem somente às imagens de linhas horizontais, ao passo que outros reagem apenas a linhas com diferentes orientações (dois neurônios podem ter o mesmo campo receptivo, mas reagem a diferentes orientações da linha). Eles também identificaram que alguns neurônios têm campos receptivos maiores e reagem a padrões mais complexos, que são combinações dos padrões de nível inferior. Essas observações resultaram na ideia de que os neurônios de nível superior tomam como base as saídas dos neurônios vizinhos de nível inferior (na Figura 14-1, observe que cada neurônio está conectado a somente alguns neurônios da camada anterior). Esta poderosa arquitetura consegue detectar todos os tipos de padrões complexos em qualquer área do campo visual.

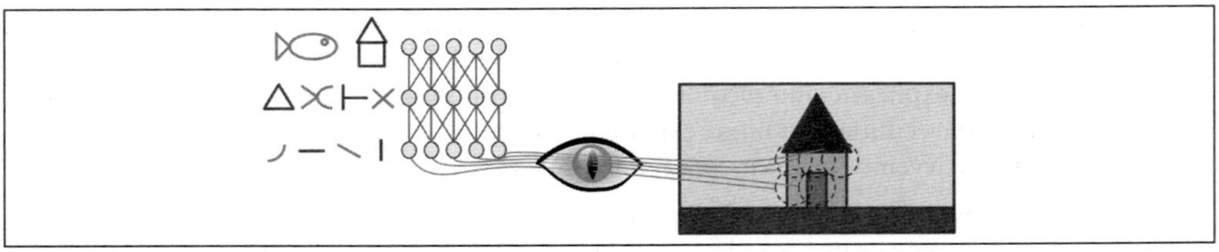

Figura 14-1. Os neurônios biológicos no córtex visual respondem a padrões específicos em pequenas regiões do campo visual chamadas de campos receptivos; à medida que o sinal visual percorre módulos cerebrais consecutivos, os neurônios respondem a padrões mais complexos em campos receptivos maiores

Esses estudos do córtex visual serviram como inspiração para a neocognitron (*https://homl.info/74*),[4] apresentada em 1980, que gradativamente evoluiu para o que hoje chamamos de *redes neurais convolucionais*. Um importante marco foi um artigo de 1998 (*https://homl.info/75*)[5] de Yann LeCun et al. que apresentava a famosa arquitetura *LeNet-5*, amplamente utilizada por bancos com o objetivo de reconhecer números em cheques preenchidos à mão. Essa arquitetura apresenta alguns elementos constitutivos que você já conhece, como camadas totalmente interligadas a funções de ativação sigmoide, e a introdução de dois novos elementos constitutivos: as *camadas convolucionais* e as *camadas de pooling*. Vamos conhecê-las!

Mas por que simplesmente não usar uma rede neural profunda com camadas totalmente conectadas para tarefas de reconhecimento de imagem? Infelizmente, embora isso funcione bem para imagens pequenas (por exemplo, no MNIST), não funciona para imagens maiores devido ao grande número de parâmetros que se exige. Por exemplo, uma imagem de 100 × 100 pixels tem 10 mil pixels e, se a primeira camada tiver somente mil neurônios (o que já limita e muito a quantidade de informação transmitida à próxima camada), isso significa um total de 10 milhões de conexões. E, veja, essa é somente a primeira camada. As CNNs solucionam esse problema usando camadas parcialmente conectadas e compartilhamento de peso.

4 Kunihiko Fukushima, "Neocognitron: A Self-Organizing Neural Network Model for a Mechanism of Pattern Recognition Unaffected by Shift in Position", *Biological Cybernetics* 36 (1980): 193–202.

5 Yann LeCun et al., "Gradient-Based Learning Applied to Document Recognition", *Anais do IEEE* 86, no. 11 (1998): 2278–2324.

Camadas Convolucionais

O elemento constitutivo mais importante de uma CNN é a *camada convolucional*:[6] os neurônios na primeira camada convolucional não estão interligados a cada pixel na imagem de entrada (como estavam nas camadas analisadas nos capítulos anteriores), mas somente aos pixels em seus campos receptivos (veja a Figura 14-2). Em contrapartida, cada neurônio na segunda camada convolucional está interligado apenas a neurônios localizados dentro de um pequeno retângulo na primeira camada. Essa arquitetura possibilita que a rede se concentre nas pequenas características de baixo nível na primeira camada oculta e, depois as agrupe em características maiores de nível superior na próxima camada oculta e assim por diante. Essa estrutura hierárquica é comum em imagens do mundo real, um dos motivos pelos quais as CNNs funcionam muito bem para reconhecimento de imagens.

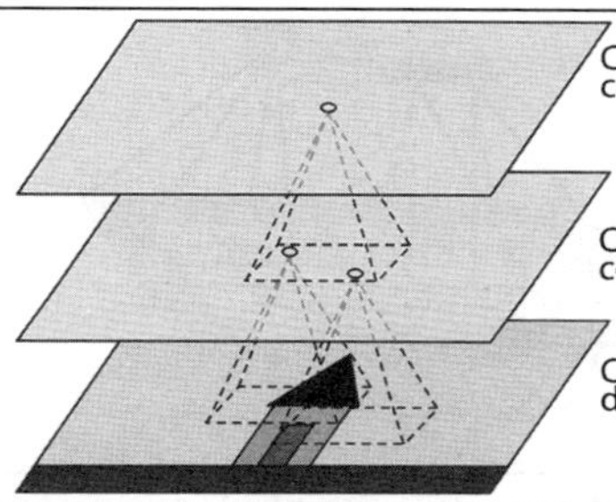

Figura 14-2. Camadas das CNN com campos receptores locais retangulares

Por ora, todas as redes neurais multicamadas que analisamos tinham camadas compostas por uma longa linha de neurônios, e tivemos que achatar as imagens de entrada para 1D, antes de fornecê-las à rede neural. Agora, cada camada é representada em 2D, o que facilita a combinação dos neurônios com suas entradas correspondentes.

Um neurônio localizado na linha i e na coluna j de uma determinada camada está interligado às saídas dos neurônios na camada interior localizada nas linhas i até $i + f_h - 1$, nas colunas j até $j + f_w - 1$, sendo que f_h e f_w são a altura e a largura do campo receptivo (veja a Figura 14-3). Para que uma camada tenha a mesma altura e largura da camada anterior, é comum acrescentar zeros ao redor das entradas, conforme mostrado no diagrama. Esse procedimento é conhecido como *zero-padding* (completar com zeros ou preencher com zero em português).

É possível também interligar uma camada de entrada grande a uma camada muito menor ao espaçar os campos receptivos, conforme mostrado na Figura 14-4. Isso reduz radicalmente a complexidade computacional do modelo. A mudança de um campo receptivo se chama *stride* (deslocamento, em português). No diagrama, uma camada de entrada 5 × 7 (mais o zero-padding) é conectada a uma camada 3 × 4, usando os campos receptivos 3 × 3 e um stride de 2 (neste exemplo, o stride é o mesmo em ambas as direções, mas não precisa ser assim). Um neurônio localizado na linha i e coluna j na camada superior está conectado às saídas dos neurônios na camada anterior localizadas nas linhas $i \times s_h$ até $i \times s_h + f_h - 1$, nas colunas $j \times s_w$ até $j \times s_w + f_w - 1$, sendo que s_h e s_w são os strides verticais e horizontais.

6 Uma convolução é uma operação matemática que superpõe uma função sobre a outra e calcula a integral de sua multiplicação pontual. Essa operação está amplamente associada com a transformada de Fourier e a transformada de Laplace (ambas transformadas integrais) e é muito usada no processamento de sinais. As camadas convolucionais, na verdade, usam correlações cruzadas, que são muito semelhantes às convoluções (acesse: *https://homl.info/76*).

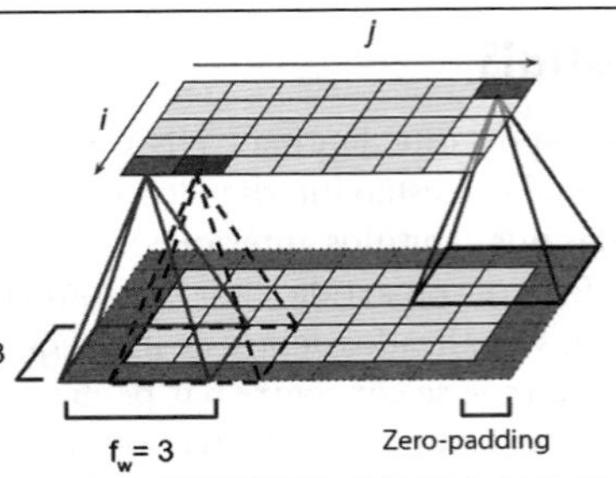

Figura 14-3. Conexões entre as camadas e o zero-padding

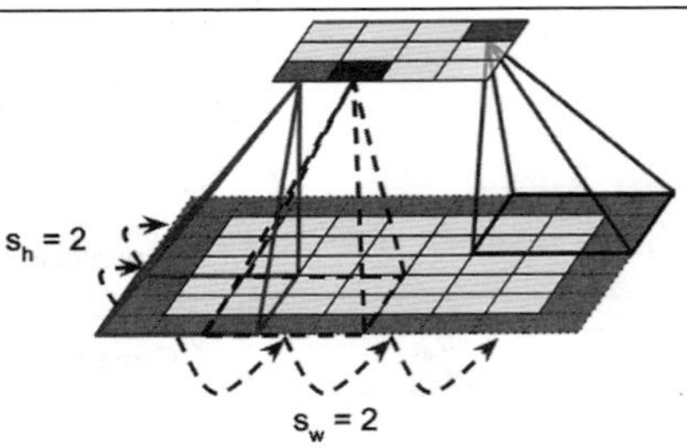

Figura 14-4. Redução de dimensionalidade usando um stride de 2

Filtros

Os pesos de um neurônio podem ser representados como uma pequena imagem do tamanho do campo receptivo. Por exemplo, a Figura 14-5 mostra dois conjuntos possíveis de pesos, chamados *filtros* (ou *kernels de convolução*). O primeiro é representado como um quadrado preto com uma linha branca vertical no meio (uma matriz 7 × 7 cheia de 0s, menos a coluna central, cheia de 1s); os neurônios que usam esses pesos ignorarão tudo em seu campo receptivo, exceto a linha vertical central (já que todas as entradas serão multiplicadas por 0, menos aquelas localizadas na linha vertical central). O segundo filtro é um quadrado preto com uma linha branca horizontal no meio. Mais uma vez, os neurônios que utilizam esses pesos ignorarão tudo em seu campo receptivo, exceto a linha horizontal central.

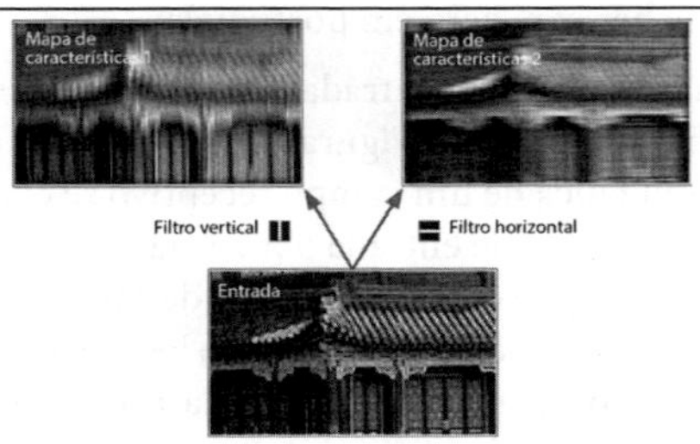

Figura 14-5. Aplicando dois filtros diferentes para obter dois mapas de características

Agora, se todos os neurônios em uma camada usarem o mesmo filtro de linha vertical (e o mesmo viés), e se você alimentar a rede com a imagem de entrada mostrada na Figura 14-5 (a imagem inferior), a camada gerará como saída a imagem superior esquerda. Repare que as linhas brancas verticais são aprimoradas, ao passo que o restante fica desfocado. Do mesmo modo, a imagem superior direita é o que você obtém se todos os neurônios usarem o mesmo filtro de linha horizontal; observe que as linhas brancas horizontais são realçadas, enquanto o restante fica desfocado. Assim, uma camada cheia de neurônios que utiliza o mesmo filtro gera como saída um *mapa de caraterísticas* que ressalta as áreas de uma imagem que mais ativam o filtro. Claro que você não precisa definir os filtros manualmente: em vez disso, durante o treinamento, a camada convolucional aprenderá automaticamente quais são os filtros mais úteis para sua tarefa e as camadas acima aprenderão a combiná-los em padrões mais complexos.

Empilhando múltiplos mapas de características

Até agora, para simplificar, representei a saída de cada camada convolucional como uma camada 2D, mas na realidade uma camada convolucional tem diversos filtros (cabe a você decidir quantos) e gera como saída um mapa de características por filtro, motivo pelo qual é representada com mais precisão em 3D (veja a Figura 14-6). Ela tem um neurônio por pixel em cada mapa de características, e todos os neurônios em um determinado mapa de características compartilham os mesmos parâmetros (ou seja, os mesmos pesos e vieses). Os neurônios em diferentes mapas de características usam parâmetros distintos. O campo receptivo de um neurônio é o mesmo que descrevemos antes, e se estende por todos os mapas de características das camadas anteriores. Para resumir: uma camada convolucional aplica simultaneamente diversos filtros treináveis às entradas, fazendo com que elas consigam detectar diversas características em qualquer lugar de suas entradas.

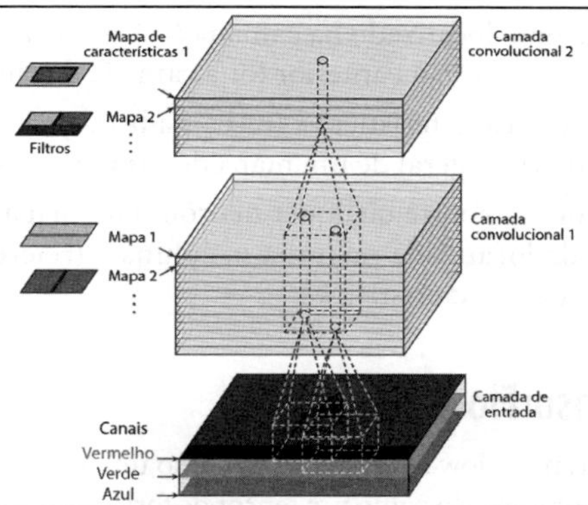

Figura 14-6. Camadas de convolução com diversos mapas de características e imagens com três canais

O fato de todos os neurônios em um mapa de características compartilharem os mesmos parâmetros reduz radicalmente o número de parâmetros no modelo. No entanto, o mais importante é que assim que uma CNN aprende a reconhecer um padrão em um local, ela conseguirá reconhecê-lo em qualquer outro local. Por outro lado, uma vez que uma DNN normal aprende a reconhecer um padrão em um local, ela só consegue reconhecê-lo neste local específico.

As imagens de entrada também são compostas de diversas subcamadas: uma por *canal de cor*. Normalmente existem três: vermelho, verde e azul (RGB). As imagens em escala de cinza têm apenas um canal, mas algumas podem ter bem mais — por exemplo, imagens de satélite que capturam frequências extras de luz (como infravermelho).

Em termos específicos, um neurônio localizado na linha i e na coluna j de um mapa de características k em uma determinada camada convolucional l está interligado às saídas dos neurônios na camada anterior $l - 1$, localizada nas linhas $i \times s_h$ até $i \times s_h + f_h - 1$ e nas colunas $j \times s_w$ até $j \times s_w + f_w - 1$, em todos os mapas de características (na camada $l - 1$). Repare que todos os neurônios localizados na mesma linha i e na coluna j, porém em diferentes mapas de características, estão conectados às saídas dos mesmos neurônios na camada anterior.

A Equação 14-1 resume as explicações anteriores em uma grande equação matemática: ela demonstra como calcular a saída de um determinado neurônio em uma camada convolucional. Devido aos índices diferentes, ela é um tanto esquisita. Contudo, essa equação calcula a soma ponderada de todas as entradas, mais o viés.

Equação 14-1. Calculando a saída de um neurônio em uma camada convolucional

$$z_{i,j,k} = b_k + \sum_{u=0}^{f_h-1} \sum_{v=0}^{f_w-1} \sum_{k'=0}^{f_{n'}-1} x_{i',j',k'} \cdot w_{u,v,k',k} \quad \text{com} \begin{cases} i' = i \times s_h + u \\ j' = j \times s_w + v \end{cases}$$

Nessa equação:

- $z_{i,j,k}$ é a saída do neurônio localizado na linha i e coluna j no mapa de características k de uma camada convolucional (camada l).
- Conforme explicado anteriormente, s_h e s_w são os strides verticais e horizontais, f_h e f_w são a altura e a largura do campo receptivo e $f_{n'}$ é o número de mapas de características na camada anterior (camada $l - 1$).
- $x_{i',j',k'}$ é a saída do neurônio localizado na camada $l - 1$, linha i', coluna j' e mapa de características k' (ou canal k' se a camada anterior for a camada de entrada).
- b_k é o viés para o mapa de características k (na camada l). Você pode encarar esse viés como um botão que ajusta o brilho geral de um mapa de caraterísticas k.
- $w_{u,v,k',k}$ é o peso da conexão entre qualquer neurônio no mapa de características k de uma camada l e sua entrada localizada na linha u, coluna v (referente ao campo receptivo de neurônios) e ao mapa de característica k'.

Implementação da TensorFlow

Cada imagem de entrada na TensorFlow é representada como um tensor de formato 3D [*height, width, channels*]. Um mini-batch é representado como um tensor de formato 4D [*mini-batch size, height, width, channels*]. Os pesos de uma camada convolucional são representados como um tensor de formato 4D [f_h, f_w, $f_{n'}$, f_n]. Os vieses de uma camada convolucional são representados como um tensor de formato 1D [f_n].

Vamos analisar um exemplo simples. O código a seguir carrega duas imagens de amostra da Scikit-Learn usando o `load_sample_image()` (que carrega duas imagens coloridas, sendo uma de um templo chinês e outra de uma flor), em seguida cria dois filtros e os aplica a ambas as imagens e, por último, exibe um dos mapas de características resultantes:

```
from sklearn.datasets import load_sample_image

# Carrega imagens de amostra
china = load_sample_image("china.jpg") / 255
flower = load_sample_image("flower.jpg") / 255
images = np.array([china, flower])
batch_size, height, width, channels = images.shape

# Cria 2 filtros
filters = np.zeros(shape=(7, 7, channels, 2), dtype=np.float32)
```

```
filters[:, 3, :, 0] = 1 # Linha vertical
filters[3, :, :, 1] = 1 # Linha horizontal

outputs = tf.nn.conv2d(images, filters, strides=1, padding="same")

plt.imshow(outputs[0, :, :, 1], cmap="gray") # Plota o 2º mapa de
características da # primeira imagem
plt.show()
```

Vamos analisar esse código:

- A intensidade do pixel para cada canal de cor é representada como um byte de 0 a 255; logo, simplesmente escalonamos essas características ao dividi-las por 255, a fim de obtermos floats que variam de 0 a 1.
- Em seguida, criamos dois filtros 7 × 7 (um com uma linha branca vertical no meio e outro com uma linha branca horizontal no meio).
- Então, aplicamos ambas as imagens usando a função `tf.nn.conv2d()`, que faz parte da Deep Learning API de baixo nível da TensorFlow. Neste exemplo, usamos o zero-padding (`padding="same"`) e o stride de 2.
- Por último, plotamos um dos mapas de características resultantes (semelhante à imagem do canto superior direito na Figura 14-5).

A linha `tf.nn.conv2d()` merece uma explicação a mais:

- `images` é o mini-batch de entrada (um tensor 4D, como explicado antes).
- `filters` é o conjunto de filtros a se aplicar (também um tensor 4D, como explicado antes).
- `strides` é igual a `1`, mas também pode ser um array 1D com quatro elementos, em que os dois elementos centrais são os strides verticais e horizontais (*sh* e *sw*). O primeiro e o último elementos devem ser iguais a `1`. Talvez um dia eles sejam usados para especificar um stride de batch (a fim de pular algumas instâncias) e um stride de canal (para pular alguns dos mapas ou canais de características da camada anterior).
- `padding` deve ser `"same"` ou `"valid"`:
  - — Se definido como `"same"`, a camada convolucional utiliza o zero-padding, caso necessário. O tamanho de saída é definido como o número de neurônios de entrada dividido pelo stride, arredondado. Por exemplo, se o tamanho da entrada é 13 e o do stride é 5 (veja a Figura 14-7), então o tamanho da saída é 3 (ou seja, 13/5 = 2,6, arredondado para 3). Em seguida, zeros são adicionados da maneira mais uniforme possível em torno das entradas, conforme necessário. Quando `strides=1`, as saídas da camada terão as mesmas dimensões espaciais (largura e altura) de suas entradas, por isso *same*.
  - — Se definido como `"valid"`, a camada convolucional *não* usa o zero-padding e pode ignorar algumas linhas e colunas na parte inferior e direita da imagem de entrada, dependendo do stride, conforme mostrado na Figura 14-7 (para simplificar, somente a dimensão horizontal é mostrada aqui, mas é claro que a mesma lógica vale para a dimensão vertical). Isso significa que o campo receptivo de cada neurônio se encontra estritamente dentro de posições válidas dentro da entrada (ele não sai dos limites), por isso *valid*.

Neste exemplo, definimos manualmente os filtros, mas em uma CNN real você normalmente definiria os filtros como variáveis treináveis para que a rede neural possa aprender quais filtros funcionam melhor, conforme explicado anteriormente. Em vez de criar manualmente as variáveis, use a camada `keras.layers.Conv2D`:

```
conv = keras.layers.Conv2D(filters=32, kernel_size=3, strides=1,
                           padding="same", activation="relu")
```

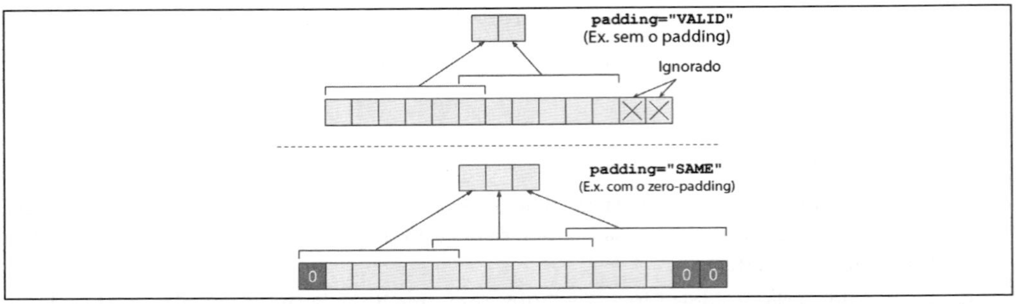

Figura 14-7. Padding="same" ou "valid" (com largura de entrada 13, largura do filtro 6 e stride 5)

Esse código cria uma camada `Conv2D` com 32 filtros, cada qual com 3 × 3, usando um stride de 1 (tanto horizontal quanto verticalmente), um padding `"same"` e aplicando a função de ativação ReLU às suas saídas. Como você pode observar, as camadas convolucionais têm alguns hiperparâmetros: você deve escolher o número de filtros, sua altura e largura, os strides e o tipo de padding. Como sempre, você pode usar a validação cruzada para encontrar os valores corretos de hiperparâmetros, mas isso leva um bom tempo. Analisaremos mais tarde as arquiteturas comuns da CNN para que você tenha uma ideia de quais valores de hiperparâmetros funcionam melhor na prática.

Requisitos de memória

Outro problema com as CNNs é que as camadas convolucionais exigem uma quantidade absurda de RAM, ainda mais durante o treinamento, já que o reverse pass da retropropagação exige todos os valores intermediários calculados durante o forward pass.

Por exemplo, considere uma camada convolucional com filtros 5 × 5, gerando como saída 200 mapas de características de tamanho 150 × 100, com um stride de 1 e um padding `"same"`. Se a entrada for uma imagem RGB 150 × 100 (com três canais), o número de parâmetros é (5 × 5 × 3 + 1) × 200 = 15.200 (o + 1 corresponde aos vieses), o que é bastante pequeno em comparação com uma camada totalmente conectada.[7] No entanto, cada um dos 200 mapas de características contém 150 × 100 neurônios, e cada um desses neurônios precisa calcular uma soma ponderada de suas entradas 5 × 5 × 3 = 75: isso é um total de 225 milhões de multiplicações de floats. Nada mal para uma camada totalmente conectada, mas ainda assim é bastante oneroso em termos computacionais. Além disso, se os mapas de características são representados usando floats de 32 bits, a saída da camada convolucional ocupará 200 × 150 × 100 × 32 = 96 milhões de bits (12MB) de RAM.[8] E estamos falando aqui de somente uma instância — se um batch de treinamento contém 100 instâncias, essa camada usará até 1,2GB de RAM!

Durante a inferência (ou seja, ao fazer uma predição para uma nova instância), a memória ocupada por uma camada pode ser liberada assim que a próxima camada for calculada, desse modo você só precisa da quantidade de RAM necessária para duas camadas consecutivas. Mas, durante o treinamento, tudo o que foi calculado ao longo do forward pass precisa ser preservado para o reverse pass, de modo que a quantidade de RAM necessária é (pelo menos) a quantidade total de RAM exigida para todas as camadas.

7 Uma camada totalmente conectada com 150 × 100 neurônios, cada um conectado a todas as entradas 150 × 100 × 3, teria $150^2 \times 100^2 \times 3$ = 675 milhões de parâmetros!

8 No sistema internacional de unidades (SI), 1 MB = 1.000 KB = 1.000 × 1.000 bytes = 1.000 × 1.000 × 8 bits.

Caso o treinamento falhe devido a um erro out-of-memory, você pode tentar reduzir o tamanho do mini-batch. Como alternativa, você pode reduzir a dimensionalidade utilizando um stride ou removendo algumas camadas. Ou pode tentar usar floats de 16 bits em vez de 32 bits. Ou ainda distribuir a CNN entre vários dispositivos.

Agora, vamos dar uma olhada no segundo elemento constitutivo das CNNs: a *camada de pooling.*

Camadas de Pooling

Uma vez que você entendeu como as camadas convolucionais funcionam, fica mais fácil de entender as camadas de pooling. O objetivo das camadas de pooling é *subamostrar* (ou seja, encolhimento) a imagem de entrada para reduzir a carga computacional, o uso de memória e o número de parâmetros (restringindo dessa forma o risco de sobreajuste).

Assim como nas camadas convolucionais, cada neurônio em uma camada de pooling está interligado às saídas de um número limitado de neurônios na camada anterior, localizados dentro de um pequeno campo receptivo retangular. Você deve definir seu tamanho, o stride e o tipo de padding, como fizemos antes. No entanto, um neurônio de pooling não tem pesos; tudo o que ele faz é agregar as entradas ao usar uma função de agregação como o máximo ou a média. A Figura 14-8 mostra uma *camada máxima de pooling*, o tipo mais comum de camada de pooling. Neste exemplo, usamos um *pooling kernel*[9] 2 × 2, com um stride de 2 e nenhum padding. Apenas o valor máximo de entrada em cada campo receptivo chega à próxima camada, enquanto as outras entradas são dropadas. Por exemplo, no campo receptivo inferior esquerdo na Figura 14-8, os valores de entrada são 1, 5, 3, 2, logo, apenas o valor máximo, 5, é propagado para a próxima camada. Por causa do stride de 2, a imagem de saída tem metade da altura e metade da largura da imagem de entrada (foi arredondada para um valor inferior, já que não usamos o padding).

Uma camada de pooling normalmente funciona em cada canal de entrada de forma independente, de modo que a profundidade de saída é igual à profundidade de entrada.

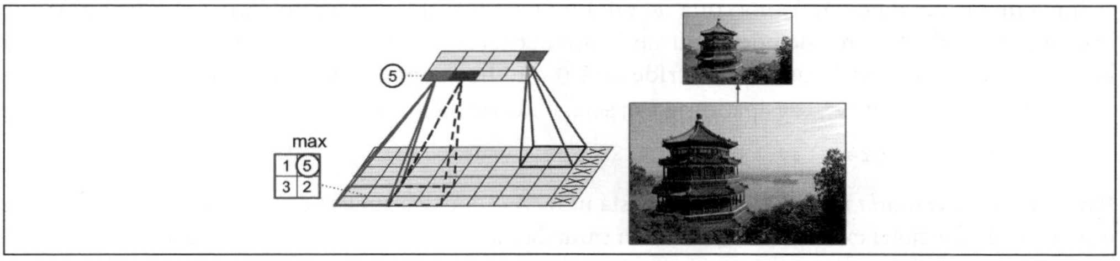

Figura 14-8. Camada máxima de pooling (pooling kernel de 2 × 2, stride de 2, sem uso de padding)

Além de reduzir os cálculos, o uso de memória e o número de parâmetros, uma camada máxima de pooling também apresenta algum nível de *invariância* para pequenas traduções, como demonstrado na Figura 14-9. Aqui, presumimos que os pixels claros têm um valor menor do que os pixels escuros e levamos em consideração três imagens (A, B, C) passando por uma camada máxima de pooling com um kernel 2 × 2 e um stride de 2. As imagens B e C são iguais à imagem A, mas foram deslo-

9 Até agora, analisamos outros kernels que tinham peso, mas os pooling kernels não têm: eles utilizam somente o algoritmo sliding window (ou algoritmo janelas deslizantes, como é conhecido em alguns contextos) que é stateless.

cadas de um a dois pixels para a direita. Como você pode observar, as saídas da camada máxima de pooling para as imagens A e B são idênticas. Isso significa invariância de tradução. Para a imagem C, a saída é diferente: ela é deslocada um pixel para a direita (mas ainda temos 75% de invariância). Ao inserir uma camada máxima de pooling a cada poucas camadas em uma CNN, é possível obter algum nível de invariância de tradução uma escala maior. Além disso, a camada máxima de pooling oferece uma pequena quantidade de invariância rotacional e uma pequena invariância de escala. Essa invariância (mesmo que limitada) pode ser útil nos casos em que a predição não deve depender desses detalhes, como em tarefas de classificação.

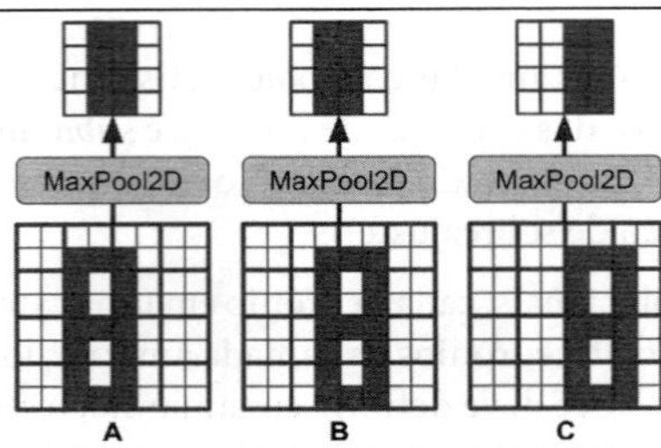

Figura 14-9. Invariância para pequenas traduções

Entretanto, a camada máxima de pooling também apresenta algumas desvantagens. Em primeiro lugar, ela é claramente destrutiva: mesmo com um minúsculo kernel 2 × 2 e um stride de 2, a saída será duas vezes menor em ambas as direções (logo, sua área será quatro vezes menor), e simplesmente perde 75% dos valores de entrada. E, em alguns usos, a invariância não é recomendável. Vejamos a segmentação semântica (tarefa de classificar cada pixel em uma imagem de acordo com o objeto ao qual o pixel pertence, que exploraremos mais tarde neste capítulo): óbvio que, se a imagem de entrada for traduzida por um pixel à direita, a saída também deve ser traduzida por um pixel à direita. O objetivo neste caso é a *equivariância*, não a invariância: uma pequena mudança nas entradas deve resultar em uma pequena mudança correspondente na saída.

Implementação da TensorFlow

A implementação da camada máxima de pooling na TensorFlow é muito fácil. O código a seguir cria uma camada máxima de pooling usando um kernel 2 × 2. O padrão de strides é o tamanho do kernel, então essa camada usará um stride de 2 (tanto horizontal quanto vertical). Por padrão, ele usa o padding como `"valid"` padding (ou seja, nada de padding):

```
max_pool = keras.layers.MaxPool2D(pool_size=2)
```

Para criar uma *camada média de pooling*, basta usar `AvgPool2D` em vez de `MaxPool2D`. Conforme o esperado, ela funciona exatamente como uma camada máxima de pooling, exceto que calcula a média e não o máximo. As camadas médias de pooling costumavam ser bastante populares, mas atualmente as pessoas usam mais as camadas máximas de pooling, visto que geralmente elas têm um melhor desempenho. Talvez isso cause surpresa já que calcular a média normalmente resulta em menos perda de informação do que calcular o máximo. Contudo, por outro lado, a camada máxima de pooling preserva somente as características mais fortes, eliminando todas aquelas irrelevantes, de modo que as próximas camadas tenham um sinal mais limpo para trabalhar. Além disso, a camada máxima de pooling oferece invariância de tradução mais forte do que a camada média de pooling e exige menos cálculo.

Repare que a camada máxima de pooling e a camada média de pooling podem ser executadas ao longo da dimensão de profundidade, em vez das dimensões espaciais, ainda que isso não seja tão comum. O que pode possibilitar que a CNN aprenda a ser invariável em relação a várias características. Por exemplo, ela poderia aprender diversos filtros, cada um detectando uma rotação diferente do mesmo padrão (como algarismos escritos à mão; veja a Figura 14-10), e a camada máxima de pooling de profundidade garantiria que a saída fosse a mesma, independentemente da rotação. A CNN poderia aprender a ser invariante em relação a qualquer outra coisa: espessura, brilho, inclinação, cor e assim por diante.

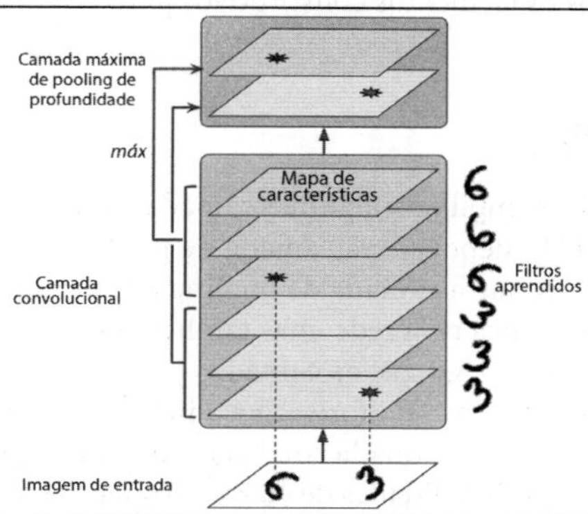

Figura 14-10. A camada máxima de pooling de profundidade pode ajudar a CNN a aprender qualquer invariância

A Keras não tem uma camada máxima de pooling de profundidade, mas a API Deep Learning de baixo nível da TensorFlow tem: basta utilizar a função `tf.nn.max_pool()` e especificar o tamanho do kernel e do stride como 4-tuplas (ou seja, tuplas de tamanho 4). Os três primeiros valores de cada um devem ser 1: isso indica o tamanho do kernel e do stride ao longo do batch, e que as dimensões de altura e largura devem ser 1. O último valor deve ser qualquer tamanho de kernel e de stride que você desejar ao longo da dimensão de profundidade — por exemplo, 3 (deve ser um divisor da profundidade de entrada; não funcionará se a camada anterior produzir 20 mapas de características, já que 20 não é um múltiplo de 3):

```
output = tf.nn.max_pool(images,
                        ksize=(1, 1, 1, 3),
                        strides=(1, 1, 1, 3),
                        padding="valid")
```

Caso queira incluir a função como uma camada em seus modelos Keras, envolva em uma camada `Lambda` (ou crie uma camada Keras personalizada):

```
depth_pool = keras.layers.Lambda(
    lambda X: tf.nn.max_pool(X, ksize=(1, 1, 1, 3), strides=(1, 1, 1, 3),
                             padding="valid"))
```

O último tipo de camada de pooling que você verá com frequência nas arquiteturas modernas é a *camada média de pooling global*. Essa camada funciona de modo bem diferente: tudo o que ela faz é calcular a média de cada mapa inteiro de características (é como uma camada média de pooling que usa um pooling kernel com as mesmas dimensões espaciais de entradas). Isso significa que ela apenas gera a saída de um único número por mapa de características e por instância. Embora isso seja bastante destrutivo (a maioria das informações no mapa de características é perdida), pode ser útil como a camada de saída, conforme veremos mais adiante neste capítulo. Para criar essa camada, basta usar a classe `keras.layers.GlobalAvgPool2D`:

```
global_avg_pool = keras.layers.GlobalAvgPool2D()
```

Ela é equivalente a simples camada `Lambda`, que calcula a média em relação às dimensões espaciais (altura e largura):

```
global_avg_pool = keras.layers.Lambda(lambda X: tf.reduce_mean(X,
axis=[1, 2]))
```

Agora que você conhece todos os elementos constitutivos para criar redes neurais convolucionais, vamos ver como agrupá-los.

Arquiteturas das CNNs

As típicas arquiteturas das CNNs empilham algumas camadas convolucionais (cada uma geralmente seguida por uma camada ReLU), depois uma camada de pooling, depois outras poucas camadas convolucionais (+ ReLU), depois outra camada de pooling e assim sucessivamente. A imagem fica cada vez menor à medida que avança pela rede, mas também fica cada vez mais profunda (ou seja, com mais mapas de características), graças às camadas convolucionais (veja a Figura 14-11). No topo da pilha, uma rede neural do tipo feedforward é adicionada, composta de algumas camadas totalmente interligadas (+ ReLUs), e a camada final gera uma predição como saída (por exemplo, uma camada softmax que gera probabilidades de classe estimadas como saída).

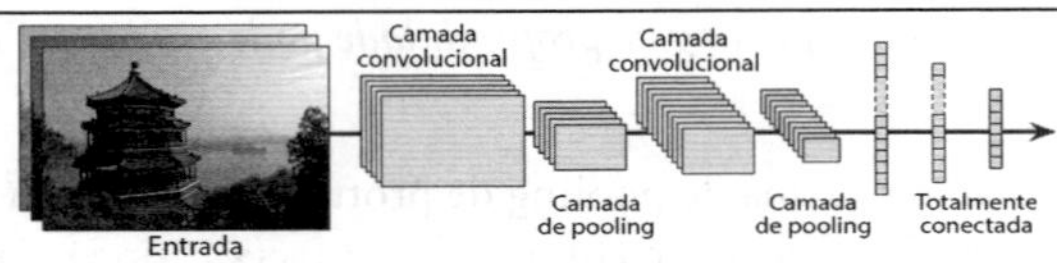

Figura 14-11. Típica arquitetura CNN

Um erro comum é usar kernels de convolução muito grandes. Por exemplo, em vez de usar uma camada convolucional com um kernel 5 × 5, basta empilhar duas camadas com kernels 3 × 3: isso usará menos parâmetros e exigirá menos cálculos e geralmente terá um melhor desempenho. Uma exceção que foge à regra é a primeira camada convolucional: ela normalmente pode ter um kernel grande (por exemplo, 5 × 5) e um stride de 2 ou mais: isso reduzirá a dimensão espacial da imagem sem perder muitas informações e, contando que a imagem de entrada tenha apenas três canais, não será muito trabalhoso.

Veja a seguir como você pode implementar uma CNN simples para lidar com o conjunto de dados Fashion MNIST (apresentado no Capítulo 10):

```
model = keras.models.Sequential([
    keras.layers.Conv2D(64, 7, activation="relu", padding="same",
                        input_shape=[28, 28, 1]),
    keras.layers.MaxPooling2D(2),
    keras.layers.Conv2D(128, 3, activation="relu", padding="same"),
    keras.layers.Conv2D(128, 3, activation="relu", padding="same"),
    keras.layers.MaxPooling2D(2),
    keras.layers.Conv2D(256, 3, activation="relu", padding="same"),
    keras.layers.Conv2D(256, 3, activation="relu", padding="same"),
    keras.layers.MaxPooling2D(2),
    keras.layers.Flatten(),
    keras.layers.Dense(128, activation="relu"),
    keras.layers.Dropout(0.5),
    keras.layers.Dense(64, activation="relu"),
```

```
    keras.layers.Dropout(0.5),
    keras.layers.Dense(10, activation="softmax")
])
```

Vamos analisar detalhadamente esse modelo:

- A primeira camada usa 64 filtros bem grandes (7 × 7), mas nenhum stride porque as imagens de entrada não são muito grandes. Define também `input _ shape=[28, 28, 1]`, pois as imagens têm 28 × 28 pixels, com um único canal de cor (ou seja, escalas de cinza).
- Em seguida, temos uma camada máxima de pooling que usa um tamanho de pool de 2, então ela divide cada dimensão espacial por um fator de 2.
- Depois, repetimos a mesma estrutura duas vezes: duas camadas convolucionais seguidas por uma camada máxima de pooling. Para imagens maiores, poderíamos repetir essa estrutura diversas vezes (o número de repetições é um hiperparâmetro que você pode ajustar).
- Observe que o número de filtros aumenta à medida que escalamos a CNN em direção à camada de saída (inicialmente é 64, depois 128, depois 256): faz todo sentido esse aumento, já que o número de características de nível inferior é frequentemente muito baixo (por exemplo, pequenos círculos, linhas horizontais); mas existem diversas maneiras diferentes de combinar características de nível superior. É uma prática comum dobrar o número de filtros após cada camada de pooling: uma vez que uma camada de pooling divide cada dimensão espacial por um fator de 2, podemos dobrar o número de mapas de características na próxima camada sem medo de explodir o número de parâmetros, o uso de memória ou a carga computacional.
- A seguir, temos a rede totalmente conectada, composta de duas camadas densas ocultas e uma camada densa de saída. Repare que devemos achatar suas entradas, uma vez que uma rede densa espera um array 1D de características para cada instância. Adicionamos também duas camadas de dropout, com uma taxa de dropout de 50% cada, para reduzir o sobreajuste.

No conjunto de teste, essa CNN atinge 92% de acurácia. Não é a coisa mais moderna do mundo, no entanto é uma CNN boa e claramente muito melhor do que o que conseguimos com redes densas no Capítulo 10.

No decorrer dos anos, variações dessa arquitetura fundamental têm sido desenvolvidas, levando a progressos surpreendentes na área. Uma boa medida desse progresso é a taxa de erro em competições como o desafio ILSVRC ImageNet (*http://image-net.org/*). Nesta competição, a taxa de erro dos cinco primeiros para classificação de imagens caiu de mais de 26% para menos de 2,3% em apenas seis anos. A taxa de erro dos cinco primeiros é o número de imagens de teste para as quais as cinco principais predições do sistema não incluíram a resposta correta. As imagens são grandes (256 pixels de altura) e existem mil classes, algumas das quais são bastante sutis (tente distinguir 120 raças de cães). Uma boa forma de compreender como as CNNs funcionam é observar a evolução das entradas vencedoras.

Primeiramente, vamos analisar a arquitetura clássica da LeNet-5 (1998), depois três das arquiteturas vencedoras do desafio ILSVRC: AlexNet (2012), GoogLeNet (2014) e ResNet (2015).

LeNet-5

Talvez a LeNet-5 (*https://homl.info/lenet5*)[10] seja a arquitetura CNN mais conhecida. Conforme mencionado anteriormente, ela foi criado por Yann LeCun em 1998 e tem sido amplamente utilizada para reconhecimento de algarismos escritos à mão (MNIST). Ela é constituída pelas camadas mostradas na Tabela 14-1.

10 Yann LeCun et al., "Gradient-Based Learning Applied to Document Recognition", *Anais do IEEE* 86, no. 11 (1998): 2278–2324.

Tabela 14-1. Arquitetura da LeNet-5

Camada	Tipo	Mapas	Tamanho	Tamanho do kernel	Stride	Função de ativação
Out	Totalmente conectada	–	10	–	–	RBF
F6	Totalmente conectada	–	84	–	–	tanh
C5	Convolucional	120	1 × 1	5 × 5	1	tanh
S4	Média de pooling	16	5 × 5	2 × 2	2	tanh
C3	Convolucional	16	10 × 10	5 × 5	1	tanh
S2	Média de pooling	6	14 × 14	2 × 2	2	tanh
C1	Convolucional	6	28 × 28	5 × 5	1	tanh
In	Entrada	1	32 × 32	–	–	–

Vamos analisar alguns detalhes:

- As imagens MNIST têm 28 × 28 pixels, mas usam zero-padding até 32 × 32 pixels e são normalizadas antes de serem fornecidas à rede. O resto da rede não usa padding, e é por isso que o tamanho continua encolhendo à medida que a imagem avança pela rede.
- As camadas médias de pooling são um pouco mais complexas do que o normal: cada neurônio calcula a média de suas entradas, depois multiplica o resultado por um coeficiente de aprendizado (um por mapa), adiciona um viés de aprendizado (novamente, um por mapa) e, por último, aplica a função de ativação.
- A maioria dos neurônios em mapas C3 está conectada a neurônios em apenas três ou quatro mapas S2 (em vez de todos os seis mapas S2). Veja a tabela 1 (página 8) no artigo original para obter detalhes.
- A camada de saída é um pouco especial: em vez de calcular a multiplicação da matriz das entradas e do vetor de peso, cada neurônio gera como saída o quadrado da distância euclidiana entre seu vetor de entrada e seu vetor de peso. Cada saída calcula o quanto a imagem pertence a uma classe específica de algarismo. Atualmente, recomenda-se a função de custo de entropia cruzada, já que ela penaliza muito mais predições ruins, gerando gradientes maiores e convergindo mais rápido.

O site de Yann LeCun (*http://yann.lecun.com/exdb/lenet/index.html*) apresenta demos ótimas de classificações dos algarismos pela LeNet-5.

AlexNet

A arquitetura da CNN da AlexNet (*https://homl.info/80*)[11] venceu o desafio de 2012 da ImageNet ILSVRC com uma vantagem e tanto: alcançou uma taxa de erro entre os cinco primeiros colocados de 17%, ao passo que o segundo mais bem colocado alcançou somente 26%! A AlexNet foi desenvolvida por Alex Krizhevsky (por isso o nome), Ilya Sutskever e Geoffrey Hinton. É similar à LeNet-5, só que bem maior e mais profunda, e foi a primeira arquitetura a empilhar camadas convolucionais diretamente umas sobre as outras, em vez de empilhar uma camada de pooling no topo de cada camada convolucional. A Tabela 14-2 apresenta essa arquitetura.

11 Alex Krizhevsky et al., "ImageNet Classification with Deep Convolutional Neural Networks", *Anais da 25ª Conferência Internacional sobre Sistemas de Processamento de Informação Neural* 1 (2012): 1097–1105.

Tabela 14-2. Arquitetura da AlexNet

Camada	Tipo	Mapas	Tamanho	Tamanho do kernel	Stride	Padding	Função de ativação
Out	Totalmente conectada	–	1,000	–	–	–	Softmax
F9	Totalmente conectada	–	4,096	–	–	–	ReLU
F8	Totalmente conectada	–	4,096	–	–	–	ReLU
C7	Convolucional	256	13 × 13	3 × 3	1	`same`	ReLU
C6	Convolucional	384	13 × 13	3 × 3	1	`same`	ReLU
C5	Convolucional	384	13 × 13	3 × 3	1	`same`	ReLU
S4	Máxima de pooling	256	13 × 13	3 × 3	2	`valid`	–
C3	Convolucional	256	27 × 27	5 × 5	1	`same`	ReLU
S2	Máxima de pooling	96	27 × 27	3 × 3	2	`valid`	–
C1	Convolucional	96	55 × 55	11 × 11	4	`valid`	ReLU
In	Entrada	3 (RGB)	227 × 227	–	–	–	–

Com o objetivo de reduzir o sobreajuste, os autores usaram duas técnicas de regularização. Primeiro, eles aplicaram a técnica de dropout (apresentada no Capítulo 11) com uma taxa de dropout de 50% durante o treinamento para os resultados das camadas F8 e F9. Em seguida, eles usaram a técnica de *data augmentation* deslocando de forma randômica as imagens de treinamento por vários deslocamentos, virando-as horizontalmente e alterando as condições de iluminação da imagem.

A AlexNet também usa uma etapa de normalização competitiva logo após a etapa ReLU das camadas C1 e C3, chamada *normalização de resposta local* (LRN): os neurônios ativados com mais força inibem outros neurônios localizados na mesma posição em mapas de características vizinhas (tal ativação competitiva foi observada em neurônios biológicos). Isso incentiva diferentes mapas de características a se especializarem, separando-os e obrigando-os a explorar um leque mais amplo de características, o que resulta em uma melhor generalização. A Equação 14-2 mostra como aplicar a LRN.

Equação 14-2. Normalização de resposta local (LRN)

$$b_i = a_i \left(k + \alpha \sum_{j = j_{\text{baixo}}}^{j_{\text{alto}}} {a_j}^2 \right)^{-\beta} \quad \text{com} \begin{cases} j_{\text{alto}} = \text{mín}\left(i + \frac{r}{2}, f_n - 1\right) \\ j_{\text{baixo}} = \text{máx}\left(0, i - \frac{r}{2}\right) \end{cases}$$

- b_i é a saída normalizada do neurônio localizado no mapa de características i, em alguma linha u e coluna v (observe que nessa equação consideramos apenas neurônios localizados nessas linha e coluna, desse modo u e v não são exibidos).
- a_i é a ativação desse neurônio após a etapa da ReLU, mas antes da normalização.
- k, α, β, e r são hiperparâmetros. k é chamado de *viés*, e r é chamado de *raio de profundidade*.
- f_n é o número de mapas de características.

Por exemplo, se $r = 2$ e o neurônio tiver uma ativação forte, ele inibirá a ativação dos neurônios localizados no mapa de características imediatamente acima e abaixo.

Data Augmentation

A técnica de data augmentation expande artificialmente o tamanho do conjunto de treinamento, gerando muitas variantes realistas de cada instância de treinamento. Isso reduz o sobreajuste, fazendo com que a data augmentation seja uma técnica de regularização. As instâncias geradas devem ser tão realistas quanto possível: de preferência, dada uma imagem do conjunto de treinamento expandido, um humano não deve ser capaz de afirmar se ela foi expandida ou não. Simplesmente acrescentar ruído branco não ajudará; as modificações devem ser aprendidas (mas o ruído branco, não).

Por exemplo, você consegue deslocar, girar e redimensionar um pouco cada imagem no conjunto de treinamento para diversos valores e adicionar as imagens resultantes ao conjunto de treinamento (veja a Figura 14-12). Isso obriga o modelo a ser mais tolerante às variações na posição, orientação e tamanho dos objetos nas imagens. Para um modelo que é mais tolerante a diferentes condições de iluminação, você pode gerar de forma semelhante muitas imagens com múltiplos contrastes. Em geral, você também pode virar as imagens horizontalmente (desde que não seja texto e outros objetos assimétricos). Ao combinar essas transformações, você pode expandir e muito o tamanho do seu conjunto de treinamento.

Figura 14-12. Geração de novas instâncias de treinamento a partir de instâncias existentes

Na AlexNet, os hiperparâmetros são definidos da seguinte forma: $r = 2$, $\alpha = 0.00002$, $\beta = 0.75$, e $k = 1$. Esta etapa pode ser implementada usando a função `tf.nn.local_response_normalization()` (que pode fazer um wrapper de uma camada `Lambda`, caso queira utilizá-la em um modelo Keras).

Uma variante da AlexNet que se chama *ZF Net* (*https://homl.info/zfnet*)[12] foi desenvolvida por Matthew Zeiler e Rob Fergus e venceu o desafio ILSVRC de 2013. É essencialmente uma AlexNet com alguns hiperparâmetros ajustados (número de mapas de características, tamanho do kernel, stride etc.).

GoogLeNet

A arquitetura GoogLeNet (*https://homl.info/81*) foi desenvolvida por Christian Szegedy et al. do Google Research,[13] e venceu o desafio ILSVRC de 2014 ao empurrar a taxa de erros dos cinco primeiro colocados para menos de 7%. Esse ótimo desempenho se deve ao fato de que a rede era muito mais

12 Matthew D. Zeiler e Rob Fergus, "Visualizing and Understanding Convolutional Networks", *Anais da Conferência Europeia de Visão Computacional* (2014): 818-833.

13 Christian Szegedy et al., "Going Deeper with Convolutions", *Anais da Conferência IEEE sobre Visão Computacional e Reconhecimento de Padrões* (2015): 1–9.

profunda do que as CNNs anteriores (conforme você verá na Figura 14-14). Isso foi possível graças às subredes chamadas *inception modules [módulos de iniciação ou módulos inception]*,[14] que permitem que a GoogLeNet use parâmetros com mais eficiência do que as arquiteturas anteriores: a GoogLeNet na verdade tem 10 vezes menos parâmetros que a AlexNet (cerca de 6 milhões em vez de 60 milhões).

A Figura 14-13 ilustra a arquitetura de um módulo de iniciação. A notação "3 × 3 + 1(S)" significa que a camada usa um kernel 3 × 3, um stride de 1 e um padding `"same"`. O sinal de entrada é o primeiro a ser copiado e alimenta quatro camadas diferentes. Todas as camadas convolucionais usam a função de ativação ReLU. Observe que o segundo conjunto de camadas convolucionais usa diferentes tamanhos de kernel (1 × 1, 3 × 3 e 5 × 5), possibilitando que eles identifiquem padrões em escalas diferentes. Repare também que cada camada tem um stride de 1 e um padding `"same"` (mesmo a camada máxima de pooling), de modo que todas as suas saídas tenham as mesmas altura e largura que suas entradas. Isso possibilita a concatenação de todas as saídas ao longo da dimensão de profundidade no fim da *camada de concatenação de profundidade* (ou seja, empilhar os mapas de características de todas as quatro camadas convolucionais superiores). Essa camada de concatenação pode ser implementada com a função da TensorFlow `tf.concat()`, com `axis=3` (o eixo é a profundidade).

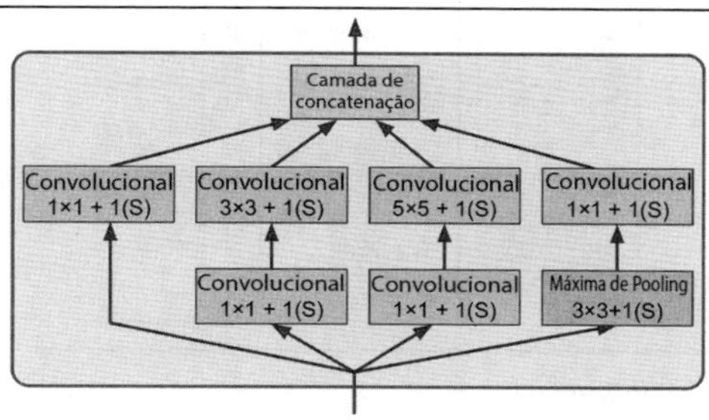

Figura 14-13. Módulo inception

Talvez você esteja se perguntando por que os módulos de iniciação têm camadas convolucionais com kernels 1 × 1. Não restam dúvidas de que essas camadas não podem identificar nenhuma caraterística, visto que elas olham somente para um pixel de cada vez. Na verdade, as camadas têm três finalidades:

- Ainda que elas não consigam identificar padrões espaciais, elas conseguem identificar padrões ao longo da dimensão de profundidade.
- Elas são definidas para gerar a saída de menos mapas de características do que suas entradas, de modo que servem como *bottleneck layers [camadas de gargalo]*, o que significa que elas reduzem a dimensionalidade. Isso reduz o custo computacional e o número de parâmetros, agilizando o treinamento e resultando em uma melhor generalização.
- Cada par de camadas convolucionais ([1 × 1, 3 × 3] e [1 × 1, 5 × 5]) se comporta como uma única camada convolucional poderosa que consegue identificar padrões mais complexos. Na verdade, em vez de fazer a varredura de um classificador linear simples por meio da imagem (como faz uma única camada convolucional), esse par de camadas convolucionais faz a varredura de uma rede neural de duas camadas por meio da imagem.

Em suma, pense no módulo inception como uma camada convolucional que faz o uso de anabolizantes, conseguindo gerar mapas de caraterísticas como saídas que identificam padrões complexos em diversas várias escalas.

14 No filme *Inception* (no Brasil, *A Origem*), os personagens avançam cada vez mais fundo nas múltiplas camadas de sonhos; por isso o nome módulos inception.

O número de kernels convolucionais para cada camada convolucional é um hiperparâmetro. Infelizmente, isso significa que você tem mais seis hiperparâmetros para ajustar para cada camada inception que adicionar.

Agora, vamos examinar a arquitetura da GoogLeNet (veja a Figura 14-14). O número de mapas de características geradas por cada camada convolucional e cada camada de pooling é exibido antes do tamanho do kernel. A arquitetura é tão profunda que precisa ser representada em três colunas, mas a GoogLeNet é na verdade uma pilha alta, incluindo nove módulos inception (as caixas retangulares com os piões). Os seis números nos módulos inception representam o número dos mapas de características produzido por cada camada convolucional no módulo (na mesma ordem que na Figura 14-13). Veja que todas as camadas convolucionais usam a função de ativação ReLU.

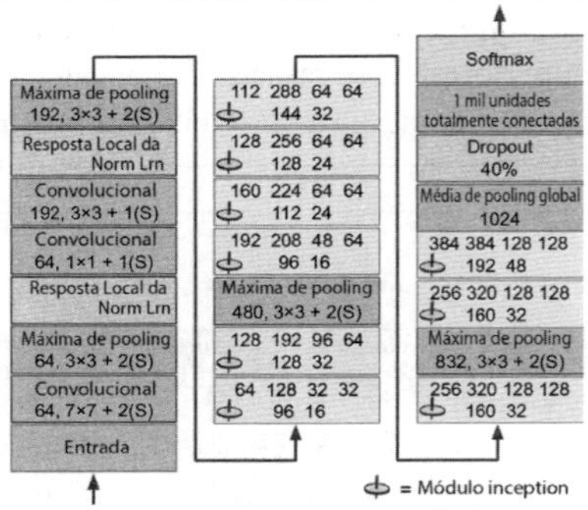

Figura 14-14. Arquitetura da GoogLeNet

Vamos analisar essa rede:

- As duas primeiras camadas dividem a altura e a largura da imagem por 4 (assim, sua área é dividida por 16), a fim de reduzir a carga computacional. A primeira camada usa um tamanho de kernel grande para que muitas informações sejam preservadas.
- Em seguida, a camada de normalização de resposta local garante que as camadas anteriores aprendam uma ampla variedade de características (conforme analisado anteriormente).
- Seguem-se duas camadas convolucionais, em que a primeira se comporta como uma camada de gargalo. Conforme explicado antes, você pode considerar esse par de camada como uma única camada convolucional só que mais inteligente.
- Mais uma vez, uma camada de normalização de resposta local garante que as camadas anteriores identifiquem uma ampla variedade de padrões.
- Depois, uma camada máxima de pooling reduz a altura e a largura da imagem em dois para, mais uma vez, acelerar os cálculos.
- Em seguida, vem a pilha alta de nove módulos inception, intercalados com algumas camadas máximas de pooling com o intuito de reduzir a dimensionalidade e acelerar a rede.
- Então, a camada média de pooling global gera a média de cada mapa de características como saída: isso dropa qualquer informação espacial restante, o que é uma coisa boa, já que não havia muita informação espacial mesmo. Na realidade, espera-se que as imagens de entrada da GoogLeNet tenham 224 × 224 pixels. Assim, após 5 camadas máximas de pooling, cada uma dividindo a altura e a largura por 2, os mapas de características reduzem para 7 × 7. Além disso, é uma tarefa de classificação, não de localização, ou seja, não importa onde o

objeto está. Graças à redução de dimensionalidade fornecida por essa camada, não há necessidade de ter várias camadas totalmente conectadas no topo da CNN (como na AlexNet), o que reduz substancialmente o número de parâmetros na rede e limita o risco de sobreajuste.

- As últimas camadas falam por si mesmas: dropout para regularização, depois uma camada totalmente conectada com mil unidades (já que existem mil classes) e uma função de ativação softmax para gerar as probabilidades estimadas de classe.

Vamos dizer que esse diagrama é um pouco simplificado: a arquitetura original da GoogLeNet também incluía dois classificadores auxiliares interligados na parte superior do terceiro e do sexto módulos inception. Ambos eram constituídos por uma camada média de pooling, uma camada convolucional, duas camadas totalmente conectadas e uma camada de ativação softmax. Durante o treinamento, a perda (reduzida em 70%) foi adicionada à perda geral. O objetivo era evitar que os gradientes desaparecessem e regularizar a rede. No entanto, mais tarde se comprovou que seu efeito era bem menor.

Posteriormente, diversas variantes da arquitetura da GoogLeNet foram propostas por pesquisadores do Google, incluindo a Inception-v3 e a Inception-v4, usando módulos inception um pouco diferentes e alcançando um desempenho ainda melhor.

VGGNet

A vice-campeã do desafio ILSVRC de 2014 foi a VGGNet (*https://homl.info/83*),[15] desenvolvida por Karen Simonyan e Andrew Zisserman do laboratório de pesquisa Visual Geometry Group (VGG) da Universidade de Oxford. Ela tinha uma arquitetura muito simples e clássica, com duas ou três camadas convolucionais e uma camada de pooling, depois 2 ou 3 camadas convolucionais e uma camada de pooling, e assim por diante (chegando a um total de apenas 16 ou 19 camadas convolucionais, dependendo da variante da VGG); além de uma rede densa final com 2 camadas ocultas e a camada de saída. A VGGNet usava apenas filtros 3 × 3, só que muitos deles.

ResNet

Kaiming He et al. venceu o desafio ILSVRC de 2015 usando uma *Rede Residual* (ou *ResNet*) (*https://homl.info/82*)[16] que alcançou uma surpreendente taxa de erros entre os cinco primeiros colocados de menos de 3,6%. A variante vencedora usou uma CNN extremamente profunda constituída por 152 camadas (outras variantes tinham 34, 50 e 101 camadas). Isso confirmou a tendência geral: os modelos estão cada vez mais profundos, com cada vez menos parâmetros. O segredo para treinar uma rede tão profunda é usar as *skip connections* (também chamadas de *shortcut connections*): o sinal que alimenta uma camada também é adicionado à saída de uma camada localizada um pouco mais acima na pilha. Vejamos por que isso é útil.

Ao treinar uma rede neural, o objetivo é fazer com que ela modele uma função-alvo $h(\mathrm{x})$. Se você adicionar a entrada x à saída da rede (ou seja, adicionar uma skip connection), logo a rede será forçada a modelar $f(\mathrm{x}) = h(\mathrm{x}) - \mathrm{x}$ em vez de $h(\mathrm{x})$. Isso se chama *aprendizado residual* (veja a Figura 14-15).

Ao inicializar uma rede neural regular, seus pesos são próximos de zero, portanto a rede somente gera valores próximos de zero como saída. Agora, se você adicionar uma skip connection, a rede resultante apenas gerará uma cópia de suas entradas; em outras palavras, ela inicialmente modela a função de identidade. Se a função-alvo estiver bastante próxima da função de identidade (como geralmente é o caso), isso vai acelerar consideravelmente o treinamento.

15 Karen Simonyan e Andrew Zisserman, "Very Deep Convolutional Networks for Large-Scale Image Recognition", arXiv preprint arXiv:1409.1556 (2014).

16 Kaiming He et al., "Deep Residual Learning for Image Recognition", arXiv preprint arXiv:1512:03385 (2015).

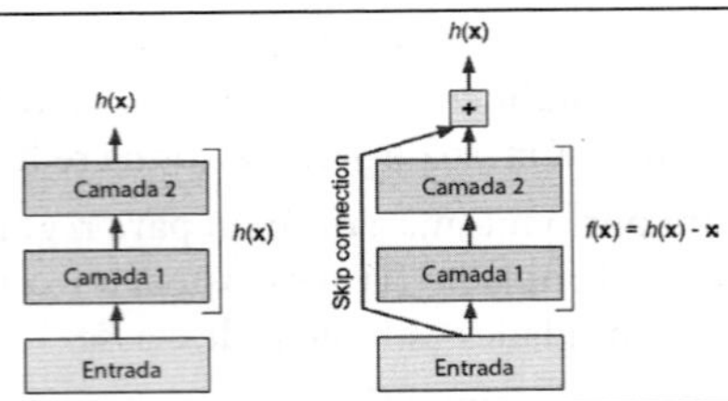

Figura 14-15. Aprendizado residual

Além do mais, se você adicionar muitas skip connections, a rede pode começar a fazer progresso ainda que diversas camadas não tenham iniciado o aprendizado (veja a Figura 14-16). Graças às skip connections, o sinal pode percorrer facilmente toda a rede. A rede residual profunda pode ser vista como uma pilha de *unidades residuais* (RUs), em que cada unidade residual é uma pequena rede neural com uma skip connection.

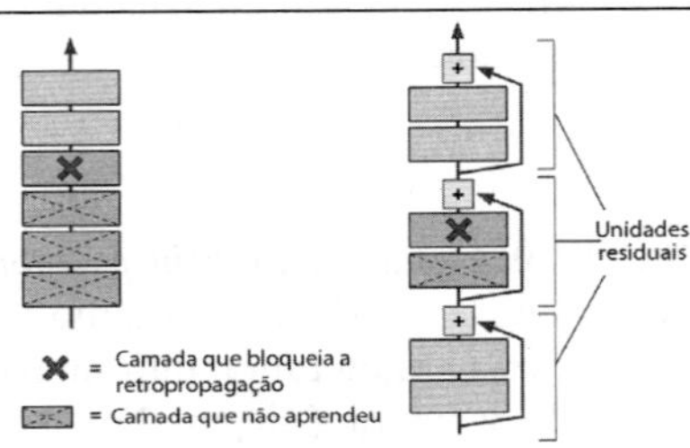

Figura 14-16. Rede neural profunda regular (à esquerda) e rede residual profunda (à direita)

Agora, vamos examinar a arquitetura da ResNet (veja a Figura 14-17). É absurdamente simples. Ela começa e termina exatamente como a GoogLeNet (tirando a camada de dropout), e no meio existe somente uma pilha muito profunda de unidades residuais simples. Cada unidade residual é composta de duas camadas convolucionais (e nenhuma camada de pooling!), com a normalização em batch (BN) e a ativação ReLU, usando kernels 3 × 3 e preservando as dimensões espaciais (stride de 1, padding "`same`").

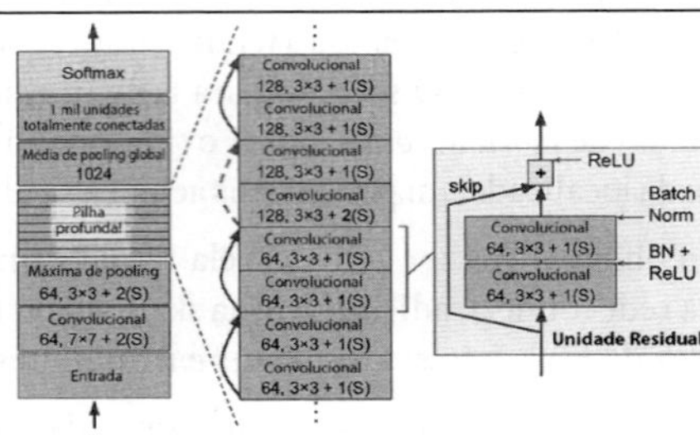

Figura 14-17. Arquitetura da ResNet

Observe que o número de mapas de características é duplicado a cada poucas unidades residuais, ao mesmo tempo que sua altura e largura são reduzidas pela metade (usando uma camada convolucional com stride de 2). Quando isso ocorre, as entradas não podem ser adicionadas diretamente às saídas da unidade residual porque não têm o mesmo formato (por exemplo, esse problema afeta a skip connection representada pela seta tracejada na Figura 14-17). Para resolver esse problema, as entradas são passadas para uma camada convolucional 1 × 1 com stride de 2 e o número certo das saídas dos mapas de caraterísticas (veja a Figura 14-18).

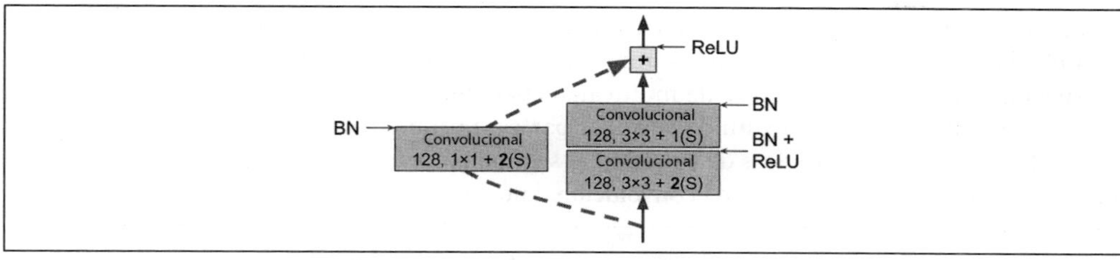

Figura 14-18. Skip connection quando se altera o tamanho e a profundidade do mapa de características

A ResNet-34 é a ResNet com 34 camadas (contando apenas as camadas convolucionais e a camada totalmente conectada)[17] contendo 3 unidades residuais que geram 64 mapas de características, 4 unidades residuais com 128 mapas, 6 unidades residuais com 256 mapas e 3 unidades residuais com 512 mapas. Daqui a pouco, mais adiante neste capítulo, implementaremos essa arquitetura.

As ResNets mais profundas do que essa, como a ResNet-152, usam unidades residuais um pouco diferentes. Em vez de duas camadas convolucionais 3 × 3 com, digamos, 256 mapas de características, essas redes usam três camadas convolucionais: primeiro uma camada convolucional 1 × 1 com somente 64 mapas de características (4 vezes menos), que se comporta como uma camada de gargalo (como já vimos), depois uma camada 3 × 3 com 64 mapas de características e, por último, outra camada convolucional 1 × 1 com 256 mapas de característica (4 vezes 64) que restaura a profundidade original. A ResNet-152 contém 3 unidades residuais que geram 256 mapas, depois 8 unidades residuais com 512 mapas, inacreditáveis 36 unidades residuais com 1.024 mapas e, por último, 3 unidades residuais com 2.048 mapas.

A arquitetura Inception-v4 do Google (*https://homl.info/84*)[18] combinou as ideias da GoogLeNet e da ResNet e obteve uma taxa de erro que ficou entre os cinco primeiros colocados, de cerca de 3% na classificação do ImageNet.

Xception

Vale a pena mencionar outra variante da arquitetura da GoogLeNet: a Xception (*https://homl.info/xception*)[19] (abreviação de *Extreme Inception*). Proposta em 2016 por François Chollet (o criador da biblioteca Keras), ela superou consideravelmente o desempenho da Inception-v3 em uma tarefa de visão computacional enorme (350 milhões de imagens e 17 mil classes). Assim como a Inception-v4, ela combina as ideias da GoogLeNet e da ResNet, mas substitui os módulos inception por um tipo especial de camada que se chama *depthwise separable convolution layer [camada convolucional separável em profundidade]*[20] (ou *camada convolucional separável)*[21]. Essas camadas já haviam sido usadas em algumas arquiteturas CNN, só que não eram tão determinantes quanto a arquitetura da Xception. À medida que uma camada convolucional normal usa filtros que tentam identificar

17 Ao descrever uma rede neural, é uma prática comum contar apenas camadas com parâmetros.

18 Christian Szegedy et al., "Inception–v4, Inception-ResNet and the Impact of Residual Connections on Learning", arXiv preprint arXiv:1602.07261 (2016).

19 François Chollet, "Xception: Deep Learning with Depthwise Separable Convolutions", arXiv preprint arXiv: 1610.02357 (2016).

20 N. da T.: No Brasil, em alguns contextos, camada separável profundidade a profundidade ou convoluções separáveis em profundidade.

21 À primeira vista, esse nome pode ser confuso, já que as camadas convolucionais espacialmente separáveis também são chamadas de "convolucionais separáveis".

simultaneamente padrões espaciais (por exemplo, um formato oval) e padrões de multicanais (por exemplo, boca + nariz + olhos = rosto), uma camada convolucional separável presume de forma incisiva que os padrões espaciais e de multicanais podem ser modelados separadamente (veja a Figura 14-19). Assim, ela é constituída por duas partes: a primeira aplica um único filtro espacial para cada mapa de características de entrada, e a segunda procura exclusivamente por padrões de multicanais — é apenas uma camada convolucional normal com filtros 1 × 1.

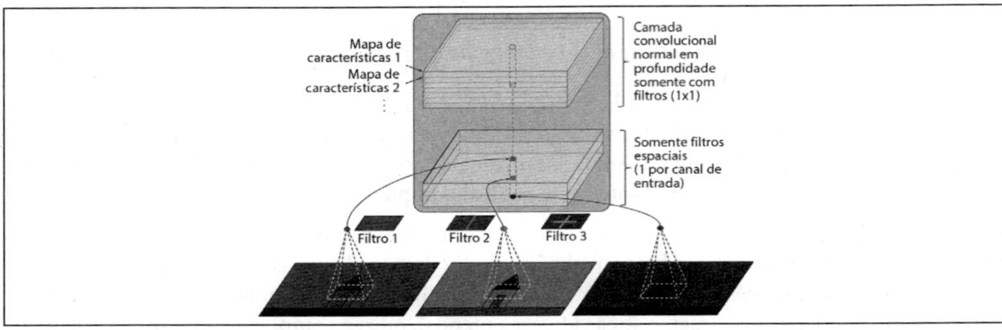

Figura 14-19. Camada convolucional separável em profundidade

Visto que as camadas convolucionais separáveis têm somente um filtro espacial por canal de entrada, você deve evitar usá-las depois das camadas que têm poucos canais, como a camada de entrada (a Figura 14-19 mostra isso, mas apenas para fins de exemplificação). Por esta razão, a arquitetura da Xception começa com duas camadas convolucionais normais, contudo o resto da arquitetura usa apenas camadas convolucionais separáveis (34 no total), além de algumas camadas máximas de pooling e as camadas finais usuais (uma camada média de pooling global e um camada densa de saída).

Talvez você esteja se perguntando por que a Xception é considerada uma variante da GoogLeNet, uma vez que não tem nenhum módulo inception. Veja bem, como analisamos anteriormente, um módulo inception contém camadas convolucionais com filtros 1 × 1: eles procuram exclusivamente por padrões entre os multicanais. No entanto, as camadas convolucionais que ficam em cima deles são camadas convolucionais normais que procuram por padrões espaciais e por padrões multicanais. Desse modo, você pode pensar em um módulo inception como um intermediário entre uma camada convolucional normal (que considera os padrões espaciais e os padrões multicanais em conjunto) e uma camada convolucional separável (que os considera separadamente). Na prática, tudo indica que as camadas convolucionais separáveis geralmente apresentam um melhor desempenho.

> As camadas convolucionais separáveis usam menos parâmetros, menos memória e menos cálculos do que camadas convolucionais normais e, em geral, elas têm um desempenho ainda melhor. Assim, você deve pensar em usá-las como padrão (exceto após camadas com poucos canais).

O desafio ILSVRC de 2016 foi vencido pela equipe CUImage da Universidade Chinesa de Hong Kong. Eles usaram um conjunto de muitas técnicas diferentes, incluindo um sofisticado sistema de detecção de objetos chamado GBD-Net (*https://homl.info/ gbdnet*),[22] para alcançar uma taxa de erro abaixo de 3% entre os cinco primeiros colocados. Embora este resultado seja irrefutavelmente impressionante, a complexidade da solução divergiu da simplicidade da ResNets. Além disso, um ano depois, outra arquitetura bastante simples teve um desempenho ainda melhor, como veremos agora.

22 Xingyu Zeng et al., "Crafting GBD-Net for Object Detection", *IEEE Transactions on Pattern Analysis and Machine Intelligence* 40, no. 9 (2018): 2109–2123.

SENet

A arquitetura vencedora do desafio ILSVRC de 2017 foi a Squeeze-and-Excitation Network (SENet) (SENet) (*https://homl.info/senet*).[23] Essa arquitetura amplia as arquiteturas existentes, como as redes inception e as ResNets, e aumenta seu desempenho. Isso possibilitou que a SENet vencesse a competição com uma taxa de erro surpreendente de 2,25% entre os cinco primeiros colocados! As versões estendidas das redes inception e das ResNets se chamam *SE-Inception* e *SE-ResNet*, respectivamente. Esse estímulo vem do fato de que uma SENet acrescenta uma pequena rede neural, chamada *SE block*, para cada unidade na arquitetura original (ou seja, para cada módulo inception ou para cada unidade residual), conforme mostrado na Figura 14-20.

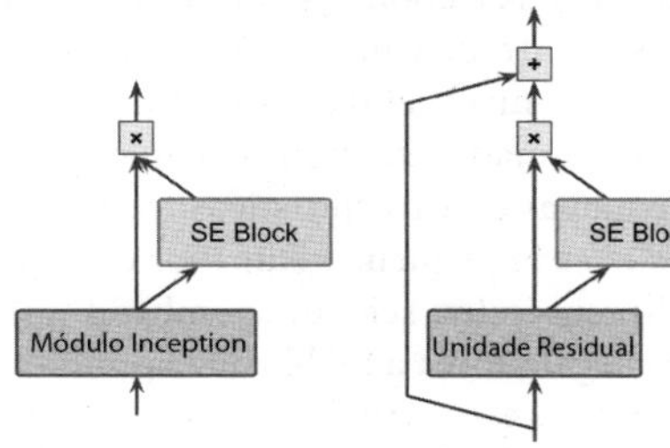

Figura 14-20. Módulo SE-Inception (à esquerda) e unidade SE-ResNet (à direita)

Uma SE block analisa a saída da unidade à qual está conectada, focando exclusivamente a dimensão de profundidade (não procura por nenhum padrão espacial) e aprende quais características geralmente são mais ativas juntas. Em seguida, ela usa essas informações para recalibrar os mapas de características, conforme mostrado na Figura 14-21. Por exemplo, uma SE block pode aprender que bocas, narizes e olhos normalmente aparecem juntos em imagens: se você vir uma boca e um nariz, deve esperar ver os olhos também. Assim, portanto, caso a SE block identificar uma forte ativação nos mapas de características de boca e nariz, e apenas uma ativação moderada no mapa de características dos olhos, ela incrementará o mapa de características dos olhos (mais precisamente, reduzirá os mapas de características irrelevantes). Se os olhos foram confundidos com alguma outra coisa, esta recalibração do mapa de características ajudará a resolver a ambiguidade.

Uma SE block é composta de apenas três camadas: uma camada média de pooling global, uma camada densa oculta usando a função de ativação ReLU e uma camada densa de saída usando a função de ativação sigmoide (veja a Figura 14-22).

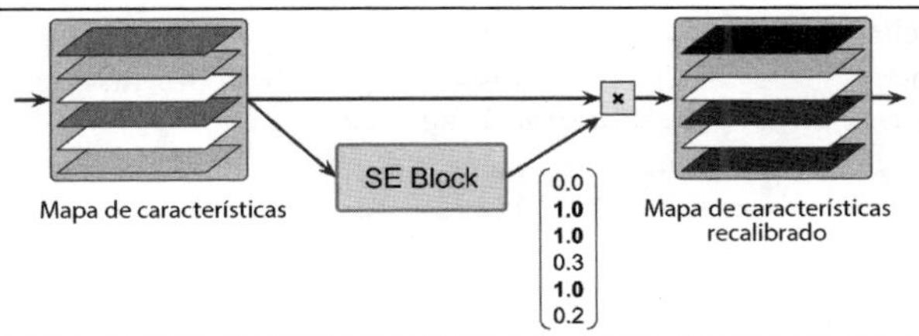

Figura 14-21. Uma SE block realiza a recalibração do mapa de características

23 Jie Hu et al., "Squeeze-and-Excitation Networks", *Anais da Conferência IEEE sobre Visão Computacional e Reconhecimento de Padrões* (2018): 7132–7141.

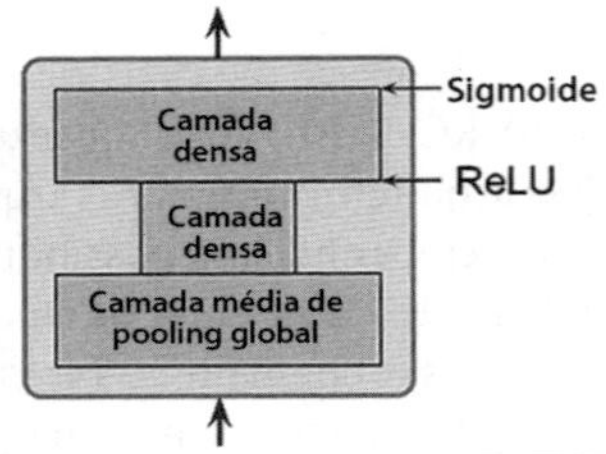

Figura 14-22. Arquitetura de uma SE block

Como mencionado antes, a camada média de pooling global calcula a ativação média para cada mapa de característica: por exemplo, se sua entrada contém 256 mapas de características, ela gerará 256 números como saída que representam o nível geral de resposta para cada filtro. A próxima camada é onde a "compressão" acontece: esta camada tem menos do que 256 neurônios — normalmente 16 vezes menos do que o número de mapas de características (por exemplo, 16 neurônios) —, então os 256 números são comprimidos em um pequeno vetor (por exemplo, 16 dimensões). Esta é uma representação vetorial de baixa dimensão (ou seja, uma embedding) da distribuição de respostas das características. Essa etapa de gargalo força a SE block a aprender uma representação geral das combinações de características (veremos esse princípio novamente quando analisarmos os autoencoders no Capítulo 17). Por último, a camada de saída pega a embedding e gera como saída um vetor de recalibração contendo um número por mapa de características (por exemplo, 256), cada um entre 0 e 1. Os mapas de características são, então, multiplicados por esse vetor de recalibração, de modo que as características irrelevantes (com um score de recalibração baixo) sejam reduzidas, enquanto as características relevantes (com um score de recalibração próximo de 1) são deixadas.

Implementando uma CNN ResNet-34 Usando a Keras

A maioria das arquiteturas CNN descrita até agora é bastante simples de implementar (ainda que geralmente você carregue uma rede pré-treinada, como veremos). Para exemplificar o processo, vamos implementar uma ResNet-34 do zero usando a Keras. Primeiro, criaremos uma camada `ResidualUnit`:

```
class ResidualUnit(keras.layers.Layer):
    def __init__(self, filters, strides=1, activation="relu", **kwargs):
        super().__init__(**kwargs)
        self.activation = keras.activations.get(activation)
        self.main_layers = [
            keras.layers.Conv2D(filters, 3, strides=strides,
                                padding="same", use_bias=False),
            keras.layers.BatchNormalization(),
            self.activation,
            keras.layers.Conv2D(filters, 3, strides=1,
                                padding="same", use_bias=False),
            keras.layers.BatchNormalization()]
        self.skip_layers = []
        if strides > 1:
            self.skip_layers = [
                keras.layers.Conv2D(filters, 1, strides=strides,
                                    padding="same", use_bias=False),
                keras.layers.BatchNormalization()]
```

```
    def call(self, inputs):
        Z = inputs
        for layer in self.main_layers:
            Z = layer(Z)
        skip_Z = inputs
        for layer in self.skip_layers:
            skip_Z = layer(skip_Z)
        return self.activation(Z + skip_Z)
```

Conforme você pode ver, esse código corresponde bastante à Figura 14-18. No construtor, criamos todas as camadas de que precisaremos: as camadas principais estão do lado direito do diagrama e as camadas skip estão do lado esquerdo (necessárias apenas se o stride for maior que 1). Depois, com o método `call()`, fazemos com que as entradas passem pelas camadas principais e pelas camadas skip (se houver), em seguida adicionamos ambas as saídas e aplicamos a função de ativação.

Então podemos construir a ResNet-34 usando o modelo `Sequential`, já que temos apenas uma longa sequência de camadas (podemos tratar cada unidade residual como uma única camada agora que temos a classe `ResidualUnit`):

```
model = keras.models.Sequential()
model.add(keras.layers.Conv2D(64, 7, strides=2, input_shape=[224, 224, 3],
                              padding="same", use_bias=False))
model.add(keras.layers.BatchNormalization())
model.add(keras.layers.Activation("relu"))
model.add(keras.layers.MaxPool2D(pool_size=3, strides=2, padding="same"))
prev_filters = 64
for filters in [64] * 3 + [128] * 4 + [256] * 6 + [512] * 3:
    strides = 1 if filters == prev_filters else 2
    model.add(ResidualUnit(filters, strides=strides))
    prev_filters = filters
model.add(keras.layers.GlobalAvgPool2D())
model.add(keras.layers.Flatten())
model.add(keras.layers.Dense(10, activation="softmax"))
```

A única parte um pouco complexa nesse código é o loop que adiciona a camada `ResidualUnit` ao modelo: conforme explicado antes, as primeiras 3 unidades residuais têm 64 filtros, as próximas 4 unidades residuais têm 128 filtros e assim por diante. Em seguida, definimos o stride em 1 quando o número de filtros é o mesmo que nas unidades residuais anteriores, ou então definimos o stride para 2. Depois, adicionamos `ResidualUnit` e, por último, atualizamos o `prev_filters`.

É incrível que com menos de 40 linhas de código possamos construir o modelo que venceu o desafio ILSVRC de 2015! Isso demonstra a elegância do modelo ResNet e a expressividade da Keras API. Implementar as outras arquiteturas CNN não é tão difícil. No entanto, a Keras vem com várias dessas arquiteturas integradas, então por que não usá-las?

Usando Modelos Pré-treinados da Keras

Em geral, você não terá que implementar modelos-padrão como a GoogLeNet ou a ResNet manualmente, uma vez que redes pré-treinadas estão disponíveis para uso a partir de uma única linha de código no pacote `keras.applications`. Por exemplo, você pode carregar o modelo ResNet-50, pré-treinado no ImageNet, com a seguinte linha de código:

```
model = keras.applications.resnet50.ResNet50(weights="imagenet")
```

Só isso! A linha criará um modelo ResNet-50 e fará o download dos pesos pré-treinados no conjunto de dados ImageNet. Para usá-lo, primeiro você precisa assegurar que as imagens tenham o tamanho certo. Um modelo ResNet-50 espera imagens de 224 × 224 pixels (outros modelos podem esperar outros tamanhos, como 299 × 299), então vamos utilizar a função `tf.image.resize()` para redimensionar as imagens que carregamos anteriormente:

```
images_resized = tf.image.resize(images, [224, 224])
```

> A função `tf.image.resize()` não preservará a relação de altura e largura. Se isso for um problema, tente recortar as imagens na proporção adequada antes de redimensioná-las. Ambas as operações podem ser feitas de uma só vez com `tf.image.crop_and_resize()`.

Os modelos pré-treinados partem do princípio de que as imagens são pré-processadas de uma forma específica. Em alguns casos, eles podem esperar que as entradas sejam escalonadas de 0 a 1, ou de −1 a 1, e assim por diante. Cada modelo fornece uma função `preprocess_input()` que você pode usar para pré-processar suas imagens. Essas funções assumem que os valores de pixel variam de 0 a 255, logo devemos multiplicá-los por 255 (já que anteriormente os dimensionamos para o intervalo de 0-1):

```
inputs = keras.applications.resnet50.preprocess_input(images_resized * 255)
```

Agora podemos usar o modelo pré-treinado para fazer predições:

```
Y_proba = model.predict(inputs)
```

Como de costume, a saída `Y_proba` é uma matriz com uma linha por imagem e uma coluna por classe (neste caso, existem mil classes). Caso queira exibir as principais previsões *K*, incluindo o nome da classe e a probabilidade estimada de cada classe predita, use a função `decode_predictions()`. Para cada imagem, ela retorna um array contendo as principais predições *K*, sendo cada predição representada como um array contendo o identificador de classe,[24] seu nome e o score de confiança correspondente:

```
top_K = keras.applications.resnet50.decode_predictions(Y_proba, top=3)
for image_index in range(len(images)):
    print("Image #{}".format(image_index))
    for class_id, name, y_proba in top_K[image_index]:
        print("  {} - {:12s} {:.2f}%".format(class_id, name, y_proba * 100))
    print()
```

A saída é mais ou menos assim:

```
Image #0
  n03877845 - palace       42.87%
  n02825657 - bell_cote    40.57%
  n03781244 - monastery    14.56%

Image #1
  n04522168 - vase         46.83%
  n07930864 - cup          7.78%
  n11939491 - daisy        4.87%
```

24 No conjunto de dados ImageNet, cada imagem é associada a uma palavra no conjunto de dados WordNet (*https://wordnet.prince ton.edu/*): o ID da classe é apenas um ID do WordNet.

As classes corretas (monastery e daisy) aparecem nos três primeiros resultados para ambas as imagens. Isso é muito bom, considerando que o modelo teve que escolher entre as mil classes existentes.

Como você pode observar, é muito fácil criar um classificador de imagens bom usando um modelo pré-treinado. Outros modelos de visão computacional estão disponíveis em `keras.applications`, incluindo diversas variantes da ResNet, variantes da GoogLeNet, como a Inception-v3 e a Xception, variantes da VGGNet, da MobileNet e da MobileNetV2 (modelos leves para uso em aplicativos móveis).

Mas e se você quiser usar um classificador de imagens para classes de imagens que não fazem parte do ImageNet? Nesse caso, você ainda pode se beneficiar dos modelos pré-treinados para realizar o aprendizado por transferência.

Modelos Pré-treinados para Aprendizado por Transferência

Se deseja construir um classificador de imagem, mas não tem dados de treinamento suficientes, pode ser uma boa ideia reutilizar as camadas inferiores de um modelo pré-treinado, conforme vimos no Capítulo 11. Por exemplo, vamos treinar um modelo para classificar fotos de flores, reutilizando um modelo Xception pré-treinado. Primeiro, vamos carregar o conjunto de dados usando os conjuntos de dados da TensorFlow (veja o Capítulo 13):

```
import tensorflow_datasets as tfds

dataset, info = tfds.load("tf_flowers", as_supervised=True, with_
info=True)
dataset_size = info.splits["train"].num_examples # 3670
class_names = info.features["label"].names # ["dandelion", "daisy", ...]
n_classes = info.features["label"].num_classes # 5
```

Repare que você pode obter informações sobre o conjunto de dados definindo `with_info=True`. Aqui, obtemos o tamanho do conjunto de dados e os nomes das classes. Infelizmente, existe somente um conjunto de dados `"train"`, nenhum conjunto de teste ou conjunto de validação, então precisamos dividir o conjunto de treinamento. O projeto TF Datasets fornece uma API para isso. Por exemplo, pegaremos os primeiros 10% do conjunto de dados para teste, os próximos 15% para validação e os 75% restantes para treinamento:

```
test_split, valid_split, train_split = tfds.Split.TRAIN.subsplit([10, 15, 75])

test_set = tfds.load("tf_flowers", split=test_split, as_supervised=True)
valid_set = tfds.load("tf_flowers", split=valid_split, as_
supervised=True)
train_set = tfds.load("tf_flowers", split=train_split, as_
supervised=True)
```

Em seguida, devemos pré-processar as imagens. A CNN espera imagens 224 × 224, por isso é necessário redimensioná-las. Precisaremos também executar as imagens por meio da função Xception `preprocess_input()`:

```
def preprocess(image, label):
    resized_image = tf.image.resize(image, [224, 224])
    final_image = keras.applications.xception.preprocess_input(resized_image)
    return final_image, label
```

Vamos aplicar essa função de pré-processamento a todos os três conjuntos de dados, embaralhar o conjunto de treinamento e adicionar o batch e a pré-busca em todos os conjuntos de dados:

```
batch_size = 32
```

```
train_set = train_set.shuffle(1000)
train_set = train_set.map(preprocess).batch(batch_size).prefetch(1)
valid_set = valid_set.map(preprocess).batch(batch_size).prefetch(1)
test_set = test_set.map(preprocess).batch(batch_size).prefetch(1)
```

Caso queira usar a técnica data augmentation, mude a função de pré-processamento do conjunto de treinamento, adicionando algumas transformações aleatórias às imagens de treinamento. Por exemplo, use a `tf.image.random_crop()` para recortar as imagens aleatoriamente, use a `tf.image.random_flip_left_right()` para girar aleatoriamente as imagens de forma horizontal e assim por diante (consulte a seção "Pretrained Models for Transfer Learning" do notebook para ver um exemplo).

> A classe `keras.preprocessing.image.ImageDataGenerator` facilita o carregamento de imagens do disco e o uso da técnica data augmentation de várias maneiras: você pode deslocar cada imagem, redimensioná-la, girá-la horizontal ou verticalmente, distorcê-la ou aplicar qualquer função de transformação que quiser. Isso é bastante conveniente para projetos simples. Entretanto, construir um tf.data pipeline tem muitas vantagens: ele pode ler as imagens com eficiência (por exemplo, em paralelo) de qualquer fonte, não apenas do disco local; você pode manipular o `Dataset` como desejar; se escrever uma função de pré-processamento baseada nas operações `tf.image`, essa função pode ser usada tanto no tf.data pipeline quanto no modelo que você implementará em produção (veja o Capítulo 19).

A seguir, vamos carregar um modelo Xception, pré-treinado no ImageNet. Excluímos as principais redes definindo `include_top = False`: isso exclui a camada média de pooling global e a camada de saída densa. Depois, adicionamos nossa própria camada de pooling global, com base na saída do modelo básico, seguida por uma camada densa de saída com uma unidade por classe, usando a função de ativação softmax. Por último, criamos o `Model` da Keras:

```
base_model = keras.applications.xception.Xception(weights="imagenet",
                                                  include_top=False)
avg = keras.layers.GlobalAveragePooling2D()(base_model.output)
output = keras.layers.Dense(n_classes, activation="softmax")(avg)
model = keras.Model(inputs=base_model.input, outputs=output)
```

Como explicado no Capítulo 11, geralmente é uma boa ideia congelar os pesos das camadas pré-treinadas, pelo menos no início do treinamento:

```
for layer in base_model.layers:
    layer.trainable = False
```

> Uma vez que nosso modelo usa as camadas do modelo básico diretamente, em vez do objeto `base_model` em si, definir `base_model.trainable=False` não teria efeito.

Finalmente, podemos compilar o modelo e começar o treinamento:

```
optimizer = keras.optimizers.SGD(lr=0.2, momentum=0.9, decay=0.01)
model.compile(loss="sparse_categorical_crossentropy", optimizer=optimizer,
              metrics=["accuracy"])
history = model.fit(train_set, epochs=5, validation_data=valid_set)
```

> Isso vai demorar um tempão, a menos que você tenha uma GPU. Caso contrário, você deve executar o notebook deste capítulo no Colab, usando um runtime de GPU (é grátis!). Confira as instruções em *https://github.com/ageron/ handson-ml2*.

Depois de treinar o modelo em algumas épocas, a acurácia de validação deve alcançar cerca de 75–80% e parar de progredir um pouco. Isso significa que as camadas superiores agora estão muito bem treinadas; logo, estamos prontos para descongelar todas as camadas (ou você pode tentar descongelar apenas as superiores) e continuar o treinamento (não se esqueça de compilar o modelo ao congelar ou descongelar camadas). Desta vez, usamos uma taxa de aprendizado bem menor a fim de evitar prejudicar os pesos pré-treinados:

```
for layer in base_model.layers:
    layer.trainable = True

optimizer = keras.optimizers.SGD(lr=0.01, momentum=0.9, decay=0.001)
model.compile(...)
history = model.fit(...)
```

Levará um tempo, mas este modelo deve atingir cerca de 95% de acurácia no conjunto de teste. Com isso, você pode começar a treinar classificadores de imagens incríveis! No entanto, a visão computacional é mais do que somente mera classificação. Por exemplo, e se você também quiser saber *onde* a flor está na foto? Vamos dar uma espiada nisso. Mãos à obra!

Classificação e Localização

A localização de um objeto em uma imagem pode ser traduzida em uma tarefa de regressão, conforme analisado no Capítulo 10: para predizer uma caixa delimitadora ao redor do objeto, uma das abordagens comuns é predizer as coordenadas horizontais e verticais do centro do objeto, bem como sua altura e largura. Isso significa que temos quatro números para predizer. O que não exige muitas mudanças no modelo; basta adicionar uma segunda camada densa de saída com quatro unidades (normalmente no topo da camada média de pooling global), e ela pode ser treinada usando a função de perda MSE:

```
base_model = keras.applications.xception.Xception(weights="imagenet",
                                                   include_top=False)
avg = keras.layers.GlobalAveragePooling2D()(base_model.output)
class_output = keras.layers.Dense(n_classes, activation="softmax")(avg)
loc_output = keras.layers.Dense(4)(avg)
model = keras.Model(inputs=base_model.input,
                    outputs=[class_output, loc_output])
model.compile(loss=["sparse_categorical_crossentropy", "mse"],
           loss_weights=[0.8, 0.2], # Depende daquilo com que você mais se importa
              optimizer=optimizer, metrics=["accuracy"])
```

Mas agora temos um problema: o conjunto de dados de flores não contém caixas delimitadoras ao redor das flores. Assim sendo, é necessário adicioná-la. Não raro, esta é uma das partes mais difíceis e onerosas de um projeto de aprendizado de máquina: obter os rótulos. É uma boa reservar um tempo para procurar as ferramentes adequadas. Para fazer a notação de imagens com caixas delimitadoras, talvez você queira usar uma ferramenta de rotulagem de imagem open source, como a VGG Image Annotator, LabelImg, OpenLabeler ou ImgLab, ou talvez uma ferramenta comercial como o LabelBox ou o Supervisely. Ou talvez você queira usar plataformas de crowdsourcing, como a Amazon Mechanical Turk, se houver um grande número de imagens para notação. Contudo, dá bastante trabalho configurar uma plataforma de crowdsourcing, elaborar o formulário a ser enviado aos colaboradores da plataforma, supervisioná-los e assegurar que a qualidade das caixas delimitadoras que eles façam seja boa. Então veja se todo esse esforço vale a pena. Se houver apenas alguns milhares de imagens para rotular e você não planeja fazer isso com frequência, é recomendável que você mesmo faça. Adriana Kovashka et al. escreveram um artigo muito prático (*https://homl.info/crowd*)[25] sobre crowdsourcing em visão computacional. Recomendo que você o leia, mesmo que não planeje usar o crowdsourcing.

Vamos supor que você obteve as caixas delimitadoras para todas as imagens no conjunto de dados de flores (por ora, digamos que existe uma única caixa delimitadora por imagem). Em seguida, é necessário criar um conjunto de dados cujos itens serão batches de imagens pré-processadas junto com seus rótulos de classe e suas caixas delimitadoras. Cada item deve ser uma tupla do formato `(images, (class_labels, bounding_boxes))`. Depois disso, você já pode treinar seu modelo!

As caixas delimitadoras devem ser normalizadas para que as coordenadas horizontais e verticais, bem como a altura e a largura, variem de 0 a 1. Além do mais, é comum predizer a raiz quadrada da altura e largura em vez da altura e largura diretamente: desse modo, um erro de 10 pixels para uma caixa delimitadora grande não será penalizado, assim como um erro de 10 pixels para um caixa delimitadora pequena também não será.

Em geral, o MSE funciona muito bem com função de custo para treinar o modelo, mas não é uma métrica daquelas para avaliarmos o quão bem o modelo pode predizer as caixas delimitadoras. Para tal, a métrica mais comum é a *Interseção da União* (IoU): a área de sobreposição entre a caixa delimitadora predita e a caixa delimitadora alvo, dividida pela área de sua união (veja a Figura 14-23). Na tf.keras, ela é implementada pela classe `tf.keras.metrics.MeanIoU`.

Figura 14-23. Métrica de Interseção de União (IoU) para caixas delimitadoras

Classificar e localizar um único objeto é bacana, mas e se as imagens tiverem diversos objetos (como costuma ser o caso no conjunto de dados de flores)?

Detecção de Objetos

A tarefa de classificar e localizar diversos objetos em uma imagem se chama *detecção de objetos*. Até poucos anos, uma abordagem comum era recorrer a uma CNN treinada para classificar e localizar um único objeto e, em seguida, arrastá-la pela imagem, conforme mostrado na Figura 14-24. Neste exemplo, a imagem foi dividida em uma grade 6 × 8 e mostramos uma CNN (o retângulo grosso) sendo arrastada por todas as regiões 3 × 3. Como a CNN estava analisando o canto superior esquerdo da imagem, ela detectou parte da rosa mais à esquerda e, depois, detectou a mesma rosa novamente quando foi pela primeira vez deslocada um passo mais à direita. Na próxima etapa, ela começou a

25 Adriana Kovashka et al., "Crowdsourcing in Computer Vision", *Foundations and Trends in Computer Graphics and Vision* 10, no. 3 (2014): 177–243.

detectar parte da rosa superior e, em seguida, a detectou novamente, já que foi deslocada mais um passo à direita. Depois, você continuaria a deslizar a CNN por toda a imagem, analisando todas as regiões 3 × 3. Além disso, como os objetos podem ter tamanhos variados, você também arrastaria a CNN pelas regiões de tamanhos diferentes. Por exemplo, depois de concluir as regiões 3 × 3, também é possível arrastar a CNN por todas as regiões 4 × 4.

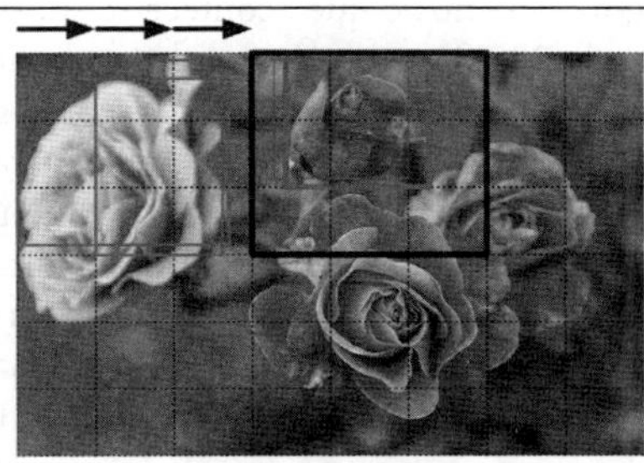

Figura 14-24. Detecção de vários objetos quando se arrasta a CNN pela imagem

Essa técnica é bastante simples, no entanto, como você pode observar, ela detectará o mesmo objeto diversas vezes, em posições um pouco diferentes. Será preciso um pouco de pré-processamento para eliminar todas as caixas delimitadoras desnecessárias. Uma técnica muito usada é a chamada *supressão não máxima*. Vejamos como utilizá-la:

1. Primeiro, você precisa adicionar uma saída extra da medida *objectness*[26] à sua CNN a fim de estimar a probabilidade de que uma flor esteja realmente presente na imagem (como alternativa, você poderia adicionar uma classe "sem flor", mas isso não funciona bem). Ela deve comportar a função de ativação sigmoide, e você pode treiná-la usando a perda de entropia cruzada binária. Em seguida, livre-se de todas as caixas delimitadoras em que o objectness score está abaixo de algum limiar: isso eliminará todas as caixas delimitadoras que não contêm uma flor.
2. Encontre a caixa delimitadora com o objectness score mais alto e livre de todas as outras caixas delimitadoras que se sobrepõem a ela (por exemplo, com uma IoU maior que 60%). Por exemplo, na Figura 14-24, a caixa delimitadora com o objectness score máximo é a caixa delimitadora grossa sobre a rosa superior (o objectness score é representado pela espessura das caixas delimitadoras). A outra caixa delimitadora sobre a mesma rosa se sobrepõe muito à caixa delimitadora máxima, então vamos nos livrar dela.
3. Repita a Etapa 2 até que não haja mais caixas delimitadoras para nos livrarmos.

Essa abordagem simples para detecção de objetos funciona muito bem, mas exige a execução da CNN muitas vezes, por isso demora bastante. Felizmente, existe uma forma mais rápida de arrastar uma CNN por uma imagem: usando uma *rede totalmente convolucional* (FCN).

Redes totalmente convolucionais (FCNs)

A ideia das FCNs foi apresentada pela primeira vez em um artigo de 2015 (*https://homl.info/fcn*)[27] escrito por Jonathan Long et al., para a segmentação semântica (a tarefa de classificar cada pixel em uma imagem de acordo com a classe do objeto ao qual ela pertence). Os autores ressaltam que

26 N. da T.: Segundo o artigo "Measuring the objectness of image window", de Bogdan Alexe, Thomas Deselaers e Vittorio Ferrari, a medida genérica objectness está relacionada à quantificação da probabilidade de uma janela de imagem pertencer a um objeto de qualquer classe.

27 Jonathan Long et al., "Fully Convolutional Networks for Semantic Segmentation", *Anais da Conferência IEEE sobre Visão Computacional e Reconhecimento de Padrões* (2015): 3431–3440.

você poderia substituir as camadas densas no topo de uma CNN por camadas convolucionais. Para que possamos compreendê-la, vejamos um exemplo: suponha que uma camada densa com 200 neurônios fique no topo de uma camada convolucional que gera 100 mapas de características como saída, cada um com tamanho 7 × 7 (este é o tamanho do mapa de características, não o tamanho do kernel). Cada neurônio calculará uma soma ponderada de todas as 100 × 7 × 7 ativações da camada convolucional (mais o viés). Agora vejamos o que acontece se substituirmos a camada densa por uma camada convolucional usando 200 filtros, cada um de tamanho 7 × 7 e com o padding como `"valid"`. Essa camada vai gerar 200 mapas de características como saída, cada um com 1 × 1 (uma vez que o kernel é exatamente do tamanho dos mapas de características de entrada e estamos usando o padding como `"valid"`). Em outras palavras, ela vai gerar 200 números, assim como a camada densa; e se você analisar atentamente os cálculos realizados por uma camada convolucional, perceberá que esses números serão exatamente os mesmos que a camada densa gerou. A única diferença é que a saída da camada densa era um tensor de formato [*tamanho do batch*, 200], enquanto a camada convolucional produzirá um tensor de formato [*tamanho do batch*, 1, 1, 200].

> Para converter uma camada densa em uma camada convolucional, o número de filtros na camada convolucional deve ser igual ao número de unidades na camada densa, o tamanho do filtro deve ser igual ao tamanho dos mapas de características de entrada e você deve usar o padding como `"valid"`. O stride pode ser definido como 1 ou mais, como veremos em breve.

Por que isso é importante? Veja bem, enquanto uma camada densa espera um tamanho de entrada específico (uma vez que tem um peso por característica de entrada), uma camada convolucional processará imagens de qualquer tamanho[28] (contudo, ela espera que suas entradas tenham um número específico de canais, já que cada kernel contém um conjunto diferente de pesos para cada canal de entrada). Como um FCN contém apenas camadas convolucionais (e camadas de pooling, que têm a mesma propriedade), pode-se treiná-la e rodá-la em imagens de qualquer tamanho!

Por exemplo, vamos imaginar que já tenhamos treinado uma CNN para classificação e localização de flores. Ela foi treinada em imagens 224 × 224 e gera como saída 10 números: as saídas 0 a 4 são enviadas por meio da função de ativação softmax, e isso gera as probabilidades da classe (uma por classe); a saída 5 é enviada por meio da função de ativação logística, e isso dá a pontuação de objetividade; as saídas 6 a 9 não usam nenhuma função de ativação e representam as coordenadas centrais da caixa delimitadora, bem como sua altura e largura. Agora podemos converter suas camadas densas em camadas convolucionais. Na verdade, não precisamos nem mesmo retreiná-las; podemos apenas copiar os pesos das camadas densas para as camadas convolucionais! Como alternativa, poderíamos ter convertido a CNN em uma FCN antes do treinamento.

Agora, suponha que a última camada convolucional antes da camada de saída (também chamada de camada de gargalo) gere como saída mapas de características 7 × 7 quando a rede é alimentada com uma imagem 224 × 224 (veja o lado esquerdo da Figura 14-25). Se fornecermos uma imagem 448 × 448 (veja o lado direito da Figura 14-25) à FCN, a camada de gargalo gerará mapas de características 14 × 14.[29] Uma vez que a camada densa de saída foi substituída por uma camada convolucional usando 10 filtros de tamanho 7 × 7, com um padding `"valid"` e um stride de 1, a saída será composta por

28 Existe uma pequena exceção que foge à regra: uma camada convolucional usando um padding como `"valid"` reclamará se o tamanho da entrada for menor que o tamanho do kernel.

29 Isso pressupõe que usamos apenas o padding como `"same"` na rede: na verdade, o padding como `"valid"` reduziria o tamanho dos mapas de características. Além disso, 448 pode ser dividido por 2 várias vezes até chegarmos a 7, sem nenhum erro de arredondamento. Se qualquer camada usar um stride diferente de 1 ou 2, pode haver algum erro de arredondamento; logo, mais uma vez, os mapas de características podem acabar sendo menores.

10 mapas de características, cada um com tamanho 8 × 8 (desde 14 – 7 + 1 = 8). Dito de outro modo, a FCN processará a imagem inteira apenas uma vez e produzirá uma grade de 8 × 8 em que cada célula contém 10 números (5 probabilidades de classe, 1 objectness score e 4 coordenadas de caixa delimitadora). É exatamente como recorrer à CNN original e arrastá-la pela imagem usando 8 etapas por linha e 8 etapas por coluna. Para visualizar isso, imagine cortar a imagem original em uma grade 14 × 14 e, em seguida, arrastá-la em uma janela 7 × 7 por essa grade; haverá 8 × 8 = 64 localizações possíveis para a janela e, assim, predições de 8 × 8. No entanto, a abordagem da FCN é de longe a *mais* eficiente, já que a rede só olha a imagem uma vez. Na realidade, *You Only Look Once [Você Só Olha uma Vez]* (YOLO) é o nome de uma arquitetura de detecção de objetos muito popular, que veremos a seguir.

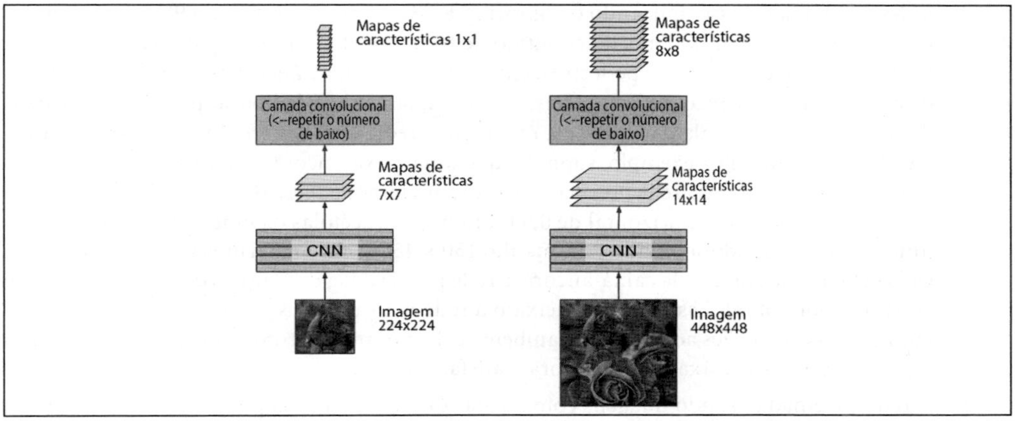

Figura 14-25. A mesma rede totalmente convolucional processando uma imagem pequena (à esquerda) e uma grande (à direita)

You only look once (YOLO)

YOLO é uma arquitetura de detecção de objetos extremamente rápida e precisa proposta por Joseph Redmon et al. em um artigo de 2015 (*https://homl.info/yolo*),[30] e posteriormente melhorada em 2016 (*https://homl.info/yolo2*)[31] (YOLOv2) e em 2018 (*https://homl.info/yolo3*)[32] (YOLOv3). Ela é tão rápida que pode você rodá-la em tempo real em um vídeo, como pode ser visto na demonstração de Redmon (*https://homl.info/yolodemo*).

A arquitetura da YOLOv3 é bastante semelhante à que acabamos de analisar, mas com algumas diferenças importantes:

- Ela gera cinco caixas delimitadoras para cada célula da grade (em vez de somente uma), e cada caixa delimitadora vem com um objectness score. Ela também gera como saída 20 probabilidades de classe por célula da grade, já que foi treinada no conjunto de dados PASCAL VOC, que contém 20 classes. Isso é um total de 45 números por célula da grade: 5 caixas delimitadoras, cada uma com 4 coordenadas, mais 5 objectness scores e mais 20 probabilidades de classe.

30 Joseph Redmon et al., "You Only Look Once: Unified, Real-Time Object Detection", *Anais da Conferência IEEE sobre Visão Computacional e Reconhecimento de Padrões* (2016): 779–788.

31 Joseph Redmon and Ali Farhadi, "YOLO9000: Better, Faster, Stronger", *Anais da Conferência IEEE sobre Visão Computacional e Reconhecimento de Padrões* (2017): 6517–6525.

32 Joseph Redmon and Ali Farhadi, "YOLOv3: An Incremental Improvement", arXiv preprint arXiv:1804.02767 (2018).

- Em vez de predizer as coordenadas absolutas dos centros da caixa delimitadora, a YOLOv3 prediz um deslocamento em relação às coordenadas da célula da grade, em que (0, 0) significa o canto superior esquerdo dessa célula e (1, 1) significa o canto inferior direito. Para cada célula da grade, a YOLOv3 é treinada para predizer somente caixas delimitadoras cujo centro está naquela célula (mas a caixa delimitadora em si geralmente se estende bem além da célula da grade). A YOLOv3 aplica a função de ativação logística às coordenadas da caixa delimitadora para garantir que permaneçam no intervalo de 0 a 1.
- Antes de treinar a rede neural, a YOLOv3 encontra cinco dimensões representativas de caixa delimitadora que se chamam *anchor boxes [caixas-âncora]* (ou *caixas delimitadoras anteriores*). Ela faz isso aplicando o algoritmo K-Means (veja o Capítulo 9) à altura e à largura das caixas delimitadoras do conjunto de treinamento. Por exemplo, se as imagens de treinamento tiverem muitos pedestres, então uma das caixas-âncora provavelmente terá as dimensões de um típico pedestre. Desse modo, quando a rede neural prediz cinco caixas delimitadoras por célula da grade, ela realmente prediz o quanto redimensionar cada uma das caixas-âncora. Por exemplo, suponha que uma caixa-âncora tenha 100 pixels de altura e 50 pixels de largura e a rede preveja, digamos, um fator de reescalonamento vertical de 1,5 e um reescalonamento horizontal de 0,9 (para uma das células da grade). Isso resultará em uma caixa delimitadora predita de tamanho 150 × 45 pixels. Em termos mais precisos, para cada célula da grade e cada caixa-âncora, a rede prediz o log dos fatores de reescalonamento vertical e horizontal. Essas prévias deixam a rede mais propensa a predizer caixas delimitadoras das dimensões adequadas e também acelera o treinamento, pois ela aprenderá mais rápido como são as caixas delimitadoras satisfatórias.
- A rede é treinada usando imagens com escalas diferentes: a cada poucos batches durante o treinamento, a rede escolhe aleatoriamente uma nova dimensão de imagem (de 330 × 330 a 608 × 608 pixels). Isso possibilita que a rede aprenda a detectar objetos em diferentes escalas. Além do mais, possibilita o uso da YOLOv3 em escalas diferentes: a escala menor terá menos acurácia, contudo será mais rápida do que a escala maior. Desse modo, você pode escolher o trade-off de precisão/revocação adequado para o seu caso de uso.

Talvez você se interesse por mais algumas inovações, como o uso das skip connections para recuperar parte da resolução espacial que se perdeu na CNN (veremos isso em breve, quando analisarmos a segmentação semântica). Em um artigo de 2016, os autores apresentam o modelo YOLO9000, que usa classificação hierárquica: o modelo prediz uma probabilidade para cada nó em uma hierarquia visual chamada *WordTree*. Isso possibilita que a rede preveja com alta confiança que uma imagem representa, digamos, um cachorro, ainda que ela não tenha certeza de qual tipo específico de cachorro. Eu o incentivo a ler esses três artigos: eles são muito bons e apresentam excelentes exemplos de como os sistemas de aprendizado profundo podem ser pouco a pouco aprimorados.

Diversas implementações YOLO criadas com a TensorFlow estão disponíveis no GitHub. Em específico, confira a implementação da TensorFlow 2 com Zihao Zang (*https://homl.info/ yolotf2*). Outros modelos de detecção de objetos estão disponíveis no TensorFlow Models, muitos com pesos pré-treinados; e alguns até foram adaptados para TF Hub, como o SSD (*https://homl.info/ssd*)[33] e o Faster-RCNN (*https://homl.info/fasterrcnn*),[34] e são bastante populares. O SSD também é um modelo de detecção do tipo "single shot", semelhante ao modelo da YOLO. O Faster R-CNN é mais complexo: a imagem primeiro passa

33 Wei Liu et al., "SSD: Single Shot Multibox Detector", *Anais da 14ª Conferência Europeia sobre Visão Computacional* 1 (2016): 21–37.

34 Shaoqing Ren et al., "Faster R-CNN: Towards Real-Time Object Detection with Region Proposal Networks", *Anais da 28ª Conferência Internacional sobre Sistemas de Processamento de Informação Neural* 1 (2015): 91–99.

por uma CNN, depois a saída é passada a uma *Region Proposal Network [Rede de Proposta de Regiões]* (RPN) que propõe caixas delimitadoras que provavelmente contêm um objeto, e um classificador é executado para cada caixa delimitadora, com base na saída recortada da CNN.

Médias das Precisões Médias (mAP)

Uma métrica muito comum usada em tarefas de detecção de objetos é a *média da precisão média [mean Average Precision]* (mAP). Média da média é um tanto redundante, não? Para entender essa métrica, vamos retomar as duas métricas de classificação que analisamos no Capítulo 3: precisão e revocação. Lembre-se do trade-off: quanto maior a revocação, menor a precisão. Você pode visualizar isso em uma curva de precisão/revocação (veja a Figura 3-5). Para resumir essa curva em um único número, poderíamos calcular sua área sob a curva (AUC). No entanto, repare que a curva de precisão/revocação pode conter algumas seções nas quais a precisão de fato aumenta quando a revocação aumenta, ainda mais em valores baixos de revocação (você pode ver isso no canto superior esquerdo da Figura 3-5). Essa é uma das motivações para a métrica mAP. Suponha que o classificador tenha 90% de precisão em 10% de revocação, mas 96% de precisão em 20% de revocação. Não temos nenhum trade-off aqui: simplesmente faz mais sentido usar o classificador com uma revocação de 20% em vez de uma revocação de 10%, pois você obterá uma maior revocação e uma maior precisão. Assim, em vez de olhar para a precisão *em* 10% de revocação, devemos realmente olhar para o *máximo* da precisão que o classificador pode oferecer com *no mínimo* 10% de revocação. Seria 96%, e não 90%. Portanto, uma forma de ter uma ideia justa do desempenho do modelo é calcular a precisão máxima que você pode obter com pelo menos 0% de revocação, em seguida, 10% de revocação, 20% e assim por diante até 100%; e depois calcular a média dessas precisões máximas. Isso se chama métrica de *Precisão Média* (AP). Agora, quando há mais de duas classes, podemos calcular a AP para cada classe e, em seguida, calcular a média AP (mAP). E já era!

Em um sistema de detecção de objetos, existe um bocado a mais de complexidade: e se o sistema detectasse a classe correta, mas no local errado (ou seja, se a caixa delimitadora estivesse completamente fora)? Não resta dúvidas que não devemos considerar isso uma predição positiva. Uma abordagem é definir um limite de IoU: por exemplo, podemos considerar que uma predição está correta somente se o IoU for maior que, digamos, 0,5, e a classe predita estiver correta. Em geral, a mAP correspondente será notada como mAP@0.5 (ou mAP@50%, ou às vezes apenas AP50). Em algumas competições (como o desafio PASCAL VOC), as notações são feitas assim. Em outras (como a competição COCO), a mAP é calculada para diferentes limiares de IoU (0.50, 0.55, 0.60, ..., 0.95), e a métrica final é a média de todas essas mAPs (notada como AP@[.50:.95] ou AP@[.50:0.05:.95]) Sim, exatamente, essa é a média da precisão média.

A escolha do sistema de detecção depende de muitos fatores: velocidade, acurácia, modelos pré-treinados disponíveis, tempo de treinamento, complexidade etc. Os artigos até apresentam tabelas de métricas, contudo existe muita variabilidade nos ambientes de teste e as tecnologias evoluem tão rápido que é difícil fazer uma comparação justa que seja útil para a maioria das pessoas e seja válida por mais de alguns meses.

Portanto, conseguimos localizar objetos desenhando caixas delimitadoras ao redor deles. Ótimo! Mas talvez você queira ser um pouco mais preciso. Vejamos como fazer isso ao nível do pixel!

Segmentação Semântica

Na *segmentação semântica*, cada pixel é classificado de acordo com a classe do objeto a que pertence (por exemplo, rua, carro, pedestre, edifício etc.), como mostrado na Figura 14-26. Repare que *não* há distinção entre os diferentes objetos da mesma classe. Por exemplo, todas as bicicletas do lado direito da imagem segmentada são uma grande massa disforme de pixels. A principal dificuldade nesta tarefa é que, quando as imagens passam por uma CNN normal, elas perdem gradativamente sua resolução espacial (devido às camadas com stride maiores que 1); assim, uma CNN comum pode acabar sabendo que há uma pessoa em algum lugar no canto inferior esquerdo da imagem, mas não será mais precisa do que isso. Assim como na detecção de objetos, existem muitas abordagens diferentes para lidar com esse problema, algumas bastante complexas. No entanto, uma solução bem simples foi proposta no artigo de 2015 escrito por Jonathan Long et al. e discutido anteriormente. Os autores começam recorrendo a uma CNN pré-treinada e convertendo-a em uma FCN. A CNN aplica um stride geral de 32 à imagem de entrada (ou seja, se você somar todas os strides maiores que 1), o que significa que a última camada gera mapas de características como saída 32 vezes menores que a imagem de entrada. Claramente isso é bem rudimentar, mas, então, eles adicionaram uma única *camada de upsampling* que multiplica a resolução por 32.

Figura 14-26. Segmentação semântica

Existem diversas soluções disponíveis para upsampling (aumento do tamanho de uma imagem), como a interpolação bilinear, mas que só funciona razoavelmente bem até × 4 ou × 8. Em vez disso, é possível usar uma *camada convolucional transposta*:[35] é equivalente a primeiro esticar a imagem inserindo linhas e colunas vazias (cheias de zeros) e, em seguida, realizar uma convolução regular (veja a Figura 14-27). Como alternativa, algumas pessoas preferem pensar nisso como uma camada convolucional regular que usa strides fracionários (por exemplo, 1/2 na Figura 14-27). A camada convolucional transposta pode ser inicializada para realizar algo próximo à interpolação linear, porém, como é uma camada treinável, ela aprenderá a se sair melhor durante o treinamento. Na tf.keras, você pode usar a camada `Conv2DTranspose`.

35 Algumas vezes, este tipo de camada é chamada de *camada de deconvolução*, mas não executa o que os matemáticos chamam de deconvolução, então esse nome deve ser evitado.

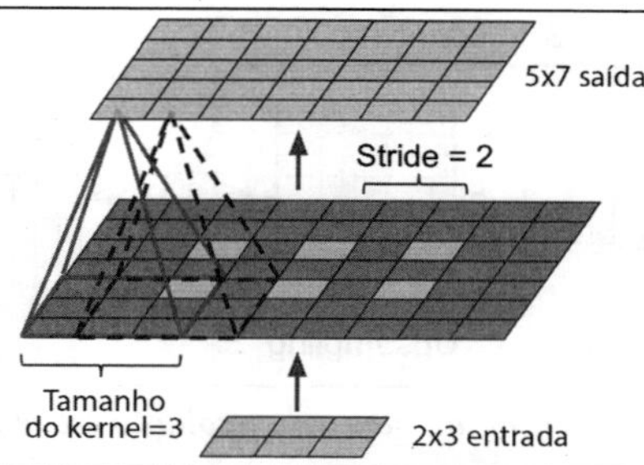

Figura 14-27. Upsampling usando uma camada convolucional transposta

Em uma camada convolucional transposta, o stride define o quanto a entrada será esticada, não o tamanho das etapas do filtro. Assim, quanto maior o stride, maior a saída (ao contrário das camadas convolucionais ou camadas de pooling).

Esta solução é boa, mas ainda é muito indiscriminada. A fim de melhorar as coisas, os autores adicionaram skip connections a partir das camadas inferiores: por exemplo, eles aumentaram a resolução da imagem de saída por um fator de 2 (em vez de 32) e adicionaram a saída de uma camada inferior que tinha essa resolução dupla. Em seguida, eles aumentaram a amostragem do resultado por um fator de 16, levando a um fator de aumento da amostragem total de 32 (veja a Figura 14-28). Isso recuperou parte da resolução espacial perdida nas camadas de pooling anteriores. Em sua melhor arquitetura, eles usaram uma segunda skip connection semelhante para recuperar detalhes ainda mais finos de uma camada ainda mais baixa. Em suma, a saída da CNN original passa pelas seguintes etapas extras: aumento de resolução de × 2, acréscimo da saída de uma camada inferior (no aumento de resolução adequado), aumento de resolução de × 2, acréscimo da saída de uma camada ainda mais baixa e, por último, aumento de resolução de × 8. É até possível aumentar a resolução além do tamanho da imagem original: isso pode ser usado para aumentar a resolução de uma imagem, uma técnica chamada *super-resolução*.

Mais uma vez, muitos repositórios GitHub fornecem implementações TensorFlow de segmentação semântica (TensorFlow 1 por enquanto), e você encontrará até mesmo modelos de *segmentação de instância* pré-treinados no projeto TensorFlow Models. A segmentação de instância é parecida com a segmentação semântica, mas, em vez de mesclar todos os objetos da mesma classe em um grande bloco, cada objeto é distinguido dos outros (por exemplo, identifica cada bicicleta individual). Atualmente, os modelos de segmentação de instância disponíveis no projeto TensorFlow Models tomam como base a arquitetura *Mask R-CNN*, proposta em um artigo de 2017 (*https://homl.info/maskrcnn*):[36] ela amplia o modelo Faster R-CNN ao produzir adicionalmente uma máscara de pixel para cada caixa delimitadora. Desse modo, você não apenas obtém uma caixa delimitadora em torno de cada objeto, com um conjunto de probabilidades de classe estimadas, mas também uma máscara de pixel que localiza os pixels na caixa delimitadora que pertencem ao objeto.

36 Kaiming He et al., "Mask R-CNN", arXiv preprint arXiv:1703.06870 (2017).

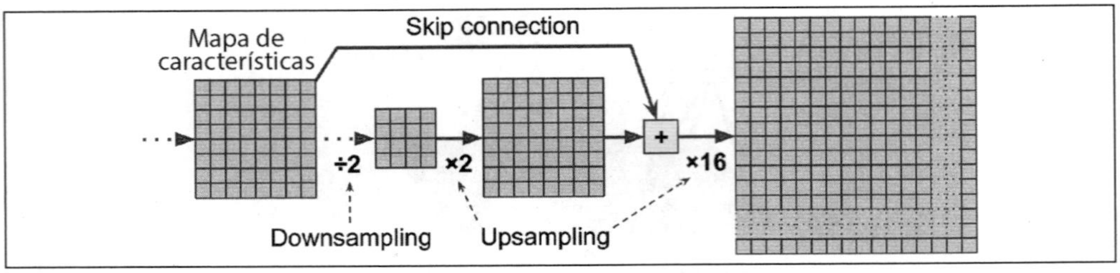

Figura 14-28. As camadas skip recuperam um pouco de resolução espacial das camadas inferiores

Como você pode ver, o campo de Visão Computacional Profunda é abrangente e está progredindo rápido, com todos os tipos de arquiteturas surgindo todos os anos, todas baseadas em redes neurais convolucionais. O progresso feito em somente alguns anos tem sido surpreendente, e os pesquisadores agora estão se concentrando em problemas cada vez mais difíceis, como o *aprendizado de redes adversárias* (que tenta deixar a rede mais resistente a imagens projetadas para enganá-la), explicabilidade (entender por que a rede faz uma classificação específica), *geração de imagem* realista (veremos no Capítulo 17), e aprendizado *single-shot* (um sistema que pode reconhecer um objeto depois de vê-lo só uma vez). Alguns até exploram arquiteturas completamente novas, como as *redes de cápsulas* de Geoffrey Hinton (*https://homl.info/capsnet*)[37] (Fiz alguns vídeos (*https://homl.info/capsnet videos*), com o código correspondente do notebook.) No próximo capítulo, veremos como processar dados sequenciais, como séries temporais, usando redes neurais recorrentes e redes neurais convolucionais.

Operações Convolucionais da TensorFlow

A TensorFlow também oferece alguns outros tipos de camadas convolucionais:

`keras.layers.Conv1D`

Cria uma camada convolucional para entradas 1D, como séries temporais ou texto (sequências de letras ou palavras), como veremos no Capítulo 15.

`keras.layers.Conv3D`

Cria uma camada convolucional para entradas 3D, como varreduras 3D PET.

`dilation_rate`

Definir o hiperparâmetro `dilation _ rate` de qualquer camada convolucional para um valor 2 ou mais cria uma *camada convolucional à-trous* ("à trous" em francês significa "com buracos"). Isso é equivalente a usar uma camada convolucional regular com um filtro dilatado inserindo linhas e colunas de zeros (ou seja, buracos). Por exemplo, um filtro 1 × 3 igual a `[[1,2,3]]` pode ser dilatado com uma *taxa de dilatação* 4, resultando em *filtro dilatado* de `[[1, 0, 0, 0, 2, 0, 0, 0, 3]]`. Isso possibilita que a camada convolucional tenha um campo receptivo maior, sem custo computacional e sem usar parâmetros extras.

`tf.nn.depthwise_conv2d()`

Pode ser usada para criar uma *camada convolucional em profundidade* (mas você mesmo precisa criar as variáveis). Ela aplica cada filtro a cada canal de entrada individual de forma independente. Desse modo, se houver filtros f_n e $f_{n'}$ canais de entrada, ela gerará como saída mapas de características $f_n \times f_{n'}$.

37 Geoffrey Hinton et al., "Matrix Capsules with EM Routing", *Anais da Conferência Internacional sobre Representações de Aprendizado*(2018).

Exercícios

1. Quais são as vantagens de uma CNN em relação a uma DNN totalmente conectada para classificação de imagens?
2. Considere uma CNN constituída por três camadas convolucionais, cada kernel de 3 × 3, um stride de 2 e um padding definido como `"same"`. A camada mais baixa gera 100 mapas de características, a camada do meio gera 200 e a superior 400. As imagens de entrada são imagens RGB de 200 × 300 pixels.

   Qual é o número total de parâmetros da CNN? Se estivermos usando floats de 32 bits, quanto de memória, no mínimo, essa rede exigirá ao fazer uma predição para uma única instância? E ao treinar em um mini-batch de 50 imagens?
3. Se sua GPU ficar sem memória durante o treinamento de uma CNN, quais são as cinco coisas que você pode tentar fazer para resolver o problema?
4. Por que você consideraria adicionar uma camada máxima de pooling em vez de uma camada convolucional com o mesmo stride?
5. Quando você deseja adicionar uma camada de normalização de resposta local?
6. Você consegue mencionar as principais inovações da AlexNet, em comparação com a LeNet-5? E as principais inovações da GoogLeNet, ResNet, SENet e da Xception?
7. O que é uma rede totalmente convolucional? Como você pode converter uma camada densa em uma camada convolucional?
8. Qual é a principal dificuldade técnica da segmentação semântica?
9. Crie sua própria CNN do zero e tente alcançar a maior acurácia possível no MNIST.
10. Use o aprendizado por transferência para classificação de imagens grandes, passando pelas seguintes etapas:
    a. Crie um conjunto de treinamento contendo pelo menos 100 imagens por classe. Por exemplo, você pode classificar suas próprias imagens com base no local (praia, montanha, cidade etc.) ou pode usar um conjunto de dados existente (por exemplo, os TensorFlow Datasets).
    b. Divida o conjunto em um conjunto de treinamento, um conjunto de validação e um conjunto de teste.
    c. Construa o pipeline de entrada, incluindo as operações de pré-processamento apropriadas e, se quiser, use a técnica data augmentation.
    d. Ajuste um modelo pré-treinado neste conjunto de dados.
11. Acesse o tutorial TensorFlow's Style Transfer (*https://homl.info/styletuto*). É uma forma divertida de fazer arte usando o aprendizado de máquina!

As soluções para esses exercícios estão disponíveis no Apêndice A.

Processamento de Sequências Usando RNNs e CNNs

Em um jogo de beisebol, o batedor acerta a bola. O defensor externo mais do que depressa começa a correr com o objetivo de adivinhar a trajetória da bola. Ele tenta acompanhá-la, adapta seus movimentos e finalmente a agarra (sob uma chuva de aplausos). Você tenta prever o futuro o tempo todo, seja terminando a frase de um amigo ou tentando sentir o cheiro de café passado de manhã. Neste capítulo, analisaremos as redes neurais recorrentes (RNNs), uma classe de redes que podem predizer o futuro (até certo ponto, é claro). Elas podem analisar dados de séries temporais, como preços de ações, e informar quando comprar ou vender. Em sistemas de direção autônoma, elas podem predizer as trajetórias dos carros e ajudar a evitar acidentes. Em termos mais gerais, elas podem ser usadas em sequências de dados de quaisquer tamanhos, em vez de serem usadas em sequências de dados de tamanho fixo como em todas as redes que analisamos até agora. Por exemplo, elas podem identificar frases, documentos ou amostras de áudio como entrada, fazendo com que sejam utilizadas proveitosamente em aplicativos de processamento de linguagem natural, como tradução automática ou reconhecimento de fala.

Neste capítulo, analisaremos primeiro os conceitos fundamentais relacionados às RNNs e como treiná-las usando a retropropagação ao longo do tempo. Em seguida, as usaremos para predizer uma série temporal. Depois disso, exploraremos as duas principais dificuldades que as RNNs enfrentam:

- Gradientes instáveis (analisados no Capítulo 11), que podem ser mitigados usando diversas técnicas, incluindo a técnica dropout recorrente e a normalização de camada recorrente.
- Uma memória de curto prazo (muito) limitada, que pode ser estendida usando as células LSTM e GRU.

As RNNs não são os únicos tipos de redes neurais capazes de lidar com dados sequenciais: para sequências pequenas, uma rede densa regular pode resolver o problema; e para sequências muito longas, como amostras de áudio ou texto, as redes neurais convolucionais também podem funcionar muito bem. Discutiremos essas duas possibilidades e terminaremos este capítulo implementando uma *WaveNet*: uma arquitetura CNN capaz de lidar com sequências de dezenas de milhares de intervalos de tempo. No Capítulo 16, continuaremos a explorar as RNNs e analisar como usá-las para processamento de linguagem natural, junto com arquiteturas mais recentes baseadas em mecanismos de atenção. Vamos começar!

Neurônios Recorrentes e Camadas

Até agora, nos concentramos em redes neurais feedforward, nas quais as ativações fluem somente em uma direção, da camada de entrada para a camada de saída (algumas exceções que fogem à regra são discutidas no Apêndice E). Uma rede neural recorrente se parece muito com uma rede neural feedforward, exceto que também tem conexões backward. Vamos ver a RNN mais simples possível, composta de um neurônio que recebe entradas, gera uma saída e envia essa saída de volta para si mesma, conforme mostrado na Figura 15-1 (à esquerda). Em cada *intervalo de tempo ou passo de tempo t* (também chamado de *frame*), este *neurônio recorrente* recebe as entradas $\mathbf{x}_{(t)}$, bem como seu próprio intervalo de tempo anterior, $y_{(t-1)}$. Como no primeiro intervalo de tempo não existe saída anterior, ele geralmente é definido como 0. Podemos representar essa rede minúscula em relação ao eixo do tempo, conforme mostrado na Figura 15-1 (à direita). Isso se chama *unrolling the network through time [desenrolando a rede ao longo do tempo]* (é o mesmo neurônio recorrente representado uma vez por intervalo de tempo).

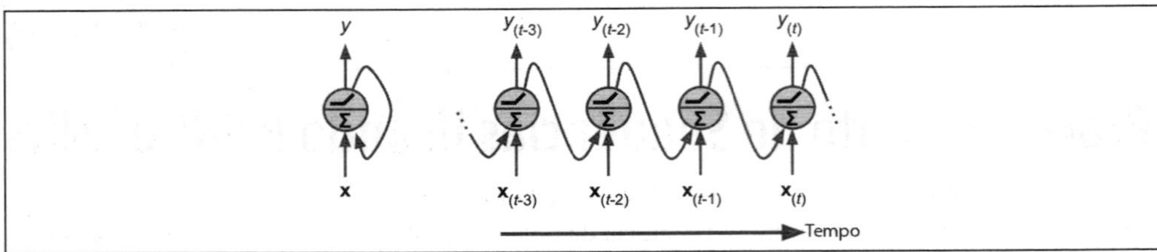

Figura 15-1. Um neurônio recorrente (à esquerda) se desenrolando ao longo do tempo (à direita)

Você consegue facilmente criar uma camada de neurônios recorrentes. A cada intervalo de tempo t, cada neurônio recebe o vetor de entrada $\mathbf{x}_{(t)}$ e o vetor de saída do intervalo de tempo anterior $\mathbf{y}_{(t-1)}$, conforme mostrado na Figura 15-2. Repare que tanto as entradas quanto as saídas agora são vetores (quando havia apenas um único neurônio, a saída era um escalar).

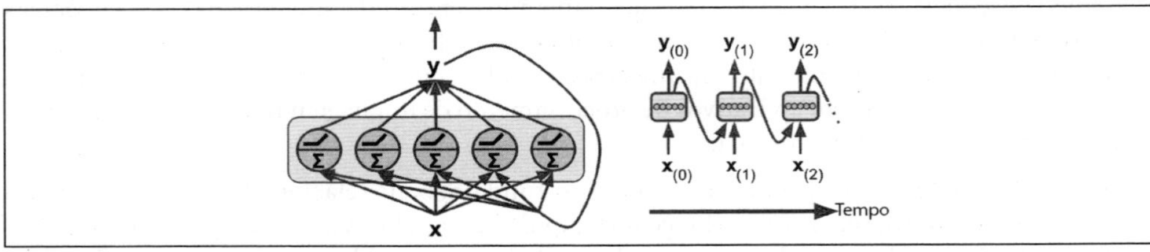

Figura 15-2. Uma camada de neurônios recorrentes (à esquerda) desenrolada ao longo do tempo (à direita)

Cada neurônio recorrente tem dois conjuntos de pesos: um para as entradas $\mathbf{x}_{(t)}$ e outro para as saídas do intervalo de tempo anterior, $\mathbf{y}_{(t-1)}$. Chamaremos esses vetores de peso de $\mathbf{w}_x$ e $\mathbf{w}_y$. Se considerarmos toda a camada recorrente em vez de somente um neurônio recorrente, podemos colocar todos os vetores de peso em duas matrizes de peso, $\mathbf{W}_x$ e $\mathbf{W}_y$. O vetor de saída de toda a camada recorrente pode então ser calculado da forma como esperamos, como mostrado na Equação 15-1 (**b** é o viés e $\phi(\cdot)$ a função de ativação, ou seja, ReLU[1]).

Equação 15-1. Saída de uma camada recorrente para uma única instância

$$\mathbf{y}_{(t)} = \phi\left(\mathbf{W}_x{}^{\top}\mathbf{x}_{(t)} + \mathbf{W}_y{}^{\top}\mathbf{y}_{(t-1)} + \mathbf{b}\right)$$

Assim como com as redes neurais feedforward, podemos calcular a saída de uma camada recorrente de uma só vez para cada mini-batch inteiro ao inserir todas as entradas no intervalo de tempo t em uma matriz de entrada $\mathbf{X}_{(t)}$ (veja a Equação 15-2).

Equação 15-2. Saídas de uma camada de neurônios recorrentes para todas as instâncias em um mini- batch

$$\begin{aligned}\mathbf{Y}_{(t)} &= \phi\left(\mathbf{X}_{(t)}\mathbf{W}_x + \mathbf{Y}_{(t-1)}\mathbf{W}_y + \mathbf{b}\right)\\ &= \phi\left(\left[\mathbf{X}_{(t)} \quad \mathbf{Y}_{(t-1)}\right]\mathbf{W} + \mathbf{b}\right) \text{ with } \mathbf{W} = \begin{bmatrix}\mathbf{W}_x\\ \mathbf{W}_y\end{bmatrix}\end{aligned}$$

1 Note que muitos pesquisadores preferem usar a função de ativação tangente hiperbólica (tanh) nas RNNs em vez da função de ativação ReLU. Por exemplo, confira o artigo de 2013 de Vu Pham et al. "Dropout Improves Recurrent Neural Networks for Handwriting Recognition" (*https://homl.info/91*). As RNNs baseadas em ReLU também são possíveis, como mostrado no artigo de 2015 de Quoc V. Le et al. "A Simple Way to Initialize Recurrent Networks of Rectified Linear Units" (*https://homl.info/92*).

Nessa equação:

- $\mathbf{Y}_{(t)}$ é uma matriz $m \times n_{\text{neurônios}}$ que contém as saídas das camadas em um intervalo de tempo t para cada instância no mini-batch (m é o número de instâncias no mini-batch e $n_{\text{neurônios}}$ é o número de neurônios).
- $\mathbf{X}_{(t)}$ é uma matriz $m \times n_{\text{entradas}}$ que contém as entradas para todas as instâncias (n_{entradas} é o número de características de entrada).
- $\mathbf{W}_x$ é uma matriz $n_{\text{entradas}} \times n_{\text{neurônios}}$ que contém os pesos da conexão para as entradas do intervalo de tempo atual.
- $\mathbf{W}_y$ é uma matriz $n_{\text{neurônios}} \times n_{\text{neurônios}}$ que contém os pesos de conexão para as saídas do intervalo de tempo anterior.
- $\mathbf{b}$ é o vetor do tamanho $n_{\text{neurônios}}$ que contém cada viés do neurônio.
- As matrizes de peso $\mathbf{W}_x$ e $\mathbf{W}_y$ são concatenadas com frequência de modo vertical em uma única matriz de peso $\mathbf{W}$ de formato $(n_{\text{entradas}} + n_{\text{neurônios}}) \times n_{\text{neurônios}}$ (veja a segunda linha da Equação 15-2);
- A notação $[\mathbf{X}_{(t)}\ \mathbf{Y}_{(t-1)}]$ representa a concatenação horizontal das matrizes $\mathbf{X}_{(t)}$ e $\mathbf{Y}_{(t-1)}$.

Repare que $\mathbf{Y}_{(t)}$ é uma função de $\mathbf{X}_{(t)}$ e $\mathbf{Y}_{(t-1)}$, que é uma função de $\mathbf{X}_{(t-1)}$ e $\mathbf{Y}_{(t-2)}$, que por sua vez é uma função de $\mathbf{X}_{(t-2)}$ e $\mathbf{Y}_{(t-3)}$, e assim por diante. Isso faz com que $\mathbf{Y}_{(t)}$ seja uma função de todas as entradas, pois o intervalo de tempo é $t = 0$ (ou seja, $\mathbf{X}_{(0)}, \mathbf{X}_{(1)}, \ldots, \mathbf{X}_{(t)}$). No primeiro intervalo de tempo, $t = 0$, não existem saídas anteriores, logo, elas normalmente são considerados como zero.

Células de memória

Como a saída de um neurônio recorrente no intervalo de tempo t é uma função de todas as entradas do intervalo de tempo anteriores, podemos dizer que ela tem a forma de uma *memória*. A parte de uma rede neural que preserva algum estado em intervalos de tempo se chama *células de memória* (ou simplesmente *células*). Um único neurônio recorrente, ou uma camada de neurônios recorrentes, é uma célula muito básica que consegue apresentar somente padrões curtos (normalmente cerca de dez intervalos de comprimento, mas isso varia dependendo da tarefa). Mais adiante neste capítulo, veremos alguns tipos de células mais complexas e poderosas, capazes de aprender padrões mais longos (cerca de dez vezes mais, porém, novamente, isso depende da tarefa).

Em geral, o estado de uma célula em um intervalo de tempo t, representado por $\mathbf{h}_{(t)}$ (o "h" significa "hidden" [oculto]), é uma função de algumas entradas nesse intervalo de tempo e estado específicos do intervalo de tempo anterior: $\mathbf{h}_{(t)} = f(\mathbf{h}_{(t-1)}, \mathbf{x}_{(t)})$. Sua saída no intervalo de tempo t, representada por $\mathbf{y}_{(t)}$, também é uma função do estado anterior e das entradas atuais. No caso das células básicas que analisamos até agora, a saída é simplesmente igual ao estado, porém em células mais complexas nem sempre esse é o caso, conforme mostrado na Figura 15-3.

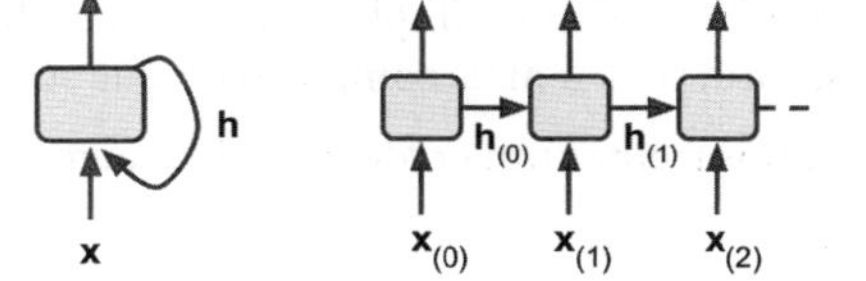

Figura 15-3. O estado oculto de uma célula e sua saída podem ser diferentes

Sequências de entrada e saída

Uma RNN pode obter simultaneamente uma sequência de entradas e gerar uma sequência de saídas (veja a rede superior esquerda na Figura 15-4). Esse tipo de *rede sequence-to-sequence [rede sequência à sequência]* é útil para predizer séries temporais, como preços de ações: você lhe fornece os preços dos últimos *N* dias, e ela deve gerar como saída a mudança dos preços em um dia no futuro (ou seja, a partir de *N* –1 dias até amanhã).

Como alternativa, você pode fornecer à rede uma sequência de entradas e ignorar todas as saídas, exceto a última (veja a rede no canto superior direito na Figura 15-4). Por exemplo, você poderia fornecer à rede uma sequência de palavras correspondentes a uma resenha de filme e a rede geraria como saída uma score de opiniões (por exemplo, de –1 [odiei] a +1 [amei]).

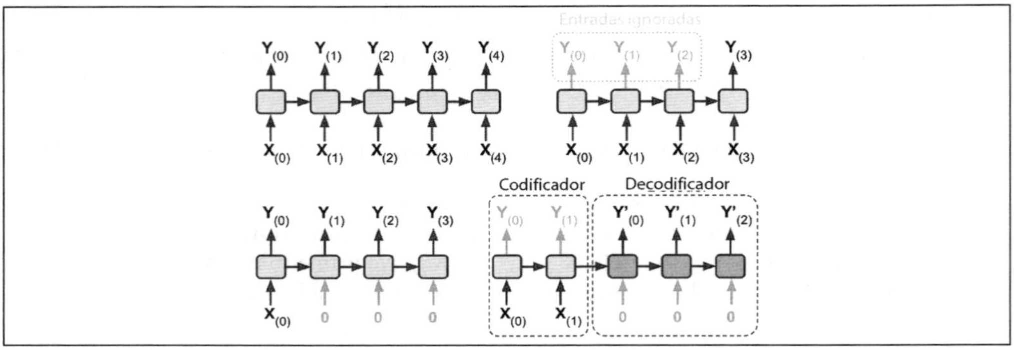

Figura 15-4. Redes sequência à sequência (canto superior esquerdo), sequência a vetor (canto superior direito), vetor à sequência (canto inferior esquerdo) e redes codificador-decodificador (canto inferior direito)

Em contrapartida, você poderia alimentar a rede com o mesmo vetor de entrada repetidamente a cada intervalo de tempo e deixá-la gerar uma sequência (veja a rede inferior esquerda da Figura 15-4). Isso se chama *redes vetor à sequência [vector-to-sequence network]*. Por exemplo, a entrada pode ser uma imagem (ou a saída de uma CNN) e a saída pode ser uma legenda para essa imagem.

Por último, você poderia ter uma rede de sequência a vetor, que se chama *codificador [encoder]*, acompanhada de uma rede vetor à sequência, que se chama *decodificador [decoder]* (veja a rede inferior direita da Figura 15-4). Por exemplo, ela pode ser usada para traduzir uma frase de um idioma para outro. Você fornece à rede uma frase em um idioma, o codificador converte essa frase em uma única representação vetorial e, em seguida, o decodificador decodifica esse vetor na frase em outro idioma. Esse modelo de duas etapas se chama *Codificador-Decodificador [Encoder-Decoder]* e funciona muito melhor do que tentar traduzir instantaneamente com uma única RNN sequência à sequência (como aquela representada no canto superior esquerdo): as últimas palavras de uma frase podem afetar as primeiras palavras da tradução, desse modo é necessário esperar até ver a frase inteira antes de traduzi-la. Veremos como implementar uma rede codificador-decodificador no Capítulo 16 (como veremos, é um pouco mais complexo do que sugere a Figura 15-4).

Parece promissor, mas como vamos treinar uma rede neural recorrente?

Treinando as RNNs

Para treinar uma RNN, o truque é desenrolá-la no tempo (como acabamos de fazer) e, em seguida, simplesmente usar a retropropagação normal (veja a Figura 15-5). Esta estratégia se chama *retropropagação ao longo do tempo [backpropagation through time, BPTT]*.

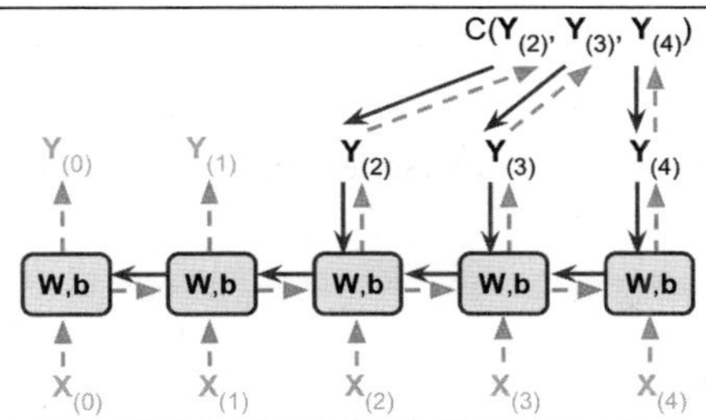

Figura 15-5. Retropropagação ao longo do tempo

Assim como na retropropagação normal, existe um forward pass ao longo da rede desenrolada (representada pelas setas tracejadas). Em seguida, a sequência de saída é avaliada usando uma função $C(\mathbf{Y}_{(0)}, \mathbf{Y}_{(1)}, \ldots \mathbf{Y}_{(T)})$ (em que T é o intervalo de tempo máximo). Observe que esta função de custo pode ignorar algumas saídas, conforme mostrado na Figura 15-5 (por exemplo, em uma RNN de sequência a vetor, todas as saídas são ignoradas, exceto a última). Os gradientes dessa função de custo são então retropropagados pela rede desenrolada (representada pelas setas sólidas). Por último, os parâmetros do modelo são atualizados usando os gradientes calculados durante a BPTT. Observe que os gradientes fluem em direção inversa por meio de todas as saídas usadas pela função de custo, não apenas pela saída final (por exemplo, na Figura 15-5 a função de custo é calculada usando as três últimas saídas da rede, $\mathbf{Y}_{(2)}$, $\mathbf{Y}_{(3)}$ e $\mathbf{Y}_{(4)}$, desse modo os gradientes fluem por meio dessas três saídas e não por meio de $\mathbf{Y}(0)$ e $\mathbf{Y}(1)$). Além disso, uma vez que os mesmos parâmetros **W** e **b** são usados em cada intervalo de tempo, a retropropagação fará a coisa certa e somará todos os intervalos de tempo.

Felizmente, a tf.keras se encarrega de toda essa complexidade — então, vamos começar a programar!

Previsão de uma Série Temporal

Suponha que você esteja analisando o número de usuários ativos por hora em seu site, ou a temperatura diária em sua cidade, ou a saúde financeira de sua empresa, medida trimestralmente por meio do uso de diversas métricas. Em todos esses casos, os dados serão uma sequência de um ou mais valores por intervalo de tempo, o que é chamado de *séries temporais*. Nos primeiros dois exemplos, há um único valor por intervalo de tempo, logo ele é uma *série temporal univariada*, enquanto no exemplo financeiro existem diversos valores por intervalo de tempo (por exemplo, o faturamento da empresa, suas dívidas e assim por diante), sendo uma *série temporal multivariada*. Uma tarefa comum é predizer valores futuros, que chamamos de *previsão*. Outra tarefa comum é preencher os espaços em branco: predizer (ou melhor, "pós-ditar") valores ausentes do passado. Isso se chama *imputação*. Por exemplo, a Figura 15-6 mostra 3 séries temporais univariadas, cada uma delas com 50 intervalos de tempo, e o objetivo aqui é prever o valor no próximo intervalo de tempo (representado pelo X) para cada uma delas.

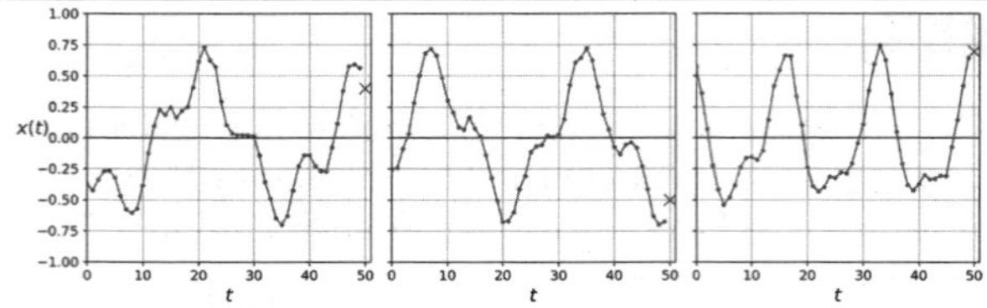

Figura 15-6. Previsão de séries temporais

Para simplificar as coisas, estamos usando uma série temporal gerada pela função `generate_time_series()`:

```
def generate_time_series(batch_size, n_steps):
    freq1, freq2, offsets1, offsets2 = np.random.rand(4, batch_size, 1)
    time = np.linspace(0, 1, n_steps)
    series = 0.5 * np.sin((time - offsets1) * (freq1 * 10 + 10)) # Onda 1
    series += 0.2 * np.sin((time - offsets2) * (freq2 * 20 + 20)) # + Onda 2
    series += 0.1 * (np.random.rand(batch_size, n_steps) - 0.5) # + Ruído
    return series[..., np.newaxis].astype(np.float32)
```

Essa função cria quantas séries temporais forem solicitadas (por meio do `batch_size`), cada uma de comprimento `n_steps`, e há somente um valor por intervalo de tempo em cada série (ou seja, todas as séries são univariadas). A função retorna um array NumPy de formato [*batch size, time steps*, 1], em que cada série é a soma de duas ondas senoidais de amplitudes fixas, com frequências e fases aleatórias, mais um pouco de ruído.

Ao lidar com séries temporais (e outros tipos de sequências, como frases), as características de entrada são geralmente representadas como arrays de formato 3D [*batch size, time steps, dimensionality*], em que a *dimensionalidade* é 1 para séries temporais univariadas e mais para séries temporais multivariadas.

Agora vamos criar um conjunto de treinamento, um conjunto de validação e um conjunto de teste usando esta função:

```
n_steps = 50
series = generate_time_series(10000, n_steps + 1)
X_train, y_train = series[:7000, :n_steps], series[:7000, -1]
X_valid, y_valid = series[7000:9000, :n_steps], series[7000:9000, -1]
X_test, y_test = series[9000:, :n_steps], series[9000:, -1]
```

O `X_train` contém 7.000 séries temporais (ou seja, seu formato é [7.000, 50, 1]), enquanto o `X_valid` contém 2.000 (de 7.000ª séries temporais para 8.999ª) e o `X_test` contém 1.000 (de 9.000ª para 9.999ª). Uma vez que queremos prever um único valor para cada série, os alvos são vetores de coluna (por exemplo, `y_train` tem uma formato de [7000, 1]).

Métricas de baseline

Antes de começarmos a utilizar as RNNs, em geral é uma boa ideia ter algumas métricas de baseline em mãos, se não podemos acabar pensando que nosso modelo funciona muito bem quando na verdade ele está aquém dos modelos básicos. Por exemplo, a abordagem mais simples é predizer o último valor de cada série. Isso se chama *previsão ingênua*, e às vezes ela deixa a desejar no desempenho. Nesse caso, isso nos dá um erro médio quadrático de cerca de 0,020:

```
>>> y_pred = X_valid[:, -1]
```

```
>>> np.mean(keras.losses.mean_squared_error(y_valid, y_pred))
0.020211367
```

Outra abordagem simples é usar uma rede totalmente conectada. Como ela espera uma lista plana de características para cada entrada, precisamos adicionar uma camada `Flatten`. Vamos apenas usar um modelo de regressão linear simples para que cada predição seja uma combinação linear dos valores na série temporal:

```
model = keras.models.Sequential([
    keras.layers.Flatten(input_shape=[50, 1]),
    keras.layers.Dense(1)
])
```

Se compilarmos este modelo usando a perda MSE e o otimizador Adam padrão, ajustá-la no conjunto de treinamento por 20 épocas e avaliá-lo no conjunto de validação, obteremos um MSE de cerca de 0,004. Isso é muito melhor do que a previsão ingênua!

Implementando uma RNN simples

Vamos ver se conseguimos suplantar isso com uma simples RNN:

```
model = keras.models.Sequential([
  keras.layers.SimpleRNN(1, input_shape=[None, 1])
])
```

Essa é realmente uma das RNNs mais simples que você pode construir. Ela contém apenas uma única camada, com um único neurônio, como vimos na Figura 15-1. Não precisamos especificar o comprimento das sequências de entrada (ao contrário do modelo anterior), uma vez que uma rede neural recorrente pode processar qualquer número de intervalos de tempo (por isso, definimos a primeira dimensão de entrada como `None`). Por padrão, a camada `SimpleRNN` usa a função de ativação tangente hiperbólica. Funciona exatamente como vimos antes: o estado inicial $h_{(\text{iniciar})}$ é definido como 0, e é passado para um único neurônio recorrente, junto com o valor do primeiro de tempo, $x_{(0)}$. O neurônio calcula uma soma ponderada desses valores e aplica a função de ativação tangente hiperbólica ao resultado, gerando a primeira saída, y_0. Em uma RNN simples, essa saída também é o novo estado h_0. Este novo estado é passado para o mesmo neurônio recorrente junto com o próximo valor de entrada, $x_{(1)}$, e o processo é repetido até o último intervalo de tempo. Depois, a camada somente exibe o último valor y_{49}. Tudo isso é executado de forma simultânea para todas as séries temporais.

> Por padrão, as camadas recorrentes na Keras retornam somente a saída final. Para fazê-las retornar uma saída por intervalo de tempo, você deve definir `return_sequences=True`, como veremos.

Se compilar, ajustar e avaliar este modelo (assim como anteriormente, o treinamos por 20 épocas usando o otimizador Adam), você descobrirá que seu MSE alcança apenas 0,014, logo, isso é melhor do que a previsão ingênua, mas não supera um modelo linear simples. Observe que, para cada neurônio, um modelo linear tem um parâmetro por entrada e por intervalo de tempo, mais um viés (no modelo linear simples que usamos, isso é um total de 51 parâmetros). Em contrapartida, para cada neurônio recorrente em uma RNN simples, existe somente um parâmetro por entrada e por dimensão de estado oculto (em uma RNN simples, isso é apenas o número de neurônios recorrentes na camada), mais um viés. Nesta RNN simples, isso é um total de somente três parâmetros.

Ao que tudo indica, nossa RNN simples era simples demais para alcançar um bom desempenho. Então, vamos tentar acrescentar mais camadas recorrentes!

RNNs profundas

É bem comum empilhar diversas camadas de células, conforme mostrado na Figura 15-7. Isso lhe fornece uma *RNN profunda*.

Implementar uma RNN profunda com a tf.keras é bastante simples: basta empilhar as camadas recorrentes. Neste exemplo, usamos três camadas `SimpleRNN` (mas poderíamos adicionar qualquer outro tipo de camada recorrente, como uma `LSTM` ou uma `GRU`, que analisaremos em breve):

```
model = keras.models.Sequential([
    keras.layers.SimpleRNN(20, return _ sequences=True, input _ shape=[None,
1]),
    keras.layers.SimpleRNN(20, return _ sequences=True),
    keras.layers.SimpleRNN(1)
])
```

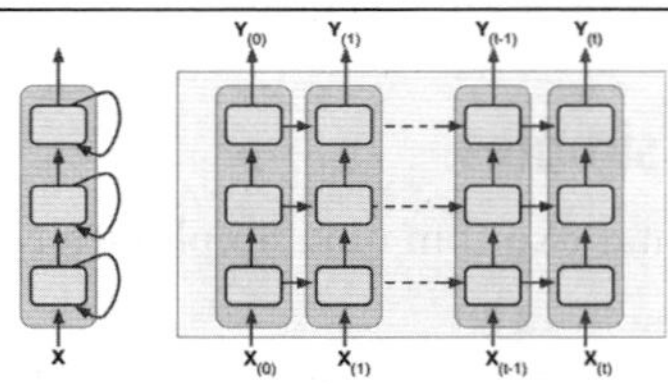

Figura 15-7. RNN profunda (à esquerda) se desenrolando ao longo do tempo (à direita)

Faça questão de definir `return _ sequences=True` para todas as camadas recorrentes (exceto a última, caso se preocupe somente com a última saída). Se não fizer isso, elas gerarão um array 2D (contendo apenas a saída do último intervalo de tempo) em vez de um array 3D (contendo as saídas para todos os intervalos tempo), e a próxima camada recorrente reclamará que você não está fornecendo as sequências no formato 3D esperado.

Se você compilar, ajustar e avaliar este modelo, verá que ele alcança um MSE de 0,003. Finalmente conseguimos suplantar o modelo linear!

Tendência e Sazonalidade

Existem muitos outros modelos para a previsão de séries temporais, como os modelos de *média móvel ponderada* ou os modelos de *média móvel integrada autorregressiva* (ARIMA). Alguns deles exigem que você primeiro remova a tendência e a sazonalidade. Por exemplo, se estiver analisando o número de usuários ativos em seu site e esse número estiver aumentando 10% a cada mês, você terá que remover essa tendência da série temporal. Uma vez que o modelo for treinado e começar a fazer predições, você terá que adicionar a tendência de volta para obter as predições finais. Da mesma forma, se estiver tentando predizer a quantidade de protetor solar vendida a cada mês, provavelmente observará uma forte sazonalidade: como os protetores vendem mais no verão, um padrão semelhante se repetirá a cada ano. Você teria que remover esta sazonalidade da série temporal, por exemplo, calculando a diferença entre o valor em cada intervalo de tempo e o valor um ano antes (esta técnica se chama *diferenciação*). Mais uma vez, depois que o modelo é treinado e faz predições, você teria que adicionar o padrão sazonal de volta para obter as predições finais.

Ao usar as RNNs, em geral não é necessário fazer tudo isso, mas pode melhorar o desempenho em alguns casos, pois o modelo não terá que aprender a tendência ou a sazonalidade.

Observe que a última camada não é ideal: ela deve ter uma única unidade porque queremos prever uma série temporal univariada e isso significa que devemos ter um único valor de saída por intervalo de tempo. Contudo, ter uma única unidade significa que o estado oculto é apenas um único número. De fato, isso não é lá muita coisa e provavelmente não tem muita serventia; ao que tudo indica, a RNN usará principalmente os estados ocultos das outras camadas recorrentes para transportar todas as informações de que precisa passo a passo, e não usará muito o estado oculto da camada final. Além do mais, visto que uma camada `SimpleRNN` usa a função de ativação tanh por padrão, os valores preditos devem estar dentro do intervalo de –1 a 1. Mas e se você quiser usar outra função de ativação? Por esses dois motivos, recomenda-se substituir a camada de saída por uma camada `Dense`: ela seria executada um pouco mais rápido, a acurácia seria aproximadamente a mesma e isso nos possibilitaria escolher qualquer função de ativação de saída que quisermos. Caso faça isso, certifique-se também de remover o `return_sequences=True` da segunda (agora última) camada recorrente:

```
model = keras.models.Sequential([
    keras.layers.SimpleRNN(20, return_sequences=True, input_shape=[None,
1]),
    keras.layers.SimpleRNN(20),
    keras.layers.Dense(1)
])
```

Caso treine esse modelo, você verá que ele converge mais rápido e tem um desempenho melhor. Além disso, você pode alterar a função de ativação de saída se desejar.

Previsão de diversos intervalos de tempo futuros

Até agora, previmos somente o valor no próximo intervalo tempo, mas poderíamos facilmente ter predito o valor de diversos intervalos, alterando os alvos de forma adequada (por exemplo, para predizer 10 intervalos à frente, basta alterar os alvos para o valor 10 intervalos à frente em vez de 1 intervalo à frente). Mas e se quisermos predizer os próximos 10 valores?

A primeira opção é utilizar o modelo que já treinamos, fazê-lo predizer o próximo valor e, em seguida, adicionar esse valor às entradas (agindo como se esse valor predito tivesse realmente ocorrido) e usar o modelo novamente a fim de predizer o valor seguinte, e assim por diante, como no código a seguir:

```
series = generate_time_series(1, n_steps + 10)
X_new, Y_new = series[:, :n_steps], series[:, n_steps:]
X = X_new
for step_ahead in range(10):
    y_pred_one = model.predict(X[:, step_ahead:])[:, np.newaxis, :]
    X = np.concatenate([X, y_pred_one], axis=1)

Y_pred = X[:, n_steps:]
```

Como o esperado, a predição para o próximo intervalo geralmente alcançará uma acurácia maior do que as predições para os intervalos de tempo posteriores, uma vez que os erros podem se acumular (conforme você pode ver na Figura 15-8). Se você avaliar essa abordagem no conjunto de validação, encontrará um MSE de cerca de 0,029. Isso é bem maior do que os modelos anteriores, mas também é uma tarefa bem mais difícil, logo, a comparação não diz muita coisa. É mais expressivo comparar esse desempenho com as previsões ingênuas (ao prever somente que a série temporal permanecerá constante por 10 intervalos de tempo) ou com um modelo linear simples. A previsão ingênua é terrível (alcança um MSE de cerca de 0,223); no entanto, o modelo linear atinge um MSE de cerca de 0,0188: é muito melhor do que usar nossa RNN para prever o futuro um intervalo de cada vez, e também bem mais rápido de se treinar e executar. Ainda assim, se você quer prever somente alguns intervalos de tempo futuros, em tarefas mais complexas, essa abordagem pode funcionar bem.

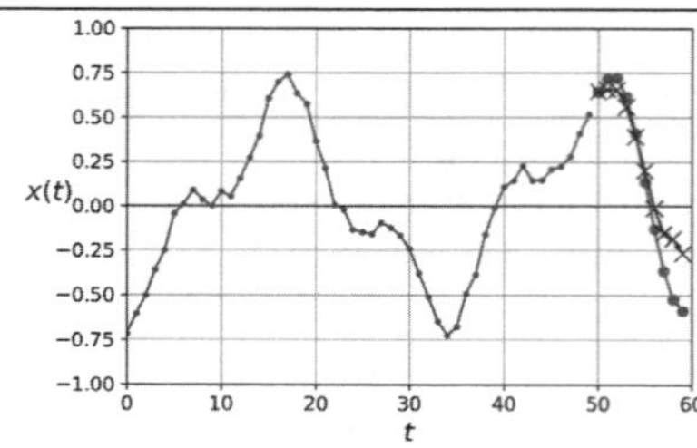

Figura 15-8. Previsão de 10 intervalos futuros, 1 intervalo de cada vez

A segunda opção é treinar uma RNN para predizer todos os 10 próximos valores de uma vez. Ainda podemos usar um modelo de sequência a vetor, mas ele gerará 10 valores em vez de 1. No entanto, primeiro precisamos alterar os alvos para serem vetores que contém os próximos 10 valores:

```
series = generate_time_series(10000, n_steps + 10)
X_train, Y_train = series[:7000, :n_steps], series[:7000, -10:, 0]
X_valid, Y_valid = series[7000:9000, :n_steps], series[7000:9000, -10:, 0]
X_test, Y_test = series[9000:, :n_steps], series[9000:, -10:, 0]
```

Agora, precisamos somente que a camada de saída tenha 10 unidades em vez de 1:

```
model = keras.models.Sequential([
    keras.layers.SimpleRNN(20, return_sequences=True, input_shape=[None,
1]),
    keras.layers.SimpleRNN(20),
    keras.layers.Dense(10)
])
```

Depois de treinar este modelo, você pode predizer os próximos 10 valores de uma vez com muita facilidade:

```
Y_pred = model.predict(X_new)
```

Este modelo funciona bem: o MSE para os próximos 10 intervalos de tempo é de cerca de 0,008. Isso é melhor do que o modelo linear. Só que ainda podemos fazer melhor: na verdade, em vez de treinar o modelo para prever os próximos 10 valores somente no último intervalo de tempo, podemos treiná-lo para prever os próximos 10 valores em cada intervalo de tempo. Em outras palavras, podemos transformar esta RNN de sequência a vetor em uma RNN de sequência à sequência. A vantagem dessa técnica é que a perda conterá um viés para a saída da RNN em cada intervalo de tempo, não somente a saída no último intervalo de tempo. Isso significa que haverá muito mais gradientes de erro fluindo pelo modelo e eles não terão que fluir somente ao longo do tempo; eles também fluirão da saída a partir de cada intervalo de tempo. Isso estabilizará e acelerará o treinamento.

Para que as coisas fiquem claras, no intervalo de tempo 0, o modelo gerará um vetor contendo as previsões para os intervalos de tempo 1 a 10, em seguida, no intervalo de tempo 1, o modelo fará a previsão dos intervalos de tempo 2 a 11 e assim por diante. Assim, cada alvo deve ser uma sequência do mesmo comprimento da sequência de entrada, contendo um vetor de 10 dimensões em cada intervalo. Vamos preparar essas sequências:

```
Y = np.empty((10000, n_steps, 10)) #Cada alvo é uma sequência de vetores 10D
for step_ahead in range(1, 10 + 1):
    Y[:, :, step_ahead - 1] = series[:, step_ahead:step_ahead + n_steps, 0]
Y_train = Y[:7000]
Y_valid = Y[7000:9000]
Y_test = Y[9000:]
```

> Talvez seja surpreendente que os alvos contenham valores que aparecem nas entradas (existe muita sobreposição entre `X_train` e `Y_train`). Estaríamos trapaceando? Felizmente, não estamos: a cada intervalo de tempo, o modelo só conhece os intervalos de tempo passados, e não os intervalos futuros. Isso se chama modelo *causal*.

Para transformar o modelo em um modelo de sequência à sequência, devemos definir `return_sequences=True` em todas as camadas recorrentes (até na última), e devemos aplicar a camada `Dense` como saída em cada intervalo de tempo. A Keras disponibiliza uma camada `TimeDistributed` para este fim: ela cria um wrapper em qualquer camada (por exemplo, em uma camada `Dense`) e o aplica a cada intervalo de sua sequência de entrada. Isso é feito de modo eficiente, remodelando as entradas para que cada intervalo de tempo seja tratado como uma instância separada (ou seja, ele remodela as entradas de [*batch size*, *time steps*, *input dimensions*] para [*batch size* × *time steps*, *input dimensions*]; neste exemplo, o número de dimensões de entrada é 20 porque a camada anterior `SimpleRNN` tem 20 unidades), então ele executa a camada `Dense` e, por último, remodela as saídas de volta para sequências (ou seja, remodela as saídas de [*batch size* × *time steps*, *output dimensions*] para [*batch size*, *time steps*, *output dimensions*]; neste exemplo, o número de dimensões de saída é 10, uma vez que a camada `Dense` tem 10 unidades).[2] Veja o modelo atualizado:

```
model = keras.models.Sequential([
    keras.layers.SimpleRNN(20, return_sequences=True, input_shape=[None,
1]),
    keras.layers.SimpleRNN(20, return_sequences=True),
    keras.layers.TimeDistributed(keras.layers.Dense(10))
])
```

Na realidade, a camada `Dense` suporta sequências como entradas (e até entradas de dimensões mais altas): ela as trata exatamente como `TimeDistributed(Dense(…))`, o que significa que ela é aplicada somente à última dimensão de entrada (independentemente em todos os intervalos de tempo). Desse modo, poderíamos substituir a última camada por apenas `Dense(10)`. Contudo, para que as coisas fiquem claras mais uma vez, continuaremos usando `TimeDistributed(Dense(10))`, pois isso deixa claro que a camada `Dense` é aplicada independentemente em cada intervalo de tempo e que o modelo vai gerar uma sequência, não apenas um único vetor.

Todas as saídas são necessárias durante o treinamento, no entanto, apenas a saída do último intervalo é útil para predições e avaliação. Portanto, ainda que possamos contar com o MSE em todas as saídas do treinamento, usaremos uma métrica personalizada para avaliação, com o objetivo de calcular somente o MSE em relação à saída no último intervalo de tempo:

```
def last_time_step_mse(Y_true, Y_pred):
    return keras.metrics.mean_squared_error(Y_true[:, -1], Y_pred[:, -1])

optimizer = keras.optimizers.Adam(lr=0.01)
model.compile(loss="mse", optimizer=optimizer, metrics=[last_time_step_
mse])
```

Obtemos um MSE de validação de cerca de 0,006, que é 25% melhor do que o modelo anterior. Você pode combinar esta abordagem com a primeira: predizer somente os próximos 10 valores usando esta RNN, depois concatenar esses valores para a série temporal de entrada e usar o modelo novamente

2 Repare que uma camada `TimeDistributed(Dense(n))` é equivalente a uma camada `Conv1D(n, filter_size=1)`.

a fim de predizer os próximos 10 valores e repetir o processo quantas vezes forem necessárias. Com essa abordagem, você pode gerar sequências arbitrariamente longas. Talvez a acurácia delas não seja muito boa para predições de longo prazo, mas pode funcionar bem se seu objetivo for gerar música ou texto original, como veremos no Capítulo 16.

> Ao prever séries temporais, o que ajuda bastante é ter um gráfico de barras com os erros e com as suas predições. Para isso, uma técnica eficiente é a Dropout de Monte Carlo, apresentada no Capítulo 11: adicione uma camada da Dropout de Monte Carlo dentro de cada célula de memória, dropando a parte das entradas e estados ocultos. Após o treinamento, para prever uma nova série temporal, use o modelo diversas vezes e calcule a média e o desvio-padrão das previsões em cada intervalo de tempo.

As RNNs simples podem ser muito boas para fazer previsões de séries temporais ou para lidar com outros tipos de sequências, mas não funcionam tão bem em séries temporais ou sequências longas. Vamos discutir o porquê e analisar o que podemos fazer a respeito.

Lidando com Sequências Longas

Para treinar uma RNN em sequências longas, devemos executá-la em diversos intervalos de tempo, fazendo com que essa RNN, uma vez desenrolada, seja uma rede bastante profunda. Assim como qualquer rede neural profunda, ela pode ser impactada pelo problema dos gradientes instáveis, analisado no Capítulo 11: pode demorar um tempão para treinar ou o treinamento pode ser instável. Além do mais, quando uma RNN processa uma sequência longa, ela se esquecerá gradualmente das primeiras entradas na sequência. Vamos analisar esses dois problemas, começando com o problema dos gradientes instáveis.

O problema dos gradientes instáveis

Muitos dos truques que usamos nas redes profundas para mitigar o problema dos gradientes instáveis também podem ser usados para as RNNs: boa inicialização de parâmetro, otimizadores mais rápidos, dropout e assim por diante. No entanto, as funções de ativação não saturadoras (por exemplo, ReLU) são de pouca serventia aqui; na verdade, elas podem deixar uma RNN ainda mais instável durante o treinamento. Por que? Vamos supor que o gradiente descendente atualize os pesos de uma forma que aumente ligeiramente as saídas no primeiro intervalo de tempo. Como os mesmos pesos são usados em cada intervalo de tempo, as saídas no segundo intervalo de tempo também podem ser ligeiramente aumentadas, e aquelas no terceiro intervalo e assim sucessivamente até que as saídas explodam — e uma função de ativação não saturadora não impede que isso aconteça. Você pode mitigar esse risco usando uma taxa de aprendizado menor, mas também pode usar uma função de ativação saturadora como a tangente hiperbólica (isso explica por que ela é o padrão). Da mesma forma, os próprios gradientes podem explodir (explosão de gradientes). Caso perceba que o treinamento está instável, você pode monitorar o tamanho dos gradientes (por exemplo, usando o TensorBoard) e talvez usar o clipping de gradiente.

Além do mais, a normalização em batch não pode ser usada de modo tão eficiente com as RNNs quanto com as redes feedforward profundas. Na verdade, você não pode usá-la entre os intervalos de tempo, apenas entre as camadas recorrentes. Para ser mais preciso, é tecnicamente possível adicionar uma camada de normalização em batch a uma célula de memória (como veremos em breve) para que ela seja aplicada em cada intervalo de tempo (tanto nas entradas para determinado intervalo de tempo quanto no estado oculto do intervalo de tempo anterior). No entanto, a mesma camada de normalização em batch será usada em cada intervalo de tempo, com os mesmos parâmetros, independentemente da escala real e do deslocamento das entradas e do estado oculto. Na prática, isso não gera bons resultados, como César Laurent et al. demonstraram em um artigo de 2015 (*https://homl.info/rnnbn*):[3] os autores descobriram que a BN era um pouco vantajosa somente quando aplicada às entradas, não aos estados ocultos. Em outras palavras, ela era um pouco melhor do que nada quando aplicada entre camadas recorrentes (ou seja, verticalmente na Figura 15-7), mas não dentro de camadas recorrentes (ou seja, horizontalmente). Na Keras, isso pode ser feito simplesmente adicionando uma camada `BatchNormalization` antes de cada camada recorrente, mas não espere muito dela.

Em geral, outra forma de normalização funciona melhor com as RNNs: a *normalização de camada*. Essa ideia foi apresentada por Jimmy Lei Ba et al. em um artigo de 2016 (*https://homl.info/layernorm*):[4] ela é muito semelhante à normalização em batch, mas, em vez de normalizar na dimensão do batch, normaliza na dimensão das características. Uma das vantagens é que ela pode calcular as estatísticas necessárias instantaneamente, em cada intervalo de tempo, de forma independente para cada instância. Isso também significa que ela se comporta do mesmo modo durante o treinamento e o teste (ao contrário da normalização em batch), e não precisa usar as médias móveis exponenciais para estimar as estatísticas das características em todas as instâncias no conjunto de treinamento. Como a BN, a normalização de camada aprende uma escala e um parâmetro de deslocamento para cada entrada. Em uma RNN, ela é geralmente usada logo após a combinação linear das entradas e dos estados ocultos.

Vamos usar a tf.keras para implementar a normalização de camadas em uma célula de memória simples. Para isso, precisamos definir uma célula de memória personalizada. É como uma camada normal, exceto que o método `call()` leva dois argumentos: o `inputs` no intervalo de tempo atual e o `states` ocultos do intervalo de tempo anterior. Repara que o argumento `states` é uma lista contendo um ou mais tensores. No caso de uma célula RNN simples, ela contém um único tensor igual às saídas do intervalo de tempo anterior, mas outras células podem ter vários tensores de estado (por exemplo, uma `LSTMCell` tem um estado de longo prazo e um estado de curto prazo, como veremos em breve). Uma célula também dever ter um atributo `state_size` e um atributo `output_size`. O código a seguir implementa uma célula de memória personalizada que se comportará como uma `SimpleRNNCell`, exceto que também aplicará a normalização de camada em cada intervalo de tempo:

```
class LNSimpleRNNCell(keras.layers.Layer):
    def __init__(self, units, activation="tanh", **kwargs):
        super().__init__(**kwargs)
        self.state_size = units
        self.output_size = units
        self.simple_rnn_cell = keras.layers.SimpleRNNCell(units,
                                                          activation=None)
        self.layer_norm = keras.layers.LayerNormalization()
        self.activation = keras.activations.get(activation)
    def call(self, inputs, states):
        outputs, new_states = self.simple_rnn_cell(inputs, states)
        norm_outputs = self.activation(self.layer_norm(outputs))
        return norm_outputs, [norm_outputs]
```

O código é bastante simples.[5] Nossa classe `LNSimpleRNNCell` herda a classe do `keras.layers.Layer`, assim como qualquer camada personalizada. O construtor pega o número de unidades e a

3 César Laurent et al., "Batch Normalized Recurrent Neural Networks", *Anais da Conferência Internacional sobre IEEE Acústiva, Fala e Processamento de Sinais* (2016): 2657–2661.

4 Jimmy Lei Ba et al., "Layer Normalization", arXiv preprint arXiv:1607.06450 (2016).

5 Teria sido mais simples herdar da `SimpleRNNCell`, pois não precisaríamos ter criado uma `SimpleRNNCell` interna ou lidar com os atributos `state_size` ae`output_size`, mas o objetivo aqui era mostrar como criar uma célula personalizada do zero.

função de ativação desejada, e define como atributos `state_size` e `output_size`; em seguida, cria uma `SimpleRNNCell` sem função de ativação (porque queremos realizar a normalização de camada após a operação linear, mas antes da função de ativação). Depois, o construtor cria a camada `LayerNormalization` e, por último, busca a função de ativação desejada. O método `call()` começa aplicando a célula RNN simples, que calcula uma combinação linear das entradas atuais e os estados ocultos anteriores, e retorna o resultado duas vezes (na verdade, em uma `SimpleRNNCell`, as saídas são iguais aos estados ocultos: grosso modo, `new_states[0]` é igual ao `outputs`; logo, podemos ignorar com segurança o `new_states` no resto do método `call()`). A seguir, o método `call()` aplica a normalização de camada, seguida pela função de ativação. Por fim, ele retorna as saídas duas vezes (uma vez como as saídas e uma vez como os novos estados ocultos). Para usar essa célula personalizada, tudo o que precisamos fazer é criar uma camada `keras.layers.RNN`, passando uma instância de célula para ela:

```
model = keras.models.Sequential([
    keras.layers.RNN(LNSimpleRNNCell(20), return_sequences=True,
                     input_shape=[None, 1]),
    keras.layers.RNN(LNSimpleRNNCell(20), return_sequences=True),
    keras.layers.TimeDistributed(keras.layers.Dense(10))
])
```

Da mesma forma, você pode criar uma célula personalizada para aplicar a técnica dropout entre cada intervalo de tempo. Mas existe uma forma mais simples: todas as camadas recorrentes (exceto a `keras.layers.RNN`) e todas as células fornecidas pela Keras têm um hiperparâmetro `recurrent_dropout` e um hiperparâmetro `recurrent_dropout`: o primeiro define a taxa de dropout a ser aplicada às entradas (a cada intervalo de tempo), e o último define a taxa de dropout para os estados ocultos (também a cada intervalo de tempo). Não há necessidade de criar uma célula personalizada para aplicar a técnica dropout em cada intervalo de tempo em uma RNN.

Com essas técnicas, você consegue mitigar o problema dos gradientes instáveis e treinar uma RNN com muito mais eficiência. Agora veremos como lidar com o problema de memória de curto prazo.

Lidando com o problema de memória de curto prazo

Devido às transformações pelas quais os dados passam ao percorrer uma RNN, algumas informações são perdidas a cada intervalo de tempo. Com o passar do tempo, o estado da RNN praticamente não contém vestígios das primeiras entradas. Isso pode ser um obstáculo. Imagine a Dory[6] tentando traduzir uma frase longa; ao terminar de ler a frase, ela não tem ideia de como começou. Para solucionar esse problema, diversos tipos de células com memória de longo prazo foram desenvolvidas. Elas provaram ser tão eficazes que as células básicas não são mais usadas. Vejamos primeiro a mais popular dessas células de memória de longo prazo: a célula LSTM.

Células LSTM

A célula *memória longa de curto prazo* (LSTM) foi proposta em 1997 (*https://homl.info/93*)[7] por Sepp Hochreiter e Jürgen Schmidhuber e foi gradualmente aprimorada ao longo dos anos por diversos pesquisadores, como Alex Graves (*https://homl.info/graves*), Haşim Sak (*https://homl.info/94*)[8] e

6 Um personagem dos filmes *Procurando Nemo* e *Procurando Dory* que tem perda de memória de curto prazo.

7 Sepp Hochreiter e Jürgen Schmidhuber, "Long Short-Term Memory", *Neural Computation* 9, no. 8 (1997): 1735–1780.

8 Haşim Sak et al., "Long Short-Term Memory Based Recurrent Neural Network Architectures for Large Vocabulary Speech Recognition", arXiv preprint arXiv:1402.1128 (2014).

Wojciech Zaremba (*https://homl.info/95*).[9] Se você considerar a célula LSTM como uma caixa-preta, ela pode ser usada como uma célula básica e terá um desempenho muito melhor; o treinamento convergirá mais rápido e detectará as dependências de longo prazo nos dados. Na Keras, você pode simplesmente usar a camada `LSTM` em vez da camada `SimpleRNN`:

```
model = keras.models.Sequential([
    keras.layers.LSTM(20, return_sequences=True, input_shape=[None, 1]),
    keras.layers.LSTM(20, return_sequences=True),
    keras.layers.TimeDistributed(keras.layers.Dense(10))
])
```

Como alternativa, você pode usar a camada de uso geral `keras.layers.RNN`, fornecendo uma `LSTMCell` como argumento:

```
model = keras.models.Sequential([
    keras.layers.RNN(keras.layers.LSTMCell(20), return_sequences=True,
                     input_shape=[None, 1]),
    keras.layers.RNN(keras.layers.LSTMCell(20), return_sequences=True),
    keras.layers.TimeDistributed(keras.layers.Dense(10))
])
```

No entanto, a camada `LSTM` usa uma implementação otimizada quando executada em uma GPU (veja o Capítulo 19), portanto, em geral, recomenda-se usá-la (a camada `RNN` é mais útil quando você define células personalizadas, como fizemos anteriormente).

Então, como funciona uma célula LSTM? Sua arquitetura é mostrada na Figura 15-9.

Se você não olhar para o que está dentro da caixa, a célula LSTM se parece exatamente com uma célula normal, exceto que seu estado é dividido em dois vetores: $\mathbf{h}_{(t)}$ e $\mathbf{c}_{(t)}$ ("C" significa "célula"). Você pode pensar no $\mathbf{h}_{(t)}$ como o estado de curto prazo e no $\mathbf{c}_{(t)}$ como o estado de longo prazo.

Agora vamos abrir a caixa! A ideia principal é que a rede possa aprender o que armazenar no estado de longo prazo, do que se livrar e o que ler. Como o estado de longo prazo $\mathbf{c}_{(t-1)}$ atravessa a rede da esquerda para a direita, você pode ver que primeiro ele passa por uma *porta esquecida [forget gate]*, dropando algumas memórias e, em seguida, adiciona algumas novas memórias por meio da operação de adição (que adiciona as memórias que foram selecionadas por um *portão de entrada [input gate]*. O resultado $\mathbf{c}_{(t)}$ é enviado diretamente, sem qualquer transformação adicional. Assim, a cada intervalo de tempo, algumas memórias são dropadas e algumas são adicionadas. Além disso, após a operação de adição, o estado de longo prazo é copiado e passado pela função tanh e, em seguida, o resultado é filtrado pelo *portão de saída [output gate]*. Isso gera o estado de curto prazo $\mathbf{h}_{(t)}$ (que é igual à saída da célula para este intervalo de tempo, $\mathbf{y}_{(t)}$). Agora vamos ver de onde vêm essas novas memórias e como as portas funcionam.

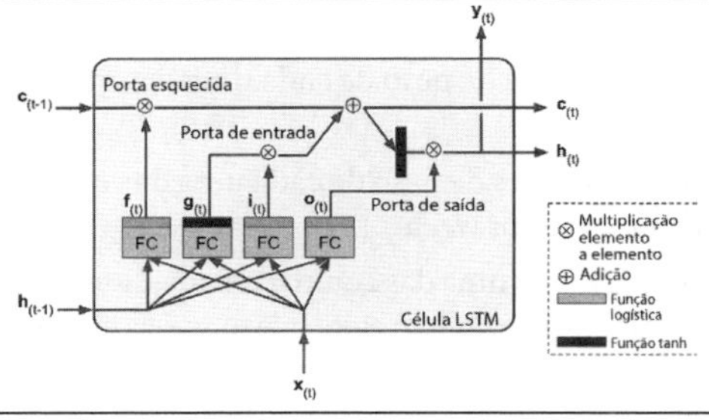

Figura 15-9. Célula LSTM

9 Wojciech Zaremba et al., "Recurrent Neural Network Regularization", arXiv preprint arXiv:1409.2329 (2014).

Primeiro, o vetor de entrada atual $\mathbf{x}_{(t)}$ e o estado anterior de curto prazo $\mathbf{h}_{(t-1)}$ são fornecidos a quatro camadas totalmente conectadas diferentes. Todas elas têm um propósito distinto:

- A camada principal é aquela que gera com saída $\mathbf{g}_{(t)}$ e, normalmente, assume o papel de analisar as entradas atuais $\mathbf{x}_{(t)}$ e os estados anteriores (de curto prazo) $\mathbf{h}_{(t-1)}$. Em uma célula básica, não há nada além dessa camada, e sua saída vai direto para $\mathbf{y}_{(t)}$ e $\mathbf{h}_{(t)}$. Em contrapartida, em uma célula LSTM, a saída desta camada não é gerada diretamente, e em vez disso suas partes mais importantes são armazenadas no estado de longo prazo (e o resto é dropado).
- As outras três camadas são *gate controllers*. Já que elas usam a função de ativação logística, suas saídas variam de 0 a 1. Como você pode observar, suas saídas são alimentadas e, se elas gerarem 1s como saída, elas abrem. Em termos específicos:
  - — O *forget gate* (controlado $\mathbf{f}_{(t)}$) controla quais partes do estado de longo prazo devem ser deletados.
  - — O *input gate* (controlado por $\mathbf{i}_{(t)}$) controla quais partes do $\mathbf{g}_{(t)}$ devem ser adicionadas ao estado de longo prazo.
  - — Por último, o *output gate* (controlado por $\mathbf{o}_{(t)}$) controla quais partes do estado de longo prazo devem ser lidas e geradas neste intervalo de tempo, tanto para $\mathbf{h}_{(t)}$ como para $\mathbf{y}_{(t)}$.

Em resumo, uma célula LSTM pode aprender a reconhecer uma entrada importante (essa é a função do input gate), armazená-la no estado de longo prazo, preservá-la pelo tempo que for necessário (esse é o papel do forget gate) e extraí-la sempre que necessário. Isso explica por que essas células têm sido extremamente bem-sucedidas na identificação de padrões de longo prazo em séries temporais, textos longos, gravações de áudio e muito mais.

A Equação 15-3 resume como calcular o estado de longo prazo da célula, seu estado de curto prazo e sua saída em cada intervalo de tempo para uma única instância (as equações para um mini-batch inteiro são bastante parecidas).

Equação 15-3. Cálculos LSTM

$$
\begin{aligned}
\mathbf{i}_{(t)} &= \sigma\left(\mathbf{W}_{xi}{}^{\mathsf{T}}\mathbf{x}_{(t)} + \mathbf{W}_{hi}{}^{\mathsf{T}}\mathbf{h}_{(t-1)} + \mathbf{b}_i\right)\\
\mathbf{f}_{(t)} &= \sigma\left(\mathbf{W}_{xf}{}^{\mathsf{T}}\mathbf{x}_{(t)} + \mathbf{W}_{hf}{}^{\mathsf{T}}\mathbf{h}_{(t-1)} + \mathbf{b}_f\right)\\
\mathbf{o}_{(t)} &= \sigma\left(\mathbf{W}_{xo}{}^{\mathsf{T}}\mathbf{x}_{(t)} + \mathbf{W}_{ho}{}^{\mathsf{T}}\mathbf{h}_{(t-1)} + \mathbf{b}_o\right)\\
\mathbf{g}_{(t)} &= \tanh\left(\mathbf{W}_{xg}{}^{\mathsf{T}}\mathbf{x}_{(t)} + \mathbf{W}_{hg}{}^{\mathsf{T}}\mathbf{h}_{(t-1)} + \mathbf{b}_g\right)\\
\mathbf{c}_{(t)} &= \mathbf{f}_{(t)} \otimes \mathbf{c}_{(t-1)} + \mathbf{i}_{(t)} \otimes \mathbf{g}_{(t)}\\
\mathbf{y}_{(t)} &= \mathbf{h}_{(t)} = \mathbf{o}_{(t)} \otimes \tanh\left(\mathbf{c}_{(t)}\right)
\end{aligned}
$$

Nessa equação:

- $\mathbf{W}_{xi}$, $\mathbf{W}_{xf}$, $\mathbf{W}_{xo}$, $\mathbf{W}_{xg}$ são as matrizes de peso de cada uma das quatro camadas para sua conexão com o vetor de entrada $\mathbf{x}_{(t)}$.
- $\mathbf{W}_{hi}$, $\mathbf{W}_{hf}$, $\mathbf{W}_{ho}$ e $\mathbf{W}_{hg}$ são as matrizes de peso de cada uma das quatro camadas para sua conexão com o estado anterior de curto prazo $\mathbf{h}_{(t-1)}$.
- $\mathbf{b}_i$, $\mathbf{b}_f$, $\mathbf{b}_o$ e $\mathbf{b}_g$ são os vieses para cada uma das quatro camadas. Repare que a TensorFlow inicializa $\mathbf{b}_f$ para um vetor cheio de 1s em vez de 0s. Isso evita que tudo seja esquecido no início do treinamento.

Conexões peephole

Em uma célula LSTM normal, os controladores de gate podem analisar apenas a entrada $\mathbf{x}_{(t)}$ e o estado anterior de curto prazo $\mathbf{h}_{(t-1)}$. Talvez seja uma boa ideia lhes fornecer um pouco mais de contexto, possibilitando que também eles espiem o estado de longo prazo. Essa ideia foi proposta por

Felix Gers e Jürgen Schmidhuber em 2000 (*https://homl.info/96*).[10] Eles propuseram uma variante LSTM com conexões extras chamadas *conexões peephole*: o estado anterior de longo prazo $\mathbf{c}_{(t-1)}$ é adicionado como uma entrada para os controladores do forget gate e do input gate, e o estado atual de longo prazo $\mathbf{c}_{(t)}$é acrescentado como entrada para o controlador do output gate. Em geral, isso melhora o desempenho, mas nem sempre, e não temos um padrão claro para quais tarefas eles têm um desempenho melhor, com ou sem elas: você terá que testar.

Na Keras, a camada `LSTM` toma como base a célula `keras.layers.LSTMCell`, que não suporta conexões peepholes. A célula experimental `tf.keras.experimental.PeepholeLSTMCell` suporta, mas você também pode criar uma camada `keras.layers.RNN` e passar uma `PeepholeLSTMCell` para o seu construtor.

Existem outras variantes da célula LSTM. Veremos agora uma variante muito popular, a célula GRU.

Células GRU

A célula *Gated Recurrent Unit* (GRU) (veja a Figura 15-10) foi proposta por Kyunghyun Cho et al. em um artigo de 2014 (*https://homl.info/97*)[11] que também inaugurou a rede codificador-decodificador que analisamos anteriormente.

A célula GRU é uma versão simplificada da célula LSTM e aparentemente funciona muito bem[12] (o que explica sua crescente popularidade). Veja as principais facilitações:

- Ambos os vetores de estado são incorporados em um único vetor $\mathbf{h}_{(t)}$.
- Um único controlador gate $\mathbf{z}_{(t)}$ controla o forget gate e o input gate. Se o controlador do gate outputs for 1, o forget gate abre (= 1) e o input gate fecha (1 – 1 = 0). Se a saída for 0, acontece o oposto. Em outras palavras, sempre que uma memória deve ser armazenada, o local onde ela será armazenada é o primeiro deletado. E isso é, por si só, uma variante frequente da célula LSTM.
- Não há output gate; o vetor de estado completo é gerado a cada intervalo de tempo. No entanto, há um novo controlador gate $\mathbf{r}_{(t)}$ que controla qual parte do estado anterior será exibida para a camada principal ($\mathbf{g}_{(t)}$).

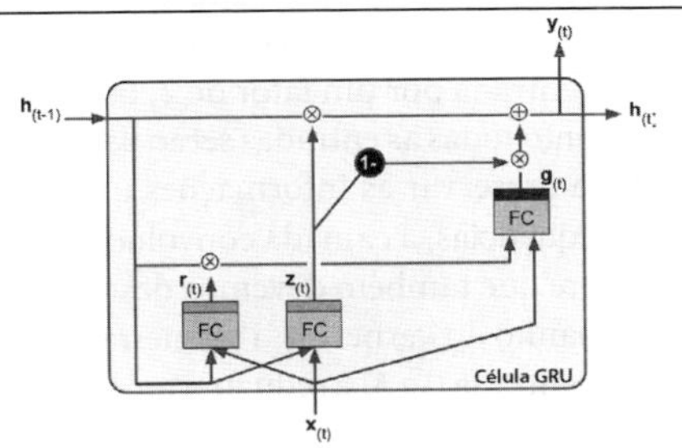

Figura 15-10. Célula GRU

A Equação 15-4 resume como calcular o estado da célula em cada intervalo de tempo para uma única instância.

10 F. A. Gers and J. Schmidhuber, "Recurrent Nets That Time and Count", *Anais da Conferência Internacional Conjunta IEEE-INNS-ENNS em Redes Neurais* (2000): 189–194.

11 Kyunghyun Cho et al., "Learning Phrase Representations Using RNN Encoder-Decoder for Statistical Machine Translation", *Anais da Conferência de 2014 sobre Métodos Empíricos em Processamento de Linguagem Natural* (2014): 1724–1734.

12 Um artigo de 2015 de Klaus Greff et al., "LSTM: A Search Space Odyssey" (*https://homl.info/98*), demonstra que todas as variantes LSTM têm desempenho praticamente igual.

Equação 15-4. Cálculos GRU

$$\mathbf{z}_{(t)} = \sigma\left(\mathbf{W}_{xz}{}^{\mathsf{T}}\mathbf{x}_{(t)} + \mathbf{W}_{hz}{}^{\mathsf{T}}\mathbf{h}_{(t-1)} + \mathbf{b}_z\right)$$
$$\mathbf{r}_{(t)} = \sigma\left(\mathbf{W}_{xr}{}^{\mathsf{T}}\mathbf{x}_{(t)} + \mathbf{W}_{hr}{}^{\mathsf{T}}\mathbf{h}_{(t-1)} + \mathbf{b}_r\right)$$
$$\mathbf{g}_{(t)} = \tanh\left(\mathbf{W}_{xg}{}^{\mathsf{T}}\mathbf{x}_{(t)} + \mathbf{W}_{hg}{}^{\mathsf{T}}\left(\mathbf{r}_{(t)} \otimes \mathbf{h}_{(t-1)}\right) + \mathbf{b}_g\right)$$
$$\mathbf{h}_{(t)} = \mathbf{z}_{(t)} \otimes \mathbf{h}_{(t-1)} + \left(1 - \mathbf{z}_{(t)}\right) \otimes \mathbf{g}_{(t)}$$

A Keras fornece uma camada `keras.layers.GRU` (baseada na memória de célula `keras.layers.GRUCell`); usá-la é apenas uma questão de substituir a `SimpleRNN` ou `LSTM` pela `GRU`.

As células LSTM e GRU são um dos principais motivos para o sucesso das RNNs. Contudo, apesar de conseguirem lidar com sequências bem mais longas do que as simples RNNs, elas ainda têm uma memória de curto prazo bastante limitada e têm dificuldades em aprender padrões de longo prazo em sequências de 100 intervalos de tempo ou mais, como amostras de áudio, séries temporais ou frases longas. Uma maneira de resolver isso é encurtar as sequências de entrada, por exemplo, usando camadas convolucionais 1D.

Usando camadas convolucionais 1D para processar sequências

No Capítulo 14, vimos que uma camada convolucional 2D funciona ao percorrermos vários núcleos (ou filtros) bem pequenos em uma imagem, gerando diversos mapas de características 2D (um por kernel). Da mesma forma, uma camada convolucional 1D percorre vários kernels em uma sequência, gerando um mapa de características 1D por kernel. Cada kernel aprenderá a detectar um único padrão sequencial muito curto (não maior que o tamanho do kernel). Se você usar 10 kernels, a saída da camada será composta de 10 sequências unidimensionais (todas do mesmo comprimento) ou, de forma equivalente, você pode exibir esta saída como uma única sequência de 10 dimensões. Ou seja, você pode construir uma rede neural composta de uma mistura de camadas recorrentes e camadas convolucionais 1D (ou mesmo camadas de pooling 1D). Se você usar uma camada convolucional 1D com um stride de 1 e um padding `"same"`; logo, a sequência de saída terá o mesmo comprimento que a sequência de entrada. Mas, se você usar um padding `"valid"` ou um stride maior que 1, então a sequência de saída será mais curta do que a sequência de entrada. Ou seja, ajuste os alvos adequadamente. Por exemplo, o modelo a seguir é igual ao anterior, exceto que começa com uma camada convolucional 1D que reduz a amostragem da sequência de entrada por um fator de 2, usando um stride de 2. O tamanho do kernel é maior do que o stride, portanto todas as entradas serão usadas para calcular a saída da camada e, assim, o modelo pode aprender a preservar as informações úteis, descartando apenas os detalhes sem importância. Ao encurtar as sequências, a camada convolucional pode ajudar as camadas `GRU` a detectar padrões mais longos. Repare que também devemos descartar os três primeiros intervalos de tempo nos alvos (uma vez que o tamanho do kernel é 4, a primeira saída da camada convolucional será baseada nos intervalos de tempo de entrada 0 a 3) e reduzir a amostragem dos alvos por um fator de 2:

```
model = keras.models.Sequential([
    keras.layers.Conv1D(filters=20, kernel_size=4, strides=2,
padding="valid",
                        input_shape=[None, 1]),
    keras.layers.GRU(20, return_sequences=True),
    keras.layers.GRU(20, return_sequences=True),
    keras.layers.TimeDistributed(keras.layers.Dense(10))
])

model.compile(loss="mse", optimizer="adam", metrics=[last_time_step_mse])
history = model.fit(X_train, Y_train[:, 3::2], epochs=20,
                    validation_data=(X_valid, Y_valid[:, 3::2]))
```

Se você treinar e avaliar esse modelo, descobrirá que é o melhor modelo até agora. A camada convolucional ajuda bastante. Na verdade, é possível usar somente camadas convolucionais 1D e dropar totalmente as camadas recorrentes!

WaveNet

Em um artigo de 2016 (*https://homl.info/wavenet*),[13] Aaron van den Oord e outros pesquisadores da DeepMind apresentaram uma arquitetura chamada *WaveNet*. Eles empilharam camadas convolucionais 1D, dobrando a taxa de dilatação (como estão espalhadas as entradas de cada neurônio) em cada camada: a primeira camada convolucional tem um vislumbre de somente dois intervalos de tempo por vez, enquanto a próxima tem contato com quatro intervalos de tempo (seu campo receptivo tem quatro intervalos de tempo), a próxima vê oito intervalos de tempo e assim por diante (veja a Figura 15-11). Dessa forma, as camadas inferiores aprendem padrões de curto prazo, ao passo que as camadas superiores aprendem padrões de longo prazo. Graças à taxa de dilatação dobrada, a rede consegue processar sequências extremamente grandes com muita eficiência.

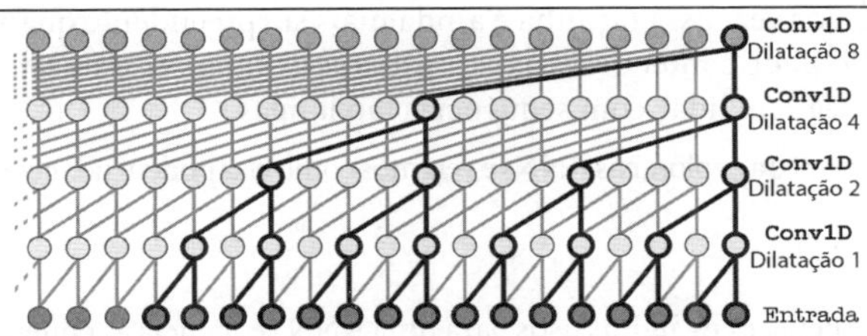

Figura 15-11. Arquitetura da WaveNet

No artigo da WaveNet, os autores realmente empilharam 10 camadas convolucionais com taxas de dilatação de 1, 2, 4, 8, …, 256, 512 e, depois, eles empilharam outro grupo de 10 camadas idênticas (também com taxas de dilatação 1, 2, 4, 8, …, 256, 512), em seguida, mais uma vez, outro grupo idêntico de 10 camadas. Para fundamentar essa arquitetura, eles ressaltam que uma única pilha de 10 camadas convolucionais com essas taxas de dilatação se comporta como uma camada convolucional extremamente eficiente e ainda com um kernel de tamanho 1.024 (sem contar que é bem mais rápida, mais poderosa e usa menos parâmetros) e, por isso, eles empilharam 3 desses blocos. Os pesquisadores também usaram um padding nas sequências de entrada à esquerda com um número de zeros igual à taxa de dilatação antes de cada camada, a fim de preservar o mesmo comprimento de sequência em toda a rede. Veja como implementar uma WaveNet simplificada para lidar com as mesmas sequências anteriores:[14]

```
model = keras.models.Sequential()
model.add(keras.layers.InputLayer(input_shape=[None, 1]))
for rate in (1, 2, 4, 8) * 2:
    model.add(keras.layers.Conv1D(filters=20, kernel_size=2, padding="causal",
                                  activation="relu", dilation_rate=rate))
model.add(keras.layers.Conv1D(filters=10, kernel_size=1))
model.compile(loss="mse", optimizer="adam", metrics=[last_time_step_mse])
history = model.fit(X_train, Y_train, epochs=20,
                    validation_data=(X_valid, Y_valid))
```

13 Aaron van den Oord et al., "WaveNet: A Generative Model for Raw Audio", arXiv preprint arXiv:1609.03499 (2016).

14 A WaveNet usa mais alguns truques, como as skip connections e como uma ResNet e as unidades de ativação com portas [Gated Activation Units] parecidas com as encontradas em uma célula GRU. Confira o notebook para mais detalhes.

Este modelo `Sequential` começa com uma camada de entrada explícita (bem mais simples do que tentar definir `input_shape` somente na primeira camada), depois continua com uma camada convolucional 1D usando padding `"causal"`: isso garante que a camada convolucional não espione o futuro ao realizar predições (é equivalente a usar um padding nas entradas com a quantidade certa de zeros à esquerda e usar o padding `"valid"`). Em seguida, adicionamos pares de camadas semelhantes usando taxas de dilatação crescentes: 1, 2, 4, 8 e novamente 1, 2, 4, 8. Por último, adicionamos a camada de saída: uma camada convolucional com 10 filtros de tamanho 1 e sem qualquer função de ativação. Graças às camadas de padding, cada camada convolucional gera uma sequência do mesmo comprimento que as sequências de entrada, de modo que os alvos que usamos durante o treinamento podem ser as sequências completas: não há necessidade de limitá-las ou reduzir suas amostragens.

Até agora, os dois últimos modelos apresentaram o melhor desempenho na predição de nossas séries temporais! No artigo WaveNet, os autores alcançaram desempenho avançado em várias tarefas de áudio (por isso, o nome da arquitetura), incluindo tarefas de conversão de texto em fala, produzindo vozes bastante realistas em diversos idiomas. Eles também usaram o modelo para gerar música, uma amostra de áudio por vez. Essa façanha é ainda mais surpreendente quando você sabe que um único segundo de áudio pode conter dezenas de milhares de intervalos de tempo — nem mesmo as LSTMs e as GRUs conseguem lidar com sequências tão longas.

No Capítulo 16, continuaremos a explorar as RNNs e veremos como elas podem lidar com várias tarefas de PNL.

Exercícios

1. Você consegue pensar em alguns usos para uma RNN sequência à sequência? Que tal uma RNN de sequência a vetor e uma RNN de vetor à sequência?
2. Quantas dimensões devem ter as entradas de uma camada RNN? O que cada dimensão representa? E quanto às suas saídas?
3. Se quiser construir uma RNN profunda de sequência à sequência, quais camadas RNN o `return_sequences=True` deve ter? E uma RNN de sequência a vetor?
4. Suponha que você tenha uma série temporal univariada diária e queira predizer os próximos sete dias. Qual arquitetura RNN você deve usar?
5. Quais são as principais dificuldades no treinamento das RNNs? Como você pode lidar com elas?
6. Você conseguiria esboçar a arquitetura da célula LSTM?
7. Por que usar camadas convolucionais 1D em uma RNN?
8. Qual arquitetura de rede neural você poderia usar para classificar vídeos?
9. Treine um modelo de classificação para o conjunto de dados SketchRNN, disponível no TensorFlow Datasets.
10. Faça o download do conjunto de dados de corais Bach (*https://homl.info/bach*) e o descompacte. São 382 corais compostos de Johann Sebastian Bach. Cada coral tem de 100 a 640 intervalos de tempo, e cada intervalo de tempo contém 4 inteiros, em que cada número inteiro corresponde ao índice de uma nota em um piano (exceto para o valor 0, o que significa que nenhuma nota é tocada). Treine um modelo — recorrente, convolucional ou ambos — que consiga predizer o próximo intervalo de tempo (quatro notas), dada uma sequência de intervalos de tempo de um coral. Em seguida, use este modelo para gerar música do estilo de Bach, uma nota de cada vez: você pode fazer isso fornecendo ao modelo o início de uma música com um coral e lhe pedindo para predizer o próximo intervalo de tempo, depois acrescentando esses intervalos de tempo à sequência de entrada e pedindo ao modelo a próxima nota e assim por diante. Além disso, confira o modelo Coconet do Google (*https://homl.info/coconet*), que foi usado em um belo doodle do Google em homenagem a Bach.

As soluções para esses exercícios estão disponíveis no Apêndice A.

CAPÍTULO 16

Processamento de Linguagem Natural com RNNs e Mecanismos de Atenção

Quando Alan Turing idealizou seu famoso Teste de Turing (*https://homl.info/turingtest*)[1] em 1950, seu objetivo era avaliar a capacidade de uma máquina estar à altura da inteligência humana. Alan poderia ter testado muitas coisas, como a capacidade de reconhecer gatos em imagens, jogar xadrez, compor música ou escapar de um labirinto, mas, curiosamente, ele escolheu uma tarefa linguística. Mais especificamente, ele criou um *chatbot* que conseguia enganar seu interlocutor ao se passar por um humano.[2] Contudo, esse teste tinha seus pontos fracos: um conjunto de regras com informações relevantes codificadas pode enganar humanos desavisados ou ingênuos (por exemplo, a máquina pode dar respostas predefinidas e vagas em reação a algumas palavras-chave; pode fingir que está brincando ou está bêbada para desviar das respostas mais estranhas; ou poderia se esquivar de perguntas difíceis as respondendo com suas próprias perguntas), além do mais, muitos aspectos da inteligência humana são totalmente ignorados (por exemplo, a capacidade de interpretar a comunicação não verbal, como expressões faciais ou aprender uma tarefa manual). Mas o teste ressalta o fato de que o domínio da linguagem é sem sombra de dúvidas a maior capacidade cognitiva do *Homo sapiens*. Seria possível construir uma máquina que conseguisse ler e escrever em linguagem natural?

Uma abordagem comum para tarefas de linguagem natural é utilizar as redes neurais recorrentes. Portanto, vamos continuar a explorar as RNNs (apresentadas no Capítulo 15), começando com um *character RNN [caractere RNN]*, treinado a fim de predizer o próximo caractere em uma frase. Isso nos permitirá gerar um pouco de texto original e, no processo, veremos como construir um conjunto de dados TensorFlow em uma sequência muito longa.

Primeiro, usaremos uma *RNN stateless* (que aprende partes aleatórias do texto em cada iteração, sem qualquer informação sobre o restante do texto), depois construiremos uma *RNN stateful* (que preserva o estado oculto entre as iterações de treinamento e continua a leitura de onde parou, possibilitando o aprendizado de padrões mais longos). Depois, construiremos uma RNN para realizar uma análise de sentimentos (por exemplo, ler resenhas de filmes e detectar o sentimento do avaliador sobre o filme), desta vez tratando as frases como sequências de palavras, em vez de sequências de caracteres. Em seguida, mostraremos como as RNNs podem ser usadas para construir uma arquitetura codificador-decodificador capaz de realizar a tradução automática neural (NMT). Para tal, usaremos a seq2seq API fornecida pelo projeto Addons da TensorFlow.

Na segunda parte deste capítulo, analisaremos os *mecanismos de atenção*. Como o nome sugere, eles são componentes de rede neural que aprendem a selecionar a parte das entradas que o restante do modelo deve focar cada intervalo de tempo. Primeiro, veremos como aumentar o desempenho de uma arquitetura de codificador-decodificador baseada em uma RNN usando o mecanismo de atenção, em seguida, deixaremos as RNNs completamente de lado e veremos uma arquitetura bem-sucedida

1 Alan Turing, "Computing Machinery and Intelligence", Mind 49 (1950): 433–460.

2 Claro que a palavra *chatbot* se originou mais tarde. Turing chamou seu teste de Jogo da Imitação: a máquina A e o humano B conversam com o interrogador humano C por meio de mensagens de texto; o interrogador faz perguntas para descobrir qual é a máquina (A ou B). A máquina passa no teste se conseguir enganar o interrogador, enquanto o B humano deve tentar ajudar o interrogador.

somente no mecanismo de atenção que se chama *Transformer*. Por último, daremos uma olhada em alguns dos avanços mais importantes em PNL entre 2018 e 2019, incluindo modelos de linguagem absurdamente poderosos, como o GPT-2 e o BERT, ambos baseados na arquitetura Transformer.

Vamos começar com um modelo simples e divertido capaz de escrever como Shakespeare (nem tanto, mais ou menos).

Generando Texto Shakesperiano com uma Char-RNN

Em uma famosa postagem do blog de 2015 (*https://homl.info/charrnn*) intitulada "The Unreasonable Effectiveness of Recurrent Neural Networks" [A Eficácia Irracional das Redes Neurais Recorrentes, em tradução livre], Andrej Karpathy mostrou como treinar uma RNN para predizer o próximo caractere em uma frase. Essa *Char-RNN* pode então ser usada para gerar um novo texto, um caractere de cada vez. Veja esta pequena amostra do texto gerado por um modelo Char-RNN depois de ter sido treinado em toda a obra de Shakespeare:

> PANDARUS:
>
> Alas, I think he shall be come approached and the day When little srain would be attain'd into being never fed, And who is but a chain and subjects of his death
>
> I should not sleep.
>
> PÂNDARO:
>
> [Ai de mim, penso que chegará para vós o dia Em que sua linhagem nunca vingará e tu estarás apenas rodeado de grilhões e súditos em sua morte
>
> Não devo dormir.][3]

Não é lá uma obra-prima, mas ainda é impressionante que o modelo foi capaz de aprender palavras, gramática, pontuação adequada e muito mais, somente aprendendo a predizer o próximo caractere em uma frase. Vejamos como construir um Char-RNN, passo a passo, começando com a criação do conjunto de dados.

Criando o conjunto de dados de treinamento

Primeiro, faremos o download de todo o trabalho de Shakespeare, usando a prática função `get_file()` e baixando os dados do projeto Char-RNN de Andrej Karpathy (*https://github.com/karpathy/char-rnn*):

```
shakespeare_url = "https://homl.info/shakespeare" # Atalho URL
filepath = keras.utils.get_file("shakespeare.txt", shakespeare_url)
with open(filepath) as f:
    shakespeare_text = f.read()
```

Em seguida, devemos codificar cada caractere como um inteiro. Uma opção é criar uma camada de pré-processamento personalizada, como fizemos no Capítulo 13. Mas, neste caso, será mais simples usar a classe `Tokenizer` da Keras. Primeiro, é necessário ajustar um tokenizer ao texto: ele encontrará todos os caracteres usados no texto e mapeará cada um deles para um ID de caractere diferente, de 1 ao número de caracteres diferentes (não começa em 0, então podemos utilizar esse valor para mascarar, como veremos mais adiante neste capítulo):

3 N. da T.: Andrej Karpathy treinou uma RNN de três camadas com 512 nós ocultos em cada camada. Como sua rede havia aprendido toda a obra-prima de Shakespeare, essa tradução livre se refere ao texto gerado pela RNN com base na obra pouco conhecida Troilo e Créssida do dramaturgo e escritor, considerado pelos literários como uma comédia sombria cuja tradução não existe em português. A comédia original se passa na Guerra de Troia, em que o príncipe Troilo se apaixona por Créssida e conta com o apoio do tio da bela jovem, Pândaro, para conquistá-la.

```
tokenizer = keras.preprocessing.text.Tokenizer(char_level=True)
tokenizer.fit_on_texts([shakespeare_text])
```

Definimos `char_level=True` para obter a codificação em nível de caractere em vez da codificação-padrão em nível de palavra. Repare que este tokenizer converte o texto em minúsculas por padrão (mas você pode definir `lower=False` se não quiser isso). Agora, o tokenizer pode codificar uma frase (ou uma lista de frases) para uma lista de IDs de caracteres e vice-versa, e ainda nos informa quantos caracteres diferentes existem e o número total de caracteres no texto:

```
>>> tokenizer.texts_to_sequences(["First"])
[[20, 6, 9, 8, 3]]
>>> tokenizer.sequences_to_texts([[20, 6, 9, 8, 3]])
['f i r s t']
>>> max_id = len(tokenizer.word_index) # número de caracteres diferentes
>>> dataset_size = tokenizer.document_count # total de caracteres
```

Vamos codificar o texto completo para que cada caractere seja representado por seu ID (subtraímos 1 para obter IDs de 0 a 38, em vez de 1 a 39):

```
[encoded] = np.array(tokenizer.texts_to_sequences([shakespeare_text])) - 1
```

Antes de continuar, precisamos dividir o conjunto de dados em um conjunto de treinamento, um conjunto de validação e um conjunto de teste. Não podemos simplesmente embaralhar todos os caracteres no texto, então como você divide um conjunto de dados sequencial?

Como dividir um conjunto de dados sequencial

É muito importante evitar qualquer sobreposição entre o conjunto de treinamento, o conjunto de validação e o conjunto de teste. Por exemplo, podemos pegar os primeiros 90% do texto para o conjunto de treinamento, depois os próximos 5% para o conjunto de validação e os 5% finais para o conjunto de teste. Seria também uma boa ideia deixar uma lacuna entre esses conjuntos a fim de evitar o risco de um parágrafo se sobrepor em dois conjuntos.

Ao lidar com séries temporais, você normalmente a dividiria ao longo do tempo: por exemplo, você pode usar os anos de 2000 a 2012 no conjunto de treinamento, os anos de 2013 a 2015 no conjunto de validação e os anos de 2016 a 2018 no conjunto de teste. Entretanto, em alguns casos, você pode dividir ao longo de outras dimensões, o que lhe fornecerá um período de tempo maior para treinar. Por exemplo, se tiver dados sobre a saúde financeira de 10 mil empresas entre os anos 2000 a 2018, poderá dividir esses dados entre as diferentes empresas.

É bem provável que muitas dessas empresas sejam altamente correlacionadas (por exemplo, setores econômicos inteiros podem passar por altos e baixos juntos) e, se você tiver empresas correlacionadas em todo o conjunto de treinamento e no conjunto de teste, seu conjunto de teste não será de muita ajuda, pois sua estimativa de erro de generalização será enviesada de forma otimista.

Logo, em geral é mais seguro dividir ao longo do tempo — mas isso pressupõe implicitamente que os padrões que a RNN pode aprender no passado (no conjunto de treinamento) ainda existirão no futuro. Em outras palavras, assumimos que a série temporal é *estacionária* (pelo menos, em um sentido amplo).[4] Para muitas séries temporais, essa suposição é razoável (por exemplo, para reações químicas a suposição é boa, já que as leis da química não mudam de uma hora para outra), mas para muitas outras não é (por exemplo, os mercados financeiros são reconhecidamente não estacioná-

4 Por definição, a média, a variância e as *autocorrelações* de uma série temporal estacionária (ou seja, correlações entre os valores na série temporal separados por um determinado intervalo) não mudam ao longo do tempo. É algo restritivo; por exemplo, isso exclui séries temporais com tendências ou padrões cíclicos. As RNNs são mais tolerantes, pois conseguem aprender tendências e padrões cíclicos.

rios, uma vez que os padrões desaparecem assim que os investidores os identificam e começam a explorá-los). Para se certificar de que a série temporal é de fato estacionária o suficiente, você pode representar graficamente os erros do modelo no conjunto de validação ao longo do tempo: caso o modelo tenha um desempenho muito melhor na primeira parte do conjunto de validação do que na última parte, logo a série temporal pode não ser estacionária o suficiente, e talvez seja melhor treinar o modelo em um intervalo de tempo mais curto.

Em resumo, dividir uma série temporal em um conjunto de treinamento, um conjunto de validação e um conjunto de teste não é uma tarefa banal e como isso será feito dependerá exclusivamente da tarefa em questão.

Agora, de volta a Shakespeare! Vamos dividir os primeiros 90% do texto para o conjunto de treinamento (mantendo o resto para o conjunto de validação e teste) e criar um `tf.data.Dataset` que retornará cada caractere, um após o outro, a partir deste conjunto:

```
train_size = dataset_size * 90 // 100
dataset = tf.data.Dataset.from_tensor_slices(encoded[:train_size])
```

Decompondo o conjunto de dados sequencial em várias janelas

Agora, o conjunto de treinamento consiste em uma única sequência de mais de 1 milhão de caracteres, logo não podemos simplesmente treinar a rede neural diretamente nele: a RNN seria equivalente a uma rede profunda com mais de 1 milhão de camadas, e teríamos uma única instância (muito longa) para treiná-lo. Em vez disso, usaremos o método `window()` do conjunto de dados para converter essa longa sequência de caracteres em muitas janelas menores de texto. Cada instância no conjunto de dados será uma sequência de caracteres relativamente curta de todo o texto, e a RNN será desenrolada somente ao longo dessas subsequências de caracteres. Isso se chama *retropropagação truncada ao longo do tempo [backpropagation through time]*. Vamos chamar o método `window()` para criar um conjunto de dados de janelas de texto curto:

```
n_steps = 100
window_length = n_steps + 1 # alvo = entrada deslocada 1 caractere à frente
dataset = dataset.window(window_length, shift=1, drop_remainder=True)
```

Você pode tentar ajustar o `n_steps`: : é mais fácil treinar RNNs em sequências de entrada mais curtas, mas é claro que a RNN não será capaz de aprender nenhum padrão por mais tempo do que `n_steps`, então não a deixe muito pequena.

Por padrão, o método `window()` cria janelas não sobrepostas, mas, para obter o maior conjunto de treinamento possível, usamos o `shift=1` de modo que a primeira janela contém os caracteres de 0 a 100, a segunda contém os caracteres de 1 a 101 e assim por diante. Para assegurar que todas as janelas tenham exatamente 101 caracteres (o que nos permitirá criar batches sem recorrer ao padding), definimos `drop_remainder=True` (caso contrário, as últimas 100 janelas conterão 100 caracteres, 99 caracteres e assim por diante até 1 caractere). O método `window()` cria um conjunto de dados que contém janelas, cada uma das quais representada como um conjunto de dados. É um *conjunto aninhado de dados*, parecido com uma lista de listas. Isso é útil quando você quer transformar cada janela chamando seus métodos de conjunto de dados (por exemplo, para embaralhá-los ou colocá-los em batch). No entanto, não podemos usar um conjunto aninhado de dados diretamente para treinamento, pois nosso modelo espera tensores como entrada, não conjuntos de dados. Assim, devemos chamar o método `flat_map()`: ele converte um conjunto aninhado de dados em um *conjunto de dados flat* (aquele que não contém conjuntos de dados). Por exemplo, suponha que {1, 2, 3} representa um conjunto de dados contendo a sequência de tensores 1, 2 e 3. Se você achatar o conjunto aninhado de dados {{1, 2}, {3, 4, 5, 6}}, você recebe de volta o conjunto de dados flat {1, 2, 3, 4, 5, 6}. Além disso, o método `flat_map()` usa uma função como argumento, o que possibilita transformar cada conjunto de dados no conjunto de dados aninhado antes do achatamento. Por exemplo, se você passar a função `lambda ds: ds.batch(2)` para o `flat_map()`, ela transformará o conjunto de dados aninhado {{1, 2}, {3, 4, 5, 6}} no conjunto de dados achatado {[1, 2], [3, 4], [5, 6]}: é um conjunto de dados de tensores de tamanho 2. Com isso em mente, estamos prontos para achatar nosso conjunto de dados:

```
dataset = dataset.flat_map(lambda window: window.batch(window_length))
```

Observe que chamamos o `batch(window_length)` em cada janela: como todas as janelas têm exatamente esse comprimento, teremos um único tensor para cada uma delas. Agora, o conjunto de dados contém janelas consecutivas de 101 caracteres cada. Visto que o gradiente descendente funciona melhor quando as instâncias no conjunto de treinamento são independentes e distribuídas de forma idêntica (veja o Capítulo 4), precisamos embaralhar essas janelas. Em seguida, podemos agrupar as janelas e separar as entradas (os primeiros 100 caracteres) do alvo (o último caractere):

```
batch_size = 32
dataset = dataset.shuffle(10000).batch(batch_size)
dataset = dataset.map(lambda windows: (windows[:, :-1], windows[:, 1:]))
```

A Figura 16-1 resume as etapas de preparação do conjunto de dados analisadas até agora (mostrando janelas de comprimento 11 em vez de 101 e um tamanho de lote de 3 em vez de 32).

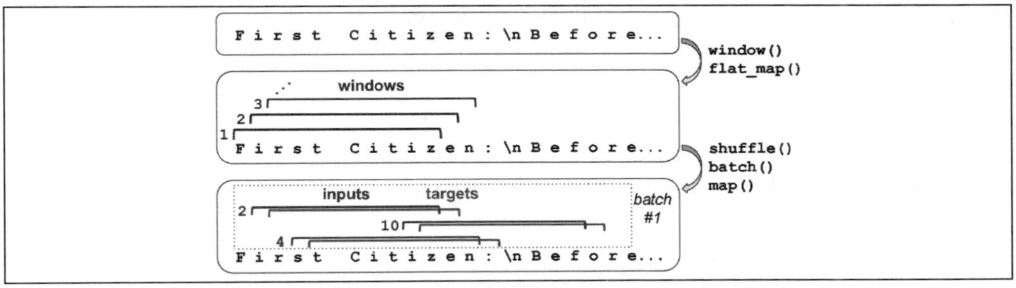

Figura 16-1. Preparando um conjunto de dados de janelas embaralhadas

Conforme analisado no Capítulo 13, as características de entrada categóricas devem ser codificadas, geralmente como vetores one-hot ou como embeddings. Aqui, codificaremos cada caractere usando um vetor one-hot porque existem poucos caracteres diferentes (apenas 39):

```
dataset = dataset.map(
    lambda X_batch, Y_batch: (tf.one_hot(X_batch, depth=max_id), Y_batch))
```

Por último, só precisamos adicionar a pré-busca:

```
dataset = dataset.prefetch(1)
```

Pronto! Preparar o conjunto de dados foi a parte mais difícil. Agora vamos criar o modelo.

Construindo e treinando o modelo Char-RNN

Para predizer o próximo caractere com base nos 100 caracteres anteriores, podemos usar uma RNN com 2 camadas `GRU` de 128 unidades cada e 20% de dropout em ambas as entradas (`dropout`) e os estados ocultos (`recurrent_dropout`). Podemos ajustar esses hiperparâmetros posteriormente, caso necessário.

A camada de saída é uma camada `Dense` distribuída ou desenrolada no tempo, como vimos no Capítulo 15. Desta vez, essa camada deve ter 39 unidades (`max_id`) porque há 39 caracteres diferentes no texto e queremos gerar uma probabilidade para cada caractere possível (em cada intervalo de tempo). As probabilidades de saída devem somar 1 em cada intervalo de tempo, por isso aplicamos a função de ativação softmax às saídas da camada `Dense`. Podemos, então, compilar esse modelo, empregando a perda `"sparse_categorical_crossen tropy"` e um otimizador de Adam. Por fim, estamos prontos para treinar o modelo em várias épocas (isso pode levar muitas horas, dependendo do seu hardware):

```
model = keras.models.Sequential([
    keras.layers.GRU(128, return_sequences=True, input_shape=[None, max_id],
                     dropout=0.2, recurrent_dropout=0.2),
    keras.layers.GRU(128, return_sequences=True,
                     dropout=0.2, recurrent_dropout=0.2),
    keras.layers.TimeDistributed(keras.layers.Dense(max_id,
                                                    activation="softmax"))
])
model.compile(loss="sparse_categorical_crossentropy", optimizer="adam")
history = model.fit(dataset, epochs=20)
```

Usando o modelo Char-RNN

Agora temos um modelo que consegue predizer o próximo caractere no texto escrito por Shakespeare. Para alimentá-lo com algum texto, primeiro precisamos pré-processá-lo como fizemos antes, então vamos criar uma pequena função para isso:

```
def preprocess(texts):
    X = np.array(tokenizer.texts_to_sequences(texts)) - 1
    return tf.one_hot(X, max_id)
```

Agora usaremos o modelo para predizer a próxima letra em algum texto:

```
>>> X_new = preprocess(["How are yo"])
>>> Y_pred = model.predict_classes(X_new)
>>> tokenizer.sequences_to_texts(Y_pred + 1)[0][-1] # 1ª frase, último caractere
'u'
```

Aí sim! O modelo acertou. Agora usaremos esse modelo para gerar um novo texto.

Gerando um falso texto shakespeariano

A fim de gerar um novo texto utilizando o modelo Char-RNN, poderíamos alimentá-lo com um pouco de texto, fazer o modelo predizer a próxima letra mais provável, adicioná-la ao final do texto e fornecer esse texto ao modelo para que o mesmo adivinhe a próxima letra, e assim por diante. Mas, na prática, isso normalmente leva à repetição das mesmas palavras continuamente. Em vez disso, podemos escolher o próximo caractere aleatoriamente, com uma probabilidade igual à probabilidade estimada, usando a função `tf.random.categorical()` da TensorFlow. Ela gerará um texto mais diversificado e interessante. A função `categorical()` faz a amostragem de índices de classes aleatórias, dadas as probabilidades do log da classe (logits). Para ter mais controle sobre a diversidade do texto gerado, podemos dividir os logits por um número chamado de *temperatura*, que podemos ajustar como desejarmos: uma temperatura próxima a 0 favorecerá os caracteres de alta probabilidade, ao passo que uma temperatura muito alta fornecerá a todos os caracteres uma probabilidade igual. A função seguinte `next_char()` usa essa abordagem a fim de escolher o próximo caractere para adicionar ao texto de entrada:

```
def next_char(text, temperature=1):
    X_new = preprocess([text])
    y_proba = model.predict(X_new)[0, -1:, :]
    rescaled_logits = tf.math.log(y_proba) / temperature
    char_id = tf.random.categorical(rescaled_logits, num_samples=1) + 1
    return tokenizer.sequences_to_texts(char_id.numpy())[0]
```

Em seguida, podemos escrever uma pequena função que chamará repetidamente o `next_char()` para obter o próximo caractere e anexá-lo ao texto fornecido:

```
def complete_text(text, n_chars=50, temperature=1):
    for _ in range(n_chars):
        text += next_char(text, temperature)
    return text
```

Agora, já está tudo certo para gerarmos um pouco de texto! Vamos tentar com diferentes temperaturas:

```
>>> print(complete_text("t", temperature=0.2))
the belly the great and who shall be the belly the
>>> print(complete_text("w", temperature=1))
thing? or why you gremio.
who make which the first
>>> print(complete_text("w", temperature=2))
th no cce:
yeolg-hormer firi. a play asks.
fol rusb
```

Aparentemente, nosso modelo Shakespeare funciona melhor em uma temperatura próxima a 1. Para gerar um texto mais convincente, você pode tentar usar mais camadas `GRU` e mais neurônios por camada, treinar por mais tempo e adicionar um pouco de regularização (por exemplo, você pode definir `recurrent_dropout=0.3 = 0,3` nas camadas `GRU`). Além disso, o modelo é atualmente incapaz de aprender padrões de aprendizagem por mais tempo do que `n_steps`, que conta somente com 100 caracteres. Você pode tentar aumentar esta janela, mas também dificultará mais o treinamento, e mesmo as células LSTM e GRU não podem lidar com sequências muito longas. Como alternativa, você pode usar um RNN stateful.

RNN stateful

Até agora, temos usado apenas *RNNs stateless*: a cada iteração de treinamento o modelo começa com um estado oculto repleto de zeros, depois ele atualiza esse estado a cada intervalo de tempo e, após o último intervalo de tempo, ele o descarta, pois não é mais necessário. E se disséssemos à RNN para preservar este estado final após processar um batch de treinamento e usá-lo como o estado inicial para o próximo batch de treinamento? Dessa forma, o modelo pode aprender padrões de longo prazo, apesar de fazer a retropropagação somente por meio de sequências curtas. Essa RNN se chama *RNN stateful*. Vejamos como construir uma.

Primeiro, repare que uma RNN stateful só faz sentido se cada sequência de entrada em um batch começar exatamente onde a sequência correspondente no batch anterior parou. Assim sendo, a primeira coisa necessária a fazer para construirmos uma RNN stateful é utilizar sequências de entrada sequenciais e não sobrepostas (em vez das sequências embaralhadas e sobrepostas que usamos para treinar as RNNs stateless). Ao criar o `Dataset`, devemos usar `shift=n_steps` (em vez de `shift=1`) quando chamamos o método `window()`. Aliás, *nem* pense em chamar o método `shuffle()`. Infelizmente, o envio em batch é mais difícil ao preparar um conjunto de dados para uma RNN stateful do que para uma RNN stateless. Na verdade, se chamássemos o `batch(32)`, 32 janelas consecutivas seriam colocadas no mesmo batch e o batch seguinte não continuaria de onde cada uma dessas janelas parou. O primeiro batch teria janelas de 1 a 32 e o segundo batch conteria janelas de 33 a 64, logo se você considerar, digamos, a primeira janela de cada batch (ou seja, janelas 1 e 33), você pode ver que elas não são consecutivas. A solução mais simples para este problema é usar apenas "batches" contendo uma única janela:

```
dataset = tf.data.Dataset.from_tensor_slices(encoded[:train_size])
dataset = dataset.window(window_length, shift=n_steps, drop_
remainder=True)
dataset = dataset.flat_map(lambda window: window.batch(window_length))
dataset = dataset.batch(1)
dataset = dataset.map(lambda windows: (windows[:, :-1], windows[:, 1:]))
dataset = dataset.map(
    lambda X_batch, Y_batch: (tf.one_hot(X_batch, depth=max_id), Y_batch))
dataset = dataset.prefetch(1)
```

A Figura 16-2 resume os primeiros passos:

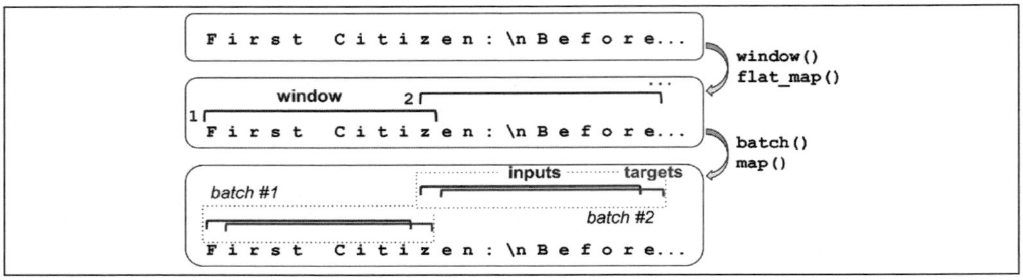

Figura 16-2. Preparando um conjunto de dados de fragmentos de sequência consecutivos para uma RNN stateful

Fazer o batching é mais difícil, mas não impossível. Por exemplo, poderíamos dividir o texto de Shakespeare em 32 textos de comprimento igual, criar um conjunto de dados de sequências de entrada consecutivas para cada um deles e, por último, usar o `tf.train.Dataset.zip(datasets).map (lambda *windows: tf.stack(windows))` para criar batches consecutivos adequados, em que a *e-nésima* sequência de entrada em um batch começa exatamente onde a *e-nésima* sequência de entrada terminou no batch anterior (veja o notebook, para conferir o código completo).

Agora vamos criar uma RNN stateful. Primeiro, ao criar cada camada recorrente, é necessário definir `stateful=True`. Segundo, a RNN stateful precisa saber o tamanho do batch (já que preservará um estado para cada sequência de entrada no batch), então devemos definir o argumento `batch_input_shape` na primeira camada. Note que podemos deixar a segunda dimensão sem especificação, pois as entradas podem ter qualquer comprimento:

```
model = keras.models.Sequential([
    keras.layers.GRU(128, return_sequences=True, stateful=True,
                     dropout=0.2, recurrent_dropout=0.2,
                     batch_input_shape=[batch_size, None, max_id]),
    keras.layers.GRU(128, return_sequences=True, stateful=True,
                     dropout=0.2, recurrent_dropout=0.2),
    keras.layers.TimeDistributed(keras.layers.Dense(max_id,
                                                    activation="softmax"))
])
```

No final de cada época, precisamos redefinir os estados antes de voltar ao início do texto. Para isso, podemos usar um pequeno callback:

```
class ResetStatesCallback(keras.callbacks.Callback):
    def on_epoch_begin(self, epoch, logs):
        self.model.reset_states()
```

E agora podemos compilar e ajustar o modelo (para mais épocas, pois cada época é mais curta do que antes e há apenas uma instância por batch):

```
model.compile(loss="sparse_categorical_crossentropy", optimizer="adam")
model.fit(dataset, epochs=50, callbacks=[ResetStatesCallback()])
```

> Após esse modelo ser treinado, só será possível usá-lo para fazer predições em batches do mesmo tamanho que foram usados durante o treinamento. Para contornar essa restrição, crie um modelo stateless idêntico e copie os pesos do modelo stateful para este modelo.

Agora que construímos um modelo de nível de caractere, é hora de analisar os modelos de nível de palavra e enfrentar uma tarefa comum de processamento de linguagem natural: *análise de semântica*. No processo, aprenderemos como lidar com sequências de comprimentos variáveis usando a técnica de mascaramento.

Análise de Sentimentos

Se MNIST é o "hello world" da visão computacional, então o conjunto de dados de resenhas da IMDb é o "hello world" do processamento de linguagem natural: ele tem 50 mil resenhas de filmes em inglês (25 mil para treinamento, 25 mil para teste) extraídas do famoso Internet Movie Database (*https://imdb.com/*), junto com uma avaliação binária simples para cada resenha, indicando se ela é negativa (0) ou positiva (1). Assim como o MNIST, o conjunto de dados de resenhas do IMDb é popular por uma série de boas razões: é simples o suficiente para rodar em uma máquina em um período de tempo razoável, e desafiador o bastante para ser divertido e gratificante. A Keras fornece uma função simples para carregá-lo:

```
>>> (X_train, y_train), (X_test, y_test) = keras.datasets.imdb.load_data()
>>> X_train[0][:10]
[1, 14, 22, 16, 43, 530, 973, 1622, 1385, 65]
```

Onde estão as resenhas dos filmes? Como você pode ver, o conjunto de dados já foi pré-processado: o `X_train` consiste em uma lista de comentários, cada um dos quais é representado como um array NumPy de inteiros, onde cada inteiro representa uma palavra. Removeu-se a pontuação e, em seguida, as palavras foram convertidas em minúsculas, divididas por espaços e, por último, indexadas por frequência (logo, inteiros baixos correspondem a palavras frequentes). Os inteiros 0, 1 e 2 são especiais: eles representam o padding token, o token de *início da sequência* (SOS) e palavras desconhecidas, respectivamente. Se quiser visualizar uma resenha, você pode decodificá-la assim:

```
>>> word_index = keras.datasets.imdb.get_word_index()
>>> id_to_word = {id_ + 3: word for word, id_ in word_index.items()}
>>> for id_, token in enumerate(("<pad>", "<sos>", "<unk>")):
...     id_to_word[id_] = token
...
>>> " ".join([id_to_word[id_] for id_ in X_train[0][:10]])
'<sos> this film was just brilliant casting location scenery story'
```

Em um projeto real, você mesmo terá que pré-processar o texto. Você pode fazer isso usando a mesma classe `Tokenizer` que utilizamos anteriormente, basta definir `char_level=False` (que é o padrão). Ao codificar palavras, ela filtra muitos caracteres, incluindo a maioria dos sinais de pontuação, quebras de linha e tabulações (mas você consegue alterar isso definindo o argumento `filters`). E o mais importante ainda, ela usa espaços a fim de identificar os limites das palavras. Isso é ótimo para o inglês e outros scripts (idiomas de raiz latina) que usam espaços entre as palavras, mas nem todos os scripts usam espaços desse jeito. A língua chinesa não usa espaços entre palavras, vietnamita usa espaços dentro das palavras, e idiomas como o alemão costumam aglutinar diversas palavras, sem espaços. Mesmo em inglês, os espaços nem sempre são a melhor forma de tokenizar o texto: pense em "São Francisco" ou "#ILoveDeepLearning".

Felizmente, existem opções melhores! O artigo de 2018 (*https://homl.info/subword*)[5] de Taku Kudo apresentou uma técnica de aprendizado não supervisionado para tokenizar e destokenizar textos no nível de subpalavra independentemente do idioma, tratando os espaços como outros caracteres. Por meio dessa abordagem, mesmo que seu modelo encontre uma palavra que nunca viu antes, ele ainda pode adivinhar seu significado. Por exemplo, talvez seu modelo nunca tenha visto a palavra inglesa "smartest" durante o treinamento, porém talvez ele tenha aprendido a palavra "smart" e também que o sufixo "est" significa "é mais que (grau superlativo de superioridade)", logo ele consegue inferir o significado de "smartest". O projeto do *SentencePiece* do Google (*https://github.com/google/sentence piece*) fornece uma implementação de open source, descrita em um artigo (*https://homl.info/sentencepiece*)[6] de Taku Kudo e John Richardson.

Outra opção foi proposta em um artigo anterior (*https://homl.info/rarewords*)[7] por Rico Sennrich et al. que explorou outras maneiras de criar codificações de subpalavra (por exemplo, usando a técnica *byte pair encoding*). Por último, mas não menos importante, a equipe da TensorFlow lançou a biblioteca TF.Text (*https://homl.info/tftext*) em junho de 2019, que implementa várias estratégias de tokenização, incluindo o WordPiece (*https://homl.info/wordpiece*)[8] (uma variante da byte pair encoding).

Caso deseje implementar seu modelo em um dispositivo móvel ou navegador da web e não queira escrever uma função de pré-processamento diferente toda vez, é melhor lidar com o pré-processamento usando somente operações da TensorFlow, de modo que elas possam ser incluídas no próprio modelo. Vejamos como: Primeiro, vamos carregar as análises originais do IMDb, como texto (strings de bytes), utilizando os conjuntos de dados da TensorFlow (apresentados no Capítulo 13):

```
import tensorflow_datasets as tfds

datasets, info = tfds.load("imdb_reviews", as_supervised=True, with_info=True)
train_size = info.splits["train"].num_examples
```

A seguir, vamos escrever a função de pré-processamento:

```
def preprocess(X_batch, y_batch):
    X_batch = tf.strings.substr(X_batch, 0, 300)
    X_batch = tf.strings.regex_replace(X_batch, b"<br\\s*/?>", b" ")
    X_batch = tf.strings.regex_replace(X_batch, b"[^a-zA-Z']", b" ")
    X_batch = tf.strings.split(X_batch)
    return X_batch.to_tensor(default_value=b"<pad>"), y_batch
```

5 Taku Kudo, "Subword Regularization: Improving Neural Network Translation Models with Multiple Subword Candidates", arXiv preprint arXiv:1804.10959 (2018).

6 Taku Kudo e John Richardson, "SentencePiece: A Simple and Language Independent Subword Tokenizer and Detokenizer for Neural Text Processing", arXiv preprint arXiv:1808.06226 (2018).

7 Rico Sennrich et al., "Neural Machine Translation of Rare Words with Subword Units", *Anais da 54ª Reunião Anual da Associação Linguística Computacional* 1 (2016): 1715–1725.

8 Yonghui Wu et al., "Google's Neural Machine Translation System: Bridging the Gap Between Human and Machine Translation", arXiv preprint arXiv:1609.08144 (2016).

A função começa truncando as resenhas, mantendo somente os primeiros 300 caracteres de cada: isso acelerará o treinamento e não afetará muito o desempenho, já que geralmente podemos afirmar se uma resenha é positiva ou não logo na primeira ou segunda frase. Em seguida, ela usa *expressões regulares* para substituir as tags `<br />` com espaços e para substituir quaisquer caracteres diferentes de letras e aspas por espaços. Por exemplo, o texto em inglês `"Well, I can't<br />"` se tornará `"Well I can't"`. Por último, a função `preprocess()` divide as resenhas pelos espaços, retornando um tensor irregular. Depois, ela converte esse tensor irregular em um tensor denso, usando o padding em todas as resenhas com o token de padding `"<pad>"` para que todas tenham o mesmo comprimento.

Em seguida, precisamos construir o vocabulário. Logo, temos que percorrer todo o conjunto de treinamento uma vez, aplicando nossa função `preprocess()` e usando um `Counter` para calcular o número de ocorrências de cada palavra:

```
from collections import Counter
vocabulary = Counter()
for X_batch, y_batch in datasets["train"].batch(32).map(preprocess):
    for review in X_batch:
        vocabulary.update(list(review.numpy()))
```

Vejamos as três palavras mais comuns:

```
>>> vocabulary.most_common()[:3]
[(b'<pad>', 215797), (b'the', 61137), (b'a', 38564)]
```

Ótimo! Provavelmente não precisamos que nosso modelo conheça todas as palavras do dicionário para alcançar um bom desempenho, então truncaremos o vocabulário, mantendo apenas as 10 mil palavras mais comuns:

```
vocab_size = 10000
truncated_vocabulary = [
    word for word, count in vocabulary.most_common()[:vocab_size]]
```

Agora precisamos adicionar uma etapa de pré-processamento para substituir cada palavra por seu ID (ou seja, seu índice no vocabulário). Assim como fizemos no Capítulo 13, criaremos uma tabela de pesquisa para isso, usando mil out-of-vocabulary (oov) buckets.

```
words = tf.constant(truncated_vocabulary)
word_ids = tf.range(len(truncated_vocabulary), dtype=tf.int64)
vocab_init = tf.lookup.KeyValueTensorInitializer(words, word_ids)
num_oov_buckets = 1000
table = tf.lookup.StaticVocabularyTable(vocab_init, num_oov_buckets)
```

Podemos, então, usar esta tabela para consultar os IDs de algumas palavras:

```
>>> table.lookup(tf.constant([b"This movie was faaaaaantastic".split()]))
<tf.Tensor: [...], dtype=int64, numpy=array([[    22,     12,     11, 10054]])>
```

Repare que as palavras "this", "movie" e "was" foram encontradas na tabela, logo seus IDs são menores que 10 mil, mas a palavra "faaaaaantastic" não foi encontrada, ou seja, ela foi mapeada para um dos buckets oov, com um ID maior ou igual a 10 mil.

> O TF Transform (apresentado no Capítulo 13) fornece algumas funções úteis para lidar com tais vocabulários. Por exemplo, confira a função `tft.compute_and_apply_vocabulary()`: ela percorrerá o conjunto de dados para encontrar todas as palavras diferentes e construir o vocabulário, e gerará as operações TF necessárias para codificar cada palavra usando o mesmo vocabulário.

Agora estamos prontos para criar o conjunto de treinamento final. Colocamos as resenhas em batch e, em seguida, as convertemos em sequências curtas de palavras usando a função `preprocess()`, depois convertemos essas palavras usando uma simples função `encode_words()` que usa a tabela que acabamos de criar e, por último, pré-busca o próximo batch:

```
def encode_words(X_batch, y_batch):
    return table.lookup(X_batch), y_batch

train_set = datasets["train"].batch(32).map(preprocess)
train_set = train_set.map(encode_words).prefetch(1)
```

Por fim, podemos criar o modelo e treiná-lo:

```
embed_size = 128
model = keras.models.Sequential([
    keras.layers.Embedding(vocab_size + num_oov_buckets, embed_size,
                           input_shape=[None]),
    keras.layers.GRU(128, return_sequences=True),
    keras.layers.GRU(128),
    keras.layers.Dense(1, activation="sigmoid")
])
model.compile(loss="binary_crossentropy", optimizer="adam",
              metrics=["accuracy"])
history = model.fit(train_set, epochs=5)
```

A primeira camada é uma camada `Embedding`, que converterá os IDs de palavras em embeddings (apresentados no Capítulo 13). A matriz de embedding precisa ter uma linha por ID de palavra (`vocab_size + num_oov_buckets`) e uma coluna por dimensão de embedding (este exemplo usa 128 dimensões, mas você consegue ajustar esse hiperparâmetro). Considerando que as entradas do modelo serão tensores de formato 2D [*tamanho do batch*, *intervalo de tempo*], a saída da camada `Embedding` será um tensor de formato 3D [*tamanho do batch*, *intervalo de tempo e tamanho do embedding*].

O resto do modelo é bastante simples: é composto de duas camadas `GRU`, a segunda camada retorna a saída do último intervalo de tempo. A camada de saída é apenas um único neurônio usando a função de ativação sigmoide que gera a probabilidade estimada de que a resenha expressa um sentimento positivo em relação ao filme. Em seguida, compilamos o modelo de forma bastante simples e o ajustamos no conjunto de dados que preparamos anteriormente em algumas épocas.

Mascaramento

Tal como se apresenta, o modelo precisará aprender que os tokens de padding devem ser ignorados. Mas já sabemos disso! Por que não dizemos ao modelo para ignorar os tokens de padding, para que assim ele possa se concentrar nos dados realmente importantes? É bem simples: basta adicionar `mask_zero=True` ao criar a camada `Embedding`. Isso significa que tokens de padding (cujo ID é 0)[9] serão ignorados por todas as camadas inferiores. Pronto!

Tudo funciona assim: a camada `Embedding` cria uma *máscara de tensor* igual ao `K.not_equal(inputs, 0)` (sendo `K = keras.backend`), ou seja, um tensor booleano com o mesmo formato de entradas e igual a `Falso` em qualquer lugar onde os IDs das palavras são 0 ou `True`. Essa máscara de tensor é então propagada automaticamente pelo modelo para todas as camadas subsequentes, desde que a dimensão de tempo seja preservada. Desse modo, neste exemplo, ambas as camadas `GRU` receberão essa máscara automaticamente, e, desde que a segunda camada `GRU` não

9 Seu ID é 0 somente porque são as "palavras" mais frequentes no conjunto de dados. Provavelmente seria uma boa ideia garantir que os tokens de padding sejam sempre codificados como 0, ainda que não sejam os mais frequentes.

retorne as sequências (retorne apenas a saída do último intervalo de tempo), a máscara não será transmitida para a camada `Dense`. Cada camada lida com a máscara de forma diferente, mas em geral elas simplesmente ignoram os intervalos de tempo mascarados (ou seja, os intervalos de tempo cuja máscara é `False`). Por exemplo, quando uma camada recorrente encontra um intervalo de tempo mascarado, ela simplesmente copia a saída do intervalo de tempo anterior. Se a máscara se propagar até a saída (em modelos que geram sequências, o que não é o caso neste exemplo), ela também será aplicada às perdas, de modo que os intervalos de tempo mascarados não contribuirão para a perda (a perda deles será 0).

> As camadas `LSTM` e `GRU` têm uma implementação otimizada para GPUs, com base na biblioteca cuDNN da Nvidia. Contudo, essa implementação não suporta o mascaramento. Caso seu modelo use uma máscara, essas camadas retornarão a usar a implementação--padrão (bem mais lenta). Observe que a implementação otimizada também exige que você use os valores-padrão para diversos hiperparâmetros: `activation`, `recurrent_activation`, `recurrent_dropout`, `unroll`, `use_bias` e `reset_after`.

Todas as camadas que recebem a máscara devem suportar o mascaramento (caso contrário, uma exceção será lançada). Isso inclui todas as camadas recorrentes, bem como a camada `TimeDistributed` e algumas outras camadas. Qualquer camada que suporte o mascaramento deve ter um atributo `supports_masking` igual a `True`. Se quiser implementar sua própria camada customizada que suporte uma máscara, você deve adicionar um argumento `mask` para o método `call()` (e, obviamente, fazer o método usar a máscara de alguma forma). Além do mais, você deve definir `self.supports_masking = True` no construtor. Se sua camada não começar com uma camada `Embedding`, você pode usar a camada `keras.layers.Masking`: ela define a máscara para `K.any(K.not_equal(inputs, 0), axis=-1)`, o que significa que os intervalos de tempo na última dimensão estão repletos de zeros que serão mascarados nas camadas subsequentes (mais uma vez, contanto que a dimensão de tempo exista).

Usar as camadas de máscara e propagação automática de máscara funciona melhor para simples modelos `Sequential`. Nem sempre funcionará para modelos mais complexos, como quando você precisa misturar camadas `Conv1D` com camadas recorrentes. Nesses casos, você precisará calcular explicitamente a máscara e passá-la para as camadas adequadas, usando a functional API ou a subclassing API. Por exemplo, o modelo a seguir é idêntico ao modelo anterior, exceto que foi criado usando a functional API e lida com o mascaramento de forma manual:

```
K = keras.backend
inputs = keras.layers.Input(shape=[None])
mask = keras.layers.Lambda(lambda inputs: K.not_equal(inputs, 0))(inputs)
z = keras.layers.Embedding(vocab_size + num_oov_buckets, embed_size)(inputs)
z = keras.layers.GRU(128, return_sequences=True)(z, mask=mask)
z = keras.layers.GRU(128)(z, mask=mask)
outputs = keras.layers.Dense(1, activation="sigmoid")(z)
model = keras.Model(inputs=[inputs], outputs=[outputs])
```

Depois de treinar por algumas épocas, esse modelo se tornará muito bom em julgar se uma resenha é positiva ou não. Caso use o callback `TensorBoard()`, você pode visualizar os embeddings no TensorBoard, conforme eles estão sendo aprendidos: é formidável ver palavras como "awesome" e "amazing" sendo sucessivamente clusterizadas em um lado do espaço do embedding, enquanto palavras como "awful" e "terrible" são clusterizadas do outro lado. Algumas palavras não são tão positivas quanto poderíamos imaginar (pelo menos, neste modelo), como a palavra "good", provavelmente porque muitos comentários negativos contêm a frase "not good". É surpreendente que o modelo seja capaz de aprender word embeddings úteis com base em somente 25 mil resenhas de filmes. Imagine como os embeddings seriam bons se tivéssemos bilhões de resenhas para treinar! Infelizmente não temos, mas talvez possamos reutilizar word embeddings treinados em algum outro grande corpus de texto (por exemplo, artigos da Wikipedia), mesmo não sendo composto de resenhas de filmes. Afinal, a palavra "amazing" geralmente tem o mesmo significado, quer você a use se referir a filmes ou qualquer outra coisa. Por outro lado, talvez os embeddings sejam úteis para a análise de sentimentos, mesmo se forem treinados em outra tarefa: visto que palavras como "awesome" e "amazing" têm significados parecidos, elas provavelmente serão clusterizadas no espaço do embedding, mesmo quando se trata de outras tarefas (como, por exemplo, predizer a próxima palavra em uma frase). Se todas as palavras positivas e todas as palavras negativas formarem clusters, isso será útil para a análise de sentimentos. Logo, em vez de usar tantos parâmetros para aprender embeddings de palavras, vejamos se não conseguimos simplesmente reutilizar os embeddings pré-treinados.

Reutilizando embeddings pré-treinados

O projeto TensorFlow Hub facilita a reutilização de componentes de modelo pré-treinados em seus próprios modelos. Esses componentes do modelo são chamados de *módulos*. Basta navegar no repositório TF Hub (*https://tfhub.dev*), encontrar o que você precisa e copiar o exemplo de código em seu projeto, e o download do módulo será automaticamente efetuado, junto com seus pesos pré-treinados, e incluído em seu modelo. Fácil!

Por exemplo, vamos usar o módulo embedding de frases `nnlm-en-dim50`, versão 1, em nosso modelo de análise de semântica:

```
import tensorflow_hub as hub
model = keras.Sequential([
    hub.KerasLayer("https://tfhub.dev/google/tf2-preview/nnlm-en-dim50/1",
                   dtype=tf.string, input_shape=[], output_shape=[50]),
    keras.layers.Dense(128, activation="relu"),
    keras.layers.Dense(1, activation="sigmoid")
])
model.compile(loss="binary_crossentropy", optimizer="adam",
              metrics=["accuracy"])
```

A camada `hub.KerasLayer` faz o download do módulo do URL fornecido. Este módulo específico é um *codificador de sentença* [*sentence encoder]*: ele recebe sequências de caracteres como entrada e codifica cada uma como um único vetor (neste caso, um vetor de 50 dimensões). Internamente, ele analisa sintaticamente a string (dividindo palavras em espaços) e incorpora cada palavra usando uma matriz de embedding que foi pré-treinada em um corpus enorme: o corpus Google News 7B (sete bilhões de palavras!). Em seguida, ele calcula a média de todas os word embeddings e o resultado é o sentence embedding.[10] Podemos, então, adicionar duas simples camadas `Dense` para criar um bom modelo de análise de sentimentos. Por padrão, a `hub.KerasLayer` não é treinável, mas você pode definir `trainable=True` ao criá-la, altere isso de modo que você possa ajustá-la em sua tarefa.

> Nem todos os módulos TF Hub são compatíveis com a TensorFlow 2, portanto, escolha um módulo compatível.

Em seguida, podemos somente carregar o conjunto de dados de análises do IMDb — sem necessidade de pré-processá-lo (exceto para batch e pré-busca) — e treinar diretamente o modelo:

10 Para ser mais preciso, o sentence embedding é igual à média do word embedding multiplicada pela raiz quadrada do número de palavras em uma frase. Isso compensa o fato de que a média de *n* vetores fica mais curta à medida que *n* aumenta.

```
datasets, info = tfds.load("imdb_reviews", as_supervised=True, with_info=True)
train_size = info.splits["train"].num_examples
batch_size = 32
train_set = datasets["train"].batch(batch_size).prefetch(1)
history = model.fit(train_set, epochs=5)
```

Repare que a última parte do URL do módulo TF Hub especificou que queríamos a versão 1 do modelo. Esse controle de versão assegura que, se uma nova versão do módulo for lançada, ela não prejudicará nosso modelo. Convenientemente, se apenas inserir este URL em um navegador da web, você obterá a documentação para este módulo. Por padrão, o TF Hub armazenará em cache os arquivos baixados no diretório temporário do sistema local. Talvez você prefira fazer o download dele em um diretório mais permanente a fim de evitar baixá-los novamente, após cada limpeza do sistema. Para tal, defina a variável do ambiente `TFHUB_CACHE_DIR` para o diretório de sua escolha (por exemplo, `os.environ["TFHUB_CACHE_DIR"] = "./my_tfhub_cache"`).

Até agora, vimos séries temporais, geração de texto usando uma Char-RNN e análise de sentimentos que utilizam modelos RNN de nível de palavra, treinando nossos próprios word embeddings ou reutilizando embeddings pré-treinados.

Vejamos agora outra tarefa importante da PNL: a *tradução automática neural* (NMT). Primeiro, usaremos um simples modelo codificador-decodificador, depois vamos aprimorá-lo por meio do mecanismo de atenção e, por último, analisaremos a extraordinária arquitetura Transformer.

Rede Codificador-Decodificador para Tradução Automática Neural

Vamos dar uma olhada em um modelo simples de tradução automática neural (*https://homl.info/103*)[11] que traduzirá frases do inglês para o francês (veja a Figura 16-3).

Em resumo, as frases em inglês são enviadas ao codificador e o decodificador fornece as traduções em francês. Note que as traduções em francês também são usadas como entradas para o decodificador, mas pulam um intervalo. Em outras palavras, o decodificador recebe como entrada a palavra que *deveria* ter saída no intervalo anterior (independentemente do que ele gera como saída). Para a primeira palavra, é fornecido o token de início de sequência (SOS). Espera-se que o decodificador termine a frase com um token de fim de sequência (EOS).

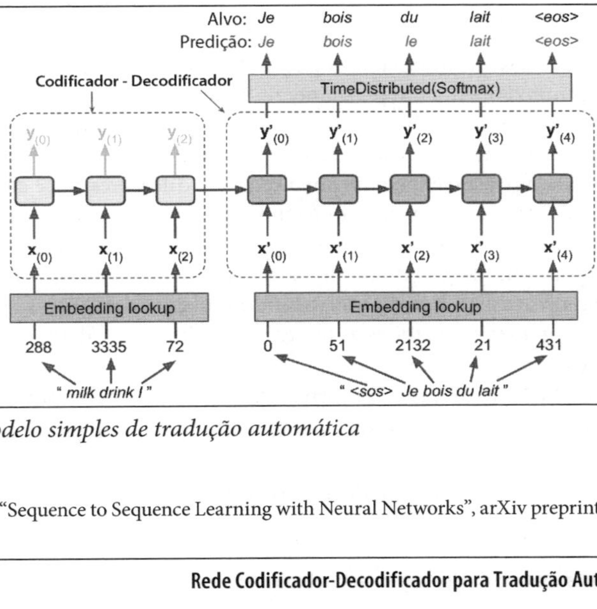

Figura 16-3. Um modelo simples de tradução automática

11 Ilya Sutskever et al., "Sequence to Sequence Learning with Neural Networks", arXiv preprint arXiv:1409.3215 (2014).

Repare que as frases em inglês são invertidas antes de serem enviadas para o codificador. Por exemplo, "I drink milk" é revertida para "milk drink I". Isso garante que o início da frase em inglês seja alimentado por último no codificador, coisa que ajuda muito, pois geralmente é a primeira coisa que o decodificador precisa traduzir.

Cada palavra é inicialmente representada por seu ID (por exemplo, 288 para a palavra "milk"). Em seguida, uma camada `embedding` retorna o word embedding. Esses word embeddings realmente alimentam o codificador e o decodificador.

Em cada intervalo, o decodificador gera um score para cada palavra no vocabulário de saída (ou seja, francês) e, em seguida, a camada softmax transforma esses scores em probabilidades. Por exemplo, no primeiro intervalo a palavra "Je" pode ter uma probabilidade de 20%, "Tu" pode ter uma probabilidade de 1% e assim por diante. Gera-se a saída da palavra com maior probabilidade. Isso é bem-parecido com uma tarefa de classificação regular, assim você pode treinar o modelo usando a perda `"sparse_categorical_crossentropy"`, como fizemos no modelo Char-RNN.

Veja que, no momento da inferência (após o treinamento), você não terá a frase-alvo para alimentar ao decodificador. Em vez disso, simplesmente alimente o decodificador com a palavra que ele gerou como saída no intervalo anterior, conforme mostrado na Figura 16-4 (isso exigirá um embedding lookup que não é mostrada no diagrama).

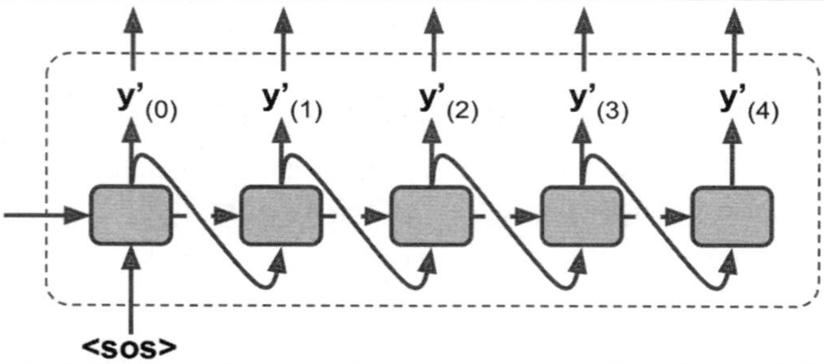

Figura 16-4. Alimentando a palavra da saída anterior como entrada no momento da inferência

Ok, agora você tem o panorama geral. Ainda assim, existem mais alguns detalhes a serem tratados se você implementar esse modelo:

- Até agora, assumimos que todas as sequências de entrada (para o codificador e para o decodificador) têm um comprimento permanente. No entanto, o comprimento das frases varia. Como os tensores regulares têm formas fixas, eles podem conter apenas frases do mesmo comprimento. Você pode usar o mascaramento para lidar com isso, conforme discutido anteriormente. Mas, se as frases têm comprimentos muito diferentes, você não pode simplesmente recortá-las como fizemos para a análise de sentimentos (já que queremos traduções completas, não traduções recortadas). Em vez disso, agrupe as frases em intervalos de comprimentos semelhantes (por exemplo, um intervalo para as frases de 1 a 6 palavras, outro para as frases de 7 a 12 palavras e assim por diante), usando o padding para as sequências mais curtas com o intuito de garantir que todas as frases em um bucket tenham o mesmo comprimento (confira a função `tf.data.experimental.bucket_by_sequence_length()` para isso). Por exemplo, "I drink milk" se torna "<pad> <pad> <pad> milk drink I".
- Queremos ignorar qualquer saída após o token EOS, portanto, esses tokens não devem contribuir para a perda (eles devem ser mascarados). Por exemplo, se o modelo gerar "Je bois du lait<eos> oui", a perda da última palavra deve ser ignorada.

- Quando o vocabulário de saída é grande (o que é o caso aqui), a saída de uma probabilidade para cada palavra possível seria absurdamente lenta. Se o vocabulário-alvo tiver, digamos, 50 mil palavras francesas, logo o decodificador produzirá 50 mil vetores dimensionais, mas calcular a função softmax em relação a um vetor tão grande seria bastante trabalhoso em termos computacionais. A fim de evitar isso, uma solução é considerar apenas a saída dos logits geradas pelo modelo para a palavra correta e para uma amostra aleatória de palavras incorretas e, depois, calcular uma aproximação da perda com base somente nesses logits. Esta técnica de *softmax amostrada* foi apresentada em 2015 por Sébastien Jean et al. (*https://homl.info/104*).[12] Na TensorFlow, você pode usar a função `tf.nn.sampled_softmax_loss()` para isso durante o treinamento e também a função softmax normal no tempo de inferência (a softmax amostrada não pode ser utilizada no momento de inferência, pois requer o conhecimento do alvo).

O projeto TensorFlow Addons inclui muitas ferramentas de sequência à sequência que possibilitam que você crie facilmente codificadores-decodificadores prontos para produção. Por exemplo, o código a seguir cria um modelo básico de codificador-decodificador semelhante ao representado na Figura 16-3:

```
import tensorflow_addons as tfa

encoder_inputs = keras.layers.Input(shape=[None], dtype=np.int32)
decoder_inputs = keras.layers.Input(shape=[None], dtype=np.int32)
sequence_lengths = keras.layers.Input(shape=[], dtype=np.int32)

embeddings = keras.layers.Embedding(vocab_size, embed_size)
encoder_embeddings = embeddings(encoder_inputs)
decoder_embeddings = embeddings(decoder_inputs)

encoder = keras.layers.LSTM(512, return_state=True)
encoder_outputs, state_h, state_c = encoder(encoder_embeddings)
encoder_state = [state_h, state_c]

sampler = tfa.seq2seq.sampler.TrainingSampler()

decoder_cell = keras.layers.LSTMCell(512)
output_layer = keras.layers.Dense(vocab_size)
decoder = tfa.seq2seq.basic_decoder.BasicDecoder(decoder_cell, sampler,
                                                 output_layer=output_layer)
final_outputs, final_state, final_sequence_lengths = decoder(
    decoder_embeddings, initial_state=encoder_state,
    sequence_length=sequence_lengths)
Y_proba = tf.nn.softmax(final_outputs.rnn_output)

model = keras.Model(inputs=[encoder_inputs, decoder_inputs, sequence_lengths],
                    outputs=[Y_proba])
```

O código é basicamente autoexplicativo, mas existem alguns pontos a serem observados. Primeiro, ao criar a camada `LSTM`, nós definimos `return_state=True` para que possamos obter seu estado oculto final e passá-lo para o decodificador. Como estamos usando uma célula LSTM, ela retorna na verdade dois estados ocultos (curto e longo prazo). O `TrainingSampler` é um dos vários amostradores disponíveis no TensorFlow Addons: seu papel é informar ao decodificador em cada intervalo o que ele deve fingir que foi a saída anterior. Durante a inferência, esse deve ser o embedding do token que foi realmente gerado. Durante o treinamento, deve ser o embedding do token do alvo anterior: por isso, usamos o `TrainingSampler`. Na prática, geralmente é uma boa

12 Sébastien Jean et al., "On Using Very Large Target Vocabulary for Neural Machine Translation", *Anais da 53ª Reunião Anual da Associação de Linguística Computacional e da 7ª Conferência Internacional Conjunta sobre Processamento de Linguagem Natural da Federação Asiática de Processamento de Linguagem Natural* 1 (2015): 1–10.

ideia iniciar o treinamento com o embedding-alvo do intervalo de tempo anterior e, aos poucos, fazer uma transição para usar o embedding do token atual que foi gerado no intervalo anterior. Essa ideia foi apresentada em um artigo de 2015 (*https://homl.info/scheduledsampling*)[13] por Samy Bengio et al. O `ScheduledEmbeddingTrainingSampler` escolherá de forma aleatória o alvo ou a saída atual, com uma probabilidade de que você pode mudá-los gradualmente durante o treinamento.

RNNs bidirecionais

A cada intervalo de tempo, uma camada recorrente regular considera somente as entradas anteriores e presentes, antes de gerar sua saída. Melhor dizendo, ela é "causal", o que significa que não pode considerar o futuro. Esse tipo de RNN funciona bem ao predizer séries temporais, mas, para muitas tarefas de PNL, como tradução automática neural, em geral se recomenda considerar as próximas palavras, antes de codificar uma determinada palavra. Por exemplo, considere as frases "the Queen of the United Kingdom" [a Rainha da Inglaterra], "the queen of hearts" [a rainha de copas] e "the queen bee" [a abelha rainha]: para codificar adequadamente a palavra "queen", é necessário considerar o futuro. Para implementar isso, execute duas camadas recorrentes nas mesmas entradas, uma que lê as palavras da esquerda para a direita e a outra que as lê da direita para a esquerda Em seguida, basta combinar suas saídas em cada intervalo de tempo, normalmente as concatenando. Isso se chama *camada recorrente bidirecional* (veja a Figura 16-5). Para implementar uma camada recorrente bidirecional na Keras, crie um wrapper na camada recorrente que envolva a camada `keras.layers.Bidirectional`. Por exemplo, o código a seguir cria uma camada `GRU` bidirecional:

```
keras.layers.Bidirectional(keras.layers.GRU(10, return_sequences=True))
```

A camada `Bidirectional` criará um clone da camada `GRU` (na direção reversa), executará ambas e concatenará suas saídas. Desse modo, ainda que a camada `GRU` tenha 10 unidades, a camada `Bidirectional` gerará 20 valores por intervalo de tempo.

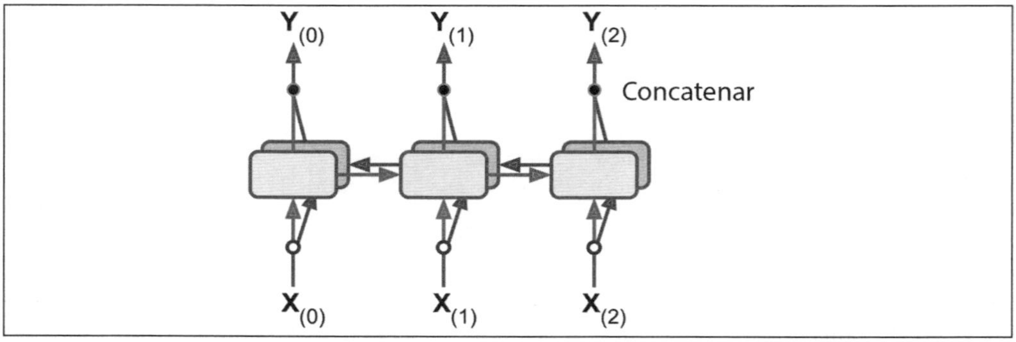

Figura 16-5. Uma camada recorrente bidirecional

Heurística beam search

Suponha que você treine um modelo codificador-decodificador e o use para traduzir a frase francesa "Comment vas-tu?" para o inglês. Sua expectativa é que o modelo gere a tradução correta ("How are you?"), mas infelizmente ele gera a tradução "How will you?". Ao analisar o conjunto de trei-

13 Samy Bengio et al., "Scheduled Sampling for Sequence Prediction with Recurrent Neural Networks", arXiv preprint arXiv:1506.03099 (2015).

namento, você percebe muitas frases como "Comment vas-tu jouer?", que foi traduzida para "How will you play?". Assim, não é tão absurdo que o modelo gerasse "How will" depois de ler "Comment vas". Infelizmente, neste caso foi um erro, e o modelo não conseguiu voltar para consertar e, assim, tentou completar a frase da melhor maneira possível. Ao gerar avidamente como saída a palavra mais provável em cada intervalo, a tradução ficou abaixo do ideal. Como podemos fornecer ao modelo a chance de ele voltar para corrigir os erros cometidos anteriormente? Uma das soluções mais comuns é o *beam search*: ele monitora uma pequena lista de frases *k* mais promissoras (digamos, as três primeiras) e, a cada intervalo do decodificador, ele tenta propagá-la para mais uma palavra, mantendo apenas as frases *k* mais prováveis. O parâmetro *k* se chama *beam width*.

Por exemplo, vamos supor que você use o modelo para traduzir a frase "Comment vas-tu?" usando o beam search aplicando um beam width de 3. No primeiro intervalo do decodificador, o modelo gerará uma probabilidade estimada para cada palavra possível. Suponha que as três palavras principais sejam "How" (75% de probabilidade estimada), "What" (3%) e "You" (1%). Por ora, nossa lista é curta. Em seguida, criamos três cópias de nosso modelo e as usamos a fim de identificar a próxima palavra para cada frase. Cada modelo gerará uma probabilidade estimada por palavra no vocabulário. O primeiro modelo tentará encontrar a próxima palavra na frase "How", e talvez gere uma probabilidade de 36% para a palavra "will", 32% para a palavra "are", 16% para a palavra "do", e assim por diante. Perceba que, na verdade, elas são probabilidades *condicionais*, visto que a frase começa com "How". O segundo modelo tentará completar a frase "What"; e talvez gere uma probabilidade condicional de 50% para a palavra "are", e assim sucessivamente. Supondo que o vocabulário tenha 10 mil palavras, cada modelo gerará 10 mil probabilidades.

Depois, calculamos as probabilidades de cada uma das 30 mil frases de duas palavras consideradas por esses modelos (3 × 10.000). Para tal, multiplicamos a probabilidade condicional estimada de cada palavra pela probabilidade estimada da frase que ela completa. Por exemplo, a probabilidade estimada da frase "How" foi de 75%, enquanto a probabilidade condicional estimada da palavra "will" (dado que a primeira palavra em inglês é "How") foi de 36%, assim a probabilidade estimada da frase "How will" é 75% × 36% = 27%. Após calcular probabilidades de todas as 30 mil frases de duas palavras, mantemos apenas as 3 primeiras. Talvez todas comecem com a palavra "How": "How will" (27%), "How are" (24%) e "How do" (12%). Neste momento, a frase "How will" está vencendo, mas "How are" ainda não foi descartada.

Em seguida, repetimos o mesmo processo: usamos três modelos com o objetivo de predizer a próxima palavra em cada uma dessas três frases e calculamos as probabilidades de todas as 30 mil frases de três palavras que consideramos. Talvez agora as três primeiras sejam "How are you" (10%), "How do you" (8%) e How will you" (2%). No próximo intervalo, podemos obter "How do you do" (7%), "How are you <eos>" (6%) e "How are you doing" (3%). Perceba que o "How will" foi eliminado e agora temos três traduções perfeitamente razoáveis. Aumentamos o desempenho do nosso modelo de codificador-decodificador sem nenhum treinamento extra, apenas o usamos com mais sabedoria.

Você pode implementar o beam search com bastante facilidade usando o TensorFlow Addons:

```
beam_width = 10
decoder = tfa.seq2seq.beam_search_decoder.BeamSearchDecoder(
    cell=decoder_cell, beam_width=beam_width, output_layer=output_layer)
decoder_initial_state = tfa.seq2seq.beam_search_decoder.tile_batch(
    encoder_state, multiplier=beam_width)
outputs, _, _ = decoder(
    embedding_decoder, start_tokens=start_tokens, end_token=end_token,
    initial_state=decoder_initial_state)
```

Primeiro, criamos um `BeamSearchDecoder`, que envolve em um wrapper todos os clones do decodificador (neste caso, dez clones). Depois, criamos uma cópia do estado final do codificador para cada clone do decodificador e passamos esses estados para o decodificador, junto com os tokens de início e fim. Com tudo isso, você pode obter boas traduções para frases relativamente curtas (ainda mais se você usar word embeddings pré-treinadas). Infelizmente, esse modelo será péssimo para traduzir frases longas. Mais uma vez, o problema se origina da memória de curto prazo limitada das RNNs. No entanto, os *mecanismos de atenção* são as inovações revolucionárias que abordam esse problema.

Mecanismos de Atenção

Considere o caminho da palavra "milk" até sua tradução "lait" na Figura 16-3: é um longo caminho! Isso significa que uma representação desta palavra (junto com todas as outras palavras) precisa ser transportada por muitos intervalos antes de ser realmente usada. Podemos encurtar esse caminho?

Esta foi a principal ideia de um artigo inovador de 2014 (*https://homl.info/attention*)[14] de Dzmitry Bahdanau et al. Os pesquisadores apresentaram uma técnica que permitia ao decodificador se concentrar nas palavras adequadas (conforme eram codificadas pelo codificador) em cada intervalo de tempo.

Por exemplo, no intervalo de tempo em que o decodificador precisa gerar a palavra "lait", ele concentrará sua atenção na palavra "milk". Ou seja, o caminho percorrido por uma palavra de entrada para a sua tradução é bem mais curto, assim as limitações de memória de curto prazo das RNNs têm um impacto menor. Os mecanismos de atenção revolucionaram a tradução automática neural (e a PNL como um todo), possibilitando uma melhoria tecnológica significativa, sobretudo em frases longas (acima de 30 palavras).[15]

A Figura 16-6 demonstra a arquitetura desse modelo (um tanto simplificada, como veremos). À esquerda, você tem o codificador e o decodificador. Em vez de apenas enviar o estado oculto final do codificador para o decodificador (o que ainda é feito, embora não seja mostrado na figura), agora enviamos todas as suas saídas para o decodificador. Em cada intervalo de tempo, a célula de memória do decodificador calcula uma soma ponderada de todas essas saídas do codificador: isso determina em quais palavras ela se concentrará neste intervalo. O peso $\alpha_{(t,i)}$ é o peso da *i-ésima* saída do codificador no *t-ésimo* intervalo de tempo do codificador. Por exemplo, se o peso $\alpha_{(3,2)}$ é muito maior que os pesos $\alpha_{(3,0)}$ e $\alpha_{(3,1)}$, o decodificador prestará muito mais atenção à palavra número 2 ("milk") do que às outras duas palavras, pelo menos neste intervalo de tempo. O resto do decodificador funciona como antes: a cada intervalo tempo, a célula de memória recebe as entradas que acabamos de analisar, mais o estado oculto do intervalo de tempo anterior e, finalmente (ainda que não esteja representado no diagrama), ela recebe a palavra-alvo do intervalo de tempo anterior (ou no momento da inferência, a saída do intervalo de tempo anterior).

Mas de onde esses pesos $\alpha_{(t,i)}$ vêm? Na verdade, é bem simples: eles são gerados por um tipo de rede neural pequena chamada *modelo de alinhamento* (ou um *camada de atenção*), que é treinada junto com o resto do modelo codificador-decodificador. Este modelo de alinhamento é ilustrado ao lado direito da Figura 16-6. Tudo começa com uma camada de distribuição de tempo `Dense`[16] que tem um único neurônio, que recebe como entrada todas as saídas do codificador, concatenadas com o

14 Dzmitry Bahdanau et al., "Neural Machine Translation by Jointly Learning to Align and Translate", arXiv preprint arXiv:1409.0473 (2014).

15 A métrica mais comum usada em NMT é o score do algoritmo BLEU (BiLingual Evaluation Understudy), que compara cada tradução gerada pelo modelo com diversas traduções boas feitas por humanos: conta o número de n-gramas (sequências de n palavras) que aparecem em qualquer uma das traduções destino e ajusta o score para levar em consideração a frequência dos *n*-grams gerados nas traduções.

16 Lembre-se de que uma camada `Dense` distribuída no tempo é equivalente a uma camada `Dense` regular que você aplica independentemente a cada intervalo de tempo (é apenas muito mais rápido).

estado oculto anterior do decodificador (por exemplo, $h_{(2)}$). Essa camada gera um score (ou potência) para cada saída do codificador (por exemplo, $e_{(3, 2)}$): este score calcula o quão bem cada saída está alinhada com o estado oculto anterior do decodificador. Por último, todos os scores passam por uma camada softmax para obter um peso final para cada saída do codificador (por exemplo, $\alpha_{(3,2)}$). Todos os pesos para um determinado intervalo de tempo do decodificador somam 1 (uma vez que a camada softmax não é distribuída no tempo). Este mecanismo de atenção particular é chamado de *mecanismo de atenção Bahdanau* (em homenagem ao primeiro autor do artigo). Uma vez que concatena a saída do codificador com o estado oculto anterior do decodificador, às vezes é chamado de *atenção concatenativa* (ou *atenção aditiva*).

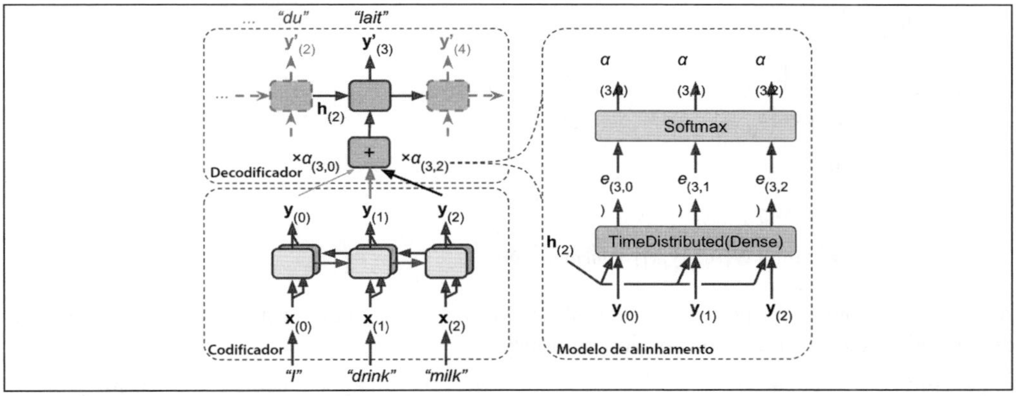

Figura 16-6. Tradução automática neural usando uma rede codificador-decodificador com um modelo de mecanismo de atenção

Se a frase de entrada for de n palavras longas, e assumindo que a frase de saída é quase tão longa quanto, logo este modelo precisará calcular cerca de n^2 pesos. Felizmente, essa complexidade computacional quadrática ainda é tratável, pois mesmo frases longas não têm milhares de palavras.

Outro mecanismo de atenção comum foi proposto logo depois, em um artigo de 2015 (*https://homl.info/luongattention*)[17] por Minh-Thang Luong et al. Como o objetivo do mecanismo de atenção é calcular a similaridade entre uma das saídas do codificador e o estado oculto anterior do decodificador, os autores propuseram simplesmente calcular o *produto escalar* (veja o Capítulo 4) desses dois vetores, já que costuma ser uma medida de similaridade muito boa, pois as máquinas modernas podem calculá-la de forma bem mais rápida. Para que isso seja possível, os dois vetores devem ter a mesma dimensionalidade. Isso se chama *mecanismo de atenção de Luong* (de novo, em homenagem ao primeiro autor do artigo) ou às vezes *atenção multiplicativa*. O produto escalar fornece um score e todos os scores (em um determinado intervalo de tempo do decodificador) passam por uma camada softmax para fornecer os pesos finais, assim como na atenção de Bahdanau. Outra simplificação que eles propuseram foi usar o estado oculto do decodificador no intervalo de tempo atual, em vez de no intervalo de tempo anterior (ou seja, h(t)) em vez de h(t–1)), em seguida, utilizar a saída do mecanismo de atenção (notado como t) diretamente para calcular as predições do decodificador (em vez de usá-lo para calcular o estado oculto atual do decodificador). Os pesquisadores também propuseram uma variante do mecanismo de produto escalar, em que as saídas do decodificador

17 Minh-Thang Luong et al., "Effective Approaches to Attention-Based Neural Machine Translation", *Anais da Conferência de 2015 sobre Métodos Empíricos em Processamento de Linguagem Natural* (2015): 1412–1421.

passam primeiro por uma transformação linear (ou seja, por uma camada de tempo distribuído `Dense` sem um viés), antes que os produtos escalares sejam calculados. Isso se chama abordagem de produto escalar "geral". Eles compararam ambas as abordagens de produto escalar com o mecanismo de atenção concatenativa (adicionando um vetor de parâmetro de reescalonamento v) e observaram que as variantes de produto escalar tiveram um desempenho melhor do que a atenção concatenativa. Por essa razão, a atenção concatenativa é bem menos usada hoje. As equações para esses três mecanismos de atenção estão resumidas na Equação 16-1.

Equação 16-1. Mecanismos de atenção

$$\mathbf{h}_{(t)} = \sum_i \alpha_{(t,i)} \mathbf{y}_{(i)}$$

$$\text{com} \quad \alpha_{(t,i)} = \frac{\exp\left(e_{(t,i)}\right)}{\sum_{i'} \exp\left(e_{(t,i')}\right)}$$

$$\text{e} \quad e_{(t,i)} = \begin{cases} {\mathbf{h}_{(t)}}^\top \mathbf{y}_{(i)} & \textit{produto escalar} \\ {\mathbf{h}_{(t)}}^\top \mathbf{W}\, \mathbf{y}_{(i)} & \textit{geral} \\ \mathbf{v}^\top \tanh\left(\mathbf{W}\left[\mathbf{h}_{(t)}; \mathbf{y}_{(i)}\right]\right) & \textit{concatenação} \end{cases}$$

A seguir, veja como você pode fornecer o mecanismo de atenção Luong a um modelo de codificador-decodificador usando o TensorFlow Addons:

```
attention_mechanism = tfa.seq2seq.attention_wrapper.LuongAttention(
    units, encoder_state, memory_sequence_length=encoder_sequence_
length)
attention_decoder_cell = tfa.seq2seq.attention_wrapper.AttentionWrapper(
    decoder_cell, attention_mechanism, attention_layer_size=n_units)
```

Simplesmente envolvemos a célula decodificadora em um `AttentionWrapper`, e fornecemos o mecanismo de atenção desejado (mecanismo de atenção Luong neste exemplo).

Mecanismo de atenção visual

Os mecanismos de atenção agora são usados em uma série de coisas. Uma de suas primeira utilizações além do NMT foi na geração de legendas de imagens usando um tipo de mecanismo de atenção visual (*https://homl.info/visualattention*):[18] primeiro, uma rede neural convolucional processa a imagem e gera alguns mapas de características, então um decodificador RNN munido com um mecanismo de atenção gera a legenda, uma palavra por vez. Em cada intervalo de tempo do decodificador (cada palavra), o decodificador usa o modelo de atenção para focar apenas a parte adequada da imagem. Por exemplo, na Figura 16-7, o modelo gerou a legenda "Uma mulher está jogando frisbee em um parque", e você pode ver em qual parte da imagem de entrada o decodificador focou sua atenção quando estava prestes a gerar a palavra "Frisbee": claramente, a maior parte de sua atenção estava voltada ao frisbee.

18 Kelvin Xu et al., "Show, Attend and Tell: Neural Image Caption Generation with Visual Attention", *Anais da 32ª Conferência Internacional sobre Aprendizado de Máquina* (2015): 2048–2057.

Figura 16-7. Mecanismo de atenção visual: uma imagem de entrada (à esquerda) e o foco do modelo antes de gerar a palavra "frisbee" (à direita)[19]

Explicabilidade

Uma vantagem adicional dos mecanismos de atenção é que eles facilitam entender o que levou o modelo a gerar sua saída. Isso se chama *explicabilidade* e pode ser uma mão na roda quando o modelo comete um erro: por exemplo, se a imagem de um cachorro andando na neve for rotulada como "a wolf walking in the snow" [um lobo andando na neve], você pode voltar e verificar em que o modelo se concentrou quando gerou a palavra "wolf". Talvez você descubra que ele estava prestando atenção não somente no cachorro, mas também na neve, o que nos sugere uma possível explicação: talvez a maneira como o modelo aprendeu a distinguir cães de lobos foi verificando se há ou não muita neve ao redor. Você pode corrigir isso treinando o modelo com mais imagens de lobos sem neve e cães andando na neve. Este exemplo é de um excelente artigo de 2016 (*https://homl.info/explainclass*)[20] de Marco Tulio Ribeiro et al., que recorre a uma abordagem diferente para explicabilidade: aprender um modelo interpretável localmente levando em conta a predição de um classificador. Em alguns usos, a explicabilidade não é apenas uma ferramenta para depurar um modelo; pode ser uma exigência legal (imagine um sistema que decide se deve ou não lhe conceder um empréstimo).

Os mecanismos de atenção são tão poderosos que você pode construir modelos de última geração usando apenas os mecanismos de atenção.

Mecanismo de atenção, tudo que você precisa: a arquitetura Transformer

Em um artigo pioneiro de 2017 (*https://homl.info/transformer*),[21] uma equipe de pesquisadores do Google sugeriu que "atenção é tudo que você precisa". Eles conseguiram criar uma arquitetura chamada *Transformer*, que melhorou significativamente o processo tecnológico da NMT sem o uso de quaisquer camadas recorrentes ou convolucionais,[22] apenas mecanismos de atenção (mais

19 Esta é uma parte da Figura 3 do artigo. Os autores cederam gentilmente o uso.

20 Marco Tulio Ribeiro et al., "'Why Should I Trust You?': Explaining the Predictions of Any Classifier", *Anais da 22ª Conferência Internacional ACM SIGKDD sobre Descoberta de Conhecimento e Mineração de Dados* (2016): 1135–1144.

21 Ashish Vaswani et al., "Attention Is All You Need", *Anais da 31ª Conferência Internacional sobre Sistemas de Processamento de Informação Neural* (2017): 6000–6010.

22 Como a arquitetura Transformer usa camadas `Dense` distribuídas no tempo, você poderia afirmar que ela usa camadas convolucionais 1D com um tamanho de kernel de 1.

camadas embedding, camadas densas, camadas de normalização e algumas outras coisas). Como vantagem extra, essa arquitetura também era bem mais rápida de treinar e mais fácil de paralelizar, desse modo eles conseguiram treiná-la com menos custo e mais rápido do que os modelos de última geração anteriores. A arquitetura Transformer é representada na Figura 16-8.

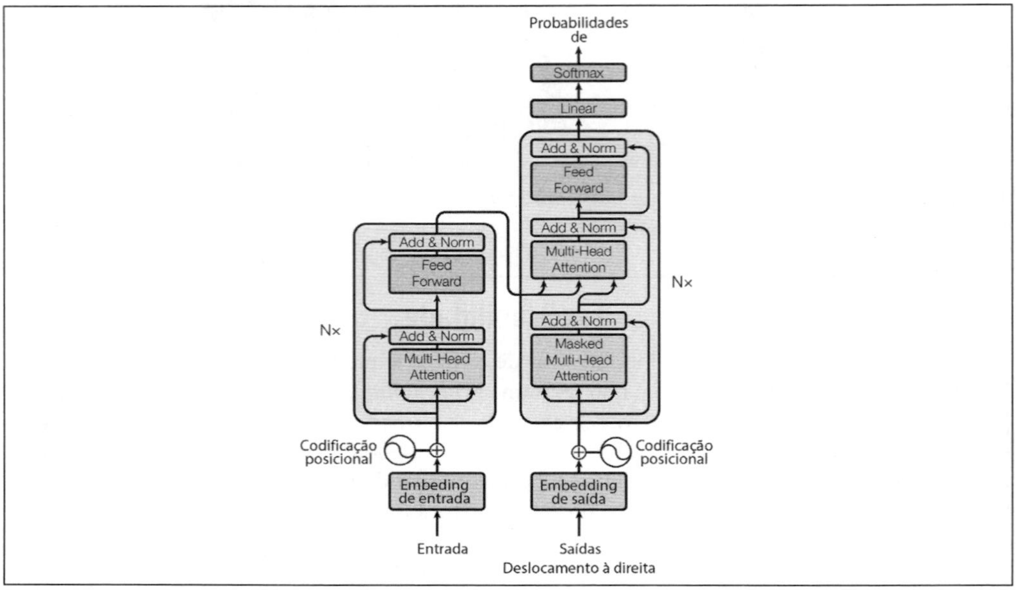

Figura 16-8. Arquitetura Transformer[23]

Vamos analisar essa figura:

- A parte esquerda é o codificador. Como antes, ele comporta como entrada um batch de frases representadas como sequências de IDs de palavras (a forma de entrada é [*tamanho do batch*, *comprimento máximo da frase de entrada*]), e codifica cada palavra em uma representação de 512 dimensões (de modo que o formato de saída do codificador é [*tamanho do batch*, *comprimento máximo da frase de entrada*, 512]). Observe que a parte superior do codificador está empilhada N vezes (no artigo, $N = 6$).
- A parte direita é o decodificador. Durante o treinamento, ele usa a frase-alvo como entrada (também representada como uma sequência de IDs de palavras), deslocada um intervalo de tempo para a direita (ou seja, um token de início de sequência é inserido no começo). Ele também recebe as saídas do codificador (ou seja, as setas que vêm do lado esquerdo). Repare que a parte superior do decodificador também está empilhada N vezes, e as saídas finais da pilha do codificador são alimentadas para o decodificador em cada um desses N níveis. Assim como antes, o decodificador gera uma probabilidade para cada próxima palavra possível, em cada intervalo de tempo (e seu formato de saída é [*tamanho do batch*, *comprimento máximo da frase*, *comprimento do vocabulário*]).
- Durante a inferência, o decodificador não pode ser alimentado com frases-alvo, logo o alimentamos com as palavras de saída anteriores (começando com um token de início de sequência). Desse modo, o modelo precisa ser chamado reiteradamente, predizendo mais uma palavra a cada rodada (fornecida ao decodificador na próxima rodada, até que o token de fim de sequência seja gerado).

23 Esta é a Figura 1 do artigo. Os autores cederam gentilmente o uso.

- Se observar com mais atenção, você percebe que já está familiarizado com a maioria dos componentes: há duas camadas embedding, 5 × *N* de redes skip connections, cada uma delas seguida por uma camada de normalização, módulos "feed forward" 2 × *N* compostos de duas camadas densas cada (a primeira usando a função de ativação ReLU, a segunda sem função de ativação) e, por último, a camada de saída é uma camada densa que usa a função de ativação softmax. Todas essas camadas são distribuídas no tempo, de modo que cada palavra é tratada independentemente de todas as outras. Mas como podemos traduzir uma frase analisando somente uma palavra de cada vez? É neste momento que entram em cena novos componentes:
  — A camada *multi-head attention* do codificador codifica a relação de cada palavra com todas as outras palavras da mesma frase, prestando mais atenção às mais relevantes. Por exemplo, a saída desta camada para a palavra "Queen" na frase "They welcomed the Queen of the United Kingdom" [Eles deram as boas-vindas à Rainha da Inglaterra] dependerá de todas as palavras da frase, mas provavelmente prestará mais atenção às palavras "United" e "Kingdom" do que às palavras "They" ou "welcomed". Esse mecanismo de atenção se chama *autoatenção* (a frase está prestando atenção a si mesma). Analisaremos exatamente como ele funciona daqui a pouco. A camada *masked multi-head attention* do decodificador faz a mesma coisa, porém cada palavra só pode atender às palavras localizadas antes dela. Por último, é na camada superior multi-head attention do decodificador que o decodificador presta atenção às palavras na frase de entrada. Por exemplo, o decodificador provavelmente prestará mais atenção à palavra "Queen" na frase de entrada quando estiver prestes a gerar a tradução dessa palavra.
  — Os *embeddings posicionais* são simplesmente vetores densos (bem parecidos com word embeddings) que representam a posição de uma palavra na frase. A *e-nésima* embedding posicional é acrescentada ao word embedding da *e-nésima* palavra em cada frase. Isso fornece ao modelo acesso à posição de cada palavra, o que é necessário, pois as camadas multi-head attention não consideram a ordem ou a posição das palavras; elas apenas consideram para suas relações. Como todas as outras camadas são distribuídas no tempo, elas não têm como saber a posição de cada palavra (relativa ou absoluta). Obviamente, as posições relativas e absolutas das palavras são importantes, logo precisamos fornecer essas informações à arquitetura Transformer de algum modo, e os embeddings posicionais são uma boa maneira de fazer isso.

Vamos examinar um pouco mais esses dois novos componentes da arquitetura Transformer, começando com os embeddings posicionais.

Embeddings posicionais

Um embedding posicional é um vetor denso que codifica a posição de uma palavra dentro de uma frase: o *i-ésima* embedding posicional é simplesmente adicionado ao word embedding da *i-ésima* palavra na frase. Esses embeddings posicionais podem ser aprendidos pelo modelo, mas no artigo os autores preferiram usar embeddings posicionais fixos, usando as funções seno e cosseno de frequências diferentes. A matriz do embedding posicional **P** é definida na Equação 16-2 e representada na parte inferior da Figura 16-9 (transposta), em que $P_{p,i}$ é o *i-ésimo* componente do embedding para a palavra localizada na posição p^{th} na frase.

Equação 16-2. Embeddings posicionais seno/cosseno

$$P_{p,2i} = \sin\left(p/10000^{2i/d}\right)$$
$$P_{p,2i+1} = \cos\left(p/10000^{2i/d}\right)$$

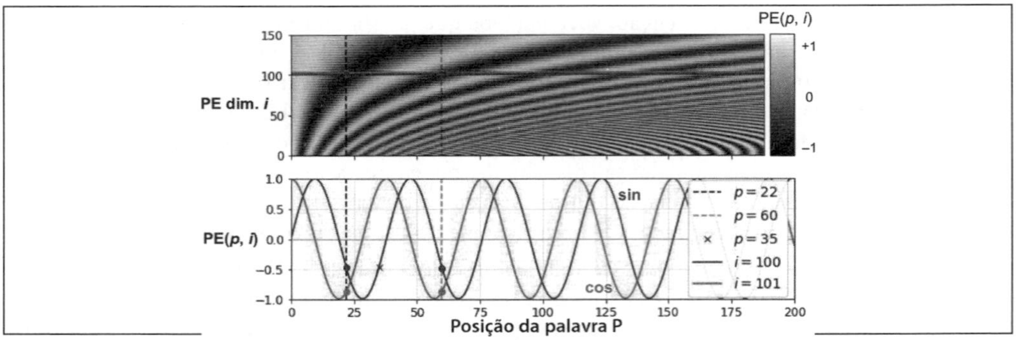

Figura 16-9. Matriz de embedding posicional seno/cosseno (transposto, parte superior) com foco em dois valores de i (parte inferior)

Essa solução oferece o mesmo desempenho que os embeddings posicionais aprendidos, mas pode se estender para frases arbitrariamente longas, por isso é preferida. Depois que os embeddings posicionais são acrescentados aos word embeddings, o resto do modelo passa a acessar a posição absoluta de cada palavra na frase porque há um embedding posicional exclusivo para cada posição (por exemplo, o embedding posicional para a palavra localizada na 22ª posição em uma frase é representado pela linha tracejada vertical no canto inferior esquerdo da Figura 16-9, e você pode ver que ele é exclusivo para essa posição. Além do mais, a escolha de funções oscilantes (seno e cosseno) possibilita que o modelo também aprenda posições relativas. Por exemplo, palavras localizadas com 38 palavras separadas (por exemplo, nas posições $p = 22$ e $p = 60$) sempre têm os mesmos valores de embedding posicional nas dimensões de embedding $i = 100$ e $i = 101$, como você pode ver na Figura 16-9. Isso explica porque precisamos do seno e do cosseno para cada frequência: se usássemos apenas o seno (a onda azul em $i = 100$), o modelo não seria capaz de diferenciar as posições $p = 25$ e $p = 35$ (marcada pelo sinal de cruz).

Não há camada `PositionalEmbedding` na TensorFlow, mas é fácil criar uma. Por motivos de eficiência, pré-calculamos a matriz de embedding posicional no construtor (logo, precisamos saber o comprimento máximo da frase, `max_dims`). Em seguida, o método `call()` divide essa matriz de embedding conforme o tamanho das entradas e a adiciona às entradas. Como adicionamos uma primeira dimensão extra de tamanho 1 ao criar a matriz de embedding posicional, as regras de propagação garantirão que a matriz seja adicionada a todas as frases nas entradas:

```
class PositionalEncoding(keras.layers.Layer):
    def __init__(self, max_steps, max_dims, dtype=tf.float32, **kwargs):
        super().__init__(dtype=dtype, **kwargs)
        if max_dims % 2 == 1: max_dims += 1 # max_dims deve ser uniforme
        p, i = np.meshgrid(np.arange(max_steps), np.arange(max_dims // 2))
        pos_emb = np.empty((1, max_steps, max_dims))
        pos_emb[0, :, ::2] = np.sin(p / 10000**(2 * i / max_dims)).T
        pos_emb[0, :, 1::2] = np.cos(p / 10000**(2 * i / max_dims)).T
        self.positional_embedding = tf.constant(pos_emb.astype(self.
dtype))
    def call(self, inputs):
        shape = tf.shape(inputs)
        return inputs + self.positional_embedding[:, :shape[-2], :shape[-1]]
```

Em seguida, podemos criar as primeiras camadas da Transformer:

```
embed_size = 512; max_steps = 500; vocab_size = 10000
encoder_inputs = keras.layers.Input(shape=[None], dtype=np.int32)
```

```
decoder_inputs = keras.layers.Input(shape=[None], dtype=np.int32)
embeddings = keras.layers.Embedding(vocab_size, embed_size)
encoder_embeddings = embeddings(encoder_inputs)
decoder_embeddings = embeddings(decoder_inputs)
positional_encoding = PositionalEncoding(max_steps, max_dims=embed_size)
encoder_in = positional_encoding(encoder_embeddings)
decoder_in = positional_encoding(decoder_embeddings)
```

Agora, analisaremos mais a fundo o coração do modelo da Transformer: a camada multi-head attention.

Multi-head attention

Para entender como funciona uma camada multi-head attention, devemos primeiro entender a camada *scaled dot-product attention [camada de atenção do produto escalar e fator de escala]*, em que ela se baseia. Vamos supor que o codificador analisou a frase de entrada "They played chess" e conseguiu compreender que a palavra "They" é o sujeito e a palavra "played" é o verbo e, em seguida, codificou essa informação nas representações dessas palavras. Agora imagine que o decodificador já tenha traduzido o sujeito e ele ache que deve traduzir o verbo a seguir. Para isso, é necessário buscar o verbo na frase de entrada. É como pesquisar uma palavra no dicionário: é como se o codificador criasse um dicionário {"sujeito": "They", "verbo": "played", ...} e o decodificador quisesse procurar o valor que corresponde à chave "verb"). No entanto, o modelo não tem os tokens individuais para representar as chaves (como "sujeito" ou "verbo"); ele tem representações vetorizadas desses conceitos (que aprendeu durante o treinamento), assim a chave que usará para consulta (a chamada *query*) não corresponderá perfeitamente a nenhuma chave do dicionário. A solução é calcular uma medida de similaridade entre a query e cada chave no dicionário e, em seguida, usar a função softmax para converter esses scores de similaridade em pesos que somam 1. Caso a chave que representa o verbo seja a mais parecida com a query, então o peso dessa chave será próximo de 1. Depois, o modelo pode calcular uma soma ponderada dos valores correspondentes, logo, se o peso da chave "verbo" estiver próximo a 1, a soma ponderada será muito próxima da representação da palavra "played". Em suma, você pode considerar todo esse processo como uma pesquisa diferente em um dicionário. A medida de similaridade usada pela Transformer é somente o produto escalar, como no mecanismo de atenção Luong. Na realidade, a equação é a mesma que a do mecanismo de atenção Luong, exceto por um fator de escala. A equação é mostrada na Equação 16-3, em uma forma vetorizada.

Equação 16-3. Scaled Dot-Product Attention

$$\text{Attention}\,(\mathbf{Q}, \mathbf{K}, \mathbf{V}) = \text{softmax}\left(\frac{\mathbf{Q}\mathbf{K}^{\intercal}}{\sqrt{d_{chaves}}}\right)\mathbf{V}$$

Nessa equação:

- **Q** é a matriz que contém uma linha por query. Seu formato é $[n_{\text{queries}}, d_{\text{chaves}}]$, em que n_{queries} é o número de queries e d_{chaves} é o número de dimensões de cada query e cada chave.
- **K** é a matriz que contém uma linha por chave. Seu formato é $[n_{\text{chaves}}, d_{\text{chave}}]$, em que n_{chaves} é o número de chaves e valores.
- **V** é a matriz que contém uma linha por valor. Seu formato é $[n_{\text{chaves}}, d_{\text{valores}}]$, em que d_{valores} é o número de cada valor.
- O formato de **Q K**$^{\intercal}$ é $[n_{\text{queries}}, n_{\text{chaves}}]$: contém um score de similaridade para cada for query/par de chaves. A saída da função softmax tem o mesmo formato, porém todas as linhas somam 1. A saída final tem um formato de $[n_{\text{queries}}, d_{\text{valores}}]$: há uma linha por query, e cada linha representa o resultado da query (uma soma ponderada dos valores).

- O fator de escala reduz os scores de similaridade para evitar a saturação da função softmax, o que resultaria em gradientes minúsculos.
- É possível mascarar alguns pares de chave/valor adicionando um valor negativo muito grande aos scores de similaridade correspondentes, pouco antes de calcular a softmax. Isso é útil na camada masked multi-head attention layer.

No codificador, essa equação é aplicada a cada frase de entrada no batch, com **Q**, **K** e **V** todos iguais à lista de palavras na frase de entrada (assim, cada palavra na frase será comparada a todas as palavras na mesma frase, incluindo ela mesma). Da mesma forma, na camada masked attention do decodificador, a equação será aplicada a cada frase-alvo no batch, com **Q**, **K** e **V** todos iguais à lista de palavras na frase-alvo, mas desta vez usando uma máscara para evitar que qualquer palavra se compare com palavras localizadas depois dela (no momento da inferência, o decodificador só terá acesso às palavras que já gerou como saída, não a palavras futuras, portanto, durante o treinamento devemos mascarar os tokens de saída futuros). Na camada de atenção superior do decodificador, as chaves **K** e valores **V** são simplesmente a lista de codificações de palavras geradas pelo codificador, e as queries **Q** são a lista de codificações de palavras geradas pelo decodificador.

A camada `keras.layers.Attention` implementa a camada scaled dot-product attention, aplicando de forma eficiente a Equação 16-3 a várias frases em um batch. Suas entradas são como **Q**, **K** e **V**, exceto por uma dimensão de batch extra (a primeira dimensão).

> Na TensorFlow, se `A` e `B` são tensores com mais de duas dimensões — digamos, de formato [2, 3, 4, 5] e [2, 3, 5, 6] respectivamente — então `tf.matmul(A, B)` tratará esses tensores como arrays 2 × 3, sendo que cada célula contém uma matriz, e multiplicará as matrizes correspondentes: a matriz na *i-ésima* linha e na *i-jésima* coluna em `A` será multiplicada pela matriz na *i-ésima* linha e na *i-jésima* coluna em `B`. Como o produto de uma matriz 4 × 5 com uma matriz 5 × 6 é uma matriz 4 × 6, a `tf.matmul(A, B)` retornará um array de [2, 3, 4, 6].

Se ignorarmos as skip connections, as camadas de normalização da camada, os blocos feed forward e o fato de que se trata de uma camada scaled dot-product attention, não exatamente de uma camada multi-head attention, o resto do modelo Transformer pode ser implementado assim:

```python
Z = encoder_in
for N in range(6):
    Z = keras.layers.Attention(use_scale=True)([Z, Z])

encoder_outputs = Z
Z = decoder_in
for N in range(6):
    Z = keras.layers.Attention(use_scale=True, causal=True)([Z, Z])
    Z = keras.layers.Attention(use_scale=True)([Z, encoder_outputs])

outputs = keras.layers.TimeDistributed(
    keras.layers.Dense(vocab_size, activation="softmax"))(Z)
```

O argumento `use_scale=True` cria um parâmetro adicional que possibilita à camada aprender como reduzir adequadamente os scores de similaridade. É um tanto diferente do modelo Transformer, que sempre reduz os scores de similaridade pelo mesmo fator ($\sqrt{d_{\text{chaves}}}$). Quando o argumento `causal=True` cria a segunda camada de atenção, ele garante que cada token de saída atenda apenas aos tokens de saída anteriores, não aos futuros.

Agora é hora de montar a peça final do quebra-cabeça: o que é uma camada multi-head attention? Sua arquitetura é mostrada na Figura 16-10.

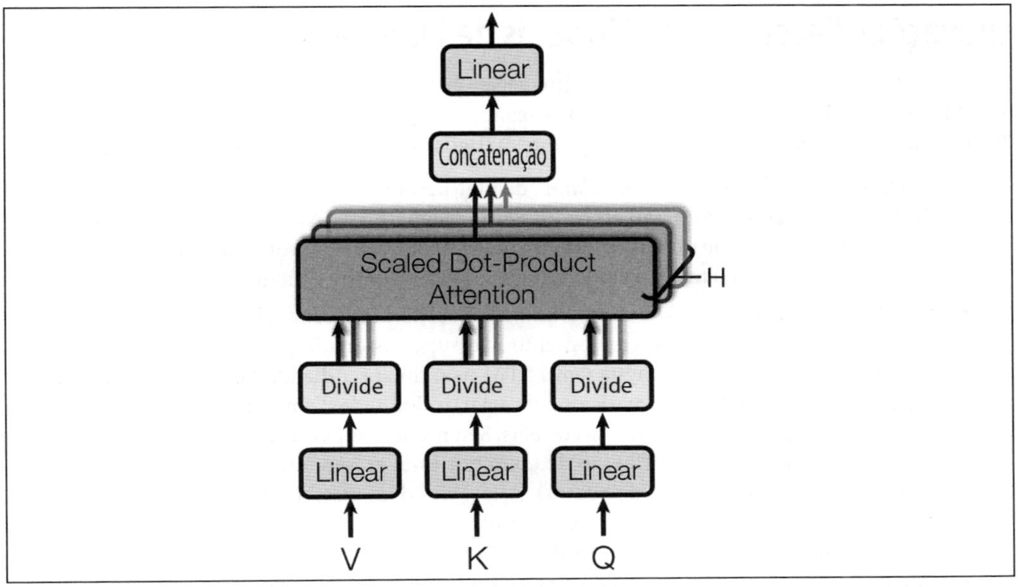

Figura 16-10. Arquitetura da camada multi-head attention[24]

Conforme você pode observar, é apenas uma série de camadas scaled dot-product attention, cada uma precedida por uma transformação linear dos valores, chaves e queries (ou seja, uma camada `Dense` distribuída no tempo sem função de ativação). Todas as saídas são simplesmente concatenadas e passam por uma transformação linear final (novamente, distribuídas no tempo). Mas por quê? Qual é a lógica por trás dessa arquitetura? Vamos lá, considere a palavra em inglês "played" que analisamos anteriormente (na frase "They played chess"). O codificador foi inteligente o bastante para codificar o fato de que a palavra é um verbo. No entanto, a representação da palavra também inclui sua posição no texto, graças às codificações posicionais, e provavelmente inclui muitos outros recursos que são úteis para sua tradução, como o fato de estar no past tense. Em suma, a representação da palavra codifica muitas características diferentes da palavra. Se usássemos somente uma única camada scaled dot-product attention, só poderíamos consultar todas essas características de uma vez. Por isso, a camada multi-head attention aplica diversas transformações lineares diferentes dos valores, chaves e queries: isso possibilita que o modelo aplique muitas projeções diferentes da representação da palavra em diferentes subespaços, cada qual focando um subconjunto das características da palavra. Talvez uma das camadas lineares projete a representação da palavra em um subespaço onde tudo o que resta é a informação de que a palavra é um verbo, outra camada linear extrairá o fato de que é um verbo do past tense, e assim por diante. Em seguida, as camadas scaled dot-product attention implementam a fase de pesquisa e, por último, concatenamos todos os resultados e os projetamos de volta ao espaço original.

No momento em que este livro foi escrito, não havia uma classe `Transformer` ou uma classe `MultiHeadAttention` disponível na TensorFlow 2. No entanto, você pode conferir o excelente tutorial da TensorFlow para construir um modelo Transformer para compreensão da linguagem (*https://homl.info/ transformertuto*). Além disso, a equipe do TF Hub está atualmente portando vários módulos baseados na Transformer para a TensorFlow 2, e eles devem estar disponíveis em breve. Enquanto isso, espero ter demonstrado que não é tão difícil implementar um Transformer sozinho, e com certeza é um ótimo exercício!

24 Esta é uma parte da Figura 2 do artigo. Os autores cederam gentilmente o uso.

Inovações Recentes nos Modelos de Linguagem

O ano de 2018 foi chamado de "momento ImageNet para PNL": o progresso foi estarrecedor, com LSTMs cada vez maiores e arquiteturas Transformer treinadas em conjuntos de dados gigantescos. Recomendo muito que você confira os seguintes artigos, todos em inglês e publicados em 2018:

- O artigo ELMo (*https://homl.info/elmo*)[25] de Matthew Peters que apresenta os *Embeddings from Language Models* (ELMo): são embeddings de palavras contextualizadas aprendidas a partir dos estados internos de um modelo de linguagem bidirecional profundo. Por exemplo, a palavra "queen" não terá o mesmo embedding que "Queen of the United Kingdom" e "queen bee".
- O artigo ULMFiT (*https://homl.info/ulmfit*)[26] escrito por Jeremy Howard e Sebastian Ruder demonstra a eficácia do pré-treinamento não supervisionado para tarefas PNL: os autores treinaram um modelo de linguagem LSTM usando aprendizado autossupervisionado (ou seja, gerando os rótulos automaticamente a partir dos dados) em um grande corpus de texto, depois eles o ajustaram em diversas tarefas. Seu modelo superou as tecnologias mais modernas em seis tarefas de classificação de texto por uma grande margem (reduzindo a taxa de erro em 18–24% na maioria dos casos). Aliás, eles demonstraram que ajustando o modelo pré-treinado em somente 100 exemplos rotulados poderiam alcançar o mesmo desempenho de um modelo treinado do zero em 10 mil exemplos.
- O artigo GPT (*https://homl.info/gpt*)[27] de Alec Radford e outros pesquisadores da OpenAI também demonstrou a eficácia do pré-treinamento não supervisionado, mas desta vez usando uma arquitetura semelhante à da Transformer. Os pesquisadores pré-treinaram uma arquitetura grande, mas bastante simples, composta de uma pilha de 12 módulos Transformer (empregando somente camadas masked multi-head attention) em um grande conjunto de dados, treinado mais uma vez treinado por meio do aprendizado autossupervisionado. Em seguida, eles o ajustaram em várias tarefas de linguagem, utilizando apenas pequenas adaptações para cada tarefa. As tarefas eram bem diversificadas: incluíam a classificação do texto, *pressuposição* (se a frase A envolve a frase B),[28] similaridade (por exemplo, "Nice weather today" [O tempo está agradável hoje] é muito semelhante a "It is sunny" [O dia está ensolarado]), e resposta a perguntas (dados alguns parágrafos de texto que fornecem algum contexto, o modelo deve responder a algumas perguntas de múltipla escolha). Apenas alguns meses depois, em fevereiro de 2019, Alec Radford, Jeffrey Wu e outros pesquisadores da OpenAI publicaram o artigo GPT-2, (*https://homl.info/gpt2*)[29] que propôs uma arquitetura bem semelhante, porém maior ainda (com mais de 1,5 bilhão de parâmetros!), provando que essa arquitetura poderia alcançar um bom desempenho em muitas tarefas sem nenhum ajuste. Isso se chama *zero-shot learning [aprendizado zero-shot]* (ZSL). Uma versão menor do modelo GPT-2 (com "apenas" 117 milhões de parâmetros) está disponível em *https://github.com/openai/gpt-2*, junto com seus pesos pré-treinados.

25 Matthew Peters et al., "Deep Contextualized Word Representations", *Anais da Conferência de 2018 da Sede Norte--Americana da Association for Computational Linguistics: Human Language Technologies* 1 (2018): 2227–2237.

26 Jeremy Howard e Sebastian Ruder, "Universal Language Model Fine-Tuning for Text Classification", *Anais da 56ª Reunião Anual da Association for Computational Linguistics* 1 (2018): 328–339.

27 Alec Radford et al., "Improving Language Understanding by Generative Pre-Training" (2018).

28 Por exemplo, a frase "Jane had a lot of fun at her friend's birthday party" [Jane se divertiu muito na festa de aniversário de sua amiga] implica na frase "Jane enjoyed the party" [Jane gostou da festa], mas é contradita pela frase "Everyone hated the party" [Todo mundo odiou a festa] e não está relacionada à frase "The Earth is flat" [A Terra é plana].

29 Alec Radford et al., "Language Models Are Unsupervised Multitask Learners" (2019).

- O artigo BERT (*https://homl.info/bert*)[30] de Jacob Devlin e outros pesquisadores do Google também demonstra a eficácia do pré-treinamento autossupervisionado em um grande corpus, que utiliza uma arquitetura semelhante à GPT, mas com camadas non-masked multi-head attention (como no codificador da Transformer). Isso significa que o modelo é naturalmente bidirecional; por isso o B em BERT (*BERT é acrônimo para Bidirectional Encoder Representations from Transformers [Representações de Codificador Bidirecional a partir de Arquiteturas Transformers, em tradução livre]*). Mais importante ainda, os autores propuseram duas tarefas de pré-treinamento que explicam a maior parte da robustez do modelo:

  Modelo de Linguagem Mascarada (MLM)

  Cada palavra em uma frase tem 15% de probabilidade de ser mascarada, e o modelo é treinado para predizer as palavras mascaradas. Por exemplo, se a frase original é "She had fun at the birthday party" [Ela se divertiu na festa de aniversário], então a modelo pode receber a frase "She <mask> fun at the <mask> party", e deve prever as palavras em inglês "had" e "birthday" (as outras saídas serão ignoradas). Em termos mais precisos, cada palavra selecionada tem 80% de chance de ser mascarada, 10% de chance de ser substituída por uma palavra aleatória (para mitigar a discrepância entre o pré-treinamento e o ajuste, já que o modelo não verá os tokens durante esse ajuste) e uma chance de 10% de ficar sozinho (com o objetivo de influenciar o modelo para a resposta correta).

  Predição da próxima frase (NSP)

  O modelo é treinado para predizer se duas frases são consecutivas ou não. Por exemplo, ele deve predizer se "The dog sleeps" [O cachorro dorme] e "It snores loudly" [Ele ronca alto] são frases consecutivas, enquanto "The dog sleeps" e "The Earth orbits the Sun" [A Terra orbita o Sol] não são consecutivas. Essa é uma tarefa desafiadora e melhora bastante o desempenho do modelo quando ele é ajustado em tarefas como resposta a perguntas ou pressuposição.

Como você pode ver, as principais inovações em 2018 e 2019 foram uma melhor tokenização de subpalavra, mudando de LSTMs para Transformers e pré-treinamento de modelos de linguagem universal usando aprendizado autossupervisionado e, em seguida, ajustando-os com pouquíssimas mudanças arquitetônicas (ou nenhuma). As coisas estão em ritmo vertiginoso; ninguém pode afirmar quais arquiteturas serão a bola da vez nos próximos anos. Entre 2018 e 2019, a bola da vez era a arquitetura Transformer, mas nos anos posteriores podem ser as CNNs (por exemplo, confira este artigo de 2018 [*https://homl.info/pervasiveattention*],[31] de Maha Elbayad et al., no qual os pesquisadores usam camadas convolucionais 2D mascaradas para tarefas de sequência à sequência). Ou, quem sabe, podem ser as RNNS, caso tenham um retorno triunfante (por exemplo, dê uma olhada neste artigo de 2018, [*https://homl.info/indrnn*],[32] de Shuai Li et al., demonstrando que, ao tornar os neurônios independentes uns dos outros em uma determinada camada RNN, é possível treinar RNNs bem mais profundas, capazes de aprender sequências muito mais longas).

30 Jacob Devlin et al., "BERT: Pre-training of Deep Bidirectional Transformers for Language Understanding", *Anais da Conferência de 2018 da Sede Norte-Americana da Association for Computational Linguistics: Human Language Technologies* 1 (2019).

31 Maha Elbayad et al., "Pervasive Attention: 2D Convolutional Neural Networks for Sequence-to-Sequence Prediction", arXiv preprint arXiv:1808.03867 (2018).

32 Shuai Li et al., "Independently Recurrent Neural Network (IndRNN): Building a Longer and Deeper RNN", *Proceedings of the IEEE Conference on Computer Vision and Pattern Recognition* (2018): 5457–5466.

No próximo capítulo, analisaremos como aprender representações profundas de uma forma não supervisionada usando redes autoencoders, também utilizaremos redes adversárias gerativas (GANs) para gerar imagens e muito mais!

Exercícios

1. Quais são os prós e os contras de usar uma RNN stateful em comparação a uma RNN stateless?
2. Por que as pessoas usam RNNs codificador-decodificador em vez de simples RNNs de sequência à sequência para tradução automática?
3. Como você pode lidar com sequências de entrada de comprimento variável? E quanto às sequências de saída de comprimento variável?
4. O que é beam search e por que você o usaria? Qual ferramenta você pode usar para implementá-lo?
5. O que é um mecanismo de atenção? Como ele pode ajudar?
6. Qual é a camada mais importante na arquitetura Transformer? Qual é a sua finalidade?
7. Quando você precisaria usar uma softmax amostrada?
8. A estrutura gramatica *Embedded Reber grammars* foi utilizada por Hochreiter e Schmidhuber em seu artigo (*https://homl.info/93*) sobre as LSTMs. Trata-se de estruturas gramaticais artificiais que geram sequências de caracteres como "BPBTSXXVPSEPE". Confira a excelente introdução de Jenny Orr (*https://homl.info/108*) a respeito desse assunto. Escolha um tipo de estrutura embedded Reber grammar (como a representada na página de Jenny Orr), e treine uma RNN para identificar se uma sequência de caracteres respeita essa gramática ou não. Primeiro, você precisará escrever uma função capaz de gerar um batch de treinamento contendo cerca de 50% de sequências de caracteres que respeitam a gramática e 50% que não respeitam.
9. Treine um modelo de codificador-decodificador que pode converter uma sequência de datas de um formato para outro (por exemplo de "April 22, 2019" para "2019-04-22").
10. Leia o tutorial de tradução automática neural com mecanismo de atenção da TensorFlow, que está disponível em português (*https://homl.info/nmttuto*).
11. Use um dos modelos de linguagem recentes (por exemplo, o BERT) para gerar um texto shakespeariano convincente.

As soluções desses exercícios estão disponíveis no Apêndice A.

Aprendizado de Representação e Aprendizado Gerativo com Autoencoders e GANs

Os autoencoders são redes neurais artificiais capazes de aprender representações densas dos dados de entrada que se chamam *representações latentes*, ou *codificações*, sem qualquer supervisão (ou seja, o conjunto de treinamento não tem rótulo). Via de regra, essas codificações têm uma dimensionalidade bem menor do que os dados de entrada, assim os autoencoders ajudam na redução de dimensionalidade (veja o Capítulo 8), sobretudo para fins de visualização. Os autoencoders também atuam como detectores de características e podem ser utilizados para pré-treinamento não supervisionado de redes neurais profundas (como analisamos no Capítulo 11). Por último, alguns autoencoders são *modelos generativos*: eles são capazes de gerar aleatoriamente novos dados que se parecem bastante com os dados de treinamento. Por exemplo, você poderia treinar um autoencoder em imagens de rostos e, depois, ele seria capaz de gerar rostos novos. Mas, em geral, as imagens geradas são distorcidas e não muito realistas.

Em contrapartida, os rostos gerados por redes adversárias gerativas (GANs) atualmente são tão convincentes que é difícil acreditar que as pessoas representadas não existem. Você pode ver com seus próprios olhos acessando o endereço *https://thispersondoesnotexist.com/*, um site que mostra rostos gerados por uma arquitetura GAN recente chamada *StyleGAN* (você também pode conferir o site *https://thisrentaldoesnotexist.com/* para ver alguns quartos gerados do Airbnb). Hoje, as GANs são amplamente utilizadas para super-resolução (a fim de aumentar a resolução de uma imagem), colorização (*https://github.com/jantic/DeOldify*), edição de imagem expressiva (por exemplo, a fim de substituir os chamados photobombing por um fundo realista), para transformar um simples esboço em uma imagem fotorrealística, predizer os próximos quadros em um vídeo, usar a técnica de augmentation em um conjunto de dados (para treinar outros modelos), gerar outros tipos de dados (como texto, áudio e séries temporais), identificar os pontos fracos em outros modelos, os reforçando e muito mais.

Os autoencoders e as GANs não são supervisionados, ambos aprendem representações densas, podem ser usados como modelos generativos e têm muitos usos semelhantes. No entanto, eles funcionam de maneira bastante diferente:

- Os autoencoders simplesmente aprendem a copiar suas entradas para as suas saídas. Isso pode parecer fácil, mas veremos que restringir a rede de diversas maneiras é bem difícil. Por exemplo, você pode limitar o tamanho das representações latentes ou pode adicionar ruído às entradas e treinar a rede para recuperar as entradas originais. Essas restrições evitam que o autoencoder copie trivialmente as entradas diretamente para as saídas, o que o força a aprender formas eficientes de representar os dados. Resumindo, as codificações são derivadas do autoencoder que aprendem a função de identidade de acordo com algumas restrições.
- As GANs são compostas de duas redes neurais: a *generativa*, que tenta gerar dados semelhantes aos dados de treinamento, e a *discriminativa*, que tenta distinguir os dados reais dos dados falsos. Em aprendizado profundo, essa arquitetura é muito original: as redes gerativa e discriminativa competem entre si durante o treinamento. A gerativa é frequentemente comparada a um criminoso que tenta fabricar dinheiro falso, ao passo que a rede discriminativa é como o investigador policial tentando diferenciar o dinheiro real do falso. O *treinamento adversário* (treinar redes neurais concorrentes) é de longe considerado uma das ideias mais importantes dos últimos anos. Em 2016, Yann LeCun chegou a dizer que era "a ideia mais interessante dos últimos 10 anos em aprendizado de máquina".

Neste capítulo, começaremos mergulhando a fundo em como os autoencoders funcionam e como usá-los para redução de dimensionalidade, extração de características, pré-treinamento não supervisionado ou como modelos generativos. Isso naturalmente nos levará às GANs. Vamos começar construindo uma GAN simples para gerar imagens falsas, porém veremos que o treinamento costuma ser bastante difícil. Analisaremos as principais dificuldades que você encontrará com o treinamento adversário, bem como algumas das principais técnicas para contornar essas dificuldades. Vamos começar com os autoencoders, mãos à obra!

Representações de Dados Eficientes

Qual das seguintes sequências numéricas você acha mais fácil de memorizar?

- 40, 27, 25, 36, 81, 57, 10, 73, 19, 68
- 50, 48, 46, 44, 42, 40, 38, 36, 34, 32, 30, 28, 26, 24, 22, 20, 18, 16, 14

À primeira vista, a primeira sequência seria mais fácil de memorizar, já que é menor. No entanto, se olhar atentamente para a segunda sequência, perceberá que é somente uma lista de números pares de 50 a 14. Após observar esse padrão, vemos que a segunda sequência será mais fácil de memorizar do que a primeira, basta se lembrar do padrão (ou seja, número pares decrescentes) e dos números inicial e final (ou seja, 50 e 14). Repare que, se você fosse capaz de memorizar sequências longas de forma rápida e fácil, não se importaria muito com a existência de um padrão na segunda sequência. Você simplesmente decoraria cada número e pronto. O fato de ser difícil memorizar sequências longas é o que o torna útil para o reconhecimento de padrões, e espero que isso esclareça por que restringir um autoencoder durante o treinamento o leva a descobrir e explorar padrões nos dados.

A relação entre memória, percepção e correspondência de padrões foi estudada por William Chase e Herbert Simon no início dos anos 1970 (*https://homl.info/ 111*).[1] Eles observaram que jogadores de xadrez experientes eram capazes de memorizar as posições de todas as peças em um jogo olhando para o tabuleiro por somente cinco segundos, uma tarefa que a maioria das pessoas consideraria impossível. Entretanto, isso acontecia apenas quando as peças de xadrez eram colocadas em posições realistas (em posições do jogo mesmo), não quando as peças eram colocadas aleatoriamente. Os especialistas em xadrez não têm uma memória tão melhor do que você e eu; eles somente enxergam os padrões do xadrez com mais facilidade, graças à experiência com o jogo. A percepção de padrões os ajuda a armazenar informações de maneira eficiente.

Assim como os jogadores de xadrez neste experimento de memória, um autoencoder observa as entradas e as converte em uma representação latente eficiente e, em seguida, desembucha algo que (felizmente) se parece bastante com as entradas. Um autoencoder é sempre composto de duas partes: um *encoder [codificador]* (ou *rede de reconhecimento*) que converte as entradas em uma representação latente, seguida por um *decoder [decodificador]* (ou *rede generativa*) que converte a representação interna em saídas (veja a Figura 17-1).

Como você pode observar, um autoencoder normalmente tem a mesma arquitetura de uma perceptron multicamada (MLP; veja o Capítulo 10), exceto que o número de neurônios na camada de saída deve ser igual ao número de entradas. Neste exemplo, temos apenas uma camada oculta composta de dois neurônios (o codificador) e uma camada de saída composta de três neurônios (o decodificador). As saídas são frequentemente chamadas de *reconstruções*, já que o autoencoder tenta reconstruir as entradas, e a função de custo contém uma *perda de reconstrução* que penaliza o modelo quando as reconstruções são diferentes das entradas.

1 William G. Chase e Herbert A. Simon, "Perception in Chess", *Cognitive Psychology* 4, no. 1 (1973): 55–81.

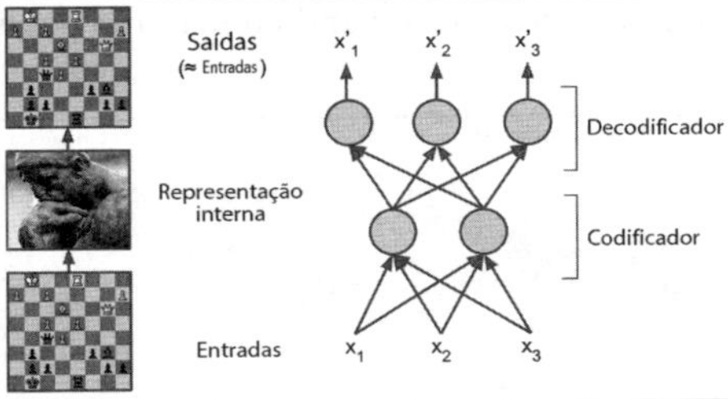

Figura 17-1. O experimento de memória do xadrez (à esquerda) e um autoencoder simples (à direita)

Como a representação interna tem uma dimensionalidade menor do que os dados de entrada (é 2D em vez de 3D), o autoencoder é considerado *undercomplete [subcompleto]*. Um autoencoder subcompleto não consegue copiar trivialmente suas entradas para as codificações, porém deve encontrar uma maneira de gerar uma cópia de suas entradas. Ele é forçado a aprender as características mais importantes dos dados de entrada (e dropar as que não são importantes).

Vejamos como implementar um autoencoder subcompleto bem simples para redução de dimensionalidade.

Executando uma PCA com um Autoencoder Linear Subcompleto

Se o autoencoder usar somente ativações lineares e a função de custo for o erro quadrático médio (MSE), ele acaba executando a análise de componentes principais (PCA; veja o Capítulo 8).

O código a seguir constrói um autoencoder linear simples para realizar a PCA em um conjunto de dados 3D, o projetando em 2D:

```
from tensorflow import keras

encoder = keras.models.Sequential([keras.layers.Dense(2, input_shape=[3])])
decoder = keras.models.Sequential([keras.layers.Dense(3, input_shape=[2])])
autoencoder = keras.models.Sequential([encoder, decoder])

autoencoder.compile(loss="mse", optimizer=keras.optimizers.SGD(lr=0.1))
```

Este código não é tão diferente de todas as MLPs que construímos nos capítulos anteriores, mas há algumas coisas a serem observadas:

- Organizamos o autoencoder em dois subcomponentes: o codificador e o decodificador. Ambos são modelos regulares `Sequential` com uma única camada `Dense` cada um, e o autoencoder é um modelo `Sequential` contendo o codificador seguido pelo decodificador (lembre-se de que um modelo pode ser usado como uma camada em outro modelo).
- O número de saídas do autoencoder é igual ao número de entradas (ou seja, 3).
- A fim de executar uma simples PCA, não utilizamos nenhuma função de ativação (ou seja, todos os neurônios são lineares), e a função de custo é o MSE. Veremos autoencoders mais complexos em breve.

Agora vamos treinar o modelo em um simples conjunto de dados 3D gerado usá-lo para codificar esse mesmo conjunto de dados (isto é, projetá-lo em 2D):

```
history = autoencoder.fit(X_train, X_train, epochs=20)
codings = encoder.predict(X_train)
```

Repare que o mesmo conjunto de dados, `X_train`, é usado como entrada e como alvo. A Figura 17-2 mostra o conjunto de dados 3D original (à esquerda) e a saída da camada oculta do autoencoder (ou seja, a camada de codificação, à direita). Conforme você pode ver, o autoencoder encontrou o melhor plano 2D para projetar os dados, preservando o máximo possível de variância nos dados (assim como a PCA).

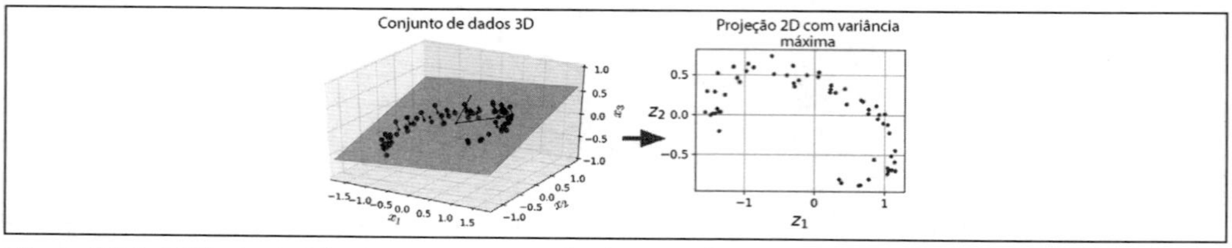

Figura 17-2. PCA executada por um autoencoder linear subcompleto

> Você pode considerar os autoencoders como uma forma de aprendizado autossupervisionado (ou seja, usando uma técnica de aprendizado supervisionado com rótulos gerados automaticamente, neste caso simplesmente iguais às entradas).

Autoencoders Empilhados

Assim como outras redes neurais que analisamos, os autoencoders podem ter diversas camadas ocultas. Neste caso, elas se chamam *autoencoders empilhados* (ou *deep autoencoders*). Acrescentar mais camadas ajuda o autoencoder a aprender codificações mais complexas. Assim sendo, é necessário tomar cuidado para que o autoencoder não fique muito poderoso. Imagine um codificador tão poderoso que aprende a mapear cada entrada para um único número arbitrário (e o decodificador aprende o mapeamento reverso). Claro que esse autoencoder reconstruirá os dados de treinamento perfeitamente, mas não terá aprendido nenhuma representação útil de dados no processo (e é improvável que generalize bem as novas instâncias).

A arquitetura de um autoencoder empilhado é normalmente simétrica em relação à camada central oculta (a camada de codificação). Simplificando as coisas, ela mais parece um sanduíche. Por exemplo, um autoencoder para o MNIST (apresentado no Capítulo 3) pode ter 784 entradas, seguido por uma camada oculta com 100 neurônios, depois uma camada central escondida de 30 neurônios, depois outra camada oculta com 100 neurônios e uma camada de saída com 784 neurônios. Esse autoencoder empilhado é representado na Figura 17-3.

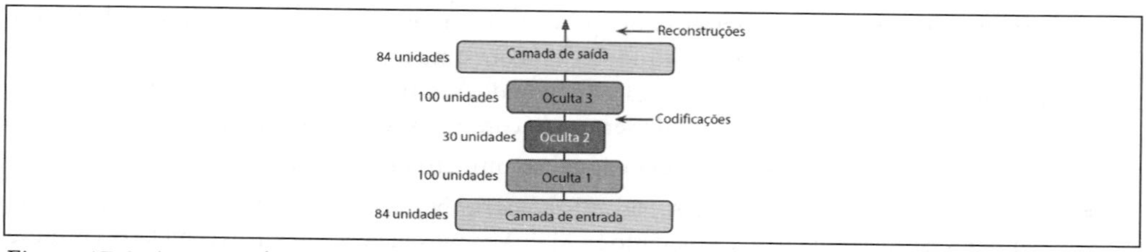

Figura 17-3. Autoencoder empilhado

Implementando um autoencoder empilhado com a Keras

Você pode implementar um autoencoder empilhado de forma muito semelhante a uma MLP profunda. Em especial, podemos aplicar as mesmas técnicas que usamos no Capítulo 11 para treinar redes profundas. Por exemplo, o código a seguir cria um autoencoder empilhado para o Fashion MNIST (carregado e normalizado como no Capítulo 10), usando a função de ativação SELU:

```
stacked_encoder = keras.models.Sequential([
    keras.layers.Flatten(input_shape=[28, 28]),
    keras.layers.Dense(100, activation="selu"),
    keras.layers.Dense(30, activation="selu"),
])
stacked_decoder = keras.models.Sequential([
    keras.layers.Dense(100, activation="selu", input_shape=[30]),
    keras.layers.Dense(28 * 28, activation="sigmoid"),
    keras.layers.Reshape([28, 28])
])
stacked_ae = keras.models.Sequential([stacked_encoder, stacked_decoder])
stacked_ae.compile(loss="binary_crossentropy",
                   optimizer=keras.optimizers.SGD(lr=1.5))
history = stacked_ae.fit(X_train, X_train, epochs=10,
                         validation_data=[X_valid, X_valid])
```

Vamos analisar esse código:

- Assim como fizemos antes, dividimos o modelo do autoencoder em dois submodelos: o codificador e o decodificador.
- O codificador captura imagens em tons de cinza de 28 × 28 pixels, as achata para que cada imagem seja representada como um vetor de tamanho 784 e, em seguida, processa esses vetores por meio de duas camadas `Dense` de tamanhos decrescentes (100 unidades e depois 30 unidades), ambas usando a função de ativação SELU (talvez você queira adicionar a inicialização normal LeCun também, porém a rede não é muito profunda, logo isso não fará uma grande diferença). Para cada imagem de entrada, o encoder gera um vetor de tamanho 30.
- O decodificador captura as codificações de tamanho 30 (saída do codificador) e as processa por meio de duas camadas `Dense` de tamanhos crescentes (100 unidades e 784 unidades), e remodela os vetores finais em arrays de 28 × 28, de modo que as saídas do decodificador tenham o mesmo formato que as entradas do codificador.
- Ao compilar o autoencoder empilhado, usamos a perda de entropia cruzada binária em vez do erro quadrático médio. Estamos tratando a tarefa de reconstrução como um problema de classificação binária multirrótulo: cada intensidade de pixel representa a probabilidade de que o pixel seja preto. Enquadrá-lo desta forma (em vez de um problema de regressão) tende a fazer o modelo convergir mais rápido.[2]
- Por último, treinamos o modelo usando o `X_train` como entradas e alvos (e, da mesma forma, usamos o `X_valid` como validação das entradas e dos alvos).

Visualizando as reconstruções

Uma forma de assegurar que um autoencoder seja treinado devidamente é comparar as entradas e as saídas: as diferenças não devem ser muito substanciais. Vamos plotar algumas imagens do conjunto de validação, bem como suas reconstruções:

```
def plot_image(image):
    plt.imshow(image, cmap="binary")
    plt.axis("off")
```

2 Você pode ficar tentado a usar a métrica de acurácia, mas ela não funcionaria corretamente, já que essa métrica espera que os rótulos sejam 0 ou 1 para cada pixel. Você pode contornar esse problema criando uma métrica customizada que calcule a acurácia depois de arredondar os alvos e as predições para 0 ou 1.

```python
def show_reconstructions(model, n_images=5):
    reconstructions = model.predict(X_valid[:n_images])
    fig = plt.figure(figsize=(n_images * 1.5, 3))
    for image_index in range(n_images):
        plt.subplot(2, n_images, 1 + image_index)
        plot_image(X_valid[image_index])
        plt.subplot(2, n_images, 1 + n_images + image_index)
        plot_image(reconstructions[image_index])

show_reconstructions(stacked_ae)
```

A Figura 17-4 mostra as imagens resultantes:

Figura 17-4. Imagens originais (superior) e suas reconstruções (inferior)

As reconstruções são visíveis, mas apresentam um pouco de perdas. Talvez seja necessário treinar o modelo por mais tempo, ou tornar o codificador e o decodificador mais profundos, ou tornar as codificações maiores. No entanto, se deixarmos a rede muito poderosa, ela conseguirá fazer reconstruções perfeitas sem aprender nenhum padrão útil por meio dos dados. Por ora, vamos ficar com este modelo.

Visualizando o conjunto de dados Fashion MNIST

Agora que treinamos um autoencoder empilhado, podemos utilizá-lo para reduzir a dimensionalidade do conjunto de dados. Quando se trata de visualização, isso não gera grandes resultados em comparação com outros algoritmos de redução de dimensionalidade (como os que analisamos no Capítulo 8), mas a grande vantagem dos autoencoders é que eles podem lidar com conjuntos de dados enormes, com muitas instâncias e muitas características. Desse modo, uma das estratégias é usar um autoencoder para reduzir a dimensionalidade em um nível razoável e, em seguida, utilizar outro algoritmo de redução de dimensionalidade para visualização. Usaremos essa estratégia para visualizar o Fashion MNIST. Primeiro, utilizamos o codificador de nosso autoencoder empilhado a fim de reduzir a dimensionalidade para 30, depois usamos a implementação do algoritmo t-SNE da Scikit-Learn com o intuito de reduzir a dimensionalidade em 2 para visualização:

```python
from sklearn.manifold import TSNE

X_valid_compressed = stacked_encoder.predict(X_valid)
tsne = TSNE()
X_valid_2D = tsne.fit_transform(X_valid_compressed)
```

Agora podemos plotar o conjunto de dados:

```python
plt.scatter(X_valid_2D[:, 0], X_valid_2D[:, 1], c=y_valid, s=10,
cmap="tab10")
```

A Figura 17-5 mostra o gráfico de dispersão resultante (embelezado um pouco pela exibição de algumas das imagens). O algoritmo t-SNE identificou vários clusters que correspondem relativamente bem às classes (cada classe é representada com uma cor diferente).

Figura 17-5. Visualização do Fashion MNIST usando um autoencoder seguido por um t-SNE

Assim, os autoencoders podem ser usados para redução da dimensionalidade. Outro uso é no pré-treinamento não supervisionado.

Pré-treinamento não supervisionado com autoencoders empilhados

Conforme analisamos no Capítulo 11, se estiver lidando com uma tarefa supervisionada complexa, mas não tiver muitos dados de treinamento rotulados, uma das soluções é encontrar uma rede neural que execute uma tarefa semelhante e reutilizar suas camadas inferiores. Isso possibilita treinar um modelo de alto desempenho usando poucos dados de treinamento, pois sua rede neural não terá que aprender todas as características de baixo nível; ele apenas reutilizará os detectores de características aprendidas pela rede existente.

Da mesma forma, caso tenha um conjunto de dados enorme cuja maior parte não esteja rotulada, você pode primeiro treinar um autoencoder empilhado usando todos os dados e, em seguida, reutilizar as camadas inferiores a fim de criar uma rede neural para sua tarefa real e treiná-la usando os dados rotulados. Por exemplo, a Figura 17-6 mostra como utilizar um autoencoder empilhado para realizar um pré-treinamento não supervisionado para uma rede neural de classificação. Ao treinar o classificador, se você realmente não tiver muitos dados de treinamento rotulados, talvez seja necessário congelar as camadas pré-treinadas (pelo menos, as camadas inferiores).

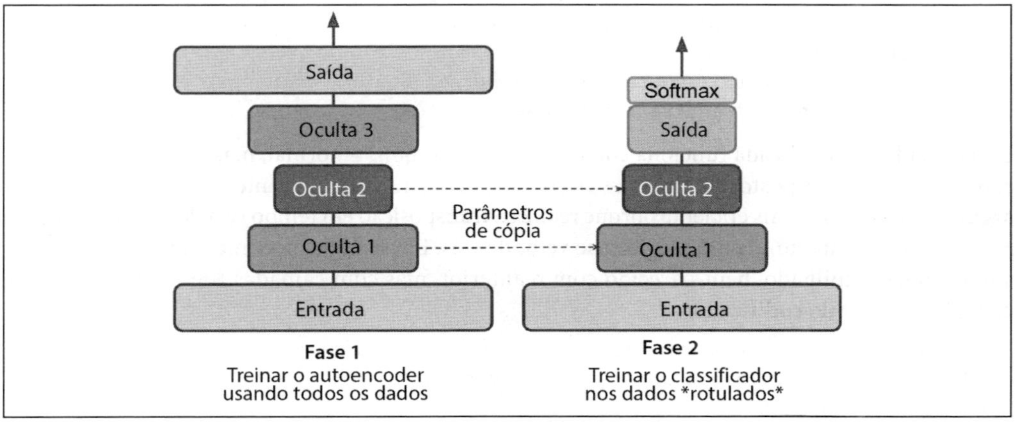

Figura 17-6. Pré-treinamento não supervisionado usando autoencoders

> Ter muitos dados não rotulados e poucos dados rotulados é comum. Construir um grande conjunto de dados sem rótulo costuma sair mais barato (por exemplo, um script simples pode fazer o download de milhões de imagens da internet), mas rotular essas imagens (por exemplo, classificá-las como agradáveis ou não) normalmente pode ser feito de forma confiável apenas por humanos. Rotular instâncias é demorado e caro, então é comum ter somente alguns milhares de instâncias rotuladas por humanos.

Não há nada de especial na implementação: basta treinar um autoencoder usando todos os dados de treinamento (rotulados e os não rotulados) e, em seguida, reutilizar suas camadas de codificador para criar uma rede neural nova (veja os exercícios no final deste capítulo para ver um exemplo). A seguir, examinaremos algumas técnicas para treinar autoencoders empilhados.

Amarrar os pesos

Quando um autoencoder é ordenadamente simétrico, como o que acabamos de construir, uma técnica comum é *amarrar* os pesos das camadas do decodificador nos pesos das camadas do codificador. Isso reduz pela metade o número de pesos no modelo, acelerando o treinamento e limitando o risco de sobreajuste. Em termos específicos, se o autoencoder tiver um total de N camadas (sem contar a camada de entrada), e $\mathbf{W}_L$ representar os pesos de conexão da *i-lésima* camada $\frac{N}{2}$ (por exemplo, a camada 1 é a primeira camada oculta, a camada N é a camada de codificação e a camada N é a camada de saída), então os pesos da camada do decodificador podem ser definidos simplesmente como: $\mathbf{W}_{N-L+1} = \mathbf{W}_L^{\mathsf{T}}$ (com $L = 1, 2, \cdots, \frac{N}{2}$).

Para amarrar pesos entre camadas usando a Keras, vamos definir uma camada personalizada:

```
class DenseTranspose(keras.layers.Layer):
    def __init__(self, dense, activation=None, **kwargs):
        self.dense = dense
        self.activation = keras.activations.get(activation)
        super().__init__(**kwargs)
    def build(self, batch_input_shape):
        self.biases = self.add_weight(name="bias", initializer="zeros",
                                      shape=[self.dense.input_shape[-1]])
        super().build(batch_input_shape)
    def call(self, inputs):
        z = tf.matmul(inputs, self.dense.weights[0], transpose_b=True)
        return self.activation(z + self.biases)
```

Esta camada personalizada funciona como uma camada `Dense` normal, mas usa outros pesos da camada `Dense` transpostos (definir `transpose_b=True` é equivalente a transpor o segundo argumento, porém é mais eficiente porque realiza a transposição em tempo real dentro da operação `matmul()`). No entanto, ela usa seu próprio vetor de viés. Em seguida, podemos construir um novo autoencoder empilhado, bem-parecido com o anterior, mas com camadas `Dense` amarradas às camadas `Dense` do codificador:

```
dense_1 = keras.layers.Dense(100, activation="selu")
dense_2 = keras.layers.Dense(30, activation="selu")

tied_encoder = keras.models.Sequential([
    keras.layers.Flatten(input_shape=[28, 28]),
    dense_1,
    dense_2
```

```
])

tied_decoder = keras.models.Sequential([
    DenseTranspose(dense_2, activation="selu"),
    DenseTranspose(dense_1, activation="sigmoid"),
    keras.layers.Reshape([28, 28])
])

tied_ae = keras.models.Sequential([tied_encoder, tied_decoder])
```

Este modelo alcança um erro de reconstrução um pouco menor do que o modelo anterior, com quase metade do número de parâmetros.

Treinando um autoencoder de cada vez

Em vez de treinar todo o autoencoder empilhado de uma vez só como acabamos de fazer, é possível treinar um autoencoder pouco profundo de cada vez e, em seguida, empilhá-los em um único autoencoder empilhado (por isso o nome), conforme mostrado na Figura 17-7. Hoje em dia essa técnica não é muito utilizada, mas você ainda pode encontrar artigos que falam sobre "treinamento ganancioso em camadas", portanto, é bom estar por dentro das coisas.

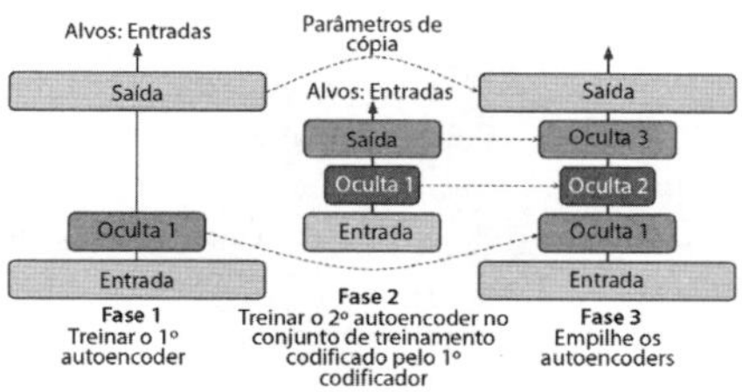

Figura 17-7. Treinando um autoencoder de cada vez

Durante a primeira fase de treinamento, o primeiro autoencoder aprende a reconstruir as entradas. Em seguida, codificamos todo o conjunto de treinamento utilizando este primeiro autoencoder, e isso nos fornece um novo conjunto de treinamento (compactado). Depois, treinamos um segundo autoencoder neste novo conjunto de dados. Esta é a segunda fase do treinamento. Por último, construímos um grande sanduíche usando todos esses autoencoders, conforme mostrado na Figura 17-7 (ou seja, primeiro empilharemos as camadas ocultas de cada autoencoder e, em seguida, as camadas de saída na ordem inversa). Isso nos fornece o autoencoder empilhado final (confira a seção "Training One Autoencoder at a Time" no notebook para ver uma implementação). Poderíamos facilmente treinar mais autoencoders desse jeito, construindo um autoencoder com pilha muito profunda.

Como discutimos anteriormente, um dos estímulos que desencadearam o atual tsunami de interesse pelo aprendizado profundo foi a descoberta em 2006 de Geoffrey Hinton et al. (*https://homl.info/136*) que redes neurais profundas podem ser pré-treinadas de uma forma não supervisionada, com a aplicação do treinamento ganancioso em camadas. Eles usaram máquinas de Boltzmann restritas (RBMs; veja o Apêndice E) para essa finalidade, contudo, em 2007 Yoshua Bengio et al. demonstraram (*https:// homl.info/112*)[3] que os autoencoders funcionavam perfeitamente bem. Durante muitos anos, essa foi a única maneira eficiente de treinar redes profundas, até que boa parte das técnicas apresentadas no Capítulo 11 possibilitou treinar somente uma rede profunda de uma vez só.

3 Yoshua Bengio et al., "Greedy Layer-Wise Training of Deep Networks", *Anais da 19ª Conferência Internacional sobre Sistemas de Processamento de Informação Neural* (2006): 153–160.

Os autoencoders não se limitam às redes densas: você também pode construir autoencoders convolucionais, ou mesmo autoencoders recorrentes. Vamos conferir isso agora mesmo.

Autoencoders Convolucionais

Se você estiver lidando com imagens, os autoencoders que vimos até agora não funcionarão bem (a menos que as imagens sejam muito pequenas): conforme vimos no Capítulo 14, as redes neurais convolucionais são mais indicadas que as redes densas para manipular imagens. Desse modo, caso queira construir um autoencoder para imagens (por exemplo, para pré-treinamento não supervisionado ou redução de dimensionalidade), você precisará construir um *autoencoder convolucional* (*https://homl.info/convae*).[4] O codificador é uma CNN normal composta de camadas convolucionais e camadas de pooling. Isso normalmente reduz a dimensionalidade espacial das entradas (ou seja, altura e largura) enquanto aumenta a profundidade (ou seja, o número de mapas de características).

O decodificador deve fazer o inverso (aumentar a imagem e reduzir sua profundidade de volta às dimensões originais) e, para isso, você pode utilizar camadas convolucionais transpostas (ou, se preferir, você pode combinar camadas de upsampling, chamadas também de camadas deconvolucionais, com camadas convolucionais). Veja a seguir um autoencoder convolucional simples para o Fashion MNIST:

```
conv_encoder = keras.models.Sequential([
    keras.layers.Reshape([28, 28, 1], input_shape=[28, 28]),
    keras.layers.Conv2D(16, kernel_size=3, padding="same", activation="selu"),
    keras.layers.MaxPool2D(pool_size=2),
    keras.layers.Conv2D(32, kernel_size=3, padding="same", activation="selu"),
    keras.layers.MaxPool2D(pool_size=2),
    keras.layers.Conv2D(64, kernel_size=3, padding="same", activation="selu"),
    keras.layers.MaxPool2D(pool_size=2)
])
conv_decoder = keras.models.Sequential([
    keras.layers.Conv2DTranspose(32, kernel_size=3, strides=2, padding="valid",
                                 activation="selu",
                                 input_shape=[3, 3, 64]),
    keras.layers.Conv2DTranspose(16, kernel_size=3, strides=2, padding="same",
                                 activation="selu"),
    keras.layers.Conv2DTranspose(1, kernel_size=3, strides=2, padding="same",
                                 activation="sigmoid"),
    keras.layers.Reshape([28, 28])
])
conv_ae = keras.models.Sequential([conv_encoder, conv_decoder])
```

Autoencoders Recorrentes

Caso deseje construir um autoencoder para sequências, como séries temporais ou texto (por exemplo, para aprendizado não supervisionado ou redução de dimensionalidade), as redes neurais recorrentes (veja o Capítulo 15) podem ser mais adequadas do que as redes densas. Construir um *autoencoder recorrente* é bem simples: o codificador é normalmente uma RNN de sequência a

4 Jonathan Masci et al., "Stacked Convolutional Auto-Encoders for Hierarchical Feature Extraction", *Anais da 21ª Conferência Internacional sobre Redes Neurais Artificiais* (2011): 52–59.

vetor que compacta a sequência de entrada em um único vetor. O decodificador é uma RNN de vetor a sequência que faz o contrário:

```
recurrent_encoder = keras.models.Sequential([
    keras.layers.LSTM(100, return_sequences=True, input_shape=[None, 28]),
    keras.layers.LSTM(30)
])
recurrent_decoder = keras.models.Sequential([
    keras.layers.RepeatVector(28, input_shape=[30]),
    keras.layers.LSTM(100, return_sequences=True),
    keras.layers.TimeDistributed(keras.layers.Dense(28, activation="sigmoid"))
])
recurrent_ae = keras.models.Sequential([recurrent_encoder, recurrent_decoder])
```

Este autoencoder recorrente consegue processar sequências de qualquer comprimento, com 28 dimensões por intervalo de tempo. Convenientemente, isso significa que ele pode processar imagens do Fashion MNIST tratando cada imagem como uma sequência de linhas: em cada intervalo de tempo, a RNN processará uma única linha de 28 pixels. Óbvio que você pode utilizar um autoencoder recorrente para qualquer tipo de sequência. Observe que usamos uma camada `RepeatVector` como a primeira camada do decodificador a fim de garantir que seu vetor de entrada seja alimentado para o decodificador a cada intervalo de tempo.

Mas vamos recapitular algumas coisas. Até agora, vimos diversos tipos de autoencoders (básicos, empilhados, convolucionais e recorrentes) e como treiná-los (de uma vez só ou camada por camada). Analisamos também alguns de seus usos: visualização de dados e pré-treinamento não supervisionado.

Até então, para forçar o autoencoder a aprender características interessantes, restringimos o tamanho da camada de codificação, tornando-a subcompleta. Na verdade, existem muitos outros tipos de restrições que podem ser usadas, incluindo aquelas que permitem que a camada de codificação seja tão grande quanto as entradas, ou ainda maior, resultando em um *autoencoder sobrecompleto*. Vejamos algumas dessas abordagens agora.

Denoising Autoencoders

Outra maneira de forçar o autoencoder a aprender características úteis é adicionar ruído às suas entradas, o treinando para recuperar as entradas originais sem ruído. Essa ideia existe desde os anos 1980 (por exemplo, ela é mencionada na tese de mestrado de 1987 de Yann LeCun). Um artigo de 2008 (*https://homl.info/113*),[5] de Pascal Vincent et al., mostrou que os autoencoders também podem ser usados para extração de características. Já um artigo de 2010 (*https://homl.info/114*),[6] de Vincent et al., apresentou os *denoising autoencoders empilhados*.[7]

O ruído pode ser simplesmente um ruído gaussiano adicionado às entradas ou pode ser entradas desligadas aleatoriamente, como camadas dropout (apresentadas no Capítulo 11). A Figura 17-8 mostra ambas as opções.

5 Pascal Vincent et al., "Extracting and Composing Robust Features with Denoising Autoencoders", *Anais da 25ª Conferência Internacional sobre Aprendizado de Máquina* (2008): 1096–1103.

6 Pascal Vincent et al., "Stacked Denoising Autoencoders: Learning Useful Representations in a Deep Network with a Local Denoising Criterion", *Journal of Machine Learning Research* 11 (2010): 3371–3408.

7 N. da T.: Conhecido também como autoencoder com filtragem de ruído.

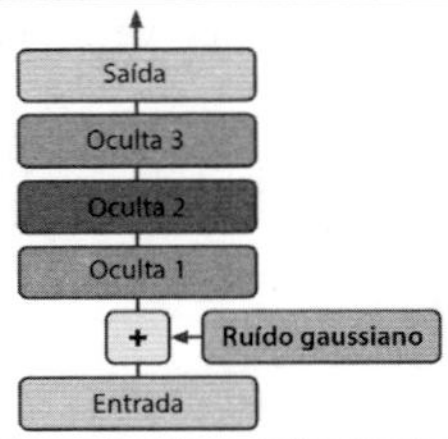

Figura 17-8. Denoising autoencoders, com ruído gaussiano (à esquerda) ou dropout (à direita)

A implementação é simples: é um autoencoder empilhado normal com uma camada extra `Dropout` aplicada às entradas do codificador (você também pode usar uma camada `GaussianNoise`). Lembre-se de que a camada `Dropout` fica ativa somente durante o treinamento (isso acontece também com a camada `GaussianNoise`):

```
dropout_encoder = keras.models.Sequential([
    keras.layers.Flatten(input_shape=[28, 28]),
    keras.layers.Dropout(0.5),
    keras.layers.Dense(100, activation="selu"),
    keras.layers.Dense(30, activation="selu")
])
dropout_decoder = keras.models.Sequential([
    keras.layers.Dense(100, activation="selu", input_shape=[30]),
    keras.layers.Dense(28 * 28, activation="sigmoid"),
    keras.layers.Reshape([28, 28])
])
dropout_ae = keras.models.Sequential([dropout_encoder, dropout_decoder])
```

A Figura 17-9 mostra algumas imagens com ruído (com metade dos pixels desativados) e as imagens reconstruídas pelo denoising autoencoder baseado em uma camada dropout. Repare como o autoencoder tenta predizer os detalhes que realmente não estão na entrada, como a parte superior da camisa branca (linha de baixo, quarta imagem). Como você pode ver, não somente os autoencoders baseados em uma camada dropout podem ser usados para visualização de dados ou pré-treinamento não supervisionado, como os outros autoencoders que analisamos até agora também podem ser utilizados de forma simples e eficiente para remover o ruído das imagens.

Figura 17-9. Imagens com ruído (parte superior) e suas reconstruções (parte inferior)

Autoencoders Esparsos

Outro tipo de restrição que geralmente resulta em uma boa extração de características é *esparsidade:* ao adicionar um termo apropriado à função de custo, o autoencoder é pressionado a reduzir o número de neurônios ativos na camada de codificação. Por exemplo, talvez ele seja pressionado a ter em média apenas 5% de neurônios significativamente ativos na camada de codificação. Isso força o autoencoder a representar cada entrada como uma combinação de um pequeno número de ativações. Como resultado, em geral cada neurônio na camada de codificação acaba representando uma característica útil (se você fosse falar somente algumas palavras por mês, provavelmente tentaria fazer com que valesse a pena ouvi-las).

Uma abordagem simples é usar a função de ativação sigmoide na camada de codificação (para restringir as codificações a valores entre 0 e 1), utilizar uma grande camada de codificação (por exemplo, com 300 unidades) e acrescentar um pouco de regularização ℓ_1 às ativações da camada de codificação (o decodificador não passa de um decodificador regular):

```
sparse_l1_encoder = keras.models.Sequential([
    keras.layers.Flatten(input_shape=[28, 28]),
    keras.layers.Dense(100, activation="selu"),
    keras.layers.Dense(300, activation="sigmoid"),
    keras.layers.ActivityRegularization(l1=1e-3)
])
sparse_l1_decoder = keras.models.Sequential([
    keras.layers.Dense(100, activation="selu", input_shape=[300]),
    keras.layers.Dense(28 * 28, activation="sigmoid"),
    keras.layers.Reshape([28, 28])
])
sparse_l1_ae = keras.models.Sequential([sparse_l1_encoder, sparse_l1_decoder])
```

A camada `ActivityRegularization` apenas retorna as entradas, mas como efeito colateral acrescenta uma perda de treinamento igual à soma dos valores absolutos de suas entradas (esta camada só tem efeito durante o treinamento). Do mesmo modo, você pode remover a camada `ActivityRegularization` e o conjunto `activity_regularizer=keras.regularizers.l1(1e-3)` na camada anterior. Essa penalidade incentivará a rede neural a produzir codificações próximas a 0, e, como ela também será penalizada se não reconstruir as entradas corretamente, terá que gerar pelo menos alguns valores diferentes de zero. Utilizar a norma ℓ_1 em vez da norma ℓ_2 pressionará a rede neural para preservar as codificações mais importantes, eliminando aquelas que não são necessárias para a imagem de entrada (em vez de somente reduzir todas as codificações).

Outra abordagem, que normalmente gera melhores resultados, é calcular a esparsidade real da camada de codificação em cada iteração de treinamento e penalizar o modelo quando a esparsidade calculada difere da esparsidade-alvo. Fazemos isso calculando a ativação média de cada neurônio na camada de codificação, ao longo de todo o batch de treinamento. O tamanho do batch não deve ser muito pequeno, caso contrário a média não será precisa.

Visto que temos a ativação média por neurônio, podemos penalizar os neurônios que estão muito ativos, ou não ativos o suficiente, acrescentando uma *perda de esparsidade* à função de custo. Por exemplo, se calcularmos que um neurônio tem uma ativação média de 0,3, mas a esparsidade-alvo é 0,1, ele deve ser penalizado para ser menos ativo. Uma abordagem poderia ser simplesmente adicionar o erro quadrático $(0,3 - 0,1)^2$ à função de custo, mas na prática a melhor abordagem é usar a divergência de Kullback-Leibler (KL) (brevemente analisada no Capítulo 4), que tem gradientes bem mais fortes do que o erro quadrático médio, como você pode ver na Figura 17-10

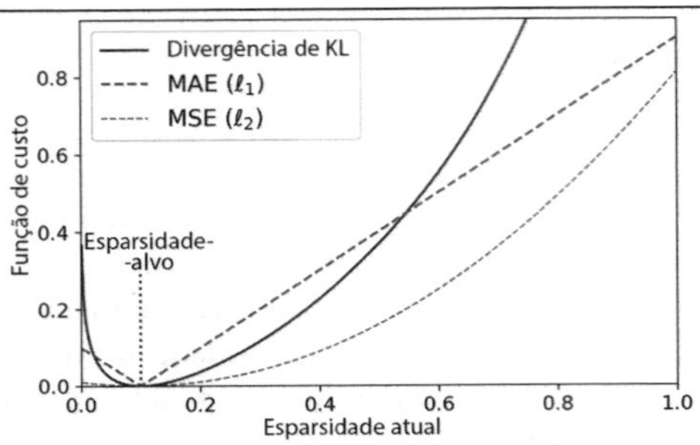

Figura 17-10. Perda de esparsidade

Dadas duas distribuições de probabilidade discretas *P* e *Q*, a divergência KL entre essas distribuições, notada como $D_{KL}(P \parallel Q)$, pode ser calculada usando a Equação 17-1.

Equação 17-1. Divergência de Kullback–Leibler

$$D_{\mathrm{KL}}(P \parallel Q) = \sum_i P(i) \log \frac{P(i)}{Q(i)}$$

Em nosso caso, queremos calcular a divergência entre a probabilidade-alvo *p* de que um neurônio na camada de codificação será ativado e a probabilidade real *q* (ou seja, a ativação média em relação ao batch de treinamento). Assim, a divergência KL é simplificada na Equação 17-2.

Equação 17-2. Divergência KL entre a esparsidade-alvo p e a esparsidade real q

$$D_{\mathrm{KL}}(p \parallel q) = p \log \frac{p}{q} + (1-p) \log \frac{1-p}{1-q}$$

Após calcular a perda de esparsidade para cada neurônio na camada de codificação, somamos essas perdas e acrescentamos o resultado à função de custo. Com o objetivo de controlar a importância relativa da perda de esparsidade e da perda de reconstrução, podemos multiplicar a perda de esparsidade por um hiperparâmetro de esparsidade de peso. Se esse peso for muito alto, o modelo se manterá próximo à esparsidade-alvo, porém talvez não reconstrua as entradas adequadamente, inutilizando o modelo. Por outro lado, se for muito baixo, o modelo ignorará boa parte da esparsidade-alvo e não aprenderá nenhuma característica interessante.

Agora temos tudo o que precisamos para implementar um autoencoder esparso com base na divergência KL. Primeiro, vamos construir um regularizador customizado para aplicar a regularização de divergência KL:

```
K = keras.backend
kl_divergence = keras.losses.kullback_leibler_divergence

class KLDivergenceRegularizer(keras.regularizers.Regularizer):
    def __init__(self, weight, target=0.1):
        self.weight = weight
        self.target = target
    def __init__(self, inputs):
        mean_activities = K.mean(inputs, axis=0)
        return self.weight * (
            kl_divergence(self.target, mean_activities) +
            kl_divergence(1. - self.target, 1. - mean_activities))
```

Agora podemos construir um autoencoder esparso usando o `KLDivergenceRegularizer` para as ativações da camada de codificação:

```
kld_reg = KLDivergenceRegularizer(weight=0.05, target=0.1)
sparse_kl_encoder = keras.models.Sequential([
    keras.layers.Flatten(input_shape=[28, 28]),
    keras.layers.Dense(100, activation="selu"),
    keras.layers.Dense(300, activation="sigmoid", activity_regularizer=kld_reg)
])
sparse_kl_decoder = keras.models.Sequential([
    keras.layers.Dense(100, activation="selu", input_shape=[300]),
    keras.layers.Dense(28 * 28, activation="sigmoid"),
    keras.layers.Reshape([28, 28])
])
sparse_kl_ae = keras.models.Sequential([sparse_kl_encoder, sparse_kl_decoder])
```

Depois de treinar esse autoencoder esparso no Fashion MNIST, as ativações dos neurônios na camada de codificação são bastante próximas a 0 (cerca de 70% de todas as ativações são inferiores a 0,1), e todos os neurônios têm uma ativação média em torno de 0,1 (cerca de 90% de todos os neurônios têm uma ativação média entre 0,1 e 0,2), conforme mostrado na Figura 17-11.

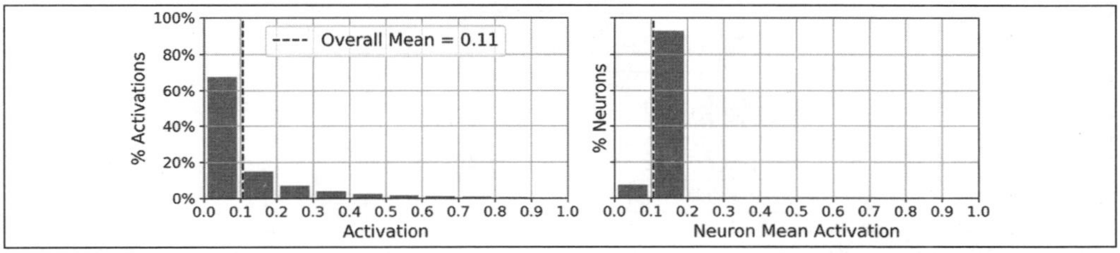

Figura 17-11. Distribuição de todas as ativações na camada de codificação (à esquerda) e distribuição da ativação média por neurônio (à direita)

Autoencoders Variacionais

Outra categoria importante de autoencoders foi apresentada em 2013 (*https:// homl.info/115*) por Diederik Kingma e Max Welling e rapidamente se tornou um dos tipos mais populares de autoencoders: os *autoencoders variacionais*.[8]

Eles são completamente diferentes de todos os autoencoder que analisamos até agora, vejamos suas particularidades:

- Eles são *autoencoders probabilísticos*, o que significa que suas saídas são parcialmente determinadas pelo acaso, mesmo após treinamento (ao contrário dos denoising autoencoders, que usam a casualidade apenas durante o treinamento).
- Mais importante ainda, eles são *autoencoders generativos*, o que significa que eles podem gerar novas instâncias que parecem ter sido amostradas a partir do conjunto de treinamento.

Essas propriedades os tornam bastante semelhantes às RBMs, contudo eles são mais fáceis de treinar e o processo de amostragem é mais rápido (com as RBMs, você precisa esperar que a rede se estabilize de acordo com um tipo de "equilíbrio térmico" antes de conseguir amostrar uma nova instância). Na

8 Diederik Kingma e Max Welling, "Auto-Encoding Variational Bayes", arXiv preprint arXiv:1312.6114 (2013).

realidade, como o nome sugere, os autoencoders variacionais realizam inferência bayesiana variacional (apresentada no Capítulo 9), uma maneira eficiente de realizar inferência bayesiana aproximada.

Vamos dar uma espiada em como eles funcionam. A Figura 17-12 (à esquerda) mostra um autoencoder variacional. Você pode reconhecer a estrutura básica de todos os autoencoders, com um codificador seguido por um decodificador (neste exemplo, ambos têm duas camadas ocultas), mas há uma diferença: em vez de produzir diretamente uma codificação para uma determinada entrada, o codificador produz uma *média de codificação* μ e um desvio-padrão σ. A real codificação é, então, amostrada aleatoriamente a partir de uma distribuição gaussiana com média μ e desvio-padrão σ. Depois disso, o decodificador decodifica normalmente a codificação amostrada. A parte direita do diagrama mostra uma instância de treinamento passando pelo autoencoder. Primeiro, o codificador gera μ e σ, em seguida uma codificação é amostrada aleatoriamente (perceba que ela não está exatamente localizada em μ) e, por último, essa codificação é decodificada; a saída final é semelhante à instância de treinamento.

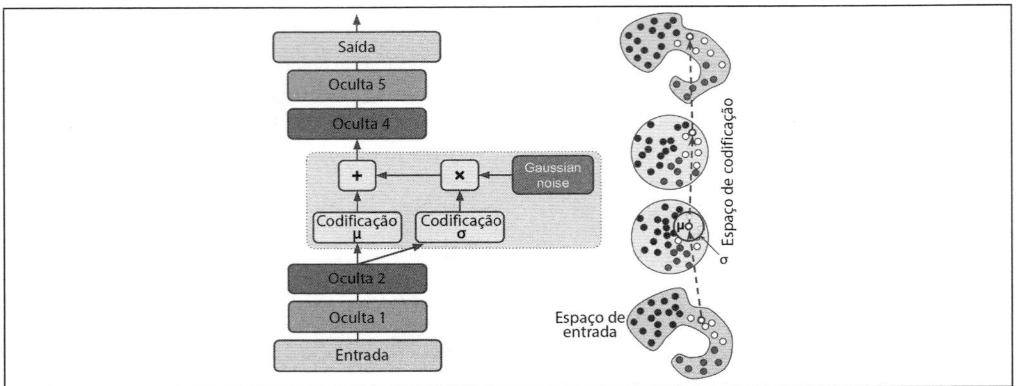

Figura 17-12. Autoencoder variacional (à esquerda) e uma instância passando por ele (à direita)

Como você pode ver no diagrama, embora as entradas possam ter uma distribuição bastante complexa, um autoencoder variacional tende a produzir codificações que parecem ter sido amostradas a partir de uma distribuição gaussiana simples:[9] durante o treinamento, a função de custo (analisada a seguir) pressiona as codificações a migrar gradualmente para dentro do espaço de codificação (também chamado de *espaço latente*) o que acaba gerando uma nuvem de pontos gaussianos. A maior vantagem disso é que, após treinar um autoencoder variacional, você pode facilmente gerar uma instância nova: basta amostrar uma codificação aleatória da distribuição gaussiana, decodificá-la e pronto!

Agora, vamos analisar a função de custo. Ela é composta de duas partes. A primeira é a perda de reconstrução normal que pressiona o autoencoder a reproduzir suas entradas (podemos utilizar a entropia cruzada para isso, como analisado anteriormente). A segunda é a *perda latente* que pressiona o autoencoder a ter codificações que parecem ter sido amostradas a partir de uma distribuição gaussiana simples: é a divergência KL entre a distribuição-alvo (isto é, a distribuição gaussiana) e a real distribuição das codificações. A matemática por trás disso é mais complexa do que os cálculos do autoencoder esparso, sobretudo por causa do ruído gaussiano, que limita a quantidade de informação que pode ser transmitida à camada de codificação (pressionando assim o autoencoder a aprender características úteis).

Felizmente, as equações simplificam, logo a perda latente pode ser calculada usando a Equação 17-3:[10]

9 Na verdade, os autoencoders variacionais são mais gerais; as codificações não se limitam às distribuições gaussianas.

10 Para saber mais detalhes matemáticos, confira o artigo original a respeito dos autoencoders variacionais ou o excelente tutorial de Carl Doersch (*https://homl.info/116*) (2016).

Equação 17-3. Perda latente do autoencoder variacional

$$\mathscr{L} = -\frac{1}{2}\sum_{i=1}^{K} 1 + \log\left(\sigma_i^2\right) - \sigma_i^2 - \mu_i^2$$

Nesta equação, $\mathscr{L}$ é a perda latente, *n* é a dimensionalidade das codificações, e μ_i e σ_i são a média e o desvio-padrão do *i-ésimo* componente das codificações. Os vetores **μ** e **σ** (que contém todos os μ_i e σ_i) são gerados pelo codificador, conforme mostrado na Figura 17-12 (à esquerda).

Um ajuste comum a se fazer na arquitetura do autoencoder variacional é usar a saída do codificador $\boldsymbol{\gamma} = \log(\boldsymbol{\sigma}^2)$ em vez de **σ**. Assim, a perda latente pode ser calculada conforme mostrado na Equação 17-4. Esta abordagem é mais estável matematicamente e acelera o treinamento.

Equação 17-4. Perda latente do autoencoder variacional, reescrita usando $\boldsymbol{\gamma} = \log(\sigma_2)$

$$\mathscr{L} = -\frac{1}{2}\sum_{i=1}^{K} 1 + \gamma_i - \exp\left(\gamma_i\right) - \mu_i^2$$

Vamos começar a construir um autoencoder variacional para o Fashion MNIST (como mostrado na Figura 17-12, mas usando o ajuste **γ**). Primeiro, precisaremos de uma camada personalizada para amostrar as codificações, dados **μ** e **γ**:

```
class Sampling(keras.layers.Layer):
    def call(self, inputs):
        mean, log_var = inputs
        return K.random_normal(tf.shape(log_var)) * K.exp(log_var / 2) + mean
```

A camada `Sampling` comporta duas entradas: a `mean` (**μ**) e o `log_var` (**γ**). Ela usa a função `K.random_normal()` para amostrar um vetor aleatório (da mesma forma que **γ**) da distribuição normal, com média 0 e desvio-padrão 1. Em seguida, ela o multiplica pelo exponencial (**γ** / 2) (que é igual a **σ**, como você pode verificar) e, por último, soma **μ** e retorna o resultado. Isso faz a amostragem de um vetor de codificação da distribuição normal com média **μ** e desvio-padrão **σ**.

A seguir, podemos criar o codificador usando a functional API, já que o modelo não é totalmente sequencial:

```
codings_size = 10

inputs = keras.layers.Input(shape=[28, 28])
z = keras.layers.Flatten()(inputs)
z = keras.layers.Dense(150, activation="selu")(z)
z = keras.layers.Dense(100, activation="selu")(z)
codings_mean = keras.layers.Dense(codings_size)(z) # μ
codings_log_var = keras.layers.Dense(codings_size)(z) # γ
codings = Sampling()([codings_mean, codings_log_var])
variational_encoder = keras.Model(
    inputs=[inputs], outputs=[codings_mean, codings_log_var, codings])
```

Observe que as camadas `Dense` que geram `codings_mean` (**μ**) e `codings_log_var` (**γ**) têm as mesmas entradas (ou seja, as saídas da segunda camada `Dense`). Em seguida, passamos o `codings_mean` e o `codings_log_var` para a camada `Sampling`. Por último, o modelo `variational_encoder` tem três saídas, caso você queira inspecionar os valores `codings_mean` e `codings_log_var`. A única saída que usaremos é a última (`codings`). Agora, construiremos o decodificador:

```
decoder_inputs = keras.layers.Input(shape=[codings_size])
x = keras.layers.Dense(100, activation="selu")(decoder_inputs)
```

```
x = keras.layers.Dense(150, activation="selu")(x)
x = keras.layers.Dense(28 * 28, activation="sigmoid")(x)
outputs = keras.layers.Reshape([28, 28])(x)
variational_decoder = keras.Model(inputs=[decoder_inputs], outputs=[outputs])
```

Para este decodificador, poderíamos ter usado a sequential API em vez da functional API, já que se trata apenas de uma pilha simples de camadas, praticamente idêntica a muitos dos decodificadores que construímos até agora. Finalmente, vamos construir o modelo do autoencoder variacional:

```
_, _, codings = variational_encoder(inputs)
reconstructions = variational_decoder(codings)
variational_ae = keras.Model(inputs=[inputs], outputs=[reconstructions])
```

Veja que ignoramos as duas primeiras saídas do codificador (queremos apenas alimentar as codificações para o decodificador). Por último, devemos adicionar a perda latente e a perda de reconstrução:

```
latent_loss = -0.5 * K.sum(
    1 + codings_log_var - K.exp(codings_log_var) - K.square(codings_mean),
    axis=-1)
variational_ae.add_loss(K.mean(latent_loss) / 784.)
variational_ae.compile(loss="binary_crossentropy", optimizer="rmsprop")
```

Primeiro, utilizamos a Equação 17-4 para calcular a perda latente para cada instância do batch (somamos no último eixo). Depois, calculamos a perda média de todas as instâncias no batch e dividimos o resultado por 784 a fim de garantir que tenha a escala apropriada em comparação à perda de reconstrução. Na prática, a perda de reconstrução do autoencoder variacional deve ser a soma dos erros de reconstrução do pixel, mas, quando a Keras calcula a perda `"binary_crossentropy"`, calcula a média de todos os 784 pixels em vez da soma. Desse modo, a perda de reconstrução é 784 vezes menor do que o necessário. Poderíamos definir uma perda personalizada a fim de calcular a soma em vez da média, porém é mais simples dividir a perda latente por 784 (a perda final será 784 vezes menor do que deveria ser, mas isso significa apenas que devemos usar uma taxa de aprendizagem maior).

Observe que usamos o otimizador `RMSprop`, que funciona bem neste caso. E, por último, podemos treinar o autoencoder!

```
history = variational_ae.fit(X_train, X_train, epochs=50, batch_size=128,
                             validation_data=[X_valid, X_valid])
```

Gerando imagens com o Fashion MNIST

Agora vamos usar este autoencoder variacional para gerar imagens que se parecem com roupas da moda. Tudo o que precisamos fazer é amostrar códigos aleatórios de uma distribuição gaussiana e decodificá-los:

```
codings = tf.random.normal(shape=[12, codings_size])
images = variational_decoder(codings).numpy()
```

A Figura 17-13 mostra as 12 imagens geradas.

Figura 17-13. Imagens do Fashion MNIST geradas pelo autoencoder variacional

A maioria dessas imagens parece bastante convincente, ainda que seja um pouco confusa. O resto não é lá aquelas coisas, mas não pegue tão pesado com o autoencoder — ele teve somente alguns minutos para aprender! Com um pouco mais de ajuste e tempo de treinamento, essas imagens devem ficar melhores.

Os autoencoders variacionais possibilitam executar a *interpolação semântica*: em vez de interpolar duas imagens no nível do pixel (o que pareceria como se as duas imagens estivessem sobrepostas), podemos interpolar no nível da codificação. Primeiro, rodamos as duas imagens no codificador, depois interpolamos as duas codificações que obtemos e, por fim, decodificamos as codificações interpoladas para obter a imagem final. Ela se parecerá com uma imagem normal do Fashion MNIST, mas será um intermediário entre as imagens originais. No exemplo de código a seguir, pegamos as 12 codificações que acabamos de gerar, as organizamos em um grid 3 × 4 e usamos a função `tf.image.resize()` da TensorFlow para redimensionar esse grid para 5 × 7. Por padrão, a função `resize()` executará a interpolação bilinear de forma que todas as outras linhas e colunas conterão codificações interpoladas. Em seguida, usamos o decodificador a fim de gerar todas as imagens:

```
codings_grid = tf.reshape(codings, [1, 3, 4, codings_size])
larger_grid = tf.image.resize(codings_grid, size=[5, 7])
interpolated_codings = tf.reshape(larger_grid, [-1, codings_size])
images = variational_decoder(interpolated_codings).numpy()
```

A Figura 17-14 mostra as imagens resultantes. As imagens originais são emolduradas e o restante é resultado da interpolação semântica entre as imagens próximas. Repare, por exemplo, como o sapato na quarta linha e na quinta coluna é uma bela interpolação entre os dois sapatos localizados acima e abaixo dele.

Figura 17-14. Interpolação semântica

Durante muitos anos, os autoencoders variacionais foram bastante populares, mas as GANs acabaram assumindo essa liderança, sobretudo porque são capazes de gerar imagens bem mais realistas e nítidas. Então, vamos analisar um pouco as GANs.

Redes Adversárias Gerativas

As redes adversárias gerativas foram propostas em um artigo de 2014 (*https://homl.info/gan*)[11] por Ian Goodfellow et al. e, embora a ideia tenha entusiasmado os pesquisadores quase que de imediato, demorou alguns anos para superar algumas dificuldades de se treinar as GANs. Como muitas grandes ideias, elas parecem simples à primeira vista: faça as redes neurais competirem umas com as outras na esperança de que essa competição as pressione e uma delas se sobressaia. Conforme mostrado na Figura 17-15, uma GAN é composta de duas redes neurais:

11 Ian Goodfellow et al., "Generative Adversarial Nets", *Anais da 27ª Conferência Internacional sobre Sistemas de Processamento de Informação Neural* 2 (2014): 2672–2680.

Generativa

Obtém uma distribuição aleatória como entrada (normalmente gaussiana) e gera alguns dados (normalmente uma imagem). Você pode considerar as entradas aleatórias como representações latentes (ou seja, codificações) da imagem a ser gerada. Logo, conforme você pode ver, a rede gerativa proporciona a mesma funcionalidade de um decodificador em um autoencoder variacional, e pode ser usada da mesma maneira para gerar imagens novas (basta alimentá-la com um pouco de ruído gaussiano que ela gera uma imagem totalmente nova). No entanto, ela é treinada de forma muito diferente, como veremos daqui a pouco.

Figura 17-15. Uma rede adversária gerativa

Discriminativa

Obtém uma imagem falsa da rede gerativa ou uma imagem real do conjunto de treinamento como entrada e deve adivinhar se a imagem de entrada é falsa ou real.

Durante o treinamento, a rede gerativa e a rede discriminativa têm objetivos opostos: a rede discriminativa tenta distinguir imagens falsas de imagens reais, ao passo que a rede gerativa tenta produzir imagens que pareçam reais o bastante para enganar a rede discriminativa. Como a GAN é composta de duas redes com objetivos diferentes, ela não pode ser treinada como uma rede neural normal. Cada iteração de treinamento é dividida em duas fases:

- Na primeira fase, treinamos a rede discriminativa. Um batch de imagens reais é amostrado a partir do conjunto de treinamento e é concluído com um número igual de imagens falsas produzidas pela rede gerativa. Os rótulos são definidos como 0 para imagens falsas e 1 para imagens reais, e a rede discriminativa é treinada nesse batch rotulado para uma etapa, usando a perda de entropia cruzada binária. É importante ressaltar que durante essa fase a retropropagação otimiza somente os pesos da rede discriminativa.
- Na segunda fase, treinamos a rede gerativa. Primeiro, a usamos para produzir outro batch de imagens falsas e, mais uma vez, a rede discriminativa é utilizada para dizer se as imagens são falsas ou reais. Desta vez, não adicionamos imagens reais no batch, e todos os rótulos são definidos como 1 (real): em outras palavras, queremos que a rede gerativa produza imagens que a rede discriminativa acreditará (erroneamente) serem reais! Para se sobressair, os pesos da rede discriminativa são congelados durante esta etapa, assim a retropropagação afeta apenas os pesos da rede gerativa.

> A rede gerativa nunca vê imagens reais, mas aos poucos aprende a produzir imagens falsas convincentes! O que ocorre é os gradientes voltarem para a rede discriminativa. Felizmente, quanto melhor fica a rede discriminativa, mais informações sobre as imagens reais estão contidas nesses gradientes já usados, de modo que a rede gerativa consegue progredir substancialmente.

Seguindo em frente, vamos construir uma GAN simples para o Fashion MNIST.

Primeiro, precisamos construir as redes gerativa e discriminativa. A gerativa é semelhante ao decodificador de um autoencoder, e a discriminativa é um classificador binário regular (ele pega uma imagem como entrada e termina com uma camada `Dense` que contém uma única unidade, utilizando a função de ativação sigmoide). Para a segunda fase de cada iteração de treinamento, também precisamos do modelo GAN completo contendo a rede gerativa seguida pela rede discriminativa:

```
codings_size = 30

generator = keras.models.Sequential([
    keras.layers.Dense(100, activation="selu", input_shape=[codings_size]),
    keras.layers.Dense(150, activation="selu"),
    keras.layers.Dense(28 * 28, activation="sigmoid"),
    keras.layers.Reshape([28, 28])
])
discriminator = keras.models.Sequential([
    keras.layers.Flatten(input_shape=[28, 28]),
    keras.layers.Dense(150, activation="selu"),
    keras.layers.Dense(100, activation="selu"),
    keras.layers.Dense(1, activation="sigmoid")
])
gan = keras.models.Sequential([generator, discriminator])
```

Em seguida, precisamos compilar esses modelos. Como a rede discriminativa é um classificador binário, podemos certamente usar a perda de entropia cruzada binária. A rede gerativa apenas será treinada por meio do modelo `gan`, então não precisamos compilá-lo. O modelo `gan` também é um classificador binário, logo ele consegue utilizar a perda de entropia cruzada binária. É importante salientar que a rede discriminativa não deve ser treinada durante a segunda fase, por isso, a tornamos não treinável antes de compilar o modelo `gan`:

```
discriminator.compile(loss="binary_crossentropy", optimizer="rmsprop")
discriminator.trainable = False
gan.compile(loss="binary_crossentropy", optimizer="rmsprop")
```

A Keras apenas considera o atributo `trainable` quando compila o modelo, então, após executar este código, se chamarmos seu método `fit()` ou seu método `train_on_batch()` (que usaremos), a `discriminator` *fica* treinável, ao passo que se chamarmos esses métodos no modelo `gan`, ela *não* fica treinável.

Uma vez que o loop de treinamento é incomum, não podemos usar o método `fit()`. Em vez disso, escreveremos um loop de treinamento customizado. Para tal, primeiro precisamos criar um `Dataset` a fim de iterar pelas imagens:

```
batch_size = 32
dataset = tf.data.Dataset.from_tensor_slices(X_train).shuffle(1000)
dataset = dataset.batch(batch_size, drop_remainder=True).prefetch(1)
```

Agora estamos prontos para escrever o loop de treinamento. Vamos decorar esse loop com uma `train_gan()` em um wrapper:

```
def train_gan(gan, dataset, batch_size, codings_size, n_epochs=50):
    generator, discriminator = gan.layers
    for epoch in range(n_epochs):
        for X_batch in dataset:
            # fase 1 - treinando a rede discriminativa
```

```
        noise = tf.random.normal(shape=[batch_size, codings_size])
        generated_images = generator(noise)
        X_fake_and_real = tf.concat([generated_images, X_batch],
axis=0)
        y1 = tf.constant([[0.]] * batch_size + [[1.]] * batch_size)
        discriminator.trainable = True
        discriminator.train_on_batch(X_fake_and_real, y1)
        # fase 2 - treinando a rede gerativa
        noise = tf.random.normal(shape=[batch_size, codings_size])
        y2 = tf.constant([[1.]] * batch_size)
        discriminator.trainable = False
        gan.train_on_batch(noise, y2)

train_gan(gan, dataset, batch_size, codings_size)
```

Conforme analisado anteriormente, você pode ver as duas fases em cada iteração:

- Na fase 1, fornecemos ruído gaussiano à rede gerativa para produzir imagens falsas e completamos esse batch concatenando um número igual de imagens reais. Os alvos `y1` são definidos como 0 para imagens falsas e 1 para imagens reais. Depois, treinamos a rede discriminativa nesse batch. Repare que definimos o atributo `trainable` da rede discriminativa como `True`: isso serve apenas para se livrar de um aviso que a Keras exibe quando percebe que `trainable` é agora `False`, mas era `True` quando o modelo foi compilado (ou vice-versa).
- Na fase 2, alimentamos a GAN com um pouco de ruído gaussiano. Sua rede gerativa começará produzindo imagens falsas, depois a rede discriminativa tentará adivinhar se essas imagens são falsas ou reais. Queremos que a rede discriminativa acredite que as imagens falsas são reais, então os alvos `y2` são definidos como 1. Veja que definimos o atributo `trainable` como `False` para evitar o aviso novamente.

Pronto! Se você exibir as imagens geradas (veja a Figura 17-16), verá que, no final da primeira época, elas já começam a se parecer com imagens (embora com muito ruído) do Fashion MNIST.

Infelizmente, as imagens nunca ficam melhores do que isso, e você pode até encontrar épocas em que a GAN parece ter se esquecido do que aprendeu. E por quê? Veja bem, treinar uma GAN pode ser desafiador. Vamos ver o porquê!

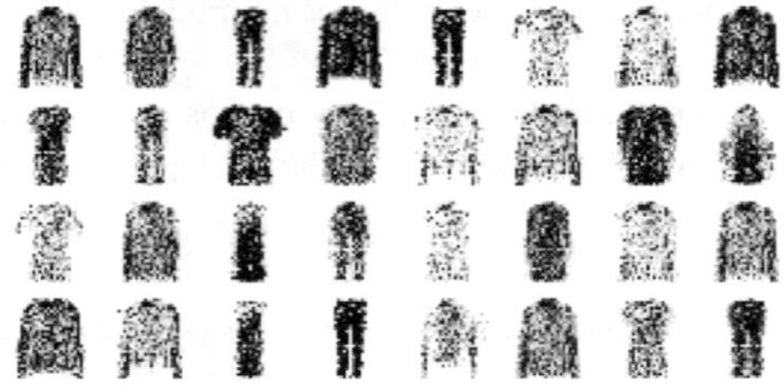

Figura 17-16. Imagens geradas pela GAN após uma época de treinamento

Os desafios de treinar as GANs

Durante o treinamento, as redes gerativas e discriminativas tentam constantemente superar uma a outra, em um jogo de soma zero. À medida que o treinamento avança, o jogo pode acabar em um estado que os teóricos do jogo chamam de *equilíbrio de Nash*, nome em homenagem ao matemático John Nash: é quando nenhum jogador teria um desempenho melhor se mudasse sua própria estratégia, partindo do princípio que os outros jogadores não mudem a deles. Por exemplo, alcança-se equilíbrio de Nash quando todos dirigem no lado esquerdo de uma estrada: nenhum motorista teria um melhor desempenho se fosse o único a mudar de lado. Obviamente, existe um segundo equilíbrio de Nash possível: quando todo mundo *dirige* do lado direito de uma estrada. Diferentes estados e dinâmicas iniciais podem resultar em um ou outro equilíbrio. Neste exemplo, há uma única estratégia ideal, uma vez que um equilíbrio é alcançado (ou seja, dirigir do mesmo lado que todos os outros), contudo o equilíbrio de Nash pode envolver múltiplas estratégias concorrentes (por exemplo, um predador persegue sua presa, a presa tenta escapar, e nenhum deles teria um melhor desempenho se mudassem suas estratégias).

Mas como isso se aplica às GANs? Os autores do artigo demonstraram que uma GAN só pode alcançar um único equilíbrio de Nash: quando a rede gerativa produz imagens perfeitamente realistas e a rede discriminativa é forçada a adivinhá-las (50% real, 50% falso). Esse fato é muito animador: aparentemente só é necessário treinar a GAN por tempo suficiente, e ela acabará alcançando esse equilíbrio, lhe fornecendo uma rede gerativa perfeita. Infelizmente, as coisas não são tão simples assim: nada garante que o equilíbrio será alcançado.

A maior dificuldade se chama *modo colapso*: quando as saídas da rede gerativa se tornam gradualmente menos diversificadas. Como isso é possível? Suponha que a rede generativa fique melhor na produção de imagens convincentes de sapatos do que qualquer outra classe. Isso acaba enganando um pouco mais a rede discriminativa, e a incentiva a produzir ainda mais imagens de sapatos. Pouco a pouco, ela se esquecerá de como produzir qualquer outra coisa. Enquanto isso, as únicas imagens falsas que a rede discriminativa verá serão sapatos, logo ela também se esquecerá de como discriminar imagens falsas de outras classes. Por fim, quando a rede discriminativa conseguir diferenciar os sapatos falsos dos reais, a rede gerativa será forçada a mudar para outra classe. Talvez ela se torne boa em reconhecer camisas e se esqueça dos sapatos. A rede discriminativa fará a mesma coisa. A GAN pode percorrer gradativamente algumas classes, nunca ficando boa em nenhuma delas.

Além do mais, como as redes gerativa e discriminativa estão incessantemente competindo entre si, seus parâmetros podem acabar oscilando e se tornando instáveis. O treinamento pode começar de forma adequada e, de repente, divergir sem motivo aparente, devido a essas instabilidades. E, visto que muitos fatores afetam essas dinâmicas complexas, as GANs são muito sensíveis aos hiperparâmetros: talvez você gaste um tempão para ajustá-los.

Esses problemas têm mantido os pesquisadores bastante atarefados desde 2014: muitos artigos foram publicados sobre o tema, alguns propondo novas funções de custo[12] (embora um artigo de 2018 [*https:// homl.info/gansequal*][13] escrito pelos pesquisadores do Google questione sua eficiência) ou técnicas para estabilizar o treinamento ou para evitar o problema do modo colapso. Por exemplo, uma técnica popular chamada *experiência de replay* consiste em armazenar as imagens produzidas pela rede gerativa a cada iteração em um replay buffer (dropando gradualmente as imagens geradas mais antigas) e treinar a rede discriminativa usando imagens reais e imagens falsas extraídas desse buffer (em vez de somente imagens falsas produzidas pela atual rede gerativa). Isso reduz as chances de que a rede discriminativa supere as saídas mais recentes da rede gerativa. Outra técnica comum se chama *discriminação de mini-batch*: calcula a semelhança das imagens no batch e fornece essa estatística à rede discriminativa para que ela possa rejeitar facilmente um batch inteiro de imagens falsas sem diversidade. Isso estimula a rede gerativa a produzir uma variedade maior de imagens, reduzindo a chance do modo colapso. Outros artigos simplesmente propõem arquiteturas específicas que funcionam bem.

12 Para uma boa comparação das principais perdas da GAN, dê uma olhada no ótimo projeto do GitHub de Hwalsuk Lee (*https:// homl.info/ganloss*).

13 Mario Lucic et al., "Are GANs Created Equal? A Large-Scale Study", *Anais da 32ª Conferência Internacional sobre Sistemas de Processamento de Informação Neural* (2018): 698–707.

Em suma, é um campo de pesquisa muito vivo, e a dinâmica das GANs ainda não é totalmente compreendida. No entanto, a boa notícia é que as coisas estão progredindo bastante e alguns dos resultados são realmente surpreendentes! Desse modo, vamos examinar algumas das arquiteturas mais bem-sucedidas, começando com as GANs convolucionais profundas, que até poucos anos eram revolucionárias. Em seguida, analisaremos duas arquiteturas mais recentes (e mais complexas).

GANs convolucionais profundas

O artigo original sobre a GAN em 2014 testou camadas convolucionais, e apenas tentou gerar imagens pequenas. Pouco tempo depois, muitos pesquisadores tentaram construir GANs com base em redes convolucionais mais profundas para imagens maiores. Isso se revelou complicado, pois o treinamento era muito instável, mas Alec Radford et al. finalmente obtiveram sucesso no fim de 2015, após testarem muitas arquiteturas e hiperparâmetros diferentes. Os pesquisadores denominaram sua arquitetura como *GANs convolucionais profundas* (*https://homl.info/dcgan*) (DCGANs).[14] Veja a seguir as principais diretrizes propostas para a construção de GANs convolucionais estáveis:

- Substitua quaisquer camadas de pooling com convoluções de stride (na rede discriminativa) e convoluções transpostas (na rede gerativa).
- Use a normalização em batch na rede gerativa e discriminativa, exceto na camada de saída da rede gerativa e na camada de entrada da rede discriminativa.
- Remova camadas ocultas totalmente conectadas nas arquiteturas mais profundas.
- Use a função de ativação ReLU em todas as camadas na rede gerativa, exceto na camada de saída, que deve usar a função tanh.
- Use a função de ativação leaky ReLU em todas as camadas da rede discriminativa.

Essas diretrizes funcionarão em muitos casos, mas nem sempre. Então, talvez você ainda precise testar diferentes hiperparâmetros (na verdade, alterar apenas o random seed e treinar o mesmo modelo novamente às vezes funciona). Por exemplo, veja esta pequena DCGAN (rede generativa adversária convolucional) que funciona bem com o Fashion MNIST:

```
codings_size = 100

generator = keras.models.Sequential([
    keras.layers.Dense(7 * 7 * 128, input_shape=[codings_size]),
    keras.layers.Reshape([7, 7, 128]),
    keras.layers.BatchNormalization(),
    keras.layers.Conv2DTranspose(64, kernel_size=5, strides=2,
padding="same",
                                 activation="selu"),
    keras.layers.BatchNormalization(),
    keras.layers.Conv2DTranspose(1, kernel_size=5, strides=2,
padding="same",
                                 activation="tanh")
])
discriminator = keras.models.Sequential([
    keras.layers.Conv2D(64, kernel_size=5, strides=2, padding="same",
                        activation=keras.layers.LeakyReLU(0.2),
                        input_shape=[28, 28, 1]),
```

14 Alec Radford et al., "Unsupervised Representation Learning with Deep Convolutional Generative Adversarial Networks", arXiv preprint arXiv:1511.06434 (2015).

```
        keras.layers.Dropout(0.4),
        keras.layers.Conv2D(128, kernel_size=5, strides=2, padding="same",
                            activation=keras.layers.LeakyReLU(0.2)),
        keras.layers.Dropout(0.4),
        keras.layers.Flatten(),
        keras.layers.Dense(1, activation="sigmoid")
])
gan = keras.models.Sequential([generator, discriminator])
```

A rede gerativa pega as codificações de tamanho 100 e as projeta em 6272 dimensões (7 * 7 * 128), remodelando o resultado para obter um tensor 7 × 7 × 128. Esse tensor passa pela normalização em batch e é fornecido a uma camada convolucional transposta com um stride de 2, que aumenta a amostragem de 7 × 7 para 14 × 14 e reduz sua profundidade de 128 para 64. Então, o resultado passa mais uma vez pela normalização em batch e é fornecido para outra camada convolucional transposta com um stride de 2, que aumenta a amostragem de 14 × 14 para 28 × 28 e reduz a profundidade de 64 para 1. Essa camada usa a função de ativação tanh, logo, as saídas variarão de –1 a 1. Por esse motivo, antes de treinar a GAN, é necessário redimensionar o conjunto de treinamento para esse mesmo intervalo. Precisamos também remodelá-lo para acrescentar a dimensão do canal:

```
X_train = X_train.reshape(-1, 28, 28, 1) * 2. - 1. # remodela e
redimensiona
```

A rede discriminativa se parece muito com uma CNN para classificação binária, exceto que em vez de utilizar camadas máximas de pooling para reduzir a resolução da imagem, usamos convoluções com strides (`strides=2`). Repare também que usamos a função de ativação leaky ReLU.

No geral, respeitamos as diretrizes da DCGAN, exceto que substituímos a camada `Batch Normalization` pelas camadas `Dropout` na rede discriminativa (pois o treinamento era instável neste caso) e substituímos a função ReLU pela SELU na rede gerativa. Sinta-se à vontade para ajustar essa arquitetura: você verá como ela é sensível aos hiperparâmetros (especialmente as taxas de aprendizagem relativas das duas redes).

Por último, para construir o conjunto de dados e, em seguida, compilar e treinar esse modelo, usamos exatamente o mesmo código de antes. Após 50 épocas de treinamento, a rede gerativa produz imagens como as mostradas na Figura 17-17. Ainda não é perfeito, porém muitas dessas imagens são bem convincentes.

Figura 17-17. Imagens geradas pela DCGAN após 50 épocas de treinamento

Se você dimensionar essa arquitetura e treiná-la em um grande conjunto de dados de rostos, poderá obter imagens bastante realistas. Na prática, as DCGANs podem aprender representações latentes bastante significativas, como você pode ver na Figura 17-18: muitas imagens foram geradas e nove delas foram selecionadas manualmente (canto superior esquerdo), três representando homens com óculos, três homens sem óculos e três mulheres sem óculos. Para cada uma dessas categorias, as codificações utilizadas para gerar as imagens foram calculadas para uma média, e uma imagem foi gerada com base nas codificações médias resultantes (canto inferior esquerdo). Em suma, cada uma das três imagens no canto inferior esquerdo representa a média das três imagens localizadas acima dela. Entretanto, essa não é uma média simples calculada no nível do pixel (isso resultaria em três rostos sobrepostos), é uma média calculada no espaço latente, assim as imagens ainda parecem rostos normais. O surpreendente é que, se você calcular homens com óculos, menos homens sem óculos e mais mulheres sem óculos — sendo que cada termo corresponde a uma das codificações médias — e gerar a imagem que corresponde a esta codificação, obterá a imagem no centro do grid 3 × 3 de rostos à direita: uma mulher de óculos! As outras oito imagens ao seu redor foram geradas com base no mesmo vetor e um pouco de ruído, a fim de ilustrar as capacidades de interpolação semântica das DCGANs. Ser capaz de usar aritmética vetorial em rostos parece mais ficção científica!

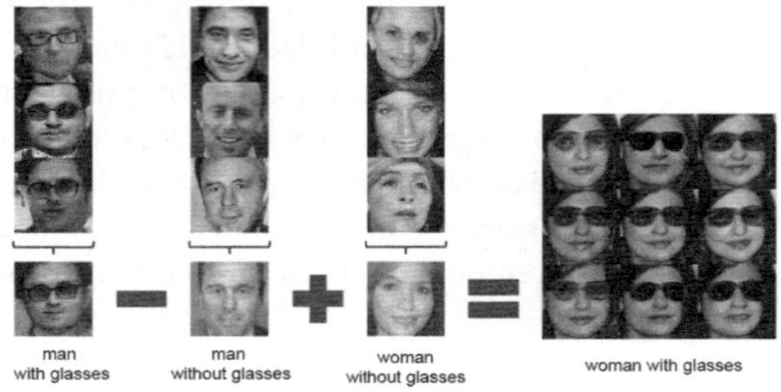

Figura17-18. Aritmética vetorial para conceitos visuais (parte da Figura 7 do artigo DCGAN) [15]

> Se você adicionar a classe de cada imagem como uma entrada extra nas redes gerativas e discriminativas, ambas aprenderão a aparência de cada classe e, assim, você poderá controlar a classe de cada imagem produzida pela rede administrativa. Isso se chama *GAN conditional* (*https://homl.info/cgan*)[16] (CGAN).

Mas as DCGANs não são perfeitas. Por exemplo, quando você tenta gerar imagens muito grandes usando as DCGANs, apesar de acabar com características convincentes localmente, elas apresentam inconsistências gerais (como camisas com uma manga muito mais longa do que a outra). Como consertar isso?

Crescimento progressivo das GANs

Uma importante técnica foi proposta em um artigo de 2018 (*https://homl.info/progan*)[17] por pesquisadores da Nvidia Tero Karras et al.: eles sugeriram gerar pequenas imagens no início do treinamento, e depois acrescentar gradualmente camadas convolucionais à redes gerativa e à rede discriminativa para produzir imagens cada vez maiores (4 × 4, 8 × 8, 16 × 16, ..., 512 × 512, 1,024 × 1,024). Essa abordagem se assemelha ao treinamento ganancioso em camadas de autoencoders empilhados. As camadas extras são adicionadas no final da rede gerativa e no início da rede discriminativa, e as camadas previamente treinadas permanecem treináveis.

Por exemplo, ao aumentar as saídas da rede gerativa de 4 × 4 para 8 × 8 (veja a Figura 17-19), uma camada de upsampling (usando filtragem do algoritmo k-ésimo vizinho mais próximo) é adicionada à camada convolucional existente, de modo que gera mapas de características 8 × 8, que são então

15 Os autores cederam gentilmente o uso.

16 Mehdi Mirza e Simon Osindero, "Conditional Generative Adversarial Nets", arXiv preprint arXiv: 1411.1784 (2014).

17 Tero Karras et al., "Progressive Growing of GANs for Improved Quality, Stability, and Variation", *Anais da Conferência Internacional sobre Aprendizado de Representação* (2018).

fornecidos à nova camada convolucional (que usa o padding "same" e strides de 1, logo suas saídas também são 8 × 8). Esta nova camada é seguida por uma nova camada convolucional de saída: esta é uma camada convolucional regular com tamanho de kernel 1 que projeta as saídas até o número desejado de canais de cores (por exemplo, 3). Para evitar quebrar os pesos treinados da primeira camada convolucional quando a nova camada convolucional é acrescentada, a saída final é uma soma ponderada da camada de saída original (que agora gera como saída mapas de características 8 × 8) e a nova camada de saída. O peso das novas saídas é α, enquanto o peso das saídas originais é $1 - \alpha$, sendo α aumentado lentamente de 0 para 1. Em outras palavras, as novas camadas convolucionais (representadas com linhas tracejadas na Figura 17-19) gradualmente aparecem, enquanto a camada de saída original gradualmente desaparece. Uma técnica de fade-in/fade-out semelhante é usada quando uma nova camada convolucional é adicionada à rede discriminativa (seguida por uma camada média de pooling para redução da taxa de amostragem [downsampling]).

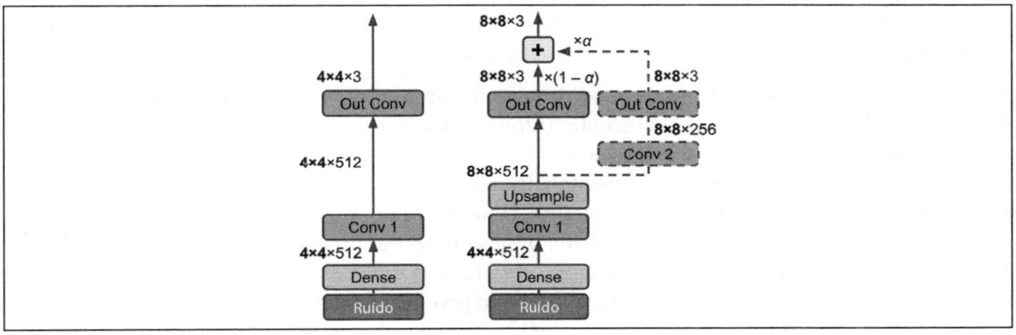

Figura17-19. Crescimento progressivo de uma rede gerativa da GAN gera imagens coloridas 4 × 4 (à esquerda); nós a estendemos para gerar imagens 8 × 8 (à direita)

O artigo também apresentou várias outras técnicas cujo objetivo era a aumentar a diversidade dos resultados (para evitar o modo colapso) e deixar o treinamento mais estável:

Camada de desvio-padrão do mini-batch

Adicionada próximo ao final da rede discriminativa. Para cada posição nas entradas, ela calcula o desvio-padrão em todos os canais e todas as instâncias do batch (`S = tf.math.reduce_std(inputs, axis=[0, -1])`). Calcula-se então a média desses desvios-padrão em todos os pontos para obter um único valor (`v = tf.reduce_mean(S)`). Por último, um mapa de características extra é adicionado a cada instância do batch e preenchido com o valor calculado (`tf.concat([inputs, tf.fill([batch_size, height, width, 1], v)], axis=-1)`). Como isso ajuda? Veja, se a rede gerativa produz imagens com pouca variedade, haverá um pequeno desvio-padrão entre os mapas de características na rede discriminativa. Graças a essa camada, a rede discriminativa terá fácil acesso a essa estatística, sendo menos provável que seja enganada por uma rede gerativa que produz pouca diversidade. Isso incentivará a rede gerativa a produzir saídas mais diversas, reduzindo o risco do modo colapso.

Taxa de aprendizagem equalizada

Inicializa todos os pesos usando uma distribuição gaussiana simples com média 0 e desvio-padrão 1 em vez de usar a inicialização He. No entanto, os pesos são reduzidos em tempo de execução (ou seja, toda vez que a camada é executada) pelo mesmo fator da inicialização de He: eles são divididos por , em que n_{entradas} é o número de entradas para a camada. O artigo demonstrou que essa técnica melhorou significativamente o desempenho da GAN ao usar RMSProp, Adam ou outros otimizadores de gradiente adaptativos. Na verdade, esses otimizadores normalizam as atualizações de gradiente a partir de seu desvio-padrão estimado (veja o Capítulo 11), de modo que os parâmetros que têm um intervalo dinâmico maior[18] levarão mais tempo para treinar, enquanto os parâmetros com um intervalo dinâmico menor podem ser atualizados mais rapidamente, levando a instabilidades. Ao reescalonar os pesos como parte do próprio modelo, em vez de apenas reescaloná-los na inicialização, essa abordagem assegura que o intervalo dinâmico seja o mesmo para todos os parâmetros, durante o treinamento, de modo que todos aprendam na mesma velocidade. Isso acelera e estabiliza o treinamento.

Camada de normalização Pixelwise

Acrescentada após cada camada convolucional na rede gerativa, ela normaliza cada ativação com base em todas as ativações na mesma imagem e no mesmo local, só que em todos os canais (dividindo pela raiz quadrada a ativação do quadrático médio). No código da TensorFlow, isso é `inputs/tf.sqrt(tf.reduce_mean(tf.square(X), axis=-1, keepdims=True) + 1e-8)` (é necessário o termo de suavização `1e-8` para evitar a divisão por zero). Essa técnica evita explosões nas ativações devido à competição excessiva entre a rede gerativa e a rede discriminativa.

A combinação de todas essas técnicas possibilitou que os pesquisadores gerassem imagens de rostos de alta definição extremamente convincentes (*https://homl.info/progandemo*). Mas o que exatamente consideramos "convincente"? A avaliação é um dos grandes desafios ao trabalhar com as GANs: embora seja possível avaliar automaticamente a diversidade das imagens geradas, julgar sua qualidade é uma tarefa bem mais complicada e subjetiva. Uma técnica é recorrer aos avaliadores humanos, mas isso custa dinheiro e é demorado. Assim, os pesquisadores propuseram calcular a semelhança entre a estrutura da imagem local das imagens geradas e as imagens de treinamento, considerando todas as escalas. Essa ideia os levou a outra inovação revolucionária: as StyleGANs.

StyleGANs

A tecnologia de ponta na geração de imagens de alta resolução foi alcançada mais uma vez pela mesma equipe da Nvidia em um artigo de 2018 (*https://homl.info/stylegan*)[19] que apresentou a popular arquitetura StyleGAN. Os autores empregaram a técnica de *transferência de estilo* na rede gerativa a fim de assegurar que as imagens geradas tivessem a mesma estrutura local das imagens de treinamento, em todas as escalas, melhorando e muito a qualidade das imagens geradas. A rede discriminativa e a função de perda não foram modificadas, somente a rede gerativa. Vamos dar uma olhada na StyleGAN. Ela é composta por duas redes (veja Figura 17-20):

Rede de mapeamento

Uma MLP de oito camadas que mapeia as representações latentes **z** (isso é, as codificações) para um vetor **w**. Este vetor é, então, enviado por meio de uma *transformação afim* (ou seja, camadas `Dense` sem funções de ativação, representadas pelas caixas "A" na Figura 17-20), que diversos vetores. Esses vetores controlam o estilo da imagem gerada em diferentes níveis, desde textura de granulação fina (por exemplo, cor do cabelo) a características de alto nível (por exemplo, adulto ou criança). Em suma, a rede de mapeamento mapeia as codificações para vetores de vários estilos.

Rede de síntese

Responsável pela geração das imagens. Tem uma entrada aprendida constante (para ficar claro, essa entrada será constante *depois* do treinamento, mas *durante* o treinamento ela continua sendo ajustada pela retropropagação). Ela processa essa entrada por meio de várias camadas

18 O intervalo dinâmico de uma variável é a razão entre o valor mais alto e o mais baixo que ela pode assumir.

19 Tero Karras et al., "A Style-Based Generator Architecture for Generative Adversarial Networks", arXiv preprint arXiv:1812.04948 (2018).

convolucionais e de upsampling, como anteriormente, mas há duas diferenças: a primeira, é que um pouco de ruído é adicionado à entrada e a todas as saídas das camadas convolucionais (antes da função de ativação). Segunda, cada camada de ruído é seguida por camada de *normalização de instância adaptativa* (AdaIN): ela padroniza cada mapa de características independentemente (subtraindo a média do mapa de características e a dividindo por seu desvio-padrão), em seguida, usa o vetor de estilo para determinar a escala e deslocamento de cada mapa de características (o vetor de estilo contém uma escala e um viés para cada mapa de características).

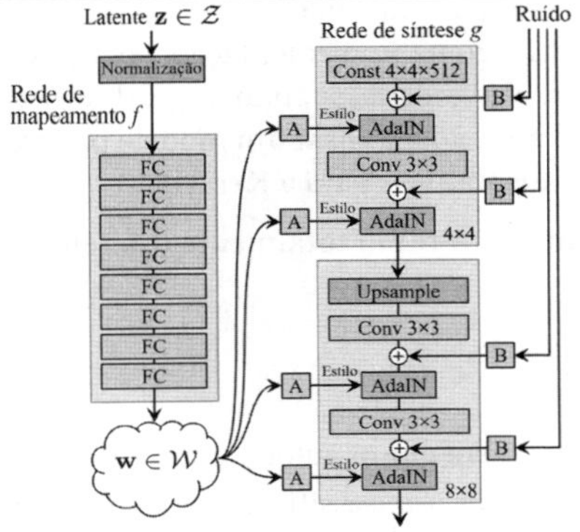

Figura 17-20. Arquitetura StyleGAN da rede gerativa (parte da Figura 1 do artigo sobre a StyleGAN)[20]

Acrescentar ruído independentemente das codificações é imprescindível. Algumas partes de uma imagem são bem aleatórias, como a posição exata de cada pinta ou do cabelo. Nas GANs anteriores, essa aleatoriedade tinha que se originar das codificações ou ser algum ruído pseudoaleatório produzido pela própria rede gerativa. Caso fosse oriunda das codificações, a rede gerativa tinha que dedicar uma parte substancial do poder de representação das codificações para armazenar o ruído: isso é um grande desperdício. Além disso, o ruído tinha que ser capaz de circular pela rede e chegar às camadas finais da rede gerativa: isso parece uma restrição desnecessária que provavelmente retardou o treinamento. E, finalmente, alguns artefatos visuais podem aparecer porque o mesmo ruído foi usado em níveis diferentes. Se, em vez disso, a rede gerativa tentasse produzir seu próprio ruído pseudoaleatório, esse ruído pode não ser lá muito convincente, resultando em mais artefatos visuais. E outra, parte dos pesos da rede gerativa seria dedicado à geração de ruído pseudoaleatório, o que, mais uma vez, parece um desperdício. Ao adicionar entradas de ruído extras, pode-se evitar todos esses problemas; a GAN é capaz de utilizar o ruído fornecido a fim de acrescentar a quantidade certa de estocasticidade a cada parte da imagem.

O ruído adicionado é diferente para cada nível. Cada entrada de ruído consiste em um único mapa de característica repleto de ruído gaussiano, que por sua vez é transmitido para todos os mapas de características (dado o nível) e escalonado usando fatores de escala por características aprendidas (isso é representado pelas caixas "B" na Figura 17-20) antes de ser adicionado.

Por último, a StyleGAN emprega uma técnica que se chama *regularização de mistura* ou *mistura de estilo [mixing regularization]*, em que uma porcentagem das imagens geradas é produzida usando duas codificações diferentes. Em termos específicos, as codificações $\mathbf{c}_1$ e $\mathbf{c}_2$ são enviadas por meio da rede de mapeamento, fornecendo dois vetores de estilo $\mathbf{w}_1$ e $\mathbf{w}_2$. Em seguida, a rede de síntese gera uma imagem baseada nos estilos $\mathbf{w}_1$ para os primeiros níveis e os estilos $\mathbf{w}^2$ para os níveis restantes. O nível de cutoff é escolhido aleatoriamente. Isso evita que a rede presuma que os estilos em níveis

20 Os autores cederam gentilmente o seu uso.

adjacentes sejam correlacionados, o que, por sua vez, incentiva a localidade na GAN, o que significa que cada vetor de estilo afeta somente um número limitado de características na imagem gerada.

Existe uma diversidade tão grande de Gann mundo afora que seria necessário um livro inteiro para abordá-las. Esperamos que esta introdução tenha lhe fornecido as ideias principais e, o mais importante, o desejo de aprender mais. Caso esteja penando com algum conceito matemático, existem blogs e canais no YouTube que o ajudarão a compreendê-lo melhor. Aprenda e implemente sua própria GAN e, se no começo tiver problemas em aprender, nunca desanime: isso é a coisa mais normal do mundo, e você terá que ser paciente, mas posso assegurar que o resultado valerá a pena. Caso esteja tendo dificuldades com algo na implementação, você pode conferir muitas implementações na Keras ou na TensorFlow. Na verdade, se tudo o que deseja é conseguir alguns resultados surpreendentes rapidamente, você pode apenas usar um modelo pré-treinado (por exemplo, existem modelos StyleGAN pré-treinados disponíveis para a Keras).

No próximo capítulo, analisaremos um ramo totalmente diferente do aprendizado profundo: o aprendizado por reforço.

Exercícios

1. Quais são as principais tarefas em que os autoencoders são usados?
2. Suponha que você queira treinar um classificador e tenha muitos dados de treinamento não rotulados, apenas alguns milhares de instâncias rotuladas. Como os autoencoders podem ajudar? Por onde começar?
3. Se um autoencoder reconstruir perfeitamente as entradas, ele é necessariamente um bom autoencoder? Como você pode avaliar o desempenho de um autoencoder?
4. O que são autoencoders subcompletos e sobrecompletos? Qual é o principal risco de um autoencoder excessivamente subcompleto? E quanto ao principal risco de um autoencoder sobrecompleto?
5. Como você amarra os pesos em um autoencoder empilhado? Qual é o objetivo disso?
6. O que é um modelo generativo? Você pode citar um tipo de autoencoder gerativo?
7. O que é uma GAN? Você pode citar algumas tarefas em que as GANs conseguem se sobressair?
8. Quais são as principais dificuldades ao treinar as GANs?
9. Tente usar um denoising autoencoder para pré-treinar um classificador de imagem. Você pode utilizar o MNIST (a opção mais simples) ou um conjunto de dados de imagem mais complexo, como o CIFAR10 (*https://homl.info/122*) caso queira um desafio maior. Independentemente do conjunto de dados que você usar, siga as seguintes etapas:
   - Divida os conjuntos de dados em um conjunto de treinamento e em um conjunto de testes. Treine um denoising autoencoder profundo em todo o conjunto de treinamento.
   - Verifique se as imagens estão razoavelmente bem reconstruídas. Visualize as imagens que mais ativam cada neurônio na camada de codificação.
   - Crie uma DNN de classificação, reutilizando as camadas inferiores do autoencoder. Treine-a usando apenas 500 imagens do conjunto de treinamento. Ela apresenta um desempenho melhor com ou sem pré-treinamento?
10. Treine um autoencoder variacional no conjunto de dados de imagem de sua escolha e o utilize para gerar imagens. Como alternativa, você pode tentar encontrar um conjunto de dados sem rótulo no qual esteja interessado e ver se consegue gerar amostras novas.
11. Treine uma DCGAN para lidar com o conjunto de dados de imagens que você escolheu e a use para gerar imagens. Adicione experiência de replay e veja se isso ajuda. Transforme-a em uma GAN condicional em que você pode controlar a classe gerada.

As soluções para esses exercícios estão disponíveis no Apêndice A.

CAPÍTULO 18

Aprendizado por Reforço

O *aprendizagem por reforço* (RL) é um dos campos mais estimulantes do aprendizado de máquina atualmente, e também um dos mais antigos. E, desde a década de 1950, vem ocasionando muitas aplicações interessantes,[1] sobretudo em jogos (e.g., *TD-Gammon*, um programa de jogo de gamão) e no controle da máquina, mas dificilmente isso aparece nas manchetes. No entanto, ocorreu uma revolução em 2013, quando pesquisadores de uma startup britânica chamada DeepMind apresentaram um sistema que podia aprender a jogar praticamente qualquer jogo Atari do zero (*https://homl.info/dqn*),[2] inclusive superando os humanos na maioria deles (*https://homl.info/dqn2*)[3] somente com o uso de pixels brutos como entradas e sem qualquer conhecimento prévio das regras dos jogos.[4] Fora a primeira de uma série de façanhas incríveis, cujo apogeu foi em março de 2016 com a vitória de seu sistema AlphaGo contra Lee Sedol, um lendário jogador profissional do jogo Go, e em maio de 2017 contra Ke Jie, o campeão mundial. Antes, nenhum programa havia chegado nem perto de derrotar um mestre nesse jogo, muito menos o campeão mundial. Hoje em dia, todos os campos de atuação do RL fervilham om novas ideias, em um vasto leque de aplicações. Em 2014, a DeepMind foi comprada pelo Google por mais de US$500 milhões.

Mas como a DeepMind conquistou tudo isso? Ao olharmos para trás, parece tão simples: eles recorreram ao poder do aprendizado profundo e ao campo do aprendizado por reforço, e tudo funcionou melhor do que eles sequer imaginavam. Neste capítulo, explicaremos primeiro o que é o aprendizado por reforço e em que usos ele se adéqua, depois apresentaremos duas das técnicas mais importantes no aprendizado por reforço profundo: *gradientes de política* e *deep Q-networks* (DQNs), incluindo uma análise sobre os *processos de decisão de Markov* (MDPs).

Usaremos essas técnicas para treinar modelos para equilibrar um cartpole em movimento; em seguida, apresentarei a biblioteca TF-Agents, que usa algoritmos de última geração, simplificando e muito a construção de sistemas RL poderosos. Também usaremos a biblioteca para treinar um agente para jogar *Breakout*, o famoso jogo do Atari. Encerraremos este penúltimo capítulo com chave de ouro conferindo alguns dos avanços mais recentes na área.

Aprendendo a Otimizar Recompensas

No aprendizado por reforço, um *agente* de software faz *observações* e realiza *ações* dentro de um *ambiente*, e em troca recebe *recompensas*. Seu intuito é aprender a agir de forma a maximizar as recompensas esperadas ao longo do tempo. Caso não se importe com um pouco de antropomorfismo, pode-se considerar recompensas positivas como satisfação e recompensas negativas como dor (neste caso, o termo "recompensa" engana um pouco). Resumindo, o agente atua no ambiente e aprende por tentativa e erro a maximizar sua satisfação e minimizar sua dor. É uma definição bem geral e que pode ser usada em um leque amplo de tarefas. Confira alguns exemplos (veja a Figura 18-1):

1 Para mais detalhes, confira o livro de Richard Sutton e Andrew Barto sobre RL, *Reinforcement Learning: An Introduction* (*https://homl.info/126*)(MIT Press).

2 Volodymyr Mnih et al., "Playing Atari with Deep Reinforcement Learning", arXiv preprint arXiv:1312.5602 (2013).

3 Volodymyr Mnih et al., "Human-Level Control Through Deep Reinforcement Learning", *Nature* 518 (2015): 529–533.

4 Confira os vídeos do sistema DeepMind aprendendo a jogar *Space Invaders*, *Breakout*, e outros videogames: *https://homl.info/dqn3*.

Figura 18-1. Exemplos de aprendizado por reforço: (a) robótica, (b) Ms. Pac-Man, (c) Jogador Go, (d) termostato, (e) trader automático[5]

a. O agente pode ser o programa que controla um robô. Neste caso, se trata de um ambiente do mundo real e o agente o observa por meio de um conjunto de *sensores* como câmeras e sensores de toque. Suas ações consistem em enviar sinais para acionar motores. Ele pode ser programado para obter recompensas positivas sempre que se aproximar do destino pretendido e recompensas negativas sempre que perder tempo ou tomar a direção errada.
b. O agente pode ser o programa que controla o *Ms. Pac-Man*. Neste, o ambiente é uma simulação do jogo de Atari, as ações são as nove posições possíveis do joystick (superior esquerdo, inferior, centro e assim por diante), as observações são os screenshots e as recompensas são apenas as pontuações do jogo.
c. O agente também pode ser o programa que joga um jogo de tabuleiro, como o Go.
d. O agente não precisa controlar fisicamente algo em movimento (ou virtualmente). Por exemplo, pode ser um termostato inteligente, obtendo recompensas positivas sempre que está perto da temperatura pretendida e economiza energia. Ou recompensas negativas quando os humanos precisam ajustar a temperatura, ou seja, o agente deve aprender a predizer as necessidades humanas.
e. O agente pode analisar os preços do mercado de ações e decidir quanto comprar ou vender a cada segundo. As recompensas são obviamente os ganhos e perdas monetárias.

Repare que pode não haver nenhuma recompensa positiva; por exemplo, o agente pode circular em um labirinto, recebendo uma recompensa negativa a cada intervalo de tempo, logo, é melhor encontrar a saída o mais rápido possível! O aprendizado por reforço também se adéqua bem a muitos outros exemplos de tarefas, como carros autônomos, sistemas de recomendação, anúncios em uma página da web ou controle sobre em que um sistema de classificação de imagens deve concentrar sua atenção.

5 A imagem (a) é da NASA (domínio público) e a (b) é um screenshot de tela do jogo *Ms. Pac-Man*, com direitos autorais da Atari (uso cedido para este capítulo). As imagens (c) e (d) são reproduzidas da Wikipedia. A imagem (c) foi criada pelo usuário Stevertigo e lançada pela Creative Commons BY-SA 2.0 (*https://creativecommons.org/licenses/by-sa/2.0/*). A imagem (d) é de domínio público e a (e) foi reproduzida da Pixabay, lançada pela Creative Commons CC0 (*https://creati vecommons.org/publicdomain/zero/1.0/*).

Pesquisa de Políticas

O algoritmo que um agente de software usa para determinar suas ações se chama *política*. A política pode ser uma rede neural tomando observações como entradas e gerando como saída a ação a ser executada (veja a Figura 18-2).

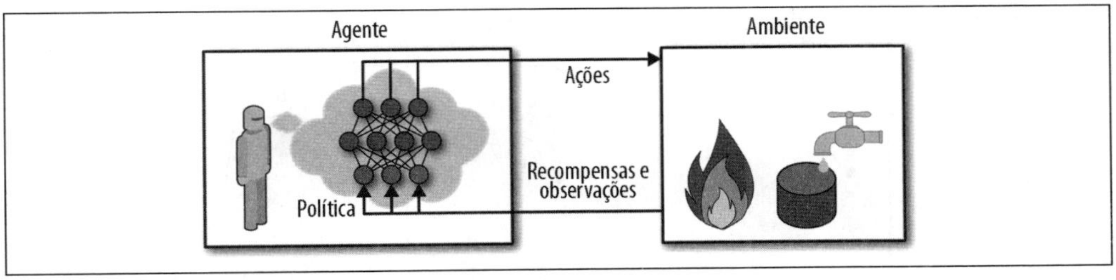

Figura 18-2. Aprendizado por reforço usando uma política de rede neural

A política pode ser qualquer algoritmo que se possa imaginar, não necessariamente determinístico. Na verdade, em alguns casos, nem é preciso observar o ambiente! Por exemplo, considere um robô aspirador de pó cuja recompensa é a quantidade de poeira que ele coleta em 30 minutos. A política dele poderia ser seguir em frente com uma probabilidade p a cada segundo, ou girar aleatoriamente à esquerda ou à direita com probabilidade $1 - p$. O ângulo dessa rotação seria um ângulo aleatório entre $-r$ e $+r$. Visto que esta política envolve um pouco de aleatoriedade, ela se chama *política estocástica*. O robô terá uma trajetória irregular, o que garante que ele posteriormente chegará a qualquer lugar que conseguir e recolherá toda a poeira. A questão é: quanta poeira ele recolherá em 30 minutos?

Como você treinaria um robô desse? Basta ajustar dois *parâmetros de política*: a probabilidade p e o alcance de ângulo r. Um possível algoritmo de aprendizado poderia testar muitos valores diferentes para esses parâmetros e escolher a combinação com o melhor desempenho (veja a Figura 18-3), um típico exemplo de *pesquisa de política*, mas, aqui, usa-se uma abordagem de força bruta. Quando o *espaço da política* é muito grande (o que geralmente é o caso), encontrar um bom conjunto de parâmetros é como procurar uma agulha em um palheiro gigante.

Outra forma de explorar o espaço da política é usar *algoritmos genéticos*. Por exemplo, você pode criar aleatoriamente uma primeira geração de 100 políticas e testá-las e, depois, "eliminar" as 80 piores políticas[6] e fazer com que as 20 sobreviventes produzam 4 descendentes cada. Uma descendente é uma cópia de seu pai,[7] além de herdar um pouco de variação aleatória. As políticas sobreviventes e seus filhos juntos constituem a segunda geração. Você pode continuar a iterar por meio das gerações dessa maneira até encontrar uma boa política.[8]

Outra abordagem possível é usar técnicas de otimização, avaliando os gradientes das recompensas em relação aos parâmetros da política e, em seguida, ajustar esses parâmetros seguindo os gradientes em direção a recompensas mais altas.[9] Analisaremos essa abordagem, chamada de *gradientes*

6 Não raro, é melhor fornecer às políticas com baixo desempenho uma pequena chance de sobrevivência para preservar alguma diversidade no "grupo genético".

7 Se houver um único pai, isso se chama *reprodução assexuada*. Com dois (ou mais), se chama *reprodução sexual*. O genoma de uma prole (neste caso, um conjunto de parâmetros de política) é composto aleatoriamente de partes dos genomas de seus pais.

8 Um exemplo interessante de algoritmo genético usado no aprendizagem por reforço é o *NeuroEvolution of Augmenting Topologies* (*https://homl.info/neat*), o algoritmo NEAT.

9 Isso se chama *gradiente ascendente*. Funciona como o gradiente descente, mas de forma inversa: maximizando em vez de minimizar.

de política (PG), com mais detalhes posteriormente neste capítulo. Retornando ao robô aspirador, é possível aumentar um pouco p e avaliar se isso aumenta a quantidade de poeira coletada pelo robô em 30 minutos; se isso acontecer, então aumente p um pouco mais ou o reduza.

Implementaremos um algoritmo PG popular usando a TensorFlow, mas antes disso precisamos criar um ambiente para o agente morar — hora de apresentar o OpenAI Gym.

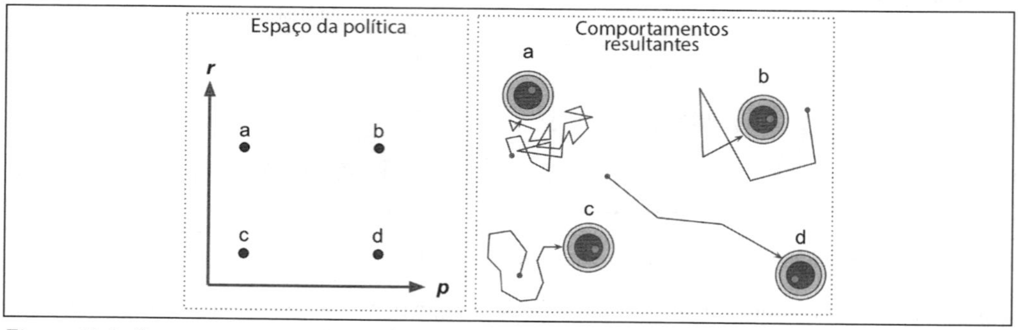

Figura 18-3. Quatro pontos no espaço de política (à esquerda) e o comportamento correspondente do agente (à direita)

Introdução ao OpenAI Gym

Um dos desafios do aprendizado por reforço é que, para treinar um agente, é necessário primeiro ter um ambiente de trabalho. Se quiser programar um agente que aprenderá a jogar um dos jogos do Atari, você precisará de um simulador de jogo do Atari. Caso deseje programar um robô que ande, então o ambiente é o mundo real; logo, você pode treinar seu robô diretamente nesse ambiente, porém há limites: se o robô cair de um penhasco, você não pode simplesmente dar um Ctrl+Z para voltar. Acelerar o tempo também é impossível; recorrer a mais poder computacional não fará com que o robô se movimente mais rápido. E, em geral, custa os olhos da cara treinar mil robôs em paralelo. Resumindo, na realidade o treinamento é complexo e lento, assim é necessário um *ambiente simulado*, pelo menos, para treinamento bootstrap. Por exemplo, você pode usar uma biblioteca como a PyBullet (*https://pybullet.org/*) ou a MuJoCo (*http://www.mujoco.org/*) para simulação física 3D.

O *OpenAI Gym* (*https://gym.openai.com/*)[10] é um conjunto de ferramentas que viabiliza uma ampla variedade de ambientes simulados (jogos do Atari, jogos de tabuleiro, simulações físicas 2D e 3D e assim por diante), para que você possa treinar agentes, compará-los ou desenvolver novos algoritmos de RL.

Antes de instalar o conjunto de ferramentas, se você criou um ambiente isolado usando o virtualenv, é necessário primeiro habilitá-lo:

```
$ cd $ML_PATH                    # Nosso diretório de trabalho AM (por ex.,
$HOME/ml)
$ source my_env/bin/activate     # No Linux ou MacOS
$ .\my_env\Scripts\activate      # No Windows
```

Em seguida, instale o OpenAI Gym (se você não estiver usando um ambiente virtual, será necessário adicionar a opção `--user` ou ter permissão de administrador):

```
$ python3 -m pip install --upgrade gym
```

10 O OpenAI é uma empresa de pesquisa de inteligência artificial financiada em parte por Elon Musk. Seu objetivo declarado é fomentar e desenvolver IAs amigáveis que beneficiarão a humanidade (ao invés de exterminá-la).

Dependendo do seu sistema, talvez seja necessário instalar a biblioteca Mesa OpenGL Utility (GLU) (por exemplo, no Ubuntu 18.04 você precisa executar `apt install libglu1-mesa`). Essa biblioteca será necessária para renderizar o primeiro ambiente. Em seguida, abra um Python shell ou um notebook Jupyter e crie um ambiente com `make()`:

```
>>> import gym
>>> env = gym.make("CartPole-v1")
>>> obs = env.reset()
>>> obs
array([-0.01258566, -0.00156614, 0.04207708, -0.00180545])
```

Aqui, criamos um ambiente CartPole, uma simulação 2D na qual podemos acelerar um carrinho para a esquerda ou para a direita a fim de equilibrar uma haste em cima dele (veja a Figura 18-4). Você pode obter a lista de todos os ambientes disponíveis executando `gym.envs.registry.all()`. Depois que o ambiente é criado, você deve inicializá-lo usando o método `reset()`. Isso retorna a primeira observação. As observações dependem do tipo de ambiente. Para o ambiente CartPole, cada observação é um array NumPy 1D contendo quatro floats: esses floats representam a posição horizontal do carrinho (`0.0` = centro), sua velocidade (positivo significa à direita), o ângulo da haste (`0.0` = vertical) e sua velocidade angular (positivo significa sentido horário).

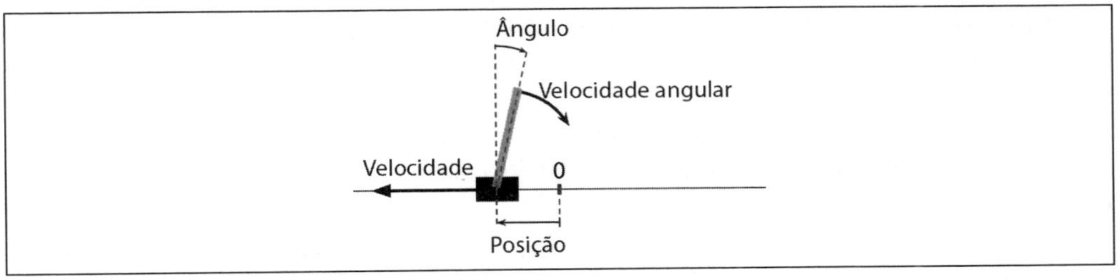

Figura 18-4. Ambiente CartPole

Agora vamos exibir este ambiente chamando seu método `render()` (veja a Figura 18-4). No Windows, isso exige primeiro a instalação de um X Server, como VcXsrv ou Xming:

```
>>> env.render()
True
```

> Se você estiver usando um headless server (ou seja, sem tela), como uma máquina virtual na nuvem, a renderização não dará certo. A única forma de evitar isso é usar um X server falso, como o Xvfb ou o Xdummy. Por exemplo, você pode instalar o Xvfb (`apt install xvfb` no Ubuntu ou Debian) e iniciar o Python usando o seguinte comando: `xvfb-run -s "-screen 0 1400x900x24" python3`. Como alternativa, instale o Xvfb e a biblioteca `pyvirtualdisplay` (*https://homl.info/pyvd*) (com o wrapper para o Xvfb) e execute `pyvirtualdisplay.Display(visible=0, size=(1400, 900)).start()` no início de seu programa.

Se quiser usar o `render()` para retornar a imagem renderizada como um array NumPy, defina `mode="rgb_array"` (curiosamente, este ambiente renderizará o ambiente para a tela também):

```
>>> img = env.render(mode="rgb_array")
>>> img.shape # altura, largura, canais (3 = vermelho, verde, azul)
(800, 1200, 3)
```

Agora, perguntaremos ao ambiente quais ações são possíveis:

```
>>> env.action_space
Discrete(2)
```

`Discrete(2)` significa que as ações possíveis são inteiros 0 e 1, que representam a aceleração para a esquerda (0) ou para a direita (1). Outros ambientes podem ter ações discretas adicionais ou outros tipos de ações (por exemplo, contínuas). Visto que a haste está inclinada para a direita (`obs[2] > 0`), vamos acelerar o carrinho para a direita:

```
>>> action = 1 # acelerar para a direita
>>> obs, reward, done, info = env.step(action)
>>> obs
array([-0.01261699, 0.19292789, 0.04204097, -0.28092127])
>>> reward
1.0
>>> done
False
>>> info
{}
```

O método `step()` executa a ação fornecida e retorna quatro valores:

`obs`

Esta é a nova observação. Agora o carrinho está se movimentando para a direita (`obs[1] > 0`). A haste ainda está inclinada para a direita (`obs[2] > 0`), mas sua velocidade angular agora é negativa (`obs[3] < 0`), então ela provavelmente será inclinada para a esquerda após o próximo intervalo.

`reward`

Neste ambiente, você recebe uma recompensa de 1.0 em cada intervalo, seja lá o que você faça. Portanto, o objetivo é manter o episódio rodando o maior tempo possível.

`done`

Este valor será `True` quando o episódio acabar. Isso acontecerá quando a haste se inclinar muito ou sair da tela ou após 200 intervalos (neste último caso, você ganhou). Depois disso, o ambiente deve ser redefinido antes que possa ser utilizado novamente.

`info`

Este dicionário específico do ambiente tem a possibilidade de fornecer algumas informações extras que podem ajudar no debugging ou no treinamento. Por exemplo, em alguns jogos, pode indicar quantas vidas o agente tem.

> Após terminar de usar um ambiente, você deve chamar o método `close()` para liberar recursos.

Vamos embutir no código uma política simples que acelera a haste para a esquerda quando ela está inclinada à esquerda e a acelera para a direita, quando ela está inclinada para a direita. Executaremos essa política para ver as recompensas médias recebidas em 500 episódios:

```
def basic_policy(obs):
    angle = obs[2]
    return 0 if angle < 0 else 1

totals = []
for episode in range(500):
    episode_rewards = 0
    obs = env.reset()
```

```
for step in range(200):
    action = basic_policy(obs)
    obs, reward, done, info = env.step(action)
    episode_rewards += reward
    if done:
        break
totals.append(episode_rewards)
```

Espero que esse código seja autoexplicativo. Vejamos o resultado:

```
>>> import numpy as np
>>> np.mean(totals), np.std(totals), np.min(totals), np.max(totals)
(41.718, 8.858356280936096, 24.0, 68.0)
```

Mesmo com 500 tentativas, essa política nunca conseguiu manter a haste em pé por mais de 68 intervalos consecutivos. Nada bom. Se analisar a simulação nos Jupyter notebooks (*https://github.com/ageron/handson-ml2*), você verá que o carrinho oscila para a esquerda e para a direita cada vez com mais força até que a haste se incline muito. Vejamos se uma rede neural pode sugerir uma política melhor.

Políticas de Rede Neural

Criaremos uma política de rede neural. Assim como a política que embutimos no código anteriormente, essa rede neural tomará uma observação como entrada e gerará como saída a ação a ser executada. Em termos mais precisos, ela estimará uma probabilidade para cada ação e, em seguida, selecionaremos uma ação aleatoriamente, de acordo com as probabilidades estimadas (veja a Figura 18-5). No caso do ambiente CartPole, existem apenas duas ações possíveis (esquerda ou direita), logo é necessário somente um neurônio de saída. Ele gerará a probabilidade p da ação 0 (esquerda) e, claro, a probabilidade da ação 1 (direita) será $1 - p$. Por exemplo, caso a saída seja 0.7, escolheremos a ação 0 com 70% de probabilidade ou a ação 1 com 30% de probabilidade.

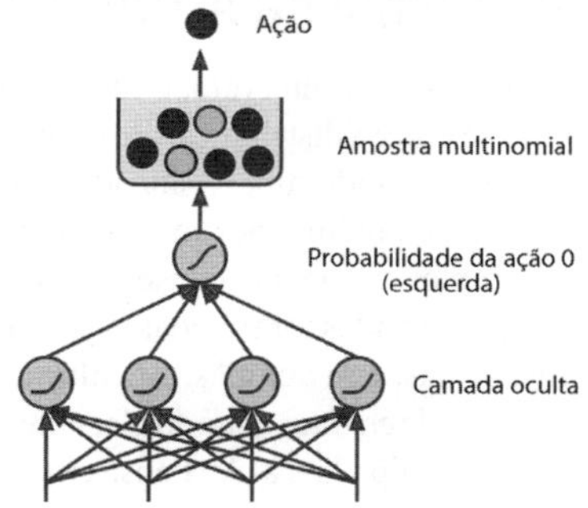

Figura 18-5. Política de rede neural

Talvez você se pergunte por que estamos escolhendo uma ação aleatória com base nas probabilidades fornecidas pela rede neural, em vez de apenas escolher a ação com score mais alto. Esta abordagem possibilita que o agente encontre o equilíbrio certo entre *explorar* novas ações e *explorar* ações que funcionam bem. Vejamos uma analogia: suponha que você vá a um restaurante pela primeira vez e todos os pratos sejam aparente e igualmente saborosos, então você escolhe um aleatoriamente. Se for bom, as probabilidade de você pedir o mesmo prato da próxima vez aumentam, porém você não deve aumentar essa probabilidade em 100%, ou nunca experimentará os outros pratos, visto que alguns podem ser ainda melhores do aquele que você comeu.

Observe também que, neste ambiente específico, as ações e observações anteriores podem ser ignoradas tranquilamente, uma vez que cada observação contém o estado completo do ambiente. Em caso de estado oculto, talvez você precise considerar também as ações e observações anteriores. Por exemplo, se o ambiente revelou apenas a posição do carrinho, e não sua velocidade, você teria que considerar não somente a observação atual, como também a observação anterior para estimar a velocidade atual. Outro exemplo é quando as observações são ruidosas; nesse caso, você deve usar as últimas observações para estimar o estado atual mais provável. Assim, o problema CartPole é o mais simples possível; as observações são isentas de ruído e contêm o estado completo do ambiente. Veja a seguir o código para construir essa política de rede neural usando a tf.keras:

```
import tensorflow as tf
from tensorflow import keras

n_inputs = 4 # == env.observation_space.shape[0]

model = keras.models.Sequential([
    keras.layers.Dense(5, activation="elu", input_shape=[n_inputs]),
    keras.layers.Dense(1, activation="sigmoid"),
])
```

Após as importações, usamos um simples modelo `Sequencial` para definir a política de rede. O número de entradas é o tamanho do espaço de observação (que no caso do CartPole é 4), e temos apenas cinco unidades ocultas porque é um problema simples. Por último, queremos gerar uma única probabilidade (a probabilidade de ir para a esquerda), assim temos um único neurônio de saída usando a função de ativação sigmoide. Se houvesse mais de duas ações possíveis, haveria um neurônio de saída por ação e, em vez disso, usaríamos a função de ativação softmax.

Certo, agora temos uma política de rede neural que vai fazer observações e gerar probabilidades de ação. Mas como treiná-la?

Avaliação de Ações: O Problema da Atribuição de Crédito

Caso soubéssemos qual é a melhor ação em cada intervalo, poderíamos treinar a rede neural como de costume, minimizando a entropia cruzada entre a distribuição de probabilidade estimada e a distribuição de probabilidade-alvo. Seria apenas um aprendizado supervisionado comum. No entanto, no aprendizado por reforço, a única orientação que o agente obtém é por meio de recompensas, e as recompensas são normalmente esparsas e lentas. Por exemplo, se o agente consegue equilibrar a haste em 100 intervalos, como ele pode saber quais das 100 ações realizadas foram boas e quais delas foram ruins? Tudo o que se sabe é que a haste caiu após a última ação, mas, sem dúvidas, esta última ação não é inteiramente responsável. Isso se chama *problema de atribuição de crédito*: quando o agente recebe uma recompensa, é difícil saber quais ações devem ser creditadas (ou culpadas) a ele. Pense em um cachorro que é recompensado horas depois de se comportar bem; ele entenderá por que está sendo recompensado?

Para solucionar esse problema, uma estratégia comum é avaliar uma ação com base na soma de todas as recompensas que vêm depois dela, aplicando um *fator de desconto* γ (gama) em cada intervalo. Esta soma de recompensas com desconto se chama *retorno*. Considere o exemplo na Figura 18-6. Se um agente decidir acertar três vezes consecutivas e receber +10 de recompensa após o primeiro intervalo, 0 após o segundo intervalo e, por último, –50 após o terceiro intervalo, assumindo que usamos um fator de desconto $\gamma = 0{,}8$, a primeira ação terá um retorno de $10 + \gamma \times 0 + \gamma^2 \times (-50) = -22$. Se o fator de desconto for próximo a 0, as recompensas futuras não contarão muito em comparação com as recompensas imediatas. Por outro lado, se o fator de desconto for próximo a 1, as recompensas em um futuro distante contarão quase tanto quanto as recompensas imediatas. Fatores de desconto típicos variam de 0,9 a 0,99. Com um fator de desconto de 0,95, as recompensas de 13 intervalos no futuro contam quase a metade das recompensas imediatas (visto que $0.95^{13} \approx 0.5$), ao passo que, com um fator de desconto de 0,99, as recompensas 69 intervalos no futuro contam a metade das recompensas imediatas. No ambiente CartPole, as ações têm efeitos de curto prazo, portanto escolher um fator de desconto de 0,95 parece razoável.

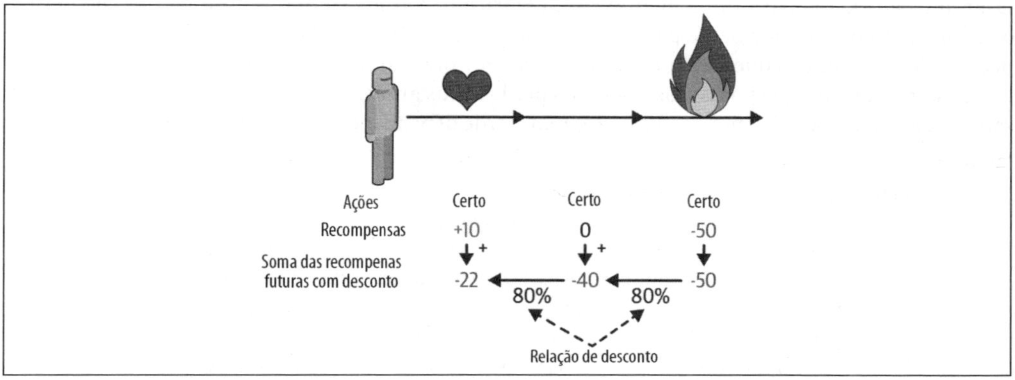

Figura 18-6. Calculando o retorno de uma ação: a soma das recompensas futuras com desconto

Claro que uma boa ação pode ser seguida por várias ações ruins que fazem a haste cair rapidamente, resultando no baixo retorno da boa ação (da mesma forma, um bom ator pode às vezes estrelar um filme ruim). No entanto, se jogarmos o jogo diversas vezes, em média as boas ações terão um retorno maior do que as ruins. Queremos estimar o quanto uma ação é melhor ou pior em comparação com as outras ações possíveis, em média. Isso se chama *vantagem de ação*. Para tal, devemos rodar vários episódios e normalizar todos os retornos da ação (subtraindo a média e a dividindo pelo desvio-padrão).

Depois disso, podemos relativamente supor que as ações com uma vantagem negativa foram ruins, enquanto as ações com uma vantagem positiva foram boas. Perfeito — agora que temos uma forma de avaliar cada ação, estamos prontos para treinar nosso primeiro agente usando gradientes de política. Vejamos como.

Gradientes de Política

Conforme analisado anteriormente, os algoritmos PG otimizam os parâmetros de uma política seguindo os gradientes em direção a recompensas mais altas. Uma classe popular de algoritmos PG, chamada *REINFORCE algorithms [algoritmos REINFORCE]*, foi apresentada em 1992 (*https://homl.info/132*)[11] por Ronald Williams. Veja uma variante comum:

1. Primeiro, deixe a política de rede neural jogar o jogo diversas vezes e, a cada intervalo, calcule os gradientes que tornariam a ação escolhida ainda mais provável — contudo, não aplique esses gradientes ainda.
2. Depois de rodar vários episódios, calcule a vantagem de cada ação (usando o método descrito na seção anterior).
3. Se a vantagem de uma ação for positiva, significa que a ação provavelmente foi boa e você aplicará os gradientes calculados anteriormente para tornar a ação ainda mais provável de ser escolhida no futuro. No entanto, se a vantagem da ação for negativa, significa que a ação provavelmente foi ruim e você aplicará os gradientes opostos para tornar esta ação

11 Ronald J. Williams, "Simple Statistical Gradient-Following Algorithms for Connectionist Reinforcement Leaning", *Machine Learning* 8 (1992) : 229–256.

menos provável no futuro. A solução é simplesmente multiplicar cada vetor de gradiente pela vantagem da ação correspondente.

4. Por último, calcule a média de todos os vetores de gradiente resultantes e a utilize para executar o gradiente descendente.

Usaremos a tf.keras para implementar esse algoritmo. Vamos treinar a política de rede neural que construímos anteriormente para que ela aprenda a equilibrar a haste no carrinho. Primeiro, é necessário uma função que execute um intervalo. Por ora, vamos fingir que qualquer ação que ela tome é a correta para que possamos calcular a perda e seus gradientes (esses gradientes serão apenas salvos por um tempo, e iremos modificá-los mais tarde dependendo de quão boa ou ruim a ação for):

```
def play_one_step(env, obs, model, loss_fn):
    with tf.GradientTape() as tape:
        left_proba = model(obs[np.newaxis])
        action = (tf.random.uniform([1, 1]) > left_proba)
        y_target = tf.constant([[1.]]) - tf.cast(action, tf.float32)
        loss = tf.reduce_mean(loss_fn(y_target, left_proba))
    grads = tape.gradient(loss, model.trainable_variables)
    obs, reward, done, info = env.step(int(action[0, 0].numpy()))
    return obs, reward, done, grads
```

Vamos examinar essa função:

- Dentro do bloco `GradientTape` (veja o Capítulo 12), começamos chamando o modelo, fornecendo-lhe uma única observação (remodelamos a observação para que se torne um batch com uma única instância, conforme o modelo espera um batch). Isso gera a probabilidade de ir para a esquerda.
- Depois, amostramos um float aleatório entre 0 e 1 e verificamos se ele é maior que `left_proba`. A `action` será `False` com probabilidade `left_proba` ou, `True` com probabilidade `1 - left_proba`. Depois de converter esse booleano em um número, a ação será 0 (esquerda) ou 1 (direita) com as probabilidades adequadas.
- Em seguida, definimos a probabilidade-alvo de ir para a esquerda: é 1 menos a ação (convertida em um float). Se a ação for 0 (esquerda), a probabilidade-alvo de ir para a esquerda será 1. Se a ação for 1 (direita), a probabilidade alvo será 0.
- Depois, calculamos a perda usando a função de perda fornecida e utilizamos esse registro para calcular o gradiente da perda em relação às variáveis treináveis do modelo. Mais uma vez, esses gradientes serão ajustados mais tarde, antes de aplicá-los, dependendo de quão boa ou ruim a ação tiver sido.
- Por fim, reproduzimos a ação selecionada e devolvemos a nova observação, a recompensa, quer o episódio tenha terminado ou não, e, claro, os gradientes que acabamos de calcular.

Agora, vamos criar outra função que contará com a função `play_one_step()`para reproduzir vários episódios, retornando todas as recompensas e gradientes para cada episódio e cada intervalo:

```
def play_multiple_episodes(env, n_episodes, n_max_steps, model, loss_fn):
    all_rewards = []
    all_grads = []
    for episode in range(n_episodes):
        current_rewards = []
        current_grads = []
        obs = env.reset()
```

```
        for step in range(n_max_steps):
            obs, reward, done, grads = play_one_step(env, obs, model, loss_fn)
            current_rewards.append(reward)
            current_grads.append(grads)
            if done:
                break
        all_rewards.append(current_rewards)
        all_grads.append(current_grads)
    return all_rewards, all_grads
```

Esse código retorna uma lista de listas de recompensas (uma lista de recompensas por episódio, contendo uma recompensa por intervalo), bem como uma lista de listas de gradientes (uma lista de gradientes por episódio, cada uma com uma tupla de gradientes por intervalo e cada tupla contendo um tensor de gradiente por variável treinável).

O algoritmo usará a função `play_multiple_episodes()` para jogar o jogo diversas vezes (por exemplo, 10 vezes) e, depois, ela voltará e verificará todas as recompensas para descontá-las e normalizá-las. Para tal, são necessárias mais algumas funções: a primeira calculará a soma das recompensas descontadas futuras em cada intervalo e a segunda normalizará todas essas recompensas descontadas (retornos) em muitos episódios subtraindo a média e a dividindo pelo desvio-padrão:

```
def discount_rewards(rewards, discount_factor):
    discounted = np.array(rewards)
    for step in range(len(rewards) - 2, -1, -1):
        discounted[step] += discounted[step + 1] * discount_factor
    return discounted

def discount_and_normalize_rewards(all_rewards, discount_factor):
    all_discounted_rewards = [discount_rewards(rewards, discount_factor)
                              for rewards in all_rewards]
    flat_rewards = np.concatenate(all_discounted_rewards)
    reward_mean = flat_rewards.mean()
    reward_std = flat_rewards.std()
    return [(discounted_rewards - reward_mean) / reward_std
            for discounted_rewards in all_discounted_rewards]
```

Vamos conferir como isso funciona:

```
>>> discount_rewards([10, 0, -50], discount_factor=0.8)
array([-22, -40, -50])
>>> discount_and_normalize_rewards([[10, 0, -50], [10, 20]],
...                                discount_factor=0.8)
...
[array([-0.28435071, -0.86597718, -1.18910299]),
 array([1.26665318, 1.0727777 ])]
```

A chamada do `discount_rewards()` retorna exatamente o que esperamos (veja a Figura 18-6). Você pode conferir se a função `discount_and_normalize_rewards()` realmente retorna as vantagens de ação normalizadas para cada ação em ambos os episódios. Veja que o primeiro episódio foi muito pior do que o segundo. Desse modo, suas vantagens normalizadas são todas negativas; todas as ações do primeiro episódio seriam consideradas ruins, ao contrário de todas as ações do segundo episódio, que seriam consideradas boas.

Estamos quase prontos para rodar o algoritmo! Agora, definiremos os hiperparâmetros. Executaremos 150 iterações de treinamento, jogando 10 episódios por iteração, e cada episódio vai durar no máximo 200 intervalos. Usaremos um fator de desconto de 0,95:

```
n_iterations = 150
n_episodes_per_update = 10
n_max_steps = 200
discount_factor = 0.95
```

Precisamos também de um otimizador e da função de perda. Um otimizador Adam normal com taxa de aprendizado de 0,01 funcionará bem, e usaremos a função de perda de entropia cruzada binária, pois estamos treinando um classificador binário (há duas ações possíveis: esquerda ou direita):

```
optimizer = keras.optimizers.Adam(lr=0.01)
loss_fn = keras.losses.binary_crossentropy
```

Agora estamos prontos para construir e executar o ciclo de treinamento!

```
for iteration in range(n_iterations):
    all_rewards, all_grads = play_multiple_episodes(
        env, n_episodes_per_update, n_max_steps, model, loss_fn)
    all_final_rewards = discount_and_normalize_rewards(all_rewards,
                                                       discount_factor)
    all_mean_grads = []
    for var_index in range(len(model.trainable_variables)):
        mean_grads = tf.reduce_mean(
            [final_reward * all_grads[episode_index][step][var_index]
             for episode_index, final_rewards in enumerate(all_final_rewards)
                 for step, final_reward in enumerate(final_rewards)], axis=0)
        all_mean_grads.append(mean_grads)
    optimizer.apply_gradients(zip(all_mean_grads, model.trainable_variables))
```

Vamos analisar esse código:

- Em cada iteração de treinamento, este loop chama a função `play_multiple_episodes()`, que joga o jogo 10 vezes e retorna todas as recompensas e gradientes para cada episódio e intervalo.
- Depois, chamamos o `discount_and_normalize_rewards()` para calcular a vantagem normalizada de cada ação (que no código chamamos `final_reward`). Isso fornece uma medida de quão boa ou má cada ação foi, em retrospectiva.
- Em seguida, examinamos cada variável treinável e, para cada uma delas, calculamos a média ponderada dos gradientes dessa variável em todos os episódios e em todos os intervalos, ponderada pelo `final_reward`.
- Por último, aplicamos esses gradientes médios usando o otimizador: as variáveis treináveis do modelo serão ajustadas e, com sorte, a política será um pouco melhor.

E terminamos! Esse código treinará a política de rede neural e aprenderá a equilibrar a haste no carrinho (você pode testar isso na seção "Policy Gradients" do Jupyter notebook). A recompensa média por episódio chegará muito perto de 200 (que é o máximo por padrão nesse ambiente). Sucesso!

O simples algoritmo de gradientes de política que acabamos de treinar resolveu a tarefa CartPole, porém ele não escalona muito bem para tarefas maiores e mais complexas. Na verdade, sua *amostra* é extremamente *ineficiente*, significando que ele precisa explorar o jogo por um longo tempo antes de fazer um progresso relevante. Isso se deve ao fato de que ele roda múltiplos episódios para estimar a vantagem de cada ação, como vimos. No entanto, ele é a base de algoritmos mais poderosos, como os algoritmos do tipo *ator-crítico* (que analisaremos brevemente no fim deste capítulo).

Os pesquisadores tentam encontrar algoritmos que funcionem bem, mesmo quando o agente inicialmente não sabe nada sobre o ambiente. Contudo, a menos que você esteja escrevendo um artigo, não pense duas vezes em fornecer conhecimento prévio ao agente, pois isso acelerará bastante o treinamento. Por exemplo, como você sabe que a haste deve ser a mais vertical possível, uma opção é adicionar recompensas negativas proporcionais ao ângulo da haste. Isso tornará as recompensas muito menos esparsas e acelerará o treinamento. Além do mais, se você já tem uma política razoavelmente boa (por exemplo, embutida no código), pode treinar a rede neural para simulá-la antes de usar os gradientes de política para melhorá-la.

Veremos agora outra família popular de algoritmos. Enquanto os algoritmos PG tentam otimizar diretamente a política para aumentar as recompensas, os algoritmos que veremos agora são menos diretos: o agente aprende a estimar o retorno esperado para cada estado, ou para cada ação em cada estado, depois ele usa esse conhecimento para decidir como agir. Mas, para entender esses algoritmos, devemos primeiro compreender os *processos de decisão de Markov.*

Processos de Decisão de Markov

No início do século XX, o matemático Andrey Markov estudou processos estocásticos sem memória, chamados *de cadeias de Markov.* Esses processos têm um número fixo de estados e evoluem aleatoriamente de um estado para outro a cada intervalo. A probabilidade de evoluir de um estado s para um estado s' é fixa e depende apenas do par (s, s'), não de estados anteriores (por isso, dizemos que o sistema não tem memória). A Figura 18-7 mostra um exemplo de uma cadeia de Markov com quatro estados.

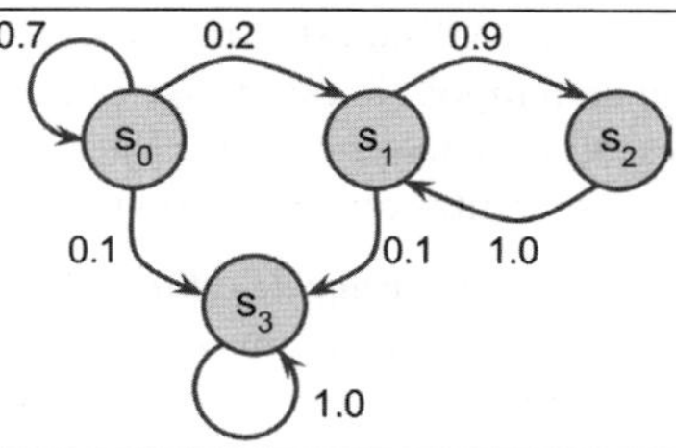

Figura 18-7. Exemplo de uma cadeia de Markov

Suponha que o processo comece no estado s_0 e haja 70% de chance de permanecer nesse estado no próximo intervalo. Mais cedo ou mais tarde, ele é obrigado a deixar esse estado e nunca mais voltar porque nenhum outro estado aponta para s_0. Caso ele vá para o estado s_1, provavelmente indicará s_2 (90% de probabilidade) e, depois, voltará imediatamente ao estado s_1 (com 100% de probabilidade). Ele pode alternar diversas vezes entre esses dois estados, mas posteriormente cairá no estado s_3 e permanecerá lá para sempre (este é um *estado terminal*). As cadeias de Markov podem ter dinâmicas muito diferentes e são bem usadas em termodinâmica, química, estatística, entre outras áreas.

Os processos de decisão de Markov foram descritos pela primeira vez na década de 1950 por Richard Bellman (*https://homl.info/133*).[12] Eles se assemelham a cadeias de Markov, porém com uma diferença: a cada intervalo, um agente pode escolher uma das várias ações possíveis, e as probabilidades de transição dependem da ação escolhida. Além disso, certas transições de estado retornam alguma recompensa (positiva ou negativa), e o objetivo do agente é encontrar uma política que maximize a recompensa ao longo do tempo. Por exemplo, o MDP representado na Figura 18-8 tem três estados (representados por círculos) e até três ações discretas possíveis em cada intervalo (representadas por losangos).

12 Richard Bellman, "A Markovian Decision Process", *Journal of Mathematics and Mechanics* 6, no. 5 (1957): 679–684.

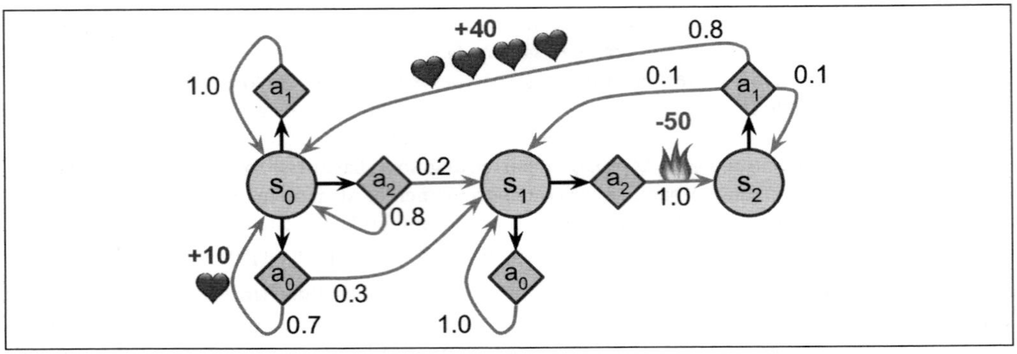

Figura 18-8. Exemplo de um processo de decisão de Markov

Se começar no estado s_0, o agente pode escolher entre as ações a_0, $a_1$ou a_2. Caso escolha a ação a_1, ele somente permanece no estado s_0 com certeza e sem qualquer recompensa. Mas ele pode decidir ficar lá indefinidamente, se quiser. No entanto, se ele escolher a ação a_0, tem 70% de probabilidade de ganhar uma recompensa de +10 e ficar no estado s_0. Assim, ele pode tentar novamente e de novo ganhar o máximo de recompensa possível, porém em algum momento acabará no estado s_1. No estado s_1, ele tem apenas duas ações possíveis: a_0 ou a_2. Talvez ele escolha ficar onde está, optando repetidamente pela ação a_0, ou pode escolher passar para o estado s_2 e obter uma recompensa negativa de –50 (Vixi!). No estado s_2, ele não tem outra escolha a não ser recorrer à ação a_1, o que provavelmente o levará de volta ao estado s_0, ganhando assim uma recompensa de +40 no caminho. Já deu para você entender o cenário. Ao analisar este MDP, você consegue adivinhar qual estratégia será mais recompensada ao longo do tempo? No estado s_0 fica claro que a ação a_0 é a melhor opção, e no estado s_0 o agente não tem escolha a não ser recorrer à ação a_1, mas no estado s_1 não fica óbvio se o agente deve ficar onde está (a_0) ou tentar outro desafio (a_2).

Bellman identificou uma forma de estimar o *valor de estado ideal* de qualquer estado *s*, notado por $V^*(s)$, que é a soma de todas as recompensas futuras com desconto que o agente pode esperar em média, após alcançar um estado *s*, presumindo que ele se comporte de maneira ideal. Ele demonstrou que, se o agente atua de forma otimizada, a *equação de otimização de Bellman* se aplica (veja a Equação 18-1). Essa equação recursiva informa que se o agente atua de modo otimizado, então o valor ideal do estado atual é igual à recompensa que ele obterá em média, após realizar uma ação ideal, somada ao valor ideal esperado de todos os próximos estados possíveis que podem ser resultados por essa ação.

Equação 18-1. Equação de otimização de Bellman

$$V^*(s) = \max_a \sum_s T(s, a, s')[R(s, a, s') + \gamma \cdot V^*(s')] \quad \text{para todos os } s$$

Nessa equação:

- $T(s, a, s')$ é a probabilidade de transição do estado *s* para o estado *s'*, visto que o agente escolheu a ação *a*. Por exemplo, na Figura 18-8, $T(s_2, a_1, s_0) = 0.8$.
- $R(s, a, s')$ é a recompensa que o agente obtém quando sai do estado *s* para o estado *s'*, visto que o agente escolheu a ação *a*. Por exemplo, na Figura 18-8, $R(s_2, a_1, s_0) = +40$.
- γ é o fator de desconto.

Essa equação resulta diretamente em um algoritmo que pode estimar com precisão o valor de estado ideal de cada estado possível: primeiro você inicializa todas as estimativas de valor de estado para zero e, em seguida, as atualiza iterativamente usando o algoritmo de *iteração de valor* (veja a Equação

18-2). O resultado excepcional é que, no seu devido tempo, essas estimativas têm a garantia de convergir para os valores de estado ideal, correspondendo à política ideal.

Equação 18-2. Algoritmo de iteração de valor

$$V^*(s) = \max_a \sum_s T(s, a, s')[R(s, a, s') + \gamma \cdot V^*(s')] \quad \text{para todos os } s$$

Nessa equação, $V_k(s)$ é o valor estimado do estado s na *k-ésima* alteração do algoritmo.

> Este algoritmo é um exemplo de *programação dinâmica*, que divide um problema complexo em subproblemas tratáveis que podem ser resolvidos iterativamente.

Saber os valores de estado ideais pode ajudar muito, especialmente para avaliar uma política, mas não nos fornece a política ideal para o agente. Felizmente, Bellman encontrou um algoritmo muito semelhante para estimar os *valores de ação de estado* ideais, geralmente chamados de *Q-valores* (valores de qualidade). O Q-valor ideal do par estado-ação (s, a), notado por $Q^*(s, a)$, é a soma das recompensas futuras com desconto que o agente pode esperar, em média, após alcançar o estado s e escolher a ação a, mas antes de ver o resultado dessa ação, supondo que atue de forma otimizada após ela. É assim que funciona: mais uma vez, você começa inicializando todas as estimativas do Q-valor para zero e, em seguida, as atualiza usando o algoritmo de *Iteração Q-valor* (veja a Equação 18-3).

Equação 18-3. Algoritmo de iteração Q-valor

$$Q_{k+1}(s, a) \leftarrow \sum_{s'} T(s, a, s')\left[R(s, a, s') + \gamma \cdot \max_{a'} Q_k(s', a')\right] \quad \text{para todos} (s'a)$$

Uma vez que você tenha os Q-valores ideais, definir a política ideal, notada por $\pi^*(s)$, é simples: quando o agente está no estado s, ele deve escolher a ação com o Q-valor mais alto para esse estado: $\pi^*(s) = \underset{a}{\operatorname{argmax}}\ Q^*(s, a)$.

Vamos aplicar esse algoritmo ao MDP representado na Figura 18-8. Primeiro, precisamos definir o MDP:

```
transition_probabilities = [ # formato=[s, a, s']
        [[0.7, 0.3, 0.0], [1.0, 0.0, 0.0], [0.8, 0.2, 0.0]],
        [[0.0, 1.0, 0.0], None, [0.0, 0.0, 1.0]],
        [None, [0.8, 0.1, 0.1], None]]
rewards = [ # formato=[s, a, s']
        [[+10, 0, 0], [0, 0, 0], [0, 0, 0]],
        [[0, 0, 0], [0, 0, 0], [0, 0, -50]],
        [[0, 0, 0], [+40, 0, 0], [0, 0, 0]]]
possible_actions = [[0, 1, 2], [0, 2], [1]]
```

Por exemplo, para saber a probabilidade de transição de s_2 para s_0 depois de jogar ação a_1, vamos consultar a `transition_probabilities[2][1][0]` (que é 0,8).Da mesma forma, para obter a recompensa correspondente, consultamos a `rewards[2][1][0]` (que é +40). E, para obter a lista de possíveis ações em s_2, consultaremos a `possible_actions[2]` (neste caso, apenas a ação a_1 é possível).

Em seguida, devemos inicializar todos os Q-valores para 0 (exceto para as ações impossíveis, para as quais definimos os Q-valores em $-\infty$):

```
Q_values = np.full((3, 3), -np.inf) # -np.inf para ações impossíveis
for state, actions in enumerate(possible_actions):
    Q_values[state, actions] = 0.0 # para todas as ações possíveis
```

Agora vamos executar o algoritmo de iteração Q-valor. Ele aplica a Equação 18-3 repetidamente a todos os Q-valores, para cada estado e cada ação possível:

```
gamma = 0.90 # o fator de desconto
for iteration in range(50):
    Q_prev = Q_values.copy()
    for s in range(3):
        for a in possible_actions[s]:
            Q_values[s, a] = np.sum([
                    transition_probabilities[s][a][sp]
                    * (rewards[s][a][sp] + gamma * np.max(Q_prev[sp]))
                for sp in range(3)])
```

E pronto! Veja os Q-valores resultantes:

```
>>> Q_values
array([[18.91891892, 17.02702702, 13.62162162],
       [ 0.        ,        -inf, -4.87971488],
       [       -inf, 50.13365013,        -inf]])
```

Por exemplo, quando o agente está no estado s_0 e escolhe a ação a_1, a soma esperada de recompensas futuras descontadas é de aproximadamente 17,0. Para cada estado, vamos analisar a ação que tem o o Q-valor mais alto:

```
>>> np.argmax(Q_values, axis=1) # ação ideal para cada estado
array([0, 0, 1])
```

Isso nos fornece a política ideal para este MDP, ao usar um fator de desconto de 0,90: no estado s_0, escolhe a ação a_0; no estado s_1, escolhe a ação a_0 (ou seja, fica onde está); e, no estado s_2, escolhe ação a_1 (a única ação possível). Curiosamente, se aumentarmos o fator de desconto para 0,95, a política ideal muda: no estado s_1, a melhor ação se torna a_2 (lá vem desafio!). Isso faz sentido, pois quanto mais valorizar as recompensas futuras, mais você estará disposto a tolerar um pouco de dor agora pela promessa de um futuro feliz.

Aprendizado por Diferença Temporal

Problemas de aprendizado por reforço com ações discretas podem não raro ser modelados como processos de decisão de Markov, mas a princípio o agente não tem ideia de quais são as probabilidades de transição (ele não conhece $T(s, a, s')$), e também não sabe quais serão as recompensas (não conhece $R(s, a, s')$). O agente deve testar cada estado e cada transição pelo menos uma vez para conhecer as recompensas, e deve testá-las diversas vezes se quiser ter uma estimativa razoável das probabilidades de transição.

O algoritmo do *aprendizado por diferença temporal* [TD Learning] é bastante parecido com o algoritmo de iteração de valor, mas foi ajustado para levar em consideração o fato de que o agente tem apenas um conhecimento parcial do MDP. Grosso modo, assumimos que o agente conhece de início apenas os estados e ações possíveis e nada mais. O agente usa uma *política de exploração* — por exemplo, uma política puramente aleatória — para explorar o MDP, e conforme progride o algoritmo de aprendizado TD atualiza as estimativas dos valores de estado com base nas transições e recompensas que são realmente observadas (veja Equação 18-4).

Equação 18-4. Algoritmo de aprendizagem TD

$$V_{k+1}(s) \leftarrow (1-\alpha)V_k(s) + \alpha\left(r + \gamma \cdot V_k(s')\right)$$

ou de forma equivalente:

$$V_{k+1}(s) \leftarrow V_k(s) + \alpha \cdot \delta_k(s, r, s')$$

com $\delta_k(s, r, s') = r + \gamma \cdot V_k(s') - V_k(s)$

Nessa equação:

- α é a taxa de aprendizado (por exemplo, 0,01).
- $r + \gamma \cdot V_k(s')$ se chama *alvo TG [TD target]*.
- $\delta_k(s, r, s')$ se chama *erro TD [TD error]*.

Um jeito mais conciso de escrever a primeira forma dessa equação é usar a notação $a \underset{\alpha}{\leftarrow} b$, que significa $a_{k+1} \leftarrow (1 - \alpha) \cdot a_k + \alpha \cdot b_k$. Então, a primeira linha da Equação 18-4 pode ser reescrita como: $V\left(s\right) \underset{\alpha}{\leftarrow} r + \gamma \cdot V\left(s'\right)$.

O aprendizado por diferença temporal apresenta muitas semelhanças com o gradiente descendente estocástico, sobretudo pelo fato de que lida com uma amostra de cada vez. Além do mais, assim como o gradiente descendente estocástico, ele só pode convergir verdadeiramente se você reduzir de forma gradual a taxa de aprendizagem (caso contrário, ele continuará oscilando em torno dos Q-valores ideais).

Para cada estado *s*, esse algoritmo simplesmente monitora uma média contínua das recompensas imediatas que o agente obtém ao deixar esse estado, além das recompensas que espera obter posteriormente (assumindo que atue de maneira ideal).

Q-learning

Da mesma forma, o algoritmo Q-learning é uma adaptação do algoritmo de iteração Q-valor à situação em que as probabilidades de transição e as recompensas são inicialmente desconhecidas (veja a Equação 18-5). O Q-learning funciona observando um agente jogar (por exemplo, aleatoriamente) e melhorando aos poucos suas estimativas dos Q-valores. Uma vez que ele tenha estimativas precisas dos Q-valores (ou próximo o bastante), a política ideal é escolher a ação que tem o Q-valor mais alto (ou seja, a política gananciosa).

Equação 18-5. Algoritmo Q-learning

$$Q\left(s, a\right) \underset{\alpha}{\leftarrow} r + \gamma \cdot \max_{a'} \; Q\left(s', a'\right)$$

Para cada par estado-ação (*s*, *a*), este algoritmo monitora uma média contínua das recompensas *r* que o agente obtém ao sair do estado *s* com ação *a*, mais a soma das recompensas futuras com desconto que espera obter. Para estimar essa soma, pegamos o máximo das estimativas do Q-valor para o próximo estado *s'*, já que assumimos que a política-alvo atuaria de forma ideal daí em diante.

Vamos implementar o algoritmo Q-learning. Primeiro, precisamos fazer um agente explorar o ambiente. Para tal, é necessário uma função degrau, de modo que o agente possa executar uma ação e obter o estado e a recompensa resultantes:

```
def step(state, action):
    probas = transition_probabilities[state][action]
    next_state = np.random.choice([0, 1, 2], p=probas)
    reward = rewards[state][action][next_state]
    return next_state, reward
```

Agora, implementaremos a política de exploração do agente. Como o espaço de estados é muito pequeno, uma política aleatória simples basta. Se executarmos o algoritmo por tempo suficiente, o agente visitará todos os estados muitas vezes e também tentará todas as ações possíveis diversas vezes:

```
def exploration_policy(state):
    return np.random.choice(possible_actions[state])
```

Em seguida, depois de inicializarmos os Q-valores como fizemos antes, estamos prontos para rodar o algoritmo Q-learning com diminuição da taxa de aprendizagem (usando o power scheduling apresentado no Capítulo 11):

```
alpha0 = 0.05 # taxa de aprendizagem inicial
decay = 0.005 # queda da taxa de aprendizagem
gamma = 0.90 # fator de desconto
state = 0 # estado inicial

for iteration in range(10000):
    action = exploration_policy(state)
    next_state, reward = step(state, action)
    next_value = np.max(Q_values[next_state])
    alpha = alpha0 / (1 + iteration * decay)
    Q_values[state, action] *= 1 - alpha
    Q_values[state, action] += alpha * (reward + gamma * next_value)
    state = next_state
```

Esse algoritmo convergirá para os Q-valores ideais, mas levará muitas iterações e, possivelmente, muitos ajustes de hiperparâmetros. Conforme pode observar na Figura 18-9, o algoritmo de iteração Q-valor (à esquerda) converge rapidamente, em menos de 20 iterações, ao passo que o algoritmo Q-learning (à direita) leva cerca de 8 mil iterações para convergir. Logicamente, não saber as probabilidades de transição ou as recompensas dificulta bastante encontrar a política ideal!

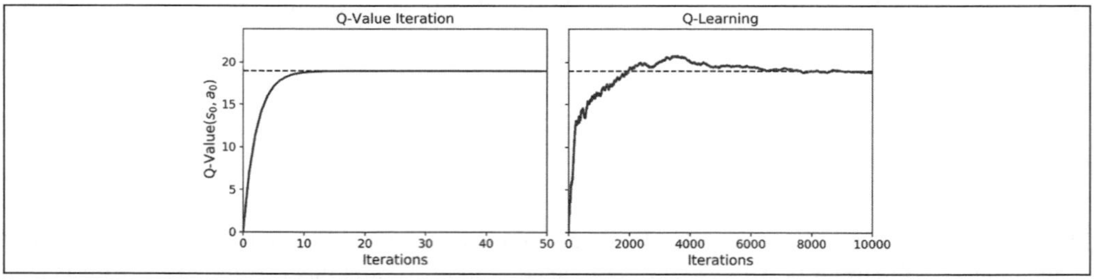

Figura 18-9. O algoritmo de iteração Q-valores (à esquerda) vs. o algoritmo Q-learning (à direita)

Chama-se o algoritmo Q-learning de algoritmo *off-policy*, já que a política que está sendo treinada não é necessariamente aquela que está sendo executada: no exemplo de código anterior, a política sendo executada (a política de exploração) é totalmente aleatória, enquanto a política sendo treinada sempre escolherá as ações com os Q-valores mais altos. Por outro lado, o algoritmo gradientes de política é um algoritmo *on-policy*:[13] explora o mundo usando a política em treinamento. É de se admirar que o Q-learning seja capaz de aprender a política ideal somente observando um agente atuar aleatoriamente (imagine aprender a jogar golfe com um professor bebaço). Podemos fazer melhor que isso?

13 N. da T.: No aprendizado TD, há duas classes importantes de algoritmos: *on-policy*, algoritmos que avaliam ou aprimoram a política que está sendo utilizada, e *off-policy*, algoritmos que avaliam ou aprimoram qualquer política que não está sendo adotada ou seguida.

Política de exploração

Obviamente, o Q-learning pode funcionar apenas se a política de exploração explorar o MDP de forma suficientemente completa. Ainda que se garanta que uma política puramente aleatória visite mais cedo ou mais tarde cada estado e cada transição muitas vezes, isso pode levar muito tempo. Assim, a melhor opção é usar a *política ε-greedy* (ε é épsilon): a cada intervalo, ela age aleatoriamente com probabilidade ε ou ganaciosamente com probabilidade $1-\varepsilon$ (ou seja, escolher a ação com o Q-valor alto). A vantagem da política ε-greedy (em comparação com uma política totalmente aleatória) é que ela passará mais e mais tempo explorando as partes interessantes do ambiente, conforme as estimativas do Q-valor ficam cada vez melhores, enquanto ainda passa algum tempo visitando regiões desconhecidas do MDP. É bem comum começar com um valor alto para ε (por exemplo, 1,0) e, em seguida, o reduzir gradualmente (por exemplo, até 0,05). Como alternativa, em vez de depender somente do acaso para exploração, outra abordagem é incentivar a política de exploração a testar ações que ela não tentou muito antes. Isso pode ser implementado como um bônus adicionado às estimativas de Q-valor, conforme mostrado na Equação 18-6.

Equação 18-6. Q-learning usando uma função de exploração

$$Q\left(s, a\right) \underset{\alpha}{\leftarrow} r + \gamma \cdot \max_{a'} \ f(Q(s', a'), N(s', a'))$$

Nessa equação:

- $N(s', a')$ calcula o número de vezes que a ação a' foi escolhida no estado s'.
- $f(Q, N)$ é uma *função de exploração*, tal como $f(Q, N) = Q + \kappa/(1 + N)$, em que κ é o curiosity hyperparameter [hiperparâmetro de curiosidade] que mede o quanto o agente é atraído pelo desconhecido.

Q-learning aproximado e deep Q-learning

O principal problema com o Q-learning é que ele não se adapta bem a grandes (ou mesmo médios) MDPs com muitos estados e ações. Por exemplo, suponha que você queira usar o Q-learning a fim de treinar um agente para jogar *Ms. Pac-Man* (veja a Figura 18-1). Existem cerca de 150 pellets [bolinhas] que o Ms. Pac-Man pode comer, cada um dos quais pode estar presente ou ausente (ou seja, já comido). Logo, o número de possíveis estados é maior que $2^{150} \approx 10^{45}$. E, se você adicionar todas as combinações possíveis de posições para todos os fantasmas e para o Ms. Pac-Man, o número de estados possíveis se torna maior do que o número de átomos em nosso planeta. Desse modo, é absolutamente impossível monitorar uma estimativa para cada Q-valor.

A solução é encontrar uma função Q_θ s, um a que se aproxima do Q-valor de qualquer par estado-ação (s, a) usando um número gerenciável de parâmetros (dados pelo vetor de parâmetros θ). Isso se chama *Q-learning aproximado*. Durante anos, recomendou-se o uso de combinações lineares de características manuais extraídas do estado (por exemplo, distância dos fantasmas mais próximos, suas direções, e assim por diante) para estimar os Q-valores, mas, em 2013, a DeepMind (*https://homl.info/dqn*) demonstrou que o uso de redes neurais profundas pode funcionar melhor, sobretudo para problemas complexos, não exigindo feature engineering. Uma DNN usada para estimar os Q-valores se chama *deep Q-Network* (DQN), e usar uma DQN para o Q-learning Q aproximado se chama *Deep Q-learning* [Q-learning profundo].

Agora, como podemos treinar uma DQN? Basta considerar o Q-valor aproximado calculado pela DQN para um determinado par estado-ação (s, a). Graças a Bellman, sabemos que queremos que este

Q-valor aproximado seja o mais próximo possível da recompensa *r* que, de fato, observamos depois de jogar a ação *a* no estado *s*, mais o valor descontado de jogar de forma otimizada desde então. Para estimar esta soma de futuras recompensas com desconto, podemos simplesmente rodar a DQN no próximo estado *s′* e em todas as ações possíveis *a′*. Obtemos um Q-valor futuro aproximado para cada ação possível. Depois, escolhemos o mais alto (já que presumimos que estaremos jogando de maneira ideal) e o descontamos, e isso nos fornece uma estimativa da soma das recompensas descontadas futuras. Ao somar a recompensa *r* e a estimativa do valor futuro com desconto, obtemos um Q-valor alvo *y* (*s*, *a*) para o par estado-ação (*s*, *a*), conforme mostrado na Equação 18-7.

Equação 18-7. Q-valor alvo

$$Q_{\text{alvo}}\left(s, a\right) = r + \gamma \cdot \max_{a'} \; Q_{\boldsymbol{\theta}}\left(s', a'\right)$$

Com este Q-valor alvo, podemos executar uma etapa de treinamento usando qualquer algoritmo de gradiente descendente. Em termos específicos, geralmente tentamos minimizar o erro quadrático entre o Q-valor estimado *Q*(*s*, *a*) e o Q-valor alvo (ou a perda de Huber para reduzir a sensibilidade do algoritmo a grandes erros). E isso é tudo para o algoritmo básico de deep Q-learning! Vejamos como implementá-lo para lidar com o ambiente CartPole.

Implementando o Deep Q-learning

Primeiro, precisamos de uma deep Q-Network. Em teoria, você precisa de uma rede neural que pegue um par estado-ação e gere um Q-valor aproximado. Contudo, na prática é mais eficiente usar uma rede neural que pegue um estado e gere um Q-valor aproximado para cada ação possível. A fim de lidarmos com o ambiente CartPole, não precisamos de uma rede neural muito complicada; veja o que algumas camadas ocultas farão.

```
env = gym.make("CartPole-v0")
input_shape = [4] # == env.observation_space.shape
n_outputs = 2 # == env.action_space.n

model = keras.models.Sequential([
    keras.layers.Dense(32, activation="elu", input_shape=input_shape),
    keras.layers.Dense(32, activation="elu"),
    keras.layers.Dense(n_outputs)
])
```

Para selecionar uma ação usando essa DQN, escolhemos a ação com o maior Q-valor previsto. Com o objetivo de assegurar que o agente explore o ambiente, usaremos uma política *ε*-greedy (ou seja, escolheremos uma ação aleatória com probabilidade *ε*):

```
def epsilon_greedy_policy(state, epsilon=0):
    if np.random.rand() < epsilon:
        return np.random.randint(2)
    else:
        Q_values = model.predict(state[np.newaxis])
        return np.argmax(Q_values[0])
```

Em vez de treinar a DQN com base apenas nas experiências mais recentes, armazenaremos todas as experiências em um *replay buffer* (ou *replay memory*), e amostraremos um batch de treinamento aleatório a partir dela em cada iteração de treinamento. Isso ajuda a minimizar as correlações entre as experiências em um batch de treinamento, auxiliando bastante o treinamento. Para isso, usaremos apenas um deque:

```
from collections import deque
replay_buffer = deque(maxlen=2000)
```

> Uma lista *deque* encadeada, ou ligada, é uma estrutura na qual cada elemento aponta para o próximo e para o anterior. Isso torna a inserção e a exclusão de itens muito rápida, porém, quanto mais longo for o deque, mais lento será o acesso aleatório. Se precisar de um buffer de reprodução muito grande, use um circular buffer; confira a seção "Deque vs Rotating List" do notebook para ver uma implementação.

Cada experiência será composta de cinco elementos: um estado, a ação que o agente realizou, a recompensa resultante, o próximo estado que alcançou e, por fim, um booleano indicando se o episódio terminou naquele ponto (`done`). Precisaremos de uma pequena função para amostrar um batch aleatório de experiências do replay buffer. Ele retornará cinco arrays NumPy correspondentes aos cinco elementos de experiência:

```
def sample_experiences(batch_size):
    indices = np.random.randint(len(replay_buffer), size=batch_size)
    batch = [replay_buffer[index] for index in indices]
    states, actions, rewards, next_states, dones = [
        np.array([experience[field_index] for experience in batch])
        for field_index in range(5)]
    return states, actions, rewards, next_states, dones
```

Criaremos também uma função que rodará uma única etapa usando a política ε-greedy ideal e, em seguida, armazenando a experiência resultante no replay buffer:

```
def play_one_step(env, state, epsilon):
    action = epsilon_greedy_policy(state, epsilon)
    next_state, reward, done, info = env.step(action)
    replay_buffer.append((state, action, reward, next_state, done))
    return next_state, reward, done, info
```

Para finalizar, vamos criar uma última função que amostrará um batch de experiências do replay buffer e treinará a DQN realizando uma única etapa de gradiente descendente nesse batch:

```
batch_size = 32
discount_factor = 0.95
optimizer = keras.optimizers.Adam(lr=1e-3)
loss_fn = keras.losses.mean_squared_error

def training_step(batch_size):
    experiences = sample_experiences(batch_size)
    states, actions, rewards, next_states, dones = experiences
    next_Q_values = model.predict(next_states)
    max_next_Q_values = np.max(next_Q_values, axis=1)
    target_Q_values = (rewards +
                       (1 - dones) * discount_factor * max_next_Q_values)
    mask = tf.one_hot(actions, n_outputs)
    with tf.GradientTape() as tape:
        all_Q_values = model(states)
        Q_values = tf.reduce_sum(all_Q_values * mask, axis=1, keepdims=True)
```

```
        loss = tf.reduce_mean(loss_fn(target_Q_values, Q_values))
    grads = tape.gradient(loss, model.trainable_variables)
    optimizer.apply_gradients(zip(grads, model.trainable_variables))
```

Vamos analisar esse código:

- Primeiro, definimos alguns hiperparâmetros e criamos o otimizador e a função de perda.
- Depois, criamos a função `training_step()`. Ela começa amostrando um batch de experiências e, em seguida, usa a DQN para predizer o Q-valor para cada ação possível no próximo estado de cada experiência. Uma vez que assumimos que o agente estará jogando de forma otimizada, mantemos somente o Q-valor máximo para cada próximo estado. Em seguida, usamos a Equação 18-7 para calcular o Q-valor alvo para cada par de estado-ação da experiência.
- Em seguida, queremos usar a DQN para calcular o Q-valor para cada par de estado-ação experienciado. No entanto, a DQN também gerará Q-valores para as outras ações possíveis, não somente para a ação que foi realmente escolhida pelo agente. Assim, é necessário mascarar todos os Q-valores de que não precisamos. A função `tf.one_hot()`facilita muito a conversão de um array de índice de ação em uma máscara. Por exemplo, se as três primeiras experiências contiverem ações 1, 1, 0, respectivamente, a máscara começará com `[[0, 1], [0, 1], [1, 0],...]`. Podemos, então, multiplicar a saída da DQN com esta máscara, e isso zera todos os Q-valores que não queremos. Depois, somamos o eixo 1 para eliminar todos os zeros, mantendo apenas os Q-valores dos pares de estado-ação experienciados. Isso nos fornece o tensor `Q_values`, contendo um Q-valor previsto para cada experiência no batch.
- Depois, calculamos a perda: é o erro quadrático médio entre o alvo e os Q-valores previstos para os pares de estado-ação experienciados.
- Por último, realizamos uma etapa de gradiente descendente para minimizar a perda em relação às variáveis treináveis do modelo.

Já fizemos a parte mais difícil. Agora, treinar o modelo é simples:

```
for episode in range(600):
    obs = env.reset()
    for step in range(200):
        epsilon = max(1 - episode / 500, 0.01)
        obs, reward, done, info = play_one_step(env, obs, epsilon)
        if done:
            break
    if episode > 50:
        training_step(batch_size)
```

Rodamos 600 episódios, cada um com um máximo de 200 intervalos. Em cada intervalo, primeiro calculamos o valor `epsilon` para a política ε-greedy: vai de 1 para 0,01, linearmente, em pouco menos de 500 episódios. Depois, chamamos a função `play_one_step()`, que usará a política ε-greedy para escolher uma ação, executá-la e registrar a experiência no replay buffer. Se o episódio terminar, saímos desse loop. Por último, se já passamos de 50 episódios, chamamos a função `training_step` para treinar o modelo em um batch amostrado do replay buffer. A razão de jogarmos 50 episódios sem treinamento é para fornecer ao replay buffer um pouco de tempo para ele ficar cheio (se não esperarmos o suficiente, não haverá diversidade suficiente no replay buffer). Pronto! Acabamos de implementar o algoritmo deep Q-learning!

A Figura 18-10 mostra o total de recompensas que o agente obteve durante cada episódio.

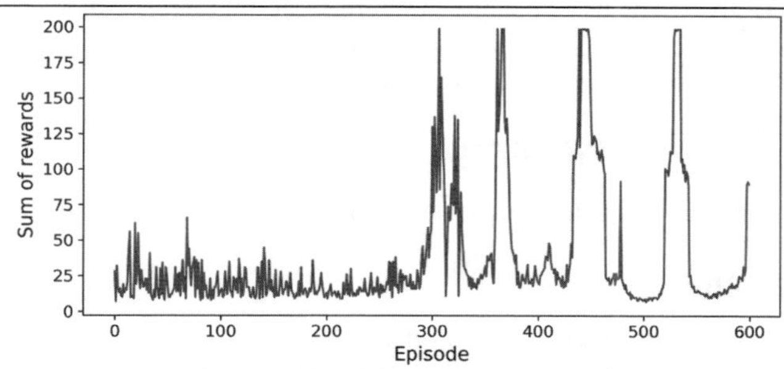

Figura 18-10. Curva de aprendizado do algoritmo deep Q-learning

Como você pode observar, o algoritmo não fez nenhum progresso evidente em quase 300 episódios (em parte, porque ε era muito alto no início). Mas eis que seu desempenho disparou de repente para 200 (que é o desempenho máximo possível neste ambiente).Ótima notícia: o algoritmo funcionou bem e, na verdade, rodou muito mais rápido do que o algoritmo gradiente de política! Mas espere... alguns episódios depois ele esqueceu tudo o que sabia e seu desempenho caiu para menos de 25! Isso se chama *esquecimento catastrófico*, e basicamente todos os algoritmos Rl enfrentam esse problema: à medida que o agente explora o ambiente, ele atualiza sua política. Contudo, o que ele aprende em uma parte do ambiente pode prejudicar o que ele aprendeu anteriormente em outras partes. As experiências são bastante correlacionadas e o ambiente de aprendizagem continua mudando — isso não é nem um pouco ideal para o gradiente descendente! Caso aumente o tamanho do replay buffer, o algoritmo estará menos sujeito a esse problema. Reduzir a taxa de aprendizado também pode ajudar. Mas a verdade nua e crua é que o aprendizado por reforço é difícil: o treinamento costuma ser instável e talvez seja necessário testar muitos valores de hiperparâmetros e random seeds antes de encontrar uma combinação que funcione bem. Por exemplo, se você tentar alterar o número de neurônios por camada anterior de 32 para 30 ou 34, o desempenho nunca será superior a 100 (a DQN pode ser mais estável com uma camada oculta em vez de duas).

O aprendizado por reforço é absurdamente difícil, em grande parte por causa das instabilidades de treinamento e da enorme sensibilidade à escolha de valores de hiperparâmetros e random seeds.[14] Como firmou o pesquisador Andrej Karpathy: "[O aprendizado supervisionado] quer trabalhar. [...] O RL deve ser forçado a trabalhar." Você precisará de tempo, paciência, perseverança e talvez um pouco de sorte também. Esse é um dos principais motivos pelos quais o RL não é tão adotado quanto o aprendizado profundo comum (por exemplo, redes convolucionais). Contudo, ele é usado no mundo real, além dos jogos AlphaGo e Atari: por exemplo, o Google usa o RL para otimizar seus custos de datacenter, e ele também é utilizado em alguns apps de robótica, para ajuste de hiperparâmetros e em sistemas de recomendação.

Talvez você esteja se perguntando por que não planejamos a perda. Acontece que a perda é um indicador do desempenho do modelo que deixa muito a desejar. A perda pode diminuir, mas o desempenho do agente pode piorar (por exemplo, isso pode acontecer quando o agente fica empacado em uma pequena região do ambiente e a DQN começa sobreajustar essa região). Em contrapartida, a perda pode aumentar, mas o agente pode ter um desempenho melhor (por exemplo, se a DQN estiver subestimando os Q-valores e começar a aumentar corretamente suas predições, o agente

14 Uma ótima postagem de 2018 (*https://homl.info/rlhard*) que descreve muito bem as maiores dificuldades e limitações do RL.

provavelmente terá um desempenho melhor, obtendo mais recompensas, ainda que a perda possa aumentar porque a DQN define os alvos, que também serão maiores). O algoritmo básico do deep Q-learning que usamos até agora seria bastante instável para aprender a jogar Atari. Mas como DeepMind fez isso? Ué, eles ajustaram o algoritmo!

Variantes do Deep Q-learning

Vejamos algumas variantes do algoritmo deep Q-learning que podem estabilizar e acelerar o treinamento.

Alvos fixos do Q-valor

No algoritmo básico de deep Q-learning, o modelo é utilizado tanto para fazer predições quanto para definir seus próprios alvos. E isso nos coloca em uma situação em que simplesmente andamos em círculos e não chegamos a lugar nenhum. Esse ciclo vicioso pode instabilizar a rede: ela pode divergir, oscilar, congelar e assim por diante. Para solucionar esse problema, em seu artigo de 2013, os pesquisadores da DeepMind usaram duas DQNs em vez de uma: a primeira é o *modelo online*, que aprende em cada intervalo e é usado para deslocar o agente, e a outra é o *modelo-alvo* usado somente para definir os alvos. O modelo-alvo é apenas um clone do modelo online:

```
target = keras.models.clone_model(model)
target.set_weights(model.get_weights())
```

Em seguida, na função `training_step()`, só precisamos alterar uma linha para utilizar o modelo-alvo em vez do modelo online ao calcular os Q-valores dos próximos estados:

```
next_Q_values = target.predict(next_states)
```

Por último, no ciclo de treinamento, devemos copiar os pesos do modelo online para o modelo-alvo, em intervalos regulares (por exemplo, a cada 50 episódios):

```
if episode % 50 == 0:
    target.set_weights(model.get_weights())
```

Como o modelo-alvo é atualizado com menos frequência do que o modelo online, os alvos dos Q-valores são mais estáveis, o ciclo vicioso que discutimos anteriormente é atenuado e seus efeitos são menos severos. Essa abordagem foi uma das principais contribuições dos pesquisadores da DeepMind em seu artigo de 2013, pois possibilitou que os agentes aprendessem a jogar os jogos do Atari a partir de pixels brutos. Com o objetivo estabilizar o treinamento, eles usaram uma pequena taxa de aprendizagem de 0,00025, atualizaram o modelo-alvo apenas a cada 10 mil intervalos (em vez dos 50 no exemplo de código anterior) e usaram um replay buffer gigantesco com 1 milhão de experiências. Eles diminuíram o `epsilon` bem lentamente, de 1 a 0,1 em 1 milhão de intervalos, e isso possibilitou que o algoritmo fosse rodado em 50 milhões de intervalos.

Mais tarde neste capítulo, usaremos a biblioteca TF-Agents para treinar um agente DQN para jogar *Breakout* usando esses hiperparâmetros, porém, antes de chegarmos lá, vamos espiar outra variante DQN que conseguiu superar o progresso tecnológico mais uma vez.

Double DQN

Em um artigo de 2015 (*https://homl.info/doubledqn*),[15] os pesquisadores da DeepMind ajustaram seu algoritmo DQN, aumentando seu desempenho e estabilizando um pouco o treinamento. Eles chamaram esta variante de *double DQN* [DQN Duplo]. A atualização foi baseada na observação de que a rede-alvo tende a superestimar os Q-valores. Na verdade, suponha que todas as ações sejam igualmente boas: os

15 Hado van Hasselt et al., "Deep Reinforcement Learning with Double Q-Learning", *Anais da 30ª Conferência AAAI em Inteligência Artificial* (2015): 2094–2100.

Q-valores estimados pelo modelo-alvo devem ser idênticos, porém, como são aproximações, alguns podem ser um pouco maiores do que outros, por pura casualidade. O modelo-alvo sempre selecionará o Q-valor maior, que será um pouquinho maior do que o Q-valor médio, provavelmente superestimando o Q-valor verdadeiro (é como medir a altura da onda aleatória mais alta ao calcular a profundidade de um piscina). Para corrigir isso, eles propuseram usar o modelo online em vez do modelo-alvo ao selecionar as melhores ações para os próximos estados, e utilizar o modelo-alvo somente para estimar os Q-valores para essas melhores ações. Veja a atualização da função `training _ step()`:

```
def training _ step(batch _ size):
    experiences = sample _ experiences(batch _ size)
    states, actions, rewards, next _ states, dones = experiences
    next _ Q _ values = model.predict(next _ states)
    best _ next _ actions = np.argmax(next _ Q _ values, axis=1)
    next _ mask = tf.one _ hot(best _ next _ actions, n _ outputs).numpy()
    next _ best _ Q _ values = (target.predict(next _ states) * next _ mask).sum(axis=1)
    target _ Q _ values = (rewards +
                           (1 - dones) * discount _ factor * next _ best _ Q _ values)
    mask = tf.one _ hot(actions, n _ outputs)
   [...] # o restante é o mesmo de antes
```

Poucos meses depois, outra melhoria no algoritmo DQN foi proposta.

Repetição de experiência priorizada

Em vez de amostrar experiências *uniformemente* a partir do replay buffer, por que não amostrar experiências importantes com mais frequência? Esse ideia se chama *importance sampling* [amostragem de importância, em tradução livre] (IS) ou *prioritized experience replay* [repetição de experiência priorizada] (PER), e foi apresentada em um artigo de 2015 (*https://homl.info/prioreplay*)[16] por pesquisadores da DeepMind (de novo!).

Em termos específicos, as experiências são consideradas "importantes" se puderem resultar em um progresso de aprendizagem rápido. Mas como podemos estimar isso? Uma abordagem razoável é calcular a magnitude do erro TD $\delta = r + \gamma \cdot V(s') - V(s)$. Um erro TD grande indica que uma transição (s, r, s') é bastante surpreendente. Desse modo, provavelmente vale a pena aprender com essa transição.[17] Quando uma experiência é registrada no replay buffer, sua prioridade é definida como um valor muito grande para garantir que ela seja amostrada pelo menos uma vez. No entanto, uma vez amostrada (e toda vez que é amostrada), o erro TD δ é calculado, e a prioridade dessa experiência é definida como $p = |\delta|$ (mais uma constante pequena para garantir que cada experiência tenha uma probabilidade diferente de zero ao ser amostrada). A probabilidade P de amostrar uma experiência com prioridade p é proporcional a $p\zeta$, em que ζ é um hiperparâmetro que controla o quão gananciosa queremos que a amostragem de importância seja: quando $\zeta = 0$, obtemos somente uma amostragem uniforme, e quando $\zeta = 1$, obtemos uma amostragem de importância completa. No artigo, os autores usaram $\zeta = 0.6$, mas o valor ideal dependerá da tarefa em mãos.

Entretanto, há um porém: uma vez que as amostras de experiências importantes serão tendenciosas, devemos compensar esse viés durante o treinamento reduzindo o peso das experiências de acordo com sua importância, ou então o modelo apenas superestima as experiências importantes. Para ser claro, queremos que as experiências importantes sejam testadas com mais frequência, mas isso também significa que devemos lhes fornecer um peso menor durante o treinamento. Para tal, definimos o peso de treinamento de cada experiência como $w = (n\ P)^{-\beta}$, em que n é o número de experiências no replay

16 Tom Schaul et al., "Prioritized Experience Replay", arXiv preprint arXiv:1511.05952 (2015).

17 Pode ser também que as recompensas sejam ruidosas, caso em que existem métodos melhores para estimar a importância de uma experiência (leia o artigo para ver alguns exemplos).

buffer, e β é um hiperparâmetro que controla o quanto desejamos compensar o viés da amostragem de importância (0 significa nada, enquanto 1 significa inteiro). No artigo, os autores usaram $\beta = 0.4$ no início do treinamento e aumentaram linearmente o valor para $\beta = 1$ ao final do treinamento. Mais uma vez, o valor ideal dependerá da tarefa, mas, se você aumentar qualquer um deles, normalmente vai querer aumentar o outro também. Agora, analisaremos uma última variante importante do algoritmo DQN.

Dueling DQN

O algoritmo *dueling DQN* [DQN de Duelo] (DDQN, não deve ser confundido com double DQN, embora ambas as técnicas possam ser facilmente combinadas) foi apresentando em outro artigo de 2015 (*https://homl.info/ddqn*)[18] por pesquisadores da DeepMind. Para entender como ele funciona, devemos primeiro considerar que o Q-valor de um par estado-ação (s, a) pode ser expresso como $Q(s, a) = V(s) + A(s, a)$, em que $V(s)$ é o valor do estado s e $A(s, a)$ é a *vantagem* de tomar a ação a no estado s, em comparação com todas as outras ações possíveis nesse estado. Além disso, o valor de um estado é igual ao Q-valor da melhor ação a^* para esse estado (uma vez que assumimos que a política ideal escolherá a melhor ação). Logo, $V(s) = Q(s, a^*)$ implica $A(s, a^*) = 0$.

Em um dueling DQN, o modelo estima tanto o valor do estado quanto a vantagem de cada ação possível. Como a melhor ação deve ter uma vantagem de 0, o modelo subtrai a vantagem máxima predita de todas as vantagens preditas. A seguir, veja um modelo simples de dueling DQN implementado por meio da functional API:

```
K = keras.backend
input_states = keras.layers.Input(shape=[4])
hidden1 = keras.layers.Dense(32, activation="elu")(input_states)
hidden2 = keras.layers.Dense(32, activation="elu")(hidden1)
state_values = keras.layers.Dense(1)(hidden2)
raw_advantages = keras.layers.Dense(n_outputs)(hidden2)
advantages = raw_advantages - K.max(raw_advantages, axis=1, keepdims=True)
Q_values = state_values + advantages
model = keras.Model(inputs=[input_states], outputs=[Q_values])
```

O resto do algoritmo é igual ao anterior. Na realidade, você pode construir um double dueling DQN e combiná-lo com a repetição de experiência priorizada! De forma mais geral, muitas técnicas de RL podem ser combinadas, como a DeepMind demonstrou em um artigo de 2017 (*https://homl.info/rainbow*).[19] Os autores do artigo combinaram seis técnicas diferentes em um agente chamado *rainbow*, que simplesmente suplantou e muito a tecnologia de última geração.

Infelizmente, implementar todas essas técnicas, depurá-las, ajustá-las e, claro, treinar os modelos pode exigir um trabalho hercúleo. Portanto, em vez de reinventar a roda, é melhor reutilizar bibliotecas escaláveis e bem testadas, como a TF-Agents.

A Biblioteca TF-Agents

A TF-Agents (*https://github.com/tensorflow/agents*) é uma biblioteca de aprendizado por reforço baseada na TensorFlow; open-source desenvolvida pelo Google em 2018. Assim como o OpenAI Gym, ela disponibiliza muitos ambientes prontos para uso (incluindo wrappers para todos os ambientes

18 Ziyu Wang et al., "Dueling Network Architectures for Deep Reinforcement Learning", arXiv preprint arXiv: 1511.06581 (2015).

19 Matteo Hessel et al., "Rainbow: Combining Improvements in Deep Reinforcement Learning", arXiv preprint arXiv:1710.02298 (2017): 3215–3222.

OpenAI Gym), além de oferecer suporte à biblioteca PyBullet (para simulação física 3D), à biblioteca DM Control da DeepMind (baseada na engine física da MuJoCo) e à biblioteca ML-Agents do Unity (simulando vários ambientes 3D). Ela também implementa muitos algoritmos RL, incluindo o REINFORCE, DQN e DDQN, bem como vários componentes RL, como replay buffers e métricas eficientes. É uma biblioteca rápida, escalonável, fácil de usar e customizável: você pode criar seus próprios ambientes e redes neurais, e pode customizar praticamente qualquer componente. Nesta seção, usaremos a TF-Agents para treinar um agente para jogar *Breakout*, o famoso jogo Atari (veja a Figura 18-11)[20], usando o algoritmo DQN (você pode usar outro algoritmo, se preferir).

Figura 18-11. O famoso jogo Breakout

Instalando a TF-Agents

Vamos começar instalando a TF-Agents. Podemos usar um pip (como sempre, se você estiver usando um ambiente virtual, certifique-se de ativá-lo primeiro; caso contrário, você precisará recorrer à opção `--user` ou ter permissão de administrador):

```
$ python3 -m pip install --upgrade tf-agents
```

Quando este livro estava sendo escrito, a TF-Agents ainda era bem nova e estava melhorando a cada dia. Ou seja, a API pode ter mudado um pouco desde então — mas a ideia geral ainda deve ser a mesma, assim como a maior parte do código. Se alguma coisa quebrar, atualizarei o Jupyter notebook, portanto, não se esqueça de conferi-lo.

A seguir, criaremos um ambiente TF-Agents que somente colocará o ambiente do jogo *Breakout*, o OpenAI Gym, em um wrapper. Para isso, você deve primeiro instalar as dependências Atari do OpenAI Gym:

```
$ python3 -m pip install --upgrade 'gym[atari]'
```

Entre outras bibliotecas, este comando instalará `atari-py`, uma interface Python para o Arcade Learning Environment (ALE), um framework construído com base no emulador Stella do Atari 2600.

Ambientes da TF-Agents

Se tudo correr bem, você conseguirá importar a TF-Agents e criar um ambiente Breakout:

```
>>> from tf_agents.environments import suite_gym
>>> env = suite_gym.load("Breakout-v4")
```

20 Se você não conhece esse jogo, a coisa é simples: uma bola fica quicando e quebra tijolos ao tocá-los. Você controla uma raquete na parte inferior da tela. É possível movimentar a raquete da direita para a esquerda, e você deve fazer a bola quebrar todos os tijolos, evitando que ela toque a parte inferior da tela.

```
>>> env
<tf_agents.environments.wrappers.TimeLimit at 0x10c523c18>
```

Este é apenas um wrapper em um ambiente OpenAI Gym, que você pode acessar por meio do atributo `gym`:

```
>>> env.gym
<gym.envs.atari.atari_env.AtariEnv at 0x24dcab940>
```

Os ambientes da TF-Agents se assemelham muito aos ambientes OpenAI Gym, porém existem algumas diferenças. Primeiro, o método `reset()`não retorna uma observação; ele retorna um objeto `TimeStep` que envolve a observação em um wrapper, com algumas informações extras:

```
>>> env.reset()
TimeStep(step_type=array(0, dtype=int32),
         reward=array(0., dtype=float32),
         discount=array(1., dtype=float32),
         observation=array([[[0., 0., 0.], [0., 0., 0.],...]]], dtype=float32))
```

O método `step()` retorna um objeto `TimeStep` também:

```
>>> env.step(1) # Fire
TimeStep(step_type=array(1, dtype=int32),
         reward=array(0., dtype=float32),
         discount=array(1., dtype=float32),
         observation=array([[[0., 0., 0.], [0., 0., 0.],...]]], dtype=float32))
```

Os atributos `reward` e `observation` são autoexplicativos e iguais aos do OpenAI Gym (exceto o `reward`, representado como um array NumPy). O atributo `step_type` é igual a 0 para o primeiro intervalo de tempo no episódio, 1 para os intervalos de tempo intermediários e 2 para o intervalo de tempo final. Você pode chamar o método `is_last()` do intervalo de tempo final para verificar se ele é o intervalo final ou não. Por último, o atributo `discount` indica o fator de desconto a ser usado nesse intervalo de tempo. Neste exemplo, é igual a 1, logo não temos desconto nenhum. Ao carregar o ambiente, você pode definir o fator de desconto configurando o parâmetro `discount`.

> A qualquer momento, você pode acessar o intervalo de tempo atual do ambiente chamando o método `current_time_step()`.

Especificações do ambiente

Um ambiente TF-Agents basicamente fornece as especificações das observações, ações e intervalos de tempo, incluindo seus formatos, tipos de dados e nomes, bem como seus valores mínimo e máximo:

```
>>> env.observation_spec()
BoundedArraySpec(shape=(210, 160, 3), dtype=dtype('float32'), name=None,
                 minimum=[[[0. 0. 0.], [0. 0. 0.],...]],
                 maximum=[[[255., 255., 255.], [255., 255., 255.], ...]])
>>> env.action_spec()
BoundedArraySpec(shape=(), dtype=dtype('int64'), name=None,
                 minimum=0, maximum=3)
>>> env.time_step_spec()
TimeStep(step_type=ArraySpec(shape=(), dtype=dtype('int32'), name='step_type'),
```

```
    reward=ArraySpec(shape=(), dtype=dtype('float32'), name='reward'),
    discount=BoundedArraySpec(shape=(), ..., minimum=0.0, maximum=1.0),
    observation=BoundedArraySpec(shape=(210, 160, 3), ...))
```

Conforme você pode ver, as observações são simplesmente screenshots da tela do Atari, representadas como formatos arrays NumPy [210, 160, 3]. Para renderizar um ambiente, você pode chamar o `env.render(mode="human")` e, se quiser recuperar a imagem na formato de um array NumPy, basta chamar `env.render(mode="rgb_array")` (ao contrário do OpenAI Gym, este é o modo-padrão). Ainda existem quatro ações disponíveis. Os ambientes Gym Atari comportam um método extra que você pode chamar para saber a que cada ação corresponde:

```
>>> env.gym.get_action_meanings()
['NOOP', 'FIRE', 'RIGHT', 'LEFT']
```

As especificações podem ser instâncias de uma classe de especificação, listas aninhadas ou dicionários de especificações. Caso a especificação esteja aninhada, o objeto especificado deve corresponder à estrutura aninhada da especificação. Por exemplo, se a especificação de observação for `{"sensors": ArraySpec(shape=[2]), "camera": ArraySpec(shape=[100, 100])}`, uma observação válida seria `{"sensors": np.array([1.5, 3.5]), "camera": np.array(...)}`. O pacote `tf.nest` fornece ferramentas para lidar com essas estruturas aninhadas.

As observações são muito grandes, desse modo, iremos reduzi-las e também convertê-las em tons de cinza. Isso acelerará o treinamento e usará menos RAM. Para isso, podemos usar um *wrapper de ambiente.*

Wrappers de ambiente e pré-processamento Atari

A TF-Agents fornece diversos wrappers de ambiente por meio do pacote `tf_agents.environments.wrappers`. Como o próprio nome sugere, eles envolvem um ambiente em um wrapper, encaminhando todas as chamadas para ele, mas também adicionando algumas funcionalidades extras. A seguir, confira alguns dos wrappers disponíveis:

`ActionClipWrapper`
: Reduz as ações para a especificação da ação.

`ActionDiscretizeWrapper`
: Quantifica um espaço de ação contínua para um espaço de ação discreto. Por exemplo, se o espaço de ação do ambiente original é o intervalo contínuo de –1,0 a +1,0, e você deseja usar um algoritmo que suporta apenas espaços de ação discretos, como uma DQN, então é necessário envolver o ambiente utilizando um `discrete_env = ActionDiscretizeWrapper(env, num_actions=5)`, e um `discrete_env` novo que terá um espaço de ação discreto com cinco ações possíveis: 0, 1, 2, 3, 4. Essas ações correspondem às ações –1,0, –0,5, 0,0, 0,5 e 1,0 no ambiente original.

`ActionRepeat`
: Repete cada ação ao longo de *n* intervalos, enquanto acumula as recompensas. Em muitos ambientes, isso pode acelerar consideravelmente o treinamento.

`RunStats`
: Registra as estatísticas do ambiente, como o número de intervalos e episódios.

`TimeLimit`

Para o ambiente se ele for executado por mais do que um número máximo de intervalos.

`VideoWrapper`

Grava um vídeo do ambiente.

Para criar um wrapper de ambiente, você deve criar um wrapper, passando o wrapper desse ambiente para o construtor. Só isso! Por exemplo, o código a seguir envolverá nosso ambiente em um wrapper `ActionRepeat` para que cada ação seja repetida quatro vezes:

```
from tf_agents.environments.wrappers import ActionRepeat

repeating_env = ActionRepeat(env, times=4)
```

O OpenAI Gym tem alguns wrappers de ambiente em seu pacote `gym.wrappers`. Esses wrappers têm como intuito ambientes Gym, e não ambientes da TF-Agents. Assim, se quiser usá-los, deve primeiro envolver o ambiente Gym com um wrapper Gym e, em seguida, envolver o ambiente resultante com um wrapper TF-Agents. A função `suite_gym.wrap_env()` cuida disso, desde que você forneça um ambiente Gym e uma lista de wrappers Gym e/ou uma lista de wrappers TF-Agents. Como alternativa, a função `suite_gym.load()` criará e envolverá o ambiente Gym, se você lhe fornecer alguns wrappers. Cada wrapper será criado sem nenhum argumento; portanto, se quiser definir alguns argumentos, você deve passar um `lambda`. Por exemplo, o código a seguir cria um ambiente Breakout que será executado por no máximo 10 mil intervalos durante cada episódio, e cada ação será repetida quatro vezes:

```
from gym.wrappers import TimeLimit

limited_repeating_env = suite_gym.load(
    "Breakout-v4",
    gym_env_wrappers=[lambda env: TimeLimit(env, max_episode_steps=10000)],
    env_wrappers=[lambda env: ActionRepeat(env, times=4)])
```

Para ambientes Atari, algumas etapas de pré-processamento padrão são aplicadas à maioria dos artigos que os utilizam. Por causa disso, a TF-Agents fornece um prático wrapper `AtariPreprocessing` que as implementa. Confira as etapas de pré-processamento que o wrapper suporta:

Tons de cinza e downsampling

Observações são convertidas em escalas de cinza e passam por downsampling (por padrão para 84 × 84 pixels).

Pooling máximo

Os dois últimos frames do jogo têm um pooling máximo usando um filtro 1 × 1 para eliminar a cintilação que ocorre em alguns jogos do Atari devido ao número limitado de sprites que o Atari 2600 pode exibir em cada frame.

Frame skipping

O agente só consegue ver a cada *n* frame do jogo (por padrão $n = 4$), e suas ações são repetidas para cada frame, coletando todas as recompensas. Isso efetivamente acelera o jogo da perspectiva do agente e também acelera o treinamento porque as recompensas se tornam menos demoradas.

Fim das vidas perdidas

Em alguns jogos, as recompensas são baseadas apenas na pontuação, de modo que o agente não recebe nenhuma penalidade imediata por perder uma vida. Uma solução é terminar o jogo imediatamente sempre que se perder uma vida.

Como o ambiente Atari padrão já aplica o frame skipping aleatório e o pooling máximo, precisaremos carregar a variante bruta sem skipping chamada "BreakoutNoFrameskip-v4". Além do mais, um único frame do jogo *Breakout* é insuficiente para saber a direção e a velocidade da bola, o que dificulta que o agente jogue adequadamente o jogo (a menos que seja um agente RNN, que preserva um pouco do estado interno entre os intervalos). Uma forma de lidar com isso é usar um wrapper de ambiente que gerará observações compostas de vários frames empilhados uns sobre os outros ao longo da dimensão dos canais. Esta estratégia é implementada pelo wrapper `FrameStack4`, que retorna pilhas de quatro frames. Vamos criar um wrapper de um ambiente!

```
from tf_agents.environments import suite_atari
from tf_agents.environments.atari_preprocessing import AtariPreprocessing
from tf_agents.environments.atari_wrappers import FrameStack4

max_episode_steps = 27000 # <=> 108k frames ALE desde o 1 intervalo = 4 frames
environment_name = "BreakoutNoFrameskip-v4"

env = suite_atari.load(
    environment_name,
    max_episode_steps=max_episode_steps,
    gym_env_wrappers=[AtariPreprocessing, FrameStack4])
```

A Figura 18-12 mostra o resultado desse pré-processamento. Você pode ver que a resolução é bem menor, mas suficiente para jogar. Além disso, os frames são empilhados ao longo da dimensão dos canais, de forma que o vermelho representa o frame de três intervalos atrás, o verde de dois, o azul é o frame anterior e o rosa é o frame atual.[21] A partir dessa única observação, o agente pode ver que a bola está indo em direção ao canto esquerdo inferior e que deve continuar a movimentar a raquete para a esquerda (como fez nas etapas anteriores).

Figura 18-12. Observação do jogo Breakout *pré-processada*

Por último, podemos envolver o ambiente em um wrapper `TFPyEnvironment`:

```
from tf_agents.environments.tf_py_environment import TFPyEnvironment

tf_env = TFPyEnvironment(env)
```

Isso faz com que o ambiente seja usado dentro de um grafo TensorFlow (nos bastidores das bibliotecas, essa classe depende da função `tf.py_function()`, que permite que um grafo chame o código Python arbitrário). Graças à classe `TFPyEnvironment`, a TF-Agents é compatível com ambientes puramente Python e ambientes baseados na TensorFlow. Em termos mais gerais, a TF-Agents suporta e fornece componentes puros com base em Python e TensorFlow (agentes, replay buffers, métricas

21 Já que existem somente três cores primárias, você não pode simplesmente exibir uma imagem com quatro canais de cores. Por causa disso, combinei o último canal com os três primeiros para obter a imagem RGB representada aqui. O rosa é na verdade uma mistura de azul e vermelho, mas o agente vê quatro canais independentes.

e assim por diante). Agora que temos um bom ambiente Breakout, com todo o pré-processamento adequado e compatível com a TensorFlow, devemos criar o agente DQN e os outros componentes de que precisaremos para treiná-lo. Vejamos a arquitetura do sistema que construiremos.

Arquitetura de treinamento

Normalmente, se divide um programa de treinamento TF-Agents em duas partes que funcionam paralelamente, como você pode ver na Figura 18-13: à esquerda, um *driver* explora o *ambiente* usando uma *política de coleta* para escolher ações, coletando *trajetórias* (ou seja, experiências) e as enviando para um *observador*, que as salva em um *replay buffer*; à direita, um *agente* puxa os batches de trajetórias do replay buffer e treina algumas *redes* que a política de coleta usa. Em suma, a parte esquerda explora o ambiente e coleta trajetórias, enquanto a parte direita aprende e atualiza a política de coleta.

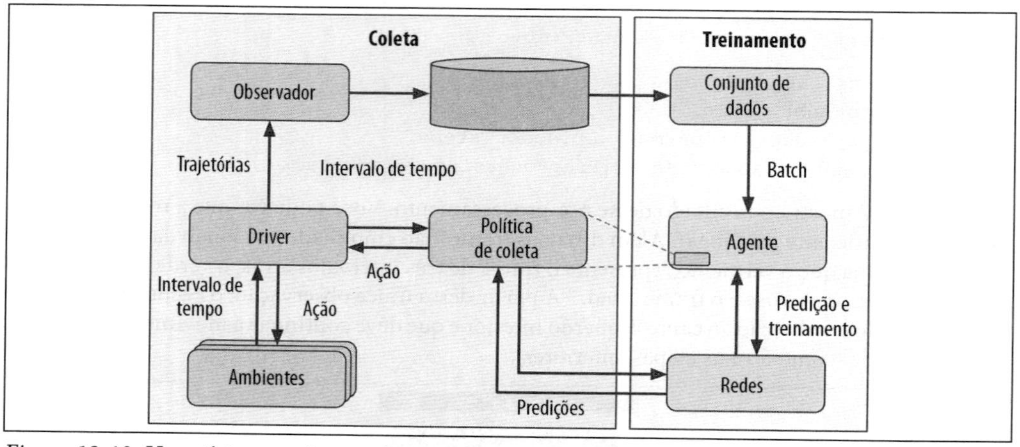

Figura 18-13. Uma típica arquitetura de treinamento TF-Agents

Essa figura levanta algumas questões, que tentarei responder:

- Por que existem vários ambientes? Em vez de explorar um único ambiente, você geralmente quer que o driver explore diversas cópias do ambiente em paralelo, aproveitando o poder de todos os seus núcleos de CPU, mantendo as GPUs de treinamento ocupadas e fornecendo trajetórias menos correlacionadas ao algoritmo de treinamento.
- O que é uma *trajetória*? É uma representação concisa de uma *transição* de um intervalo de tempo para o próximo, ou uma sequência de transições consecutivas de um intervalo de tempo *n* para o intervalo de tempo *n* + *t*. As trajetórias coletadas pelo driver são repassadas ao observador, que as salva no replay buffer, sendo posteriormente amostradas pelo agente e utilizadas para treinamento.
- Por que é necessário um observador? O driver não pode salvar as trajetórias diretamente? Na verdade, até poderia, mas isso deixaria a arquitetura menos flexível. Por exemplo, e se você não quiser usar um replay buffer? E se você quiser usar as trajetórias para outra coisa, como calcular métricas? Na realidade, um observador é qualquer função que usa uma trajetória como argumento. Você pode usar um observador para salvar as trajetórias em um replay buffer ou para salvá-las em um arquivo TFRecord (veja o Capítulo 13), ou para calcular métricas, ou seja lá para o que for.

Embora essa arquitetura seja a mais comum, você pode customizá-la como quiser e até mesmo substituir alguns dos componentes pelos seus. Na verdade, a menos que você esteja pesquisando novos algoritmos de RL, provavelmente vai querer usar um ambiente customizado para sua tarefa. Para isso, você só precisa criar uma classe personalizada que herde da classe `PyEnvironment` o pacote `tf_agents.environments.py_environment` e sobrescreva os métodos apropriados, como `action_spec()`, `observation_spec()`, `_reset()` e `_step()` (confira a seção "Creating a Custom TF_Agents Environment" do notebook para ver um exemplo).

Agora, criaremos todos esses componentes: primeiro a deep Q-Network, depois o agente DQN (que se encarregará de criar a política de coleta), o replay buffer e o observador para gravar nele, em seguida algumas métricas de treinamento e o driver. E, por último, o conjunto de dados. Assim que tivermos todos os componentes no lugar, vamos popular o replay buffer com algumas trajetórias iniciais e, em seguida, executaremos o ciclo de treinamento principal. Então, vamos começar criando a deep Q-Network.

Criando a deep Q-Network

A biblioteca TF-Agents fornece muitas redes no pacote `tf_agents.networks` e em seus subpacotes. Vamos usar a classe `tf_agents.networks.q_network.QNetwork`:

```
from tf_agents.networks.q_network import QNetwork

preprocessing_layer = keras.layers.Lambda(
                          lambda obs: tf.cast(obs, np.float32) / 255.)
conv_layer_params=[(32, (8, 8), 4), (64, (4, 4), 2), (64, (3, 3), 1)]
fc_layer_params=[512]
q_net = QNetwork(
    tf_env.observation_spec(),
    tf_env.action_spec(),
    preprocessing_layers=preprocessing_layer,
    conv_layer_params=conv_layer_params,
    fc_layer_params=fc_layer_params)
```

Esta `QNetwork` toma uma observação como entrada e gera como saída um Q-valor por ação. Assim, é necessário fornecermos as especificações das observações e ações. Ela começa com uma camada de pré-processamento: uma simples camada `Lambda` que lança as observações para floats de 32 bits e os normaliza (os valores variam de 0,0 a 1,0). As observações contêm unsigned bytes, que usam 4 vezes menos espaço do que os floats de 32 bits, razão pela qual não lançamos as observações para floats de 32 bits antes; queremos salvar a RAM no replay buffer. Em seguida, a rede aplica três camadas convolucionais: a primeira tem 32 filtros 8 × 8 e usa um stride de 4, a segunda tem 64 filtros 4 × 4 e uma stride de 2 e a terceira tem 64 filtros 3 × 3 e um stride de 1. Por último, ele aplica uma camada densa com 512 unidades, seguida por uma camada densa de saída com 4 unidades, uma por Q-valor para a saída (ou seja, uma por ação). Todas as camadas convolucionais e todas as camadas densas, exceto a camada de saída, usam a função de ativação ReLU por padrão (você pode alterar isso definindo o argumento `activation_fn`). A camada de saída não usa nenhuma função de ativação.

Nos bastidores, uma `QNetwork` é composta de duas partes: uma rede de codificação que processa as observações, seguida por uma camada densa de saída que gera um Q-valor por ação. A classe `EncodingNetwork` da TF-Agent implementa uma arquitetura de rede neural encontrada em vários agentes (veja a Figura 18-14).

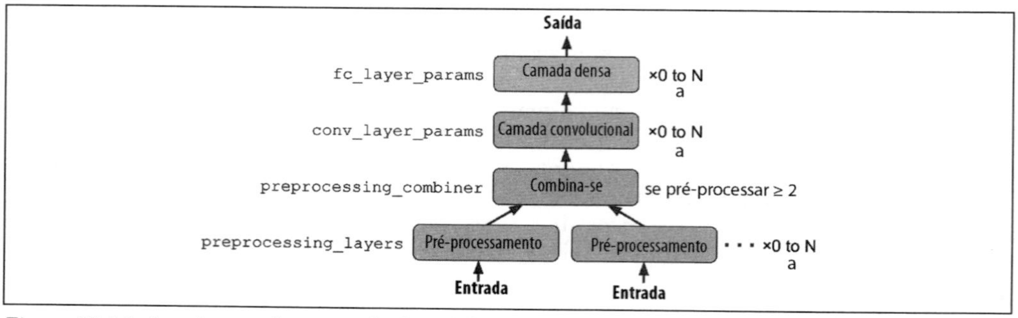

Figura 18-14. Arquitetura de uma rede de codificação

Podemos ter uma ou mais entradas. Por exemplo, se cada observação for composta de alguns dados de um sensor mais uma imagem de uma câmera, você terá duas entradas. Cada entrada pode exigir algumas etapas de pré-processamento, caso em que você pode especificar uma lista de camadas Keras por meio do argumento `preprocessing _ layers`, com uma camada de pré-processamento por entrada, e a rede aplicará cada camada à entrada correspondente (se uma entrada exigir várias camadas de pré-processamento, você pode passar um modelo inteiro, já que um modelo Keras sempre pode ser usado como uma camada). Se houver duas entradas ou mais, você também deve passar uma camada extra por meio do argumento `preprocessing _ combiner`, para combinar as saídas das camadas de pré-processamento em uma única saída.

Em seguida, a rede de codificação aplicará de forma opcional uma lista de camadas convolucionais sequenciais, contando que você especifique seus parâmetros por meio do argumento `conv _ layer _ param`. Essa lista deve ser composta de três tuplas (uma por camada convolucional) indicando o número de filtros, o tamanho do kernel e o stride. Após essas camadas convolucionais, a rede de codificação opcionalmente aplicará uma sequência de camadas densas, se você definir o argumento `fc _ layer _ params`: deve ser uma lista contendo o número de neurônios para cada camada densa. Você também tem a opção de passar uma lista de taxas de dropout (uma por camada densa) por meio do argumento `dropout _ layer _ params`, caso deseje aplicar o dropout após cada camada densa. A `QNetwork` pega a saída dessa rede de codificação e a passa para a camada densa de saída (com uma unidade por ação).

> A classe `QNetwork` é flexível o suficiente para construir muitas arquiteturas diferentes, porém você sempre pode criar sua própria classe de rede se precisar de mais flexibilidade: estenda a classe `tf _ agents.networks.Network` e a implemente como uma camada Keras customizada normal. A classe `tf _ agents.networks.Network` é uma subclasse da classe `keras.layers.Layer` que adiciona um pouco de funcionalidade exigida por alguns agentes, como a possibilidade de criar facilmente cópias superficiais da rede (ou seja, copiar a arquitetura da rede, mas não seus pesos). Por exemplo, o `DQNAgent` faz isso para criar uma cópia do modelo online.

Agora que temos a DQN, estamos prontos para criar o agente DQN.

Criando o agente DQN

A biblioteca TF-Agents implementa muitos tipos de agentes, localizados no pacote `tf _ agents .agents` e em seus subpacotes. Vamos usar a classe `tf _ agents.agents.dqn.dqn _ agent.DqnAgent`:

```
from tf _ agents.agents.dqn.dqn _ agent import DqnAgent
```

```
train_step = tf.Variable(0)
update_period = 4 # treina o modelo a cada 4 intervalos
optimizer = keras.optimizers.RMSprop(lr=2.5e-4, rho=0.95, momentum=0.0,
                                     epsilon=0.00001, centered=True)
epsilon_fn = keras.optimizers.schedules.PolynomialDecay(
    initial_learning_rate=1.0, # ε inicial
    decay_steps=250000 // update_period, # <=> 1,000,000 frames ALE
    end_learning_rate=0.01) # ε final
agent = DqnAgent(tf_env.time_step_spec(),
                 tf_env.action_spec(),
                 q_network=q_net,
                 optimizer=optimizer,
                 target_update_period=2000, # <=> 32,000 frames ALE
                 td_errors_loss_fn=keras.losses.Huber(reduction="none"),
                 gamma=0.99, # fator de desconto
                 train_step_counter=train_step,
                 epsilon_greedy=lambda: epsilon_fn(train_step))
agent.initialize()
```

Vamos examinar esse código:

- Primeiro, criamos uma variável que contará o número de etapas de treinamento.
- Em seguida, construímos o otimizador usando os mesmos hiperparâmetros do artigo sobre a DQN de 2015.
- Depois, criamos um objeto `PolynomialDecay` que calculará o valor ε para a política de coleta ε- greedy, dada a etapa de treinamento atual (normalmente é usada para diminuir a taxa de aprendizado, daí os nomes dos argumentos, mas funcionará bem para decair qualquer outro valor). Ele irá de 1,0 para 0,01 (o valor usado durante o artigo sobre a DQN de 2015) a 1 milhão de frames ALE, o que corresponde a 250.000 intervalos, já que usamos o frame skipping com um período de 4. Além disso, treinaremos o agente a cada 4 intervalos (ou seja, 16 frames ALE), então o ε decairá mais de 62.500 etapas de *treinamento*.
- Então nós construímos o `DQNAgent`, passando-o para os intervalos de tempo e especificações de ação, a `QNetwork` para treinar, o otimizador, o número de etapas de treinamento entre as atualizações do modelo-alvo, a função de perda a ser usada e o fator de desconto. A variável `train_step` e uma função que retorna o valor ε (não deve ter nenhum argumento, por isso, é necessário um lambda para passar a `train_step`).
- Observe que a função de perda deve retornar um erro por instância, não o erro médio, motivo pelo qual definimos `reduction="none"`.
- Por último, inicializamos o agente.

A seguir, vamos construir o replay buffer e o observador que escreverá nele.

Criando o replay buffer e o observador correspondente

A biblioteca TF-Agents fornece diversas implementações de replay buffer no pacote `tf_agents.replay_buffers`. Alguns desses pacotes são desenvolvidos puramente em Python (o nome dos módulos começam com `py_`), e outros são baseados na TensorFlow (os nomes dos módulos começam com `tf_`). Utilizaremos a classe `TFUniformReplayBuffer` no pacote `tf_agents.`

`replay_buffers.tf_uniform_replay_buffer`. Ele nos fornece uma implementação de alto desempenho de um replay buffer com amostragem uniforme:[22]

```
from tf_agents.replay_buffers import tf_uniform_replay_buffer

replay_buffer = tf_uniform_replay_buffer.TFUniformReplayBuffer(
    data_spec=agent.collect_data_spec,
    batch_size=tf_env.batch_size,
    max_length=1000000)
```

Vamos examinar cada um desses argumentos:

`data_spec`

A especificação dos dados que serão salvos no replay buffer. O agente DQN sabe como serão os dados coletados e disponibiliza a especificação de dados por meio de seu atributo `collect_data_spec`. Assim, é justamente isso que fornecemos ao replay buffer.

`batch_size`

O número de trajetórias que serão adicionadas em cada intervalo. No nosso caso, será uma, já que o driver executará somente uma ação por intervalo e coletará uma trajetória. Caso fosse um *ambiente em batch*, ou seja, um ambiente que executa um batch de ações em cada intervalo e retorna um batch de observações, então o driver teria que salvar um batch de trajetórias em cada intervalo. Como estamos usando um replay buffer da TensorFlow, ele precisa saber o tamanho dos batches que manipulará (para construir o grafo computacional). Um exemplo de ambiente em batch é o `ParallelPyEnvironment` (do pacote `tf_agents.environments.parallel_py_environment`): ele executa diversos ambientes em paralelo em processos separados (eles podem ser diferentes, desde que tenham as mesmas especificações de ação e observação), e a cada intervalo ele pega um batch de ações e as executa nos ambientes (uma ação por ambiente). Em seguida, ele retorna todas as observações resultantes.

`max_length`

O tamanho máximo do replay buffer. Criamos um grande replay buffer que pode armazenar 1 milhão de trajetórias (como foi feito no artigo sobre a DQN de 2015). Isso exigirá muita RAM.

> Quando armazenamos duas trajetórias consecutivas, elas contêm duas observações consecutivas com quatro frames cada (contando que tenhamos usado o wrapper `FrameStack4`) e, infelizmente, três dos quatro frames na segunda observação são redundantes (eles já estão presentes na primeira observação). Dito de outro modo, estamos usando cerca de quatro vezes mais RAM do que o necessário. Para evitar isso, você pode utilizar o `PyHashedReplayBuffer` do pacote `tf_agents.replay_buffers.py_hashed_replay_buffer`: ele deduplica os dados nas trajetórias armazenadas ao longo do último eixo das observações.

Agora, podemos criar o observador que escreverá as trajetórias no replay buffer. Um observador é apenas uma função (ou um objeto que pode ser chamado) que recebe um argumento de trajetória, logo podemos usar diretamente o método `add_method()` (vinculado ao objeto `replay_buffer`) como nosso observador:

```
replay_buffer_observer = replay_buffer.add_batch
```

22 No momento em que este livro foi escrito, ainda não existia um replay buffer de experiência priorizado, mas em breve teremos um open source.

Caso queira construir seu próprio observador, você pode escrever qualquer função com um argumento `trajectory`. Se ela precisa ter um estado, você pode escrever uma classe com um método `call (self, trajectory)`. Por exemplo, veja a seguir um observador simples que incrementará um contador toda vez que for chamado (exceto quando a trajetória representa um limite entre dois episódios, o que não conta como um intervalo), e a cada 100 incrementos ele exibe o progresso até um dado total (retorna para o início da linha `\r` junto com `end=""` e garante que o contador exibido permaneça na mesma linha):

```
class ShowProgress:
    def __init__(self, total):
        self.counter = 0
        self.total = total
    def __init__(self, trajectory):
        if not trajectory.is_boundary():
            self.counter += 1
        if self.counter % 100 == 0:
            print("\r{}/{}".format(self.counter, self.total), end="")
```

Agora, criaremos algumas métricas de treinamento.

Criando métricas de treinamento

A TF-Agents implementa várias métricas RL no pacote `tf_agents.metrics`, algumas em Python e outras baseadas na TensorFlow. Criaremos algumas delas para contar o número de episódios, o número de etapas realizadas e, o mais importante, o retorno médio por episódio e a duração média do episódio:

```
from tf_agents.metrics import tf_metrics

train_metrics = [
    tf_metrics.NumberOfEpisodes(),
    tf_metrics.EnvironmentSteps(),
    tf_metrics.AverageReturnMetric(),
    tf_metrics.AverageEpisodeLengthMetric(),
]
```

> O desconto nas recompensas faz sentido para o treinamento ou para a implementação de uma política, já que possibilita equilibrar a importância das recompensas imediatas com as recompensas futuras. No entanto, assim que um episódio termina, podemos avaliar o quão bom foi seu total, somando as recompensas *sem desconto*. Por esta razão, a `AverageReturnMetric` calcula a soma das recompensas sem desconto para cada episódio e mantém o controle da média de streaming dessas somas em todos os episódios que encontra.

A qualquer momento, você pode obter o valor de cada uma dessas métricas chamando seu método `result()` (por exemplo, `train_metrics[0].result()`). Como alternativa, você pode registrar todas as métricas chamando `log_metrics(train_metrics)` (esta função está no pacote `tf_agents.eval.metric_utils`):

```
>>> from tf_agents.eval.metric_utils import log_metrics
>>> import logging
>>> logging.get_logger().set_level(logging.INFO)
```

```
>>> log_metrics(train_metrics)
[...]
NumberOfEpisodes = 0
EnvironmentSteps = 0
AverageReturn = 0.0
AverageEpisodeLength = 0.0
```

A seguir, vamos criar o driver de coleta.

Criando o driver de coleta

Como vimos na Figura 18-13, um driver é um objeto que explora um ambiente usando uma determinada política, coleta experiências e as transmite para alguns observadores. Em cada intervalo, acontece o seguinte:

- O driver passa o intervalo de tempo atual para a política de coleta, que usa esse intervalo de tempo para escolher uma ação e retorna um objeto da *etapa de ação* que contém a ação.
- O driver, então, passa a ação para o ambiente, que retorna o próximo intervalo.
- Por último, o driver cria um objeto de trajetória para representar essa transição e o transmite para todos os observadores.

Algumas políticas, como políticas RNN, são stateful: elas escolhem uma ação com base no intervalo de tempo fornecido e em seu próprio estado interno. As políticas stateful retornam seu próprio estado na etapa de ação, junto com a ação escolhida. O driver, então, passará esse estado de volta para a política no próximo intervalo. Além disso, o driver salva o estado da política para a trajetória (no campo `policy_info`). Desse modo, ele acaba no replay buffer. Isso é essencial ao treinar uma política stateful: quando o agente faz uma amostragem de uma trajetória, ele deve definir o estado da política para o estado em que estava no momento do intervalo de tempo amostrado.

Além do mais, como analisado anteriormente, o ambiente pode ser um ambiente em batch, caso em que o driver passa um *intervalo de tempo em batch* para a política (ou seja, um objeto da etapa contendo um batch de observações, um batch dos tipos de intervalos, um batch de recompensas e um batch de descontos, todos os quatro batches do mesmo tamanho). O driver também passa por um batch dos estados de políticas anteriores. A política, então, retorna uma *etapa de ação em batch* contendo um batch de ações e um batch de estados de política. Por último, o driver cria uma *trajetória em batch* (ou seja, uma trajetória contendo um batch de tipos de intervalos, um batch de observações, um batch de ações, um batch de recompensas e, mais geralmente, um batch para cada atributo de trajetória, com todos os batches do mesmo tamanho).

Existem duas classes principais de driver: `DynamicStepDriver` e `DynamicEpisodeDriver`. A primeira coleta experiências para um determinado número de etapas enquanto a segunda coleta experiências para um determinado número de episódios. Queremos coletar experiências de quatro etapas para cada iteração de treinamento (como foi feito no artigo sobre a DQN de 2015), então vamos criar um `DynamicStepDriver`:

```
from tf_agents.drivers.dynamic_step_driver import DynamicStepDriver

collect_driver = DynamicStepDriver(
    tf_env,
    agent.collect_policy,
    observers=[replay_buffer_observer] + training_metrics,
    num_steps=update_period) # colete 4 intervalos para cada iteração de
                               treinamento
```

Fornecemos a ele o ambiente para jogar, a política de coleta do agente, uma lista de observadores (incluindo o observador do replay buffer e as métricas de treinamento) e, por último, o número de etapas a serem executadas (neste caso, quatro). Agora podemos executá-lo chamando seu método `run()`, porém é melhor preparar o replay buffer com experiências coletadas usando uma política puramente aleatória. Para isso, podemos utilizar a classe `RandomTFPolicy` e criar um segundo driver que executará essa política por 20.000 mil de 2015). Podemos usar nosso observador `ShowProgress` para exibir o progresso:

```
from tf_agents.policies.random_tf_policy import RandomTFPolicy

initial_collect_policy = RandomTFPolicy(tf_env.time_step_spec(),
    tf_env.action_spec())
    init_driver = DynamicStepDriver(
    tf_env,
    initial_collect_policy,
    observers=[replay_buffer.add_batch, ShowProgress(20000)],
    num_steps=20000) # <=> 80,000 frames ALE
final_time_step, final_policy_state = init_driver.run()
```

Estamos quase prontos para executar o ciclo de treinamento! Precisamos somente de um último componente: o conjunto de dados.

Criando o conjunto de dados

Para amostrar um batch de trajetórias do replay buffer, chame seu método `get_next()`. Isso retorna o batch de trajetórias mais um objeto `BufferInfo` que contém os identificadores de amostra e suas probabilidades de amostragem (isso pode ser útil para alguns algoritmos, como o PER).

Por exemplo, o código a seguir gerará a amostra de um pequeno batch de duas trajetórias (subepisódios), cada uma contendo três etapas consecutivas. Esses subepisódios são mostrados na Figura 18-15 (cada linha contém três etapas consecutivas de um episódio):

```
>>> trajectories, buffer_info = replay_buffer.get_next(
...     sample_batch_size=2, num_steps=3)
...
>>> trajectories._fields
('step_type', 'observation', 'action', 'policy_info',
 'next_step_type', 'reward', 'discount')
>>> trajectories.observation.shape
TensorShape([2, 3, 84, 84, 4])
>>> trajectories.step_type.numpy()
array([[1, 1, 1],
       [1, 1, 1]], dtype=int32)
```

O objeto `trajectories` é uma tupla nomeada, com sete campos. Cada campo contém um tensor cujas duas primeiras dimensões são 2 e 3 (uma vez que existem duas trajetórias, cada uma com três etapas). Isso explica por que o formato do campo `observation` é [2, 3, 84, 84, 4]: são duas trajetórias, cada uma com três etapas, e a observação de cada etapa é 84 × 84 × 4. Da mesma forma, o tensor `step_type` tem um formato de [2, 3]: neste exemplo, ambas as trajetórias contêm três etapas consecutivas no meio de um episódio (tipos 1, 1, 1). Na segunda trajetória, você mal consegue ver a bola no canto inferior esquerdo da primeira observação, e ela desaparece nas próximas duas observações. Logo, o agente está prestes a perder uma vida, mas o episódio não terminará de imediato porque ainda existem várias vidas restantes.

Figura 18-15. Duas trajetórias contendo três etapas consecutivas cada

Cada trajetória é uma representação concisa de uma sequência de intervalos consecutivos de tempo e etapas de ação, projetada para evitar redundância. Por quê? Veja bem, como você pode observar na Figura 18-16, a transição *n* é composta da etapa de tempo *n*, etapa de ação *n*, e intervalo de tempo *n* + 1, ao passo que a transição *n* + 1 é composta pelo intervalo de tempo *n* + 1, etapa de ação *n* + 1 e intervalo de tempo *n* + 2. Se apenas armazenarmos essas duas transições diretamente no replay buffer, o intervalo de tempo *n* + 1 seria duplicado. Para evitar essa duplicação, a *e-nésima* trajetória inclui apenas o tipo e a observação da etapa de tempo *n* (não sua recompensa e desconto), e não contém a observação do intervalo de tempo *n* + 1 (no entanto, ele contém uma cópia do tipo do próximo intervalo de tempo; essa é a única duplicação).

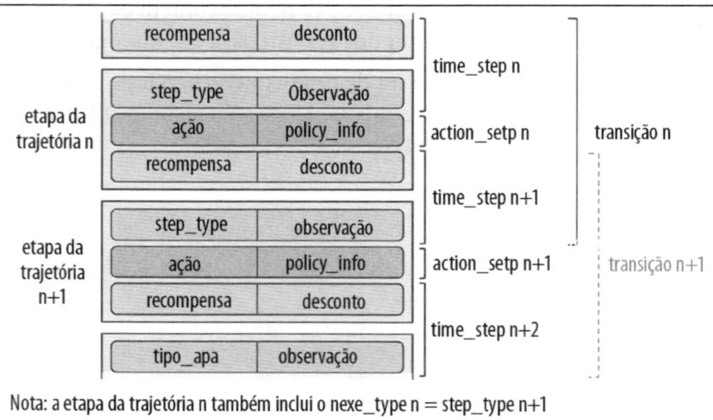

Figura 18-16. Trajetórias, transições, intervalos de tempo e etapas de ação

Logo, se você tiver um batch de trajetórias, onde cada trajetória tem etapas *t* + 1 (da etapa do tempo *n* ao intervalo de tempo *n* + *t*), elas contém todos os dados da etapa de tempo *n* e do intervalo de tempo *n* + *t*, exceto a recompensa e o desconto da etapa de tempo *n* (mas contém a recompensa e o desconto do intervalo de tempo *n* + *t* + 1). Isso representa transições *t* (*n* para *n* + 1, *n* + 1 to *n* + 2, ..., *n* + *t* – 1 to *n* + *t*).

A função `to _ transition()` no módulo `tf _ agents.trajectories.trajectory` converte uma trajetória em batch em uma lista contendo um batch `time _ step`, um batch `action _ step` e um batch `next _ time _ step`. Repare que a segunda dimensão é 2 em vez de 3, visto que existem transições *t* entre os intervalos de tempo *t* + 1 (não se preocupe se estiver um pouco confuso; logo você pega o jeito):

```
>>> from tf _ agents.trajectories.trajectory import to _ transition
```

```
>>> time_steps, action_steps, next_time_steps = to_
transition(trajectories)
>>> time_steps.observation.shape
TensorShape([2, 2, 84, 84, 4]) # 3 time steps = 2 transitions
```

> Uma trajetória amostrada pode na verdade se sobrepor a dois (ou mais) episódios! Neste caso, ela conterá *transições de fronteira*, significando transições com um `step_type` igual a 2 (final) e um `next_step_type` igual a 0 (início). Obviamente, a TF-Agents lida adequadamente com essas trajetórias (por exemplo, redefinindo o estado da política ao encontrar um fronteira). A trajetória do método `is_boundary()` retorna um tensor indicando se cada etapa é uma fronteira ou não.

Para nosso ciclo de treinamento principal, em vez de chamar o método `get_next()`, vamos usar um `tf.data.Dataset`. Dessa forma, podemos nos beneficiar do poder da Data API (por exemplo, paralelismo e pré-busca). Para isso, chamamos o método `as_dataset()` do replay buffer:

```
dataset = replay_buffer.as_dataset(
    sample_batch_size=64,
    num_steps=2,
    num_parallel_calls=3).prefetch(3)
```

Amostraremos batches de 64 trajetórias em cada etapa de treinamento (como no artigo sobre a DQN de 2015), cada um com 2 etapas (ou seja, 2 etapas = 1 transição completa, incluindo a observação da próxima etapa). Este conjunto de dados processará três elementos em paralelo e pré-buscará três batches.

> Para algoritmos on-policy, como gradientes de política, cada experiência deve ser amostrada uma vez, usada no treinamento e, em seguida, descartada. Nesse caso, você ainda pode usar um replay buffer. Em vez de usar um `Dataset`, você chamaria o método `gather_all()` do replay buffer em cada iteração de treinamento para obter um tensor contendo todas as trajetórias registradas até agora, em seguida as usaria para realizar uma etapa de treinamento e, por último, limparia o replay buffer chamando seu método `clear()`.

Agora que temos todos os componentes estamos prontos para treinar o modelo!

Criando o ciclo de treinamento

Para acelerar o treinamento, converteremos as funções principais em funções da TensorFlow. Para isso, usaremos a função `tf_agents.utils.common.function()`, que envolve a `tf.function` em um wrapper), com algumas opções experimentais extras:

```
from tf_agents.utils.common import function

collect_driver.run = function(collect_driver.run)
agent.train = function(agent.train)
```

Vamos criar uma pequena função que rodará o ciclo de treinamento principal para `n_iterations`:

```
def train_agent(n_iterations):
    time_step = None
    policy_state = agent.collect_policy.get_initial_state(tf_env.batch_size)
    iterator = iter(dataset)
    for iteration in range(n_iterations):
        time_step, policy_state = collect_driver.run(time_step, policy_state)
```

```
        trajectories, buffer_info = next(iterator)
        train_loss = agent.train(trajectories)
        print("\r{} loss:{:.5f}".format(
            iteration, train_loss.loss.numpy()), end="")
        if iteration % 1000 == 0:
            log_metrics(train_metrics)
```

Primeiro, a função solicita à política de coleta seu estado inicial (dado o tamanho do ambiente em batch, que é 1 neste caso). Visto que a política é stateless, ela retorna uma tupla vazia (então poderíamos ter escrito `policy_state = ()`). Em seguida, criamos um iterador sobre o conjunto de dados e rodamos o ciclo de treinamento. A cada iteração, chamamos o método `run()`, passando o intervalo de tempo atual (inicialmente `None`) e o estado da política atual. Ele executará a política de coleta e coletará experiência para quatro etapas (conforme configuramos anteriormente), transmitindo as trajetórias coletadas para o replay buffer e as métricas. Em seguida, amostramos um batch de trajetórias do conjunto de dados e o passamos para o método `train()`. Ele retorna um objeto `train_loss` que pode variar dependendo do tipo de agente. Em seguida, exibimos o número da iteração e a perda de treinamento, e a cada mil iterações registramos todas as métricas. Agora, basta chamar o `train_agent()` em um certo número de iterações — e ver o agente aprendendo gradualmente a jogar *Breakout*!

```
train_agent(10000000)
```

Isso exigirá bastante poder computacional e uma boa dose de paciência (pode demorar horas ou até dias, dependendo do seu hardware), além de ser necessário rodar o algoritmo várias vezes com diferentes random seeds para obter bons resultados. Porém, uma vez feito isso, o agente será sobre-humano (pelo menos jogando *Breakout*). Você também pode tentar treinar esse agente DQN em outros jogos do Atari: ele pode conquistar habilidades sobre-humanas na maioria dos jogos de ação, mas não é tão bom em jogos com foco em narrativas.[23]

Visão Geral de Alguns Algoritmos RL Populares

Antes de terminarmos este capítulo, vamos espiar alguns algoritmos RL populares:

Algoritmos ator-crítico

Família de algoritmos RL, que combinam gradientes de política com deep Q-Networks. Um agente ator-crítico contém duas redes neurais: uma rede de políticas e uma DQN. A DQN é treinada normalmente, aprendendo com as experiências do agente. A rede de políticas aprende de forma diferente (e bem mais rápido) do que no PG normal: em vez de estimar o valor de cada ação passando por vários episódios, ela soma as recompensas futuras com desconto para cada ação e, por último, as normaliza. O agente (ator) depende dos valores de ação estimados pela DQN (crítico). É um pouco como um atleta (o agente) recebendo ajuda de um treinador (a DQN).

Ator-crítico de vantagem assíncrona (https://homl.info/a3c)[24] (A3C — Asynchronous Advantage Actor-Critic)

Importante variante do ator-crítico apresentada por pesquisadores da DeepMind em 2016, em que vários agentes aprendem paralelamente, explorando diferentes cópias do ambiente. Em

23 Compare o desempenho deste algoritmo em vários jogos do Atari. Confira a Figura 3 no artigo de 2015 da DeepMind (*https://homl.info/dqn2*).

24 Volodymyr Mnih et al., "Asynchonous Methods for Deep Reinforcement Learning", *Anais da 33ª Conferência Internacional sobre Aprendizado de Máquina* (2016): 1928–1937.

intervalos regulares, mas de forma assíncrona (por isso, o nome), cada agente envia algumas atualizações de peso para uma rede mestre e, em seguida, obtém os pesos mais recentes dessa rede. Desse modo, cada agente contribui para melhorar a rede mestre e se beneficia do que os outros agentes aprenderam. Além do mais, em vez de estimar os Q-valores, a DQN estima a vantagem de cada ação (por isso, o nome vantagem), o que estabiliza o treinamento.

Ator-crítico de vantagem (https://homl.info/a2c) (Advantage Actor-Critic - A2C)

Variante do algoritmo A3C que remove a assincronicidade. Todas as atualizações do modelo são síncronas, portanto, as atualizações de gradiente são realizadas em batches maiores, possibilitando que o modelo utilize melhor o poder da GPU.

Ator-crítico soft (https://homl.info/sac)[25] *(SAC- Soft Actor-Critic)*

Variante ator-crítico proposta em 2018 por Tuomas Haarnoja e outros pesquisadores da UC Berkeley. Ele aprende não somente recompensas, mas também como maximizar a entropia de suas ações. Em outras palavras, ele tenta ser o mais imprevisível possível e, ao mesmo tempo, obter o máximo de recompensas possível. Isso estimula o agente a explorar o ambiente, o que acelera o treinamento e torna menos provável que execute repetidamente a mesma ação quando a DQN gerar estimativas imperfeitas. Esse algoritmo demonstrou uma eficiência espetacular de amostragem (ao contrário de todos os algoritmos anteriores, que aprendem muito lentamente). O SAC está disponível na TF-Agents.

Otimização de política proximal (PPO - Proximal Policy Optimization) (https://homl.info/ppo)[26]

Um algoritmo baseado no A2C que divide a função de perda para evitar atualizações de peso excessivamente grandes (que, não raro, levam à instabilidades de treinamento). O PPO é uma simplificação do algoritmo *otimização da política de região de confiança* (*https://homl.info/trpo*)[27] (TRPO — Trust Region Policy Optimization), que também foi proposto por John Schulman e outros pesquisadores da OpenAI. A OpenAI virou manchete em abril de 2019 com sua IA chamada OpenAI Five, baseada no algoritmo PPO, que derrotou os campeões mundiais no jogo multiplayer *Dota 2*. O PPO também está disponível na TF-Agents.

Exploração baseada em curiosidade (https://homl.info/curiosity)[28]

Um problema habitual no RL é a esparsidade das recompensas, deixando o aprendizado muito lento e ineficiente. Deepak Pathak e outros pesquisadores da UC Berkeley propuseram uma forma interessante de lidar com essa questão: por que não ignorar as recompensas e apenas deixar o agente extremamente curioso para explorar o ambiente? Assim, as recompensas se tornam intrínsecas ao agente, em vez de serem decorrentes do ambiente. Do mesmo modo, estimular a curiosidade em uma criança tem mais probabilidade de gerar bons resultados do que simplesmente recompensar a criança por tirar boas notas. Como isso funciona? O agente tenta continuamente predizer o resultado de suas ações e busca situações em que o resultado não

25 Tuomas Haarnoja et al., "Soft Actor-Critic: Off-Policy Maximum Entropy Deep Reinforcement Learning with a Stochastic Actor", *Anais da 35ª Conferência Internacional sobre Aprendizado de Máquina* (2018): 1856–1865.

26 John Schulman et al., "Proximal Policy Optimization Algorithms", arXiv preprint arXiv:1707.06347 (2017).

27 John Schulman et al., "Trust Region Policy Optimization", *Anais da 32ª Conferência Internacional sobre Aprendizado de Máquina* (2015): 1889–1897.

28 Deepak Pathak et al., "Curiosity-Driven Exploration by Self-Supervised Prediction", *Anais da 34ª Conferência Internacional sobre Aprendizado de Máquina* (2017): 2778–2787.

coincide com suas predições. Dito de outro modo, o agente quer ser surpreendido. Se o resultado for previsível (tedioso), ele vai para outro lugar. Acontece que, se o resultado for imprevisível, e agente perceber que não tem controle sobre tal, ele também ficará entediado depois de um tempo. Por meio da curiosidade, os autores conseguiram treinar um agente em muitos jogos: mesmo que o agente não receba nenhuma penalidade por perder, o jogo recomeça e, como recomeçar é tedioso, o agente aprende a evitar isso.

Neste capítulo, abordamos muitos tópicos: gradientes de política, cadeias de Markov, processos de decisão de Markov, Q-learning, Q-learning aproximado e a deep Q-learning e suas principais variantes (Q-valores fixos alvo, double DQN, dueling DQN e repetição de experiência priorizada). Analisamos como usar a TF-Agents para treinar agentes em escala e, por último, demos uma espiada em alguns outros algoritmos populares. O aprendizado por reforço é um campo de atuação abrangente e interessante, novas ideias e algoritmos surgem todos os dias. Espero que este capítulo tenha despertado sua curiosidade: lá fora, há um mundo inteiro a ser explorado!

Exercícios

1. Como você definiria o aprendizado por reforço? Cite suas diferenças em relação ao aprendizado supervisionado ou não supervisionado.
2. Você consegue imaginar três possíveis usos do RL que não foram mencionados neste capítulo? Para cada um deles, qual é o ambiente? Qual é o agente? Quais as ações possíveis? Quais as recompensas?
3. Qual é o fator de desconto? A política ideal pode mudar se você modificar o fator de desconto?
4. Como você mede o desempenho de um agente de aprendizado por reforço?
5. Qual é o problema de atribuição de crédito? Quando ocorre? Como você pode mitigá-lo?
6. Qual é o objetivo de usar um replay buffer?
7. O que é um algoritmo off-policy?
8. Use gradientes de política para resolver o ambiente LunarLander-v2 do OpenAI Gym. Você precisará instalar as dependências do Box2D (`python3 -m pip install gym[box2d]`).
9. Use a TF-Agents para treinar um agente que pode alcançar um nível sobre-humano no SpaceInvaders-v4 utilizando qualquer um dos algoritmos disponíveis.
10. Caso possa gastar US$100, compre um Raspberry Pi 3 e mais alguns componentes de robótica baratos, instale a TensorFlow no Pi e simplemente pire o cabeção! Por exemplo, confira este post divertido (*https://homl.info/2*) de Lukas Biewald ou dê uma olhada no GoPiGo ou no BrickPi. Comece com objetivos simples, como fazer o robô se virar para encontrar o ângulo mais brilhante (se tiver um sensor de luz) ou o objeto mais próximo (se tiver um sensor de sonar), e se deslocar nessa direção. Depois, você pode começar a usar o aprendizado profundo: por exemplo, se o robô tem uma câmera, tente implementar um algoritmo de detecção de objetos para que ele detecte pessoas e se locomova em direção a elas. Você também pode tentar usar o aprendizado por reforço para fazer o agente aprender sozinho como usar os motores para atingir esse objetivo. Divirta-se!

As soluções desses exercícios estão disponíveis no Apêndice A.

Treinamento e Implementação de Modelos TensorFlow em Larga Escala

Uma vez que você tem em mãos um belo modelo que realiza predições incríveis, o que fazer com ele? É necessário colocá-lo em produção! Isso pode ser tão simples quanto rodar o modelo em um batch de dados e talvez escrever um script que execute esse modelo todas as noites. Porém, as coisas normalmente são mais complicadas. Diversas partes de sua infraestrutura talvez precisem usar esse modelo em dados em tempo real, caso em que você provavelmente usará um web service: assim, qualquer parte de sua infraestrutura pode consultar seu modelo a qualquer momento usando uma simples REST API (ou algum outro protocolo), como analisado no Capítulo 2. Mas, com o passar do tempo, é necessário treinar regularmente seu modelo com dados novos e subir a versão atualizada em produção. Você deve lidar com o controle de versão do modelo, fazer uma transição harmoniosa de um modelo para o outro e, se tiver problemas, reverter para o modelo anterior e, talvez, rodar vários modelos diferentes em paralelo para realizar *Testes A/B*.[1] Se seu produto for bem-sucedido, seu serviço pode começar a receber muitas *consultas de pesquisa por segundo* (QPS) e deve ser escalonado para suportar a carga. Uma ótima solução para expandir seu serviço, como veremos neste capítulo, é usar o TF Serving, seja em sua própria infraestrutura de hardware ou por meio de um serviço de nuvem, como o Google Cloud AI Platform. Esse serviço se encarregará de atender a seu modelo com eficiência, lidar com transições harmoniosas de modelo e muito mais. Se usar a plataforma em nuvem, também terá acesso a muitos recursos extras, como poderosas ferramentas de monitoramento.

Além do mais, caso tenha muitos dados de treinamento e modelos data-intensive, o tempo de treinamento pode ser demasiadamente longo. Se o seu produto precisa se adaptar depressa às mudanças, um treinamento demorado pode ser um obstáculo (por exemplo, pense em um sistema de recomendação de notícias promovendo as notícias da semana passada). E talvez, mais importante ainda, um treinamento demorado impede o teste de novas ideias. No aprendizado de máquina (como em muitos outros campos), é difícil saber com antecedência quais ideias funcionarão, logo você deve testar as coisas o máximo possível, o mais rápido possível. Uma forma de acelerar o treinamento é usar aceleradores de hardware, como GPUs ou TPUs. Para ir ainda mais rápido, você pode treinar um modelo em várias máquinas, cada uma equipada com diversos aceleradores de hardware. A simples, mas poderosa, Distribution Strategies API da TensorFlow facilita isso, conforme veremos.

Neste capítulo, aprenderemos a implementar modelos, primeiro no TF Serving e, em seguida, no Google Cloud AI Platform. Estudaremos também brevemente a implementação de modelos em aplicativos móveis, embarcados e aplicativos da web. Por fim, analisaremos como acelerar os cálculos usando GPUs e como treinar modelos em vários dispositivos e servidores usando a Distribution Strategies API. Temos muitos tópicos para analisar, então mãos à obra!

Modelo TensorFlow Serving

Depois de treinar um modelo TensorFlow, você pode usá-lo facilmente em qualquer código Python: se for um modelo tf.keras, basta chamar o método `predict()`! Mas, conforme a infraestrutura cresce, chega a um ponto em que é preferível envolver seu modelo em um wrapper de um pequeno serviço cuja única

1 Um teste A/B consiste em testar duas versões distintas de seu produto em diferentes subconjuntos de usuários, a fim de verificar qual versão funciona melhor e obter outros insights.

função é realizar predições e fazer com que o restante da infraestrutura o consulte (por exemplo, por meio de uma API REST ou gRPC).[2] Isso dissocia seu modelo do resto da infraestrutura, possibilitando alternar facilmente as versões do modelo ou escalonar o serviço conforme necessário (independentemente do resto da sua infraestrutura), realizar testes A/B e garantir que todos os seus componentes de software dependam das mesmas versões do modelo. O que também simplifica o teste, o desenvolvimento e muito mais. Você pode criar seu próprio microsserviço usando qualquer tecnologia que desejar (por exemplo, usando a biblioteca Flask), mas por que reinventar a roda quando basta usar o TF Serving?

Usando o TensorFlow Serving

O TF Serving é um modelo de servidor extremamente eficiente e confiável, escrito em C ++. Ele pode suportar uma carga alta, atender a várias versões de seus modelos e observar um repositório de modelos para implementar automaticamente as versões mais recentes e muito mais (veja a Figura 19-1).

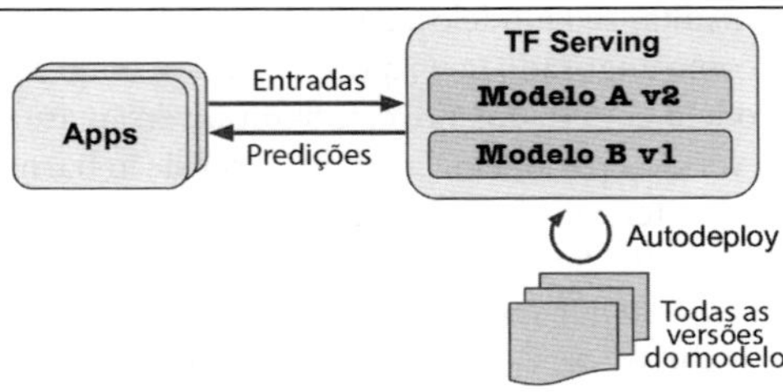

Figura 19-1. O TF Serving pode atender a vários modelos e implementar automaticamente a versão mais recente de cada modelo.

Vamos supor que você treinou um modelo MNIST usando a tf.keras e quer implementá-lo no TF Serving. A primeira coisa que você precisa fazer é exportar esse modelo para o *formato SavedModel* da TensorFlow.

Exportando o formato SavedModels

A TensorFlow disponibiliza a simples função `tf.saved_model.save()` que exporta os modelos para o formato SavedModel. Basta você fornecer o modelo, especificando seu nome e número de versão, e a função salvará o grafo computacional do modelo e seus pesos:

```
model = keras.models.Sequential([...])
model.compile([...])
history = model.fit([...])

model_version = "0001"
model_name = "my_mnist_model"
model_path = os.path.join(model_name, model_version)
tf.saved_model.save(model, model_path)
```

Em geral, é uma boa ideia incluir todas as camadas de pré-processamento no modelo final que você exporta, para que ele possa ingerir dados em sua forma natural, quando implementado na produção. Isso evita ter que cuidar do pré-processamento separadamente no app que usa o modelo. Empacotar as etapas de pré-processamento dentro do modelo também simplifica sua atualização posterior e limita o risco de incompatibilidade entre um modelo e as etapas de pré-processamento que ele exige.

2 Uma REST API (ou RESTful) é uma API que usa verbos HTTP padrão, como GET, POST, PUT e DELETE, e usa entradas e saídas JSON. O protocolo gRPC é mais complexo, porém mais eficiente. Os dados são trocados usando Protocol Buffers (veja o Capítulo 13).

> Como um SavedModel salva o grafo computacional, ele só pode ser utilizado com modelos baseados exclusivamente em operações TensorFlow, excluindo a operação `tf.py_function()` (que envolve em um wrapper o código Python arbitrário). Ele também exclui os modelos dinâmicos tf.keras (veja o Apêndice G), uma vez que esses modelos não podem ser convertidos em grafos computacionais. Os modelos dinâmicos precisam ser vinculados usando outras ferramentas (por exemplo, Flask).

Um SavedModel representa uma versão do seu modelo. Ele é armazenado como um diretório contendo um arquivo *save_model.pb*, que define o grafo computacional (representado como um protocol buffer serializado), e um subdiretório de *variáveis* contendo os valores delas. Para modelos com grande número de pesos, esses valores de variáveis podem ser divididos em diversos arquivos. Um SavedModel também inclui um subdiretório de *ativos* que pode conter dados adicionais, como arquivos vocabulary, nomes de classes ou algumas instâncias de exemplo para esse modelo. A estrutura do diretório é a seguinte (neste exemplo, não usamos ativos):

```
my_mnist_model
└── 0001
    ├── assets
    ├── saved_model.pb
    └── variables
        ├── variables.data-00000-of-00001
        └── variables.index
```

Como seria de esperar, você pode carregar um SavedModel usando a função `tf.saved_model.load()`.No entanto, o objeto retornado não é um modelo Keras: ele representa o SavedModel, incluindo seu grafo computacional e valores de variáveis. É possível utilizá-lo como uma função, e ele fará predições (certifique-se de passar as entradas como tensores, e também é necessário definir o argumento `training`, geralmente como `False`):

```
saved_model = tf.saved_model.load(model_path)
y_pred = saved_model(X_new, training=False)
```

Como alternativa, você pode envolver a função de predição desse SavedModel em um wrapper de um modelo Keras:

```
inputs = keras.layers.Input(shape=...)
outputs = saved_model(inputs, training=False)
model = keras.models.Model(inputs=[inputs], outputs=[outputs])
y_pred = model.predict(X_new)
```

A TensorFlow também vem com um pequena ferramenta de linha de comando `saved_model_cli` para inspecionar os SavedModels:

```
$ export ML_PATH="$HOME/ml" # Aponte para este projeto, não importa onde esteja
$ cd $ML_PATH
$ saved_model_cli show --dir my_mnist_model/0001 --all
MetaGraphDef with tag-set: 'serve' contains the following SignatureDefs:
signature_def['__saved_model_init_op']:
  [...]
signature_def['serving_default']:
  The given SavedModel SignatureDef contains the following input(s):
    inputs['flatten_input'] tensor_info:
        dtype: DT_FLOAT
```

```
          shape: (-1, 28, 28)
          name: serving_default_flatten_input:0
    The given SavedModel SignatureDef contains the following output(s):
      outputs['dense_1'] tensor_info:
          dtype: DT_FLOAT
          shape: (-1, 10)
          name: StatefulPartitionedCall:0
  Method name is: tensorflow/serving/predict
```

Um SavedModel contém um ou mais *metagrafos*. Um metagrafo é um grafo computacional mais algumas definições de function signature (incluindo seus nomes de entrada e saída, tipos e formatos). Cada metagrafo é identificado por um conjunto de tags. Por exemplo, você pode querer ter um metagrafo contendo o grafo computacional completo, incluindo as operações de treinamento (esse pode ser tagueado como `"train"`, por exemplo) e outro metagrafo contendo um grafo computacional suprimido (poda) somente com as operações de predição, incluindo algumas operações específicas da GPU (esse metagrafo pode ser tagueado como `"serve"`, `"gpu"`). Mas quando você passa um modelo tf.keras para a função `tf.saved_model.save()`, por padrão a função salva um SavedModel bem mais simples: ela salva um único metagrafo tagueado como `"serve"`, que contém duas definições de signature, uma função de inicialização (chamada `saved_model_init_op`, com a qual você não precisa se preocupar) e uma função serving padrão (`serving_default`). Ao salvar um modelo tf.keras, a função serving padrão corresponde à função `call()` do modelo, que naturalmente faz predições.

A ferramenta `saved_model_cli` também pode ser usada para realizar predições (para teste, não realmente para produção). Suponha que você tenha um array NumPy (`X_new`) contendo três imagens de algarismos escritos à mão para os quais você deseja fazer predições. Primeiro, é necessário exportá-los para o formato `npy` do NumPy:

```
np.save("my_mnist_tests.npy", X_new)
```

Em seguida, use o comando `saved_model_cli`:

```
$ saved_model_cli run --dir my_mnist_model/0001 --tag_set serve \
                      --signature_def serving_default \
                      --inputs flatten_input=my_mnist_tests.npy
[...] Result for output key dense_1:
[[1.1739199e-04 1.1239604e-07 6.0210604e-04 [...] 3.9471846e-04]
 [1.2294615e-03 2.9207937e-05 9.8599273e-01 [...] 1.1113169e-07]
 [6.4066830e-05 9.6359509e-01 9.0598064e-03 [...] 4.2495009e-04]]
```

A saída da ferramenta contém as 10 probabilidades de classe de cada uma das três instâncias. Ótimo! Agora que você tem um SavedModel funcionando, a próxima etapa é instalar o TF Serving.

Instalando o TensorFlow Serving

Existem muitas formas de instalar o TF Serving: usando uma imagem Docker,[3] utilizando o gerenciador de pacotes do sistema, instalando a partir do código-fonte e muito mais. Usaremos a opção

3 Caso não esteja familiarizado com o Docker, ele possibilitará que você faça o fácil download de um conjunto de aplicativos empacotados em uma *Docker image* (incluindo todas as suas dependências e geralmente algumas definições--padrão boas) e, em seguida, o executa em seu sistema por meio de um *Docker engine*. Quando você executa uma imagem, esse engine cria um *Docker container* que mantém os aplicativos bem isolados de seu próprio sistema (mas você pode lhe conceder acesso, se desejar). É semelhante a uma máquina virtual, porém bem mais rápido e leve, pois o contêiner depende diretamente do kernel do host. Isso significa que a imagem não precisa incluir ou executar seu próprio kernel.

Docker, recomendada pela equipe da TensorFlow por ser simples de instalar, não prejudicar seu sistema e oferecer alto desempenho. Primeiro, instale o Docker (*https://docker.com/*). Em seguida, faça o download da TF Serving Docker image:

```
$ docker pull tensorflow/serving
```

Agora você pode criar um contêiner Docker para executar essa imagem:

```
$ docker run -it --rm -p 8500:8500 -p 8501:8501 \
             -v "$ML_PATH/my_mnist_model:/models/my_mnist_model" \
             -e MODEL_NAME=my_mnist_model \
tensorflow/serving
[...]
2019-06-01 [...] loaded servable version {name: my_mnist_model version: 1}
2019-06-01 [...] Running gRPC ModelServer at 0.0.0.0:8500 ...
2019-06-01 [...] Exporting HTTP/REST API at:localhost:8501 ...
[evhttp_server.cc : 237] RAW: Entering the event loop ...
```

E pronto! O TF Serving está rodando. Ele carregou nosso modelo MNIST (versão 1) e está vinculando-o por meio do gRPC (na porta 8500) e da REST (na porta 8501). Vejamos o que todas as opções de linha de comando significam:

`-it`
: Torna o contêiner interativo (para que você consiga dar um Ctrl-C para interrompê-lo) e exibe a saída do servidor.

`--rm`
: Deleta o contêiner ao pará-lo (não há necessidade de sobrecarregar sua máquina com contêineres interrompidos). No entanto, isso não deleta a imagem.

`-p 8500:8500`
: Faz com que o Docker engine encaminhe a porta TCP 8500 do host para a porta TCP 8500 do contêiner. Por padrão, o TF Serving usa essa porta para vincular a gRPC API.

`-p 8501:8501`
: Encaminha a porta TCP 8501 do host para a porta TCP 8501 do contêiner. Por padrão, o TF Serving usa essa porta para vincular a REST API.

`-v "$ML_PATH/my_mnist_model:/models/my_mnist_model"`
: Disponibiliza o diretório `$ML_PATH/my_mnist_model` do host para o contêiner no caminho */models/mnist_model*. No Windows, pode ser necessário substituir / por \ no caminho do host (mas não no caminho do contêiner).

`-e MODEL_NAME=my_mnist_model`
: Define a variável de ambiente `MODEL_NAME` do contêiner, assim o TF Serving sabe qual modelo vincular. Por padrão, ele procurará modelos no diretório */models*, vinculando automaticamente a versão mais recente que encontrar.

`tensorflow/serving`
: Esse é o nome da imagem a ser executada.

Agora vamos voltar ao Python e consultar esse servidor, primeiro usando a REST API e, em seguida, a gRPC API.

Consultando TF Serving por meio da REST API

Vamos começar criando a query. Ela deve conter o nome function signature que você deseja chamar e, claro, os dados de entrada:

```
import json
input_data_json = json.dumps({
    "signature_name": "serving_default",
    "instances": X_new.tolist(),
})
```

Repare que o formato JSON é 100% baseado em texto, logo, o array NumPy `X_new` teve que ser convertido em uma lista Python e, em seguida, formatado como JSON:

```
>>> input_data_json
'{"signature_name": "serving_default", "instances": [[[0.0, 0.0, 0.0, [...]
0.3294117647058824, 0.725490196078431, [...very long], 0.0, 0.0, 0.0, 0.0]]]}'
```

Agora, vamos enviar os dados de entrada para o TF Serving enviando uma solicitação HTTP POST. Isso pode ser feito facilmente usando a biblioteca `requests` (que não faz parte da biblioteca-padrão do Python, portanto você precisará instalá-la primeiro, por exemplo, usando o pip):

```
import requests

SERVER_URL = 'http://localhost:8501/v1/models/my_mnist_model:predict'
response = requests.post(SERVER_URL, data=input_data_json)
response.raise_for_status() # lança uma exceção em caso de erro
response = response.json()
```

A resposta é um dicionário contendo um única chave `"predictions"`. O valor correspondente é a lista de predições, que é uma lista Python. Então vamos convertê-la em um array NumPy e arredondar os floats contidos nela para a segunda casa decimal:

```
>>> y_proba = np.array(response["predictions"])
>>> y_proba.round(2)
array([[0.  , 0.  , 0.  , 0.  , 0.  , 0.  , 0.  , 1.  , 0.  , 0.  ],
       [0.  , 0.  , 0.99, 0.01, 0.  , 0.  , 0.  , 0.  , 0.  , 0.  ],
       [0.  , 0.96, 0.01, 0.  , 0.  , 0.  , 0.  , 0.01, 0.01, 0.  ]])
```

Viva, temos as predições! O modelo está quase 100% confiante que a primeira imagem é 7, 99%, que a segunda imagem é 2 e 96% e que a terceira imagem é 1.

A REST API é boa e simples, e funciona bem quando os dados de entrada e saída não são muito grandes. Além disso, praticamente qualquer client application pode fazer consultas REST sem dependências adicionais, enquanto outros protocolos nem sempre estão disponíveis. No entanto, tome como base o JSON, que é alicerçado em texto e é bem verboso. Por exemplo, tivemos que converter o array NumPy em uma lista Python, e cada float acabou representado como uma string. Isso é ineficiente, tanto em termos de tempo de serialização/desserialização (para converter todos os floats em strings e vice-versa) como em termos de tamanho da carga útil: muitos floats acabam sendo representados usando mais de 15 caracteres, o que se traduz em mais de 120 bits para floats de 32 bits! Isso resultará em alta latência e uso de largura de banda ao transferir grandes arrays NumPy.[4] Por causa disso, usaremos a gRPC.

4 Para ser justo, isso pode ser atenuado serializando os dados primeiro e os codificando por meio do método Base64 antes de criar a solicitação REST. Além do mais, as solicitações REST podem ser compactadas usando gzip, o que reduz significativamente o tamanho da carga útil.

Ao transferir grandes quantidades de dados, é melhor usar a gRPC API (se o cliente for compatível), pois ela é baseada em um formato binário compacto e um protocolo de comunicação eficiente (em HTTP/2 framing).

Consultando o TF Serving por meio da gRPC API

A gRPC API espera como entrada um protocol buffer serializado `PredictRequest`, e gera um protocol buffer serializado `PredictResponse`. Esses protobufs são parte da biblioteca `tensorflow-serving-api`, que você deve instalar (por exemplo, usando o pip). Primeiro, vamos criar a solicitação:

```
from tensorflow_serving.apis.predict_pb2 import PredictRequest

request = PredictRequest()
request.model_spec.name = model_name
request.model_spec.signature_name = "serving_default"
input_name = model.input_names[0]
request.inputs[input_name].CopyFrom(tf.make_tensor_proto(X_new))
```

Esse código cria um protocol buffer `PredictRequest` e preenche os campos obrigatórios, incluindo o nome do modelo (definido anteriormente), o signature name da função que queremos chamar e, por último, os dados de entrada, na forma de um protocol buffer `Tensor`. A função `tf.make_tensor_proto()` cria um protocol buffer `Tensor` com base no tensor fornecido ou array NumPy, nesse caso, `X_new`. A seguir, enviaremos a solicitação ao servidor e obteremos sua resposta (para isso, você precisará da biblioteca `grpcio`, que pode ser instalada usando o pip):

```
import grpc
from tensorflow_serving.apis import prediction_service_pb2_grpc

channel = grpc.insecure_channel('localhost:8500')
predict_service = prediction_service_pb2_grpc.
PredictionServiceStub(channel)
response = predict_service.Predict(request, timeout=10.0)
```

O código é bem simples: após as importações, criamos um canal de comunicação gRPC para *localhost* na porta TCP 8500. Depois, criamos um serviço gRPC nesse canal e o usamos para enviar uma solicitação, com um timeout de 10 segundos (não que a chamada seja síncrona: ela será bloqueada até receber a resposta ou o timeout expirar). Neste exemplo, o canal não é seguro (sem criptografia, sem autenticação), mas o gRPC e o TensorFlow Serving também são compatíveis com canais seguros SSL/TLS. A seguir, vamos converter o protocol buffer `PredictResponse` em um tensor:

```
output_name = model.output_names[0]
outputs_proto = response.outputs[output_name]
y_proba = tf.make_ndarray(outputs_proto)
```

Caso execute esse código e exiba `y_proba.numpy().round(2)`, você obterá exatamente as mesmas probabilidades de classe estimadas antes. E acabou: com apenas algumas linhas de código, agora você pode acessar seu modelo TensorFlow remotamente, usando a REST ou a gRPC.

Implementando uma nova versão do modelo

Agora, criaremos uma nova versão do modelo e exportaremos um SavedModel para o diretório *my_mnist_model/0002*, como fizemos antes:

```
model = keras.models.Sequential([...])
model.compile([...])
history = model.fit([...])

model_version = "0002"
model_name = "my_mnist_model"
model_path = os.path.join(model_name, model_version)
tf.saved_model.save(model, model_path)
```

Em intervalos regulares (o delay é configurável), o TensorFlow Serving verifica se há novas versões do modelo. Caso encontre uma, ele lidará automaticamente com a transição de forma harmoniosa: por padrão, ele responderá às solicitações pendentes (se houver) com a versão do modelo anterior, ao passo que lida com novas solicitações com a nova versão.[5] Assim que todas as solicitações pendentes forem respondidas, a versão do modelo anterior é descarregada. Vejamos como isso funciona nos logs do TensorFlow Serving:

```
[...]
reserved resources to load servable {name: my_mnist_model version: 2}
[...]
Reading SavedModel from: /models/my_mnist_model/0002
Reading meta graph with tags { serve }
Successfully loaded servable version {name: my_mnist_model version: 2}
Quiescing servable version {name: my_mnist_model version: 1}
Done quiescing servable version {name: my_mnist_model version: 1}
Unloading servable version {name: my_mnist_model version: 1}
```

Essa abordagem oferece uma transição tranquila, no entanto, pode usar muita RAM (sobretudo RAM da GPU, que é a mais limitada). Nesse caso, você pode configurar o TF Serving para que ele lide com todas as solicitações pendentes com a versão do modelo anterior e as descarregue antes de carregar e usar a nova versão do modelo. Essa configuração impedirá que duas versões do modelo sejam carregadas ao mesmo tempo, só que o serviço ficará indisponível por um curto período.

Como você pode ver, o TF Serving simplifica bastante a implementação de novos modelos. Além do mais, se você descobrir que a versão 2 não funciona tão bem quanto esperava, basta reverter para a versão 1, que é tão simples quanto remover o diretório *my_mnist_model/0002*.

> Outro recurso excelente do TF Serving é sua capacidade de envio automático em batch, que você pode ativar usando a opção de inicialização `--enable_batching`. Quando o TF Serving recebe várias solicitações em um curto período de tempo (o delay é configurável), ele faz um batch delas automaticamente, antes de usar o modelo. Isso aumenta consideravelmente o desempenho, aproveitando o poder da GPU.
>
> Quando o modelo retorna as predições, o TF Serving despacha cada predição para o cliente adequado. Você pode trocar um pouco de latência por uma maior taxa de transferência, aumentando o delay dos batches (Confira a opção `--batching_parameters_file`).

Caso queira muitas consultas por segundo, é necessário implementar o TF Serving em vários servidores e fazer a distribuição (load balance) dessas consultas (veja a Figura 19-2). Isso exigirá a implementação e o gerenciamento de muitos contêineres TF Serving nesses servidores. Uma forma de lidar com isso é usar uma ferramenta como o Kubernetes (*https://kubernetes.io/*), um sistema open source que simplifica

5 Caso o SavedModel tenha algumas instâncias de exemplo no diretório *assets/extra*, você pode configurar o TF Serving para executar o modelo nessas instâncias antes de começar a atender a novas solicitações. Isso é conhecido como *model warmup:* o modelo garantirá que tudo seja carregado corretamente, evitando tempos de resposta demorados para as primeiras solicitações.

a orquestração de contêineres em muitos servidores. Se não quiser comprar, manter e atualizar toda a infraestrutura de hardware, você pode utilizar máquinas virtuais em uma plataforma de nuvem, como Amazon AWS, Microsoft Azure, Google Cloud Platform, IBM Cloud, Alibaba Cloud, Oracle Cloud ou alguma outra plataforma como serviço (PaaS). Gerenciar todas as máquinas virtuais, lidar com a orquestração de contêineres (mesmo com a ajuda do Kubernetes), cuidar da configuração, ajuste e monitoramento do TF Serving — isso tudo é um trabalho em tempo integral. Felizmente, alguns provedores de serviço podem se encarregar disso para você. Neste capítulo, usaremos o Google Cloud AI Platform porque é a única plataforma com TPUs hoje que oferece suporte à TensorFlow 2, oferece um bom conjunto de serviços IA (por exemplo, AutoML, Vision API, Natural Language API) e é o único provedor que eu tenho mais experiência. Mas existem vários outros provedores, como Amazon AWS SageMaker e Microsoft AI Platform, que também são capazes de atender a modelos TensorFlow.

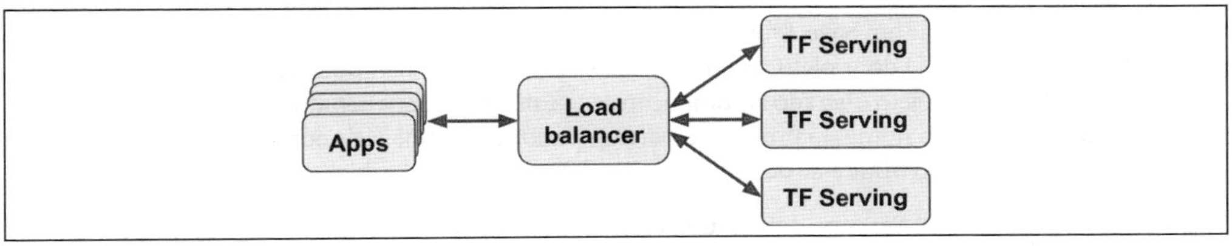

Figura 19-2. Escalonando o TF Serving com load balancer

Agora, vejamos como vincular nosso formidável modelo MNIST na nuvem!

Criando um serviço de predição no GCP AI Platform

Antes de implementar um modelo, temos que fazer algumas configurações:

1. Faça login em sua conta do Google e vá para o console do Google Cloud Platform (GCP) (*https://console.cloud.google.com/*) (veja a Figura 19-3). Se você não tiver uma conta do Google, terá que criar uma.
2. Se for a primeira vez que usa o GCP, você terá que ler e aceitar os termos e condições. Clique em Tour Console se desejar. No momento em que este livro foi escrito, novos usuários receberam uma avaliação gratuita, incluindo US$300 em crédito do GCP que você pode usar ao longo de 12 meses. Você precisará somente de uma pequena parte desse crédito para pagar pelos serviços que usará neste capítulo. Após se inscrever no teste gratuito, você ainda precisará criar um perfil de pagamento e inserir o número do seu cartão de crédito: ele é usado para fins de verificação (provavelmente para evitar que as pessoas usem o teste gratuito diversas vezes), porém nada será cobrado. Ative e atualize sua conta, se solicitado.

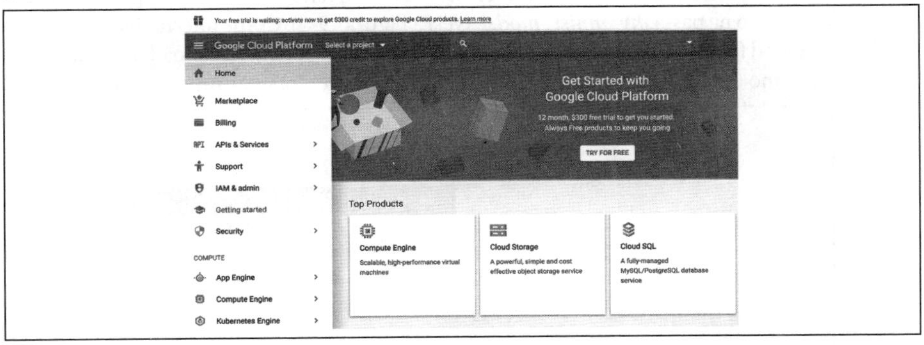

Figura 19-3. Console do Google Cloud Platform

3. Caso já tenha usado o GCP antes e sua avaliação gratuita tenha expirado, será necessário pagar pelos serviços utilizados neste capítulo. Não é muito, sobretudo se você se lembrar de desabilitar os serviços quando não precisar mais deles. Faça questão de entender e concordar com as condições de preços antes de usar qualquer serviço. Abstenho-me de qualquer responsabilidade se os serviços custarem mais do que você esperava! Além disso, certifique-se de que sua conta de faturamento esteja habilitada. Para verificar, abra o menu de navegação à esquerda, clique em Billing e defina uma forma de pagamento.
4. Cada recurso no GCP pertence a um projeto. Isso inclui todas as máquinas virtuais que você pode usar, os arquivos que você armazena e os trabalhos de treinamento que executa. Quando você cria uma conta, o GCP cria automaticamente um projeto para você, chamado "My First Project". Se desejar, você pode alterar seu nome de exibição acessando as configurações do projeto: no menu de navegação (à esquerda da tela), selecione IAM & admin → Settings, altere o nome de exibição do projeto e clique em Save. Observe que o projeto também tem um ID e número únicos. É possível escolher o ID do projeto ao criar um projeto, mas você não pode alterá-lo posteriormente. O número do projeto é gerado automaticamente e não pode ser alterado. Se deseja criar um novo projeto, clique no nome do projeto na parte superior da página, selecione New Project e insira o ID do projeto. Certifique-se de que o faturamento esteja habilitado para esse novo projeto.

> Sempre defina um alarme para se lembrar de desabilitar os serviços quando souber que precisará deles apenas por algumas horas. Caso contrário, eles ficarão habilitador por dias ou meses, incorrendo em custos significativos.

5. Agora que você tem uma conta do GCP com faturamento habilitado, pode começar a usar os serviços. O primeiro de que você precisa é o Google Cloud Storage (GCS): é aqui que você colocará os SavedModels, os dados de treinamento e muito mais. No menu de navegação, vá até a seção Storage e clique em Storage → Browser. Todos os seus arquivos irão para um ou mais *buckets*. Clique em Create Bucket e escolha o nome do bucket (pode ser necessário ativar a Storage API primeiro). O GCS usa um único namespace mundial para buckets, portanto nomes simples como "aprendizado de máquina" provavelmente não estarão disponíveis. Certifique-se de que o nome do bucket esteja em conformidade com as convenções de nomenclatura DNS, pois ele pode ser usado em registros DNS. Ademais, os nomes dos bucket são públicos, então não coloque nada privado neles. É comum usar seu nome de domínio ou o nome da sua empresa como um prefixo para garantir a exclusividade, ou simplesmente usar um número aleatório como parte do nome. Escolha o local onde deseja que o bucket seja hospedado, e o resto das opções deixe como padrão. Clique em Create.
6. Faça o upload da pasta *my_mnist_model* que você criou anteriormente (incluindo uma ou mais versões) para o seu bucket. Para fazer isso, vá para o navegador GCS, clique no bucket, arraste-o e o solte-o na pasta *my_mnist_model.* (veja a Figura 19-4). Como alternativa, você pode clicar em "Upload folder" e selecionar a pasta *my_mnist_model* para fazer upload. Por padrão, o tamanho máximo de um SavedModel é 250MB, mas é possível solicitar uma cota maior.

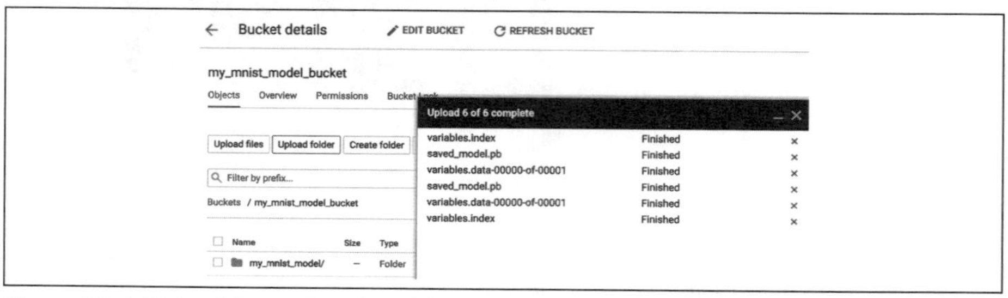

Figura 19-4. Upload de um SavedModel para o Google Cloud Storage

7. Agora você precisa configurar a AI Platform (conhecido antes como ML Engine) para que ele saiba quais modelos e versões você quer usar. No menu de navegação, vá até a seção Artificial Intelligence e clique em AI Platform → Models. Clique em Activate API (leva alguns minutos) e, depois, em "Create model". Preencha os detalhes do modelo (veja a Figura 19-5) e clique em Create.

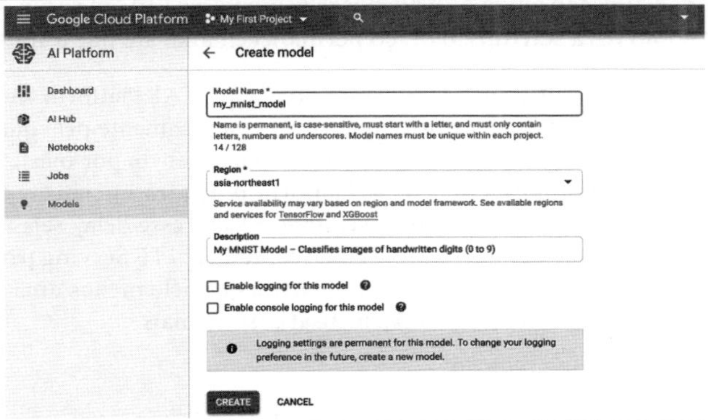

Figura 19-5. Criando um novo modelo no Google Cloud AI Platform

8. Agora que você tem um modelo na AI Platform, é necessário criar uma versão do modelo. Em list of models, clique no modelo que você acabou de criar, selecione "Create version" e preencha os detalhes da versão (veja a Figura 19-6): defina o nome, a descrição, a versão do Python (3.5 ou superior), a estrutura (TensorFlow), a versão do framework (2.0 se disponível, ou 1.13),[6] a versão do tempo de execução do ML (2.0, se disponível ou 1.13), o tipo de máquina (por ora, escolha "Single core CPU"), o caminho do modelo no GCS (caminho completo para a pasta da versão atual, por exemplo *gs://my-mnist-model-bucket/my_mnist_model/0002/*), escalonamento (escolha automática), e o número mínimo de contêineres TF Serving para ter em execução o tempo todo (esse campo fica vazio). Depois, clique em Save.

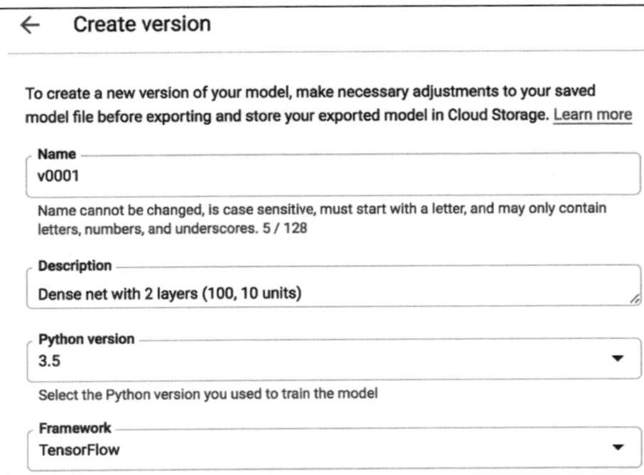

Figura 19-6. Criando uma nova versão do modelo no Google Cloud AI Platform

6 No momento em que este livro foi escrito, a TensorFlow versão 2 ainda não estava disponível na AI Platform, mas tudo bem: você pode usar o 1.13 e ele executará seus TF 2 SavedModels sem problemas.

Parabéns, você implementou seu primeiro modelo na nuvem! Como você selecionou o escalonamento automático, a AI Platform iniciará mais contêineres do TF Serving quando o número de consultas por segundo aumentar e fará a distribuição das queries entre eles. Se o QPS cair, ele interromperá os contêineres automaticamente. Assim sendo, o custo está diretamente vinculado ao QPS (bem como ao tipo de máquina que você escolhe e à quantidade de dados que você armazena no GCS). Esse modelo de precificação ajuda os usuários ocasionais e é útil em serviços com picos de uso importantes, bem como para startups: o preço permanece baixo até que a startup realmente engrene.

> Se você não usar o serviço de predição, a AI Platform interromperá todos os contêineres. Isso significa que você pagará somente pela quantidade de armazenamento que usar (alguns centavos por gigabyte por mês). Repare que, ao fazer a consulta do serviço, a AI Platform precisará inicializar um contêiner do TF Serving, que levará alguns segundos. Caso esse delay seja inaceitável, você terá que definir o número mínimo de contêineres TF Serving para 1 ao criar a versão do modelo. Obviamente, isso significa que pelo menos uma máquina funcionará constantemente, logo, taxa mensal custará mais.

Agora, vamos ao serviço de predição!

Usando o serviço de predição

Nos bastidores, a AI Platform somente executa o TF Serving, então, a princípio você poderia usar o mesmo código de antes, se soubesse qual URL consultar. Só que temos um problema: o GCP também se encarrega da criptografia e da autenticação. A criptografia é baseada em SSL/TLS e a autenticação é baseada em tokens: um token de autenticação secreto deve ser enviado ao servidor em cada solicitação. Desse modo, antes que seu código possa usar o serviço de predição (ou qualquer outro serviço do GCP), ele deve obter um token. Veremos como fazer isso daqui a pouco, primeiro você precisa configurar a autenticação e conceder ao seu aplicativo as permissões de acesso adequadas no GCP. Você tem duas opções de autenticação:

- Seu aplicativo (ou seja, o código do cliente que consultará o serviço de predição) pode ser autenticado usando credenciais de usuário com seu próprio login e senha do Google. Usar as credenciais do usuário daria ao seu aplicativo as mesmas permissões que no GCP, o que sem dúvidas é mais do que o necessário. Além do mais, você teria que implementar suas credenciais em seu aplicativo e qualquer pessoa com acesso conseguiria roubá-las e acessar totalmente sua conta do GCP. Resumindo, não escolha essa opção; ela só é necessária em casos muito raros (por exemplo, quando sua aplicação precisa acessar a conta do usuário do GCP).
- O código do cliente pode ser autenticado com uma *service account* [conta de serviço]. Essa é uma conta que representa uma aplicação, não um usuário. Via de regra, ela tem permissão de acesso muito restrita: só o acesso ao que precisa e nada mais. Recomenda-se essa opção.

Vamos criar uma conta de serviço para sua aplicação: no menu de navegação, vá para IAM & admin → Service accounts, clique em Create Service Account, preencha o formulário (nome da conta de serviço, ID e descrição) e clique em Create (veja a Figura 19-7). Em seguida, você deve conceder alguns direitos de acesso a essa conta. Selecione a responsabilidade de ML Engine Developer: isso permitirá que a conta de serviço realize predições e nada mais que isso. Opcionalmente, você pode conceder a alguns usuários acesso à conta de serviço (isso é útil quando sua conta de usuário do GCP faz parte de uma organização e você quer autorizar outros usuários na organização a implementar aplicações que serão baseadas nessa conta de serviço ou para gerenciar a própria conta de serviço). Em seguida, clique em Create Key para exportar a chave privada da conta de serviço, escolha JSON e clique em Create. Isso fará o download da chave privada na forma de um arquivo JSON. Mantenha esse arquivo privado!

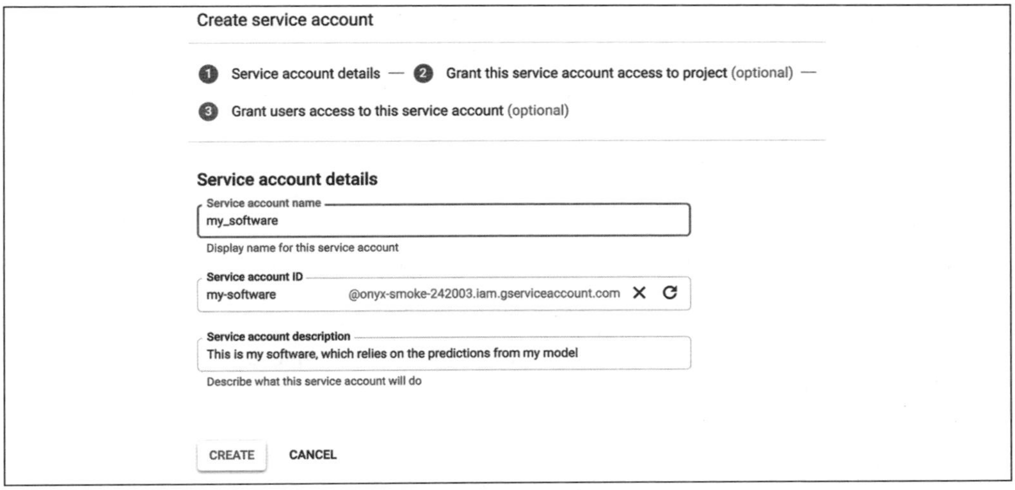

Figura 19-7. Criando uma nova conta de serviço no Google IAM

Ótimo! Agora vamos escrever um pequeno script que consultará o serviço de predição. O Google disponibiliza várias bibliotecas para simplificar o acesso a seus serviços:

Biblioteca de Cliente API do Google
: Camada bastante fina em cima do *OAuth 2.0* (*https://oauth.net/*) (para a autenticação) e REST. Você pode usá-la com todos os serviços do GCP, incluindo a AI Platform. Você pode instalá-lo usando o pip: a biblioteca é chamada por meio da `google-api-python-client`.

Bibliotecas de Cliente do Google Cloud
: Bibliotecas que são um pouco mais de alto nível: cada uma é dedicada a um serviço específico, como GCS, Google BigQuery, Google Cloud Natural Language e Google Cloud Vision. Todas essas bibliotecas podem ser instaladas usando o pip (por exemplo, a biblioteca de cliente GCS é chamada por meio do `google-cloud-storage`). Quando uma biblioteca de cliente está disponível para um determinado serviço, recomenda-se seu uso em vez do uso da biblioteca de cliente API Google, visto que a primeira implementa todas as práticas recomendadas e geralmente usa a gRPC em vez da REST para alcançar um melhor desempenho.

No momento em que eu escrevia esta obra, não havia biblioteca de cliente para a AI Platform. Por causa disso, usaremos a biblioteca de cliente APIs do Google. Será necessário usar a chave privada da conta de serviço; você pode saber onde está definida a variável de ambiente `GOOGLE_APPLICATION_CREDENTIALS`, antes de iniciar o script ou dentro do script:

```
import os

os.environ["GOOGLE_APPLICATION_CREDENTIALS"] = "my_service_account_key.json"
```

> Se você implementar sua aplicação em uma máquina virtual no Google Cloud Engine (GCE), ou dentro de um contêiner usando o Google Cloud Kubernetes Engine, ou como um aplicativo da web no Google Cloud App Engine, ou como um microsserviço no Google Cloud Functions, e não definir a variável de ambiente `GOOGLE_APPLICATION_CREDENTIALS`, a biblioteca usará a conta de serviço padrão para o host service (por exemplo, a conta de serviço GCE padrão, caso sua aplicação seja executada no GCE).

Em seguida, você deve criar um objeto de recurso que envolva o acesso ao serviço de predição em um wrapper:[7]

```
import googleapiclient.discovery

project_id = "onyx-smoke-242003" # mude para o ID do seu projeto
model_id = "my_mnist_model"
model_path = "projects/{}/models/{}".format(project_id, model_id)
ml_resource = googleapiclient.discovery.build("ml", "v1").projects()
```

Repare que você pode acrescentar o `/versions/0001` (ou qualquer outro número de versão) ao `model_path` para especificar a versão que quer consultar: isso pode ser útil para testes A/B ou para testar uma nova versão em um pequeno grupo de usuários antes de liberá-la amplamente (isso se chama *canário*). A seguir, vamos escrever uma pequena função que usará o objeto de recurso para chamar o serviço de predição e obter o retorno dessas predições:

```
def predict(X):
    input_data_json = {"signature_name": "serving_default",
                       "instances": X.tolist()}
    request = ml_resource.predict(name=model_path, body=input_data_
json)
    response = request.execute()
    if "error" in response:
        raise RuntimeError(response["error"])
    return np.array([pred[output_name] for pred in response["predictions"]])
```

A função pega um array NumPy contendo as imagens de entrada e prepara um dicionário que a biblioteca cliente converterá para o formato JSON (como fizemos anteriormente). Em seguida, ela prepara uma solicitação de previsão e a executa; ela lança uma exceção se a resposta tiver um erro ou, caso contrário, extrai as predições para cada instância e as agrupa em um array NumPy. Vamos ver se isso funciona:

```
>>> Y_probas = predict(X_new)
>>> np.round(Y_probas, 2)
array([[0.  , 0.  , 0.  , 0.  , 0.  , 0.  , 0.  , 1.  , 0.  , 0.  ],
       [0.  , 0.  , 0.99, 0.01, 0.  , 0.  , 0.  , 0.  , 0.  , 0.  ],
       [0.  , 0.96, 0.01, 0.  , 0.  , 0.  , 0.  , 0.01, 0.01, 0.  ]])
```

Funcionou! Agora você tem um bom serviço de predição rodando na nuvem que pode ser escalonado automaticamente para qualquer número de QPS, além de poder consultá-lo de qualquer lugar com segurança. Além disso, não custa quase nada quando você não o usa: basta desembolsar somente alguns centavos por mês por gigabyte usado no GCS. E você também pode obter os logs e métricas detalhados usando o Google Stackdrive (*https://cloud.google.com/stackdriver/*).

Mas e se você quiser implementar seu modelo em um aplicativo móvel? Ou em um dispositivo de sistema embarcado?

Implementando um Modelo em um Dispositivo Móvel ou Embarcado

Caso precise implementar seu modelo em um dispositivo móvel ou embarcado, um modelo grande pode simplesmente levar muito tempo para fazer o download e usar muita RAM e CPU, o que fará

7 Se você receber um erro dizendo que o módulo `google.appengine` não foi encontrado, defina `cache_discovery=False` na chamada para o método `build()`; confira: *https://stackoverflow.com/q/55561354*.

com que seu aplicativo pare de responder, aqueça o dispositivo e consuma a bateria. Para evitar isso, é necessário construir um modelo compatível com dispositivos móveis, leve e eficiente, sem sacrificar muito sua acurácia. A biblioteca TFLite (*https://tensorflow.org/lite*) fornece diversas ferramentas[8] para ajudá-lo a implementar seus modelos em dispositivos móveis e embarcados e seus três objetivos principais são:

- Reduzir o tamanho do modelo para diminuir o tempo de download e o uso de RAM.
- Reduzir a quantidade de cálculos necessários para cada predição, a fim de reduzir a latência, o uso da bateria e o aquecimento.
- Adaptar o modelo às restrições específicas do dispositivo.

Para reduzir o tamanho do modelo, o conversor de modelo da TFLite pode pegar um SavedModel e compactá-lo em um formato mais leve baseado em FlatBuffers (*https://google.github.io/flatbuffers/*). Essa é uma biblioteca de serialização multiplataforma eficiente (parecida um pouco com os Protocol Buffers) e inicialmente criada pelo Google para jogos. É desenvolvida para que você possa carregar o FlatBuffers diretamente na RAM, sem nenhum pré-processamento: isso reduz o tempo de carregamento e o volume de memória. Uma vez que o modelo é carregado em um dispositivo móvel ou embarcado, o interpretador TFLite o executará para fazer predições. Veja como você pode converter um SavedModel em FlatBuffer e salvá-lo em um arquivo *.tflite*:

```
converter = tf.lite.TFLiteConverter.from_saved_model(saved_model_path)
tflite_model = converter.convert()
with open("converted_model.tflite", "wb") as f:
    f.write(tflite_model)
```

Você também pode salvar um modelo tf.keras diretamente em um FlatBuffer usando `from_keras_model()`.

O conversor também otimiza o modelo tanto para aplicar o shrinkage quanto para reduzir sua latência. Ele remove todas as operações que não são necessárias para fazer predições (como operações de treinamento) e otimiza os cálculos sempre que possível; por exemplo, $3 \times a + 4 \times a + 5 \times a$ será convertido para $(3 + 4 + 5) \times a$. Ele também tenta mesclar as operações sempre que possível. Por exemplo, as camadas de normalização em batch acabam incorporadas nas operações de adição e multiplicação da camada anterior, sempre que possível. Para ter uma boa ideia de quanto a TFLite pode otimizar um modelo, faça o download de um dos modelos TFLite pré-treinados (*https://homl.info/litemodels*), descompacte o arquivo e, em seguida, abra a excelente ferramenta de visualização de grafos Netron (*https://lutzroeder.github.io/netron/*) e carregue o arquivo *.pb* para visualizar o modelo original. É um grafo grande e complexo, não é? Em seguida, abra o modelo otimizado *.tflite* e fique boquiaberto com a sua beleza!

Outra forma de reduzir o tamanho do modelo (diferente de simplesmente usar arquiteturas de rede neural menores) é usar larguras de banda de bits menores: por exemplo, se você usar meio-floats (16 bits) em vez de floats regulares (32 bits), o tamanho do modelo diminuirá por um fator de 2, às custas de uma (geralmente pequena) queda na acurácia. Por outro lado, o treinamento será mais rápido e você usará cerca de metade da quantidade de RAM da GPU

8 Confira também as ferramentas Graph Transform da TensorFlow (*https://homl.info/tfgtt*) para modificar e otimizar grafos computacionais.

O conversor da TFLite ainda pode ir além, quantificando os pesos do modelo até números inteiros de 8 bits por ponto fixo! Isso leva a uma redução de tamanho de quatro vezes em comparação com o uso de floats 32 bits. A abordagem mais simples se chama *quantização pós-treinamento*: ela quantifica somente os pesos após o treinamento, usando uma técnica de quantização simétrica bastante básica, mas eficiente. Essa abordagem encontra o valor de peso absoluto máximo, *m*, depois mapeia o intervalo do floating-point de –*m* a +*m* para o intervalo de ponto fixo (inteiro) de –127 a +127. Por exemplo (veja a Figura 19-8), se os pesos variarem de –1,5 a +0,8, logo, os bytes –127, 0 e +127 corresponderão aos floats –1,5, 0,0 e +1,5, respectivamente. Observe que 0,0 sempre mapeia para 0 ao usar a quantização simétrica (repare também que os valores de byte +68 a +127 não serão usados, pois mapeiam floats maiores do que +0,8).

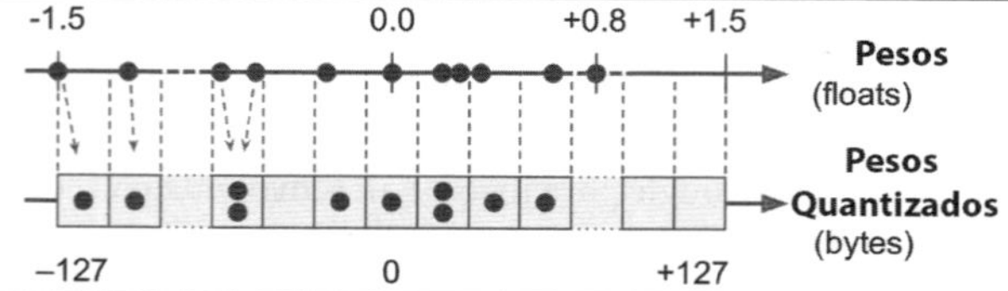

Figura 19-8. De floats de 32 bits a inteiros de 8 bits, usando quantização simétrica

Para realizar essa quantização pós-treinamento, basta adicionar `OPTIMIZE_FOR_SIZE` à lista de otimizações do conversor antes de chamar o método `convert()`:

```
converter.optimizations = [tf.lite.Optimize.OPTIMIZE_FOR_SIZE]
```

Essa técnica diminui radicalmente o tamanho do modelo, por isso é mais rápido fazer o download e armazenar. No entanto, em relação ao tempo de execução, os pesos quantificados são convertidos de volta em floats, antes de serem usados (esses floats recuperados não são perfeitamente idênticos aos floats originais, mas não deixam muito a desejar, assim a perda da acurácia é geralmente aceitável). Para evitar recalculá-los o tempo todo, os floats recuperados são armazenados em cache, de forma que não haja redução do uso de RAM nem na velocidade computacional. A forma mais eficaz de reduzir a latência e o consumo de energia é quantificar também as ativações para que os cálculos possam ser feitos somente com números inteiros, sem a necessidade de quaisquer operações com floating-point. Até quando se usa a mesma largura de banda de bit (por exemplo, inteiros de 32 bits em vez de floats de 32 bits), os cálculos de inteiros usam menos ciclos de CPU, consomem menos energia e geram menos calor. E, se você também reduzir a largura de bits (por exemplo, para números inteiros de 8 bits), poderá obter uma boa velocidade. Além disso, alguns dispositivos aceleradores de rede neural (como o Edge TPU) só podem processar números inteiros, assim a quantificação total de pesos e ativações é obrigatória. Isso pode ser feito após o treinamento; exige uma etapa de calibração para encontrar o valor absoluto máximo das ativações, desse modo é necessário fornecer uma amostra representativa dos dados de treinamento para a TFLite (não precisa ser enorme), e ela processará os dados por meio do modelo e calculará as estatísticas de ativação necessárias para quantização (essa etapa é normalmente rápida).

TensorFlow no Navegador

E se você quiser utilizar seu modelo em um site, rodando diretamente no navegador do usuário? Isso pode ser útil em muitos cenários, tais como:

- Quando sua aplicação web é frequentemente usada em situações em que a conectividade do usuário é intermitente ou lenta (por exemplo, um site para praticantes de hiking), executar o modelo diretamente no lado do cliente é a única maneira de tornar seu site confiável.

- Quando você precisa que as respostas do modelo sejam o mais rápidas possível (por exemplo, para um jogo online). Remover a necessidade de consultar o servidor para fazer predições reduzirá a latência e tornará o site mais responsivo.
- Quando seu web service realiza predições com base em alguns dados privados do usuário e você quer proteger a privacidade do usuário fazendo as predições no lado do cliente, de modo que os dados privados nunca tenham que deixar a máquina do usuário.[9]

Em todos esses cenários, você consegue exportar seu modelo para um formato especial que pode ser carregado pela biblioteca JavaScript TensorFlow.js (*https://tensorflow.org/js*). Essa biblioteca pode, então, utilizar seu modelo para fazer predições diretamente no navegador do usuário. O TensorFlow.js project inclui uma ferramenta `tensorflowjs_converter` que pode converter um TensorFlow SavedModel ou um arquivo de modelo Keras para o formato *TensorFlow.js Layers*: esse é um diretório que contém um conjunto de arquivos de peso fragmentado em formato binário e um arquivo *model.json* que descreve a arquitetura do modelo e links para os arquivos ponderados. Esse formato é otimizado para ser baixado de forma eficiente na web. Os usuários podem fazer o download do modelo e fazer as previsões no navegador usando a biblioteca TensorFlow.js. A seguir, veja um snippet do código para ter uma ideia de como é a JavaScript API:

```
import * as tf from '@tensorflow/tfjs';
const model = await tf.loadLayersModel('https://example.com/tfjs/model.json');
const image = tf.fromPixels(webcamElement);
const prediction = model.predict(image);
```

Mais uma vez, fazer jus a esse assunto foge ao escopo deste livro. Se quiser saber mais sobre a TensorFlow.js, confira o livro *Practical Deep Learning for Cloud, Mobile, and Edge* (*https://homl.info/tfjsbook*), de Anirudh Koul, Siddha Ganju e Meher Kasam.

O principal problema da quantização é que ela perde um pouco da acurácia: equivale a adicionar ruído aos pesos e ativações. Caso a queda da acurácia seja muito crítica, você pode precisar usar o *treinamento ciente de quantização*. Isso significa adicionar operações de quantização falsas ao modelo, de modo que ele possa aprender a ignorar o ruído de quantização durante o treinamento; os pesos finais serão, então, mais robustos para quantização. Além do mais, a etapa de calibração pode ser realizada automaticamente durante o treinamento, simplificando todo o processo.

Expliquei os principais conceitos da TFLite, contudo, ir mais além para programar um app móvel ou um programa embarcado foge ao escopo deste livro. Felizmente, existe um livro que fala somente disso: se você quiser saber mais sobre a criação de aplicativos TensorFlow para dispositivos móveis e embarcados, confira o livro *TinyML: Machine Learning with TensorFlow on Arduino and Ultra-Low Power Micro-Controllers* (*https://homl.info/ tinyml*), de Pete Warden (que lidera a equipe da TFLite) e Daniel Situnayake.

A seguir, veremos como usar GPUs para acelerar os cálculos!

Usando GPUs para Acelerar os Cálculos

No Capítulo 11, estudamos várias técnicas que podem acelerar relativamente o treinamento: melhor inicialização de peso, normalização em batch, otimizadores sofisticados e assim por diante. Porém, mesmo com todas essas técnicas, treinar uma grande rede neural em uma única máquina com uma única CPU pode demorar dias ou até semanas.

9 Caso esteja interessado nesse tópico, confira *federated learning* [aprendizado federado] (*https://tensorflow.org/federated*).

Nesta seção, veremos como acelerar seus modelos usando GPUs e como dividir os cálculos entre vários dispositivos, incluindo a CPU e diversos dispositivos GPU (veja a Figura 19-9). Por ora, rodaremos tudo em uma única máquina, no entanto, mais adiante neste capítulo, estudaremos como distribuir os cálculos entre vários servidores. Graças às GPUs, em vez de esperar dias ou semanas pela conclusão de um algoritmo de treinamento, você pode acabar esperando somente alguns minutos ou horas. Isso não apenas economiza uma quantidade enorme de tempo, como também significa que você consegue testar vários modelos com mais facilidade e retreinar seus modelos com dados atualizados.

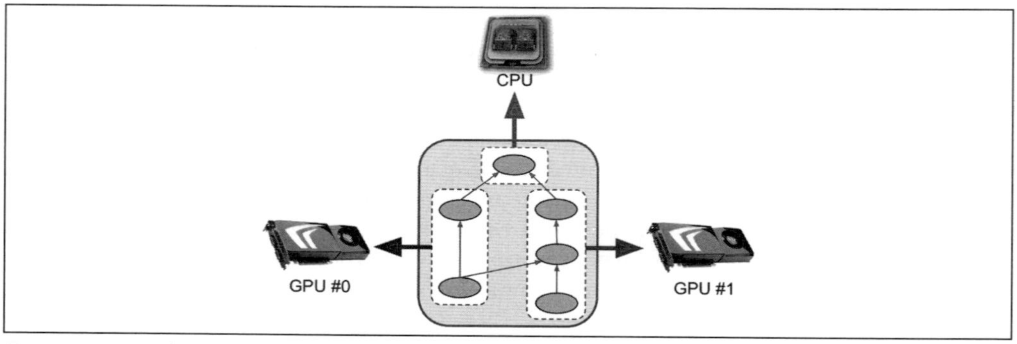

Figura 19-9. Rodando um grafo TensorFlow em vários dispositivos em paralelo

> Não raro, você consegue obter um bom aumento de desempenho apenas adicionando placas GPU a uma única máquina. Na verdade, em muitos casos, isso será suficiente; não será necessário usar várias máquinas. Por exemplo, normalmente é possível treinar uma rede neural com a mesma rapidez usando quatro GPUs em uma única máquina, em vez de oito GPUs em várias máquinas, por causa do delay extra imposto pelas comunicações de rede em uma configuração distribuída. Da mesma forma, usar uma única GPU poderosa é preferível a usar várias GPUs mais lentas.

O primeiro passo é conseguir uma GPU. Existem duas opções: você pode comprar sua(s) própria(s) GPU(s) ou usar máquinas virtuais equipadas com GPU na nuvem. Começaremos com a primeira opção.

Comprando a própria GPU

Caso decida comprar a GPU, tire um tempo para fazer a escolha certa. Tim Dettmers escreveu uma excelente postagem no blog (*https://homl.info/66*) para ajudá-lo a escolher, e ele o atualiza regularmente: recomendo que leia com atenção. No momento em que eu estava escrevendo este livro, a TensorFlow só era compatível com placas Nvidia com CUDA Compute Capability 3.5+ (*https://homl.info/cudagpus*) (bem como TPUs do Google, é claro), mas ela pode vir a suportar outros fabricantes. Além do mais, embora as TPUs atualmente estejam disponíveis apenas no GCP, é bem provável que placas semelhantes à TPU estejam disponíveis para venda em um futuro próximo, e a TensorFlow pode suportá-los. Resumindo, faça questão de conferir a documentação da TensorFlow (*https://tensorflow.org/install*) para ver quais dispositivos são compatíveis.

Se escolher uma placa GPU Nvidia, precisará instalar os drivers Nvidia adequados e várias bibliotecas Nvidia.[10] Isso inclui a biblioteca *Compute Unified Device Architecture* (CUDA), que possibilita aos desenvolvedores usar GPUs habilitadas para CUDA em todos os tipos de cálculos (não apenas aceleração gráfica), e a biblioteca *CUDA Deep Neural Network* (cuDNN), uma biblioteca acelerada

10 Confira os documentos para obter instruções de instalação detalhadas e atualizadas, pois elas mudam com frequência.

por GPUs primitivas para DNNs. A cuDNN fornece implementações otimizadas de cálculos DNN comuns, como camadas de ativação, normalização, convoluções forward e backward e camadas de pooling (veja o Capítulo 14). É parte do aprendizado profundo SDK da Nvidia (note que você precisará criar uma conta de desenvolvedor Nvidia para fazer o download). A TensorFlow usa a CUDA e a cuDNN para controlar as placas GPU e acelerar os cálculos (veja a Figura 19-10).

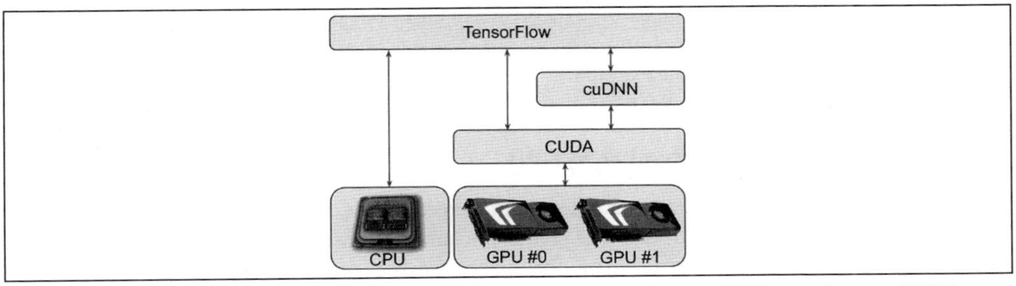

Figura 19-10. A TensorFlow usa a CUDA e a cuDNN para controlar as GPUs e acelerar as DNNs

Depois de instalar a(s) placa(s) GPU e todos os drivers e bibliotecas necessários, você pode usar o comando `nvidia-smi` para verificar se a CUDA está instalada corretamente. Ele lista as placas GPU disponíveis, bem como os processos em execução em cada placa:

```
$ nvidia-smi
Sun Jun 2 10:05:22 2019
+-----------------------------------------------------------------------------+
| NVIDIA-SMI 418.67 Driver Version: 410.79 CUDA Version: 10.0                 |
|-------------------------------+----------------------+----------------------+
| GPU Name Persistence-M        | Bus-Id Disp.A        | Volatile Uncorr. ECC |
| Fan Temp Perf Pwr:Usage/Cap   | Memory-Usage         | GPU-Util Compute M.  |
|===============================+======================+======================|
| 0 Tesla T4 Off                | 00000000:00:04.0 Off |                    0 |
| N/A 61C P8 17W / 70W | 0MiB / 15079MiB | 0% Default                        |
+-------------------------------+----------------------+----------------------+
+-----------------------------------------------------------------------------+
| Processes: GPU Memory                                                       |
| GPU PID Type Process name Usage                                             |
|=============================================================================|
| No running processes found                                                  |
+-----------------------------------------------------------------------------+
```

No momento em que eu estava escrevendo este livro, também era necessário instalar a versão GPU da TensorFlow (ou seja, o biblioteca `tensorflow-gpu`); no entanto, há um trabalho em andamento para ter um procedimento de instalação unificado para máquinas CPU e GPU, portanto, confira a documentação de instalação para ver qual biblioteca você deve instalar. Em qualquer caso, visto que instalar corretamente todas as bibliotecas necessárias é um pouco demorado e complicado (e tudo dá muito errado, se você não instalar as versões corretas das bibliotecas), a TensorFlow fornece uma imagem Docker com tudo o que você precisa. Contudo, para que o contêiner Docker tenha acesso à GPU, você ainda precisará instalar os drivers da Nvidia no host machine. Para verificar se a TensorFlow realmente vê as GPUs, rode os seguintes testes:

```
>>> import tensorflow as tf
>>> tf.test.is_gpu_available()
True
```

```
>>> tf.test.gpu_device_name()
'/device:GPU:0'
>>> tf.config.experimental.list_physical_devices(device_type='GPU')
[PhysicalDevice(name='/physical_device:GPU:0', device_type='GPU')]
```

A função `is_gpu_available()` verifica se pelo menos uma GPU está disponível. A função `gpu_device_name()` fornece o nome da primeira GPU: por padrão, as operações serão executadas nessa GPU. A função `list_physical_devices()` retorna a lista de todos os dispositivos GPU disponíveis (apenas um neste exemplo).[11] Agora, e se você não quiser investir tempo e dinheiro para ter sua própria placa GPU? Basta usar uma VM de GPU na nuvem!

Usando uma máquina virtual com GPU

Hoje em dia, todas as principais plataformas de nuvem oferecem VMs de GPU, algumas pré-configuradas com todos os drivers e bibliotecas de que você precisa (incluindo a TensorFlow). O Google Cloud Platform implementa várias cotas de GPU em todo o mundo e por região: você não pode simplesmente criar milhares de VMs de GPU sem autorização prévia do Google.[12] Por padrão, a cota mundial de GPU é zero, logo, você não pode usar VMs de GPU. Portanto, a primeira coisa que você deve fazer é solicitar uma cota mundial maior. No console do GCP, abra o menu de navegação e vá para IAM & admin → Quotas. Clique em Metric, depois em None para desmarcar todos os locais e, em seguida, pesquise "GPU" e selecione "GPUs (all regions)" para ver a cota correspondente. Se o valor dessa cota for zero (ou apenas insuficiente para suas necessidades), marque a caixa ao lado dela (deve ser a única selecionada) e clique em "Edit quotas". Preencha as informações solicitadas e clique em "Submit request". Pode levar algumas horas (ou até alguns dias) para que sua solicitação de cota seja processada e (geralmente) aceita. Por padrão, também há uma cota de uma GPU por região e por tipo de GPU. Você também pode solicitar o aumento dessas cotas: clique em Metric, selecione None para desmarcar todas as métricas, pesquise "GPU" e selecione o tipo de GPU que deseja (por exemplo, GPUs Nvidia P4). Em seguida, clique no menu dinâmico Location, clique em None para desmarcar todas as métricas e selecione o local desejado; marque as caixas ao lado da(s) cota(s) que deseja alterar e clique em "Edit quotas" para registrar uma solicitação.

Após suas solicitações de cota de GPU serem aprovadas, você pode criar rapidamente uma VM com uma ou mais GPUs usando o Google Cloud AI Platform's *Deep Learning VM Images*: acesse *https://homl.info/dlvm*, clique em View Console e em "Launch on Compute Engine" e preencha o formulário de configuração da VM. Repare que alguns locais não têm todos os tipos de GPUs e alguns não têm GPUs (altere o local para ver os tipos de GPUs disponíveis, se houver). Faça questão de selecionar TensorFlow 2.0 como estrutura e marque "Install Nvidia GPU driver automatically on first startup". É uma boa também marcar a opção "Enable access to JupyterLab via URL instead of SSH": isso facilitará iniciar um Jupyter notebook em execução nesta GPU VM por meio da tecnologia JupyterLab (que é uma interface web alternativa para executar os Jupyter notebooks). Depois que a VM for criada, busque no menu de navegação a seção Artificial Intelligence e clique em AI Platform → Notebooks. Quando a instância do Notebook aparecer na lista (isso pode levar alguns minutos, então clique em Refresh de vez em quando até que apareça), clique em seu link Open JupyterLab. Isso executará o JupyterLab na VM e conectará seu navegador a ele. Você pode criar notebooks e executar qualquer código que quiser nessa VM e aproveitar suas GPUs!

---

11 Neste capítulo, muitos exemplos de código usam APIs experimentais. É muito provável que elas sejam disponibilizadas para as APIs principais em versões futuras. Desse modo, se uma função experimental falhar, tente apenas remover a palavra `experimental` e espere funcionar. Se não, talvez a API tenha mudado um pouco; confira o Jupyter notebook, pois garanto que ele tem o código correto.

12 Supostamente, essas cotas têm o objetivo de impedir que pessoas mal-intencionadas fiquem tentadas a usar o GCP com cartões de crédito roubados para minerar criptomoedas.

Mas, se quiser apenas fazer alguns testes rápidos ou compartilhar facilmente notebooks com seus colegas, experimente o Colaboratory.

Colaboratory

A forma mais simples e barata de acessar uma VM de GPU é usar o *Colaboratory* (ou *Colab*, abreviação). É gratuito! Basta acessar *https://colab.research.google.com/* e criar um novo notebook Python 3: isso criará um Jupyter notebook em seu Google Drive (alternativamente, você pode abrir qualquer notebook no GitHub, ou no Google Drive, ou pode até mesmo fazer o upload de seus próprios notebooks). A interface do usuário do Colab é semelhante à do Jupyter, exceto que você pode compartilhar e utilizar os notebooks como Google Docs, e há algumas outras pequenas diferenças (por exemplo, você pode criar widgets úteis usando comentários especiais em seu código).

Quando você abre um Colab notebook, ele é executado em uma VM gratuita do Google dedicada, chamada de *Colab Runtime*. Por padrão, o Runtime é apenas para CPU, mas você pode mudar isso acessando Runtime → "Change runtime type", selecionando GPU no menu dinâmico "Hardware accelerator" e clicando em Save. Na verdade, você pode até selecionar TPU! (Sim, você pode usar uma TPU gratuitamente; porém, falaremos sobre TPUs mais adiante neste capítulo. Por ora, basta selecionar a GPU.)

Se você executar vários notebooks Colab usando o mesmo tipo de runtime (veja a Figura 19-11), eles utilizarão o mesmo Colab Runtime. Desse modo, se um deles gravar um arquivo, os outros poderão ler esse arquivo. É importante entender as consequências de segurança disso: se você executar um Colab notebook não confiável escrito por um hacker agressivo, ele pode ler dados privados produzidos por outros notebooks e, em seguida, vazar esses dados para o hacker. Caso esse arquivo inclua chaves de acesso privadas para alguns recursos, o hacker obterá acesso a eles. Além disso, se você instalar uma biblioteca no Colab Runtime, os outros notebooks também terão acesso a essa biblioteca. Dependendo do que você quer fazer, isso pode ser ótimo ou desagradável (por exemplo, significa que você não pode usar com tanta facilidade versões diferentes da mesma biblioteca em Colab notebooks diferentes).

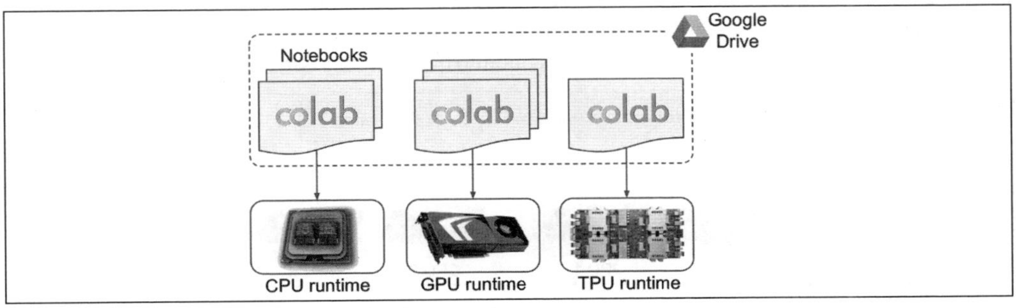

Figure 19-11. Colab Runtimes e notebooks

O Colab tem algumas restrições: como afirma a FAQ, "o Colaboratory se destina ao uso interativo. Cálculos de segundo plano de longa execução, sobretudo em GPUs, podem ser interrompidos. Por favor, não use o Colaboratory para mineração de criptomoedas". A interface da web será desconectada automaticamente do Colab Runtime se você deixá-lo sem supervisão por um tempo (cerca de 30 minutos). Quando você se reconectar ao Colab Runtime, ele pode ter sido redefinido, então certifique-se de sempre fazer o download de todos os dados importantes para você. Ainda que você nunca se desconecte, o Colab Runtime será encerrado automaticamente após 12 horas, pois não se destina a cálculos de longa duração. Apesar dessas limitações, é uma ferramenta excelente para executar testes facilmente, obter resultados rápidos e colaborar com seus colegas.

Gerenciando a RAM da GPU

Por padrão, a TensorFlow usa automaticamente toda a RAM em todas as GPUs disponíveis na primeira vez que você roda um processamento. Ela faz isso para limitar a fragmentação da RAM da GPU. Isso significa que, se você tentar iniciar um segundo programa TensorFlow (ou qualquer programa que exija da GPU), ela rapidamente ficará sem RAM. Isso não ocorre com tanta frequência quanto você imagina, pois na maioria das vezes você rodará um único programa TensorFlow em uma máquina: geralmente um script de treinamento, um nó TF Serving ou um Jupyter notebook. Se, por algum motivo, você precisar executar vários programas (por exemplo, treinar dois modelos diferentes em paralelo na mesma máquina), será necessário dividir a RAM da GPU entre esses processos de forma mais uniforme.

Caso tenha várias placas GPU em sua máquina, uma solução simples é atribuir cada uma delas a um único processo. Para fazer tal, você pode definir a variável de ambiente `CUDA_VISIBLE_DEVICES` para que cada processo veja apenas a(s) placa(s) GPU adequada(s). Defina também a variável de ambiente `CUDA_DEVICE_ORDER` para `PCI_BUS_ID` a fim de garantir que cada ID sempre se refira à mesma placa GPU. Por exemplo, se você tiver quatro placas GPU, poderá inicializar dois programas, atribuindo duas GPUs a cada um deles, executando comandos em duas janelas de terminal separadas como:

```
$ CUDA_DEVICE_ORDER=PCI_BUS_ID CUDA_VISIBLE_DEVICES=0,1 python3
program_1.py
# e no outro terminal:
$ CUDA_DEVICE_ORDER=PCI_BUS_ID CUDA_VISIBLE_DEVICES=3,2 python3
program_2.py
```

O programa 1 verá apenas as placas GPU 0 e 1, nomeadas como `/gpu:0` e `/gpu:1` respectivamente, e o programa 2 verá somente as placas GPU 2 e 3, nomeadas como `/gpu:1` e `/gpu:0` respectivamente (observe a ordem). Tudo funcionará bem (veja a Figura 19-12). Claro, você também pode definir essas variáveis de ambiente em Python, definindo `os.environ["CUDA_DEVICE_ORDER"]` e `os.environ["CUDA_VISIBLE_DEVICES"]`, contanto que você faça isso antes de usar a TensorFlow.

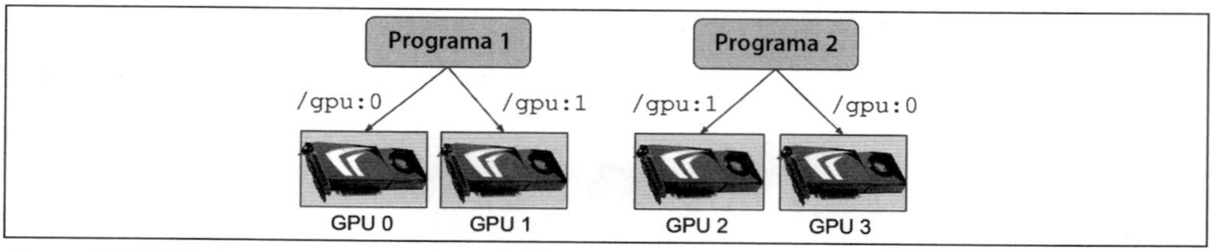

Figura 19-12. Cada programa pega duas GPUs

Outra opção é informar à TensorFlow para obter apenas uma quantidade específica de RAM da GPU. Isso deve ser feito imediatamente após a importação da TensorFlow. Por exemplo, para a TensorFlow pegar somente 2GiB de RAM em cada GPU, você deve criar um *dispositivo GPU virtual* (também chamado de *dispositivo GPU lógico*) para cada dispositivo GPU físico e definir seu limite de memória para 2GiB (ou seja, 2.048MiB):

```
for gpu in tf.config.experimental.list_physical_devices("GPU"):
    tf.config.experimental.set_virtual_device_configuration(
        gpu,
        [tf.config.experimental.VirtualDeviceConfiguration(memory_limit=2048)])
```

Agora (supondo que você tenha quatro GPUs, cada uma com pelo menos 4GiB de RAM), dois programas como esse podem ser executados em paralelo, cada um usando todas as quatro placas de GPU (veja a Figura 19-13).

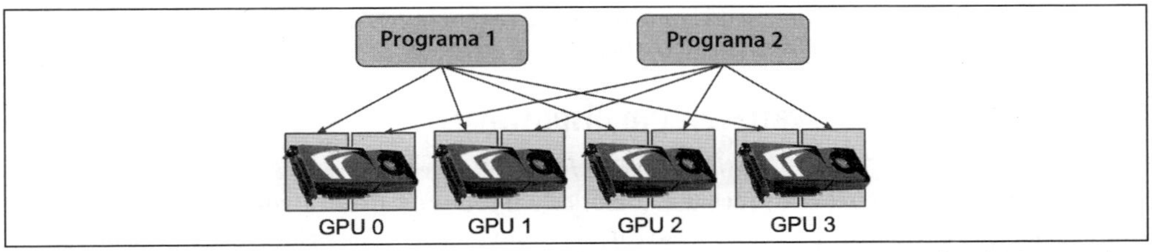

Figura 19-13. Cada programa pega todas as quatro GPUs, mas com somente 2GiB de RAM em cada GPU

Caso execute o `nvidia-smi` enquanto os dois programas estão rodando, você verá que cada processo contém 2GiB de RAM em cada placa:

```
$ nvidia-smi
[...]
+-----------------------------------------------------------------------------+
| Processes: GPU Memory                                                        |
| GPU PID Type Process name Usage                                              |
|=============================================================================|
| 0 2373 C /usr/bin/python3 2241MiB                                            |
| 0 2533 C /usr/bin/python3 2241MiB                                            |
| 1 2373 C /usr/bin/python3 2241MiB                                            |
| 1 2533 C /usr/bin/python3 2241MiB                                            |
[...]
```

Outra opção é informar à TensorFlow para usar a memória somente quando precisar (isso também deve ser feito imediatamente após a importação da TensorFlow):

```
for gpu in tf.config.experimental.list_physical_devices("GPU"):
    tf.config.experimental.set_memory_growth(gpu, True)
```

Outra forma de fazer isso é definir a variável de ambiente o `TF_FORCE_GPU_ALLOW_GROWTH` como `true`. Com essa opção, a TensorFlow nunca libera memória depois de pegá-la (novamente, para evitar a fragmentação da memória), exceto, é claro, quando o programa termina. Talvez seja mais difícil assegurar um comportamento determinístico usando essa opção (por exemplo, um programa pode travar porque o uso de memória de outro programa está alto). Ou seja, na produção, você provavelmente ficará com uma das opções anteriores. No entanto, existem alguns casos em que isso pode ajudar: por exemplo, quando você usa uma máquina para rodar vários Jupyter notebooks, e muitos deles usam a TensorFlow. No Colab Runtimes, é justamente por isso que a variável de ambiente `TF_FORCE_GPU_ALLOW_GROWTH` está definida como `true`.

Por último, em outros casos, você pode querer dividir uma GPU em duas ou mais *GPUs virtuais* — por exemplo, caso deseje testar um algoritmo de distribuição (essa é uma maneira prática de testar os exemplos de código no restante deste capítulo, ainda que você tenha uma única GPU, como em um Colab Runtime). O código a seguir divide a primeira GPU em dois dispositivos virtuais, com 2GiB de RAM cada (mais uma vez, isso deve ser feito imediatamente após a importação da TensorFlow):

```
physical_gpus = tf.config.experimental.list_physical_devices("GPU")
tf.config.experimental.set_virtual_device_configuration(
    physical_gpus[0],
```

```
    [tf.config.experimental.VirtualDeviceConfiguration(memory_limit=2048),
     tf.config.experimental.VirtualDeviceConfiguration(memory_limit=2048)])
```

Esses dois dispositivos virtuais serão, então, chamados de `/gpu:0` e `/gpu:1`. Você pode colocar operações e variáveis em cada um deles como se fossem realmente duas GPUs independentes. Agora, vejamos como a TensorFlow decide em quais dispositivos deve colocar variáveis e executar operações.

Colocando operações e variáveis em dispositivos

A publicação técnica da TensorFlow (*https://homl.info/67*)[13] apresenta o amigável algoritmo *dynamic placer* que distribui operações de forma automática em todos os dispositivos disponíveis, levando em consideração o tempo de processamento calculado em execuções anteriores do grafo, estimativas do tamanho dos tensores de entrada e saída para cada operação, a quantidade de RAM disponível em cada dispositivo, delay de comunicação na transferência de dados dentro e fora dos dispositivos, dicas e restrições do usuário. Na prática, esse algoritmo acabou sendo menos eficiente do que um pequeno conjunto de regras de posicionamento especificadas pelo usuário, assim a equipe da TensorFlow acabou descartando o dynamic placer.

Dito isso, a tf.keras e a tf.data geralmente fazem um bom trabalho ao colocar as operações e variáveis onde pertencem (por exemplo, cálculos pesados na GPU e pré-processamento de dados na CPU). Mas você também pode colocar as operações e as variáveis manualmente em cada dispositivo, se quiser mais controle:

- Conforme mencionado, você geralmente quer colocar as operações de pré-processamento de dados na CPU e as operações de rede neural nas GPUs.
- As GPUs têm uma largura de banda de comunicação bastante limitada, por isso é importante evitar transferências de dados desnecessárias para dentro e para fora das GPUs.
- Acrescentar mais RAM de CPU a uma máquina é simples e barato, então a máquina normalmente tem bastante RAM de CPU, enquanto a RAM de GPU é embutida na GPU: é um recurso caro e, portanto, limitado. Logo, se uma variável não for necessária nas próximas etapas de treinamento, ela provavelmente deve ser colocada na CPU (por exemplo, conjuntos de dados geralmente pertencem à CPU).

Por padrão, todas as variáveis e todas as operações serão colocadas na primeira GPU (chamada `/gpu:0`), tirando as variáveis e operações que não têm um kernel de GPU:[14] elas são colocadas na CPU (chamada `/cpu:0`). Um tensor ou variável do atributo `device` informa em qual dispositivo elas foram colocadas:[15]

```
>>> a = tf.Variable(42.0)
>>> a.device
'/job:localhost/replica:0/task:0/device:GPU:0'
>>> b = tf.Variable(42)
>>> b.device
'/job:localhost/replica:0/task:0/device:CPU:0'
```

Por enquanto, você pode ignorar tranquilamente o prefixo `/job:localhost/replica:0/task:0` (ele permite que você coloque operações em outras máquinas ao usar um cluster TensorFlow; fa-

13 Martín Abadi et al., "TensorFlow: Large-Scale Machine Learning on Heterogeneous Distributed Systems", Google Research whitepaper (2015).

14 Como vimos no Capítulo 12, um kernel é uma implementação de variável ou operação para um tipo de dados e um tipo de dispositivo específico. Por exemplo, existe um kernel GPU para a operação `float32` `tf.matmul()`, porém não há kernel GPU para `int32` `tf.matmul()` (apenas um kernel de CPU).

15 Você também pode usar o `tf.debugging.set_log_device_placement(True)` para registrar todas as colocações de dispositivo.

laremos sobre jobs, réplicas e tarefas daqui a pouco). Conforme você pode ver, a primeira variável foi colocada na GPU 0, o dispositivo-padrão. No entanto, a segunda variável foi colocada na CPU: isso ocorre porque não há kernels de GPU para variáveis inteiras (ou para operações envolvendo tensores inteiros), então a TensorFlow recorreu à CPU. Caso queira colocar uma operação em um dispositivo diferente do padrão, use um contexto `tf.device()`:

```
>>> with tf.device("/cpu:0"):
...     c = tf.Variable(42.0)
...
>>> c.device
'/job:localhost/replica:0/task:0/device:CPU:0'
```

> A CPU é sempre tratada como um único dispositivo (`/cpu:0`), mesmo se sua máquina tiver vários núcleos de CPU. Qualquer operação colocada na CPU pode ser executada em paralelo em vários núcleos se tiver um kernel multithread.

Se você tentar colocar explicitamente uma operação ou variável em um dispositivo que não existe ou para o qual não há kernel, você receberá uma exceção. No entanto, em alguns casos, você pode preferir recorrer à CPU; por exemplo, se seu programa pode ser executado em máquinas somente com CPU e em máquinas GPU, você pode querer que a TensorFlow ignore seu `tf.device("/gpu:*")` em máquinas apenas com CPU. Para tal, é necessário chamar o `tf.config.set_soft_device_placement(True)` logo após a importação da TensorFlow: quando uma solicitação de posicionamento falha, a TensorFlow retorna às regras de posicionamento padrão (ou seja, GPU 0 por padrão se existir e houver um kernel de GPU; e CPU 0, caso contrário).

Mas como exatamente a TensorFlow executará todas essas operações em vários dispositivos?

Execução paralela em múltiplos dispositivos

Como vimos no Capítulo 12, uma das vantagens de usar as funções TF é o paralelismo. Vamos analisar isso com mais detalhes. Quando a TensorFlow executa uma função TF, ela começa analisando seu grafo para encontrar a lista de operações que precisam ser avaliadas e conta quantas dependências cada uma delas tem. A TensorFlow, então, adiciona cada operação com dependências zero (ou seja, cada operação de origem) à fila de avaliação do dispositivo dessa operação (veja a Figura 19-14). Depois que uma operação foi avaliada, o contador de dependência de cada operação que depende dela é decrementado. E, quando o contador de dependência de uma operação atinge zero, ele é enviado para a fila de avaliação de seu dispositivo. E, depois que todos os nós de que a TensorFlow precisa forem avaliados, ela retorna suas saídas.

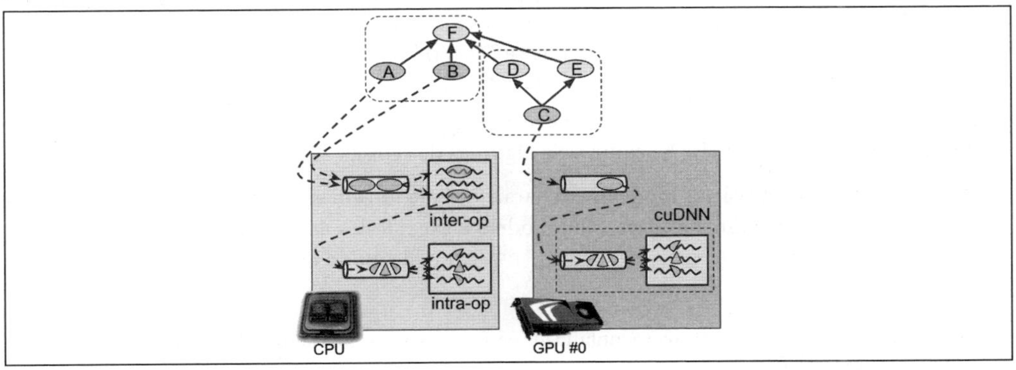

Figura 19-14. Execução paralelizada de um grafo TensorFlow

As operações na fila de avaliação da CPU são enviadas para um pool de threads chamado de *pool de threads inter-op*. Caso a CPU tenha vários núcleos, essas operações serão efetivamente avaliadas em paralelo. Algumas operações têm kernels de CPU multithread: esses kernels dividem suas tarefas em várias suboperações, que são colocadas em outra fila de avaliação e despachadas para um segundo pool de threads chamado de *pool de threads intra-op* (compartilhado por todos os kernels de CPU multithread). Em suma, várias operações e suboperações podem ser avaliadas em paralelo em diferentes núcleos da CPU.

Com a GPU, as coisas são um pouco mais simples. As operações em uma fila de avaliação da GPU são sequencialmente avaliadas. Contudo, a maioria das operações tem kernels de GPU multithread, geralmente implementados por bibliotecas das quais a TensorFlow depende, como a CUDA e a cuDNN. Essas implementações têm seus próprios pools de threads e normalmente exploram o máximo de threads de GPU que conseguem (razão pela qual não há necessidade de um pool de threads de interoperabilidade em GPUs: cada operação já lota a maioria dos threads de GPU).

Por exemplo, na Figura 19-14, as operações A, B e C são operações de origem, então podem ser avaliadas imediatamente. As operações A e B são colocadas na CPU e, portanto, enviadas para a fila de avaliação da CPU, depois são despachadas para o pool de threads de interoperabilidade e avaliadas imediatamente em paralelo. Ocorre que a operação A tem um kernel multithread; seus cálculos são divididos em três partes, que são executadas em paralelo pelo pool de threads intra-op. A operação C vai para a fila de avaliação da GPU 0 e, nesse exemplo, seu kernel da GPU usa a cuDNN, que gerencia seu próprio pool de threads intra-op e executa a operação em muitas threads de GPU em paralelo. Suponha que C termine primeiro. Os contadores de dependência de D e E são decrementados e chegam a zero. Assim, ambas as operações são enviadas para a fila de avaliação da GPU 0 e são sequencialmente executadas. Repare que C só é avaliado uma vez, embora D e E dependam dele. Suponha que B termine logo em seguida. Depois disso, o contador de dependência de F é decrementado de 4 para 3 e, como não é 0, ainda não é executado. Após A, D e E serem concluídos, o contador de dependência de F atinge 0 e é enviado para a fila de avaliação da CPU e avaliado. Por último, a TensorFlow retorna as saídas solicitadas.

A TensorFlow faz uma mágica meio que extra: quando a função TF modifica um recurso stateful, como uma variável, ela garante que a ordem de execução corresponda à ordem no código, mesmo se não houver dependência explícita entre as instruções. Por exemplo, se sua função TF contém `v.assign_add(1)` seguido por `v.assign(v * 2)`, a TensorFlow garantirá que essas operações sejam executadas na mesma ordem.

> É possível controlar o número de threads no pool de threads de interoperabilidade chamando `tf.config.threading.set_inter_op_parallelism_threads()`. Para definir o número de threads intra-op, use `tf.config.threading.set_intra_op_parallelism_threads()`. Isso pode ajudá-lo, se não quiser que a TensorFlow utilize todos os núcleos da CPU ou se quiser que seja de thread único.[16]

Com isso, você tem tudo o que precisa para executar qualquer operação em qualquer dispositivo e explorar o poder de suas GPUs! A seguir, veja algumas das coisas que você pode fazer:

- Você pode treinar vários modelos em paralelo, cada um em sua própria GPU: basta escrever um script de treinamento para cada modelo e executá-los em paralelo, definindo `CUDA_DEVICE_ORDER` e `CUDA_VISIBLE_DEVICES`, de modo que cada script veja apenas um

16 Isso o ajuda se você quer garantir reprodutibilidade perfeita, como explico neste vídeo (*https://homl.info/repro*), com base na TF 1.

único dispositivo de GPU. Isso é ótimo para o ajuste de hiperparâmetros, pois você pode treinar diversos modelos paralelos com hiperparâmetros distintos. Se você tem uma única máquina com duas GPUs e leva uma hora para treinar um modelo em uma GPU, o treinamento de dois modelos em paralelo, cada um em sua própria GPU dedicada, levará apenas uma hora. Simples assim!

- É possível treinar um modelo em uma única GPU e fazer todo o pré-processamento em paralelo na CPU, usando o método[17] `prefetch()`do conjunto de dados para preparar os próximos batches com antecedência, de modo que estejam prontos quando a GPU precisar deles (veja o Capítulo 13).
- Se o seu modelo pega duas imagens como entrada e as processa usando duas CNNs antes de juntar suas saídas, e se você colocar cada CNN em uma GPU diferente, provavelmente ele será executado mais rápido.
- É possível criar um conjunto eficiente: basta colocar um modelo treinado diferente em cada GPU para que você possa obter todas as predições com mais rapidez para gerar a predição final da combinação.

Mas e se você quiser *treinar* um único modelo em várias GPUs?

Treinando Modelos em Múltiplos Dispositivos

Existem duas abordagens principais para treinar um único modelo em múltiplos dispositivos: *paralelismo de modelo*, em que o modelo é dividido entre os dispositivos, e *paralelismo de dados*, em que o modelo é replicado em todos os dispositivos e cada réplica é treinada em um subconjunto dos dados. Analisaremos essas duas opções com mais detalhes antes de treinar um modelo em várias GPUs.

Paralelismo de modelo

Até agora, treinamos cada rede neural em um único dispositivo. E se quisermos treinar uma única rede neural em múltiplos dispositivos? É necessário dividir o modelo em pedaços separados e rodar cada pedaço em um dispositivo diferente.

Infelizmente, esse paralelismo de modelo é bastante complicado e depende da arquitetura de sua rede neural. Para redes totalmente conectadas, geralmente não há muito a ganhar com essa abordagem (veja a Figura 19-15). Aparente e intuitivamente, uma maneira fácil de dividir o modelo é colocar cada camada em um dispositivo diferente, mas isso não funciona porque cada camada precisa aguardar a saída da camada anterior antes de fazer qualquer coisa. Desse modo, talvez você possa cortá-lo verticalmente — por exemplo, com a metade esquerda de cada camada em um dispositivo e a parte direita em outro dispositivo? As coisas melhoram um pouco, já que ambas as metades de cada camada podem de fato trabalhar em paralelo. O problema é que cada metade da próxima camada exige a saída de ambas as metades, logo, haverá muita comunicação entre dispositivos (representada pelas setas tracejadas). É provável que isso prejudique totalmente a vantagem do processamento paralelo, uma vez que a comunicação entre dispositivos é lenta (ainda mais quando os dispositivos estão localizados em máquinas diferentes).

17 No momento em que eu escrevia este livro, ele apenas pré-buscava os dados para a RAM da CPU, mas você pode usar o `tf.data.experimental.prefetch_to_device()` para pré-buscar os dados e enviá-los para o dispositivo de sua escolha, de modo que a GPU não perca tempo esperando que os dados sejam transferidos.

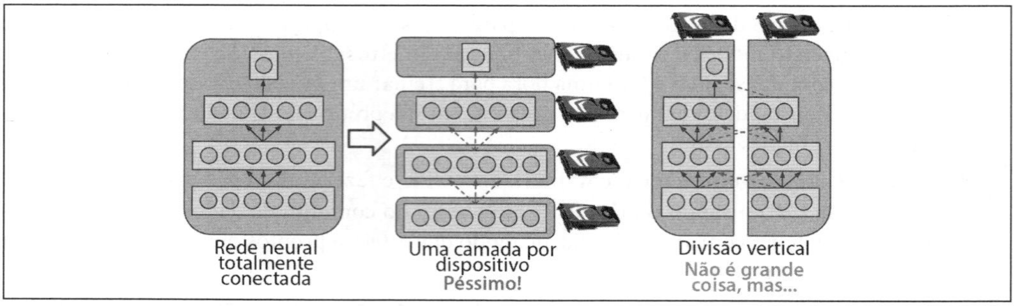

Figura 19-15. Dividindo uma rede neural totalmente conectada

Algumas arquiteturas de rede neural, como redes neurais convolucionais (veja o Capítulo 14), contêm camadas que são apenas parcialmente conectadas às camadas inferiores. Assim, fica mais fácil distribuir pedaços entre os dispositivos de maneira eficiente (Figura 19-16).

As redes neurais recorrentes profundas (veja o Capítulo 15) podem ser divididas com um pouco mais de eficiência em várias GPUs. Se você dividir a rede horizontalmente, colocando cada camada em um dispositivo diferente, e alimentar a rede com uma sequência de entrada para processamento, na primeira etapa somente um dispositivo estará ativo (trabalhando no primeiro valor da sequência). Na segunda etapa, dois estarão ativos (a segunda camada estará lidando com a saída da primeira camada para o primeiro valor, ao passo que a primeira camada estará lidando com o segundo valor) e, no momento em que o sinal se propaga para a camada de saída, todos os dispositivos ficarão simultaneamente ativos (Figura 19-17). Ainda temos muita comunicação entre os dispositivos ativos, mas, como cada célula pode ser bastante complexa, a vantagem de executar várias células em paralelo pode (em teoria) superar a penalidade de comunicação. No entanto, na prática, uma pilha normal de camadas `LSTM` rodando em uma única GPU funcionam bem mais rápido.

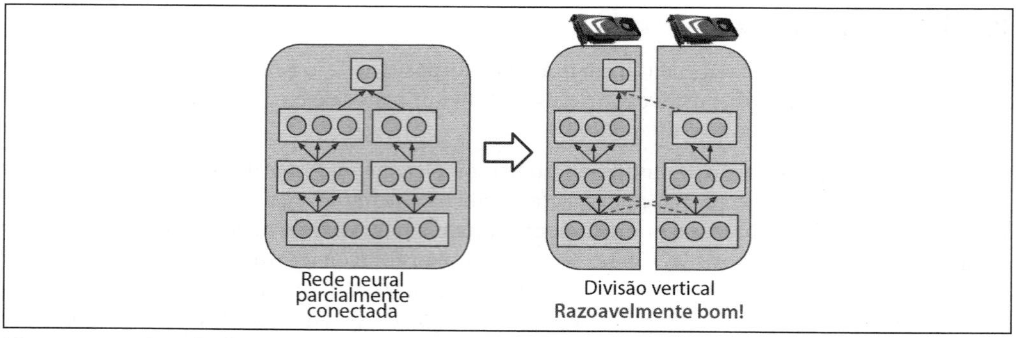

Figura 19-16. Dividindo uma rede neural parcialmente conectada

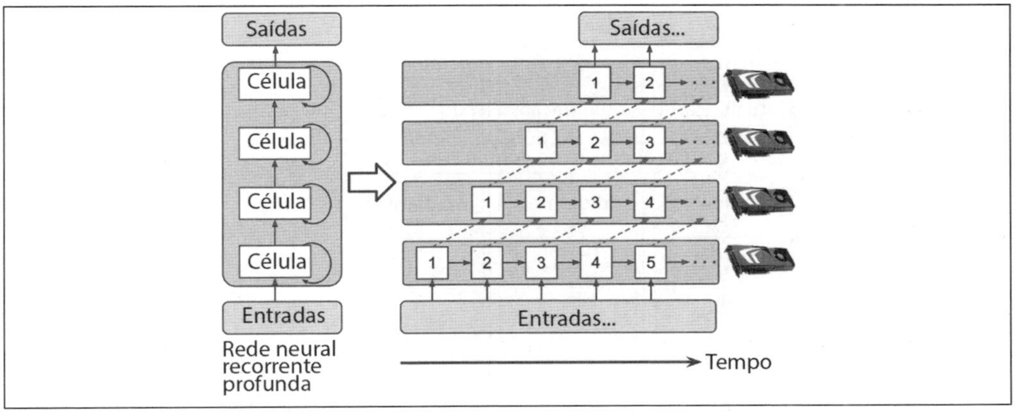

Figura 19-17. Dividindo uma rede neural recorrente profunda

Resumindo, o paralelismo do modelo pode acelerar a execução ou o treinamento de alguns tipos de redes neurais, não todas, e exige cuidados e ajustes especiais, como garantir que os dispositivos que mais precisam se comunicar sejam executados na mesma máquina.[18] Vejamos uma opção mais simples e geralmente mais eficiente: paralelismo de dados.

Paralelismo de dados

Outra forma de paralelizar o treinamento de uma rede neural é replicá-la em todos os dispositivos e executar cada etapa de treinamento simultaneamente em todas as réplicas, usando um mini-batch diferente para cada uma. Os gradientes calculados por cada réplica são então calculados e o resultado é usado para atualizar os parâmetros do modelo. Isso se chama *paralelismo de dados*. Essa ideia tem muitas variantes, então vamos examinar algumas delas.

Paralelismo de dados usando a estratégia espelhada

Sem sombra de dúvidas, a abordagem mais simples é espelhar completamente todos os parâmetros do modelo em todas as GPUs e sempre aplicar exatamente as mesmas atualizações de parâmetro a cada GPU. Desse jeito, todas as réplicas sempre ficam perfeitamente idênticas. Isso se chama *estratégia espelhada*, e acaba sendo muito eficiente, ainda mais quando se usa uma única máquina (veja a Figura 19-18).

A parte mais complicada de usar essa abordagem é calcular com eficiência a média de todos os gradientes de todas as GPUs e distribuir o resultado por todas as GPUs. Isso pode ser feito usando o algoritmo *AllReduce*, uma classe de algoritmos em que vários nós colaboram para executar com eficiência uma operação de redução (como calcular a média, soma e máximo), enquanto assegura que todos os nós obtenham o mesmo resultado final. Felizmente, existem implementações disponíveis de tais algoritmos, como veremos.

18 Se estiver interessado em ir mais fundo com o paralelismo de modelo, confira Mesh TensorFlow (*https://github.com/ tensorflow/mesh*).

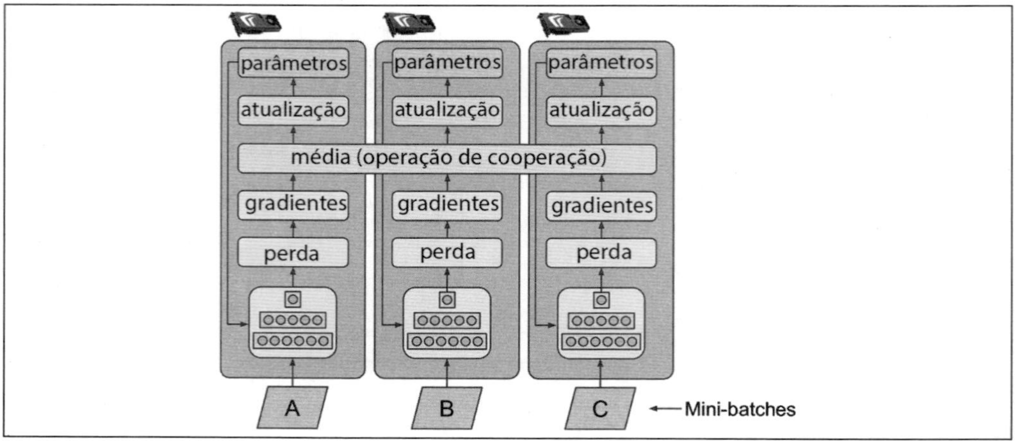

Figura 19-18. Paralelismo de dados usando a estratégia espelhada

Paralelismo de dados com parâmetros centralizados

Outra abordagem é armazenar os parâmetros do modelo fora dos dispositivos GPU fazendo os cálculos (chamados *workers*), por exemplo na CPU (veja a Figura 19-19). Em uma configuração distribuída, você pode colocar todos os parâmetros em um ou mais servidores somente de CPU chamados *servidores de parâmetros*, cuja única função é hospedar e atualizar os parâmetros.

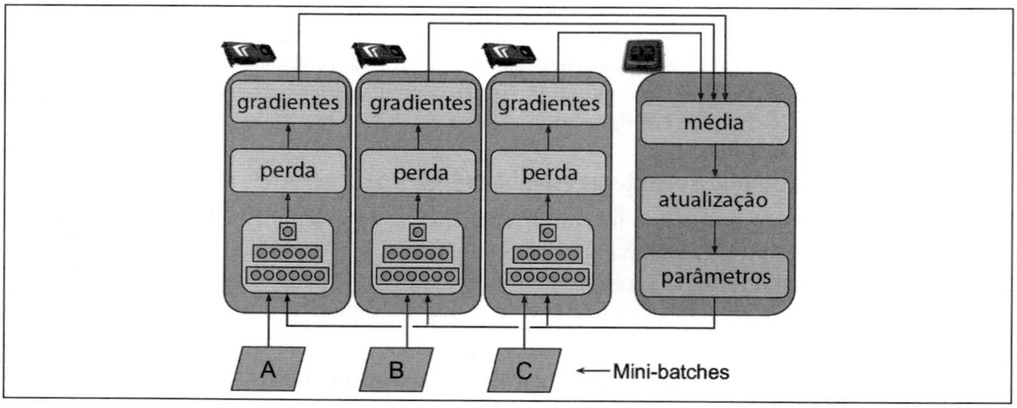

Figura 19-19. Paralelismo de dados com parâmetros centralizados

Enquanto a estratégia espelhada impõe atualizações de peso síncronas em todas as GPUs, essa abordagem centralizada possibilita atualizações síncronas ou assíncronas. Vejamos os prós e os contras de ambas as opções.

Atualizações síncronas. Por meio das *atualizações síncronas*, o agregador espera até que todos os gradientes estejam disponíveis antes de calcular os gradientes médios e passá-los para o otimizador, que atualizará os parâmetros do modelo. Depois que uma réplica termina de calcular seus gradientes, ela deve esperar que os parâmetros sejam atualizados antes de prosseguir para o próximo mini-batch. A desvantagem é que alguns dispositivos podem ser mais lentos do que outros, assim todos os outros dispositivos terão que esperar por eles a cada etapa. Além do mais, os parâmetros serão copiados para todos os dispositivos quase ao mesmo tempo (imediatamente após a aplicação dos gradientes), o que pode saturar a largura de banda dos servidores de parâmetros.

Para reduzir o tempo de espera em cada etapa, você pode ignorar os gradientes das poucas réplicas mais lentas (normalmente cerca de 10%). Por exemplo, você pode executar 20 réplicas, mas agregar somente os gradientes das 18 réplicas mais rápidas em cada etapa e simplesmente ignorar os gradientes das duas últimas. Assim que os parâmetros forem atualizados, as primeiras 18 réplicas podem começar a trabalhar de imediato, sem ter que esperar pelas duas réplicas mais lentas. Em geral, refere-se a essa configuração como tendo 18 réplicas mais duas *réplicas esparsas*.[19]

Atualizações assíncronas. Por meio das *atualizações assíncronas*, sempre que uma réplica termina de calcular os gradientes, ela os usa imediatamente para atualizar os parâmetros do modelo. Não há agregação (remove a etapa "média" na Figura 19-19) e nenhuma sincronização. As réplicas funcionam independentemente das outras réplicas. Como não há espera por parte de outras réplicas, essa abordagem executa mais etapas de treinamento por minuto. Além do mais, embora os parâmetros ainda precisem ser copiados para todos os dispositivos em cada etapa, isso acontece em momentos diferentes para cada réplica. Ou seja, o risco de saturação da largura de banda é reduzido.

O paralelismo de dados com atualizações assíncronas é uma escolha atraente devido à sua simplicidade, ausência de delay de sincronização e melhor uso da largura de banda. Mas, embora funcione bastante bem na prática, é quase surpreendente que funcione! Na verdade, quando uma réplica termina de calcular os gradientes com base em alguns valores de parâmetro, esses parâmetros terão sido atualizados diversas vezes por outras réplicas (em média $N - 1$ vezes, se existir N réplicas), e não há garantia de que os gradientes calculados ainda estarão apontando na direção correta (veja a Figura 19-20). Quando os gradientes estão extremamente desatualizados são chamados de *gradientes obsoletos*: eles podem desacelerar a convergência, introduzindo ruído e efeitos de oscilação (a curva de aprendizado pode conter oscilações temporárias), ou podem até mesmo fazer o algoritmo de treinamento divergir.

Vejamos algumas formas de mitigar o efeito de gradientes obsoletos:

- Reduzir a taxa de aprendizagem.
- Remover os gradientes obsoletos ou reduzi-los.
- Ajustar o tamanho do mini-batch.
- Começar as primeiras épocas empregando somente uma réplica (isso se chama *fase warmup*). Gradientes obsoletos tendem a ser mais prejudiciais no início do treinamento, quando os gradientes são normalmente grandes e os parâmetros ainda não se estabeleceram em um vale da função de custo. Assim, as réplicas diferentes podem empurrar os parâmetros rumo a direções muito distintas.

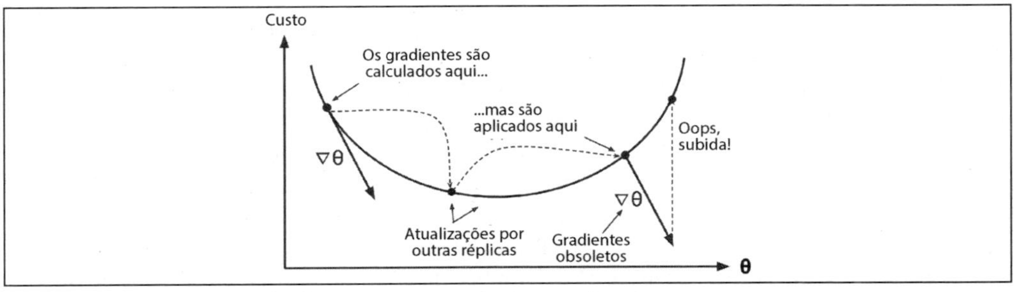

Figura 19-20. Gradientes obsoletos ao usar atualizações assíncronas

19 Este nome é um tanto confuso porque parece que algumas réplicas são especiais e não fazem nada. Na realidade, as réplicas são equivalentes: todas trabalham duro para estar entre as mais rápidas em cada etapa do treinamento, e as perdedoras variam a cada etapa (a menos que alguns dispositivos sejam mais lentos do que outros). No entanto, isso significa que, se um servidor cair, o treinamento continuará sem problemas.

Um artigo publicado pela equipe do Google Brain em 2016 (*https://homl.info/68*)[20] comparou diversas abordagens e descobriu que empregar atualizações síncronas com algumas réplicas obsoletas era mais eficiente do que usar atualizações assíncronas, pois elas não somente convergiam mais rápido, como também produziam um modelo melhor. No entanto, essa ainda é uma área de pesquisa em desenvolvimento, então não descarte as atualizações assíncronas.

Saturação de largura de banda

Quer você use atualizações síncronas ou assíncronas, o paralelismo de dados com parâmetros centralizados ainda exige a comunicação entre os parâmetros do modelo e os servidores de parâmetros para cada réplica no início de cada etapa de treinamento e, dos gradientes, no final de cada etapa de treinamento. Do mesmo modo, ao usar a estratégia espelhada, os gradientes gerados por cada GPU precisarão ser compartilhados com todas as outras GPUs. Infelizmente, sempre chega um ponto em que acrescentar uma GPU extra não melhora o desempenho em nada, já que o tempo gasto deslocando os dados para dentro e para fora da RAM da GPU (e por meio de uma rede distribuída) superará a velocidade obtida pela divisão da carga de processamento. Nesse momento, adicionar mais GPUs vai apenas piorar a saturação da largura de banda e, na verdade, retardar o treinamento.

> Em geral, em alguns modelos, relativamente pequenos e treinados em um conjunto de treinamento enorme, é melhor treinar o modelo em uma única máquina com uma única GPU poderosa e com uma grande largura de banda de memória.

A saturação se torna mais grave em modelos grandes e densos, uma vez que eles têm muitos parâmetros e gradientes para transferir. É menos grave em modelos pequenos (mas o ganho de paralelismo é limitado) e em modelos grandes e esparsos, nos quais os gradientes são normalmente zeros, ou seja, é possível fazer a comunicação dele de modo eficiente. Jeff Dean, idealizador e líder do projeto Google Brain, relatou (*https://homl.info/69*) aumentos típicos de velocidade de 25–40 × ao distribuir cálculos em 50 GPUs para modelos densos e um aumento de 300 × para modelos mais esparsos treinados em 500 GPUs. Conforme você pode ver, os modelos esparsos realmente escalonam melhor. Vejamos alguns exemplos concretos:

- Tradução automática neural: aumento de 6× em 8 GPUs.
- Inception/ImageNet: aumento de 32× em 50 GPUs.
- RankBrain: aumento de 300× em 500 GPUs.

Além de algumas dezenas de GPUs para um modelo denso ou algumas centenas de GPUs para um modelo esparso, a saturação entra em ação e o desempenho cai. Temos inúmeras pesquisas em andamento a fim de solucionar este problema (explorando arquiteturas peer-to-peer em vez de servidores de parâmetros centralizados, usando compactação de modelo com perdas, otimizando quando e o que as réplicas precisam comunicar, e assim por diante), então provavelmente teremos ainda muitos avanços no paralelismo de redes neurais nos próximos anos.

Nesse meio-tempo, para mitigar o problema de saturação, você provavelmente optará por usar algumas GPUs poderosas em vez de muitas GPUs fracas, e também é necessário agrupar suas GPUs em poucos e bem interconectados servidores. Você também pode tentar diminuir a precisão do float de 32 bits (`tf.float32`) para 16 bits (`tf.bfloat16`). Isso reduzirá pela metade a quantidade de dados a serem transferidos, geralmente sem impactar muito a taxa de convergência ou o desempenho do modelo. Por último, caso esteja usando parâmetros centralizados, você pode fragmentar (dividir) os

---

20 Jianmin Chen et al., "Revisiting Distributed Synchronous SGD", arXiv preprint arXiv:1604.00981 (2016).

parâmetros em vários servidores de parâmetros: adicionar mais servidores de parâmetros reduzirá a carga da rede em cada servidor e limitará o risco de saturação da largura de banda.

OK, agora treinaremos um modelo em várias GPUs!

Treinamento em larga escala com a distribution strategies API

É possível treinar muito bem inúmeros modelos em uma única GPU ou até mesmo em uma CPU. Mas se o treinamento for muito lento você pode tentar distribuí-lo por várias GPUs na mesma máquina. Se a lentidão continuar, tente usar GPUs mais potentes ou acrescente mais GPUs à máquina. Agora, caso o seu modelo faça cálculos pesados (como grandes multiplicações de matrizes), ele será executado mais rápido em GPUs poderosas, e você pode até tentar usar TPUs no Google Cloud AI Platform, que normalmente rodam ainda mais rápido com esses modelos. No entanto, caso não seja possível acrescentar mais GPUs na mesma máquina ou caso as TPUs não sejam a sua praia (por exemplo, talvez seu modelo não se beneficie muito das TPUs ou talvez você queira usar sua própria infraestrutura de hardware), você pode tentar treiná-lo em diversos servidores, cada um com várias GPUs (se ainda não for suficiente, como último recurso, você pode tentar o paralelismo de modelo, porém isso dá muito trabalho). Nesta seção, veremos como treinar modelos em larga escala, começando com várias GPUs na mesma máquina (ou TPUs) e depois passando para diversas GPUs em várias máquinas.

Por sorte, a TensorFlow tem uma API muito simples que se encarrega de toda a complexidade: a *Distribution Strategies API*.

Para treinar um modelo Keras em todas as GPUs disponíveis (por ora, em uma única máquina) usando paralelismo de dados com a estratégia espelhada, crie um objeto `MirroredStrategy`, chame o método `scope()` para obter um contexto de distribuição e envolver em um wrapper a criação e a compilação de seu modelo dentro desse contexto. Em seguida, chame o método `fit()` normalmente:

```
distribution = tf.distribute.MirroredStrategy()

with distribution.scope():
    mirrored_model = tf.keras.Sequential([...])
    mirrored_model.compile([...])

batch_size = 100 # deve ser divido pelo número de réplicas
history = mirrored_model.fit(X_train, y_train, epochs=10)
```

Nos bastidores, a tf.keras está ciente da distribuição, logo, neste contexto `MirroredStrategy`, ela sabe que deve replicar todas as variáveis e operações em todos os dispositivos GPU disponíveis. Veja que o método `fit()` dividirá automaticamente cada batch de treinamento em todas as réplicas. Ou seja, é importante que o tamanho do batch seja divisível pelo número de réplicas. Pronto! Via de regra, o treinamento será significativamente mais rápido do que usar um único dispositivo, e a alteração do código foi mínima.

Após concluir o treinamento de seu modelo, você pode usá-lo para fazer predições eficientes: chame o método `predict()`, que ele dividirá automaticamente o batch em todas as réplicas, fazendo predições em paralelo (novamente, o tamanho do batch deve ser divisível pelo número de réplicas). Se você chamar o método `save()` do modelo, ele será salvo como um modelo regular, *não* como um modelo espelhado com várias réplicas. Assim, quando você carregá-lo, ele será executado como um modelo normal, em um único dispositivo (por padrão, GPU 0, ou a CPU, se não houver GPUs). Caso queira carregar um modelo e executá-lo em todos os dispositivos disponíveis, você deve chamar o `keras.models.load_model()` dentro de um contexto de distribuição:

```
with distribution.scope():
    mirrored_model = keras.models.load_model("my_mnist_model.h5")
```

Se quiser usar somente um subconjunto de todos os dispositivos GPU disponíveis, você pode passar a lista para o construtor `MirroredStrategy`:

```
distribution = tf.distribute.MirroredStrategy(["/gpu:0", "/gpu:1"])
```

Por padrão, a classe `MirroredStrategy` utiliza a *NVIDIA Collective Communications Library* (NCCL) para as operações de méda AllReduce, mas você pode alterá-la definindo o argumento `cross_device_ops` para uma instância da classe `tf.distribute.HierarchicalCopyAllReduce`, ou uma instância da classe `tf.distribute.ReductionToOneDevice`. A opção NCCL padrão é baseada na classe `tf.distribute.NcclAllReduce`, que geralmente é mais rápida, porém isso depende do número e dos tipos de GPUs, então talvez você queira testar algumas alternativas.[21]

Se quiser tentar usar paralelismo de dados com parâmetros centralizados, substitua a `MirroredStrategy` pela `CentralStorageStrategy`:

```
distribution = tf.distribute.experimental.CentralStorageStrategy()
```

Como opção, é possível definir o argumento `compute_devices` para especificar a lista de dispositivos que deseje usar como workers (por padrão, ele usará todas as GPUs disponíveis), e você pode também definir o argumento `parameter_device` para especificar o dispositivo no qual você quer armazenar os parâmetros (por padrão, ele usará a CPU ou a GPU se houver somente uma).

Agora, vejamos como treinar um modelo em um cluster de servidores TensorFlow!

Treinando um modelo em um cluster TensorFlow

Um *cluster TensorFlow* é um grupo de processos da TensorFlow executados em paralelo, geralmente em máquinas diferentes, e conversando entre si para concluir algum trabalho, como, por exemplo, treinar ou executar uma rede neural. No cluster, cada processo TF se chama *task* ou um *TF server*. Ele tem um endereço IP, uma porta e um tipo (também chamado de *role* ou seu *job*). O tipo pode ser `"worker"`, `"chief"`, `"ps"` (parameter server) ou `"evaluator"`:

- Cada *worker* realiza cálculos, geralmente em uma máquina com uma ou mais GPUs.
- O *chief* também realiza cálculos (é um worker), mas ele também lida com trabalho extra, como escrever logs do TensorBoard ou salvar checkpoints. Existe um único chief em um cluster. Se nenhum chief for especificado, o primeiro worker vira um chief.
- Um *parameter server* somente mantém o controle dos valores das variáveis, e geralmente é em uma máquina apenas com CPU. Esse tipo de tarefa só é usada com o `ParameterServerStrategy`.
- Um *evaluator* obviamente se encarrega da avaliação.

Para inicializar um cluster TensorFlow, você deve primeiro especificá-lo. Isso significa definir o endereço IP, a porta TCP e o tipo de cada tarefa. Por exemplo, a seguinte *cluster specification [especificação de cluster]* define um cluster com três task (dois workers e um parameter server; veja a Figura 19-21). A especificação do cluster é um dicionário com uma chave por job e os valores são listas de endereços de task (*P:port*):

```
cluster_spec = {
    "worker": [
        "machine-a.example.com:2222", # /job:worker/task:0
        "machine-b.example.com:2222"  # /job:worker/task:1
```

21 Confira mais detalhes sobre algoritmos AllReduce nesta excelente postagem (*https://homl.info/uenopost*) de Yuichiro Ueno. Veja também esta página sobre escalonamento com NCCL (*https://homl.info/ncclalgo*).

```
    ],
    "ps": ["machine-a.example.com:2221"] # /job:ps/task:0
}
```

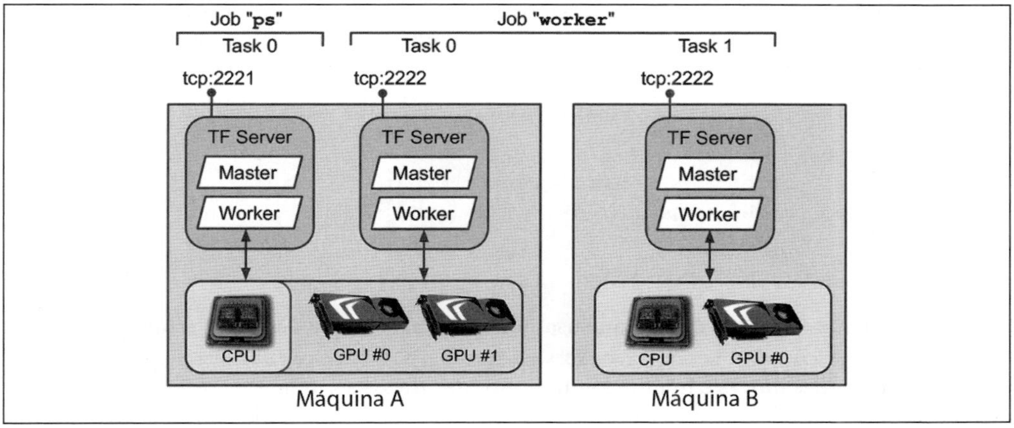

Figura 19-21. Cluster TensorFlow

Em geral, haverá uma única task por máquina, porém, como mostra este exemplo, você pode configurar várias tasks na mesma máquina, se desejar (caso elas compartilhem as mesmas GPUs, certifique-se de que a RAM seja dividida adequadamente, conforme estudado anteriormente).

Por padrão, todas as tasks no cluster podem se comunicar com todas as outras tasks. Desse modo, configure seu firewall para permitir todas as comunicações entre essas máquinas nessas portas (é mais simples se você usar a mesma porta em todas as máquinas).

Ao inicializar uma task, você deve lhe fornecer as especificações do cluster e também informar quais são seu tipo e índice (por exemplo, worker 0). A forma mais simples de especificar tudo de uma vez (tanto a especificação do cluster, o tipo e índice da task atual) é definir a variável de ambiente `TF_CONFIG` antes de iniciar a TensorFlow. Ela deve ser um dicionário codificado em JSON contendo uma especificação de cluster (com a chave `"cluster"`) e o tipo e índice da task atual (com a chave `"task"`). Por exemplo, a seguinte variável de ambiente `TF_CONFIG` usa o cluster que acabamos de definir e especifica que a task a ser iniciada é o primeiro worker:

```
import os
import json

os.environ["TF_CONFIG"] = json.dumps({
    "cluster": cluster_spec,
    "task": {"type": "worker", "index": 0}
})
```

Em geral, é preferível definir a variável de ambiente `TF_CONFIG` fora do Python, assim o código não precisa incluir o tipo e o índice da task atual (isso possibilita usar o mesmo código com todos os workers).

Agora vamos treinar um modelo em um cluster! Começaremos com a estratégia espelhada — é absurdamente simples! Primeiro, você precisa definir a variável de ambiente `TF_CONFIG` adequadamente para cada task. Não deve haver nenhum parameter server (remova a chave "ps" na especificação do cluster) e, em geral, é necessário um único worker por máquina. Certifique-se de definir um índice diferente de task para cada task. Por último, execute o seguinte código de treinamento em cada worker:

```
distribution = tf.distribute.experimental.MultiWorkerMirroredStrategy()

with distribution.scope():
    mirrored_model = tf.keras.Sequential([...])
    mirrored_model.compile([...])

batch_size = 100 # precisa ser divisível pelo número de réplicas
history = mirrored_model.fit(X_train, y_train, epochs=10)
```

Sim, é exatamente o mesmo código que usamos antes, exceto que dessa vez estamos usando a `MultiWorkerMirroredStrategy` (em versões futuras, a `MirroredStrategy` provavelmente lidará com máquinas únicas e multimáquinas). Ao iniciar esse script nos primeiros workers, eles permanecerão bloqueados na etapa AllReduce, mas, assim que o último worker iniciar, o treinamento começará e você verá que todos avançam exatamente na mesma taxa (uma vez que sincronizam a cada etapa).

Você pode escolher entre duas implementações AllReduce para esta estratégia de distribuição: um algoritmo AllReduce em anel [algoritmo ring] baseado em gRPC para as comunicações de rede e a implementação de NCCL. O melhor algoritmo a ser usado depende do número de workers, do número e dos tipos de GPUs e da rede. Por padrão, a TensorFlow aplicará algumas heurísticas para selecionar o algoritmo certo para você, mas se quiser forçar um algoritmo passe o `CollectiveCommunication.RING` ou `CollectiveCommunication.NCCL` (da `tf.distribute.experimental`) ao construtor da estratégia.

Se você preferir implementar o paralelismo de dados assíncronos parameter servers, mude a estratégia para `ParameterServerStrategy`, adicione um ou mais parameter servers e configure `TF_CONFIG` adequadamente para cada task. Repare que, embora os workers trabalhem de forma assíncrona, as réplicas em cada worker funcionarão de modo síncrono.

Por último, se você tiver acesso a TPUs no Google Cloud (*https://cloud.google.com/tpu/*), você pode criar uma `TPUStrategy` assim (em seguida, a use como as outras estratégias):

```
resolver = tf.distribute.cluster_resolver.TPUClusterResolver()
tf.tpu.experimental.initialize_tpu_system(resolver)
tpu_strategy = tf.distribute.experimental.TPUStrategy(resolver)
```

Caso seja pesquisador, você pode usar as TPUs gratuitamente; acesse: *https://tensorflow.org/tfrc*.

Agora você pode treinar modelos em várias GPUs e vários servidores: mandou muito bem! Se quiser treinar um modelo grande, precisará de muitas GPUs em muitos servidores, o que exigirá a compra de muito hardware ou o gerenciamento de muitas VMs em nuvem. Em muitos casos, será menos incômodo e menos caro usar um serviço de nuvem que se encarregue do provisionamento e do gerenciamento de toda essa infraestrutura, justamente quando você precisar. Vejamos como fazer isso.

Rodando jobs grandes de treinamento no Google Cloud AI Platform

Caso decida utilizar o Google AI Platform, você pode implementar um job de treinamento com o mesmo código de treinamento que executaria em seu próprio cluster TF, e a plataforma cuidará do provisionamento e configuração de quantas VMs de GPU você desejar (dentro de suas cotas).

Para inicializar o job, você precisará da ferramenta de linha de comando `gcloud`, que faz parte do Google Cloud SDK (*https://cloud.google.com/sdk/*). Você pode instalar o SDK em sua própria máquina ou apenas usar o Google Cloud Shell no GCP. Esse é um terminal que você pode utilizar diretamente em seu navegador web; ele roda em uma VM Linux gratuita (Debian), com o SDK já instalado e pré-configurado. O Cloud Shell está disponível em qualquer lugar no GCP: basta clicar no ícone Activate Cloud Shell no canto superior direito da página (veja a Figura 19-22).

Figura 19-22. Habilitando o Google Cloud Shell

Se preferir instalar o SDK em sua máquina, depois de instalá-lo, é necessário inicializá-lo executando `gcloudinit`: você precisará fazer login no GCP e conceder acesso aos seus recursos do GCP e, em seguida, selecionar o projeto do GCP que quer usar (se tiver mais de um), bem como a região onde deseja que o job seja executado. O comando `gcloud` lhe fornece acesso a todos os recursos do GCP, incluindo os que usamos anteriormente.

Não é necessário passar pela interface web todas as vezes; você pode escrever scripts que iniciam ou param VMs, implementar modelos ou executar qualquer outra ação do GCP.

Antes de executar o job de treinamento, é necessário escrever o código de treinamento, exatamente como você fez anteriormente para uma configuração distribuída (por exemplo, usando a `ParameterServerStrategy`). A AI Platform se encarregará da `TF_CONFIG` em cada VM. Feito isso, você pode implementá-la e executá-la em um cluster TF com uma linha de comando assim:

```
$ gcloud ai-platform jobs submit training my_job_20190531_164700 \
    --region asia-southeast1 \
    --scale-tier PREMIUM_1 \
    --runtime-version 2.0 \
    --python-version 3.5 \
    --package-path /my_project/src/trainer \
    --module-name trainer.task \
    --staging-bucket gs://my-staging-bucket \
    --job-dir gs://my-mnist-model-bucket/trained_model \
    --
    --my-extra-argument1 foo --my-extra-argument2 bar
```

Vamos analisar essas opções. O comando iniciará um job de treinamento chamado `my_job_20190531_164700`, na região `asia-southeast1`, usando uma *scale tier* [nível de escala] `PREMIUM_1`: isso corresponde a 20 workers (incluindo um chief) e 11 servidores de parameter servers (confira os outros níveis de escala disponíveis (*https://homl.info/scaletiers*). Todas essas VMs serão baseadas no tempo de execução 2.0 da AI Platform (uma configuração de VM que inclui

TensorFlow 2.0 e muitos outros pacotes)[22] e Python 3.5. O código de treinamento está localizado no diretório *my_project/src/trainer*, e o comando `gcloud` irá agrupá-lo automaticamente em um pacote pip e enviá-lo para o GCS em *gs://my-staging-bucket*. Em seguida, a AI Platform iniciará várias VMs, implementará o pacote nelas e executará o módulo `trainer.task`. Por último, o argumento `--job-dir` e os argumentos extras (ou seja, todos os argumentos localizados após o `--`) serão passados para o programa de treinamento: a tarefa principal normalmente usará o argumento `-job-dir` para descobrir onde salvar o modelo final no GCS, neste caso em *gs://my-mnist-model--bucket/ trained_model*. E mais nada! No console do GCP, você pode abrir o menu de navegação, ir até a seção Artificial Intelligence e abrir a AI Platform → Jobs. Você deve ver seu job em execução e, se clicar nele, verá grafos que mostram a utilização de CPU, GPU e RAM para cada task. Você pode clicar em View Logs para acessar os registros detalhados usando o Stackdriver.

> Se você colocar os dados de treinamento no GCS, poderá criar um `tf.data.TextLineDataset` ou um `tf.data.TextLineDataset` para acessá-los: basta usar os caminhos do GCS como nomes de arquivos (por exemplo, *gs://my--data- bucket/my_data_001.csv*). Esses conjuntos de dados dependem do pacote `tf.io.gfil` para acessar arquivos: ele suporta arquivos locais e arquivos GCS (mas certifique-se de que a conta de serviço que você usa tenha acesso ao GCS).

Caso queira explorar alguns valores de hiperparâmetros, você pode simplesmente executar vários jobs e especificar os valores de hiperparâmetros utilizando os argumentos extras para suas tasks. No entanto, se quiser explorar muitos hiperparâmetros com eficiência, é uma boa ideia usar o serviço de ajuste de hiperparâmetros da AI Platform.

Ajuste de hiperparâmetros black box na AI Platform

A AI Platform disponibiliza um poderoso serviço de ajuste de hiperparâmetros de otimização bayesiana chamado Google Vizier (*https://homl.info/vizier*).[23] Para usá-lo, é necessário passar um arquivo de configuração YAML ao criar o job (`--config tuning.yaml`). Por exemplo:

```
trainingInput:
  hyperparameters:
    goal: MAXIMIZE
    hyperparameterMetricTag: accuracy
    maxTrials: 10
    maxParallelTrials: 2
    params:
      - parameterName: n _ layers
        type: INTEGER
        minValue: 10
        maxValue: 100
        scaleType: UNIT _ LINEAR _ SCALE
      - parameterName: momentum
        type: DOUBLE
        minValue: 0.1
        maxValue: 1.0
        scaleType: UNIT _ LOG _ SCALE
```

22 No momento em que eu escrevia esta obra, o runtime 2.0 ainda não estava disponível, mas deve estar pronto no momento em que você ler isto. Confira a lista de runtimes disponíveis (*https://homl.info/runtimes*).

23 Daniel Golovin et al., "Google Vizier: A Service for Black-Box Optimization", *Anais da 23ª Conferência Internacional ACM SIGKDD sobre Descoberta de Conhecimento e Mineração de Dados* (2017): 1487–1495.

Isso diz à AI Platform que queremos maximizar a métrica chamada `"accuracy"`. O job executará no máximo 10 testes (cada teste rodará nosso código de treinamento para treinar o modelo do zero) e executará no máximo 2 testes em paralelo. Queremos ajustar dois hiperparâmetros: o hiperparâmetro `n_layers` (um número inteiro entre 10 e 100) e o hiperparâmetro `momentum` (um float entre 0,1 e 1,0). O argumento `scaleType` especifica o anterior para o valor do hiperparâmetro: `UNIT_LINEAR_SCALE` significa uma priori simples (ou seja, sem preferência a priori), ao passo que o `UNIT_LOG_SCALE` significa que temos uma crença anterior de que o valor ideal está mais próximo do valor máximo (o outro priori possível é `UNIT_REVERSE_LOG_SCALE`, quando acreditamos que o valor ideal está próximo do valor mínimo).

Os argumentos `n_layers` e `momentum` serão passados como argumentos de linha de comando para o código de treinamento e, é claro, espera-se que sejam usados. A questão é: como o código de treinamento comunicará a métrica de volta à AI Platform para que ele possa decidir quais valores de hiperparâmetros usar durante a próxima avaliação? Veja bem, a AI Platform somente monitora o diretório de saída (especificado via `--job-dir`) para qualquer event file (apresentado no Capítulo 10) contendo resumos para uma métrica chamada `"accuracy"` (ou qualquer nome de métrica especificado como `hyperparameterMetricTag`) e lê esses valores. Desse modo, seu código de treinamento simplesmente precisa usar a callback `TensorBoard()` (que você usará de qualquer maneira para monitoramento), e basta ir em frente!

Assim que o job for concluído, todos os valores de hiperparâmetros usados em cada tentativa e a acurácia resultante estarão disponíveis na saída do job (disponível por meio da AI Platform → Jobs page).

Os jobs da AI Platform também podem ser usados para executar seu modelo com eficiência em grandes quantidades de dados: cada worker pode ler parte dos dados do GCS, fazer predições e salvá-los no GCS.

Agora você tem todas as ferramentas e o conhecimento de que precisa para criar arquiteturas de rede neural inovadoras e treiná-las em larga escala usando várias estratégias de distribuição, em sua própria infraestrutura ou na nuvem — e você pode até mesmo fazer uma poderosa otimização bayesiana para ajustar os hiperparâmetros!

Exercícios

1. O que um SavedModel contém? Como você inspeciona seu conteúdo?
2. Quando você deve usar o TF Serving? Quais são suas principais características? Quais são algumas ferramentas que você pode utilizar para implementá-lo?
3. Como você implementa um modelo em várias instâncias do TF Serving?
4. Quando você deve usar a gRPC APC em vez da REST API para consultar um modelo vinculado pelo TF Serving?
5. Quais são as diferentes formas pelas quais a TFLite reduz o tamanho de um modelo para fazê-lo funcionar em um dispositivo móvel ou embarcado?
6. O que é treinamento ciente de quantização e por que você precisa dele?
7. O que são paralelismo de modelo e paralelismo de dados? Por que o último é geralmente recomendado?
8. Ao treinar um modelo em vários servidores, quais estratégias de distribuição você pode usar? Como você escolhe qual usar?

9. Treine um modelo (qualquer modelo de sua preferência) e o implemente no TF Serving ou no Google Cloud AI Platform. Escreva o código do cliente para consultá-lo usando a REST API ou a RPC API. Atualize o modelo e implemente a nova versão. Seu código de cliente agora consultará a nova versão. Depois, faça a reversão à primeira versão.
10. Treine qualquer modelo em várias GPUs na mesma máquina usando a `Mirrored Strategy` (se você não tiver acesso a GPUs, pode usar o Colaboratory com um GPU Runtime e criar duas GPUs virtuais). Treine o modelo novamente usando a `CentralStorageStrategy` e compare o tempo de treinamento.
11. Treine um pequeno modelo no Google Cloud AI Platform, usando o ajuste de hiperparâmetros black box.

Obrigado!

Antes de encerrarmos o último capítulo deste livro, gostaria de agradecê-lo por tê-lo lido inteiro, até o último parágrafo. Realmente espero que você tenha tido tanto prazer ao ler este livro quanto eu tive ao escrevê-lo, e que ele o ajude em seus projetos, sejam grandes ou pequenos.

Caso encontre erros no código, me envie um feedback. Entre em contato comigo pelo GitHub (*ageron/ handson-ml2*) ou pelo Twitter (@aureliengeron).

De agora em diante, meu único conselho é praticar: tente fazer todos os exercícios (se ainda não fez), brinque com os Jupyter notebooks, faça uma conta no Kaggle.com ou se junte a uma outra comunidade de AM, assista aos cursos de AM, leia artigos, participe de conferências e conheça especialistas. Ajuda muito ter um projeto concreto em que trabalhar, seja para trabalho mesmo ou apenas para se divertir (idealmente ambos). Ou seja, se você sempre sonhou em construir algo, vá em frente e tente!

Trabalhe progressivamente; não queira abraçar o mundo. Mantenha o foco em seu projeto e o construa parte a parte. Isso exigirá paciência e perseverança, mas quando você tiver um robô que anda ou um chatbot ativo, ou qualquer outra coisa que você queira construir, será muito gratificante.

Espero imensamente que esta obra o inspire a construir um aplicativo de aprendizado de máquina formidável que beneficie todos nós! O que será?

—Aurélien Géron, 17 de junho de 2019

Solução dos Exercícios

As soluções destes exercícios de programação estão disponíveis nos Jupyter notebook online em *https://github.com/ageron/handson-ml2*.

Capítulo 1: O Cenário do Aprendizado de Máquina

1. O aprendizado de máquina tem a ver com a construção de sistemas que podem aprender com os dados. Aprender significa melhorar em alguma tarefa, considerando alguma medida de desempenho.
2. O aprendizado de máquina é excelente para problemas complexos que não têm solução algorítmica, para substituir extensas listas de regras ajustadas manualmente, para construir sistemas que se adaptam a ambientes instáveis e, finalmente, para ajudar os humanos a aprender (por exemplo, mineração de dados).
3. Um conjunto de treinamento rotulado é um conjunto de treinamento que contém a solução desejada (também conhecida como rótulo) para cada instância.
4. As duas tarefas supervisionadas mais comuns são regressão e classificação.
5. Tarefas mais comuns não supervisionadas são: clusterização, visualização, redução de dimensionalidade e aprendizado de regras por associação.
6. O aprendizado por reforço provavelmente terá um desempenho melhor se quisermos que um robô aprenda a andar em vários terrenos desconhecidos, já que, normalmente, esse é o tipo de problema que o aprendizado por reforço aborda. Pode ser possível expressar o problema como um problema de aprendizagem supervisionado ou semissupervisionado, porém seria menos natural.
7. Caso não saiba como definir os grupos, você pode usar um algoritmo de clusterização (aprendizado não supervisionado) para segmentar seus clientes em grupos de clientes semelhantes. No entanto, se sabe quais grupos gostaria de ter, você pode fornecer muitos exemplos de cada grupo para um algoritmo de classificação (aprendizado supervisionado), e ele classificará todos os seus clientes nesses grupos.
8. A detecção de spam é um típico problema de aprendizado supervisionado: o algoritmo é alimentado com muitos e-mails junto com seus rótulos (spam ou não spam).
9. Um sistema de aprendizado online pode aprender de forma incremental, ao contrário de um sistema de aprendizagem em batch. Isso o torna capaz de se adaptar rapidamente a dados variáveis e sistemas autônomos, e de treinar em grandes quantidades de dados.
10. Algoritmos out-of-core podem lidar com grandes quantidades de dados que não cabem na memória principal de um computador. Um algoritmo de aprendizado out-of-core divide os dados em mini-batches e usa técnicas de aprendizado online para aprender com esses mini-batches.

11. Um sistema de aprendizado baseado em instância aprende os dados de treinamento de cor; assim, quando recebe uma nova instância, ele usa uma medida de similaridade a fim de encontrar as instâncias aprendidas mais semelhantes e as usa para fazer predições.
12. Um modelo tem um ou mais parâmetros de modelo que determinam o que ele predirá dada uma nova instância (por exemplo, a inclinação de um modelo linear). Um algoritmo de aprendizado tenta identificar valores ideais para esses parâmetros, de modo que o modelo seja bem generalizado para instâncias novas. Um hiperparâmetro é um parâmetro do algoritmo de aprendizagem em si, não do modelo (por exemplo, a quantidade de regularização a ser aplicada).
13. Algoritmos de aprendizagem baseados em modelo procuram um valor ideal para os parâmetros do modelo, de forma que o modelo seja bem generalizado para instâncias novas. Normalmente, treinamos esses sistemas minimizando uma função de custo que calcula o nível de habilidade de um sistema em realizar predições sobre os dados de treinamento, além de uma penalidade para a complexidade do modelo caso ele seja regularizado. Para realizar predições, fornecemos as características da nova instância na função de predição do modelo, usando os valores dos parâmetros encontrados pelo algoritmo de aprendizagem.
14. Alguns dos principais desafios do aprendizado de máquina são a falta de dados, dados de baixa qualidade, dados não representativos, características não informativas, modelos excessivamente simples que não se adéquam aos dados de treinamento e modelos excessivamente complexos que se sobreajustam aos dados.
15. Se um modelo tem um ótimo desempenho nos dados de treinamento, mas generaliza em instâncias novas, o modelo provavelmente está se sobreajustando aos dados de treinamento (ou tivemos muita sorte nos dados de treinamento). As possíveis soluções para o sobreajuste são obter mais dados, simplificar o modelo (selecionar um algoritmo mais simples, reduzir o número de parâmetros ou características utilizadas ou regularizar o modelo) ou reduzir o ruído nos dados de treinamento.
16. Um conjunto de testes é usado para estimar o erro de generalização que um modelo cometerá em instâncias novas, antes que o modelo seja disponibilizado em produção.
17. Um conjunto de validação é usado para comparar modelos. Possibilita selecionar o melhor modelo e ajustar os hiperparâmetros.
18. O train-dev set é utilizado quando há risco de incompatibilidade entre os dados de treinamento e os dados usados nos conjuntos de dados de validação e teste (que devem ser sempre o mais próximo possível dos dados usados quando o modelo estiver em produção). O train-dev set é uma parte do conjunto de treinamento oferecido (o modelo não é treinado nele). O modelo é treinado no resto do conjunto de treinamento e avaliado tanto no conjunto train-dev quanto no conjunto de validação. Caso o modelo tenha um bom desempenho no conjunto de treinamento, mas não no conjunto train-dev, provavelmente ele se sobreajustará ao conjunto de treinamento. Se ele tiver um bom desempenho no conjunto de treinamento e no conjunto train-dev, mas não no conjunto de validação, provavelmente há uma incompatibilidade de dados substancial entre os dados de treinamento e os dados de validação + teste, e você deve tentar melhorar os dados de treinamento para torná-los mais parecidos com os dados de validação + teste.
19. Caso ajuste os hiperparâmetros utilizando o conjunto de teste, você corre o risco de sobreajustar o conjunto de teste e o erro de generalização calculado será otimista (você pode disponibilizar em produção um modelo com desempenho pior do que o esperado).

Capítulo 2: Projeto de Aprendizado de Máquina Ponta a Ponta

1. Confira os Jupyter notebooks disponíveis em *https://github.com/ageron/handson-ml2*.

Capítulo 3: Classificação

1. Confira os Jupyter notebooks disponíveis em *https://github.com/ageron/handson-ml2*.

Capítulo 4: Treinando Modelos

1. Se tiver um conjunto de treinamento com milhões de características, você poderá usar um gradiente descendente estocástico ou um gradiente descendente em mini-batch e talvez um gradiente descendente batch se o conjunto de treinamento couber na memória. Mas você não pode usar a equação normal ou a abordagem SVD, porque a complexidade computacional cresce rapidamente (mais do que quadraticamente) com o número de características.
2. Caso as características em seu conjunto de treinamento tenham escalas muito diferentes, a função de custo terá o formato de uma tigela alongada, de modo que os algoritmos de gradiente descendente levarão muito tempo para convergir. Para solucionar isso, você deve escalonar os dados antes de treinar o modelo. Repare que a equação normal ou abordagem SVD funcionará bem sem escalonamento. Além disso, os modelos regularizados podem convergir para uma solução abaixo do ideal se as características não forem escalonadas: uma vez que a regularização penaliza grandes pesos, características com valores menores costumam ser ignoradas em comparação com características de valores maiores.
3. O gradiente descendente não pode ficar empacado em um mínimo local ao treinar um modelo de regressão logística porque a função de custo é convexa.[1]
4. Se o problema de otimização for convexo (como regressão linear ou regressão logística) e assumindo que a taxa de aprendizado não seja muito alta, todos os algoritmos de gradiente descendente se aproximarão do ideal global e acabarão gerando modelos bastante semelhantes. No entanto, a menos que você reduza gradativamente a taxa de aprendizado, o GD estocástico e o GD batch nunca convergirão; em vez disso, eles continuarão pulando para frente e para trás em torno do ideal global. Isso significa que, mesmo se você deixá-los rodar por muito tempo, esses algoritmos de gradiente descendente gerarão modelos ligeiramente diferentes.
5. Se o erro de validação aumentar consideravelmente após cada época, uma possibilidade é que a taxa de aprendizado esteja muito alta e o algoritmo esteja divergindo. Se o erro de treinamento também aumentar, isso se torna claramente um problema e você deve reduzir a taxa de aprendizado. Contudo, se o erro de treinamento não aumentar, seu modelo está se sobreajustando ao conjunto de treinamento e você deve interromper o treinamento.
6. Devido à natureza aleatória, nem o gradiente descendente estocástico nem o gradiente descendente em mini-batch representam garantia de progresso em cada iteração de treinamento. Ou seja, caso pare de treinar imediatamente quando o erro de validação aumentar, você pode parar muito cedo, antes que o ideal seja alcançado. A melhor opção é salvar o modelo em intervalos regulares; assim, quando não tiver melhorado por muito tempo (o que significa que provavelmente nunca baterá o recorde), você pode reverter para o melhor modelo salvo.
7. O gradiente descendente estocástico apresenta iteração de treinamento mais rápida, pois considera somente uma instância de treinamento por vez. Logo, ele geralmente é o primeiro a atingir a vizinhança do ideal global (ou GD mini-batch com um tamanho de mini-batch muito pequeno). No entanto, apenas o gradiente descendente em batch realmente convergirá, se houver tempo de treinamento suficiente. Como mencionado, GD estocástico e o GD mini-batch oscilarão em torno do ideal, a menos que você reduza gradualmente a taxa de aprendizado.

1. Se você desenhar uma linha reta entre quaisquer dois pontos na curva, a linha nunca atravessará a curva.

8. Se o erro de validação for muito maior do que o erro de treinamento, é provável que seu modelo esteja se sobreajustando ao conjunto de treinamento. Uma forma de tentar corrigir isso é reduzir o grau polinomial: um modelo com menos graus de liberdade tem menos probabilidade de sobreajuste. Outra coisa que você pode tentar é regularizar o modelo — por exemplo, adicionando uma penalidade de ℓ2 (Ridge) ou uma penalidade de ℓ1 (lasso) à função de custo. Isso também reduzirá os graus de liberdade do modelo. Por último, você pode tentar aumentar o tamanho do conjunto de treinamento.
9. Caso o erro de treinamento e o erro de validação forem quase iguais e razoavelmente altos, o modelo estará se subajustando ao conjunto de treinamento, o que significa que ele tem um viés alto. Você deve tentar reduzir o hiperparâmetro de regularização α.
10. Vejamos:
    - Um modelo com um pouco de regularização normalmente tem um desempenho melhor do que um modelo sem qualquer regularização. Assim, talvez você prefira a regressão de Ridge à regressão linear simples.
    - A regressão de lasso usa uma penalidade ℓ1, que costuma empurrar os pesos para exatamente zero. Isso resulta em modelos esparsos, em que todos os pesos são zero, exceto os pesos mais importantes. Essa é uma forma de seleção automática de características, o que é bom se você suspeitar que apenas algumas características importam. Quando não tiver certeza, você deve preferir a regressão de Ridge.
    - Via de regra, prefere-se a regressão elastic net à regressão de lasso, já que a última pode se comportar de maneira errática em alguns casos (quando vários características estão fortemente correlacionadas ou quando há mais características do que instâncias de treinamento). No entanto, ela adiciona um hiperparâmetro extra para ajustar. Caso prefira a regressão de lasso sem o comportamento errático, basta usar a regressão elastic net com um `l1_ratio` próximo de 1.
11. Se você quiser classificar as fotos como externas/internas e diurnas/noturnas, uma vez que não são classes exclusivas (ou seja, todas as quatro combinações são possíveis), basta treinar dois classificadores de regressão logística.
12. Confira os Jupyter notebooks disponíveis em *https://github.com/ageron/handson-ml2*.

Capítulo 5: Máquinas de Vetores de Suporte

1. A ideia fundamental das máquinas de vetores de suporte (SVM) é encaixar a "rua" mais larga possível entre as classes. Grosso modo, o objetivo é ter a maior margem possível entre a fronteira de decisão que separa as duas classes e as instâncias de treinamento. Ao realizar a classificação de margem suave, a SVM busca um meio-termo entre separar perfeitamente as duas classes e ter a rua mais possível (ou seja, alguns casos podem acabar na rua). Outra ideia importante é usar kernels ao treinar em conjuntos de dados não lineares.
2. Depois de treinar uma SVM, um *vetor de suporte* é qualquer instância localizada na "rua" (veja a resposta anterior), incluindo sua borda. A fronteira de decisão é inteiramente determinada pelos vetores de suporte. Qualquer instância que *não* seja um vetor de suporte (ou seja, que está fora da rua) não tem qualquer influência; você pode removê-las, adicionar mais instâncias ou movê-las e, desde que fiquem fora da rua, não afetarão a fronteira de decisão. O cálculo das predições envolve somente os vetores de suporte, não todo o conjunto de treinamento.

3. As SVMs tentam encaixar a maior "rua" possível entre as classes (veja a primeira resposta), logo, se o conjunto de treinamento não for escalonado, a SVM tenderá a negligenciar as características pequenas (veja a Figura 5-2).
4. Um classificador SVM pode gerar como saída a distância entre a instância de teste e a fronteira de decisão, e você pode usar isso como um score de confiança. No entanto, esse score não pode ser convertido diretamente em uma estimativa da probabilidade da classe. Ao criar um SVM na Scikit-Learn, se você definir `probability=True`, após o treinamento, ele calibrará as probabilidades usando a regressão logística nos scores do SVM (treinado por uma validação cruzada quíntupla adicional nos dados de treinamento). Isso acrescentará os métodos `predict_proba()` e `predict_log_proba()` para o SVM.
5. Esta questão se aplica somente aos SVMs lineares, já que SVMs kernelizados só podem utilizar a dualidade. A complexidade computacional da forma primal do problema SVM é proporcional ao número de instâncias de treinamento *m*, enquanto a complexidade computacional da forma de dualidade é proporcional a um número entre m^2 e m^3. Desse modo, se houver milhões de ocorrências, você definitivamente deve usar a forma primal, pois a forma de dualidade será muito lenta.
6. Se um classificador SVM treinado com um kernel RBF for insuficiente para o conjunto de treinamento, pode haver muita regularização. Para diminuí-la, você precisa aumentar `gamma` ou `C` (ou ambos).
7. Vamos chamar os parâmetros QP para o problema de margem difícil **H′**, **f′**, **A′** e **b**. Os parâmetros QP para o problema de margem suave têm *m* parâmetros adicionais ($np = n + 1 + m$) e *m* restrições adicionais ($nc = 2m$). Eles podem ser definidos da seguinte forma:
   - **H** é igual a **H′** somado a *m* colunas de 0s à direita e *m* linhas de 0s na parte inferior:

     $$\mathbf{H} = \begin{pmatrix} \mathbf{H}' & 0 & \cdots \\ 0 & 0 & \\ \vdots & & \ddots \end{pmatrix}$$

   - **f** é igual a **f′** com *m* elementos adicionais, todos iguais ao valor do hiperparâmetro *C*.
   - **b** é igual a **b′** com *m* elementos adicionais, todos iguais a 0.
   - **A** é igual a **A′** com matriz de identidade $m \times m$ extra **I***m* anexado à direita, –*I**m* logo abaixo dele, e o resto preenchido com 0s: $\mathbf{A} = \begin{pmatrix} \mathbf{A} & \mathbf{I}_m \\ \mathbf{0} & -\mathbf{I}_m \end{pmatrix}$.

Para as soluções dos exercícios 8, 9 e 10, confira os Jupyter notebooks disponíveis em *https://github.com/ageron/handson-ml2*.

Capítulo 6: Árvores de Decisão

1. A profundidade de uma árvore binária bem equilibrada contendo *m* folhas é igual a $\log_2(m)$,[2] arredondado. Uma árvore de decisão binária (aquela que toma apenas decisões binárias, como é o caso de todas as árvores na Scikit-Learn) acabará mais ou menos equilibrada no fim do treinamento, com uma folha por instância de treinamento se for treinada sem restrições. Assim, se o conjunto de treinamento contém 1 milhão de instâncias, a árvore de decisão terá uma profundidade de $\log_2(10^6) \approx 20$ (na verdade, um pouco mais, pois a árvore não será perfeitamente equilibrada).

2. registro $_2$ é o log binário; registro ^{2} (*m*) = log (*m*) / log (2).

2. Em geral, a impureza Gini de um nó é menor do que a de seu pai. Isso se deve à função de custo do algoritmo de treinamento CART, que divide cada nó para minimizar a soma ponderada das impurezas Gini de seus filhos. Entretanto, é possível que um nó tenha uma impureza Gini maior do que o pai, desde que esse aumento seja mais do que compensado por uma diminuição na impureza de outro filho. Por exemplo, considere um nó contendo quatro instâncias de classe A e uma da classe B. Sua impureza Gini é $1 - \left(\frac{1}{5}\right)^2 - \left(\frac{4}{5}\right)^2 = 0.32$. Agora, suponha que o conjunto de dados é unidimensional e as instâncias são alinhadas na seguinte ordem: A, B, A, A, A. Veja que o algoritmo dividirá este nó após a segunda instância, gerando um nó filho com as instâncias A, B e o outro nó filho com instâncias A, A, A. A impureza Gini do primeiro nó filho é $1 - \left(\frac{1}{2}\right)^2 - \left(\frac{1}{2}\right)^2 = 0.5$— que é maior do que o de seu pai. Esse é compensado pelo fato de que o outro nó é puro, logo sua impureza Gini ponderada geral é $\frac{2}{5} \times 0.5 + \frac{3}{5} \times 0 = 0.2$ — que é inferior à impureza Gini dos pais.
3. Se uma árvore de decisão está se sobreajustando ao conjunto de treinamento, pode ser uma boa ideia diminuir a `max _ depth`, pois isso restringirá o modelo, o regularizando.
4. As árvores de decisão não se importam se os dados de treinamento são escalonados ou centralizados; e essa é a boa notícia. Assim, se uma árvore de decisão for insuficiente para o conjunto de treinamento, escalonar as características de entrada não passará de uma perda de tempo.
5. A complexidade computacional do treinamento de uma árvore de decisão é $O(n \times m \log(m))$. Então, se você multiplicar o tamanho do conjunto de treinamento por 10, o tempo de treinamento será multiplicado por $K = (n \times 10m \times \log(10m))/(n \times m \times \log(m)) = 10 \times \log(10m)/ \log(m)$. Se $m = 10^6$, então $K \approx 11.7$, você pode esperar que o tempo de treinamento seja de aproximadamente 11,7 horas.
6. O preordenamento do conjunto de treinamento acelera o treinamento apenas se o conjunto de dados for menor do que algumas milhares de instâncias. Se contiver 100 mil instâncias, definir `presort=True` retardará consideravelmente o treinamento.

Para as soluções dos exercícios 7 e 8, confira os Jupyter notebooks disponíveis em *https://github.com/ageron/handson-ml2.*

Capítulo 7: Aprendizado Ensemble e Florestas Aleatórias

1. Se você treinou cinco modelos diferentes e todos eles alcançaram 95% de precisão, tente combiná-los em um ensemble voting, o que geralmente fornecerá resultados ainda melhores. Funciona melhor se os modelos forem muito diferentes (por exemplo, um classificador SVM, um classificador de árvore de decisão, um classificador de regressão logística e assim por diante). E funciona ainda melhor se eles forem treinados em diferentes instâncias de treinamento (esse é o ponto principal de usar os métodos ensemble bagging e pasting), mas, se não, isso ainda será eficaz, contanto que os modelos sejam muito diferentes.
2. Um classificador hard voting apenas calcula os votos de cada classificador aprendizado ensemble e escolhe a classe com mais votos. Um classificador soft voting calcula a probabilidade média estimada da classe para cada classe e escolhe a classe com a maior probabilidade. Isso dá aos votos de alta confiança mais peso e geralmente tem um desempenho melhor, porém só funciona se cada classificador for capaz de estimar as probabilidades de classe (por exemplo, para os classificadores SVM na Scikit-Learn defina `probability=True`).
3. É bem possível acelerar o treinamento de um agrupamento com bagging o distribuindo entre vários servidores, uma vez que cada preditor no agrupamento é independente dos outros. O

mesmo vale para o agrupamento com pasting e florestas aleatórias, pelo mesmo motivo. No entanto, cada preditor de um agrupamento com boosting é construído com base no preditor anterior; logo, o treinamento é necessariamente sequencial e você não ganhará nada distribuindo o treinamento entre vários servidores. Com relação aos conjuntos de empilhamento, todos os preditores em uma determinada camada são independentes uns dos outros, assim eles podem ser treinados em paralelo em vários servidores. Mas os preditores em uma camada só podem ser treinados depois que todos os preditores da camada anterior foram treinados.

4. Com a avaliação out-of-bag, cada preditor em um agrupamento bagging é avaliado usando instâncias nas quais não foi treinado (elas foram estendidas). Isso possibilita ter uma avaliação bastante imparcial do agrupamento, sem a necessidade de um conjunto de validação adicional. Assim, você tem mais instâncias disponíveis para treinamento e seu agrupamento pode ter um desempenho um pouco melhor.
5. Quando você está cultivando uma árvore em uma floresta aleatória, apenas um subconjunto aleatório das características é considerado para divisão em cada nó. Isso também vale para as árvores extras, contudo elas vão um pouco mais além: em vez de procurar os melhores limiares de decisões possíveis, como fazem as árvores de decisão normais, elas utilizam limiares de decisão [threshold] aleatórios para cada característica. Essa aleatoriedade extra se comporta como uma forma de regularização: se uma floresta aleatória se sobreajusta aos dados de treinamento, as árvores extras podem ter um desempenho melhor. Além do mais, como as árvores extras não procuram os melhores limiares de decisão possíveis, elas são mais rápidas de treinar do que as florestas aleatórias. No entanto, elas não são nem mais rápidas nem mais lentas do que as florestas aleatórias ao realizarem predições.
6. Caso seu agrupamento do AdaBoost seja insuficiente para os dados de treinamento, você pode tentar aumentar o número de estimadores ou reduzir os hiperparâmetros de regularização do estimador de base. Você também pode tentar aumentar um pouco a taxa de aprendizagem.
7. Caso seu agrupamento do gradiente boosting se sobreajuste ao conjunto de treinamento, você deve tentar diminuir a taxa de aprendizado. Você também pode utilizar a early stopping para encontrar o número certo de preditores (provavelmente você tem muitos).

Para as soluções dos exercícios 8 e 9, confira os Jupyter notebooks disponíveis em *https://github.com/ageron/handson-ml2*.

Capítulo 8: Redução de Dimensionalidade

1. As principais motivações para reduzir a dimensionalidade são:
   - Acelerar um algoritmo de treinamento posterior (em alguns casos, pode até remover o ruído e características redundantes, fazendo com que o algoritmo de treinamento tenha um desempenho melhor).
   - Visualizar os dados e obter insights sobre as características mais importantes.
   - Economizar espaço (compactação).

As principais desvantagens:

- Perdem-se algumas informações, possivelmente com prejuízo para o desempenho dos algoritmos de treinamento posteriores.
- Em termos computacionais, é pesado.
- Adiciona um pouco de complexidade aos pipelines de aprendizado de máquina.
- As características transformadas costumam ser difíceis de interpretar.

2. A maldição da dimensionalidade se refere ao fato de que muitos problemas que não existem no espaço de baixa dimensão simplesmente vêm à tona no espaço de alta dimensão. No aprendizado de máquina, uma manifestação comum é que os vetores de dimensões elevadas amostrados aleatoriamente são muito esparsos, aumentando o risco de sobreajuste e dificultando a identificação de padrões nos dados, sem ter muitos dados de treinamento.
3. Uma vez que a dimensionalidade de um conjunto de dados foi reduzida usando um dos algoritmos que analisamos, é quase sempre impossível reverter perfeitamente a operação, visto que algumas informações se perdem durante a redução da dimensionalidade. Além disso, embora alguns algoritmos (como o PCA) tenham um procedimento de transformação reversa simples que pode reconstruir um conjunto de dados relativamente semelhante ao original, outros algoritmos (como T-SNE) não têm.
4. A PCA pode ser utilizada para reduzir significativamente a dimensionalidade da maioria dos conjuntos de dados, mesmo se eles forem altamente não lineares, porque pode, pelo menos, eliminar dimensões inúteis. Entretanto, se não houver dimensões inúteis — como em um conjunto de dados Swiss roll — reduzir a dimensionalidade com a PCA causará a perda de muitas informações. Você quer desenrolar esse conjunto de dados, não achatá-lo.
5. Essa é uma pergunta capciosa: depende do conjunto de dados. Vejamos dois exemplos extremos. Primeiro, suponha que o conjunto de dados seja composto de pontos que estão quase perfeitamente alinhados. Nesse caso, a PCA pode reduzir o conjunto de dados a apenas uma dimensão, preservando 95% da variância. Agora imagine que o conjunto de dados é composto de pontos perfeitamente aleatórios, espalhados por todas as mil dimensões. Nesse caso, cerca de 950 dimensões são necessárias para preservar 95% da variância. Portanto, a resposta é: depende do conjunto de dados e pode ser qualquer número entre 1 e 950. Plotar a variância explicada como uma função do número de dimensões é uma forma de se ter uma ideia aproximada da dimensionalidade intrínseca do conjunto de dados.
6. A PCA normal é o padrão, porém ela funciona somente se o conjunto de dados couber na memória. A PCA incremental é útil para grandes conjuntos de dados que não cabem na memória, porém é mais lenta do que a PCA normal. Ou seja, se o conjunto de dados cabe na memória, você deve preferir a PCA normal. A PCA incremental também é útil para tarefas online, quando é necessário aplicar a PCA em tempo real, sempre que uma nova instância chega. A PCA aleatória é útil quando você deseja reduzir substancialmente a dimensionalidade e o conjunto de dados se ajusta à memória; neste caso, ela é mais rápida que a PCA normal. Por último, o Kernel PCA é útil para conjuntos de dados não lineares.
7. Intuitivamente, um algoritmo de redução de dimensionalidade tem um bom desempenho se eliminar muitas dimensões do conjunto de dados sem perder muitas informações. Uma forma de calcular isso é aplicar a transformação reversa e medir o erro de reconstrução. Contudo, nem todos os algoritmos de redução de dimensionalidade fornecem uma transformação reversa. Como alternativa, se estiver usando a redução de dimensionalidade como uma etapa de pré-processamento antes de outro algoritmo de aprendizado de máquina (por exemplo, um classificador floresta aleatória), você pode simplesmente calcular o desempenho desse segundo algoritmo; se a redução da dimensionalidade não perder muitas informações, o algoritmo deve funcionar tão bem quanto usar o conjunto original de dados.
8. Faz total sentido encadear dois algoritmos de redução de dimensionalidade diferentes. Um exemplo comum é usar a PCA para se livrar rapidamente de um grande número de dimensões inúteis e, em seguida, aplicar outro algoritmo de redução de dimensionalidade mais lento, como o LLE. Essa abordagem de duas etapas provavelmente resultará no mesmo desempenho que usar apenas o LLE, com diferença de uma fração de segundos.

Para as soluções dos exercícios 9 e 10, confira os Jupyter notebooks disponíveis em *https://github.com/ageron/handson-ml2*.

Capítulo 9: Técnicas de Aprendizado Não Supervisionado

1. No aprendizado de máquina, a clusterização é a tarefa não supervisionada de agrupar instâncias semelhantes. A noção de similaridade depende da tarefa em mãos: por exemplo, em alguns casos, duas instâncias próximas serão consideradas semelhantes, ao passo que em outros casos semelhantes podem estar distantes, desde que pertençam ao mesmo grupo densamente compactado. Os algoritmos de clusterização populares incluem o K-Means, DBSCAN, clusterização aglomerativa, BIRCH, Mean-Shift, propagação de afinidade e clusterização espectral.
2. Os principais usos dos algoritmos de agrupamento incluem análise de dados, segmentação de clientes, sistemas de recomendação, mecanismos de busca, segmentação de imagens, aprendizagem semissupervisionada, redução de dimensionalidade, detecção de anomalias e detecção de novidades.
3. A regra do "cotovelo" é uma técnica simples para selecionar o número de clusters ao usar o K-Means: apenas plote a inércia (a distância quadrada média de cada instância até seu centroide mais próximo) como uma função do número de clusters e encontre o ponto na curva onde a inércia decresce rapidamente (o "cotovelo"). Em geral, esse ponto fica próximo do número ideal de clusters. Outra abordagem é plotar o coeficiente de Silhouette como função do número de clusters. Muitas vezes, haverá um pico e o número ideal de clusters normalmente está próximo. O coeficiente de Silhouette é o coeficiente de Silhouette médio de todas as instâncias. Esse coeficiente varia de +1, para instâncias que estão dentro de seu cluster e longe de outros clusters, a –1 para instâncias que estão muito próximas de outro cluster. Você também pode plotar os diagramas de Silhouette e realizar uma análise mais aprofundada.
4. Rotular um conjunto de dados custa os olhos da cara e é demorado. Assim sendo, é comum ter muitas instâncias não rotuladas e poucas instâncias rotuladas. A propagação de rótulos é uma técnica que consiste em copiar alguns (ou todos) os rótulos das instâncias rotuladas para instâncias não rotuladas parecidas. Isso pode estender e muito o número de instâncias rotuladas e, assim, possibilitar que um algoritmo supervisionado alcance um melhor desempenho (é uma forma de aprendizado semissupervisionado). Uma abordagem é utilizar um algoritmo de clusterização, como K-Means em todas as instâncias, em seguida, para cada cluster, encontrar o rótulo mais comum ou o rótulo da instância mais representativa (ou seja, o mais próximo do centroide) e fazer a propagação deles para instâncias não rotuladas no mesmo cluster.
5. Os algoritmos K-Means e BIRCH escalonam bem para grandes conjuntos de dados. O DBSCAN e o Mean-Shift procuram regiões de alta densidade.
6. O aprendizado ativo é útil sempre que você tiver muitas instâncias não rotuladas, visto que a rotulagem é cara. Nesse caso (que é muito comum), em vez de selecionar instâncias aleatoriamente para rotular, muitas vezes é preferível realizar o aprendizado ativo, no qual especialistas humanos interagem com o algoritmo de aprendizagem, fornecendo rótulos para instâncias específicas quando o algoritmo os solicita. Uma abordagem comum é a amostragem de incerteza.
7. Muitas pessoas usam os termos *detecção de anomalia* e *detecção de novidades* de forma intercambiável, contudo eles não significam exatamente a mesma coisa. Na detecção de anomalias, o algoritmo é treinado em um conjunto de dados que pode conter outliers e o objetivo é normalmente identificar esses outliers (dentro do conjunto de treinamento), bem como outliers entre novas instâncias. Já na detecção de novidades, o algoritmo é treinado em um conjunto de dados que se presume "limpo" e o objetivo é detectar estritamente novidades entre as novas instâncias. Alguns algoritmos funcionam melhor para detecção de anomalias (por exemplo, a floresta de isolamento), ao passo que outros são mais adequados para detecção de novidades (por exemplo, SVM de uma classe).

8. Uma mistura de gaussianas (GMM) é um modelo probabilístico que assume que as instâncias foram geradas a partir de uma mistura de várias distribuições gaussianas cujos parâmetros são desconhecidos. Em outras palavras, a suposição é que os dados são agrupados em um número finito de clusters, cada um com uma forma elipsoidal (mas os clusters podem ter diferentes formatos, tamanhos, orientações e densidades elipsoidais), e não sabemos a qual cluster cada instância pertence. Esse modelo ajuda na estimativa de densidade, clusterização e detecção de anomalias.
9. Uma forma de encontrar o número correto de clusters ao usar um modelo de mistura de gaussianas é plotar o Critério de Informação Bayesiano de Schwarz (BIC) ou Critério de Informação de Akaike (AIC) como uma função do número de clusters e, depois, escolher o número de clusters que minimiza o BIC ou AIC. Outra técnica é utilizar um modelo de mistura bayesiana gaussiana, que seleciona automaticamente o número de clusters.

Para as soluções dos exercícios 10 a 13, confira os Jupyter notebooks disponíveis em *https://github.com/ageron/handson-ml2*.

Capítulo 10: Introdução às Redes Neurais Artificiais com a Biblioteca Keras

1. Acesse o TensorFlow Playground (*https://playground.tensorflow.org/*) e brinque com ele conforme descrito neste exercício.
2. A seguir, uma rede neural baseada nos neurônios artificiais originais que calcula $A \oplus B$ (em que $\oplus$ representa o exclusive OR [ou OU-exclusivo ou XOR], usando o fato de que $A \oplus B = (A \wedge \neg B) \vee (\neg A \wedge B)$. Existem outras soluções — por exemplo, usando o fato de que $A \oplus B = (A \vee B) \wedge \neg(A \wedge B)$ ou o fato de que $A \oplus B = (A \vee B) \wedge (\neg A \vee \wedge B)$, e assim por diante.

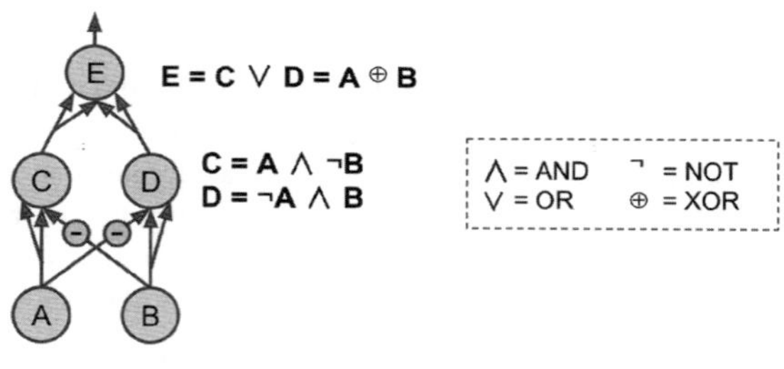

3. Uma perceptron clássica convergirá apenas se o conjunto de dados for linearmente separável e não será capaz de estimar as probabilidades da classe. Por outro lado, um classificador de regressão logística convergirá para uma boa solução, mesmo se o conjunto de dados não for linearmente separável, e gerará probabilidades de classe. Caso altere a função de ativação da perceptron para a função de ativação logística (ou a função de ativação softmax se houver vários neurônios), e se você treiná-la usando o gradiente descendente (ou algum outro algoritmo de otimização minimizando a função de custo, normalmente entropia cruzada), então ela se torna equivalente a um classificador de regressão logística.
4. A função de ativação logística foi o principal ingrediente no treinamento das primeiras MLPs porque sua derivada é sempre diferente de zero, de modo que o gradiente descendente sempre pode ir ladeira abaixo em direção à encosta mais íngreme. Quando a função de ativação é uma função escalonada, o gradiente descendente não pode se movimentar, pois não há declinação alguma.
5. As funções de ativação populares incluem a função degrau, a função logística (sigmoide), a função tangente hiperbólica (tanh) e a função unidade linear retificada (ReLU) (veja a Figura 10-8). Confira o Capítulo 11 para outros exemplos, como ELU e variantes da função ReLU.

6. Considerando a MLP descrita na pergunta, composta por uma camada de entrada com 10 neurônios de passagem, seguida por uma camada oculta com 50 neurônios artificiais e, por último, uma camada de saída com 3 neurônios artificiais, em que todos os neurônios artificiais usam a função de ativação ReLU: o formato da matriz de entrada **X** é $m \times 10$, em que m representa o tamanho do batch de treinamento.
   a. O formato do vetor de peso da camada oculta $\mathbf{W}_h$ é 10×50, e o comprimento de seu viés de vetor $\mathbf{b}_h$ é 50.
   b. O formato do vetor de peso da camada de saída $\mathbf{W}_o$ é 50×3, e o comprimento de seu vetor de viés $\mathbf{b}_o$ é 3.
   c. O formato da matriz de saída da rede **Y** é $m \times 3$.
   d. $Y^* = \text{ReLU}(\text{ReLU}(\mathbf{X}\,\mathbf{W}_h + \mathbf{b}_h)\,\mathbf{W}_o + \mathbf{b}_o)$. Lembre-se de que a função ReLU apenas define todos os números negativos na matriz como zero. Repare também que, quando você adiciona um vetor de viés a uma matriz, ele é adicionado a cada linha da matriz, que se chama *broadcasting*.

7. Para classificar e-mail em spam ou ham, você só precisa de um neurônio na camada de saída de uma rede neural — por exemplo, indicando a probabilidade de que o e-mail seja spam. Você normalmente usaria a função de ativação logística na camada de saída ao estimar uma probabilidade. Se, em vez disso, você quiser lidar com MNIST, precisará de 10 neurônios na camada de saída e deverá substituir a função logística pela função de ativação softmax, que pode lidar com diversas classes, gerando uma probabilidade por classe. Caso queira que sua rede neural preveja os preços de imóveis como no Capítulo 2, então você precisa de um neurônio de saída, sem usar nenhuma função de ativação na camada de saída.[3]
8. A retropropagação é uma técnica utilizada para treinar redes neurais artificiais. Primeiro, ela calcula os gradientes da função de custo em relação a cada parâmetro do modelo (todos os pesos e vieses) e, em seguida, roda uma etapa de gradiente descendente usando esses gradientes. Essa etapa de retropropagação é normalmente executada milhares ou milhões de vezes, usando muitos batches de treinamento, até que os parâmetros do modelo convirjam para valores que (tomara) minimizam a função de custo. Para calcular os gradientes, a retropropagação usa o autodiff de modo reverso (embora não fosse chamado assim quando a retropropagação foi inventada e reinventada inúmeras vezes). O autodiff de modo reverso executa uma passagem direta [forward pass] por um grafo computacional, calculando o valor de cada nó para o batch de treinamento atual e, em seguida, executa uma passagem reversa, calculando todos os gradientes de uma vez (veja o Apêndice D para mais detalhes). Mas, então, qual é a diferença? A retropropagação se refere a todo o processo de treinamento de uma rede neural artificial usando várias etapas de retropropagação, e cada uma delas calcula gradientes e os usa para realizar uma etapa de gradiente descendente. Por outro lado, o autodiff de modo reverso é apenas uma técnica para calcular gradientes de maneira eficiente e é usado pela retropropagação.
9. Vejamos uma lista de todos os hiperparâmetros que você pode ajustar em uma MLP básica: o número de camadas ocultas, o número de neurônios em cada camada oculta e a função de ativação usada em cada camada oculta e na camada de saída.[4] Em geral, a função de ativação ReLU

3. Quando os valores a predizer variam em muitas ordens de magnitude, recomenda-se predizer o logaritmo do valor-alvo em vez do valor-alvo direto. Basta calcular o exponencial da saída da rede neural que você terá o valor estimado (desde que $\exp(\log v) = v$).

4. No Capítulo 11, analisamos muitas técnicas que apresentam hiperparâmetros adicionais: tipo de inicialização de peso, hiperparâmetros de função de ativação (por exemplo, a quantidade de vazamento na leaky ReLU), limiar de clipping do gradiente, tipo de otimizador e seus hiperparâmetros (por exemplo, o hiperparâmetro momentum ao usar o `MomentumOptimizer`), tipo de regularização para cada camada e hiperparâmetros de regularização (por exemplo, taxa de dropout ao usar a dropout) e assim por diante.

(ou uma de suas variantes; veja o Capítulo 11) é um bom padrão para as camadas ocultas. Para a camada de saída, recomenda-se a função de ativação logística para classificação binária, a função de ativação softmax para classificação multiclasse ou nenhuma função de ativação para regressão.

10. Se a MLP se sobreajustar aos dados de treinamento, você pode tentar reduzir o número de camadas ocultas e reduzir o número de neurônios por camada oculta.

Confira os Jupyter notebooks disponíveis em *https://github.com/ageron/handson-ml2*.

Capítulo 11: Treinando Redes Neurais Profundas

1. Não, não está tudo bem. Todos os pesos devem ser amostrados independentemente; eles não devem ter o mesmo valor inicial. Um objetivo importante da amostragem de pesos aleatoriamente é quebrar a simetria: se todos os pesos tiverem o mesmo valor inicial, ainda que esse valor não seja zero, a simetria não é quebrada (ou seja, todos os neurônios em uma determinada camada são equivalentes), e a retropropagação será incapaz de quebrá-la. Em termos concretos, isso significa que todos os neurônios em qualquer camada sempre terão os mesmos pesos. É como ter apenas um neurônio por camada, e muito mais lento. É praticamente impossível que tal configuração convirja para uma boa solução.
2. É normal inicializar os vieses para zero. Algumas pessoas gostam de inicializá-los como pesos, e está tudo bem também; não faz muita diferença.
3. Algumas vantagens da função SELU em relação à função ReLU são:
   - Ela pode assumir valores negativos, de modo que a saída média dos neurônios em qualquer camada é normalmente mais próxima de zero do que ao usar a função de ativação ReLU (que nunca gera valores negativos). Isso ajuda a mitigar o problema dos gradientes de fuga.
   - Ela sempre tem uma derivada diferente de zero, o que evita o problema de unidades mortas que podem impactar as unidades ReLU.
   - Nas condições adequadas (ou seja, se o modelo é sequencial e os pesos são inicializados usando a inicialização LeCun, as entradas são padronizadas e, se não há camada incompatível ou regularização, como dropout ou regularização ℓ_1), a função de ativação SELU garante que o modelo seja autonormalizado, o que soluciona os problemas de explosão de gradientes e gradientes de fuga.
4. A função de ativação SELU é um bom padrão. Se precisar que a rede neural seja a mais rápida possível, você pode usar uma das variantes da leaky ReLU (por exemplo, uma simples leaky ReLU usando o valor de hiperparâmetro padrão). A simplicidade da função de ativação ReLU a torna a opção preferida de muitas pessoas, apesar do fato de ser geralmente superada pela SELU e pela leaky ReLU. Entretanto, a capacidade da função de ativação ReLU de gerar precisamente zero pode ser útil em alguns casos (por exemplo, veja o Capítulo 17). Além do mais, ela às vezes pode se beneficiar da implementação otimizada, bem como da aceleração de hardware. A função tangente hiperbólica (tanh) pode ser útil na camada de saída se você precisar gerar um número entre –1 e 1, porém, atualmente, ela não é muito usada em camadas ocultas (exceto em redes recorrentes). A função de ativação logística também é útil na camada de saída quando você precisa estimar uma probabilidade (por exemplo, para classificação binária), mas raramente é utilizada em camadas ocultas (há exceções que fogem à regra — por exemplo, para a camada de codificação de autoencoders variacionais; veja o Capítulo 17). Por último, a função de ativação softmax é útil na camada de saída para probabilidades de saída para classes mutuamente excludentes, mas dificilmente (ou nunca) é usada em camadas ocultas.

5. Se você definir o hiperparâmetro `momentum` muito próximo de 1 (por exemplo, 0,99999) ao utilizar um otimizador `SGD`, o algoritmo provavelmente ganhará muita velocidade, se moverá mais ou menos em direção ao mínimo global, porém seu momentum o levará além do mínimo. Assim, ele desacelerará e voltará, e acelerará novamente, excederá e assim por diante. Ele pode oscilar desse jeito muitas vezes antes de convergir. Ou seja, ele levará mais tempo para convergir do que com um valor menor de `momentum`.
6. Uma maneira de produzir um modelo esparso (ou seja, com a maioria dos pesos igual a zero) é treinar o modelo normalmente e, depois, zerar os pesos mínimos. Para obter mais esparsidade, você pode aplicar a regularização ℓ_1 durante o treinamento, o que empurra o otimizador rumo à esparsidade. A terceira opção é usar o TensorFlow Model Optimization Toolkit.
7. Sim, a dropout retarda o treinamento, em geral cerca de um fator de dois. No entanto, não tem impacto na velocidade de inferência, uma vez que só é ativada durante o treinamento. A dropout de Monte Carlo se comporta do mesmo jeito que a dropout durante o treinamento, com a diferença que fica ativa durante a inferência, ou seja, cada inferência desacelera um pouco. O mais importante: ao usar a dropout MC, você normalmente executa a inferência 10 vezes ou mais para obter melhores predições. Isso significa que as predições demoram 10 vezes mais.

Para as soluções dos exercícios 8, confira os Jupyter notebooks disponíveis em *https://github.com/ageron/handson-ml2*.

Capítulo 12: Modelos Customizados e Treinamento com a Biblioteca TensorFlow

1. A TensorFlow é uma biblioteca open source para análise numérica, principalmente adaptada e ajustada para aprendizado de máquina em grande escala. Assemelha-se à NumPy, mas também suporta GPU, computação distribuída, análise de grafos computacionais e recursos de otimização (com um formato de grafo portátil que possibilita treinar um modelo TensorFlow em um ambiente e rodá-lo em outro), e API de otimização baseada em autodiff de modo reverso e várias APIs poderosas, como tf.keras, tf.data, tf.image, tf.signal e muito mais. Outras bibliotecas populares de aprendizado de máquina incluem PyTorch, MXNet, Microsoft Cognitive Toolkit, Theano, Caffe2 e Chainer.
2. Embora a TensorFlow disponibilize a maioria das funcionalidades fornecidas pela NumPy, ela não é uma substituta direta, por alguns motivos. Primeiro, os nomes das funções nem sempre são os mesmos (por exemplo, `tf.reduce_sum()` vs. `np.sum()`). Segundo, algumas funções não se comportam exatamente do mesmo jeito (por exemplo, a `tf.transpose()` cria uma cópia transposta de um tensor, ao passo que o atributo `T` da NumPy cria uma visão transposta, sem copiar nenhum dado). Por último, os arrays NumPy são mutáveis, enquanto os tensores TensorFlow não (mas é possível usar uma `tf.Variable` se você precisar de um objeto mutável).
3. Tanto a `tf.range(10)` como a `tf.constant(np.arange(10))` retornam um tensor unidimensional contendo os inteiros de 0 a 9. Contudo, a primeira usa inteiros de 32 bits, enquanto a última usa inteiros de 64 bits. Na verdade, o padrão TensorFlow é de 32 bits, ao passo que o padrão NumPy é de 64 bits.
4. Além dos tensores normais, a TensorFlow disponibiliza outras estruturas de dados, incluindo tensores esparsos, arrays de tensores, tensores irregulares, filas, tensores de string e conjuntos. Os dois últimos são representados como tensores regulares, mas a TensorFlow fornece funções especiais para manipulá-los (`tf.strings` e `tf.sets`).

5. Quando você deseja definir uma função de perda customizada, em geral, basta implementá-la como uma função Python normal. No entanto, se sua função de perda customizada deve suportar alguns hiperparâmetros (ou qualquer outro estado), você deve subclassificar a classe `keras.losses.Loss` e implementar os métodos `init()` e `call()`. Caso queira que os hiperparâmetros da função de perda sejam salvos junto com o modelo, basta implementar o método `get _ config()`.
6. Bastante parecidas com as funções de perda customizada, a maioria das métricas pode ser definida como funções normais do Python. Mas, se você quiser que sua métrica customizada suporte alguns hiperparâmetros (ou qualquer outro estado), basta subclassear a classe `keras.metrics.Metric`. Além disso, calcular a métrica em uma época inteira não é equivalente a calcular a métrica média em todos os batches dessa época (por exemplo, como para as métricas de precisão e revocação), então você deve subclassear a classe `keras.metrics.Metric` e implementar os métodos `init()`, `update _ state()` e `result()` para manter o controle de uma métrica em execução durante cada época. Você também deve implementar o método `reset _ states()`, a menos que tudo que ele precise fazer seja redefinir todas as variáveis para 0,0. Caso queira que o estado seja salvo junto com o modelo, você também deve implementar o método `get _ config()`.
7. Você deve distinguir os componentes internos do seu modelo (ou seja, camadas ou blocos reutilizáveis de camadas) do próprio modelo (ou seja, o objeto que você treinará). O primeiro deve subclassear a classe `keras.layers.Laye`, ao passo que o último deve subclassear a classe `keras.models.Model`.
8. Escrever seu próprio loop de treinamento customizado é um tanto complexo. Ou seja, só faça isso se realmente for necessário. A Keras fornece várias ferramentas para customizar o treinamento sem ter que escrever um loop de treinamento: callbacks, regularizadores, restrições, perdas customizadas e assim por diante. Você deve usá-los sempre que possível em vez de escrever um loop de treinamento customizado, porque esse último é mais sujeito a erros e será mais difícil reutilizar o código customizado escrito. No entanto, em alguns casos, é necessário escrever um loop de treinamento customizado — por exemplo, se você quiser usar otimizadores distintos para diferentes partes de sua rede neural, como no artigo da rede neural Wide & Deep (*https://homl.info/widedeep*). Um loop de treinamento customizado também pode ajudar o debugging ou a entender exatamente como o treinamento funciona.
9. Os componentes customizados Keras devem ser convertidos em funções TF, o que significa que devem seguir as operações TF o máximo possível e respeitar todas as regras listadas neste Capítulo. Se for realmente necessário incluir código Python arbitrário em um componente customizado, você pode envolvê-lo em um wrapper de uma operação `tf.py _ function()` (mas isso reduzirá o desempenho e limitará a portabilidade do seu modelo) ou definir `dynamic=True` ao criar a camada ou modelo customizado (ou definir `run _ eagerly=True` ao chamar o método `compile()` do modelo).
10. Por favor, veja a seção "Regras das Funções da TensorFlow" deste capítulo.
11. Criar um modelo Keras dinâmico pode ajudar no debugging, pois ele não compilará nenhum componente customizado para uma função TF e você pode usar qualquer debugging Python para depurar seu código. Pode ser útil também se você quiser incluir código Python arbitrário em seu modelo (ou em seu código de treinamento), incluindo chamadas para bibliotecas externas. Para tornar um modelo dinâmico, basta definir `dynamic=True` ao criá-lo. Como alternativa, você pode definir `run _ eagerly=True` ao chamar o método `compile()` do modelo. Tornar um modelo dinâmico impede que a Keras use qualquer uma das características

de grafo da TensorFlow, logo, isso deixará o treinamento e a inferência mais lentos, e não será possível você exportar o grafo computacional, o que limitará a portabilidade do seu modelo.

Para as soluções dos exercícios 12 e 13, confira os Jupyter notebooks disponíveis em *https://github.com/ageron/handson-ml2*.

Capítulo 13: Carregando e Pré-processando Dados com a TensorFlow

1. A ingestão de um grande conjunto de dados e seu pré-processamento eficiente pode ser um desafio complexo de engenharia. A Data API simplifica bastante isso. Ela oferece muitas características, incluindo o carregamento de dados de várias fontes (como arquivos de texto ou binários), leitura de dados em paralelo de diversas fontes, além de transformá-las, intercalando os registros, embaralhando os dados, fazendo o batch deles e preordenando-os.
2. Dividir um grande conjunto de dados em vários arquivos possibilita embaralhá-los de um modo grosseiro, antes de embaralhá-los de forma mais refinada usando um shuffling buffer. Possibilita também lidar com grandes conjuntos de dados que não cabem em uma única máquina. É mais simples também de manipular milhares de arquivos pequenos em vez de um arquivo enorme; por exemplo, é mais fácil dividir os dados em vários subconjuntos. Por último, se os dados forem divididos em vários arquivos espalhados por diversos servidores, é possível fazer o download de vários arquivos de diferentes servidores simultaneamente, o que melhora o uso da largura de banda.
3. Você pode usar o TensorBoard para visualizar o profiling data: se a GPU não for totalmente utilizada, o pipeline de entrada provavelmente será o gargalo. Você pode corrigi-lo certificando-se de que ele lê e pré-processa os dados em várias threads em paralelo e garantindo que pré-busque alguns batches. Se isso for insuficiente para que sua GPU atinja 100% de uso durante o treinamento, verifique se seu código de pré-processamento está otimizado. Você também pode tentar salvar o conjunto de dados em vários arquivos TFRecord e, caso necessário, realizar parte do pré-processamento com antecedência para que não precise ser feito em tempo real durante o treinamento (a TF Transform pode ajudar nisso). Se necessário, use uma máquina com mais CPU e RAM e verifique se a largura de banda da GPU dá conta.
4. Um arquivo TFRecord é composto de uma sequência de registros binários arbitrários: você pode armazenar absolutamente quaisquer dados binários que quiser em cada registro. Mas, na prática, a maioria dos arquivos TFRecord contém sequências de buffers de protocolo serializados. Isso possibilita se beneficiar dos protocol buffers, como o fato de que eles podem ser lidos facilmente em várias plataformas e idiomas e sua definição pode ser atualizada posteriormente de forma compatível com versões anteriores.
5. O formato protobuf `Example` tem a vantagem de o TensorFlow fornecer algumas operações para analisá-lo (as funções `tf.io.parse*example()`) sem que você precise definir seu próprio formato. É flexível o suficiente para representar instâncias na maioria dos conjuntos de dados. Na prática, a maioria dos arquivos TFRecord contém sequências de protocol buffers serializados. No entanto, se ele não abordar seu caso de uso, você pode definir seu próprio protocol buffer o compilando e usando `protoc` (definindo o os argumentos `--descriptor_set_out` e `--include_imports` para exportar o descritor protobuf e use a função `tf.io.decode_proto()` para analisar o protobuf serializado (confira a seção "Custom protobuf" do notebook). É mais complicado e exige a implementação do descritor junto com o modelo, mas é possível.
6. Ao usar o TFRecords, geralmente você desejará ativar a compactação se os arquivos TFRecord precisarem ser baixados pelo script de treinamento, pois a compactação deixará os arquivos menores e, assim, reduzirá o tempo de download. Porém, se os arquivos estiverem localizados

na mesma máquina que o script de treinamento, geralmente é preferível deixar a compactação desativada, para evitar o desperdício de CPU para descompactação.

7. Vejamos os prós e os contras de cada opção de pré-processamento:

   - Se você pré-processar os dados ao criar os arquivos de dados, o script de treinamento rodará mais rápido, já que não terá que realizar o pré-processamento em tempo real. Em alguns casos, os dados pré-processados também serão bem menores do que os dados originais; assim, você pode economizar espaço e acelerar os downloads. Ajuda também materializar os dados pré-processados, por exemplo, para inspecioná-los ou arquivá-los. Contudo, essa abordagem apresenta alguns contras. Primeiro, não é nada fácil testar várias lógicas de pré-processamento se você precisar gerar um conjunto pré-processado de dados para cada variante. Segundo, caso queria aplicar a técnica data augmentation, você terá que materializar muitas variantes de seu conjunto de dados, o que usará uma grande quantidade de espaço em disco e demorará muito tempo para geração. Por último, o modelo treinado esperará dados pré-processados, logo você terá que adicionar o código de pré-processamento em seu app antes de chamar o modelo.
   - Se os dados forem pré-processados com o pipeline tf.data, será mais fácil ajustar a lógica de pré-processamento e aplicar a técnica data augmentation. Além disso, o tf.data facilita a construção de pipelines de pré-processamento altamente eficientes (por exemplo, com multithreading e pré-busca). Entretanto, o pré-processar os dados desse jeito deixará o treinamento mais lento. A propósito, cada instância de treinamento será pré-processada uma vez por época em vez de somente uma vez se os dados foram pré-processados ao criar os arquivos de dados. Por último, o modelo treinado ainda fica esperando os dados pré-processados.
   - Se você adicionar camadas de pré-processamento ao seu modelo, terá que escrever o código de pré-processamento apenas uma vez para treinamento e inferência. Caso o modelo precise ser implementado em muitas plataformas, não é necessário escrever o código de pré-processamento diversas vezes. Além do mais, você não correrá o risco de usar a lógica de pré-processamento errada, pois ela fará parte do modelo. Em contrapartida, o pré-processamento dos dados deixará o treinamento mais lento e cada instância de treinamento será pré-processada uma vez por época. Por padrão, as operações de pré-processamento também serão executadas na GPU para o batch atual (você não se beneficiará do pré-processamento paralelo na CPU nem da pré-busca). Felizmente, as próximas camadas de pré-processamento Keras devem ser capazes de abordar as operações de pré-processamento das camadas de pré-processamento e rodá-las como parte do pipeline tf.data. Desse modo, você se beneficiará da execução multithread na CPU e da pré-busca. Por último, usar a TF Transform para pré-processamento oferece muitos dos benefícios das opções anteriores: os dados pré-processados são materializados, cada instância é pré-processada somente uma vez (acelerando o treinamento) e as camadas de pré-processamento são automáticas. Ou seja, você só precisa escrever o código de pré-processamento uma vez. A desvantagem é que você precisa aprender a usar essa ferramenta.

8. Vejamos como codificar características categóricas e de texto:

   - Para codificar um elemento categórico que tem um ordenamento natural, como uma classificação de filme (por exemplo, "ruim," "médio," "bom"), a opção mais simples é utilizar a codificação ordinal: classifique as categorias em seu ordenamento natural e mapeie cada categoria em sua classificação (por exemplo, "ruim" é mapeado para 0, "médio" é mapeado para 1 e "bom" para 2). No entanto, boa parte das características categóricas não tem esse ordenamento natural. Por exemplo, não existe ordenamento natural para profissões ou países. Nesse caso, você pode usar codificação one-hot ou, se houver muitas categorias, as embeddings.

- Para características de texto, uma opção é usar uma representação bag-of-words: uma frase é representada por um vetor que calcula o número de cada palavra possível. Como as palavras comuns não são muito importantes, você deve usar o TF-IDF para reduzir seu peso. Em vez de calcular palavras, também é usual contar *n*-gramas, sequências de *n* palavras consecutivas — prático e simples. Como alternativa, você pode codificar cada palavra usando embeddings de palavras, possivelmente pré-treinadas. Em vez de codificar palavras, também é possível codificar cada letra ou tokens de subpalavra (por exemplo, dividir "beija-flor" em "beija" e "flor"). Essas duas últimas opções são analisadas no Capítulo 16.

Para as soluções dos exercícios 9 e 10, confira os Jupyter notebooks disponíveis em *https://github.com/ageron/handson-ml2*.

Capítulo 14: Visão Computacional Detalhada das Redes Neurais Convolucionais

1. Vejamos as principais vantagens de uma CNN em relação a uma DNN totalmente conectada para classificação de imagens:
   - Como as camadas consecutivas estão parcialmente conectadas e como elas reutilizam seus muitos pesos, uma CNN tem menos parâmetros do que uma DNN totalmente conectada, o que a torna mais rápida para treinar, reduz o risco de sobreajuste e exige bem menos dados de treinamento.
   - Quando uma CNN aprende um kernel que pode identificar determinada característica, ela pode detectar essa característica em qualquer lugar da imagem. Em contrapartida, quando uma DNN aprende uma característica em um local, ela pode detectá-la apenas naquele local específico. Como as imagens normalmente têm características repetitivas, as CNNs são capazes de generalizar melhor do que as DNNs para tarefas de processamento de imagens, como classificação, usando menos exemplos de treinamento.
   - Por fim, uma DNN não tem conhecimento prévio de como os pixels são organizados; ela não sabe que os pixels próximos estão próximos. A arquitetura de uma CNN incorpora esse conhecimento prévio. As camadas inferiores normalmente identificam características em pequenas áreas das imagens, ao passo que as camadas superiores combinam as características de nível inferior em características maiores. Isso funciona bem com a maioria das imagens naturais, dando às CNNs uma vantagem determinante em comparação com as DNNs.
2. Vamos calcular quantos parâmetros a CNN tem. Como sua primeira camada convolucional tem núcleos 3 × 3 e a entrada tem três canais (vermelho, verde e azul), cada mapa de características tem pesos 3 × 3 × 3, mais um viés. São 28 parâmetros por mapa de características. Já que essa primeira camada convolucional tem 100 mapas de características, ela tem um total de 2.800 parâmetros. A segunda camada convolucional tem 3 × 3 kernels e sua entrada é o conjunto de 100 mapas de características da camada anterior, então cada mapa de características tem 3 × 3 × 100 = 900 pesos, mais um viés. Como tem 200 mapas de características, essa camada tem 901 × 200 = 180.200 parâmetros. Por último, a terceira e última camada convolucional também têm kernels 3 × 3, e sua entrada é o conjunto de 200 mapas de características das camadas anteriores, de modo que cada mapa de características tem 3 × 3 × 200 = 1.800 pesos, mais um viés. Como tem 400 mapas de características, essa camada tem um total de 1.801 × 400 = 720.400 parâmetros. Ao todo, a CNN tem 2.800 + 180.200 + 720.400 = 903.400 parâmetros.

   Agora, vamos calcular quanta RAM essa rede neural exigirá (no mínimo) ao fazer uma predição para uma única instância. Primeiro, calcularemos o tamanho do mapa de características para cada camada. Uma vez que estamos usando um stride de 2 e um padding "same", as dimensões horizontal e vertical dos mapas de características são divididas por 2 em cada camada (arredondando para cima, se necessário). Assim, como os canais de entrada são 200 × 300 pixels, os mapas de características da primeira camada são 100 × 150, os mapas de características da segunda camada são 50 × 75 e os mapas de características da terceira camada são 25 × 38. Como 32 bits são 4 bytes e a primeira camada convolucional tem 100 mapas de características, essa primeira camada ocupa 4 × 100 × 150 × 100 = 6 milhões de bytes (6MB). A segunda camada ocupa 4 × 50 × 75 × 200 = 3 milhões de bytes (3MB). Por fim, a terceira camada ocupa 4 × 25 × 38 × 400 = 1.520.000 bytes (cerca de 1,5MB). No entanto, uma vez que uma camada foi calculada, a memória ocupada pela camada anterior pode ser liberada, logo, se tudo estiver bem otimizado, apenas 6 + 3 = 9 milhões de bytes (9MB) de RAM serão necessários (quando a segunda camada tiver acabado de ser calculada e a memória ocupada pela primeira camada ainda não tiver sido liberada). Mas espere aí. Você também precisa adicionar a memória ocupada pelos parâmetros da CNN! Calculamos anteriormente que ele tem 903.400 parâmetros, cada um usando até 4 bytes, então isso adiciona 3.613.600 bytes (cerca de 3,6MB). A RAM total necessária é, portanto, (pelo menos) 12.613.600 bytes (cerca de 12,6MB).

Por último, calcularemos a quantidade mínima de RAM necessária ao treinar a CNN em um mini-batch de 50 imagens. Durante o treinamento, a TensorFlow usa retropropagação, ou seja, é necessário manter todos os valores calculados durante o forward pass até que a passagem reversa comece. Assim, devemos calcular o total de RAM exigido por todas as camadas para uma única instância e multiplicar por 50. Neste ponto, vamos começar a contar em megabytes em vez de bytes. Calculamos antes que as três camadas exigem, respectivamente, 6, 3 e 1,5MB para cada instância. Isso totaliza 10,5MB por instância. Ou seja, para 50 instâncias, a RAM total necessária é 525MB. Adicione a isso à RAM necessária para as imagens de entrada, que é 50 × 4 × 200 × 300 × 3 = 36 milhões de bytes (36MB), mais a RAM necessária para os parâmetros do modelo, cerca de 3,6MB (calculado anteriormente), mais um pouco de RAM para os gradientes (vamos negligenciar isso, pois pode ser liberado gradualmente conforme a retropropagação desce pelas camadas durante a passagem reversa). Estamos com um total de aproximadamente 525 + 36 + 3,6 = 564,6MB, e isso é o absoluto mínimo, em termos otimistas.

3. Se sua GPU ficar sem memória durante o treinamento de uma CNN, veja cinco coisas que você pode tentar para resolver o problema (além de comprar uma GPU com mais RAM):
   - Reduza o tamanho do mini-batch.
   - Reduza a dimensionalidade usando um stride maior em uma ou mais camadas.
   - Remova uma ou mais camadas.
   - Use floats de 16 bits em vez de floats de 32 bits.
   - Distribua a CNN em vários dispositivos.
4. Uma camada máxima de pooling não tem nenhum parâmetro, enquanto uma camada convolucional tem alguns (veja as questões anteriores).
5. Uma camada de normalização de resposta local faz com que os neurônios que ativam mais fortemente inibam os neurônios no mesmo local, em mapas de características vizinhas, o que incentiva diferentes mapas de características a se especializar e os separa, os forçando a explorar um leque mais amplo de características. Ela é normalmente usada nas camadas inferiores para ter um conjunto maior de características de baixo nível sobre os quais as camadas superiores podem ser construídas.

6. As principais inovações da AlexNet em comparação à LeNet-5 são que ela é muito maior e mais profunda, e empilha camadas convolucionais diretamente umas sobre as outras, em vez de empilhar uma camada pooling no topo de cada camada convolucional. Já a principal inovação da GoogLeNet é a introdução de *módulos de inception*, que possibilitam ter uma rede mais profunda do que as arquiteturas CNN anteriores, com menos parâmetros. A principal inovação da ResNet é a introdução das skip connections, que possibilitam ir mais além de 100 camadas. Sem dúvida, sua simplicidade e consistência também são bastante inovadoras. A principal inovação da SENet foi a ideia de usar um bloco SE (uma rede densa de duas camadas) após cada módulo inception em uma rede inception ou cada unidade residual em uma ResNet para recalibrar a importância relativa dos mapas de características. Finalmente, a principal inovação da Xception foi o uso de camadas convolucionais separáveis em profundidade, que examinam os padrões espaciais e os padrões em profundidade separadamente.
7. Redes totalmente convolucionais são redes neurais compostas exclusivamente de camadas convolucionais e de pooling. As FCNs podem processar com eficiência imagens de qualquer largura e altura (pelo menos acima do tamanho mínimo). Elas são mais úteis para detecção de objetos e segmentação semântica, pois só precisam analisar a imagem uma vez (em vez de ter que executar uma CNN várias vezes em diferentes partes da imagem). Se você tiver uma CNN com algumas camadas densas no topo, poderá converter essas camadas densas em camadas convolucionais para criar uma FCN: basta substituir a camada densa mais baixa por uma camada convolucional com um tamanho de kernel igual ao tamanho de entrada da camada, com um filtro por neurônio na camada densa, e definindo o padding como `"valid"`. Em geral, o stride deve ser 1, mas você pode definir um valor mais alto, se quiser. A função de ativação deve ser a mesma da camada densa. As outras camadas densas devem ser convertidas da mesma forma, porém usando filtros 1 × 1. Na verdade, é possível converter uma CNN treinada dessa maneira remodelando devidamente as matrizes de peso das camadas densas.
8. A principal dificuldade técnica da segmentação semântica é o fato de que muitas informações espaciais se perdem em uma CNN, à medida que o sinal flui por cada camada, sobretudo em camadas pooling e camadas com um stride maior que 1. Essas informações espaciais precisam ser restauradas de alguma forma para predizer com precisão a classe de cada pixel.

Para as soluções dos exercícios 9 a 11, confira os Jupyter notebooks disponíveis em *https://github.com/ageron/handson-ml2*.

Capítulo 15: Processamento de Sequências Usando RNNs e CNNs

1. Vejamos alguns usos da RNN:
   - RNN de sequência à sequência: previsão do tempo (ou qualquer outra série temporal), tradução automática (usando uma arquitetura codificador-decodificador), legendagem de vídeo, fala em texto, geração de música (ou outra geração de sequência), identificação dos acordes de uma música.
   - RNN de sequência a vetor: classificação de amostras de música por gênero musical, análise do sentimento de uma resenha de livro, predizer a palavra que um paciente afásico está pensando com base em leituras de implantes cerebrais, predizer a probabilidade de um usuário querer assistir a um filme baseado em seu histórico de exibição (essa é uma das muitas implementações possíveis de *filtragem colaborativa* para um sistema de recomendação).
   - RNN de vetor à sequência: legenda de imagem, criação de uma lista de reprodução de música com base na embedding do artista atual, geração de uma melodia com base em um

conjunto de parâmetros, localização de pedestres em uma imagem (por exemplo, quadro de vídeo de uma câmera de carro).

2. Uma camada RNN deve ter entradas tridimensionais: a primeira dimensão é a dimensão do batch (seu tamanho é o tamanho do batch), a segunda dimensão representa o tempo (seu tamanho é o número de intervalos de tempo) e a terceira dimensão contém as entradas em cada intervalo de tempo (seu tamanho é o número de características de entrada por intervalo de tempo). Por exemplo, se você quer processar um batch contendo 5 séries temporais de 10 intervalos de tempo cada, com 2 valores por intervalos de tempo (por exemplo, a temperatura e a velocidade do vento), o formato será [5, 10, 2]. As saídas também são tridimensionais, com as mesmas duas primeiras dimensões, porém a última dimensão é igual ao número de neurônios. Por exemplo, se uma camada RNN com 32 neurônios processa o batch que acabamos de discutir, a saída terá o formato de [5, 10, 32].
3. Para construir uma RNN profunda de sequência à sequência usando a Keras, você deve definir `return_sequences=True` para todas as camadas RNN. Para construir uma RNN de sequência a vetor, você deve definir `return_sequences=True` para todas as camadas RNN, exceto para a camada RNN superior, que deve ter um `return_sequences=False` (ou não defina esse argumento, uma vez que `False` é o padrão).
4. Caso tenha uma série temporal univariada diária e queira predizer os próximos sete dias, a arquitetura RNN mais simples que você pode usar é uma pilha de camadas RNN (todas com `return_sequences=True`, exceto a camada RNN superior), usando sete neurônios na camada RNN de saída. Você pode, então, treinar esse modelo usando janelas aleatórias da série temporal (por exemplo, sequências de 30 dias consecutivos como entradas e um vetor contendo os valores dos próximos 7 dias como a meta). Essa é uma RNN de vetor à sequência. Como alternativa, dá para definir `return_sequences=True` para todas as camadas RNN a fim de criar uma RNN de sequência à sequência. Você pode treinar esse modelo usando janelas aleatórias da série temporal, com sequências do mesmo comprimento que as entradas e os alvos. Cada sequência-alvo deve ter sete valores por intervalo de tempo (por exemplo, para intervalo de tempo *t*, o alvo deve ser um vetor contendo os valores do intervalos de tempo $t + 1$ até $t + 7$).
5. As duas principais dificuldades ao treinar as RNNs são gradientes instáveis (explosão de gradientes e gradientes de fuga) e uma memória de curto prazo muito limitada. Esses problemas pioram quando se lida com sequências longas. Para mitigar o problema de gradientes instáveis, você pode usar uma taxa de aprendizado menor, usar uma função de ativação de saturação, como a tangente hiperbólica (que é o padrão) e, possivelmente, usar clipping do gradiente, camada de normalização ou dropout a cada intervalo de tempo. Para solucionar o problema de memória limitada de curto prazo, você pode utilizar camadas `LSTM` ou `GRU` (isso também ajuda com o problema de gradientes instáveis).
6. À primeira vista, a arquitetura de uma célula LSTM é complicada, mas na verdade não é difícil se você entender a lógica subjacente. A célula tem um vetor de estado de curto prazo e um vetor de estado de longo prazo. Em cada intervalo de tempo, as entradas e o estado de curto prazo anterior são fornecidos a uma célula RNN simples e três portas: a porta esquecida decide o que remover do estado de longo prazo, a porta de entrada decide qual parte da saída da célula RNN simples deve ser adicionada ao estado de longo prazo, e a porta de saída decide qual parte do estado de longo prazo deve ser gerada nesse intervalo de tempo (depois de passar pela função de ativação de tanh). O novo estado de curto prazo é igual à saída da célula. Veja a Figura 15-9.
7. Uma camada RNN é fundamentalmente sequencial: a fim de calcular as saídas no intervalo de tempo *t*, ela deve primeiro calcular as saídas em todos os intervalos anteriores. Ou seja, por

causa disso é impossível fazer paralelismo. Por outro lado, uma camada convolucional 1D se presta bem à paralelização, uma vez que não mantém um estado entre os intervalos de tempo. Em outras palavras, ela não tem memória: a saída em qualquer intervalo de tempo pode ser calculada com base somente em uma pequena janela de valores das entradas, sem a necessidade de conhecer todos os valores anteriores. Além do mais, uma vez que uma camada convolucional 1D não é recorrente, ela sofre menos com o problema de gradientes instáveis. Uma ou mais camadas convolucionais 1D podem ser úteis em uma RNN para pré-processar as entradas, por exemplo, para reduzir sua resolução temporal (downsampling) e, assim, ajudar as camadas RNN a detectar padrões de longo prazo. Na verdade, é possível usar apenas camadas convolucionais, por exemplo, ao construir uma arquitetura WaveNet.

8. Para classificar vídeos com base em seu conteúdo visual, uma arquitetura possível poderia pegar (digamos) um quadro por segundo e, em seguida, executar cada quadro por meio da mesma rede neural convolucional (por exemplo, um modelo Xception pré-treinado, possivelmente congelado se seu conjunto de dados não for grande), fornecer a sequência de saídas da CNN para uma RNN de sequência a vetor e, por último, executar sua saída por meio de uma camada softmax, fornecendo todas as probabilidades de classe. Para o treinamento, você usaria a entropia cruzada como função de custo. Se quiser usar o áudio para classificação também, você pode usar uma pilha de camadas convolucionais com stride 1D ampliadas a fim de reduzir a resolução temporal de milhares de quadros de áudio por segundo em apenas um por segundo (para corresponder ao número de imagens por segundo), e concatenar a sequência de saída para as entradas da RNN de sequência a vetor (ao longo da última dimensão).

Para as soluções dos exercícios 9 e 10, confira os Jupyter notebooks disponíveis em *https://github.com/ageron/handson-ml2*.

Capítulo 16: Processamento de Linguagem Natural com RNNs e Mecanismos de Atenção

1. As RNNs stateless só conseguem identificar padrões cujo comprimento seja menor ou igual ao tamanho das janelas nas quais a RNN é treinada. Em contrapartida, as RNNs stateful conseguem identificar padrões de longo prazo. No entanto, implementar uma RNN stateful é bem mais difícil — sobretudo preparar o conjunto de dados de maneira adequada. Além disso, as RNNs stateful nem sempre funcionam melhor, em parte porque os batches consecutivos não são independentes e dinamicamente distribuídos (IID). O gradiente descendente não gosta de conjuntos de dados não IID.
2. Em geral, se você traduzir uma frase, uma palavra de cada vez, o resultado será horroroso. Por exemplo, a frase francesa "Je vous en prie" significa "You are welcome" [Seja bem-vindo, em inglês]. Entretanto, se você traduzir uma palavra de cada vez, obterá "I you in pray" [Eu você em oração]. Hein? É melhor ler primeiro a frase inteira e depois traduzi-la. Uma RNN de sequência à sequência usual começaria a traduzir uma frase imediatamente após a leitura da primeira palavra, ao passo que uma RNN codificador-decodificador lerá primeiro a frase inteira e depois a traduzirá. Dito isso, pode-se imaginar uma RNN sequência à sequência usual que geraria o silêncio como saída sempre que não tivesse certeza do que dizer a seguir (assim como fazem os tradutores humanos quando precisam traduzir uma transmissão ao vivo).
3. As sequências de entrada de comprimento variável podem ser tratadas aplicando um padding às sequências mais curtas, de modo que todas as sequências em um batch tenham o mesmo

comprimento e usando o mascaramento a fim de garantir que a RNN ignore o token de padding. Para um melhor desempenho, você também pode criar batches com sequências de tamanhos semelhantes. Tensores irregulares podem conter sequências de comprimentos variáveis, e a tf.keras mais cedo ou mais tarde irá suportá-los, o que simplificará muito lidar com sequências de entrada de comprimento variável (no momento em que eu escrevia esta obra, ainda não era o caso). Em relação às sequências de saída de comprimento variável, se o comprimento da sequência de saída é conhecido com antecedência (por exemplo, se você sabe que é o mesmo que a sequência de entrada), basta configurar a função de perda para que ignore os tokens que vêm após o fim da sequência. Da mesma forma, o código que usará o modelo deve ignorar os tokens além do fim da sequência. Mas geralmente o comprimento da sequência de saída não é conhecido com antecedência, então a solução é treinar o modelo para que ele gere um token de fim de sequência no final de cada sequência.

4. O beam search é uma técnica usada para melhorar o desempenho de um modelo codificador-decodificador treinado, por exemplo, em um sistema de tradução automática neural. O algoritmo acompanha uma pequena lista de frases *k* com as saídas mais promissoras (digamos, as três primeiras) e, a cada intervalo do decodificador, ele tenta estendê-las em uma palavra; depois, ele mantém apenas as frases *k* mais prováveis. O parâmetro *k* se chama *beam width*: quanto maior ele for, mais CPU e RAM serão usados, porém mais preciso será o sistema. Em vez de escolher avidamente a próxima palavra mais provável em cada intervalo para entender uma única frase, essa técnica possibilita que o sistema explore várias frases promissoras simultaneamente. Além do mais, essa técnica paraleliza bem. Você consegue implementar o beam search com bastante facilidade usando o TensorFlow Addons.

5. Um mecanismo de atenção é uma técnica inicialmente usada em modelos codificador-decodificador, visando fornecer ao decodificador um acesso mais direto à sequência de entrada, permitindo-lhe lidar com sequências de entrada mais longas. Em cada intervalo de tempo do decodificador, o estado do decodificador atual e a saída total do codificador são processados por um modelo de alinhamento que gera um score de alinhamento para cada intervalo de tempo de entrada. Esse score indica qual parte da entrada é mais relevante para o intervalo de tempo do decodificador atual. A soma ponderada da saída do codificador (ponderada por seu score de alinhamento) é, então, fornecida ao decodificador, que gera o próximo estado do decodificador e a saída para esse intervalo de tempo. A principal vantagem de usar um mecanismo de atenção é o fato de que o modelo codificador-decodificador consegue processar sequências mais longas de entrada com sucesso. Outra vantagem é que os scores de alinhamento facilitam a depuração e a interpretação do modelo: por exemplo, se o modelo cometer um erro, você pode ver em qual parte da entrada ele estava prestando atenção e isso pode ajudar a identificar o problema. O mecanismo de atenção também é o ponto nevrálgico da arquitetura Transformer nas camadas multi-head attention. Confira a próxima resposta.

6. A camada mais importante na arquitetura Transformer é a camada multi-head attention (a arquitetura original Transformer contém 18 delas, incluindo 6 camadas masked multi-head attention). Ela está no ponto nevrálgico dos modelos de linguagem como BERT e GPT-2. Seu objetivo é possibilitar que o modelo identifique quais palavras estão mais alinhadas entre si e, em seguida, melhorar a representação de cada palavra usando pistas contextuais.

7. A softmax amostrada é usada ao treinar um modelo de classificação quando há muitas classes (por exemplo, milhares). Ela calcula uma aproximação da perda de entropia cruzada com base no logit predito pelo modelo para a classe correta e os logits preditos para uma amostra de palavras incorretas. Isso acelera substancialmente o treinamento em comparação com o cálculo da softmax de todos os logits e, em seguida, estima a perda de entropia cruzada. Após

o treinamento, o modelo pode ser usado normalmente, usando a função regular softmax para calcular todas as probabilidades de classe com base em todos os logits.

Para as soluções dos exercícios 8 a 11, confira os Jupyter notebooks disponíveis em *https://github.com/ageron/handson-ml2*.

Capítulo 17: Aprendizado de Representação e Aprendizado Gerativo com Autoencoders e GANs

1. Vejamos algumas das principais tarefas em que os autoencoders são usados:
   - Extração de características.
   - Pré-treinamento não supervisionado.
   - Redução de dimensionalidade.
   - Modelos generativos.
   - Detecção de anomalias (um autoencoder geralmente é ruim para reconstruir outliers).
2. Caso queira treinar um classificador, tenha muitos dados de treinamento não rotulados e somente alguns milhares de instâncias rotuladas, você poderá primeiro treinar um autoencoder profundo no conjunto de dados completo (rotulado + sem rótulo) e, em seguida, reutilizar sua metade inferior para o classificador (ou seja, reutilizar as camadas até a camada de codificação) e treinar o classificador usando os dados rotulados. Se você tiver poucos dados rotulados, provavelmente congelará as camadas reutilizadas ao treinar o classificador.
3. O fato de um autoencoder reconstruir perfeitamente suas entradas não significa necessariamente que seja um bom autoencoder; talvez seja apenas um autoencoder sobrecompleto que aprendeu a copiar suas entradas para a camada de codificação e depois para as saídas. Na verdade, mesmo se a camada de codificação tivesse um único neurônio, seria possível para um autoencoder muito profundo aprender a mapear cada instância de treinamento para uma codificação diferente (por exemplo, a primeira instância poderia ser mapeada para 0,001, a segunda para 0,002, a terceira para 0,003 e assim por diante), e ele poderia aprender "de cor" a fim de reconstruir a instância de treinamento adequada para cada codificação. Ele reconstruiria perfeitamente suas entradas sem realmente aprender qualquer padrão útil nos dados. Na prática, é improvável que tal mapeamento aconteça, mas isso exemplifica o fato de que reconstruções perfeitas não são uma garantia de que o autoencoder aprendeu algo útil. No entanto, se ele gerar reconstruções muito ruins, é quase certo que seja um autoencoder ruim. Para avaliar o desempenho de um autoencoder, basta medir a perda de reconstrução (por exemplo, calcular a MSE ou o quadrado médio das saídas menos as entradas). Mais uma vez, uma alta perda de reconstrução é um bom sinal de que o autoencoder é ruim, porém uma baixa perda de reconstrução não é uma garantia de que ele seja bom. Você também deve avaliar o autoencoder conforme a finalidade de sua utilização. Por exemplo, se você o estiver usando para pré-treinamento não supervisionado de um classificador, também deverá avaliar o desempenho do classificador.
4. Um autoencoder subcompleto é aquele cuja camada de codificação é menor do que as camadas de entrada e saída. Se for maior, é um autoencoder sobrecompleto. O maior risco de um autoencoder subcompleto é que ele pode não conseguir reconstruir as entradas. Já o maior risco de um autoencoder sobrecompleto é que ele pode apenas copiar as entradas para as saídas, sem aprender nenhuma característica útil.

5. Para amarrar os pesos de uma camada do codificador e sua camada de decodificador correspondente, basta tornar os pesos do decodificador iguais à transposição dos pesos do codificador. Isso reduz o número de parâmetros no modelo pela metade e, não raro, faz o treinamento convergir mais rápido com menos dados e também reduz o risco de sobreajuste do conjunto de treinamento.
6. Um modelo generativo é um modelo capaz de gerar saídas aleatoriamente que se assemelham às instâncias de treinamento. Por exemplo, uma vez treinado com sucesso no conjunto de dados MNIST, um modelo generativo pode ser utilizado para gerar aleatoriamente imagens realistas de algarismos. A distribuição de saída é semelhante aos dados de treinamento. Por exemplo, como o MNIST contém muitas imagens de cada algarismo, o modelo gerativo geraria aproximadamente o mesmo número de imagens de cada algarismo. Alguns modelos generativos podem ser parametrizados — por exemplo, para gerar apenas alguns tipos de saídas. Um exemplo de um autoencoder gerativo é o autoencoder variacional.
7. Uma rede adversária gerativa é uma arquitetura de rede neural composta de duas partes, a gerativa e a discriminativa, que têm objetivos opostos. O objetivo da gerativa é gerar instâncias semelhantes às do conjunto de treinamento para enganar a rede discriminativa. Já a rede discriminativa deve distinguir as instâncias reais das geradas. A cada iteração de treinamento, a rede discriminativa é treinada como um classificador binário normal e, em seguida, a rede gerativa é treinada para maximizar o erro da discriminativa. As GANs são usadas para tarefas avançadas de processamento de imagem, como super-resolução, colorização, edição de imagem (substituindo objetos com fundo realístico), transformando um esboço simples em uma imagem fotorrealística ou predizendo os próximos quadros em um vídeo. Elas também são usadas para expandir (data augmentation) um conjunto de dados (para treinar outros modelos), para gerar outros tipos de dados (como texto, áudio e séries temporais) e para identificar os pontos fracos em outros modelos e fortalecê-los.
8. Treinar as GANs é extremamente difícil por causa da dinâmica complexa entre as redes gerativa e discriminativa. A maior dificuldade é o colapso do modo, em que a rede gerativa gera saídas com bem pouca diversidade. Além disso, o treinamento pode ser bastante instável: ele pode iniciar bem e, de repente, começar a oscilar ou divergir, sem nenhuma razão aparente. As GANs também são muito sensíveis à escolha de hiperparâmetros.

Para as soluções dos exercícios 9, 10 e 11, confira os Jupyter notebooks disponíveis em *https://github.com/ageron/handson-ml2*.

Capítulo 18: Aprendizado por Reforço

1. O aprendizado por reforço é uma área do aprendizado de máquina que visa a criação de agentes capazes de realizar ações em um ambiente de forma a maximizar as recompensas ao longo do tempo. Existem muitas diferenças entre o aprendizado por reforço, o aprendizado supervisionado e o aprendizado e não supervisionado. Vejamos algumas:
    - No aprendizado supervisionado e não supervisionado, o objetivo geralmente é encontrar padrões nos dados e usá-los para realizar predições. No aprendizado por reforço, o objetivo é encontrar uma boa política.
    - Ao contrário do aprendizado supervisionado, o agente não recebe explicitamente a resposta "certa". Ele aprende por meio de tentativa e erro.

- Ao contrário do aprendizado não supervisionado, existe uma forma de supervisão, por meio de recompensas. Não informamos ao agente como realizar a tarefa, e sim quando ele está progredindo ou falhando.
- Um agente de aprendizado por reforço precisa encontrar o equilíbrio certo entre explorar o ambiente, identificar novas formas de obter recompensas e explorar fontes de recompensas que já conhece. Por outro lado, os sistemas de aprendizado supervisionado e não supervisionado normalmente não precisam se preocupar com a exploração; eles apenas se alimentam dos dados de treinamento que recebem.
- Nos aprendizados supervisionado e não supervisionado, as instâncias de treinamento são independentes (na verdade, geralmente são embaralhadas). No aprendizado por reforço, as observações consecutivas são *não* independentes. Um agente pode permanecer na mesma região do ambiente por um tempo antes de seguir em frente, assim as observações consecutivas serão muito correlacionadas. Em alguns casos, um replay memory (buffer) é usado para garantir que o algoritmo de treinamento obtenha observações razoavelmente independentes.

2. Vejamos alguns possíveis usos do aprendizado por reforço, além dos mencionados no Capítulo 18:

   Personalização de música

   O ambiente é um web rádio personalizado pelo usuário. O agente é o software que decide qual música tocar em seguida para aquele usuário. Suas ações possíveis são reproduzir qualquer música de uma lista (deve-se tentar escolher uma música de que o usuário goste) ou reproduzir um anúncio (deve-se tentar escolher um anúncio no qual o usuário esteja interessado). Ele recebe uma pequena recompensa sempre que o usuário escuta uma música, uma recompensa maior sempre que o usuário escuta um anúncio, uma recompensa negativa quando o usuário pula uma música ou um anúncio, e uma recompensa muito negativa se o usuário sai.

   Marketing

   O ambiente é o departamento de marketing da sua empresa. O agente é o software que define para quais clientes deve ser enviada uma campanha de mailing, dados seu perfil e histórico de compras (para cada cliente existem duas ações possíveis: enviar ou não enviar). Ele obtém uma recompensa negativa pelo custo da campanha de mailing e uma recompensa positiva pela receita estimada gerada a partir dessa campanha.

   Entrega do produto

   Permite que o agente controle uma frota de caminhões de entrega, decidindo o que eles devem recolher nos depósitos, para onde devem ir, o que devem deixar e assim por diante. Ele obterá recompensas positivas para cada produto entregue no prazo e recompensas negativas para entregas atrasadas.

3. Ao estimar o valor de uma ação, os algoritmos de aprendizagem por reforço normalmente somam todas as recompensas resultadas por essa ação, dando mais peso às recompensas imediatas e menos peso às recompensas posteriores (considerando que uma ação tem mais influência no futuro próximo do que em um futuro distante). Para modelar isso, um fator de desconto é aplicado em cada intervalo de tempo. Por exemplo, com um fator de desconto de 0,9, uma recompensa de 100 recebida dois intervalos de tempo depois é calculada como apenas $0{,}9^2 \times 100 = 81$ quando você está estimando o valor da ação. Você pode pensar no fator de desconto como uma medida de quanto o futuro é valorizado em relação ao presente: se for muito próximo de 1, o futuro é avaliado tanto quanto o presente; se estiver próximo de 0, apenas as recompensas imediatas importam. Claro que isso impacta e muito a política ideal: se você valoriza o futuro,

pode estar disposto a ter uma tremenda dor de cabeça pela perspectiva de recompensas eventuais, enquanto, se não valorizar o futuro, apenas terá qualquer recompensa imediata que possa encontrar, nunca investindo no futuro.

4. Para medir o desempenho de um agente de aprendizado por reforço, basta somar as recompensas que ele recebe. Em um ambiente simulado, você pode rodar muitos episódios e observar as recompensas totais que ele obtém em média (e possivelmente observar o mínimo, o máximo, o desvio-padrão e assim por diante).
5. O problema da atribuição de crédito é que, quando um agente de aprendizado por reforço recebe uma recompensa, ele não tem como saber diretamente quais de suas ações anteriores contribuíram para essa recompensa. Normalmente, quando há um grande delay entre uma ação e a recompensa resultante (por exemplo, durante o jogo Atari *Pong*, pode haver algumas dezenas de intervalos de tempo entre o momento em que o agente atinge a bolinha com a raquete e o momento em que ganha o ponto). Uma forma de mitigar isso é fornecer ao agente recompensas de curto prazo, quando possível. Isso geralmente exige conhecimento prévio sobre a tarefa. Por exemplo, se quisermos construir um agente que aprenda a jogar xadrez, em vez de recompensá-lo apenas quando vencer o jogo, poderíamos recompensá-lo sempre ele capturar uma das peças do oponente.
6. Muitas vezes, um agente permanece na mesma região de seu ambiente por um tempo. Assim, todas as suas experiências serão muito semelhantes nesse período de tempo. Isso pode introduzir um pouco de viés no algoritmo de aprendizado. Podemos também ajustar a política para essa região do ambiente, porém o agente não terá um bom desempenho assim que sair dessa região. Para solucionar esse problema, você pode usar um replay memory; em vez de usar apenas as experiências imediatas para o aprendizado, o agente aprenderá com base em um buffer de suas experiências passadas, recentes e não tão recentes (será que é por isso que sonhamos à noite: para repetir nossas experiências do dia e aprender melhor com elas?).
7. Um algoritmo off-policy de aprendizado por reforço aprende o valor da política ideal (ou seja, a soma das recompensas descontadas que podem ser esperadas para cada estado se o agente agir de forma otimizada), enquanto o agente segue uma política diferente. O Q-Learning é um bom exemplo de tal algoritmo. Em contraste, um algoritmo on-policy aprende o valor da política que o agente realmente executa, incluindo exploração e explotação.

Para as soluções dos exercícios 8, 9 e 10, confira os Jupyter notebooks disponíveis em *https://github.com/ageron/handson-ml2*.

Capítulo 19: Treinamento e Implementação de Modelos TensorFlow em Larga Escala

1. Um SavedModel contém um modelo da TensorFlow, incluindo sua arquitetura (grafo computacional) e seus pesos. Ele é armazenado como um diretório contendo um arquivo *save_model.pb*, que define o grafo computacional (representado como um protocol buffer serializado), e em subdiretório de *variáveis* contendo os valores das variáveis. Para modelos que contêm um grande número de pesos, esses valores de variáveis podem ser divididos em vários arquivos. Um SavedModel também inclui um subdiretório de *ativos* que pode conter dados adicionais, como arquivos vocabulário, nomes de classes ou algumas instâncias de exemplo para esse modelo. Para ser mais preciso, um SavedModel pode conter um ou mais *metagrafos*. Um metagrafo é um gráfico computacional mais algumas definições de function signature (incluindo seus nomes de

entrada e saída, tipos e formatos). Cada metagrafo é identificado por um conjunto de tags. Para inspecionar um SavedModel, você pode usar a ferramenta de linha de comando `saved_model_cli`, ou apenas carregue `tf.saved_model.load()` e inspecione em Python.

2. O TF Serving permite implementar vários modelos TensorFlow (ou várias versões do mesmo modelo) e torná-los acessíveis a todos os seus aplicativos facilmente por meio de uma REST API ou gRPC API. Usar seus modelos diretamente em seus aplicativos dificultaria a implementação de uma nova versão de um modelo em todos os aplicativos. Implementar seu próprio microsserviço para encapsular um modelo TF exigiria bastante trabalho e seria difícil combinar as características do TF Serving. O TF Serving tem muitos recursos: ele pode monitorar um diretório e autodeploy dos modelos que são colocados lá, e você não terá que alterar ou mesmo reiniciar qualquer um dos seus aplicativos para se beneficiar das novas versões do modelo; é rápido, bem testado e escala muito bem; suporta testes A/B de modelos experimentais e implementação de uma nova versão de modelo para apenas um subconjunto de seus usuários (nesse caso, o modelo se chama *canário*). O TF Serving também agrupa solicitações individuais em batches para executá-las em conjunto na GPU. Para implementar o TF Serving, você pode instalá-lo, porém é mais simples instalá-lo usando uma imagem Docker. Para implantar um cluster de imagens TF Serving Docker, você pode usar uma ferramenta de orquestração como o Kubernetes ou uma solução totalmente hospedada como o Google Cloud AI Platform.
3. Para implementar um modelo em várias instâncias do TF Serving, basta configurar essas instâncias do TF Serving para monitorar os mesmos diretórios de *modelos* e, em seguida, exporte seu novo modelo como um SavedModel em um subdiretório.
4. A gRPC API é mais eficiente do que a REST API. Contudo, suas bibliotecas de cliente não estão amplamente disponíveis e, se você habilitar a compactação ao usar a REST API, poderá obter quase o mesmo desempenho. Portanto, a gRPC API é mais útil quando você precisa do melhor desempenho possível e os clientes não estão limitados à REST API.
5. Para reduzir o tamanho de um modelo, de modo que ele possa ser executado em um dispositivo móvel ou embarcado, o TFLite usa várias técnicas:
   - Ele fornece um conversor que pode otimizar um SavedModel: ele encolhe o modelo e reduz sua latência. Para fazer isso, ele remove todas as operações não necessárias para realizar predições (como operações de treinamento), otimizando e combinando as operações sempre que possível.
   - O conversor também pode realizar a quantização pós-treinamento: essa técnica reduz bastante o tamanho do modelo. Ou seja, é mais rápido fazer o download e armazenar.
   - Ele salva o modelo otimizado usando o formato FlatBuffer, que pode ser carregado na RAM diretamente, sem parser. Isso reduz o tempo de carregamento e o consumo de memória.
6. O treinamento com reconhecimento de quantização consiste em adicionar operações de quantização falsas ao modelo durante o treinamento. Isso possibilita que o modelo aprenda a ignorar o ruído de quantização; os pesos finais serão mais robustos à quantização.
7. Paralelismo de modelo significa dividir seu modelo em várias partes e executá-las em paralelo em diversos dispositivos e, quem sabe, acelerar o modelo durante o treinamento ou inferência. Paralelismo de dados significa criar várias réplicas exatas de seu modelo e implementá-las em vários dispositivos. A cada iteração durante o treinamento, cada réplica recebe um lote diferente de dados e calcula os gradientes da perda em relação aos parâmetros do modelo. No paralelismo de dados síncrono, os gradientes de todas as réplicas são agregados e o otimizador executa uma etapa de gradiente descendente. Os parâmetros podem ser centralizados (por

exemplo, os parameter servers) ou replicados em todas as réplicas e mantidos em sincronia usando AllReduce. No paralelismo de dados assíncrono, os parâmetros são centralizados e as réplicas funcionam independentemente umas das outras, e cada uma delas atualiza os parâmetros centrais diretamente no fim de cada iteração de treinamento, sem ter que esperar pelas outras réplicas. Para acelerar o treinamento, o paralelismo de dados funciona melhor do que o paralelismo de modelo. Isso ocorre principalmente porque ele exige menos comunicação entre os dispositivos. Além do mais, é mais fácil de se implementar e funciona da mesma forma em qualquer modelo, enquanto o paralelismo do modelo requer a análise do modelo para determinar a melhor maneira de dividi-lo em pedaços.

8. Ao treinar um modelo em vários servidores, você pode usar as seguintes estratégias de distribuição:
    - O `MultiWorkerMirroredStrategy` executa paralelismo de dados espelhados. O modelo é replicado em todos os servidores e dispositivos disponíveis, e cada réplica obtém um batch diferente de dados em cada iteração de treinamento e calcula seus próprios gradientes. A média dos gradientes é calculada e compartilhada entre todas as réplicas usando uma implementação AllReduce distribuída (NCCL por padrão), e todas as réplicas executam a mesma etapa de gradiente descendente. Essa estratégia é a mais simples de usar, pois todos os servidores e dispositivos são tratados exatamente da mesma maneira e têm um desempenho muito bom. Via de regra, você deve usar essa estratégia. Sua principal limitação é que ela requer que o modelo se encaixe na RAM em todas as réplicas.

      O `ParameterServerStrategy` executa paralelismo de dados assíncrono. O modelo é replicado em todos os dispositivos em todos os works e os parâmetros são fragmentados em todos os parameter servers. Cada work tem seu próprio loop de treinamento, executado de forma assíncrona com os outros workers; a cada iteração de treinamento, cada work obtém seu próprio batch de dados e busca a última versão dos parâmetros do modelo nos parameter servers e, depois calcula os gradientes de perda em relação a esses parâmetros e os envia aos parameter servers. Por último, os parameter servers realizam uma etapa de gradiente descendente usando esses gradientes. Essa estratégia é geralmente mais lenta do que a estratégia anterior e um pouco mais difícil de implementar, pois exige o gerenciamento dos parameter servers. No entanto, é útil treinar modelos enormes que não cabem na RAM da GPU.

Para as soluções dos exercícios 9, 10 e 11, confira os Jupyter notebooks disponíveis em *https://github.com/ageron/handson-ml2*.

Checklist de Projeto de Aprendizado de Máquina

O checklist a seguir pode lhe servir de orientação em seus projetos de aprendizado de máquina. Existem oito etapas principais:

1. Abordar o problema e analisar o panorama em geral.
2. Obter os dados.
3. Explorar os dados para obter informações úteis.
4. Preparar os dados para expor melhor os padrões de dados subjacentes aos algoritmos de aprendizado de máquina.
5. Explorar muitos modelos diferentes e selecionar os melhores.
6. Aperfeiçoar seus modelos e os combinar em uma solução ideal.
7. Apresentar sua solução.
8. Implementar, monitorar e fazer a manutenção de seu sistema.

Claro que você pode adaptar esse checklist conforme suas necessidades.

Abordar o Problema e Analisar o Panorama em Geral

1. Defina o objetivo em termos de negócios.
2. Como sua solução será usada?
3. Quais são as soluções/alternativas atuais (caso existam)?
4. Como você deve abordar este problema (aprendizado supervisionado/não supervisionado, online/offline etc.)?
5. Como o desempenho deve ser medido?
6. A medida de desempenho está alinhada com o objetivo do negócio?
7. Qual seria o desempenho mínimo necessário para alcançar o objetivo do negócio?
8. O que são problemas comparáveis? Você pode reutilizar experiências ou ferramentas?
9. Tem expertise humana disponível?
10. Como você resolveria o problema manualmente?
11. Enumere as suposições que você (ou outras pessoas) fizeram até agora.
12. Verifique essas suposições, se possível.

Obter os Dados

Nota: automatize o máximo possível para que possa obter dados atualizados com facilidade.

1. Liste os dados de que você precisa e de quanto precisa.
2. Encontre e documente onde você pode obter esses dados.
3. Verifique quanto espaço esses dados ocuparão.
4. Verifique as obrigações legais e obtenha autorização, se necessário.
5. Obtenha permissões de acesso.
6. Crie um workspace (com espaço de armazenamento suficiente).

7. Obtenha os dados.
8. Converta os dados em um formato que você possa manipular com facilidade (sem alterar os próprios dados).
9. Assegure que as informações confidenciais sejam excluídas ou protegidas (por exemplo, deixando-as anônimas).
10. Verifique o tamanho e o tipo de dados (série temporal, amostrados, geográficos etc.)
11. Amostre um conjunto de teste, deixe-o de lado e nem coloque a mão nele (sem data snooping, hein?).

Explore os Dados

Nota: procure um especialista de campo para estas etapas.

1. Crie uma cópia dos dados para exploração (amostragem até um tamanho gerenciável, se necessário).
2. Crie um Jupyter notebook para manter um registro de sua exploração de dados.
3. Estude cada atributo e suas propriedades:
   - Nome.
   - Tipo (categórico, int/float, bounded/unbounded, texto, estruturado etc.).
   - % de valores ausentes.
   - Ruído e tipo de ruído (estocástico, outliers, erros de arredondamento etc.).
   - Utilidade para a tarefa.
   - Tipo de distribuição (gaussiana, uniforme, logarítmica etc.).
4. Para tarefas de aprendizado supervisionado, identifique o(s) atributo(s)-alvo.
5. Visualize os dados.
6. Estude as correlações entre os atributos.
7. Estude como você resolveria o problema manualmente.
8. Identifique as transformações promissoras que você pode querer aplicar.
9. Identifique dados extras que seriam úteis (confira o Capítulo 2).
10. Documente o que você aprendeu.

Prepare os Dados

- Notas:
  — Trabalhe em cópias dos dados (mantenha o conjunto de dados original intacto).
  — Escreva funções para todas as transformações de dados que você aplicar, por cinco motivos:
  — Desse modo, você consegue preparar facilmente os dados da próxima vez que obtiver um novo conjunto de dados.
  — Assim, você pode aplicar essas transformações em projetos futuros para:
  — Limpar e preparar o conjunto de teste.
  — Limpar e preparar novas instâncias de dados assim que sua solução estiver em produção.
  — Facilitar o tratamento de suas escolhas de preparação como hiperparâmetros.

1. Limpeza de dados:
   - Corrige ou remove outliers (opcional).
   - Preenche os valores ausentes (por exemplo, com zero, média, mediana...) ou elimina suas linhas (ou colunas).

2. Seleção de características (opcional):
    - Dropa os atributos que não fornecem informações úteis para a tarefa.

3. Feature engineering, quando apropriado:
    - Discretiza características contínuas.
    - Decompõe as características (por exemplo, categóricas, data/hora etc.).
    - Adiciona transformações promissoras de características (ex.: log(x), sqrt(x), x^2 etc.).
    - Agrega características em novas características promissoras.

4. Escalonamento de características
    - Padroniza ou normaliza as características.

Pré-seleção de Modelos Promissores

Notas:

- Se os dados forem enormes, você pode amostrar conjuntos de treinamento menores para que possa treinar muitos modelos diferentes em um tempo razoável (esteja ciente de que isso penaliza modelos complexos, como grandes redes neurais ou florestas aleatórias).
- Mais uma vez, tente automatizar essas etapas o máximo possível.

1. Treine muitos modelos rápidos e simples de diferentes categorias (por exemplo, linear, naive Bayes, SVM, floresta aleatória, rede neural etc.) usando parâmetros-padrão.
2. Meça e compare seu desempenho:
    - Para cada modelo, use a validação cruzada N-fold e calcule a média e o desvio-padrão da medida de desempenho nas N-folds.

3. Analise as variáveis mais significativas para cada algoritmo.
4. Analise os tipos de erros que os modelos cometem.
    - Quais dados um humano teria usado para evitar esses erros?

5. Execute uma rodada rápida de seleção de características e feature engineering.
6. Rode mais uma ou duas iterações rápidas das cinco etapas anteriores.
7. Faça uma pré-seleção de três a cinco modelos mais promissores, preferindo modelos que cometam diferentes tipos de erros.

Aperfeiçoe Seu Sistema

Notas:

- Você desejará usar o máximo de dados possíveis para essa etapa, sobretudo à medida que avança para aperfeiçoamento.
- Como sempre, automatize o que for possível.

1. Ajuste os hiperparâmetros usando validação cruzada:
    - Trate suas opções de transformação de dados como hiperparâmetros, ainda mais quando você não estiver certo sobre elas (por exemplo, se não tiver certeza se deve substituir os valores ausentes por zeros ou pelo valor mediano, ou apenas dropar as linhas).

- A menos que haja poucos valores de hiperparâmetros para explorar, prefira o random search em vez do grid search. Se o treinamento for muito longo, você pode preferir uma abordagem de otimização bayesiana (por exemplo, usando processos gaussianos anteriores conforme descrito por Jasper Snoek et al. — *https://homl.info/134*).[1]

2. Teste os métodos ensemble. Combinar seus melhores modelos geralmente resultará em um melhor desempenho do que executá-los individualmente.
3. Uma vez que você esteja confiante sobre seu modelo final, meça seu desempenho no conjunto de testes para estimar o erro de generalização.

> Não ajuste seu modelo depois de medir o erro de generalização: você simplesmente começaria a ajustar o conjunto de teste.

Apresente Sua Solução

1. Documente o que você fez.
2. Crie uma boa apresentação.
   - Faça questão de primeiro ressaltar o panorama em geral.
3. Explique por que sua solução alcança o objetivo de negócios.
4. Não se esqueça de apresentar pontos interessantes que você identificou ao longo do caminho.
   - Descreva o que funcionou e o que não funcionou.
   - Enumere suas suposições e as limitações do seu sistema.
5. Certifique-se de que suas principais descobertas sejam comunicadas por meio de belas visualizações ou declarações fáceis de lembrar (por exemplo, "a renda média é o preditor número um dos preços de imóveis").

Implemente!

1. Prepare sua solução para produção (conecte-a às entradas de dados de produção, escreva testes unitários etc.).
2. Escreva o código de monitoramento para verificar o desempenho ao vivo do seu sistema em intervalos regulares e acione alertas quando ele cair.
   - Cuidado com a degradação lenta: os modelos tendem a "apodrecer" conforme os dados evoluem.
   - A medição do desempenho pode exigir um pipeline humano (por exemplo, por meio de um serviço de crowdsourcing).
   - Monitore também a qualidade de suas entradas (por exemplo, um sensor com defeito que envia valores aleatórios ou a saída de outra equipe se tornando obsoleto). Isso é muito importante para sistemas de aprendizado online.
3. Treine novamente seus modelos regularmente com base em dados atualizados (automatize o máximo possível).

1 Jasper Snoek et al., "Practical Bayesian Optimization of Machine Learning Algorithms", *Anais da 25ª Conferência Internacional sobre Sistemas de Processamento de Informação Neural 2* (2012): 2951–2959.

APÊNDICE C

Problema de Dualidade SVM

Para entender a *dualidade*, é necessário primeiro entender o método *multiplicadores de Lagrange*. A ideia geral é transformar um objetivo de otimização restrito em um irrestrito, movendo as restrições para a função-objetivo. Vejamos um exemplo simples. Suponha que você queira encontrar os valores de x e y que minimizam a função $f(x, y) = x^2 + 2y$, sujeita a uma *restrição de igualdade*: $3x + 2y + 1 = 0$. Usando o método dos multiplicadores de Lagrange, começamos definindo uma nova função chamada *lagrangiana* (ou *função de Lagrange*): $g(x, y, \alpha) = f(x, y) - \alpha(3x + 2y + 1)$. Cada restrição (nesse caso, apenas uma) é subtraída do objetivo original e multiplicada por uma nova variável chamada multiplicador de Lagrange.

Joseph-Louis Lagrange mostrou que se x, y é uma solução para o problema de otimização restrita, então deve existir um α, de tal modo que x, y, α é um *ponto estacionário* lagrangiano (um ponto estacionário é um ponto onde todas as derivadas parciais são iguais a zero). Grosso modo, podemos calcular as derivadas parciais de $g(x, y, \alpha)$ no que diz respeito aos x, y, e α; podemos identificar os pontos onde essas derivadas são todas iguais a zero; e as soluções para o problema de otimização restrita (se existirem) devem estar entre esses pontos estacionários.

Neste exemplo, as derivadas parciais são:
$$\begin{cases} \frac{\partial}{\partial x} g(x, y, \alpha) = 2x - 3\alpha \\ \frac{\partial}{\partial y} g(x, y, \alpha) = 2 - 2\alpha \\ \frac{\partial}{\partial \alpha} g(x, y, \alpha) = -3x - 2y - 1 \end{cases}$$

Quandotodasessasderivadasparciaissãoiguaisa0,descobrimosque $2\hat{x} - 3\hat{\alpha} = 2 - 2\hat{\alpha} = -3\hat{x} - 2\hat{y} - 1 = 0$ $2\hat{y} - 1 = 0$, a partir do qual podemos facilmente encontrar $\hat{x} = \frac{3}{2}$, $\hat{y} = -\frac{11}{4}$ e $\hat{\alpha} = 1$. Esse é o único ponto estacionário, e como ele respeita a restrição, deve ser a solução para o problema de otimização restrita. No entanto, esse método se aplica somente às restrições de igualdade. Felizmente, sob algumas condições de regularidade (que são respeitadas pelos objetivos SVM), esse método pode ser generalizado para *restrições de desigualdade* também (por exemplo, $3x + 2y + 1 \geq 0$). O *lagrangiano generalizado* para o problema difícil é dado pela Equação C-1, em que as variáveis $\alpha^{(i)}$ são chamadas de multiplicadores *Karush–Kuhn–Tucker* (KKT), e devem ser maiores ou iguais a zero.

Equação C-1. Lagrangiano generalizado para o problema difícil

$$\mathcal{L}(\mathbf{w}, b, \alpha) = \frac{1}{2}\mathbf{w}^T\mathbf{w} - \sum_{i=1}^{m} \alpha^{(i)}\left(t^{(i)}\left(\mathbf{w}^T\mathbf{x}^{(i)} + b\right) - 1\right)$$
$$\text{with} \quad \alpha^{(i)} \geq 0 \quad \text{for } i = 1, 2, \cdots, m$$

Assim como o método dos multiplicadores de Lagrange, você pode calcular as derivadas parciais e localizar os pontos estacionários. Se houver solução, ela estará necessariamente entre os pontos estacionários $\left(\hat{\mathbf{w}}, \hat{b}, \hat{\alpha}\right)$ que respeitam *as condições KKT*:

- Respeita as restrições do problema: $t^{(i)}\left(\hat{\mathbf{w}}^T\mathbf{x}^{(i)} + \hat{b}\right) \geq 1$ para $i = 1, 2, \ldots, m$.
- Verifica $\hat{\alpha}^{(i)} \geq 0$ para $i = 1, 2, \cdots, m$.

- Tanto $\hat{\alpha}^{(i)} = 0$ quanto a *i*-ésima restrição devem ser uma *restrição ativa*, o que significa que devem ser mantidos pela igualdade: $t^{(i)}\left(\hat{\mathbf{w}}^\top \mathbf{x}^{(i)} + b\right) = 1$. Esta é chamada de condição de folga complementar. Isso implica que tanto $\hat{\alpha}^{(i)} = 0$ quanto a i-ésima instância se encontram na fronteira (é um vetor de suporte).

Repare que as condições KKT são necessárias para que um ponto estacionário seja uma solução para o problema de otimização restrita. Sob determinadas circunstâncias, elas também são condições suficientes. Felizmente, o problema de otimização de SVM acontece para atender a essas condições, assim qualquer ponto estacionário que atenda às condições KKT é solução garantida para o problema de otimização restrita.

Podemos calcular as derivadas parciais da lagrangiana generalizada em relação a **w** e *b* com a Equação C-2.

Equação C-2. Derivadas parciais da lagrangiana generalizada

$$\nabla_{\mathbf{w}}\mathcal{L}(\mathbf{w}, b, \alpha) = \mathbf{w} - \sum_{i=1}^{m} \alpha^{(i)} t^{(i)} \mathbf{x}^{(i)}$$

$$\frac{\partial}{\partial b}\mathcal{L}(\mathbf{w}, b, \alpha) = -\sum_{i=1}^{m} \alpha^{(i)} t^{(i)}$$

Quando essas derivadas parciais são iguais a zero, temos a Equação C-3.

Equação C-3. Propriedades dos pontos estacionários

$$\hat{\mathbf{w}} = \sum_{i=1}^{m} \hat{\alpha}^{(i)} t^{(i)} \mathbf{x}^{(i)}$$

$$\sum_{i=1}^{m} \hat{\alpha}^{(i)} t^{(i)} = 0$$

Se inserirmos esses resultados na definição da lagrangiana generalizada, alguns termos desaparecem e encontramos a Equação C-4.

Equação C-4. Forma dual do problema SVM

$$\mathcal{L}\left(\hat{\mathbf{w}}, \hat{b}, \alpha\right) = \frac{1}{2}\sum_{i=1}^{m}\sum_{j=1}^{m} \alpha^{(i)}\alpha^{(j)} t^{(i)} t^{(j)} \mathbf{x}^{(i)\top}\mathbf{x}^{(j)} \quad - \quad \sum_{i=1}^{m} \alpha^{(i)}$$

$$\text{com} \quad \alpha^{(i)} \geq \text{ para } i = 1, 2, \cdots, m$$

O objetivo agora é encontrar o vetor $\hat{\mathbf{a}}$ que minimiza essa função, com $\hat{\alpha}^{(i)} \geq 0$ para todas as instâncias. Esse problema de otimização restrita é o problema de dualidade que estávamos procurando.

Após identificar o ideal $\hat{\mathbf{a}}$, você pode calcular $\hat{\mathbf{a}}$ usando a primeira linha da Equação C-3. Para calcular $\hat{b}$, basta usar o fato de que um vetor de suporte deve verificar $t^{(i)}(\hat{\mathbf{b}}^\top \mathbf{x}^{(i)} + \hat{b}) = 1$, então, se a *k*-ésima instância é um vetor de suporte (isso é, $\alpha^{(k)} > 0$), você pode usá-la para calcular $\hat{b} = t^{(k)} - \hat{\mathbf{w}}^\top \mathbf{x}^{(k)}$. No entanto, muitas vezes é preferível calcular a média de todos os vetores de suporte para obter um valor mais estável e preciso, como na Equação C-5.

Equação C-5. Estimativa de termo de viés usando a forma dual

$$\hat{b} = \frac{1}{n_s} \sum_{\substack{i=1 \\ \hat{\alpha}^{(i)} > 0}}^{m} \left[t^{(i)} - \hat{\mathbf{w}}^\top \mathbf{x}^{(i)}\right]$$

APÊNDICE D

Autodiff

Este apêndice explica como o recurso de autodiferenciação (autodiff) da TensorFlow funciona e como ele se compara a outras soluções.

Suponha que você defina uma função $f(x, y) = x^2y + y + 2$, e precise de suas derivadas parciais: $\frac{\partial f}{\partial x}$ e $\frac{\partial f}{\partial y}$ para realizar a etapa de um gradiente descendente (ou algum outro algoritmo de otimização). Suas opções principais são a diferenciação manual, aproximação de diferenças finitas, autodiff de modo direto e autodiff de modo reverso. A TensorFlow implementa autodiff de modo reverso, mas para entendê-lo vale a pena examinar as outras opções primeiro. Assim, examinaremos cada uma delas, começando com a diferenciação manual.

Diferenciação Manual

A primeira abordagem para calcular as derivadas é pegar um lápis e um pedaço de papel e usar seu conhecimento de cálculo para derivar a equação apropriada. Para a função $f(x, y)$ recém-definida, não é muito difícil; bastam cinco regras:

- A derivada de uma constante é 0.
- A derivada de λx é λ (em que λ é a constante).
- A derivada de x^λ é $\lambda x^{\lambda-1}$, logo, a derivada de x^2 é $2x$.
- A derivada da soma de funções é a soma das derivadas dessas funções.
- A derivada de λ vezes uma função é λ vezes sua derivada.

A partir dessas regras, você pode derivar a Equação D-1.

Equação D-1. Derivadas parciais de f(x, y)

$$\frac{\partial f}{\partial x} = \frac{\partial(x^2y)}{\partial x} + \frac{\partial y}{\partial x} + \frac{\partial 2}{\partial x} = y\frac{\partial(x^2)}{\partial x} + 0 + 0 = 2xy$$

$$\frac{\partial f}{\partial y} = \frac{\partial(x^2y)}{\partial y} + \frac{\partial y}{\partial y} + \frac{\partial 2}{\partial y} = x^2 + 1 + 0 = x^2 + 1$$

Essa abordagem pode ser extremamente tediosa com funções mais complexas e você corre o risco de cometer erros. Felizmente, existem outras opções. Vejamos agora a aproximação de diferenças finitas.

Aproximação de Diferenças Finitas

Lembre-se de que a derivada $h'(x_0)$ de uma função $h(x)$ no ponto x_0 é a inclinação da função nesse ponto. Mais precisamente, a derivada é definida como o limite da inclinação de uma linha reta passando por este ponto t x_0 e outro ponto x na função, conforme x fica infinitamente próximo de x_0 (veja a Equação D-2).

Equação D-2. Definição da derivada de uma função h(x) no ponto x_0

$$h'(x_0) = \lim_{x \to x_0} \frac{h(x) - h(x_0)}{x - x_0}$$

$$= \lim_{\varepsilon \to 0} \frac{h(x_0 + \varepsilon) - h(x_0)}{\varepsilon}$$

Desse modo, se quiséssemos calcular a derivada parcial de $f(x, y)$ em relação a x em $x = 3$ e $y = 4$, podemos calcular $f(3 + \varepsilon, 4) - f(3, 4)$ e dividir o resultado por ε, usando um valor muito pequeno para ε. Esse tipo de aproximação numérica da derivada se chama *aproximação de diferença finita*, e essa equação específica se chama *quociente diferencial de Newton*. E é exatamente o que o código a seguir faz:

```
def f(x, y):
    return x**2*y + y + 2

def derivative(f, x, y, x_eps, y_eps):
    return (f(x + x_eps, y + y_eps) - f(x, y)) / (x_eps + y_eps)

df_dx = derivative(f, 3, 4, 0.00001, 0)
df_dy = derivative(f, 3, 4, 0, 0.00001)
```

Infelizmente, o resultado é impreciso (e fica pior com funções mais complicadas). Os resultados corretos são, respectivamente, 24 e 10, mas em vez disso obtemos:

```
>>> print(df_dx)
24.000039999805264
>>> print(df_dy)
10.000000000331966
```

Veja que, para calcular ambas as derivadas parciais, temos que chamar `f()` pelo menos três vezes (chamamos quatro vezes no código anterior, mas isso poderia ser otimizado). Se houvesse mil parâmetros, precisaríamos chamar `f()` pelo menos 1.001 vezes. Quando você está lidando com grandes redes neurais, a aproximação de diferenças finitas é bastante ineficiente. Entretanto, esse método é tão simples de implementar que é uma ótima ferramenta para verificar se os outros métodos estão implementados corretamente. Por exemplo, se ela discordar de sua função derivada manualmente, provavelmente sua função contém um erro.

Até agora, consideramos duas formas de calcular gradientes: usando a diferenciação manual e usando a aproximação de diferenças finitas. Infelizmente, ambas foram um desastre para treinar uma rede neural em larga escala. Assim, passaremos para o autodiff, começando com o modo forward.

Autodiff de Modo Forward

A Figura D-1 mostra como o autodiff de modo forward funciona em uma função ainda mais simples $g(x, y) = 5 + xy$. O grafo dessa função é representado à esquerda. Após o autodiff de modo forward, obtemos o grafo à direita, que representa a derivada parcial $\frac{\partial g}{\partial x} = 0 + (0 \times x + y \times 1) = y$ (poderíamos também obter a derivada parcial em relação a y).

O algoritmo percorrerá o grafo computacional das entradas para as saídas (por isso o nome "forward" [direto]). Ele começa obtendo as derivadas parciais dos nós folha. O nó constante (5) retorna a constante 0, pois a derivada de uma constante é sempre 0. A variável x retorna a constante 1 desde $\frac{\partial x}{\partial x} = 1$, e a variável y retorna a constante 0 desde $\frac{\partial y}{\partial x} = 0$ (se estivéssemos olhando para a derivada parcial 1 em relação à y, seria o contrário).

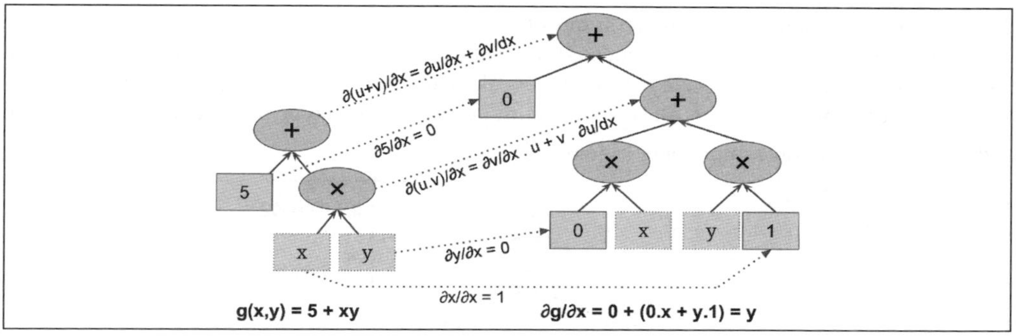

Figura D-1. Autodiff de modo forward

Agora temos tudo o que precisamos para mover o grafo para o nó de multiplicação na função *g*. O cálculo nos diz que a derivada do produto de duas funções *u* e *v* é $\frac{\partial(u \times v)}{\partial x} = \frac{\partial v}{\partial x} \times u + v \times \frac{\partial u}{\partial x}$. Podemos, assim, construir uma grande parte do grafo à direita, representando $0 \times x + y \times 1$.

Por último, podemos ir até o nó de adição na função *g*. Conforme mencionado, a derivada da soma de funções é a soma das derivadas dessas funções. Assim, é necessário somente criar um nó de adição e inseri-lo às partes do grafo que já calculamos. Obtemos a derivada parcial correta: $\frac{\partial g}{\partial x} = 0 + (0 \times x + y \times 1)$ No entanto, podemos simplificar ainda mais essa equação. Algumas etapas de poda podem ser aplicadas ao grafo computacional para se livrar de todas as operações desnecessárias e, assim, obtemos um grafo bem menor com apenas 1 nó: $\frac{\partial g}{\partial x} = y$. Nesse caso, a simplificação é bem fácil, mas, para uma função mais complexa, o autodiff de modo de forward pode gerar um grafo gigantesco que pode ser difícil de simplificar e levar a um desempenho abaixo do ideal.

Repare que começamos com um grafo computacional e o autodiff de modo forward gerou outro grafo computacional. Isso se chama *diferenciação simbólica*, e ela tem dois recursos interessantes: primeiro, uma vez que o grafo de cálculo da derivada foi gerado, podemos usá-lo quantas vezes quisermos para calcular as derivadas da função dada para qualquer valor de *x* e *y*; segundo, podemos rodar o autodiff de modo forward novamente no grafo resultante para obter derivadas de segunda ordem se precisarmos (ou seja, derivadas de derivadas). Poderíamos até calcular derivadas de terceira ordem e assim por diante.

Mas também é possível executar autodiff de modo forward sem construir um grafo (ou seja, numericamente, não simbolicamente), apenas calculando os resultados intermediários em tempo real. Uma maneira de fazer isso é usar *números duais*, que são números estranhos, porém fascinantes na forma $a + b\varepsilon$, em que a e b são números reais e ε é um número infinitesimal como $\varepsilon^2 = 0$ (sendo $\varepsilon \neq 0$). Você pode pensar no número dual $42 + 24\varepsilon$ como algo semelhante a 42.0000···000024, com um número infinito de 0s (mas é claro que ele foi simplificado apenas para lhe dar uma ideia do que são os números duais). Um número dual é representado na memória como um par de floats. Por exemplo, $42 + 24\varepsilon$ é representado pelo par (42,0; 24,0).

Os números duais podem ser somados, multiplicados e assim por diante, conforme mostrado na Equação D-3.

Equação D-3. Algumas operações com números duais

$$\lambda(a + b\varepsilon) = \lambda a + \lambda b\varepsilon$$

$$(a + b\varepsilon) + (c + d\varepsilon) = (a + c) + (b + d)\varepsilon$$

$$(a + b\varepsilon) \times (c + d\varepsilon) = ac + (ad + bc)\varepsilon + (bd)\varepsilon^2 = ac + (ad + bc)\varepsilon$$

Mais importante ainda, pode-se mostrar que $h(a + b\varepsilon) = h(a) + b \times h'(a)\varepsilon$, então calcular $h(a + \varepsilon)$ lhe fornece $h(a)$ e a derivada $h'(a)$ em somente uma tentativa. A Figura D-2 mostra a derivada parcial de $f(x, y)$ em relação à x em $x = 3$ e $y = 4$ pode ser calculada usando números duais. Tudo o que precisamos fazer é calcular $f(3 + \varepsilon, 4)$; isso gerará um número dual cujo primeiro componente é igual a $f(3, 4)$ e cujo segundo componente é igual a $\frac{\partial f}{\partial x}(3, 4)$.

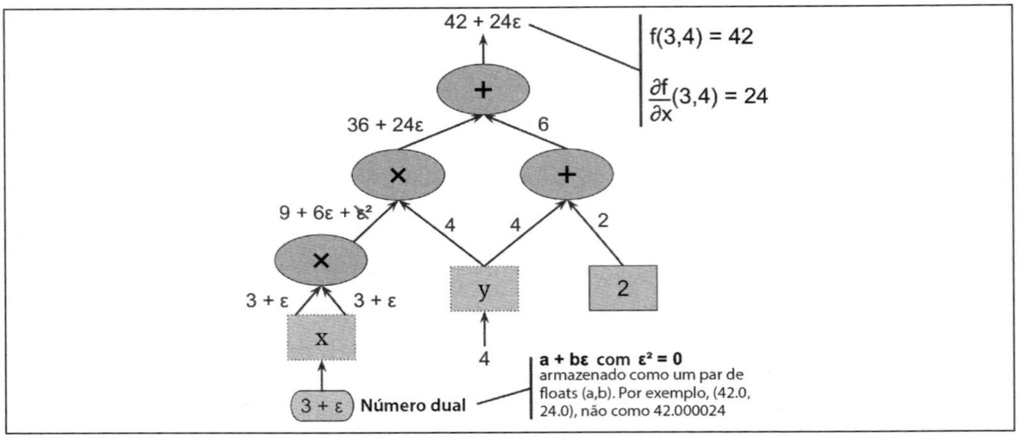

Figure D-2. Autodiff de modo forward usando números duais

Para calcular $\frac{\partial f}{\partial y}(3, 4)$, teríamos que percorrer o grafo novamente, mas dessa vez com $x = 3$ e $y = 4 + \varepsilon$. Assim, o autodiff de modo forward é mais preciso do que a aproximação de diferença finita, porém sofre da mesma falha, pelo menos quando há muitas entradas e poucas saídas (como é o caso ao lidar com redes neurais): se houvesse mil parâmetros, seriam necessárias mil passagens pelo grafo para calcular todas as derivadas parciais. É aqui que o autodiff de modo reverso se destaca: ele pode calcular todas elas em apenas duas passagens pelo grafo. Vejamos como.

Autodiff de Modo Reverso

O autodiff de modo reverso é a solução implementada pela TensorFlow. Ele primeiro percorre o grafo na direção direta (ou seja, das entradas para a saída) para calcular o valor de cada nó. Em seguida, ele faz uma segunda passagem, dessa vez na direção reversa (ou seja, da saída para as entradas), para calcular todas as derivadas parciais. O nome "modo reverso" é por causa dessa segunda passagem pelo grafo, onde os gradientes fluem na direção reversa. A Figura D-3 representa a segunda passagem. Durante a primeira passagem, todos os valores do nó foram calculados a partir de $x = 3$ e $y = 4$. Você pode ver esses valores no canto inferior direito de cada nó (por exemplo, $x \times x = 9$). Os nós são rotulados de n_1 a $n7$ para maior clareza. O nó de saída é n_7: $f(3, 4) = n7 = 42$.

A ideia é descer gradativamente pelo grafo, calculando a derivada parcial de $f(x, y)$ em relação a cada nó consecutivo, até atingirmos os nós das variáveis. Para isso, o autodiff de modo reverso depende muito da *regra de cadeia* , mostrada na Equação D-4.

Equação D-4. Regra de cadeia

$$\frac{\partial f}{\partial x} = \frac{\partial f}{\partial n_i} \times \frac{\partial n_i}{\partial x}$$

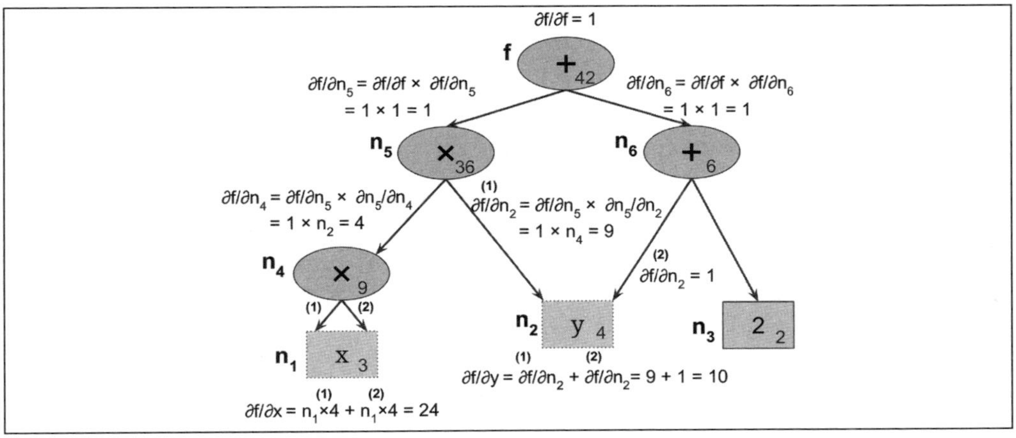

Figura D-3. Autodiff de modo reverso

Uma vez que n_7 é o nó de saída, $f = n_7$, então $\frac{\partial f}{\partial n_7} = 1$.

Vamos continuar descendo o grafo até n_5: qual a variância de f quando n^5 varia? A resposta é $\frac{\partial f}{\partial n_5} = \frac{\partial f}{\partial n_7} \times \frac{\partial n_7}{\partial n_5}$. Já sabemos que $\frac{\partial f}{\partial n_7} = 1$, então tudo que precisamos é $\frac{\partial n_7}{\partial n_5} = 1$. Como n_7 simplesmente executa a soma $n^5 + n_6$, descobrimos que $\frac{\partial n_7}{\partial n_5} = 1$, logo $\frac{\partial f}{\partial n_5} = 1 \times 1 = 1$.

O processo continua até chegarmos ao final do grafo. Nesse ponto, teremos calculado todas as derivadas parciais de $f(x, y)$ no ponto $x = 3$ e $y = 4$. Nesse exemplo, chegamos a $\frac{\partial f}{\partial x} = 24$ e $\frac{\partial f}{\partial y} = 10$. Parece que acertamos!

O autodiff de modo reverso é uma técnica muito poderosa e precisa, sobretudo quando há muitas entradas e poucas saídas, visto que ela exige somente uma passagem direta mais uma passagem reversa por saída a fim de calcular todas as derivadas parciais para todas as saídas em relação a todas as entradas. Ao treinar redes neurais, normalmente queremos minimizar a perda; assim, há uma única saída (a perda) e, portanto, somente duas passagens pelo grafo são necessárias para calcular os gradientes. O autodiff de modo reverso também pode manipular funções que não são totalmente diferenciáveis, desde que você calcule as derivadas parciais em pontos diferenciáveis.

Na Figura D-3, os resultados numéricos são calculados instantaneamente em cada nó. Mas isso não é exatamente o que a TensorFlow faz: ao contrário, ela cria um novo grafo computacional. Em outras palavras, ela implementa um autodiff *simbólico* de modo reverso. Dessa forma, o grafo computacional para calcular os gradientes da perda em relação a todos os parâmetros da rede neural só precisa ser gerado uma vez e, em seguida, pode ser executado repetidamente, sempre que o otimizador precisar calcular os gradientes. Além do mais, isso possibilita calcular as derivadas de ordem superior, se necessário.

Caso queira implementar um novo tipo de operação da TensorFlow de baixo nível em C++ e queira torná-la compatível com autodiff, basta fornecer uma função que retorne as derivadas parciais das saídas da função em relação às suas entradas. Por exemplo, suponha que você implemente uma função que calcule o quadrado de sua entrada: $f(x) = x^2$. Nesse caso, você precisaria fornecer a função derivada correspondente: $f'(x) = 2x$.

Outras Arquiteturas ANN Populares

Neste apêndice, veremos um breve panorama de algumas arquiteturas de rede neural historicamente importantes que são menos utilizadas hoje do que as perceptrons multicamadas profundas (Capítulo 10), redes neurais convolucionais (Capítulo 14), redes neurais recorrentes (Capítulo 15) ou autoencoders (Capítulo 17). Elas são frequentemente mencionadas nos materiais de referência e algumas ainda são usadas em uma variedade de aplicações, então vale a pena conhecê-las. Além disso, analisaremos as *redes deep belief*, que eram a maior inovação em aprendizado profundo até o início de 2010. Elas ainda continuam sendo objeto de pesquisa, ou seja, em um futuro próximo, podem muito bem retornar triunfantes.

Redes de Hopfield

As *redes Hopfield* foram apresentadas pela primeira vez por WA Little em 1974, depois popularizadas por J. Hopfield em 1982. Elas são redes de *memória associativa*: primeiro você ensina a elas alguns padrões e, em seguida, quando veem um novo padrão, elas (assim se espera) reproduzem o padrão aprendido mais próximo. Isso fez com que elas ajudassem o reconhecimento de caracteres, antes de serem superadas por outras abordagens: primeiro você treina a rede mostrando exemplos de imagens de caracteres (cada pixel binário é mapeado para um neurônio) e, em seguida, quando você mostra uma imagem de um novo caractere, após algumas iterações, ela produz o caractere aprendido mais próximo.

As redes de Hopfield são grafos totalmente conectados (veja a Figura E-1); ou seja, cada neurônio está conectado a todos os outros neurônios. Repare que no diagrama as imagens têm 6 × 6 pixels, então a rede neural à esquerda deve conter 36 neurônios (e 630 conexões). Porém, para maior clareza visual, uma rede menor é representada.

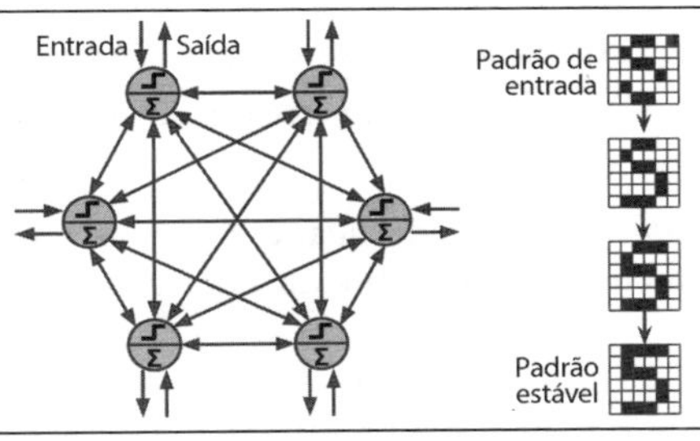

Figura E-1. Rede de Hopfield

O algoritmo de treinamento funciona usando a regra de Hebb (veja o Capítulo 10): para cada imagem de treinamento, o peso entre dois neurônios é aumentado se os pixels correspondentes estiverem ambos conectados ou ambos desconectados, mas diminuído se um pixel estiver conectado e o outro está desconectado.

Para mostrar uma nova imagem para a rede, basta ativar os neurônios que correspondem aos pixels ativos. Desse modo, a rede calcula a saída de cada neurônio, e isso fornece uma nova imagem. Você pode, então, pegar essa nova imagem e repetir todo o processo. Depois de um tempo, a rede alcança um estado estável. Em geral, isso corresponde à imagem de treinamento que mais se assemelha à imagem de entrada.

Então, uma *função de energia* é associada às redes de Hopfield. A cada iteração, a energia diminui, assim a rede tem a garantia de posteriormente se estabilizar em um estado de baixa energia.

O algoritmo de treinamento ajusta os pesos de uma forma que diminui o nível de energia dos padrões de treinamento, de modo que a rede provavelmente se estabilizará em uma dessas definições de baixa energia. Infelizmente, alguns padrões que não estavam no conjunto de treinamento também acabam em baixa energia, então a rede às vezes se estabiliza em uma definição que não foi aprendida. Isso se chama *padrões espúrios*.

Outra grande falha das redes de Hopfield é que elas não escalonam muito bem — sua capacidade de memória é aproximadamente igual a 14% do número de neurônios. Por exemplo, para classificar imagens de 28 × 28 pixels, você precisaria de uma rede de Hopfield com 784 neurônios totalmente conectados e 306.936 pesos. Essa rede só conseguiria aprender cerca de 110 caracteres diferentes (14% de 784). São muitos parâmetros para uma memória tão pequena.

Máquinas de Boltzmann

As *máquinas de Boltzmann* foram inventadas em 1985 por Geoffrey Hinton e Terrence Sejnowski. Assim como as redes de Hopfield, elas são RNAs totalmente conectadas, porém baseadas em *neurônios estocásticos*: em vez de usar uma função de degrau determinística para decidir qual valor gerar, esses neurônios geram 1 com alguma probabilidade e 0, caso contrário. A função de probabilidade que essas RNAs usam é baseada na distribuição de Boltzmann (usada em mecânica estatística), daí seu nome. A Equação E-1 fornece a probabilidade de que um determinado neurônio gere 1.

Equação E-1. Probabilidade de que o i-ésimo neurônio gerará 1

$$p\left(s_i^{(\text{próximo degrau})} = 1\right) = \sigma\left(\frac{\sum_{j=1}^{N} w_{i,j} s_j + b_i}{T}\right)$$

- s_j é o i-jésimo estado do neurônio (0 ou 1).
- $w_{i,j}$ é o peso da conexão entre os neurônios i-ésimo e i-jésimo neurônio. Veja que $w_{i,i} = 0$.
- b_i é o viés do i-ésimo. Podemos implementar esse viés adicionando um neurônio de viés à rede.
- N é o número de neurônios na rede.
- T é um número da *temperatura* da rede; quanto mais alta a temperatura, mais aleatória é a saída (ou seja, mais a probabilidade se aproxima de 50%).
- σ é a função logística.

Os neurônios nas máquinas de Boltzmann são separados em dois grupos: *unidades visíveis* e *unidades ocultas* (veja a Figura E-2). Todos os neurônios funcionam da mesma forma estocástica, mas as unidades visíveis são aquelas que recebem as entradas e a partir das quais as saídas são lidas.

Devido à natureza estocástica, uma máquina de Boltzmann nunca se estabilizará em uma configuração fixa; em vez disso, ela continuará alternando entre várias configurações. Caso fique em execução por um tempo suficientemente longo, a probabilidade de observar uma configuração particular será somente uma função dos pesos de conexão e vieses, não da configuração original (da mesma forma, depois de embaralhar um baralho por tempo suficiente, a configuração do baralho não depende do estado inicial). Assim que a rede alcança esse estado em que a configuração original é "esquecida", diz-se que ela está em *equilíbrio térmico* (embora sua configuração mude o tempo todo). Ao definir os parâmetros da rede de forma adequada, deixando a rede alcançar o equilíbrio térmico e, em seguida, observar seu estado, podemos simular uma ampla gama de distribuições de probabilidade. Isso se chama *modelo gerativo*.

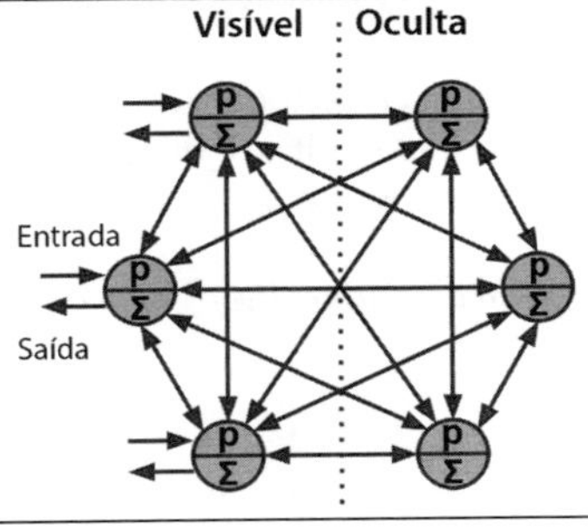

Figura E-2. Máquinas de Boltzmann

Treinar uma máquina de Boltzmann significa encontrar os parâmetros que farão a rede se aproximar da distribuição de probabilidade do conjunto de treinamento. Por exemplo, se houver 3 neurônios visíveis e o conjunto de treinamento contiver 75% (0, 1, 1) tripletos, 10% (0, 0, 1) tripletos e 15% (1, 1, 1) tripletos, assim, ao treinar uma máquina Boltzmann, você poderia usá-la para gerar tripletos binários aleatórios com aproximadamente a mesma distribuição de probabilidade. Por exemplo, cerca de 75% das vezes, ela geraria o tripleto (0, 1, 1).

Esse modelo generativo pode ser usado de diversas maneiras. Por exemplo, se for treinado em imagens e você fornecer uma imagem incompleta ou com ruído à rede, ele "reparará" automaticamente a imagem de uma forma razoável. Também é possível utilizar um modelo gerativo para classificação. Basta adicionar neurônios visíveis para codificar a classe da imagem de treinamento (por exemplo, adicionar 10 neurônios visíveis e ativar apenas o quinto neurônio quando a imagem de treinamento representar 5). Em seguida, dada uma nova imagem, a rede ativará automaticamente os neurônios visíveis apropriados, indicando a classe da imagem (por exemplo, ela ativará o quinto neurônio visível se a imagem representar 5).

Infelizmente, não existe uma técnica eficiente para treinar as máquinas de Boltzmann. No entanto, algoritmos bastante eficientes foram desenvolvidos para treinar as *máquinas restritas de Boltzmann* (RBMs).

Máquinas Restritas de Boltzmann

Uma RBM é simplesmente uma máquina de Boltzmann em que não existem conexões entre as unidades visíveis e as unidades ocultas, apenas entre unidades separadas e ocultas. Por exemplo, a Figura E-3 representa uma RBM com três unidades visíveis e quatro unidades ocultas.

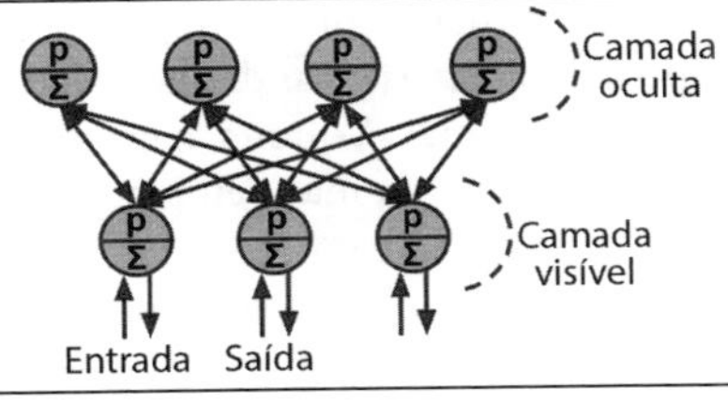

Figura E-3. Máquinas restritas de Boltzmann

Um algoritmo de treinamento muito eficiente chamado *divergência contrastiva* foi apresentado em 2005 por Miguel Á. Carreira-Perpiñán e Geoffrey Hintno (*https://homl.info/135*).[1] Ele funciona da seguinte maneira: para cada instância de treinamento **x**, o algoritmo começa a fornecê-lo à rede, definindo o estado das unidades visíveis para $x_1, x_2, \cdots, x_n$. Depois, você calcula o estado das unidades ocultas aplicando a equação estocástica descrita antes (Equação E-1). Ela lhe fornece um vetor oculto **h** (onde h_i é igual ao estado da *i*-ésima unidade). Em seguida, você calcula o estado das unidades visíveis, aplicando a mesma equação estocástica. Isso lhe fornece um vetor **x**′. Então, mais uma vez, você calcula o estado das unidades ocultas, o que lhe fornece um vetor **h**′. Agora você pode atualizar cada peso de conexão aplicando a regra da Equação E-2, em que η é a taxa de aprendizado.

Equação E-2. Atualização de peso do algoritmo divergência contrastiva

$$w_{i,j} \leftarrow w_{i,j} + \eta\left(\mathbf{x}\mathbf{h}^\intercal - \mathbf{x}'\mathbf{h}'^\intercal\right)$$

A grande vantagem desse algoritmo é que ele não exige que a rede alcance o equilíbrio térmico: ele apenas vai para frente, para trás e para frente novamente, e é isso. Isso o torna incomparavelmente mais eficiente do que os algoritmos anteriores, e ele foi um ingrediente-chave para o primeiro sucesso do aprendizado profundo com base em várias RBMs empilhadas.

Redes Deep Belief

Várias camadas RBMs podem ser empilhadas; as unidades ocultas da RBM de primeiro nível servem como unidades visíveis para a RBM da segunda camada e assim por diante. Essa pilha RBM se chama *rede deep belief* (DBN).

Yee-Whye Teh, um dos alunos de Geoffrey Hinton, observou que era possível treinar as DBNs uma camada por vez usando o algoritmo divergência contrastiva, começando com as camadas inferiores e depois gradualmente subindo para as camadas superiores. Isso levou ao artigo inovador que deu início ao tsunami do aprendizado de máquina em 2006 (*https://homl.info/136*).[2]

Como as RBMs, as DBNs aprendem a reproduzir a distribuição de probabilidade de suas entradas sem qualquer supervisão. Contudo, elas se saem bem melhores nessa reprodução, pelo mesmo motivo que as redes neurais profundas são mais poderosas do que as mais rasas: os dados do mundo real costumam ser organizados em padrões hierárquicos, e as DBNs tiram proveito disso. Suas camadas inferiores aprendem características de baixo nível nos dados de entrada, ao passo que as camadas superiores aprendem características de alto nível.

E, assim como as RBMs, as DBNs são fundamentalmente não supervisionadas, mas é possível treiná-las de maneira supervisionada adicionando algumas unidades visíveis para representar os rótulos. Além do mais, uma grande característica das DBNs é que elas podem ser treinadas de forma semissupervisionada. A Figura E-4 representa uma DBN configurada para aprendizado semissupervisionado.

Primeiro, a RBM 1 é treinada sem supervisão. Ela aprende características de baixo nível nos dados de treinamento. Em seguida, a RBM 2 é treinada com as unidades ocultas da RBM 1 como entradas, novamente sem supervisão: ela aprende características de alto nível (observe que as unidades ocultas da RBM 2 incluem apenas as três unidades mais à direita, não as unidades de rótulo). Várias outras RBMs poderiam ser empilhadas dessa maneira, mas deu para você entender a ideia. Até agora, o

1 Miguel Á. Carreira-Perpiñán e Geoffrey E. Hinton, "On Contrastive Divergence Learning", *Anais do 10º Workshop Internacional de Inteligência Artificial e Estatística* (2005): 59–66.

2 Geoffrey E. Hinton et al., "A Fast Learning Algorithm for Deep Belief Nets", *Neural Computation* 18 (2006): 1527–1554.

treinamento foi 100% não supervisionado. Por último, a RBM 3 é treinada usando as unidades ocultas da RBM 2 como entradas, bem como as unidades visíveis extras utilizadas para representar os rótulos-alvo (por exemplo, um vetor one-hot representando a classe de instância). Ela aprende a associar as características de alto nível a rótulos de treinamento. Essa é a etapa supervisionada.

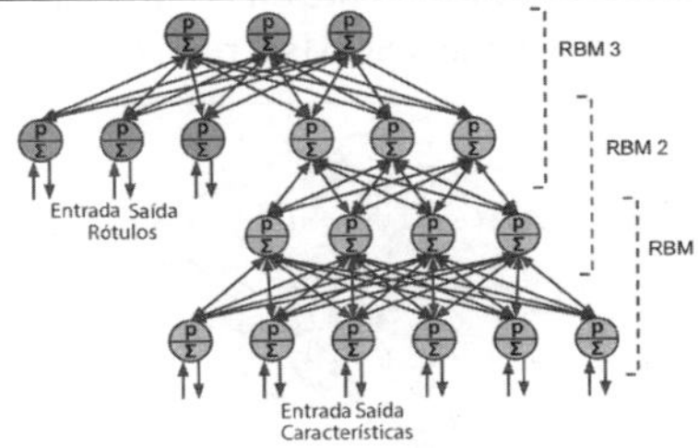

Figura E-4. Uma rede deep belief configurada para aprendizado semissupervisionado

No fim do treinamento, se você fornecer à RBM 1 uma nova instância, o sinal se propagará até a RBM 2 e, em seguida até o topo da RBM 3, voltando para as unidades de rótulo; com sorte, o rótulo apropriado virá à tona. É assim que uma DBN pode ser usada para classificação.

Uma das vantagens dessa abordagem semissupervisionada é que você não precisa de muitos dados de treinamento rotulados. Se as RBMs não supervisionadas fizerem um trabalho bom o suficiente, somente uma pequena quantidade de instâncias de treinamento rotuladas por classe será necessária. Do mesmo jeito que um bebê aprende a reconhecer objetos sem supervisão, quando você aponta para uma cadeira e diz "cadeira", o bebê pode associar a palavra "cadeira" à classe de objetos que já aprendeu a reconhecer por conta própria. Não é necessário apontar para cada cadeira e dizer "cadeira"; apenas alguns exemplos serão suficientes (o suficiente para que o bebê possa ter certeza de que você está realmente se referindo à cadeira, não à sua cor ou a uma de suas partes).

Surpreendentemente, as DBNs também podem funcionar de modo oposto. Caso ative uma das unidades de rótulo, o sinal se propagará até as unidades ocultas da RBM 3, depois para RBM 2 e, em seguida, à RBM 1, e uma nova instância será gerada pelas unidades visíveis da RBM 1. Em geral, essa nova instância se parecerá com uma instância usual da classe cuja unidade de rótulo você ativou. Essa capacidade generativa das DBNs é muito poderosa. Por exemplo, ela foi usada para gerar automaticamente legendas para imagens e vice-versa: primeiro, uma DBN é treinada (sem supervisão) para aprender as características em imagens e outra DBN é treinada (novamente sem supervisão) para aprender as características em conjuntos de legendas (por exemplo, "carro" geralmente vem com "automóvel").

Em seguida, uma RBM é empilhada em cima de ambas as DBNs e treinada com um conjunto de imagens com suas legendas; ela aprende a associar as características de alto nível em imagens com características de alto nível em legendas. Depois, se você alimentar a imagem da DBN com a imagem de um carro, o sinal se propagará pela rede até a RBM de nível superior, voltando para a parte inferior da legenda DBN, gerando assim uma legenda. Devido à natureza estocástica das RBMs e DBNs, a legenda continuará mudando aleatoriamente, sendo apropriada para a imagem. Se você gerar algumas centenas de legendas, aquelas geradas com mais frequência provavelmente descreverão bem uma imagem.[3]

Mapas Auto-organizáveis

Os *mapas auto-organizáveis* (SOMs) [self-organizing maps], também conhecidos como redes de Kohonen, são bastante diferentes de todos os outros tipos de redes neurais que vimos até agora.

3 Veja este vídeo de Geoffrey Hinton para mais detalhes e uma demo: *https://homl.info/137*.

Eles são usados para gerar uma representação de baixa dimensão de um conjunto de dados de alta dimensão, geralmente para visualização, clusterização ou classificação. Os neurônios são espalhados por um mapa (normalmente 2D para visualização, podendo ter qualquer número de dimensões que você quiser), como mostrado na Figura E-5, e cada neurônio tem uma conexão ponderada para cada entrada (repare que o diagrama mostra somente duas entradas, porém normalmente existe um número grande, já que o principal objetivo dos SOMs é reduzir a dimensionalidade).

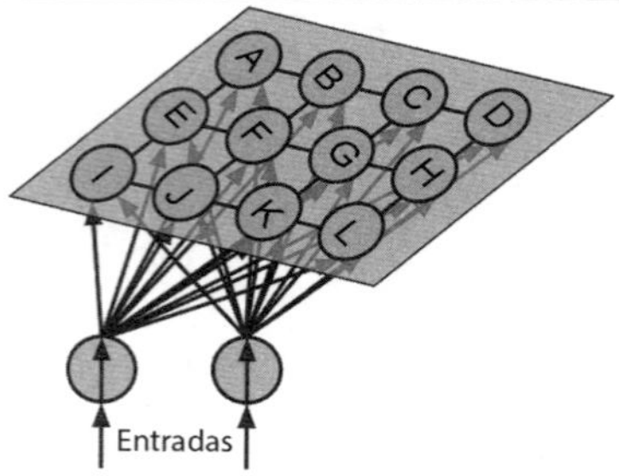

Figura E-5. Mapas auto-organizáveis

Uma vez que a rede é treinada, você pode alimentá-la com uma nova instância e isso ativará apenas um neurônio (ou seja, um ponto no mapa): o neurônio cujo vetor de peso está mais próximo do vetor de entrada. Via de regra, as instâncias que estão próximas ao espaço de entrada original ativarão neurônios que estão próximos ao mapa. Isso torna os SOMs úteis não apenas para visualização (você pode identificar facilmente clusters no mapa), como também para usos como reconhecimento de voz. Por exemplo, se cada instância representa uma gravação de áudio de uma pessoa pronunciando uma vogal, diferentes pronúncias da vogal "a" ativarão os neurônios na mesma área do mapa, enquanto instâncias da vogal "e" ativarão neurônios em outra área, e os sons intermediários geralmente ativam os neurônios intermediários no mapa.

Uma diferença importante das outras técnicas de redução de dimensionalidade analisadas no Capítulo 8 é que todas as instâncias são mapeadas para um número discreto de pontos no espaço de baixa dimensão (um ponto por neurônio). Quando existem poucos neurônios, essa técnica é melhor descrita como clusterização em vez de redução de dimensionalidade.

O algoritmo de treinamento não é supervisionado. Ele faz com que todos os neurônios compitam entre si. Primeiro, todos os pesos são aleatoriamente inicializados. Em seguida, uma instância de treinamento é escolhida aleatoriamente e enviada para a rede. Todos os neurônios calculam a distância entre seu vetor de peso e o vetor de entrada (isso é muito diferente dos neurônios artificiais que vimos até agora). O neurônio que calcula a menor distância vence e ajusta seu vetor de peso para ficar um pouco mais próximo do vetor de entrada, fazendo com que ele tenha mais probabilidade de ganhar competições futuras com outras entradas semelhantes a essa. Ele também recruta neurônios vizinhos, e eles atualizam seus vetores de peso para ficar um pouco mais próximos do vetor de entrada (mas não atualizam seus pesos tanto quanto o neurônio vencedor). Depois, o algoritmo escolhe outra instância de treinamento e repete o processo. Esse algoritmo costuma fazer com que os neurônios próximos gradualmente se especializem em entradas semelhantes.[4]

4 Você pode imaginar uma classe de crianças pequenas com habilidades aproximadamente semelhantes. Suponha que uma criança é um pouco melhor no basquete. Isso a motiva a praticar mais, sobretudo com os amigos. Depois de um tempo, esse grupo de amigos fica tão bom no basquete que outras crianças não conseguem competir. Mas tudo bem, porque as outras crianças se especializam em outras áreas. Depois de um tempo, a classe fica repleta de pequenos grupos especializados.

Estruturas Especiais de Dados

Neste apêndice, veremos brevemente as estruturas de dados suportadas pela TensorFlow, além do float regular ou tensores inteiros. Isso inclui strings, tensores irregulares, tensores esparsos, arrays de tensores, conjuntos e filas [queues].

Strings

Os tensores podem conter strings de bytes, o que ajuda o processamento de linguagem natural (veja o Capítulo 16):

```
>>> tf.constant(b"hello world")
<tf.Tensor: id=149, shape=(), dtype=string, numpy=b'hello world'>
```

Caso tente construir um tensor com uma string unicode, a TensorFlow o codificará automaticamente para UTF-8:

```
>>> tf.constant("café")
<tf.Tensor: id=138, shape=(), dtype=string, numpy=b'caf\xc3\xa9'>
```

É possível também criar tensores representando strings unicode. Basta criar um array de inteiros de 32 bits, cada um representando um único ponto de código Unicode:[1]

```
>>> tf.constant([ord(c) for c in "café"])
<tf.Tensor: id=211, shape=(4,), dtype=int32,
            numpy=array([ 99,  97, 102, 233], dtype=int32)>
```

Em tensores do tipo tf.string, o comprimento da string não faz parte do formato do tensor. Em outras palavras, as strings são consideradas valores atômicos. No entanto, em um tensor de string unicode (ou seja, um tensor int32), o comprimento da string *é* parte do formato do tensor.

O pacote `tf.strings` comporta várias funções para manipular tensores string, como a `length()` que calcula o número de bytes em uma string de bytes (ou o número de pontos de código se você definir `unit="UTF8_CHAR"`), a `unicode_encode()` que converte um tensor de string unicode (ou seja, tensor int32) em um tensor de string de bytes e a `unicode_decode()` que faz o contrário:

```
>>> b = tf.strings.unicode_encode(u, "UTF-8")
>>> tf.strings.length(b, unit="UTF8_CHAR")
<tf.Tensor: id=386, shape=(), dtype=int32, numpy=4>
>>> tf.strings.unicode_decode(b, "UTF-8")
<tf.Tensor: id=393, shape=(4,), dtype=int32,
            numpy=array([ 99,  97, 102, 233], dtype=int32)>
```

Você também consegue manipular tensores com várias strings:

```
>>> p = tf.constant(["Café", "Coffee", "caffè", "咖啡"])
>>> tf.strings.length(p, unit="UTF8_CHAR")
```

1 Se não estiver familiarizado com os pontos de código unicode, confira: *https://homl.info/unicode*.

```
<tf.Tensor: id=299, shape=(4,), dtype=int32,
            numpy=array([4, 6, 5, 2], dtype=int32)>
>>> r = tf.strings.unicode_decode(p, "UTF8")
>>> r
tf.RaggedTensor(values=tf.Tensor(
[ 67 97 102 233 67 111 102 102 101 101 99 97
 102 102 232 21654 21857], shape=(17,), dtype=int32),
 row_splits=tf.Tensor([ 0 4 10 15 17], shape=(5,), dtype=int64))
>>> print(r)
<tf.RaggedTensor [[67, 97, 102, 233], [67, 111, 102, 102, 101, 101],
                  [99, 97, 102, 102, 232], [21654, 21857]]>
```

Veja que as strings decodificadas são armazenadas em um `RaggedTensor`. O que seria isso?

Tensores Irregulares

Um tensor irregular é um tipo especial de tensor que representa uma lista de arrays de tamanhos diferentes. Em termos gerais, é um tensor com uma ou mais *dimensões irregulares*, significando dimensões cujas fatias podem ter comprimentos diferentes. No tensor irregular `r`, a segunda dimensão é uma dimensão irregular. Em todos os tensores irregulares, a primeira dimensão é sempre uma dimensão regular (também chamada de *dimensão uniforme*).

Todos os elementos do tensor irregular `r` são tensores regulares. Por exemplo, vamos olhar para o segundo elemento do tensor irregular:

```
>>> print(r[1])
tf.Tensor([ 67 111 102 102 101 101], shape=(6,), dtype=int32)
```

O pacote `tf.ragged` contém várias funções para criar e manipular tensores irregulares. Criaremos um segundo tensor irregular usando a `tf.ragged.constant()` e o concatenaremos com o primeiro tensor irregular, ao longo do eixo 0:

```
>>> r2 = tf.ragged.constant([[65, 66], [], [67]])
>>> print(tf.concat([r, r2], axis=0))
<tf.RaggedTensor [[67, 97, 102, 233], [67, 111, 102, 102, 101, 101], [99, 97,
102, 102, 232], [21654, 21857], [65, 66], [], [67]]>
```

O resultado não é lá muito surpreendente: os tensores em `r2` foram anexados após os tensores em `r` ao longo do eixo 0. Mas e se concatenarmos `r` e outro tensor irregular ao longo do eixo 1?

```
>>> r3 = tf.ragged.constant([[68, 69, 70], [71], [], [72, 73]])
>>> print(tf.concat([r, r3], axis=1))
<tf.RaggedTensor [[67, 97, 102, 233, 68, 69, 70], [67, 111, 102, 102, 101, 101,
71], [99, 97, 102, 102, 232], [21654, 21857, 72, 73]]>
```

Dessa vez, repare que o *i*-ésimo tensor em `r` e o *i*-ésimo em `r3` foram concatenados. Isso é mais incomum, já que todos esses tensores podem ter comprimentos diferentes.

Se você chamar o método `to_tensor()`, ele é convertido em um tensor regular, usando um padding nos tensores menores com zeros para obter tensores de comprimentos iguais (você pode alterar o valor-padrão definindo o argumento `default_value`):

```
>>> r.to_tensor()
<tf.Tensor: id=1056, shape=(4, 6), dtype=int32, numpy=
array([[ 67, 97, 102, 233, 0, 0],
       [ 67, 111, 102, 102, 101, 101],
```

```
       [ 99, 97, 102, 102, 232, 0],
       [21654, 21857, 0, 0, 0, 0]], dtype=int32)>
```

Muitas operações TF suportam tensores irregulares. Para conferir a lista completa, veja a documentação da classe `tf.RaggedTensor`.

Tensores Esparsos

A TensorFlow também pode representar com eficiência os *tensores esparsos* (ou seja, tensores contendo em sua grande maioria zeros). Basta criar um `tf.SparseTensor`, especificando os índices e valores dos elementos diferentes de zero e o formato do tensor. Os índices devem ser listados em "ordem de leitura" (da esquerda para a direita e de cima para baixo). Se você não tiver certeza, basta usar o `tf.sparse.reorder()`. Você pode converter um tensor esparso em um tensor denso (ou seja, um tensor regular) usando o `tf.sparse.to_dense()`:

```
>>> s = tf.SparseTensor(indices=[[0, 1], [1, 0], [2, 3]],
                        values=[1., 2., 3.],
                        dense_shape=[3, 4])
>>> tf.sparse.to_dense(s)
<tf.Tensor: id=1074, shape=(3, 4), dtype=float32, numpy=
array([[0., 1., 0., 0.],
       [2., 0., 0., 0.],
       [0., 0., 0., 3.]], dtype=float32)>
```

Veja que tensores esparsos não suportam tantas operações quanto os tensores densos. Por exemplo, você pode multiplicar um tensor esparso por qualquer valor escalar e obter um novo tensor esparso, mas não pode adicionar um valor escalar a um tensor esparso, pois isso não retornaria um tensor esparso:

```
>>> s * 3.14
<tensorflow.python.framework.sparse_tensor.SparseTensor at 0x13205d470>
>>> s + 42.0
[...] TypeError: unsupported operand type(s) for +: 'SparseTensor' and 'float'
```

Arrays de Tensores

Um `tf.TensorArray` representa uma lista de tensores. Ela pode ser útil em modelos dinâmicos contendo loops, para acumular resultados e, posteriormente, calcular algumas estatísticas. Você pode ler ou gravar tensores em qualquer local do array:

```
array = tf.TensorArray(dtype=tf.float32, size=3)
array = array.write(0, tf.constant([1., 2.]))
array = array.write(1, tf.constant([3., 10.]))
array = array.write(2, tf.constant([5., 7.]))
tensor1 = array.read(1) # => retorna um tf.constant([3., 10.])(o retirando!)
```

Observe que a leitura de um item o retira do array, substituindo-o por um tensor com o mesmo formato, cheio de zeros.

Ao escrever no array, você deve atribuir a saída de volta ao array, conforme mostrado nesse exemplo de código. Do contrário, embora seu código funcione bem no eager mode, ele será interrompido no graph mode (esses modos foram apresentados no Capítulo 12).

Ao criar um `TensorArray`, você deve fornecer seu `size`, exceto no graph mode. Como alternativa, você pode não definir o `size`, e em vez disso definir `dynamic_size=True`, mas isso vai atrapalhar o desempenho, então, se conhecer o `size` com antecedência, deve defini-lo. Você também deve especificar o `dtype`, e todos os elementos devem ter o mesmo formato daquele escrito primeiramente no array. Você pode empilhar todos os itens em um tensor regular chamando o método `stack()`:

```
>>> array.stack()
<tf.Tensor: id=2110875, shape=(3, 2), dtype=float32, numpy=
array([[1., 2.],
       [0., 0.],
       [5., 7.]], dtype=float32)>
```

Conjuntos

A TensorFlow é compatível com conjuntos de inteiros ou strings (mas não floats). Ela os representa usando tensores regulares. Por exemplo, o conjunto `{1, 5, 9}` é representado como o tensor `[[1, 5, 9]]`. Observe que o tensor deve ter pelo menos duas dimensões e os conjuntos devem estar na última dimensão. Por exemplo, `[[1, 5, 9], [2, 5, 11]]` é um tensor que contém dois conjuntos independentes: `{1, 5, 9}` e `{2, 5, 11}`. Se alguns conjuntos forem menores do que outros, você deve aplicar um padding com um valor de padding (0 por padrão, mas você pode usar qualquer outro valor que preferir).

O pacote `tf.sets` comporta várias funções para manipular conjuntos. Por exemplo, criaremos dois conjuntos e calcularemos sua união (o resultado é um tensor esparso, assim chamamos `to_dense()()` para exibi-lo):

```
>>> a = tf.constant([[1, 5, 9]])
>>> b = tf.constant([[5, 6, 9, 11]])
>>> u = tf.sets.union(a, b)
>>> u
<tensorflow.python.framework.sparse_tensor.SparseTensor at 0x132b60d30>
>>> tf.sparse.to_dense(u)
<tf.Tensor: [...] numpy=array([[ 1, 5, 6, 9, 11]], dtype=int32)>
```

Você também pode calcular a união de vários pares de conjuntos simultaneamente:

```
>>> a = tf.constant([[1, 5, 9], [10, 0, 0]])
>>> b = tf.constant([[5, 6, 9, 11], [13, 0, 0, 0, 0]])
>>> u = tf.sets.union(a, b)
>>> tf.sparse.to_dense(u)
<tf.Tensor: [...] numpy=array([[ 1, 5, 6, 9, 11],
                               [ 0, 10, 13, 0, 0]], dtype=int32)>
```

Se preferir usar um valor de padding diferente, basta definir `default_value` ao chamar o `to_dense()`:

```
>>> tf.sparse.to_dense(u, default_value=-1)
<tf.Tensor: [...] numpy=array([[ 1, 5, 6, 9, 11],
                               [ 0, 10, 13, -1, -1]], dtype=int32)>
```

O padrão `default_value` é 0, assim, ao lidar com conjuntos de strings, você deve definir `default_value` (por exemplo, para uma string vazia).

Outras funções disponíveis no `tf.sets` são: `difference()`, `intersection()` e `size()`. Caso queira verificar se um conjunto contém ou não alguns determinados valores, você pode calcular a interseção desse conjunto e os valores. Se deseja adicionar alguns valores a um conjunto, pode calcular a união do conjunto e dos valores.

Filas

Uma fila é uma estrutura de dados por meio da qual você pode enviar registros de dados e depois retirá-los. A TensorFlow implementa diversos tipos de filas no pacote `tf.queue`. Elas costumavam ser muito importantes na implementação de pipelines de pré-processamento e carregamento de dados eficientes. No entanto, a tf.data API basicamente as inutilizou (exceto, talvez, em alguns casos raros) porque é mais simples de usar e fornece todas as ferramentas que você precisa para construir pipelines eficientes. Mas, como queremos lhe mostrar tudo, vamos dar uma breve olhada nelas.

O tipo mais simples de fila é a FIFO. Para construí-la, você precisa especificar o número máximo de registros que ela pode conter. Além disso, cada registro é uma tupla de tensores, assim você deve especificar o tipo de cada tensor e, opcionalmente, seus formatos. Por exemplo, o exemplo de código a seguir cria uma fila FIFO com no máximo três registros, cada um contendo uma tupla com um inteiro de 32 bits e uma string. Em seguida, ele envia dois registros para ela, examina seu tamanho (que é 2 nesse ponto) e extrai um registro:

```
>>> q = tf.queue.FIFOQueue(3, [tf.int32, tf.string], shapes=[(), ()])
>>> q.enqueue([10, b"windy"])
>>> q.enqueue([15, b"sunny"])
>>> q.size()
<tf.Tensor: id=62, shape=(), dtype=int32, numpy=2>
>>> q.dequeue()
[<tf.Tensor: id=6, shape=(), dtype=int32, numpy=10>,
<tf.Tensor: id=7, shape=(), dtype=string, numpy=b'windy'>]
```

É possível também enfileirar e retirar da fila vários registros de uma vez (o último exige a especificação dos formato ao criar a fila):

```
>>> q.enqueue_many([[13, 16], [b'cloudy', b'rainy']])
>>> q.dequeue_many(3)
[<tf.Tensor: [...] numpy=array([15, 13, 16], dtype=int32)>,
 <tf.Tensor: [...] numpy=array([b'sunny', b'cloudy', b'rainy'], dtype=object)>]
```

Vejamos outros tipos de fila:

`PaddingFIFOQueue`

: Igual à `FIFOQueue`, porém seu método `dequeue_many()` suporta o desenfileiramento de vários registros de diferentes formatos. Ele automaticamente usa um padding nos registros menores para garantir que todos os registros do batch tenham o mesmo formato.

`PriorityQueue`

: Uma fila que retira os registros em uma ordem priorizada. A prioridade deve ser um inteiro de 64 bits incluído como o primeiro elemento de cada registro. Surpreendentemente, os registros com prioridade mais baixa serão removidos da fila primeiro. Os registros com a mesma prioridade serão retirados da fila na ordem FIFO.

`RandomShuffleQueue`

Uma fila cujos registros são retirados da fila em ordem aleatória. Isso ajudava a implementar um buffer aleatório, antes da criação da tf.data.

Se uma fila já estiver cheia e você tentar enfileirar outro registro, o método `enqueue*()` congelará até que um registro seja retirado da fila por outra thread. Da mesma forma, se uma fila estiver vazia e você tentar desenfileirar um registro, o método `dequeue*()` congelará até que os registros sejam colocados na fila por outra thread.

APÊNDICE G

Grafos da TensorFlow

Neste apêndice, exploraremos os grafos gerados pelas funções TF (veja o Capítulo 12).

Funções TF e Funções Concretas

As funções TF são polimórficas, o que significa que suportam entradas de diferentes tipos (e formatos). Por exemplo, considere a seguinte função `tf_cube()`:

```
@tf.function
def tf_cube(x):
    return x ** 3
```

Sempre que você chama uma função TF com uma nova combinação de tipos ou formatos de entrada, ela gera uma nova *função concreta*, com seu próprio grafo especializado para essa combinação, que é chamada *input signature*. Se você chamar a Função TF com uma input signature já vista antes, ela reutilizará a função concreta gerada anteriormente. Por exemplo, se você chamar a `tf_cube(tf.constant(3.0))`, a função TF reutilizará a mesma função concreta usada para `tf_cube(tf.constant(2.0))` (para tensores escalares float32). Mas ela gerará uma nova função concreta se você chamar `tf_cube(tf.constant([2.0]))` ou `tf_cube(tf.constant([3.0]))` (para tensores float32 de formato [1]), e ainda outra para `tf_cube(tf.constant([[1.0, 2.0], [3.0, 4.0]]))` (para tensores float32 de formato [2, 2]). Você pode obter a função concreta para uma combinação particular de entradas chamando o método `get_concrete_function()` da Função TF. Ele pode, então, ser chamado como uma função regular, mas suportará apena uma input signature (nesse exemplo, tensores escalares float32):

```
>>> concrete_function = tf_cube.get_concrete_function(tf.constant(2.0))
>>> concrete_function
<tensorflow.python.eager.function.ConcreteFunction at 0x155c29240>
>>> concrete_function(tf.constant(2.0))
<tf.Tensor: id=19068249, shape=(), dtype=float32, numpy=8.0>
```

A Figura G-1 mostra a Função TF `tf_cube()`, depois de chamarmos a `tf_cube(2)` e a `tf_cube(tf.constant(2.0))`: duas funções concretas foram geradas, uma para cada signature, cada uma com seu próprio grafo de função otimizado (`FuncGraph`), e sua própria *definição de função* (`FunctionDef`). Uma definição de função aponta para as partes do grafo que correspondem às entradas e saídas da função. Em cada `FuncGraph`, os nós (ovais) representam operações (por exemplo, exponenciação, constantes ou marcadores de posição para argumentos como `x`), ao passo que as arestas (as setas sólidas entre as operações) representam os tensores que fluirão por meio do grafo. A função concreta à esquerda é especializada para `x = 2`, logo, a TensorFlow conseguiu simplificá-la para apenas gerar 8 o tempo todo (veja que a definição da função nem mesmo tem uma entrada). A função concreta à direita é especializada para tensores escalares float32 e não pode ser simplificada. Se chamarmos a `tf_cube(tf.constant(5.0))`, a segunda função concreta será chamada, a operação de espaço reservado para `x` gerará 5,0 e, assim, a operação de exponenciação calculará 5,0 ** 3. Logo, a saída será 125,0.

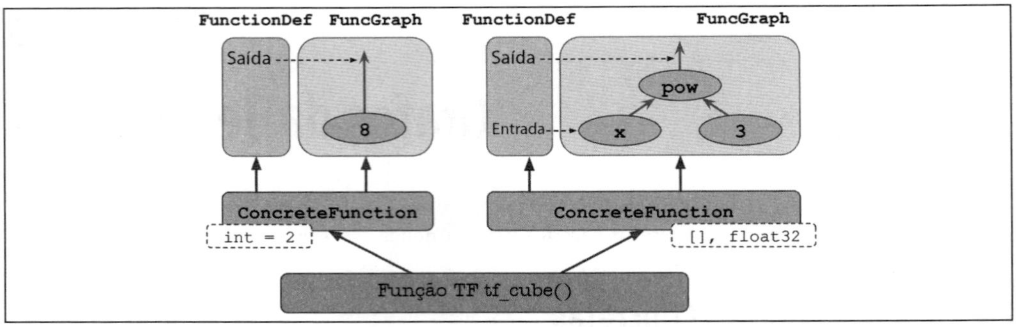

Figura G-1. A função TF tf_cube(), com suas concretefunctions e seus functiongraphs

Os tensores nesses grafos são *tensores simbólicos*, o que significa que eles não têm um valor real, apenas um tipo de dados, um formato e um nome. Eles representam os tensores futuros que fluirão por meio do grafo, uma vez que um valor real é fornecido para o espaço reservado `x` e o grafo é executado. Os tensores simbólicos possibilitam especificar antecipadamente como conectar as operações e também permitem que a TensorFlow faça a inferência recursiva dos tipos de dados e dos formatos de todos os tensores, de acordo com os tipos de dados e os formatos de suas entradas.

Agora, vamos conferir os bastidores e ver como acessar as definições e grafos de funções e como explorar as operações e tensores de um grafo.

Explorando Definições e Grafos de Funções

Você pode acessar o grafo de cálculo de uma função concreta usando o atributo `graph` e obter a lista de suas operações chamando o método `get_operations()` do grafo:

```
>>> concrete_function.graph
<tensorflow.python.framework.func_graph.FuncGraph at 0x14db5ef98>
>>> ops = concrete_function.graph.get_operations()
>>> ops
[<tf.Operation 'x' type=Placeholder>,
 <tf.Operation 'pow/y' type=Const>,
 <tf.Operation 'pow' type=Pow>,
 <tf.Operation 'Identity' type=Identity>]
```

Nesse exemplo, a primeira operação representa o argumento de entrada `x` (chamado de *placeholder*), a segunda "operação" representa a constante 3, a terceira operação representa a operação de exponenciação (`**`) e a operação final representa a saída dessa função (é uma operação de identidade, o que significa que ela não fará nada mais do que copiar o resultado da operação de adição[1]). Cada operação tem uma lista de tensores de entrada e saída que você pode acessar facilmente usando os atributos `inputs` e `outputs` da operação. Por exemplo, vamos obter a lista de entradas e saídas da exponenciação:

```
>>> pow_op = ops[2]
>>> list(pow_op.inputs)
[<tf.Tensor 'x:0' shape=() dtype=float32>,
 <tf.Tensor 'pow/y:0' shape=() dtype=float32>]
```

1 Você pode ignorá-la com tranquilidade — coloquei aqui apenas por razões técnicas, para garantir que as funções TF não vazem estruturas internas.

```
>>> pow_op.outputs
[<tf.Tensor 'pow:0' shape=() dtype=float32>]
```

Esse grafo computacional é representado na Figura G-2.

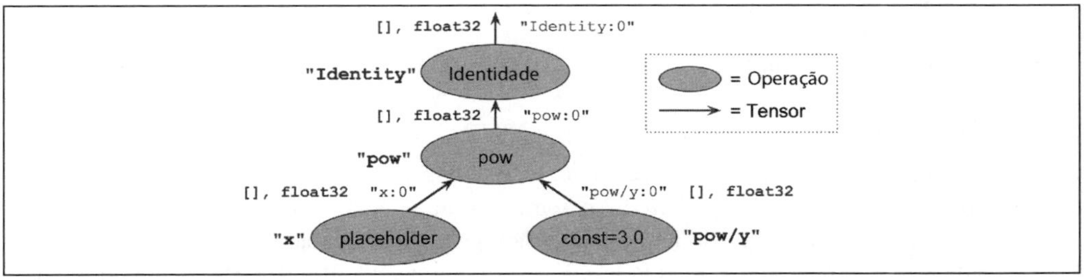

Figura G-2. Exemplo de grafo computacional

Veja que cada operação tem um nome. O padrão é o nome da operação (por exemplo, `"pow"`), mas você pode defini-lo manualmente ao chamar a operação (por exemplo, `tf.pow(x, 3, name="other_name")`). Se já houver um nome, a TensorFlow adiciona automaticamente um índice exclusivo (por exemplo, `"pow_1"`, `"pow_2"` etc.). Cada tensor também tem um nome exclusivo: é sempre o nome da operação que gera esse tensor, mais `:0` se for a primeira saída da operação ou `:1` se for a segunda saída e assim por diante. Você pode buscar uma operação ou um tensor pelo nome usando os métodos `get_operation_by_name()` ou `get_tensor_by_name()` do grafo:

```
>>> concrete_function.graph.get_operation_by_name('x')
<tf.Operation 'x' type=Placeholder>
>>> concrete_function.graph.get_tensor_by_name('Identity:0')
<tf.Tensor 'Identity:0' shape=() dtype=float32>
```

A função concreta também contém a definição da função (representada como um protocol buffer[2]), que inclui a function signature. Essa signature possibilita que a função concreta saiba quais placeholders alimentar com os valores de entrada e quais tensores retornar:

```
>>> concrete_function.function_def.signature
name: "__inference_cube_19068241"
input_arg {
  name: "x"
  type: DT_FLOAT
}
output_arg {
  name: "identity"
  type: DT_FLOAT
}
```

Agora, vejamos o tracing com mais detalhes.

Tracing com Mais Detalhes

Vamos ajustar a função `tf_cube()` para exibir sua entrada:

2 Um formato binário popular analisado no Capítulo 13.

```
def tf_cube(x):
    print("x =", x)
    return x ** 3
```

Agora, vamos chamá-la:

```
>>> result = tf_cube(tf.constant(2.0))
x = Tensor("x:0", shape=(), dtype=float32)
>>> result
<tf.Tensor: id=19068290, shape=(), dtype=float32, numpy=8.0>
```

O `result` parece bom, mas veja o que foi exibido: x é um tensor simbólico! Ele tem um formato e um tipo de dados, mas nenhum valor. Além disso, tem um nome ("`x:0`"). Isso ocorre porque a função `print()` não é uma operação TensorFlow. Ou seja, ela apenas será executada quando a função Python for rastreada, o que acontece no graph mode, com argumentos substituídos por tensores simbólicos (mesmo tipo e formato, mas nenhum valor). Como a função `print()` não foi identificada no grafo, nas próximas vezes que chamarmos a `tf_cube()`com tensores escalares float32, nada será exibido:

```
>>> result = tf_cube(tf.constant(3.0))
>>> result = tf_cube(tf.constant(4.0))
```

Porém, se chamarmos a `tf_cube()` com um tensor de um tipo ou formato diferente, ou com um novo valor Python, a função será rastreada novamente, logo, a função `print()` será chamada:

```
>>> result = tf_cube(2) # novo valor Python: trace!
x = 2
>>> result = tf_cube(3) # novo valor Python: trace!
x = 3
>>> result = tf_cube(tf.constant([[1., 2.]])) # novo formato: trace!
x = Tensor("x:0", shape=(1, 2), dtype=float32)
>>> result = tf_cube(tf.constant([[3., 4.], [5., 6.]])) # novo formato: trace!
x = Tensor("x:0", shape=(None, 2), dtype=float32)
>>> result = tf_cube(tf.constant([[7., 8.], [9., 10.]])) # novo formato: no
trace
```

Se sua função tiver efeitos colaterais Python (por exemplo, ela salva alguns registros no disco), esteja ciente de que esse código só será executado quando a função for rastreada (ou seja, sempre que a função TF for chamada com uma nova input signature). É melhor supor que a função pode ser rastreada (ou não) a qualquer momento que a função TF for chamada.

Em alguns casos, você pode querer restringir uma função TF a uma input signature específica. Por exemplo, suponha que você saiba que só chamará uma função TF com batches de imagens de 28 × 28 pixels, mas os batches terão tamanhos muito diferentes. Talvez você não queira que a TensorFlow gere uma função concreta diferente para cada tamanho de batch ou dependa dele para descobrir sozinha quando usar `None`. Nesse caso, você pode especificar a input signature assim:

```
@tf.function(input_signature=[tf.TensorSpec([None, 28, 28], tf.float32)])
def shrink(images):
    return images[:, ::2, ::2] # dropa metade das linhas e das colunas
```

Essa função TF aceitará qualquer tensor float32 de formato [*, 28, 28], e reutilizará a mesma função concreta todas as vezes:

```
img_batch_1 = tf.random.uniform(shape=[100, 28, 28])
img_batch_2 = tf.random.uniform(shape=[50, 28, 28])
```

```
preprocessed _ images = shrink(img _ batch _ 1) # Funciona bem. Rastreia a função.
preprocessed _ images = shrink(img _ batch _ 2) # Funciona bem. Mesma função concreta.
```

No entanto, se você tentar chamar essa função TF com um valor Python ou um tensor de um tipo ou formato de dados inesperado, receberá esta exceção:

```
img _ batch _ 3 = tf.random.uniform(shape=[2, 2, 2])
preprocessed _ images = shrink(img _ batch _ 3) # ValueError! Unexpected signature.
```

Usando AutoGraph para o Fluxo de Controle

Se sua função contém um simples loop `for`, o que você espera que aconteça? Por exemplo, vamos escrever uma função que adicionará 10 à sua entrada, apenas adicionando 1 10:

```
@tf.function
def add _ 10(x):
    for i in range(10):
        x += 1
    return x
```

Ela funciona bem, mas quando olhamos o grafo descobrimos que ele não contém um loop: ele contém apenas 10 operações de adição!

```
>>> add _ 10(tf.constant(0))
<tf.Tensor: id=19280066, shape=(), dtype=int32, numpy=10>
>>> add _ 10.get _ concrete _ function(tf.constant(0)).graph.get _ operations()
[<tf.Operation 'x' type=Placeholder>, [...],
 <tf.Operation 'add' type=Add>, [...],
 <tf.Operation 'add _ 1' type=Add>, [...],
 <tf.Operation 'add _ 2' type=Add>, [...],
 [...]
 <tf.Operation 'add _ 9' type=Add>, [...],
 <tf.Operation 'Identity' type=Identity>]
```

Na verdade, isso faz sentido: quando a função foi rastreada, o loop rodou 10 vezes, então a operação `x += 1` foi executada 10 vezes e, como estava no graph mode, registrou essa operação 10 vezes no grafo. Você pode considerar o loop `for` como um loop "estático" que é desenrolado quando o grafo é criado. Caso queira que o grafo tenha um loop "dinâmico" (ou seja, um que é executado quando o grafo é executado), você pode criar um manualmente usando a operação `tf.while _ loop()`, mas ele não é muito intuitivo (veja a seção "Using AutoGraph to Capture Control Flow" do notebook do Capítulo 12). Em vez disso, é mais simples usar o recurso *AutoGraph* da TensorFlow, analisado no Capítulo 12. O AutoGraph é realmente ativado por padrão (se você precisar desabilitá-lo, pode passar `autograph=False` para a `tf.function()`). Assim, se ele tiver habilitado, por que não identificou o loop `for` na função `add _ 10()`? Bem, ele identifica somente loops que iteram com a `tf.range()`, não com a `range()`. Isso ocorre para que você tenha escolha:

- Se você usar `range()`, o loop `for` será estático, o que significa que só será executado quando a função for rastreada. O loop será "desenrolado" em um conjunto de operações para cada iteração, como vimos.

- Se você usar `tf.range()`, o loop será dinâmico, o que significa que será incluído no próprio grafo (mas não será executado durante o tracing).

Vejamos o grafo que é gerado se você apenas substituir `range()` pela `tf.range()` na função `add_10()`:

```
>>> add_10.get_concrete_function(tf.constant(0)).graph.get_operations()
[<tf.Operation 'x' type=Placeholder>, [...],
 <tf.Operation 'range' type=Range>, [...],
 <tf.Operation 'while' type=While>, [...],
 <tf.Operation 'Identity' type=Identity>]
```

Conforme você pode ver, o grafo agora contém uma operação de loop `While`, como se você tivesse chamado a `tf.while_loop()`.

Lidando com Variáveis e Outros Recursos com Funções TF

No TensorFlow, variáveis e outros objetos stateful, como filas ou conjuntos de dados, se chamam *recursos*. As funções TF os tratam com cuidado especial: qualquer operação que lê ou atualiza um recurso é considerada stateful, e as funções TF garantem que as operações stateful sejam executadas na ordem em que aparecem (ao contrário das operações stateless, que podem ser executadas em paralelo, ou seja, a ordem de execução não é garantida). Além do mais, quando você passa um recurso como um argumento para uma função TF, ele é passado por referência, assim a função pode modificá-lo. Por exemplo:

```
counter = tf.Variable(0)

@tf.function
def increment(counter, c=1):
    return counter.assign_add(c)

increment(counter) # counter agora é igual a 1
increment(counter) # counter agora é igual a 2
```

Se você der uma olhada na definição da função, o primeiro argumento é marcado como um recurso:

```
>>> function_def = increment.get_concrete_function(counter).function_def
>>> function_def.signature.input_arg[0]
name: "counter"
type: DT_RESOURCE
```

É possível também usar uma `tf.Variable` definida fora da função, sem passá-la explicitamente como um argumento:

```
counter = tf.Variable(0)

@tf.function
def increment(c=1):
    return counter.assign_add(c)
```

A função TF tratará isso como um primeiro argumento implícito, ou seja, ele terminará com a mesma signature (exceto pelo nome do argumento). Entretanto, o uso de variáveis globais pode rapidamente ficar confuso. Assim, você deve colocar as variáveis em um wrapper (e outros recursos) dentro das classes. A boa notícia é que `@tf.function` também funciona bem com métodos:

```
class Counter:
```

```
    def __init__(self):
        self.counter = tf.Variable(0)

    @tf.function
    def increment(self, c=1):
        return self.counter.assign_add(c)
```

> Não use =, +=, -=, ou qualquer outro operador de atribuição Python com variáveis TF. Em vez disso, você deve usar os métodos `assign()`, `assign_add()` ou `assign_sub()`. Caso use um operador de atribuição Python, receberá uma exceção ao chamar o método.

Um bom exemplo dessa abordagem orientada a objetos é, obviamente, tf.keras. Vejamos como usar funções TF com tf.keras.

Usando Funções TF com a tf.keras (Ou Não)

Por padrão, qualquer função, camada ou modelo customizado usado com a tf.keras será automaticamente convertido em uma função TF; você não precisa fazer nada! No entanto, em alguns casos, você pode querer desabilitar essa conversão automática — por exemplo, se o seu código customizado não puder ser transformado em uma função TF ou caso queira depurar seu código, coisa muito mais fácil de fazer no eager mode. Para fazer isso, basta passar `dynamic=True` ao criar o modelo ou qualquer uma de suas camadas:

```
model = MyModel(dynamic=True)
```

Caso sua camada ou modelo customizado seja sempre dinâmico, você pode chamar o construtor da classe-base com o `dynamic=True`:

```
class MyLayer(keras.layers.Layer):
    def __init__(self, units, **kwargs):
        super().__init__(dynamic=True, **kwargs)
        [...]
```

Como alternativa, basta passar `run_eagerly=True` ao chamar o método `compile()`:

```
model.compile(loss=my_mse, optimizer="nadam", metrics=[my_mae],
              run_eagerly=True)
```

Agora você sabe como as funções TF lidam com polimorfismo (com várias funções concretas), como os grafos são gerados automaticamente usando o AutoGraph e o tracing, como são os grafos, como explorar suas operações simbólicas e tensores, como lidar com variáveis e recursos e como usar funções TF com a tf.keras.

Índice